HISTOIRE

DE LA RÉPUBLIQUE

DE VENISE

Reserve
9156

— PARIS —
IMPRIMÉ PAR J. CLAYE ET Cᵉ
RUE SAINT-BENOÎT, 7.

HISTOIRE

DE LA RÉPUBLIQUE

DE VENISE

PAR

M. LÉON GALIBERT

AUTEUR DE L'ALGÉRIE ANCIENNE ET MODERNE

PARIS

FURNE ET C??, LIBRAIRES-ÉDITEURS

—

1850

INTRODUCTION.

La république de Venise, comme celle de Rome, a dû sa gloire et sa durée à la puissante individualité de son génie et de son caractère. D'abord fondée par une poignée de réfugiés au milieu des marais de l'Adriatique, elle s'élève bientôt avec rapidité à une puissance politique et à une prospérité commerciale inconnues à la plupart des États de l'antiquité; durant onze cents ans elle soutient sa splendeur sans interruption, et lorsque enfin elle déchoit et succombe, on ne peut attribuer son déclin et sa chute qu'à l'influence inévitable des événements du dehors.

L'histoire de Venise n'est pas seulement l'histoire d'une ville, c'est aussi l'histoire d'un grand peuple, et la vie de ce peuple a cela de particulier qu'elle a été pour ainsi dire tout extérieure : Venise, en effet, ne ressemble en aucune façon à ces républiques du moyen âge, dont les annales, entièrement remplies par les luttes intestines et les rivalités domestiques, ne dépassent guère les murs de la cité ou l'enceinte de la place publique. Trop à l'étroit chez elle, elle cherche au loin l'expansion qui manque à son existence, elle l'agrandit et la complète par l'assimilation : c'est ainsi que son histoire, en se liant à celle de l'Europe et de l'Asie, acquiert de si grandes proportions.

Dès les premières années de son existence, Venise assiste paisible spectatrice aux grandes commotions qui agitent le monde. Elle voit la longue agonie de l'empire romain en Occident, la naissance de l'empire français après la conquête des Gaules par Clovis; elle voit l'élévation et la chute des Ostrogoths en Italie, des Visigoths en Espagne, ainsi que le triomphe et la ruine de leurs successeurs les Lombards et les Sarrasins. Plus tard, la monarchie de Charlemagne s'étend sur presque toute l'Europe, sans qu'elle soit enveloppée dans ces révolutions, ni qu'elle éprouve aucune atteinte de ces bouleversements.

Mais lorsque, vers la fin du xie siècle, l'Occident se précipite en masse sur l'Orient, un instinct avertit Venise qu'elle doit se jeter dans cette voie, et qu'elle y trouvera la grandeur et la fortune. Aussi voyons-nous le glorieux drapeau de Saint-Marc se déployer et flotter en tête de toutes les croisades. Tandis que les rois de la chrétienté se ruinent dans ces périlleuses entreprises ou n'en retirent que de vains titres de gloire, Venise sait habilement les faire servir à l'accroissement de sa richesse et à l'extension de sa puissance. Elle refuse les vains honneurs de l'empire de Byzance, mais elle y règne de fait; elle se pare des plus beaux trophées de cette capitale de l'Orient, elle entre en partage de ses provinces, et finit par ajouter à ses titres celui de *maîtresse du quart et demi de l'empire romain!*

Pendant le xive siècle et une partie du xve, époque de l'apogée de sa puissance, Venise voit ses navires marchands et ses vaisseaux de guerre sillonner toutes les mers sans y rencontrer de rivaux; elle établit des comptoirs sur les principales côtes de l'Asie et de l'Afrique, et s'empare du monopole du commerce des Indes. Chaque jour ses possessions augmentent, et ses revenus dépassent ceux des États les plus florissants; elle règne en souveraine sur la plus grande partie de l'Archipel grec : Chypre, Négrepont, Candie, la Morée, reconnaissent son autorité; la Dalmatie, le Frioul, la Marche Trévisane, plusieurs provinces de la Lombardie, passent sous sa domination; le duc de Ferrare lui abandonne Rovigo et son territoire, tandis qu'elle enlève au roi de Naples les villes d'Otrante, de Brindes et de Gallipoli. Partout Venise se montre victorieuse ou conquérante, les princes les plus puissants de l'Europe recherchent son appui comme médiatrice ou comme auxiliaire, et seule elle ose, la première, opposer une digue aux envahissements de l'autorité pontificale.

Tout à coup, vers le milieu du xve siècle, des événements imprévus viennent arrêter l'essor de sa fortune. La découverte de l'Amérique par les Espagnols, celle du cap de Bonne-Espérance par les Portugais, déplacent brusquement le mouvement commercial du monde, et Venise est frappée au cœur; l'irruption des musulmans, qui menacent d'envahir l'Europe, lui porte un coup non moins funeste : les empereurs chrétiens sont chassés de Constantinople, et Venise se voit enlever la plus grande partie de ses possessions de l'Archipel. Dès ce moment, elle est obligée de se replier sur elle-même, elle renonce aux conquêtes et ne songe qu'à se défendre; mais telle est encore la crainte ou la jalousie qu'elle inspire, que le pape Jules II, l'empereur d'Allemagne et Louis XII se liguent pour l'accabler dans cette lutte désespérée où elle épuise ses dernières ressources et perd son influence politique : à l'avenir, une diplomatie astucieuse et passive pourra seule sauver la puissance de Venise. Elle déploie, dans cette phase critique de son existence, une grande profondeur, et elle se soutient, sinon avec éclat, du moins avec habileté, jusqu'au jour où elle se brise contre le choc de la révolution française.

A côté de ces grands événements, et dans un autre ordre de faits, le gouvernement intérieur de Venise nous offre des enseignements non moins curieux à étudier : c'est d'abord la politique inquiète et soupçonneuse de cette république qui asservit tous les citoyens au plus tyrannique contrôle; ce sont ces tribunaux ces conseils, cette inquisition d'État surtout, dont les actes glacent d'effroi, et qui néanmoins trouvent toujours un concours muet et dévoué chez ceux-là même qui sont le plus en butte à la persécution; ce sont enfin les différentes phases de cette organisation mystérieuse qui, malgré les haines qu'elle excite, parvient à triompher de tous les obstacles et à se maintenir jusqu'aux derniers jours de la république. Le gouvernement de Venise a toujours excité l'étonnement ou l'admiration de ceux qui en ont étudié les principes et les résultats; sans cesse on s'étonne qu'avec un tel système d'oppression et de tyrannie, il ait pu accomplir au dehors tant d'importantes conquêtes, et qu'au dedans les sciences et les arts aient pu y prendre de si magnifiques développements.

En effet, Venise n'a pas été seulement un vaste foyer de puissance politique, de commerce et d'industrie. A une époque où la littérature grecque était complétement ignorée en Occident, elle était dans cette ville l'objet d'études approndies, et plusieurs Vénitiens eurent l'insigne honneur, suivant l'expression du POGGE, de délivrer un grand nombre D'ILLUSTRES CAPTIFS retenus chez les Barbares; or, ces captifs étaient Xénophon, Pindare, Strabon, Plutarque, Lucien, Callimaque, Platon, Procope, Diodore de Sicile, dont les œuvres, recueillies à Constantinople, en Morée ou dans les différentes îles de l'Archipel, furent aussitôt soigneusement copiées, traduites ou commentées à Venise. Citons un trait qui caractérise à lui seul l'état avancé de la civilisation dans cette république : tandis que la noblesse en Europe tirait vanité de son ignorance, les familles patriciennes de Venise, au contraire, tenaient à honneur de cultiver les lettres. Au retour de leurs expéditions, on voyait les doges, les chefs de l'armée ou de la flotte, déposer leurs armes pour prendre la plume : les uns se faisaient historiens, comme André Dandolo et Marc Foscarini; les autres, professeurs ou simples bibliothécaires, comme les Justiniani, les Cornaro, les Morosini, les Contarini, les Mocenigo. Grâce à cette noble émulation, Venise ne tarda pas à compter des hommes éminents dans toutes les branches des sciences et des lettres; qu'il nous suffise de mentionner Marco Polo, l'un des premiers explorateurs de l'Asie; les frères Zéno, qui avant Christophe Colomb soupçonnèrent l'existence du Nouveau-Monde; les deux Cabot, à qui les Anglais sont redevables de tant de découvertes dans les mers arctiques; le savant helléniste Bessarion; le cardinal Bembo, cet élégant historien de Venise; l'anatomiste Fallope, le médecin Fracastor, le philosophe Jules Scaliger, le théologien-légiste Sarpi; deux femmes poëtes : Christine de Pisan, qui selon Clément Marot « était si digne d'avoir le prix en science et doctrine »; Cassandra Fedeli, que se disputèrent la France et l'Espagne, et qu'Ange Politien surnomma *decus Italiæ*; n'oublions pas les Aldes, dont les savants travaux bibliographiques sont encore aujourd'hui recherchés et consultés; enfin, au-dessus de tous ces noms brille du plus vif éclat celui de Torquato Tasso, qui, bien que né à Sorrente, appartient à Venise par sa famille, par l'éducation qu'il y puisa, et par les encouragements qu'y reçurent ses premiers essais.

Dans les arts, Venise a des représentants non moins illustres. Pénétrez dans ses temples, visitez ses palais; partout des tableaux, des statues, des mausolées frappent et captivent vos regards : ces œuvres que vous ne vous lassez point d'admirer, ce sont celles du Titien, du Giorgione, de Paul Véronèse, du Tintoret, de Calendario, de Palladio, de Canova. Rien de ce qui relève les choses de ce monde et leur donne de l'éclat n'a donc manqué aux annales de Venise : les grands événements et les grands hommes s'y produisent au milieu du plus brillant cortége ; car ici l'art n'a pas été livré à ses caprices, à sa seule inspiration, et de bonne heure une politique habile l'a fait concourir à rehausser les actes de courage ou de dévouement des simples citoyens, comme aussi à exalter la gloire nationale. Dans toutes les productions de ces habiles maîtres, les Vénitiens occupent toujours le premier plan, et Venise, la patrie, s'y montre tour à tour sous l'emblème de la force, de la grandeur et de la beauté. Les beaux-arts, ainsi dirigés, deviennent partie intégrante des événements et méritent par cela même une attention toute particulière de la part de l'historien [1].

Ces considérations préliminaires nous ont paru nécessaires pour faire ressortir l'importance de l'histoire de Venise, et pour expliquer la pensée qui nous a dirigé dans la composition de cet ouvrage. Entrons maintenant dans la cité mystérieuse, franchissons ces lagunes au milieu desquelles elle s'est établie comme si elle avait voulu se rendre impénétrable, et soulevons curieusement l'un après l'autre les voiles, nous dirions presque les linceuls, qui recouvrent et ses gloires passées et ses malheurs présents !

---

1. Nous sommes redevable pour cette partie de notre histoire à M. Peisse, conservateur du Musée de l'École des Beaux-Arts à Paris. Son obligeance ne s'est pas bornée la : il nous a fourni en outre des renseignements sur la topographie des lagunes, sur le commerce, l'industrie et la marine des Vénitiens, ainsi que des détails curieux sur les mœurs, les fêtes et les coutumes de Venise.

CHAPITRE PREMIER.

DESCRIPTION DE LA LAGUNE DE VENISE.

LA LAGUNE DE VENISE DANS L'ANTIQUITÉ ET DANS LES TEMPS MODERNES

Venise ne surgit point du sein de la mer comme le disent quelques historiens, et comme l'ont répété tous les poëtes; la lagune qui l'entoure n'est pas un lac, mais une plage basse et plate, un immense delta plus ou moins inondé par les eaux des fleuves qui descendent des Alpes, et surtout par celles de la mer Adriatique.

Du temps des Romains, on désignait sous le nom de *Paludes Gallicæ* ou de *Venetia maritima* toutes les parties marécageuses du rivage comprises entre l'embouchure de l'Isonzo et celles du Savio. Hérodote ne consacre que quelques mots à la description de cette contrée; mais Strabon est plus explicite : « Le pays « des Vénètes, dit-il, abonde en fleuves; l'Adriatique, sujette à des flux pério- « diques comme l'Océan, s'avance dans les terres et y forme de vastes étendues « de marais salants; aussi les habitants, de même que ceux de la Basse-Égypte, « s'y montrent-ils habiles à diriger et à modérer le cours des eaux par des canaux

« et des digues. Certaines parties de leurs terres sont cultivables, les autres,
« presque toujours submergées, servent à la navigation ; quelques-unes de leurs
« villes sont entourées d'eau comme des îles, d'autres ne sont baignées par
« l'Adriatique que d'un seul côté ; enfin, celles qui sont situées tout à fait dans
« l'intérieur des terres communiquent avec la mer par des fleuves. »

Scimnus de Chio, dans un Traité de Géographie antérieur au grand ouvrage de Strabon, avait dit en parlant de la Vénétie : « Les Vénètes habitent la mer, et « leur pays, disposé en demi-cercle le long du rivage, compte cinquante villes et « un million et demi d'habitants. » Le vieux commentateur de Virgile, Servius, donne des détails étendus sur le pays des Vénètes, sur les fleuves et les canaux qui le traversent ; enfin l'historien Procope se plaît à décrire « l'industrie des ma-« rins de la lagune, qui, après avoir chargé les bâtiments à la marée basse, « attendent que l'arrivée du flux vienne les soulever et les porter en dehors des « passes. » Mais la description la plus complète qui nous reste sur l'état de la Vénétie maritime dans les temps antérieurs à la fondation de la ville de Venise, est celle du sénateur Cassiodore, préfet du palais sous Vitigès, quatrième roi wisigoth, vers 538 ; elle se trouve consignée dans une lettre qu'il écrivait aux magistrats des îles vénitiennes : « Votre navigation, leur dit-il, a cet avantage qu'au be-« soin elle a toujours une voie sûre ouverte ; car lorsque la violence des vents vous « ferme la mer, les fleuves vous offrent une route des plus agréables ; vos bâti-« ments ainsi à l'abri abordent toujours heureusement à terre, et ils ne peuvent « périr, bien qu'ils touchent souvent. De loin, et lorsqu'on n'aperçoit pas le lit « qui les porte, on dirait qu'ils voguent sur des prairies. C'est sur ces terres, cou-« pées par une multitude de canaux, et dont la face est alternativement décou-« verte et voilée par les flots, que vous avez bâti vos demeures comme les oiseaux « aquatiques ; elles paraissent d'abord terrestres, puis, par un changement subit « d'aspect, elles se transforment en îles, et l'on croit être au milieu des Cyclades. » Nous allons, nous, avec les procédés rigoureux de la science moderne, présenter le tableau exact et complet de la lagune de Venise.

On sait que la Méditerranée, pénétrant dans les terres par le canal d'Otrante, forme, entre l'Italie d'un côté, la Dalmatie et l'Albanie de l'autre, un vaste golfe nommé mer Adriatique, dont la surface est de 1,616 myriamètres carrés. Si, de l'extrémité de ce golfe, où se trouve située la ville de Venise, les yeux pouvaient embrasser la disposition de l'immense bassin que forment, au nord, les Alpes et les Apennins, on s'expliquerait facilement l'existence des terres basses et marécageuses qui bordent la partie septentrionale de l'Adriatique. En effet, toutes les eaux de ces deux chaînes de montagnes s'épanchent vers un point commun : ce sont d'abord l'Isonzo, le Livenza et le Tagliamento, descendus des Alpes Juliennes ; puis la Piave, la Musone, la Brenta, l'Adige, alimentées par les neiges du Tyrol ; enfin le Pô, grossi de toutes les eaux des Alpes et de l'Apennin, qui, arrivant à l'angle occidental du golfe Adriatique, roule avec elles les terres qu'elles ont entraînées et qu'elles n'ont pas eu le temps de déposer dans leur course impétueuse. En débouchant dans la mer, cette impulsion s'amortit, les eaux deviennent moins profondes, et leur courant, moins rapide, se divise alors en une multitude de bras qui concourent à former les deltas et les marais qu'on remarque dans ces parages.

Ce bassin, d'une forme très-irrégulière, est entouré d'une enceinte de terres qui l'enclavent de tous les côtés. A l'ouest, il a pour limite le littoral même du continent, qui décrit une ligne courbe depuis Brondolo, à l'embouchure de la Brenta, jusqu'à Jésolo où débouchent le Sile et la Piave; à l'est, c'est-à-dire du côté de la mer, une longue chaîne de terres basses, tendue entre les deux extrémités de l'arc décrit par la terre-ferme, en forme la corde et complète l'enceinte de la lagune. Cette chaîne d'îles étroites et allongées, tout à fait semblable aux zones de terre qui ferment l'entrée du Zuyderzée en Hollande, porte le nom générique de *Lido* (rivage); elle est placée entre le bassin de la lagune et la haute mer, comme une digue contre laquelle viennent se briser les lames de l'Adriatique. D'une longueur de plus de dix lieues, elle offre à peine un demi-mille dans sa plus grande largeur. Ce littoral maritime, produit par les atterrissements combinés des fleuves et de la mer, est en grande partie défendu par des dunes sablonneuses; sur divers points on a dû le protéger contre l'effort violent des flots par des travaux artificiels dont les plus importants sont les fameux *murazzi* (murs) dans l'île de Palestrina. Mais cette espèce de chaussée, dont la direction générale court à peu près du sud au nord, n'est pas continue; elle est interrompue, de distance en distance, par des coupures appelées ports (*porti*), et au moyen desquelles la mer communique avec la lagune.

La lagune, ainsi encaissée, s'étend le long du rivage de l'Adriatique entre les 45° 10′ et 45° 3′ de latitude nord et les 29° 47′ et 30° 20′ de longitude orientale, au méridien de l'île de Fer. Elle a en longueur trente-deux milles géographiques de soixante au degré (environ onze lieues marines de France) du sud-ouest au nord-est, c'est-à-dire depuis la moderne embouchure de la Brenta jusqu'à celle de l'ancienne Piave ou du Sile; quant à sa largeur, elle est tantôt de quatre, tantôt de six, de sept ou de huit milles, mais jamais au delà. Enfin on en évalue la circonférence carrée à cent milles, et la surface à cent soixante-douze milles.

La lagune de Venise, telle que nous venons d'en déterminer les principaux contours, se divise en trois parties bien distinctes, suivant les divers degrés d'immersion que subit chacune d'elles. La première partie se compose de véritables marais, à base d'argile fangeuse, tout couverts de plantes et d'herbes marines. La surface de ces marais ne dépassant guère que de quelques pouces le niveau des flux ordinaires, se trouve presque toujours à fleur d'eau, et elle n'est entièrement recouverte que dans les très-fortes marées équinoxiales. Les Vénitiens désignent cette portion des lagunes sous le nom spécial de *barene*. Après les barene viennent les *velme*: les *velme* (de *melma*, boue) sont aussi des marais, mais moins élevés;

entièrement inondés par le flux, ils restent à sec pendant le reflux. Le sol en est sablonneux et complétement nu ; des canaux presque toujours pourvus d'eau les sillonnent également en tous sens. On rencontre ensuite, sous le nom de *fondi* (fonds), des espaces plus ou moins étendus où l'eau ne manque jamais, même dans les reflux extraordinaires des mois d'hiver. C'est dans ces différentes portions de la lagune que s'élèvent, au-dessus des plus hautes marées, des terrains toujours à sec, que la main des hommes a successivement agrandis ; c'est là que les émigrants de la terre-ferme vinrent, à différentes époques, fixer leur résidence ; enfin, c'est par la réunion artificielle d'un grand nombre de ces îlots que s'est constituée la ville de Venise !

Comme le niveau des eaux s'abaisse et s'élève quatre fois par jour, la lagune change d'aspect à chacune de ces alternatives : à la marée basse, c'est une plage limoneuse, où l'œil attristé ne rencontre au loin que quelques touffes d'algues et de roseaux. Les lignes onduleuses des canaux y dessinent de capricieux méandres ; les petites barques des Vénitiens, engagées entre leurs bords, y glissent inaperçues ; on ne voit que le rameur debout qui les guide, et qui semble labourer un champ bourbeux. Les bourgades et les cités avec leurs minarets, leurs murs blancs et leurs arbres verts, apparaissent comme des oasis au sein de ces plaines nues et fangeuses. A la marée haute, le spectacle change : les vagues, débordant des canaux où elles étaient emprisonnées, s'étendent peu à peu sur la surface entière de la lagune. Arrivées au dernier degré de leur marche ascendante, elles s'arrêtent quelque temps immobiles, et forment un immense étang, un lac (*lago*, d'où est dérivé *lagune*), à peine ridé par les brises de la haute mer. Environnée de tous côtés par les flots, Venise apparaît alors dans sa mystérieuse beauté ; on dirait qu'elle vient d'être déposée doucement sur les ondes par quelque génie de l'Orient. Elle flotte à leur surface, plutôt qu'elle ne s'y enfonce, et lorsque par moment la lagune agite son paisible miroir, la cité tout entière semble ressentir le contre-coup de ce mouvement et se balancer sur les vagues. Tel est l'aspect général de la lagune ; examinons maintenant les phénomènes qui l'ont produite et qui concourent à en prolonger l'existence.

Avant d'arriver à leur point d'immersion, presque tous les fleuves que nous avons cités précédemment se partagent en un grand nombre de bras dont les embranchements forment sur tout le littoral du golfe une multitude de deltas, la plupart marécageux. Ayant à traverser les plages fangeuses de la lagune avant d'arriver à la haute mer, ils s'y creusent un passage plus ou moins profond jusqu'au port par lequel s'écoule le gros de leurs eaux. Les ouvertures des ports ne sont autre chose que les embouchures anciennes ou actuelles de ces fleuves, et les troncs principaux des canaux qui sillonnent la lagune ne sont eux-mêmes que d'anciens lits de courants fluviaux. Ainsi le *Canal grande*, par lequel Venise est partagée en deux moitiés, fut dans l'origine un rameau de la Brenta qui, partant de *Lizza-Fusina*, allait se décharger au port de *San-Nicolo*.

Les eaux marines et les eaux fluviales arrivent, comme on voit, dans la lagune par des points directement opposés, quoiqu'elles en sortent toutes par les mêmes issues. La mer, pendant le flux, s'engouffrant dans les canaux et marchant vers la terre-ferme, rencontre les fleuves, qui descendent en sens contraire : ceux-ci, retardés dans leur marche, ne pénètrent qu'avec peine la masse compacte des flots amers, à laquelle ils se mêlent et se confondent. Mais au moment du reflux, toutes les eaux ayant la même direction et se prêtant mutuellement les forces qui les attirent au large, se précipitent confusément vers les passes et vont s'absorber dans le sein de l'Adriatique. Presque tous ces fleuves, descendant ou plutôt tombant brusquement des hautes vallées des Alpes, ont un trajet court, une pente rapide. Grossis par de nombreux affluents, ils sont sujets à des crues subites, et dans leur course torrentielle ils entraînent des débris de tous les terrains qu'ils traversent. Une partie de ces détritus se dépose dans leur lit même, et l'exhausse sans cesse ; une autre partie est transportée jusque vers leurs embouchures, où ils forment à la longue des barres plus ou moins considérables. Les étroites îles du Lido ne sont évidemment que des monceaux de limon et de sable accumulés jadis par les fleuves et par la mer.

Ces canaux, toujours plus ou moins remplis d'eau, même dans les plus forts reflux, servent en tout temps de voie de communication entre la ville, la mer et la terre, et sont, pour ainsi dire, les organes essentiels et vitaux de Venise. Aussi, à toutes les époques, les Vénitiens ont-ils apporté un grand soin à entretenir ceux que la nature avait créés, à en creuser même d'artificiels, et à favoriser par tous les moyens possibles la circulation des eaux dans leur lagune[1]. On les a vus détourner le cours de plusieurs fleuves et diviser ceux qu'ils ne pouvaient conduire dans une autre direction, afin de détourner au moins l'effet des courants trop considérables. Dès l'origine de leur établissement dans les maremmes, ils n'ont cessé de lutter contre ces redoutables phénomènes, et peut-être, sans les infatigables travaux de tant de générations, Venise aurait depuis longtemps perdu sa position insulaire, et, comme l'antique Ravenne, la *Dominante* de l'Adriatique serait devenue une ville continentale.

C'est ce petit espace de terres inondées, dont on connaît maintenant la situation, les limites et les principales circonstances géographiques et naturelles, qui a été le berceau de la nation vénitienne, le théâtre de son activité commerçante et

---

1. Comme ces canaux restent cachés sous l'eau pendant plusieurs heures de la journée, la navigation deviendrait presque impossible si l'on n'avait pas des moyens de reconnaître leur cours et leur direction, et les bâtiments seraient à chaque instant exposés à donner dans les hauts-fonds, on a pourvu à ces dangers en indiquant leur cours par de longs pieux plantés de distance en distance sur leurs bords ; ces signaux s'élèvent de quatre à cinq pieds au-dessus du niveau moyen de la marée haute. Guidés par ces fils conducteurs, les navires circulent sans crainte dans ces labyrinthes. Ces signaux, faits en bois de chêne, s'appellent, suivant leur nombre, leur forme et leur grosseur *mee* ou *mede* (de *meta*, borne) ; *paline* (petits pieux) ; *gruppi* (faisceaux) ; *pennelli* (pennons ou banderoles) ; *fari* (phares). L'usage de ces signaux remonte aux époques les plus anciennes ; dans ces derniers temps on en a perfectionné la construction et augmenté le nombre.

guerrière, le siége de sa puissance et de son gouvernement. Ces notions topographiques, trop négligées par la plupart des historiens qui nous ont précédé, doivent, à notre avis, être la préface de toute Histoire de Venise, car nulle part peut-être les conditions particulières du sol n'ont tant influé sur le développement de la vie intérieure et extérieure d'un peuple.

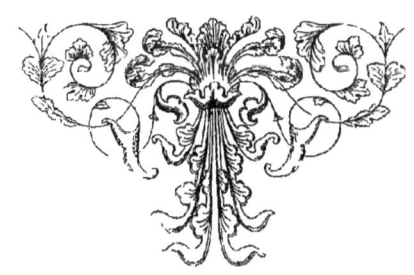

CHAPITRE II.

PEUPLEMENT DE LA LAGUNE. — LES VÉNÈTES ET LES VÉNITIENS.

(400 AVANT J.-C. — 690 DE J.-C.)

La Vénétie ancienne et les Vénètes. — Irruptions des Barbares. — Alaric, Radagaise, Attila, Odoacre, Théodoric, Alboin, les conduisent. — Émigrations des Vénètes dans les lagunes. — Leur dispersion dans les différentes îles. — Les Venitiens modernes. — Leur organisation politique.

'ORIGINE des Vénètes, souche des Vénitiens modernes, a été l'objet de plusieurs hypothèses : les uns les font provenir d'une émigration de Sarmates de la mer Baltique; d'autres les disent issus d'une peuplade de la Gaule armoricaine des environs de Vannes et de Brest, dont le territoire portait le nom de Vénéditie; une tradition plus ancienne les fait descendre des Hénètes, tribu asiatique de la Paphlagonie, laquelle, après la destruction de Troie, vint, sous la conduite d'Anténor, s'établir sur les rivages de l'Adriatique, où elle succéda aux Ombriens, aux Étrusques et aux Pélasges, en même temps qu'Énée conduisait d'autres tribus lydiennes et phrygiennes dans le Latium. Cette dernière opinion paraît la plus probable; elle est appuyée sur quelques vers d'Homère, de Sophocle et de Virgile, et sur le témoignage des géographes grecs : Zénodote, Scimnus, Scilax; elle est en outre confirmée par Trogue-Pompée, Arrien, Pline et Tite-Live. Le comte Filiasi, dans ses recherches sur les anciens Vénètes, l'adopte en la modifiant; il pense que cette émigration des Hénètes à la suite d'Anténor ne fut pas la première. A une époque de beaucoup antérieure, selon lui, une partie de la nation paphlagonienne aurait été comme emportée en Italie par les Scythes Cimmériens dans une de leurs excursions, et elle s'y serait établie. Quoi qu'il en soit, les Vénètes, après avoir pénétré au fond de l'Adriatique, chassèrent de ces parages

les habitants primitifs, et fixant leur résidence entre la mer et les Alpes, fondèrent la ville de Padoue. Ils s'agrandirent ensuite par des conquêtes successives, et finirent par ne reconnaître d'autres limites que l'Adda, le Pô, le lac de Garda et la mer.

L'histoire fait peu mention des Vénètes durant les premiers siècles de leur établissement; on sait seulement que pendant longtemps ils parvinrent à conserver leur indépendance, et qu'ils ne partagèrent pas la destinée des Étrusques, leurs voisins, qui furent successivement conquis par les Gaulois et les Romains. Placés entre ces deux redoutables ennemis, les Vénètes s'allièrent aux derniers, et leur rendirent en plusieurs circonstances d'importants services : ainsi lorsque Brennus se présenta aux portes de Rome, une irruption des Vénètes sur le territoire des Gaulois força ceux-ci à la retraite.

Une fois en rapport avec les Romains, les Vénètes finirent par subir le sort des autres peuples de l'Italie, et passèrent sous le joug de leurs anciens alliés. L'époque précise de la réunion de la Vénétie à l'empire romain nous est restée inconnue; il est certain seulement qu'elle avait déjà eu lieu lors de la deuxième guerre punique, car dans cette circonstance les Vénètes sont cités comme faisant partie des districts qui composaient la Gaule cisalpine, et ils fournirent même leur contingent de troupes pour la guerre contre Annibal; ce ne fut pourtant qu'après la victoire remportée par Marius sur les Cimbres, qu'on réduisit leur pays en province romaine. Dès ce moment l'histoire de la Vénétie se confond avec celle de l'empire. Dans la division tracée sous Auguste, elle formait la dixième région, et avait pour limites, à l'ouest l'Adige (Athésis), à l'est la mer Adriatique, au nord les Alpes, et au sud le Pô. Lors du remaniement de l'empire par Adrien, l'Italie ayant été divisée en dix-sept provinces, la Vénétie fut une des quatre principales gouvernées par des consuls; enfin lorsque Constantin eut partagé le monde romain en quatre parties, l'Italie continua à se composer de dix-sept provinces, au nombre desquelles se trouvait toujours la Vénétie jointe à l'Istrie.

Ce dernier partage et le déplacement de sa capitale, transportée sur les rives du Bosphore, affaiblirent considérablement l'empire romain, et le laissèrent exposé sans défense aux irruptions des Barbares. Alaric, avec ses Goths, sortis de la Suède, se présente le premier (400 de J.-C.). Après avoir séjourné quelque temps dans les plaines qui séparent la Vistule de l'Oder, il franchit le Danube, et pénètre en Italie; descendant ensuite les Alpes du Frioul, il se jette sur Aquilée, d'où il est vigoureusement repoussé, mais d'autres villes plus faibles, telles que *Concordia*, *Opitergium* et *Forum Julium*, sont forcées de lui ouvrir leurs portes, et il ravage impitoyablement toute la partie orientale de la Vénétie. Chargé de butin, il repasse enfin les monts. L'année suivante il franchit les Alpes Véronèses et saccage le territoire de Padoue, Vicence, Vérone et Mantoue; mais en 402 il est battu une première fois sur le Tanaro, puis, quelques mois après, sur l'Adige, par Stilicon, général de l'empereur Honorius. Cette double défaite l'oblige à s'enfuir au delà des monts avec les débris de ses hordes.

Trois ans s'étaient à peine écoulés lorsqu'un nouvel ennemi, non moins formidable, apparaît au sommet des Alpes du Frioul (405); c'est Radagaise, qui à la tête d'une multitude de Huns, de Sarmates, de Goths, d'Alains et de Vandales, divisés en trois corps, traverse comme un torrent tout le pays vénitien jusqu'au Pô, qu'il franchit à Hostilia, et poursuit sa course dévastatrice jusqu'au pied des Apennins, où son armée est enfin rencontrée et exterminée par Stilicon; Radagaise lui-même périt dans le combat (406).

Radagaise mort et ses Huns dispersés, l'Italie commençait à respirer, mais ce repos ne fut pas de longue durée. Alaric ayant réparé ses pertes et rassemblé une nouvelle armée, franchit les Alpes une troisième fois (408). Heureusement pour la Vénétie, il ne fit qu'y passer. Marchant au pas de course, il traverse le Pô à Crémone et ne s'arrête plus que devant les murs de Rome qu'il assiège d'abord, mais où il consent à ne pas entrer, moyennant une forte rançon. L'année suivante, la contribution n'étant pas payée, le chef barbare s'empare de la ville éternelle et la met pendant trois jours à feu et à sang[1]; il en sort ensuite gorgé de butin, et continue ses dévastations jusques en Calabre, où il meurt subitement. Son parent Ataulphe ramena l'armée dans les Gaules.

De 410 à 450 la Vénétie n'entendit plus parler des Barbares mais un orage plus terrible que les précédents se formait au loin; il éclata en 452. Cinq cent mille Huns, conduits par Attila, débouchent tout à coup par les Alpes Juliennes et viennent faire le siége d'Aquilée. Après trois années d'une défense héroïque, cette ville est prise, brûlée et saccagée. Trente-sept mille habitants furent massacrés, les femmes abandonnées à la fureur des assiégeants ou réduites en esclavage; il ne resta de cette noble et antique cité qu'un monceau de ruines. La plupart des villes du littoral et de l'intérieur, Opitergium, Julia, Concordia, Altinum, Padoue, Ateste, Trévise, Vicence, Vérone, Brescia, éprouvèrent le même sort. Attila, tout fumant de carnage et chargé de dépouilles, se disposait à marcher sur Rome, lorsque arrivé au bord du Mincio on le vit tout d'un coup rebrousser chemin et repasser les monts, vaincu, a-t-on dit, par l'ascendant du pape saint Léon.

L'impression d'épouvante laissée par les terribles exécutions du roi des Huns durait encore, lorsqu'en 476 une nouvelle avalanche d'ennemis fond sur la Vénétie. Odoacre, officier de la garde prétorienne, alors presque entièrement composée, comme toutes les troupes romaines, d'étrangers mercenaires, ayant rassemblé au delà des Alpes une armée d'Hérules, vint assiéger Pavie, où il tua l'usurpateur

---

[1]. L'empereur Honorius était alors à Ravenne; ce fut le sénat qui traita avec Alaric pour la délivrance de Rome. Le tribut promis par les Romains consistait en cinq mille livres d'or, trente mille livres d'argent, quarante mille pièces de soie, trois mille peaux teintes en pourpre, et cinq mille livres de poivre.

Oreste, qui gouvernait de fait l'empire pendant la minorité de son jeune fils Augustule. Oreste mort, Odoacre dépouilla Augustule de la pourpre, l'envoya en exil, et se fit couronner lui-même, non pas empereur, mais seulement *roi d'Italie*. Cette révolution mit fin à l'empire d'Occident ; Ravenne devint la capitale du nouveau royaume, et les Vénéties passèrent sous le joug des Barbares, ainsi que le reste de l'Italie.

Le règne d'Odoacre ne fut pas de longue durée : jaloux de la fortune des Hérules, les Ostrogoths, qui étaient restés au delà des Alpes, demandaient sans cesse à marcher sur l'Italie, afin d'enlever ce riche pays à Odoacre ou d'en obtenir du moins une partie. Théodoric résista longtemps aux instances de ses sujets, car il considérait l'entreprise comme périlleuse ; mais enfin, s'étant assuré la neutralité de Zénon, empereur d'Orient, il pénétra dans l'Italie, et, après plusieurs combats heureux, parvint à acculer Odoacre jusque dans sa capitale. Le siége de Ravenne dura trois années. Irrité d'une telle résistance, Théodoric stimule l'ardeur de ses troupes par la promesse du pillage ; il donne un dernier et vigoureux assaut, et force Ravenne à capituler (493). Odoacre crut un instant qu'il pourrait partager son royaume avec le vainqueur ; fatale illusion que le poignard des assassins ne tarda pas à détruire, tandis que Théodoric se faisait proclamer par le sénat seul souverain de l'Italie. Sous ce prince et ses successeurs, la Vénétie jouit pendant quarante-deux ans d'une paix inaccoutumée, jusqu'au moment où les Grecs de Byzance commencèrent à revendiquer leurs droits de souveraineté sur l'Italie, comme héritiers et représentants de l'ancien empire romain.

Le grand Justinien venait de succéder à l'empereur Justin, son oncle. Ce prince, destiné à être le restaurateur de l'empire, après avoir pacifié les troubles domestiques de sa cour, vaincu les Perses, exterminé les Vandales d'Afrique, songea à s'emparer de l'Italie, et Bélisaire fut chargé de mener à bonne fin cette expédition. Avec le secours d'une flotte armée par les Vénitiens des lagunes, cet habile général assiége Ravenne et en chasse le quatrième roi de la dynastie de Théodoric, Vitigès, qu'il envoie prisonnier à Constantinople. Les Vénètes s'étaient alliés aux Grecs ; mais cette détermination n'assura pas leur tranquillité. Les Ostrogoths avaient en effet trouvé un chef, Totila, digne d'être opposé aux généraux byzantins, à Bélisaire et à Narsès qui lui succéda. Pendant huit années, les Grecs et les Ostrogoths se disputèrent avec un égal acharnement la haute Italie, et, durant cette lutte, les deux Vénéties, souvent maltraitées, finirent par séparer leurs intérêts : la Vénétie de terre-ferme, à l'exception de quelques villes, se déclara pour les Ostrogoths, tandis que la Vénétie maritime demeura fidèle aux Grecs, qui étaient maîtres de la mer ainsi que des côtes de l'Istrie et de la Dalmatie. Bientôt de nouveaux arrivants vinrent encore compliquer et accroître ce conflit.

En 548, les Francs passent les Alpes, et envahissent les régions montagneuses du haut Vicentin, tout le pays de Feltre, Trévise, Bellune et le Frioul. Trois armées de nations différentes se disputent maintenant la Vénétie : les Francs tiennent la partie supérieure ; les Ostrogoths la plaine, avec les villes de Vérone, Padoue, Vicence ; les Grecs occupent les lagunes et les villes du littoral, Adria, Altinum, Concordia et quelques autres encore. La guerre dura cinq ans sur ces trois théâtres différents, jusqu'au moment où Narsès, arrivant de Constantinople avec une nouvelle armée, accabla les Ostrogoths dans deux batailles rangées (552-553) : la dernière coûta la vie à Tottila, leur roi, et cette perte leur causa un grand découragement. Les Grecs, au contraire, redoublant d'énergie, parvinrent, en 555, à chasser définitivement les Ostrogoths. Ils se trouvèrent alors maîtres des deux Vénéties ; et Narsès, à qui l'empire était redevable de si brillants succès, reçut le titre d'exarque, sous lequel il gouverna pendant seize ans l'Italie, au nom de l'empereur d'Orient.

Mais les Barbares ne se lassaient point ; poussés les uns sur les autres comme les flots de la mer, ils se relayaient sans cesse pour l'œuvre fatale de la destruction de l'empire. En 568, ce fut le tour des Longobards. Attirés, dit-on, en Italie par le vieux Narsès, qu'une intrigue venait de faire rappeler à Constantinople, ces nouveaux Barbares, qui jusque-là étaient restés dans les vallées du Danube, passèrent les Alpes, ayant à leur tête leur roi Alboin. Bien que Narsès, pour faciliter leur entreprise, eût licencié la plupart de ses troupes, les Longobards ne s'établirent pourtant qu'avec peine en Italie : le terrain leur fut disputé pied à pied, pendant plus d'un siècle, par les Grecs, et ils ne purent même jamais la posséder tout entière[1]. La Vénétie orientale fut une de leurs premières conquêtes ; ils prirent et saccagèrent successivement plusieurs villes. Padoue, pillée et dévastée une première fois en 593, fut reprise encore en 601, par le quatrième roi lombard, Agistulphe, lequel la brûla et la ruina de fond en comble. Ce ne fut cependant qu'en 641 que les Lombards, conduits par Rotaire, septième successeur d'Alboin, s'emparèrent définitivement de tout le littoral de la terre-ferme et des bords même de la lagune. Dans cette expédition, ces conquérants sauvages surpassèrent en excès et en fureurs de tout genre les hordes même d'Attila. Altinum, Concordia, Opitergium, Aquilée, et quelques autres villes qui s'étaient un peu relevées et en partie repeuplées depuis l'invasion des Huns, furent de nouveau détruites, et depuis lors demeurèrent désertes.

C'est ainsi que dans l'espace de deux cent quarante ans la Vénétie terrestre, placée à l'entrée de l'Italie, devint tour à tour la proie des Goths, des Huns, des Hérules, des Francs, des Ostrogoths et des Lombards. Pendant cette longue période, les îles de la lagune, cachées à tous les yeux, jouissaient d'une paix profonde, et c'est là que les populations chassées du continent par la crainte des Barbares venaient chercher un refuge. Chaque invasion donnait lieu à une émi-

[1] Ce ne fut qu'en 752, c'est-à-dire 183 ans après leur arrivée et peu d'années avant leur expulsion par Charlemagne, qu'ils parvinrent à s'emparer de Ravenne et par là à mettre fin au gouvernement des exarques grecs.

gration nouvelle. Les deux plus considérables furent celle de 452, déterminée par la venue d'Attila, et celle de 641, qu'occasionnèrent les dernières incursions des Lombards, sous Rotaire. C'étaient là, en effet, des émigrations en masse, opérées avec ordre et régularité : les habitants de toutes les classes, riches et pauvres, ayant à leur tête les magistrats, les citoyens notables et le clergé, emportant avec eux tout ce qu'ils pouvaient sauver du pillage, abandonnaient la cité menacée, et gagnaient les îles voisines. Les émigrations intermédiaires ne furent que partielles, et pendant l'intervalle qui sépare ces deux époques, il arriva même que les fugitifs, après leur installation dans les îles, retournaient sur le continent, où les attiraient de nouveau leurs souvenirs, les débris de leur fortune, et la paix momentanée qui y régnait. La grande émigration de 641, du temps des Lombards, ne fut que la répétition de celle qui eut lieu sous Attila (452); elle fut aussi considérable, mais beaucoup plus prolongée; elle se continua, presque sans interruption, l'espace de près d'un siècle : toutes les cités de terre-ferme, détruites jadis par les Huns et qui s'étaient relevées sous le règne pacifique des premiers rois ostrogoths, furent définitivement ruinées ou abandonnées, et leur population presque tout entière se dispersa dans les lagunes.

C'est à cette dernière émigration, déterminée par l'établissement permanent des Lombards dans toute la Vénétie de terre-ferme, que, selon la plupart des historiens, se termine l'histoire des *premiers Vénètes* et commence celle des *Vénitiens modernes*. En effet, c'est alors seulement que la Vénétie terrestre, complétement conquise et gouvernée par les Barbares, reste, par le fait, séparée de la Vénétie maritime, demeurée à peu près indépendante, et qui seule même conserve son nom. Pendant les VIIe et VIIIe siècles, les populations des lagunes sont désignées sous les noms de *Venitia secunda*, *Venitia nova*, et le pays de terre-ferme perd le nom de Vénétie pour prendre celui de Lombardie, *Longobardia*. Ainsi, les habitants des lagunes et ceux du continent formèrent deux nations différentes, et même si étrangères l'une à l'autre, que lorsque les premiers passaient sur la terre-ferme ils disaient aller en *Italie* ou dans le royaume d'Italie.

Les populations chassées de la terre-ferme par les conquérants Barbares se répandirent inégalement dans les lagunes. Pendant toute la durée des premières invasions et jusque vers la fin du VIIIe siècle, la masse de la population de la Vénétie maritime occupa dans ce singulier territoire des positions fort différentes de celles qu'elle prit plus tard. C'est à l'extrémité nord-est des lagunes, au fond du golfe, que s'accumulèrent d'abord les premiers établissements des Vénitiens. La lagune de Grado, entre les bouches de l'Isonzo et du Tagliamento, et celle de Caorle, entre le Tagliamento et la Livenza, placées l'une et l'autre au sud de la province du Frioul, devinrent les principaux foyers de la population émigrée, car c'est là que se retirèrent les fugitifs d'Aquilée, de Concordia et d'Uderzo; les îles de Murano, Torcello, Mazorbo, Burano, furent peuplées par les habitants riverains d'Ateste, de Trévise et d'Altinum ; le groupe d'îlots de Rioalto (qui depuis s'appela Venise) et le lido de Malamocco, par les Padouans ; les îles de Chioggia, de Palestrina et d'Albiola, par d'autres émigrés de Padoue et par ceux d'Este et de Monselice. Les habitants du pays de Feltre et de Bellune fondèrent la ville d'Héraclée, appelée plus tard *Cita Nuova*, vers l'embouchure de la Piave, tandis que ceux d'Opitergium relevaient les murs d'Œquilium (Jésulo), située sur le lido de Cavallino, entre la Piave et la Livenza.

Nous venons d'indiquer le mouvement des principales émigrations qui contribuèrent à accroître la population des lagunes et à former le noyau des villes nouvelles ; examinons maintenant quelle fut la condition de ces familles ainsi disséminées. Les réfugiés les plus riches et les habitants déjà établis eurent naturellement la meilleure part dans la répartition de ces petits territoires, et devinrent les protecteurs de cette foule de réfugiés qui, dénués de toute ressource, venaient incessamment accroître la colonie. Il se forma donc, de bonne heure, entre les insulaires deux classes distinctes, celle des *convicini* et celle des clients (*clienti*). Les uns étaient les nobles, les autres les plébéiens. Cette division de la population se maintint jusqu'à la fin du XIIIe siècle, où elle subit une modification importante, comme nous le verrons plus tard ; c'est dans cette organisation première qu'il faut chercher la véritable origine de l'aristocratie vénitienne, qui n'a pas été bien expliquée par la plupart des historiens[1]. Elle naquit du mode d'occupation des îles : les mieux partagés et les plus riches devinrent les maîtres des nouveaux venus, qui ne pouvaient s'établir auprès d'eux qu'avec leur permission, et qui, par le fait, se trouvaient sous leur dépendance.

Les établissements des Vénètes restèrent pendant plusieurs siècles étrangers à tous les bouleversements de l'empire d'Occident. La marche dévastatrice des Hérules, des Ostrogoths, des Huns et des Lombards, s'arrêta toujours, nous l'avons dit, au bord des lagunes ; la nouvelle colonie ne fut sérieusement inquiétée que par les Esclavons, venus aussi du Nord, et qui s'étaient fixés sur les côtes de la Dalmatie et de l'Istrie. Ce pays, déjà ravagé à plusieurs reprises, n'offrait plus un butin suffisant à leur cupidité : ils profitèrent des nombreux ports de mer de leur nouvelle conquête ; et, adoptant les mœurs des anciens Illyriens, dont ils occupaient la place, ils s'adonnèrent à la piraterie. Les Vénitiens, à cause de leur situation maritime, étaient plus qu'aucun autre peuple de l'Italie, exposés à leurs brigandages ; mais une vie active et l'habitude de braver les dangers avaient relevé leur courage. Ces hommes, qui avaient fui comme un immense troupeau de bétail devant les conquérants du Nord, armèrent leurs bateaux pour aller loin de leurs

---

[1]. M. Daru, entre autres, est allé trop loin en disant que le patriciat vénitien n'eut d'autre origine que les services publics rendus par certains citoyens dans les hauts emplois, et la transmission continue de ces emplois à leurs descendants. Il ne peut voir, dit-il, dans cette noblesse, rien qui ressemble aux noblesses féodales du moyen âge fondées par la conquête. Il n'y eut pas, il est vrai, à Venise, de vainqueurs et de vaincus, mais il y eut des premiers occupants, et le résultat fut le même. L'origine de cette aristocratie était, comme toutes les autres, dans la propriété.

demeures à la recherche de ces mêmes ennemis. Ils les attaquèrent hardiment, ils les battirent, et assurèrent la liberté des mers. Ces petites guerres furent les premiers essais de l'esprit belliqueux et entreprenant des Vénitiens.

Les richesses apportées par les émigrants de la terre-ferme furent bientôt augmentées par un commerce actif et par quelques industries, dont la fabrication du sel était la plus importante. L'activité de la population ne tarda pas à se porter au dehors : maîtresse de l'embouchure des fleuves, elle ferma l'entrée de sa lagune aux vaisseaux des autres nations, et fit ainsi de rapides progrès dans le commerce et la navigation. Quelques historiens assurent que déjà dans le viie siècle les ports de la Syrie, de l'Archipel et de la mer Noire étaient presque exclusivement fréquentés par les navires vénitiens. Nous trouvons, au reste, une preuve bien remarquable de cette rapide prospérité, dans une lettre que Cassiodore, préfet du prétoire sous le règne de Vitigès, roi des Ostrogoths (536-540), écrivait aux magistrats de la Vénétie maritime pour en obtenir des navires de transport.

Nous avons ordonné que les vins et les huiles d'Istrie, très-abondants cette année, soient envoyés à Ravenne; or, vous qui possédez de nombreux navires aux confins de ce pays, mettez-vous promptement en mesure de transporter ce que ceux d'Istrie sont prêts à vous livrer. Vous aurez, les uns et les autres, une part égale à cette expédition, puisque sans votre concours mutuel elle ne peut être exécutée; hâtez-vous de faire ce trajet si court, vous qui êtes accoutumés à en faire de si longs; c'est pour ainsi dire ne pas sortir de chez vous. Préparez donc vos bâtiments, que vous attachez, comme nous nos chevaux, à la porte de vos maisons, afin que vous puissiez partir dès que Laurentius, mon envoyé, vous en aura avisés. »

Cette situation n'avait fait que s'améliorer, quand un événement imprévu, une émigration toute religieuse vint encore consolider l'existence des Vénitiens au milieu des lagunes. Les Lombards, sectateurs exaltés de l'arianisme, avaient voulu, en s'établissant sur la terre-ferme, imposer leur culte à ceux qui y étaient demeurés. Ceux-ci résistèrent d'abord; mais une cruelle persécution les décida à transporter leurs autels et leur foi dans les lagunes; l'évêque d'Oderso, avec ses fidèles, se réfugia à Jésulo; le patriarche d'Aquilée vint s'établir à Grado, où il fonda une nouvelle cathédrale; l'évêque d'Altino transporta son église à Torcello, celui de Concordia à Caorle, et celui de Padoue à Malamocco. L'émigration religieuse vint compléter l'émigration politique. La Vénétie maritime, gouvernée ainsi, au spirituel comme au temporel, avec une entière indépendance du continent, vit accroître son importance; ayant désormais son clergé, comme elle avait depuis longtemps ses magistrats, on peut dire qu'elle fut dès lors parfaitement isolée et complètement dégagée de toute sujétion extérieure.

Les Lombards ne virent pas avec indifférence la situation prospère des îles vénitiennes; ils auraient bien voulu étendre jusqu'à elles leur autorité; mais, soit que les guerres qui les occupaient ailleurs, soit que la difficulté d'aborder dans ces îles, défendues par une marine infiniment supérieure à la leur, les détournassent d'en entreprendre la conquête, ils ne firent d'abord contre elles aucune démonstration hostile. Cependant, le clergé arien s'indignait que des vaincus osassent se soustraire à son autorité religieuse ; il ne pouvait supporter que le patriarche catholique d'Aquilée, après avoir transféré à Grado le siége de son épiscopat, affectât de braver sa puissance. Ces continuelles récriminations agirent sur l'esprit fanatique des Lombards ; et bientôt on les vit, à la voix de leurs évêques, s'avancer et franchir les lagunes. Ils attaquèrent Grado et pénétrèrent dans la ville ; mais n'ayant pas assez de forces pour s'y maintenir, ils se contentèrent de la piller et de réduire en cendres quelques-uns de ses quartiers. Ces agressions, continuées pendant longtemps, produisirent un résultat tout opposé à celui qu'en espéraient leurs auteurs : les Vénitiens se fortifièrent dans leurs îles, et en présence de tant d'acharnement ils prirent la résolution définitive de ne plus retourner sur le continent.

A part le récit de ces expéditions, nous n'avons que des notions fort incomplètes sur le mouvement intérieur de la colonie pendant les premiers siècles de son existence. Quelques bourgades naissantes et isolées, toujours préoccupées de leurs besoins matériels, toujours en alarmes, ne doivent guère attirer l'attention des historiens étrangers, et encore moins peuvent-elles avoir des annalistes nationaux. Nous allons donc en peu de mots esquisser cette situation.

Durant les premières années de leur établissement dans les lagunes, les émigrés vénètes restèrent soumis à l'administration des villes dont ils étaient originaires. Ainsi, Padoue envoyait à Rioalto des magistrats annuels avec le titre de consuls ; les noms même de quelques-uns de ces fonctionnaires nous ont été transmis ; ce sont : Antonio Calvo, Alberto Faliero, Tommaso Candiano, Albino Moro, Hugo Foscolo, Cesare Dandolo, qui formèrent les souches des familles patriciennes des Calvi, des Candiani, des Mori, des Falieri, familles qui existaient encore lors de la chute de la république. On conserve dans la bibliothèque du couvent des Camaldules de Saint-Michel, près de Venise, un décret rendu par le sénat de Padoue, en 421, qui ordonne la construction d'une ville à Rioalto et la concentration sur ce point des habitants répandus jusque-là dans diverses îles environnantes. Des documents analogues, mais moins certains que ceux-ci, attestent que les colonies de Grado, de Caorle, se trouvaient dans la même dépendance. Mais lorsque la Vénétie de terre-ferme fut, dans les derniers temps, saccagée par les Barbares, lorsque ses villes incendiées et ravagées se trouvèrent veuves de leurs principaux citoyens, les habitants des lagunes furent affranchis de toute espèce de tutelle et ne relevèrent plus que d'eux-mêmes. La colonie vénitienne faisait bien partie de l'empire romain, mais cet empire impuissant ne subsistait plus que de nom. A cette époque de désordre, les provinces, aussi bien que les simples bourgades, après s'être cantonnées dans leur enceinte, pouvaient, sans rencontrer d'opposition, faire valoir leur indépendance ; elles en avaient le droit dès qu'elles se sentaient assez de force pour résister aux agressions des Barbares. Telle était alors la position des Vénitiens.

Chaque ville, chaque île avait des magistrats spéciaux, qui prenaient généralement le titre de tribuns, magistrats populaires élus pour une année seulement par l'assemblée générale des habitants, et chargés de veiller aux intérêts de la commune et de remplir les fonctions de juges. Dans les circonstances graves, ces tribuns s'assemblaient pour délibérer sur les questions qui pouvaient intéresser la confédération, et, dans les occasions plus importantes encore, les habitants de toutes les îles se formaient eux-mêmes en une assemblée générale, appelée *concione*, en vénitien *arrengo*, dans laquelle résidait la véritable souveraineté nationale. Ainsi la nouvelle république, sans avoir besoin d'un législateur, sans révolution, presque sans convention préliminaire, se trouva tout d'abord régie par une constitution libre. Sa première organisation politique peut donc être considérée comme fédérative; mais les pouvoirs des magistrats et ceux de la nation, les droits de la ligue et ceux de chacun des peuples qui en faisaient partie, n'étaient pas assez bien définis pour que cette constitution improvisée assurât la tranquillité intérieure de l'État et sa force au dehors.

Les progrès rapides de la colonie vénitienne avaient créé au dedans une telle diversité d'intérêts, et suscité au dehors des hostilités si vives, qu'on ne tarda pas à s'apercevoir que les liens de la fédération étaient trop faibles pour contenir toutes les jalousies, pour repousser toutes les agressions. On se décida donc, en 503, à concentrer le pouvoir exécutif entre les mains d'un seul tribun; mais bien que l'autorité de ce magistrat fût limitée sur plusieurs points par les délibérations et les décrets des autres tribuns, elle était encore trop étendue pour ne pas inspirer des craintes. En 574, le pouvoir exécutif fut réparti entre dix tribuns; plus tard on le divisa entre douze; enfin, ce nombre ayant paru trop considérable, on le réduisit à sept quelques années après. On procédait annuellement aux élections. Les élus devaient gouverner de concert avec une assemblée populaire et avec l'assistance d'un conseil de quarante citoyens qui remplissaient les fonctions judiciaires. Néanmoins comme toutes les îles n'avaient pas acquis les mêmes développements, on ne tarda pas à trouver injuste qu'elles fussent représentées au même titre dans le collège des tribuns : dès lors les magistrats des îles principales furent appelés *tribuns majeurs*, et les autres *tribuns mineurs*, et ces derniers relevèrent des premiers. Cet état de démocratie pure dura près de trois siècles : mais l'accroissement considérable de la population et celui de la fortune publique avaient fini par donner dans les élections une influence prépondérante aux grands propriétaires, et les abus du pouvoir devenaient chaque jour plus grands. De là les rivalités, les cabales parmi les principaux citoyens; la corruption semée dans la masse du peuple; de là enfin tous les symptômes précurseurs de la guerre civile.

Les Lombards du côté du continent, les Esclavons du côté de la mer, s'apprêtaient à mettre à profit ces dissensions pour fondre sur la république ; la Vénétie maritime semblait être arrivée au moment de sa ruine ; mais un peuple libre et doué d'énergie trouve toujours des ressources en lui-même, et une situation fâcheuse, qui paraît devoir l'épuiser, détermine souvent sa régénération complète. C'est dans ces graves circonstances qu'il fut résolu que l'assemblée générale de la nation se réunirait à Héraclée pour remédier au danger dont l'État était menacé.

On était principalement irrité contre les tribuns, qui dans l'administration des affaires publiques n'écoutaient que leur ambition ou leur intérêt personnel ; d'un autre côté, on trouvait trop faible ce pouvoir divisé entre tant de mains, et l'on sentait le besoin de changer une forme de gouvernement qui maintenait la liberté, il est vrai, mais qui compromettait l'indépendance nationale. Christophe, patriarche de Grado, ouvrit l'avis de concentrer le pouvoir suprême entre les mains d'un magistrat nommé à vie, à qui l'on donnerait, non le titre de roi, mais celui de doge (*dux*, chef), qualification qui, excluant toute idée de royauté, indiquait seulement un grade militaire équivalent à celui de général. Cette proposition fut vivement accueillie ; on procéda sur-le-champ à l'élection du nouveau chef de la république. Il fallait tout l'excès du mal causé par une démocratie turbulente pour produire une révolution si radicale parmi des hommes qui, jusque-là, s'étaient montrés si jaloux de toute supériorité permanente conférée à un de leurs concitoyens.

CHAPITRE III.

INSTITUTION DES DOGES — FONDATION DE VENISE.

(697-810.)

Attributions des doges. — Règne des trois premiers. — La dignité de doge est abolie et remplacée par celle de chef de la milice. — Nouvelle révolution qui replace les doges à la tête des affaires. — Pepin attaque la Vénétie. — Il est repoussé. — Fondation de la ville de Venise.

'ASSEMBLÉE générale d'Héraclée venait d'accomplir une grande révolution : remplacer les tribuns temporaires par un doge à vie, c'était substituer la monarchie à la république. Les suffrages se réunirent sur Paul-Luc Anafeste, citoyen d'Héraclée, homme universellement estimé pour sa sagesse et sa probité. On dit que ce choix fut fait par douze électeurs, délégués de l'assemblée générale, et dont nous rapporterons ici les noms parce que plusieurs sont devenus illustres : c'étaient Contarini, Morosini, Badoaro, Tiepolo, Michieli, Sanudo, Gradenigo, Memmo, Faliero, Dandolo, Polani et Barozzi.

« Les doges, dit André Dandolo, le plus ancien des historiens de la république, furent investis du pouvoir de convoquer les assemblées du peuple, de commander les armées, de nommer les tribuns et les juges militaires, de prononcer en dernier ressort sur appel interjeté contre les arrêts des tribunaux inférieurs, de convoquer les citoyens dans leurs îles et dans leurs quartiers pour l'élection des curés et des évêques, de juger tous les procès, tant civils que criminels, sur le temporel du clergé, ne laissant au pape que ses droits sur le spirituel. Les doges enfin étaient chargés d'infliger les peines ecclésiastiques, de donner l'investiture aux évêques et de les introniser. A l'exception du droit de paix et de guerre qui ne leur fut pas d'abord positivement conféré, mais que les successeurs d'Anafeste s'arrogèrent, ils avaient toutes les prérogatives de la royauté et prenaient le titre de prince. »

Le patriotisme vénitien moderne, qui tient beaucoup à faire croire à la perpétuité du gouvernement républicain, ne voit dans cette importante révolution qu'une modification du gouvernement populaire ; cependant ce fut en réalité, comme nous l'avons dit, une transformation complète : la Vénétie venait de passer en un seul jour de l'état de république démocratique à celui de monarchie élective. Quoi qu'il en soit, les Vénitiens avaient voulu être libres, et ils se réservèrent leurs assemblées générales ; ils voulaient en outre être puissants et que le pouvoir fût concentré, et ils donnèrent au chef de l'État tous les attributs d'un monarque. Rien ne nous est parvenu sur la manière dont les lois furent délibérées et les impôts établis aussitôt après l'institution des doges. On ne doit pas s'attendre à trouver dans ces époques d'ignorance une constitution habilement balancée, ni une distribution parfaite des pouvoirs ; il est donc probable que le peuple concourait plus ou moins à la formation des lois et à l'établissement de l'impôt. Toutefois l'excessive confiance qu'on avait, dès le principe, accordée au dépositaire du pouvoir suprême, fut peu justifiée, dans la suite, par les tentatives que firent quelques doges pour rendre cette dignité héréditaire dans leur famille, par la mort violente de plusieurs, et enfin par les restrictions dont on fut obligé plus tard d'entourer leur autorité.

Cependant les Vénitiens n'eurent pas lieu d'abord de se repentir d'avoir donné une nouvelle forme à leur gouvernement. Anafeste rétablit la tranquillité intérieure : par ses manières à la fois douces et sévères il calma l'irritation des partis, tandis que par sa prévoyance il parvint à soustraire les points les plus vulnérables aux attaques de l'extérieur. Héraclée devint le centre du gouvernement et la résidence du doge ; les îles principales furent entourées de fortifications, une marine militaire permanente fut organisée, et de vastes arsenaux s'élevèrent pour subvenir à tous les besoins des armements. Grâce à cette activité, les pirates esclavons furent chassés des lagunes, et les Lombards renoncèrent à leurs projets d'invasion. Anafeste fut même assez habile pour conclure avec ces derniers un traité qui assurait aux Vénitiens la possession de la côte située entre la grande et la petite Piave, et leur conférait en outre des priviléges importants pour leur commerce avec la Lombardie. Aussitôt après la conclusion de ce traité, et pour en garantir l'accomplissement, le doge fit bâtir des forts à l'embouchure de la Piave, et, après vingt ans d'un règne dont rien ne troubla la paix, il laissa Venise tranquille, florissante et respectée.

Marcel Tegaliano d'Héraclée, son successeur en 717, prit à tâche de suivre la marche prudente d'Anafeste ; il s'efforça d'activer les progrès du commerce et de la navigation. Il eut l'adresse de rester étranger aux différends qui s'étaient élevés entre les patriarches de Grado et d'Aquilée, et sut dans toutes les circonstances préserver la république des grandes commotions qui auraient entravé sa fortune naissante ; aussi son administration s'écoula-t-elle dans le plus grand calme. Orso, le troisième doge (726), se montra animé de sentiments tout contraires : d'un caractère entreprenant, belliqueux, il voulut imprimer aux esprits une direction conforme à ses idées. On le vit tout d'abord exercer aux armes la jeunesse vénitienne, et chercher l'occasion d'éprouver son courage ; cette occasion ne tarda pas à se présenter.

Ravenne, gouvernée par des exarques, au nom de l'empereur d'Orient, venait de tomber entre les mains de Luitprand, roi des Lombards, et Paul Eutychius, l'exarque en exercice, n'était parvenu à se soustraire aux poursuites de l'ennemi qu'en se réfugiant à Venise, où il fut accueilli avec bienveillance. Le pape, qui avait un grand intérêt à empêcher les progrès des Lombards, s'empressa d'écrire au doge pour réclamer son intervention en faveur de l'illustre exilé : « Le Seigneur « a permis, lui disait-il, à cause de nos péchés, que l'infidèle nation des Lombards « s'emparât de la cité de Ravenne, si recommandable par son attachement et son « zèle pour notre sainte foi. Nous avons appris que notre cher fils, le seigneur « exarque, est réfugié à Venise : nous exhortons votre noblesse à adhérer à sa « demande, et à prendre les armes en notre considération, afin de rendre à son « ancien état la ville de Ravenne, et de la rétablir sous la puissance de nos chers « fils et seigneurs, les grands empereurs Léon et Constantin. »

Cette recommandation secondait on ne peut mieux les secrètes intentions d'Orso, qui s'empressa de convoquer une assemblée générale, dans laquelle Eutychius, l'exarque dépossédé, exposa d'une manière pathétique sa situation et la nécessité qu'il y avait pour les Vénitiens d'arracher Ravenne à la domination des Lombards. L'entreprise était délicate : la république était en paix avec eux, et l'on devait craindre de s'attirer, par une agression injuste, l'inimitié de voisins si puissants. Cependant, comme l'avait fait remarquer l'exarque, si on laissait les Lombards maîtres de Ravenne, leur voisinage devenait inquiétant et dangereux ; ils pouvaient chaque jour se livrer à de nouvelles expéditions, et finir par conquérir la Vénétie ; il était donc urgent de les obliger, dès le principe, à se renfermer dans leurs limites ; l'occasion d'ailleurs était favorable ; Luitprand était avec son armée sur un point éloigné, et Ravenne, mal gardée, ne pouvait opposer aucune défense. Après bien des hésitations, l'assemblée générale se prononça pour la guerre.

Orso arma promptement une flotte ; mais, pour n'exciter aucun soupçon, il fit répandre de faux bruits sur sa destination ; de son côté Eutychius, feignant d'avoir été repoussé par les insulaires, se retira vers Imola, où il rassembla quelques troupes, comme s'il eût voulu attaquer cette ville. Lorsque, de part et d'autre, tout fut prêt pour entrer en campagne, l'exarque se porta brusquement sur Ravenne, tandis que les Vénitiens venaient jeter l'ancre en vue de la place. Surpris par cette double agression, les Lombards ne savent de quel côté faire résistance. Au moment où les Grecs, sous les ordres de l'exarque, s'approchent du côté de la terre, les Vénitiens appliquent leurs échelles aux murailles qui font face à la mer, et les deux troupes pénètrent presque simultanément dans l'intérieur de la ville. Les Lombards repoussent d'abord vigoureusement l'ennemi ; mais bientôt, privés de leurs chefs, ils fuient de tous côtés, et Ravenne est reconquise. Cet heureux coup de main, prélude des avantages maritimes qui devaient signaler les armes vénitiennes, ne resta pas sans récompense ; le doge reçut de l'empereur d'Orient le titre d'*hypate*, titre qui répondait à celui de consul.

Les succès trop faciles enfantent la présomption. Orso ne put se soustraire à cette fatale influence. Au retour de son expédition, on le vit étaler un luxe et une arrogance extrêmes : il se considérait comme le premier conquérant du monde et ne recevait qu'avec dédain les avis et les conseils des hommes les plus sages. Rien n'était au-dessus de son ambition, que ses flatteurs excitaient sans cesse. Il désirait avant tout rendre héréditaire dans sa famille la dignité dont il était investi, et ne craignit pas de charger ses amis de sonder à cet égard l'opinion publique. Le peuple s'indigna de ses prétentions, car il considérait l'hérédité comme un acheminement à la tyrannie, et pendant deux ans Héraclée fut agitée par les luttes fréquentes que se livraient les partisans et les adversaires du doge. Orso persistait toujours à faire triompher ses desseins, lorsque enfin la multitude irritée pénétra dans son palais et l'égorgea.

Ces troubles avaient soulevé une répulsion profonde pour un pouvoir qui semblait être le marchepied de la tyrannie ; aussi, lorsque l'assemblée générale se réunit pour procéder à l'élection du nouveau chef de l'État, il fut résolu que cette magistrature cesserait d'être à vie : on n'en diminua point la puissance, mais on en limita la durée à un an. Les noms de tribun et de duc étaient devenus également odieux ; on choisit, pour désigner cette nouvelle dignité, le titre de *maître de la milice* ou *de la cavalerie*, dénomination qui prouve l'influence qu'avait acquise l'armée sous le dernier doge.

Cinq années suffirent pour détruire cette nouvelle forme de gouvernement ; les cinq maîtres de la milice qui se succédèrent pendant cet intervalle ne surent pas se concilier l'affection du peuple. On confia successivement cette charge à Dominique Leo, à Félix Cornicula, et au fils du dernier doge, Théodat Orso, qu'on avait rappelé de l'exil pour venir gouverner sa patrie : un tel choix indique assez que cette famille avait encore des partisans dévoués, et ce qui confirme cette opinion, c'est que l'exercice des fonctions de Théodat fut prolongé d'un an. Julien Ceparo le remplaça, et eut pour successeur Jean Fabriciato.

Cette magistrature temporaire et nécessairement faible, ces élections si fréquentes, étaient peu propres à calmer les factions qui divisaient la république. Le parti qui avait fait rappeler Théodat Orso ne cessait de s'agiter pour reconquérir l'autorité. En vain Fabriciato essaya-t-il de le contenir, chaque nouvel essai de répression le rendait plus audacieux ; le peuple, toujours mobile dans ses résolutions, finit par faire cause commune avec ce parti, et Fabriciato succomba victime de son dévouement. Au moment où il sortait de son palais pour apaiser une émeute, les factieux l'enveloppèrent et lui crevèrent les yeux.

Au milieu des troubles qui agitaient la ville d'Héraclée, il était difficile de procéder à l'élection d'un nouveau chef ; on convoqua donc l'assemblée générale à Malamocco, mais les partisans de Théodat s'y transportèrent. A force d'intrigues et de menaces, ils parvinrent à faire abolir l'institution des maîtres de la milice, et à faire élire pour doge le fils de ce même Orso qui était tombé sous le couteau des assassins (742). La tranquillité de l'État ne gagna rien à ce changement.

Soit qu'il jugeât le séjour d'Héraclée trop dangereux, soit qu'il lui répugnât d'habiter une ville où le sang de son père avait coulé, soit enfin qu'on lui en eût fait une condition, Théodat Orso fixa sa résidence à Malamocco, qui devint ainsi la seconde capitale de la Vénétie. Un de ses premiers soins fut de renouveler les traités d'alliance avec les Lombards, qui n'avaient témoigné aucun ressentiment de l'entreprise de son père sur Ravenne, mais s'en étaient vengés sur l'exarque en s'emparant de nouveau de sa capitale et en poussant leurs conquêtes jusqu'en Italie. Ces succès des Lombards inspirèrent au doge de vives alarmes ; il fit réparer promptement les fortifications qui commandaient les côtes jusqu'à l'Adige, et, pour compléter cette ligne de défense, il ordonna d'élever une forte tour dans l'île de Brondolo, située à l'embouchure du fleuve. Ses ennemis feignirent de prendre de l'ombrage de ces travaux, et répandirent le bruit que cette tour était construite plutôt pour opprimer le peuple que pour repousser les étrangers. Un ambitieux, nommé Galla, sut habilement exploiter ces impostures ; en effet, un jour que Théodat revenait de visiter les constructions, Galla fondit sur lui avec une troupe de gens armés et lui fit subir le sort du malheureux Fabriciato.

Après ce coup hardi, Galla s'empara du trône ducal, et parvint à se faire reconnaître pour doge dans une assemblée dont il avait acheté d'avance tous les suffrages. Dénué des qualités qui font l'homme d'État, ignorant, fanatique, toujours disposé à substituer la force au bon droit, cet usurpateur se rendit odieux à ceux-là même qui l'avaient aidé à réaliser ses projets, et devint bientôt un objet de profonde horreur. Un an s'était à peine écoulé, que le peuple se saisit de sa personne et lui creva les yeux : châtiment que nous verrons désormais suivre, pour un grand nombre de doges, la perte du pouvoir.

Ces fréquents orages, ces révolutions soudaines, prouvaient la nécessité de restreindre une autorité jusque-là mal définie. En conséquence, on adjoignit au doge deux tribuns, sans l'avis desquels il lui fut interdit de rien entreprendre. Malheureusement, en même temps que l'assemblée générale prenait cette résolution, elle choisissait pour doge un homme dont le caractère ne permettait pas d'espérer que ces deux conseillers pussent jamais jouir de la moindre influence auprès de lui. Dominique Monegario, qui venait d'être investi du pouvoir suprême, était impérieux et opiniâtre. Il ne concevait qu'un pouvoir sans contrôle ; il repoussait les entraves dont on avait voulu l'entourer. Les Vénitiens, irrités de sa conduite, lui adressèrent de sévères avertissements; puis, lorsqu'ils le virent persister opiniâtrément à vouloir se rendre souverain absolu, ils le déposèrent après lui avoir crevé les yeux (764).

A Monegario succéda un de ces hommes qui n'apparaissent qu'à de rares intervalles et semblent nés pour le bonheur des peuples : c'était Maurice Galbaïo, citoyen d'Héraclée, issu d'une famille opulente, et recommandable par sa modération autant que par l'austérité de ses mœurs. Dès les premiers jours de son avénement, Galbaïo s'appliqua à se concilier la faveur publique. Sous le gouvernement de ce doge, la république vénitienne fut constamment tranquille et heureuse ; elle obtint même d'être comprise dans un traité conclu entre Pepin, fils de Charlemagne, et l'empereur d'Orient, traité qui la déclarait indépendante. Des différends s'étant élevés entre le patriarche d'Aquilée et celui de Grado, Maurice eut assez d'influence auprès de la cour de Rome pour les faire résoudre par le pape, au profit de l'église vénitienne, et il obtint, à cette occasion, l'érection d'un nouvel évêché, à Olivolo, petite île située près de Rioalto ; c'est encore sous son règne que les Lombards furent chassés d'Italie par Charlemagne et leur empire détruit. Ainsi, en même temps que la liberté s'affermissait à l'intérieur, la république se voyait délivrée au dehors de ses plus dangereux ennemis.

Maurice Galbaïo voulut mettre à profit une situation si prospère, pour obtenir du sénat et du peuple une dérogation notable à l'esprit de la constitution. Il avait un fils nommé Jean, qu'il aimait tendrement, et qui annonçait les qualités les plus heureuses ; il eut la faiblesse de désirer que ce fils lui fût associé de son vivant. Le peuple, toujours extrême dans ses passions, soit qu'il aime, soit qu'il haïsse, s'empressa de condescendre à ce désir, sans songer qu'il constituait un précédent dangereux pour sa liberté. Toutefois, hâtons-nous de le dire, Maurice sut se montrer digne d'une telle faveur en redoublant de zèle et d'activité ; tous ses moments furent consacrés aux affaires publiques, jusqu'au jour où la mort vint l'enlever à l'affection de ses concitoyens (787).

Jean Galbaïo avait si bien dissimulé, pendant les neuf années de son association au pouvoir, qu'il ne lui était rien échappé qui pût révéler le fond de son caractère. Une fois affranchi de toute retenue, on ne trouva plus en lui qu'un prince avide, insolent, livré aux plus infâmes débauches. Par bonheur pour lui, les grands événements qui s'accomplissaient alors en Italie, l'expulsion des Lombards et l'avénement de Charlemagne au trône d'Occident, continrent le mécontentement général ; il eut d'ailleurs l'adresse de faire valider par l'empereur des Francs le traité que son fils Pepin, roi d'Italie, avait déjà signé. C'était un acte habile, qui donnait un nouveau gage de sécurité à la république. Galbaïo en comprit toute la portée, aussi demanda-t-il pour récompense que son fils Maurice fût admis à partager son autorité, et que le titre de doge lui fût dévolu après sa mort. Les Vénitiens, intimidés par sa tyrannie, n'osèrent repousser cette dangereuse prétention.

Une fois maîtres, le père et le fils se montrèrent dignes l'un de l'autre : on les voyait chaque jour attenter à l'honneur des femmes de tout rang, ou dépouiller de leur fortune les citoyens les plus respectables. Une circonstance imprévue vint délivrer la république de ces deux tyrans. L'évêché d'Olivolo venait d'être déclaré vacant par suite de la mort du titulaire : Jean s'empressa d'y pourvoir en nommant à ce siége un prêtre grec. Par ce choix, il avait voulu, à la fois, se rendre agréable à l'empereur d'Orient et humilier le patriarche de Grado en prenant un évêque en dehors de son Église. C'est de ce moment que s'établit entre les doges et les patriarches un antagonisme opiniâtre, dont nous serons appelé plus d'une fois à constater les déplorables résultats. Le clergé vénitien sentit l'insulte faite à son patriarche, et celui-ci refusa de consacrer le nouvel évêque. Jean, irrité de ce refus, envoya son fils Maurice à Grado, avec ordre d'obtenir satisfaction ; et Maurice n'exécuta que trop bien les volontés de son père. Après une sommation préalable, il s'empara du vénérable prélat et le fit précipiter du haut d'une tour. Un pareil attentat, commis sur un personnage également vénérable par ses vertus et par le caractère dont il était revêtu, excita au plus haut point l'indignation du peuple. Pour l'apaiser, Jean donna le patriarcat à Fortunat, neveu du prélat assassiné ; celui-ci accepta la succession, sans renoncer à la vengeance.

En effet, de concert avec un citoyen influent de Malamocco, nommé Obelerio, tribun en fonctions, et appuyé d'un certain nombre d'habitants les plus considérables, Fortunat conçut le dessein de faire déposer le doge et son fils. Malheureusement ce complot, ourdi avec peu de précaution, ne tarda pas à être découvert, et les conjurés, à l'exception des deux chefs, tombèrent au pouvoir de l'implacable Galbaïo. Obelerio s'enfuit à Trévise, d'où il pouvait entretenir des correspondances avec les mécontents, et Fortunat se réfugia à la cour de Charlemagne, où il s'efforça de rendre ce monarque hostile à la Vénétie. Les manœuvres des deux fugitifs, secondées par tous les ennemis que la république pouvait avoir à la cour de France, ne tardèrent pas à produire leur effet : Charlemagne ordonna que tous les Vénitiens établis à Ravenne en fussent expulsés, et le pape Adrien Ier, secondant le ressentiment de l'empereur, bannit, à son tour, du territoire de l'Église tous les sujets de la nouvelle république.

Dans ces circonstances difficiles, il eût été d'une sage politique de tempérer le régime oppressif qui accablait les malheureux Vénitiens ; mais ni Jean ni son fils ne comprirent les périls de la situation qu'ils s'étaient faite, et ils ne firent que redoubler de violence ; le peuple, exaspéré de ses souffrances, était prêt à se soulever quand les partisans d'Obelerio saisirent cette occasion pour le proclamer doge. Jean et Maurice, effrayés de ce mouvement, se réfugièrent à Mantoue. Obelerio quitta sa retraite pour venir prendre possession du trône ducal ; son entrée à Malamocco fut un triomphe ; partout le peuple l'accueillait comme le sauveur de la patrie (804). Nous allons voir, au contraire, que son avénement était le prélude d'une des plus graves commotions que la république ait eu à subir.

A peine investi du pouvoir suprême, Obelerio, jaloux de perpétuer dans sa famille la dignité que le peuple venait de lui décerner, se fit donner pour collègue son frère Béat; puis, cette satisfaction obtenue, il ne songea plus qu'à gouverner despotiquement. En outre, durant son séjour à Trévise et à la cour de Pepin, il n'avait cessé d'exciter les Franks à envahir la Vénétie, et ceux-ci, qui n'avaient que trop facilement écouté ses propositions, les lui rappelèrent lorsqu'il eut pris la direction des affaires. C'est alors qu'il s'aperçut combien il est dangereux de recourir à l'étranger pour venger une injure personnelle. Les Vénitiens n'avaient guère moins d'aversion pour les Franks qu'ils n'en avaient eu précédemment pour les Huns, les Ostrogoths et les Lombards : fiers d'être issus sans mélange des Romains, ils regardaient ces étrangers comme des *Barbares*, tandis qu'ils donnaient à leur république le glorieux surnom de *fille aînée*, de *seule fille légitime* de Rome. Dans une telle disposition des esprits, il eût donc été difficile de faire accepter aux Vénitiens la moindre alliance avec les dominateurs de l'Italie; toutes leurs sympathies étaient pour les Grecs, qui, civilisés comme eux, conservaient aussi comme eux de l'affection et du respect pour le nom de Rome. Obelerio le comprenait parfaitement; mais Pepin, ne tenant compte que des promesses qui lui avaient été faites, insistait pour qu'on les réalisât; il y avait même un intérêt d'opportunité pour lui à ce que cette alliance s'accomplît prochainement. Il venait de s'emparer du Frioul et de l'Istrie, et projetait d'étendre ses conquêtes jusqu'en Dalmatie, entreprise pour laquelle la marine vénitienne devait lui être d'un puissant secours.

Obelerio ne pouvait rester plus longtemps dans la fausse position où il se trouvait placé, tant à l'égard des Vénitiens qu'envers Pepin. Pour en sortir, il se décida à convoquer l'assemblée générale, afin de la consulter sur le parti qu'il y avait à prendre. Après de longues discussions, il fut décidé qu'il serait peu politique de favoriser sur la rive orientale de l'Adriatique les progrès d'un conquérant qui en occupait déjà la rive occidentale, et que d'ailleurs ce serait manquer à tous les bons rapports qui existaient entre la république vénitienne et l'empire d'Orient, au détriment duquel s'accomplirait la conquête projetée. Quelque contrariété qu'éprouvât Obelerio d'une telle décision, il dut s'y soumettre; et des ambassadeurs se rendirent immédiatement auprès de Pepin, pour lui exposer avec tous les ménagements possibles le résultat de la délibération.

Trompé dans son attente, le jeune roi d'Italie ordonna aussitôt à ses troupes campées dans l'Istrie et le Frioul d'envahir le territoire de la république. Les Franks dévastèrent tout ce qui se trouva sur leur passage, et, après avoir investi les villes d'Equilo et d'Héraclée, ils les prirent d'assaut et les livrèrent aux flammes. Cette terrible expédition jeta l'épouvante dans l'âme des Vénitiens : ils avaient peine à comprendre qu'ils se fussent attiré tant de fureur pour un refus si naturel, et ils suppliaient le doge d'employer son crédit auprès de Pepin, pour conjurer leur ruine. A la prière d'Obelerio, Pepin consentit à retirer ses troupes.

Cependant Nicéphore, qui occupait le trône de Constantinople, sentant combien il lui importait d'arrêter les progrès des nouveaux maîtres de l'Italie, avait envoyé une flotte dans l'Adriatique. A la vue dans ce pavillon ami, les Vénitiens firent éclater la joie la plus vive : de toutes parts on voyait des navires se détacher pour aller au-devant de la flottille byzantine, et lui offrir, soit des vivres, soit des pilotes. Obelerio fut impuissant à contenir l'élan populaire. La flotte combinée se montra sur divers points de la côte, puis elle vint jeter l'ancre devant Commacchio, petite ville située à huit lieues de Ravenne. Les Grecs attaquèrent vigoureusement cette place ; mais, contre leur attente, ils la trouvèrent pourvue d'une si forte garnison, qu'ils jugèrent à propos de se retirer, et toute la flotte gagna le port de Malamocco.

La manifestation que les Vénitiens venaient de faire en faveur des Grecs et l'attaque soudaine de Nicéphore portèrent au comble l'irritation de Pepin. Il s'indignait d'avoir été deux fois la dupe des promesses d'Obelerio, et voulant à tout prix en tirer une vengeance éclatante, il fit rassembler à Ravenne un grand nombre de troupes et de navires. Au milieu de l'anxiété que produisit cette menace, Obelerio et ses partisans ne craignirent pas de déclarer que le seul parti à prendre était d'implorer la clémence du prince frank. Accueilli avec défiance par l'assemblée générale, cet avis produisit au dehors une vive excitation, car le peuple, comptant sur le concours des Grecs, ne considérait pas la situation comme désespérée. Tout à coup on entend circuler le mot de trahison : « Obelerio est un traître ! » répètent des milliers de voix ; « il veut nous livrer à son protecteur ! » et on allait le massacrer lorsque ses partisans parvinrent à le soustraire à la fureur populaire. On se borna à l'exiler à Constantinople et à reléguer son frère à Zara. Ainsi, dans ce péril extrême, la république se trouvait sans chef, et même sans alliés, car la flotte byzantine ne tarda pas à quitter ces parages. Le patriotisme des Vénitiens suppléa à tout.

L'entrée des lagunes fut comblée avec de grosses barques, chargées de pierres ; on enleva les signaux qui marquaient les hauts-fonds ou les passes navigables, et tous les canaux furent barricadés au moyen de fortes palissades. Pendant que les citoyens de Malamocco exécutaient ces travaux défensifs, Pepin s'emparait de la tour de Brondolo, située à l'embouchure de l'Adige, et jetait plusieurs corps de troupes dans les îles de Chioggia, de Palestrina et d'Albiola, qui forment une grande partie de cette longue chaîne de terres par laquelle la lagune est séparée de la haute mer. Maître de tous ces points, il ne lui restait plus à franchir qu'un étroit canal pour gagner Malamocco. Dans la confusion et l'épouvante générale, on songeait déjà à capituler, lorsque Ange Participazio, citoyen d'Héraclée, fit prévaloir la seule résolution qui pouvait sauver la république : « Malamocco, dit-il, est hors d'état de se défendre ; abandonnons-le, et réfugions-nous tous à

Rioalto ; une fois établis dans cette île, située au centre de la lagune, séparée de l'ennemi par un bras de mer plus considérable, et mieux protégée par les obstacles naturels, jurons de nous défendre jusqu'à la dernière extrémité. » Ce parti fut pris sur-le-champ : hommes, femmes, enfants, se précipitèrent dans les barques, se dirigeant tous vers Rioalto ; en moins d'une demi-journée, Malamocco fut évacuée, et lorsque Pepin s'en empara il la trouva complétement déserte.

La difficulté du passage et le peu d'espoir d'affamer dans son refuge une population qui disposait d'un aussi grand nombre de navires, engagèrent le roi, avant de pousser plus avant les hostilités, à faire aux Vénitiens sommation de se rendre. Ceux-ci, soit pour gagner du temps, soit pour éviter une action trop hasardeuse, lui envoyèrent des députés, chargés de traiter à des conditions honorables ; Pepin les reçut avec tant de hauteur, que les négociations furent rompues aussitôt que commencées.

Participazio n'avait pas été élu doge ; mais il en remplissait dignement les fonctions. Il fit venir des îles voisines tous les hommes en état de porter les armes, et les répartit, soit dans Rioalto, soit sur la flotte, dont il avait confié le commandement à Victor d'Héraclée, marin expérimenté qui connaissait parfaitement la navigation des lagunes. De son côté, le roi d'Italie se montrait disposé à braver tous les dangers pour rendre sa vengeance complète ; on le vit bientôt se mettre en mesure de forcer le passage qui le séparait de Rioalto. Au lieu d'aller à sa rencontre, l'amiral vénitien fit un mouvement inverse : il se rapprocha de la côte de terre-ferme, afin d'y attirer l'ennemi. Les lourds vaisseaux franks se laissèrent prendre à ce piège, et voulurent donner la chasse aux légères embarcations des Vénitiens. Ceux-ci leur firent perdre plusieurs heures à cette inutile manœuvre, jusqu'à ce qu'enfin, la marée étant complétement basse, il leur fut impossible de se dégager de la vase. Les barques vénitiennes, favorisées par leur faible tirant d'eau, prirent alors l'offensive : elles voltigeaient comme des alcyons autour de ces masses immobiles, tantôt accablant les équipages sous une grêle de traits, tantôt dévorant les flancs des navires au moyen de torches enflammées. Lorsque le flux vint relever les bâtiments que le feu n'avait pu atteindre, il n'y en eut qu'un très-petit nombre qui put rentrer dans le port de Malamocco. Le canal, théâtre de ce sanglant combat, tout couvert de cadavres et de débris de navires ennemis, prit le nom de *canal Orfano*, qu'il a conservé depuis, et qui a transmis à la postérité le souvenir de la victoire.

Forcé de renoncer à son entreprise, Pepin se retira à Ravenne après avoir brûlé et saccagé Malamocco, Chioggia et Palestrina. Quelques historiens assurent que, touché de la noble résistance que lui avaient opposée les Vénitiens, il voulut leur offrir la paix, et qu'il vint lui-même à Rioalto pour en arrêter les principales conditions ; ils ajoutent même qu'après être débarqué il jeta à la mer le sceptre qu'il portait, en prononçant ces paroles : « De même que ce sceptre ne reparaîtra « plus sur les eaux, ainsi je renonce à jamais à toute intention d'offenser cette

« commune ; et que la colère de Dieu tombe sur tous ceux qui viendront l'atta-
« quer, comme elle est tombée sur moi pour l'avoir fait. » La plupart des historiens français passent sous silence cette expédition, ou en dénaturent les résultats :
suivant eux, Pepin châtia les Vénitiens et s'empara de leur capitale. Mais, pour
rendre l'assertion complétement exacte, il aurait fallu ajouter qu'après ce premier succès la flotte des Franks fut battue par les Vénitiens, et Pepin obligé de
repasser la mer. Quoi qu'il en soit, la paix fut conclue entre les deux États, et à
compter de cette époque une ère nouvelle s'ouvrit pour la république.

On pouvait à bon droit regarder Ange Participazio comme le sauveur de sa
patrie ; aussi, après les préliminaires de la paix, fut-il solennellement proclamé
doge. Les derniers armements avaient épuisé les ressources de l'État ; une multitude de familles étaient dépouillées de leurs biens et se trouvaient sans asile, plusieurs îles avaient été abandonnées et un grand nombre de villes détruites : Participazio ne se laissa pas abattre par cette situation presque désespérée ; il fit un
appel aux principaux citoyens, donna lui-même l'exemple du plus noble dévouement, et bientôt de toutes parts on ne vit que chantiers de construction et entreprises nouvelles. Malamocco, Palestrina, Chioggia, sortirent de leurs ruines ; la
ville d'Héraclée, patrie du généreux citoyen qui en avait conseillé l'abandon, fut
entièrement reconstruite, et reçut le nom de *Citta Nuova*. Mais il restait à prendre
une grande détermination et à concevoir des travaux bien plus importants que
toutes ces reconstructions.

Depuis longtemps Héraclée avait été abandonnée comme capitale de la république ; l'invasion des Franks venait de prouver que Malamocco n'était pas une
position moins défavorable ; Rioalto, contre lequel étaient venues récemment se
briser les armes de Pepin, offrait une sécurité réelle. Le doge proposa donc à
l'assemblée de choisir cette île, dont il était facile d'accroître l'importance, pour
y établir le centre du gouvernement. Cette proposition fut accueillie avec enthousiasme, car un grand nombre de familles avaient déjà résolu d'y fixer leur résidence. On réunit par des ponts les soixante îlots qui entourent Rioalto ; une
enceinte générale relia entre elles toutes ces parties ; de nombreuses constructions s'y élevèrent avec rapidité ; le palais ducal fut bâti sur l'emplacement qu'il
occupe encore aujourd'hui, et le nom de VENISE (*Venetia*, puis *Venezzia*), qui
appartenait en commun à la république, servit à désigner la nouvelle capitale (810).

CHAPITRE IV.

CHARLEMAGNE RECONNAIT L'INDÉPENDANCE DE VENISE. — PREMIÈRES CONQUÊTES DE LA RÉPUBLIQUE.

(841-1285.)

Consolidation de la république. — Les restes de saint Marc sont transférés à Venise. — Luttes intestines. — Expéditions contre les pirates. — Les Hongres cherchent à s'emparer de Venise. — Leur défaite — Enlèvement des fiancées vénitiennes. — Les Morosini et les Caloprini. — Guerres extérieures de Venise. — Les Croisades. — Conquête de Constantinople.

A résolution qu'avaient prise les Vénitiens, de transférer à Rioalto le siége du gouvernement, produisit les plus heureux résultats : de toutes parts on accourait vers cette île ; on y élevait de nouvelles constructions, on y créait des établissements de tout genre, et, grâce à la paix que le doge sut maintenir au dedans comme au dehors, la jeune Venise se trouva bientôt dans une situation florissante, que la mort de Pepin, survenue un an après, contribua encore à consolider. Charlemagne, déjà vieux et attaqué sur plusieurs points de ses frontières, s'occupait moins de venger les défaites de ses armées que d'acheter par des pacifications la sécurité de ses derniers jours ; aussi s'empressa-t-il de ratifier toutes les promesses que son fils avait faites : il reconnut l'entière indépendance de la république, et dans le traité qu'il conclut avec Nicéphore, les Vénitiens furent compris comme *fidèles* de l'empire d'Orient.

Deux événements troublèrent seuls la tranquillité du règne de Participazio : le premier fut une descente dirigée contre Grado par le patriarche d'Aquilée, et que la flotte vénitienne parvint à repousser facilement ; le second, une conspiration tramée contre la vie du doge, mais que sa vigilance sut déjouer, et qui n'eut d'autre résultat que le supplice des principaux conjurés.

La prospérité dont jouissait Venise et la juste popularité qui l'entourait lui-même, décidèrent Participazio à enfreindre les lois de l'État et à partager le trône avec un de ses fils; c'était le plus jeune. L'aîné, nommé Justinien, était alors en mission auprès de l'empereur de Constantinople. A son retour, il se plaignit d'une telle faveur accordée à son détriment; le peuple l'appuya, et son père consentit à l'associer au pouvoir avec Jean son autre fils. Chose extraordinaire ! ils vécurent en parfaite intelligence, et les affaires publiques ne subirent aucune atteinte d'une situation si anormale. Lorsque Ange Participazio mourut, après un règne de dix-huit ans, la couronne ducale fut dévolue à Justinien (827), Jean s'étant désisté de toute prétention.

Justinien n'avait aucune des qualités qui distinguaient son père. D'un caractère irrésolu et d'une santé débile, il ne tarda pas à rappeler son frère et à lui déléguer une partie de ses attributions. Ainsi l'habitude semblait tendre insensiblement à rendre le pouvoir héréditaire, et l'indifférence du peuple y prêtait beaucoup. Aucun événement important ne marque le règne de Justinien : pour la première fois, Venise arma contre les Sarrasins qui infestaient les côtes de Sicile, mais rien de sérieux ne fut entrepris de part ni d'autre; la marine marchande seule s'attira la reconnaissance publique par un trésor dont elle dota Venise. Voici à quelle occasion.

Deux marchands vénitiens, Bon de Malamocco et Rustic de Torcello, se trouvaient à Alexandrie au moment où l'église qui renfermait le corps de saint Marc l'évangéliste était dépouillée de ses marbres et de ses plus beaux ornements par ordre du calife d'Égypte; ils proposèrent aux prêtres d'enlever la châsse où reposait le saint et de la transporter en lieu de sûreté; mais ceux-ci ne furent que médiocrement satisfaits d'une proposition qui avait pour résultat de leur faire perdre à tout jamais une relique féconde en aumônes. Cependant, lorsqu'ils virent les soldats musulmans envahir leur église, toute hésitation cessa, et pour quelques bourses ils livrèrent les précieuses reliques. Comme il y aurait eu danger à les transporter ainsi à découvert par les rues de la ville, on eut recours à la ruse : elles furent placées au fond d'un immense panier, et par-dessus on disposa plusieurs tranches de lard salé, afin que cette chair réputée immonde parmi les musulmans les détournât de toute espèce de perquisition. Arrivées à bord, on les enveloppa soigneusement dans plusieurs linges, puis on les hissa au milieu des voiles qui entourent la grande vergue, afin de les soustraire aux investigations des gens chargés de visiter les bâtiments en partance. Pendant la traversée le navire brava le vent et la tempête, car, dit la chronique, « saint Marc inspirait « sans cesse à l'équipage d'habiles manœuvres qui lui faisaient surmonter tous « les dangers. Lorsqu'ils prirent terre à Venise (21 janvier 829), la ville fut dans « l'allégresse; on se disait de toutes parts que la présence du saint allait assurer la « perpétuelle splendeur de la république, ce qui confirmait bien l'ancienne tradi- « tion que saint Marc, ayant jadis navigué sur la mer d'Aquilée et ayant touché « ces îles, avait eu une vision céleste qui lui avait prédit que ses restes repose-

« raient un jour sur cette terre alors inhabitée. Ce ne furent que fêtes, chants,
« musique et prières dans toute la cité ; on invoquait le saint pour qu'il prît sous
« sa protection la ville qui désormais devait être éternelle. Quand le corps véné-
« rable fut débarqué, tout le peuple alla au-devant de lui avec le clergé qui chan-
« tait des hymnes et faisait fumer l'encens. On reçut ce noble présent avec toute
« la dévotion possible ; il fut déposé dans la chapelle ducale, et le doge, qui
« mourut peu de temps après, laissa par son testament une somme considérable
« pour bâtir une église. » Dès ce moment l'image du saint devint l'emblème de la
république ; elle figura sur tous les monuments, sur les monnaies, sur les pavillons des vaisseaux ; *Vive saint Marc!* fut désormais le cri national que les Vénitiens firent entendre dans les combats, au milieu des séditions, ou durant les
réjouissances publiques.

Jean Participazio, resté seul en possession de l'autorité ducale après la mort de
son frère (830), eut un règne des plus agités : les pirates naventins firent de
nombreuses descentes dans les îles vénitiennes, et l'alarme devint si générale que
le doge dut se mettre à la tête de la flotte pour les repousser. Comme il retournait victorieux à Venise, il apprit qu'Obelerio, l'ancien doge exilé, venait de
débarquer à Vigiglia et menaçait de le précipiter du trône. Jean marche aussitôt
à sa rencontre, mais ses soldats, levés tous à Malamocco, patrie d'Obelerio, font
défection et passent à l'ennemi. Celui-ci ne sut pas profiter du moment favorable :
pendant qu'il hésitait, Participazio reçut de nouvelles troupes, l'attaqua, et se saisit
de sa personne. Obelerio eut la tête tranchée par la main du bourreau, et le
peuple traîna son cadavre dans la boue. Malgré son double triomphe, Participazio
ne tarda pas à éprouver à son tour la fureur du peuple. Attaqué dans son palais
par les partisans d'Obelerio, que guidait un homme de basse extraction, nommé
Carossio, il n'eut que le temps de fuir et se retira en France.

Une fois maître du palais, Carossio, profitant de la stupeur générale, s'empara
du pouvoir ; mais il ne le conserva pas longtemps : excités et soutenus par les
familles patriciennes, dont l'intérêt commun était de se défaire d'un tel chef, les
mécontents s'emparèrent de sa personne, lui crevèrent les yeux et l'exilèrent. Jean
fut rappelé ; mais de nouveau il se trouva exposé à l'animosité de ses adversaires.
Un jour, comme il assistait à l'office divin, des hommes du peuple l'assaillirent,
lui coupèrent la barbe et les cheveux, et le transportèrent à Grado, où il fut
enfermé dans un monastère (836).

Pour mettre fin à ces conspirations si souvent répétées, l'assemblée générale
aurait dû appeler au trône un homme énergique et ferme, à qui sa naissance et
ses précédents permissent d'imposer aux partis. Malheureusement elle fit choix
de Pierre Tradenigo, issu, il est vrai, d'une très-ancienne famille de la petite ville
de Pola, mais complètement dépourvu des qualités nécessaires. Tourmenté du
désir de se signaler dans la carrière des armes, Tradenigo, aussitôt après son
avénement, voulut, mais sans succès, diriger plusieurs expéditions contre les

pirates naventins ; de concert avec l'empereur d'Orient, il alla ensuite attaquer les Sarrasins qui ravageaient la Pouille, la Calabre et les environs de Rome. Ces expéditions infructueuses n'eurent d'autre résultat que d'appauvrir la nation et d'épuiser le trésor. Tant de revers successifs agitaient le peuple, et les places publiques étaient continuellement le théâtre de rixes sanglantes auxquelles prenaient part toutes les classes de citoyens. Six familles entre autres dirigeaient ces mouvements : d'une part, les Justiniani, les Polani, les Basi ; de l'autre, les Barbolani, les Selii et les Sevoli. Trop faible pour les contenir, Tradenigo périt victime de leurs fureurs : un jour qu'il se rendait avec son cortége à l'église de Saint-Zacharie, il fut massacré par une bande de sicaires. Après de vives poursuites, qui n'atteignirent qu'un très-petit nombre de coupables, on élut doge (864) Orso Participazio, petit-fils de celui qui avait si noblement acquis le surnom de sauveur de la patrie.

De concert avec l'empereur Charles-le-Chauve, Orso parvint à arrêter les progrès des Sarrasins en Italie et repoussa les corsaires dalmates ; mais son plus beau titre à la reconnaissance des Vénitiens fut d'avoir ramené le calme au sein de la république et de l'y avoir conservé pendant dix-sept ans. Son fils Jean, qui depuis longtemps avait été appelé à partager l'autorité ducale, lui succéda en 881 et détruisit en un instant l'œuvre de son père.

Accoutumés à occuper le poste le plus éminent de la république, les Participazio commençaient à ne plus regarder comme suffisante à leur gloire une dignité qui soumettait sans cesse leur sort au caprice des citoyens, et aspiraient à une position stable qui les dispensât de jamais descendre au rang de simples particuliers ; mais comme ils ne pouvaient la trouver à Venise, ils songèrent à se la procurer au dehors. Depuis l'avénement des Carlovingiens au trône d'Italie, l'exarchat de Ravenne avait été soumis à la puissance temporelle des papes, et il s'y était formé, comme dans toutes les autres provinces de l'empire, des fiefs qui avec le temps devinrent de vraies souverainetés sur lesquelles les papes ne conservèrent que le droit d'hommage et d'investiture. Le comté de Commacchio était de ce nombre : sa proximité de Venise, et peut-être aussi quelques sujets de mécontentement que le comte Marin, propriétaire de ce fief, avait donnés au saint-siége, décidèrent les Participazio à demander de lui être substitués. Jean VIII accueillit la proposition, et Orso fit partir pour Rome son frère Badouer ; mais le comte Marin dressa une embuscade sur la route, enleva son compétiteur et le retint prisonnier. Irrité de cet acte de violence, le doge attaqua Commacchio, et la saccagea de fond en comble. Chose étrange, et qui témoigne de l'ignorance de ces temps reculés, les Vénitiens célébrèrent cet odieux attentat comme s'il se fût agi d'une expédition entreprise dans l'intérêt public. Néanmoins, accablé d'infirmités, désespéré de n'avoir réussi dans aucune de ses entreprises, Jean Participazio déclara qu'il ne pouvait plus supporter le fardeau du gouvernement, et il abdiqua après six ans de règne.

Jeune, actif, éclairé, le nouveau doge, Pierre Candiano, réunissait toutes les qualités nécessaires au chef d'un État; mais la fortune se joua de toutes ses espérances. Au bout d'une année, il périt dans une expédition contre les pirates naventins, et eut ainsi l'honneur d'ouvrir la liste des doges morts en combattant pour la patrie. Les Vénitiens apprirent à la fois et la mort de Candiano et la ruine de leur flotte. Au milieu de la confusion occasionnée par ce douloureux événement, on ne put s'accorder sur le choix de son successeur, et Jean Participazio fut invité à occuper provisoirement le trône ducal.

Venise avait besoin d'un chef qui sût à la fois fermer ses plaies par une sage administration intérieure et rétablir l'honneur de ses armes par son génie guerrier; elle le trouva dans Pierre Tribuno, neveu de Candiano, qui fut élu en 888. Les douze premières années de ce règne furent on ne peut plus paisibles : le commerce, en revivifiant la marine, ramena l'abondance; de nouveaux remparts s'élevèrent; le port fut fermé par de fortes chaînes; le quartier d'Olivolo, hérissé de fortifications nouvelles, devint une espèce de citadelle et prit le nom de Castello. Encore une fois Venise se vit en état de combattre avec succès un nouvel essaim de Barbares qui vint fondre sur son territoire vers l'an 900; c'étaient les Hongres, sortis, comme les précédents, de la Pannonie.

La célébrité dont jouissait Venise, la richesse de ses habitants, ne pouvaient manquer d'attirer ces farouches déprédateurs. A peine arrivés sur les côtes de l'Adriatique, ils s'emparent de toutes les barques disponibles, s'y jettent tumultueusement, et, malgré leur ignorance dans l'art de la navigation, traversent la lagune : Citta-Nuova, Equilo, Copo d'Argere, Chiozza et toute cette chaîne d'îles qui protégent la lagune contre les empiétements de la mer, tombent en leur pouvoir. Encore un effort, et c'en est fait de Venise! Le doge, en cet instant suprême, appelle aux armes la population entière, l'encourage par sa fermeté et par le souvenir du désastre de l'armée de Pepin, puis, avec une flotte parfaitement organisée, il attaque ces hommes que dirige le seul instinct du pillage, les bat dans plusieurs rencontres successives, et enfin les force à se retirer en laissant la mer couverte de leurs débris. La nouvelle de cette victoire combla de joie les Vénitiens; et lorsque, deux ans après, la mort vint leur enlever Pierre Tribuno, les funérailles de ce sage et courageux magistrat furent un véritable deuil public.

Orso Participazio, nommé aussi Badouer, succéda immédiatement à Pierre Tribuno (912), dont il s'attacha à continuer la politique habile. Pendant les vingt années qu'il présida aux destinées de la république, il se montra prudent, modéré, plein de douceur et de piété. Il n'eut qu'un seul tort, celui d'abdiquer pour se retirer dans un monastère. Après Orso, Pierre Candiano II fut investi du souverain pouvoir (932). A l'exemple de son père, Candiano fit aux pirates naventins une guerre à outrance, toujours couronnée de succès. C'est sous son règne qu'eut lieu le singulier enlèvement des fiancées vénitiennes, dont le récit, consigné dans toutes les chroniques de la république, a si vivement impressionné l'imagination des poëtes et des artistes.

A Venise, d'après un usage antique, les mariages des nobles et des principaux citoyens se célébraient le même jour et dans la même église. La veille de la Purification, dès le matin, d'élégantes gondoles se dirigeaient de toutes parts vers Olivolo, petite île située à l'extrémité orientale de la ville, et où le chef du clergé (alors l'évêque, plus tard le patriarche), faisait sa résidence. Les jeunes couples y débarquaient au son des instruments de musique; tous leurs parents, tous leurs amis, en habits de fête, les accompagnaient; les présents faits à l'épouse, les joyaux, les bijoux, renfermés dans d'élégantes cassettes (*arcelle*), étaient portés en pompe; enfin, le peuple, se pressant en foule le long de la rive des Esclavons et dans les passages étroits qui débouchent vers Olivolo, suivait sans armes le joyeux cortége. Les pirates de l'Istrie résolurent de mettre la circonstance à profit. Le quartier situé derrière l'arsenal et tout près d'Olivolo n'était point habité; l'arsenal lui-même n'existait pas encore. Ces brigands abordèrent de nuit sur l'île déserte, et s'y cachèrent, eux et leurs barques. Au moment même où l'on célébrait le service divin, ils traversent le canal d'Olivolo avec la rapidité de l'éclair, s'élancent sur la plage, pénètrent le sabre à la main dans l'église, saisissent au pied de l'autel les vierges éplorées, et les entraînent vers leurs barques, où ils les entassent avec les précieuses *arcelle*; puis, ramant à coups redoublés, ils s'efforcent de regagner leurs ports. Le doge, qui assistait à la cérémonie, partagea la douleur et l'indignation des jeunes hommes à qui l'on venait d'enlever leurs épouses; tous s'élancent hors de l'église, et, parcourant les quartiers voisins, appellent le peuple à la vengeance. A leurs cris, les habitants de Santa-Maria-Formosa rassemblent quelques navires; le doge s'y jette avec les fiancés, et, un vent favorable gonflant leurs voiles, ils joignent les Istriotes dans les lagunes de Caorle. Pas un des ravisseurs n'échappa au massacre, tous furent précipités à la mer, et les belles Vénitiennes rentrèrent en triomphe dans l'église. Pour perpétuer le souvenir de cet événement, on établit la fête des Maries (*delle Marie*). Tous les ans, la veille de la Chandeleur, douze jeunes filles, magnifiquement parées, étaient conduites en cérémonie chez le doge et successivement chez les principaux citoyens, dans des gondoles qu'accompagnait un nombreux cortége. Après leur avoir fait ainsi parcourir la ville, on les réunissait dans une salle du palais, où on leur servait un festin somptueux. Candiano ne se contenta pas d'avoir châtié les pirates istriotes, il voulut purger complétement l'Adriatique des corsaires qui l'infestaient, et transmit à ses successeurs la poursuite de cette noble entreprise.

Pierre Badouer, qui après Candiano monta sur le trône ducal, mourut au bout de trois ans, et son administration ne fut marquée par aucun événement qui mérite d'être enregistré. Quelques historiens ont prétendu que ce fut sous ce règne que Venise commença à battre monnaie. C'est une erreur, car depuis longtemps la république avait la sienne, l'une des mieux fabriquées de l'Europe ; seulement, un traité conclu avec Béranger, roi d'Italie, autorisa la libre circulation de la monnaie vénitienne sur le continent[1].

La mort de Pierre Badouer fit rentrer la dignité ducale dans la maison des Candiani (942), en la personne de Pierre Candiano, troisième fils de Candiano II. Ce nouveau doge eut la douleur de voir son fils, qu'il avait appelé au partage du pouvoir, déshonorer son nom par les plus honteux excès, et sa conduite soulever l'indignation générale. Arrêté, jugé et condamné, cet insensé aurait porté sa tête sur l'échafaud si les larmes de son père n'eussent obtenu la commutation de la peine de mort en un bannissement perpétuel. Il se retira à Ravenne auprès d'Adalbert, fils de Béranger, roi d'Italie ; mais il s'y rendit plus criminel encore : des navires qu'il armait en course s'attaquaient de préférence aux bâtiments couverts du pavillon vénitien. Ce fut pour le cœur de son père un coup terrible ; il en mourut de désespoir. Pourra-t-on le croire ? ce même homme qui avait porté les armes contre sa patrie après y avoir au dedans fomenté les divisions, fut appelé par acclamations au trône ducal (952) ; trois cents gondoles allèrent à Ravenne pour lui porter la nouvelle de son élection et le ramener à Venise !

Ce retour inespéré de la faveur populaire parut avoir changé le caractère de Candiano : il gouverna d'abord avec sagesse et modération ; mais son naturel ne pouvait se plier à une trop longue contrainte. L'Italie venait de passer sous la domination saxonne ; le succès de ses négociations auprès du nouveau chef (Othon Ier) décida Candiano à lever le masque. Dégoûté de sa femme, il la répudia ; gêné par le fils qu'il en avait eu, il le fit enfermer dans un monastère ; puis il épousa Valdrade, petite-fille de Béranger. Cette nouvelle alliance lui valut de grandes possessions en Italie, et, comme les autres princes de ce pays, il s'entoura d'une cour brillante de chevaliers et de vassaux. Enfin le peuple, qui ne pouvait tolérer ce faste presque royal, se révolta ; et comme le palais était trop bien gardé pour être enlevé d'assaut, il y mit le feu. Lorsque Candiano vit l'incendie s'étendre et toutes les issues se fermer devant lui, l'idée lui vint de prendre dans ses bras un de ses fils encore enfant et de se présenter à la multitude en implorant sa pitié. Vaines prières ! on les massacra l'un et l'autre impitoyablement, et leurs corps furent jetés à la voirie (976). Assez heureuse pour s'échapper, sa veuve se réfugia auprès d'Adelheid, épouse d'Othon.

Les excès qu'on avait eu à reprocher au dernier doge déterminèrent tous les suffrages en faveur d'un homme d'un caractère entièrement opposé, Pierre Urseolo, non moins recommandable par ses grandes richesses que par ses mœurs

---

[1]. Il existe encore des monnaies vénitiennes des IXe et Xe siècles ; d'un côté elles portent l'empreinte d'une croix, et autour cette inscription : *Christus imperat* ; de l'autre, une espèce d'ornement très-bizarre, avec ce mot : *Venetia*. La plupart des monnaies postérieures ont, d'un côté, l'image du Sauveur assis sur un trône, avec les lettres initiales de son nom, de l'autre un saint Marc qui donne un étendard au doge, avec le nom du doge régnant et cette légende : *Sanctus Marcus Venetiarum*.

douces et pieuses. Urseolo déploya une sagesse rare; il consacra une partie de son immense fortune à faire rebâtir l'église de Saint-Marc et le palais ducal détruits par le dernier incendie; mais, après deux ans de règne, dégoûté d'une dignité qu'il n'avait acceptée qu'avec répugnance, il se déroba à l'amour de son peuple et alla s'enfermer dans une abbaye des Pyrénées, voisine de Perpignan, où il finit ses jours sous l'habit monastique. Son successeur imita cet exemple : c'était Vital Candiano, frère de l'avant-dernier doge, et son règne très-court ne présenta, au reste, rien de remarquable.

Le tribun Memmo, homme d'une incapacité notoire, mais possesseur d'une immense fortune, remplaça Vital Candiano (979). Son administration fut très-orageuse, parce qu'il manquait de l'influence nécessaire pour contenir dans l'ordre deux familles puissantes dont les inimitiés divisaient la république, et qu'on désignait par les surnoms dérisoires de *Morosini* et de *Caloprini*[1]. Chez des gens impétueux, qui croyaient que les faibles et les lâches seuls confiaient aux tribunaux le soin de défendre leur honneur, la querelle de deux individus était bientôt devenue celle de leurs proches, puis une guerre civile. Les Morosini ayant obtenu l'avantage, leurs adversaires se réfugièrent sur le continent, et allèrent implorer la protection d'Othon II. Accueillis avec complaisance par ce monarque, dont la secrète ambition était de s'emparer de toute l'Italie, ils n'eurent pas de peine à le décider à attaquer Venise. Par suite de leurs perfides conseils, la lagune fut étroitement investie, et les Vénitiens, privés de toute communication, songeaient déjà à se rendre lorsqu'une maladie violente emporta leur ennemi. Les hostilités cessèrent, et, sur les instances de la veuve d'Othon, les Caloprini obtinrent la grâce de rentrer dans leur patrie. Mais à peine s'étaient-ils assis à leurs foyers, qu'on les accusa, non sans motifs, d'avoir été traîtres à leur patrie; et ces récriminations ayant excité la fureur populaire, en un seul jour trois d'entre eux furent assassinés. La vue de leurs cadavres transportés dans les rues par leurs partisans, les discours prononcés par ces derniers contre les Morosini, instigateurs du meurtre, produisirent une réaction soudaine, et l'on s'en prit au doge, dont la faiblesse laissait impunis de tels attentats. Docile à la voix du peuple, Memmo signa son abdication et se retira dans un cloître (991).

Jusqu'ici nous avons vu les Vénitiens concentrer toute leur activité dans des travaux d'organisation intérieure; les soins de leur commerce et surtout leurs luttes intestines les ont préoccupés outre mesure, et si quelquefois ils ont porté leurs armes à l'extérieur, ce n'a été que pour repousser des pirates ou défendre leur indépendance menacée. Leur horizon va s'agrandir : tourmentés par le besoin d'expansion, ils vont entreprendre des conquêtes lointaines; au lieu de quel-

---

1. Ces noms sont grecs : Μωρξαινοι et Καλοπρηνος, avec la prononciation des Grecs modernes, se liraient : Morosini et Caloprinis; ils signifient les *hôtes* et les *compagnons des sots*, et les gens qui se prosternent bien. Peut-être ces surnoms sont-ils équivalents à ceux de flatteurs et de dupes que se donnaient les deux partis; peut-être sont-ils plus anciens que leur discorde, et dès cette époque étaient-ils changés en noms de famille. (SISMONDI.)

ques îles chétives, ce seront de vastes provinces, des royaumes entiers qu'ils asserviront à leurs lois, qu'ils soumettront à leur empire. Le dogat d'Urseolo II, fils de ce pieux doge qui, le premier, se retira dans un cloître, fut l'inauguration de cette ère nouvelle (991).

En partageant le monde romain, Théodose avait annexé la côte orientale de l'Adriatique à l'empire de Constantinople; ce partage fut bientôt annulé par l'invasion des Barbares. Après avoir inondé l'Illyrie, des conquérants de race esclavonne y fondèrent deux royaumes indépendants et ennemis de Byzance, celui de Croatie au nord, celui de Dalmatie au midi, ne laissant aux Grecs qu'un petit nombre de places situées au bord de la mer; et ceux-ci, qui n'avaient pas assez de troupes pour y tenir garnison, accordèrent aux habitants le droit de porter les armes, avec celui d'élire leurs magistrats. Leur ayant ainsi donné une patrie et les moyens de la défendre, ils se crurent dispensés de les protéger. Les villes maritimes de l'Istrie, qui relevaient de l'empire d'Occident, n'étaient guère moins indépendantes; en sorte que toute la côte illyrienne était parsemée de républiques naissantes qui, à cause de leur faiblesse, se trouvaient exposées aux incursions fréquentes des Barbares, des Naventins surtout, dont l'audace montait à un degré excessif. Afin de résister efficacement à ces continuelles attaques, toutes les villes de l'Adriatique formèrent une espèce de ligue qui concentrait dans la main d'un seul chef leurs forces disséminées, et afin de donner plus de consistance à leur confédération, elles offrirent à la république d'en prendre la direction suprême. Le doge y accéda, mais sous la condition que les magistrats des villes confédérées prêteraient foi et hommage, et que leurs troupes marcheraient sous les drapeaux vénitiens contre l'ennemi commun.

Politique habile, Urseolo profita de l'occasion qu'on lui offrait d'illustrer son gouvernement par un tel accroissement de puissance. Ayant assemblé en toute diligence des troupes et des navires, il sortit des lagunes à la tête de la flotte la plus considérable que la république eût encore armée (997), et se dirigea d'abord sur Pola, où il reçut successivement l'hommage des magistrats de Parenzo, de Trieste, de Pirano, d'Isola, d'Emone, de Rovigno, de Numago, de toutes les villes maritimes de l'Istrie. Après avoir réuni à son armée les renforts que ces villes lui envoyèrent, il se rendit à Zara, la plus ancienne alliée qu'eussent les Vénitiens dans la Dalmatie, et y reçut également l'hommage des villes de cette contrée : Salone, Sebenigo, Spalatro, Traou, None, Belgrade, Almisa et Raguse; les îles de Coronata, Pago, Ossero, Lissa, Brazza, Arbo et Cherso suivirent leur exemple. Enfin, à l'exception de Corzola et de Lezina, qui s'allièrent aux Naventins plutôt que de renoncer à leur indépendance, toute la côte illyrienne reconnut volontairement l'autorité immédiate de Venise.

Le doge n'hésita pas un seul instant à attaquer les deux villes rebelles : Corzola était sans défense, elle fut emportée sans difficulté; Lezina, le principal repaire des Naventins, passait pour inexpugnable, à cause de sa position escarpée. Le port en fut étroitement bloqué par la flotte, tandis qu'à l'aide d'échelles les troupes de terre gravissaient résolument les rochers et les murailles. La garnison se rendit à discrétion, et ne dut la vie qu'à la générosité du vainqueur. La prise de Lezina laissait le golfe de Naventa sans défense, aussi les Vénitiens eurent-ils bon marché du reste du pays; ceux des habitants qui échappèrent au carnage se mirent à la merci d'Urseolo, qui ne leur accorda la paix qu'aux plus dures conditions, et après les avoir réduits à un tel état de faiblesse qu'ils ne purent jamais s'en relever ni renouveler leurs brigandages.

Cette victoire mit fin à la lutte qui depuis plus de cent cinquante ans existait entre les Naventins et Venise; mais l'alliance qui l'avait procurée fut plus profitable encore à la république. Toutes les villes confédérées durent accepter, non plus le simple protectorat, mais la domination de Venise : on envoya dans chacune d'elles un magistrat qui, sous le titre de *Podestat*, les gouvernait au nom de la république, et l'assemblée, d'accord avec le peuple, invita le doge à prendre désormais le titre de *duc de Venise et de Dalmatie*. Ainsi s'accomplit cette conquête ou, si l'on veut, cette première annexion de territoire.

Urseolo ne chercha pas à exploiter sa gloire ; au contraire, il employa les loisirs de la paix à rendre de nouveaux services à sa patrie. A l'exemple de son père, il consacra une partie de sa fortune à élever des monuments publics : Grado et Héraclée lui durent la restauration de plusieurs de leurs édifices, et lorsque Othon III vint à Venise visiter le tombeau de saint Marc, il sut obtenir de l'empereur, outre de nouvelles franchises pour le commerce vénitien, une délimitation plus précise des possessions de la république. On ne le vit pas, comme le plus grand nombre de ses prédécesseurs, chercher à rendre héréditaire dans sa famille le pouvoir suprême ; mais le peuple alla au-devant de ses scrupules en lui désignant pour collègue son fils aîné, qui venait d'épouser la nièce de deux empereurs de Constantinople. Malheureusement sa succession ne fut pas dévolue à ce fils privilégié : une peste affreuse qui désola Venise l'enleva prématurément à l'affection de son père et de ses concitoyens. Quoique déjà avancé en âge, Urseolo ne se laissa pas abattre par la douleur ; sa générosité, ses soins affectueux, l'activité de son administration, lui acquirent de nouveaux droits à une éternelle reconnaissance; et cependant, comme s'il ne croyait pas avoir encore assez fait, en mourant il légua à sa patrie la plus grande partie de sa fortune. Son second fils, Othon Urseolo, filleul de l'empereur d'Occident, fut élevé au dogat par les suffrages unanimes de la nation (1006).

Héritier des vertus de son père, Othon Urseolo voulut continuer son ouvrage; tout d'ailleurs semblait concourir à donner à son règne une grande stabilité. Il avait épousé une princesse hongroise, la sœur de saint Étienne de Hongrie ; il était parent de l'empereur Henri, et son frère occupait le siége patriarcal de Grado. Un de ses premiers actes fut de chasser les habitants d'Adria du territoire de Loredo, qui appartenait à la république et sur lequel ceux-ci élevaient des prétentions; il délivra la Dalmatie de l'invasion des Croates, et s'acquit une vaste influence par la sagesse de son administration. Une conduite si digne d'éloges ne put cependant le protéger contre les entreprises des factions. Dominique Flabenigo, issu d'une famille patricienne, avait depuis longtemps organisé contre les Urseolo un parti puissant qui les accusait d'aspirer à la tyrannie et leur suscitait de nombreux ennemis. Lorsque les esprits furent suffisamment préparés, les conjurés pénétrèrent dans le palais ducal, s'emparèrent du doge, lui rasèrent la barbe et les cheveux, et le forcèrent de s'exiler (1026). Faut-il le dire? la population entière de Venise laissa tranquillement s'accomplir un si odieux attentat.

Dominique Flabenigo ne recueillit pas les fruits d'une révolution qu'il avait excitée : les suffrages publics déférèrent la couronne ducale à Pierre Centranigo, de la famille des Barbolani. Centranigo était assurément digne d'un tel honneur; mais les circonstances donnaient à sa promotion tout l'odieux des insurrections les plus coupables; d'ailleurs un grand nombre de citoyens, justement indignés du traitement qu'on venait d'infliger à l'un des meilleurs doges qu'avait eus la république, voyaient avec chagrin sa place occupée par un autre. Centranigo crut pouvoir, par ses services, effacer de fâcheuses préventions; mais sa modération, non plus que sa fermeté, ne parvinrent à le rendre populaire. A l'instigation de l'archevêque de Grado, il se forma une conspiration contre lui. Les conjurés s'emparèrent de sa personne, et, après lui avoir coupé la barbe et les cheveux, l'enfermèrent dans un cloître. Pour compléter le succès des partisans d'Urseolo, il ne leur manquait plus que d'obtenir sa réinstallation : elle ne se fit pas longtemps attendre, et des envoyés vinrent la lui annoncer à Constantinople.

En attendant le retour de son frère, l'archevêque de Grado avait pris en main le gouvernement de la république. Profitant de son éphémère autorité, il exila Dominique Flabenigo et le fit déclarer traître à la patrie; il aurait exécuté d'autres projets encore, si les personnages chargés de ramener Othon Urseolo n'eussent apporté la nouvelle de sa mort. Dans la crainte de quelque violente réaction, le prélat sortit précipitamment de Venise et regagna sa ville épiscopale. Le peuple se préparait donc à se donner un autre doge, lorsque le troisième frère d'Othon, Dominique Urseolo, accompagné d'un grand nombre de ses partisans, tous armés, se précipite sur la place publique, et, sans consulter le vœu de la nation, s'empare de la couronne ducale comme d'un patrimoine. Une telle audace fut suivie d'un prompt châtiment. Assailli dans le palais, l'usurpateur eut un instant la pensée de se défendre; mais lorsqu'il vit la population tout entière soulevée contre lui, il s'enfuit à Ravenne, où il mourut peu de temps après.

Ces troubles avaient fait une pénible impression sur les principaux habitants de Venise. Afin d'en prévenir le retour, ils résolurent d'appeler au pouvoir Dominique Flabenigo, celui-là même qui, six mois auparavant, avait été déclaré traître à la patrie. Poussé par sa haine contre une famille rivale, le nouveau doge inaugura son règne en demandant la proscription à perpétuité des Urseolo. L'assemblée générale y souscrivit, car le souvenir des services rendus par ces derniers avait disparu sous la crainte et le ressentiment. Non encore rassuré contre les envahissements de l'aristocratie, Flabenigo fit rendre une loi qui interdit à l'avenir toute désignation d'un successeur avant la mort du doge régnant, et qui soumettait celui-ci au contrôle de deux conseillers[1], loi éminemment utile et qui préservait l'indépendance vénitienne des graves attentats dont nous l'avons vue si souvent menacée depuis l'institution du dogat. L'assemblée générale avait reconnu, du vivant même des titulaires, douze héritiers, fils ou frères, aptes à leur succéder; un plus grand nombre encore de prétendants s'étaient associés au pouvoir sans le consentement de la nation : Flabenigo eut la gloire d'abolir cette funeste coutume.

Après la mort de ce doge, les suffrages se portèrent sur Dominique Contarini, homme aussi recommandable par sa naissance que par la sagesse de son caractère (1044). Sous lui l'État ne subit aucun changement important. Des mesures antérieures avaient fixé les rapports de Venise avec le reste de l'Italie, tandis que sa constitution intérieure s'était solidement établie. Les tribuns, qui naguère encore formaient les cours de justice, furent insensiblement remplacés par de véritables juges (*judices*); et si le doge devait sanctionner leurs jugements, ce n'était plus que dans de rares exceptions qu'il conservait le droit de les casser. Ainsi restreint dans l'exercice du pouvoir, dépouillé du libre arbitre en affaires d'État, ce magistrat suprême cessa d'assumer sur lui la responsabilité des actes du gouvernement. La tâche de Contarini se borna à réprimer les tentatives à main armée du patriarche d'Aquilée contre le territoire de Grado, et à faire rentrer dans le devoir la ville de Zara, qui, à l'instigation du roi des Croates, avait cherché à se soustraire au joug de la république.

Dominique Silvio (1069) fut élu le jour même des funérailles de son prédécesseur. De concert avec l'empereur Alexis Comnène, il fit la guerre aux Normands ou Danois, récemment établis en Sicile, dans la Pouille et en Calabre, et qui inspiraient à Venise les craintes les plus vives. Malheureusement la victoire ne seconda pas toujours les efforts de Silvio : vainqueur dans une première rencontre, il essuya une défaite complète devant Durazzo. Les Vénitiens, accoutumés à voir leurs armes victorieuses, l'accusèrent d'être l'auteur du désastre, le déposèrent, et mirent à sa place Vital Faliero (1084).

La guerre contre les Normands continua sans plus de succès; mais le nouveau doge tira parti de cette démonstration faite par la république en faveur de Constantinople, pour obtenir la reconnaissance solennelle de la prise de possession de la Dalmatie et renouveler le traité d'alliance qui accordait aux Vénitiens la libre entrée dans tous les ports de l'empire d'Orient. C'était le prélude des grandes conquêtes que Venise devait réaliser plus tard aux dépens de cet empire.

Nous l'avons dit dans notre courte introduction, lorsque l'Europe entière,

---

1. A. DANDULI, *Chronicon*, lib. IX, cap. VI, pars 5. — MARIN, vol. II, pag. 286.

poussée par le pape Urbain III, se précipita en armes sur l'Asie pour délivrer le tombeau du Christ, Venise prit une large part à ces entreprises, où elle était excitée par la défense de ses intérêts les plus chers et les plus positifs. Les Turcs avaient envahi en Asie les contrées et les cités avec lesquelles la république faisait un commerce très-avantageux ; ils menaçaient même de pousser leurs conquêtes jusque dans l'Archipel, et d'asservir les Grecs et les Sarrasins, ce qui ne lui aurait laissé aucun marché libre dans tout l'Orient. Les Vénitiens devaient même se préparer à défendre leurs propres foyers, car déjà les Sarrasins avaient infesté la mer Adriatique, et les Turcs pouvaient y paraître à leur tour. Ils transportèrent donc avec empressement, mais non sans salaire, les croisés aux rivages de l'Asie, et se chargèrent du soin de les approvisionner ; puis, unissant le commerce à l'art militaire, ils rapportèrent de riches cargaisons sur les mêmes navires avec lesquels ils combattaient les infidèles. André Dandolo assure que la flotte qui accompagna la première croisade se composait de deux cents voiles; elle était commandée par le fils du nouveau doge, Vital Michieli, qui avait succédé à Faliero en 1098.

Avant de se rendre à leur destination, les Vénitiens enlevèrent aux caloyers grecs les reliques de saint Nicolas, dans la petite île de ce nom ; ils livrèrent aussi sur les côtes de Rhodes une sanglante bataille à la flotte pisane, et lorsqu'ils furent arrivés devant Smyrne ils quittèrent leurs navires pour piller et saccager cette ville. Après ces expéditions, fort peu d'accord avec la sainteté de l'entreprise commune, ils vinrent enfin bloquer Jaffa, qu'assiégeaient du côté de terre les troupes de Godefroy de Bouillon, et contribuèrent puissamment à la prise de cette place ; dans la campagne suivante (1102), ils concoururent aux siéges d'Ascalon et de Caïpha ; enfin, en 1104, sous le règne du doge Ordelafo Faliero, successeur de Vital Michieli, les Vénitiens avaient rendu de si grands services aux chrétiens d'Orient que Baudouin, roi de Jérusalem, leur abandonna un quartier de Ptolémaïs (Saint-Jean-d'Acre) avec le privilége de commercer en franchise dans toute l'étendue du nouveau royaume. Les Pisans et les Génois, qui avaient également prêté aux croisés le secours de leurs navires, reçurent des priviléges analogues. Telle est la source des haines et des rivalités qui armèrent l'une contre l'autre les trois républiques.

La prospérité des Vénitiens avait aussi excité de vives inimitiés sur d'autres points. Les Padouans ne voyaient pas sans un secret dépit un État florissant s'élever sur ces mêmes lagunes qui leur avaient autrefois appartenu ; profitant de l'absence de la flotte vénitienne, ils envahirent quelques portions du littoral ; mais, vigoureusement repoussés, ils furent bientôt obligés de renoncer à leur entreprise. Plus heureux dans une attaque dirigée contre la Dalmatie, le roi de Hongrie battit les Vénitiens sous les murs de Zara, et pendant cinq ans il tint la république en échec sur ce point. La lutte fut si rude que les principaux officiers de l'armée vénitienne et le doge lui-même périrent dans cette campagne. Vers ce même temps, un effroyable incendie ravagea les principaux quartiers de

Venise, et Malamocco, bouleversée par les flots de la mer, fut abandonnée de ses habitants.

Ces désastres ne découragèrent point les Vénitiens; lorsqu'on apprit en Europe les succès que les musulmans avaient obtenus sur les chrétiens et la captivité de Baudouin, roi de Jérusalem, ils furent les premiers à porter secours aux généreux défenseurs de la foi. Le doge Dominique Michieli, successeur d'Ordelafe Faliero (1117), prit lui-même le commandement de la flotte qui devait opérer sur les côtes de Syrie. Bientôt Jaffa, Tyr, Ascalon, rentrèrent au pouvoir du roi de Jérusalem. A titre d'indemnité, ainsi qu'ils l'avaient stipulé d'avance, les Vénitiens obtinrent « le tiers de chacune des trois villes nouvellement conquises, et « dans toutes les autres une rue entière avec un bain, un four, un marché et « une église; les marchandises transportées en Asie par les navires vénitiens « furent exemptes de tous droits, et les sujets de la république résidents affranchis « d'impôts. » (1124)

La puissance de Venise était en Orient la moins dépendante de toutes ; ce fut précisément ce qui la rendit bientôt intolérable aux Grecs : ces derniers n'avaient pas besoin maintenant de son secours contre les Normands, et les priviléges dont elle jouissait leur étaient devenus un fardeau doublement pesant, parce qu'ils détruisaient ou affaiblissaient leur propre commerce. Jean Comnène, alors empereur de Constantinople, donna donc l'ordre d'arrêter les vaisseaux vénitiens dans tous les ports de ses États jusqu'à ce que la république eût satisfait aux plaintes qu'excitait la conduite de ses citoyens ; en même temps il décidait le roi Étienne à s'emparer de nouveau de la Dalmatie.

Au moment de cette double déclaration de guerre, Dominique Michieli se trouvait encore à la tête de la flotte qui venait de soumettre avec tant d'éclat les villes maritimes de la Syrie; il la conduisit devant Rhodes, et après avoir enlevé la place il la livra au pillage (1125). Il cingla ensuite vers Scio, dont il s'empara également et où il fit hiverner ses navires. Au printemps suivant, il saccagea les îles de Samos, de Mitylène et d'Andros, tenta une descente en Morée, et reprit la Dalmatie aux Hongrois. Dominique Michieli ne survécut pas longtemps à ses succès; il était depuis un an à peine de retour à Venise, lorsqu'une maladie violente l'enleva à l'estime de ses concitoyens (1128). La république n'avait pas encore eu de doge qui se fût montré avec autant d'éclat à l'étranger, et qui eût maintenu à l'intérieur une paix plus profonde [1].

Pierre Polani, gendre de Dominique Michieli, fut appelé à lui succéder (1130); mais aucun acte important ne signala son règne. Immédiatement après son avénement au trône, il eut à soutenir contre les Pisans, toujours jaloux de la prospérité

---

1. Les funérailles de Dominique Michieli se firent avec une grande pompe à Saint-George-Majeur, et une épithaphe a transmis à la postérité le souvenir de sa gloire. On y lit entre autres louanges celle-ci : « *Terror Græcorum jacet hic et laus Venetorum, interitus Syriæ, mæror et Hungariæ; donec enim vixit patria tuta fuit.* »

de Venise, une lutte assez vive que l'intervention du pape Célestin II parvint à terminer heureusement. En 1143, il battit les Padouans, qui avaient entrepris de rendre la Brenta inaccessible aux navires marchands de la république, et cinq ans après il signa avec l'empereur de Constantinople un traité d'alliance qui obligeait sa patrie à des armements considérables et à poursuivre de concert avec la flotte impériale les Normands qui infestaient toutes les côtes de la Méditerranée. Les Vénitiens battirent en plusieurs rencontres ces intrépides marins, s'emparèrent de Corfou, ravagèrent la Sicile, et ne suspendirent leurs expéditions que parce que Roger, roi de cette île, leur offrit de grands avantages pour leur commerce dans ses États. L'empereur d'Orient n'était pas resté en arrière, car déjà il leur avait accordé la libre fréquentation des îles de Chypre et de Crète. Ainsi, dans cette circonstance, la république gagna des deux côtés : les vainqueurs et les vaincus la défrayèrent largement de ses dépenses.

La guerre durait encore lorsque Pierre Polani mourut (janvier 1148); Dominique Morosini, l'un des chefs qui avaient servi avec le plus de distinction dans la campagne de Syrie, le remplaça. Les huit années du regne de ce doge furent employées à réprimer les incursions de quelques pirates d'Ancône et l'insurrection de plusieurs villes de l'Istrie; il donna aussi plus d'extension au traité précédemment conclu avec les Normands de la Sicile, et de nouveau il isola complétement Venise de l'empire d'Orient.

Vital Michieli, qui succéda à Morosini (1156), subit les conséquences de cette mauvaise politique. En premier lieu, Venise se trouva mêlée à la lutte religieuse qui divisait l'Italie, à propos du double pontificat d'Alexandre III et de Victor IV. Tous les droits étaient en faveur du premier; mais, jaloux d'exercer plus d'ascendant sur la cour de Rome, l'empereur d'Occident, Frédéric Barberousse, soutetenait avec force les prétentions de Victor, que partout on appelait l'*anti-pape*. Par haine contre l'empereur, les Vénitiens se rangèrent du côté d'Alexandre III. Le patriarche d'Aquilée, qui s'était déclaré en faveur de Victor, profita de ce conflit pour attaquer brusquement l'île de Grado, saccager la ville, incendier le palais de l'archevêque, et profaner même la cathédrale. C'est ainsi qu'il entendait revendiquer ses prétendus droits sur ce siége. A la nouvelle de cette insolente agression, Vital Michieli ordonne l'armement de la flotte, se met à la tête de l'armée navale, et parvient à bloquer les ennemis sur le théâtre même de leurs dévastations. Aucun n'échappa à la vigilance des croisières, pas même le prélat et douze de ses chanoines. On leur rendit la liberté, mais en leur imposant un tribut des plus humiliants, et destiné à devenir pour la populace un objet éternel de dérision : tous les ans, le jeudi gras, le chapitre dut envoyer à Venise un taureau et douze porcs. On promenait en pompe ces animaux dans la ville, puis on leur coupait la tête en présence du doge, et l'on en distribuait les quartiers aux principaux officiers de la république. Cette fête populaire, destinée à entretenir la haine et le mépris pour le patriarche d'Aquilée, se perpétua jusqu'au siècle dernier.

Les Vénitiens ne sortirent pas avec le même succès de la lutte que, par leur imprévoyance, ils eurent à soutenir contre l'empereur d'Orient. Le traité d'alliance conclu entre la république et les Normands avait rendu ceux-ci plus audacieux, et de nouveau ils saccagèrent les îles de l'Archipel et les rives du Bosphore. Manuel Comnène invita les Vénitiens à se réunir à lui pour chasser les pirates, comme ils l'avaient fait précédemment ; mais les choses étaient changées, et ils refusèrent à l'empereur toute espèce de concours. Sur ce refus, Manuel fit saisir les navires vénitiens qui se trouvaient dans les ports de l'empire, et jeter dans les fers tous les résidents sujets de la république. Une si flagrante violation du droit des gens souleva des cris de vengeance ; tout le monde mit la main à l'œuvre pour armer la flotte : en moins de trois mois, cent vingt galères se trouvèrent prêtes à prendre la mer. Les familles les plus illustres voulurent participer directement à l'expédition ; celle des Justiniani, entre autres, marcha tout entière, au nombre de cent combattants, et le doge fit arborer son pavillon sur la galère capitane.

Les Vénitiens se portèrent sur les côtes de la Dalmatie, afin de reprendre les places dont l'empereur s'était emparé ; puis ils allèrent attaquer Négrepont, qui ne se défendit pas, et où ils apprirent, à leur grande surprise, que l'empereur ne faisait aucune disposition pour repousser leurs hostilités, et montrait un grand désir de terminer à l'amiable le différend. Michieli crut à ces feintes protestations, et envoya des ambassadeurs à Constantinople, tandis qu'il ralliait sa flotte dans la rade de Scio. Les négociations traînèrent en longueur ; on eût dit que l'empereur n'avait d'autre but que de lasser la patience des envoyés de la république. Enfin, ses interminables lenteurs produisirent le résultat qu'il attendait : la peste atteignit les équipages vénitiens qu'elle décima, et alors les Grecs prirent l'offensive. Privé de ses meilleures troupes, le doge n'osa pas les attendre ; il eut la douleur de ne ramener à Venise que quelques misérables débris de sa flotte, et d'apporter dans sa patrie le germe de l'affreuse maladie qui avait moissonné ses équipages. Le peuple, furieux, l'accusa de trahison, s'assembla devant le palais ducal, et massacra impitoyablement celui à qui l'on pouvait tout au plus reprocher une fatale indécision. Loin de remédier au mal, cet assassinat mit le comble au trouble et à la désolation : ici, des familles éplorées gémissaient sur la perte de leurs enfants ; là, des partisans de Michieli étaient exposés aux outrages de la multitude ; partout enfin la peste sévissait avec une effrayante activité. Ce fut pourtant de cette confusion que sortirent les premiers germes d'une réforme salutaire dans la constitution de l'État.

Durant les deux derniers siècles, les fortunes avaient acquis à Venise un développement considérable ; aussi toutes les familles aisées s'alarmaient de plus en plus des luttes occasionnées pour la possession du pouvoir : elles résolurent d'en prévenir à jamais le retour. Depuis l'institution des doges, douze d'entre eux avaient essayé de rendre cette dignité héréditaire dans leur famille ; on en comptait cinq qui avaient été forcés d'abdiquer, neuf exilés ou déposés, cinq bannis avec les yeux crevés, et cinq massacrés. Pour établir l'équilibre, il fallait d'un côté renfermer les attributions du pouvoir dans de justes limites, de l'autre empêcher le peuple d'exercer à sa guise la puissance souveraine. Voici comment on y pourvut.

Jusqu'ici les élections s'étaient faites directement par le peuple assemblé en *concione*, quelquefois même par acclamation seulement. La fin tragique de Vital Michieli, et surtout les circonstances désastreuses où se trouvait la république, rendaient difficile le choix de son successeur. Au milieu de l'anarchie régnante, le corps judiciaire dit de la *quarantie*, parce qu'il était composé de quarante membres, se crut assez fort pour réformer la constitution. Il décréta qu'à l'avenir chacun des six quartiers (*sex tieri*) de la ville nommerait tous les ans douze électeurs, et que ces douze électeurs réunis choisiraient parmi les citoyens de toute classe quatre cent soixante-dix personnes qui, sous le nom de *grand conseil*, représenteraient la nation dans les affaires importantes. L'autorité ducale fut limitée par l'établissement d'un conseil particulier composé de six membres nommés par le grand conseil, sans l'avis ni l'approbation duquel le doge ne pouvait rien faire; enfin on institua un autre corps politique composé de soixante membres pris dans le sein du grand conseil, et renouvelés aussi annuellement. Ce corps, auquel on donna le nom de *sénat*, existait déjà depuis plus d'un siècle sous une autre forme et avec le titre de conseil des *pregadi* (*des priés*), car en 1052 le doge régnant, soit par un mouvement spontané, soit par la force des circonstances, s'était adjoint soixante citoyens notables qu'il *invitait* à venir conférer avec lui sur les affaires importantes, et l'autorité de l'assemblée générale en avait été considérablement amoindrie. Au lieu d'être un simple conseil facultatif du prince, le sénat devint une espèce de commission permanente déléguée par le grand conseil pour l'expédition des affaires qui ne nécessitaient pas l'intervention de l'assemblée générale; dans la suite, il se rendit même tout à fait indépendant.

Le peuple approuva ces modifications ou ne s'y opposa pas, et sur-le-champ le grand conseil, le sénat et le conseil du doge entrèrent en fonctions. Restait l'élection du magistrat suprême, qui appartenait de droit à l'*arrengo*, c'est-à-dire au peuple assemblé; mais, afin d'éviter les dangers d'une élection populaire, on en confia, pour *cette fois seulement*, le choix à onze électeurs. Ce même peuple que déjà l'on venait d'éloigner indirectement des affaires, ne réclama point, et il paraît que depuis lors l'assemblée populaire ne fut que très-rarement consultée. Le choix des onze électeurs tomba d'abord sur Orio Malipier, qui refusa; ensuite sur Sébastiani Ziani, auquel on fit ratifier tous les changements qui venaient de s'accomplir (1172).

Les querelles du saint-siége avec l'empereur d'Occident duraient encore. Alexandre III, chassé de Rome par Frédéric Barberousse et dépossédé momentanément du trône pontifical, était venu se réfugier à Venise, où il fut reçu avec empressement. Frédéric somma la république de lui livrer le fugitif ; mais, fidèles à une des maximes de leur invariable politique qui était d'empêcher, autant que cela dépendait d'eux, l'établissement de la puissance des empereurs dans leur voisinage, les Vénitiens repoussèrent sa demande. Aussitôt Barberousse fit équiper une flotte de soixante-quinze galères, dont il confia le commandement à Othon, son fils, avec l'ordre d'attaquer immédiatement et de saisir tout ce qu'il rencontrerait. Les Vénitiens n'avaient que quarante galères à lui opposer, mais elles étaient commandées par le doge, homme de mer habile, qui battit complétement la flotte impériale près du cap Salborno en Istrie et fit Othon prisonnier. Frédéric consentit à traiter de la paix ; il se rendit même à Venise pour se réconcilier avec le pape. Lorsque Alexandre vit à genoux devant lui ce prince qui depuis vingt ans le poursuivait d'asile en asile, il s'oublia jusqu'à lui poser le pied sur la tête en prononçant ces paroles du psalmiste : « Je marcherai sur l'aspic et le basilic, et « je foulerai le lion et le dragon. — Ce n'est pas devant toi que je m'humilie, « s'écria Frédéric, mais devant Pierre que tu représentes. — Devant moi comme « devant Pierre, » répliqua le pontife en appuyant le pied de nouveau.

Les services qu'ils venaient de lui rendre encouragèrent les Vénitiens à demander à Alexandre la souveraineté exclusive de l'Adriatique, où depuis deux cents ans ils étaient les maîtres de fait. Le pape reconnaissant la leur accorda, et en donnant au doge l'anneau qui était le symbole de toute investiture, il lui dit : « Recevez-le de moi comme une marque de l'empire de la mer ; vous et vos successeurs « épousez-la tous les ans, afin que la postérité sache que la mer vous appartient « et doit être soumise à votre république comme l'épouse l'est à son époux. » C'est pour perpétuer le souvenir de cette donation qu'à la fête du *Bucentaure*, qui depuis la conquête de la Dalmatie se célébrait annuellement, le jour de l'Ascension, l'on ajouta celle du mariage du doge avec la mer. Telle est aussi l'origine du droit que Venise s'arrogea sur les eaux de l'Adriatique, et qui ne lui fut contesté que lorsqu'elle ne put plus le défendre. Le traité de Constance suivit cette pacification, et en donnant la tranquillité à l'Italie il accrut l'influence de Venise.

A la mort de Ziani (1178), on changea encore la forme de l'élection : le grand conseil nomma quatre électeurs, ceux-ci en choisirent chacun dix ; et le doge fut élu par les quarante. C'est là le commencement du nouveau système d'élection qui, hérissé de combinaisons sans nombre, concentra la nomination du chef de l'État entre les mains du grand conseil. Le premier doge élu sous l'empire de ce nouveau règlement fut le même Orio Malipier qui six ans auparavant avait décliné cet honneur.

C'est sous le règne de Malipier qu'eut lieu la troisième croisade commandée par Philippe-Auguste, roi de France, et par Richard Cœur-de-Lion, roi d'Angleterre. Toujours prête à saisir l'occasion d'étendre son commerce, Venise envoya une flotte assiéger Ptolémaïs, que Guy de Lusignan, roi de Jérusalem, bloquait étroitement du côté de la terre. La ville ne capitula qu'après trois ans de siége, et les Vénitiens, rentrés en possession du quartier qui leur avait été précédemment accordé, revinrent triomphants en Europe. Malgré ces succès, Malipier ne voulut pas conserver la couronne ducale : dégoûté d'une autorité dont il avait été revêtu sans la désirer, il abdiqua pour se consacrer à la vie monastique (1192).

Henri Dandolo, l'un des plus grands hommes de la république et du moyen âge, fut appelé à remplacer Malipier. Ambassadeur à Constantinople, vingt ans auparavant, il avait eu les yeux crevés par ordre de l'empereur Comnène, outrage dont la république, épuisée par le désastre de Négrepont et par la peste, ne put tirer vengeance. Comnène était loin de se douter alors que ce vieillard aveugle entrerait un jour en vainqueur dans sa capitale! Dandolo, âgé de plus de quatre-vingts ans lorsqu'il monta sur le trône ducal, était un de ces caractères dont l'indomptable énergie pouvait seule dominer les hommes dans ces siècles de violence ; il avait d'ailleurs tout le génie politique que comportaient les lumières et la civilisation de son temps et de son pays : aussi les entreprises dans lesquelles il engagea la république furent-elles constamment glorieuses et utiles.

CHAPITRE V.

ETABLISSEMENT DES VENITIENS EN ORIENT. — FORMATION DU GOUVERNEMENT ARISTOCRATIQUE.

(1202-1319.)

Expédition contre Constantinople. — Avantages qu'en retirent les Vénitiens. — Guerre contre les Génois. — Divisions intérieures. — Le grand conseil déclaré héréditaire.

ERS la fin du XIIe siècle, la situation des chrétiens en Orient était gravement compromise ; plusieurs armées avaient inutilement succombé en voulant les secourir ; les musulmans occupaient Jérusalem, et le roi Lusignan était en leur pouvoir. Ces tristes événements décidèrent le pape Innocent III à organiser une nouvelle et formidable croisade, et à offrir la remise de tous péchés à quiconque ferait le service de Dieu un an en l'host. Cédant à l'éloquence entraînante de Foulques de Neuilly, les Français furent de tous les peuples de la chrétienté celui qui fournit le plus grand nombre de combattants. Baudouin, comte de Flandre, Louis, comte de Blois, Geoffroy, comte de Perche, Simon de Montfort, Matthieu de Montmorency, en étaient les principaux chefs.

Comme les Vénitiens étaient à cette époque la première puissance maritime de l'Europe, les chefs de la croisade s'adressèrent à eux pour effectuer le passage : Villehardouin, maréchal de Champagne, et cinq autres seigneurs, français, italiens et allemands, chargés de conclure cette importante affaire, trouvèrent le doge et son conseil on ne peut mieux disposés. Toutefois, Dandolo se refusant à prendre aucun engagement sans l'assentiment de la nation, les ambassadeurs furent convoqués en grande cérémonie sur la place Saint-Marc. Là, au milieu du peuple assemblé, Villehardouin, chargé de porter la parole, adressa au doge le discours suivant, qu'il nous a conservé dans son histoire :

« Seigneurs, les barons de France les plus hauts et les plus puissants nous ont

« envoyés vers vous ; ils vous crient merci : qu'il vous prenne pitié de Jérusalem « qui est en servage des Turcs, que pour Dieu vous veuillez les accompagner, afin « de venger la honte de Jésus-Christ ; ils ont fait choix de vous parce qu'ils savent « que nul n'est aussi puissant que vous sur la mer. Ils nous ont commandé de nous « jeter à vos pieds, de ne nous relever que lorsque vous nous aurez octroyé notre « demande et que vous aurez pris pitié de la Terre-Sainte d'outre-mer. » Le doge et le peuple s'écrièrent aussitôt : « Nous l'octroyons ! » Le traité fut signé et juré solennellement le lendemain.

Les Vénitiens s'engageaient à transporter en Égypte neuf mille écuyers, quatre mille cinq cents cavaliers avec leurs chevaux et vingt mille fantassins ; le prix du transport, y compris les subsistances, fut fixé à 85,000 marcs d'argent pur de Cologne, payés d'avance (soit 4,250,000 livres de France suivant M. Sismondi) ; quant à leur contingent particulier, ils devaient armer cinquante galères, à condition qu'ils auraient la moitié des conquêtes et du butin. Un an leur fut accordé pour faire les préparatifs.

L'année suivante (1202) les croisés arrivèrent à Venise, mais tous ne s'étaient pas rendus à l'appel : quelques chefs étaient morts, d'autres avaient pris une autre route ; de manière qu'il survint pour le paiement du prix convenu des difficultés que le doge sut encore faire tourner au profit de la république. Les croisés réunis n'avaient pu payer que la moitié de la somme ; Dandolo leur accorda un délai d'un an pour le reste, à condition qu'ils aideraient la république à soumettre Zara qui s'était donnée au roi de Hongrie, ainsi que quelques autres places de la Dalmatie et de l'Istrie révoltées. Les croisés ne demandaient pas mieux ; mais ils étaient retenus par la défense, émanée du souverain pontife, d'employer leurs armes ailleurs qu'en Terre-Sainte et surtout contre des chrétiens. Au moyen d'une distinction fort habile entre le pouvoir temporel et le pouvoir spirituel du pape, le doge leva leurs scrupules, et, quoique âgé de quatre-vingt-quatorze ans, il fut nommé généralissime des forces navales. Son fils, Vital, était amiral sous ses ordres ; le marquis de Montferrat commandait l'armée de terre.

Le 8 octobre 1202, la flotte fit voile pour Zara ; elle était composée des cinquante galères fournies et montées par les Vénitiens, de trois cent dix bâtiments de transport pour les troupes et les vivres, et de cent vingt palandres pour les chevaux ; en tout quatre cent quatre-vingts navires. Jamais armement si formidable n'était sorti de la lagune. Le doge, monté sur la capitane, coiffé du bonnet ducal orné de la croix, et l'étendard de Saint-Marc à la main, donna le signal du départ.

Malgré l'opposition du pape, qui menaçait les croisés d'excommunication, Zara fut enlevée après cinq jours d'assauts meurtriers. Le partage du butin mit aux prises les Vénitiens et leurs alliés : ils se battirent pendant toute une nuit et ne cédèrent qu'à l'intervention des chefs français et du doge lui-même. Lorsque cette querelle fut apaisée, l'excommunication lancée par le pape devint un nouveau sujet de discorde : les Français voulaient se soumettre ; mais Dandolo résista jusqu'au bout. Toutes ces dissidences retardèrent l'expédition et forcèrent à passer l'hiver dans le port de Zara.

Dans cet intervalle, une de ces révolutions de palais si fréquentes à Constantinople amena au camp des croisés Alexis, fils d'Isaac l'Ange, empereur d'Orient, que son propre frère avait détrôné. Échappé à la fureur de son oncle, le jeune prince venait demander aux croisés ce qu'il n'avait pu obtenir ni des princes chrétiens ni du pape, un secours suffisant pour prendre la ville impériale et chasser l'usurpateur : en retour, il s'engageait à payer 200,000 marcs d'argent, à nourrir l'armée pendant un an, à soumettre l'empire grec à l'Église romaine, et à tenter une nouvelle expédition contre Jérusalem. Ces promesses n'auraient produit qu'une faible impression sur le doge s'il n'avait eu d'autres motifs d'accueillir un projet qui servait ses vues secrètes : les querelles des Vénitiens avec l'empereur n'étaient qu'assoupies ; Venise avait de cruelles injures à venger ; elle avait à lutter contre la concurrence des Pisans, qui jouissaient alors à son détriment de plusieurs priviléges dans les ports de l'empire ; en dernière analyse, elle avait plus à gagner à la prise de Constantinople qu'à celle de Jérusalem. Quant aux barons français, il leur était devenu indifférent de se battre là ou ailleurs. L'exécution fut donc résolue malgré la cour de Rome.

Au printemps de l'année 1203, la flotte quitta son hivernage, et, après une longue navigation à travers les îles de l'Archipel, où elle relâcha plusieurs fois, elle mouilla le 8 juin dans le canal de Constantinople. L'armée tout entière débarqua sur la rive méridionale à Scutari, où elle déploya ses tentes. A la vue de cette immense cité, la plupart des croisés furent saisis d'étonnement. « Sachez, dit « Villehardouin, qu'il n'y eut si hardi à qui le cœur ne frémît ; car oncques si « grande affaire ne fut entreprise. » L'usurpateur Alexis, non moins surpris de leur arrivée, entra d'abord en pourparlers, et enfin se décida à faire sortir de la ville un nombreux corps de ses troupes en leur recommandant toutefois de ne se livrer à aucun acte d'agression.

Du côté des croisés la résolution fut plus hardie et plus soudaine. Lorsqu'on eut débarqué tout le matériel de siége, les chefs tinrent conseil, et, malgré l'infériorité numérique de l'armée, ils décidèrent qu'on attaquerait les Grecs (8 juillet 1203). En effet, le lendemain, après une messe solennelle, l'armée entière, divisée en six corps ou *batailles*, traversa le Bosphore. Les chevaliers étaient montés sur les palandres à côté de leurs chevaux sellés et prêts au combat ; les galères remorquaient les palandres jusqu'au rivage d'Europe, et, dès qu'elles approchaient du bord, les chevaliers s'élançaient à la mer le casque en tête et l'épée au poing, suivis de leurs arbalétriers. Aussitôt que les Grecs les virent approcher, ils s'enfuirent à toute bride, sans même avoir abaissé leurs lances, en sorte que les assaillants n'éprouvèrent aucune difficulté pour faire descendre à terre leurs chevaux.

La tête de la chaîne qui fermait le port était défendue par la tour de Galata ; les croisés entreprirent le siége de cette tour sans désemparer. Les Grecs qui la défendaient firent une sortie nocturne ; mais, avec leur lâcheté ordinaire, ils s'enfuirent aussitôt que les assiégeants eurent pris les armes : les uns se noyèrent en voulant se jeter dans leurs barques; les autres reculèrent avec tant de précipitation que n'ayant pas eu le temps de refermer les portes, ceux qui les poursuivaient y entrèrent pêle-mêle avec eux. De son côté, Dandolo, avec les galères vénitiennes, attaquait vigoureusement les ouvrages de défense maritime, composés de palissades flottantes et d'un double rang de chaînes derrière lesquelles se tenaient les vaisseaux grecs rangés en bataille. La résistance fut longue ; mais, après quelques heures de combat, la chaîne ayant été rompue et les palissades dispersées, les Vénitiens pénétrèrent dans le canal et détruisirent la flotte ennemie. Maîtres alors des faubourgs et du port, les croisés se disposèrent à une attaque générale contre le corps de la place.

A ne considérer que la disproportion des moyens au but, c'était une entreprise téméraire : l'armée ne s'élevait pas à plus de trente mille hommes; les remparts de Constantinople présentaient un développement de dix-huit milles de circuit, et cette vaste enceinte, formée de deux rangs de murailles du côté de la mer, de trois du côté de la terre, était défendue par quatre cent soixante-dix-huit tours ; enfin la garnison, y compris les habitants en état de porter les armes, pouvait s'élever à trois cent mille hommes.

Sans s'arrêter à ces considérations, les croisés se demandèrent seulement si l'on attaquerait la ville par mer ou par terre : les Vénitiens voulaient que l'attaque se fît par mer, au moyen des échelles et des ponts-levis placés sur leurs vaisseaux ; mais les Français répondirent « qu'ils ne sauroient mie si bien aider sur « mer comme ils savoient sur terre, quand ils avoient leurs chevaux et leurs « armes. » Les avis se trouvant partagés, il fut décidé que chaque nation se réserverait de combattre sur l'élément qu'elle se croyait faite pour dominer. En effet, le 17 juillet, l'assaut général eut lieu, et, de part et d'autre, on se battit avec un acharnement extraordinaire. L'empereur grec, placé sur une tour, semblait vouloir, par sa présence, exciter le courage des assiégés, tandis que son gendre, Théodore Lascaris, commandait les troupes.

Malgré l'intrépidité des Français, l'attaque du côté de terre marchait lentement ; sans cesse renversés des murailles, ils éprouvaient de grandes pertes. Les Vénitiens furent plus heureux : après avoir battu les remparts au moyen des machines de guerre dont les vaisseaux étaient munis, Dandolo ordonna le débarquement. « Ores pourrez, dit Villehardouin, ouïr estrange prouesse. Le duc de Venise, qui « vieil homme estoit et goutte ne voyoit, tout armé sur la proue de sa galère, le « gonfanon de Saint-Marc par devant lui, s'écriant aux siens qu'ils le missent à « terre. » En effet, il débarqua le premier et commanda l'assaut. Entraînés par son exemple, les Vénitiens escaladèrent les remparts.

Ce premier succès fut de courte durée. Une sortie opérée par l'empereur Alexis avait forcé les Français à se replier vers leur camp. Les Vénitiens, engagés seuls dans Constantinople, abandonnèrent les positions qu'ils avaient enlevées pour courir au secours de leurs alliés menacés par des forces supérieures. En se retirant, ils mirent le feu à la ville, et elle devint la proie des flammes dans une étendue de plus d'une lieue. Aussitôt qu'ils se furent rangés à côté des Français, l'armée grecque s'approcha, et le combat s'engageait d'une manière sérieuse, lorsque tout à coup l'empereur ordonna la retraite, malgré les représentations de Lascaris. A cette première lâcheté Alexis en joignit une autre : à peine était-il rentré dans la ville, que renonçant à défendre son trône il s'enfuit avec sa fille Irénée dans une barque chargée de ses trésors et gagna *Debeltos* (Zagara), petit village de la Bulgarie. Se voyant abandonnée par son maître, la population se souleva. Dirigée par un officier du palais, elle tira Isaac de sa prison, le replaça sur le trône, et courut ouvrir les portes aux confédérés. Le siége avait duré huit jours. Rétabli sur son trône, Isaac l'Ange confirma les promesses faites par son fils Alexis, et ratifia les traités conclus à Zara; l'armée victorieuse s'établit à Péra pour en attendre l'exécution. Les deux princes furent couronnés ensemble le 1er août 1202.

Alexis s'aperçut bientôt qu'il avait promis à ses libérateurs plus qu'il ne pouvait tenir : les deux clauses principales étaient la soumission de l'empire grec à l'Église romaine, et le paiement de 200,000 marcs d'argent; or, il n'avait ni assez d'influence ni assez de richesses pour les accomplir. Afin de gagner du temps, il obtint des croisés qu'ils resteraient une année à Constantinople et l'aideraient à consolider son autorité. Mais les Grecs, irrités de la présence de ces étrangers qu'ils appelaient des Barbares, écrasés d'impôts, soumis à mille vexations, ne tardèrent pas à éclater en plaintes et en murmures; Alexis lui-même, excité par Murzulphe[1], protovestiaire du palais, commença à montrer aux Français hauteur et dureté. A plusieurs reprises, les barons réclamèrent l'exécution des traités, et des collisions sanglantes s'ensuivirent; enfin les Grecs poussèrent la perfidie jusqu'à vouloir incendier la flotte vénitienne, restée à l'ancre dans le port. Le traître Murzulphe, profitant des dispositions du peuple, gagna la garde de l'empereur et les chefs de l'armée impériale, et suscita une sédition à la suite de laquelle Alexis fut jeté dans une prison et étranglé. Ange mourut de douleur, et Murzulphe se fit proclamer empereur (26 janvier 1204).

Cette nouvelle usurpation changea la position des croisés. Ils décidèrent, d'après les conseils de Dandolo et sur les déclarations des théologiens, qu'ils avaient le droit de s'emparer de Constantinople et de la soumettre à l'autorité du saint-siége. Les scrupules de conscience ayant été satisfaits par cette interprétation, on se prépara de nouveau à assiéger la ville. Cependant, avant de rien entreprendre,

1. Son vrai nom était *Alexis Ange Ducas*. Le surnom de Murzulphe lui avait été donné à cause de la disposition de ses sourcils. On croit qu'il était petit cousin de l'empereur.

Henri Dandolo rédigea un traité dont il avait arrêté les bases, et le fit approuver par les Français (mars 1204). Les clauses de ce traité par lequel une poignée d'aventuriers se partageaient d'avance l'empire d'Orient, dont ils ne soupçonnaient ni l'étendue ni les limites, sont curieuses à connaître :

1° — Après la conquête de la capitale, un nouvel empereur sera élu par douze électeurs, dont six Vénitiens et six Français.

2° — La nation qui n'obtiendra pas l'empire aura en compensation le patriarcat et l'église de Sainte-Sophie ; les autres églises seront partagées également entre les chefs des deux nations.

3° — Tout le pays conquis sera divisé en quatre parties égales ; l'une de ces parties écherra au nouvel empereur, et les trois autres aux Vénitiens et aux Français

4° — Le partage du butin se fera de la même manière que celui des terres.

5° — L'armée coalisée séjournera un an à Constantinople, pour affermir le trône du nouvel empereur.

6° — Enfin le pape sera invité à excommunier tous ceux qui n'exécuteraient pas les conventions précédentes.

Le 9 avril 1204, l'opération commença; mais cette fois, au lieu de diviser ses forces en deux corps séparés, l'armée se concentra en une seule masse. Le premier assaut ne réussit point; repoussés avec perte, les croisés regagnèrent à grand' peine leurs vaisseaux. Le 12, on renouvela par terre et par mer une attaque dans laquelle Henri Dandolo se distingua par son intrépidité et sa prodigieuse activité. Enfin, après quelques heures d'un horrible carnage, deux vaisseaux, *le Pèlerin* et *le Paradis*, que montaient les évêques de Soissons et de Troyes, ayant été poussés contre une tour par une forte brise, une échelle fut dirigée sur le rempart. Deux soldats, Pierre Alberti, Vénitien, André Durboise, Français, s'élancèrent sur cette échelle et parvinrent au sommet de la tour, où ils arborèrent la bannière des évêques et le gonfanon de Saint-Marc. A cette vue, l'ardeur des assiégeants redoubla; quatre tours furent successivement escaladées, et bientôt l'armée entière envahit la ville. Murzulphe tenta vainement de reprendre l'avantage; abandonné de ses troupes, il s'éloigna la nuit même, et le désespoir dans le cœur, d'une ville qui n'avait pas eu l'énergie de se défendre. Après son départ, Théodore Lascaris et Théodore Ducas, dont le premier était destiné à relever dans la suite l'empire d'Orient, s'efforcèrent encore de conduire au combat les Grecs découragés; mais ils ne purent y réussir, et, à leur tour, ils furent obligés de chercher leur salut dans la fuite. Dès ce moment, Constantinople tomba au pouvoir des croisés.

Cette immense métropole de l'Orient fut livrée pendant plusieurs jours au pillage et à l'incendie; plus de dix mille habitants périrent sous les coups des soldats, qui dévastaient les temples, les palais, les édifices publics et les maisons particulières; une innombrable quantité d'ouvrages d'art, statues, tableaux, marbres, obélisques, objets de luxe, amassés depuis neuf cents ans; des trésors non moins précieux en livres et en inscriptions, disparurent pour toujours. Parmi les objets d'art sauvés de la destruction on cite les quatre chevaux de bronze doré, connus sous le nom de chevaux de Corinthe, qui surmontent encore aujourd'hui le portail de Saint-Marc, et qui, à plusieurs siècles de distance, figurèrent à Rome et à Paris. Le butin devait être apporté dans un lieu déterminé ; mais l'avidité des soldats et l'indiscipline des armées à cette époque ne permettaient guère de compter sur une scrupuleuse exécution. Quoi qu'il en soit, la masse à partager se trouva de 400,000 marcs d'argent. On évalue à 950,000 marcs (environ 200 millions de francs) la somme totale du butin. Les Vénitiens eurent pour leur part 10,000 livres d'or, 150,000 livres d'argent, des marchandises d'un grand prix, des esclaves, des chevaux, et plusieurs reliques sacrées.

Après la prise de Constantinople et la soumission des Grecs, il fallut s'occuper de l'élection de l'empereur : les douze électeurs jetèrent d'abord les yeux sur Henri Dandolo ; mais ce vieillard héroïque n'étant pas disposé à accepter, ils firent tomber leur choix sur Baudouin, comte de Flandre, qui fut couronné (13 mai 1204) avec le cérémonial accoutumé. Vingt mille soldats chrétiens, partis un an auparavant pour délivrer le tombeau de Jésus-Christ à Jérusalem, détournés de leur route par un incident, avaient suffi pour accomplir cette immense révolution !

Ce n'était pas tout encore : il restait à partager le pays conquis. Conformément au traité de Zara, l'empereur en eut un quart, dans lequel se trouvait comprise la moitié de Constantinople ; les trois autres quarts échurent aux Français et aux Vénitiens. Ces derniers, outre les provinces maritimes et les îles qui convenaient le mieux à leurs intérêts commerciaux, eurent en partage l'autre moitié de la capitale et une ligne d'établissements qui s'étendait de la mer Noire jusqu'à la Dalmatie. Le texte de ce traité, qui rendit les Vénitiens maîtres du quart et demi de l'empire romain, titre que les doges portèrent pendant longtemps (*quartæ partis et dimidiæ totius imperii romani dominatores*), est parvenu jusqu'à nous ; mais les noms de lieux, défigurés par des écrivains barbares, y sont à peine reconnaissables, et la possession ne fut pas d'assez longue durée pour que cette géographie politique ait reçu la sanction du temps. On y trouve les noms de Lacédémone, Dyrrachium, Rodosto, Ægos Potamos, Gallipoli, Égine, Zacinthe, Céphalonie ; mais il paraît qu'un très-grand nombre de villes et de provinces furent oubliées par les faiseurs de partage, qui n'en connaissaient même pas l'existence. L'île de Candie avait été assignée à Boniface, marquis de Montferrat et roi de Thessalonique ; il l'échangea avec les Vénitiens contre des terres plus rapprochées de sa capitale ; et cette île, qui prit le titre de royaume, devint dans la suite une des possessions les plus importantes de la république. A proprement parler, jamais nation n'avait entrepris des conquêtes moins proportionnées à ses forces. Venise ne se composait alors que de la ville et du Dogado; sa population ne dépassait pas deux cent mille âmes; et le nouveau partage lui attribuait sept ou huit mille lieues carrées de territoire avec sept ou huit millions de sujets!

Enfin, le nouvel empereur, le marquis de Montferrat et le doge écrivirent au pape pour lui demander son approbation sur tout ce qui avait été fait, et le prier de lever l'excommunication lancée contre les Vénitiens à cause de l'expédition de Zara; car il devenait nécessaire de réconcilier la république avec le saint-siége afin de prévenir les nouvelles difficultés que ferait naître l'élection d'un Vénitien au patriarcat de Constantinople. Innocent III désapprouva tout en principe, mais il sanctionna les faits accomplis, et même, après quelques difficultés plutôt apparentes que sérieuses, il confirma l'élection de Thomas Morosini à qui les croisés, d'un accord unanime, avaient conféré le titre de patriarche.

Son étonnante extension de territoire mettait la république dans une situation très-embarrassante : comment lui serait-il possible de soumettre et de contenir ses nouveaux sujets? Bientôt persuadé de son impuissance, le sénat déclara d'abord qu'il renonçait pour lui-même à des conquêtes lointaines qui épuiseraient la nation sans aucun profit; et, en 1207, un édit accorda à tous les citoyens vénitiens la permission d'armer, à leurs frais, des vaisseaux de guerre afin de soumettre pour leur compte les îles de l'Archipel et les villes grecques des côtes, leur cédant la propriété de leurs conquêtes en fief perpétuel, et ne s'en réservant que le simple protectorat. Les marchands vénitiens acceptèrent la concession; et, ouvrant leur cœur à une ambition nouvelle, ils entreprirent de conquérir ces terres abandonnées. Dans l'histoire de ces guerres privées, le petit nombre des assaillants et la lâcheté des Grecs, toujours vaincus, sont également remarquables. On vit presque simultanément Marc Dandolo et Jacques Viaro fonder le duché de Gallipoli; Marc Sanudo, celui de Naxos; Marin Dandolo soumettre l'île d'Andros; André et Jérôme Ghisi, celles de Théonon, Micone, et Sciros; Pierre Justiniani et Dominique Michieli, celle de Céos; Philocole Navagieri enfin, celle de Lemnos qui fut érigée en grand-duché.

Cependant plusieurs princes de la famille impériale des Comnène n'avaient pas entièrement renoncé à l'espoir de reconquérir le trône et l'empire. L'un d'eux, Théodore Lascaris, secondé par le sultan d'Iconium, reprit Nicée et s'établit dans la Bithynie; d'autres parcoururent les diverses provinces et soulevèrent les populations contre les Français. Leurs démarches furent si actives qu'en peu de temps une insurrection générale força Baudouin à quitter Constantinople pour aller mettre le siége devant Andrinople, dont les Grecs venaient de s'emparer. Habitués à avoir bon marché de cette nation, les Français ne sortirent qu'avec des forces insuffisantes; aussi Dandolo crut-il prudent de se joindre à eux avec quelques troupes vénitiennes. Une fois devant Andrinople, la petite armée se vit harceler par une multitude de cavaliers bulgares, toujours prêts pour l'attaque comme pour la fuite. Fatigués de ces escarmouches continuelles, les croisés se mirent à leur poursuite, mais ils tombèrent dans une embuscade où le plus grand nombre perdit la vie. Baudouin lui-même resta entre les mains de Bulgares, et subit les traitements les plus atroces : après lui avoir coupé les bras et les jambes, on le fit déchirer par les bêtes féroces. Dandolo reconduisit à Constantinople, à travers mille dangers, les débris de l'armée chrétienne ; peu de temps après, lui-même fut atteint d'une maladie mortelle, et il termina sur le théâtre de ses exploits sa longue et glorieuse carrière (juin 1205)[1].

Après la mort du doge, tous les Vénitiens présents à Constantinople tinrent une assemblée à la suite de laquelle ils envoyèrent à Venise une députation, afin d'obtenir l'envoi d'un magistrat qui fût investi de pouvoirs assez étendus pour administrer convenablement les grands intérêts que la république avait en Orient. Il fallait donc deux successeurs à Dandolo : l'un pour exercer le dogat à Venise, l'autre pour représenter la république à Constantinople. Le premier fut Pietro Ziani, fils de l'ancien doge Sébastien Ziani ; le second, Marin Zeno, qui reçut le titre de *podestà*. Le sénat nomma aussi une commission chargée d'examiner les actes de l'administration de Henri Dandolo, et de signaler les abus s'il en avait existé, en même temps que de proposer les moyens d'en empêcher le retour. Telle est l'origine de la singulière institution des *correcteurs d'État*.

Le premier soin de Pietro Ziani fut d'assurer à la république la possession des îles qu'elle venait d'acquérir dans le Levant. Une flotte de trente et une galères, sous les ordres de Renier Dandolo, mit à la voile, et en passant elle enleva l'île de Corfou, possédée par les princes normands établis dans la Pouille ; puis, ayant jeté des garnisons dans les places de Modon et de Coron sur la côte du Péloponèse, elle se dirigea sur Candie. L'île se soumit sans résistance.

Cependant les Génois, qui avant ces évènements jouissaient dans l'empire grec de prérogatives importantes, se trouvant menacés dans leurs intérêts, ne laissèrent pas leurs rivaux jouir paisiblement de cette dernière conquête : à leur instigation, les Candiotes, d'abord sous la conduite du comte de Malte, ensuite sous celle du comte de Naxos, s'insurgèrent contre la domination vénitienne et tinrent en échec les armées de la république. Pendant plus de cinquante ans, ce fut de part et d'autre une suite non interrompue d'efforts pour repousser la servitude ou pour l'établir. Écrasés par la force, les insurgés se réfugiaient dans les montagnes et reprenaient les armes aussitôt que le nombre de leurs oppresseurs avait diminué. Voulant étouffer ce dangereux esprit de révolte, le sénat décréta une émigration considérable pour l'île de Candie ; et, afin de hâter l'accomplissement de cette mesure, il y distribua un grand nombre de fiefs. Ces fiefs étaient

---

[1]. Les restes de ce grand homme avaient été déposés dans l'église de Sainte-Sophie ; mais à la prise de Constantinople par les Turcs, son tombeau fut détruit, et l'on envoya seulement à Venise sa cuirasse, son épée, ses éperons, glorieuses dépouilles qui jusqu'à ce jour sont restées en possession de ses descendants directs.

de deux classes : les uns, sous le nom de *cavalerie*, appartenaient exclusivement aux chevaliers ; les autres, sous celui de *serventarie*, étaient réservés aux fantassins, mais cinq fois moins étendus que les premiers, puisque les chevaliers étaient obligés de servir la république à cheval, avec lance et armure complète, et suivis de deux écuyers conduisant des chevaux de rechange. Chaque fief de chevalier reçut en outre vingt-quatre esclaves sarrasins, et chaque *serventarie*, quatre.

Malgré ce système de colonisation, Venise ne tarda pas à s'apercevoir qu'il n'y avait plus de proportion entre la métropole et ses colonies ; qu'elle avait une trop vaste étendue de territoire à défendre, et que de longtemps elle ne trouverait pas dans son sein un assez grand nombre d'émigrants pour les peupler. Dans cette perplexité, le doge trouva un moyen énergique de résoudre la difficulté : c'était une émigration en masse de la nation vénitienne vers Constantinople et les mers de l'Archipel. « Nous avons un État, dit-il au grand conseil, et « nous n'avons point de territoire ; sans territoire comment espérer de voir notre « population s'accroître ; et, sans population, comment maintenir notre puis- « sance, comment accomplir les destinées auxquelles nous devons nous croire « appelés ? Tant que nous resterons renfermés dans ces lagunes, au fond d'un « golfe orageux, les peuples que nous avons soumis, et à qui notre domination « n'assure aucun avantage, ne pourront se considérer comme formant avec nous « une nation ; nous en tirerons bien quelques tributs, mais ils seront absorbés « par les efforts continuels que nous aurons à faire pour contenir les tributaires « dans l'obéissance. Il dépend de vous de changer cette plage aride, où vous « vous trouvez loin de toute ressource et au milieu de vos ennemis, pour le « plus beau site de l'univers, dont vous interdirez à votre gré l'approche aux « Pisans et aux Génois, d'où vous dominerez les îles de l'Archipel, toute la « Grèce et les côtes d'Asie, et où vous appellerez à vous sans efforts, comme « sans concurrence, le commerce du monde ! » Ce discours produisit une profonde sensation sur l'assemblée, et si le procurateur Angelo Faliero ne se fût levé pour combattre la proposition, il est probable que ce grand mouvement se serait accompli ; car, lorsqu'on en vint aux suffrages, elle ne fut repoussée qu'à une seule voix de majorité. Soit qu'il eût éprouvé un vif chagrin de cet échec, soit qu'il sentît sa fin prochaine, Pierre Ziani, qui occupait le trône ducal depuis vingt-quatre ans, déclara vouloir résigner ses fonctions. Le sénat déféra à ses désirs, et un mois après son abdication une maladie violente le fit descendre au tombeau.

Le successeur de Ziani fut élu d'une manière trop irrégulière pour que nous négligions de constater cette grave infraction à la loi. Les électeurs, comme nous l'avons déjà dit, étaient au nombre de quarante. Or il arriva que les voix se partagèrent entre Rainier Dandolo et Jacques Thiepolo, deux généraux distingués ; pendant soixante jours le scrutin donna constamment le même résultat.

Fatigué de tant de persistance et n'ayant aucun moyen de la vaincre, le sénat ordonna que le sort déciderait : le sort tomba sur Jacques Thiepolo (1228). Sous ce doge, on eut à réprimer deux nouvelles insurrections des Candiotes, soutenus cette fois par Vatace, empereur de Nicée et chef des Grecs indépendants. Cette guerre engagea le sénat et le doge à prendre parti pour les empereurs de Constantinople, auxquels ils ne cessèrent d'envoyer de nombreux secours en hommes et en argent : obligé par ce moyen de disséminer ses forces, Vatace devenait plus facile à vaincre. C'est durant une de ces luttes acharnées que l'empereur Baudouin II, réduit à emprunter 4,000 marcs aux Vénitiens, ne put leur donner d'autre gage que la couronne d'épines de Jésus-Christ, teinte encore de son sang. Cette précieuse relique, dégagée au moment de l'échéance par le roi saint Louis, fut transportée solennellement à Paris.

Reportons maintenant notre attention sur les événements qui se passaient, pour ainsi dire, aux portes de la république.

Les factions des Guelfes et des Gibelins, nées de la longue querelle qui s'était élevée entre le pape Grégoire IX et l'empereur Frédéric II, ensanglantaient alors l'Italie. Les Vénitiens, persévérant dans leur principe politique de s'opposer à l'établissement des étrangers dans leur voisinage, entrèrent dans la ligue des villes italiennes contre l'Empereur, équipèrent une flotte considérable, et l'envoyèrent, sous les ordres de Pierre Thiepolo, fils du doge, croiser dans les eaux de Naples, tandis que sur terre ils attaquaient l'un des alliés les plus précieux de Frédéric, c'est-à-dire Eccelino, aventurier plein d'audace qui, par sa bravoure et ses talents militaires, était parvenu à soumettre à sa domination la Marche de Trévise, tout le pays compris entre Vérone et Padoue, et à former, par une alliance avec Crémone, Parme, Modène et Reggio, une formidable confédération contre la ligue lombarde. Le succès ne vint pas cette fois couronner les entreprises de la république : sa flotte se retira devant celle de l'Empereur sans avoir soutenu aucun engagement. Honteux d'une telle pusillanimité, le jeune Thiepolo voulut prendre sa revanche en allant combattre dans les rangs de l'armée de terre; mais, à la suite d'un engagement désastreux, il fut fait prisonnier, et eut la tête tranchée par ordre de l'Empereur. Son père, déjà accablé d'années, ressentit un tel chagrin de cette catastrophe, qu'il résigna le pouvoir (1249). Pendant tout le temps qu'il avait porté la couronne ducale, Thiepolo s'était occupé de la réforme des lois : il fut le premier, avec le concours de Pantaléo Justiniani, de Thomas Centranigo, de Jean Michieli et d'Étienne Badouer, à faire profiter sa patrie des lumières que la découverte inattendue des Pandectes de Justinien venait de répandre sur la science du droit.

Marin Morosini, le successeur de Thiepolo, mourut au bout de deux ans (1252), et les électeurs firent choix de Renier Zeno, jurisconsulte éminent, qui consacra les premières années de son règne à la rédaction d'un code maritime. La guerre qui éclata entre Gênes et la république vint bientôt l'arracher à ces paisibles occupations. Gênes était à cette époque la seule puissance maritime en état de lutter contre Venise. Déjà, en 1211, elle avait excité les Candiotes à la révolte ; en 1256, une querelle survenue entre les deux nations à Saint-Jean-d'Acre, à l'occasion de l'église de Saint-Sabba, dont les Génois prétendaient disposer exclusivement, fit éclater leur haine et leur jalousie mutuelles. Malgré la décision du pape en faveur des Vénitiens, les Génois fortifièrent l'église et chassèrent ceux-ci de la ville. Une telle insulte ne pouvait rester sans vengeance : Venise arma en toute hâte treize galères, qui forcèrent l'entrée du port de Saint-Jean-d'Acre et brûlèrent tous les bâtiments génois qui s'y trouvaient ; ses rivaux furent à leur tour chassés de la ville, puis de Tyr où ils s'étaient réfugiés. Ces hostilités n'étaient que le prélude des combats plus sérieux et plus sanglants que se livrèrent les deux républiques pendant trois siècles.

Cependant les empereurs français à Constantinople, et, par suite, les possessions vénitiennes sur les rives du Bosphore et dans l'Archipel, se trouvaient de jour en jour plus compromis. Cette situation préoccupait vivement le sénat et le doge, convaincus de l'impuissance de la république à conserver tant de provinces éloignées. Leur inquiétude augmenta encore lorsqu'ils apprirent que les Génois venaient de contracter une alliance offensive et défensive avec Michel Paléologue, chef des Grecs indépendants. Baudouin II, prince faible et méprisable, était resté seul possesseur du trône impérial depuis 1237. Dans sa détresse, après avoir vainement imploré les secours de tous les princes de l'Occident, il était revenu dans sa capitale où, pour se procurer quelque argent, il faisait enlever le plomb des couvertures des églises et des palais. Les Grecs, au contraire, retrempés par soixante ans d'adversité, avaient recouvré quelque courage. Depuis la chute de leur empire, le droit d'hérédité ne leur donnant plus de maîtres, leurs chefs, qui ne devaient qu'au mérite personnel leur élévation, s'étaient montrés tout à la fois intrépides guerriers et habiles négociateurs. Sous la direction de Théodore Lascaris, de Jean Vatace, et enfin de Michel Paléologue, le trône des Césars avait été relevé à Nicée, et plusieurs conquêtes successives les avaient déjà rendus maîtres d'une grande partie de leur empire primitif. Chaque jour ils resserraient le cercle qui entourait Constantinople, et lorsqu'ils purent disposer des vaisseaux génois, le blocus devint impénétrable. Jacopo Quirini, qui commandait la flotte vénitienne, s'étant reconnu impuissant à contenir l'ennemi, l'empereur Baudouin, le podestat vénitien Marc Gradenigo, le patriarche Pantaléo Justiniani, coururent chercher un refuge à Négrepont sans avoir essayé de faire tête au danger.

Alexis Strategopule, général de Michel Paléologue, eut recours à la ruse pour s'emparer de Constantinople. Quinze de ses soldats étant parvenus à s'introduire dans la ville, massacrèrent ceux qui en gardaient les portes et les lui ouvrirent. Aussitôt les Comans ou Tatars, qui marchaient sous les drapeaux de Michel, se répandirent dans tous les quartiers pour piller les Latins, tandis que les autres troupes, composées de Grecs, restaient rangées autour de leur général. L'effroi qu'inspiraient ces étrangers, l'incendie qu'ils allumaient partout où ils pouvaient pénétrer, la révolte des habitants, qui voulaient secouer un joug odieux, jetèrent la confusion parmi les Français : privés de leurs chefs et de toute énergie personnelle devant ce petit nombre d'assaillants, ils se précipitèrent pêle-mêle sur les navires qui se trouvaient dans le port et gagnèrent les îles de l'Archipel. Ainsi Constantinople, après cinquante-sept ans trois mois et onze jours d'occupation étrangère, rentra sous la domination des Grecs, et cet empire, qui devait durer encore près de deux siècles, parut recouvrer une nouvelle jeunesse.

La prise de Constantinople fut aussi nuisible aux Vénitiens qu'avantageuse aux Génois : ceux-ci reçurent de Paléologue, qui monta sur le trône après en avoir violemment écarté ses pupilles, de grandes concessions; entre autres, la possession de l'île de Scio, palais et comptoir de la colonie vénitienne de Constantinople. Ces avantages, joints à l'appui qu'ils rencontraient dans tout l'empire, leur assurèrent bientôt dans la mer Noire une position plus puissante, sous tous les rapports, que celle de leurs rivaux. Gènes envoya une flotte de trente galères pour soutenir Michel; Venise, de son côté, arma trente-sept galères avec lesquelles Jacopo Delfino remporta quelques succès, bien qu'il eût à lutter contre des forces supérieures. A Sette-Pozzi, Gilbert Dandolo livra un combat sanglant dans lequel l'amiral génois, Pietro de Grimaldi, fut tué, quatre de ses galères prises, et le reste de la flotte obligé de se réfugier à Malvasia. Au printemps de 1263, une nouvelle flotte vénitienne, forte de cinquante-cinq galères, commandées par Andrea Barozzi, se mit en mer. Dans le voisinage des côtes de la Sicile, l'amiral ayant reçu le faux avis que les Génois avaient paru dans les eaux de Syrie, cingla vers ces parages, où il s'empara d'un de leurs vaisseaux marchands richement chargé; puis, tournant vers Ptolémaïs, il attaqua cette ville, mais sans succès. De son côté, l'amiral génois, Siméon Grillo, se livrait à des actes de pure piraterie.

Cet état permanent d'hostilités portait le plus grave préjudice aux intérêts des deux républiques; elles prirent comme d'un commun accord la résolution d'en finir par une bataille décisive à laquelle, de part et d'autre, on se prépara avec une ardeur inouïe. Au printemps de l'année 1264, les deux flottes se rencontrèrent à la hauteur de Trapani sur les côtes de la Sicile. Celle de Venise, composée de trente-sept galères, avait été confiée aux deux amiraux les plus capables de la république, Jacopo Dandolo et Marc Gradenigo; celle des Génois, forte de trente-deux galères seulement, était commandée par Lanfranco Barbarino. Ceux-ci chargèrent les premiers, avec toute l'audace et toute la bravoure qu'insspire la résolution de vaincre ou de mourir; leurs adversaires soutinrent le choc en hommes accoutumés à ne craindre aucun péril, et bientôt l'action devint générale. Un acharnement incroyable régnait de part et d'autre. Les Génois, après avoir perdu beaucoup de monde, n'ayant d'autre salut à espérer que dans la fuite, résolurent de se faire massacrer tous plutôt que de se rendre, opiniâtreté qui ne servit qu'à rendre plus complète la victoire des Vénitiens : de leurs trente-deux galères vingt-quatre furent prises, les autres incendiées, et, à l'exception de deux mille cinq cents hommes qu'on parvint à faire prisonniers, le reste fut noyé ou tué.

La victoire de Trapani décida Michel Paléologue à entrer en arrangement avec Venise. Sans faire des concessions aussi larges que celles des empereurs latins, il permit aux sujets de la république de s'établir dans toutes les parties de ses États, avec faculté d'avoir des églises spéciales, leurs boulangeries et leurs bains, leurs poids et leurs mesures, même le droit de ne relever que de leurs propres tribunaux. Gênes refusa d'accepter aucun accommodement, et tandis que leur allié signait des traités de paix sans avoir combattu, chez elle toutes les fortunes, tous les bras étaient employés aux apprêts d'un nouvel armement. Trop faible pour reprendre l'avantage, elle ne voulait pas abandonner le champ de bataille et cherchait à se dédommager de ses défaites par des attaques partielles et réitérées : ses soldats ravagèrent l'île de Candie, réduisirent en cendres la ville de la Canée, et capturèrent un grand nombre de navires vénitiens ; mais ce n'étaient là que des succès sans importance. Les flottes des deux nations s'étant de nouveau rencontrées sur les côtes de Tyr, les Génois furent encore vaincus. Trois ou quatre campagnes non moins désastreuses ne purent dompter leur opiniâtreté, et il fallut que des circonstances indépendantes de leur volonté vinssent suspendre cette lutte terrible. Saint Louis préparait sa seconde expédition contre les Mahométans d'Afrique ; il avait intéressé à son entreprise le pape ainsi qu'un grand nombre de rois et de princes. Toute la chrétienté s'interposa donc pour déterminer les deux républiques à cesser de mettre obstacle, par leur acharnement réciproque, à la guerre contre les infidèles. Cette haute intervention n'amena d'abord qu'une suspension d'armes momentanée ; mais, plus tard, par la médiation de Philippe le Hardi, successeur de saint Louis, elle fut transformée en une trêve de quelques années,

CHAPITRE VI.

POLITIQUE INTÉRIEURE. — CLOTURE DU GRAND CONSEIL.

(1268-1319.)

Reforme des elections ducales. — Venise se déclare souveraine de l'Adriatique. — Nouveaux règlements intérieurs. — Venise excommuniée. — Le saint-office s'etablit dans ses États. — Deposition du doge. — Luttes des partis. — Clôture du grand conseil.

A guerre contre les Génois, quoique heureuse par ses résultats, n'en avait pas moins épuisé les finances de la république; aussi, pour les rétablir, fallut-il recourir à de nouveaux impôts qu'on fit peser spécialement sur les grains et les farines. Cette mesure excita de violents murmures; le peuple se porta en foule devant le palais ducal, demandant à grands cris la suppression de l'impôt. Vainement le doge essaya-t-il de calmer les esprits en justifiant l'urgence des nouvelles charges, sa voix fut méconnue et couverte par les menaces et les huées des séditieux; ensuite la populace se porta dans les quartiers habités par la noblesse pour piller et incendier les maisons qui lui paraissaient suspectes. Une circonstance particulière donnait plus de gravité encore à ces troubles; la voici. Depuis quelques années, des querelles particulières agitaient les familles nobles : Laurent Thiepolo, illustré dans la guerre contre les Génois, avait failli devenir victime de l'inimitié de deux hommes puissants : Laurent et Jean Dandolo l'avaient attaqué et blessé grièvement, en plein jour, au milieu de la place publique, et cet acte de violence avait divisé en deux partis les principaux habitants de la ville. Les Thiepolo s'étaient constitués les défenseurs de la vieille aristocratie; les Dandolo, quoique leur origine remontât aussi aux premiers temps de la république, s'étaient déclarés les chefs de tous ceux chez qui les richesses ou une illustration récente avaient fait naître quelque ambition. Justement effrayé d'une telle situa-

tion, le sénat prit le parti de faire arrêter les meneurs subalternes de l'insurrection et les envoya au supplice sans autre forme de procès. C'est au milieu de ces circonstances difficiles que survint la mort du doge Renier Zeno (1268).

Jusqu'ici la surveillance s'était, pour ainsi dire, accrue à chaque nouvelle élection ducale, afin de soustraire plus sûrement les opérations du vote à toute espèce d'intrigue. Après la mort de Zeno, on redoubla de précautions, et la défiance fut portée si loin, qu'il a été depuis lors reconnu impossible d'en dépasser les bornes; aussi cet essai devint-il la règle définitive dans les élections postérieures. Comme ces opérations occupent une grande place dans l'histoire de Venise, nous allons en expliquer avec soin le mécanisme.

Durant les six premiers siècles de la république, le droit d'élire le doge avait été exercé par le peuple entier; plus tard (1173) ce choix fut confié à onze électeurs; cinq ans (1178) après on procéda différemment : le grand conseil nomma quatre commissaires, qui désignèrent chacun dix électeurs; enfin, en 1249, pour mieux établir la majorité, le nombre des électeurs fut porté à quarante et un. Telle était la règle existante lorsqu'il s'agit de procéder au remplacement de Zeno. La Seigneurie proposa au grand conseil et soumit au peuple, qui l'accepta comme loi, qu'à l'avenir nul ne prendrait part à l'élection que les électeurs âgés au moins de trente ans; quant aux formes, elles furent réglées de la manière suivante :

Le grand conseil étant assemblé, on tirait au sort trente membres qu'un nouveau tirage réduisait à neuf[1]. Ces neuf conseillers nommaient quarante électeurs provisoires, à leur tour réduits à douze par le sort. Ces douze en désignaient vingt-cinq autres, lesquels vingt-cinq se réduisaient encore à neuf par la même voie; ces neuf en nommaient quarante-cinq, qu'une dernière décision du sort réduisait à onze; enfin, ces onze derniers en élisaient quarante et un qui devenaient les électeurs définitifs. Ceux-ci, après avoir été confirmés par le grand conseil à la majorité absolue des suffrages, élisaient le doge, qui devait réunir au moins vingt-cinq voix. Telles étaient les principales combinaisons de cet étrange mode d'élection. Malgré les précautions minutieuses dont on l'avait entouré, il ne répondit pas toujours au but proposé : plus d'une fois l'intrigue, l'ambition égoïste, beaucoup d'autres sentiments étrangers au bien de la patrie, parvinrent à se faire jour à travers ces réseaux étroits mais encore flexibles.

Le premier doge nommé d'après ce système fut Laurent Thiepolo, l'un des chefs les plus actifs du parti aristocratique; c'est sous le règne de ce prince que la république consacra par une mesure positive son prétendu droit de souveraineté sur la mer Adriatique, dont un siècle auparavant elle avait été investie par

---

1. Ce tirage se faisait de la manière suivante : on mettait dans une urne autant de boules qu'il y avait de conseillers réunis, et parmi ces boules il y en avait trente dorées. Un jeune enfant les tirait une à une, et chaque membre venait recevoir de sa main celle qui lui était adjugée par le sort; ces trente-là devenaient électeurs. Tous les tirages au sort subséquents se firent de la même manière.

le pape Alexandre III. Voici les motifs qui amenèrent cette détermination : une grande disette de grains s'étant fait sentir à Venise pendant l'hiver de 1269, le sénat fit demander à toutes les villes de terre-ferme de lui céder une partie des blés qu'elles tenaient en réserve. Ancône, Padoue, Trévise, Bologne, Ferrare, Trieste, s'y refusèrent; la Dalmatie consentit à rendre ce service, mais en y attachant des prix exorbitants. Pour se venger d'une conduite si inhumaine, le sénat conçut le projet d'établir un droit de navigation sur l'Adriatique, et de soumettre à des visites rigoureuses tous les bâtiments qui navigueraient dans cette mer en deçà d'une ligne tirée du cap Ravenne au golfe de Fiume en Istrie. Depuis quelques années, le gouvernement vénitien avait établi un *capitaine du golfe*, chargé de parcourir les eaux de l'Adriatique et d'en interdire l'entrée à tous les vaisseaux étrangers. Cet officier fut chargé de mettre à exécution la nouvelle loi.

Toutes les villes, tous les États atteints par cette flagrante violation du droit des gens, firent de vives réclamations; les Bolonais et les Anconitains ayant voulu appuyer les leurs par les armes, il s'ensuivit une lutte dont le résultat fut de forcer les vaincus à reconnaître les prétentions de Venise (1275). Le sénat ne s'en tint pas là : pour consacrer son usurpation aux yeux de toutes les puissances, il ordonna qu'une fête nationale, célébrée chaque année, en perpétuerait le souvenir. En effet, depuis cette époque jusqu'aux derniers temps de la république, le jour de l'Ascension, le doge, entouré de la noblesse, des principaux officiers de l'État, et monté sur une magnifique galère (*le Bucentaure*) brillamment pavoisée, toute resplendissante de dorures, se dirigeait vers la passe du Lido; là, au milieu des chants du clergé, aux yeux de tous les ambassadeurs étrangers, qui par leur présence semblaient sanctionner la prise de possession du golfe, il jetait un anneau d'or dans la mer en prononçant ces paroles : *Desponsamus, te mare, in signum veri perpetuique dominii*.

Jusqu'à la mort de Thiepolo, arrivée au mois d'août 1274, aucun événement important n'occupe les annales de la république : les Grecs de Candie essayèrent bien de se révolter, mais une simple démonstration de Morosini suffit pour les faire rentrer dans le devoir. L'interrègne qui suivit fut employé à la rédaction de diverses lois, qui témoignent assez de la politique inquiète et soupçonneuse du sénat : une d'entre elles défend aux doges d'épouser ou de faire épouser à leurs enfants des femmes étrangères, en ajoutant que ces sortes d'alliances seraient à l'avenir une cause d'exclusion de la dignité ducale; une autre interdit aux sujets vénitiens l'acceptation de fonctions publiques chez l'étranger; une troisième enfin proscrivit la possession d'immeubles hors du territoire de la république. Par de telles précautions, le sénat croyait affranchir à toujours le pays de toute influence étrangère, et le préserver des guerres intestines qui désolaient alors les divers États de l'Italie.

Aussitôt après la promulgation de ces lois, on pensa à donner un successeur à Thiepolo (1275). Jacques Contarini, vieillard octogénaire, dont la famille avait déjà été élevée au trône, obtint la majorité des suffrages. Quelques guerres insignifiantes, suscitées en partie par le droit de navigation, occupèrent les cinq années de son règne. Son âge et ses infirmités le forcèrent à résigner le pouvoir (1280), et Jean Dandolo, le chef du parti démocratique, homme actif et plein d'énergie, qui avait illustré sa jeunesse par de grandes actions, fut appelé à le remplacer. Dandolo s'appliqua à terminer les différends qui existaient entre Venise et les États voisins, au sujet du commerce des grains, et à mettre les forces de la république sur un pied respectable. Son courage et sa fermeté ne tardèrent pas à être mis à une rude épreuve, dont les détails sont du plus haut intérêt.

A cette époque, Pierre d'Aragon et Charles d'Anjou (1283) se disputaient le royaume de Sicile ; le pape Martin IV, prenant sous sa protection le frère de saint Louis, publia une croisade contre le prince espagnol, et somma tous les États de la chrétienté d'y concourir. Les Vénitiens refusèrent de prendre part à une guerre dans laquelle leur intérêt n'était pas engagé ; pour les y contraindre, le pontife courroucé les excommunia et mit la république en interdit, sentence terrible dans ces temps de soumission au saint-siége, mais dont Venise supporta avec calme les conséquences, car aucun de ses sujets ne prit les armes pour une cause qui lui était étrangère. Ce conflit dura trois ans, et pendant ces trois années les églises restèrent fermées, la célébration des saints mystères fut suspendue. En vain des agents secrets du pape cherchèrent-ils à soulever les passions religieuses ; confiant dans ses chefs, le peuple attendait sans se plaindre le dénouement d'une situation devenue presque intolérable. Ce moment arriva enfin : une mort soudaine enleva le pape Martin, et, moins rigoureux ou plus habile, son successeur Honorius IV réconcilia la république avec l'Église (1286). Rome se montre rarement désintéressée dans ses actes : l'une des premières conséquences de la réconciliation fut l'établissement de l'inquisition ecclésiastique à Venise [1] ; mais le doge et le sénat n'acceptèrent ce tribunal qu'après en avoir mûrement examiné le caractère, et avec des restrictions telles qu'il n'eut jamais pour les Vénitiens les conséquences qui le rendirent si odieux partout ailleurs. Par exemple, nul ne pouvait être soustrait aux juges séculiers ; les inquisiteurs n'avaient pouvoir que sur les hérétiques proprement dits, et sous cette qualification n'étaient compris ni les Juifs, ni les musulmans, ni même les Grecs schismatiques ; enfin ils n'étaient que des accusateurs publics en matière d'hérésie, et les tribunaux ordinaires prononçaient après avoir pris conseil de docteurs ecclésiastiques qui ne faisaient pas partie de ce corps. Ainsi, tandis que toute la chrétienté courbait le front devant la tiare, tandis que le roi d'Angleterre se déclarait vassal du pape, et que le roi de France, pour complaire au

---

1. Déjà en 1249 le gouvernement de Venise avait institué des inquisiteurs séculiers pour poursuivre les hérétiques.

saint-siége, allait exposer à une mort certaine la fleur de sa noblesse dans les sables de la Syrie, Venise seule résistait aux envahissements de la cour pontificale. Sans contredit, les Vénitiens furent redevables de ces importantes et salutaires modifications à la fermeté de Dandolo; ils ne lui doivent pas moins de reconnaissance pour les sages règlements qu'il introduisit dans les différentes branches de l'administration, ainsi que pour les nombreux établissements d'utilité publique dont il dota leur ville. C'est encore à ce doge magnanime que Venise doit ses premières monnaies d'or, ces ducats si renommés, qui prirent leur nom vulgaire (*sequins, zecchini*) de l'atelier monétaire (*Zecca*) où on les frappait. En 1289, la mort enleva Jean Dandolo à l'affection de son peuple; il fut remplacé par Pierre Gradenigo, personnage illustre et l'un des principaux chefs du parti aristocratique.

Ici commence une des plus grandes révolutions qui aient agité Venise, car elle acheva d'étouffer l'élément populaire et fit acquérir à l'aristocratie une prépondérance qu'elle a conservée jusqu'à la fin du xvIII^e siècle. Arrêtons-nous un instant pour considérer les causes et les progrès de cette crise politique, qui devint pour la république l'origine d'une ère nouvelle. Cette étude nous force à reprendre les choses de plus haut.

Lors de la formation des États vénitiens, il exista pendant quelques siècles une sorte d'assemblée nationale (connue sous le nom d'*arrengo*) devant laquelle étaient portées toutes les affaires importantes, et qui nommait le doge. La nature et la composition de cette assemblée n'ont jamais été clairement expliquées, faute de documents précis. Les partisans de la démocratie ont dit qu'elle était formée du peuple tout entier sans distinction de classes; mais le parti contraire fait observer que, d'après le témoignage unanime des anciennes chroniques, ces réunions générales se tenaient dans les églises : d'abord à Héraclée, puis à Malamocco, et en dernier lieu à Rioalto; or, ajoutent-ils, comment une population si nombreuse aurait-elle pu tenir dans les petits temples que l'on construisait alors? et ils en concluent que déjà à cette époque la prétendue assemblée populaire ne devait guère être composée que des familles tribunitiennes, des tribuns en exercice, des hommes le plus en crédit, et des membres du clergé. Quoi qu'il en soit, le peuple avait dès lors incontestablement le droit de nommer directement le doge, et de sanctionner la plupart des actes politiques de quelque importance. La création du corps des *Pregadi*, en 1052, restreignit considérablement le pouvoir de l'*arrengo*; enfin, en 1172 fut institué le grand conseil, composé de quatre cent cinquante à cinq cents membres, nommés annuellement par les six quartiers de la ville. Le grand conseil, résultat d'une élection annuelle, pouvait être considéré jusqu'à un certain point comme une assemblée représentative de la nation, au nom de laquelle il exerçait la souveraineté; mais il faut remarquer qu'au moment de sa formation il fut exclusivement composé de nobles, comme le prouve le petit nombre primitif de ses membres. Dans tous les registres de cette époque et même dans ceux des époques antérieures, la désignation des hommes élevés aux charges importantes de l'État est toujours précédée des mots *vir nobilis*; les hautes fonctions publiques étaient d'ailleurs, toujours et sans exception, occupées par des nobles, ce qui ne serait point arrivé s'il y avait eu un élément plébéien dans le grand conseil. Déjà, dans ces temps reculés, on disait comme on a dit plus tard « que les nobles formaient le grand conseil, et que le grand conseil formait le « corps de la noblesse vénitienne »; et comme le grand conseil avait été substitué à l'assemblée du peuple dans l'exercice du pouvoir législatif, la véritable nation, la nation politique, était dès lors réduite à la classe aristocratique. Ajoutons cependant que cette concentration, bien qu'établie en fait, n'était pas consacrée en droit : tout citoyen pouvait être nommé au grand conseil, et si les plébéiens s'en trouvaient presque entièrement exclus, ce n'était que par suite de l'influence naturelle qu'exerçaient les nobles sur les élections.

Les conquêtes de la république en Orient, les tributs qu'elle était parvenue à imposer à toutes les nations qui naviguaient dans l'Adriatique, l'activité commerciale toujours croissante de ses habitants, avaient considérablement augmenté la richesse publique; des fortunes colossales s'étaient formées, et de cette prospérité naquirent des ambitions sans nombre. Les nouveaux enrichis, les parvenus, voulaient être du grand conseil, particper au pouvoir, et, pour y arriver, ils achetaient les suffrages des électeurs; d'un autre côté, les nobles réclamaient leur admission exclusive dans ce conseil, en vertu de leur seule naissance. Le nombre des exclus augmentait de jour en jour, celui des mécontents s'accrut en proportion et finit par devenir embarrassant, car ils trouvaient un appui naturel dans le peuple : un impôt, une défaite, devenaient l'occasion d'émeutes et de séditions d'autant plus difficiles à réprimer, que la noblesse elle-même était divisée en deux partis. Sous le dernier doge, Jean Dandolo, en 1286, les désordres furent si grands, qu'on avait songé à réformer la constitution dans le sens aristocratique. Les chefs de la Quarantie[1] criminelle proposèrent de décréter qu'aucun citoyen ne pourrait être élu membre d'un conseil ou d'une magistrature quelconque, s'il n'avait fait partie une fois du grand conseil, lui, ou son père, ou son frère aîné. Le doge, qui appartenait au parti populaire, repoussa ce projet deux fois en dix jours, et le *statu quo* fut maintenu.

Après la mort de Dandolo, le peuple, encouragé par les espérances qu'il avait entretenues dans le parti démocratique, s'assembla en tumulte et nomma de sa pleine autorité Jacques Thiepolo, fils et petit-fils de doges, essayant même de soutenir par la force la validité de l'élection. Cet essai de restauration de l'*arrengo* populaire ne réussit point : le grand conseil se conduisit avec tant de fermeté, que Thiepolo, n'osant ni accepter ni refuser, quitta Venise; et ses partisans décou-

---

1. Haute cour judiciaire, appelée *quarantie* parce qu'elle se composait de quarante membres. Il y avait en outre la quarantie civile vieille, et la quarantie civile nouvelle, qui ne connaissaient que des affaires civiles, mais toujours en dernier ressort.

ragés, laissèrent nommer sans obstacle Pierre Gradenigo, l'un des chefs avoués du parti aristocratique. Immédiatement après le dépouillement du scrutin, un des sénateurs, s'avançant au balcon du palais, jeta ces paroles à la foule réunie sur la place : « Le doge est élu, si vous l'approuvez, » et se retira sans attendre la réponse. C'est la dernière fois qu'on eut l'air de consulter le peuple sur le choix de ses chefs.

Pierre Gradenigo, qui à toute la vigueur de la jeunesse, à un caractère inflexible, unissait une haute réputation militaire et une naissance illustre, monta sur le trône ducal avec la ferme résolution de fonder une aristocratie héréditaire ou de périr à la tâche. Le succès fut aussi complet que pouvait le permettre la prudence d'une oligarchie qui, d'une part, craignait qu'il n'aspirât à la dictature, de l'autre, que trop de fougue ne le perdît. Avant d'aborder le récit de cette importante révolution, esquissons à larges traits la situation extérieure de la république durant les dernières années du XIIIe siècle.

Tout était calme sur les bords de l'Adriatique, si ce n'est que le patriarche d'Aquilée eut l'audace d'entreprendre une descente sur Malamocco et Caorle, qu'il livra aux flammes et au pillage presque sans coup férir; mais que pouvait un si faible ennemi contre Venise? On ajourna le châtiment de cette équipée pour aller relever sur son trône André, fils de Ladislas, roi de Hongrie, qui par sa mère appartenait à la famille des Morosini. L'entreprise fut couronnée d'un plein succès, et déjà le gouvernement avait ordonné des fêtes et des réjouissances publiques, lorsque tout à coup quelques navires en détresse, entrés dans le port, lui apprirent que Venise n'avait plus ni villes, ni entrepôts, ni comptoirs, sur les côtes de Syrie. Tripoli, Ptolémaïs, Antioche, étaient tombées au pouvoir du soudan d'Égypte; Beyrouth et Sidon, hors d'état de résister, avaient été abandonnées par les chrétiens. Ces nouvelles étaient alarmantes, elles présageaient la ruine du commerce vénitien dans ces parages; cependant elles firent peu de sensation sur les esprits, que préoccupait exclusivement un armement considérable contre Gênes.

La trêve avec Gênes venait d'expirer, et pendant cette relâche forcée, la haine des deux républiques semblait avoir acquis plus de force. Les Vénitiens, prenant l'offensive, allèrent piller et incendier les établissements génois de Péra et de la mer Noire; mais, de leur côté, les Génois, commandés par Lamba Doria, vinrent les attaquer dans cette même mer dont ils se prétendaient les souverains maîtres. Les deux flottes se rencontrèrent près de Curzola, une des îles de la Dalmatie : du côté des Vénitiens, on comptait quatre-vingt-quinze galères; les Génois n'en avaient que soixante. Effrayés de la disproportion des forces, ces derniers proposèrent de livrer leurs vaisseaux, sous la seule condition que les équipages conserveraient la liberté; mais les Vénitiens voulaient qu'ils se rendissent à discrétion, exigence qui mit leurs adversaires dans la nécessité de faire une défense désespérée. Le pavillon de Saint-Marc eut d'abord l'avantage, dix galères ennemies furent prises en un instant; mais la certitude apparente de la victoire causa du désordre dans les mouvements, et le vent, qui vint tout à coup à changer, s'élevant avec force, les Génois reprirent une telle supériorité que les Vénitiens furent complétement battus : soixante-cinq de leurs vaisseaux furent brûlés, dix-huit tombèrent au pouvoir du vainqueur, avec sept mille prisonniers, parmi lesquels Marc Polo, le célèbre voyageur, et Andrea Dandolo, commandant en chef de la flotte. Lorsque ce brave amiral se vit jeté dans un entre-pont, chargé de chaînes, il ne put supporter cet outrage, et se heurta la tête contre les bordages jusqu'à ce que, se brisant le crâne, il eût rendu le dernier soupir. En lui Venise perdit l'un de ses meilleurs généraux.

Loin de se laisser abattre par cette défaite, Venise redoubla d'énergie pour réparer ses pertes : dans l'espace de deux mois cent galères nouvelles furent en état de prendre la mer; on acheta des machines de guerre en Catalogne; on enrôla des matelots partout où l'on en put trouver, et une nouvelle campagne s'ouvrit. Cette fois encore, le sort des armes fut contraire à la république ; sa flotte subit une nouvelle défaite devant Gallipoli, et laissa la mer libre aux Génois, qui en profitèrent pour faire une descente dans l'île de Candie. Malgré ces échecs répétés, les négociants vénitiens couvraient les mers de bâtiments armés en course, désolaient le commerce ennemi, et ravageaient ses côtes; l'histoire a même conservé le nom d'un de ces intrépides armateurs, Dominico Schiavo, qui poussa la hardiesse jusqu'à aller brûler un navire dans le port de Gênes et faire graver sur le môle une inscription aux armes de Venise.

Cependant les deux républiques se lassaient de la guerre : Venise était épuisée, et Gênes, étonnée de l'acharnement et des nouveaux préparatifs de son ennemie, se trouvait paralysée dans ses efforts par les guerres intestines qui la déchiraient. Matteo Visconti, duc de Milan et vicaire impérial en Lombardie, offrit sa médiation; les villes d'Asti et de Tortone s'intéressèrent pour Gênes dans les négociations; Padoue et Vérone pour Venise; et enfin, le 15 mai 1299, la paix fut signée à Milan. En voici les principales conditions : une paix perpétuelle régnerait désormais entre les deux républiques; si Venise attaquait les possessions impériales et que Gênes prêtât secours à l'empereur grec, ce conflit ne pourrait, en quelque manière que ce soit, amener une rupture; s'il survenait une guerre entre Pise et Gênes, les Vénitiens s'abstiendraient de naviguer dans les ports situés au nord-est d'une ligne tirée de Nice à Civita-Vecchia, mais ils pourraient aller à Gênes; si au contraire la guerre avait lieu sur la mer Adriatique, les Génois ne fréquenteraient aucun des ports de cette mer, à l'exception de celui de Venise.

L'article premier de ce traité indique assez que l'intention secrète de Venise était de tourner ses armes contre l'empereur de Constantinople; ce qui ne manqua pas d'arriver. Andronic Paléologue, qui régnait alors, était redevable à la république de sommes assez considérables, et ne prenait aucun souci de les rendre ; ses interminables lenteurs avaient tellement irrité le sénat, qu'aussitôt débarrassé de la guerre contre les Génois, il dirigea ses vaisseaux vers le Bosphore. L'amiral Bellet, de l'illustre famille des Justiniani, chargé de commander cette expédition, s'en acquitta avec une sauvage énergie : il mit tout à feu et à sang depuis Péra jusqu'à Argire, massacra impitoyablement les équipages de tous les vaisseaux grecs qu'il rencontra, et à force de meurtres et de ravages il réduisit le faible empereur à lui compter les sommes exigées.

Telle était la situation de la république. Au dehors, elle avait subi de bien cruelles vicissitudes durant ces dernières années : ses principales possessions du Levant étaient en partie détruites; ses guerres opiniâtres avec Gênes l'avaient mise à deux doigts de sa perte, et épuisé ses ressources. Malgré cette position difficile, elle ne désespéra pas de sa fortune, et sa confiance, hâtons-nous de le dire, ne fut point trompée; nous la verrons bientôt procéder à de nouvelles conquêtes et accroître son territoire. Avant de la suivre dans cette voie, reportons notre attention sur les événements intérieurs et principalement sur le coup d'État qui plaça entre les mains de l'aristocratie l'exercice permanent de tous les pouvoirs.

Par suite de nombreuses et continuelles usurpations, le grand conseil s'était insensiblement attribué la plus large part dans la direction des affaires : le sénat n'était qu'une émanation du grand conseil; et les doges eux-mêmes, depuis plus d'un siècle, avaient été obligés d'accepter pour conseillers des hommes choisis par cette assemblée. Comme si ce n'était pas encore assez, les familles nobles voulaient que le pouvoir fût définitivement et à toujours concentré dans leurs mains; Pierre Gradenigo, le doge en fonctions, se chargea de les satisfaire.

En effet, le 1ᵉʳ mars 1297, Gradenigo exposa au conseil que, depuis plus d'un siècle, l'élection roulant toujours sur les mêmes personnes ou les mêmes familles, il s'agissait moins de procéder à de nouvelles élections, que d'examiner si tous ceux qui faisaient actuellement partie de ce corps souverain étaient réellement dignes de lui appartenir. En conséquence, il demanda que la liste du grand conseil, pendant les quatre dernières années, fût remise à la Quarantie; que les juges de ce tribunal soumissent successivement à un scrutin de ballottage les noms de chacun des citoyens portés sur cette liste, et que celui qui réunirait douze suffrages fût reconnu membre du grand conseil. Cette clause renfermait tous les germes de la révolution nouvelle, car désormais, pour être élu membre du grand conseil, il fallait en avoir déjà fait partie, et en établissant par ce moyen une classe distincte de candidats, on prononçait l'exclusion de tous ceux qui ne possédaient pas les mêmes titres. Cette proposition, convertie en décret par l'assentiment unanime du grand conseil, et appelée depuis *serrata del mazor consegno*, forme l'une des ères importantes de l'histoire de Venise. Jusque-là, le peuple avait été censé nommer les candidats au conseil, ou tout au moins approuver leur nomination; maintenant il était dépouillé de cette prérogative, et une limite bien tranchée allait diviser la nation en deux classes tout à fait distinctes : les souverains et les sujets. Afin de ménager les apparences, la loi laissait aux électeurs des quartiers la faculté de proposer quelques-uns des exclus, sauf à faire valider par le doge et son conseil ces sortes de nominations, restriction qui enlevait d'un côté ce qu'elle semblait accorder de l'autre. Enfin, en statuant dans les derniers articles que le grand conseil ferait, à l'expiration de la deuxième année, un nouvel examen de cette loi, on sut donner à la mesure un caractère provisoire qui laissait au moins l'espoir d'une révocation. Ce n'était qu'un leurre : dès que le grand conseil se trouva composé tout aristocratiquement, il ne songea qu'à multiplier de plus en plus les dispositions exceptionnelles. En effet, en 1298, un décret prescrivit de ne porter sur la liste supplémentaire des éligibles que d'anciens membres ou descendants de membres du grand conseil; en 1300, on défendit plus expressément l'admission des hommes nouveaux (*uomini nuovi*); en 1315, on ouvrit dans le conseil de la Quarantie un livre devenu célèbre (le *Livre d'or*), sur lequel tous ceux qui avaient les qualités que l'on requérait des éligibles devaient, après l'âge de dix-huit ans, se faire inscrire par les notaires du conseil, afin que les électeurs pussent d'un coup d'œil connaître tous ceux qu'il leur était permis de présenter; en 1319, ces inscriptions furent soumises à l'inspection des avogadors de la communauté; la même année, enfin, par un nouveau décret qui compléta le système aristocratique, les électeurs annuels furent supprimés, le renouvellement périodique du grand conseil, qui était censé avoir lieu à la fête de Saint-Michel, fut aboli, et quiconque put prouver qu'il réunissait les conditions requises eut droit de se faire inscrire sur le Livre d'or à l'âge de vingt-cinq ans, et, sans autre formalité, d'entrer au grand conseil.

« Ainsi cette révolution que plusieurs historiens ont représentée comme l'ou-
« vrage d'un jour, fait remarquer le savant Sismondi, ne fut accomplie que dans
« un espace de vingt-trois ans; encore avait-elle été préparée pendant tout le
« cours du siècle précédent. Cette lenteur seule peut expliquer la patience et la
« résignation du peuple vénitien, qui fut dépouillé à son insu et pendant son som-
« meil par une politique dissimulée, mais qui ne se serait pas laissé enlever tout
« à coup le précieux héritage de ses droits politiques. » A ces considérations fort justes nous ajouterons que ce fut précisément au milieu d'une époque calamiteuse et agitée (la guerre contre Gênes et Constantinople) que toutes ces réformes furent proposées, aussi ne rencontrèrent-elles pas d'opposition; mais lorsqu'on vit qu'après la conclusion de la paix la loi d'élection se confirmait d'année en année, et qu'il fut par là clairement démontré à tous que cette loi avait pour but de fixer le pouvoir souverain entre les mains d'un petit nombre de familles, les plaintes commencèrent, et, faute d'organe légalement reconnu, les mécontents eurent recours aux conspirations.

La première sédition éclata en 1302, peu de temps après la conclusion de la paix avec la république de Gênes; elle était dirigée par trois plébéiens : Marin

Bocconio, Giovanni Baldovino et Michel Giuda. Si la constitution n'avait pas éprouvé de changements, ces hommes auraient pu prétendre, par leur fortune et leurs talents, à entrer dans la magistrature ; leur intention était d'ouvrir de nouveau par la force l'entrée du grand conseil aux hommes de leur ordre : ils furent prévenus par la vigilance de Gradenigo ; les chefs périrent sur l'échafaud, d'autres furent exilés ou punis de différentes manières. Le silence des historiens de Venise a laissé beaucoup d'obscurité sur les circonstances de cette conjuration; mais, huit années après, il s'en forma une autre beaucoup plus sérieuse qui mit l'aristocratie en péril. Elle fut préparée par quelques événements extérieurs dont il importe de donner un aperçu.

Azzo d'Este, seigneur de Ferrare, étant mort (1308), deux concurrents se présentèrent pour recueillir son héritage : son frère François, et Frisque son fils naturel. Les Ferrarais s'étant donnés à François, Frisque implora le secours de la république, qui ne balança pas à soutenir la cause de ce prince, quoiqu'on l'accusât d'avoir assassiné son père; ses troupes assiégèrent et prirent Ferrare, mais elle ne put faire accepter Frisque aux habitants, tant il leur était odieux. En attendant une décision, les Vénitiens occupèrent la ville pour leur propre compte, et s'en déclarèrent définitivement les maîtres lorsque Frisque, dont la mère était leur compatriote, eut cédé ses droits au sénat, moyennant une pension de mille ducats. Poussés au désespoir par cette cession, les Ferrarais se donnèrent au pape Clément V, qui s'empressa d'accepter une offre si belle. La cour pontificale résidait alors à Avignon. Deux nonces en partirent, avec mission de recevoir le serment des habitants de Ferrare; mais avant tout il aurait fallu faire retirer les Vénitiens, et ceux-ci s'y refusaient. Après une longue et tumultueuse délibération, dans laquelle le doge opina pour la résistance aux sommations du pape, et s'attira de vives remontrances de la part de quelques nobles, Clément V fulmina une bulle d'excommunication, la plus terrible peut-être qui soit jamais émanée du Vatican : il requérait toutes les puissances de la chrétienté de courir sus aux Vénitiens et les autorisait à les réduire en esclavage. Cette proscription, disons-le à la honte de cette époque, fut lâchement exécutée dans beaucoup de pays de l'Europe, où les sujets de la république se virent dépouillés de leurs biens, vendus comme esclaves, emprisonnés, quelques-uns même massacrés ; leurs navires étaient repoussés de tous les ports ou saisis : jamais excommunication n'avait eu des effets si prompts et si désastreux. Tout le clergé abandonna la ville; le culte fut interrompu dans tous les États de terre-ferme ; une croisade se forma contre Venise ; mais le sénat et le doge ne tinrent aucun compte de ces hostilités, et donnèrent encore une fois l'exemple de la constance la plus inébranlable. Clément V, ne voulant renoncer à aucune de ses prétentions, mit un cardinal à la tête des croisés, parmi lesquels les Florentins se trouvaient en grand nombre. L'armée papale, une fois organisée, marcha sur Ferrare.

Les troupes vénitiennes, sous les ordres de Marc Querini, étaient campées à Francolino, entre les deux bras que le Pô forme au-dessus de Ferrare, position désavantageuse et malsaine, où les fièvres faisaient chaque jour d'affreux ravages dans leurs rangs. Instruit du mauvais état de cette armée, le cardinal l'attaqua tout à coup avec une grande vigueur, et par cette hardie détermination y jeta la confusion. Les soldats abandonnèrent leur camp pour se réfugier dans Ferrare; mais les habitants, au lieu de leur ouvrir les portes, les repoussèrent à coups de flèches. Acculés ainsi sous les murs de la ville où une mort certaine les attendait, ces malheureux se jetèrent précipitamment dans les barques qui leur avaient servi à remonter le Pô, et regagnèrent leur patrie à travers mille dangers, laissant sur les deux rives du fleuve un grand nombre de morts.

La consternation de Venise fut grande à la vue de son armée fugitive, décimée par les maladies. La cessation de toute espèce de relations avec le dehors imposait depuis longtemps aux habitants de cette vaste cité les plus dures privations, et chaque jour on y apprenait les nouvelles avanies que ses navires subissaient à l'étranger; la perte de Ferrare vint mettre le comble à la désolation générale. Dans son désespoir, le peuple faisait retomber sur le doge tous les revers, l'interdit lancé par le pape, et les calamités qui en avaient été la suite, la suspension du commerce, la disette, et la privation des secours de la religion. A ces récriminations suscitées par des souffrances réelles, se joignirent bientôt celles que les partis politiques firent éclater, et qui toutes prenaient leur source dans le coup d'État de 1297. Les circonstances favorisaient singulièrement les projets des mécontents, aussi en profitèrent-ils pour organiser une formidable conspiration.

Boëmond Thiepolo, frère de ce Jacques que le peuple avait voulu opposer à Gradenigo, se mit à la tête des conjurés, et s'associa les principaux chefs des maisons Querini et Badouer, les Dauri, les Barbari, les Barocci, les Vendelini, les Lombardi; la masse des plébéiens fit cause commune avec lui, et il se fortifia en outre du nom de l'Église et du parti guelfe, accusant le doge d'être gibelin parce qu'il avait attiré sur sa patrie les excommunications du pape [1]. Lorsque tous ces éléments d'action furent combinés, on arrêta le plan définitif : il consistait d'abord à occuper la place Saint-Marc, et à en défendre les approches avec des forces suffisantes; puis une partie des conjurés devait pénétrer dans le palais ducal et tuer le doge, tandis qu'un autre corps s'emparerait de l'arsenal et des principales portes dans les six quartiers de la ville; le grand conseil devait ensuite être dissous, et le peuple réintégré dans son droit de prendre part aux élections annuelles. La maison de Marc Querini, située près du pont de Rioalto sur le Grand Canal, du

---

[1] Nous ferons remarquer que c'est la première fois que le nom de guelfes et de gibelins a été invoqué à Venise, quoique depuis plus d'un siècle les luttes de ces deux factions ensanglantassent la plupart des villes de l'Italie.

côté opposé à la place Saint-Marc, avait été choisie pour le lieu principal de réunion; les armes ne manquaient pas, car chaque noble vénitien avait alors une espèce d'arsenal dans son palais. Enfin, pour assurer le succès, Badouer, qui jouissait d'une grande influence à Padoue, s'était chargé de venir soutenir l'attaque à la tête d'un corps de Padouans. Tout étant ainsi disposé, on fixa l'exécution au lundi 16 juin 1310.

Dans la nuit du 15 au 16, un orage épouvantable éclata sur Venise et dura jusque bien avant dans la matinée; le moment était donc propice, et ce fut au milieu des éclairs accompagnés de torrents de pluie que les conjurés se réunirent au palais Querini, d'où ils sortirent pleins d'espérance et de courage. Les premiers moments se passèrent en démonstrations tumultueuses, à piller des boutiques, à brûler des bureaux appartenant au gouvernement; puis le signal de la marche fut donné et l'on traversa le pont de Rioalto. Là, les conspirateurs se partagèrent en deux bandes qui devaient déboucher sur la place Saint-Marc par deux côtés différents : l'une était sous les ordres de Marc Querini et de son fils Benedetto; Boëmond Thiepolo dirigeait l'autre. Le trajet de Rioalto à la place Saint-Marc est très-court; mais la pluie qui ne cessait de tomber à torrents, les sinuosités sans nombre des petites ruelles, retardèrent la marche. Marc Querini arriva le premier sur la place Saint-Marc, où, à son grand étonnement, il se trouva en présence d'un fort détachement de troupes ducales. Le secret n'avait pas été trahi; mais les allées et venues occasionnées par les préparatifs avaient éveillé les soupçons du doge, qui, avec sa fermeté et sa promptitude ordinaires, avait pris ses mesures pour faire face au danger. Il avait réuni autour de lui les conseillers de la Seigneurie, les chefs de la Quarantie, les officiers de nuit, les avogadors du commun, et les nobles qu'il savait être le plus attachés au gouvernement; il avait retiré des portes de la ville les gardes et les troupes pour les concentrer sur la place Saint-Marc, et en outre envoyé chercher des secours à Chioggia[1] et fait armer les ouvriers de l'arsenal.

Malgré ce contre-temps, Marc Querini n'hésita pas à charger les troupes ducales au cri de *Vive saint Marc!* Malheureusement l'étroit espace au milieu duquel il se trouvait paralysait l'action de la plus grande partie de ses partisans : ils tombaient sans avoir combattu, sous les coups de ceux qui défendaient la place ou qui, des maisons, leur lançaient des pierres. Bientôt les troupes de Chioggia arrivèrent et prirent part au combat. Malgré l'inégalité des forces et le désavantage de sa position, Querini tint ferme pendant quelque temps, encouragé par l'espoir d'être bientôt soutenu par la division de Thiepolo et les Padouans de Badouer. Thiepolo déboucha enfin par la rue de l'Horloge, mais il fut contenu

---

1. La ville de Chioggia, appelée par les Romains Fossa Claudia, est bâtie dans une île située à l'embouchure de la Brenta, à environ 24 kilomètres au sud de Venise. La navigation, la pêche et la fabrication du sel forment la principale occupation de ses habitants. De 1376 à 1382, Chioggia fut le théâtre de nombreux combats entre les Vénitiens et les Génois.

par le doge, qui vint à sa rencontre suivi d'un corps nombreux de patriciens, et il ne put rétablir le combat. Épuisés de fatigue, les conjurés commençaient à s'ébranler lorsque les deux Querini, le père et le fils, furent tués presque simultanément ; tous alors se débandèrent et furent repoussés dans les rues voisines. Thiepolo, se voyant seul avec les siens, fit sa retraite et parvint à regagner le pont de Rioalto, à travers une grêle de pierres, dont une atteignit et tua son porte-enseigne. A cette époque, le Rioalto n'était qu'un simple pont-levis en bois ; dès que tous les insurgés l'eurent franchi, Thiepolo le fit couper et se retrancha dans cette partie de la ville, espérant y rallier les Padouans promis par Badouer et faire une nouvelle tentative. Mais ces auxiliaires, rencontrés dès la veille au soir par les troupes qui arrivaient des îles voisines, avaient été dispersés après une courte résistance ; Badouer lui-même était resté prisonnier.

Thiepolo se maintint durant quelques jours dans ses retranchements sans être attaqué et se berçant de mille illusions. De son côté le doge, ne voulant pas compromettre ses premiers avantages dans un combat de rues toujours incertain, recourut aux négociations : il offrit aux conjurés une capitulation honorable, leur promettant d'user avec modération de la victoire. Tous les chefs secondaires, prêtant l'oreille à ses propositions, s'engagèrent à mettre bas les armes et à se rendre dans le lieu d'exil qui leur serait assigné.

L'insurrection vaincue, il restait à en punir les auteurs. Les deux Querini étaient morts en combattant ; un troisième, Jacques, bien qu'il se fût opposé à l'insurrection, fut décapité de même que Badouer et plusieurs autres. On promit 2,000 ducats à quiconque ramènerait à Venise Boëmond Thiepolo, mort ou vif ; sa maison et celle des Querini furent rasées jusqu'aux fondements et remplacées par une colonne portant une inscription infamante ; enfin, on institua un service solennel pour perpétuer le souvenir de cette éclatante répression, qui devint complète lorsque quelques chefs, dont la tête avait été mise à prix, eurent péri assassinés en pays étrangers.

« Le danger qu'une conjuration si formidable avait fait courir à la république, « ou plutôt au parti aristocratique, dit Sismondi, inspira une longue terreur à « ce parti et lui fit prendre, pour sa sûreté, des précautions qui dénaturaient « entièrement la constitution de l'État. Pour veiller sur les conjurés, qui la plu-« part étaient demeurés en armes à Trévise ou dans le voisinage de cette ville ; « pour réprimer les complots des mécontents et pour assurer par une puissance « dictatoriale le salut de ceux qui gouvernaient, le grand conseil institua le « Conseil des Dix, et lui délégua une autorité souveraine, en le chargeant « de réprimer et de punir, chez les nobles, les délits de félonie et de haute « trahison ; il lui donna en même temps la pleine faculté de disposer des deniers « publics, d'ordonner et de pourvoir, comme le grand conseil, dans son entière « souveraineté, pourrait le faire. » Cette commission extraordinaire n'avait d'abord été instituée que pour deux mois ; ses pouvoirs furent successivement prolongés. En effet, dès qu'on voulut remonter aux moindres actions, arrêter les relations ou les bruits contraires au gouvernement, on ne trouva plus de termes aux enquêtes : un indice menait à un autre indice, et il sembla bientôt que le moment où le conseil des Dix deviendrait inutile n'arriverait jamais. A l'expiration de l'année, il avait déjà toute la force d'un tribunal permanent; plus tard, en 1335, il fut déclaré institut organique et à toujours nécessaire, *concordiæ et quietis publicæ tenacissimum vinculum*, ainsi que le caractérise un auteur contemporain [1].

Le conseil des Dix, presque dès son institution, s'empara de la direction suprême de la république; il réunit tous les pouvoirs épars jusqu'alors; il donna un centre à l'autorité et une puissance irrésistible à l'action du gouvernement. En d'autres termes, il établit le despotisme et ne conserva de la liberté que le nom. Pendant toute la durée de son existence, le conseil des Dix déploya une vigilance qu'on ne put jamais tromper; ses projets furent constamment entourés du plus profond secret, et pour en assurer l'exécution il fit toujours preuve d'une fermeté inébranlable. Il agrandit au dehors la république, quoique par son manque de foi il la fit détester; il la maintint tranquille au dedans; il prévint les conjurations dès leur naissance, et fut toujours assez habile pour rendre impuissante la haine qu'excitait son despotisme. Les formes judiciaires de ce conseil étaient terribles et n'offraient aucune garantie au prévenu : quand une dénonciation lui avait été faite, un de ses trois présidents recueillait les charges, entendait les témoins, faisait arrêter le prévenu, l'interrogeait, et prenait note de ses réponses. Si de cette instruction sommaire résultaient assez de charges pour soumettre l'affaire au conseil des Dix, l'accusé n'avait alors ni le secours d'un défenseur, ni la consolation de voir ses parents ou ses amis; il n'était jamais confronté avec les témoins; et s'il était condamné, aucun appel n'était possible, les juges pouvaient le faire pendre sur-le-champ, en pleine place publique, ou le faire noyer dans un canal, ou le faire étrangler dans sa prison, selon qu'ils jugeaient à propos de permettre ou d'empêcher la publicité de l'affaire.

Malgré le pouvoir excessif dont le conseil des Dix se trouvait investi, on crut que ce n'était pas encore assez, tant il est difficile de satisfaire l'ambitieuse exigence du despotisme! et l'on créa l'*inquisition d'État*. Nous parlerons en son lieu de cette nouvelle institution plus redoutable encore que la première, et qui,

---

[1] Le conseil des Dix fut composé, outre les dix conseillers qui, après l'année 1311, furent élus pour une année, du doge et des six conseillers qui formaient la Seigneurie. Ces derniers ne restaient en charge que huit mois. Ainsi ce conseil était réellement composé de dix-sept membres, qui tous se renouvelaient à des époques différentes. Le doge était président à vie, mais trois présidents effectifs (*capi-dieci*), qui se renouvelaient chaque mois, dirigeaient toutes les affaires. Les attributions de ce conseil comprenaient toutes les affaires qui intéressaient la sûreté de l'État; toutes les accusations criminelles dans lesquelles étaient impliqués des patriciens, des ecclésiastiques, ou des secrétaires de la chancellerie ducale.

en opprimant à l'intérieur la liberté, sauva la république de la ruine dont elle était menacée au dehors, dissimula habilement les progrès de sa décrépitude, et, jusqu'à l'heure de son agonie, déguisa sa faiblesse sous une apparence de force et de dignité.

Pierre Gradenigo ne jouit pas longtemps de son triomphe : il mourut en 1311, âgé de moins de cinquante ans, et sa mort fut attribuée au poison. Quoiqu'on n'ait acquis à cet égard aucune certitude, le danger dont son ambition et son caractère entreprenant menaçaient le parti aristocratique, après avoir asservi le peuple, semble justifier ces soupçons.

CHAPITRE VII.

GUERRES EXTÉRIEURES — CONQUÊTES SUR LE CONTINENT.

(1311-1388.)

Guerres contre Gênes et la Hongrie. — Croisade de Smyrne. — Conspiration du doge Marin Falier. — Nouvelles guerres contre la Hongrie et l'Autriche. — Pétrarque, négociateur à Venise. — Conjuration de Carrare. — Charles Zeno à Constantinople. — Nouvelle guerre contre Gênes. — Siège et prise de Chioggia par les Génois. — Détresse de Venise. — Chioggia reconquise. — Ligue contre les Turcs. — Bataille de Nicopolis. — Acquisitions et conquêtes de Venise. — Supplice des Carrare. — Accusation et jugement de Charles Zeno.

A période dont nous allons entreprendre le récit nous détournera du spectacle de ces luttes intestines, soulevées par des passions égoïstes, pour nous donner celui de guerres extérieures dans lesquelles l'honneur et l'intérêt des nations sont engagés. Dans cette période, Venise est aux prises avec les principales puissances du moyen âge ; des péripéties terribles et sans nombre sembleront devoir engloutir sa fortune, mais à force de courage, de persévérance et de patriotisme, elle en sortira victorieuse. Un seul acte d'ambition personnelle, la conspiration du doge Marin Falier, éclate au milieu du dévouement général à la chose publique : cependant les causes qui l'ont produit, la haute position de celui qui tenta de l'accomplir, la répression sévère qui le suivit, en ont exagéré les proportions.

Afin de concilier tous les partis, un vieillard octogénaire, Marin Giorgi, fut appelé à remplacer Gradenigo (1311); mais, accablé par l'âge et les infirmités, il ne conserva le pouvoir que quelques mois. Jean Soranzo, son successeur, occupa le trône ducal de 1312 à 1327. Sous son administration, l'interdit lancé par le saint-siège fut levé; Zara, qui s'était révoltée, fut recouvrée sans effusion de sang;

l'arsenal, dévasté par des incendies, épuisé par des guerres malheureuses, s'agrandit et reprit une nouvelle activité ; les Génois, qui avaient tenté de recommencer les hostilités, furent tenus en respect par une victoire; enfin les Candiotes, toujours impatients du joug, furent, après deux années d'insurrection, obligés d'accepter l'autorité de la métropole, si souvent méconnue. Tous ces actes heureusement accomplis valurent à ce doge une réputation de sagesse et d'habileté qu'il conserva jusqu'à sa mort.

Après lui, François Dandolo, qui avait conduit la négociation par suite de laquelle la république s'était réconciliée avec l'Église, fut appelé au trône ducal (1327). Venise vit avec joie son élévation, car ce fut lui qui le premier entreprit d'accroître sur la terre-ferme le territoire de la république. Voici à quelle occasion. Favorisé par les querelles du saint-siége et de l'Empire, Mastin de la Scala, chef de la famille de ce nom, qui avait déjà réussi à fonder dans la marche véronaise une principauté considérable, s'était successivement emparé de Trévise, Vicence, Bassano, Brescia, Parme, Reggio, Lucques, et avait dépouillé la famille des Carrare de la souveraineté de Padoue. C'était, comme on le voit, une grande principauté, puisqu'elle s'étendait depuis les bords de l'Adriatique jusqu'à la mer de Toscane. Tant de prospérités n'avaient pu que lui faire beaucoup d'ennemis, entre lesquels Marsile de Carrare était d'autant plus dangereux qu'il cachait son ressentiment sous une apparente résignation. La Scala était trop puissant pour être attaqué à force ouverte; mais il était enivré par la prospérité, et par conséquent facile à entraîner dans des entreprises qui pouvaient lui devenir funestes. Voici le plan que Carrare se traça.

L'historien Sanuto raconte qu'envoyé à Venise par le seigneur de Vérone, Carrare saisit l'occasion d'une cérémonie publique, où il se trouvait placé près du doge, pour lui dire tout bas : « Si quelqu'un vous rendait maîtres de Padoue, « comment le récompenseriez-vous ? » A quoi le doge répondit : « Nous la lui « donnerions. » Revenu à Vérone, l'envoyé représenta à son maître que, puisque son territoire s'étendait jusqu'aux lagunes, il y aurait un immense avantage pour lui à y établir des salines; qu'il était honteux de laisser le privilége et les bénéfices de ce commerce aux Vénitiens, lorsqu'on était assez puissant pour le leur arracher. De la Scala donna dans ce piége ; il fit construire un fort vers l'extrémité de son territoire : les travaux pour la fabrication du sel furent commencés, et une chaîne fut tendue sur le Pô, à Ostilia, où l'on exigea un péage sur tous les bâtiments qui remontaient le fleuve. Aussitôt les Vénitiens, déterminés à soutenir un privilége dont ils jouissaient depuis plusieurs siècles, se préparèrent à la guerre. Ils formèrent une ligue de la plupart des États de l'Italie septentrionale, qui avaient vu avec inquiétude ou jalousie l'agrandissement de la Scala. La guerre, entreprise avec animosité, fut poussée avec vigueur. Dès la fin de la première campagne, le roi de Bohême entra dans la coalition. La Scala, vivement pressé de tous côtés, trahi par Carrare, qui fit ouvrir aux Vénitiens les portes de Padoue, perdit successivement ses principales places, et réduit, après quatre campagnes malheureuses, à la dernière extrémité, fut obligé de signer un traité dont la république dicta les conditions. Protectrice du nord de l'Italie, elle devint aussitôt un centre de négociations, où l'on vit à la fois plus de soixante ministres de divers États solliciter la bienveillance du gouvernement, pour être traités favorablement dans le partage de la dépouille du seigneur de Vérone. Elle fit raser le fort élevé dans les lagunes, retint pour elle-même Trévise et Bassano, assigna à ses alliés diverses portions de territoire, et rétablit Carrare dans la seigneurie de Padoue, en lui disant : « N'oubliez jamais que cette ville est, pour la seconde fois, redevable de sa délivrance à la république, et que vous la tenez de sa générosité. »

Il y avait neuf cents ans que Venise florissait à deux lieues de la côte d'Italie, qu'elle était puissante et en possession d'un gouvernement organisé, et elle n'avait pas encore porté ses vues ambitieuses sur le continent voisin. La terre n'était pas l'élément des Vénitiens; ils trouvaient ailleurs l'emploi de leur activité. Ce fut leur premier établissement sur le continent qui avoisinait leurs îles. Jusque-là ils ne paraissaient pas avoir songé sérieusement à acquérir des possessions dans ce qu'ils appelaient la terre-ferme. Cette conquête du Trévisan produisit une révolution dans leur système politique, ouvrit une nouvelle carrière à leur ambition, leur occasionna deux cents ans de guerre, et mit plusieurs fois la république en péril; et cependant, lorsque la mort eut enlevé François Dandolo (1339), des regrets unanimes l'accompagnèrent jusqu'à la tombe, il fut proclamé le bienfaiteur de la patrie.

Barthélemi Gradenigo, qui lui succéda, n'accomplit rien d'important durant les trois années de son règne : prince faible et sans énergie, il abandonna l'autorité ducale aux empiétements du grand conseil. Ainsi un décret, émané de cette assemblée, vint interdire aux doges d'abdiquer sans son autorisation; un autre déclara les fils de doges incapables de remplir aucune fonction publique pendant le règne de leur père. Le peuple, les nobles, le doge lui-même, rien n'échappait à cette envahissante tyrannie.

Après la mort de Gradenigo (1342), la couronne ducale fut décernée à André Dandolo, l'un des hommes les plus distingués de son époque, non-seulement par sa naissance, mais aussi par son mérite personnel; il avait à peine trente-trois ans, et déjà il était cité pour ses connaissances en théologie, en jurisprudence et en politique [1]. Sous ce règne, le pape Clément VI, alarmé des progrès des Ottomans en Grèce et dans l'Asie Mineure, conjura la république de prendre part à la croisade qu'il avait résolue contre ces ennemis du nom chrétien. Venise s'empressa d'envoyer son contingent. Hugues de Lusignan, roi de Chypre; les hospitaliers de Saint-Jean de Jérusalem, alors établis à Rhodes,

---

[1]. André Dandolo, que son érudition avait fait rechercher de Pétrarque, écrivit en latin une histoire de Venise, remarquable par son exactitude et sa simplicité. Malheureusement, les trois premiers livres de cet ouvrage sont perdus.

et quatre galères appartenant à l'Église, composèrent cette expédition. Après une assez longue série de courses, les croisés dirigèrent leurs forces contre Smyrne, qui était devenue la proie des Ottomans. Les premières attaques restèrent sans résultat; mais après plusieurs assauts répétés, le 28 octobre 1344, l'armée chrétienne entra dans la place. Enhardis par ce succès, les chefs des croisés firent débarquer toutes leurs troupes, et voulurent pénétrer dans l'intérieur du pays, tentative qui leur devint funeste : les Musulmans leur tendirent des embuscades, les taillèrent en pièces; un petit nombre seulement parvint à se réfugier dans Smyrne. Après avoir vainement attendu pendant deux ans des secours d'Europe, ces malheureux débris obtinrent enfin du pape la permission de signer une trêve avec les infidèles. Dans cette circonstance, les Vénitiens donnèrent une nouvelle preuve de leur habileté : ils obtinrent de l'émir d'Ionie un traité de commerce par lequel tous les ports de l'Asie Mineure, de la Syrie et de l'Égypte leur étaient ouverts; ils avaient la permission d'y avoir des comptoirs; le séjour d'un consul à Alexandrie leur fut garanti.

Nous passons sous silence une nouvelle révolte de Zara, pour nous occuper de deux grandes calamités qui vinrent presque à la fois fondre sur Venise en 1348. Ce fut d'abord un violent tremblement de terre, dont les secousses répétées pendant quinze jours renversèrent plusieurs édifices, puis la peste apportée des bords de la mer Noire par les Génois. Ce terrible fléau, que décrit Boccace dans son *Decameron*, et qui plus tard dévasta toute l'Europe, fit périr le tiers de la population de Venise, qui était de deux cent mille âmes; quatre-vingt-dix familles patriciennes furent éteintes, et les membres du grand conseil se trouvèrent réduits de douze cent cinquante à trois cent quatre-vingts.

L'opiniâtre rivalité de Venise et des Génois existait toujours, et les ravages de la peste n'avaient fait qu'en suspendre l'explosion; leurs vaisseaux s'épiaient réciproquement sur toutes les mers, et cherchaient à se surprendre. Une occasion favorable venait de s'offrir aux derniers. Profitant des troubles qui existaient à Constantinople, où sans cesse de nouveaux ambitieux aspiraient au pouvoir, ils avaient prêté leur assistance au fils des Paléologues, qu'un ancien officier du palais, Jean Cantacuzène, voulait détrôner, et pour prix de ce service ils avaient obtenu la permission d'établir des fortifications à Péra, d'exercer un droit de péage sur tous les navires qui se présenteraient pour entrer dans la mer Noire. Les marchands vénitiens, qui étaient obligés de franchir le Bosphore pour se rendre à Trébizonde, où ils tenaient un comptoir, repoussèrent les collecteurs du nouveau droit; mais comme ils n'avaient pas des forces suffisantes pour appuyer ce refus, leurs navires furent capturés. Une telle insulte ne pouvait rester impunie : Marc Ruccinio, avec une flotte de vingt-cinq galères, fut chargé d'en tirer satisfaction. Avec ces forces, il se dirigeait vers le Bosphore, lorsqu'à la hauteur de Négrepont il rencontra quatorze galères génoises : il les entoura de toutes parts et les attaqua avec vigueur. Quatre d'entre elles parvinrent à s'échapper à la faveur des récifs, les dix autres tombèrent au pouvoir des Vénitiens. Ruccinio pénétra encore jusque devant Constantinople, brûla un grand nombre de vaisseaux génois, et rentra à Venise chargé de butin (1349).

La lutte venait d'être de nouveau sérieusement engagée entre les deux républiques, et il était facile de prévoir qu'elle serait aussi longue qu'acharnée. Pour la soutenir avec plus d'avantage, les Vénitiens recherchèrent des alliés : le roi d'Aragon disputait depuis longtemps à Gênes la possession de la Sardaigne et de la Corse ; ils lui proposèrent de se réunir à eux pour abattre leur ennemi commun, et il accepta; Cantacuzène voulut aussi entrer dans la ligue, afin de se trouver dans une situation égale à celle de son compétiteur. Pendant que Venise travaillait ainsi à augmenter ses forces, Gênes de son côté ne restait pas inactive : un de ses amiraux se présentait avec dix galères devant l'île de Négrepont, et s'emparait de la capitale. Les Vénitiens répondirent à cette agression en faisant sortir de leurs ports une flotte considérable, sous le commandement de Nicolas Pisani, l'un de leurs plus habiles marins (septembre 1351). Trente galères aragonaises vinrent bientôt après rallier son pavillon, et avec ces forces combinées il marcha contre l'ennemi. Malgré la bravoure et l'activité de ce chef, rien d'important ne put être entrepris : on se borna à chasser les Génois de Négrepont.

La campagne de 1352 fut plus décisive : dans les premiers jours du printemps, la flotte alliée quitta l'Archipel et se dirigea vers le détroit des Dardanelles, où elle reçut un renfort de huit galères envoyé par Cantacuzène; puis elle franchit la Propontide, et en entrant dans le Bosphore elle découvrit soixante-quatre galères génoises sous les ordres de Pagan Doria, et prêtes à lui disputer l'entrée de Constantinople. S'apercevant au premier coup d'œil que l'ennemi était embossé dans une position désavantageuse, Pisani donna le signal de l'attaque : ni la nuit qui approchait, ni la tempête qui survint, ni les courants si nuisibles aux manœuvres, ne suspendirent le combat ; ce fut de part et d'autre un égal acharnement. Quoique seuls et un peu inférieurs en nombre, les Génois eurent l'avantage. Ils prirent ou brûlèrent quatorze galères vénitiennes, dix aragonaises et deux grecques : les six autres s'étaient dérobées au combat par la fuite. Les Vénitiens perdirent en outre trois mille hommes et plusieurs de leurs chefs. Cependant, ni Pisani ni l'amiral aragonais ne furent atterrés par cette défaite ; ne songeant au contraire qu'à la réparer, ils suivirent de près Doria, qui ramenait à Gênes ses vaisseaux victorieux, l'atteignirent vers le cap de Cagliari, l'attaquèrent avec résolution, et le mirent dans une déroute complète. Trente-une galères génoises tombèrent entre leurs mains, avec quatre mille cinq cents hommes qui furent impitoyablement jetés à la mer.

A Venise, des cris de joie accueillirent la nouvelle de cette victoire; à Gênes, au contraire, la consternation fut générale lorsque la galère de l'amiral, seul débris de la flotte, rentra dans le port. Déchirée par les factions, épuisée de ressources, décimée par la famine, Gênes ne parvint à se tirer de cette position difficile qu'en se donnant corps et biens à Jean Visconti, archevêque de Milan et maître déjà d'une grande partie du Piémont. Visconti fournit aussitôt les fonds nécessaires pour équiper une nouvelle flotte ; mais trop prudent pour s'engager témérairement dans une guerre avec des ennemis aussi redoutables que les Vénitiens, il leur fit proposer la paix, et choisit pour son ambassadeur le célèbre Pétrarque. Ni l'éloquence du poëte, ni l'étroite amitié qui existait entre lui et le doge, ne purent obtenir aucune concession : la guerre fut donc continuée, et de part et d'autre on s'apprêta à la soutenir avec vigueur.

Pisani reçut l'ordre d'entrer dans le golfe de Gênes, afin de paralyser le commerce de cette ville; Pagan Doria suivit une marche semblable : pénétrant dans l'Adriatique, il forma le blocus de Venise avec trente galères. Cette démonstration y jeta aussitôt l'alarme : on voyait les habitants se répandre sur les bancs de sable les plus avancés dans la mer, ou se jeter dans de petites embarcations pour surveiller les mouvements de l'ennemi ; bientôt même les moyens ordinaires de défense parurent insuffisants, et l'on tendit une forte chaîne de fer entre les deux châteaux qui gardent la passe du Lido. Alors seulement on se crut à l'abri de toute surprise. Cependant l'amiral génois n'avait aucun projet sérieux; il savait que la flotte vénitienne était en pleine mer et qu'il courait le risque d'être surpris par elle; aussi, après quelques jours de croisière, il se retira, et Pisani, qui était venu à sa rencontre, ne put le joindre. Ces deux habiles marins, qui depuis quelques années balançaient la fortune de leurs patries, parcoururent les eaux de la Sicile sans avoir l'occasion d'engager un combat général. Enfin, fatigué de tant d'évolutions inutiles, désireux aussi d'accorder quelque repos à ses équipages et de radouber ses navires, Pisani alla relâcher dans le port de Sapienza, petite île située à la pointe de la Morée. De son côté, Doria s'apprêtait à rentrer à Gênes, lorsqu'il apprit cette résolution de son adversaire. Aussitôt il rebrousse chemin et se présente avec toutes ses forces devant Sapienza. Pisani gardait en personne l'entrée du port avec vingt galères et six caraques; le reste de la flotte, sous les ordres de Morosini, était au radoub dans le fond du golfe. En présence de cette habile disposition, les Génois craignirent d'abord de tenter une attaque; cependant Jean Doria, neveu et lieutenant de l'amiral, plus hardi que tous les autres, faisant force de voiles et de rames, s'avança rapidement avec sa galère, et parvint à passer entre la côte et le dernier vaisseau stationnaire des Vénitiens. Douze autres le suivirent de près, et toutes ensemble fondirent sur la division de Morosini, tandis que le reste de l'escadre génoise attaquait de front la ligne de Pisani. Cette double manœuvre entraîna la perte de la flotte vénitienne : on s'y défendit avec courage; mais la position était devenue trop mauvaise pour que la résistance fût efficace. Les Vénitiens perdirent quatre mille hommes; le reste se rendit, et Doria ramena à Gênes trente galères et près de six mille prisonniers parmi lesquels se trouvait Pisani lui-même (novembre 1354).

A la nouvelle de ce terrible échec, Venise se repentit d'avoir si dédaigneusement repoussé les paroles de paix que lui avait fait porter Visconti ; c'était maintenant à elle à subir la loi, à implorer la pitié du vainqueur ; car à son tour elle avait épuisé son trésor et ses arsenaux. Le doge André Dandolo ne vit pas la fin de cette guerre, une maladie violente l'avait ravi à l'affection de ses concitoyens (7 septembre 1354), et quatre jours après sa mort les quarante-un électeurs avaient proclamé en sa place Marin Falier, comte de Val, vieillard octogénaire, que ses grandes richesses et les emplois qu'il avait occupés signalaient parmi les premiers citoyens de la république. Mais, en ce moment critique, Falier était en ambassade à Avignon, auprès du pape Innocent VI, et Venise se trouva sans chef. Malgré son absence, toute proposition de paix fut ajournée ; et, en attendant l'arrivée du nouveau doge, on s'occupa de modifications dans l'organisation du conseil. Afin d'y introduire une sorte de rivalité de corps, qui eût pour objet l'exercice d'une surveillance permanente sur ce conseil lui-même, il fut décidé que les trois présidents de la Quarantie criminelle prendraient séance à côté des six membres dont il avait été composé jusqu'alors. Ainsi modifié, le conseil du doge forma le gouvernement proprement dit, et prit le titre de *sérénissime Seigneurie*[1].

Douze patriciens furent députés auprès du nouveau doge, pour lui annoncer sa nomination et l'accompagner à son retour. Le navire qui portait Marin Falier et sa suite était arrivé à la hauteur de la petite île Saint-Clément, à peu de distance de Venise, quand il fut forcé de s'arrêter, à cause d'un épais brouillard qui ce jour-là (6 octobre 1354) couvrait toute la lagune. Le doge fut obligé de descendre dans une simple gondole. Toutefois les bateliers, trompés par la brume, au lieu d'aborder au quai de la Paille (*rive della Paglia*), vinrent prendre terre au môle de la *Piazzetta*, juste entre les deux colonnes, lieu ordinaire des exécutions criminelles. Aussi, depuis la mort de Falier, cette circonstance fut regardée comme de sinistre augure, et de là est venu le proverbe vénitien : *Garda te dell' entre columni* (garde-toi de l'entre-colonne).

Les négociations qui suivirent le désastre de la flotte de Pisani remplirent les premiers moments de l'administration du nouveau chef, qui signa une trêve avec Gênes (février 1355). Ce fut le seul acte politique de son règne, qui ne dura que huit mois. Nous allons le voir engagé dans une fatale entreprise dont il fut victime, et qui ne pouvait avoir pour résultat que de ternir son nom et son caractère.

Marin Falier était d'une humeur très-irascible, excessivement jaloux des pré-

1. Les fonctions du conseil du doge consistaient à faire l'ouverture de toutes les dépêches (il lui était interdit de les recevoir hors de la présence du doge, tandis que celui-ci pouvait y proceder sans lui) ; d'en faire le renvoi aux chefs des diverses branches de l'administration ; de décider les réponses a adresser aux ministres étrangers, et les instructions à donner aux ambassadeurs ou generaux de la république ; de presider, sous le doge ou en son absence, le sénat et le grand conseil, d'y porter les propositions a mettre en deliberation, etc., etc.

rogatives de sa dignité, et incapable de modérer les élans de sa colère lorsqu'il se croyait outragé. C'est à cette fâcheuse disposition d'esprit, jointe à l'aveugle opiniâtreté de la vieillesse, qu'il faut attribuer cette célèbre conspiration qui a eu plus de retentissement que de portée réelle. Voici la relation que nous en a laissée Marin Sanuto, l'un de ceux qui ont rapporté cet événement avec le plus d'exactitude. « C'était le jeudi gras, dit-il ; ce jour-là, après la course des taureaux, on se rendait ordinairement au palais ducal, qui était brillamment disposé pour y recevoir bonne et nombreuse compagnie. La danse se prolongeait jusqu'au son de la première cloche ; à la danse succédait une collation, et le doge faisait les honneurs de la fête lorsqu'il était marié. Or il arriva qu'à la soirée donnée par Falier, un certain Michel Steno, gentilhomme jeune et pauvre, mais adroit et audacieux, et qui était épris d'une des dames de la suite de la dogaresse, vint à commettre une légère inconvenance au milieu des danses. Irrité de cette action, le doge donna aussitôt l'ordre de le faire sortir. Steno ne put endurer patiemment un si cruel affront. Quand la fête fut terminée, et que tout le monde fut dehors, guidé par son aveugle colère, il entra dans la salle d'audience, s'approcha du siége sur lequel s'asseyait habituellement le doge, et y écrivit ces mots : *Marino Faliero dalla bella mugier, altrui la gode e lu la mantiene* (Marin Falier a une belle femme, les autres en jouissent et lui l'entretient). Le lendemain cette insulte devint publique ; le scandale était grand, et le sénat ordonna qu'il fût informé sur-le-champ. Des sommes considérables furent promises à celui qui révélerait le coupable, et bientôt on parvint à découvrir que c'était Michel Steno : le conseil des Quarante commanda de l'arrêter. Amené devant les juges, Steno avoua qu'il avait écrit ces mots dans son dépit d'avoir été chassé de la fête en présence de sa maîtresse. Le conseil prenant en considération la jeunesse du coupable, son amour et son égarement, le condamna seulement à deux mois de prison, et le bannit pour un an de Venise. Cette sentence, trop douce au gré de la colère du doge, ralluma toute sa fureur ; il crut que le conseil n'avait point agi comme l'exigeait le respect dû à sa dignité et à son rang : selon lui, Steno méritait la mort, ou au moins un bannissement perpétuel.

Cet événement décida du sort de Marin Falier. En effet, peu de temps après, un patricien, membre de la maison de Barbaro, d'un naturel violent et emporté, étant allé à l'arsenal demander un service à Israël Bertuccio, maître des galères, et celui-ci lui ayant répondu que cela n'était pas possible, une querelle s'engagea entre le gentilhomme et le maître des galères, dans laquelle ce dernier fut frappé violemment au visage. Bertuccio, irrité, se rendit aussitôt chez le doge pour lui exposer sa plainte et lui demander justice. « Que voulez-vous que je fasse ? répondit « Marin Falier ; rappelez-vous l'outrage que j'ai reçu ces jours derniers et la ma- « nière dont on a puni Michel Steno, et jugez par là du respect que le conseil des « Quarante a pour notre personne ? — Seigneur, lui répondit Bertuccio, si vous

« désirez devenir prince, et vous délivrer de cette insolente noblesse, je me sens
« assez de courage pour exécuter ce projet : prêtez-moi votre secours, dans peu
« de temps vous serez maître de Venise. » Le doge, au lieu de l'interrompre,
écouta ses propositions, le questionna sur les moyens qu'il comptait employer,
lui fit entrevoir des espérances, et le congédia, remettant leur entrevue à une
époque rapprochée.

Assuré d'avoir un appui, Bertuccio se répandit en menaces contre le patricien ;
celui-ci, en ayant été informé, porta plainte à son tour au doge. Falier, ne pouvant paraître rester neutre, fit venir le maître des galères et lui adressa les plus
sévères reproches, lui ordonnant de rester tranquille. Mais au sortir de cette
entrevue, il rappela en secret Bertuccio, et eut avec lui une longue conférence,
dans laquelle il l'assura que sa sévérité n'avait été qu'apparente, et l'engagea à lui
développer ses projets. Bertuccio lui exposa son plan, qui était de choisir dix-sept
chefs ayant chacun sous leurs ordres une compagnie de quarante hommes qui
ignoreraient, jusqu'au moment de l'exécution, le but de leur réunion. Le jour de
l'insurrection on devait sonner de grand matin les cloches de Saint-Marc, auxquelles on ne pouvait toucher sans un ordre exprès du doge. A ce bruit inaccoutumé, les patriciens ne manqueraient pas d'accourir sur la place, où les compagnies les tailleraient en pièces; après quoi on proclamerait Marin Falier, non pas
doge, mais seigneur de Venise. Ce plan ayant été adopté, et les chefs principaux
étant trouvés, la mise à exécution fut fixée au 15 avril.

« Mais le ciel, qui veille sur cette glorieuse cité, dit Sanuto, et qui, satisfait
de la piété et de la droiture de ses habitants, leur a toujours prêté son secours,
se servit d'un des conjurés, nommé Beltramo, de Bergame, pour découvrir la
conspiration : ce Beltramo, qui était client[1] d'un patricien nommé Niccolo Lioni,
effrayé du danger qui menaçait son patron, courut chez lui la veille de l'insurrection, l'engageant à ne pas se montrer en public, quelque tumulte qu'il entendît.
Effrayé de la confidence qu'on venait de lui faire, Niccolo ordonna à ses gens de
se saisir de Beltramo et de le garder soigneusement; puis il se rendit chez Giovanni Gradenigo, et lui raconta tout ce qu'il venait d'apprendre. Cette révélation
lui parut de la plus haute gravité ; d'autres patriciens furent aussi consultés, et l'on
résolut de convoquer immédiatement les avogadori, les chefs du conseil des Dix,
ceux de la Quarantie, les officiers de nuit, les *capi di sestiere* et les *cinque della
pace*, en les invitant à joindre à leurs gens quelques hommes courageux et éprouvés, qui devaient aller chez les chefs de la conspiration et s'assurer de leurs

---

[1]. Chaque patricien avait, dans la classe du peuple, un ou plusieurs citoyens dont il était le protecteur avoué : ceux-ci étaient ses clients, ou, comme on les appelait, ses créatures ou ses affectionnés (*amorevoli*). Il existait aussi entre les grands et les citadins un autre lien : quand un noble avait tenu un enfant sur les fonts baptismaux, le père de l'enfant et le parrain devenaient compères de saint Jean (*compare di san Juan*), et ce compérage établissait souvent des rapports d'amitié très-étroits et souvent indissolubles. Or, il se trouva que Beltramo le Bergamasque était client et compère du patricien Niccolo Lioni.

personnes. A l'entrée de la nuit, ce conseil extraordinaire se réunit dans le palais ducal ; et comme le doge, sur une communication qui lui fut faite, feignit de ne pas croire à l'importance d'une telle conspiration, on fit fermer toutes les portes du palais, et l'on envoya ordre au gardien de la tour de ne point laisser sonner la cloche. Tout fut ponctuellement exécuté. Beltramo ne pouvait dire jusqu'où s'étendaient les liaisons et les projets des conjurés ; mais il savait que Bertuccio et Philippe Calendaro, son ami, avaient une grande part à ce mouvement. Ces deux conjurés furent donc arrêtés et mis à la question. Quelques aveux leur échappèrent ; ils suffirent pour indiquer que le premier personnage de la république était leur complice. Dans la nuit même Bertuccio et Calendaro furent pendus devant les fenêtres du palais : on plaça des gardes à toutes les issues de l'appartement du doge, et huit conjurés, qui s'étaient échappés vers Chiozza, furent arrêtés, et exécutés après leur interrogatoire.

« Le conseil des Dix, ayant presque la certitude que le doge était du nombre des conjurés, résolut de s'associer vingt citoyens des plus recommandables pour délibérer sur le parti qu'il fallait adopter ; toute la journée du 15 fut employée à interroger et à juger les conjurés subalternes ; le lendemain 16 le doge comparut devant la *junte*, car c'est le nom que se donna cette cour improvisée. Sa démarche était calme et son visage impassible ; pressé de questions, il n'adressa à ceux qui l'interrogeaient que ces paroles dédaigneuses : « Je ne puis m'expliquer devant mes inférieurs, ni reconnaître que vous ayez le droit légal de me juger. . Montrez-moi la loi... » Puis, après un moment de silence, il reprit : « Vous opprimiez le prince et le peuple ; j'ai voulu délivrer l'un et l'autre, et j'ai échoué... Je ne nie rien, je ne me défends en rien, je ne vous demande rien que mon silence et votre décision. » Elle ne se fit pas attendre ; le 16 au soir le jugement fut rendu, et toutes les voix opinèrent pour le dernier supplice. La sentence fut exécutée le lendemain 17 de très-grand matin. Ce jour-là toutes les portes du palais furent exactement fermées. Le conseil des Dix se rendit en corps chez le doge ; on le dépouilla de tous les insignes de sa dignité ; puis on le conduisit dans la galerie (*loggia*) de la cour du palais, et on lui trancha la tête[1]. Aussitôt après, un des membres du conseil parut aux fenêtres du palais sur la petite place, tenant dans sa main le glaive sanglant qui avait servi à l'exécution, et prononça ces mots : *È stata fatta ziustizia al traditor della patria!* (Justice a été faite du traître à la patrie !) En même temps les portes du palais s'ouvrirent, et le peuple étonné put contempler le cadavre encore palpitant de celui qui avait

---

1. Tous les historiens et les poëtes s'accordent à dire que Marin Falier fut décapité sur l'escalier des Géants ; mais d'après les recherches consignées dans l'excellent ouvrage de M. Renier Michiele : *Origine delle feste veneziane*, on voit jusqu'à la dernière évidence que cette opinion est complètement erronée. L'escalier des Géants ne fut bâti que vers la fin du XVᵉ siècle, plus de cent ans après la mort de Falier ; non-seulement cet escalier, mais encore la façade entière du palais sur laquelle il appuie, la grande porte qui y conduit, et les deux tiers de la façade du palais sur la Piazzetta.

voulu être son libérateur. Le soir, le corps de Falier fut placé dans une gondole, et transporté sans aucun appareil à l'église Saint-Jean et Saint-Paul. Aujourd'hui, lorsqu'on parcourt la salle du palais ducal, où se trouve la série des portraits des doges, celui de Marin Falier manque; on voit à sa place un cadre couvert d'un crêpe noir avec cette inscription : *Hic est locus Marini Falieri, decapitati pro criminibus.* »

Trois jours après l'exécution de Marin Falier (21 avril 1355), Jean Gradenigo fut appelé à lui succéder. L'un de ses premiers actes fut de conclure un traité définitif avec Gênes : par ce traité, Venise consentit à payer à sa rivale 200,000 florins pour les frais de la guerre, et se vit fermer tous les ports de la mer Noire, à l'exception de celui de Théodosie, où les Génois leur permirent d'établir un comptoir. Gradenigo mourut laissant sa patrie aux prises avec Louis, roi de Hongrie, toujours envieux de sa puissance et cherchant sans cesse à lui susciter des ennemis. Sept fois déjà, à ce qu'assurent les historiens hongrois, la ville de Zara s'était révoltée pour se donner à leurs souverains; et quoique les prédécesseurs de Louis n'eussent jamais été en paisible possession de cette ville ou des autres places de la Dalmatie, il regardait toutes ces forteresses comme une dépendance de sa couronne, et les redemanda aux Vénitiens, refusant de transiger sur les droits auxquels il prétendait, et rejetant comme un outrage l'offre d'un tribut ou d'une somme d'argent que lui faisait la Seigneurie.

Sous le règne de Jean Delfino, successeur de Jean Gradenigo (13 août 1356), cette guerre continua avec désavantage pour la république : Traù et Spalatro se révoltèrent; Zara, après une résistance opiniâtre, fut prise par les Hongrois. D'un autre côté, la navigation était plus que jamais troublée par les pirates turcs, et les Candiotes se soulevèrent une seconde fois. Dans une telle occurrence, c'eût été folie de soutenir plus longtemps une lutte inégale, et Venise implora la paix. Elle l'obtint, mais à des conditions très-onéreuses : elle abandonnait la Dalmatie, et le doge renonçait pour toujours au titre de duc de Hongrie; en outre, la république s'engageait à tenir constamment vingt-quatre galères à la disposition du monarque hongrois. Le chagrin d'avoir attaché son nom à ce déplorable traité conduisit Delfino au tombeau (1361); il mourut au moment où la peste exerçait de nouveaux ravages dans Venise.

Par suite de toutes ces pertes, les finances de la république se trouvaient épuisées; on crut y porter remède en promulguant plusieurs lois somptuaires; mais elles furent impuissantes contre le mal. On imagina alors d'interdire aux patriciens la faculté de faire le commerce; mais cette restriction, qui ne fit pas affluer des sommes nouvelles dans le trésor, ne servit qu'à concentrer encore davantage le pouvoir entre les mains de quelques familles de l'aristocratie, et à constituer l'oligarchie. C'est au milieu de ces circonstances fâcheuses que Laurent Celsi fut appelé à la couronne ducale. Celsi n'était qu'un homme de guerre, et ne songea même pas à alléger les souffrances de sa patrie; la révolte de Candie, qui devenait chaque jour plus menaçante, et dont la répression occupa toute la durée de son règne, vint d'ailleurs le distraire de ce soin. Avant d'entreprendre le récit de cette guerre, portons un instant notre attention sur un illustre étranger qui à cette époque se trouvait à Venise : c'est Pétrarque.

Quoiqu'il n'eût pas réussi dans la négociation dont Visconti l'avait chargé auprès de la république, Pétrarque n'en jouissait pas moins à Venise d'une grande considération ; et lui de son côté avait la plus grande affection pour cette ville que, dans son enthousiasme poétique, il surnommait la *merveille des cités*. L'accueil qu'il y reçut fut des plus brillants : le doge, le sénat, les principales familles patriciennes, voulurent à l'envi recevoir et fêter un hôte si illustre, et lui ne crut pouvoir mieux s'acquitter de cette splendide hospitalité qu'en léguant sa bibliothèque à saint Marc, patron de Venise, don précieux pour l'époque, et qui est devenu la base de l'une des plus considérables bibliothèques publiques de l'Europe [1].

L'insurrection de Candie n'était pas cette fois excitée par les Grecs candiotes, mais bien par les colons vénitiens eux-mêmes, qui ne voulaient plus rester sous la dépendance de la métropole. La révolte commença par des réclamations semblables à celles qu'élevèrent de notre temps les colonies anglaises dans l'Amérique du Nord. Les Vénitiens candiotes devaient payer un impôt dont le produit était destiné à l'entretien du port de leur ville. Afin de surveiller l'emploi de cette taxe, ils demandèrent qu'un certain nombre d'entre eux siégeassent comme représentants de la colonie au grand conseil de la république, si celui-ci voulait continuer à être reconnu d'eux comme pouvoir suprême. Cette faveur leur fut refusée, et de là naquit le mécontentement et ensuite l'insurrection. Tito Venier et Tito Gradenigo, tous deux Vénitiens, se mirent à la tête du mouvement : ils chassèrent les fonctionnaires nommés par le doge, et élurent Marc Gradenigo duc de Candie. Plusieurs personnages considérables, envoyés successivement pour calmer cette effervescence, ayant échoué dans leur entreprise, une expédition considérable sous les ordres du Véronais Luchino del Verme fut dirigée contre les rebelles. La ville fut bientôt obligée de se rendre, mais la plupart des insurgés se retirèrent, comme aux révoltes précédentes, dans les montagnes. Tito Gradenigo se réfugia à Rhodes, puis à Constantinople ; Venier, avec une petite portion

---

1. Plusieurs patriciens illustres, à l'exemple de Pétrarque, dotèrent richement la bibliothèque de Saint-Marc ; on cite entre autres les Justiniani, les Nani, les Contarini, les Lonigo, les Morosini, les Molino. N'oublions dans cette nomenclature des bienfaiteurs de la bibliothèque de Saint-Marc, ni le cardinal Bessarion, qui lui fit un legs de 30,000 écus, ni le savant helléniste Morelli, qui l'enrichit d'une précieuse collection de manuscrits. Cette bibliothèque avait deux sortes de bibliothécaires : les uns pris parmi les patriciens et les administrateurs supérieurs de l'établissement ; les autres, plus spécialement chargés de la partie littéraire, étaient choisis parmi les hommes les plus distingués dans les lettres. Dans la première catégorie on trouve les noms de Cornaro, Foscarini, Mocenigo, Justiniani, Valier, Contarini, Valaresso, tous appartenant à des familles ducales ou au moins patriciennes. Ces noms illustres prouvent assez que la charge de bibliothécaire de Saint-Marc jouissait d'une grande considération.

des siens, se jeta dans Retimo, en attendant les secours des Génois et des Catalans, auxquels il avait fait offrir la souveraineté de l'île. Les colons candiotes furent moins heureux que ceux de l'Amérique septentrionale : aucune puissance n'embrassa leur défense ; les rois de Chypre et de Hongrie, la reine Jeanne de Naples, se déclarèrent même contre eux. Dès ce moment il fut facile de prévoir quelle serait l'issue de l'insurrection ; mais la mort de Laurent Celsi en suspendit pendant quelque temps la répression.

Ce fut sous le règne de Marc Cornaro, successeur de Celsi, que cessa la révolte des Candiotes ; leurs dernières forteresses tombèrent en 1366 au pouvoir de Venise ; Tito Venier fut fait prisonnier et exécuté ; un grand nombre de ses partisans subirent le même sort, d'autres furent exilés. Mais à peine cette île était-elle rentrée dans le devoir, qu'une autre colonie attira sur elle l'attention et les armes de la république. Un navire de Trieste, soupçonné de faire la contrebande du sel, ayant été chassé à la vue du port par une galère vénitienne, se défendit ; le capitaine de cette dernière galère fut tué dans le combat, et le fraudeur se réfugia dans le port. Les officiers vénitiens demandèrent une prompte satisfaction de la mort de leur capitaine ; ils voulaient que le navire coupable et son équipage leur fussent livrés. Les Triestins repoussèrent cette prétention, et de là naquit une insurrection que le nombre des alliés qui soutenaient Trieste rendit menaçante. Marc Cornaro n'eut pas la gloire de la terminer ; il mourut après avoir occupé le trône ducal pendant deux ans.

L'élection de son successeur, André Contarini, offrit une particularité qu'il importe de signaler ; car elle nous donnera une idée du caractère insatiable du despotisme, une fois qu'on lui a permis de s'établir. Nous avons déjà dit combien l'autorité ducale avait été réduite par suite des restrictions dont le grand conseil l'avait entourée ; sous l'influence du conseil des Dix, on alla plus loin encore : on arrêta que tout patricien élu doge ne pourrait s'excuser d'accepter cette dignité sans avoir pris l'avis et obtenu l'assentiment de ses conseillers ; que ses motifs d'excuse seraient soumis au grand conseil, et ne pourraient être admis qu'autant que les deux tiers des voix les jugeraient suffisamment fondés [1] ; or il arriva qu'à peine ce décret avait été rendu, le doge nouvellement élu,

---

[1] Les nouvelles restrictions imposées à l'autorité ducale allaient plus loin encore et sont à peine croyables : on statua que, dans les conseils, le doge ne pourrait jamais s'opposer à ce que les avogadori missent en délibération une proposition qu'ils auraient arrêtée, mais qu'il aurait seulement la faculté d'exposer ses raisons pour la combattre. On descendit ensuite jusqu'à des soins minutieux et indignes d'une nation sage pour créer d'autres entraves au chef de l'État : les avogadori furent chargés d'examiner chaque mois si le doge était exact à payer les gens et les dépenses de sa maison, et, faute par lui de le faire, de retenir sur ses revenus la somme suffisante pour y pourvoir ; on fixa ensuite à 1,000 livres par an la somme qu'il pouvait employer à la réception des étrangers de distinction ; on exigea que dans les six premiers mois de son élection, il se fît faire au moins une robe de brocart d'or ; qu'enfin ni lui, ni ses enfants, ni sa femme, ne reçussent aucun présent, ne tinssent aucun fief ni emphytéose, ne possédassent aucun immeuble hors des limites du duché : et tant de restrictions imaginées pour une place qui ne donnait qu'un semblant de pouvoir, et qui ne rapportait que 12,000 ducats par an, environ 60,000 francs de notre monnaie !

André Contarini, refusa d'accepter la couronne. Il se retira même dans le territoire de Padoue, pour échapper à cet honneur ; mais le sénat lui fit signifier que s'il persistait dans son refus, la république le traiterait comme rebelle, et ordonnerait la confiscation de ses biens. Il se soumit, et vint recevoir une couronne qui ne donnait qu'un semblant d'autorité, mais qu'il était aussi dangereux de refuser que d'accepter. Ainsi, depuis la *serrata del consiglio* les patriciens marchaient de concert sur les ruines des libertés publiques, sans s'apercevoir qu'un petit nombre d'entre eux empiétaient incessamment sur le pouvoir des autres.

Il fallut deux ans d'efforts et du blocus le plus rigoureux pour forcer Trieste à se rendre. Elle avait reçu de nombreux renforts des habitants de la Carniole, et le duc d'Autriche, à qui elle s'était donnée, lui avait même envoyé une petite armée. Malgré ces secours, le lion de Saint-Marc triompha, les Allemands se virent obligés d'effectuer leur retraite, et la famine força Trieste à se rendre ; on punit du dernier supplice les chefs de la rébellion, et une citadelle formidable, élevée par les vainqueurs, répondit désormais de la fidélité des Triestins. Cette lutte était à peine terminée, que la république se trouva de nouveau engagée contre ses voisins dans une longue série de guerres, qui faillirent lui être fatales. Nous allons les raconter avec quelque développement, car l'une d'elles forme une partie importante de cette histoire.

Ce fut d'abord François de Carrare qui, oubliant les services que lui avait rendus Venise, commença les hostilités. Sans égard pour les traités, ce prince cherchait par des empiétements continuels à reculer les limites qui séparaient son domaine du territoire de la république, ou à nuire au commerce des Vénitiens en détournant les eaux de la Brenta. Les représentations du sénat n'ayant pu le faire renoncer à son entreprise, on lui déclara la guerre ; pour gagner du temps et s'assurer des appuis, il proposa de soumettre la question à des arbitres. En effet, pendant le cours des négociations, il parvint à décider le roi de Hongrie et le duc d'Autriche à faire cause commune avec lui, en même temps qu'il cherchait à se débarrasser par l'assassinat de ses adversaires les plus influents à Venise. Mais le conseil des Dix veillait sur ses démarches : les émissaires de Carrare furent arrêtés avec leurs complices, parmi lesquels se trouvèrent plusieurs patriciens ; les uns et les autres subirent le dernier supplice, et le sénat fit aussitôt envahir le territoire de Padoue.

Cependant le roi de Hongrie et le duc d'Autriche ne restaient pas inactifs : le premier pénétrait avec ses hordes dans les campagnes de Trévise, tandis que l'autre s'établissait dans les cantons de Bellune et de Feltre. De son côté, Carrare avait mis sur pied une armée considérable. Les Vénitiens ne purent tenir tête à ces forces réunies, et ils éprouvèrent plusieurs échecs ; mais, à force de sacrifices, ils parvinrent à lever un grand nombre de troupes dans les provinces turques et morlaques ; ils se procurèrent même quelques canons, machines de guerre alors fort rares, et entrèrent en campagne avec une supériorité marquée. Les Hongrois, à leur tour, essuyèrent une défaite complète ; leur chef, le waivode de Transylvanie, et beaucoup de seigneurs padouans, furent faits prisonniers. Carrare, réduit à ses propres forces, ne voulut pas continuer une lutte désormais trop inégale : par l'intercession du pape, il obtint la paix, et accepta toutes les conditions qu'on voulut lui imposer (1373). Il s'engagea à démolir les forts élevés par lui sur les frontières de la république, à payer 100.000 ducats pour les frais de la guerre, et à verser, pendant quinze ans, dans le trésor de l'église de Saint-Marc, 400 ducats ; bien plus encore, il se soumit à envoyer son fils demander pardon au grand conseil.

Vaincu et humilié, Carrare n'avait pas déposé sa haine. A peine le traité était-il signé, qu'on le vit parcourir les différentes cours d'Italie, cherchant à organiser une coalition formidable contre la république. Cette ligue se composa des Génois, toujours prêts à entrer en campagne lorsqu'il s'agissait de combattre leurs rivaux ; du roi de Hongrie, désireux de s'assurer la tranquille possession de la Dalmatie ; du patriarche d'Aquilée, le plus implacable ennemi de Venise ; du seigneur de Vérone ; et enfin de tous les princes riverains de l'Adriatique, qui voulaient s'affranchir de la domination que la république s'était arrogée sur cette mer. Carrare, l'âme et l'instigateur de la ligue, se chargea de réunir les divers contingents des confédérés ; mais le commandement supérieur en fut dévolu aux Génois. Lorsque le doge connut le résultat des intrigues de Carrare, il chercha aussi de son côté des alliés, mais il n'en trouva que deux : le duc de Milan et le roi de Chypre, princes faibles ou peu zélés, qui ne lui fournirent que des secours insignifiants. La principale ressource de Venise, durant cette guerre acharnée, fut le dévouement et le patriotisme de ses sujets ; nobles passions qui n'ont jamais été poussées plus loin chez aucun autre peuple. Après avoir indiqué les principaux acteurs de cette mémorable lutte, il nous reste à en faire connaître les commencements ; et c'est vers l'Orient qu'il nous faut d'abord porter nos regards.

Paléologue, dit Calojean V, empereur de Constantinople, avait, à la suite d'une conspiration tramée contre lui, jeté deux de ses fils en prison où il leur avait fait crever les yeux. Ils y étaient depuis deux années, lorsque les Génois parvinrent à les tirer de cette affreuse captivité et à mettre sur le trône Andronic. C'était l'aîné. Calojean le remplaça dans le même cachot. Pour prix de ce service, Andronic avait cédé aux Génois l'île de Ténédos, place de la plus haute importance pour leur commerce, à cause de sa position à l'entrée des Dardanelles ; mais lorsqu'ils voulurent en prendre possession, les habitants, fortement attachés à l'empereur détrôné, leur fermèrent leurs ports. Ayant appris ce témoignage de fidélité à sa mauvaise fortune, Calojean résolut d'employer tous les moyens possibles pour recouvrer la liberté.

Il y avait alors à Constantinople un jeune Vénitien nommé Charles Zéno, dont le caractère entreprenant avait déjà fait grand bruit[1]; il passait pour l'homme le plus capable de se charger d'une entreprise hasardeuse et de la mener à bonne fin. Ce n'était encore à cette époque qu'un aventurier intrépide dont la vie errante excitait la curiosité par la variété et la singularité de ses incidents; mais il ne tarda pas à acquérir une renommée plus solide par d'immortels services rendus à sa patrie, et par une longue suite d'exploits glorieux auxquels son caractère personnel ajoutait une teinte brillante de générosité et d'héroïsme qu'on ne rencontrait guère dans les hommes de ce temps. Charles Zéno était connu de Calojean, et c'est à lui que ce malheureux prince songea pour briser ses fers. La femme d'un joaillier de la cour, avec laquelle l'empereur avait entretenu d'étroites relations, fut chargée de lui en faire la proposition. Zéno consentit sur-le-champ à une entreprise qui avait pour lui le triple mérite d'être difficile, périlleuse, et utile à son pays. Une troupe de huit cents hommes déterminés fut secrètement organisée, et c'est avec cette poignée de soldats qu'il se préparait à opérer une révolution dans Constantinople. L'empire grec devait être tombé bien bas, pour qu'avec si peu de moyens un homme pût sérieusement concevoir un pareil projet !

La tour d'Amena, prison dans laquelle Calojean était renfermé, se trouvait sur le bord de la mer; à la faveur de la nuit, Zéno s'en approcha, et parvint, à l'aide d'une corde, à se hisser jusqu'à la fenêtre de la chambre occupée par le prisonnier. Leur entrevue dans cette position gênante et périlleuse fut de courte durée; Zéno pressait l'empereur de saisir sans perdre de temps le faible appui qu'il lui offrait; Calojean, au contraire, incertain ou craignant d'exposer par sa fuite la vie de deux autres de ses fils, qui partageaient sa captivité, proposait d'autres moyens, et refusait de suivre son libérateur; puis, comme un homme

---

1. Ce personnage, un des plus grands hommes de la nation vénitienne, et dont la vie et le caractère furent si romanesques, appartenait à une des plus anciennes familles patriciennes. Son père, Pierre Zéno, avait entre autres charges importantes le gouvernement de Padoue : il périt dans une expédition contre Smyrne, laissant son jeune fils orphelin. Le pape Clément V prit soin de son éducation et lui fit don d'un riche bénéfice à Patras. Étant simple étudiant à Padoue, il fut attaqué et blessé par des voleurs et laissé pour mort. Sa conduite après son rétablissement ne révéla pas en lui une vocation bien décidée pour l'état ecclésiastique ; il commença par perdre au jeu tout l'argent consacré à ses études ; puis il vendit ses livres, quitta l'univers té, et s'enrôla dans les bandes mercenaires qui exploitaient alors l'Italie. Après avoir fait la guerre pendant cinq ans, il retourna à Venise où on le croyait mort; et l'on s'étonna surtout de l'entendre dire qu'il se disposait à aller prendre possession de son bénéfice. Patras était alors assiégée par les Turcs; ce ne fut point un obstacle pour Zéno ; il partit, et à peine arrivé, au lieu de s'occuper de son bénéfice, il se mit à la tête de la garnison, fit avec elle plusieurs sorties, et repoussa les assiégeants. Au milieu de ces escarmouches, il reçut une blessure tellement grave qu'on le crut mort pendant deux jours ; néanmoins il guérit, mais la Providence voulait qu'il ne fût pas homme d'Église : un duel vint différer son ordination, et peu après il éleva entre la vie spirituelle et lui une barrière insurmontable, en épousant une jeune Grecque d'une ravissante beauté Entre bientôt après au service du roi de Chypre, qui l'employa dans plusieurs missions importantes, il parcourut l'Angleterre, la France et l'Allemagne. Enfin, après la mort de sa première femme, il épousa une fille de la famille Justiniani et entreprit le négoce. Cette nouvelle carrière l'obligea de faire de fréquents voyages dans le Levant et dans la mer Noire, et c'est aussi pour une affaire de commerce qu'il se trouvait par hasard à Constantinople en 1376.

affaibli par le malheur, il versait d'abondantes larmes. Zéno, n'ayant pu le déterminer à s'évader, regagna son embarcation en maudissant la lâcheté de ce prince, et courut immédiatement rejoindre ses hommes et les disperser. Quelques jours après, Calojean était revenu de ses premières hésitations. Décidé à braver tous les dangers, il réclama de nouveau l'assistance de Zéno, en accompagnant sa prière d'une donation de l'île de Ténédos en faveur des Vénitiens. Zéno lui écrivit sur-le-champ pour le prévenir que tout serait prêt sous deux jours. Malheureusement sa lettre tomba entre les mains d'Andronic. La femme du joaillier fut arrêtée, et la torture lui arracha les indications les plus précises sur le projet d'évasion. La vie de Zéno était en danger; mais, averti à temps, il put se jeter dans une barque et gagner l'escadre vénitienne, mouillée dans la Propontide. Elle était commandée par Marc Justiniani, son beau-père.

Justiniani fut très-surpris de l'arrivée de son gendre, et bien plus encore du motif de sa fuite. Cependant, muni du diplôme qui conférait à Venise la souveraineté de Ténédos, et sans trop en examiner la validité, il fit promptement voile vers cette île. Le gouverneur, toujours dévoué aux intérêts de Calojean, s'empressa de mettre les Vénitiens en possession des forts, de la rade et de l'arsenal. Aussitôt qu'il eut reçu la nouvelle de cet heureux événement, le sénat fit partir des renforts pour Ténédos, dont il nomma Charles Zéno gouverneur. Mais les Génois, jaloux d'une si facile conquête, excitèrent le ressentiment d'Andronic, et le décidèrent à entreprendre une expédition pour la recouvrer. Ce prince y échoua complétement, et Zéno se couvrit de gloire dans la défense du poste qui lui avait été confié.

La prise de possession de Ténédos par les Vénitiens eût été pour les Génois un motif suffisant de rompre la paix jurée. Une querelle de préséance, qui eut lieu entre les ambassadeurs des deux républiques à la cour du roi de Chypre, fit éclater les hostilités (1378), et ce fut près de l'embouchure du Tibre, devant le promontoire d'Antium[1], où les Romains avaient élevé un temple à la Fortune, que les deux flottes ennemies se rencontrèrent. L'escadre vénitienne, sous les ordres de Victor Pisani, était composée de quatorze galères; l'amiral génois, Louis de Fiesque, n'en avait que dix. Après une mêlée sanglante, que l'orage rendait encore plus horrible, les Vénitiens furent vainqueurs; ils avaient coulé bas six galères ennemies; mais les trois autres, au lieu de se réfugier dans les ports voisins, tournèrent la pointe de l'Italie, et entrèrent dans l'Adriatique pour réparer leur défaite aux dépens du commerce de leurs heureux adversaires. Sur le continent, la guerre n'était pas sérieusement engagée: les puissances belligérantes, ne pouvant disposer de troupes nationales suffisantes, avaient pris à leur solde des mercenaires, qui, fort indifférents à la querelle qu'ils soutenaient, pillaient indistinctement les deux partis, tandis que, sur les flottes, les citoyens de Gênes et

---

1. Aujourd'hui *Anzio-Rovinato*, petite ville maritime à sept lieues d'Ostie.

les citoyens de Venise combattaient en personne, avec un acharnement que redoublait la haine mutuelle des deux républiques.

Aussitôt après la journée d'Antium, Pisani s'était dirigé vers l'île de Chypre pour surprendre une division génoise et s'emparer de Famagouste ; mais les ordres du sénat l'empêchèrent de mener à bonne fin cette entreprise. Lucien Doria avec vingt-deux galères, et appuyé du concours des Hongrois, croisait dans l'Adriatique et répandait l'alarme jusque dans Venise ; il fallait lui opposer un rival digne de lui. En effet, aussitôt que Pisani fut de retour dans le golfe, tout changea de face : la navigation marchande s'opéra sans obstacle, et les convois de vivres que Venise tirait de la Pouille arrivèrent avec sécurité. Pisani fit mieux encore, il parvint à enlever au roi de Hongrie les villes de Cattaro, de Sébénigo et d'Arbo, qui lui avaient été cédées à la fin de la guerre précédente.

Cette campagne prolongée, hérissée de fatigues et de combats sans nombre, finissait par épuiser les équipages ; aussi Victor Pisani fit-il demander à la Seigneurie la permission de ramener sa flotte à Venise, pour y prendre quelque repos. Mais le sénat, craignant que Doria, maître en quelque sorte du golfe, ne bloquât la flotte vénitienne dans le port, refusa de recevoir son amiral, qui fut obligé de passer l'hiver à croiser devant la côte d'Istrie. Une maladie affreuse fondit alors sur tous ses navires, et des milliers de matelots, qui, toujours en face de Pola, soupiraient après le repos sur ce rivage hospitalier, moururent dans leurs prisons flottantes, et trouvèrent leur sépulture dans les flots. Pisani était enfin entré dans le port de cette ville, lorsque Lucien Doria parut avec sa flotte, le 29 mai 1379, à trois milles de distance. Les marins vénitiens, impatients de terminer leur longue captivité, forcèrent leur amiral à sortir pour présenter le combat. Afin de remplacer les matelots que la maladie avait enlevés, on fit monter des habitants de Pola sur la flotte avec quelques troupes de débarquement, et Pisani tenta de suppléer par sa valeur à la faiblesse de ses équipages : il attaqua avec fureur les Génois, détruisit plusieurs de leurs navires, et dans ce premier abordage leur amiral Lucien Doria perdit la vie. Mais Ambroise, frère de Lucien, prit le commandement, et les Génois, animés par le désir de venger leur chef, redoublèrent d'efforts : quinze galères vénitiennes furent prises ; dix-neuf cents prisonniers, parmi lesquels on comptait vingt-quatre membres du grand conseil, demeurèrent au pouvoir des vainqueurs ; Pisani ne parvint à sauver que quatre galères. Rome ancienne rappelait ses généraux malheureux ; Venise, plus impitoyable, fit jeter Pisani en prison, et le déclara incapable pendant cinq ans d'exercer aucune fonction publique.

Les Génois poursuivirent leurs avantages : par les soins du nouvel amiral Pierre Doria, leur flotte fut bientôt portée à quarante-sept galères ; elle s'avança ensuite jusqu'à Saint-Nicolas du Lido, une des ouvertures de la lagune, et, après s'être concertée avec François de Carrare, se montra devant Chiozza. La défense et l'attaque de cette place sont mémorables dans les annales militaires de Venise ;

aussi allons nous en rapporter avec quelques détails les principales opérations.

Nous avons dit, au commencement de cette histoire, que la lagune qui sépare Venise du continent est pourvue, du côté de la mer, d'une fortification naturelle. Un cordon d'îles longues et étroites, isolées l'une de l'autre par de petits passages, s'oppose comme un boulevard à l'envahissement des flots; nulle part il n'a plus de mille pas de large, tandis que sa longueur est de trente-cinq milles. Cette chaîne de terres peut être assez bien représentée comme la corde d'un arc formé par les côtes de terre-ferme. Venise se trouve placée juste au milieu de l'espace compris entre la corde et l'arc. Au moyen âge les principales de ces îles étaient, en partant du nord : Saint-Érasme, Malamocco, Albiola, Palestrina (ces deux dernières ont été réunies depuis), Chiozza et Brondolo, qui constituent le littoral maritime de Venise. Dans le xiv° siècle, les passages ou canaux qui de distance en distance occupent cette ligne de terre étaient au nombre de six [1]. Ceux de Brondolo et de Chiozza, placés à l'extrémité sud de la lagune, sont les seuls qui doivent nous occuper en ce moment : le premier est formé d'un côté par la terre-ferme, et de l'autre par l'île de Brondolo; le second sépare Brondolo de Palestrina [2]. Ces derniers étaient les plus profonds [3]. Enfin, il importe de faire remarquer que la ville de Chiozza n'est pas sur la même ligne que Brondolo et Palestrina, mais bien un peu en avant dans la lagune; elle ne tient à la première de ces îles que par un pont de deux cents pas, en sorte que les navires venant de la mer ne peuvent y arriver qu'en franchissant une des deux passes dont nous venons de parler.

Après la défaite de Pola, le sénat de Venise s'était hâté de fermer toutes les ouvertures de la lagune, même celle de Chiozza. Une triple chaîne fut tendue au travers de chaque port : d'espace en espace, elle était défendue par des *sandoni*, grands vaisseaux immobiles, chargés de machines de guerre et de soldats. Dans quelques endroits, les Vénitiens ajoutèrent à ces chaînes une espèce de fortification flottante, composée de poutres énormes fortement liées entre elles, et qui semblait rendre toute approche impossible. Doria voulut examiner de près tous ces obstacles; il fit sonder les passes, et se décida enfin à attaquer l'ouverture de Chiozza. François de Carrare avait préparé à Padoue cent barques armées, qu'il fit descendre vers Chiozza par les canaux de la Brenta. Cette flottille attaqua par derrière la chaîne qui fermait le port et ses fortifications mouvantes, tandis que Pierre Doria l'attaquait de face. Le sandone ou vaisseau fixe qui était placé entre ces deux ennemis ne put faire une longue résistance : après y avoir mis le feu, les soldats qui le gardaient s'enfuirent dans des barques.

Les Génois se trouvant ainsi maîtres de la lagune se portèrent sur Chiozza.

---

1 On les désigne sous les noms de ports (porti), parce que les navires pouvaient y mouiller avant d'entrer dans la lagune.

2 C'est celui qui est désigné par tous les historiens sous le nom de Porto di Chioggia, parce qu'il débouche sur cette dernière ville.

3. Aujourd'hui le plus profond est celui de Malamocco.

François de Carrare fit passer la moitié de son armée dans l'île de Brondolo, sur le côté intérieur de laquelle est bâtie la ville ; ses alliés débarquèrent une partie de leurs troupes pour le seconder, et l'armée des assiégeants, en comptant les forces de terre et de mer, se trouva forte de quatre-vingt mille hommes. Les Vénitiens n'avaient pu faire entrer que trois mille soldats dans Chiozza, et, quoique tous les habitants fussent sous les armes, ce n'était pas assez pour repousser l'ennemi. Malgré la plus vive résistance, les Génois parvinrent à s'emparer de Chiozza-Piccola, espèce de faubourg qui communiquait à la ville par un pont d'un quart de mille de longueur ; puis, à l'aide d'une surprise, ils pénétrèrent dans la place. Huit cent soixante Vénitiens y perdirent la vie, un plus grand nombre furent faits prisonniers.

Une consternation générale se répandit dans Venise lorsqu'on vit sur les tours de Chiozza l'étendard de Saint-Marc renversé, et la hampe qui le soutenait dominée par le pavillon génois. Le peuple entourait le palais ducal en poussant des gémissements ; il suppliait la Seigneurie de négocier la paix, de la faire même à tout prix, afin de sauver la république. Le doge, André Contarini, opposait son courage et sa fermeté naturelle à l'abattement de cette multitude désolée ; cependant, comme il jugeait du danger mieux que personne, il envoya trois ambassadeurs au général génois pour demander la paix. Pierre Doria reçut avec dédain ces ambassadeurs, et ne leur répondit que par ces paroles insultantes : « De par Dieu, les Vénitiens n'auront jamais la paix avec notre répu-
« blique, qu'auparavant nous n'ayons nous-mêmes mis une bride aux chevaux de
« bronze qui sont sur votre place de Saint-Marc. Quand nous les aurons bridés de
« notre main, nous les ferons bien tenir tranquilles ! » Et en même temps que cet insolent refus parvenait à Venise, on y apprenait la perte de Torre-Nova, de Cavarzare, de Monte-Albano, de Loredo et de Torre delle Bebe ; enfin vingt-deux galères génoises et quarante barques armées se montrèrent du côté du Lido : Venise semblait menacée d'une ruine certaine.

En présence de cet imminent péril, les Vénitiens, n'écoutant plus que leur désespoir, se portèrent à la rencontre des Génois, qui essayaient de prendre terre, et les forcèrent à regagner leurs embarcations. Toutefois, ce n'était pas par un coup de main plus ou moins hardi qu'on pouvait sauver la patrie : il fallait organiser un système de défense régulier, utiliser jusqu'aux dernières ressources. La seule flotte que possédât la république était dans la Méditerranée, sous les ordres de Charles Zéno ; il ne lui restait ni vaisseaux, ni vivres, ni soldats. Dans cette détresse, on ramassa d'anciens bois de construction, du fer, des armes et des cordages hors de service, disséminés dans l'arsenal ; on réunit toutes les galères désarmées, et l'on improvisa une nouvelle flotte. Tous les ouvriers, tous les hommes valides furent convoqués, soit pour travailler dans les chantiers, soit pour compléter les équipages. Malheureusement Taddeo Justiniani, l'amiral en exercice, n'était point populaire, et ces citoyens, ces artisans qu'on appelait à la manœuvre des vaisseaux, se demandaient avec inquiétude qui les commanderait. Tout à coup, des milliers de voix demandèrent la liberté de Victor Pisani, et son rétablissement dans sa charge. On ne se rappelait plus le désastre de Pola; on ne parlait que de sa victoire d'Antium et de ses exploits en Dalmatie. Le peuple en masse criait : « Donnez-nous notre capitaine Pisani, et alors nous combattrons! »

Les Dix n'obéissaient pas volontiers aux cris du peuple; mais eux aussi ils étaient agités par la crainte. Il fallait se défaire de Pisani ou le mettre en liberté : or, comme en ce moment le premier parti était dangereux, on prit le second. Pisani était enfermé sous les voûtes qui supportent le palais de Saint-Marc du côté du port; il reçut avec le plus grand calme la nouvelle de sa délivrance, et demanda à passer encore une nuit en prison, où il se confessa. A la pointe du jour il sortit de son cachot avec la même sérénité qu'il y était entré : la foule qui remplissait le palais l'accueillit avec transport au cri de : Vive Pisani! Les soldats l'élevèrent sur leurs bras et le portèrent dans les salles supérieures, où les sénateurs et le doge lui-même vinrent à sa rencontre; puis il entra dans la chapelle Saint-Nicolas, où il entendit la messe et communia. En sortant de l'église il se rendit au collége, assemblé extraordinairement. Le doge lui recommanda l'oubli du passé, le pardon des offenses, et l'exhorta à servir la république sans regarder en arrière : « Victor Pisani, lui dit-il en terminant, on vous avait privé de la « liberté, parce que vous aviez perdu nos vaisseaux; on vous la rend pour sauver « la patrie! » Pisani répondit avec noblesse et simplicité. « J'ai, dit-il, subi mon « arrêt sans murmure; maintenant, rendu à la liberté, le souvenir de l'injure que « je pourrais avoir éprouvée est déjà loin de moi; Dieu, que je viens de rece- « voir, m'en est témoin. D'ailleurs, quel plus beau dédommagement pouvais-je « attendre que l'honneur que me fait aujourd'hui la république en me con- « fiant sa défense? Ma vie lui appartient. Puisse Dieu m'accorder le courage « nécessaire pour remplir dignement une si noble tâche! » A peine eut-il prononcé ces paroles, que le doge et plusieurs sénateurs quittèrent leurs places pour venir l'embrasser : l'émotion fut générale; toute l'assemblée fondit en larmes; puis, en sortant du collége, comme le peuple enivré ne cessait de répéter : « Vive Pisani! » ce grand citoyen, ce patriote si cruellement éprouvé, se tourna vers la foule en s'écriant : « Vive saint Marc! c'est le seul cri digne des citoyens de Venise! »

Pisani était libre; mais, exemple frappant de la méfiance habituelle de ce gouvernement ombrageux! il n'avait pas été réintégré dans toutes les attributions de son commandement; aussi fut-il obligé de renvoyer à la Seigneurie ceux qui venaient lui demander des ordres. Cette demi-justice ramena la fermentation parmi le peuple, et les patriciens furent obligés de proclamer Pisani généralissime de mer. Aussitôt les enrôlements commencèrent avec enthousiasme; plusieurs citoyens s'offrirent à armer des galères à leurs frais, et tout le peuple se mit en devoir d'équiper la flotte. En attendant qu'elle pût combattre, le généralissime fit fortifier tous les canaux qui mènent à Venise, aussi bien que l'*aggere* de Malamocco; il fit fermer avec des pieux et des antennes flottantes le Grand Canal et celui de la Giudecca; il établit des barques de garde tout autour de Venise, et mit en station, au débouché des principaux canaux, des *coques* ou grands vaisseaux ronds chargés d'artillerie. Toutefois, ces dispositions, quelque habiles qu'elles fussent, auraient été inutiles si Doria, profitant de ses premiers succès, avait marché vigoureusement sur Venise; il s'en serait infailliblement rendu maître. Mais il n'osa point aventurer sa flotte dans les hauts-fonds de la lagune, et prit le parti de se fortifier à Chiozza.

Au milieu de cette profonde détresse, on reçut à Venise des nouvelles satisfaisantes de l'Orient : Charles Zéno commandait dans ces parages, et y faisait respecter le pavillon de la république. Il harcelait sans cesse les Génois, brûlait leurs vaisseaux dans la Méditerranée et dans l'Archipel; il pénétra même jusqu'à Constantinople, où il soumit le parti d'Andronic et rétablit Calojean sur le trône. Mais ces actions d'éclat et ces succès lointains ne changeaient en rien une position désespérée, et le sénat envoya à son amiral l'ordre de revenir sur-le-champ au secours de la capitale assiégée. Tout l'espoir de Venise reposait sur le prompt retour de Zéno et de sa flotte; car, malgré des efforts multipliés, ils n'avaient pu encore armer assez de navires pour se mesurer avec leurs ennemis : les Génois fermaient la route de la mer, François de Carrare celle de la terre, et ce n'était qu'à travers mille dangers qu'on faisait venir de Trévise quelques munitions. Le peuple désespéré demandait cependant qu'on le menât au combat plutôt que de l'exposer à mourir de faim : ni le doge, ni le sénat, ni Pisani, ne se crurent en état de prendre l'offensive; les constructions marchaient lentement, et l'armement des navires était impossible, faute d'argent.

Le danger devenait chaque jour plus pressant : toutes les places du littoral de terre-ferme étaient occupées par les Génois, ainsi que presque toutes les îles qui la protégent du côté de la mer; le territoire du dogado était maintenant réduit à l'enceinte de la capitale, et l'ennemi la serrait de si près, qu'on défendit de sonner les cloches de Saint-Marc, de peur qu'il ne les entendît. Quelques esprits timorés proposèrent alors d'abandonner la lagune, et de se réfugier dans quelque île éloignée, à Candie ou à Négrepont; mais cet avis fut énergiquement repoussé, et la Seigneurie fit publier que son projet était de s'ensevelir sous les ruines de Venise, plutôt que de l'abandonner; en même temps elle annonçait que tous les citoyens qui se distingueraient par leur dévouement seraient inscrits sur le Livre d'or et prendraient rang au conseil. Aussitôt que cette résolution fut connue, nobles et plébéiens jurèrent de sacrifier leur fortune et leur vie à la défense de la ville; malgré son grand âge, le doge descendit sur la place Saint-Marc, portant entre ses mains le gonfalon ducal, déclarant qu'il monterait lui-même sur les galères qu'il faisait armer, et en même temps il envoyait sa vaisselle au trésor public; le clergé abandonna ses revenus, et les religieux s'armèrent. Dès ce moment, le dévouement des Vénitiens fut admirable; les sacrifices les plus généreux furent offerts avec enthousiasme : un marchand pelletier, Barthélemi Paruta, se chargea de payer mille soldats; Marc Cicogna, pharmacien, fournit un navire; de simples artisans, comme François di Mezzo, Nicolas Rinieri, Noël Tagliapietra, Pierre Ponzino, entretinrent cent, deux cents hommes; d'autres, tels que Donat di Porto et Marc Orso, équipèrent plusieurs navires, et se chargèrent de payer la solde de la chiourme. A l'aide des contributions volontaires, une flotte de trente-quatre galères fut armée complétement, et l'espoir commença à renaître. Pisani était trop prudent pour conduire contre les Génois des vaisseaux dont la chiourme était composée d'artisans qui, quoique nés au milieu des eaux, connaissaient à peine la navigation. En attendant l'arrivée de Zéno, il les exerça dans les canaux de la Giudecca et de Saint-Nicolas du Lido.

Dès qu'ils virent cette flotte manœuvrer dans les lagunes, les Génois commencèrent à ressentir de vives inquiétudes, et afin de ne pas être surpris ou coupés, ils prirent le parti de concentrer leurs forces : ils retirèrent leurs troupes de Malamocco et de Povéglia, diminuèrent le circuit de Chiozza et en augmentèrent les fortifications, en même temps qu'ils désarmaient vingt galères pour procurer pendant l'hiver quelque repos aux équipages. Ils placèrent ensuite trois vaisseaux à la garde du port, et en envoyèrent vingt-quatre sur les côtes du Frioul, pour y chercher un approvisionnement de vivres; car on manquait de blé à Chiozza aussi bien qu'à Venise. Ces deux villes situées au milieu de la même lagune s'affamaient mutuellement, et les convois leur arrivaient avec une égale difficulté.

Au bout de deux mois, Pisani crut enfin pouvoir mener au combat ses nouveaux matelots, et conçut un des plus hardis projets qui puissent se présenter à l'esprit d'un homme de guerre : il consistait à enfermer la flotte génoise dans le port de Chiozza et à la forcer à se rendre sans avoir combattu. Pour cela, il fallait d'abord lui couper la retraite en fermant sur ses derrières les deux passes de Brondolo et de Palestrina : double opération fort difficile à exécuter, car les abords en étaient en grande partie occupés par les Génois, qui s'y étaient solidement retranchés. En quelques jours Pisani parvint à obstruer ces passes avec des carcasses de vaisseaux chargées de pierres qu'on y faisait couler à fond; puis il s'occupa de combler tous les espaces navigables autour de Chiozza, afin d'empêcher la flotte génoise d'aller chercher un passage plus éloigné. Enfin, laissant une flottille d'observation dans la lagune, il en sortit lui-même avec ses galères par la passe du Saint-Nicolas de Lido, et revint, en côtoyant les îles, se placer en face de Brondolo et de Chiozza dans la haute mer. Par cette manœuvre les rôles se trouvaient complétement changés : les navires génois, emprisonnés dans Chiozza, étaient réduits à l'immobilité, tandis que la flotte vénitienne, maîtresse des passes, pouvait à volonté entrer et sortir de la lagune.

Enfin, le 23 décembre 1379, il s'avança vers Chiozza avec trente-quatre galères, deux grandes coques, soixante barques armées, et plus de quatre cents bateaux. Le doge lui-même voulut prendre part à cette expédition, et monta le premier sur la capitane, où fut arboré le drapeau de Saint-Marc ; mais, avant de quitter le rivage, il harangua le peuple, l'exhorta à concourir de tous ses moyens à la défense commune, et jura sur l'Évangile que ni lui ni les patriciens qui l'accompagnaient, ne rentreraient à Venise qu'après avoir chassé l'ennemi.

Doria, jusqu'alors confiant dans ses forces, avait fini par reconnaître le danger ; il attendait bien quelques secours de Gênes, mais il ne pouvait sortir de sa position qu'en rompant de vive force les obstacles si habilement élevés par Pisani : chaque fois qu'il l'essaya, ses travaux furent interrompus par les galères vénitiennes, dont les feux balayaient les embarcations qui se présentaient dans une passe ou dans l'autre. Chaque jour avaient lieu les combats les plus meurtriers. Les Génois, maîtres de la terre, avaient établi de formidables batteries ; et les galères vénitiennes, lorsqu'elles foudroyaient les travailleurs engagés dans les passes, étaient à leur tour accablées par des feux croisés, qui ne leur permettaient de se tenir près de terre qu'au risque d'être coulées bas. Ainsi, à chaque nouvelle tentative des Génois pour forcer les passes, les Vénitiens tombaient eux-mêmes par centaines. Cette effroyable lutte finit par épuiser le courage de ces équipages formés à la hâte, et ils déclarèrent ne pouvoir plus longtemps s'obstiner à garder des postes où ils étaient sûrs de succomber jusqu'au dernier. Pisani les harangue et les ramène au devoir ; mais deux jours après, une nouvelle sédition éclate. « Des hommes, s'écriaient-ils, ne peuvent vivre ainsi plongés sous les eaux ! » Alors le généralissime leur demande encore un peu de constance, et s'engage solennellement à lever la station le 1er janvier, c'est-à-dire dans un délai de quarante-huit heures, si l'on ne voyait pas arriver la flotte de Zéno.

Ce terme indiqué au hasard, Pisani ne l'avait tellement rapproché qu'afin de le faire accepter. Dès ce moment tous les yeux restèrent fixés sur la mer ; la tour du Campanille se couvrit de citoyens qui demandaient à l'horizon du mouvement, un seul vaisseau, pourvu qu'il portât les couleurs de Saint-Marc. Le 1er janvier 1380, l'atmosphère s'étant éclaircie, on aperçoit les villes du golfe à une grande distance : mais la mer est toujours déserte. « Le jour n'est pas encore baissé, dit un vieux pilote ; la mer est féconde en miracles ! » et ces paroles prophétiques calment l'impatience. Enfin, dans le lointain apparaissent deux vaisseaux ; ils sont suivis de quatre autres, puis de dix ; bientôt on en compte dix-huit ; ils s'avancent à pleines voiles. Est-ce un renfort pour les Génois ? Est-ce la flotte de Zéno ? Vingt bâtiments légers partent à la découverte : tous luttent de vitesse, tous doivent faire le même signal s'ils ont une bonne nouvelle à annoncer ; l'espoir, la joie, l'incertitude, agitent les cœurs, tiennent en suspens les esprits. Tout à coup on aperçoit un signal, qui se répète de proche en proche ; c'est

Zéno ! A ce cri qui s'échappe de mille bouches à la fois, l'enthousiasme se réveille ; on descend de la tour ; on court, on s'embrasse en pleurant : « Venise est sauvée ! »

La flotte, abondamment pourvue de provisions de guerre et de bouche, transportait des sommes considérables. Dans un même jour l'abondance fut rétablie sur les marchés de Venise, le trésor de l'État rempli, la supériorité sur mer assurée aux forces vénitiennes. Maintenant les Génois, s'ils pouvaient sortir de Chiozza, n'échapperaient point à une défaite. Pisani ne leur permit même pas de le tenter. Profitant de l'exaltation générale, rassuré par le concours de Zéno et de ses compagnons, il reprit avec une nouvelle ardeur son projet de renfermer l'ennemi dans ses propres lignes.

Le 6 janvier, il leur fit essuyer une défaite à la pointe de la Lora ; peu de jours après, il acheva une redoute à Fossone, destinée à battre en brèche le couvent de Brondolo où ils s'étaient établis. Deux pièces de grosse artillerie, qui lançaient des pierres d'un poids énorme, y furent placées. On chargeait pendant la nuit ces instruments meurtriers, qu'on désignait alors par le nom de *bombardes*, et on les tirait le matin : il ne paraît pas qu'on fît plus d'une décharge en vingt-quatre heures. Les pierres, lancées vers le ciel comme nos bombes, décrivaient une parabole, aussi manquaient-elles très-souvent leur but ; mais lorsqu'elles l'atteignaient elles causaient un ravage prodigieux. L'amiral génois, étant venu à Brondolo pour assurer la défense de ce poste, fut une des premières victimes de ce nouvel instrument de guerre ; il mourut, lui et son neveu, sous l'éboulement d'un mur qu'avait ébranlé un coup de bombarde : le lendemain, vingt-deux de ses soldats périrent de la même manière.

Pa suite de la mort de Doria, Napoléon Grimaldi prit le commandement des troupes génoises. Voulant à tout prix rompre le blocus, il tenta de s'ouvrir une communication nouvelle avec la haute mer, en creusant derrière le couvent de Brondolo un canal qui devait couper l'*aggere* et tenir lieu des deux ports que les Vénitiens avaient fermés. De leur côté, Pisani et Zéno redoublèrent d'activité, de courage et de ruse ; et ce dernier, aussi habile à commander une armée qu'à diriger une flotte, ayant débarqué à la tête de six mille hommes dans l'île de Brondolo, parvint à déloger l'ennemi. Cet heureux coup de main réduisit les Génois et leurs alliés à la seule place de Chiozza, et pendant six mois ils y furent si étroitement bloqués, que, privés d'eau potable, réduits à faire bouillir dans une eau saumâtre de vieux cuirs, leur dernière ressource, ils se rendirent à discrétion. Des quarante-huit galères qui s'étaient réfugiées dans la port de Chiozza, il n'en restait que dix-neuf en bon état ; la garnison, qui s'était élevée à quatorze mille hommes, se trouvait réduite à quatre mille, qui tous furent faits prisonniers. Tel était le déplorable état d'une armée qui avait mis Venise à deux doigts de sa perte.

La soumission de Chiozza sauvait l'existence de la république, cependant elle ne termina point la guerre : une flotte génoise de trente-neuf galères, commandée par Maruffo, l'un des plus habiles marins de cette époque, parcourait le golfe Adriatique, menaçant toutes les villes maritimes des Vénitiens. Le trésor de Saint-Marc était de nouveau épuisé, presque tous ses revenus étaient enlevés par les ennemis ; les particuliers avaient fait pour la défense commune de prodigieux efforts qu'ils ne pouvaient soutenir plus longtemps ; on avait dégarni toutes les villes de la terre ferme pour fortifier la capitale, et François de Carrare en avait profité pour presser avec les Hongrois le siége de Trévise ; de son côté, Maruffo avait conquis successivement Trieste, Capo-d'Istria et Arbo. Sur ces entrefaites, Victor Pisani, à la conservation de qui ses compatriotes attachaient un plus haut prix encore qu'à celle de leurs plus fortes villes, mourut à Manfredonia, des suites de ses blessures et de ses fatigues. Idole des marins et du peuple, jamais il n'avait paru plus grand que dans le malheur, plus modeste et plus humain qu'après la victoire. D'un consentement unanime, Charles Zéno remplaça son chef et son ami.

Zéno se porta sur Zara, où Maruffo avait concentré ses forces ; mais celui-ci ne jugeant pas à propos de courir les chances d'une bataille, s'enferma dans le port, et son adversaire fut contraint de tenir la mer, attendant une occasion favorable. Partout l'ennemi évitait son approche ; même dans la rivière de Gênes il ne put engager le combat, et il serait entré dans le port de cette ville si le mauvais temps ne l'eût obligé de quitter ces parages. De retour à Venise, Zéno reçut l'ordre de s'emparer de Marano sur les côtes du Frioul, place d'un accès difficile à cause des marais qui l'entourent. Il partit, mais l'état de détresse auquel se trouvaient réduits ses équipages par suite de longues privations qu'ils avaient endurées, lui faisant redouter une insurrection, il se décida à revenir sans avoir rien entrepris. Ce retour, qui n'avait point été autorisé, fut le sujet d'une vive altercation entre le sénat et l'amiral. On parlait de le charger de chaînes comme on en avait chargé Pisani ; mais le peuple fit entendre sa voix menaçante, et il descendit à terre sans avoir à craindre pour sa liberté.

Dès ce moment, la guerre se réduisit pour ainsi dire à des expéditions de corsaires, et aux dommages qu'éprouvait chaque jour le commerce maritime. La haine qui avait armé les deux peuples paraissait épuisée, et toutes les puissances qui avaient pris part à leurs démêlés se montraient également accessibles à des propositions de paix. Un congrès s'ouvrit donc à Citadella : le roi de Hongrie, les Génois, François de Carrare et le patriarche d'Aquilée exposèrent leurs demandes ; la république de Venise, disposée à faire les plus grands sacrifices, accepta presque toutes les propositions qu'on lui imposait ; mais, loin que sa modération inspirât à ses ennemis des dispositions meilleures, elle s'aperçut bientôt que chacune de ses concessions faisait naître une prétention nouvelle. En conséquence, la Seigneurie donna ordre, le 20 avril 1381, à ses ambassadeurs de se retirer, et les hostilités recommencèrent. Le comte Amédée de

Savoie étant parvenu à faire admettre sa médiation, les conférences reprirent le 6 août, et Venise y envoya des représentants. Là encore elle ne put obtenir que des conditions défavorables : la plus dure fut celle qui lui enlevait l'unique possession qui lui restât en terre ferme, c'est-à-dire la Marche trévisane. Cependant comme elle ne redoutait rien tant que l'agrandissement du seigneur de Padoue, François de Carrare, qui élevait des prétentions sur cette province, elle aima mieux la céder au duc d'Autriche. Elle abandonna aussi la Dalmatie au roi de Hongrie, et s'engagea en outre à lui payer un tribut annuel de sept mille ducats. Quant aux arrangements avec Gênes, il fut stipulé que Venise évacuerait Ténédos et en raserait les fortifications; que chacune des deux républiques garderait les prises qu'elle avait faites, et rendrait les prisonniers sans rançon; qu'enfin, pour éviter tout sujet de discorde, elles renonceraient l'une et l'autre au commerce de l'embouchure du Tanaïs. Ainsi cette guerre acharnée avait fini par faire perdre aux Vénitiens toutes leurs possessions continentales et une grande partie de leurs richesses.

Après la conclusion de cette paix désastreuse, le gouvernement de Venise s'empressa de prouver sa reconnaissance à ceux des citoyens qui avaient le plus généreusement participé à la défense de la mère-patrie : trente chefs de familles plébéiennes furent admis au grand conseil. Parmi eux se trouvaient trois épiciers : Zacharie, Negro, Nani; un pelletier, Patura; un apothicaire, Cicogna; des artisans et de simples citadins, dont quelques-uns ont acquis depuis une grande illustration. Cet acte de justice fut malheureusement contre-balancé par l'excessive partialité qu'on déploya à l'occasion de l'élection du nouveau doge. André Contarini étant mort le 5 juin 1382, la voix publique désignait Charles Zéno pour le remplacer; c'eût été une récompense digne de ses exploits et de son patriotisme; mais à cause de ses différends avec le sénat, on lui préféra Morosini, qui pendant la guerre avait triplé sa fortune par de honteuses spéculations. La mort ne permit pas au nouveau doge de jouir longtemps de son insolent triomphe; il succomba sous les atteintes de la peste, après quatre mois de règne, et fut remplacé par Antoine Venier, sous-gouverneur de Candie.

Arrêtons-nous un moment pour jeter un coup d'œil sur la situation respective des deux républiques. Gênes, sortie victorieuse de cette lutte meurtrière, avait acquis un ascendant considérable sur les divers princes de l'Italie, et cependant elle était dans un état voisin de la décadence; déchirée par des factions, dirigée par un gouvernement faible, elle fut obligée, quelques années après le traité de Turin, d'accepter le protectorat de la France pour échapper à sa ruine [1]. Venise, au contraire, admirable effet de la force de son gouvernement et de la sagesse

---

1. Le doge Antoine Adorno, fatigué des troubles civils qui déchiraient sa patrie, engagea ses concitoyens à se donner au roi de France Charles VI, ce qu'ils firent, et le sire de Valeran de Luxembourg, comte de Saint-Pol, fut reçu en qualité de gouverneur. Mais les Genois, profitant de l'absence de son successeur, Jean le Meingre de Boucicault, maréchal de France, massacrèrent

de ses institutions politiques! conservait son indépendance au dehors, la tranquillité au dedans, et en très-peu de temps elle parvint à réparer ses pertes. Elle eut recours aux emprunts, et elle les réalisa toujours à des taux avantageux; ses navires marchands sortirent de ses ports en plus grand nombre que jamais, et les profits du commerce cicatrisèrent les plaies de la guerre.

La république laissa s'écouler plusieurs années avant de songer à recouvrer ses possessions de la côte d'Esclavonie; mais, en compensation, les révolutions de Naples et de Hongrie lui permirent de faire une importante acquisition à l'entrée même du golfe Adriatique. L'île de Corfou ou Corcyre, demeurée aux empereurs latins de Constantinople après la perte de leur capitale, avait été réunie à la couronne de Naples. Pendant les guerres civiles de la Pouille, les Corfiotes secouèrent le joug de leurs nouveaux maîtres, et après s'être gouvernés quelque temps en république, ils implorèrent la protection de Venise, et se soumirent à elle le 9 juin 1386, moyennant l'assurance que tous leurs priviléges leur seraient conservés. Durazzo, ville importante sur la côte d'Albanie, que Charles d'Anjou l'ancien avait conquise sur les Grecs, et qui avait passé avec le titre de duché dans une branche de sa famille jusqu'à Charles III, roi de Naples et de Hongrie, fut, vers la même époque, conquise par les Vénitiens; et, l'année d'après, les deux villes d'Argos et de Napoli de Romanie se trouvèrent réunies au domaine de la république par la cession des feudataires qui les gouvernaient. Si elle ne poussa pas plus loin ses conquêtes sur les Hongrois, les Grecs ou les Napolitains, au moment où aucun de ces peuples n'était en état de lui résister, c'est que le désir de se venger de Carrare allait lui faire diriger toutes ses forces vers la Lombardie.

Par suite du traité de Turin, Carrare n'avait pu voir sans un vif déplaisir la Marche trévisane passer en des mains étrangères; aussi imagina-t-il toutes sortes de prétextes pour que les troupes qu'il entretenait dans diverses forteresses de ce pays ne cédassent la place que le plus tard possible à celles du duc d'Autriche. Lorsqu'il n'eut plus de délai à opposer, il engagea Léopold à lui vendre cette province, et celui-ci, dont les finances étaient épuisées, y consentit pour la somme de quatre-vingt mille ducats. Les États de Carrare bordaient donc la lagune dans sa longueur, et enlevaient aux Vénitiens toute communication directe avec le continent. Un voisin si incommode, et allié systématique de tous ses ennemis, inspirait au sénat une défiance extrême; mais trop faibles encore, les Vénitiens cherchaient moins à l'attaquer en face qu'à lui susciter des adversaires, et ils excitèrent secrètement l'animosité que nourrissait contre lui Antonio de la Scala, seigneur de Vérone.

les Français en 1409, et se donnèrent au marquis de Montferrat. En 1458, ils se donnèrent de nouveau au roi de France, et se maintinrent sous ce protectorat jusqu'en 1461. Enfin en 1499 Louis XII s'étant emparé de Gênes, l'autorité de la France y fut respectée jusqu'en 1512. De nos jours, l'État de Gênes a été incorporé à l'empire français sous les noms de départements de Gênes, des Apennins, et de Montenotte.

Antonio était ce fils naturel de Can, signore de la Scala, que nous avons vu succéder à son père (1374) conjointement avec son frère Barthélemi. Sept ans après, afin de régner seul, il avait fait assassiner Barthélemi avec sa famille. Carrare ne dissimulait pas l'horreur que lui inspirait ce crime. L'usurpateur crut, en lui déclarant la guerre, donner un démenti à une odieuse accusation, et faire oublier son fratricide. Il conclut donc un traité avec les Vénitiens, et s'engagea, moyennant vingt-cinq mille florins par mois, tant que durerait la guerre, à dépouiller la maison de Carrare de tous ses États, et à céder Trévise et son territoire à la république. Les faits ne répondirent pas à ces brillantes promesses : Antonio de la Scala fut battu dans deux campagnes successives, et perdit la plus grande partie de son armée; il était sur le point de cesser les hostilités lorsque des émissaires du sénat de Venise vinrent lui apporter cent mille florins, avec l'ordre de lever de nouvelles troupes. Dès ce moment, Carrare résolut de transporter ailleurs le théâtre de la guerre; il parvint à gagner à sa cause des personnages considérables dans les conseils de la république : Pierre Justiniani, avogador, et Étienne Manolesso, membre du tribunal des Quarante, s'engagèrent à lui révéler les projets du gouvernement et à employer toute leur influence pour faire écarter ceux de ces projets qui lui seraient défavorables L'active vigilance du conseil des Dix déjoua cette coupable connivence : les deux traîtres eurent la tête tranchée, et Carrare dut chercher d'autres moyens pour sortir de la lutte où il était engagé.

Jean Galeaz Visconti, duc de Milan, mais plus ordinairement désigné sous le titre de Comte de Vertus (*Comes Virtutum*), avait à plusieurs reprises offert son alliance, soit à de la Scala, soit à Carrare ; tous deux avaient refusé de s'associer à un prince dont ils connaissaient la mauvaise foi [1]. Cependant, depuis sa dernière défaite, de la Scala se disposait à prêter l'oreille aux propositions de Visconti, lorsque Carrare le prévint en acceptant l'alliance proposée Les deux armées envahirent de concert le territoire du seigneur de Vérone, le battirent sur tous les points, et le forcèrent de se réfugier à Venise ; il ne restait plus qu'à partager ses dépouilles. Visconti, qui dès le commencement des hostilités s'était réservé Vérone, revendiqua de plus la possession de Vicence comme une légitime propriété de sa femme, et Carrare, vaincu par la perfidie d'un allié dont il ne pouvait combattre les prétentions à force ouverte, se contenta de protester publiquement et d'adresser des lettres circulaires à tous les princes de la chrétienté ; après quoi il abdiqua en faveur de son fils Francesco.

La guerre fut reprise avec une nouvelle vigueur ; en moins d'une campagne, Padoue, Trévise, Cénéda, Feltre et Bellune tombèrent au pouvoir des confédérés. Pressés de toutes parts, ne pouvant même plus compter sur l'affection de leurs sujets, les Carrare firent leur soumission à Jacques del Verme, lieutenant

---

1. Ce prince avait épousé Isabelle, fille de Jean II, roi de France, qui lui apporta en dot le petit comté de Vertus, situé à six lieues de Châlons en Champagne.

de Visconti, et s'acheminèrent vers Pavie pour se jeter aux pieds du duc lui-même ; mais celui-ci les fit arrêter. Le père fut enfermé dans le château de Como, et le fils dans la forteresse d'Asti avec sa famille. En conséquence d'un nouvel arrangement avec Galeaz, Venise reprit son ancien territoire, une portion du Padouan et la campagne de Cénéda, pendant que la domination des Visconti s'étendait sur presque toute la haute Italie (1388).

Dans cette circonstance, la conduite de Venise n'avait pas répondu à la haute prudence qui distinguait ses conseils. Assez fortes pour se défendre, trop faibles pour inspirer des craintes, les maisons de de la Scala et de Carrare pouvaient devenir pour elle un boulevard contre l'ambition des Visconti. La supériorité de ses forces et de ses richesses lui donnait mille moyens de les tenir l'une et l'autre dans une espèce de vasselage. C'était donc une grande faute d'avoir excité de la Scala à la guerre, et de l'avoir ensuite laissé périr faute de secours suffisants ; c'en était une plus grande encore d'avoir sacrifié Carrare à un aveugle ressentiment et enrichi de ses dépouilles le tyran le plus puissant, le plus ambitieux, le plus perfide de toute l'Italie. Les Vénitiens ne tardèrent pas à s'en apercevoir : Galeaz avait osé dire aux députés de Padoue qui venaient lui rendre hommage, que si Dieu lui accordait seulement cinq ans de vie, il rendrait les Vénitiens leurs égaux, et mettrait un terme à la jalousie qu'une ville à demi submergée avait longtemps causée à Padoue ; bientôt après les *couleuvres* menaçantes [1] des Visconti, se présentant sur les bords de l'Adriatique, annoncèrent à Venise qu'elle n'avait plus qu'à songer à se défendre.

Afin de se débarrasser d'un si redoutable ennemi, la république résolut de seconder les efforts entrepris par Francesco, fils de Carrare, pour recouvrer les États de son père. Nous avons dit que ce jeune prince avait reçu pour prison la forteresse d'Asti : au bout d'un an, il fut assez heureux pour s'en échapper. L'électeur de Bavière, les républiques de Florence et de Bologne, Venise elle-même, s'intéressèrent en sa faveur. Avec les secours qu'il a obtenus de ces puissances, il s'avance jusqu'à la frontière des anciens États de son père, en faisant porter devant lui trois drapeaux : celui de la commune de Padoue, celui du *char* (carro), armoiries parlantes de sa maison, et celui des anciens seigneurs de Vérone, comte de la Scala. A la vue de ces étendards, les peuples, que Galeaz écrasait d'impôts, se mettent en révolte ouverte ; l'armée envahissante grossit à chaque pas. Francesco s'avance jusque sous les murs de Padoue, et somme le général qui commandait la place pour Visconti de se rendre à discrétion ; mais celui-ci répond : « Il est bien fou celui qui, étant sorti par la « porte, croit pouvoir rentrer par-dessus les murs ! » Au-dessous du pont de la Brenta se trouvait un gué où l'on n'avait de l'eau que jusqu'au genou, et qui

---

1. Les ducs de Milan portaient d'argent à la guivre (couleuvre) ou bisse d'azur, couronnée d'or, dévorant un enfant issant de gueules. Les historiens italiens se sont souvent appuyés de ces armes pour désigner par le mot de *couleuvre* la famille ou les armes des Visconti.

n'était défendu que par quelques palissades en bois. Francesco s'y présente avec douze hommes armés de haches, renverse ces faibles obstacles, et jette dans la place deux cents hommes qui se répandent dans les divers quartiers en criant : *vive Carrare!* A ce signal, les Padouans sortent en armes de leurs maisons, chargent les Milanais et les mettent en fuite. Les châteaux seuls résistèrent, mais bientôt ils demandèrent à capituler, et, le 27 août 1390, Francesco fut rétabli sur le trône de ses pères. Sa reconnaissance envers la Seigneurie ne tarda pas à le conduire à Venise, où il cimenta ses protestations de dévouement par une alliance offensive et défensive, alliance que par intérêt et par ambition la république rompit presque aussitôt. Mais avant d'expliquer ce brusque revirement de politique, portons nos regards vers l'Orient.

Nous avons dit les importantes acquisitions que Venise avait faites sur les côtes de l'ancienne Grèce. Le désir de conserver ces possessions nouvelles aussi bien que les anciennes l'entraîna dans une grande expédition contre les musulmans, qui menaçaient à la fois d'envahir Constantinople et le reste de l'Europe (1395). « J'irai faire manger l'avoine à mon cheval sur l'autel de saint Pierre », répétait sans cesse Bajazet ; sa soif de conquêtes était facile à assouvir de ce côté : l'empire d'Orient ne pouvait lui résister, car les tristes restes de l'héritage des Césars n'avaient pas vingt lieues d'étendue, et encore cet étroit espace renfermait-il deux empires, celui de Byzance et celui de Rhodosto ou de Sélivrée. Les princes, que les liens du sang et le sentiment de leurs malheurs devaient réunir, se disputaient avec fureur les lambeaux de la pourpre impériale. Tous les crimes que l'ambition avait inspirés pour la possession du sceptre du monde, on les commettait pour régner sur quelques misérables cités. Manuel Paléologue avait envoyé en Occident demander du secours, mais son cri d'alarme ne trouva que des incrédules ou des cœurs indifférents. En vain faisait-il répéter aux rois et aux princes de l'Europe que Constantinople était la barrière de la chrétienté ; ils ne pouvaient regarder comme une barrière suffisante une ville incapable de pourvoir à sa propre défense, un empire qui avait sans cesse besoin d'être secouru. C'est que la foi n'était plus aussi vive qu'aux siècles précédents ; un égoïsme étroit dominait chez les princes et les particuliers ; on ne considérait le danger comme imminent que lorsqu'il apparaissait à la frontière. En vain le pape Boniface IX fit-il prêcher la croisade ; aucun prince de la chrétienté ne vint se ranger sous l'étendard de la foi. Venise, Gênes, et le roi de Hongrie, les seules puissances après les empereurs grecs, le plus immédiatement intéressées à empêcher les progrès des Ottomans, furent aussi les seules qui répondirent à cet appel. Quant au roi de France, sa qualité de protecteur de Gênes lui imposait l'obligation de prendre part à l'expédition, et il fournit un contingent d'environ dix mille hommes, presque tous montés. Cette brave milice voyait à sa tête le comte de Nevers, fils du duc de Bourgogne, jeune prince à qui sa témérité fit donner dans la suite le surnom de *Jean-sans-*

Peur, et parmi ses autres chefs le comte de la Marche, Henri et Philippe de Bar, parents du roi de France ; Philippe d'Artois, connétable du royaume ; Jean de Vienne, amiral, et le maréchal Boucicault, gouverneur de Gênes.

En traversant l'Allemagne, l'armée française se recruta d'une foule de guerriers accourus de l'Autriche et de la Bavière, et lorsqu'elle arriva sur les bords du Danube, elle fut saluée par toute la noblesse de la Hongrie et de la Bohême sous les armes. En passant en revue ces nombreux soldats, Sigismond s'écria plein de joie : « Si le ciel venait à tomber, les lances de l'armée chrétienne le retiendraient dans sa chute. » Exclamation tout à fait digne de ce prince enthousiaste et chevaleresque ! La flotte vénitienne, commandée par Mocenigo, se réunit à celles de l'empereur grec et des chevaliers de Rhodes, vers l'embouchure du Danube : elles avaient pour mission de faire triompher le pavillon des Francs dans l'Hellespont, pendant que l'armée de terre s'acheminerait vers Constantinople.

Enfin les hostilités s'ouvrirent, et rien ne put résister à la valeur impétueuse des croisés ; ils s'emparèrent de plusieurs villes de la Bulgarie et de la Servie, et vinrent mettre le siége devant Nicopolis, sur les frontières de la Valachie. Heureux si ces premiers avantages ne leur avaient pas donné une confiance aveugle, s'ils ne leur avaient pas persuadé que Bajazet n'oserait jamais les attaquer, et qu'il se garderait bien de franchir le Bosphore. Cependant l'armée ottomane sous les ordres de ce même Bajazet, qui s'était donné le surnom d'*Ildérim* (l'éclair), avait traversé le mont Hémus et marchait sur Nicopolis avec la promptitude qui marquait tous ses mouvements. Quand les deux armées furent en présence, Sigismond conjura ses alliés de modérer leur ardeur et d'attendre une occasion favorable pour attaquer un ennemi qu'ils ne connaissaient point encore. Le comte de Nevers et les jeunes seigneurs qui l'accompagnaient écoutèrent impatiemment ces avis et crurent que les Hongrois voulaient leur enlever l'honneur de porter les premiers coups. A peine l'étendard du croissant a-t-il frappé leurs regards, qu'ils se précipitent hors du camp et fondent sur les Turcs. Ceux-ci se retirent et paraissent prendre la fuite ; les Français les poursuivent en désordre et se trouvent bientôt séparés de leurs auxiliaires. Tout à coup des nuées de spahis et de janissaires sortent des forêts voisines où ils se tenaient embusqués, et arrêtent la fougue de la cavalerie chrétienne en plantant des pieux dans la campagne, en désarçonnant les cavaliers avec leurs longues lances. Ne pouvant ni avancer, ni reculer, enveloppés par une foule innombrable, nos chevaliers ne combattirent bientôt plus pour vaincre, mais seulement pour vendre chèrement leur vie. Après avoir pendant plusieurs heures porté le carnage dans les rangs épais de l'ennemi, tous moururent glorieusement, accablés par le nombre, succombant à la fatigue. Le comte de Nevers et vingt-quatre des principaux seigneurs qui l'accompagnaient échappèrent seuls au massacre. Non content de cette première victoire, Bajazet tourna toutes ses forces contre l'armée hongroise : déjà ébranlée par la terreur, elle fut dispersée dès le premier choc. Sigismond, qui au commencement de cette journée comptait cent mille hommes sous ses drapeaux, n'échappa qu'en se jetant presque seul dans une barque de pêcheur : il côtoya les rives de l'Euxin, et se réfugia à Constantinople, où son arrivée annonça sa défaite et répandit la consternation (1396). Devenue inutile, la flotte combinée se hâta de quitter la mer Noire et de revenir dans la mer d'Italie.

Ce que n'avaient pu accomplir des princes chrétiens, un Barbare le termina en moins d'une campagne. Cédant aux pressantes sollicitations de Manuel Paléologue, Tamerlan, ce farouche conquérant de l'Asie, se chargea de délivrer Constantinople. De Samarcande il s'avance vers l'Asie Mineure, et traverse l'Anatolie avec cent mille hommes. Bazajet va au-devant de lui, et ils se rencontrent près d'Angora en Galatie (autrefois Ancyre), dans les mêmes plaines que Mithridate et Pompée avaient ensanglantées quinze siècles auparavant. Les deux armées en viennent aux mains; et Bazajet, avec des troupes bien inférieures en nombre, lutte pendant trois jours contre les innombrables hordes des Tartares. Ses principaux lieutenants et son fils aîné restèrent sur le champ de bataille; lui-même, avec un autre de ses fils, fut fait prisonnier (28 juillet 1402). De la rive du Bosphore, Tamerlan porta sur l'Occident des regards ambitieux; mais le maître des plus vastes royaumes de l'Asie n'avait pas une barque qui pût le transporter au delà du canal. Constantinople, après avoir échappé au joug des Ottomans, put donc encore se soustraire à l'invasion des Tartares, et l'Europe vit s'éloigner d'elle ce redoutable orage.

Depuis 1396 jusqu'à la mort du doge Venier (novembre 1400), Venise resta indifférente aux divers mouvements qui agitèrent le continent italien. Les dix-huit années de ce règne apportèrent encore à l'autorité ducale de nouvelles restrictions, quoique la conduite de Venier ne les eût nullement provoquées. Les historiens vénitiens font le plus grand éloge de son amour de la justice : on assure même qu'il laissa mourir en prison son fils, condamné pour une faute légère à deux mois de détention, plutôt que de demander un adoucissement à sa sentence.

De nouvelles guerres avec les Génois forment l'intérêt principal des premières années du dogat de Michel Sténo, qui commença en janvier 1401. Gênes et le roi de France avaient pensé qu'il était de leur politique de mettre à profit le grave échec subi par les musulmans, et d'achever leur ruine; de son côté, le maréchal Boucicault désirait ardemment se venger sur les infidèles de sa captivité dans les fers de Bajazet. Ce fut donc sous l'influence de ces divers sentiments qu'une escadre de onze galères, commandée par le maréchal Boucicault, sortit de Gênes au printemps de 1403. Cette escadre se dirigea sur les côtes de Syrie, où, sans égards pour les pavillons protecteurs des étrangers établis dans ces parages, tout fut impitoyablement saccagé. La ville de Beyrouth, où les Vénitiens avaient un comptoir considérable, eut surtout beaucoup à souffrir de ces dévastations. Charles Zéno avait été chargé d'observer la flotte génoise, et il adressa quelques plaintes au maréchal en faveur de ses compatriotes; mais celui-ci se contenta de répondre que « tout ce qui se trouvait en pays ennemi était de bonne prise ». Justement irrité, l'amiral vénitien se rapprocha du théâtre des événements, afin d'appuyer ses réclamations d'une manière efficace. Les deux escadres se rencontrèrent le 6 octobre 1403 sur les côtes de la Morée, dans la rade de Sapienza, qui avait été si fatale aux Vénitiens cinquante ans auparavant. Là Zéno voulut tout à la fois réparer un ancien échec et obtenir satisfaction d'une l'injure récente. Ses dispositions prises pour le combat, il serra de près la flotte génoise, et s'apprêtait à l'attaquer lorsque celle-ci, virant de bord, lui épargna la moitié du chemin. De part et d'autre, l'engagement fut aussi vif qu'opiniâtre. « Le maréchal Boucicault, disait Zéno dans son rapport « m'a attaqué avec sa galère, sur laquelle il y avait près de trois cents hommes, « dont une partie de soldats français. Pendant plus d'une heure, j'ai eu à « défendre ma capitane contre cette galère et deux autres. L'ennemi est venu à « l'abordage; nous avons eu à combattre corps à corps sur notre propre pont, « nous avons été assez heureux pour le repousser. En somme, après des efforts « inouïs de la part de mes équipages, les Génois ont perdu six galères, dont « trois sont tombées en notre pouvoir, et les trois autres coulées bas; si nous « n'avions eu affaire qu'à des Génois, la victoire eût été bien plus complète. » Toutefois, Boucicault, ne voulant pas convenir qu'il eût été vaincu, démentit publiquement la relation de Charles Zéno, lui envoya un cartel, et, de son autorité privée, déclara la guerre à la république. Un moment le roi de France eut la velléité de soutenir les prétentions de son représentant; mais lorsqu'il sut que Venise préparait un armement considérable, il envisagea les dangers d'une rupture et fit partir des négociateurs chargés de conclure la paix. Les Génois et les Vénitiens se rendirent mutuellement les prises qu'ils s'étaient faites, mais Gênes fut obligée de payer cent quatre-vingt mille ducats pour indemniser Venise et ses sujets des dommages que leur avait causés la malencontreuse attaque de Boucicault contre Beyrouth.

Nous voici arrivés à la déclaration de guerre de Venise contre Francesco de Carrare, guerre dont l'origine ou le prétexte était des plus injustes, et dont les résultats furent néanmoins si avantageux pour la république. L'astucieux Jean Galeaz Visconti, duc de Milan, était mort de la peste le 3 septembre 1403, laissant deux fils en bas âge. Cet événement réveilla la haine mal assoupie des seigneurs italiens dont il avait absorbé les États, et de toutes parts il se forma une ligue dans le but de les enlever à sa famille. Francesco de Carrare en était le principal moteur. Depuis la restauration des ducs de Padoue (1390), les Vénitiens s'étaient montrés fort indifférents aux progrès de Visconti; mais, depuis sa mort, le doge Michel Stêno et François Foscari, chef de la Quarantie, feignaient d'être alarmés de l'agrandissement de Francesco, prince ambitieux, non moins habile politique que grand capitaine, qui, tout en paraissant dévoué à la république, conservait un profond ressentiment des malheurs qu'elle avait fait éprouver à sa famille. De son côté, la veuve de Visconti, instruite de l'orage qui s'apprêtait à fondre sur elle, cherchait partout des alliés intéressés à soutenir sa cause. Dès qu'elle eut appris, au moyen de ses agents, les dispositions du doge et de ses principaux conseillers, elle envoya à Venise, comme ambassadeurs, l'évêque de Feltre, le général Jacques del Verme, dont Francesco avait confisqué l'héritage à Vérone, et Ugo Scrovegno, émigré padouan dont les biens étaient également sous le séquestre : la haine personnelle de ces envoyés excita facilement l'ambition de la république. Ils offrirent d'abord, pour prix de son alliance, de lui faire céder Feltre et Bellune pour la régence de Milan ; bientôt ils y ajoutèrent Vicence, et tout ce que la maison Visconti possédait au delà de l'Adige. Michel Sténo, impatient d'illustrer son règne par des conquêtes, exalta les passions et les ressentiments du conseil, et, grâce à ses efforts, la guerre fut déclarée aux Carrare.

Aussitôt des troupes prirent possession de Feltre et de Bellune au nom de la république ; mais Vicence était alors assiégée par le fils aîné de Carrare[1], nommé Terzo, qui attendait son père avec du renfort. Celui-ci s'y étant rendu le 1ᵉʳ mai pour donner l'assaut à la ville, reçut une lettre de la Seigneurie qui le menaçait de tout son courroux s'il ne levait le siège ; il suspendit donc ses opérations, et ramena ses troupes à Padoue. Ce n'était là qu'une soumission apparente, car il adressa sous main des demandes de secours à ses alliés ; mais ceux-ci, du moment où ils avaient vu Venise embrasser la cause de la veuve de Visconti, et mettre en campagne une armée de plus de trente mille hommes, avaient déserté sa cause. Resté seul au milieu d'un si grand péril, Francesco ne perdit pas courage : il envoya à Florence ses deux plus jeunes fils, Ubertino et Marsilio, ainsi que ses enfants naturels, ceux de ses frères et ceux de son fils Jacques ; puis, tranquille sur le sort de sa famille, il attendit les événements.

Vérone, que défendait Jacques Carrare, fut investie, attaquée et prise par del Verme, général de la veuve de Visconti ; Padoue fut assiégée par une armée de Milanais et de Vénitiens. Dans la défense de cette place, mais sans succès, Francesco Carrare déploya toutes les ressources de son esprit, toute l'activité de ses moyens. Les paysans du Padouan, avec leurs troupeaux, s'étaient réfugiés dans la ville ; bientôt cette agglomération d'hommes et de bestiaux détermina des maladies contagieuses qui décimèrent l'armée. Del Verme, connaissant cette situation, somma Francesco de se rendre à des conditions honorables. Il s'apprêtait à les accepter, lorsqu'un envoyé des Florentins vint lui dire qu'ils

---

1. Il s'appelait Francesco ainsi que son père ; mais comme il était le troisième de ce nom dans la famille, et l'héritier direct, on le désignait ordinairement sous celui de *Terzo* (Troisième). Nous l'appellerons ainsi dans le courant de ce récit.

allaient arriver à son secours. Francesco crut à leur promesse, et cette confiance hâta sa ruine. Déjà la Brenta, détournée de son cours par les assiégeants, ne coulait plus dans Padoue, et les moulins avaient cessé de moudre les blés nécessaires à la nourriture des habitants et de la garnison. Le 2 novembre, les Vénitiens donnèrent un assaut général sur quatre points différents, et partout ils furent repoussés : leur général, Galeaz de Mantoue, fut renversé par un coup de lance que lui porta Francesco, et le provéditeur [1] François Bembo reçut une grave blessure. Cependant la disette et la peste faisaient chaque jour de nouveaux ravages, et Terzo suppliait son père de se rendre; mais celui-ci, qui conservait le souvenir de son exil, des souffrances de sa famille, répondait à ses sollicitations que leurs alliés ne tarderaient pas à leur apporter du secours. Vain espoir : personne ne se présenta ; au contraire, des traîtres ouvrirent une des portes à un corps de troupes vénitien. Instruit de ce qui se passe, Francesco court au second rempart et appelle ses soldats les plus fidèles; le tocsin sonne de toutes parts, on s'assemble confusément sur les places publiques; Francesco se dit que la fortune n'a pas abandonné la maison de Carrare. Bientôt cependant, il se voit presque abandonné, et contraint à demander un armistice, avec un sauf-conduit pour se rendre au camp des Vénitiens, où l'accompagnèrent Paul Crivelli et Michel de Rabatta, gentilhomme du Frioul, dont la fidélité ne s'était jamais démentie. Il commença par déclarer aux provéditeurs et à Galeaz de Mantoue qu'il venait à eux avec l'intention de rendre la ville, si on lui accordait des conditions honorables; qu'autrement, il était déterminé à défendre jusqu'à la dernière extrémité les deux enceintes de murs qui lui restaient encore. Les provéditeurs répondirent qu'ils n'avaient pas de pouvoirs suffisants pour traiter avec lui; mais ils l'invitèrent à remettre la ville entre leurs mains, et à se rendre à Venise pour négocier directement avec la Seigneurie. Peu confiant dans la parole des provéditeurs, Carrare voulut prendre celle de Galeaz : « Général, lui dit-il, j'irai à Venise; je négocierai avec la « république; mais si la négociation ne réussit pas, promettez-moi de me « remettre ma ville dans l'état où elle est en ce moment. » Galeaz lui en donna l'assurance; mais peu après, sous un prétexte frivole, quelques émissaires entrent à Padoue en criant : « Vive saint Marc ! » Des citadins, des hommes de la classe la plus infime applaudissent à ce cri, et introduisent les troupes vénitiennes malgré le général en chef. En vain Carrare insiste pour rentrer dans la citadelle; il n'était plus temps. Le généreux Galeaz offre de l'accompagner à Venise pour rendre témoignage de la promesse qu'il lui avait faite. Galeaz fut créé noble vénitien, il fut comblé d'honneurs, mais on ne lui permit pas d'ar-

---

1. Venise ayant contracté l'habitude de ne mettre à la tête de ses armées que des généraux étrangers, les faisait surveiller par des commissaires spéciaux, appartenant tous, ou la plupart, aux classes supérieures de l'aristocratie. Ces fonctionnaires prenaient le titre de provéditeurs, et dirigeaient pour ainsi dire le mouvement politique des armées.

ticuler la moindre défense en faveur de Carrare. Quelques historiens assurent même qu'il mourut empoisonné, en expiation de sa susceptibilité relativement à la foi jurée.

Au moment où Francesco de Carrare et son fils mettaient pied à terre sur le môle de Venise, ils furent accueillis par les cris de mort de la populace. Le lendemain on les introduisit dans la Seigneurie; ils se jetèrent aux genoux du doge Michel Sténo, qui après les avoir relevés et fait asseoir, l'un à sa droite, l'autre à sa gauche, leur reprocha amèrement leur prétendue ingratitude. Son allocution se terminait par ces paroles : « Le duc de Milan vous « avait enlevé Padoue, nous vous avons aidé à y rentrer : indulgence, secours, « honneur, oubli de graves injures et de violation du droit des gens, nous avons « prodigué tous ces bienfaits à votre père et à vous, et cependant vous avez tout « oublié. Nous remercions Dieu de ce qu'il a remis votre sort entre nos mains. » Dans toute autre circonstance, il eût été facile aux Carrare de réfuter ces accusations, auxquelles ils ne répondirent que par les mots de grâce et de miséricorde. Dans la prison où ils furent envoyés se trouvait déjà le second des fils du seigneur de Padoue, Jacques, qui avait été arrêté à Vérone cinq mois auparavant. Une commission de cinq membres instruisit ce que l'on appelait le procès des Carrare : trois avis différents s'y élevèrent : les uns proposaient de reléguer ces princes en Candie; les autres demandaient une détention perpétuelle; le troisième parti se prononça pour la mort. Appelé au sein de la commission, del Verme appuya cette dernière opinion. « Les Carrare, disait-il, « ont été déjà une fois dépouillés de leurs États; déjà une fois on les a vus « prisonniers chez leurs vainqueurs; mais ils se sont relevés de cet abaissement « pour devenir plus redoutables que jamais. Il en sera de même aujourd'hui « si vous leur accordez la vie et la liberté. La haine héréditaire des Carrare « contre Venise est bien antérieure à la guerre de Chiozza. Trente ans d'ini-« mitiés et d'injures mutuelles l'ont confirmée de manière à en faire leur pas-« sion dominante. Pour contenir de tels hommes, qu'animent une telle haine « et un tel désir de vengeance, croyez-moi, il n'est pas de prison plus sûre « que celle du tombeau ! »

Le conseil des Dix évoqua l'affaire; c'était une sentence de mort inévitable, et dès ce moment on ne trouve plus aucune trace de procédure. Le 16 janvier 1406, un moine vint exhorter dans son cachot le seigneur de Padoue à recevoir la mort avec courage. Francesco se livra d'abord à des transports de fureur; mais, calmé par les remontrances du religieux, il se jeta à genoux, se confessa, reçut l'absolution et l'eucharistie. A peine le moine s'était-il retiré, que deux membres du conseil des Dix et deux de la Quarantie entrèrent suivis de bourreaux et de leurs aides, au nombre de vingt. Carrare, hors de lui, voulut se défendre; armé d'un escabeau de bois, il en frappa ceux qui s'avancèrent les premiers; mais, accablé par le nombre, il fut terrassé; on lui lia les mains, les bras, les pieds, et on lui passa autour du cou la corde d'une arbalète. Le lendemain, ses restes furent ensevelis honorablement dans l'église de Saint-Étienne-des-Tombes. Vingt-quatre heures après l'inhumation de leur père, le même confesseur alla prévenir Terzo et Jacques de se disposer à la mort. Ils s'embrassèrent tendrement, reçurent ensemble la communion, et, après s'être entretenus quelques instants de leur famille, ils se livrèrent aux exécuteurs. Terzo fut exécuté le premier, là où avait péri son père; Jacques y fut conduit ensuite. Après avoir obtenu la permission de recommander à Dieu l'âme de son père et celle de son frère, et d'écrire à sa femme pour la consoler de son malheur, il subit avec résignation le même supplice. Cette triple exécution accomplie, les affidés du conseil des Dix s'efforcèrent d'accréditer le bruit que les trois malheureux princes avaient été frappés de mort subite dans leur prison; mais personne ne crut à cette fatalité providentielle, et tout le monde désigna la main qui avait frappé le coup.

Cependant la vengeance n'était pas encore assouvie. Il restait à Florence deux fils légitimes de Francesco; la Seigneurie fit publier à son de trompe qu'elle donnerait quatre mille florins d'or à celui qui livrerait vivant l'un ou l'autre de ces princes, et trois mille florins à celui qui les tuerait. Personne ne montra d'empressement pour acquérir un tel salaire, ce qui n'empêcha pas que les fils légitimes de la maison de Carrare mourussent à la fleur de l'âge. Ubertino, l'aîné, succomba à Florence, à l'âge de dix-huit ans; son frère, Marsilio, après être resté longtemps à la solde de Philippe-Marie, duc de Milan, fit une tentative pour recouvrer le domaine de ses pères. Le complot fut découvert; et comme il fuyait avec une suite peu nombreuse, Marsilio fut arrêté et conduit à Venise, où le conseil des Dix lui fit trancher la tête.

« L'odieuse politique du conseil des Dix, dit M. de Sismondi, ne peut être
« comparée qu'à son système atroce de procédure criminelle. Dans le doute, il
« croyait devoir punir; et il se faisait un devoir absurde de condamner un accusé,
« malgré sa conviction intime qu'il était innocent. » La cessation de la guerre contre les Carrare va nous donner une preuve éclatante de cette infâme tactique. Charles Zéno, le conquérant de Ténédos, le héros de la guerre de Chiozza, avait été nommé provéditeur de l'armée dirigée contre Padoue. A son retour à Venise, il fut accusé au conseil des Dix d'avoir reçu quatre cents ducats d'or de François Carrare; les livres du seigneur de Padoue, qui avaient été saisis, faisaient foi de ce paiement, sans en indiquer le motif. Interrogé sur ce fait, Zéno déclara que, pendant la mission que la Seigneurie lui avait donnée dans le Milanais pour y commander les troupes de Galeaz Visconti, il avait eu occasion de voir François Carrare, alors prisonnier et dans un état voisin du dénuement, qu'il lui avait prêté quatre cents ducats, et que la note trouvée dans les papiers du prince ne pouvait être relative qu'au remboursement de cette somme. Toutes les circonstances venaient à l'appui de cette assertion, qu'on aurait dû croire, d'après le caractère

de Zéno, l'homme le plus vertueux et le plus désintéressé de la république ; aucun de ses juges n'osait seulement le soupçonner de corruption. Cependant ils le privèrent de tous ses emplois, et le condamnèrent à deux ans de prison, déshonorant, autant qu'il était en eux, l'homme qui avait couvert de gloire le nom vénitien. Malgré ses soixante-douze ans, malgré les quarante blessures dont son corps était couvert, et sans accueillir les murmures qui s'élevaient en sa faveur, Charles Zéno subit noblement sa sentence, et montra par sa résignation qu'il n'était pas moins grand citoyen que grand capitaine.

Nous avons dit les causes ou les prétextes qui amenèrent la guerre contre les Carrare ; nous avons mis en saillie les principaux actes qui l'accompagnèrent ; il nous reste à faire connaître les résultats matériels que Venise retira de ce tissu d'atrocités. Toutes les provinces qui avaient appartenu aux deux maisons de la Scala et de Carrare, toute la Marche trévisane, reconnurent l'autorité de la république. Trévise, Bellune, Vicence, Padoue et Rovigo arborèrent le drapeau de Saint-Marc, et tout le pays renfermé entre la Piave, les montagnes, le lac de Garde, le Pô et les lagunes, fut administré en son nom. Dès ce moment, Venise surpasse en puissance les plus grands États de l'Italie; mais aussi la voilà engagée dans toutes les guerres et toutes les révolutions de la Lombardie; la voilà obligée d'employer à la défense de ses possessions du continent une partie des ressources qu'elle affectait autrefois à la marine; la voilà enfin entraînée à changer la nature de ses relations avec ses voisins, et à exciter cette haine universelle qui, après un siècle de luttes et de combats, se termina par la ligue de Cambrai qui lui devint si fatale !

CHAPITRE VII.

NOUVELLES CONQUÊTES. — ÉTABLISSEMENT DE L'INQUISITION D'ÉTAT.

(1406-1485.)

Affaires du Levant. — Guerre avec la Hongrie. — Ligue et guerre contre le duc de Milan. — François Carmagnola au service de Venise; son supplice. — François Sforza; il succède à Visconti. — Les Turcs maîtres de Constantinople; traité de commerce conclu avec eux; pacification générale de l'Italie. — L'Inquisition d'État. — Pie II prepare une croisade; il meurt: Venise seule entre en lutte avec Mahomet II. — Alliance de la république avec le roi de Perse. — Succès et revers; conclusion de la paix. — Acquisition de l'île de Chypre. — La puissance vénitienne parvenue à son apogée.

OUT semble concourir à la gloire ou à l'accroissement de Venise : un de ses sujets, Ange Cornaro, est élu souverain pontife et prend le nom de Grégoire XII (1406); Lépante et Patras, trop faibles pour éviter le joug des musulmans, acceptent volontairement sa suzeraineté, tandis que le roi de Hongrie lui cède la ville de Zara [1]; les îles d'Arbo, de Pago, de Cherso et d'Ossero, situées sur les côtes de la Dalmatie, passent sous sa domination. En Italie, son influence s'accroît de jour en jour. Le duc de Mantoue, François de Gonzague, laissait un fils en bas âge, que par son testament il place sous la tutelle du sénat; Ancône, à la suite de quelques différends avec l'Église, veut se donner à la république; mais les Dix, désirant se ménager l'amitié du pape, répondent à cette offre par celle d'une médiation officieuse.

---

1. Zara fut acquise en 998 par le doge Urseolo; elle se révolta en 1010, pour se donner au roi de Croatie; en 1115 elle se mit sous la protection du roi de Hongrie; en 1170 elle se déclara indépendante et élut pour prince son archevêque; en 1186, ce fut encore le roi de Hongrie qui appuya les nouveaux efforts des Zaretins pour secouer le joug de la république; en 1232, 1310, 1345 et 1357, les Vénitiens furent tour à tour maîtres de Zara ou expulsés de son enceinte.

L'acquisition de Guastalla, Brescello, et Casal-Maggiore sur le Pô, des complots inutilement tramés à Padoue et à Vérone pour y rétablir l'autorité des maisons de Carrare et de la Scala ; enfin une guerre entreprise contre le roi de Hongrie, et terminée à l'avantage de la république, signalèrent les dernières années du règne de Michel Sténo. Il mourut pendant que la peste, dont le retour devait être nécessairement fréquent chez un peuple en communication continuelle avec l'Orient, moissonnait la population de Venise (1413). Sans avoir été toujours prospère, le règne de ce prince ne laissa pas d'être glorieux, et d'ajouter à l'activité intérieure de la république une grande puissance extérieure.

Les affaires dans le Levant n'avaient pas été aussi heureuses : il avait fallu acheter de l'empereur des Turcs, au moyen d'un tribut annuel de seize cents ducats, le droit de trafiquer dans ses États, soumission qui ne protégea même pas les Vénitiens contre les avanies de ce peuple insatiable : le soudan de Babylone ruina leurs comptoirs de Damas ; et les Turcs, en étendant leur domination en Grèce, n'eurent aucun égard pour les possessions de la république. L'île de Négrepont fut ravagée par eux, plusieurs vaisseaux marchands pris et pillés ; Candie même était menacée, et des négociations entreprises à ce sujet n'obtinrent aucun résultat. Alors Venise se vit forcée d'envoyer dans l'Archipel une flotte qui portait à la fois des troupes et des ambassadeurs, les unes pour combattre, les autres pour négocier. Lorédan, que l'on investit du commandement supérieur, devait offrir ou la guerre ou la paix. Les Turcs restèrent sourds à ses propositions, et les deux flottes s'étant enfin rencontrées à la hauteur de Gallipoli, engagèrent un combat des plus meurtriers dans lequel les Vénitiens restèrent vainqueurs. Mais, comme s'il fallait qu'une politique féroce vînt toujours souiller leur gloire, ils ne firent aucun quartier aux chrétiens qui se trouvaient à bord des vaisseaux ennemis : Génois, Catalans, Siciliens, Provençaux, furent passés au fil de l'épée ; les Candiotes, comme sujets de la république, furent écartelés, et l'on suspendit leurs membres à la poupe des galères. Un tel système de vengeance, un châtiment si impitoyable, qu'ont réprouvé les nations même les plus barbares, Lorédan ne rougit pas de les exercer au nom de son gouvernement.

Après avoir forcé les Turcs à faire la paix et obtenu du prince de Morée, toujours effrayé de l'accroissement de la puissance ottomane, la cession de l'importante ville de Corinthe, Venise tourna de nouveau ses armes contre le roi de Hongrie Sigismond, qui s'était allié au patriarche d'Aquilée dans l'intention de lui enlever différentes parties de territoire soit en Dalmatie, soit dans la péninsule italique (1419). Rien n'avait été ménagé par ces hardis antagonistes pour faire succomber la république dans cette lutte nouvelle, une vaste insurrection habilement préparée, plusieurs généraux ou gouverneurs achetés ou corrompus. Les premières opérations tournèrent cependant à l'avantage des Vénitiens ; car Sigismond, occupé en Bohême contre les Hussites, ne put envoyer à son allié que de faibles contingents. Cependant, l'année suivante, une armée considérable, venant de la Hongrie, faillit renverser toutes les espérances du sénat. Cette armée était commandée par Denis, prince de la Sclavonie, et avec lui marchaient Marsiglio de Carrare, Frédéric d'Orthenburg et Ricoluccio da Prata; mais, quelle que fût la valeur des généraux alliés, elle échoua cette fois encore contre les habiles dispositions de Philippe d'Arcelli, qui commandait les troupes de Venise. Les Hongrois, complétement désappointés par cette vigoureuse résistance, évacuèrent immédiatement le Frioul où ils avaient pénétré, et leur abandon laissa dans un découragement complet les alliés de Sigismond. Aussi, dès que l'armée vénitienne se dirigea vers Feltre, cette ville n'osa pas résister et se racheta du pillage au prix de dix mille ducats; Philippe d'Arcelli y fit son entrée solennelle le 14 mars 1420. Bellune fut également obligée de capituler, et Udine ouvrit ses portes. Aucune ville, aucun seigneur du Frioul ne restèrent indépendants; le patriarche lui-même, jadis le plus puissant des princes ecclésiastiques de l'Italie après l'évêque de Rome, se trouva heureux de conserver, par un traité, Aquilée et les châteaux de San-Daniclo et de San-Vettor. Le comte de Goritz, qui jusqu'alors avait tenu ses fiefs du patriarche, se déclara vassal de la république.

Dès que Venise eut soumis tous ses ennemis du continent italien, elle porta ses armes dans la Dalmatie : Traù fut prise d'assaut; Spalatro capitula sans combattre; il en fut de même de toutes les îles dalmates, depuis Brazza jusqu'à Cursola; enfin Cattaro, qui était alors une petite république, effrayée des progrès de la puissance ottomane et ne trouvant pas une protection efficace dans les armes du roi de Hongrie, se donna aux Vénitiens. Cette campagne se termina par la reddition de Scutari, Drivasto et Dulcigno en Albanie. Tant de victoires consécutives assurèrent à la république la possession du littoral de la mer Adriatique, depuis l'embouchure du Pô, par Venise, le Frioul, l'Istrie et la Dalmatie, jusqu'en Albanie. Corfou et Négrepont, ainsi que tout l'intervalle placé entre ces îles, lui appartenaient; elle pouvait à son gré s'emparer de la Morée, car les villes de Modon et de Coron étaient déjà en son pouvoir; et ce fut pour ménager les Turcs que la république n'accueillit pas l'offre du chef des Grecs de se reconnaître son vassal.

Ce fut dans ce moment que Venise victorieuse ordonna un dénombrement de la population de sa capitale : on y trouva cent quatre-vingt-dix mille habitants [1], dont mille nobles jouissant d'un revenu de quatre mille jusqu'à soixante mille ducats; sa marine marchande occupait plus de vingt-cinq mille matelots; la *Zecca* (l'atelier monétaire) frappait tous les ans un million de ducats d'or, deux cent mille pièces d'argent; enfin, en moins de dix ans, l'État avait éteint une dette de quatre millions de ducats d'or et avait prêté cent soixante-six mille ducats au marquis de Ferrare [2]. Cette étonnante prospérité n'est-elle pas la preuve la plus

---

1. C'était le chiffre de la population de Paris à cette époque.
2. Le ducat d'argent vaut 4 fr. 35 cent., et le ducat d'or 17 fr.; mais pour avoir l'équivalent actuel

certaine de la force et de la vitalité des institutions de Venise, surtout si l'on songe qu'il y avait à peine quarante ans elle avait été réduite à disputer à la flotte génoise les passes de ses lagunes, qu'il ne lui restait que trente mauvaises galères, et que tout son territoire se réduisait à l'enceinte de la ville.

Cependant la république était appelée à combattre sans cesse : les fils de Galeaz Visconti, duc de Milan, avaient grandi, et l'aîné, Philippe-Marie, tourmenté de la même ambition que son père, voulait, comme lui, asservir toute l'Italie; déjà même son autorité était reconnue depuis le Saint-Gothard jusqu'à la mer Ligurienne, et depuis la frontière du Piémont jusqu'à celle de la Toscane et des États de l'Église. Secondé par de vaillants généraux, il était devenu si puissant que les Florentins, le voyant maître de Gênes, le crurent prêt à entrer à Lucques, à Pise et à Florence; et dans ce danger pressant ils envoyèrent des ambassadeurs à Venise pour obtenir sa puissante intervention.

Le doge Mocenigo, qui régnait alors, se montra contraire à cette alliance, et la repoussa de toute l'autorité de son nom et de sa vieille expérience. Au contraire, François Foscari, l'un des *savi* et procurateur de Saint-Marc, parla en faveur des Florentins; dans un discours habilement mesuré, il exposa que si l'on refusait d'intervenir en leur faveur ils succomberaient infailliblement ; que les autres États de l'Italie, qui avaient jusque-là échappé à l'oppression des Visconti, ne manqueraient pas d'être envahis, et qu'alors Venise se verrait obligée d'opposer seule à un puissant adversaire une résistance ruineuse et désespérée, pour laquelle dans ce moment on ne lui demandait que sa coopération. Mocenigo était trop entier dans ses opinions, trop opiniâtre dans les résolutions qu'il avait prises, pour se ranger à l'avis d'un *jeune procurateur* de cinquante ans; il combattit vivement Foscari, et mit au service de son éloquence toutes les ressources de l'art oratoire usitées à cette époque. « Si le duc de Milan, disait
« le vieux doge, vous faisait une guerre injuste, vous auriez votre recours en
« Dieu, qui voit tout, et qui vous donnerait la victoire. Conservons la paix,
« et malheur à qui propose la guerre ! Jeune procurateur, le Seigneur créa
« Adam sage, bon et parfait, et lui donna le paradis terrestre, en lui disant :
« Jouis en paix de tout ce qui est ici, mais abstiens-toi du fruit de tel arbre.
« Notre premier père fut désobéissant : il oublia qu'il n'était qu'une créature ; il
« pécha par orgueil. Dieu le chassa du paradis qu'habitait la paix, et le bannit
« dans un monde en proie à la guerre. De même les Florentins, s'ils écoutent
« leurs passions, verront dévaster leur territoire, et seront forcés, avec leurs
« femmes et leurs enfants, de venir chercher asile dans notre cité qui, comme
« l'arche sainte, sera sauvée si elle persiste dans la soumission à la volonté
« du Seigneur. Nous-mêmes, si nous en croyons le procurateur Foscari, nous

---

de toutes ces sommes, il faudrait au moins les sextupler, à cause de la dépréciation qu'ont subie toutes les valeurs monétaires depuis le moyen âge.

« nous verrons obligés de nous réfugier sur une terre étrangère. Consultez le
« Vieux et le Nouveau Testament : combien de grandes nations ont été réduites,
« par la guerre, à un état misérable, elles que la paix avait rendues fortes et
« heureuses! Gardez-vous donc de suivre les conseils qu'on vous donne. Rome se
« conserva grande et puissante, elle se peupla de citoyens riches et habiles, tant
« qu'elle eut un bon gouvernement et la paix. Jeune homme, ce n'est pas tout de
« faire de belles harangues, il faut de l'expérience et de la gravité. Apprenez
« que Florence n'est point le port de Venise, et qu'il y a cinq journées de marche
« de son rivage à notre extrême frontière. Notre voisin, c'est le duc de Milan ;
« c'est celui-là qui doit être l'objet de notre attention, parce qu'en moins d'un
« jour on arrive de nos villes de Vérone et de Crémone à une place importante
« qui est à lui, à Brescia. » Foscari fut obligé d'écouter sans répondre cette longue
harangue, que nous abrégeons de plus de moitié, tant était grande à Venise
l'influence des anciens sur les conseils de la république. Mocenigo avait alors plus
de quatre-vingts ans ; le sénat se rangea à son avis, et Florence fut abandonnée
à elle-même.

L'année suivante, les Florentins renouvelèrent leurs sollicitations, en disant
que si Venise ne venait à leur secours, ils feraient comme Samson, ils ébranle-
raient la colonne pour renverser le temple et entraîner leurs ennemis dans leur
chute. Mocenigo se montra inflexible ; mais cette fois, le discours qu'il opposa
aux partisans de la guerre était si nourri de faits, contenait des renseignements
si précis et si curieux sur le commerce et les revenus de Venise, qu'il obtint les
suffrages unanimes de l'assemblée[1]. Mocenigo mourut quelques jours après, en
annonçant que si pour le remplacer on nommait François Foscari, on aurait
inévitablement la guerre. Il avait succédé à Michel Sténo en 1414, et après un
règne de neuf années il laissait Venise dans la situation la plus prospère au dedans
et au dehors (1423).

A peine Mocenigo eut-il fermé les yeux, que les quarante-un électeurs définitifs
se réunirent pour nommer un nouveau doge. Les concurrents étaient Pierre
Lorédan, le vainqueur des Turcs; Léonard Mocenigo, frère du défunt ; Antoine
Contarini, procurateur de Saint-Marc; François Foscari ; puis enfin, comme de
coutume, des vieillards infirmes, Marin Cavallo et François Bembo.

Depuis fort longtemps François Foscari briguait la magistrature suprême, et il
comptait un grand nombre de créatures, parce qu'il avait dépensé trente mille
ducats à secourir des patriciens pauvres, à doter leurs filles : toutefois, Lorédan
était un de ceux qui paraissaient avoir le plus de partisans. « Ces caractères sans
« pitié, disait-on de lui, ces exécuteurs silencieux d'ordres atroces, sont toujours
« craints et respectés. » Les amis de Foscari usèrent d'adresse pour faire trium-
pher leur candidat ; tant il est vrai que, malgré les combinaisons du système

---

1. Nous reproduirons la plus grande partie de ce document dans le chapitre que nous consacre-
rons au commerce et à l'industrie des Vénitiens.

d'élection, en vigueur depuis la *serrata del mazor consiglio*, la porte restait ouverte aux abus, aux combinaisons intéressées. Ils commencèrent par ne lui donner que trois voix, en ajoutant une à chaque scrutin, et ayant soin de faire publier ce qui était capable de nuire aux autres compétiteurs. A Cavallo ils opposaient son extrême vieillesse, à François Bembo ses infirmités, à Léonard Mocenigo sa qualité de frère du dernier doge, ce qui pouvait être d'un dangereux exemple; à Contarini sa nombreuse famille, l'exiguïté de sa fortune et la probabilité d'un futur népotisme. Ils se gardaient de rien dire contre Lorédan, afin de faire croire qu'il obtenait la préférence, et que ses rivaux devaient unir leurs efforts pour le repousser. D'ailleurs, Lorédan se nuisait assez à lui-même; les Candiotes et les étrangers l'avaient en horreur. Albin Badouer, doyen de l'assemblée et ami de Foscari, parut se charger de faire écarter ce dangereux concurrent, auquel dix voix restaient constamment fidèles. Il dit d'abord que l'amiral était un homme habile, mais trop aimé des gens de mer; que, comme tel, il fallait le réserver pour l'éventualité d'un échec dans les possessions du Levant. Lorédan fit alors la faute d'énumérer ses services, et on le laissa parler. Au scrutin qui suivit, l'étonnement fut extrême, car il avait encore ses dix voix. Il fallut bien en venir à prononcer le nom de Foscari, puisque plusieurs électeurs l'avaient présenté. Pierre Orio rappela que ce candidat âgé de cinquante ans était le jeune procurateur auquel Mocenigo avait adressé naguère des objurgations si étendues; que sa fortune était au-dessous du médiocre, qu'il était chargé de famille, marié en secondes noces à une jeune femme qui lui donnait un enfant tous les ans, et qu'il s'était déclaré partisan de la guerre. Foscari répondit avec calme que sa fortune s'élevait à cent cinquante mille ducats, et qu'elle suffisait à ses besoins; qu'il honorait Dieu de ce qu'il bénissait ainsi chaque année sa famille; enfin, que personne ne pouvait savoir si les sentiments du doge et ceux du jeune procurateur seraient les mêmes.

Le conclave durait depuis six jours, et les dix voix de Lorédan commençaient à effrayer ceux qui n'étaient pas dans le secret; dans neuf scrutins consécutifs, aucun des candidats n'avait obtenu la majorité; Foscari ne réunit pas plus de seize voix. Il en fallait au moins vingt-cinq. Enfin, au dixième tour, les dix voix qui s'étaient invariablement portées sur Lorédan, mais qui en réalité étaient toutes dévouées à Foscari, se joignirent aux seize progressivement acquises, ce qui en portait le nombre à vingt-six, et Foscari fut déclaré doge.

Ces détails, dans lesquels nous devions entrer, prouvent combien il est facile à l'intrigue et à la corruption de se jouer des lois les plus sagement établies. En effet, comme l'a dit un savant publiciste, ce ne sont pas les institutions qui manquent aux hommes, ce sont toujours les hommes qui manquent aux institutions. Une dernière particularité signala l'élection de François Foscari. Lors de celle de Pierre Gradenigo on avait conservé cette formule de la sanction populaire : « Le doge est élu, si vous l'approuvez » ; en 1423, on eut la franchise de la supprimer, et le résultat du scrutin fut annoncé au peuple en ces termes : « Le doge est élu ». Cette extrême concision, cette forme nouvelle de proclamation, indiquent assez que la grande révolution accomplie en 1319 était désormais irrévocable.

La promotion de l'ex-procurateur au dogat ranima l'espoir des Florentins, ils réitérèrent leurs demandes; mais la prudence défendait alors à Venise de s'engager dans une nouvelle guerre. D'ailleurs elle était liée par une convention avec Philippe, convention que Foscari lui-même se croyait obligé de respecter, ses armées étant occupées à la défense de Salonique et à la conquête d'une partie de la Grèce, que les Turcs menaçaient d'envahir; la peste, enfin, exerçait chez elle les plus terribles ravages. D'un autre côté, la noblesse vénitienne était divisée en deux partis : l'un désirait la continuation des conquêtes dans l'intérieur de l'Italie, et se proposait de fonder une domination égale à celle de l'ancienne Rome; l'autre ne voyait dans ce système d'envahissement qu'une cause imminente de destruction pour une république en quelque sorte issue du sein des eaux, qui devait ne mettre son salut que dans ses flottes et ne tirer ses richesses que de son commerce. Ces dissidences cessèrent bientôt à la voix d'un homme qui avait trouvé refuge à Venise; cet homme, naguère appelé à tous les conseils du duc de Milan, apprit à la république qu'en vain ajournerait-elle la guerre, il lui serait tôt ou tard impossible de l'éviter.

Le comte François Carmagnola, longtemps favori du duc Philippe de Milan, dont il avait en quelque sorte créé la puissance, avait été adopté par lui et en avait même reçu le nom de Visconti[1]; mais depuis quelque temps, il était tombé en disgrâce; ses immenses richesses, son crédit auprès des soldats, et jusqu'au souvenir de services trop importants pour qu'un prince ingrat pût se les avouer sans inquiétude, excitaient la jalousie de son maître. Après avoir promis à Carmagnola le commandement de la flotte génoise destinée à agir contre Naples, il l'avait donné à Guido Torello; bientôt même il voulut lui enlever celui de trois cents chevaux que le général réunissait à son titre de commandant de la place de Gênes. Carmagnola écrivit au duc pour le supplier de ne point l'éloigner des soldats, lui qui était né et avait été nourri dans les armes. Ne recevant pas de réponse, il se rendit à Abbiate-Grasso, où était la cour; mais pour la première fois il se vit refuser l'entrée des appartements de son souverain, sous prétexte que le duc était en affaires, et ses instances respectueuses n'obtinrent qu'un dédaigneux silence. Alors il éleva la voix de manière à être entendu de

1. François Carmagnola était né à Carmagnola, ville du Piémont, de parents obscurs; son premier métier était celui de gardeur de pourceaux. Le duc Philippe Visconti l'avait remarqué le jour où, avec l'armée de Béatrix de Tenda, veuve de Facino Cane, il combattait contre son frère Hector. Un jeune cavalier, dans un de ces élans de courage qui prouvent le désir de s'élever rapidement, poursuivait Hector jusqu'au milieu des rangs ennemis, et l'aurait infailliblement tué ou fait prisonnier, si son cheval ne se fût abattu sous lui. Après la bataille, Philippe donna un commandement à cet intrépide cavalier, qui dit s'appeler Carmagnola; et en continuant de se rendre digne de la faveur du prince, François finit par devenir le général de toutes ses armées.

Philippe, protesta de son innocence, accusa ses envieux, finit par jurer que l'ingrat qui lui fermait ainsi sa porte s'en repentirait un jour, et partit avec ses cavaliers. Il ne s'arrêta qu'à Ivrée, sur le territoire du duc de Savoie, Amédée, dont il était né vassal, se présenta devant ce prince, et lui révéla les projets de Visconti, l'exhortant à prendre les armes pendant qu'il en était temps encore, et à prévenir l'attaque de son ennemi. Enfin, après avoir traversé la Savoie et la Suisse, Carmagnola vint chercher un asile à Venise. Dès son arrivée, la république le prit à sa solde avec ses trois cents lances, et il n'en agit qu'avec plus de chaleur encore auprès du sénat pour se venger d'un prince qui oubliait ses services, et qu'il se flattait d'abaisser comme il l'avait élevé. Philippe, informé de la conduite de Carmagnola, confisqua tous ses biens, qui produisaient un revenu de quarante mille florins.

Toutefois le sénat n'accordait pas une pleine confiance au transfuge milanais; sa querelle avec son maître pouvait être simulée, et plus d'une fois déjà des ministres du duc s'étaient réfugiés chez ses ennemis, afin de connaître leurs secrets et de les trahir. D'ailleurs, la Seigneurie hésitait à donner une réponse satisfaisante aux ambassadeurs florentins; elle craignait de rompre avec Visconti, et voulait attendre les événements. Pendant ces délais, on apprenait chaque mois de nouveaux désastres éprouvés par les troupes de cette malheureuse république, et Lorenzo Ridolfi, l'un des Dix de la guerre, qui était venu lui-même en ambassade à Venise, s'écria avec impatience dans le sénat : « Sei-
« gneurs ! vos lenteurs ont déjà rendu Philippe Visconti duc de Milan et maître
« de Gênes; en nous sacrifiant vous allez le rendre roi d'Italie; mais à notre
« tour, s'il faut nous soumettre à lui, nous allons le faire empereur. » Enfin, une tentative du duc de Milan, pour faire empoisonner Carmagnola à Trévise leva tous les doutes, dissipa toutes les incertitudes, et la guerre ayant été résolue, un traité d'alliance entre Florence et Venise fut signé le 27 janvier 1426. Les deux républiques s'engageaient à mettre sur pied, à frais communs, une armée de seize mille chevaux et huit mille fantassins; la première équiperait une flotte sur la mer de Gênes, et la seconde en ferait remonter une sur le Pô ; enfin toutes les conquêtes qu'on pourrait faire en Lombardie appartiendraient aux Vénitiens. Le marquis de Ferrare, le seigneur de Mantoue, les Siennais, le duc Amédée de Savoie, le roi Alphonse d'Aragon, entrèrent dans cette ligue, et Carmagnola fut proclamé commandant supérieur des forces alliées. Quant au duc de Milan, il confia la défense de ses Etats à quatre condottieri célèbres : Nicolas Piccinino, Guido Torrelli, Ange de la Pergola, et François Sforza, fils d'un paysan de Cotignola, et le second d'une race de héros que la fortune destinait au trône.

Carmagnola rassembla ses troupes dans l'État de Mantoue, tandis que le marquis d'Este formait une armée sur le Panaro, et que les Florentins portaient au complet celle que Nicolas de Tolentino, leur général, commandait en Toscane.

Carmagnola voulut ouvrir la campagne par la prise de Brescia, où il comptait un grand nombre de partisans. Tous les guelfes, qui habitaient dans un quartier séparé et entouré de murailles, étaient mécontents de la maison Visconti ; quelques soldats avaient même promis d'introduire les Vénitiens dans la citadelle ; mais on présume que le duc, après avoir découvert le complot, prit des mesures pour que les lieux forts restassent entre ses mains, et parut fermer les yeux sur les intrigues des guelfes, afin d'en prendre occasion, lorsqu'elles se seraient manifestées, de sévir contre tout ce parti et de confisquer ses biens.

A cette époque la ville de Brescia était composée de plusieurs quartiers que protégeaient des fortifications indépendantes les unes des autres. Sur la montagne qui la domine s'élevait une forteresse entourée d'un double mur, muni de tours rapprochées les unes des autres. Une seconde enceinte de murailles formait, au-dessus de la première, une autre forteresse, habitée par les gibelins ; au-dessous et sur la droite de celle-ci, s'en trouvait une troisième, qu'on nommait la Citadelle Neuve, attenante à la porte Pilaire ; à gauche, le quatrième quartier, qui s'étend dans la plaine et la partie la plus basse de Brescia, se nommait la Ville Guelfe. C'est dans ce quartier seul que Carmagnola fut introduit le 17 mars 1426.

La première nouvelle de l'occupation de Brescia causa une joie extrême à Venise et à Florence ; mais lorsqu'on apprit que toutes les parties fortifiées de la ville restaient au pouvoir du duc de Milan, on perdit l'espoir que le généralissime s'y maintînt, d'autant plus que Guido Torrelli, François Sforza et Nicolas Piccinino, s'avançaient pour recouvrer cette place importante. Cependant Carmagnola, par son activité, diminua le danger de sa situation ; au moyen d'un large et profond fossé, il sépara de la forteresse la plus proche le quartier qu'il occupait ; et de ce point d'appui, avec le secours des Florentins, il commença le siége des deux citadelles. Si les condottieri du duc de Milan avaient pu s'entendre et combiner un plan d'attaque, il leur eût été facile de débusquer Carmagnola ; l'incertitude née de la désunion qui régnait entre eux assura son succès. Mal soutenus par les troupes milanaises, les Brescians signèrent successivement cinq capitulations séparées : le 20 novembre 1426, la soumission de la Citadelle Vieille compléta la chute de la place.

Au milieu de ces conjonctures, le pape offrit sa médiation, et dans un congrès réuni à Ferrare on s'accorda bientôt sur les conditions du traité à intervenir : les Florentins avaient récupéré les provinces précédemment perdues par eux, ils devaient les conserver ; le saint père eut les villes de la Romagne ; Brescia fut cédée à Venise, et le duc de Savoie conserva ses conquêtes dans le Piémont. Philippe souscrivit à ces humiliantes conditions avec une incompréhensible facilité, et la paix fut signée le 30 décembre 1426 sans qu'une seule bataille eût été livrée. Mais lorsque la nouvelle en parvint à Milan, le peuple murmura contre son souverain, qui perdait courage pour la prise d'une seule ville, lui dont l'armée, forte de quinze mille cuirassiers, n'avait point encore combattu. Une députation de la noblesse alla trouver Philippe et le supplia de rompre un pacte aussi contraire à son honneur qu'à sa sûreté; de ne point évacuer les châteaux de l'État de Brescia, qu'il s'était engagé à rendre aux Vénitiens; de ne point leur permettre de fortifier une tête de pont sur la rive droite de l'Oglio; enfin, de ne point accorder à la crainte ce que la force n'avait pu lui enlever. Ils ajoutèrent que si le duc voulait se confier au zèle et à la loyauté de ses sujets, les Milanais le feraient bientôt triompher de tous ses ennemis. Visconti se rendit à ces remontrances avec d'autant plus d'empressement qu'elles favorisaient ses secrètes intentions, et les hostilités recommencèrent, au printemps de 1427, par l'invasion du territoire du comte de Mantoue.

Les Vénitiens, empressés de venir au secours de leur allié, rétablirent d'abord leurs communications avec Brescia, puis ils dirigèrent leurs mouvements sur le territoire de Crémone pour, de là, pénétrer dans le Milanais. Carmagnola reçut l'ordre d'entrer dans le Mantouan et de pousser l'ennemi devant lui, tandis qu'une flotte de trente galères, commandée par François Bembo, remontait le Pô, tâchant de se frayer un passage jusqu'à Crémone ou jusqu'à Pavie. Bembo remporta une victoire signalée sur l'escadre milanaise, qui fut entièrement prise ou incendiée; mais ne trouvant aucun appui dans l'armée de terre, il dut borner là ses succès. Carmagnola s'était laissé battre devant Gottolengo; une manœuvre habile répara cet échec: son armée, forte de trente-six mille hommes, passa de vive force l'Oglio à Bina, et vint camper à trois lieues de Crémone. Les généraux ennemis, trompés dans leur attente, se mirent à sa poursuite; mais Carmagnola avait résolu d'éviter toute espèce d'engagement jusqu'à ce qu'il eût trouvé un terrain convenable. Le 10 octobre, il s'empare du petit village de Macalò, situé non loin de l'Oglio, et se retranche dans les marais environnants, ne laissant d'autre chemin pour venir à lui qu'une étroite chaussée, sur laquelle le lendemain l'armée milanaise, croyant l'avoir acculé, s'engage imprudemment. Carmagnola lui permet d'avancer jusqu'à ce qu'elle ne puisse plus reculer; mais tout à coup il la fait assaillir de droite et de gauche par une volée de flèches; sa cavalerie légère et son infanterie, qui ont reconnu le terrain, s'élancent sur les flancs, et les Milanais étonnés, lorsqu'ils veulent abandonner la chaussée pour repousser leurs attaques, s'embourbent dans les marais d'où ils ne peuvent plus sortir. Profitant du désordre qui se propage dans la colonne, l'infanterie vénitienne qui occupe le village s'avance sur la chaussée, et, perçant le ventre aux chevaux, renverse les cavaliers. Accablés sous le poids de leur armure, les malheureux Milanais ne pouvaient plus se relever ni opposer aucune défense. Le carnage fut horrible; la nuit seule les sauva d'une destruction complète, et ceux qui y échappèrent s'enfuirent en abandonnant leurs bagages.

Cette brillante victoire produisit à Venise une sensation profonde; mais la joie aurait été plus complète et plus générale si la politique inquiète du gouvernement n'eût pris de l'ombrage sur quelques circonstances qui la suivirent de près. Nous avons vu que les deux armées étaient principalement composées de mercenaires, commandées par des chefs plus ou moins renommés, mais tous véritables entrepreneurs de guerre, indifférents dans les querelles, s'attaquant sans passion, et seulement intéressés à ménager la vie de leurs hommes Les vainqueurs ne voyaient donc dans leurs prisonniers que des frères d'armes : la plupart avaient servi ensemble dans des guerres précédentes et contracté avec leurs adversaires du moment des liens d'amitié et d'hospitalité militaire. Or, après l'affaire de Macalò, où elles avaient fait un nombre considérable de prisonniers, les troupes de Carmagnola se contentèrent de les dépouiller de leurs armes, de les débarrasser de leurs chevaux ; puis, la nuit venue, la plupart furent remis en liberté. Le lendemain les provéditeurs vinrent dans la tente du général, et lui reprochèrent une imprudence qui pouvait lui enlever les fruits de la victoire. Pour toute réponse, celui-ci fit amener les prisonniers qui restaient encore dans son camp, au nombre de quatre cents environ, et leur dit : « Puisque « mes soldats ont rendu la liberté à vos camarades, je ne veux pas leur céder en « générosité : allez, vous êtes libres! » Les provéditeurs se retirèrent, sans témoigner aucun ressentiment ; le conseil des Dix redoubla même de prévenances envers Carmagnola, mais depuis ce jour-là sa tête fut marquée d'un sceau fatal.

De part et d'autre, la journée de Macalò avait été jugée décisive : un congrès se réunit de nouveau à Ferrare à la fin de 1427, et des négociations entreprises sous la médiation du légat du pape amenèrent la conclusion d'un autre traité de paix (18 avril 1428). Les Vénitiens, qui avaient d'abord demandé la cession de Brescia, Bergame et Crémone, avec tout leur territoire, se contentèrent des deux premières villes avec une partie du district de la troisième ; l'Adda leur fut accordé pour frontière du côté de Milan, et Visconti rendit à Carmagnola sa fortune. Nul autre des confédérés ne retira quelque avantage de la cessation des hostilités, pas même les Florentins, qui pour les soutenir avaient dépensé plus de trois millions de ducats. Le vainqueur de Macalò fut reçu à Venise avec une pompe extraordinaire. Le doge, la Seigneurie vinrent au-devant de lui avec un nombreux cortége ; il fit son entrée sur *le Bucentaure*, et habita un palais acheté pour lui des deniers de l'État ; on lui alloua un revenu de douze mille ducats, en terres, dans les provinces qu'il avait conquises ; enfin, toute la noblesse voulut l'accompagner lorsqu'à la tête de ses lieutenants il alla déposer dans l'église Saint-Marc l'étendard que la Seigneurie lui avait confié. Mais tant d'honneurs et de largesses cachaient une odieuse duplicité, car déjà toutes les démarches du grand capitaine étaient secrètement épiées !

Quoique la prolongation des guerres sur le continent eût accru les dettes de la république et altéré son crédit[1], il existait encore dans son sein un parti qui

---

1. La dette s'élevait à 9,000,000 de ducats, et les intérêts à 260,000. En 1409, les engagements de l'emprunt public de Venise se négociaient à 79 pour 0/0 ; ils tombèrent ensuite à 65 pour 0/0 ; en 1425 on en donnait 58 ; en 1428, leur taux était descendu à 57 pour 0/0, et il diminua encore.

cherchait avec ardeur l'occasion de reprendre les hostilités contre le duc de Milan. A cette époque, Venise était engagée dans des luttes presque continuelles avec les Turcs ; son commerce était inquiété par des corsaires, ses places maritimes en Grèce étaient bloquées, leurs garnisons massacrées, et tous les négociants qui s'étaient mis sous la protection de son pavillon étaient passés au fil de l'épée par les Barbares. A la vérité le conseil des Dix ne considérait déjà plus ses places fortes du Levant que comme des comptoirs commerciaux qui contribuaient à la richesse, sinon à la grandeur de l'État, et il se consolait de leur perte par ses acquisitions en terre-ferme; il négligeait même la marine, autrefois la gloire de la république, pour solder des mercenaires, et ne se proposait rien moins que la conquête de la Lombardie. Au plus léger prétexte, on fondit sans pitié sur le duc de Milan, et avec d'autant plus d'acharnement qu'une circonstance imprévue encourageait à le faire : Gabriel Condolmieri, sujet vénitien, avait succédé au pape Martin V (1431), et naturellement on devait croire que le nouveau pontife embrasserait avec chaleur les intérêts de sa patrie contre la maison de Visconti. Telle était effectivement sa secrète pensée

Cette troisième expédition contre Milan fut en partie justifiée par quelques secours que l'on soupçonnait le duc de fournir secrètement aux Lucquois, alors en guerre avec les Florentins, conduite qui violait la neutralité par lui jurée. A l'exception du duc de Savoie et du roi d'Aragon, tous les alliés de la république prirent part à la nouvelle ligue. L'armée vénitienne se composait de troupes de mercenaires sous les ordres de Carmagnola, et d'une escadre sur le Pô, commandée par Niccolo Trevisani : elles étaient bien approvisionnées, et assez fortes pour ne laisser aucune inquiétude sur l'issue de l'entreprise. Le duc de Milan comptait parmi ses adhérents Gênes, Sienne, Lucques et Jacques d'Appiano, seigneur de Piombino. Quoiqu'il eût à son service une excellente armée de terre, il avait placé toute sa confiance dans les troupes embarquées sur la flotte stationnée dans le Pô, en amont de Crémone, et que commandait le Génois Ambrogio Spinola.

Quelques brillantes espérances que les Vénitiens eussent conçues, la campagne s'ouvrit d'une manière défavorable pour eux : Carmagnola, qui croyait avoir séduit le commandant de Soncino, s'étant avancé avec peu de précaution pour prendre possession de ce château, tomba dans une embuscade, seize cents des siens restèrent prisonniers, et lui-même ne dut son salut qu'à la vitesse de son cheval. Sur le fleuve, Trevisani avait obtenu quelques succès de peu d'importance, qu'il allait bientôt payer d'une déroute complète.

Le plan des généraux de Philippe consistait d'abord à tenir Carmagnola éloigné autant que possible de Trevisani, pour empêcher la flotte et l'armée de se porter mutuellement secours ; en second lieu, à faire passer sur les galères milanaises leurs plus braves cuirassiers, afin d'opposer à la marine vénitienne une force écrasante. Ce plan réussit au delà de leur espérance. Le 23 mai, Carmagnola se trouvait à plusieurs milles des rives du Pô, n'ayant à combattre que quelques troupes légères ; Spinola, favorisé par le courant, dont la fonte des neiges avait accru l'impétuosité, saisit l'occasion pour attaquer Trevisani. Ses matelots lançaient le grappin aux embarcations vénitiennes, sur le tillac desquelles les cuirassiers s'élançaient aussitôt et où ils ne trouvaient à combattre que des hommes armés à la légère. Le carnage fut d'autant plus grand, que les Vénitiens disputèrent opiniâtrément la victoire sur un élément qu'ils considéraient comme leur propriété, et que d'ailleurs ils voyaient sur le rivage Carmagnola qui les encourageait, prêt à venir à leur aide avec toute son armée s'ils parvenaient à s'approcher de terre. Enfin, il fallut céder : vingt-huit galères, quarante-deux bâtiments de transport, tombèrent au pouvoir du vainqueur ; deux mille cinq cents hommes, tués ou blessés, rougirent de leur sang les deux rives du Pô. L'historien Marin Sanuto assure que l'armement ainsi détruit en une seule journée avait coûté à la république six cent mille florins. Trevisani et quelques-uns de ses lieutenants se sauvèrent dans une chaloupe ; mais trop prudents pour rentrer à Venise, ils se réfugièrent dans la Marche d'Ancône. Néanmoins on leur fit leur procès, et ils furent condamnés par contumace à un bannissement perpétuel. Une loi d'État, promulguée à cette occasion, infligea la peine capitale à tout chef qui abandonnerait ou rendrait le vaisseau ou la place forte dont on lui aurait confié la défense.

L'inaction de Carmagnola avait excité des plaintes unanimes ; on lui imputa la lpus grande partie du désastre de la flotte ; déjà même on l'accusait ouvertement de trahir la république. Pierre Lorédan se chargea de rétablir autant qu'il était possible l'honneur des armes vénitiennes, et avec une flotte de vingt-une galères il alla provoquer les Génois dans leur propre capitale. Ceux-ci répondirent à cette démonstration en mettant à la mer un égal nombre de vaisseaux commandés par François Spinola, frère de celui qui venait de battre si complétement l'escadre de Trevisani ; les deux amiraux s'étant rencontrés dans le golfe de Rapallo, on en vint aux mains, et après les plus grands efforts, François Spinola subit un affreux revers : lui-même, avec plusieurs de ses capitaines, tomba au pouvoir de Lorédan ; toutes leurs galères furent prises ou coulées à fond. Cette victoire inespérée donna aux Lorédans, ennemis de Foscari, une grande influence dans les affaires de Venise ; tandis que Carmagnola, contre lequel ils ne cessaient d'exciter les soupçons, semblait lui-même prêter le flanc à leurs accusations. Un de ses condottieri était parvenu à se rendre maître de la porte San-Luca à Crémone ; faute de recevoir les secours nécessaires pour prendre entièrement possession de la place, il n'avait pu s'y maintenir. Cette négligence fut imputée à trahison au général : c'était une erreur ; Carmagnola ne trahissait pas ; mais, frappé d'incapacité, il méritait d'être renvoyé. Le conseil des Dix, qui ne renvoyait pas ses généraux et aimait mieux les faire assassiner, eut recours à ce dernier moyen.

Ayant chargé Lorédan de tenir en échec la flotte milanaise, le conseil fit venir Carmagnola à Venise, sous prétexte de concerter avec lui un nouveau plan de campagne. Le général se mit en route, accompagné de Jean-François Gonzague, seigneur de Mantoue. A Mestre, il trouva les seigneurs de nuit qui étaient venus à sa rencontre pour lui faire honneur; huit nobles le reçurent aux approches de la ville, et lui firent cortége jusqu'au palais ducal, où il entra sans défiance. Aussitôt on prévint ceux qui l'avaient suivi que, comme il resterait longtemps avec le doge, il leur était permis de se retirer, et les portes du palais se refermèrent. La soirée était avancée ; le général causait dans une salle avec quelques patriciens, lorsqu'on vint lui dire que le doge était indisposé, et qu'il ne pourrait le recevoir le soir même, mais qu'il lui donnerait audience le lendemain matin. Carmagnola, vivement contrarié, descendit précipitamment le grand escalier ; pendant qu'il traversait la cour, « Seigneur, » lui dit un des patriciens qui l'accompagnaient, « suivez de ce côté. — Ce n'est pas mon chemin, » répondit-il. — « Allez, allez toujours, » repartit son trop officieux guide. Au même instant, des sbires s'avancent, entourent Carmognola, et le poussent dans un couloir qui conduisait à un cachot. En entrant dans ce lieu sinistre, il s'écria : « Je suis « perdu ! » et il y passa trois jours sans vouloir prendre de nourriture. Amené dans la chambre des tortures et appliqué à la question, il refusa de se reconnaitre coupable du crime qu'on lui reprochait. Pour l'y contraindre, on lui fit subir l'estrapade; mais comme il avait eu un bras cassé au service de la république et qu'il ne pouvait être soutenu par la corde, on lui mit les pieds sur un brasier, jusqu'à ce que, s'il faut en croire ses bourreaux, la force des tourments lui eût arraché l'aveu de sa trahison. Il faut cependant le faire remarquer, aucune preuve ne fut produite aux yeux de l'Italie, à laquelle ce grand homme appartenait, aucune de ses révélations ne fut publiée; et ce n'est point calomnier des juges que de les croire faussaires et prévaricateurs lorsqu'ils s'entourent d'un si profond mystère. Le 5 mai au soir, vingt-deux jours après avoir subi la torture, Carmagnola fut conduit entre les deux colonnes de la place Saint-Marc, ayant un bâillon dans la bouche ; il leva les yeux au ciel, comme pour protester de son innocence, puis il courba le front, et sa tête tomba sous trois coups de hache!

M. Daru ajoute au récit de ce meurtre judiciaire les réflexions suivantes, qui peignent et caractérisent parfaitement le gouvernement de Venise : « Quand on « se représente de graves personnages, blanchis dans les plus hauts emplois de « la paix ou de la milice, enfermés avec des bourreaux et un homme garrotté ; « faisant torturer celui dont la sentence était prononcée depuis huit mois, sans « qu'il eût été entendu, celui qui, la veille, était leur ami, leur collègue[1], l'objet « de leurs respects, de leurs flatteries, et, disaient-ils, de leur reconnaissance;

---

1. Carmagnola avait été inscrit sur le livre d'or, et il faisait partie des conseils de la république.

« comptant les cris de la douleur pour des aveux, les aveux pour des preuves,
« et puis faisant tomber une tête illustre, aux yeux d'un peuple étonné, sans dai-
« gner même énoncer l'accusation ; on se demande comment des hommes émi-
« nents ont pu accepter un pareil ministère, comment ils abandonnent à ce
« point le soin de leur réputation, comment ils se réduisent à ne pouvoir citer
« que des bourreaux pour témoins de leur impartialité. Quel est donc l'intérêt
« public ou privé qui peut faire briguer des fonctions plus odieuses que celles de
« l'exécuteur ? Pour commander aux hommes, il faut s'environner de quelque
« chose de merveilleux, qui saisisse leur imagination. A Venise, ce merveilleux
« était le mystère : plus les coups de l'autorité étaient inattendus, inexplicables,
« plus ils produisaient d'effet. On ne s'informait pas plus des procédés qu'elle
« employait pour connaître la vérité que de ceux de la Providence. Aussi, quand
« le peuple de Venise parlait de ce redoutable tribunal, il disait, en baissant la
« tête et levant le doigt vers le ciel : Ceux d'en haut! »

La campagne de 1432 fut tout à fait insignifiante : la flotte génoise attaqua Corfou sans pouvoir s'y maintenir ; de son côté, Lorédan fit des incursions jusqu'aux rivages de la Ligurie, et reçut une légère blessure en prenant le château de Sestri. Le 7 avril 1433, les envoyés des parties belligérantes se réunirent à Ferrare, et dans ce nouveau congrès arrêtèrent les bases d'un traité de paix définitif. Tout ce qui avait été conquis de part et d'autre, tant par les Vénitiens et les Florentins que par le duc de Milan, les Siennais et les Lucquois, fut respectivement restitué ; et Philippe renonça à ses alliances en Romagne et en Toscane, afin d'éloigner de lui toute occasion de s'immiscer dans la politique de ces deux provinces. Ainsi, la guerre n'avait pas augmenté le territoire de la république ; au contraire, elle avait fait naître des dissensions, amené la cherté des vivres et par suite la disette, la stagnation du commerce, la diminution du crédit public ; enfin, pour surcroît de maux, la peste reparut. Tant de circonstances plus déplorables les unes que les autres irritèrent le peuple contre le doge et contre son parti à qui on les attribuait ; de son côté, Foscari, persistant à croire qu'il avait sauvé l'État, ne voulut pas s'exposer à des reproches plus amers, et jugea le moment venu d'abdiquer honorablement ses fonctions ; mais la haine des partis parut satisfaite par ce sacrifice volontaire, et on le contraignit à les conserver.

La paix conclue à Ferrare n'était pour le duc de Milan qu'une trêve dont il s'efforçait d'abréger le terme, et il n'eut d'autre soin que de susciter des ennemis aux Vénitiens. D'après ses instigations, le patriarche d'Aquilée demanda la restitution de ses États du Frioul, réclamation qui fut repoussée. Alors il persuada à un dernier descendant des Carrare, réfugié depuis trente ans en Allemagne, que le moment était propice pour ressaisir la seigneurie de Padoue ; mais le malheureux Marsiglio paya de sa tête sa trop facile crédulité.

Le sénat et le doge, indignés de cette déloyale conduite, déclarèrent pour la quatrième fois la guerre au turbulent Philippe-Marie (1437). Leurs troupes, commandées par François de Gonzague, seigneur de Mantoue, général aussi dépourvu de capacité que de bonne foi, furent d'abord battues sur la droite de l'Adda par Piccinino, homme de guerre de la plus haute réputation ; mais grâce au dévouement et à l'habileté de Gata-Mélata, son lieutenant, elles échappèrent à une destruction presque certaine. Tandis que François de Gonzague abandonnait le drapeau de Saint-Marc pour passer sous celui du duc de Milan, Gata-Mélata, profitant des défilés, des torrents et des montagnes, opéra une retraite des plus heureuses, et que nécessitait la faiblesse numérique de son armée, après quoi il reprit l'offensive, et força Piccinino à lever le siége de Brescia. Venise n'en perdit pas moins dans cette campagne la plus grande partie des provinces de Vicence, de Vérone, de Brescia et de Bergame. Épuisée par ses luttes incessantes contre Philippe, Florence ne se trouvait pas dans une situation meilleure, ce qui engagea les deux républiques à renouveler leur ancienne alliance offensive et défensive, et à prendre à leur solde l'un des condottieri les plus habiles de l'époque, le comte François Sforza. Gênes, qui depuis quelques années avait secoué le joug des Milanais, entra dans cette ligue, dont elle vint augmenter les ressources. Avant de faire l'historique de cette nouvelle lutte, arrêtons un moment nos regards sur l'homme qui va occuper et pour ainsi dire remplir la scène.

Fils naturel de Jacques Attendolo, qui de simple aventurier au service du duc de Milan s'était élevé au grade de général et avait pris le surnom de *Sforza* [1], le comte François ambitionnait autre chose que les profits de la guerre. Le pape Eugène IV, à qui il avait rendu quelques services, l'avait créé souverain de la Marche d'Ancône, gonfalonier de l'Église ; mais ce n'était pas encore assez pour lui et il nourrissait l'espoir de recueillir une partie de la succession du duc de Milan lorsqu'il lui serait possible de faire valoir les droits plus que douteux de Bianca-Maria, fille naturelle de Philippe-Marie, dont on lui promettait depuis longtemps la main. Aucun enfant légitime des Visconti ne restait pour réclamer cet héritage, et, soutenues par un soldat de fortune, les prétentions de Bianca acquéraient une certaine valeur. Sforza connaissait la ruse, la fausseté et l'inconséquence de son futur beau-père : il savait que la crainte seule avait fait admettre l'idée d'une pareille alliance, que pour la réaliser il devait se montrer toujours redoutable ; il lui importait donc de conserver la souveraineté de la Marche d'Ancône, la réputation de premier général de l'Italie et le commande-

---

1. Jacques Sforza, surnommé *le Grand*, est la tige de l'illustre maison des Sforce qui a joué un si grand rôle en Italie dans les xve et xvie siècles. Elle a produit six ducs de Milan et s'est alliée avec la plupart des souverains de l'Europe. Né le 28 mai 1369, à Cotignola, petite ville de la Romagne, il était fils d'un laboureur, ou, selon Commines, d'un cordonnier. Une compagnie d'aventuriers ayant passé par Cotignola, il lui prit fantaisie d'aller à la guerre : « Lançons, se dit-il à « lui-même, ma hache contre cet arbre ; si elle y entre assez avant pour y demeurer attachée, je « me ferai soldat. » La hache s'attacha à l'arbre et, parce qu'il l'avait dardée de toute sa force, Jacques substitua le nom de *Sforza* à celui de son père, Attendolo.

ment de sa brillante armée, forte de sept à huit mille hommes. Rester à la solde de Philippe, c'était courir le risque de la voir disperser ou détruire par les artifices d'un maître jaloux; et cependant Sforza n'était pas assez riche pour l'entretenir à ses propres frais. A ces divers motifs, qui l'engageaient à s'unir intimement aux deux républiques, seules capables de contre-balancer la puissance du duc de Milan, s'en joignait un autre, tout d'amour-propre, il est vrai, mais très-puissant sur l'âme d'un soldat. Ce motif, le voici : à force de guerroyer, les condottieri italiens étaient parvenus à formuler des règles de leur art, et les plus habiles formaient même des associations ou *écoles* qui réunissaient un grand nombre de chefs secondaires. Or, deux écoles principales dominaient alors en Italie, toutes deux formées, avant la fin du xive siècle, par Braccio de Montone et par Jacques Attendolo. L'inimitié, la rivalité de ces deux grands capitaines, ne s'était pas éteinte avec eux; ils l'avaient transmise à leurs élèves dispersés au service des différents États de l'Italie. L'école de Braccio reconnaissait pour chef Nicolas Piccinino, condottiere constamment dévoué au duc de Milan, et c'était une raison suffisante aux élèves de Sforza et au comte François, leur chef, pour leur faire embrasser celle des républiques.

Fortes de ce puissant appui, Venise et Florence s'engagèrent à payer, chaque mois, dix-huit mille florins à François Sforza; de plus, à prendre à leur solde le seigneur de Faenza, le marquis de Ferrare, Pandolfe Malatesti, et Pierre, fils de Jean-Paul Orsini. De son côté, le comte fit la promesse de tenir sous les armes, pendant cinq ans, trois mille cavaliers et mille fantassins. Sa réputation d'homme de guerre était si éclatante, que Gata-Mélata, quoiqu'il eût commandé en chef, ne crut pas manquer à sa propre gloire en se rangeant sous ses ordres. Au moment d'entrer en campagne, l'armée alliée présentait un effectif de quatorze mille chevaux et de huit mille fantassins.

Se bornant d'abord à inquiéter Piccinino, sans entreprendre rien de décisif, Sforza pensait à faire lever le siége de Brescia, dont les habitants étaient réduits à la plus dure extrémité. Dans cette intention, il se porta sur Bardolino, que défendait une garnison mantouane, sur la rive orientale du lac de Garde [1]. Avec le concours de quelques navires, que les Vénitiens y avaient déjà transportés, il espérait en avoir bon marché; mais prévenu par Piccinino, qui fit renforcer la garnison et l'approvisionna de munitions de toute espèce, il ne tarda pas à lever le siége, non sans avoir perdu beaucoup de monde par les maladies que des chaleurs excessives causaient dans ce lieu malsain. Après son départ, la flottille vénitienne fut complétement détruite. Humilié de ce revers, sollicité par le sénat de secourir les malheureux Brescians, Sforza résolut d'ouvrir à sa puissante armée le chemin de Brescia, en faisant le tour du lac de Garde,

1. Le lac de Garde, formé sur le versant méridional de la chaîne des Alpes, est l'un des plus beaux lacs d'Italie; il a quatorze lieues de long sur six de large, et reçoit un grand nombre de petites rivières : la plus considérable, celle de Saria, en sort à Peschiera, où elle prend le nom de Mincio.

et de répondre par une victoire à la haute confiance dont on l'avait investi. A cet effet, il s'engagea dans la chaîne escarpée qui sépare l'Adige du lac, et parvint, à travers mille difficultés, jusqu'à la petite plaine ou vallée de Peneda, à l'embouchure de la Sarca. Mais Piccinino, averti des chemins que suivait son adversaire, laissa le marquis de Mantoue à Peschiera, et fit transporter par le lac la plus forte partie de son armée au château de Tenna, qui ferme cette vallée. Plusieurs escarmouches eurent lieu; Piccinino, qui tenait Sforza renfermé comme dans un piége, voulait éviter une action générale; cependant, emporté par son impétuosité naturelle, il accepta la bataille le 9 novembre. Pendant qu'on était aux prises, les habitants de Brescia, s'avançant à la rencontre de leurs libérateurs, parurent sur le haut des montagnes, derrière les gendarmes de Piccinino et se mirent à faire rouler sur eux des quartiers de rocher. Effrayés de cette attaque, qui pourtant ne présentait pas un bien grand danger, les gendarmes milanais s'enfuirent, les uns vers leurs navires, d'autres vers la forteresse, d'autres vers les montagnes, et, dans leur panique, se jetèrent pour la plupart entre les mains de leurs ennemis, qui les tuèrent ou les firent prisonniers. Parmi ces derniers se trouvaient Charles de Gonzague, fils du marquis de Mantoue, César Martinengo et Sacramoro Visconti. Entraîné dans la déroute générale, Piccinino alla s'enfermer dans le château de Tenna; mais ne le jugeant pas susceptible de faire une longue résistance, il imagina un audacieux stratagème pour traverser le champ de bataille et même le camp ennemi : un robuste valet allemand le mit dans un sac, le chargea sur ses épaules et le transporta pendant la nuit sur les bords du lac, où un bateau le reçut et le conduisit à Peschiera. Le lendemain, à la tête de quelques troupes réunies à la hâte, il surprenait Vérone et en escaladait les remparts, tandis que Sforza le croyait encore errant dans la montagne et qu'à Venise le son des cloches, joint aux salves d'artillerie, annonçait sa défaite.

Cependant Piccinino avait affaire à un rival non moins entreprenant que lui. A peine Sforza fut-il instruit de la prise de Vérone, qu'il s'y porta en toute hâte, jetant ses troupes dans les forts de Saint-Félix et de Saint-Pierre qui en dépendaient et que Piccinino n'avait pas eu le temps d'enlever, tandis que Gata-Mélata, avec les siennes, pénétrait dans le vieux château. Une fois établi dans ces positions, il attaqua vivement l'ennemi, et, puissamment secondé par les habitants, le contraignit à évacuer la place. En récompense de cette rapide et glorieuse expédition, François Sforza fut nommé noble vénitien, et Gata-Mélata son lieutenant, qu'une mort soudaine enleva aussitôt après, fut inhumé aux frais de la république. Sur son tombeau, on lui érigea une statue équestre en bronze, pour perpétuer le souvenir de ses services.

Les principaux événements de cette campagne s'étaient accomplis en Lombardie; au printemps suivant, Philippe, espérant éloigner Sforza du théâtre de la guerre, ordonna à Piccinino d'opérer une invasion en Toscane; mais Sforza, qui saisit du premier coup d'œil les conséquences inévitables d'une pareille faute de sa part, se garda bien de l'y suivre. Le laissant à loisir ravager la Toscane, il passe l'Oglio, bat le marquis de Mantoue, et s'empare de Peschiera ; puis, à l'aide d'une nouvelle flottille transportée sur le lac de Garde, il se rend maître des deux rives de ce lac, et se dirige sans obstacle sur Brescia. Les généraux milanais, Taliano Furlano et Louis del Verme, effrayés d'une marche si rapide, abandonnèrent le territoire brescian, et la capitale se vit délivrée. Sforza se serait sans doute porté sur l'Adda, dernière barrière du Milanais, si Piccinino, qu'avait rappelé Philippe, n'eût reparu en deçà des Apennins. Quoique ce général fût hors d'état de se mesurer avec lui, il jugea prudent de concentrer ses propres troupes, pour être prêt à tout événement, et se contenta de prendre plusieurs places du Mantouan, afin de punir le marquis de l'assistance qu'il avait prêtée au duc de Milan.

Sforza dirigeait ces opérations, lorsque Nicolas d'Este vint le trouver, porteur de propositions de paix, au nom de Philippe. D'Este lui représenta qu'il devait s'abstenir de ruiner sans retour le duc de Milan, puisque pour maintenir son importance personnelle un condottiere avait autant besoin de ses amis que de ses ennemis ; il lui donna aussi l'espérance de conclure bientôt son mariage avec Bianca Visconti, ajoutant, comme preuve de la bonne foi apportée dans cette offre brillante, que Bianca était déjà arrivée à Ferrare et qu'elle serait remise entre ses mains aussitôt après la conclusion du traité. Sans accorder une confiance absolue à la sincérité de ces ouvertures, Sforza crut devoir se rendre à Venise afin d'en faire part au sénat, démarche bien hasardée chez un général au service d'une telle république. Comme il était aisé de le prévoir, aucune de ses propositions ne convint à la Seigneurie, et il reçut l'ordre de partir sans délai.

Piccinino avait mis à profit l'absence de Sforza pour recruter son armée et reprendre l'offensive. Il franchit l'Adda, puis l'Oglio, à la tête de huit mille chevaux et de trois mille fantassins, et surprit ou mit en déroute deux mille cavaliers ennemis. Sforza se voyait dans l'impuissance de réparer cet échec avec sa promptitude accoutumée, car la république ne lui payait pas les subsides convenus et laissait dépérir sa cavalerie, faute de lui fournir les remontes. Entré en campagne le 1er juin seulement, il rencontra l'armée milanaise près de Cignano, le 25, et l'attaqua vigoureusement, mais sans aucun résultat. Trompant alors Piccinino, il franchit de nouveau l'Oglio à Pontoglio, et vint mettre le siége devant le château de Martinengo, qui coupait la communication entre Brescia et Bergame. A peine avait-il établi son camp qu'il se vit enveloppé par l'armée milanaise ; et il aurait infailliblement succombé, tant la position était mal choisie, si le duc, guidé par le sentiment de sa propre conservation, n'eût envoyé un émissaire lui déclarer qu'il pardonnait tout, qu'il lui accordait la main de sa fille, avec la ville de Crémone pour dot, et le laissait maître de terminer la guerre aux conditions qu'il jugerait les plus convenables. Une telle générosité paraîtra bien extraordinaire ; néanmoins la situation de Philippe suffit pour l'expliquer. Privé d'enfants légitimes, et ne paraissant jamais à la tête de ses armées, ses généraux profitaient des heureuses chances de la guerre pour s'assurer à l'avance une part de son héritage. Ainsi Piccinino, certain de la victoire, demandait par anticipation la souveraineté de Plaisance ; Luigi de San Severino voulait Novare, et Alessandro del Verme, Tortone. Pour mettre fin à tant d'exigences, Philippe s'était tourné vers Sforza, dont il aimait d'ailleurs le caractère. Celui-ci, comblé de joie, accepta le rôle de médiateur, et, quoiqu'il n'eût aucun pouvoir, s'empressa de signer, la nuit même, les préliminaires avec Eusèbe Caymo, secrétaire particulier du duc.

Lorsqu'à l'aube du jour, le procurateur Malipier, qui remplissait les fonctions de provéditeur, fut entré dans le conseil avec les principaux chefs, Sforza leur annonça en souriant que la guerre était terminée, puis il soumit à Malipier les bases de la convention, lui faisant sentir combien il serait imprudent d'attendre l'approbation du sénat, auquel il fallut bien cependant en référer. Contre toute attente, le sénat, loin de désapprouver son général, l'investit des pouvoirs les plus étendus. Voici les principales dispositions du traité, dont la ratification définitive n'eut lieu que le 24 novembre 1441 : Bergame, Brescia, Lonato, Peschiera et Riva di Trento, avec leurs territoires adjacents, furent reconnus appartenir à la république ; — Crémone et une portion du district de Milan formèrent la dot de Blanche ; enfin les frontières du marquisat de Mantoue, du côté de Venise, furent maintenues dans l'état où elles se trouvaient.

Cinq années s'écoulèrent ainsi sans amener d'événements remarquables ; qu'il nous suffise de les énumérer. Foscari, voulant de nouveau abdiquer, s'abstint même pendant quelque temps d'assister aux délibérations, mais il dut revenir sur sa détermination ; un mouvement populaire, dirigé contre le seigneur de Ravenne, fit tomber, sans coup férir, cette principauté au pouvoir de la république ; profitant de l'indifférence que les Vénitiens commençaient à manifester pour leur commerce, quelques pirates osèrent se montrer sur les côtes de l'Adriatique ; le soudan d'Égypte, ne voyant plus arriver dans ses ports les nombreux bâtiments de guerre ornés du pavillon de Saint-Marc, chassa tous les sujets de la république qui faisaient le négoce à Tripoli, à Beyrouth, à Damas ; enfin, les ressources maritimes de Venise étaient tellement diminuées, que lorsque l'empereur de Constantinople demanda l'assistance des chrétiens d'Occident contre les envahissements continuels des musulmans, elle ne put fournir que dix galères. Les guerres ruineuses dans lesquelles elle s'était si opiniâtrement engagée sur le continent dévoraient tous ses trésors ; et cependant nous allons la voir rentrer dans cette voie funeste.

Après plusieurs alternatives d'union et de rupture entre le duc de Milan et Sforza, pendant lesquelles on vit celui-ci tour à tour ennemi déclaré ou fidèle allié de son beau-père, tantôt vainqueur et tantôt bloqué dans sa ville de Crémone,

Philippe appela son gendre au commandement d'une armée considérable qu'il voulait diriger contre Venise, car il redoutait au dernier point l'ascendant que prenait chaque jour la république en Italie. « Le sénat de Venise, » écrivait-il à Alphonse V d'Aragon, roi de Naples, qu'il voulait faire participer à ses projets, « plus constant qu'aucun monarque dans son ambition, poursuit secrètement « depuis plus d'un siècle le projet de soumettre la Lombardie. Il feint de me « craindre, et c'est moi qui le redoute. Si jamais il domine des Apennins aux « Alpes, ce corps dont aucune passion personnelle n'égare les conseils, dont « aucun luxe ne dissipe les trésors, qui a beaucoup d'enfants et n'a pas de famille, « qui tient sa parole ou y manque selon ses intérêts, asservira ensuite aisément « le reste de l'Italie. » Ce langage persuasif attira dans la ligue projetée le pape Eugène IV et Alphonse V; il aurait aussi entraîné le roi de France, Charles VII, si la mort soudaine du souverain pontife, suivie bientôt après de celle de Philippe, ne fût venue renverser toute la combinaison et donner naissance à de nouvelles guerres, à de nouveaux intérêts.

A peine le duc de Milan eut-il rendu le dernier soupir, qu'une foule de prétendants surgirent pour se disputer sa succession. Philippe avait fait quatre testaments : par le plus ancien, il léguait ses États à Antoine Visconti, son cousin; par une disposition subséquente, il lui avait préféré un autre de ses parents nommé Jacques; une troisième instituait pour héritière Bianca-Maria; enfin, quelques jours avant sa mort, au moment même où il se réconciliait avec son gendre, un quatrième testament du duc déshéritait sa fille et nommait pour son successeur Alphonse V d'Aragon. Pour achever la complication, l'empereur Frédéric III réclamait le droit de disposer du Milanais comme fief de l'Empire; le roi de France soutenait les prétentions de Valentine Visconti, veuve du duc d'Orléans, et Venise voulait faire prévaloir le droit de conquête.

Au milieu de ce conflit, la ville de Milan, n'écoutant que son intérêt, arbora l'étendard de l'indépendance, rétablit ses armoiries, et se proclama souveraine de la Lombardie entière. Alexandrie, Novare et Côme reconnurent sa suprématie; mais Parme et Pavie s'en déclarèrent affranchies, tandis que Plaisance, Lodi et San-Colombano se plaçaient sous la protection des Vénitiens, qui se hâtèrent d'occuper les trois citadelles. Crême et Pizzighettone ne se prononçaient pas encore. Alors le souverain de Crémone, François Sforza, conçut le projet de faire tourner à son avantage tous ces dissentiments : par la force jointe à l'adresse, il se saisit de Crême et de Pizzighettone, puis il proposa aux Milanais d'être leur allié, se réservant de devenir leur maître. Déjà il avait marché sur Pavie et abattu le fantôme de pouvoir qui s'y était élevé; Plaisance même avait été emportée d'assaut. Pendant deux ans que dura cette alliance, ce prince déploya les plus grands talents militaires; il détruisit la flotte vénitienne à Casal Maggiore, sur le Pô, et gagna la célèbre bataille de Caravaggio, à la suite de laquelle le doge fut obligé d'abandonner les territoires de Bergame et de Brescia.

Le courage de la république était fortement ébranlé, lorsqu'une circonstance fortuite vint à son secours. Au nombre des prisonniers vénitiens faits à Caravaggio, se trouvait Clemente di Aldini, secrétaire de l'un des provéditeurs et ami de Giovanni Simonetta, secrétaire de Sforza. De leur propre mouvement, ces deux agents subalternes entamèrent entre eux des négociations qu'ils firent réciproquement agréer à la république et au comte, et, grâce à leur audace, la paix fut conclue le 18 octobre 1448. Une des clauses principales établissait entre Venise et François une alliance offensive et défensive contre les Milanais : la république fournissait au comte une armée de quatre mille cavaliers et deux mille fantassins, qui resteraient à sa disposition jusqu'à ce qu'il se fût mis en possession complète du duché; elle lui assurait aussi un subside mensuel de treize mille ducats; enfin, la frontière entre le territoire de Milan et celui de Venise était définitivement tracée par le cours de l'Adda.

La défection du puissant soutien sur lequel ils comptaient le plus irrita vivement les Milanais. Voulant à tout prix détourner le péril qui les menaçait, ils envoyèrent secrètement des ambassadeurs à Venise. De leur côté, le doge et le conseil regrettaient déjà les concessions accordées au comte François, et ils accueillirent favorablement la prière qu'on leur adressait. Pendant que Sforza tenait Milan assiégée, Sigismond Malatesti, général en chef de l'armée vénitienne, reçut l'ordre de rouvrir de force la communication avec la place et de la ravitailler, et les chefs du gouvernement, déterminés à tout souffrir plutôt que de tomber au pouvoir de Sforza, s'étant assemblés dans le temple de Sainte-Marie de la Scala, proposèrent de se soumettre à la souveraineté de Venise, afin d'engager cette république à les défendre de tout son pouvoir. Mais, instruit de ce qui se passait, l'habile et intrépide Sforza fit activer les opérations du siége en même temps qu'il établissait un blocus des plus hermétiques. Au bout de deux mois, réduite à la dernière extrémité, Milan lui ouvrit ses portes comme au gendre, comme au successeur légitime de Philippe, et le 24 mars 1450 il y fit son entrée solennelle, accompagné de sa femme et de ses enfants. On lui avait amené un char et un dais; le guerrier préféra rester à cheval. Arrivé à la cathédrale, il y fit sa prière, prit sur l'autel la couronne de duc, le sceptre avec l'épée, et reçut le serment de fidélité de toute la noblesse.

Cette révolution ne termina pas les hostilités; au contraire, la Seigneurie déploya toute son ardeur pour reformer contre le nouveau duc de Milan une ligue, dans laquelle entrèrent le roi de Naples, le duc de Savoie et le marquis de Montferrat. Le 16 mai 1452, elle ouvrit la campagne, et la première opération fut dirigée contre Barthélemi Coléoni, son propre général, dont elle se défiait. Il ne s'agissait de rien moins que de l'arrêter lui-même et de désarmer ses soldats. Averti de cette entreprise par le tumulte qu'elle amena dans son camp, Coléoni eut à peine le temps de s'enfuir, lui troisième, auprès de Sforza, qui lui donna un commandement. Le successeur de Coléoni, Gentile de Lionessa, fut mis à la tête de l'armée qui se rassemblait entre Vérone et Brescia. La Seigneurie avait promis à Louis, duc de Savoie, la ville de Novare, et à Jean, marquis de Montferrat, celle d'Alexandrie, pour les engager à faire cause commune avec elle : l'armée destinée à agir de ce côté était commandée par Guillaume, frère du marquis, auquel était opposé Conrad, frère de Sforza. Ce dernier, ayant confié la défense de ses frontières orientale et méridionale à son fils Tristan et à son autre frère Alexandre, passa l'Oglio et envahit le pays Brescian, à la tête de dix-huit mille chevaux et de trois mille fantassins.

Gentile de Lionessa conduisait quinze mille chevaux et six mille fantassins ; profitant de la négligence de Tristan, il passa l'Adda, prit Soncino et quelques autres châteaux du Milanais, puis tourna sur Crémone. Une autre armée vénitienne, sous les ordres de Charles Fortebraccio et de Matteo Campana, pénétra dans le Lodésan, y surprit Alexandre Sforza à la fin de juillet, lui tua ou prit environ huit cents hommes, et par suite de ces mouvements divers le contraignit à se renfermer dans les places fortes. Les deux principales armées s'étaient rapprochées l'une de l'autre ; mais leurs généraux, plus frappés du danger de tout perdre en un seul jour, que des dépenses excessives occasionnées par leurs temporisations, déclinaient la bataille, malgré les immenses préparatifs qui faisaient attendre aux peuples une prompte conclusion de la guerre. Tous deux ils auraient désiré paraître braves et ne rien abandonner aux caprices du hasard ; ils crurent y parvenir par des rodomontades.

Sforza voulant en finir par une bataille générale dans les champs de Montechiaro, envoya au général vénitien deux trompettes porteurs d'un gant ensanglanté et d'une lettre par laquelle il lui demandait d'en fixer le jour. Lionessa et ses collègues lui répondirent : « Nous avons reçu votre lettre et le gant ; « lundi prochain nous nous rendrons au lieu que vous avez choisi. Nous vous « envoyons deux lances et deux gants ensanglantés, pour que vous sachiez que « nous sommes prêts à combattre les tyrans qui ravagent notre belle Italie, les « spoliateurs qui usurpent les trônes, et qui font servir à leur ambition les bien-« faits accordés par notre république. » Au jour marqué, Lionessa parut sur les hauteurs de Montechiaro ; Sforza était déployé dans la plaine. Mais, soit circonspection, soit obéissance à des ordres du grand conseil ou du conseil des Dix, soit crainte d'un orage qui paraissait ne pas leur permettre de combattre sans désavantage, les Vénitiens se gardèrent d'engager l'action. Pour perpétuer le souvenir de cette lâcheté ou de ce manque de foi, le fougueux duc de Milan fit ériger une colonne à laquelle il suspendit des lances et les gants envoyés par Lionessa, qui ne se fit pas scrupule de rétorquer l'accusation contre son adversaire. Ainsi se termina l'année 1452.

L'hiver procura au duc de Milan des avantages d'une importance réelle : Evangelista Salvetto, l'un des condottieri de Venise, vint se ranger sous ses drapeaux ; Tiberto Brandolini abandonna également le service de la république ;

enfin le roi de France, cédant aux sollicitations des Florentins, consentit à ajourner les prétentions de la maison d'Orléans sur le duché de Milan, et à secourir René d'Anjou contre Alphonse de Naples. De cette manière, la Savoie et le Montferrat furent neutralisés, et au printemps François Sforza reçut un secours de quatre mille cuirassiers sous les ordres de René d'Anjou. La campagne de 1453 se fit sous les mêmes auspices que la précédente : quelques siéges, quelques combats partiels, des marches et des contre-marches, en constituèrent tout l'intérêt. Gentile de Lionessa fut frappé devant Manerbio d'un coup de feu dont il mourut le 15 avril, et le sénat lui donna pour successeur Jacob Piccinino, qui ne changea rien à la situation des affaires. Fatigués de ces résultats négatifs, les deux partis en vinrent aux négociations, et un événement qui couvrait de deuil toute la chrétienté hâta leur réconciliation.

Constantinople avait été prise par Mahomet II (29 mai 1453) : quarante mille chrétiens avaient été égorgés par ses farouches soldats ; un grand nombre de marchands italiens, des Vénitiens surtout, avaient perdu toutes leurs propriétés, et se voyaient réduits au plus dur esclavage ; enfin le dernier empereur grec, Constantin Dragosès, en succombant sur les remparts écroulés de sa capitale, s'était montré digne de porter le nom du grand prince qui l'avait fondée. Lorsque cette nouvelle parvint aux camps de Sforza et de Piccinino, la désolation s'y répandit à un égal degré : chefs et soldats, tous se reprochèrent des guerres impies, qui consumaient leurs forces dans un moment où ils auraient dû les consacrer uniquement à la défense de leurs frères. Sous l'influence de ces sentiments, on ne devait pas être éloigné de s'entendre ; c'est aussi ce qui arriva : par un traité de paix (5 avril 1454), Venise reconnut Sforza comme duc de Milan, lui abandonnant toutes les places dont il s'était emparé entre l'Adda et l'Oglio ; de son côté, Sforza rendit à la république tout ce qu'il avait conquis sur elle dans les provinces de Brescia et de Bergame.

Dès ce jour, l'heureux Sforza conçut le projet de consoler la patrie commune de ses sanglantes dissensions et d'en prévenir à jamais le retour. Il proposa donc à Cosme de Médicis, alors à peu près maître de Florence, d'amener les puissances italiennes à une confédération générale qui maintiendrait entre elles une paix constante et ne permettrait plus désormais à l'étranger de s'immiscer dans les affaires de la péninsule. Médicis promit au duc de le seconder puissamment ; Venise, inquiète d'ailleurs sur le sort de ses possessions du Levant, accéda à des vues qui s'accordaient si bien avec les intérêts de son commerce, dont elle voulait s'assurer la continuation ; Alphonse de Naples, les ducs de Savoie et de Modène, les marquis de Montferrat et de Mantoue, Sienne, Lucques, toutes les petites principautés, s'empressèrent de donner leur adhésion ; Rome enfin bénit une si noble pensée, et la pacification intérieure de l'Italie fut assise sur des bases solides.

La Seigneurie, après avoir payé la rançon de ses sujets retenus prisonniers par les Turcs depuis la prise de Constantinople, obtint du sultan Mahomet un traité en vertu duquel, moyennant une redevance annuelle de deux cent mille ducats, les ports et les provinces du nouvel empire étaient ouverts au commerce et à la marine vénitienne ; un baïle et un chapelain résideraient de nouveau dans la capitale ; la sûreté des personnes et des propriétés était réciproquement garantie ; enfin, le duc de Naxos, sa famille et ses sujets, à titre de feudataires de la république, jouiraient des mêmes avantages. Quelques comptoirs isolés, voilà ce qui restait à Constantinople de la civilisation d'Occident ! La plupart des familles riches et illustres de la Grèce se réfugièrent en Italie ; Venise particulièrement en reçut un si grand nombre, qu'elle comptait dans son sein plus d'étrangers que de sujets. Un brutal despotisme, une aveugle ignorance, s'étendirent sur le berceau des sciences et des arts ; mais semblable au phénix qui renaît de ses cendres, leur génie protecteur vint jeter en Occident un éclat plus brillant et surtout plus durable.

Malheureusement pour Venise, la paix extérieure devint encore une fois le signal des dissensions intestines. La faction des Lorédan, persévérante dans sa haine contre Foscari, n'avait cessé de combattre le système de ce doge et de persécuter les hommes qu'il affectionnait ; elle en avait même conduit quelques-uns à l'échafaud comme coupables d'avoir fait périr en secret plusieurs membres de la famille rivale. Généralement, on reprochait à Foscari son crédit parmi la noblesse pauvre, sa nombreuse famille qu'il désirait pourvoir, son ambition insatiable ; enfin, et par-dessus tout, son goût démesuré pour la guerre. En effet, pendant les trente-quatre années de ce règne, Venise ne cessa pour ainsi dire pas de combattre ; si les hostilités étaient suspendues durant quelques mois, c'était pour recommencer avec plus de vigueur ; ce fut aussi l'époque où elle étendit son empire sur Brescia, Bergame, Ravenne et Crème, où elle fonda sa domination en Lombardie et parut sur le point d'asservir cette province entière. Profond, courageux, inébranlable, Foscari imprima au conseil son propre caractère, et ses talents lui firent obtenir plus d'influence que n'en avaient exercé la plupart de ses prédécesseurs ; mais, en revanche, que de chagrins que d'humiliations n'eut-il pas à subir ! Voir la moindre de ses actions épiée, blâmée, incriminée ; ne pas trouver un seul instant grâce devant ses adversaires ni devant le conseil des Dix ; perdre trois de ses fils dans les huit premières années qui suivirent son élection, ne suffisaient pas pour expier sa gloire ; la fin tragique du quatrième (Jacques) empoisonna les derniers jours de son père.

Un Florentin exilé à Venise accusa le dernier fils du doge d'avoir reçu de l'argent du duc Philippe Visconti ; et Jacques, soumis au supplice de l'estrapade, ayant fait l'aveu de sa culpabilité, un jugement, proclamé le 20 février 1444, au milieu du grand conseil, où présidait Foscari lui-même, assis sur son trône, et ayant à ses genoux le secrétaire qui lui présentait la sentence, à ses côtés les Dix qui l'avaient prononcée, le relégua, pour le reste de ses jours, à Napoli de

Romanie. Toutefois, le navire qui le transportait ayant fait naufrage, on lui accorda la permission d'habiter Trévise. Il y vivait paisible depuis cinq ans, lorsque Almoro Donato, chef du conseil des Dix, fut assassiné; Jacques, accusé de ce meurtre, fut encore appliqué à la torture, et, malgré sa persévérante dénégation, le conseil des Dix le condamna à être transporté à la Canée. Quelque temps après, un homme, notoirement connu pour un brigand, avoua sur son lit de mort qu'il était l'auteur du crime. Informé de cette circonstance, Jacques Foscari réclama contre la dernière sentence, demanda grâce au conseil des Dix, mais ne put en obtenir aucune réponse. Alors, n'écoutant que son désespoir et l'impérieux désir de revoir sa famille et sa patrie, il écrivit au duc de Milan comme s'il implorait sa protection auprès du sénat; puis, sachant qu'une telle lettre serait considérée comme un crime, il la déposa lui-même dans un endroit où il était sûr qu'elle serait saisie par les espions qui l'entouraient. Ce qu'il avait prévu arriva : ordre vint de le ramener à Venise. Devant le conseil des Dix, Jacques raconta dans quel but il avait écrit sa lettre, et comment il l'avait fait tomber entre les mains de ses délateurs; la naïveté de ses aveux ne désarma pas la haine de ses juges. Appliqué pour la troisième fois à la question, il reçut trente tours d'estrapade sans avoir rien changé à ses dépositions, et lorsqu'on le détacha de la corde, il était mourant. Son père, sa mère, sa femme et ses fils, ayant obtenu la permission d'aller le visiter dans sa prison, dès qu'il les aperçut il leur tendit des mains suppliantes déchirées par la torture, les conjurant de solliciter quelque adoucissement à ses maux; mais ni ses larmes, ni ses prières, ni le sang qui découlait de ses plaies, ne purent rien changer à sa position. « Respecte ton arrêt, mon fils, » lui répondit le vieux doge d'une voix émue; « retourne à ton exil, puisque la république l'ordonne, et soumets-toi à sa volonté. » A ces fatales et désespérantes paroles, Jacques pencha la tête sur sa poitrine, et se tut. Transporté de nouveau à la Canée, il mourut de douleur en mettant le pied hors du navire.

Mais là ne s'arrêtèrent pas les malheurs du vieux Foscari. Jacques Lorédan, le chef des Dix, avait inscrit sur son livre de compte, en caractères de sang : *Doit François Foscari, pour la mort de Marc et de Pierre Lorédan, mon père et mon oncle,* se promettant bien de n'effacer ces mots menaçants que lorsque la race entière des Foscari aurait disparu. Les quatre fils morts, il restait encore le père, vieillard plus qu'octogénaire, accablé par les douleurs physiques et les souffrances morales, et qui depuis longtemps n'assistait plus aux délibérations du conseil. A l'instigation de Lorédan, un sénateur, nommé Jérôme Barbarigo, proposa de soumettre Foscari à une nouvelle humiliation. « Puisque le magistrat « suprême ne peut plus remplir ses fonctions, » disait-il, « il importe pour le salut « de l'État qu'on nomme un autre doge. » Le conseil, qui à deux reprises différentes avait refusé l'abdication de Foscari, parce que la constitution s'y opposait, éprouva de l'hésitation, et les discussions se prolongèrent pendant plusieurs jours;

enfin, une junte spéciale fut nommée pour examiner la question, et grâce aux intrigues, aux menaces, aux promesses, le triomphe des Lorédan fut assuré. Trois délégués des Dix se rendirent auprès du doge, pour lui demander d'abdiquer un emploi qu'il ne pouvait plus exercer; Foscari leur répondit : « Deux fois j'ai « exprimé le désir de résigner le pouvoir, deux fois on a repoussé ma propo- « sition..... Bien plus, on a exigé de moi le serment de ne jamais la renouveler. « J'ai juré de mourir dans l'exercice des fonctions que ma patrie m'a confiées ; « je les ai remplies selon mon honneur et ma conscience, je ne puis violer mon « serment. » Les délégués se retirèrent ; mais une nouvelle délibération du conseil délia Foscari du serment prêté par les doges, lui assura une pension viagère de deux mille ducats, et lui ordonna d'évacuer le palais sous trois jours. Le noble vieillard accueillit ce nouveau décret avec un sourire dédaigneux. « Si j'avais pu « prévoir, » dit-il à ceux qui étaient chargés de le lui transmettre, « que ma « vieillesse serait préjudiciable à l'État, le chef de la république ne se serait « jamais montré assez ingrat pour préférer sa dignité à sa patrie ; mais cette « longue vie ayant été pendant tant d'années utile à ce pays, j'aurais désiré lui « consacrer mes derniers moments. Puisque le décret est rendu, j'obéis. » Comme l'un des Dix lui offrait quelques jours de répit pour évacuer le palais, il reprit vivement : « C'est inutile ; après un tel décret, je n'ai aucune grâce à demander. « Voici l'anneau ducal, et voici le diadème ; maintenant l'Adriatique est libre de « se choisir un autre époux. » Et saisissant sa béquille, il ordonna à ses gens de le suivre. Lorsqu'il vit l'infortuné Foscari descendre le grand escalier, sans cortége, se soutenant à peine et appuyé sur le bras de son frère, presque aussi âgé que lui, le peuple eut peine à contenir son indignation pour un si dur traitement envers ce vieillard qu'il aimait. Cependant, comme le conseil des Dix avait fait publier la défense de manifester une opinion sous peine de mort, on se borna à de sourds murmures.

Bientôt (20 octobre 1457) les quarante-un électeurs définitifs donnèrent leurs voix à Pascal Malipier, procurateur de Saint-Marc ; mais Foscari n'eut pas l'humiliation de vivre en sujet là où il avait régné : lorsqu'il entendit les cloches de Saint-Marc annoncer l'exaltation de son successeur, un froid glacial se répandit dans ses veines, et il expira le jour même. Le compte était enfin réglé ; Jacques Lorédan put écrire sur ses registres la formule d'usage : *ha pagato (payé)*.

Nous avons atteint l'époque à laquelle on place généralement l'établissement de l'inquisition d'État, quoique la date de cette innovation dans le gouvernement de la république ne soit pas bien précise, les historiens vénitiens ayant toujours évité d'entretenir leurs lecteurs de ce redoutable tribunal. Victor Sandi en fait remonter l'origine à 1539 ; d'autres la placent au commencement du xive siècle, aussitôt après la formation du conseil des Dix ; enfin il en est qui voient dans les décrets rendus en 1411, 1412, 1432, les premiers germes de son existence. Pendant la domination française à Venise, la haute position qu'il occupait permit à

M. Daru de consulter les principaux papiers d'État, et une délibération manuscrite, sous la date du 16 juin 1454, lui fait regarder comme erronées ces diverses opinions. Elle est ainsi conçue : « Considérant l'utilité de l'institution permanente du « conseil des Dix, et la difficulté de le rassembler dans toutes les circonstances « qui exigeraient son intervention, l'autorise à choisir trois de ses membres, « dont un pourra être pris parmi les conseillers du doge, pour exercer, sous le « titre d'inquisiteurs d'État, la surveillance et la justice répressive qui lui sont « déléguées à lui-même. » Après une telle autorité, toute recherche ultérieure deviendrait inutile; car ce qui nous importe c'est bien moins de savoir la date exacte de la nouvelle institution que d'en connaître l'organisation et la marche. C'était une magistrature permanente, parce que les desseins ambitieux peuvent être commencés, suivis, suspendus, repris; elle était secrète, parce que les crimes qu'elle était censée punir se fomentent dans le mystère; elle avait une inquisition générale, c'est-à-dire une armée d'espions et de délateurs, parce qu'elle devait connaître de tout. C'est ainsi que la tyrannie s'exerce sous le spécieux prétexte de sauver la liberté; mais n'est-elle pas anéantie, cette liberté, dans un pays où trois hommes irresponsables peuvent faire périr dans le silence, sans autres règles que leur volonté, les citoyens qui leur déplaisent, frapper même le chef du gouvernement?

L'inquisition d'État était composée de trois membres, dont deux pris parmi les Dix, et le troisième parmi les conseillers du doge : on les appelait, ceux-là les *noirs*, parce que les Dix portaient une robe noire, et celui-ci le *rouge*, parce que les conseillers du doge étaient vêtus de rouge. La durée de leur pouvoir était d'une année. Investis de toute l'autorité des Dix, ils pouvaient procéder contre toute personne, soit de condition privée, soit noble ou constituée en dignité, aucune position ne donnant le droit de décliner leur juridiction, prononcer la peine de mort, même contre un membre du conseil des Dix, contre quiconque enfin le mériterait, et la victime était noyée secrètement, de nuit, dans le canal Orfano; il disposait aussi des *puits* et des *plombs*[1]. Ce tribunal avait le droit de

---

1. Les *puits* et les *plombs* de Venise ont acquis une triste célébrité. Pratiqués au-dessous des canaux, les puits étaient vraiment des cachots infects où le prisonnier ne tardait pas à tomber malade s'il y séjournait quelque temps. C'est probablement dans un de ces cachots que fut jeté Carmagnola. Les *plombs*, créés postérieurement aux puits qui avaient paru trop rigoureux, étaient la partie la plus élevée du palais ducal. Comme quelques écrivains n'ont pas craint d'affirmer que ces nouvelles prisons étaient parfaitement saines, nous allons rapporter la description qu'en ont faite deux hommes célèbres à divers titres, et qui y furent enfermés à soixante-dix ans de distance, c'est-à-dire Casanova et Silvio Pellico. Le récit de Casanova est du 26 juillet 1755. « Le geôlier prit « une grosse clef et ouvrit une porte de trois pieds et demi de haut, revêtue de lames de fer. Il « y avait au milieu un trou d'environ huit pouces carrés. En entrant, j'aperçus une machine en « fer qui était assujettie au mur. Mon guide, qui remarqua ma surprise, me dit en riant : — Le « signor ne peut pas, probablement, deviner quel est l'usage de cette machine; je vais le lui expli- « quer. Lorsque les illustres inquisiteurs ordonnent qu'un prisonnier soit étranglé, on le fait asseoir « sur un tabouret, le dos tourné vers le mur; son cou est engagé à moitié dans un carcan de fer; on « passe autour un cordon de soie dont les extrémités sont attachées à une manivelle que l'on tourne « jusqu'à ce que le patient ait rendu l'âme; mais le confesseur ne le quitte pas qu'il ne soit mort,

ÉTABLISSEMENT DE L'INQUISITION D'ÉTAT.

donner des ordres à tous les recteurs des provinces et des colonies, à tous les généraux, aux ambassadeurs de la république près les têtes couronnées; ses règlements, chacun des actes émanés de lui, devaient être écrits par l'un de ses membres, puis enfermés dans une cassette dont ils gardaient la clef à tour de rôle, afin de les consulter au besoin. Sa forme de procéder était toujours secrète; il entretenait le plus grand nombre possible d'*observateurs* choisis tant dans l'ordre de la noblesse que parmi les bourgeois, le peuple, les religieux, et parmi les maîtres employés à l'arsenal; quatre de ces *explorateurs* étaient constamment, à l'insu les uns des autres, attachés à la maison des ambassadeurs des princes étrangers, pour rendre compte de tout ce qui s'y passait. Ceux qui appartenaient à la noblesse étaient spécialement chargés de rendre compte de ce qui se disait dans les réunions des personnages de cet ordre, surtout dans celles du matin, *parce qu'alors on parle plus librement*. Le noble qui avait mal parlé du gouvernement était averti deux fois d'être plus circonspect; à la troisième, on lui interdisait, pour deux ans, l'entrée du grand conseil et celle des lieux publics; s'il n'obéissait pas, ou s'il commettait de nouvelles indiscrétions, on le faisait noyer comme incorrigible. Si quelque ouvrier, ayant transporté son art en pays étranger, refusait de revenir, on jetait ses parents en prison, et ils n'en sortaient qu'après son retour, ou après que le tribunal l'avait fait assassiner. Que, pour quelque délit, un patricien cherchât asile dans le palais d'un ministre étranger, il y était tué sans retard; que dans le grand conseil un membre discutât sur l'autorité des

« — Suprêmement imaginé ! m'écriai-je ; et, probablement, c'est vous qui avez l'honneur de tourner
« la manivelle ? Mon aimable cicerone ne répondit rien, et nous passâmes outre. Les cellules des prison-
« niers d'État se trouvent dans l'etage le plus élevé, sous les combles du palais du doge. La toiture
« n'est point couverte d'ardoises ou de tuiles, mais de lames de plomb de trois pieds carrés et d'en-
« viron trois lignes d'epaisseur. Les rayons du soleil, en tombant perpendiculairement sur les plombs
« de mon cachot, en faisaient une espèce d'étuve. Pendant le jour, je me tenais entièrement nu, assis
« sur mon banc que la sueur qui ruisselait de toutes les parties de mon corps ne tardait pas à trem-
« per. Je n'avais pour respirer l'air extérieur qu'une ouverture d'environ deux pieds carrés, fermée
« par six barreaux de fer d'un pouce chacun, qui formaient, en se croisant, de petits trous de cinq
« pouces ; et tout autour de moi s'agitaient d'innombrables essaims d'insectes qui me faisaient
« endurer les plus affreuses tortures. Cependant je n'osais me plaindre, car immédiatement on m'eût
« descendu dans les *puits* : on nomme ainsi ces cellules parce que l'eau de la mer qui pénètre à
« travers les barreaux par lesquels arrive le jour y dépose deux pieds d'eau. Le malheureux pri-
« sonnier qui ne veut pas laisser ses jambes dans l'eau salée est obligé de se tenir assis sur des tré-
« teaux ; son matelas y est étendu, et tous les matins on y dépose son eau, son pain et sa soupe,
« qu'il est obligé de manger immédiatement, s'il ne veut pas se les voir enlever par d'énormes rats
« de mer qui infestent ces horribles lieux ! » — Silvio Pellico (15 mars 1821) : « On ne saurait
« croire à quel point l'air s'échauffe dans l'espèce de gîte que j'habitais : placé en plein midi sous
« un toit de plomb, avec une fenêtre donnant sur le toit, aussi de plomb, de Saint-Marc, dont la
« réverbération était terrible, je suffoquais ; je n'avais jamais eu l'idée d'une chaleur si accablante.
« A ce supplice, déjà si grand, venaient se joindre les cousins en tel nombre que, pour peu que je
« fisse un mouvement et les excitasse, j'en étais couvert, le lit, la table, la chaise, le sol, les murs,
« la voûte, tout en était chargé; et l'air en contenait une multitude infinie qui allaient et venaient
« sans cesse par la fenêtre avec un bourdonnement infernal! Les piqûres de ces insectes sont dou-
« loureuses, et quand on en reçoit du matin au soir et du soir au matin, qu'il faut subir l'importune
« nécessité de penser sans cesse à en diminuer le nombre, c'est trop de tourment en vérité pour
» l'esprit et pour le corps. »

Dix, on le laissait parler sans l'interrompre, mais bientôt il était arrêté, c'est presque dire mis à mort. Qu'un ambassadeur de la république eût reçu d'autres présents d'une cour étrangère que ceux qu'il avait déclarés, les inquisiteurs d'État lui faisaient son procès. Une plainte s'élevait-elle contre le chef du conseil des Dix, l'instruction de l'affaire appartenait à leur tribunal, qui s'adjoignait trois membres de ce conseil, et dans le cas où la condamnation à mort était prononcée, le poison remplaçait les moyens ordinaires. Il en était de même à l'égard du doge. Les hommes investis de cette épouvantable magistrature n'étaient pas eux-mêmes à l'abri de la terreur qu'ils inspiraient : si l'un d'eux venait à commettre quelque faute grave, ses deux collègues, avec l'assistance d'un suppléant, le jugeaient et le condamnaient sans pitié.

On le voit, depuis la dernière tête de l'État jusqu'à celle qui portait la couronne ducale, tout était soumis au despotisme, à la surveillance continuelle, aux redoutables remontrances des inquisiteurs secrets. Les progrès de la civilisation, la tranquillité dont Venise jouit par la suite, introduisirent, il est vrai, de nombreux adoucissements aux statuts de ce tribunal; mais son caractère mystérieux n'en fut pas effacé, il ne cessa d'être le souverain arbitre des affaires publiques. Au reste, nous rencontrerons souvent l'occasion d'examiner ses actes; et il nous sera plus facile de constater s'il conserva son premier système de terreur et de duplicité, ou si, se contentant de sa réputation acquise, il renonça, sauf quelques rares exceptions, à opprimer un peuple qui avait fini par éteindre dans l'abus des plaisirs tout penchant à la révolte.

La tranquillité dont jouissait l'Italie, par suite du traité d'alliance dû aux soins de Sforza, permit aux Vénitiens de tourner toute leur sollicitude vers l'Orient, où ils prévoyaient que de graves orages ne tarderaient pas à s'élever. Nous avons vu qu'ils s'étaient empressés d'obtenir de Mahomet II le droit de commercer et de résider dans ses États; grâce à l'habileté d'un de leurs ambassadeurs, ils rétablirent aussi leurs rapports d'amitié avec le soudan d'Égypte, qui, redoutant lui-même l'invasion des Turcs, était bien aise de se faire des alliés puissants. Un événement fortuit et peu important en lui-même déjoua toutes ces précautions. Un esclave du sous-pacha d'Athènes ayant volé la caisse publique, s'était réfugié chez le commandant vénitien de Coron, avec lequel il avait partagé les cent mille aspres qu'elle contenait. Les Turcs firent réclamer l'esclave et l'argent; mais les Vénitiens, qui ne se croyaient nullement obligés à suivre envers les infidèles les lois rigoureuses du droit des gens, leur répondirent que l'esclave s'était fait chrétien, et qu'ils n'avaient aperçu aucune trace de l'argent enlevé. Certains du contraire, les musulmans s'emparèrent d'Argos, à titre de représailles, et la guerre éclata tout à coup (mai 1463). Louis Lorédan fut nommé capitaine général des forces maritimes, et Bertoldo, fils de Taddée, d'une branche cadette de la maison d'Este, reçut le commandement des troupes de terre. Malheureusement, dès l'ouverture des hostilités et à l'instigation de son grand amiral, Venise voulut s'emparer de toute la Morée, afin, disait-on, de pouvoir mieux résister aux Turcs ; projet insensé qui tourna à sa confusion.

Bertoldo, après avoir aisément repris Argos, marcha sur Corinthe ; mais cette place, déjà très-forte par elle-même, était couverte par un camp de quatre mille chevaux, ce qui lui fit prendre la résolution, afin d'éviter toute surprise, d'élever des retranchements sur l'Hexamilion. Cette langue de terre, comme son nom l'indique, n'a que six milles de largeur, mais elle unit au continent une péninsule qui présente un développement de trois cent soixante milles de côtes. En moins de quinze jours trente mille ouvriers accourus de tous les points de la province, élevèrent un retranchement en pierres sèches de douze pieds de hauteur, défendu par un double fossé et surmonté de cent trente-six tours, excellentes dispositions si, pour s'assurer la possession de la péninsule, il eût suffi d'en défendre l'entrée, s'il n'eût fallu encore en chasser de vive force le petit nombre de Turcs qui s'y étaient cantonnés. Benedetto Coléoni, un des lieutenants de Bertoldo, soumit toute la Laconie, à la réserve de la seule forteresse de Misitra ; Giovanni Magno se rendit maître de l'Arcadie ; le reste de la Morée obéissait aux Vénitiens, Corinthe seule exceptée, Corinthe, la plus forte et la plus populeuse des cités de la presqu'île. Bertoldo réunit toute son armée pour en faire le siége, et livra plusieurs assauts : au milieu du troisième, il fut atteint d'une blessure mortelle (1464).

Bettino de Calzina, qui prit le commandement, ne put ranimer le courage de ses soldats, découragés par la perte de leur chef et par la rigueur de l'hiver. D'ailleurs, on annonçait l'arrivée du pacha de Livadie avec une armée de vingt mille chevaux, et le général vénitien, n'osant l'attendre, courut s'enfermer dans les places fortes. L'ennemi profita de cette panique pour ravager le pays : les forteresses n'opposèrent qu'une faible résistance ; Argos fut enlevée aux Vénitiens pour la troisième fois, et les Turcs, s'avançant en deux divisions sur Léontari et sur Patras, chassèrent devant eux les Latins, et passèrent au fil de l'épée tous les Grecs qui s'étaient déclarés pour ces derniers. Les places fortes que la république possédait avant la rupture échappèrent seules à cette rapide conquête.

La guerre des Vénitiens contre les Turcs, celle que Scanderbey[1], prince d'Albanie, soutenait avec tant d'éclat contre ces farouches sectaires qui, déjà maîtres de la Bosnie et de l'Esclavonie, allaient inévitablement menacer l'Italie

---

1. George Castriot, surnommé Scanderbey, ou le bey Alexandre, était fils de Jean Castriot, seigneur de Croïa, dans l'Albanie, de Stetigrade et des vallées de Dibra. Jean avait été vaincu par les Turcs et obligé de donner en otages ses neuf enfants, quatre fils et cinq filles, qui tous furent circoncis et élevés dans la religion de Mahomet. George, le plus jeune, n'avait alors que neuf ans ; il en comptait dix-huit lorsque Amurat l'éleva à la dignité de Sandgiak. Après avoir rendu dans les ramées turques les plus signalés services, il songea à l'affranchissement de sa patrie, noble tâche entreprise en 1442 ; et non-seulement il recouvra les anciens États de son père, mais encore l'Épire et toute l'Albanie jusqu'à sa mort (1466) il sut tenir les uns et les autres à l'abri de la domination musulmane.

elle-même, avaient ranimé le saint zèle de Pie II. Libre des soucis que lu causait la succession au trône de Naples, il avait, dans un consistoire, représenté aux cardinaux qu'il était temps d'organiser une nouvelle croisade contre les infidèles. Cette croisade, le pontife voulait la commander lui-même, et il désirait y faire participer Philippe, duc de Bourgogne, conjointement avec le doge de Venise. « Chaque année, » disait-il, « les Turcs dévastent une province de la chrétienté; « cette fois ils envahiront l'Europe par l'Allemagne. Exhortons-nous tous les « princes chrétiens à marcher au secours de leurs frères ? On a peu de crédit quand « on dit aux autres *Allez*; peut-être le mot *Venez* aura-t-il plus d'effet : je veux « le tenter à son tour. Lorsque les rois verront leur père, le pontife romain, le « vicaire de Jésus-Christ, vieux et malade, partir pour la guerre sacrée, ils rougi- « ront de rester chez eux, ils prendront les armes. Une redoutable flotte véni- « tienne dominera la mer; le duc de Bourgogne entraînera l'Occident sur ses « pas. » Mais, hélas! les princes de la chrétienté n'étaient pas dominés par la même ferveur religieuse, et le doge Cristoforo Moro lui-même se refusait à partir, à cause de son grand âge. Pour l'y contraindre, Victor Capello, l'un des Dix, lui adressa en plein sénat cette vive apostrophe : « Sérénissime prince, si Votre Altesse ne « veut pas s'embarquer de bon gré, nous la ferons bien partir de force, car « nous faisons plus de cas des biens et de l'honneur du pays que de votre per- « sonne. » Poussé à bout, le doge ayant déclaré ne point entendre la guerre maritime, on lui promit de lui donner pour amiral son parent Lorenzo Moro, duc de Candie, et tout motif de refus disparut.

La flotte destinée à la croisade se trouva prête à la fin du printemps de 1464 : elle se composait de neuf galères armées par les princes chrétiens ou par les cardinaux, et de dix autres fournies par la république, en tout dix-neuf, lesquelles devaient aller en rallier trente-deux que les Vénitiens entretenaient dans les ports de la Grèce. Quant à l'armée de terre, elle faisait encore défaut : les Français, occupés des intrigues de Louis XI, et les Allemands se débattant dans l'anarchie qui, durant le règne du faible Frédéric III, rendait leur nation de plus en plus impuissante, n'envoyèrent aucun contingent; le duc de Bourgogne, qui s'était à plusieurs reprises engagé solennellement, s'exempta de marcher; l'héroïque roi de Hongrie, Mathias Corvinus, fils du grand waïvode Jean Huniades, tint seul sa parole, et se mit en mesure d'attaquer les Turcs de son côté. A Ancône, point de ralliement assigné aux troupes expéditionnaires, il ne se présenta qu'une multitude désordonnée, sans armes, sans chefs, sans aucune ressource; on fut obligé d'en renvoyer plus de la moitié, et le pape, accablé de douleur, expira quelques jours après son arrivée. Avant de mourir, il supplia le cardinal de Pavie d'accompagner l'expédition maritime, appela les cardinaux au baiser de paix, et les engagea tous à mener à bonne fin son entreprise. Pie II se berçait d'une dernière et vaine espérance : à peine eut-il fermé les yeux, que les cardinaux reconnurent que les hommes et l'argent manquaient :

car la caisse pontificale ne contenait que quarante-huit mille florins. Ils délièrent les croisés de leurs vœux, et se rendirent à Rome pour procéder à l'élection d'un nouveau pape. Cette fois encore, le choix tomba sur un Vénitien, Pierre Barbo, cardinal de Saint-Marc. Homme d'une beauté remarquable, Barbo voulait prendre le nom de Formose, mais il abandonna bientôt une idée qui indiquait un orgueil tout humain, et se fit appeler Paul II.

De toutes les puissances de l'Italie les Vénitiens demeurèrent seuls chargés de poursuivre la croisade. Cependant, au lieu d'aller combattre les Turcs, ils se dirigèrent sur Rhodes, dont le grand maître avait fait arrêter deux de leurs vaisseaux de commerce parce qu'il s'y trouvait plusieurs marchands maures et égyptiens. L'honneur du pavillon de Saint-Marc, l'hospitalité qu'il garantissait à des étrangers, avaient été violés par ce trait de piraterie revêtu du manteau de la religion, et Venise voulut obtenir réparation d'un tel outrage. Sa flotte, partagée en deux divisions, opéra deux débarquements simultanés dans l'île de Rhodes, l'un au levant, l'autre au couchant, et pendant trois jours les troupes saccagèrent les alentours de la capitale jusqu'à quinze milles de distance. Elles ne se retirèrent que lorsque le grand maître eut fait satisfaction en rendant les navires dont il s'était emparé.

Cependant Venise ne se sentant pas le courage d'attaquer seule son puissant ennemi, en faveur duquel la fortune s'était si hautement déclarée, chercha partout des auxiliaires. N'ayant pu déterminer le roi de Hongrie à lui fournir des hommes, car ce prince avait assez à faire sur ses propres frontières, elle s'adressa au roi de Perse et au prince de Caramanie, avec lesquels elle conclut une alliance offensive et défensive. Scanderbey, qui avec son héroïque persévérance défendait l'Épire contre la puissance des Turcs, offrit son concours, tandis que le sultan, instruit des anciens et sanglants démêlés de la république avec le duc de Milan, envoya un ambassadeur à ce dernier pour l'engager à rompre le pacte qui les unissait alors; mais Sforza, ne voulant compromettre ni son trône et sa gloire, ni la tranquillité de ses derniers jours et la paix de l'Italie, rejeta ces propositions. Telle était la situation des deux partis : l'un et l'autre redoutaient également d'en venir à une attaque sérieuse.

La campagne de 1464 en Morée n'avait été signalée par aucun fait d'armes important, car les Vénitiens avaient fléchi sur tous les points. L'année suivante, Orsato Giustiniani, ayant succédé à Lorédan et réuni trente-deux galères, nombre bien supérieur à celui que les Turcs pouvaient lui opposer, on crut que la guerre allait prendre un caractère sérieux; loin de là, Orsato fit la guerre en pirate plutôt qu'en soldat. Lorsqu'il capturait un vaisseau marchand, il faisait couper en morceaux, pendre ou noyer ceux qui le montaient. Une attaque nocturne contre Metelin, située dans l'île de Lesbos, fit tomber entre ses mains trois cents Turcs qui furent empalés, pendus ou noyés; mais il ne put enlever a citadelle, et alla mourir de chagrin à Modon. L'armée de terre n'était pas plus heureuse : tombée dans une embuscade aux champs de Mantinée, elle perdit, outre quinze cents hommes, Cecco Brandolini et Jean de la Tela qui la commandaient. En 1466, Victor Capello vint prendre le commandment de la flotte, et ne fit qu'ajouter aux désastres de la guerre, à la désolation des Grecs. Il surprit Athènes, la livra au pillage, et les soldats s'enrichirent des dépouilles de ceux dont ils se disaient les libérateurs, puis ils se rembarquèrent précipitamment, et allèrent déposer dans l'île de Négrepont le fruit de leurs rapines. Un pareil coup de main fut tenté sur Patras, mais les Turcs attaquèrent à l'improviste cette armée de pillards, la taillèrent en pièces, et firent prisonniers deux de ses principaux chefs, le provéditeur Jacques Barbarigo et le général de la cavalerie Nicolas Raggio, qu'ils condamnèrent à être empalés. Pour tout dire en un mot, trois années s'écoulèrent pendant lesquelles on commit de part et d'autre d'inutiles atrocités.

Mahomet, voulant enfin porter un coup décisif aux puissances de la chrétienté, prononça à Constantinople, le 2 août 1469, et fit répéter dans toutes les mosquées de son empire le vœu suivant : « Je promets au Dieu unique, créateur de toute
« chose, par mon vœu et serment, que je ne verrai point le sommeil de mes
« yeux, que je ne mangerai point de choses délicates, que je ne toucherai point
« à ce qui est beau, que je ne détournerai point mon visage de l'occident à
« l'orient, si je ne renverse et ne foule aux pieds de mes chevaux les dieux des
« nations, ces dieux de bois, d'airain, d'argent, d'or ou de peinture, que les dis-
« ciples du Christ se sont faits de leurs mains; je jure que j'exterminerai toute
« leur iniquité de la face de la terre, du levant au couchant, à la gloire du Dieu
« de Sabaoth et du grand prophète Mahomet. » D'après cette déclaration de l'empereur, une armée formidable et une flotte telle que les musulmans n'en avaient jamais mis en mer se rassemblèrent à Constantinople (mars 1470). S'il faut en croire les chroniqueurs du temps, quatre cents vaisseaux montés par trois cent mille hommes[1] sortirent de l'Hellespont. A la nouvelle qu'ils se dirigeaient contre l'île de Négrepont, une terreur panique s'empara des Vénitiens, car tout ce qu'ils pouvaient leur opposer consistait en trente-cinq galères, sous les ordres de Niccolo da Canale.

Niccolo, qui comptait sur la supériorité de ses équipages, s'avança pour reconnaître l'ennemi ; mais l'extrême disproportion de ses forces l'empêcha d'engager l'action, et il dut se borner à mettre en état de défense Chalcis[2], la capitale de Négrepont, en s'emparant du détroit qu'il rendit impraticable au moyen de quelques vieux navires coulés à fond et de chaînes qui le traversaient d'une rive à l'autre. De leur côté, les Turcs réunirent l'île au continent par un pont

---

1. Philelphe accuse ces chiffres. Antonio de Ripalta, dans ses *Annales de Plaisance*, assure que les Turcs avaient cinq cent mille combattants répartis entre leur flotte et leur armée de terre. Enfin, Coriolanus Cepio, *de Rebus Venetis*, leur donne cent vingt mille hommes.

2. Aujourd'hui les Turcs appellent cette ville Égrippo.

de vaisseaux et mirent le siége devant la place. L'île d'Eubée ou de Négrepont, qui s'étend le long des côtes de la Thessalie, de la Béotie et de l'Attique, n'a nulle part plus de quarante ni moins de vingt milles de largeur; son circuit, qu'allongent une multitude de sinuosités, est de trois cent soixante-cinq milles. Les villes nombreuses dont elle fut autrefois couverte étaient alors presque toutes détruites; Chalcis seule restait sur pied au bord du détroit de l'Euripe, à l'endroit où il a le moins de largeur. Luigi Caloa commandait la place en qualité de capitaine, Jean Bondumieri en était le provéditeur, et Paul Erizzo le podestat : sa faible garnison comptait dans ses rangs quelques Vénitiens.

Mahomet étant arrivé dans la Béotie, vis-à-vis de Négrepont, avec son armée de terre, les opérations du siége commencèrent, et ses batteries se mirent à jouer avec une activité qui passait pour prodigieuse, chaque bouche à feu tirant cinquante-cinq coups par jour. De leur côté, les Vénitiens reçurent quelques renforts, soit de la métropole, soit de l'île de Candie; mais ils ne purent ralentir les efforts des assiégeants. Dans l'espace de dix jours, Chalcis reçut trois assauts, repoussés toutefois avec un courage qui exaspéra la fureur du sultan. Niccolo, après avoir débarrassé le détroit des obstacles qu'il y avait semés lui-même, vint se déployer devant l'ennemi; mais comme si un tel effort eût épuisé son courage, il rejeta l'avis de ses capitaines, qui voulaient briser le pont de vaisseaux derrière lequel s'abritait la flotte turque, et perdit l'occasion favorable. Pendant ces lenteurs mal calculées, Mahomet redoublait d'audace : disposant sans cesse de troupes fraîches, il parvint à s'emparer des fortifications extérieures : mais chaque rue de Chalcis était barricadée, et jusqu'au bout ses défenseurs firent si bonne contenance qu'on évalue à soixante-dix-sept mille hommes la perte totale des Turcs. Enfin Niccolo, tiré de son engourdissement, voulut prendre l'offensive; mais lorsqu'il vit l'étendard du croissant flotter à la place de celui de Saint-Marc, il se retira en toute hâte. Chassé de la ville, Paul Erizzo s'était enfermé dans la citadelle, et, quoique sans munitions, il ne consentit à capituler que lorsqu'il ne restait pas pierre sur pierre. Mahomet, violant sa parole, le fit scier entre deux planches.

A la douleur que répandit dans Venise la perte de Négrepont se mêlait une extrême indignation contre Niccolo, qui n'avait rien fait pour soutenir l'honneur de son pavillon. Il perdit son commandement, et son successeur, Pierre Mocenigo, en vertu des ordres du conseil des Dix, l'envoya à Venise chargé de chaînes. Cet homme aussi lâche qu'incapable trouva pourtant des protecteurs, et pour venger la perte des braves qu'une simple démonstration de sa part aurait probablement conservés à la république, on se contenta de l'envoyer finir ses jours à Porto-Gruero (novembre 1470).

Maîtres de Négrepont, les Turcs s'avancèrent dans la Morée, semant l'épouvante devant eux, et les princes latins, qui jusqu'alors s'étaient reposés sur le courage des Hongrois et des Allemands, commencèrent à trembler. Quoique la possession de l'Illyrie eût rapproché du centre de la civilisation ces hordes envahissantes, on supposait qu'elles n'oseraient franchir la double chaîne de montagnes qui les séparait encore de l'Italie ; et cette longue étendue de côtes, depuis Reggio de Calabre jusqu'à Venise, n'ayant pas été insultées depuis le xe siècle, on les croyait à l'abri de toute attaque. Cependant les Turcs viennent de se placer, sous Mahomet II, au rang de puissance maritime de premier ordre. Le pape, qui sait que Rome est le point central, le but vers lequel ce prince tourne toutes ses pensées, écrit aux princes italiens pour les engager à conserver la paix intérieure et à s'unir fortement contre l'ennemi commun. Ses exhortations pressantes, les craintes qu'inspirait le pouvoir ascendant des Turcs, amenèrent une ligue (janvier 1471) entre le roi Ferdinand de Naples, le doge de Venise, le duc de Milan, la république de Florence, le roi Jean d'Aragon, les ducs de Ferrare et de Modène, les marquis de Mantoue et de Montferrat, le duc de Savoie et les républiques de Sienne et de Lucques.

Mahomet, sitôt qu'il eut connaissance de ce traité, jugea prudent d'ouvrir des négociations avec les Vénitiens, afin d'en paralyser les effets immédiats, et l'année 1471 s'écoula sans que de part ni d'autre on eût rien entrepris de quelque importance. La mort de Borso d'Este, duc de Modène, et celle de Paul II, survenues dans le même temps, vinrent aussi jeter quelques ferments de discorde parmi les princes de l'Italie.

Pendant les conférences nécessitées par le nouvel état de choses, Pierre Mocenigo porta le ravage sur les côtes d'Asie : débarqué près de Pergame, il alla dévaster la Carie, tous les environs de Cnide, et enfin la côte opposée à l'île de Cos. Ce n'étaient là, il est vrai, que des expéditions de pirate, mais il n'avait pas assez de monde pour se livrer sans imprudence à de plus sérieuses entreprises. Le 15 juin 1472, dix-sept galères napolitaines, commandées par l'amiral Roqueseus, vinrent le joindre près du cap Mallio ; peu de jours après, le cardinal Olivier Caraffa lui amena dix-neuf galères du pape ; et ces deux amiraux lui déclarèrent que, nonobstant le rang supérieur de leur souverain respectif, ils avaient ordre d'obéir à Pierre Mocenigo, en témoignage de la reconnaissance des chrétiens pour la république, qui soutenait seule la cause commune. L'effectif de la flotte alliée s'éleva bientôt à quatre-vingt-cinq galères, et tout le monde, chefs, matelots, soldats, montrait les meilleures dispositions.

Soit crainte, apathie ou calcul, les Turcs ne sortirent point des Dardanelles, et les chrétiens se mirent à courir le long des côtes, à surprendre les villes mal gardées. Mocenigo saccagea la Pamphilie aussi loin que ses troupes purent y porter le fer et le feu, et attaqua Satalie ; mais voyant qu'il ne pouvait franchir les murs de cette opulente cité, il en incendia les faubourgs et ramena la flotte à Rhodes. Après quelques jours de repos, il cingla vers Smyrne, qu'au moyen d'échelles appliquées à des murailles crevassées, il prit en un instant. Surpris par cette brusque attaque, les habitants s'enfuirent en poussant des cris lamentables ; les femmes, portant leurs enfants sur leurs bras, se réfugièrent dans les temples et dans les mosquées. Le peu d'hommes courageux qui du haut des terrasses essayèrent de défendre leurs habitations furent taillés en pièces, et les femmes, arrachées de leurs pieux asiles, furent vendues comme esclaves, après avoir subi les plus grands outrages. La cupidité sacrilége des Latins ne fit aucune distinction entre les églises et les mosquées, entre les enfants du Christ et les sectateurs du Prophète. Lorsqu'il ne resta plus rien à prendre ils se rembarquèrent, et allèrent prendre leurs quartiers d'hiver en Morée. Les galères du pape retournèrent à Ancône ; celles de Naples étaient parties depuis longtemps.

Tandis que les chrétiens commettaient ces brigandages sur les côtes de l'Asie Mineure, les Turcs attaquaient les possessions de Venise. Le pacha de Bosnie traverse rapidement la Carniole, entre dans le Frioul au milieu de l'automne, et les troupes de la république, après une faible résistance, se retirent dans Aquilée. Profitant de la terreur qu'il inspire, l'ennemi franchit sans obstacle l'Isonzo, et se répand dans les riches campagnes du Frioul, brûlant, détruisant tout ce qu'il rencontre. Encore quelques pas, et Udine tombe au pouvoir des musulmans ! Mais, eux aussi, suffisamment gorgés de butin, ils se retirèrent [1].

L'alliance de Venise avec le roi de Perse, dont nous avons déjà dit quelques mots, était toujours l'objet de négociations diplomatiques. Accomplie vers cette époque, elle ouvre en quelque sorte une période dont le principal caractère doit être la solidarité et la confraternité entre tous les peuples.

Un membre de l'illustre famille des Zéno [2] avait été envoyé au sophi de Perse, Ussun-Khassan (1473), afin de l'engager à agir simultanément avec Venise contre les Turcs, proposition qui fut acceptée avec chaleur. Guerrier aussi brave qu'entreprenant, ce prince venait de conquérir la Perse sur les descendants de Timour et y avait fondé une dynastie nouvelle ; gendre de David Comnène, dernier empereur de Trébisonde, il convoitait également, outre les États du père de sa femme, la Colchide et quelques autres provinces limitrophes. Il envoya à Mahomet II un ambassadeur qui, admis devant son trône, renversa un sac de millet, puis le balaya du revers de la main ; manière symbolique d'exprimer qu'Ussun disperserait l'armée ottomane. Mahomet, avec le calme ordinaire des Orientaux, fit ramasser le millet et apporter des poules qui n'en laissèrent pas un seul grain. « De même que mes poules ont mangé le millet de ton maître, » dit-il ensuite à l'envoyé, « ainsi mes janissaires mangeront ses bergers de Tar-« tarie, dont il a cru faire des soldats. » A quelque temps de là, Ussun-Khassan entra en Géorgie à la tête de trente mille cavaliers, massacra un grand nombre

---

1. Déjà, en 1469, le pacha de Bosnie avait poussé une pointe jusqu'à une journée de Trieste.

2 Catherino Zeno ne fut pas le seul ambassadeur que les Vénitiens envoyèrent près le roi de Perse : Josaphat Barbaro, qui, pendant cinq ans, resta le conseiller d'Ussun-Khassan, Ambroise Contarini, qui dressa une statistique des ressources de la Perse, et Léopardo Bettini, furent tour à tour chargés de représenter la Seigneurie dans ce poste éloigné.

de Turcs et enleva un butin considérable; mais, sauf la prise de Tocta, dans la province de Siwas, en Arménie, il ne mit le siége devant aucune forteresse, et retourna chez lui sans laisser d'autre trace de son passage. De concert avec la république, le sophi résolut de rendre plus fructueuse la campagne suivante : on lui expédia plusieurs navires chargés d'artillerie et de munitions de guerre, qu'accompagnaient une centaine d'artificiers; en même temps Mocenigo reçut l'ordre d'opérer sur les côtes, afin de faire diversion. Les Vénitiens attaquèrent et prirent Sichesio, Séleucie, Coryco, villes situées sur le littoral de la mer, vis-à-vis de l'île de Chypre, et où les Turcs tenaient garnison, puis Myra, sur les côtes de la Lycie ; enfin, ayant débarqué devant Physus, dans la Carie, ils portèrent le fer et la flamme dans tous les alentours. De son côté, Ussun-Khassan s'était avancé par l'Arménie jusqu'au voisinage de Trébisonde et du royaume de Pont avec une armée de soixante-dix mille hommes; mais, cette fois, Mahomet II marcha à sa rencontre, suivi de dix mille janissaires, de dix mille gardes de la cour, de vingt mille fantassins et de trente mille auxiliaires, s'empara de Cara-Issar, sur le fleuve Lycus; et quoique déjà un de ses lieutenants eût été écrasé, il parvint à reprendre l'avantage et à battre les Persans dans toutes les rencontres. Un des fils d'Ussun-Khassan fut tué; Ussun lui-même, serré de près, alla chercher un refuge avec la majeure partie de son armée dans les montagnes de l'Arménie, où il fut atteint et chassé de son camp. Les nombreux captifs qu'il traînait à sa suite lui furent enlevés, et le sultan, dont cette éclatante victoire assurait les frontières du côté de l'Asie, reprit le chemin de Constantinople. Ainsi se termina la tentative d'Ussun-Khassan : quoique infructueuse, elle n'en est pas moins un manifeste témoignage de l'habileté diplomatique du gouvernement vénitien qui l'avait provoquée.

Délivré de toute inquiétude relativement aux entreprises du sophi, Mahomet fit attaquer Scutari qu'Antoine Lorédan, chargé de la défendre, avait travaillé à rendre inexpugnable et où il s'était renfermé, attendant l'ennemi avec confiance. Les Turcs se présentèrent au nombre de soixante mille hommes, avec une nombreuse artillerie, et, après quelques escarmouches de peu d'importance, la brèche étant ouverte, ils coururent à l'assaut. Mais à leurs colonnes qui se succédaient avec une effrayante rapidité, la faible garnison opposa une ardeur infatigable; si bien que, malgré l'avantage du nombre, ils furent contraints de se retirer au bout de huit heures d'inutiles efforts, laissant sept mille des leurs dans les fossés, et de convertir le siége en blocus. D'abord les Scutariotes supportèrent avec résignation les privations auxquelles ils étaient en proie; mais elles augmentèrent à un tel point, qu'excités par la famine ils formèrent le projet d'ouvrir les portes à l'ennemi. Lorédan conjura ce nouveau danger, grâce aux ressources de son esprit ferme et souple tout ensemble : il réunit les séditieux, leur retraça toutes les horreurs de l'esclavage, et leur fit comprendre qu'avec un peu de persévérance ils verraient incessamment le terme de leurs maux.

Ces paroles firent renaître l'espérance dans les cœurs, et ces hommes valeureux jurèrent de mourir plutôt que de se rendre. Bientôt, en effet, les Turcs, décimés par les maladies qu'engendrait un terrain marécageux, vaincus d'ailleurs par l'opiniâtreté de la résistance, levèrent leur camp et disparurent.

Cependant une lutte dans laquelle succès ou revers devenaient également ruineux fatiguait le gouvernement de Venise. Rome, Naples et la plupart des princes de l'Italie, lui refusaient leur concours. Que pouvait-il faire contre un ennemi trop puissant? La paix était l'unique remède à une situation si difficile, et l'on envoya des négociateurs à Constantinople. Mais ces négociations furent accueillies avec tant d'arrogance, le divan imposa des conditions si exorbitantes, que la république, ne prenant conseil que de son désespoir et de sa dignité outragée, rappela sa vigueur primitive. Une flotte de cent galères, magnifiquement équipée, se rassembla à Napoli de Romanie, et ce fut encore Antoine Lorédan qui en prit le commandement. Partout les Turcs rencontraient cet infatigable adversaire. Un pacha étant venu mettre le siége devant Lépante, Lorédan, malgré ses quarante mille hommes, ravitailla la place, et la mit en état de repousser tous les assauts. Moins heureux en Albanie, les Vénitiens perdirent la ville de Croïa, enlevée malgré l'héroïque résistance de ses habitants, dont un bien petit nombre échappa au cimeterre musulman; Scutari ne dut son salut qu'à l'énergie de sa population et aux moyens de défense précédemment organisés. Le reste de la province fut mis à feu et à sang; la seule forteresse d'Antivari brava les attaques réitérées des soldats de Mahomet.

Pour forcer plus sûrement la république à diviser ses forces, le sultan avait chargé le pacha de Bosnie d'envahir de nouveau le Frioul, et le roi de Hongrie, à l'instigation peut-être de Ferdinand de Naples, dont il avait épousé en 1476 la fille Béatrix, accorda aux Turcs le passage par ses États, afin que cette diversion empêchât les Vénitiens de prendre part à la guerre de Toscane[1]. Ce pacha parut sur les bords de l'Isonzo à la tête de quinze mille cavaliers, mais il les trouva défendus par de nombreuses milices sous les ordres du provéditeur Victor Soranzo, tandis que le comte Charles de Montone commandait les gendarmes enfermés dans le camp de Gradiska. Provoqué plusieurs fois à combattre, Montone ne se laissa pas entraîner dans le piége, certain que son immobilité était le plus solide obstacle à la marche de l'ennemi. En effet, les Turcs, après s'être livrés à mille exécutions sanglantes, abandonnèrent le Frioul et portèrent la dévastation sur les frontières d'Allemagne.

Cette dernière menace d'invasion avait considérablement accru les inquiétudes de la Seigneurie : le pape et le roi de Naples étaient en armes contre Florence, et la possession du royaume de Chypre, sur laquelle Venise fondait de magnifiques espérances, allait peut-être lui échapper. En outre, la peste avait reparu, et

---

1. Le roi de Naples était en guerre avec Florence et Milan; en outre il avait signé un traité de paix et d'alliance avec le sultan.

elle sévissait avec une telle intensité, qu'il n'était pas même possible d'assembler les conseils. La démoralisation régnait partout; le conseil des Dix lui-même, toujours si ferme au milieu des dangers les plus pressants, flottait dans ses déterminations. Pour y mettre fin, il fit demander à tous les chefs d'administration leur situation respective, et ceux du trésor ayant déclaré que les caisses étaient vides, la pauvreté universelle, on reconnut la nécessité d'acheter la paix à quelque prix que ce fût. En conséquence, Giovanni Dario partit pour Constantinople muni des pouvoirs nécessaires pour traiter sous le plus bref délai possible, et il accomplit si heureusement sa mission, que, le 26 janvier 1479, tout était définitivement arrêté. Scutari et son territoire étaient abandonnés au sultan [1]; de part et d'autre, on se restituait toutes les conquêtes faites dans la Morée, l'Albanie et la Dalmatie; Venise s'engageait à payer sous le délai de deux ans une somme de deux cents ducats; elle conservait son baile à Constantinople; ses négociants étaient exemptés de tous droits de douane dans les ports appartenant aux Turcs, moyennant une redevance annuelle fixée à dix mille ducats; enfin tous les sujets de la république, toutes les villes qui, non encore soumises aux Turcs, avaient arboré l'étendard de Saint-Marc avant d'être assiégées, étaient compris dans le traité. Les prisonniers de guerre qu'avaient faits les Turcs furent remis en liberté sans rançon.

Le 25 avril 1479, jour de Saint-Marc évangéliste, la paix, jurée par le doge, excita dans Venise une allégresse universelle, car elle terminait au bout de quinze ans la plus longue et la plus dangereuse de toutes les guerres que la république eût encore soutenues.

La rapidité des événements que nous venons de retracer nous a fait passer sous silence la nomination des différents doges qui y présidèrent. Il importe de combler cette lacune. A Pascal Malipieri succéda (1457) Christophoro Moro, qui descendit dans la tombe (1471) en laissant la plus détestable réputation. « *Mori,* « dit Sanuto dans sa Chronique, *con cattiva fama d'hipocrita, di vendicativo, di* « *doppio, d'avaro; era mal voluto dal popolo.* » Après lui Niccolo Trono, vieillard de soixante-quatorze ans, mais plein d'activité, doué des plus nobles facultés et ami de la justice, ne régna que vingt mois, et fut remplacé par Nicolas Marcello, homme d'une nullité complète. Celui-ci ne conserva que peu de mois la couronne ducale, et la transmit à Pierre Mocenigo, guerrier illustre qu'une maladie, suite de ses campagnes sur mer, enleva trop tôt à l'estime de ses concitoyens (1476). Vint ensuite Andrea Vendramino, homme nouveau, c'est-à-dire issu d'une des familles auxquelles on ouvrit le grand conseil après la guerre de Chiozza. Ce Vendramino est le doge qui signa la paix avec les Turcs. Il fut emporté (1479) par l'horrible fléau qui décima si cruellement la population de Venise, que des trois cents membres qui composaient le grand conseil à peine

---

[1]. Quatre cent cinquante hommes et cent cinquante femmes, les seuls qu'eût épargnés la guerre, sortirent de Scutari, emportant, avec les débris de leur fortune, les reliques et les vases sacrés.

quatre-vingts échappèrent à ses atteintes! Enfin, sous l'administration de Pierre Mocenigo s'accomplit l'importante et toute pacifique acquisition du royaume de Chypre. Cette affaire exige une courte digression.

Richard Cœur-de-Lion, en se rendant à la Terre-Sainte (1191), perdit sur les côtes de Chypre trois de ses vaisseaux dont Isaac Comnène, souverain de l'île, retint prisonniers les équipages. Saisi d'indignation, le prince anglais débarque, met en déroute l'armée d'Isaac, s'empare de l'île, et la donne à Guy de Lusignan, qui en échange lui cède les droits que lui-même prétendait avoir sur le royaume de Jérusalem. Jusqu'à l'année 1458, quatorze rois de la famille Lusignan occupèrent successivement le trône. Le dernier, Janus III, ayant perdu sa première femme, marquise de Montferrat, dont il avait une fille nommée Charlotte, épousa en secondes noces Hélène Paléologue, fille du despote de Morée. Cette deuxième union resta stérile, ce qui n'empêcha pas la reine de prendre un tel ascendant sur l'esprit de son mari, et par suite sur la direction des affaires, que la noblesse s'en montra irritée. Charlotte ayant été donnée en mariage au duc de Coïmbre, ce prince devint un centre autour duquel se ralliaient les mécontents; mais Hélène se débarrassa de lui par le poison, et se crut assurée de saisir les rênes de l'État, le roi n'ayant qu'un fils naturel, Jacques, auquel il destinait l'archevêché de Nicosie. Peu de temps après, la mort vint la surprendre, elle et son époux, qui avait promis la main de Charlotte au prince Louis de Savoie. Louis se hâta de venir en Chypre[1], et de faire célébrer son mariage (7 octobre 1459), et il s'agit alors de savoir lequel, du gendre ou du fils naturel du roi, hériterait de la couronne.

Depuis longtemps Jacques s'était réfugié à Rhodes, pour se soustraire aux persécutions de la reine et de Charlotte. Sitôt qu'il eut appris la mort de son père, il se rendit auprès du soudan d'Égypte, Melak-Ellah, dont les Lusignan étaient feudataires, et celui-ci l'ayant reconnu comme successeur de Janus, lui donna, pour appuyer ses prétentions, un corps de Mameluks. Jacques entra sans difficulté à Nicosie, capitale de l'île, prit Sigour, Paphos, Limisso, et assiégea Louis et Charlotte dans Cérinès, la dernière forteresse qui leur soit restée fidèle.

1. Après la Sicile et la Sardaigne, Chypre est la plus grande des îles de la Méditerranée : elle a environ cent quatre-vingts milles dans sa plus grande longueur, soixante de largeur, et plus de quatre cents de circonférence. Située entre le 35º et le 36º de latitude, elle jouit d'un climat délicieux, produit en abondance le vin, l'huile, le blé, le cuivre. Sa position entre la Syrie, l'Égypte et l'Asie Mineure, semble l'appeler à unir le commerce le plus actif aux riches productions de son sol. Cette île fut très-célèbre dans l'antiquité; ses trois villes principales, Amathonte, Paphos, Idalie, étaient consacrées à Vénus : d'où le surnom de *Cypris* donné à cette déesse. Au temps de sa liberté, on avait compté dans Chypre quinze républiques florissantes; mais sous le gouvernement des empereurs, puis sous celui des rois de la maison de Lusignan, sa population et ses richesses déclinèrent rapidement. La tyrannie féodale des barons, la souveraineté réclamée par les soudans d'Égypte, les priviléges exclusifs des Génois et des Vénitiens, qui voulaient exercer le monopole du commerce, s'opposaient à l'établissement d'une bonne législation, à celui de la paix et de la sécurité. Sous la domination vénitienne la situation devint un peu plus florissante, mais celle des Turcs la fit déchoir plus que jamais. Au lieu d'un million d'habitants on n'en compta plus que quatre-vingt mille dans l'île entière!

La princesse réclama l'assistance de plusieurs princes chrétiens; mais le pape et les chevaliers de Rhodes furent les seuls qui lui envoyèrent quelques secours. A cette époque un gentilhomme vénitien, Marco Cornaro, que quelques aventures de jeunesse avaient fait exiler de sa patrie, s'étant présenté à la cour de Jacques, y reçut un accueil bienveillant, et se lia d'une amitié tellement étroite avec le roi, qu'il lui fournit l'argent nécessaire pour continuer la guerre, l'aida de ses conseils et le seconda de sa personne pendant les siéges de Cérinès et de Famagouste, qui se rendirent dans le courant de l'année 1464.

Possesseur de son royaume, Jacques avait essayé vainement de se faire reconnaître par le pape, qu'imitèrent tour à tour les princes chrétiens. Dans cette occurrence, Cornaro lui vint encore en aide. Son frère, André Cornaro, avait une fille d'une beauté remarquable, nommée Catherine; Marco offrit sa nièce en mariage à Jacques de Lusignan avec une dot de cent mille ducats, sous la condition qu'avant tout Catherine serait adoptée par la république. Cette négociation, entamée vers 1468, éprouva d'assez longs délais, au terme desquels Catherine Cornaro, solennellement déclarée *fille de Saint-Marc*, fut mariée par procuration (1471), en présence du doge et de la Seigneurie, puis, en sa nouvelle qualité de reine, menée par *le Bucentaure* jusqu'à son escadre, composée de quatre galères, qui devait la conduire à Chypre. Au bout de deux ans à peine, Catherine perdit son mari, qui la laissait enceinte et avait institué par testament, pour son héritier, d'abord l'enfant qui devait naître d'elle, ou à défaut de cet enfant, ceux qu'il avait eus d'un commerce illégitime, nommés Janus, Jean et Charlotte. Il ressortait de là une grande complication d'intérêts, les descendants d'Hélène et de Janus n'ayant pas renoncé à leurs droits. Disons aussi que le roi avait recommandé son royaume et sa veuve à la république; recommandation inutile, car depuis plusieurs années la Seigneurie entretenait constamment une escadre en station dans les rades de l'île, et de temps en temps la grande flotte venait faire des apparitions sur les côtes, comme si déjà Venise convoitait l'héritage de sa fille adoptive.

Dès que Jacques eut fermé les yeux, l'amiral Mocenigo se rendit auprès de Catherine, et par sa vigilance, son activité, déjoua les intrigues, les conspirations qui s'ourdissaient à la cour de Nicosie. Il remplaça les commandants et les garnisons de toutes les forteresses par des officiers et des soldats vénitiens soutenus d'un bon nombre d'archers crétois; il fit mettre à mort ou exila quiconque avait pris part à quelque intrigue; enfin, sous prétexte d'affermir l'autorité de la reine, il réduisit le royaume à une dépendance absolue. Catherine accoucha d'un fils qui ne vécut qu'un an, et depuis lors Venise redoubla de précautions envers elle, lui donna pour conseillers Ludovico Gabrielli et Francesco Minio, qui, à proprement parler, devinrent les régents du royaume; Giovanni Sorenzo fut mis à la tête de l'armée, et les forts de Famagouste et de Cérinès placés sous le commandement de chefs sur le dévouement desquels on pouvait compter; enfin, le conseil des Dix reconnut Catherine Cornaro héritière de son fils, et déclara qu'après elle la république serait substituée aux droits de la fille de Saint-Marc. Il ne manquait plus qu'un prétexte pour déposséder la reine ou l'empêcher de se remarier, si l'on voulait éviter qu'un second mari ou de nouveaux enfants ne vinssent un jour troubler l'œuvre d'une politique qui à juste raison serait aujourd'hui appelée machiavélique. Ce prétexte ne tarda pas à se présenter.

La guerre ayant éclaté entre les Turcs et le soudan d'Égypte, le gouvernement de Venise feignit de craindre que l'une des parties belligérantes n'envahît Chypre, et jeta sur les côtes de cette île un nombre considérable de troupes et de vaisseaux, sous les ordres de François Priuli. Puis afin, disait-il, de mettre plus d'unité dans le commandement et la défense, il résolut de demander à la reine une abdication pure et simple. Pour remplir cette mission on choisit son propre frère Georges Cornaro. C'était assez dire à l'ambassadeur que sa vie dépendait de la réussite. Après une longue résistance, Catherine se souvint qu'on ne résistait jamais impunément aux volontés du conseil des Dix, et se soumit à ce qu'on exigeait d'elle. Le 16 février 1489 elle prit congé des habitants de Nicosie, qui en la voyant partir versaient des torrents de larmes, car ils prévoyaient que la république leur enlèverait aussi jusqu'au simulacre de leur indépendance. La reine gagna Famagouste, accompagnée d'un brillant cortège; cependant elle ne s'embarqua que le 14 mai, après avoir, dans une proclamation officielle, recommandé ses anciens sujets à la bienveillance des provéditeurs. A son arrivée à Venise, le château d'Asolo, dans le Trévisan, lui fut donné en toute souveraineté pour le reste de sa vie, avec un revenu de huit mille ducats. Là, pour charmer ses loisirs, ou plutôt pour dissiper les ennuis de sa royale captivité, elle s'entoura de gens d'esprit, de poëtes et d'artistes, au milieu desquels se fit surtout remarquer Bembo, qui bien jeune encore écrivit dans cette résidence une suite de discours sur les perfections de l'amour, qu'il intitula *Azolani*, pour perpétuer le souvenir du lieu où ils avaient été inspirés [1].

L'île de Chypre était sous le vasselage du soudan d'Égypte. Venise, — rien ne coûte à une insatiable ambition, — Venise consentit à payer le tribut annuel, et reçut l'investiture des mains d'un prince musulman! A quelque temps de là, elle joignit encore à ses possessions la petite île de Voglia sur les côtes de Dalmatie, puis Zante et Céphalonie dans la mer Ionienne. Nous verrons dans le cours de cette histoire l'influence pernicieuse que ces acquisitions, surtout celle de l'île de Chypre, exercèrent sur les mœurs de la métropole, par suite des

---

1. Les *Azolani* eurent un grand succès en Italie; voici ce qu'en dit Joh. Casa, biographe du Bembo : « *Eos libros tantá hominum mulierum etiam medius fidius approbatione et tanquam plausu exceptos recentes esse meminimus, ut exemplò cuncta eos Italia cupidissimè lectitarit atque didiscerit : ut non satis urbani aut elegantes ii haberentur quibus Asulanæ illæ disputationes essent incognitæ.* » Cet ouvrage fut traduit en français, en 1545, par Jean Martin, secrétaire du cardinal de Lenoncourt.

habitudes d'indolence et de dépravation que les patriciens contractèrent au sein d'un peuple qui semblait exclusivement voué au culte du plaisir.

Venise est parvenue à l'apogée de sa puissance ; désormais elle ne fera que décroître. Voyons quelle était alors l'étendue de son territoire. Ce territoire se divisait en trois parties distinctes : le *Dogado*, ou le duché, qui embrassait la ville de Venise et ses dépendances immédiates dans la lagune : Chiozza, Malamocco, Murano, Burano, Grado, etc., etc. ; 2° les *États de terre-ferme*, qui comprenaient le Frioul et les territoires de Trévise, Padoue, Sienne, Vérone, Brescia, Bergame, Crême, etc., etc. ; 3° les *États maritimes*, qui embrassaient l'Istrie, la Dalmatie avec toutes les îles du littoral de l'Albanie, une partie de la Livadie avec Lépante, une partie de la Morée avec Patras, Argos, Napoli de Romanie, etc., etc. ; une partie de la Macédoine avec Thessalonique ; les îles de Zante et de Corfou dans la mer Ionienne ; enfin le royaume de Chypre, la fertile Candie et l'île de Négrepont. Toutes ces provinces présentaient une superficie totale d'environ 25,400 milles carrés de 60 au degré, et une population de 3,800,000 âmes.

Malgré le morcellement et le peu d'étendue de son territoire, malgré le petit nombre de ses sujets, Venise cependant était la première puissance maritime et commerciale de cette époque ; ses revenus dépassaient un million de ducats, chiffre auquel atteignaient à peine ceux de la France, tandis que l'Angleterre et l'Espagne n'en levaient que de sept à huit cent mille. Il ne sera donc pas sans intérêt d'examiner par quels moyens cette république parvint à égaler, à surpasser même en richesses, les monarchies que l'on regardait alors comme les premières de l'Europe. C'est l'étude que nous allons entreprendre dans le chapitre suivant.

CHAPITRE IX.

COMMERCE ET INDUSTRIE DES VÉNITIENS AU MOYEN AGE.

DE L'AN 500 DE J.-C. A 1492.)

Causes de la prospérité commerciale de Venise. — Spécialité de son commerce en Orient et en Occident. — Industrie et manufactures des Vénitiens. — Banques. — Entrepôts. — Consulats. — Residence des étrangers. — Protection et encouragements donnés au commerce. — Marine militaire et marine marchande. — Système exclusif des Vénitiens. — Institution du capitanat du golfe. — Conclusion.

i dans l'antiquité, ni au moyen âge, aucune nation n'a déployé, sur une aussi grande échelle, l'activité commerciale dont Venise va nous offrir le spectacle ! Gênes, Pise, Amalfi, avec quelques autres villes de l'Italie, s'étaient lancées dans la même voie ; mais Gênes, la seule à craindre parmi tant de rivales, finit par lui abandonner l'empire des mers, et pendant plusieurs siècles Venise fut ce que plus tard devait être la Hollande, ce qu'est de nos jours l'Angleterre. On trouve naturellement dans la situation géographique du peuple vénitien et la politique de son gouvernement les causes de cette brillante fortune.

En effet, bâtie au milieu des eaux, au fond du golfe Adriatique, Venise se trouve à l'entrée de l'Italie, au pied des Alpes, à portée de tous les pays transalpins et danubiens ; par les fleuves sans nombre qui débouchent dans les lagunes, depuis les confins de l'Istrie jusqu'au centre de la Romagne, ses navires peuvent en tout temps communiquer avec les provinces de l'Italie qui touchent à l'Allemagne, à la France, à la Suisse ; par la mer, un court trajet les met en rapport avec les côtes de l'Adriatique, avec les îles Ioniennes et tout l'Archipel grec, avec Constantinople, avec les ports de l'Égypte, de la Syrie, de l'Asie Mineure, de la mer Noire, où venaient se rendre, par divers chemins, les produits de l'Afrique, de l'Arménie, de l'Arabie, de la Perse, de l'Inde, et de toutes les contrées orientales. Ainsi placée, à la porte de l'Europe, au milieu des pays les plus peuplés et les plus industrieux, Venise était dans la meilleure situation pour devenir le centre des relations commerciales entre l'Orient et l'Occident. A ces avantages s'en joignaient d'autres encore. Grâce à leur singulier territoire, dont les diverses parties, disséminées sur toute l'étendue de la lagune, ne pouvaient communiquer soit entre elles, soit avec la terre-ferme, que par eau, et dont le sol ne fournissait qu'une très-petite partie des produits nécessaires à la population, les Vénètes naissaient pour ainsi dire marins; aussi les voyons-nous, dès les temps les plus reculés de leur histoire, remonter avec leurs barques les fleuves de l'Italie supérieure, sillonner en tous sens les lagunes et la mer Adriatique. Déjà sous la domination romaine, les principales villes de la terre-ferme, Ravenne, Adria, Attinum, Aquilée, Tergeste, etc., avaient sur les bords même de la lagune des ports fréquentés par de nombreux navires; la nation, devenue ensuite entièrement insulaire par ses émigrations successives et par ses établissements définitifs dans les lagunes, n'eut plus, dès le ve et le vi^e siècles, d'autre territoire que la mer, d'autre industrie que l'extraction du sel et la pêche, d'autres sources de subsistance et de richesse que l'échange et le commerce, d'autre moyen d'exploiter ces richesses diverses que la navigation.

On a vu par la lettre de Cassiodore, que dès le vi^e siècle, les Vénitiens ne se bornaient pas au simple cabotage dans les îles de la lagune et sur les côtes voisines de l'Istrie, de l'Illyrie et de la Romagne; que déjà leurs navires visitaient les ports de la Grèce et de l'Asie Mineure. Leurs grosses barques chargées de sel allaient porter cette précieuse denrée à toutes les villes et villages situés entre les Alpes et les Apennins, sur l'Isonzo, le Tagliamento, la Livenza, la Piave, le Sile, la Brenta, l'Adige, le Pô, le Mincio, l'Adda, le Tésin, et autres rivières navigables; d'autres plus légères transportaient dans les mêmes contrées, et par la même voie, les marchandises, les denrées naturelles et les produits de l'industrie de l'Orient que les navires d'un fort tonnage allaient chercher dans les échelles du Levant, c'est-à-dire les épiceries, les parfums, les tissus de soie, de drap d'or, les tapis, les cotons, les perles, les pierreries, les plumes d'autruche, l'ébène, l'ivoire, et mille autres objets précieux dont la vue dans la foire qui se tenait à Pavie chaque année, un peu après la conquête de la Lombardie par Charlemagne, frappa de surprise et d'admiration la cour de ce prince. Parmi les articles du commerce général de la république, les chroniqueurs mentionnent souvent les esclaves achetés dans les marchés de l'Orient pour être revendus en Afrique et en Espagne aux musulmans[1]. Ce honteux trafic, auquel prenaient part les Génois, les Toscans et les Grecs, résista longtemps aux interdits lancés par de sages pontifes, aux défenses sévères des

---

1. Sanudo et la statistique du commerce venitien, rédigée par le doge Thomas Mocenigo, portent le commerce des esclaves a 50,000 ducats par an.

doges; il se maintint, dans les provinces d'outre-mer, telles que la Dalmatie et l'Istrie même, jusqu'à la fin du xv° siècle.

En même temps que les Vénitiens étendaient ainsi leurs relations, des ports nombreux se creusaient le long du littoral de leur territoire. Dans les vii° et viii° siècles, Oriago, Mestre, Campalto, Porto-Buffoledo, Porto-Gruario, et quantité d'autres localités, aujourd'hui désertes, étaient des marchés très-fréquentés; les villes et les ports abrités dans l'intérieur de la lagune n'étaient pas moins florissants. Rialto, devenu la demeure des doges et le siége du gouvernement, s'agrandissait et se peuplait rapidement; au ix° siècle, l'île de Torcello était renommée par sa richesse et son importance commerciale. Constantin-Porphyrogénète, dans son traité de *Administrando imperio*, la nomme le grand marché des Torcellanais (*magnum emporium Torzelannorum*). Déjà Murano était en possession immémoriale de la fabrication des verreries de tout genre, et principalement des glaces, industrie dans laquelle, il y a un demi-siècle à peine, les Vénitiens ne connaissaient pas encore de rivaux. Toutes les nations du continent, les Italiens, les Suisses, les Français, les Allemands, à demi barbares, affluaient à ces marchés pour s'y pourvoir de sel, de grains exotiques et de toutes les denrées, des mille objets de luxe que l'industrieuse activité des Vénitiens y rassemblait. Par là elles devinrent leurs tributaires, car elles ne pouvaient se procurer autrement la plupart des produits soit naturels, soit manufacturés, dont l'habitude leur avait fait un besoin.

Dans les x°, xi°, xii° et xiii° siècles, le commerce des Vénitiens ne s'étendit guère plus loin qu'il n'avait fait dès le viii° et le ix°; mais il multiplia ses points de contact avec tous les peuples de l'Europe, de l'Asie et de l'Afrique; il agrandit le cercle de ses entreprises, régularisa et systématisa ses procédés, et déploya des efforts d'autant plus intenses qu'il rencontrait des concurrences redoutables sous lesquelles il faillit plus d'une fois succomber. A ces époques, il se divisait en deux branches presque également importantes: le trafic extérieur, qui consistait dans l'achat, le transport et la vente des produits étrangers, et la vente des produits de l'industrie nationale. Suivons-le dans l'une et l'autre de ces directions.

Comme on l'a vu, c'est avec l'Orient que les rapports commerciaux des Vénitiens étaient le plus actifs: les Grecs et les Arabes, les deux nations les plus civilisées et les plus industrieuses du moyen âge, fournissaient aux Vénitiens la plupart des produits dont manquaient les pays européens, des drogues, des tissus fins de soie et de laine, des métaux précieux, en échange desquels ils recevaient des grains, des vins, du fer, du cuivre, et principalement des bois de construction, dont abondaient les lagunes, l'Italie et les contrées transalpines. Les musulmans de la Syrie, de l'Égypte, de la Barbarie, de la Caramanie, recherchaient le fer, les bois, et surtout les armes fabriquées en France, en Allemagne et en Italie. Tunis et Tripoli de Barbarie étaient les points principaux où les

Vénitiens portaient ces derniers produits, qui se répandaient ensuite dans l'intérieur de l'Afrique. Les villes alors si florissantes de la Barbarie et du Maroc, Tunis, Fez, Tanger, Barca, Alger, où les Vénitiens avaient des comptoirs et des consuls, vendaient des esclaves noirs, de l'huile, de la poudre d'or, des bois de teinture, des toiles, de la gomme, des dents d'éléphant, des tissus de lin, de soie et de coton. C'est probablement en naviguant dans ces parages que Alvise Cadamosto (1443) eut l'idée de s'avancer jusqu'en Guinée, avantage qui le fit se vanter ensuite d'être le premier marin vénitien qui eût parcouru l'Océan atlantique au delà du détroit de Gibraltar. Toutefois, il y a des motifs de croire qu'avant lui plusieurs de ses compatriotes avaient poussé aussi loin leurs excursions, et même que les Canaries n'étaient pas inconnues à la plupart d'entre eux.

A toutes les époques, le commerce des épiceries des Indes Orientales fut le plus productif, et c'est aussi celui dont les nations de l'Europe et de l'Asie occidentale cherchèrent avec le plus d'ardeur et de persévérance à s'assurer le monopole. Ces denrées ont souvent changé de route pour parvenir en Europe : durant le moyen âge elles arrivaient, soit par mer, soit par terre, dans les ports de l'empire grec, et principalement dans ceux d'Alexandrie et de Constantinople; cette dernière ville, alors la capitale du monde, était devenue le marché général de l'Orient et de l'Occident; c'est là qu'affluaient encore les marchandises orientales que l'Europe barbare recherchait avec une excessive ardeur, et du VIIe au Xe siècle ce fut par l'intermédiaire à peu près exclusif des Vénitiens qu'elle se les procurait; plus tard, les Génois, les Pisans et ceux d'Amalfi entrèrent en concurrence ; mais les Vénitiens conservèrent la plus large part.

Lorsque, devenus maîtres de l'Égypte, de la Palestine et de la Syrie, les Sarrasins attirèrent dans leurs ports les marchandises et les denrées de l'Inde, les Vénitiens s'empressèrent de se rendre à ces nouveaux marchés et d'y établir leur prépondérance. Après avoir fondé partout des entrepôts, des consulats, ils s'avancèrent dans l'intérieur des terres. Les relations commerciales établies (XIe et XIIe siècles) avec les Arméniens, ne furent pas les moins productives, car ce peuple jouait en Asie le même rôle que les juifs en Europe. Sous la domination, ou plutôt sous l'oppression successive des Perses, des Sarrasins, des Tartares, des Turcs, des Croisés, etc., les Arméniens conservèrent leurs habitudes laborieuses, leur esprit mercantile ; au XIIe siècle, ils fondèrent dans l'Asie Mineure, appelée alors *Natolie*, un royaume puissant et respecté, où se fabriquaient ces tissus de poils de chèvre d'Angora, ces camelots, qui n'ont pas encore perdu leur vieille réputation. Bientôt les Vénitiens, admis dans le port de Tarse, chargèrent pour l'Espagne et la Barbarie une grande partie de ces produits, qu'ils finirent par tisser eux-mêmes. Avec les excellents raisins de cette contrée, ils fabriquèrent aussi des vins qu'ils expédiaient à Constantinople et dans le nord de l'Europe, où on les payait à très-haut prix. Enfin, parmi leurs plus précieux priviléges ils obtinrent le libre passage pour ceux de leurs marchands qui allaient par terre à Tauris, en Perse et ailleurs, acheter des tapis, des mousselines, des soies gréges, des étoffes de l'Inde, et une foule d'autres marchandises.

Les Vénitiens entretinrent aussi de longs et fréquents rapports avec les Tartares, dont l'empire, sous Gengiskan et ses successeurs, s'étendait de la Chine au Pont-Euxin. Pendant les XIIe et XIIIe siècles, leurs nombreux vaisseaux allèrent à la Tana, ville alors fameuse sur la côte de la mer Noire, aux embouchures du Tanaïs, où ils chargeaient principalement du goudron et du chanvre [1]; s'avançant ensuite jusque dans la mer d'Azoff, ils recueillaient le long du littoral des cuirs, des pelleteries, de l'or, des perles, les produits variés de l'Asie centrale et orientale que venaient leur offrir les Tartares. La ville de Trébizonde, devenue, après la prise de Constantinople par les croisés, la capitale d'un nouvel empire grec et le foyer d'un grand commerce (XIIIe siècle), était pour eux un marché non moins important : ils y avaient des entrepôts et des consuls, ainsi que dans la plupart des autres ports de la mer Noire.

Ces relations commerciales avec les peuples et les contrées de l'Orient, les immenses bénéfices qu'elles produisaient, introduisirent de bonne heure le luxe à Venise. Dès le XIe et le XIIe siècles, les dames de la ville portaient des robes de velours et des étoffes d'or et de soie, enveloppaient leur chevelure dans des filets d'or, se paraient de riches bijoux : singulier contraste avec la simplicité presque primitive qui régnait dans les autres villes de la Lombardie et de la Toscane. En effet, Jean Villani rapporte qu'en 1273 les dames des premières familles de Florence ne portaient aucune espèce d'ornements, et qu'elles se contentaient, dans les plus grandes solennités, d'une robe écarlate avec une ceinture de cuir; Galvano Fiama ajoute que vers 1250, les riches Milanaises ne s'enveloppaient la tête qu'avec des bandelettes de lin, que leurs robes étaient de lin ou d'une espèce d'étoffe mélangée et assez commune, appelée *pignolato*. Ce ne fut que vers 1340 que le luxe commença à pénétrer dans la capitale de la Lombardie, alors que depuis longtemps les Vénitiens se servaient d'étoffes précieuses, même pour orner leurs vaisseaux. En 1205, par exemple, les galères expédiées à Pierre Ziani, récemment élu doge, pour le ramener d'Arles à Venise, étaient pavoisées de longues banderoles, tissues d'or et de soie, dont les extrémités balayaient la surface des eaux.

Suivons maintenant les Vénitiens dans leurs relations commerciales avec l'Occident. Soumise au régime de la féodalité militaire, l'Europe du moyen âge laissait aux peuples de l'Orient l'exercice des arts et de l'industrie. Franks, Lombards, Allemands, en un mot toutes les nations septentrionales, dédai-

---

1. On présume que la Tana était voisine de la ville plus moderne d'Azoff. La grande salle de l'arsenal de Venise, appelée encore aujourd'hui la *Tana*, et où se fabriquent les cordages, prit le nom de ce port, sans doute à cause de sa destination spéciale.

gnaient le commerce; chez eux l'industrie était soumise à mille entraves, tandis que les princes, les barons, les grands et petits feudataires, toujours armés les uns contre les autres, rendaient si difficiles et même si périlleux les moindres voyages, que les marchands étrangers, contraints de voyager en caravanes, devaient acheter fort chèrement la protection de ces pillards, toujours prêts à fondre sur une riche proie. En dépit de tels obstacles, les Vénitiens se répandirent des deux côtés des Alpes, colportant les marchandises de l'Orient et les produits de leurs fabriques. Les contrées voisines de l'Adriatique, la Hongrie, la Bulgarie, la Servie, la Bosnie, les virent, non moins entreprenants, leur demander des cuirs, des bestiaux, de la poix, en échange desquels ils leur donnaient des vêtements, des meubles, des étoffes, des outils, etc. Par la voie de la mer, qui leur était toujours ouverte et sur laquelle ils savaient se faire respecter, ils fréquentaient les ports de la France, de l'Espagne, de l'Italie, de l'Angleterre et de la Flandre.

Chaque année, le gouvernement expédiait plusieurs flottes, dont une, après avoir touché à Brindes, à Otrante, à Manfredonia, côtoyé la Sicile, visité Tunis, Tripoli, Alger, Barca, Tanger, Oran, se dirigeait vers la Flandre et arrivait à Bruges chargée des précieuses marchandises recueillies sur sa route[1]. Au retour, elle entrait dans les ports d'Espagne, Cadix, Alicante, Barcelone, où elle prenait de la soie brute. A cette époque, les Vénitiens envoyaient à Londres la majeure partie des produits manufacturés qu'ils en reçoivent maintenant.

Les contrées les plus reculées du Nord, entre autres le port d'Archangel, virent aussi flotter le pavillon de Saint-Marc : en 1390, les frères Zéni s'avancèrent jusque dans le Groënland et parcoururent les pays arctiques; les frères Cabotto visitèrent en même temps que Colomb les côtes de l'Amérique du Nord. Les voyages de Nicolas et Maffio Polo, et surtout ceux de Marco Polo, fils de Nicolas, dans presque toute l'Asie, causèrent en Europe une telle admiration, que longtemps ils furent considérés comme fabuleux.

Ainsi répandus dans toutes les contrées de la terre, les Vénitiens de cette époque mémorable cédaient à l'instinct qui pousse les commerçants vers les pays lointains. « Les villa, les jardins, les châteaux de nos citoyens, » dit un vieux chroniqueur vénitien, « sont : la Dalmatie, l'Albanie, la Romanie, la Grèce, « Trébizonde, la Syrie, l'Arménie, l'Égypte, Chypre, Candie, la Pouille, la « Sicile et autres terres où ils trouvent le bonheur et la sûreté, et où ils « demeurent des dizaines d'années avec leurs fils, leurs neveux et leur famille. « Léonard Venieri, qui fut procurateur de Saint-Marc, s'établit à Constanti- « nople, où il acheta un beau palais, plusieurs des Cà-Mosto demeurèrent en

---

1. Les galères portèrent en Flandre l'alun, les couleurs minérales, le fer, le cuivre, l'étain, le plomb, et autres matières pesantes; leur chargement était complété par des drogues, des épiceries, des parfums, des soieries, du sucre en poudre, des raisins secs, des huiles, du cinabre, du camphre, de la crème de tartre, des verreries de Venise, etc., etc.

« Syrie; Sébastien Ziani, qui fut ensuite doge, habita longtemps l'Arménie ; « quelques-uns des Bondumieri étaient établis à Acre; les Donado-Moro, à « Négrepont. Le nombre de nobles qui séjournaient dans les pays étrangers « pour y faire fortune était si considérable, qu'on craignit que l'intérêt privé « ne prévalût sur l'intérêt général dans les délibérations publiques; de sorte « que dans certaines affaires relatives au commerce, on excluait des conseils « ceux qui avaient, par eux ou par leurs parents, quelque intérêt au trafic du « pays dont il s'agissait. » Ce cosmopolitisme répandait au loin l'influence de la république. Il favorisa aussi la dispersion de la monnaie vénitienne dans toutes les parties du monde connu, surtout en Orient, même jusque dans l'Inde et à la Chine. Disons-le cependant, on ne saurait établir un rigoureux parallèle entre les communications directes des Vénitiens avec l'Europe, quoiqu'elles fussent plus fréquentes que celles qu'y entretenaient les autres nations marchandes, et que celles qu'ils établirent eux-mêmes avec les peuples orientaux. La raison en est que la plus grande partie du commerce avec les Européens, et même avec les Italiens, se faisait dans leur ville, où les Lombards, les Français, les Suisses, les Allemands, les Dalmates, les Anglais, les Flamands, les Polonais, venaient se pourvoir, soit des marchandises d'importation, soit des produits dus à l'industrie des habitants des lagunes.

Le commerce proprement dit, qui consiste uniquement à acheter, à vendre ou à transporter les objets de consommation, ne saurait exister sur une grande échelle, en l'absence de l'industrie et des arts qui les créent : l'histoire ne nous montre aucune nation commerçante qui se soit exclusivement bornée à cette double opération. Toujours, au contraire, l'industrie nationale se développe en même temps que le commerce extérieur, et lui sert comme de base ou de point d'appui. Il en fut ainsi à Venise. Dès l'origine de leur établissement dans les lagunes, nous voyons les Vénètes se faire de leurs nombreuses salines une des branches les plus lucratives et les plus sûres de commerce; tirer des vastes forêts qui couvrent leur territoire les bois de charpente qu'ils vendent aux Sarrasins, ou dont ils tirent parti eux-mêmes pour la menuiserie, la tabletterie et la layeterie.

Au milieu de la barbarie et de l'ignorance du reste de l'Europe, les Grecs avaient conservé la tradition et la pratique des arts : les Vénitiens, grâce à leurs relations journalières avec ce peuple, y firent de rapides progrès. Dès avant le xe siècle, ils avaient élevé des fabriques dont les produits jouissaient d'une réputation méritée. Par exemple, il sortait de la manufacture de cristaux et glaces située dans l'île de Murano, des verres de toutes les couleurs et de toutes les formes, des imitations de fruits, de fleurs, d'animaux, des bracelets, des colliers, des candélabres, et mille autres objets de fantaisie ou de luxe, établis avec une perfection et un goût qui n'ont pas été surpassés; c'est là aussi que se coulaient ces fameux miroirs dont les ouvriers vénitiens n'ont pas encore perdu le monopole, des verres de lunettes, et des instruments d'optique très-estimés. A cette industrie se rattachait celle de ces verroteries appelées à Venise *margarite* ou *contarie*, laquelle consiste en petits tubes de verre colorés, de diverses formes et grandeurs, qu'on morcelle ensuite à l'infini, et avec lesquels on fabrique des bourses, des bracelets, des colliers, des ornements de tous genres, principaux éléments d'échange avec les peuples sauvages de l'Amérique, de l'Afrique et de l'Océanie. Il se tenait chaque année à Murano deux grandes foires consacrées à la vente des objets sortis des ateliers des verreries. La fabrication des draps d'or, des étoffes de soie et de velours, n'était pas moins avancée, et Burano mettait en œuvre ces magnifiques dentelles, connues sous le nom de *point de Venise*, dont on n'a que d'imparfaites imitations. Les draps fins de Venise, et particulièrement les draps d'écarlate, étaient très-estimés; aussi en fournissait-elle à toute l'Europe, malgré la concurrence organisée par les Florentins.

Voici, d'après le doge Thomas Mocenigo, la consommation que faisaient de ces draps et de ces étoffes les principales villes de l'Italie :

Tortone et Novarre demandaient chaque année 6,000 pièces de drap à 15 ducats la pièce ;
Pavie, 3,000 pièces du même prix ;
Milan, 4,000 pièces à 30 ducats l'une ;
Côme, 12,000 pièces à 15 ducats ;
Mouza, 6,000 pièces, même prix ;
Brescia, 5,000 pièces, id. ;
Parme, 4,000 pièces, id. ;
Bergame, 10,000 pièces à 7 ducats seulement ;
Crémone se contentait de 40,000 pièces à 4 ducats 1/4 la pièce ;
Vérone demandait tous les ans 200 pièces d'étoffes d'or, d'argent ou de soie ;
Vicence — — 120 pièces ;
Padoue — — 200 ;
Trévise — — 120 ;
Le Frioul — — 50 ;
Feltre et Bellune — 12.

Les cuirs dorés, une des branches de l'industrie vénitienne les plus vantées, procuraient un bénéfice de 100,000 ducats par an. Enfin, la préparation en grand d'une foule de produits chimiques et pharmaceutiques, tels que le borax, l'alun, le cinabre, le savon, les matières colorantes, le camphre, le vitriol, la cire, la thériaque, donnait lieu à une exportation très-lucrative.

Telles étaient les principales branches et les principales directions du commerce extérieur ou intérieur de Venise, aux époques de sa splendeur. Ses rapports avec la Lombardie étaient évalués à 28 millions 800,000 ducats par an, donnant un bénéfice de 1 million 600,000 ducats; elle retirait en outre 600,000 ducats pour fret ou courtage; la balance de son commerce avec Florence lui en laissait un de 400,000 ducats. Vers le milieu du xve siècle, Venise mettait tous les ans en circulation une somme de 10 millions de ducats, sur lesquels elle en gagnait 4. Hâtons nous aussi de le dire, un établissement de crédit public, qui fonctionnait avec une admirable précision, et dont aucune puissance de l'Europe ne soupçonnait alors l'existence, donnait l'impulsion et la vie à cet immense mouvement d'espèces monétaires.

L'origine de la banque de Venise, qui fut appelée d'abord *Monte* et puis *Banco del Giro*, remonte au XII° siècle. Le premier capital fut le produit d'un emprunt forcé, dont le montant, représenté par des certificats portant intérêt, fit naître l'idée d'employer ces certificats comme la monnaie même, et la banque commença à effectuer, pour le compte de certains particuliers, le paiement des lettres de change. On évalue à près de 5 millions de francs les revenus dont elle disposait. Les historiens ne nous ont donné que des détails fort incertains sur son organisation et ses opérations, mais on sait que dès 1453 son crédit était si solidement établi, la confiance dans les certificats de dépôt tellement grande, que bientôt la banque exporta la presque totalité du numéraire qui leur servait de garantie, sans que les citoyens en conçussent de l'ombrage [1].

Nous avons exposé les efforts individuels des négociants vénitiens; il nous reste à dire comment le gouvernement secondait leurs entreprises.

Pendant les huit siècles de sa grandeur, la république n'eut en vue que deux grands objets : l'établissement et la défense de la constitution aristocratique en dedans, l'extension de sa suprématie commerciale au dehors. Sous ce dernier rapport, la politique du gouvernement fut d'autant plus habile qu'elle s'appuyait sur les intérêts essentiels et permanents de la population, en même temps que sur les instincts les plus vivaces de l'esprit national. Il poursuivit constamment trois résultats inséparables : 1° extension indéfinie des relations extérieures pour l'achat et la vente des produits étrangers, et multiplication incessante des débouchés pour l'écoulement des produits de l'industrie nationale; 2° protection efficace de la vie et des biens des nationaux sur terre et sur mer ; 3° destruction de la concurrence. Au X° siècle, le sénat signait des traités de commerce avec les empereurs d'Orient, avec le patriarche d'Aquilée, avec l'empereur Charles IV à Mantoue, avec Othon II à Ravenne; dans les XI° et XII°, avec Baudouin, roi de Jérusalem, avec Guillaume III, roi de Sicile (1152-

---

1. La banque de Venise, qui a cessé de fonctionner en 1797, lors de l'extinction de la république, a subi différentes phases. Elle fut fondée sur les débris du *Monte-Vecchio*, érigé, vers 1157, sous le doge Vitalis Michaeli, qui, dans la situation critique où se trouvait la république, fit des emprunts considérables à des particuliers, moyennant une rente constituée, hypothequée sur les revenus de l'État ; le *Monte Novo*, établi en 1580 sous le doge Nicolas da Ponti pour soutenir la guerre contre Alphonse, duc de Ferrare, vint accroître son importance; enfin, le *Monte Novissimo*, institué en 1610 sous le doge Léonard Lorédan, pour relever les finances épuisées par une longue guerre contre les Turcs, élargit le cercle de ses affaires. En 1712, le doge Jean Cornaro revisa les statuts organiques de la banque, et lui donna le nom de *Banco del Giro* (c'est-à-dire de circulation). A cette époque on en distinguait trois espèces : *banque de dépôt, banque de circulation* et *banque d'escompte* : aujourd'hui la même institution embrasse ces trois genres d'opération.

1174); plus tard, avec les rois de Tunis et tous les princes sarrasins de la côte d'Afrique; avec les Tatars, les Anglais, les Flamands, les Espagnols, le royaume de Naples et presque toutes les villes italiennes. Tous ces traités accordaient des droits et des priviléges, et en première ligne l'établissement d'entrepôts ou romptoirs (*fondachi*) tenus par des Vénitiens, et qui, la plupart du temps, devenaient de véritables colonies ayant leur administration particulière modelée sur celle de la métropole. Pas de ville tant soit peu importante de l'archipel grec, de la Syrie, de l'Afrique, de l'Asie Mineure, de la mer Noire, qui n'eût son quartier vénitien; à Antioche, par exemple, il occupait près du tiers de la ville. Souvent fondés par la ruse, ces établissements étaient toujours soutenus par la force. Ainsi, lorsque les Vénitiens ou les Génois ou les Pisans, avaient trouvé quelque point d'une côte à leur convenance, puis, à force de prières, de présents et d'obsessions, obtenu la permission d'y acheter un espace de terre, ils bâtissaient quelques maisonnettes et quelques hangars, entourés d'une simple palissade; peu à peu ils y amenaient des pierres, des marbres, élevaient de bons murs entourés de fossés, et alors, changeant de ton, ils se conduisaient en maîtres. N'est-ce pas de cette manière qu'ont agi les Portugais, les Hollandais, et particulièrement l'Angleterre? Il ne faut pourtant pas confondre ces établissements tout à fait commerciaux avec les fiefs que les Vénitiens fondèrent dans les diverses parties de l'empire grec qui leur sont échues en partage après la conquête de Constantinople.

Une institution née de la précédente et qui en était le complément, est celle des consuls. Les Vénitiens en avaient établi dans presque tous les ports et villes de la Grèce, de l'Asie, de l'Afrique et de l'Europe, et on les choisissait parmi les nobles ou les citadins. Autorisés à avoir avec eux un aumônier, un notaire, sept domestiques, deux écuyers, dix chevaux, ces magistrats recevaient des appointements relatifs à leur importance [1]. Par une juste réciprocité, le gouvernement accordait une protection spéciale aux négociants étrangers établis à Venise, et garantissait à toutes les nations qui y avaient des comptoirs le libre exercice de leur commerce. Toutefois les droits, priviléges, immunités, les restrictions et les charges, étaient assez inégalement répartis entre ces étrangers. Les Allemands étaient les plus favorisés : au XIIIe siècle ils obtinrent le droit d'avoir un local destiné à leurs marchandises et à leurs marchands; situé sur le grand canal, il contenait cinquante-six chambres ou magasins [2]. Le *fondaco* des

---

1. Soranzo évalue à 25,000 ducats le revenu des consulats de Syrie et d'Alexandrie.
2. Brûlé lors de l'incendie de l'ancien pont de Rialto, rebâti, au commencement du XVIe siècle, sur un plan plus vaste, cet édifice, qui porte encore aujourd'hui le nom de *Fondaco dei Tedeschi*, avait cinq cent douze pieds de circonférence et était entouré de vingt-deux boutiques. Les murs étaient ornés de peintures exécutées par les plus grands peintres de l'époque, entre autres le Titien et Giorgion. A l'intérieur, une vaste cour entourée d'un portique donne accès à deux cents chambres. L'entrée du fondaco était interdite aux femmes; et les marchands qui voulaient s'établir à Venise avec un ménage étaient obligés d'épouser des femmes du pays, c'est-à-dire de se fondre dans la population indigène.

Arméniens ne fut d'abord qu'un hospice établi aux frais de Marco Ziani, neveu du doge de ce nom, dont la famille avait longtemps demeuré en Arménie et s'y était enrichie; au xv⁰ siècle, ces Asiatiques obtinrent des bâtiments plus vastes et construisirent une église pour leur culte; ils avaient en outre dans l'île Saint-Lazare un autre établissement dont nous parlerons ailleurs. Quant aux Grecs, dont le nombre devint très-considérable, surtout après la prise de Constantinople par les Turcs, ils obtinrent aussi le droit de posséder des biens-fonds et de faire le commerce à Venise; on leur accorda même la faculté de pratiquer leur culte dans l'église de Saint-George; mais la sévère orthodoxie du gouvernement leur suscita de fréquentes querelles, et la juridiction du clergé grec, dans ses rapports avec l'autorité ecclésiastique romaine et l'autorité civile, fut pendant plusieurs siècles l'objet de discussions, de décrets pontificaux, de nombreux règlements. Malgré tout cela, les Grecs jouissaient d'une grande considération et d'une liberté religieuse et civile très-tolérable pour l'époque. Les Grisons et les Turcs n'étaient pas moins bien traités [1].

Dès les premiers siècles de l'ère chrétienne, les Juifs s'étaient répandus dans toutes les contrées de l'Orient et de l'Occident, et particulièrement dans les villes de l'Italie où ils étaient tolérés moyennant un tribut. A Venise, on ne leur accorda jamais que des permis de séjour temporaire. Dans le cours des xiv⁰ et xv⁰ siècles [2], ces permis étaient tantôt de dix, tantôt de cinq ans; quelquefois même on ne les renouvelait pas. Contraints alors de quitter la ville, ils ne tardaient pas à y reparaître sous divers prétextes, et des arrêts formels de bannissement étaient lancés contre eux. Ramenés de nouveau par leur ténacité naturelle et par l'appât du gain, ils se rendaient utiles au gouvernement dans les moments difficiles, et obtenaient soit de nouvelles autorisations, soit une tolérance tacite, jusqu'à ce que les plaintes que leurs mœurs et leurs exactions soulevaient parmi le peuple, et surtout la haine aveugle dont leur race était l'objet, provoquassent de nouvelles persécutions. Ainsi, en 1463, un décret du

---

[1]. Les Grisons ne furent jamais astreints à une habitation commune. Dans l'origine, les Turcs jouissaient du même avantage; mais, en 1575, le sénat voulant préserver les chrétiens du contact des musulmans, ordonna qu'ils auraient une habitation et des magasins en commun. En 1579, on leur assigna un local près de l'église Saints-Jean-et-Paul. En 1641 on les transféra dans l'ancien palais du duc de Ferrare, situé sur le grand canal, édifice qui s'appelle encore aujourd'hui *Fondaco di Turchi* ; mais cette hospitalité était environnée de précautions qui la faisaient ressembler à un casernement ou plutôt à un emprisonnement. Toutes les ouvertures donnant sur la voie publique devaient être fermées, à l'exception d'une seule, et l'on établit aux frais des habitants une garde chrétienne qui devait en fermer les portes au coucher du soleil. L'entrée du *Fondaco* était sévèrement interdite aux femmes et aux jeunes garçons.

[2]. Pendant la longue guerre suscitée par la ligue de Cambrai, les Juifs avaient afflué plus que jamais à Venise et s'y étaient établis au milieu des chrétiens. A la paix (1516), le sénat voulant faire cesser un état de choses considéré comme un scandale abominable, décréta qu'à l'avenir les Juifs auraient comme les Turcs une habitation séparée, et il leur assigna quelques bâtiments situés près de l'église de Saint-Jérémie. C'est le *Ghetto Vecchio* (Dans toute l'Italie, *ghetto* désigne le quartier des Juifs.) Au xvii⁰ siècle on y joignit de nouveaux bâtiments qui reçurent le nom de *Ghetto Novo*. Les mesures prises pour leur séquestration furent plus rigoureuses encore que celles

conseil des Dix, approuvé par le légat du pape, l'illustre cardinal Bessarion, permit aux Juifs d'habiter dans toutes les villes et terres de la république, en se conformant aux lois antérieures, qui leur imposaient des conditions plus ou moins dures, telles que de porter sur la poitrine un morceau d'étoffe de couleur jaune, ou sur la tête un bonnet de forme et de couleur particulières, et notamment de ne pas prolonger au delà de quinze jours leur résidence à Venise.

D'après nos idées actuelles de police publique, ces mesures paraîtront tyranniques et oppressives; mais il faut considérer aussi que les autres gouvernements de l'Europe se montraient beaucoup plus défiants, exclusifs et hostiles à l'égard des étrangers, et qu'en somme les Juifs jouissaient à Venise d'une sécurité qu'ils n'auraient trouvée nulle part ailleurs.

La marche systématique que le gouvernement vénitien suivait à l'intérieur pour assurer à la nation la suprématie et même le monopole commercial, est d'autant plus digne d'attention que plusieurs des moyens employés sont peu d'accord avec les principes de notre économie politique moderne. Telles sont les lois qui n'accordaient qu'aux citoyens, nobles ou citadins [1], et parmi ces derniers qu'à une certaine classe (ceux dits d'*extra*), la libre importation et exportation; celles qui voulaient que tout le commerce extérieur se fît par des bâtiments vénitiens, commandés par des Vénitiens et chargés de marchandises appartenant exclusivement à des Vénitiens; celles qui défendaient aux nationaux de noliser ailleurs des navires pour le commerce du Levant, de vendre aux étrangers ni de leur acheter des bâtiments; celles qui ordonnaient que tous les navires fussent construits à Venise même et qu'avant d'être transportées ailleurs toutes les denrées et marchandises, sans distinction de provenance, arrivassent dans ce port, considéré comme l'entrepôt général de la république; enfin, celles qui concentraient dans la capitale ou sur son territoire immédiat les fabriques exploitées par ses propres sujets [2]. Les dispositions relatives aux tarifs, gabelles et

---

qui frappaient les Turcs: on augmenta d'un tiers le prix du loyer des maisons; le *ghetto* fut entouré de murs très-élevés, et l'on n'y entrait que par deux portes qui ne s'ouvraient qu'au lever du soleil et se fermaient avant la nuit. Quatre gardiens chrétiens, entretenus aux frais de ces réprouvés, se tenaient jour et nuit dans l'intérieur, et deux barques faisaient la ronde autour des murs. Tout le monde devait être rentré avant la fermeture des portes, et les contrevenants étaient punis de fortes amendes ou de la prison; enfin, il leur était défendu d'ouvrir des synagogues, même dans l'intérieur du *ghetto*. Un tribut annuel, fixé d'abord à quatre mille ducats, porté ensuite à quatorze mille, ne les dispensait pas de payer les impôts comme sujets de la république. Malgré ce droit de séjour accordé, suivant les anciennes lois, pour cinq ou dix ans, plus d'une fois et notamment en 1527, les Juifs furent décrétés de bannissement perpétuel : sentences, qui à la vérité, restaient sans exécution ou tombaient bien vite en désuétude. En 1524, ils se constituèrent en une communauté qui prit le nom d'*Université juive*. Elle comprenait trois nations, les Juifs levantins, ponentais, allemands, avait son administration intérieure, et taxait elle-même ses membres pour le paiement du tribut et des impôts.

1. La *citadinanza* ou bourgeoisie vénitienne se composait de citadins originaires, c'est-à-dire de ceux qui l'étaient par droit de naissance, et des étrangers qui y étaient admis sous certaines conditions.

2. Voici comment les diverses manufactures étaient réparties sur le territoire de la république :

douanes, formaient une législation fondée sur les principes les plus rigoureux de la prohibition, et laissaient un vaste champ aux violences ou à l'arbitraire qu'engendraient les préjugés et les passions du gouvernement aussi bien que celles des particuliers.

C'est surtout par le développement donné à sa marine que Venise acquit cette prééminence commerciale qui fut l'objet constant de son ambition. Non-seulement la république protégeait, par l'apparition fréquente de ses bâtiments de guerre, la vie et les biens de ses sujets établis ou faisant le trafic dans les ports étrangers; elle-même envoyait directement tous les ans plusieurs flottes marchandes, composées de gros bâtiments appelés galions : deux dans la mer Noire, à Caffa et à Trébizonde; une à Constantinople et dans les ports de la Romanie ou de la Grèce; la quatrième sur les côtes de la Syrie et de l'Asie Mineure; la cinquième visitait l'Espagne et les États barbaresques; la sixième faisait voile pour l'Égypte, et la septième, dont nous avons déjà parlé, avait pour destination la Flandre et l'Angleterre. Chaque galion était monté, outre le commandant et les officiers nécessaires, par un certain nombre de soldats, un aumônier, un médecin et un chirurgien, auxquels on adjoignait deux jeunes nobles, de l'âge de vingt ans, afin qu'ils fissent leur apprentissage dans la navigation et le commerce. Construits, équipés, armés par l'État, ces galions étaient successivement mis à l'encan, et le spéculateur qui avait offert le plus haut prix pour la location les chargeait de marchandises de son choix. Au retour, le gouvernement en reprenait la propriété et prélevait un léger droit sur certains produits. La flotte de l'État ne pouvait se détourner de son itinéraire; d'un autre côté, il était expressément défendu aux particuliers d'envoyer leurs vaisseaux dans les ports qui lui avaient été assignés : celui que l'on aurait pris en contravention, eût été saisi et déclaré de bonne prise, ni plus ni moins qu'un pirate. Il est clair qu'en s'attribuant la haute direction de ces caravanes maritimes, le gouvernement de Venise ne constituait pas un monopole en sa faveur; jaloux d'exercer utilement sa marine militaire pendant la paix, de faire respecter son pavillon sur toutes les mers, il trouvait encore le moyen de venir au secours des négociants trop peu

---

dans le Frioul, un grand nombre de métiers à soie, des papeteries et des fabriques de laine; à Bassano, filatures de soie et fabriques de draps; les montagnards de Salo confectionnaient des toiles et du fil; l'industrie de la province de Bergame consistait à filer des organsins, à fabriquer du papier et des étoffes de laine légères; il y avait aussi des forges, de même que dans la province de Brescia. Celle-ci était le pays des armuriers; on y comptait aussi quelques tisserands, et on évaluait les produits de ses manufactures en lin à 360,000 livres de France; en soie, à 2,500,000. Vérone, Vicence, Padoue, étaient riches en moulins à soie et en métiers pour la fabrication des étoffes de soie et de laine. Padoue avait de plus la fabrique des chapeaux. Murano jouissait du privilége exclusif de couler les glaces et tous les objets en verre. Les soieries de toute espèce, les dentelles, les chapeaux, l'orfévrerie, les savonneries, les raffineries, la préparation des produits chimiques, occupaient la population manufacturière de la capitale. Quant aux salines, elles étaient principalefment concentrées à Chiozza; mais les Vénitiens exploitaient encore, à titre de propriétaires ou de erniers, celles de Cervia, de l'Istrie, de la Dalmatie, de la Sicile, de la côte d'Afrique, de la mer Noire, et même d'Astracan.

23

riches pour faire eux-mêmes des armements. Vingt ou trente galères de mille, douze cents, deux mille tonneaux, avec une cargaison évaluée à 100,000 ducats d'or pour chacune, c'est-à-dire à plus de 1,700,000 fr. : telle était la dépense qu'il s'imposait. L'intérêt particulier y trouvait si bien son compte, qu'en 1406 le chargement de la flotte de Flandre montait à 350,000 ducats d'or; celle de Syrie, en 1417, portait des marchandises pour une valeur de 160,000 ducats, et 360,000 en numéraire, destinés à des achats dans les ports de l'Orient.

La navigation privée était en quelque sorte sous la dépendance du pouvoir, car personne à Venise ne pouvait sans autorisation expresse ni équiper, ni expédier aucun navire. Au reste, quoiqu'il en eût trois à quatre mille, appartenant pour la plupart à des patriciens, le commerce n'entreprenait guère que des expéditions de cabotage : il parcourait les deux rivages de l'Adriatique, les ports du Ponent, c'est-à-dire les côtes de Sicile, de Naples, de l'État romain, de la Toscane, de Gênes, les côtes méridionales de la France et orientales de l'Espagne, enfin les échelles du Levant, qui n'étaient pas réservées aux flottes de la république. Là encore les jeunes nobles étaient tenus de faire quelques voyages : s'ils étaient pauvres, on les recevait gratuitement à bord, et le gouvernement leur fournissait même les moyens de faire une pacotille, tant il avait à cœur que tous les membres valides de l'État tournassent leur activité vers le négoce avec les peuples lointains.

Quant à la marine militaire, elle suivit les rapides développements de la marine marchande. Pendant les VIIe et VIIIe siècles, le golfe Adriatique était livré aux incursions des sauvages riverains de l'Istrie, de la Dalmatie, de l'Esclavonie, auxquels se joignirent plus tard les corsaires sarrasins et barbaresques. Il fallut donc de très-bonne heure songer à se défendre contre ces nombreux ennemis. En 729, une escadre de guerre vénitienne attaque et prend Ravenne; en 808, une autre ravage les côtes de la Dalmatie; en 827, deux batailles navales sont livrées aux Sarrasins et aux Esclavons dans l'intérieur et au dehors du golfe; en 840, soixante bâtiments de guerre, portant vingt mille hommes de troupes, sont détruits par les Sarrasins devant Tarente, et un an après les Vénitiens prennent leur revanche sur les côtes de l'Istrie; en 880, 889 et 998, ils mettent en mer des escadres de trente, quarante vaisseaux contre les Esclavons; en 1004, une grande flotte bat les Sarrasins, et délivre Bari qu'ils étaient sur le point de faire capituler. Dans le XIe siècle, la république soutient les efforts des Normands, maîtres de la Sicile; elle équipe (1084), contre ces mêmes Normands, qui menaçaient l'Albanie, une flotte de soixante-trois galères dont la dimension extraordinaire étonna les Grecs; bientôt après, trente-six gros navires ou dromons, quatorze galères et neuf bâtiments plus légers (les dromons réunis portaient près de dix mille hommes), sont vaincus par les Normands unis aux Siciliens, et Venise perd cinq mille hommes tués, trois mille faits prisonniers. Peu d'années après, une armée navale beaucoup plus forte que la précédente, et composée de vaisseaux d'une telle dimension que les Grecs les appellèrent des *forteresses flottantes*, sort des lagunes. En 1111, une escadre de cent voiles, au service des croisés, fut expédiée en Syrie; en 1117, quarante galères et vingt gros navires, menacent le trône de l'empereur Manuel. En 1201, dans l'expédition contre Constantinople, Venise réunit cent dromons, soixante galères longues et soixante navires de transport portant quatre mille cinq cents chevaux et environ trente mille combattants, Français, Allemands, etc.; elle y joint encore cinquante autres galères pour l'*amour de Dieu*, comme dit Villehardouin, témoin oculaire des faits qu'il rapporte. En 1268, les Vénitiens fournissent au roi saint Louis quinze gros vaisseaux qui transportent en Syrie quatre mille chevaux et dix mille hommes, et auxquels quinze galères armées donnent un efficace renfort; bientôt après une autre flotte, composée de soixante-dix gros bâtiments de charge, de cent vingt galères et d'autres navires, au nombre de trois cents, transportait dans le Levant une armée de trente-cinq mille hommes, cavaliers et fantassins. Dans tout le cours du XIIIe et du XIVe siècles, tour à tour vainqueurs des Génois ou vaincus par eux, les Vénitiens tiennent constamment en mer et renouvellent des flottes immenses. En 1379, en moins de deux mois, après l'entière destruction de leur marine en Istrie, Chiozza étant au pouvoir des Génois, et Venise étroitement bloquée, ils mettent sur les chantiers quarante galères avec un nombre proportionnel de petits bâtiments, à l'aide desquels ils arrêtent les progrès de l'ennemi jusqu'à ce que l'arrivée de Zéno rétablisse leurs affaires. Dans les XIVe, XVe et XVIe siècles, la république, pour ainsi dire abandonnée à elle-même, tint tête à toutes les forces de l'empire ottoman.

Par cette rapide énumération, nous avons voulu faire ressortir les immenses, les inépuisables ressources de Venise. L'entretien d'une galère de moyenne grandeur, pendant un an, était évalué à 4,200 ducats d'or, et son approvisionnement de vivres à 7,200; si l'on y ajoute les frais de construction et de réparation, l'achat des armes et des munitions de guerre, on trouvera que l'armement entier ne revenait pas à moins de 20,000 ducats pour une seule campagne, et que par conséquent la sortie d'une flotte de cent galères occasionnait une dépense de 30 millions de notre monnaie.

De tout temps, les Vénitiens furent très-habiles dans l'art des constructions navales, qu'ils avaient sans doute appris des Grecs. De son côté, le gouvernement les y encourageait par des primes, et au besoin par des avances; il avait institué des fêtes (*les Régates*) au milieu desquelles l'émulation des constructeurs et des marins se déployait; enfin, les diverses corporations de la ville prenaient l'engagement d'armer, l'une un vaisseau, l'autre deux, etc. Pendant plusieurs siècles, leur arsenal a passé pour une des merveilles du monde. Il n'avait que deux entrées : celle de mer était défendue par deux grosses tours carrées, précédées d'un pont-levis qu'il fallait abattre avant d'arriver jusqu'à une forte herse en bronze qui servait de porte pour s'engager dans le passage pratiqué entre ces deux tours ; l'entrée de terre était remarquable par deux énormes lions de marbre, trophée qui jadis décorait le Pirée, mais qui attestait alors que Venise avait succédé à Athènes dans l'empire des mers. Une haute muraille hérissée de guérites et qu'entourait à l'extérieur un large canal, formait une vaste enceinte dont le périmètre est évalué à trois milles environ. L'intérieur de l'arsenal était divisé en trois parties. Dans la première, étaient les forges, les fonderies, les ateliers des métiers, les logements des officiers : la corderie couvrait une surface de quatre cents pieds de longueur sur quatre-vingt-dix de largeur. Dans la seconde partie se trouvaient les salles d'armes, le magasin des bois, les grandes cales couvertes. La troisième était exclusivement réservée aux constructions inférieures. Trois grands bassins creusés dans l'intérieur de l'arsenal correspondaient par des canaux aux cales couvertes ; la coque une fois terminée sous les hangars, on amenait le bâtiment dans un de ces bassins, où il recevait le complément de son armement. Cet établissement faisait l'orgueil de la république ; c'est dans son enceinte qu'elle traitait les rois et les princes qui visitaient Venise, comme si, par l'étalage de sa puissance, elle eût voulu leur faire sentir le prix de son amitié. On raconte qu'un bâtiment de guerre fut construit et lancé sous les yeux de Henri III, roi de France, pendant un dîner qui lui avait été offert dans une des salles de l'arsenal. Les robustes *Arsenaloti* (ouvriers de l'arsenal), qui accomplissaient ces prodiges, formaient un corps nombreux aussi intelligent que dévoué.

Indépendamment du matériel nécessaire pour armer une grande flotte, il fallait avoir des matelots pour la servir : les contingents avaient été fixés. La capitale fournissait les équipages de cinquante galères ; les villes de terre-ferme, douze ; l'île de Candie, dix ; Capo-d'Istria, l'île de Voglia, Biazza, Zara, Lezina, Spalatro, Traù, Cursola, Cattaro, treize. Ainsi, quatre-vingt-cinq galères pouvaient sortir en peu de temps des ports de la république ; dans les circonstances extraordinaires, on en armait une plus grande quantité.

C'est au moyen de cette politique active et prévoyante du gouvernement, que la marine marchande et militaire des Vénitiens acquit et conserva pendant plusieurs siècles une supériorité incontestable sur toutes ses rivales, et que la ville atteignit à ce haut degré de richesse et de puissance qui lui valut le titre fastueux de *Reine de l'Adriatique*. Un recensement opéré en 1336 compte dans Venise seulement quarante mille cent hommes en état de porter les armes, et d'après un rapport fait au sénat par le doge André Mocenigo, vers l'année 1400, elle renfermait dans l'étroite enceinte de sa lagune propre trois mille trois cent quarante-cinq bâtiments, vingt-trois mille cinq cents matelots, et seize mille ouvriers employés dans les chantiers ou arsenaux.

Il serait inutile de le répéter, les Vénitiens n'étaient pas parvenus sans opposition à cette haute fortune ; les Grecs, les Sarrasins, les Génois, les Pisans, et en tout temps les pirates, les avaient mis dans la nécessité d'accroître leurs forces maritimes. Devenus les maîtres, ils exercèrent avec une rigueur inqualifiable le droit du plus fort; non contents de protéger leur commerce, ils suscitaient mille entraves à celui des autres nations, lorsqu'ils ne réussissoient pas à l'anéantir. Ainsi, ils firent à plusieurs reprises attaquer les établissements portugais de la côte d'Afrique par les peuplades sauvages. Là où les attaques à main armée n'étaient pas possibles, ils prenaient à ferme les droits du souverain, et, en rendant onéreux aux autres l'exercice de ces droits, ils trouvaient le moyen d'écarter toute concurrence. Leur ambition croissait avec leurs succès : la suprématie des mers n'étant pas assez pour eux, il leur en fallut l'empire exclusif. Parmi les actes les plus significatifs de ces prétentions exorbitantes, il suffit de citer l'institution du *capitanat du golfe* (XIIIe siècle), au moyen duquel ils exercèrent dans toute sa plénitude leur prétendue souveraineté sur la mer Adriatique. Ce droit exorbitant, dont ils avaient commencé à parler dès le Xe siècle, ils le firent exposer et justifier par leurs légistes, en même temps qu'ils l'établissaient par la force. Dès l'origine de leur puissance maritime, les Vénitiens s'étaient chargés de fait de la police du golfe, dont ils étaient parvenus à chasser les pirates istriotes, sclavons, dalmates, normands, sarrasins, et sous ce rapport ils méritaient la reconnaissance de toutes les nations commerçantes; mais dès cette époque aussi ils avaient commencé à entraver la libre circulation sur cette mer, et principalement celle des bâtiments de guerre. C'est pour régulariser, consacrer même cette violation du droit des gens qu'ils établirent cette institution dont on ne trouve pas d'exemple dans l'histoire, et qui cependant est restée en vigueur jusqu'à la chute de la république. Voici comment elle fonctionnait.

Des flottilles armées gardaient les embouchures de tous les fleuves qui se déversent dans l'Adriatique, et ne laissaient ni entrer ni sortir une seule barque sans l'avoir rigoureusement visitée. Deux escadres longeaient sans cesse, l'une les côtes d'Istrie et de Dalmatie, l'autre celles de la Romagne et du royaume de Naples, tandis que le capitaine du golfe, avec vingt galères stationnées à Zara ou à Corfou, était toujours prêt à se porter là où les prétentions bien ou mal fondées de la république rencontraient quelque résistance. Les navires marchands qui naviguaient entre Fano et les bouches du Pô étaient tenus de lui payer la gabelle et d'aller ensuite faire escale à Venise. Ce commandement était toujours confié à un patricien ancien officier de mer, qui prenait le titre de *capitaine* ou *gouverneur du golfe*, et chaque galère de son escadre était placée sous les ordres d'un noble appelé *sopra comito*. Dès le début, les Bolonais et les Anconitains, dont les intérêts étaient particulièrement froissés par cette police tracassière, essayèrent de résister, mais ils furent promptement réduits à s'y soumettre : à la longue, cette usurpation flagrante reçut une sanction volontaire ou forcée, par l'assentiment de tous les peuples et de tous les rois de l'Europe.

Venise ne souffrit jamais qu'il y fût porté atteinte, même de la manière la plus indirecte [1].

C'est au moyen de cette prodigieuse activité, de cette sollicitude toujours éveillée, de ces empiétements continuels, de ces guerres, de ces injustices, de ces tyrannies, que Venise parvint à poser son commerce sur de larges bases et à le faire concourir à la prospérité de l'État. Grâce au commerce, le trésor public regorgeait de numéraire ; grâce au commerce, le peuple était toujours sûr d'avoir du travail, et des moyens d'existence faciles ; grâce au commerce, enfin, le gouvernement pouvait constamment entretenir et sur terre et sur mer des forces respectables. Si, après avoir parcouru l'espace qu'embrassaient les spéculations des citoyens de cette république, on veut se rappeler toutes les colonies qu'elle a occupées, tous les territoires où elle commandait en souveraine ; si l'on considère l'immense développement de côtes ouvert à l'activité de tant de navigateurs et de spéculateurs, dont le gouvernement encourageait l'ambition, on reconnaîtra qu'aucune des nations contemporaines ne disposait alors ni d'autant d'hommes accoutumés par leur position à l'exercice de la mer, ni d'autant de terres à explorer, ni d'autant de ports pour abriter les vaisseaux, ni d'une plus grande variété de productions pour former les cargaisons. Mais, ce qui n'est pas moins remarquable que ces positions acquises en des lieux si divers, c'est l'art admirable avec lequel toutes ces ressources sont employées.

Les colonies, toujours inquiètes, étaient gouvernées par des patriciens et contenues par des régiments de Dalmates, non moins turbulents dans leur propre pays ; en compensation de ces dépenses, elles fournissaient des matelots ; ces matelots remplissaient les trésors où l'on puisait la solde des Dalmates, et surtout celle des compagnies de stipendiaires qui conquéraient pour la république des provinces sur le continent, ou qui, à l'occasion, faisaient rentrer les Dalmates dans le devoir. Au milieu de cette réaction continuelle des diverses classes de la

1. Voici quelques exemples du soin que les Vénitiens apportaient à faire respecter leur souveraineté sur l'Adriatique. A la suite d'un différend avec le patriarche d'Aquilée, en 1248, ils l'obligèrent à fermer un de ses ports à ses propres sujets. On dit plus encore : ce prince, sollicitant la permission de faire venir, sur un bâtiment de sa nation, une provision de vin qu'il avait achetée dans la Marche d'Ancône, pour son usage personnel, cette permission lui fut refusée, mais la république voulut bien se charger elle-même des soins du transport. — Lorsqu'en 1630, l'infante Marie, sœur du roi d'Espagne, se disposait à se rendre de Naples à Trieste, accompagnée de l'armée navale espagnole, pour aller consommer son mariage avec Ferdinand, roi de Hongrie, le sénat répondit à l'ambassadeur espagnol, qui lui donnait avis de ces dispositions, « que la répu« blique ayant la souveraineté du golfe, elle n'y laisserait jamais entrer d'autres vaisseaux de guerre « que les siens ; que si Sa Majesté catholique voulait agréer l'offre des galères vénitiennes, la séré« nissime infante serait reçue avec tous les honneurs dus à son rang ; mais que si elle refusait ce « parti, la république défendrait son droit par la force. » La Seigneurie fit dire en même temps au vice-roi de Naples, par son résident, Marc-Antoine Padavini, « que si l'Espagne préférait la voie « des armes à l'honnêteté de leurs offres, il faudrait que la reine s'exposât à la bouche du canon « pour aller célébrer ses noces. » Le roi d'Espagne n'insista pas, et la république, pour lui en témoigner sa satisfaction, fit conduire à ses frais la jeune reine, avec une magnificence extraordinaire. — La fameuse et bizarre cérémonie du mariage du doge avec la mer était encore une sorte de proclamation annuelle de cette souveraineté usurpée.

population l'une sur l'autre, toutes étaient plus ou moins attachées au gouvernement par les liens de l'intérêt. Un salaire très-avantageux attirait les soldats étrangers sous les drapeaux de Saint-Marc, et les meilleurs ouvriers dans les ateliers de Venise; puis, les glaces, les armes, les étoffes, le sel, mille objets divers, sortaient de ses ateliers pour aller payer toutes les marchandises, tous les produits de l'Europe et de l'Asie.

Chaque branche de commerce attirait à Venise les capitaux de l'étranger. A leur tour, ces capitaux devenaient une nouvelle matière première sur laquelle l'industrie s'exerçait encore; les fabricants leur faisaient produire un gros intérêt par l'achat des marchandises brutes, qui, au sortir de leurs ateliers, avaient doublé, triplé, décuplé de valeur. L'industrie faisait accroître la population, l'accroissement de la population augmentait la consommation de tous les produits manufacturés, et cette consommation devenait un nouveau stimulant pour les spéculations, une nouvelle source de bénéfices. L'aisance générale, les progrès du luxe, le mouvement intérieur et extérieur, la nourriture et l'entretien des troupes, l'approvisionnement des flottes, tout devenait pour le pauvre une occasion de travail, une source de richesse pour le spéculateur et pour l'État.

C'est en se multipliant, c'est en se montrant partout, c'est en prévenant les besoins des autres peuples, c'est surtout en persévérant dans la voie qu'ils s'étaient tracée, que les Vénitiens étaient devenus pour ainsi dire le lien des nations et qu'ils s'étaient rendus tellement nécessaires, que souvent pour faire plier leurs voisins ils n'eurent qu'à suspendre leurs relations avec eux. Ainsi le roi de Naples, Robert, étant en guerre avec la république, fut obligé de faire la paix, parce que ses sujets ne lui payaient plus aucun impôt. « Depuis que les « Vénitiens ont cessé de fréquenter nos ports, » disaient-ils dans leur requête, « la pauvreté nous accable; nous sommes hors d'état de subvenir à nos premiers « besoins, et, à plus forte raison, de payer les taxes. » Pendant une des guerres de la république contre les Turcs, l'expédition des flottes dans le Levant et sur les côtes de Barbarie se trouva nécessairement interrompue; mais à peine les hostilités étaient-elles éteintes, que le bey de Tunis envoya un ambassadeur solliciter le doge de reprendre ses relations commerciales avec l'Afrique.

Entre les mains de la république, le commerce était devenu non-seulement une source certaine de richesse, mais encore un instrument de puissance qui la faisait respecter de ses alliés; une arme dont elle se servait avec adresse pour châtier ses ennemis. Voilà la part du gouvernement dans cette brillante situation. Celle des particuliers n'était pas moins avantageuse : position formidable et sûreté chez eux, accès facile et priviléges chez l'étranger, protection constante sur tous les points du monde, moyens de transport nombreux et commodes, pour les hommes, les choses, les capitaux; établissement de banques, monnaies perfectionnées, encouragements de toute espèce, crédit immense, tout concourait à faire d'un commerçant vénitien, et tout Vénitien était commerçant[1], l'homme de l'univers qui possédait le plus libre emploi de ses facultés pour travailler à l'augmentation de son bien-être. Cette supériorité sur les autres peuples de l'Europe, ils l'exerçaient dans toute sa plénitude à l'époque où nous avons suspendu le récit des événements historiques : à mesure qu'ils se rapprocheront de notre époque, nous y trouverons l'explication des causes qui amenèrent la décadence du commerce et de l'industrie de Venise.

[1]. Malgré la loi qui leur interdisait le commerce, les nobles continuèrent de s'y livrer jusqu'à l'époque où déjà la république était déchue de sa puissance. Ce ne fut qu'en 1381 que tout en se réservant la faculté de choisir son premier magistrat parmi les négociants, elle exigea de lui qu'il liquidât ses affaires dans l'année qui suivrait son élection.

CHAPITRE X.

GUERRES CONTRE VENISE. — LIGUE DE CAMBRAI.

(1485-1516.)

Ligue de l'Italie contre Venise. — Le pape frappe d'interdiction la république. — Guerres contre le duc d'Autriche et le roi de Naples. — Charles VIII, roi de France, entre en Italie. — Résultats de son invasion. — Deuxième guerre des Turcs. — Alliance des Vénitiens avec Louis XII. — Rupture. — Guerre contre le duc d'Autriche. — Ligue de Cambrai. — Ses résultats.

ous avons vu comment Venise, malgré le peu d'étendue de son territoire, mais grâce à l'habileté que déployait son gouvernement dans les relations avec les puissances étrangères, s'était élevée au rang d'État libre ; comment la nécessité d'étouffer la piraterie et d'accroître les avantages de sa position au milieu des lagunes, l'avait successivement entraînée à ranger sous sa domination les îles et les villes maritimes les plus voisines. Lorsque Gênes voulut lui disputer le sceptre des mers, elle sentit le besoin de s'agrandir davantage, d'occuper de fortes positions entre l'Adriatique, la Syrie et la mer Noire. Sous ce rapport, la quatrième croisade la servit au delà de ses espérances, l'affaissement de l'empire grec lui ayant permis d'étendre au loin son ambition.

Plus tard, la formation de grandes principautés en Italie lança Venise dans la voie des conquêtes continentales : les Visconti, les della Scala, les Carrare, les d'Este, étaient devenus des voisins tout autrement dangereux que ne l'avaient été jadis les évêques de Padoue et de Vicence. Par mesure de garantie pour elle-même, et aussi pour conserver certaines branches de commerce qui ne pouvaient devenir florissantes qu'avec la libre navigation du Pô, elle s'efforça de conquérir une certaine influence sur le continent italien, et lorsqu'elle rencontra des obstacles, lorsque des princes assez puissants refusèrent de se soumettre à cette influence, elle sut les y contraindre par la force des armes. Ces guerres entreprises, non pour défendre un droit, mais pour servir une politique ambitieuse, anéantirent les maisons de Carrare, des della Scala, des Polenta; affaiblirent celles d'Este, de Visconti, et le patriarche d'Aquilée, et agrandirent les possessions de la république; mais, en même temps, elles soulevèrent contre Venise d'horribles tempêtes au moment où une importante révolution commerciale qui s'accomplissait en Europe allait ôter à la Seigneurie la plus grande partie de ses ressources.

Dans cette seconde partie de son histoire, moins brillante, il est vrai, que la première, Venise se montra constamment à la hauteur de ses destinées : soutenant la guerre et contre la Turquie et contre les principales puissances de l'Europe; délibérant, au milieu des plus grands dangers, avec ce calme qui plusieurs fois a excité notre admiration; n'irritant jamais ses ennemis, ramenant à elle ceux que des intérêts par trop divergents ne rendaient pas irréconciliables, faisant jouer, pour diviser les autres, les ressorts d'une astucieuse diplomatie; toujours habile à saisir les occasions et à les attendre, lorsqu'elle ne pouvait les faire naître; déployant d'immenses ressources, réparant d'immenses désastres avec une merveilleuse rapidité; enfin, durant les longues années de crise ou d'adversité, toutes les classes de citoyens rivalisant d'ardeur, de patriotisme, d'obéissance aux ordres des Conseils, de respect pour les lois et les institutions.

Mais avant de reprendre le fil des événements, disons en peu de mots quelle était, vers la fin du XVe siècle, la situation de l'Italie, au sort de laquelle l'existence de Venise est désormais liée.

La paix dont la péninsule jouissait depuis trente ans, c'est-à-dire depuis la confédération imaginée par François Sforza, venait d'être détruite par Ferdinand de Naples et le pape Sixte IV qui, n'écoutant que leur ambition personnelle, avaient profité des troubles auxquels étaient en proie la république de Florence pour déclarer la guerre à Laurent de Médicis, dans le but de se partager ses dépouilles. Inquiets pour leurs possessions particulières, les Vénitiens offrirent leur alliance aux Florentins; mais, après deux années de succès et de revers inégalement balancés pour sa patrie, Laurent de Médicis, à force d'actes de soumission envers le roi de Naples, obtint de ce prince un traité de paix au bénéfice duquel la Seigneurie ne fut pas appelée à prendre part (6 mars 1480). Celle-ci crut voir dans cette exclusion une menace secrète, et par une démarche que les idées politiques d'une époque fort peu scrupuleuse justifient à peine, elle trouva promptement le moyen de détourner le coup. Comme ses relations amicales avec la Turquie ouvraient aux Vénitiens un accès facile à la cour de Mahomet II, le sénat fit partir un ambassadeur, Sebastiano Gritti, avec mission de rappeler au sultan les droits qui lui étaient échus sur les provinces méridionales de l'Italie, la Pouille et la Calabre, provinces qui, disait-on insidieusement, relevaient jadis de l'empire d'Orient. Mahomet se laissa aisément persuader. Dans les premiers jours de juin 1480, une flotte de cent galères sortit des Dardanelles; vers le milieu de juillet elle jetait l'ancre dans la baie d'Otrante : la ville fut emportée d'assaut le 14 août suivant. La moitié des habitants massacrés, l'autre moitié réduite en esclavage, les églises profanées, les autels renversés, les saintes bannières traînées dans la boue, les images et les reliques des bienheureux jetées au milieu des flammes, ne suffirent pas à assouvir la rage des vainqueurs! L'archevêque, le gouverneur, plusieurs dignitaires ecclésiastiques, furent sciés vivants entre deux planches.

Remplis d'effroi, Sixte IV et Ferdinand conjurèrent tous les princes chrétiens de s'unir à eux pour repousser les musulmans; tous répondirent à cet appel, et envoyèrent, celui-ci des vaisseaux, celui-là des gendarmes, d'autres de simples fantassins; Venise seule se tint immobile, alléguant pour prétexte que ses traités avec l'empereur turc lui prescrivaient la plus rigoureuse neutralité. L'Italie était en proie aux plus vives alarmes; déjà le grand-vizir Achmet-Giédik, qui commandait l'expédition, avait rassemblé vingt-cinq mille hommes à la Valonne, et se disposait à les faire transporter à Otrante, afin de préluder à la conquête de la péninsule tout entière par celle du royaume de Naples, lorsqu'il reçut la nouvelle que Mahomet II était mort près de Nicomédie (3 mai 1481), et que la guerre civile avait éclaté entre ses fils Bajazet et Zizim [1]. Abandonnant aussitôt son projet, le vizir conduisit son armée au secours de Bajazet; Otrante fut évacuée, et, chose assez singulière, plusieurs des bataillons turcs qui en formaient la garnison passèrent au service du prince dont ils avaient été appelés à conquérir les États.

A peine l'Italie se voyait-elle délivrée de la présence des Turcs, que Sixte IV et Venise réunirent leurs efforts pour écraser la maison d'Este : le pape, afin

---

1. Les malheurs de ce prince, l'accusation que certains historiens ont fait retomber sur le gouvernement de Venise, à propos de sa fin prématurée, nous obligent de résumer en quelques lignes son existence et ses derniers moments. *Zizim*, en turc *Djim*, le second fils du sultan Mahomet II, était *porphyrogénète*, c'est-à-dire qu'il reçut le jour après que son père fut monté sur le trône, et se croyait dès lors d'un rang supérieur à celui de son frère aîné Bajazet : futile distinction, mais plus que suffisante pour en appeler au sort des armes dans un État despotique, où l'on ne connaît de droit réel que le droit fondé sur la force. La force manqua à Zizim. Vaincu en Asie en 1482, dans une bataille des plus meurtrières, il fut obligé de s'embarquer en Cilicie et de se réfugier à Rhodes, où il implora la protection des chevaliers de Saint-Jean. Ceux-ci n'osant pas conserver sur les frontières mêmes de l'Asie un hôte dont la présence pouvait attirer sur eux toutes les forces du grand-seigneur, l'envoyèrent en France, où ils le firent garder soigneusement dans une commanderie de leur ordre, située dans la province d'Auvergne. Bajazet offrit des sommes immenses, des reliques, des priviléges de tout genre, pour que son malheureux frère lui fût livré; mais le grand maître ferma l'oreille à toutes ces propositions Innocent VIII, monté sur le trône pontifical en 1484, ayant exprimé à Charles VIII le desir d'avoir Zizim près de lui, Zizim fut livré à ses envoyés et conduit à Rome, où après quelques témoignages de respect et de considération il ne trouva plus qu'une honorable prison, rendue assez supportable par les quarante mille ducats que le sultan payait annuellement au chef spirituel de la chrétienté. Cependant Charles VIII s'étant rendu à Rome en 1497, réclama la garde du prince musulman. Alexandre VI, qui régnait alors, y consentit, non sans

d'acquérir de nouveaux apanages dont il doterait ses neveux ; la république, afin de s'agrandir. Cette dernière avait contre Hercule Ier d'Este, duc de Ferrare, les mêmes motifs d'animosité qu'autrefois contre la maison de Carrare : non content de tirer du sel de Commachio, ce prince exigeait que les Vénitiens lui payassent un droit de navigation pour tout ce qu'ils transportaient de cette denrée au moyen de la navigation du Pô ; en outre il élevait des prétentions de limites qui ne convenaient d'aucune manière à la Seigneurie. En vain Hercule essaya-t-il de se justifier, en vain fit-il toutes les avances imaginables pour entrer en accommodement, la guerre lui fut déclarée, le 3 mai 1482, au nom du doge et du pape. Le marquis de Montferrat, la république de Gênes et l'État de Parme prirent parti contre lui ; Ferdinand de Naples, son beau-père, le duc de Milan et la république de Florence, embrassèrent chaudement sa cause, et admirent à leur alliance le marquis de Mantoue, la république de Bologne, la maison Colonna elle-même, qui reçut garnison dans ses fiefs de Marino et de Genazzano, presque aux portes de Rome. L'Italie se trouvait encore une fois divisée en deux grandes ligues décidées à se faire une guerre sanglante.

Sixte IV envoya une armée dans les Marches, que devaient traverser les troupes napolitaines pour arriver à Ferrare ; la république fit entrer une escadre dans le Pô, s'empara de quelques places fortes situées sur ce fleuve, et son armée de terre envahit la Polésine de Rovigo, sans y obtenir de bien grands succès ; mais lorsque les troupes papales et les troupes génoises l'eurent ralliée, les affaires changèrent de face : Rovigo, Commachio, Landenara, firent leur soumission volontaire ou forcée. Dès le mois d'août, les Vénitiens s'étaient emparés de la Badia, dernier château qui restât au duc dans la Polésine ; Ferrare elle-même, sans que l'ennemi fût à ses portes, souffrait de tous les maux qu'un siége entraîne à sa suite, et particulièrement de la famine, les habitants des contrées

---

beaucoup de difficultés ; mais Zizim mourut peu de jours après avoir été remis entre les mains du monarque français. Commines, auteur contemporain, et attaché au service de Charles VIII, assure que le prince avait été empoisonné auparavant ; quelques historiens accusent même le souverain pontife d'avoir fait jeter du poison dans le sucre que Zizim prenait à tous ses repas ; d'autres enfin imputent ce crime aux Vénitiens. « Ce qui fait soupçonner, » ajoute Commines, « que ceux-ci « n'étaient pas entièrement innocents, c'est que le jour que les Vénitiens surent la mort du frère « du Turc, que le pape avait baillé entre les mains du roi, ils délibérèrent de le faire savoir au « Turc par un de leurs secrétaires, et commandèrent qu'aucun navire ne passât la nuit entre deux « châteaux qui font l'entrée du golfe de Venise, et ils firent faire le guet. » — « La jalousie des Véni« tiens et du pape, » dit Mezerai, « fit avorter ces belles espérances ; ils avaient empoisonné ce prince « avant que de le mettre entre les mains des Français. » Mais le témoignage de cet historien bilieux et misanthrope, qui croyait trop facilement au crime, n'est pas d'un grand poids. M. Henri Martin, dans sa nouvelle *Histoire de France*, s'exprime ainsi : « Djem expira le 26 février 1495, des « suites d'un poison lent qu'on lui avait fait prendre avant son départ de Rome ; le pape Alexan« dre VI avait gagné ainsi les trois cent mille ducats offerts par Bajazet *pour délivrer son frère* « *des angoisses de ce monde et l'envoyer dans un monde meilleur.* » Laquelle de ces deux opinions faut-il adopter ? Aucune, selon nous, car il en est de la mort de Zizim comme de tant d'autres évènements : l'absence de preuves et de renseignements officiels ne permet de les apprécier qu'avec une excessive circonspection.

voisines étant venus y chercher un refuge. Bref, la situation des affaires du duc de Ferrare était tout à fait désespérée, lorsqu'un changement soudain s'opéra dans sa fortune.

Pendant que les Vénitiens se partageaient en espoir les conquêtes opérées par eux et par leurs alliés, le pape entamait avec Ferdinand une négociation secrète. Soit qu'il se sentît alarmé de l'agrandissement qu'obtiendrait sur les frontières de l'État de l'Église une république dont l'ambition ne respecterait pas longtemps le traité de partage ; soit que le comte d'Imola, son neveu, en faveur duquel il avait voulu s'emparer d'une partie des domaines du duc d'Este, ait compris tout le danger d'un pareil voisinage et l'impossibilité de se maintenir après la mort de son oncle, Sixte IV pressa vivement les négociations, et le traité fut conclu le 12 décembre 1482. Tout aussitôt, cédant à la même impétuosité qui peu de temps auparavant l'avait jeté dans une entreprise ruinée par sa duplicité, le pontife écrivit au doge de Venise, le sommant d'accéder à la pacification de l'Italie, de restituer ses conquêtes, de lever sans aucun retard le siége de Ferrare, ville qui, disait-il, relevait alors du saint-siége et qu'il prenait sous sa protection immédiate.

Restée seule en présence d'une ligue formidable, la Seigneurie déclara qu'elle ne renoncerait à aucun de ses avantages. Alors le pape recourut aux armes spirituelles : le 10 janvier 1483, il adressa à l'Empereur et à tous les princes de l'Europe une sorte de manifeste contre les Vénitiens, qu'il accusait d'une coupable obstination à continuer la guerre ; le 10 juin suivant il fulmina l'excommunication contre les chefs de la république et l'interdit contre son territoire, d'où sa bulle ordonnait à tous les religieux de sortir trois jours après l'avoir reçue.

Les Vénitiens virent avec une surprise mêlée d'indignation que Sixte IV punissait comme criminelle une guerre à laquelle il les avait encouragés, qu'il avait même soutenue de concert avec eux, et rappelèrent de Rome leur ambassadeur, le comte François Diedolo. Pour empêcher aussi que la bulle foudroyante ne pénétrât sur le territoire de la république, le conseil des Dix fit surveiller sévèrement les voyageurs qui arrivaient de Rome, mit sous la responsabilité des curés les affiches qui seraient trouvées aux portes des églises, ordonna au patriarche comme aux ecclésiastiques vénitiens de remettre entre les mains des inquisiteurs d'État, sans l'avoir ouverte, toute dépêche que leur adresserait le saint-siége : et telle était la puissance de cette magistrature, que ses ordres, même dans une affaire où l'on faisait intervenir la religion, furent reçus avec une obéissance unanime. Le patriarche lui transmit encore cachetée l'expédition que lui avait adressée la chancellerie romaine, sans que personne en eût pris connaissance. Muni de cette pièce, le Conseil ordonna à tous les cardinaux et prélats qui relevaient de la Seigneurie, sous peine de saisie de leurs bénéfices, de s'assembler à Venise le 15 juillet en un comité provincial, en même temps qu'il remettait à Jérôme Lando, patriarche titulaire de Constantinople, un appel comme d'abus. Le patriarche, faisant droit, suspendit l'interdit, cita le pape par-devant le futur concile, et l'on trouva des hommes assez déterminés pour afficher la citation sur le pont Saint-Ange et aux portes même du Vatican.

Sans se laisser absorber par ces luttes de chancellerie, le gouvernement vénitien déployait la plus grande activité dans l'organisation de la résistance matérielle : des troupes nombreuses furent levées dans toutes les provinces; le Pô se couvrit de barques, et une flotte de trente-une galères alla ravager les côtes de la Calabre. Plus faible en nombre que ses adversaires, il avait au moins l'avantage que son armée entière agissait sous l'impulsion d'une seule volonté, commandée qu'elle était par Robert de San-Severino, homme d'État autant qu'habile capitaine. Aussi furent-ils bientôt forcés à demander la paix. Le légat voulut troubler la négociation, parce qu'elle ne contenait en faveur du neveu du pape aucun des avantages qu'il avait espérés; mais les autres confédérés se refusèrent à prolonger des hostilités dont ils n'avaient à recueillir aucun profit, et le 7 août 1484 fut signé un traité qui dépouillait Hercule de la Polésine de Rovigo, que les Vénitiens occupaient depuis l'ouverture de la campagne précédente. Lorsque Sixte IV eut pris connaissance des conditions principales, il s'écria : « C'est une paix de « honte et d'ignominie que vous m'apportez là; elle est pleine de confusion et « d'opprobre! » puis, d'une main tremblante, il traça sur les parchemins quelques caractères illisibles. La nuit suivante, une attaque de goutte mit fin à ses jours.

Plus sage que son prédécesseur, Innocent VIII leva, le 2 mars 1485, l'interdit lancé par Sixte IV, et l'Italie respira enfin. Le doge Mocenigo ne survécut que peu de temps à cette pacification impatiemment attendue : le 4 novembre suivant, il succombait aux atteintes de la peste, qui avait reparu de nouveau, et fut remplacé par Marc Barbarigo. Ce dernier vécut en bonne intelligence avec tout le monde, excepté avec son frère Augustin, qui semblait prendre à tâche de combattre ses opinions dans toutes les circonstances; si bien qu'un jour Marc lui adressa ce reproche en plein sénat : « On dirait, messire Augustin, que par votre « opiniâtreté à me contredire en toute occasion, vous voulez hâter ma mort afin « de me succéder. Prenez-y garde, si les autres vous connaissent aussi bien que « je vous connais, ils ne vous choisiront pas! » Prédiction dictée par un dépit bien naturel, mais qui ne se réalisa qu'en partie : le doge mourut à quelques jours de là, et ce fut à son frère que les électeurs décernèrent la couronne ducale (28 août 1486).

Rien d'important ne s'était accompli sous le règne de Marc Barbarigo; il en fut de même dans les premières années de celui d'Augustin : une guerre insignifiante avec le duc d'Autriche, la création d'un deuxième tribunal de la *Quarantie civile* [1], et quelques différends avec le saint-siége, voilà les seuls événements

---

1. Ce tribunal fut nommé la *Quarantie civile nouvelle,* pour le distinguer de celui antérieure-

dignes de mention. Dans quelques démêlés avec le pape, Venise conserva sa raideur habituelle; surtout lorsqu'il fut question de la collation des bénéfices ecclésiastiques et de la vacance du patriarcat d'Aquilée : convaincue que le clergé de tous ses États devait être entièrement sous sa dépendance, la république soutint ses prétentions avec une inébranlable fermeté. Nous négligerons les fastidieux détails de cette controverse, pour aborder plus promptement le récit plein d'intérêt des expéditions militaires de la France dans la péninsule italique.

Il existait entre Naples, Milan, Florence et Ferrare, un pacte fédéral auquel Ludovic Sforza, surnommé le *Maure*, régent du duché de Milan, désirait donner une nouvelle force en engageant le saint-père et Venise dans une confédération générale qui fermât aux étrangers les portes de l'Italie. Le vieux roi Ferdinand de Naples accueillit avec plaisir ce dessein, dont la réussite lui importait plus qu'à tout autre; mais son fils Alphonse, duc de Calabre et beau-père de Jean Galéas, légitime souverain du duché de Milan; Alphonse, qui ne pardonnait pas à Ludovic de ne laisser à ce prince qu'un vain titre et de perpétuer sa minorité; Alphonse, qu'une aveugle et violente ambition portait à convoiter l'entière domination de l'Italie, entraîna son père, ainsi que Pierre de Médicis, et un traité particulier entre Florence et Naples rompit la quadruple alliance. Par représailles, Ludovic fit signer une contre-ligue au pape et à la république de Venise; mais comprenant qu'Alphonse, une fois en possession du trône de Naples, ferait tout pour lui arracher le pouvoir avec la vie, afin de régner à Milan sous le nom de son incapable gendre, ce que lui rendrait facile le revirement opéré dans la politique florentine, il rechercha l'appui des étrangers. En effet, la contre-ligue n'était qu'une faible garantie contre le danger qui le menaçait, personne ne pouvant se fier au pape, et l'appui de Venise n'étant guère plus sûr pour lui. Sentant aussi qu'il ne possédait pas l'affection des Lombards, accablés d'impôts, il offrit à Maximilien, empereur d'Allemagne, la main de sa fille, Blanche Sforza, avec une dot de quatre cent mille ducats, et obtint en échange un diplôme secret qui lui conférait l'investiture impériale du duché de Milan, investiture que n'avaient pu obtenir les fondateurs de sa race. Dans le même temps il envoyait le comte Belgiojoso et le comte de Caiazzo exciter Charles VIII à faire valoir sur la couronne de Naples les droits que la maison de France tenait du comte du Maine, héritier de René d'Anjou. L'empressement avec lequel le jeune monarque écouta les ambassadeurs milanais, dépassa les espérances et les désirs de Ludovic; Charles voulait entrer en campagne sans aucun délai, et la prudence de ses conseillers les plus sages échoua devant la fougue des

---

ment établi et qui à partir de ce moment prit le titre de *Quarantie civile vieille* : devant lui se portèrent les appels des jugements rendus par les magistrats *extra muros*; l'autre ne conserva que les appels des jugements rendus par les magistrats de la ville. La multiplicité des affaires en avait nécessité la création. La *Quarantie criminelle* continua de connaître de tous les crimes, excepté des crimes d'État, spécialement réservés à la haute juridiction du conseil des Dix.

jeunes seigneurs, qui ne rêvaient que la belle Italie, ses voluptés et ses richesses. Ajoutons que les seuls personnages un peu plus graves qui eussent quelque influence sur l'esprit du prince, avaient été gagnés par des agents secrets. L'imagination chevaleresque de cet essaim bouillonnant ne s'en tenait pas à la conquête de Naples, ils rêvaient et la prise de Constantinople et l'expulsion totale des Turcs de l'Europe. Afin de conjurer l'orage, Ferdinand fit l'offre de reconnaître la suzeraineté du roi de France, de lui payer tribut, de lui donner passage à travers ses États pour aller attaquer Bajazet II; rien ne put fléchir une volonté trop opiniâtre, et la guerre fut résolue.

Charles VIII partit de Vienne en Dauphiné, le 25 août 1494, à la tête d'une armée considérable (cinquante à soixante mille hommes). Parmi les divers corps qui la composaient, on remarquait surtout cette superbe artillerie que les frères Bureau avaient perfectionnée pendant les guerres de Charles VII, les épais bataillons de Suisses et de lansquenets allemands, vêtus de justaucorps serrés et de chausses collantes qui dessinaient leurs formes colossales, bariolés d'éclatantes couleurs, armés de longues piques, d'énormes hallebardes, d'arquebuses et d'épées à deux mains; après eux venaient les habiles arbalétriers gascons, puis enfin les magnifiques compagnies des ordonnances de France, fortes, suivant Paul Jove, de deux mille cinq cents lances, cinq mille chevau-légers, sept mille cinq cents pages et coutilliers. La bravoure impétueuse des gentilshommes français, qui entraient seuls dans la cavalerie; le courage, la discipline et la force corporelles des Suisses, leur donnaient un avantage immense sur les troupes des autres nations. En outre, les uns et les autres apportaient à cette guerre une férocité qu'accroissait encore leur souverain mépris pour la civilisation plus avancée des Italiens.

Les Français, descendus en Italie par le mont Genèvre, avaient été reçus en Piémont comme des amis; ce ne fut qu'en entrant dans la Toscane par Pontremoli qu'ils rencontrèrent pour la première fois quelque résistance. Mais à Rapallo, à Firrizzano et devant Sarzane, où ils trouvèrent enfin l'occasion de faire le coup de lance, ils égorgèrent non-seulement tous leurs adversaires, mais encore les prisonniers, jusqu'aux malades dans les hôpitaux, jusqu'aux femmes et aux enfants. Cet excès de barbarie frappa d'épouvante tout ce qui aurait pu disputer le passage aux Français. Charles VIII poussait toujours en avant sans s'informer quels étaient ses amis ou ses ennemis. Le pape Alexandre VI, qui venait de succéder à Innocent, fut tellement épouvanté qu'il s'enferma dans le château Saint-Ange et laissa le roi traverser sans obstacle les États de l'Église. La même terreur gagna Alphonse II, devenu roi de Naples; il s'enfuit en Sicile, après avoir abdiqué en faveur de son fils Ferdinand II. A son tour, celui-ci se voyant abandonné par ses soldats, n'eut d'autre parti à prendre que de s'embarquer pour Ischia, le 21 février 1495.

Maître du royaume et arbitre de l'Italie, Charles entra triomphant à Naples, sans avoir presque combattu. La population le reçut avec des transports de joie, et le salua comme un libérateur, comme un souverain légitime. Son premier soin fut de se faire couronner et de prendre les titres d'auguste et d'empereur. Avec une prodigalité qu'il regardait comme de la magnificence, il distribuait des grâces, des titres, des fiefs, des gouvernements, sans connaître ni la portée de ses faveurs, ni la valeur de celui qu'il dépouillait, non plus que celle de l'homme qu'il enrichissait. En peu de temps, ses libéralités jetèrent un épouvantable désordre dans toutes les branches de l'administration, et par suite le mécontentement dans tous les esprits. Cette vie fastueuse ne tarda pas non plus à l'ennuyer : après un séjour de trois mois, il partit pour la France avec la moitié de son armée, laissant l'autre moitié au chef d'une branche cadette des Bourbons, Gilbert de Montpensier, qu'il nomma vice-roi du royaume de Naples.

A l'effroi, à la stupeur causée par cette rapide invasion, par cette marche irrésistible d'une armée presque barbare, avait promptement succédé la ferme détermination de s'unir pour défendre l'indépendance italienne, pour réprimer l'ambition et l'arrogance française. Venise n'avait pu voir sans inquiétude une puissance supérieure à la sienne s'établir en Italie; d'un autre côté, elle espérait, pour prix des secours qu'elle fournirait à la dynastie napolitaine détrônée, obtenir la cession des ports de la Pouille, ce qui l'eût rendue maîtresse des deux rives de l'Adriatique. Ludovic Sforza, devenu duc de Milan par la mort de son neveu, précipitée sans doute au moyen du poison, voyait les Français, que lui-même avait appelés en Italie, se conduire comme ses plus ardents ennemis; car le duc d'Orléans, que Charles VIII avait laissé à Asti, essayait la conquête du Milanais, qu'il prétendait lui appartenir par droit d'héritage; enfin, le pape, les Vénitiens, Ferdinand et Isabelle, Maximilien, accusaient Charles VIII de n'avoir pas observé les traités signés avec eux. Une ligue pour la défense de l'indépendance italienne, signée à Venise le 31 mars, s'ensuivit; mais avant qu'elle pût mettre en campagne les troupes levées pour son compte en Allemagne et en Espagne, Charles, traversant l'État romain et la Toscane aussi rapidement pour s'en retourner qu'il l'avait fait pour venir, avait passé les Apennins à Pontremoli, et débouchait dans les plaines de Lombardie à Fornovo, au-dessus de Parme. Là il rencontra, sur les bords du Taro, l'armée des confédérés que commandait le marquis de Mantoue. Très-supérieure en nombre, cette armée obéissait à des généraux fort supérieurs aussi en habileté à ceux du roi de France; mais, en revanche, elle était entièrement composée d'Italiens, qui suivaient les règles de leur prudente tactique, et qui n'étaient point encore revenus de la terreur que leur avait inspirée au premier abord la férocité des Français, particulièrement celle des Suisses.

Le 6 juillet, l'armée française, ayant passé le Taro au-dessus de Fornovo, continua sa marche le long de la rivière, prêtant le flanc aux attaques de l'ennemi. La tête de la colonne avançait à grands pas, et progressivement la distance entre l'avant-garde, le corps de bataille et l'arrière-garde, devint si considérable que les Italiens pénétrèrent sans difficulté dans les intervalles. Toutefois la bravoure des chevaliers français répara cette faute capitale : de nombreuses charges de cavalerie culbutèrent les Italiens, et les valets, armés de grands couteaux, *esgorgetoient* derrière eux tout ce qui tombait vivant encore sur le terrain. Quatre mille cavaliers italiens furent massacrés de cette manière; la perte des Français ne s'éleva qu'à deux cents hommes. Les Vénitiens comptèrent pour une victoire d'avoir, durant le combat, pillé les bagages que Charles VIII avait abandonnés pour ne pas ralentir sa marche.

Malgré ce rude échec, l'armée italienne aurait pu encore entraver la retraite du roi; mais, fidèles à leur politique, les provéditeurs vénitiens s'opposèrent à toute affaire sérieuse, et les Français arrivèrent tranquillement devant Asti, le 15 juillet, sauf quelques escarmouches entre leur arrière-garde et la cavalerie légère, qui les suivait de fort près. Ludovic Sforza saisit ce moment pour faire à Charles VIII des propositions de paix en son nom personnel; il se reconnut de nouveau son vassal pour le comté de Gênes, et jura non-seulement de ne donner aucun secours aux princes aragonais, mais d'accorder aux troupes françaises le passage sur ses terres, d'accompagner même le roi s'il retournait en personne à Naples. Charles VIII, de son côté, promit de ne pas seconder les prétentions du duc d'Orléans [1] sur le duché de Milan; moyennant quoi Ludovic s'engagea à payer à ce prince cinquante mille ducats, et donna quittance au roi de quatre-vingt mille autres ducats qu'il lui avait prêtés. Charles n'attendit pas l'exécution de ces engagements, exécution qui d'ailleurs n'eut pas lieu; laissant à Asti un corps de troupes sous les ordres de Trivulce, général qui avait abandonné le service de Naples pour celui de la France, il congédia les bandes suisses, et rentra dans son royaume par Briançon, le 23 octobre, après quatorze mois d'absence.

Pierre de Médicis [2] avait trahi leurs intérêts; pour s'en venger, les Vénitiens soutinrent par tous les moyens en leur pouvoir les Pisans insurgés contre Florence, conduite qui inspira des craintes sérieuses au duc de Milan, au roi de Naples et aux Florentins, tous également persuadés que sous cette protection peu désintéressée se cachaient des vues ultérieures sur la Toscane. En conséquence, ils résolurent de susciter à la république quelques embarras sur d'autres points, et des émissaires secrets allèrent réveiller l'ambition de Bajazet II, l'engager à

---

1. Ce prince, gendre de Louis XI, et successeur de Charles VIII, était fils de Charles, petit-fils de Louis, époux de Valentine Visconti, plus connue sous le nom de Valentine de Milan.

2. Dans sa marche sur Naples, Charles VIII s'étant emparé de plusieurs places appartenant à la république de Florence, Pierre II de Médicis se rendit au camp français pour traiter de leur rachat. Soit faiblesse, soit trahison, le duc méconnut les intérêts qu'il avait à défendre, au point d'abandonner encore les villes de Pise et de Livourne. Honteusement chassé de sa patrie, il se réfugia d'abord à Bologne, puis à Venise, et fit en vain plusieurs tentatives pour ressaisir le pouvoir. Huit ans plus tard (1503) il se joignit à l'armée française envoyée par Louis XII pour reconquérir le royaume de Naples, et périt dans le Garigliano en vue de Gaëte.

concourir à l'anéantissement de Venise. La proposition acceptée avec empressement, on n'attendait plus qu'une occasion favorable pour commencer, lorsqu'elle se présenta d'elle-même. Dans une de ses croisières, Nicolas de Pesaro, amiral de la flotte vénitienne, ayant rencontré une galère turque, la coula à fond parce qu'elle refusait d'amener son pavillon, selon le cérémonial usité. Aussitôt le sénat, inquiet des suites que pouvait avoir cet acte de sévérité, envoya à Constantinople Andréa Zanchani afin d'apaiser le divan, de resserrer même les liens de l'amitié qui existait entre eux. Le sultan ne s'y refusa pas, mais il eut la prétention de faire rédiger en langue latine l'acte qu'on lui demandait, ce qui, d'après ses opinions, lui permettait d'en respecter ou d'en violer la teneur suivant sa convenance. Après avoir fait sous main des armements considérables, il réduisit en esclavage les Vénitiens établis à Constantinople et envoya dans la Méditerranée deux cent soixante-dix vaisseaux, tandis qu'une armée nombreuse se portait sur la Dalmatie. Venise ne put mettre en mer que cent quarante bâtiments, parmi lesquels quarante-six galères seulement, et en confia le commandement à l'amiral Antonio Grimani, qui avait glorieusement servi durant la guerre contre Charles VIII.

Au mois d'août 1499, Grimani rencontra la flotte turque près de Modon, et fut d'abord effrayé de cet immense déploiement de forces; mais lorsqu'il en eut reconnu la composition, il se rassura complétement. Les vaisseaux turcs étaient mal armés, mal gouvernés; leurs équipages, composés d'hommes arrachés tout récemment aux travaux de l'agriculture, n'étaient soumis à aucune discipline, et craignaient la bataille autant que leurs adversaires la désiraient. Aussi, chaque fois que les chrétiens paraissaient se disposer à l'attaque, les musulmans se retiraient-ils dans Porto-Longo. Les deux flottes étaient depuis plusieurs jours en présence, lorsque Lorédan, qui commandait une simple galère, ayant remarqué un vaisseau turc, du port de quatre mille tonneaux, constamment placé en dehors de la ligne d'embossage, résolut de l'attaquer, et fit part de son dessein à un capitaine albanais, qui lui demanda l'honneur de partager les périls de l'exécution. Les deux galères abordent vivement leur colossal adversaire, s'attachent à ses flancs avec leurs harpons, et les matelots se préparent à l'abordage. Le capitaine turc, qui malgré ses mille hommes d'équipage désespérait de se tirer d'affaire à son honneur, les couvrait de feux grégeois; mais, par la maladresse de ses gens, l'incendie se déclara sur son propre bord, et tout le monde, amis ou ennemis, périt soit dans les flammes, soit dans les flots. Lorédan, voyant sa tentative avorter, s'enveloppa dans son pavillon et attendit héroïquement la mort. A cette vue, le découragement s'empara des Vénitiens, et Grimani se retira honteusement à Pradano, sur la côte du Péloponèse. Là, sur l'avis qu'il reçut qu'une flotte française de vingt-deux galères, offerte à la Seigneurie par Louis XII, avait jeté l'ancre dans le port de Zante, il courut la chercher puis revint avec elle parader devant les musulmans, qui n'osèrent pas non plus l'attaquer. Impatientés par leur inutile canonnade, les Français se retirèrent. Pendant ce temps si mal employé, les Turcs avaient formé le siége de Lépante : Grimani n'eut pas le courage de la secourir, et elle se rendit en voyant la flotte s'éloigner. Tant d'impéritie méritait un châtiment sévère : l'amiral, dépouillé de ses titres et de ses honneurs, en fut quitte pour un exil dans les îles de Chezzo et d'Ozero, situées dans le golfe de Carnero.

Les troupes de terre vénitiennes ne montrèrent pas plus de courage que les marins. Iskender-Pacha, gouverneur de Bosnie, chargé par Bajazet d'envahir le Frioul et la Carinthie, entra sans résistance dans ces provinces. Un général de la république devait défendre les bords de l'Isonzo et s'établir dans le camp de Gradiska ; mais, soit lâcheté, soit excès de prudence, il ne permit point à ses soldats de sortir de leurs retranchements. Iskender-Bey franchit l'Isonzo avec sept mille cavaliers, en envoya deux mille au delà du Tagliamento, et une de ses divisions poussa même jusqu'à Vicence ; d'autres corps réduisirent en cendres cent trente-deux bourgs ou villages, et ravagèrent la Carniole et la Dalmatie ; des bandes de fuyards, s'échappant du Frioul, de Trévise, de Padoue même, allèrent s'enfermer dans Venise ; la campagne fut délaissée jusqu'au bord des lagunes. Après y avoir enlevé de nombreux captifs, dont ils massacrèrent une partie avant de repasser le Tagliamento, les Turcs rentrèrent sur leur territoire.

Découragés par le mauvais succès de cette campagne, et désireux de pouvoir diriger toute leur attention sur les affaires de l'Italie, dont les révolutions devenaient de jour en jour plus importantes, les Vénitiens envoyèrent, au commencement de l'an 1500, une ambassade au grand-turc pour obtenir la paix, la restitution de Lépante ainsi que la liberté de leurs marchands qu'il retenait comme prisonniers dans toute l'étendue de son empire. Bajazet répondit qu'il n'écouterait aucune proposition que la république ne lui eût cédé préalablement Modon, Coron, Napoli de Malvoisie, et si elle ne s'engageait en outre à lui payer un tribut annuel de douze mille ducats. Ces exigences rompirent les négociations. Daüth-Pacha entra dans le Péloponèse avec une armée formidable, tandis que la flotte du sultan attaquait, du côté de la mer, les villes dont il avait demandé la cession, et les Turcs s'emparèrent successivement de Modon, de Navarin et de Coron. Napoli de Malvoisie, défendu par le brave Paul Contarino, résista seule à leurs efforts. De leur côté, les Vénitiens s'emparèrent de Céphalonie, que Mahomet avait conquise vers la fin de son règne : bien faible compensation pour tant de pertes !

Craignant de ne pouvoir arrêter les rapides progrès des armes musulmanes, Venise demanda du secours aux princes de la chrétienté. A cette époque, la guerre contre les infidèles était encore regardée comme un devoir ; tous répondirent avec empressement à son cri de détresse. Alexandre VI fit armer vingt galères, qu'il envoya rallier à Zante la flotte de la république ; Ravenstein, gouverneur de Gênes pour la France, y amena vingt-deux bâtiments; l'Espagne et le Portugal y furent représentés par un bon nombre de navires; enfin les rois de Pologne et de Hongrie consentirent à opérer une diversion en attaquant les Turcs sur la frontière de terre. Grâce à ces prompts secours, Venise put rentrer en lice avec avantage. Son amiral, Benedetto Pesaro, surprit l'escadre ottomane près de Vaïssa, captura onze galères et en brûla deux autres; dans le même temps Gonzalve de Cordoue, à la tête des marins espagnols, ravageait les côtes de l'Asie Mineure, les galères du pape dévastaient les possessions turques de l'Archipel jusqu'à l'entrée des Dardanelles, Ravenstein effectuait une descente dans l'île de Mitylène, et les Hongrois, par la hardiesse de leurs incursions, attiraient l'ennemi vers le Danube. Tels furent les principaux résultats de la campagne de 1501.

L'année suivante un nouvel auxiliaire vint améliorer la situation : le shah de Perse envahit la partie de l'Arménie soumise aux Turcs, et attira en Asie les armées du sultan. Attaqué sur tant de points à la fois, Bajazet ne savait plus sur qui diriger ses coups. Pesaro profita de son hésitation pour pénétrer dans le port de Prevesa et y brûler huit galères; il enleva ensuite l'île de Santa-Maura, et parcourut l'Archipel en vainqueur. Chaque jour le sultan apprenait quelque désastre. Voulant échapper à une ruine imminente, il chargea un de ses lieutenants de faire quelques ouvertures de paix. La Seigneurie inquiète et humiliée de ne pouvoir prendre qu'une part secondaire aux événements qui agitaient alors l'Italie, ne se montra pas sourde à des propositions qu'elle désirait avec ardeur, et chargea Andréa Gritti, un des marchands retenus prisonniers à Constantinople, et que nous verrons bientôt briller au premier rang parmi les hommes politiques de sa patrie, de conduire les négociations. Par suite du traité conclu au commencement de 1503, les Vénitiens restituèrent Sainte Maure ou Leucade, renoncèrent à leurs anciens droits sur Lépante, Modon et Coron qu'ils avaient perdus dans le cours de la guerre, et en retour ils obtinrent la restitution des biens et des marchandises qu'avait si déloyalement confisqués l'empereur turc. Tranquilles de ce côté, car la paix se prolongea jusqu'en 1537, ils tournèrent toute leur attention sur les affaires intérieures de l'Italie.

Nous avons vu (1495) que Charles VIII n'avait pas laissé sa conquête du royaume de Naples solidement établie. Attaqué par Ferdinand II et par les vieilles bandes espagnoles que conduisait Gonzalve de Cordoue, Montpensier, à qui la garde en avait été remise, fut contraint (novembre 1495) de capituler pour les châteaux de Naples, et, après avoir vaillamment disputé la Pouille, de signer dans Atella (20 juillet 1496) une nouvelle capitulation par laquelle il s'engageait à évacuer complétement le royaume. Le vainqueur le fit conduire à Pozzuolo, où il devait s'embarquer avec ses compagnons d'infortune; mais quelques-uns de ses lieutenants s'étant refusés à remettre les forteresses qu'ils occupaient, on le retint sur cette côte malsaine jusqu'à la fin de l'été. Il y succomba aux atteintes d'une épidémie qui décimait les siens, et à peine cinq cents Français revirent-ils leur sol natal. Le roi pensait aux moyens de réparer cet échec ; mais, retenu d'abord par une maladie lente, la mort vint le saisir avant qu'il eût pu faire ses préparatifs (7 avril 1498).

Louis XII, successeur de Charles VIII, ne pouvait se résigner à la perte de l'opulent royaume que la mauvaise foi des rois catholiques avait en si peu de temps ravi à la France. Dès le jour de son sacre, il annonça hautement ses intentions en ajoutant à son titre légitime ceux de roi des Deux-Siciles et de Jérusalem et de duc de Milan. On se rappelle qu'il prétendait à cet héritage en qualité de petit-fils de Valentine Visconti, quoique les femmes et leur descendance fussent exclues de l'hérédité par la loi commune de l'Italie, et plus expressément encore par les deux bulles impériales qui avaient institué le duché de Milan. Sans égard pour les traités conclus par son prédécesseur, il fit jouer pendant un an tous les ressorts de la politique pour s'assurer l'amitié ou la neutralité des différents États qui, soit en Italie soit au dehors, pouvaient servir ou entraver ses desseins. Le pape était son allié, et le mariage de César Borgia avec une d'Albret, sœur du roi de Navarre, venait de consolider cette alliance, peut-être utile, à coup sûr peu honorable; Ferdinand et Isabelle lui avaient promis leur coopération ; enfin Venise répondit aussi à ses avances. Irritée contre Ludovic Sforza, qui avait contrarié ses vues sur Pise, la république oubliait sa prudence habituelle jusqu'à conclure un pacte offensif avec le roi de France au détriment du Milanais ; elle convint de l'attaquer à l'est, et d'entretenir six mille hommes pendant toute la durée de la guerre. Pour prix de cette coopération, Louis XII lui promit la cession de Crémone et de toute la rive gauche de l'Adda[1]. Le duc de Savoie garantit aux Français le libre passage des Alpes, et les Suisses s'engagèrent à fournir un corps de troupes considérable. Il ne restait plus à Ludovic qu'un seul allié, le roi de Naples, qui n'avait pas trop de ses troupes pour défendre son propre royaume.

L'armée française traversa les Alpes le 13 août 1499, sous le commandement de trois chefs habiles : Stuart d'Aubigni, Jean-Jacques Trivulzio, *très-bon Français*, tout Lombard qu'il était, et Louis de Luxembourg, comte de Ligni : on y comptait seize cents lances (neuf mille six cents chevaux), cinquante-huit pièces de canon et treize mille fantassins, dont cinq mille Suisses; quant à la gendarmerie, elle n'avait jamais été ni si bonne, ni si belle. Rien ne résista à la *furia francese*, suivant l'expression des Italiens; l'armée du roi prit coup sur coup Arezzo, Valence, Bassignano, Vogherra, Castel-Nuovo, Ponte-Corona, Tortone ; Alexandrie succomba par la mésintelligence des généraux milanais, et Pavie capitula

---

1. Le traité fut signé à Blois le 15 avril 1499. Voici comment Machiavel s'exprime à ce sujet :
« On ne doit jamais, à moins d'y être forcé, prendre parti pour un voisin plus puissant que soi,
« sous peine de se voir à sa discrétion s'il est vainqueur. Les Vénitiens se perdirent pour s'être alliés
« sans nécessité à la France contre le duc de Milan. »

après un investissement de quelques jours. Pendant ce temps, les Vénitiens s'étaient emparés avec non moins de facilité de toutes les places situées entre l'Oglio et l'Adda, c'est-à-dire de Soncino, de Caravaggio, de Castiglione ; il ne restait plus à conquérir que Crémone et Milan. Le malheureux Sforza succombait sous le poids des revers. Déjà les Vénitiens s'étaient avancés jusqu'aux portes de Lodi ; les villes se rendaient sans coup férir ou se révoltaient d'elles-mêmes ; partout le peuple se montrait ou indifférent ou hostile, et la catastrophe d'Alexandrie ne fit que confirmer les Milonais dans la résolution de ne pas soutenir de siége. Jugeant dès lors que tout était perdu, le duc confia à quelques officiers dévoués le gouvernement de Milan et de quelques autres villes qui lui restaient encore, et se réfugia dans le Tyrol, auprès de son gendre l'empereur Maximilien. Avant qu'il eût gagné Inspruck, les lis de France remplaçaient dans tout le duché la *guiore* milanaise. Pavie et Milan capitulèrent à peu de jours de distance, et Louis XII entra, le 6 octobre, en grande pompe dans sa bonne ville, aux cris de : *Viva Francia!*

A peine installé dans le palais des princes, le roi déclara qu'il confirmait les priviléges du duché et de sa capitale, qu'il abolirait les impôts les plus onéreux, qu'il répandrait ses faveurs parmi la noblesse et lui rendrait le droit de chasse ; sincère admirateur de la civilisation italienne, il prodigua les marques de sa munificence aux savants, aux artistes, et bientôt après il repassa les Alpes, laissant à Trivulce le gouvernement du Milanais.

Malgré les bonnes intentions de Louis, le joug des vainqueurs ne tarda pas à devenir insupportable aux vaincus. Les Français, éblouis de la richesse de la Lombardie, croyaient ne pouvoir jamais lui demander trop d'argent, et les habitants, fatigués outre mesure par les exigences du fisc, avaient encore à se défendre contre une soldatesque qui n'entendait pas leur langage, ne savait pas respecter leurs usages et leurs mœurs. Excellent capitaine mais mauvais politique, Trivulce usa de son autorité moins en lieutenant du roi de France qu'en chef de parti : au lieu de chercher à réconcilier les restes de deux factions qui se transmettaient de génération en génération leurs haines héréditaires, il vexa les gibelins par la partialité qu'il témoignait aux guelfes, s'aliéna les classes populaires par sa rudesse et sa violence. Ludovic Sforza, prévenu par ses partisans de la disposition des esprits, se présenta tout à coup à la tête de vingt mille aventuriers qu'il avait réunis autour de sa personne, et fit éclater un soulèvement général : les garnisons françaises furent massacrées ; Trivulce, attaqué dans la ville même par la populace insurgée, fut contraint de se réfugier dans Novare, et Ludovic recouvra sa capitale en moins de temps qu'il ne l'avait perdue. Cette faveur de la fortune devait lui être bien funeste.

Louis XII, avec une activité dont on avait vu peu d'exemples, et que le bon ordre établi dans ses finances lui rendait facile, n'eut pas plus tôt reçu la nouvelle de ces événements qu'il fit partir sa gendarmerie et donna l'ordre d'embaucher des Suisses. Ces montagnards étaient alors au faîte de leur réputation militaire ; toutes les puissances voulaient en engager à leur service, si bien que lorsque deux armées en venaient aux mains, il était rare qu'il n'y eût pas des Suisses de chaque côté. C'est ce qui arriva dans cette conjoncture. Le duc de Milan avait fait aussi des levées considérables en Helvétie ; et lorsqu'il se trouva en présence de l'ennemi, il fut de part et d'autre impossible de mettre en mouvement ces bandes de mercenaires qui éprouvaient une répugnance fort naturelle à s'entr'égorger pour une cause qui ne les intéressait pas. Le temps s'écoulait en négociations, pendant lesquelles ceux de Ludovic Sforza, au nombre de dix mille, convinrent avec leurs compatriotes qui servaient dans le camp opposé d'abandonner à eux-mêmes les Italiens et les Stradiotes, de livrer le duc à Louis XII, puis de retourner dans leur pays. En effet, le 10 avril, Sforza fut arrêté au moment où il se cachait au milieu de ses Helvétiens, et traîtreusement mis entre les mains du roi, qui le traita avec la dernière rigueur. D'abord enfermé au château de Pierre-Encise, puis au Lis-Saint-Georges en Berri, et enfin dans la grosse tour de Loche où on l'ensevelit au fond d'un cachot souterrain, ce ne fut que vers les derniers temps de cette pénible existence qu'on adoucit sa captivité en lui donnant le château tout entier pour prison.

Débarrassé de son compétiteur, Louis XII envoya le cardinal d'Amboise prendre possession du Milanais : le prélat fit son entrée dans Milan, le 17 avril 1500, jour du vendredi saint, accompagné de Trivulce et d'une nombreuse escorte. La consternation régnait au sein de cette grande cité, car deux députations successives avaient été accueillies par des paroles plus que sévères. Georges d'Amboise se rendit à l'hôtel de ville, où une longue suite d'hommes, de femmes et d'enfants, vêtus de blanc et la tête nue en signe d'humilité, vinrent demander merci. Satisfait de ces marques de repentir, le ministre ne poussa pas plus loin l'abus de la victoire ; seulement, et pour l'exemple, quatre des principaux rebelles furent mis à mort. Milan ainsi que plusieurs autres villes payèrent des amendes plus ou moins considérables ; il en fut de même à l'égard des républiques de Sienne et de Lucques, du marquis de Mantoue, du seigneur de Bologne, qui avaient fourni quelques secours à Ludovic. Quant à la république de Venise, elle reçut l'entière souveraineté de Crémone et de tout le pays conquis par elle le long de l'Adda.

Après avoir réglé ses comptes avec ses amis et ses ennemis, Louis XII annonça hautement ses prétentions sur la couronne de Naples. Son trésor était plein, ses troupes nombreuses et bien disciplinées ; ceux qu'elles devaient combattre, frappés d'une énervante stupeur. La rapidité, la valeur, la férocité des Français, faisaient fuir leurs ennemis devant eux. Le succès était donc assuré. Avant tout cependant, il importait de se mettre d'accord avec l'Empereur et avec le roi de Sicile, qui était en même temps roi d'Aragon, et l'époux d'Isabelle de Castille. Le premier était dans une situation fort équivoque, ses finances en désarroi ; et comme il avait reçu quarante mille ducats du roi de Naples pour attaquer le Milanais, on lui donna de l'argent pour qu'il se tînt tranquille ; quant au second, ce fut par un traité de partage, traité infâme de part et d'autre, qu'on le fit consentir à la spoliation de son parent. Le 11 novembre 1500, les agents de Louis XII et de Ferdinand, réunis à Grenade, convinrent que le roi de France aurait Naples, la Terre de Labour et les Abruzzes, avec le titre de roi de Naples et de Jérusalem ; que le roi catholique prendrait la Pouille et la Calabre, avec le titre de duc attaché à la possession de ces deux provinces. Des bruits de croisade couvrirent fort à propos les préparatifs de cette expédition : le renouvellement des hostilités entre les Turcs et les Vénitiens, la prise de Modon par les musulmans, le massacre des chrétiens de la Morée, excitaient une assez vive agitation en Occident ; et les deux monarques mirent à profit cette catastrophe pour jeter de l'odieux sur Frédéric de Naples qui, de même que Ludovic Sforza, avait inutilement sollicité la protection des infidèles.

Instruit de l'orage qui le menaçait, l'infortuné Frédéric essayait de le détourner en renouvelant les propositions faites par son père à Charles VIII, de reconnaître la suzeraineté de la France, de payer tribut et de recevoir garnison dans plusieurs places maritimes. Ces offres, qui auraient assuré à Louis XII la domination paisible de l'Italie, furent rejetées. Dans ce péril extrême, et hors d'état de se défendre, le roi de Naples eut recours à Ferdinand et Isabelle, qui, comme chefs de sa maison, comme compatriotes, comme anciens alliés, étaient ses protecteurs naturels. On lui promit assistance. Gonzalve de Cordoue avait été envoyé en Sicile avec une puissante armée ; Frédéric l'appela à lui, ouvrit à ses troupes les places fortes de la Calabre, lui livra tous ses arsenaux. Ce ne fut qu'au moment où les Français passaient la frontière pour entrer dans la Campanie, qu'une déclaration de guerre lui révéla les arrangements pris par Louis XII avec le monarque aragonais, révélation trop tardive pour qu'il eût le temps de se reconnaître.

Les Français s'avancèrent par terre et par mer. Stuart d'Aubigni commandait les premiers ; Philippe de Ravenstein, dont nous avons déjà parlé, dirigeait la flotte. Le roi de Naples n'essaya pas même de tenir la campagne : il concentra ses troupes dans sa capitale, dans Averse et dans Capoue, et envoya à Tarente son fils aîné Ferdinand. Capoue seul se défendit ; mais les Français y entrèrent le 25 juillet 1501, et massacrèrent sept mille habitants. Ne voulant pas prolonger par une résistance inutile les misères de ses sujets, Frédéric entra en négociations avec d'Aubigni, aimant mieux s'adresser à un général français qu'à Gonzalve de Cordoue, qui l'avait si perfidement joué. Naples et Gaëte avaient ouvert leurs portes au vainqueur ; les châteaux de la capitale restaient seuls fidèles à leur souverain, qui avait cherché un refuge à Ischia ; Frédéric les livra à d'Aubigni ; puis, montant lui-même sur les vaisseaux français, il fut conduit à Louis XII, qui lui assigna en Anjou une honorable captivité.

Le traité de Grenade était trop odieux pour enchaîner longtemps ceux-là même qui en avaient profité : dès qu'il fut question de procéder au partage, des querelles violentes éclatèrent, et il devint d'autant plus impossible de s'entendre, que les Napolitains humiliés montraient pour les Espagnols une préférence toute naturelle. Les armes pouvant seules trancher la difficulté, une guerre de surprises s'engagea entre les spoliateurs. Les Français, sous les ordres du duc de Nemours, eurent d'abord l'avantage ; mais Gonzalve ayant reçu des renforts et de l'argent d'Espagne, reprit aisément le dessus, battit plusieurs fois ses adversaires, surtout à Cerignoles où Nemours perdit quatre mille hommes et resta lui-même sur le champ de bataille. Le chevalier Bayard soutint seul sur un pont étroit le choc de deux cents ennemis : glorieux mais inutile effort d'une valeur sans égale ! Toutes les places furent enlevées l'une après l'autre ; Naples elle-même se rendit, et les débris de l'armée française se renfermèrent dans Gaëte (1503).

Bientôt une nouvelle armée, conduite par La Trémouille, passa les Alpes pour délivrer les soldats de Louis XII assiégés dans Gaëte et reconquérir le royaume de Naples. Le roi ménageait à son lieutenant un précieux auxiliaire, c'est-à-dire César Borgia. Neveu ou plutôt fils du pape Alexandre VI, Borgia, le plus souple et le moins scrupuleux des hommes de son temps, était parvenu, à force d'intrigues, à se former une principauté considérable dans la Romagne et une excellente armée. Dans une circonstance récente, Louis lui avait prêté quelques troupes ; mais comme César avait pour habitude de ne rester fidèle à une alliance qu'autant que son intérêt l'y tenait engagé, on entama avec lui une nouvelle négociation afin qu'il consentît à favoriser l'expédition de Naples. Il voulait bien, disait-il, prêter la main aux Français, sous la condition que Louis XII abandonnerait les Florentins, ses plus anciens et ses plus fidèles alliés. Le tyran comptait les surprendre et les subjuguer au milieu de la paix ! La Providence épargna cette honte à notre patrie : dans un repas qu'ils offraient à un riche cardinal, le pape et son fils, se trompant de bouteille, burent d'un vin qu'eux-mêmes avaient préparé pour leur hôte, et Alexandre succomba sous la violence du poison (18 août 1503). Quant à César, lorsqu'il lui fut permis de quitter son lit de douleur, il ne devait plus songer à augmenter par de nouvelles conquêtes ses précédentes usurpations.

La vacance du saint-siége éveilla l'ambition de Georges d'Amboise. Ministre et favori de Louis XII, ce prélat ne doutait point d'y monter. Partant de Paris en toute diligence, accompagné de deux cardinaux qu'il avait remis en liberté sous la condition qu'ils lui donneraient leurs votes, il se rendit à Rome, entra en pourparlers avec César Borgia, qui lui promit les voix des dix-huit cardinaux espagnols dont il disposait, et, pour intimider les autres, expédia à l'armée française, alors arrivée à Nepi, l'ordre de rester dans l'État pontifical jusqu'à ce que l'élection fût terminée. Ce n'était qu'une déception : Georges ne posa point la tiare sur sa tête. Par une sorte de compromis, il avait adhéré à ce que les voix qui lui étaient acquises se portassent sur un moribond, François Piccolomini (Pie III), qui régna vingt-cinq jours ; mais quand le conclave se rassembla de nouveau, Georges reconnut qu'il n'avait fait autre chose qu'ouvrir la route au fougueux Julien de La Rovère, devenu si célèbre sous le nom de Jules II, et causer la perte de l'armée. En effet, le retard apporté dans la marche des troupes les empêcha de franchir le Garigliano avant l'arrivée de Gonzalve de Cordoue. Condamnées à rester sous la tente pendant la saison des pluies, au milieu des boues et des marais, la fièvre éclaircit leurs rangs. Elles luttaient encore contre le fléau destructeur, lorsqu'elles furent inopinément attaquées (27 décembre 1503). Ce qui échappa au fer de l'ennemi fut trop heureux de se réfugier dans Gaëte, où ces malheureux débris acceptèrent une capitulation qui garantissait la vie sauve et la conservation de leurs biens, à eux et à tous les partisans de la France. Bien peu revirent leur patrie : la plupart jonchèrent de leurs cadavres les chemins de cette florissante contrée que naguère ils foulaient d'un pied insolent. Pour la seconde fois, le royaume de Naples échappait aux héritiers lointains de la maison d'Anjou !

Découragé par ce désastre, déjà atteint d'une maladie de langueur, Louis XII signa, le 31 mars 1504, une trêve de trois ans avec les rois catholiques, trêve bientôt suivie d'un traité qui menaçait de devenir on ne peut plus désastreux pour la France. Ceci demande quelques explications. Anne de Bretagne, seconde femme de Louis XII, avait perdu successivement deux fils qu'elle avait eus de ce prince ; concentrant toute son affection sur sa fille Claude, elle voulait en faire une grande reine, aux dépens de l'héritier indirect de la couronne, François, comte d'Angoulême, qui lui inspirait une jalousie voisine de la haine. A cet effet, elle tourna ses vues sur le fils de l'archiduc Philippe, souverain des Pays-Bas, et voulut que sa fille portât au futur héritier de Maximilien d'une part, de Ferdinand et Isabelle de l'autre, les droits précaires de la France sur le duché de Milan et le royaume de Naples, ceux qu'elle-même exerçait sur la Bretagne, ceux qui reviendraient à la jeune princesse sur le comté de Blois, héritage personnel de son père ; enfin la Bourgogne dont Louis XI s'était emparé à la mort de Charles le Téméraire. C'est d'après ces bases que fut arrêté à Blois le mariage de Charles de Luxembourg [1] avec Claude de France, tous deux encore en bas âge. Peu de temps après (22 septembre 1504), un traité unissait le pape Jules II, l'empereur Maximilien et Louis XII dans le but de déposséder Venise de la plus grande partie de ses possessions de terre-ferme. La Hongrie, la maison d'Autriche, l'Empire, le duc de Milan, le saint-siège et le roi de Naples avaient tous à revendiquer quelque portion du territoire de la république, qui depuis longtemps maîtresse, en Romagne, de Ravenne et de Cervia, venait d'usurper Faenza

---

1. Devenu plus tard l'empereur Charles-Quint.

et Rimini par suite de la chute de l'infâme César Borgia. Voyant en elle l'obstacle le plus immédiat à l'agrandissement des États pontificaux, Jules II avait été le principal instigateur de cette coalition. Il devait recouvrer les places de la Romagne; l'Empereur, les domaines héréditaires et les villes libres impériales, telles que Vérone, Padoue, Vicence, Trévise; Louis XII aurait le Brescian, le Bergamasque et le Crémonais, anciennes dépendances du duché de Milan.

Dans ces temps de violence mêlée de ruse, le premier tort de Venise, aux yeux de ses ennemis, était de réussir dans ses envahissements; le second, de n'avoir pas assez habilement dissimulé l'inquiétude que lui inspirait l'établissement des Français en Italie, elle dont la coopération avait été récompensée par un agrandissement de territoire sur la rive gauche de l'Adda. Qu'elle ne fût pas sincèrement attachée à une nation dont elle avait à redouter le voisinage et l'ambition, cela paraît naturel; mais la prudence ne lui ordonnait-elle pas de cacher ses répulsions jusqu'à ce qu'elles pussent sans danger paraître au grand jour? Loin de là: lors de la réaction opérée en faveur de Ludovic Sforza, peu après la conquête de Milan (1495), les Vénitiens ne secourureut Trivulce qu'avec une excessive lenteur; sous prétexte même de garder le passage de l'Adda, ils se jetèrent dans Pizzighettone, qu'ils se hâtèrent de démanteler avant de s'en dessaisir. Durant la guerre de Naples (1503), les troupes françaises assiégeaient par terre Barletta, où Gonzalve de Cordoue était à la veille de manquer de vivres et de munitions: les Vénitiens ravitaillèrent la place par mer; et lorsque Louis XII se plaignit de cette infraction au traité qui les unissait, le sénat répondit que la chose s'était faite à son insu; que Venise était une république de commerçants; que des particuliers avaient bien pu vendre des vivres aux Espagnols, avec qui la république était en paix, sans qu'on fût autorisé à en conclure qu'elle manquait à ses engagements envers son allié. Un jour entre autres, quatre galères françaises, auxquelles une escadre espagnole donnait la chasse, se présentèrent devant le port d'Otrante: les Vénitiens, qui l'occupaient, alléguèrent leur neutralité pour refuser de les recevoir, et le commandant fut dans la triste nécessité d'y mettre le feu! Ces actes, empreints d'une malveillance calculée, avaient excité la colère de Louis XII; l'ambition du pape, la cupidité de Maximilien, firent le reste.

Heureusement pour Venise, plusieurs circonstances suspendirent l'exécution des menaces dirigées contre elle. Le rétablissement de la santé du roi et les avis de ses conseillers lui ayant fait faire des réflexions sur les conséquences du mariage projeté, il décida que la princesse Claude épouserait son cousin le comte d'Angoulême (François Ier). Les États du royaume accueillirent avec enthousiasme cette nouvelle détermination, et jurèrent qu'elle serait exécutée si Louis venait à mourir. En conséquence, les fiançailles furent célébrées le 22 mai 1506, au château du Plessis. François avait près de douze ans; Claude en comptait à peine sept. Maximilien et Philippe le Beau ne manifestèrent point leur mécontentement, et répondirent même avec assez de courtoisie aux excuses que leur adressa Louis sur la nécessité où il s'était trouvé de complaire à sa noblesse et à ses peuples ; mais ils ne montrèrent aucun empressement pour réaliser l'invasion convenue.

De son côté, la Seigneurie n'avait d'autre pensée que de désunir la ligue : elle fit des soumissions au pape ; et Jules II céda, mais pour revenir encore à sa première détermination. La république de Gênes haïssait la domination française ; à l'instigation des Vénitiens, elle se révolta et se mit sous la protection de l'Empereur. Aussitôt Louis XII passe les Alpes avec une armée formidable, bat les Génois sur les hauteurs de Belvédère, leur enlève la forteresse de la Lanterne, et les réduit à invoquer sa clémence. Sa clémence! ils ne rencontrèrent qu'une rigueur inouïe. Le roi fit pendre le doge et soixante-dix-neuf des premiers citoyens, condamna la ville à une contribution militaire de trois cent mille florins, somme égale au produit de la taille dans tout le royaume de France pendant six mois ; enfin, il fit brûler tous les priviléges de Gênes et le traité par lequel la France les avait garantis.

Cette terrible exécution répandit l'alarme chez les ennemis avoués ou secrets de Louis XII : les Vénitiens et le roi d'Aragon, craignant de le voir redevenir maître de l'Italie, envoyèrent des ambassadeurs le féliciter de sa victoire ; l'Empereur, au contraire, donnant un libre cours à son ressentiment, se disposa à faire, comme il le disait, « une guerre à outrance aux Français ». Il était parvenu à échauffer les Allemands de son enthousiasme, et déjà l'on annonçait que l'année suivante une nombreuse armée entrerait en Italie afin d'en chasser les Français et de rendre le duché de Milan au fils de Ludovic Sforza [1] ; mais les Suisses se refusèrent à lui fournir les troupes dont il avait besoin, et les Vénitiens, qui avaient regagné l'amitié douteuse de Louis XII, lui interdirent le passage sur leur territoire. Transporté de fureur, Maximilien fit marcher ses Allemands sur le Frioul et attaqua les frontières de la république, où il trouva l'armée vénitienne, appuyée d'un corps de six mille Français, prête à lui résister. Après quelques rencontres dans lesquelles ils n'eurent pas toujours l'avantage, les Impériaux, qui ne recevaient ni vivres ni solde, se débandèrent, et les Vénitiens s'étant emparés de Goritz, de Trieste et de Fiume, qu'ils convoitaient depuis longtemps, conclurent avec l'Empereur une trêve de trois ans, malgré les protestations du roi de France (20 avril 1508).

Entre Maximilien, honteux de sa récente défaite, et le juste courroux de Louis XII, Venise tenait une position fort inquiétante. Pour la rendre plus difficile encore, le pape se chargea de rapprocher les deux monarques en faisant revivre la coalition de 1504. Maximilien et Louis écoutèrent avec empressement ses propositions, et des conférences s'ouvrirent à Cambrai, dans lesquelles le cardinal d'Amboise représenta la France. Marguerite d'Autriche, gouvernante des

---

[1]. Ce fils de Ludovic Sforza était le beau-frère de l'Empereur, et comme lui s'appelait Maximilien.

Pays-Bas, femme d'une rare habileté, y prit part au nom de son père. Ces négociations, qu'il est permis de considérer comme une nouvelle édition du traité de Blois, se terminèrent par la formation d'une ligue entre le pape, l'Empereur et les rois de France et d'Aragon, dans le but de reconquérir les domaines que la république leur avait enlevés. Louis XII devait commencer l'attaque le 1ᵉʳ avril 1509 ; Ferdinand III, entrer en lice un peu plus tard ; le pape, mettre le territoire de Venise en interdit et requérir l'assistance de Maximilien, qu'il délierait du serment par lui prêté lors de la trêve conclue avec la Seigneurie, et après un délai de quarante jours, Maximilien serait tenu de se mettre en campagne. Enfin, les rois d'Angleterre et de Hongrie, ainsi que tous les princes de la chrétienté, étaient invités à prendre part à cette espèce de croisade. Les confédérés s'engagèrent à ne pas déposer les armes avant que le saint-père eût repris Ravenne, Cervia, Faenza et Rimini ; que l'Empereur eût recouvré Vicence, Vérone et Padoue, au nom de l'Empire, Trévise, le Frioul, Roveredo, Goritz, Trieste, Fiume au nom de la maison d'Autriche ; le roi de France se réservait toujours Brescia, Bergame, Crême, Crémone et la Ghiara d'Adda ; enfin le roi d'Aragon reprendrait Trani, Brindes, Otrante, Gallipoli et tout ce qui appartenait au royaume de Naples. Tel était l'esprit et le but de cette fameuse coalition qui pendant sept ans ensanglanta l'Italie et dont le souvenir est conservé dans l'histoire sous le nom de *ligue de Cambrai*. Pour en exprimer la valeur morale, il suffit de rappeler que Louis XII était encore l'allié de la république, le roi de Naples son débiteur de sommes considérables, Maximilien lié par une trêve avec elle ; que Jules II, enfin, avait transigé pour sa principale affaire !

Quoique sans alliés, Venise envisagea de sang-froid le danger : d'une part, elle espérait que la coalition, composée d'éléments si hétérogènes, ne tarderait pas à se dissoudre d'elle-même ; de l'autre, elle comptait sur les troupes que ses trésors lui permettraient de prendre à sa solde ; et pourvu qu'elle repoussât la première agression, elle était assurée de son salut, car la versatilité du pape et celle de l'Empereur, les empêcheraient l'un et l'autre de pousser jusqu'au bout une entreprise diamétralement opposée à leurs véritables intérêts. La Seigneurie, sans rien livrer aux chances du hasard, se prépara donc à une vigoureuse résistance. Malheureusement, plusieurs circonstances fâcheuses, pronostics de mauvais augure, vinrent ébranler la confiance du peuple, toujours superstitieux à la veille des grands événements : le magasin à poudre de l'arsenal de Venise sauta en l'air ; la foudre frappa et entr'ouvrit les murailles de la forteresse de Brescia ; un navire qui portait dix mille ducats pour la solde des troupes fut englouti dans les flots ; enfin, un incendie dévora les archives de la république. Le peuple était consterné : l'attitude impassible du gouvernement ramena l'espoir, et la plus belle armée que l'Italie eût encore vue rétablit complétement la confiance. Les célèbres condottieri qui commandaient, réunirent sur l'Oglio jusqu'à deux mille lances, quinze cents chevau-légers italiens, dix-huit cents Stradiotes, dix-huit mille fantassins soldés, et douze mille hommes de leurs bandes. Nicolas Orsini, comte de Pitigliano, reçut le titre de capitaine général, et Barthélemi d'Alviano, de la même famille, celui de gouverneur ; Georges Cornaro et André Gritti, tous les deux fort habiles dans la diplomatie et dans la science de la guerre, furent nommés provéditeurs. Égale à celles que pouvaient mettre sur pied les plus puissants monarques, cette armée avait la mission spéciale de tenir tête à Louis XII ; on ne laissa que quelques faibles corps de troupes sur les confins du Tyrol, du Mantouan et du Ferrarais ; les ports étaient tenus en bon état de défense.

L'armée du roi franchit les Alpes au commencement d'avril : composée de deux mille trois cents lances françaises et lombardes, de dix à douze mille fantassins français et de six à huit mille Suisses, avec deux ou trois mille pionniers, elle traînait à sa suite une artillerie formidable. L'infanterie nationale, composée de volontaires ou aventuriers levés dans toutes les provinces, était pour la première fois commandée par des capitaines de haute renommée, tels que le sire de Molard, le sire de Vandenesse, le cadet de Duras, l'illustre Pierre du Terrail, dont le nom populaire est celui de chevalier Bayard. A peine l'avant-garde, aux ordres de Chaumont d'Amboise, fut-elle entrée sur le territoire de la Seigneurie, que le pape publia une bulle dans laquelle, après avoir énuméré les injures multipliées des Vénitiens envers les souverains pontifes, il les sommait de restituer sous vingt-quatre jours toutes leurs usurpations, avec les revenus qu'ils en avaient tirés, les déclarant, en cas de désobéissance, criminels de lèse-majesté divine, et invitant tous les chrétiens à les traiter en ennemis publics, à s'emparer de leurs biens, à réduire leurs personnes en esclavage (27 avril 1509). Mais les foudres du Vatican avaient beaucoup perdu de leur antique influence ; les Vénitiens n'en tinrent aucun compte, et quelques membres de la ligue, bien décidés à ne se mettre en mouvement qu'après avoir jugé, par les succès de Louis, du résultat de la campagne, ne se laissèrent pas éblouir. Le roi de Naples fit plus encore ; il déclara secrètement à la Seigneurie qu'il ignorait les motifs qu'avait eus Louis XII pour l'attaquer, et lui offrit tous les bons offices qu'elle était en droit d'attendre de sa bienveilllance.

Pendant que les Français s'occupaient à surprendre et à saccager les places de l'extrême frontière, les Conseils travaillaient à leurs plans de campagne : d'Alviano, qui se distinguait par la hardiesse de ses desseins et par la promptitude de leur exécution, proposait de porter la guerre dans le pays ennemi avant que Louis XII eût concentré ses troupes ; Pitigliano, au contraire, général d'une excessive prudence, soutenait qu'il ne fallait pas même essayer de défendre les terres de la Ghiara d'Adda, mais laisser s'amortir la première ardeur des Français et ne pas sortir du camp retranché des Orci. Le sénat rejeta le conseil d'Alviano comme trop audacieux, celui de Pitigliano comme trop timide, et décida que l'armée vénitienne déjà rassemblée sur l'Oglio, serait conduite sur l'Adda, prescrivant en même temps d'éviter la bataille, à moins de nécessité urgente ou d'une occasion très-favorable.

Quoique toutes ses troupes ne fussent pas encore entrées en ligne, le roi de France commença les hostilités. Chaumont d'Amboise passa l'Adda, près de Cassano, avec trois mille chevaux et six mille fantassins, emporta presque sans coup férir la petite ville de Treviglio, et quelques autres forteresses moins importantes, puis se replia sur l'armée royale, qui achevait de se concentrer, en laissant garnison dans la place. Les Vénitiens n'avaient pas encore quitté Pontevico ; lorsqu'ils apprirent ce coup de main, ils jugèrent à propos de ne pas laisser les Français s'en féliciter longtemps. Dans le conseil, d'Alviano s'opposait à cette résolution : il ne faut, disait-il, s'approcher de l'ennemi qu'autant qu'on veut l'attaquer ; il est contradictoire de marcher en avant et de vouloir conserver la défensive. On ne l'écouta pas. Après s'être assuré de la Rivolta, on alla attaquer Treviglio, qui se rendit dès les premiers coups de canon.

Le même jour, Louis XII arrivait sur la rive droite de l'Adda avec vingt mille fantassins et dix mille cavaliers ; le lendemain il fit jeter trois ponts au-dessous de Cassano. D'Alviano, qui sentait la nécessité de se rendre maître du passage, s'efforçait d'arracher ses soldats aux joies du pillage : ne pouvant y réussir, il brûla Treviglio, mais un peu tard ; il n'était plus séparé des Français par aucun obstacle. Se trouvant inférieur en forces, il se retira dans une position avantageuse aux environs de la ville, tandis que ses adversaires établissaient leur camp à un mille de distance. Ceux-ci, à leur tour, reconnurent qu'il était trop dangereux de l'attaquer, et marchèrent sur Pandino afin d'intercepter les convois qui lui arrivaient de Crème et de Crémone. Pendant qu'ils longeaient le cours excessivement sinueux de la rivière, d'Alviano essaya, en parcourant la ligne droite d'arriver à une seconde position plus rapprochée de Crème et tout aussi avantageuse que celle qu'il occupait ; mais à la jonction des deux routes, au village de Vaila ou Agnadel (*Agnadello*), son arrière-garde se trouva presque en contact avec l'avant-garde française. La présence de Chaumont d'Amboise et de Jean-Jacques Trivulce fit bouillonner le sang du général vénitien, qui se tenait à la queue de ses colonnes ; il s'arrête, offre le combat, et en instruit Pitigliano. Son terrain était très-bien choisi : son front de bataille, que protégeaient six pièces de canon, était défendu par le lit d'un torrent desséché ; sur ses deux flancs il avait disposé de l'artillerie, et le gros de ses troupes s'étendait au milieu de vignobles entourés de fossés, c'est-à-dire inaccessibles à la cavalerie. Sans se laisser intimider, les nôtres s'élancent pour enlever la position ; mais le passage du ravin rompt leur ordonnance, et d'Alviano les charge à outrance, les repousse jusque dans la plaine.

Voyant son avant-garde compromise, le roi accourut avec le gros de ses troupes, et ce mouvement rapide fixa la fortune de la journée. Assailli par l'armée française tout entière, le général vénitien soutint le combat pendant trois heures, avec la plus grande bravoure, comptant toujours sur l'arrivée de Pitigliano. Au lieu de son collègue, il vit déboucher sur ses derrières l'arrière-garde française, qui, conduite par le chevalier Bayard, avait traversé des fossés remplis d'eau. Saisie d'effroi, sa cavalerie se met à la débandade; mais son infanterie, formée principalement d'aventuriers romagnols, appelés les *Brisighella*[1], ne cessa de tenir ferme : accablés sous le nombre, ils se firent tuer presque jusqu'au dernier. D'Alviano, blessé au visage, fut fait prisonnier. Conduit au pavillon du roi qui, au dire de Fleuranges, l'accueillit avec distinction, lui promit *bon traitement* et *bonne prison*, et l'engagea à avoir *bonne patience*, « Ainsi l'aurai-je, répliqua le condottiere avec une courtoisie mêlée de fierté; « si j'eusse gagné la « bataille, j'étais le plus victorieux homme du monde, et nonobstant que je l'aie « perdue, encore ai-je grand honneur d'avoir eu en bataille un roi de France en « personne contre moi. » Dans cette journée (14 mai 1509), les Vénitiens perdirent six à sept mille hommes, vingt pièces de grosse artillerie, la plus grande partie de leurs bagages, et tout le pays situé entre l'Adda et l'Oglio. Leurs débris ne trouvèrent aucun refuge; les villes devant lesquelles ils se présentèrent fermaient leurs portes, dans la crainte d'exciter la colère des Français; et Pitigliano fut contraint de se replier sur Mestre, au bord des lagunes.

Louis XII poursuivit sa victoire avec une rapidité qui fait plus d'honneur encore à ses talents militaires que les dispositions prises pour l'obtenir. Dès le lendemain il se présenta devant Caravaggio, qui se rendit sans conditions; en peu de jours Bergame lui envoya ses clefs (17 mai), et Brescia arbora le drapeau françois; Crême, Crémone, Pizzighettone, suivirent successivement cet exemple; Peschiera, qui commande l'extrémité méridionale du lac de Garde et le cours du Mincio, fut enlevée d'assaut, la garnison passée au fil de l'épée, et le gouverneur, André de Riva, pendu aux créneaux avec son fils. Le roi recevait à composition les villes et les bourgs qui se soumettaient, mais se montrait impitoyable envers ceux qui faisaient résistance. En quinze jours il recouvra les anciennes dépendances du Milanais, le pays entre l'Adda et le lac de Garde. Il aurait pu porter plus loin ses prétentions, car Vérone, Vicence et Padoue lui envoyèrent leurs clefs; mais Louis ne voulut point empiéter sur les droits de Maximilien, et remit ces clefs au représentant de l'Empereur, quoique celui-ci n'eût envoyé dans le Frioul qu'une poignée de soldats, au lieu d'y paraître en personne à la tête d'une armée.

La nouvelle de ces désastres porta la consternation dans Venise : hommes, femmes, enfants, vieillards, se répandent sur les places publiques, ou se pressent dans les églises; on s'aborde, on s'interroge sans se connaître. Bientôt des bruits sinistres, partis d'une source inconnue, naissent, croissent, se propagent avec

---

1. Ils avaient reçu de Naldo de Brisighella, dans le val de Lamone, leur nom et leur organisation; par la suite, l'infanterie vénitienne adopta leurs couleurs et leur ordonnance, c'est-à-dire la casaque mi-partie de rouge et de blanc.

la rapidité de l'étincelle électrique : l'armée du pape est à Ravenne ! le marquis de Mantoue a repris Asola et Lonato ! une flotte aragonaise s'est emparée des ports napolitains ! le duc de Ferrare envahit la Polésine ! les habitants de Trieste, secondés par les paysans, ont chassé la garnison vénitienne ! les Allemands arrivent par Cadore et par Trente ! Malheureusement ces rumeurs n'avaient rien d'exagéré : semblables à une bande de vautours qui s'abat sur une proie palpitante, les coalisés attaquaient de toutes parts les vaincus d'Agnadel ; la république semblait menacée d'une prochaine dissolution. Dans l'intérieur, le sénat se défiait également de cette foule d'étrangers que le commerce attirait à Venise, et de ces plébéiens exclus de toute participation au gouvernement; la désertion faisait fondre l'armée, si imposante un mois auparavant : il ne s'y conservait ni ordre ni discipline.

Au milieu de ses dangers, le gouvernement conserva la plus admirable présence d'esprit : le sénat envoya féliciter sur sa conduite le comte Pitigliano, qui toutefois fut remplacé par Prosper Colonna, en ce moment sur les frontières du royaume de Naples; des patriciens influents furent chargés de rallier les troupes, de relever leur moral, d'en rassembler de nouvelles; on arma cinquante galères; les particuliers portèrent au trésor public leur argent, leurs bijoux, ce qu'ils avaient de plus précieux; on expulsa de Venise les étrangers oisifs; on fit construire des moulins, creuser des citernes, amasser des blés, examiner l'état des canaux, enlever les balises, armer les citoyens. La loi qui fermait les ports de la république aux bâtiments étrangers chargés de vivres fut temporairement révoquée, ainsi que celle qui interdisait à la noblesse tout autre service que celui de la marine; on encouragea tous les genres de dévouement par la promesse de récompenses civiques. Enfin, déliant du serment de fidélité des sujets qu'elle était impuissante à défendre, la Seigneurie autorisa ses provinces de terre-ferme à traiter avec l'ennemi selon leurs intérêts; mesure habile, qui en lui conservant l'affection de ces provinces, jeta des ferments de discorde parmi ses spoliateurs. Non contente de ces sages dispositions, elle tenta la voie des négociations : Maximilien rejeta toutes ses ouvertures; Ferdinand d'Aragon voulut temporiser; mais le pape, désireux de ne rien compromettre, les accueillit favorablement et promit de lever l'interdit. Louis XII, après avoir ramené ses troupes dans le Milanais, était retourné en France. La position commençait donc à s'éclaircir, et Venise reprit courage en considérant le faible nombre des troupes impériales qui occupaient ses domaines.

L'arrogance et les excès de la noblesse gibeline, qui s'était emparée du pouvoir dans les villes abandonnées à leurs propres forces, amenèrent une prompte réaction. Les citadins, le peuple des campagnes, ne pouvaient supporter le joug de ces petites oligarchies locales; laissant éclater leur mépris, ils se tournèrent vers la puissante aristocratie qui leur assurait la liberté civile à défaut de liberté politique, et la haine de l'étranger, du *Tedesco*, se réveilla avec une énergie vraiment héroïque. Trévise chassa ses nobles et les officiers de l'Empereur; une brusque attaque, secondée par tous les paysans de la contrée, rendit à la répupublique la grande cité de Padoue (17 juillet 1509); le marquis de Mantoue fut fait prisonnier dans une bourgade; Maximilien eût même perdu Vérone, Vicence et tout ce qu'il occupait, si sept cents lances françaises, aux ordres de La Palisse et de Bayard, n'étaient venues prêter main-forte aux Impériaux.

A cette nouvelle, Maximilien sort de son apathie. Une armée allemande entre dans la Padouan, le Vicentin, le Véronais, le Frioul et l'Istrie; les contingents de la France et de l'Espagne, ceux du pape et des princes italiens, arrivent, et vers le mois de septembre un camp immense s'est formé autour de Padoue. Mais Pitigliano y commande; d'illustres condottieri sont à la tête de la cavalerie, composée de six cents lances, de quinze cents chevau-légers et de quinze cents Stradiotes; douze mille fantassins, les plus braves de l'Italie, sont appuyés par dix mille Esclavons, Grecs et Albanais, tirés des galères de la république; une double ligne de fossés et de remparts, dont se sont accrues les anciennes murailles, se hérisse de canons; les habitants des campagnes, réfugiés dans la ville avec leurs moissons et leurs troupeaux, compléteront la défense. Venise l'a bien compris, son salut dépend de la perte ou de la conservation de Padoue [1].

Les Italiens ne connaissaient encore de l'Empereur que sa versatilité, son manque de foi et ses dissipations; dès le commencement du siège, il déploya cette activité, cette intelligence militaire, cette bravoure personnelle, qui ont rendu sa mémoire si chère aux Allemands. Son quartier général fut établi à demi-portée du canon de la place, et sans cesse il en bravait le feu pour se rendre au milieu de ses travailleurs, afin de les stimuler par sa présence. Au lieu d'investir complétement la ville, qui présentait un immense développement, il choisit pour point d'attaque les fortifications destinées à couvrir la porte de Coda-Lunga, et en cinq jours les batteries étaient montées. Quatre jours après, de larges brèches devinrent praticables et les troupes reçurent l'ordre de se préparer à un assaut général; mais les Padouans étant parvenus à réparer leurs murs et à introduire de nouvelles eaux dans les fossés pendant la nuit, il fallut employer vingt-quatre heures à faire écouler ces eaux, à pratiquer de nouveaux éboulements. Un premier, un second assaut furent infructueux; dans le troisième les assiégeants couronnaient les parapets de la première enceinte, lorsque l'explosion d'une mine ensevelit la plupart d'entre eux sous les débris fumants, et força les autres à la

---

1. L'armée impériale était bien plus nombreuse encore que la garnison de Padoue : Guicciardini l'évalue à trente-deux mille fantassins allemands, espagnols, italiens, mille lances italiennes et sept cents lances françaises, sans compter la gendarmerie allemande, les canonniers et la multitude confuse de pionniers et de valets qui toujours suivent les gens de guerre. L'artillerie, la plus nombreuse qu'on eût jamais vue, comptait deux cents bombardes et canons de gros calibre montés sur leurs affûts. Parmi les combattants, on distinguait un bon nombre des vieux compagnons d'armes de Gonzalve de Cordoue et de soldats formés à l'école de ce grand capitaine.

retraite. En vain l'Empereur persiste à continuer un siége meurtrier; en vain il épuise ses forces par des tentatives journalières dont aucune ne l'approche de son but : le cœur rempli de rage, il disperse son armée et va cacher sa confusion dans ses propres États. Délivrés de toute crainte, les Vénitiens tournèrent aussitôt leurs armes contre Vicence qu'ils reprirent aisément, et menacèrent même les Français renfermés dans Vérone.

La Seigneurie ne pouvait pardonner à de faibles voisins, qui avaient si longtemps vécu sous sa protection, d'avoir profité de ses désastres pour l'attaquer. Une division de l'armée de terre entra dans le duché de Ferrare, tandis que l'amiral Ange Trevisani franchissait avec une forte escadre la Bocca-delle-Fornaci (l'une des embouchures du Pô), allait brûler Corbola et ravager les deux rives du fleuve. Palais, châteaux, villages, rien ne fut épargné. Au bruit de sa marche, le successeur d'Hercule, Alphonse Ier, qui possédait la plus belle artillerie de l'Europe, avait fait dresser des batteries rasantes à Lagoscuro, petit port sur le Pô, situé à deux milles de Ferrare, et lorsque Trevisani s'y présenta, les galères vénitiennes, couvertes par une pluie de mitraille, furent obligées de rebrousser jusqu'à Polisella où l'amiral, afin de les mettre en sûreté, éleva des deux côtés du fleuve deux bastions qu'il réunit au moyen d'un pont. Alphonse courut l'y attaquer, mais il échoua dans son entreprise, et, pour faire diversion, les Français qui étaient restés dans ses États se portèrent sur Vicence. Pendant la nuit du 20 au 21 décembre, le duc fit établir ses batteries au-dessus et au-dessous de Polisella, sur un développement de trois milles d'étendue, et un feu roulant d'artillerie salua le réveil des Vénitiens étonnés. Les premières volées coulèrent à fond deux galères avec plusieurs autres bâtiments. Trevisani, séparé de ses troupes de terre, perdit la tête; au lieu de couper les digues du fleuve, qui, en inondant le Ferrarais, auraient fait abaisser le niveau des eaux de manière à dérober ses navires aux atteintes des projectiles, il s'enfuit sur une petite barque, et presque tous les équipages suivirent son exemple. Dans cette fatale journée, la république perdit quinze galères, plusieurs navires d'une moindre importance, près de deux mille matelots ou soldats, et soixante étendards que les vainqueurs portèrent en triomphe à Lagoscuro. L'amiral aurait dû payer de son sang cette insigne lâcheté; le conseil des Dix, qu'une triste expérience portait à se montrer moins sévère, ne lui infligea qu'un exil de trois années.

La campagne se terminait par une défaite aussi éclatante que celle qui en avait marqué le commencement; cependant la position était moins mauvaise : la ligue de Cambrai tombait en dissolution, de fait sinon authentiquement. L'Empereur, à bout de moyens, ne rougissait pas d'offrir à Louis XII de lui remettre les forts de Vérone, seule place qui lui restât, pour gage d'un prêt de cinquante ou soixante mille ducats; Ferdinand de Naples, satisfait d'avoir recouvré ses places de la Pouille, avait à peu près cessé les hostilités, car il voyait d'un œil inquiet et jaloux la prépondérance de la France en Italie; enfin, le souverain pontife, touché des malheurs que causait sa fougue vindicative, avait levé l'excommunication[1]. Les ambassadeurs de Maximilien et de Louis XII employèrent toute leur influence pour empêcher cette réconciliation; mais Jules II, que l'on ne détournait pas aisément de ses volontés, avait conçu un souverain mépris pour l'Empereur, incapable suivant lui d'exécuter aucun de ses projets; le roi, au contraire, lui inspirait une défiance extrême, depuis les deux grands coups frappés sur Gênes et sur Venise. Dirigeant donc tous ses efforts contre les possesseurs actuels du Milanais, le pape intenta un procès au duc de Ferrare pour s'être mis sous la protection de la France, au mépris des droits de suzeraineté du saint-siége, et entraîna Henri VIII d'Angleterre à former une alliance défensive avec Ferdinand, dont le jeune roi venait d'épouser une des filles, Catherine d'Aragon. Ses menées obtinrent en Suisse un succès plus direct : l'accord de la France et des cantons venait d'expirer (1510); ceux-ci ne voulurent le renouveler qu'à raison d'un subside de quatre-vingt mille francs par an, au lieu de soixante mille, et réclamèrent la suppression de pensions particulières que le roi distribuait dans leur pays pour s'y faire des créatures. Ces exigences irritèrent Louis XII, qui avait une profonde aversion pour tout pouvoir populaire : « Je ne me laisserai point « ainsi mettre à la taille par de misérables montagnards! » répondit-il aux négociateurs. L'alliance entre les deux pays ne fut pas renouvelée : cédant même à l'influence de Mathias Schinner, évêque de Sion, ennemi déclaré de la France et agent dévoué de Jules II, les Helvétiens conclurent avec le pape un arrangement par lequel ils s'engageaient à le servir pendant cinq années, et à secourir la république de Venise. Les rôles étaient bien changés : la nouvelle coalition ne laissait à Louis XII d'autres alliés que l'Empereur et le duc de Ferrare.

Justement alarmé, le monarque français s'empressa de resserrer les nœuds de son alliance avec Maximilien et de poursuivre activement la guerre contre Venise. Le vice-roi de Milan, Chaumont d'Amboise, reçut l'ordre de conduire quinze cents lances et dix mille fantassins au secours du prince d'Anhalt, qui com-

---

1. Venise acheta fort chèrement sa réconciliation avec l'Église; les principales clauses de son traité étaient : que la république ne disposerait à l'avenir d'aucun bénéfice, ceux de patronage laïque exceptés; que les titulaires seraient mis en possession sans aucune difficulté, sur la seule présentation des provisions expédiées par la chancellerie romaine; que toutes les causes bénéficiales ou appartenant à la juridiction ecclésiastique pourraient être portées à la cour de Rome; enfin, que le gouvernement s'abstiendrait de soumettre les biens ecclésiastiques à aucune contribution. Les Vénitiens renoncèrent en outre à toute espèce de prétention sur les terres de l'Église; ils reconnurent n'avoir aucun droit de s'immiscer dans les démêlés que le pape pourrait avoir avec ses vassaux; ils s'engagèrent à réparer les dommages que les églises avaient éprouvés pendant la guerre; ils consentirent à ce que les grâces que les prédécesseurs de Jules II pouvaient avoir accordées à la république fussent déclarées nulles de plein droit et considérées comme non avenues, si elles étaient en quelque chose préjudiciables aux intérêts de la chambre apostolique. Enfin, et ce sont ici deux points capitaux, la république renonça au privilége de tenir un vidame à Ferrare et reconnut aux sujets de l'Église le droit de naviguer dans le golfe Adriatique sans être assujettis à aucun péage, visite ou déclaration, ni pour leurs navires ni pour leurs marchandises, qu'elle qu'en fût la nature ou l'origine : dérogation la plus grave qui ait jamais été apportée au système politique et commercial de la reine de l'Adriatique.

mandait à Vérone pour l'Empereur, tandis que Maximilien pénétrerait dans le Frioul à la tête d'une nombreuse armée. Selon sa coutume, Maximilien ne tint pas sa parole, ce qui n'empêcha pas Chaumont et d'Anhalt, renforcés de deux cents hommes d'armes, cinq cents chevau-légers et deux mille fantassins fournis par Alphonse, de refouler les Vénitiens et de s'emparer de Vicence, de Legnano de Feltre, de la Polésine; ils auraient même poussé plus loin leurs avantages, si le défaut de solde n'eût éclairci les rangs des Impériaux, et si eux-mêmes n'eussent été rappelés dans le Milanais par un danger pressant. Le duc d'Urbain, neveu du pape, avait envahi le Ferrarais; une escadre vénitienne, dont Ferdinand avait toléré le rassemblement dans les ports napolitains, se présentait devant Gênes, tandis qu'un corps de soldats pontificaux et de bannis génois entrait par les montagnes dans la rivière du Levant pour appeler cette ville à la liberté; dix mille Suisses devaient aussi déboucher par Bellinzona dans le Milanais. La fortune ne favorisa pas un plan si bien conçu. Les Génois, contenus par le souvenir encore récent de leurs désastres autant que par le parti nobiliaire et par les troupes françaises, ne firent aucun mouvement, et les galères de Venise furent obligées de se retirer sans avoir même pu trouver l'occasion de combattre; les Suisses qui s'étaient avancés en Lombardie, n'ayant ni bateaux pour franchir les rivières et les canaux dont ce pays est sillonné, ni cavalerie à opposer aux gendarmes et à l'infanterie légère du gouverneur, se rebutèrent aisément et reprirent le chemin de leurs montagnes. Les seuls trophées que recueillit la ligue vénéto-papale furent la prise de Modène, de Vicence, de Bassano, d'Este, et de quelques autres places. Jules II s'empara en personne de Concordia et de Mirandola, et y fit son entrée par la brèche comme un jeune conquérant. Chaumont avait espéré un moment le faire prisonnier à Bologne : honteux de s'être laissé jouer puis vaincre par un vieux prêtre, il tomba malade de chagrin et mourut à Correggio, le 11 mars 1511, sollicitant en vain l'absolution du saint-père. Son oncle, le cardinal d'Amboise, qui du consentement de Louis XII dirigeait seul la politique française, l'avait précédé d'un an dans la tombe.

Le maréchal de Trivulce, choisi pour succéder à Chaumont d'Amboise, reprit en quelques jours presque tout ce que le pape avait conquis dans le pays de Ferrare, emporta d'assaut plusieurs camps de l'armée combinée, et le força de se réfugier à Forli, puis à Ravenne. Jules II voulut faire un mouvement sur Bologne, mais les bourgeois et les paysans des montagnes voisines lui fermèrent les portes de la ville, et renversèrent sa magnifique statue, exécutée par Michel-Ange; fondant ensuite sur l'armée pontificale, ils la mirent en pleine déroute. Trivulce aurait continué sa marche victorieuse, car déjà Imola lui envoyait ses clefs, si des ordres ne fussent venus lui prescrire de s'arrêter sur les frontières des États de l'Église. En voici le motif: Louis XII, décidé à ne plus employer contre le pape que les armes spirituelles, le faisait citer, de concert avec l'Empereur, devant un concile convoqué à Pise. Jules II, à qui le futur concile ne laissait pas de causer quelques inquiétudes, en affaiblit la puissance morale par la convocation d'une autre assemblée, ce qui ne l'empêcha pas de lever de nouvelles troupes, de reprendre ses négociations avec les Suisses, avec Ferdinand, avec Henri VIII, avec Marguerite d'Autriche, qui, fort hostile à la France, pressait instamment son père d'écouter les propositions de la cour de Rome.

Avant d'entamer le récit de la campagne de 1512, disons en peu de mots quel fut le résultat de cette lutte dans laquelle un roi de France essayait de tourner contre le pape les armes qui depuis Hildebrand firent si souvent trembler sur leur trône les plus fiers potentats. Le concile devait se réunir à Pise le 1er novembre 1511 : quelques prélats français ou soumis à la domination française y parurent seuls ; aucun évêque ni abbé allemand ne voulut s'y rendre. En Italie, l'opinion publique était favorable à Jules II ; aussi le clergé de Pise, aussitôt après leur arrivée, fit-il cesser le service divin et fermer les églises ; il fallut un ordre de la Seigneurie de Florence pour ouvrir la cathédrale. Rien d'important ne fut fait : le seul acte publié par le concile était écrit d'une manière fort ambiguë et n'effleurait aucune des questions principales. D'ailleurs l'attitude du peuple devenait tellement menaçante, qu'à la suite d'une rixe entre les habitants et les soldats, aucun des Pères ne jugea à propos de séjourner plus longtemps dans une ville où leur vie était en danger. Après deux ou trois séances, ils se séparèrent d'une manière ridicule ou honteuse, et s'ajournèrent à Milan pour le 8 décembre. Là, écrasés par les excommunications et les interdictions du pape, ils ripostèrent par un décret non moins hérissé de menaces et d'exclusions, défendant à tous les peuples de la chrétienté d'obéir désormais à Jules II, qu'ils déclaraient « notoire-« ment perturbateur, ennemi de l'Église, auteur de schismes, incorrigible et « endurci. » Ce décret, ouvrage d'une assemblée dépourvue de caractère légal, produisit très-peu d'effet. Jules II, qui avait appelé à Saint-Jean-de-Latran, pour le 5 mai 1512, les cardinaux et autres prélats dévoués à sa personne, les dispersa presque sur-le-champ. Après avoir qualifié leur réunion de concile *œcuménique* [1], il fit casser purement et simplement tout ce qui avait été décrété dans les *conciliabules* (suivant sa propre expression) de Pise et de Milan, afin de reporter toute son activité vers les combinaisons militaires.

Grâce au génie turbulent du pontife, une nouvelle ligue se forma contre la France, ligue dont Ferdinand le Catholique et la république de Venise devinrent les plus puissants ressorts. Ils déclarèrent que leur but était de conserver l'union de l'Église, de faire recouvrer au saint-siège la ville de Bologne et tout autre fief qui, médiatement ou immédiatement, pouvait lui appartenir ; enfin, de chasser de l'Italie quiconque s'opposerait à leur entreprise. Jules II s'engageait à fournir

---

[1] Universel, du grec οἰκουμένη, qui se prend pour la terre habitable, comme qui dirait *reconnu par toute la terre*. L'Église donne ce nom à tous les conciles généraux ; les protestants ne l'accordent qu'aux quatre premiers. Ce fut au concile de Chalcédoine, tenu l'an 451, qu'on employa pour la première fois l'expression d'œcuménique.

quatre cents hommes d'armes, cinq cents chevau-léger et six mille fantassins ; la république, huit cents hommes d'armes, mille chevau-légers et huit mille fantassins ; Ferdinand, douze cents hommes d'armes, mille chevau-légers et dix mille fantassins espagnols ; mais comme ce contingent excédait les ressources financières de Ferdinand, le pape et la Seigneurie devaient lui payer chacun vingt mille ducats par mois, pendant toute la durée de la guerre. Le commandement général de l'armée fut confié à Don Ramon de Cardona, vice-roi de Naples. Une flotte de douze vaisseaux catalans et quatorze vénitiens devait porter la terreur sur les côtes de la France, tandis que les Suisses, au nombre de seize mille hommes, envahiraient le duché de Milan. L'Empereur et le roi d'Angleterre pouvaient être admis dans cette alliance : réserve stipulée par le pape en faveur de Maximilien, dans la vague espérance de le détacher de la France, et que, à défaut d'instructions précises, le cardinal d'York, ambassadeur de Henri VIII, demandait également pour son maître.

Louis XII n'avait en Italie que treize cents gendarmes, un corps de deux cents gentilshommes, et trois ou quatre mille hommes d'infanterie ; la conduite sans cesse vacillante de Maximilien l'empêchait de compter sur le concours des Allemands, et le duc de Ferrare était trop affaibli pour qu'il pût lui demander un contingent. S'apprêtant donc à supporter seul tout le poids de la guerre, il confia le commandement de son armée à Gaston de Foix, fils de sa sœur, jeune prince de vingt-deux ans, doué d'une brillante valeur, d'une activité infatigable, et que d'excellents capitaines, Bayard, Yves d'Allègre et La Palisse, formaient au métier des armes.

Les Suisses s'avancèrent de Varèse à Galérate, de Galérate à la Basti, pendant que Gaston de Foix et Jean-Jacques Trivulce, plutôt pour les inquiéter que dans l'intention de les combattre, se tenaient sur leurs flancs, et que Théodore Trivulce faisait en toute hâte fortifier la capitale du Milanais, dont les habitants, quoiqu'ils détestassent le joug de la France, redoutant bien plus encore l'arrivée de ces montagnards, soldaient de leurs propres deniers des bataillons de fantassins pour la garde de leurs murs. Les Suisses ne réussirent pas mieux que l'année précédente : dépourvus de vivres et d'artillerie, ils firent volte-face après s'être avancés jusqu'aux faubourgs de Milan, et se postèrent vers l'Adda, où l'armée vénitienne devait faire jonction avec eux ; mais ne l'y trouvant pas, ils s'en retournèrent par Como dans leur pays. Quelques historiens assurent qu'ils avaient obtenu de Gaston un mois de solde, et désignent même un de leurs capitaines, d'Alt-Sax ou de Super-Sax, comme l'instigateur de cette transaction.

Pendant que les Helvétiens marchaient sur Milan, don Ramon de Cardona entrait dans les États de l'Église avec une armée considérable, à laquelle le pape, dont le plus ardent désir était de recouvrer Bologne, réunit toutes ses troupes. Les Français, au contraire, et comme point d'honneur et comme position militaire, attachaient une haute importance à la conservation de cette riche et vaste cité, le roi ayant déclaré qu'il défendrait Bologne avec le même acharnement que s'il s'agissait de sa bonne ville de Paris. Après avoir enlevé quelques forteresses au duc de Ferrare, les confédérés vinrent asseoir leur camp sous les murs mêmes de la place, dont Odet de Foix, seigneur de Lautrec, et Yves d'Allègre commandaient la garnison, forte de deux cents lances françaises, deux mille fantassins allemands, et secondée par les partisans de Bentivoglio, famille à laquelle le pape venait tout récemment d'arracher le pouvoir qu'elle possédait depuis plus d'un siècle. Sachant que les antiques fortifications ne résisteraient pas longtemps à l'action du boulet, que d'ailleurs elles offraient un développement trop étendu relativement au petit nombre de leurs défenseurs, Gaston fit ses dispositions pour sauver une ville si chère à son oncle : il établit son quartier général à Finale (distance d'une lieue), d'où il lui était facile non-seulement de surveiller les assiégeants, mais encore de secourir Lautrec. Le moment venu, il part avec treize cents lances et quatorze mille fantassins français, allemands et italiens, marche toute la nuit, par un temps affreux, à travers des tourbillons de neige, et le 5 février au matin il entre dans Bologne, sans avoir rencontré un seul poste, une seule sentinelle ennemie. Ramon de Cardona n'apprit que le lendemain, par un chevau-léger que ses gens venaient de faire prisonnier, l'adroite manœuvre de son adversaire ; dès la nuit suivante (6 ou 7), il s'empressa de faire désarmer ses batteries, et le jour n'avait pas encore paru qu'après avoir plié ses tentes, il se retirait sur Imola, laissant l'élite de ses troupes à l'arrière-garde.

A peine le siége de Bologne était-il levé, que Gaston se vit en proie à de nouvelles inquiétudes : appuyée par un fort détachement de l'armée du provéditeur Andréa Gritti, Brescia s'était soulevée ; tout le pays occupé par les Français suivit bientôt son exemple : Bergame arbora l'étendard de Saint-Marc, et la garnison n'eut que le temps de se retirer dans les deux châteaux qui commandent la ville ; Orci-Vecchi, Orci-Nuovi, Pontevico, tous les châteaux brescians et bergamasques, ouvrirent leurs portes à Gritti, dont Crémone et Crème attendaient l'approche avec impatience. Si les Vénitiens célébrèrent ces heureux événements avec de grands transports de joie, la Seigneurie ne montra pas un bien vif empressement à envoyer les secours dont avaient besoin les places qui venaient de rentrer sous son obéissance : elle se contenta de donner à Jean-Paul Baglioni l'ordre de s'avancer pour seconder Gritti dans l'attaque de la citadelle de Brescia, où Du Lude, avec le capitaine basque Hérigoye, étaient sur le point de manquer de vivres.

Entouré d'ennemis triomphants, Gaston ne se laisse pas déconcerter, quoiqu'il puisse craindre encore que les Suisses ne reviennent sur leurs pas ; avec une justesse de coup d'œil, une promptitude dans l'exécution, qui feraient honneur à un guerrier blanchi sous le harnois, il adopte et suit un plan pour ainsi dire improvisé. Laissant dans Bologne trois cents lances et quatre mille fantassins, il part avec le reste de son armée et force si bien la marche, qu'il atteint et met en déroute, à Isola della Scala, celle de Baglioni ; puis, sans être arrêté, ni par les chemins rompus, ni par les rivières débordées, ni par les combats que pendant neuf jours il soutint à chaque pas, il paraît devant Brescia (17 février), et la somme de se rendre. Les habitants répondirent que la ville appartenait aux Vénitiens, et qu'avec l'aide de Saint-Marc ils espéraient la leur conserver : réponse plus fière que ne le permettaient leurs moyens de défense. En effet, quoiqu'ils fussent soutenus par dix ou douze mille soldats et plusieurs milliers de paysans, il leur était d'autant plus impossible de faire une longue résistance, que le château était encore occupé par les Français et que de ce côté la ville manquait de fortifications. Sans différer, Gaston résolut de donner l'assaut, et les défenseurs du château le secondèrent parfaitement.

Le chevalier Bayard avait réclamé l'honneur de conduire la première colonne d'attaque : elle se composait de sa compagnie de cent cinquante archers, auxquels il avait fait mettre pied à terre, des Basques que commandaient les capitaines Molart et Hérigoye, de deux mille lansquenets du capitaine Jacob, et enfin de sept mille fantassins français sous les ordres de Bonnet Maugiron et du bâtard de Clèves. La gendarmerie, qui avait également voulu combattre à pied, et cent gentilshommes de la maison du roi, conduits par Louis de Brézé, grand sénéchal de Normandie, formant la deuxième colonne, s'avançaient sous la direction de Gaston. « Il n'y avoit que redire, car c'étoit toute fleur de chevalerie. » Yves d'Allègre restait en observation, avec trois cents hommes d'armes, devant la porte Saint-Jean, la seule qui n'eût pas été murée, afin de repousser l'ennemi s'il tentait de faire une sortie. L'attaque fut vive, la défense opiniâtre. Bayard, après d'héroïques efforts, a dépassé le premier rempart, lorsqu'il reçoit dans le haut de la cuisse un coup de pique si rude, que le fer et un bout du fût restent dans la plaie. « Bien cuida être frappé à mort de la douleur qu'il sentit : si commença « à dire au seigneur de Molart : Compaignon, faictes marcher vos gens, la ville « est gagnée ; de moi je ne saurois tirer outre, car je suis mort. » Deux de ses archers détachent une porte, l'étendent dessus, et le déposent dans une maison des plus apparentes où sa présence devint une sauvegarde pour la famille qui faisait panser sa blessure.

Maîtres de Brescia malgré le courage désespéré des troupes vénitiennes et des habitants, qui se battoient de rue en rue et se laissaient hacher derrière leurs barricades, les Français firent un tel massacre, que les historiens les plus modérés évaluent de sept à huit mille le nombre des morts. Après sept jours de pillage, les généraux, ne sachant comment mettre un terme à la soif de carnage et de butin qui s'était emparée des soldats, les envoyèrent camper en plaine. La prise de cette cité, la plus opulente de l'Italie après Milan, valut à l'armée victorieuse trois millions d'écus : somme énorme pour l'époque et qui démoralisa complétement. « Il n'est rien si certain », dit le Loyal Serviteur, le biographe de Bayard, « que la prinse de Bresse fut en Italie la ruine des Français, car ils

« avoient tant gaigné en cette ville de Bresse, que la plupart s'en retourna et
« laissa la guerre, et ils eussent fait bon mestier à la journée de Ravennes, comme
« vous entendrez ci-après [1]. »

Malgré ce succès, peut-être même à cause de ce succès, le mauvais vouloir de Maximilien devint plus manifeste que jamais, et le roi d'Angleterre annonça ouvertement sa résolution de combattre les ennemis du saint-siége. Le parlement accorda les subsides demandés, et Jules II, pour récompenser le zèle de Henri VIII, lui fit hommage de la rose d'or[2], en même temps qu'il envoyait aux prélats et aux lords d'Angleterre une galéasse chargée de vins de Grèce, de fruits, de fromages, et d'autres présents. Le pape ne s'en tint pas là : sur ses pressantes sollicitations les Suisses s'engagèrent à pénétrer de nouveau dans le Milanais et à envahir la Bourgogne; Maximilien, moyennant un subside de cinquante mille florins, conclut avec la Seigneurie une trêve de dix mois. Le roi catholique ne cessait d'être le plus ferme appui de la ligue.

Ne se laissant pas intimider par la gravité des circonstances, Louis XII fit un appel à l'esprit martial de ses peuples, et envoya des renforts considérables à son neveu, avec la recommandation expresse de détruire à tout prix l'armée du pape et celle du roi d'Aragon, puis de marcher droit à Rome et d'imposer la paix au souverain pontife dans sa propre capitale. A la réception de ces ordres, Gaston, qui s'était retiré à Modène, quitta ses quartiers, et dès les premiers jours d'avril il se trouvait entre Castel-Guelfo et Imola, à la tête de seize cents gendarmes, deux cents chevau-légers, dix-huit mille hommes d'infanterie, parmi lesquels cinq mille Gascons, mille Picards, mille aventuriers, cinq mille lansquenets et l'excellente artillerie du duc de Ferrare. Les confédérés, qui attendaient six mille Suisses, apportèrent le plus grand soin à éviter non-seulement une affaire générale, mais encore toute espèce d'engagement, et don Ramon de Cardona tint sa gauche appuyée à l'Apennin, où il trouvait aisément des positions inexpugnables, tandis que les Français, manœuvrant dans une plaine basse et entrecoupée de canaux, ne pouvaient l'atteindre et le forcer au combat.

1. Un pauvre enfant de la dernière classe du peuple, et qui est devenu l'une des illustrations de la république vénitienne, reçut dans les bras de sa mère cinq blessures, dont une lui ouvrit le crâne une autre, qui lui avait fendu les lèvres, lui fit donner le nom de *Tartaglia* (*qui bégaie*); et ce nom, le seul qu'on lui connaisse aujourd'hui, sert à désigner le restaurateur des mathématiques. Tartaglia mourut en 1557; il passait avec raison pour un des plus grands géomètres de son temps. On a de lui une version italienne d'Euclide, avec des commentaires fort estimés; un *Traité des nombres et des mesures*, et plusieurs autres ouvrages. Inventeur de la méthode de résoudre les équations cubiques, invention ordinairement attribuée à Cardan, il est aussi le premier qui ait écrit sur la théorie du mouvement des bombes et des boulets, sujet qu'il a traité avec beaucoup de développement dans sa *Nova scientia* imprimée à Venise en 1537, et dans ses *Quesiti ed invenzioni diverse*.

2. La coutume qu'a le pape de consacrer une rose d'or le quatrième dimanche de carême, n'a pris son origine que dans le XI° ou XII° siècle, du moins n'en est-il pas parlé plus tôt dans l'histoire Cette rose est ensuite envoyée en présent aux princes, aux princesses de la chrétienté, et même à certaines églises que le saint-père veut honorer d'une manière toute particulière. Henri VIII, roi d'Angleterre, reçut deux de ces roses, ce qui ne le garantit pas de l'excommunication du saint-siége, lorsqu'il fut déclaré, en 1534, *chef de l'Église sous le Christ*.

Depuis trois semaines les deux généraux déployaient toute leur habileté, toutes leurs connaissances stratégiques, lorsqu'un ordre pressant de livrer bataille parvint à Gaston. Louis XII, qui craignait d'être attaqué du côté de Calais par les Anglais, et du côté des Pyrénées par les Espagnols, était pressé d'en finir en Italie; son lieutenant lui-même en sentait d'autant mieux la nécessité que, peu de jours auparavant, le capitaine de ses lansquenets, Jacob Empser, s'apprêtait à quitter l'armée française, sur l'injonction de l'Empereur qui ne voulait plus combattre ni le pape ni le roi d'Aragon. Les paroles chevaleresques de Bayard, les prières de Gaston, l'avaient décidé à rester avec eux jusqu'à la fin de la campagne; mais les autres chefs de bandes allemands pouvaient être rappelés à leur tour, et il eût été difficile de les gagner tous ou de les trouver aussi sensibles au point d'honneur. Ces diverses considérations engagèrent Gaston à attaquer brusquement Ravenne, persuadé que don Ramon de Cardona quitterait ses positions pour la secourir.

Avec sa promptitude ordinaire, le jeune général vint dresser ses tentes dans la presqu'île formée par les rivières du Ronco et du Montone, qui après avoir mêlé leurs eaux un peu au-dessous de Ravenne vont se jeter dans l'Adriatique. Comme il l'avait prévu, l'Espagnol se rapprocha de lui; mais, avec sa circonspection habituelle, Cardona s'établit sur la rive droite du Ronco, à trois milles de distance, plaçant les Français entre la ville, la rivière et son propre camp, situation fort critique pour eux, car il lui eût été facile de les écraser en concertant une attaque avec l'habile chef de la garnison, Marc-Antoine Colonna. Pendant que son trop prudent adversaire s'occupait à se retrancher, Gaston commençait à manquer de vivres, et ses fourrageurs avaient sept ou huit milles à faire pour en trouver; les Vénitiens, maîtres du Pô, coupaient ses communications avec Ferrare : sentant donc l'urgence de brusquer l'affaire, il entama (9 avril) une vigoureuse canonnade contre la place, et en quelques heures une brèche de soixante pieds de large fut ouverte, par laquelle Allemands et Français se précipitèrent avec ardeur. Repoussés avec perte, plusieurs de leurs chefs y laissèrent la vie; et si don Ramon eût saisi le moment pour s'ébranler, c'en eût été fait de l'armée française, quoique la sienne ne comptât que quatorze cents lances, mille chevau-légers et douze mille fantassins.

L'assaut avait échoué; Gaston se tourna contre le vice-roi, qui rachetait son infériorité numérique par l'excellence de sa position, son lieutenant Pierre de Navarre ayant couvert le front de l'infanterie espagnole au moyen de chariots armés d'épieux, de lances de fer, et chargés de vingt pièces de campagne avec deux cents grosses arquebuses. Il était impossible de faire mieux; mais que peuvent les remparts, les canons et les palissades contre une armée intrépide, pleine de confiance dans son chef, et disposée à braver tous les périls pour remporter la victoire? Les Français traversèrent le Ronco sans être attaqués, se reformèrent sur la rive droite, et marchèrent vers le camp ennemi, non sans avoir eu la précaution de mettre à la suite des premières colonnes l'excellente artillerie du duc de Ferrare. A deux cents pas, ces colonnes s'ouvrirent à droite et à gauche, afin de permettre aux batteries de commencer le feu, qui fut des plus vifs. Les artilleurs des confédérés, ripostant avec avantage, emportaient à chaque coup bon nombre des assaillants; mais le duc de Ferrare, habile pointeur, ayant établi une batterie, toute composée de pièces de fort calibre, dans une position élevée, leur fit payer chèrement les pertes qu'ils causaient aux nôtres. Ces capitaines, ces condottieri, habitués aux luttes corps à corps, s'indignaient d'être ainsi décimés par la mitraille : sans en attendre le commandement, l'infanterie française se rue à l'attaque du camp, et la cavalerie italienne quitte son poste pour charger le corps de bataille où se trouvait Gaston. Jusqu'alors le vice-roi, bien conseillé par Pierre de Navarre, avait résisté aux murmures et aux prières de sa gendarmerie, qui brûlait de se porter en avant : forcé d'appuyer les Italiens, il donne le signal, et bientôt s'engage une mêlée terrible dans laquelle les cavaliers espagnols ou pontificaux sont mis en pleine déroute. Fabrizio Colonna, Pescaire, le cardinal de Médicis, légat du pape, furent faits prisonniers; Cardona lui-même prit la fuite trop tôt pour son honneur, la victoire pouvant être encore disputée. Le choc n'avait pas été moins furieux entre les piétons français et allemands et les bandes de Navarre : repoussés d'abord avec une grande perte, ils revinrent à la charge; mais chaque fois les Espagnols, combattant à la manière des anciens Romains avec le glaive et le bouclier, rompirent les bataillons allemands, hérissés de piques d'une longueur démesurée; puis, avec leurs dagues courtes et légères, ils perçaient de coups ces malheureux soldats qu'embarrassaient leurs cuissards et leurs larges baudriers. Le carnage fut épouvantable; les Allemands auraient tous péri si Yves d'Allègre, et bientôt après Gaston de Foix, n'étaient venus à leur secours avec la cavalerie française. Entourée de toutes parts, l'infanterie espagnole céda le terrain ; mais les Français achetèrent ce difficile triomphe par la perte de Yves d'Allègre et de son fils, ainsi que de plusieurs autres gentilshommes. Cette brave infanterie se retirait en bon ordre, au petit pas, combattant toujours, entre le fleuve et la digue élevée pour contenir les eaux, lorsque Gaston, affligé de l'affreux carnage qu'elle ne cessait de faire parmi les siens, pique des deux et se précipite au milieu de ses rangs épais, suivi de quelques gentilshommes seulement. Renversé de cheval, il se relève l'épée au poing et oppose une résistance désespérée; Lautrec, qui a vu la faute commise par son cousin, accourt en criant : « Ne le tuez pas ! c'est notre « vice-roi, le frère de votre reine ! » Inutile dévouement ! un des soldats qui serraient de plus près le prince lui plonge son épée dans le sein; et Lautrec, atteint de vingt blessures, est laissé pour mort à ses côtés. Stupéfiée à cette vue, la gendarmerie française cessa la poursuite, et l'infanterie espagnole continua tranquillement sa glorieuse retraite. Cette bataille, la plus sanglante de toutes celles qu'on eût encore livrées, coûta aux vaincus douze mille hommes, leurs bagages et leur artillerie; aux vainqueurs, six mille hommes et une partie de leurs capitaines. « Avec Gaston », dit Giucciardini, « toute la vigueur de l'armée « de France avait péri. » Cependant la ville se rendit le lendemain : Imola, Forli, Césène, Rimini, toute la Romagne, se soumirent à La Palisse, qui avait pris le commandement en chef.

La nouvelle du désastre de Ravenne, la crainte qui s'ensuivit de voir incessamment les Français aux portes de Rome, répandirent la consternation dans la ville éternelle. Toute la cour du souverain pontife se jeta à ses pieds, le conjurant de se soumettre à la volonté divine, et les ambassadeurs de Louis XII, qui ne s'étaient pas encore éloignés, lui offrirent la paix aux mêmes conditions qu'auparavant, c'est-à-dire la restitution de Bologne, la cession de Lugo avec tout ce que la maison d'Este possédait en Romagne, et l'abandon du droit de faire du sel à Commachio; en retour, ils ne demandaient que la levée de l'interdit, la révocation de toutes les sentences ecclésiastiques, et la réintégration des Bentivoglio dans leurs biens. Jules II accepta ces bases aussi avantageuses qu'honorables, pour lesquelles il donna mission de traiter au cardinal de Finale et à l'évêque de Tivoli, alors résidant en France, mais sans leur envoyer de pouvoirs pour conclure; car, dit-il aux ambassadeurs aragonais et vénitiens, ce n'était qu'un stratagème pour endormir le roi de France et gagner du temps.

En effet, tandis que les négociations traînaient en longueur, la situation des confédérés s'améliorait : au sombre accablement répandu d'abord par toute l'Italie succédait une irritation profonde contre les Français, et l'armée de la sainte ligue se réorganisait avec une extrême rapidité : Venise fournissait huit cents gendarmes, neuf cents chevau-légers et six mille hommes d'infanterie; le roi catholique faisait passer deux mille soldats espagnols, et promettait d'envoyer prochainement Gonzalve de Cordoue, dont le nom seul relevait les espérances de son parti; on apprenait aussi que vingt mille Suisses s'apprêtaient à descendre de leurs montagnes. Du côté des Français, au contraire, régnaient le désordre et la confusion : La Palisse, quoique brave devant l'ennemi, était d'un caractère trop irrésolu pour commander en chef; le cardinal San-Severino, légat du pseudo-concile, et homme d'humeur belliqueuse, lui disputait la conduite des opérations militaires; le duc de Ferrare était rentré dans son palais; les troupes allemandes abandonnaient le drapeau de Louis XII; enfin le général des finances de Normandie, gouverneur de Milan par intérim, venait, par une absurde mesure d'économie, de licencier une partie des troupes, déjà trop affaiblies par les combats et les défections. Alors le pape, jetant le masque, déclara hautement qu'il ne renoncerait jamais au but de ses travaux, l'affranchissement de l'Italie!

Dans l'impossibilité de combattre les forces immenses qui s'apprêtaient à lui tomber sur les bras, La Palisse adopta un plan tout d'observation, ou pour mieux dire un système purement négatif. Retirant les garnisons des places fortes de la Romagne, il les réunit aux restes de l'armée active, et porta son camp sur les rives du Mincio. Là, ayant appris que les Suisses, qui étaient descendus dans le pays de Vérone, avaient opéré leur jonction avec les Vénitiens et se disposaient à entrer dans le Milanais, il courut chercher un refuge dans les murs de Pavie. Les confédérés s'annonçaient comme des libérateurs; ils venaient, disaient-ils, rendre la couronne au fils du malheureux Ludovic Sforza, alors réfugié en Allemagne, et les populations se soulevaient au cri de *viva Massimiliano Sforza!* Jean-Jacques Trivulce, ses officiers, tous ceux qui avaient embrassé le parti français, quittèrent Milan à la hâte, emmenant toutefois le cardinal de Médicis; mais, comme le prisonnier devait passer le Pô entre Pièvc del Cairo et Bassignano, ses amis ameutèrent les paysans des environs et l'arrachèrent des mains des gardes chargés de le conduire.

Bientôt les Suisses et les Vénitiens parurent devant Pavie. La Palisse voulait s'y défendre : Trivulce lui représenta que dans un pays en pleine insurrection et avec une si faible armée, il était impossible d'y penser sérieusement. Ils se disputaient encore, lorsqu'on vint leur annoncer que Lodi s'était rendue sans résistance, et que déjà les ingénieurs vénitiens traçaient autour d'eux l'emplacement des batteries de siége. Craignant que toute retraite ne leur fût coupée, les deux généraux firent leurs dispositions pour l'opérer du mieux qu'il leur serait possible, et placèrent à l'arrière-garde le petit nombre de fantassins allemands qui leur restaient; mais les Suisses pénétrèrent dans la ville avant qu'elle fût complétement évacuée, et alors s'engagea une guerre d'escarmouches qui dura jusqu'à ce que les Français fussent au delà du Tésin. L'intrépidité de Bayard sauva ces tristes débris, qui rentrèrent en France après avoir traversé le Piémont. La populace lombarde et romagnole égorgea les soldats isolés, les marchands qui n'avaient pu suivre l'armée, dont l'artillerie, les bagages et une partie de l'arrière-garde n'avaient pu traverser le Tésin, un pont s'étant rompu sous le poids. Rimini, Césène, Ravenne, ouvrirent leurs portes aux confédérés; le duc d'Urbin s'empara de Bologne par surprise.

Deux mois avaient suffi pour ruiner au delà des Alpes la domination française; il ne restait à Louis XII dans toute la Lombardie que Brescia, défendue par le brave d'Aubigny, Peschiera, Crême, et les citadelles de Milan, de Crémone et de Novare; Bergame avait rappelé les Vénitiens, qui ne tardèrent pas non plus à reprendre Crême; Parme et Plaisance se donnèrent volontairement au pape, qui, nous l'avons déjà vu, prétendait que tout le pays au midi du Pô appartenait au saint-siége; les Suisses, non contents d'accabler d'impôts le Milanais, s'en appropriaient quelques lambeaux, et Gênes se déclarait indépendante, le peu d'amis que conservait la France étaient opprimés par la sainte ligue, dont les membres commençaient d'ailleurs à se montrer moins unis : ils s'accusaient réciproquement, se plaignaient les uns des autres, et leurs défiances mutuelles annonçaient une dissolution prochaine.

Pour faire marcher de front l'agrandissement des États pontificaux et la complète libération de l'Italie, Jules II eût volontiers bouleversé l'Europe entière. Gênes, sa ville natale, il l'avait mise au pouvoir d'une faction signalée par sa haine contre la France; le Milanais, retaillé à sa façon, n'était plus qu'une principauté sans importance; Florence allait recevoir un prince soumis à l'autorité du saint-siége; le duc de Ferrare assistait silencieux au démembrement de ses États; Venise s'était montrée religieusement fidèle à ses engagements, mais jalouse de sa puissance et de son indépendance : il fallait l'abattre. Tout au contraire, Maximilien et Ferdinand de Naples, opposés à l'accroissement du patrimoine de saint Pierre, désiraient réserver le Milanais à l'un de leurs petits-fils, Charles ou Ferdinand d'Autriche : le premier exigeait la remise des places vénitiennes qui lui avaient été garanties par le traité de Cambrai, et protégeait même les Bentivoglio et le duc de Ferrare; le second réclamait le subside de quarante mille ducats par mois que le pape et la Seigneurie s'étaient engagés à lui fournir jusqu'à l'expulsion définitive des Français. Comme il ne l'obtenait pas, son lieutenant s'avançant de Toscane en Lombardie mit garnison dans Brescia et dans Peschiera, qu'il prétendait conserver comme gage de la dette. Vivement contrarié, Jules II n'épargna rien pour arriver à une prompte conclusion de l'affaire de Milan. L'Empereur consentit sans peine a abandonner le duc de Ferrare et les Bentivoglio, à laisser provisoirement Parme, Plaisance et Reggio entre les mains du pape, promit l'investiture du Milanais à Sforza, et reconnut le concile de Latran; mais, en échange de ces sacrifices, il demandait que le saint-père abandonnât tout à fait les intérêts de Venise. Voici les conditions qu'il imposait : Venise garderait Padoue et Trévise, rentrerait en possession de Crème, de Bergame, de Brescia, et renoncerait à toute prétention sur Vérone; Maximilien garderait tout ce qu'il avait conquis; on lui remettrait Vicence, et la république ne posséderait qu'à titre de fief impérial ce qui lui resterait dans la terre-ferme, s'engageant à payer deux cent mille florins pour l'investiture, et une redevance annuelle de trente mille autres. Ces exigences étaient trop fortes eu égard à l'état des finances de la république, dont l'abandon de Vérone aurait rompu les communications directes avec les provinces qu'on lui rendait au delà du Mincio; elle s'y refusa, quoique le pape l'eût menacée des châtiments ecclésiastiques si elle retardait davantage la pacification de l'Italie.

La guerre allait recommencer sans qu'on sût encore quel serait celui des deux partis qui en viendrait aux mains le premier, lorsque le vieux pontife succomba fort à propos (21 février 1513) à une fièvre lente qui le consumait depuis quelque temps, et le cardinal de Médicis, quoiqu'il n'eût que trente-sept ans, prit la tiare avec le nom de Léon X. Son élection avait été l'œuvre des ennemis de la France, qui espéraient que le nouveau pape se souviendrait d'avoir été vaincu et pris à Ravenne; ils se trompaient : homme de plaisir avant tout, ami des arts et des lettres, Médicis songeait peu à l'indépendance de sa patrie. S'il entra dans la ligue contre la France, signée à Malines (5 avril), entre Maximilien, Henri VIII et Ferdinand, ce fut moins par ressentiment que par amour de la tranquillité !

Louis XII recueillait les fruits amers de sa perfidie ; il voyait s'unir contre lui tous ceux que la ligue de Cambrai avait armés contre son ancienne alliée. Dans son isolement, le maréchal Trivulce et le secrétaire d'État Robestel lui suggérèrent de se réconcilier avec Venise, où Trivulce envoya, sous prétexte de quelques affaires domestiques, un homme de confiance qui fit des ouvertures au sénat. Poussé par la même nécessité, le sénat fit passer au provéditeur Gritti, resté prisonnier en France depuis la prise de Brescia, les pouvoirs nécessaires pour traiter. La négociation souffrit quelques difficultés par suite de prétentions réciproques sur des provinces qu'il s'agissait de reconquérir : la Seigneurie demandait la Ghiara d'Adda et Crémone, conformément aux anciens traités ; la France, au contraire, voulait les garder : elle finit pourtant par en promettre la restitution, sous la réserve secrète de donner plus tard en échange la ville et le territoire de Mantoue, dont elle sacrifiait le marquis à ses propres intérêts et aux convenances des Vénitiens. Une fois d'accord sur l'objet principal, ceux-ci s'engagèrent à ouvrir la campagne avec huit cents hommes d'armes, quinze cents chevau-légers et dix mille fantassins, dont le commandement fut confié au brave d'Alviano, remis en liberté par Louis XII. Le rassemblement devait avoir lieu à Saint-Boniface, dans l'État de Vérone. De son côté, le roi faisait rassembler à Suze, sous les ordres de La Trémouille, douze cents hommes d'armes, huit cents chevau-légers, huit mille lansquenets conduits par Robert de la Marck, seigneur de Sedan, huit mille aventuriers français, et une nombreuse artillerie. Dans le même temps, une escadre sortie de nos ports allait bloquer Gênes.

Le nouveau traité entre Louis XII et la Seigneurie avait été signé à Blois le 14 mars 1513 ; dès les premiers jours de mai, son armée déboucha dans les vallées du Pô et de la Stura. Asti, Tortone, Alexandrie, capitulèrent, et bientôt Milan vit flotter sur ses tours la bannière de France. L'incapacité manifeste de Sforza avait détruit les espérances de ses peuples : il ne trouva d'autre refuge qu'à Novare. Gênes fut assaillie du côté de la mer par l'escadre française, du côté de la terre par les paysans qu'avaient soulevés les Adorni et les Fiesques, pendant que d'Alviano prenait Valeggio, Peschiera, Crémone, et chargeait Renzo da Ceri d'occuper Brescia. Soncino et Lodi s'étant rendues, les communications entre les deux armées se trouvèrent établies. Ainsi, en moins de trois semaines, toute la Lombardie, excepté Novare et Côme, échappait à Sforza, sans que le vice-roi de Naples, campé avec ses Espagnols sur la Trebbia, près de Plaisance, fît la moindre démonstration en sa faveur : le fourbe et méticuleux Ferdinand le Catholique lui avait donné pour instructions d'attendre le résultat des premiers engagements. Par compensation, le duc de Milan avait avec lui les contingents d'Uri, de Schwitz et d'Underwald, accourus sous les ordres de leurs landammans sans qu'il eût été question de solde ni d'engagement ; un second corps, composé des milices de Glaris, Zug, Lucerne et Schaffouse était en marche ; un troisième, fort de cinq mille hommes, où se trouvaient les milices de Berne et de Zurich, sous les ordres du capitaine d'Alt-Sax, s'avançait par les Grisons et Chiavenne.

La Trémouille ignorait ces dispositions des Helvétiens ; il mit le siége devant Novare avec une telle assurance, que M. de La Fayette, grand maître de l'artillerie, établit en plein jour ses batteries. Peu d'heures après, une brèche assez large pour que cinquante hommes pussent y passer de front était ouverte, et l'on se préparait à donner l'assaut lorsqu'on apprit qu'un renfort considérable était entré de nuit dans la place. L'armée se replia sur Trecase, petit bourg à trois milles de distance, où elle devait se tenir sur la défensive jusqu'à l'arrivée des Espagnols ou des Allemands, ou bien jusqu'à ce que d'Aubigny eût fait jonction. C'était une sage résolution, mais les généraux commirent deux fautes : la première, de s'établir sur un terrain fangeux, bordé de petits bois et coupé de nombreux canaux d'irrigation, terrain excessivement défavorable à la cavalerie et sur lequel les divers corps ne pouvaient se porter mutuellement secours ; la seconde, plus lourde encore, de ne pas se retrancher avant la nuit.

Les assiégés, en voyant ce mouvement rétrograde, pensèrent avec raison qu'il fallait ne pas laisser traîner la guerre en longueur. Le 6 juin, avant le jour, sept mille hommes sortent en silence de Novare, divisés en trois colonnes, se dirigent vers Riotta et Trecase, surprennent les avant-postes, et se portent rapidement sur le quartier de l'artillerie, où dès la première alerte les canonniers avaient couru aux pièces. Accueillis par un feu épouvantable, ils ne se laissent pas décourager, conservent leurs rangs sous les décharges qui renversent des files entières, et, gagnant peu à peu du terrain, ils finissent par s'emparer des canons, qu'ils tournent aussitôt contre les Français. Victorieux de ce côté, leur fureur se dirige contre l'infanterie allemande, qui leur fait essuyer des pertes énormes, mais dont plus de la moitié reste sur le carreau. Au milieu d'une obscurité profonde que les éclairs du canon et des arquebuses traversaient de lueurs sinistres, la gendarmerie française ne fournit que quelques charges infructueuses ; seulement, un corps de trois cents lances, commandé par Robert de La Marck, se fit jour au travers des bataillons suisses, et il aurait peut-être rétabli le combat, si la réserve de ceux-ci n'était venue prendre le camp à revers. Obligée de tourner bride, cette gendarmerie parut fuir, et l'armée se débanda, laissant entre les mains des vainqueurs vingt-deux pièces de canon. Personne ne faisait plus son devoir ; chefs et soldats s'enfuirent dans la direction de Verceil.

Cette malheureuse échauffourée de la Riotta décida du sort de la campagne : le Milanais, l'Astesan, furent reperdus plus rapidement qu'ils n'avaient été repris ; les villes lombardes qui avaient accueilli les Français furent frappées de fortes amendes par le duc et ses fidèles alliés ; les Adorni évacuèrent Gênes où les Frégose rentrèrent, appuyés par les Espagnols ; les généraux de Louis XII, n'osant pas s'arrêter en Piémont, repassèrent les Alpes malgré les instances du proviéditeur Andrea Gritti, qui leur représentait que cet acte de lâcheté, bien plus funeste que leur défaite, causerait la ruine de leurs alliés en Italie. Le proviéditeur avait raison, car l'armée vénitienne, après avoir parcouru et ravagé impunément les provinces de la rive gauche de l'Adige, fut obligée de se retirer devant les Espagnols, supérieurs en nombre. D'Alviano s'enferma dans Padoue; Jean-Paul Baglioni et Renzo da Ceri regagnèrent Trévise et Crême, laissant le reste de la terre-ferme exposé aux déprédations de l'ennemi. Les Suisses, qu'aucun intérêt ni aucun motif de haine ne portait à attaquer les Vénitiens, se contentèrent de vivre aux dépens du Milanais; les généraux espagnols, au contraire, profitèrent de la circonstance pour nourrir leurs soldats aux dépens de la république, à laquelle ils ne pardonnaient pas son attachement pour la France.

Bientôt le pape et le roi catholique firent de nouveaux efforts auprès de la Seigneurie pour qu'elle acceptât la paix avec l'Empereur, le seul des coalisés qui eût quelques réclamations à élever : la Seigneurie se montra aussi inébranlable dans ses refus que l'Empereur dans ses prétentions, et les puissances prétendues médiatrices se déclarèrent ses ennemies. Une armée composée d'Allemands et d'Espagnols, avec deux cents gendarmes du pape, vint mettre le siége devant Padoue. Maximilien y avait complètement échoué à la tête d'une puissante armée; il n'était guère probable qu'avec huit à neuf mille hommes seulement d'autres réussiraient mieux que lui. Les opérations commencèrent le 28 juillet. La noblesse vénitienne était venue se ranger sous les ordres de d'Alviano, et l'artillerie des remparts incommodait beaucoup les assaillants, qui manquaient de bras pour les travaux de la tranchée. Au bout de dix-huit jours les maladies produites par un sol marécageux et des fatigues multipliées avaient tellement éclairci leurs rangs, que Cardona, transporté de rage, se retira en ravageant le pays. Marghera, Mestre, Lizza-Fusina, toutes les délicieuses villas que les patriciens de Venise possédaient sur les deux rives de la Brenta, furent réduites en cendres; il vint même foudroyer avec dix pièces de gros calibre le monastère de San Secondo, situé à quelques centaines de toises de Venise, du côté de Mestre. De la place Saint-Marc, on voyait les flammes et la fumée des villages et des palais incendiés.

Plusieurs fois d'Alviano avait fait demander au sénat l'autorisation de tomber sur ces pillards, car chaque jour les habitants des campagnes, ruinés de mille manières, venaient se plaindre à lui, et il avait conçu l'idée de tirer parti de leur exaspération. Les Espagnols avaient laissé derrière eux, sans s'y réserver des passages, la Brenta et le Bacchiglione : le général fit occuper les rives de ces deux fleuves par les paysans, en leur recommandant de bien garder les défilés et de mettre partout leurs vivres en sûreté; puis, lorsqu'il eut la réponse qu'il attendait, il se mit à la poursuite des Espagnols, qui commençaient à se retirer, et les atteignit à deux milles de Vicence, près du village de la Molta. Appelé par lui, Jean-

Paul Baglioni était sorti de Trévise, et occupait Montecchio, sur la route d'Allemagne. Après avoir placé de l'artillerie sur tous les points avantageux, d'Alviano vint occuper à l'Olmo une petite esplanade naturellement fortifiée, entourant ainsi de toutes parts les Espagnols qui, contraints de passer la nuit à un demi-mille de son camp et à la portée de ses canons, éteignirent les feux de leurs bivouacs. Le lendemain matin, à la faveur d'un épais brouillard, ils prenaient sans bruit, par les montagnes, le chemin de Bassano et de Trente; d'Alviano, qui s'en aperçoit, met à leur poursuite son neveu Bernard Antiniola, et cet intrépide officier, après avoir culbuté la cavalerie allemande, n'est arrêté que par l'infanterie de Pescaire. Pendant ce temps, les Stradiotes et des milliers de paysans, placés sur les flancs de l'ennemi, entretenaient un feu de mousqueterie des plus meurtriers. Cette armée était détruite si l'on eût écouté d'Alviano, c'est-à-dire si l'on se fût borné à de simples escarmouches; mais le provéditeur Andrea Loredano voulait une victoire décisive, et le général, distribuant ses troupes avec autant d'habileté que de promptitude, s'avança à leur tête, les fantassins romagnols placés en première ligne. Reçus par la phalange espagnole avec sa vigueur accoutumée, ceux-ci jettent leurs piques et commencent à fuir; le reste des troupes les suit, officiers et généraux sont entraînés; les bagages, l'artillerie, quatre mille morts, restent sur le champ de bataille. D'Alviano retourna s'enfermer dans Padoue; nombre de fuyards cherchèrent un refuge dans Vicence, dont les portes se fermèrent devant eux, et ils furent presque tous massacrés au pied des murailles, ou noyés dans le Bacchiglione. Andrea Gritti ne dut son salut qu'au zèle de quelques-uns de ses amis qui le hissèrent par-dessus les remparts à l'aide d'une corde; son collègue, Loredano, fut mis en pièces par ceux qui se disputaient l'honneur et surtout l'avantage de l'avoir fait prisonnier. Baglioni et plusieurs des principaux chefs tombèrent vivants au pouvoir des Espagnols.

La funeste journée de la Molta, la perte de Marano qu'un moine venait de livrer aux Autrichiens, un incendie qui dévora plus de deux mille maisons dans le quartier le plus populeux de Venise [1], rien ne put ébranler la constance du sénat. Avec de l'argent il était facile de réparer les pertes en hommes et en matériel; on devait compter aussi sur le patriotisme et le talent de trois hommes, dont chacun valait une armée : Renzo da Ceri, gouverneur de Crême, le comte de Savorgnano, opposé dans le Frioul aux soldats de Maximilien; sur d'Alviano enfin. La nation entière suivit le noble exemple du gouvernement : nobles, citadins, artisans, rivalisèrent d'ardeur; tous voulurent marcher contre l'ennemi. Trois mois s'étaient à peine écoulés, que dans le Frioul Savorgnano remportait quelques avantages sur les soldats de Maximilien, Renzo da Ceri s'emparait de Bergame; d'Alviano ravitaillait Padoue et Trévise, qu'il mettait dans le meilleur état de défense, enlevait sous les yeux même des Espagnols les places d'Este

---

1. Cet incendie prit naissance dans quelques boutiques du port de Rialto, et fut porté par un vent du nord dans les quartiers adjacents.

et de Camisano, poussait des reconnaissances jusqu'à Vérone, et forçait enfin l'ennemi à évacuer la Polésine de Rovigo.

Tandis que les Vénitiens réparaient leurs échecs, Louis XII était trop occupé en France pour songer à eux : aussitôt qu'il eut signé la paix avec Henri VIII et Maximilien, il leur fit de nouvelles offres d'alliance. Instruit des démarches du roi, Léon X renouvela ses instances pour détacher la Seigneurie de la France et lui faire terminer ses différends avec l'Empereur. Pierre Bembo, patricien de Venise et son secrétaire, échoua dans cette mission délicate. Maximilien s'obstinant à conserver Vérone, les Conseils répondirent que la république ne pouvait renoncer ni à Vérone, ni à ses alliances, et fit partir des ambassadeurs chargés de conclure avec Louis XII un nouveau traité, en même temps que le féliciter sur son mariage avec la jeune sœur du roi d'Angleterre [1]. Ils s'étaient à peine mis en route, qu'ils apprirent que le roi venait de succomber à une maladie d'épuisement (1er janvier 1515).

François de Valois, duc d'Angoulême, gendre de Louis XII et premier prince du sang, prit en montant sur le trône le nom de François Ier. Doué de qualités brillantes et surtout d'un bouillant courage, il ajouta le titre de duc de Milan à celui de roi de France ; et lorsque les envoyés de la Seigneurie vinrent le complimenter, il renouvela avec eux l'alliance conclue à Blois par son prédécesseur deux ans auparavant. « D'ici à quatre mois », leur dit-il en les congédiant, « soyez avec votre armée sur les bords de l'Adda ; je me trouverai au rendez-vous avec la mienne. » Les rapports politiques de la France avec les autres puissances de l'Europe semblaient alors favoriser ce projet : Henri VIII était complètement détaché de la sainte ligue ; il eût été difficile de prévoir ce que ferait le capricieux mais fort peu redoutable Maximilien ; quant à Ferdinand, il ne voulait pas renouveler la trêve parce que François refusait d'y comprendre le duché de Milan ; le pape aussi, malgré son apparente neutralité, entra dans la ligue, que du reste il ne servit que faiblement. Gênes promit de se déclarer aussitôt que l'armée française paraîtrait au delà des Alpes.

François Ier se trouva en mesure dès les premiers jours de juillet (1515). Suivant Guicciardini, deux mille cinq cents lances françaises, servies chacune par huit chevaux, toute la maison militaire du roi, les volontaires nobles, quinze cents chevau-légers albanais, vingt mille lansquenets, dix mille fantassins basques et navarrais, exercés à la discipline espagnole par Pierre de Navarre, que l'avarice de Ferdinand avait laissé prisonnier en France, huit mille fantassins des provinces du Nord, deux mille cinq cents pionniers et un corps considérable

---

1. Alors qu'il n'était que duc d'Orléans, ce prince avait été uni par contrainte à la fille aînée de Louis XI, Jeanne de France ; à son avènement au trône (1498), il la répudia pour donner sa main à Anne de Bretagne, veuve de Charles VIII. L'ayant perdue le 9 janvier 1514, Louis XII, âgé de cinquante-trois ans, épousa en troisièmes noces (18 mai suivant) Marie d'Angleterre, qui en avait à peine dix-sept.

d'artilleurs, formaient une masse de plus de soixante mille combattants et de trente mille chevaux, non moins remarquable par sa bonne tenue que par les généraux habiles qui la commandaient. L'avant garde avait pour chef le connétable Charles de Bourbon, accompagné de son frère François de Bourbon, des maréchaux de La Palisse et Trivulce et de Pierre de Navarre. Le roi conduisait la bataille, ayant près de lui le duc Antoine de Lorraine, fils et successeur du vainqueur de Nancy, et son frère Claude de Lorraine comte de Guise ; le duc de Vendôme, chef de la branche cadette de la maison de Bourbon, et son frère le comte de Saint-Pol ; le duc d'Albany, prince du sang d'Écosse ; le duc Charles de Gueldre, les maréchaux de Lautrec et d'Aubigny, le sire de la Trémouille et le capitaine Bayard. L'arrière-garde obéissait au duc d'Alençon, beau-frère du roi.

Pendant que cette belle armée, partie de Lyon, s'approchait des Alpes, don Ramon de Cardona, à la tête de douze mille Espagnols, attaquait les Vénitiens et leur enlevait Vicence ; les Milanais gagnaient le Piémont pour en disputer l'entrée, et les Suisses se postaient au pas de Suze. Dans le conseil de guerre tenu devant le roi, Trivulce fit décider qu'au lieu de prendre la route ordinaire, celle du Mont-Genèvre ou du Mont-Cenis, le corps principal longerait les bords de la Durance, s'avancerait par les cols de Guillestre et l'Argentière, jusqu'aux sources de la Stura et dans les plaines de Saluces, pendant que par de fausses attaques quelques gros détachements détourneraient l'attention de l'ennemi. Ce plan eut un plein succès. Prosper Colonna, qui commandait les Suisses à la solde du duc de Milan, fut surpris à table, dans son quartier de Villafranca, fait prisonnier ; si bien que les confédérés apprirent à la fois et l'approche des Français et la captivité de leur célèbre tacticien. Les généraux de Ferdinand, de Maximilien et du pape n'osèrent rien entreprendre ; les Helvétiens seuls, qui attachaient une espèce d'orgueil à la conservation du duché de Milan, descendirent de leurs montagnes, et rompirent les négociations que François avait entamées avec ceux de leurs compatriotes qu'il avait tournés mais non battus.

Le 13 septembre vers midi, à la suite d'un sermon frénétique prêché par le cardinal de Sion sur la grande place de Milan, les terribles cornets d'Uri et d'Unterwald retentissent dans les rues ; les bataillons se forment, et, soutenus par quelque cavalerie italienne, munis d'une assez belle artillerie, quarante mille hommes se dirigent droit vers le camp des Français, établi à Melegnano (Marignan). Le maréchal de Fleuranges, commandait aux avant-postes. En les voyant paraître, il fait sonner l'alarme et va prévenir le roi, qu'il trouve en conférence avec le général vénitien : « Seigneur Barthélemy, » dit François I« en congédiant d'Alviano, « je vous prie d'aller en diligence faire marcher votre armée, et venez « le plus tôt que vous pourrez, soit jour ou nuit, où je serai, car vous voyez « quelle affaire j'en ai ! » Cependant les Suisses continuent d'avancer, la pique basse, sans nul souci des charges de cavalerie qui viennent se briser sur leurs flancs, ni des larges trouées que les boulets font dans leur colonne ; infanterie, aventuriers, lansquenets, cavalerie, tout fuit devant eux ; ils s'emparent même du parc d'artillerie. En ce moment suprême, le roi, à la tête de sa gendarmerie, exécute une charge à fond de train qui ébranle ces remparts vivants ; une deuxième dégage les canons, permet aux troupes de se reformer, et l'action devient générale ; mais les combattants étaient si serrés qu'après cinq heures d'efforts surhumains de part et d'autre elle n'était pas décidée. La nuit suspendit le carnage : Suisses et Français se trouvaient tellement entremêlés qu'on n'alluma pas de feux ; le roi lui-même, quoique accablé de fatigue, resta « le cul sur la selle, la lance au poing et l'armet en tête, à quelques pas d'un gros bataillon suisse. » A la pointe du jour, la lutte recommença avec le même acharnement que la veille. Elle se poursuivait sans avantage marqué de part ni d'autre, lorsque, vers dix heures du matin, les cris de *Viva san Marco!* se firent entendre : c'était l'armée vénitienne, qui avait marché toute la nuit. La partie n'étant plus égale, les montagnards se retirèrent en bon ordre, laissant douze mille des leurs sur le champ de bataille. Ils avaient tué six mille hommes à leurs adversaires, la plupart fantassins allemands, perte peu regrettable pour les Français, qui ne les estimaient guère que ce qu'ils coûtaient : un florin du Rhin par homme [1].

La bataille de Marignan décida les Suisses à abandonner le théâtre de la guerre. Après avoir laissé quinze cents hommes dans le château de Milan, où le duc s'était réfugié avec cinq cents des siens, et pourvu autant qu'il leur était possible aux besoins de leurs blessés, ils sortirent de la ville, enseignes déployées, et rentrèrent par Côme dans leur patrie. Leur départ entraîna la soumission de toutes les villes ; Crémone seule résista quelque temps encore.

François Ier regardait comme au-dessous de la dignité d'un roi de France d'entrer dans une ville non entièrement soumise ; aussi ne voulut-il pas prendre possession de Milan, dont le château refusait de se rendre. Pierre de Navarre lui promit qu'en moins d'un mois Sforza demanderait à capituler. En effet, épouvanté du jeu des mines qui menaçaient de faire sauter le château et ses défenseurs, le duc signa (4 octobre) une convention par laquelle il renonçait à tous ses titres ou prétentions et consentait à aller vivre obscurément en France avec une pension de trente mille ducats. Pendant ces délais, le roi avait conclu avec le souverain pontife un traité qui réunissait de nouveau Parme et Plaisance à la Lombardie, et qui garantissait Florence à la famillle des Médicis ; de plus, on donna au pape l'assurance positive qu'à l'avenir le duché de Milan tirerait des salines de Cervia tout le sel nécessaire à sa consommation. En agissant ainsi, le monarque français parut s'inquiéter fort peu des intérêts des Vénitiens : non-seulement il n'était

1. François Ier voulut être armé chevalier par Bayard sur le terrain même. « Certes, ma bonne « épée, » s'écria le bon chevalier, « vous serez moult bien comme relique gardée, et sur toutes « autres honorée, et ne vous porterai jamais, si ce n'est contre Turs, Sarrazins ou Mores ! »

pas dit un mot de la remise à leur faire de Vérone et de Brescia, occupées par la sainte ligue, places fort importantes cependant pour la sûreté du duché de Milan, mais encore on les dépouillait d'un privilége dont l'existence remontait à un temps immémorial, celui de fournir du sel à toute la Lombardie.

Tant d'insouciance, tant de mauvaise grâce de la part du roi chevaleresque, prouvèrent à la république qu'elle ne devait pas compter sur lui. En conséquence, elle pensa à reprendre par elle-même les villes qu'elle avait perdues, et d'Alviano, abandonnant les positions qu'il occupait sur l'Adda, remplit heureusement cette mission. Maître de Bergame, ce général si dévoué se disposait à commencer le siége de Brescia, lorsque la mort vint le surprendre. Ses soldats le pleurèrent amèrement, et pendant vingt-cinq jours ses restes, portés à la tête de l'armée, reçurent les mêmes honneurs que s'il eût été encore vivant. Lorsque le sénat ordonna que ses glorieuses dépouilles fussent transférées à Venise où les attendaient de magnifiques funérailles, ces braves gens dédaignèrent le saufconduit du duc d'Autriche, et passèrent en armes au milieu de ses bataillons pour accompagner à sa dernière demeure celui qu'ils appelaient leur père et leur ami. La perte de d'Alviano enleva à l'armée vénitienne son courage et son excellente discipline ; les renforts qu'elle reçut ne firent même qu'aggraver par le mauvais exemple ces pernicieuses dispositions.

Jean-Jacques Trivulce avait amené sept cents lances françaises et sept mille fantassins allemands devant Brescia ; mais les lansquenets refusèrent de tirer contre le drapeau de l'Empereur, et il fallut les remplacer par cinq mille Biscayens, sous les ordres de Pierre de Navarre. Les assiégés firent des sorties heureuses, opposèrent aux mines des contre-mines, et obligèrent enfin Trivulce à convertir le siége en un blocus tellement étroit, que pressés par la faim ils s'engagèrent bientôt à se rendre s'ils n'étaient secourus sous le délai de vingt jours. Ce délai n'était pas encore expiré, que le baron de Rockandolf parvint, avec quelques milliers de Tyroliens, à s'introduire dans la place et à la ravitailler complétement. Trivulce, à dessein peut-être, s'était éloigné de quelques milles, et comme la saison était avancée, les opérations militaires se terminèrent là. Celles de la diplomatie avaient marché : François Ier, dans une entrevue avec Léon X, à Bologne, venait d'obtenir, en retour de quelques concessions par lui faites au saint siége, la restitution de Reggio et de Modène au duc Alphonse Ier de Ferrare.

L'année suivante (janvier 1516), Ferdinand le Catholique mourut à Madrigaleggio. Son héritier (Charles Ier d'Espagne, plus tard Charles Quint) n'avait pas attendu ce moment pour se mettre en parfaite intelligence avec François Ier ; il n'y avait que l'Empereur qui persistât à faire la guerre aux Vénitiens. Au mois de mars, il envahit en personne les États de la république avec une armée de trente cinq mille aventuriers suisses et allemands. Brescia, qui était de nouveau à la veille de capituler, fut dégagée ; Trivulce se retira sur le Mincio, et bientôt après il alla se ranger sous les ordres du connétable de Bourbon, gouverneur de la Lombardie. Au lieu de marcher droit sur Milan, comme le lui conseillait le cardinal de Sion, Maximilien, par un faux point d'honneur, perdit un temps précieux devant Asola [1] et ne prit le chemin de la capitale du duché que lorsque les Français en eurent brûlé les faubourgs. Quoi qu'il en soit, la terreur y était extrême, car il avait fait menacer les habitants, si sous trois jours la garnison n'avait évacué la place, d'un traitement plus sévère que celui que leur avait infligé jadis le terrible Frédéric Barberousse.

Tout à coup Albrecht de Stein, du parti français en Helvétie, arrive avec dix mille confédérés; mais, ce qu'il était facile de prévoir, de chaque côté les Suisses déclarent qu'ils ne se battront pas les uns contre les autres. Leurs chefs avaient de fréquentes entrevues, et les Allemands aussi bien que les Français pouvaient craindre qu'ils ne se réunissent pour leur dicter des conditions. Trivulce se tira d'affaire par un expédient fort adroit. Une fausse lettre, adressée à Stapfer, commandant des Suisses à la solde de l'Empereur, et conçue de manière à éveiller des soupçons sur la fidélité de ces mercenaires, tomba comme par hasard entre les mains de ce prince; on y disait, entre autres, que le trésor impérial étant épuisé, Stapfer agirait sagement s'il réclamait l'arriéré de la solde de ses gens, et, pour plus de garantie, s'il s'assurait de la personne de Maximilien. A la lecture de cette lettre, celui-ci fut tellement frappé de crainte, qu'après avoir promis de s'acquitter promptement il partit en secret avec deux cents cavaliers et rentra dans le Tyrol sans remettre à personne le commandement de ses troupes, qui se mirent à saccager tout ce qu'elles rencontraient; Lodi et San Angelo particulièrement souffrirent beaucoup de leurs brigandages. Quelque temps après, Maximilien envoya de l'argent, mais il était trop tard; rappelés par la diète, les Suisses des deux partis rentraient chez eux; trois mille soudoyers avaient passé à l'ennemi; le reste s'était dispersé : le petit nombre de ceux qui restaient sous ses drapeaux fut conduit à Vérone.

A la même époque, le duc de Bourbon avait été rappelé en France. Le sire de Lautrec, investi du commandement, se porta en toute hâte devant Brescia, que les Vénitiens tenaient de nouveau assiégée, et qui, grâce à ce secours inattendu, se rendit enfin (24 mai 1516). Le sénat aurait voulu que l'armée se portât devant Vérone, dont il pressait d'autant plus vivement d'entreprendre le siége que cette place est la clef de l'Italie du côté de l'Allemagne; mais Lautrec, instruit des conférences qui avaient lieu en France pour le rétablissement de la paix générale, ne voulut point déférer à cette invitation et se retira vers le Milanais.

Les ministres des rois de France et d'Espagne s'étaient réunis à Noyon, afin

1. Les châteaux d'Asola, de Lonato et de Peschiera avaient été repris par les Vénitiens dans la campagne précédente : c'est la seule compensation qu'ils eussent retirée de leurs sacrifices de tout genre.

d'arrêter les bases d'un traité qui amenât la pacification de l'Europe : Arthus Gouffier, sire de Boissy, représentait François Ier; Guillaume de Croy, sire de Chièvres, représentait Charles Ier. Ils signèrent, le 13 août 1516, un acte par lequel les deux puissances se juraient une amitié réciproque; et pour mieux la cimenter, François Ier transmit ses droits sur le royaume de Naples à sa fille Louise, que le roi des Espagnes s'engageait à épouser au lieu de madame Renée (fille de Louis XII), quand elle aurait atteint l'âge de douze ans; en attendant, Charles conservait la possession de ce royaume, moyennant le paiement annuel de cent mille écus d'or. Il était stipulé, en outre, que l'Empereur serait compris dans le traité, moyennant qu'il consignerait Vérone aux Espagnols, qui après l'avoir gardée six semaines la confieraient au roi de France pour la remettre aux Vénitiens; que la république paierait cent mille écus d'or, non à Maximilien, mais à François Ier, en à-compte des sommes que l'Empereur devait à la France; qu'il y aurait entre l'Empereur et la république une trêve de dix-huit mois, durant laquelle ce prince garderait Gradisca dans le Frioul, Roveredo dans la vallée du haut Adige, Riva de Tronto au nord du lac de Garde, villes qui défendent trois passages importants. Deux mois étaient accordés à Maximilien pour notifier son acquiescement ou son refus.

Maximilien se plaignit amèrement du peu de cas que l'on paraissait faire de sa personne, et, n'écoutant que la première impulsion de son humeur, déclara qu'il n'accéderait jamais à des engagements qu'on lui imposait sans l'avoir consulté. Sa fille Marguerite[1] parvint à le calmer, et après de longues négociations ouvertes à Bruxelles (4 décembre) il adhéra à ce qu'on désirait de lui. Le 23 janvier 1517, Vérone fut remise aux mains de Lautrec par l'évêque de Trente, muni des pouvoirs de Charles Ier; le même jour les provéditeurs Andrea Gritti et Jean-Paul Gradenigo en reçurent les clefs. L'année suivante, la trêve entre l'Empereur et la république fut prolongée pour cinq ans, moyennant un subside annuel de vingt mille ducats.

Ainsi finit la ligue de Cambrai. Elle fit perdre aux Vénitiens Crémone, les bords de l'Adda et la Romagne, acquisitions récentes qu'ils n'avaient pas eu le temps de consolider; Trieste, qu'ils avaient occupée momentanément, passa sous la domination du duc d'Autriche.

Nul doute qu'un État qui avait résisté à la ligue la plus redoutable qu'on eût vue se former en Europe depuis la chute de l'empire romain, qu'un État qui avait supporté tant de désastres, et qui en définitive ne se voyait enlever que quelques

---

1. Petite-fille de Charles le Téméraire par Marie de Bourgogne sa mère, la célèbre Marguerite d'Autriche naquit à Gand (1480). Fiancée au dauphin (Charles VIII), renvoyée à son père par Louis XI, et fiancée de nouveau (1497) à l'infant don Juan d'Espagne, union que la mort prématurée de ce prince empêcha d'accomplir, elle épousa (1508) Philippe le Beau (père de Charles-Quint), et resta veuve, en 1512, sans avoir eu d'enfants. Ses talents et son énergie firent de Marguerite un précieux conseiller pour son père, qui lui conféra le titre de gouvernante des Pays-Bas.

villes peu importantes, aurait pu s'enorgueillir de sa force au lieu de s'affliger de sa situation. Mais la république avait dépensé plus de cinq millions de ducats d'or (au delà de cent soixante-dix millions de notre monnaie) et engagé pour longtemps ses revenus, les villes et les particuliers ne pouvant supporter des impositions nouvelles; enfin, par une mesure plus déplorable encore que la perte de vingt batailles, c'est-à-dire la mise à l'enchère des emplois et des dignités, la démoralisation s'était répandue chez toutes les classes de citoyens. Venise, il faut le reconnaître, Venise n'était plus cette puissante gardienne des Alpes, cet impénétrable boulevard qui protégeait contre l'empire du croissant l'Italie et l'Europe occidentale. D'autres causes, que nous expliquerons plus tard, achevèrent de dissiper le prestige qui l'environnait depuis tant de siècles.

CHAPITRE XI.

NOUVELLES GUERRES CONTRE VENISE. — BATAILLE DE LÉPANTE.

(1517 à 1573.)

Charles-Quint et François Ier en Italie. — Les Vénitiens tour à tour alliés de ces deux princes. — Combat de la Bicoque. — Bataille de Pavie. — Sac de Rome par les Impériaux. — Troisième guerre des Vénitiens contre la Turquie. — Invasion de l'île de Chypre par les Ottomans. — Prise de Nicosie et de Famagouste. — Bataille de Lepante. — Paix de trente ans.

ussitôt que Venise, par la mise à exécution du traité de Noyon, eut recouvré presque entièrement ses États de terre-ferme, le sénat nomma deux commissaires pour visiter ces malheureuses provinces où régnaient la misère et la désolation : livrées pendant les huit dernières années à la rapacité des soldats, qui, ne recevant qu'une solde insuffisante, souvent même mal payée, s'indemnisaient par le meurtre et le pillage, elles avaient subi la plus complète dévastation. Salo, Peschiera, Bergame, Brescia, Crême, Vérone, Vicence, Padoue, Trévise, Rovigo, toutes les places du Frioul, reçurent la promesse de secours proportionnés à leurs souffrances et à leurs pertes respectives. Par reconnaissance, toutes envoyèrent au sénat des députés, avec mission de renouveler leur serment de fidélité et de lui présenter leurs félicitations sur l'heureuse issue de la guerre. Il s'établit, entre les provinces et la capitale, une rivalité de zèle à l'effet de réparer les pertes communes : on offrit des primes aux agriculteurs et aux industriels étrangers qui viendraient s'établir sur le territoire de la république; on releva les digues abattues; on rétablit les canaux d'arrosement et de navigation; les maisons, les édifices publics détruits par les projectiles de l'ennemi furent relevés, les villages incendiés furent reconstruits : on augmenta considérablement les travaux d'art consacrés à la défense du territoire, et particulièrement les fortifications de Vérone et de Padoue.

La paix eût aisément ramené l'abondance, si la sécurité l'avait suivie, si, restées sans emploi et sans ressources, les bandes de mercenaires que les puissances belligérantes avaient jetées sur l'Italie ne s'étaient mises à piller indistinctement et les États qui les avaient soudoyées et ceux qu'elles avaient combattus. Plusieurs fois Venise fut obligée de les repousser par la force, et leurs brigandages ne cessèrent que lorsque le duc d'Urbin les eut appelées sous sa bannière afin qu'elles l'aidassent à recouvrer ses domaines dont il avait été dépouillé par le pape. Cette circonstance, qui aurait pu être si utile à l'Italie entière, devint, au contraire, le prélude d'une nouvelle conflagration : Léon X, considérant la tentative du duc comme faite à l'instigation des Français, résolut d'en tirer vengeance.

Ici commence une longue série d'intrigues, dirigées par le pape en personne ou suivies par ses négociateurs ; mais comme elles sortiraient du cadre de cette histoire, nous nous bornerons à exposer la situation de l'Europe et de Venise au moment où elles reçurent leur dénouement. Pour cela, il faut rétrograder de quelques années.

Le vieux Maximilien étant mort (11 juin 1519), les électeurs du saint Empire lui avaient donné pour successeur Charles d'Autriche, son petit-fils, âgé de dix-neuf ans et déjà possesseur du royaume de toutes les Espagnes. A titre de roi d'Arles et de duc de Milan, François Ier s'était aussi porté candidat, et n'avait épargné ni l'or ni les promesses. Trompé dans son attente, il déclara que la préférence accordée à son jeune rival ne troublerait point la bonne harmonie qui existait entre eux : mais la jalousie le dévorait, malgré son indifférence affectée. Le nouvel Empereur, menacé par des soulèvements dans toutes les parties de l'Espagne et par la réforme naissante en Allemagne, était loin de désirer la guerre ; le monarque français ne la désirait pas non plus, et n'y était même nullement préparé. Peu à peu, cependant, entraîné par son dépit secret, ce dernier suscita mille tracasseries : sous prétexte de faire passer des renforts au roi de Navarre, il envoya à Pampelune une armée qui s'avança jusqu'aux frontières de la Castille ; il prit sous sa protection Robert de La Marck, duc de Bouillon, et lui inspira tant d'audace que ce petit prince déclara la guerre à Charles et ravagea le Luxembourg ; enfin, il signa avec Léon X un traité par suite duquel ils devaient attaquer de concert le royaume de Naples et le partager entre la France et l'Église. Mais le pape, qui négociait en même temps des deux côtés, se décida en faveur de Charles-Quint, soit à cause des offres plus avantageuses qu'il reçut de lui, soit, selon ses panégyristes, à cause des inquiétudes que causaient au sacré collége les prédications de Luther. Disons-le, comme chef spirituel de la chrétienté ou comme souverain temporel, Léon X était bien au-dessous de sa position ; protecteur des poëtes et des artistes, sa gloire littéraire a trop fait oublier en lui le mauvais prêtre et le mauvais prince : léger, inconséquent, présomptueux, il avait besoin de troubles pour se dissimuler sa ruine, due à son aveugle prodigalité ;

il voulait la guerre sans que son ambition y fût intéressée, car déjà sa famille était éteinte.

Les Vénitiens, fidèles à l'alliance renouvelée avec François Ier le 8 octobre 1517, avaient employé toute leur influence contre la candidature de Charles-Quint. Sans attendre que les hostilités éclatassent, la Seigneurie fit de nombreuses levées de troupes, et s'assura des bonnes dispositions de l'empire ottoman. Sultan-Sélim, qui régnait alors, avait conquis l'Égypte, s'était rendu maître de Rhodes, et avait opéré deux descentes sur les côtes de la péninsule italique, l'une à Recanati, l'autre à Ostie. Ce dangereux voisin était à ménager; aussi lui proposa-t-elle de continuer à payer la redevance due pour le royaume de Chypre, et en échange elle obtint la confirmation de tous les priviléges dont ses négociants jouissaient dans les ports de l'Égypte, de la Syrie et des possessions ottomanes.

Telle était la situation des choses, lorsque, le 8 mai 1521, le traité dont nous parlions tout à l'heure fut signé à Rome entre le pape et Charles-Quint; plusieurs princes italiens y adhérèrent. Le but des coalisés était de chasser les Français de l'Italie et de rétablir dans ses droits François Sforza, second fils de Ludovic le Maure, après avoir détaché du Milanais les villes de Parme et de Plaisance, qui, avec le duché de Ferrare, devaient être réunies aux États romains. Le souverain pontife releva Charles-Quint des empêchements qui s'élevaient entre la possession simultanée de la couronne de Naples et du diadème impérial, et en retour il demanda un fief dans ce même royaume pour le fils naturel d'un de ses parents, Alexandre de Médicis.

Avant l'ouverture de la campagne, le doge Léonard Lorédan, qui avait dirigé la guerre et la négociation pendant la ligue de Cambrai, mourut subitement, et son successeur fut cet Antoine Grimani que, vingt ans auparavant, le conseil des Dix condamnait à l'exil, exil pendant lequel il rendit plusieurs services à sa patrie. Retiré à Rome, il transmettait à la Seigneurie d'utiles avis et de sages conseils, ou bien il poursuivait quelques négociations sur le continent. En récompense, il avait été réintégré dans ses biens et dans ses emplois. Quoique âgé de quatre-vingt-sept ans, Grimani ne se montra pas indigne du dogat : il réunit à la hâte une petite armée, et la mit à la disposition du maréchal de Lautrec, qui commandait dans le Milanais; par ses soins, la république fournit à François Ier des sommes considérables, et se chargea de payer la solde des troupes du duc de Ferrare, leur allié commun, ainsi que celle de trois mille Français.

Forte d'environ douze cents lances et dix-huit mille fantassins, Espagnols, Italiens, Allemands, Suisses, Grisons, sous les ordres du vieux Prosper Colonna, du marquis de Mantoue, de Fernand d'Avalos, marquis de Pescaire, et de l'historien Guicciardini (le Xénophon de son époque), l'armée des princes confédérés se trouva prête avant celle de François Ier; mais, au lieu de marcher droit sur Milan, elle se présenta devant Parme, que défendait le maréchal de Foix. La résistance vigoureuse de cette place donna à Lautrec le temps de recevoir les renforts qu'il attendait, soit de la Suisse, soit de Venise ; et les généraux ennemis, mal d'accord entre eux, levèrent le siége en désordre, sans oser attendre la bataille. Lautrec aurait pu changer en une complète déroute cette retraite précipitée ; il les laissa gagner tranquillement Reggio, s'y renforcer, puis franchir le Pô à Casal-Maggiore et envahir le Crémonais : manœuvre pleine de hardiesse et d'habileté, qui déplaçait le théâtre de la guerre et les rapprochait eux-mêmes de Milan et des lacs par où devaient descendre les Suisses de leur parti. L'excessive lenteur de leur antagoniste les servit mieux encore : les contingents suisses qu'on lui avait promis étaient arrivés, et ces turbulents batailleurs demandaient à entrer vite en besogne ; lui, au contraire, voulait ajourner l'attaque. Pendant ces délais, la diète enjoignit à tous les Helvétiens qui servaient, soit parmi les Français, soit parmi les Impériaux, de rentrer dans leurs foyers, ne voulant pas, disait-elle, que ses enfants s'entr'égorgeassent pour une cause qui leur était étrangère : prétexte, on en conviendra, passablement bizarre chez une nation qui de tout temps a fait métier de vendre son sang à tous les princes qui ont voulu le payer. N'importe. Les Suisses de Lautrec, voyant qu'il n'y avait rien à faire avec lui et que leur solde restait fort arriérée, l'abandonnèrent presque tous ; ceux du parti opposé furent retenus par les exhortations religieuses du cardinal de Sion. Cet incident inattendu rompit l'équilibre, et Lautrec se retira sur la rive droite de l'Adda, où il projetait de se fortifier. Sans lui en laisser le temps, Francesco Morone, un des généraux de Sforza, fit transporter du Brembo sur l'Adda un certain nombre de bateaux, à l'aide desquels il traversa le fleuve à Vaprio, au-dessus de Cassano, où était le quartier général français, et vint l'attaquer. Les Italiens, qui les premiers franchirent le fleuve, furent repoussés vigoureusement ; mais Pescaire étant accouru avec ses Espagnols, le maréchal donna aux siens l'ordre de se retirer sur Milan.

Prosper Colonna flottait entre deux partis : poursuivre son ennemi ou, à cause de la saison avancée, prendre ses quartiers d'hiver à Pavie. Il se décida pour le premier. Le 19 novembre, dans la soirée, son avant-garde arrive devant Milan, somme les Vénitiens d'évacuer les faubourgs qu'ils gardaient, et, sur leur refus, Pescaire, suivi de quatre-vingts arquebusiers, escalade le rempart ; le reste de ses gens le suit, la porte leur est livrée par les gibelins de l'intérieur. Lautrec croyait encore les confédérés à Marignan : au moment où ils pénétraient dans la ville, son frère Lescun dormait profondément ; lui, sans faire la moindre tentative pour les en chasser, se réfugia en toute hâte à Como, et fit prendre aux troupes qui lui restaient leurs quartiers d'hiver aux environs de Brescia. Lodi, Pavie, Plaisance, Crémone, ouvrirent successivement leurs portes : Alexandre de Vitelli s'empara de Parme pour le pape, dont les troupes occupèrent en partie le Ferrarais ; Pescaire s'établit dans Côme ; les Florentins prirent la Garfagnana, et Guicciardini s'empara du Frignano, une des contrées les plus dévouées au duc Alphonse.

Le résultat de cette première campagne semblait en présager d'autres non moins heureux, lorsque (1ᵉʳ décembre 1521) Léon X, chez qui l'abus des plaisirs avait ruiné la meilleure constitution, disparut de la scène dont il avait été un des plus habiles acteurs. Cet événement fortuit (il était encore dans la force de l'âge) arrêta les progrès des troupes confédérées, qui pour la plupart vivaient aux dépens de son trésor; les cardinaux étaient entièrement absorbés par les intrigues du conclave; les mercenaires allemands et suisses se débandaient; les petits princes dépouillés par le pontife rentrèrent à main armée dans leurs possessions; Florence et Sienne frémissaient de leur joug, et dans les États de l'Église des soulèvements éclataient de toutes parts.

Le conclave resta longtemps partagé entre le cardinal de Volterra, qu'appuyait le parti français, et Jules de Médicis, que soutenaient l'Empereur et ses partisans. Plusieurs tours de scrutin n'avaient amené aucune solution, lorsque ces derniers, du consentement de Jules de Médicis lui-même, proposèrent de reporter tous les suffrages sur un cardinal qu'aucun des conclavistes n'avait jamais ni vu ni connu: c'était Adrien d'Utrecht, évêque de Tortose, d'abord professeur de théologie, puis précepteur de Charles-Quint, puis encore corégent d'Espagne avec le célèbre Ximénès. Fatigués de leur longue séquestration, les prélats adoptèrent avec empressement ce terme moyen et donnèrent leurs voix au candidat absent; puis, lorsque la réflexion leur fut venue, ils furent si étonnés d'avoir choisi ce pesant Hollandais, qu'ils ne trouvèrent rien de mieux que d'en rejeter la cause sur une inspiration du Saint-Esprit. Le premier soin d'Adrien VI fut de ratifier l'alliance du saint-siége avec tous les membres de la ligue, qui reprit des forces nouvelles.

Loin de se laisser abattre, François Iᵉʳ négociait avec la diète helvétique pour un secours de seize mille hommes; son chancelier Duprat réunissait l'argent nécessaire à la solde d'une nouvelle armée, et Lautrec recevait l'ordre de se réunir de nouveau aux Vénitiens afin d'être prêt à entrer en ligne aussitôt que les Suisses seraient arrivés. Empressé d'obéir, le maréchal rassemble la cavalerie française, qu'il tenait dispersée dans les plaines de la Lombardie, rejoint avec elle, sous les murs de Crémone, Andrea Gritti et Théodore Trivulce, et s'avance au-devant des Suisses pour opérer la jonction. Le 1ᵉʳ mars 1522, il passe l'Adda avec toute son armée et vient camper à deux milles de Milan, où Prosper Colonna et le marquis de Pescaire commandaient un corps de troupes considérable. La bonne contenance de ces généraux empêchant de tenter un siége, les Français se bornèrent à ruiner le pays environnant, dans l'espoir de réduire la ville par la famine; mais les Impériaux, se jugeant assez forts pour tenir la campagne, allèrent chercher Lautrec. De part et d'autre on avait plusieurs fois changé de position sans en venir aux mains, lorsque ce dernier vit ses adversaires se retrancher à la Bicoque, grande *villa* dont les vastes jardins, entourés de fossés profonds, formaient, à la vérité, un camp facile à défendre, mais où il se promit bien aussi de leur couper les vivres. L'opiniâtreté des Suisses fit avorter ce plan : ennuyés du mauvais temps, de la lenteur sagement calculée du maréchal, et surtout du retard qu'éprouvait la solde, ils demandèrent impérieusement : argent, congé ou bataille. Il fallut céder. Semblables à des taureaux en furie, ces colosses se précipitent sur les retranchements, d'où ils sont repoussés avec perte ; l'armée française s'avance pour les soutenir ; repoussée à son tour, elle prend le parti de la retraite et se retire en bon ordre, sans être poursuivie, sous la protection des bandes noires de Jean de Médicis et de l'armée vénitienne qui était restée immobile. Le lendemain, Lautrec passa l'Adda ; puis, voyant les Suisses déterminés à retourner dans leur pays, il confia à Lescun le commandement de la gendarmerie française ainsi que la défense du petit nombre de places qui lui restaient encore en Lombardie, et repassa les monts afin d'aller se justifier auprès du roi. Andrea Gritti regagna le territoire vénitien.

Ce malencontreux combat suffit pour ruiner complétement les affaires des Français en Italie : Lescun perdit successivement toutes ses positions. Six compagnies de gendarmes qu'il avait mises dans Lodi s'y laissèrent surprendre et furent faites prisonnières ; Pizzigheltone, qui passait pour une forteresse imprenable, capitula dès les premières sommations : à Crémone, où lui-même s'était retiré, il fut assailli par la garnison, qui le menaçait de livrer une des portes de la ville aux Impériaux. Gênes, enfin, fut surprise, impitoyablement ravagée, et toute la Lombardie évacuée.

Indignée de l'insouciante frivolité de François Ier, la Seigneurie prêta l'oreille aux sollicitations de Charles-Quint, malgré l'avis des hommes politiques les plus éminents, qui ne cessaient de représenter combien étaient peu sûres les ligues formées par l'Église, et le double danger de rompre avec le sultan, puis de voir Venise abandonnée à elle-même. La négociation dura neuf mois, pendant lesquels on ne put pénétrer les intentions positives du roi de France, qui envoya enfin l'évêque de Bayeux et Frédéric de Bozzolo porteurs de magnifiques promesses. C'était trop tard : à la fin de juin 1523, l'alliance entre l'Empereur, l'archiduc Ferdinand son frère, François Sforza et la république, fut conclue. Le 31 août, Adrien VI signa dans son palais du Vatican un autre traité par lequel lui-même, l'Empereur, le roi d'Angleterre et l'archiduc Ferdinand, le duc de Milan, et le cardinal de Médicis, au nom de Florence, ainsi que les républiques de Gênes, de Lucques et de Sienne, s'engageaient à réunir leurs forces pour la défense de l'Italie, et se garantissaient, réciproquement leurs États de la péninsule, mais contre les princes chrétiens seulement : Venise, déterminée à ne point s'engager dans une guerre avec les Turcs, refusait sa garantie au royaume de Naples contre leurs entreprises. Le contingent promis par l'Empereur au nom du duc de Milan et celui de la république se composaient de six cents chevau-légers et six mille fantassins ; de plus, cette dernière devait fournir vingt-cinq galères pour la défense du royaume de Naples, dans le cas où l'ennemi commun viendrait en inquiéter les côtes. Toutes les prétentions élevées par l'archiduc et par l'Empire sur quelques parties de son territoire étaient abandonnées moyennant la somme de deux cent mille ducats, payable en huit années. Colonna fut investi du commandement en chef.

Ce traité, qui détachait complétement les Vénitiens de la France, paraissait devoir dégoûter François Ier de toute tentative sur la Lombardie ; cependant on apprit bientôt qu'une armée française, forte de dix-huit cents gendarmes, de trente mille hommes d'infanterie, parmi lesquels dix mille Suisses se disposait à passer les Alpes du Dauphiné, et l'alarme se répandit dans la péninsule. Par bonheur pour les Impériaux, la marche de cette armée fut ralentie par un complot préparé de longue main, complot qui eut des suites trop déplorables pour que nous omettions d'en expliquer l'origine.

Depuis longtemps Charles III, comte de Montpensier, duc de Bourbon et connétable de France, se croyait offensé par le roi. Sa femme, Susanne de Bourbon, ne lui avait pas laissé d'enfants, et la reine-mère élevait des prétentions sur les domaines dont il se trouvait détenteur ; bientôt même un arrêt provisoire du parlement lui prouva qu'il obtiendrait difficilement gain de cause [1]. Croyant n'avoir plus rien à ménager, il entra en négociations avec un envoyé de l'Empereur, promit d'exciter en France un soulèvement aussitôt que le roi aurait franchi les Alpes, et de favoriser une invasion en Languedoc et en Bourgogne. Instruit de ces machinations, François Ier exigea que Bourbon le suivît en Italie, ce qu'il refusa de faire, sous prétexte de maladie ; et quoique surveillé de près il parvint à s'enfuir en Franche-Comté, d'où il se rendit à l'armée que Charles-Quint formait dans la péninsule. Un grand nombre de nobles avaient pris parti pour le fugitif, et le roi, croyant devoir rester en deçà des monts, remit le commandement à l'amiral de Bonnivet en lui prescrivant de démentir par sa prudence la réputation de légèreté que lui faisaient ses envieux. Plus courtisan que guerrier, Bonnivet tomba dans le défaut contraire à celui qu'on lui reprochait.

Nous avons déjà signalé plusieurs exemples de cette politique qui consiste en leurres grossiers dont personne n'est dupe, politique quelquefois compensée par des actes de véritable grandeur ; dans l'époque de décadence où nous entrons, Venise ayant fait de ce système sa ligne invariable de conduite, nous n'esquisserons qu'à larges traits les événements qui vont décider du sort de l'Italie, puisqu'elle n'y prit qu'une part insignifiante [2].

---

1. Susanne était fille unique d'Anne de France et de Pierre de Bourbon, sire de Beaujeu. Après elle, le duché d'Auvergne fut revendiqué par le roi de France, à défaut d'héritiers mâles ; Louise de Savoie aurait pu y prétendre aussi en qualité d'héritière de sa cousine, s'il eût été fief féminin. François Ier l'octroya à sa mère, et il fit retour à la couronne, pour ne plus en être détaché, lorsque cette princesse fut descendue dans la tombe (1532).

2. Dans la campagne de 1523, l'armée vénitienne resta pour ainsi dire inactive. Arrêtée d'abord sur l'Oglio, il fallut un ordre, probablement arraché au sénat par la crainte de se compromettre trop ouvertement, pour l'envoyer camper sur l'Adda ; lors de la retraite des Français, elle suivit le mouvement des alliés, mais refusa d'aller plus loin que la Sésia.

L'armée française parut sur les Alpes au commencement de septembre 1523 ; Prosper Colonna, qui ne croyait plus à son arrivée, ne s'était pas mis sur ses gardes ; aussi se trouva-t-il hors d'état de défendre le pays à l'ouest du Tésin et d'empêcher le passage de cette rivière. Si Bonnivet eût marché droit sur Milan, il s'en serait infailliblement emparé ; mais il voulut épargner à cette magnifique cité les horreurs d'une prise d'assaut, et s'arrêta pendant trois jours sur les bords du Tésin, dans le futile espoir que le général ennemi l'abandonnerait de son propre mouvement. Celui-ci, au contraire, y concentrait un grand nombre de troupes, s'efforçait de rassurer le peuple, et réparait activement les remparts des faubourgs : si bien que quand Bonnivet se présenta, il reconnut son erreur et prit le parti d'aller occuper Monza, de ravitailler Lodi et le château de Crémone. L'hiver, qui fut précoce et rigoureux, l'obligea même à se replier vers le Tésin pour prendre ses cantonnements. Sur ces entrefaites, la mort enleva Prosper Colonna ainsi que le pape Adrien [1] : le premier fut remplacé par Pescaire, puis par Bourbon ; le second, par le cardinal Jules de Médicis (Clément VII).

La campagne recommença dans le Milanais dès les premiers jours de mars 1524. Le connétable, qui arrivait à la tête de six mille hommes levés en Allemagne, proposa de reprendre immédiatement les hostilités, et surprit Bonnivet par une attaque tellement brusque, que celui-ci, enveloppé de toutes parts, n'échappa qu'en se portant vers la Sésia par une marche de nuit. Bourbon l'y poursuivit avec toute l'ardeur qu'imprimait à son caractère le ressentiment de ses injures personnelles. Blessé au bras, Bonnivet se fit porter au delà de la rivière après avoir confié la direction de l'armée au comte de Saint-Pol et à Bayard. Bayard soutint longtemps l'effort des assaillants, vit mourir à ses côtés nombre des siens, entre autres son bon camarade Vandenesse, et il s'efforçait de les venger, lorsqu'un coup d'arquebusade lui brisa l'épine dorsale. Les paroles que le guerrier mourant adressa au connétable, qui affectait de le plaindre, ont été religieusement recueillies : « Monsieur, il n'y a point de pitié en moi, car je meurs en « homme de bien ; mais j'ai pitié de vous, de vous voir servir contre votre prince « et votre patrie ! » Chargé seul du soin de conduire l'armée, Saint-Pol gagna Ivrée, puis Turin, d'où il rentra en Dauphiné par le pas de Suse. Les garnisons françaises de Lodi, d'Alexandrie, du château de Crémone, repassèrent en France par capitulation, suivies d'une multitude de bannis toscans, génois et milanais.

Les Impériaux franchirent les Alpes en même temps que les Français, pénétrèrent en Provence et mirent le siége devant Marseille ; mais apprenant que le roi arrivait au secours de la ville, ils repassèrent les monts sans l'attendre, Pes-

---

1. Ce pontife était très-peu estimé à Rome. Dans la nuit qui suivit sa mort, la porte de son médecin fut garnie de couronnes, au milieu desquelles on lisait : *Liberatori patriæ, populus romanus salutem dicit.*

caire et Bourbon faisant route par la rivière de Gênes (28 septembre au 8 octobre). Pensant qu'il y allait de son honneur, comme prince et comme chevalier, de ne pas se retirer sans avoir fait quelque prouesse, François I*er*, malgré l'opinion de ses généraux, malgré la saison avancée, traversa les Alpes de Saluces, et arriva à Pignerol le 17 octobre. Au lieu de poursuivre à outrance les Impériaux, disséminés, affaiblis, manquant de tout, il voulut les devancer en Lombardie, et entra dans Verceil le jour même où ils descendaient dans le Montferrat par les Alpes Liguriennes. Pescaire et Bourbon profitèrent de cette faute pour se jeter dans Pavie, où ils se réunirent à un corps de réserve rassemblé par le vice-roi de Naples et par Sforza; les Français poussèrent droit vers Milan, alors sans garnison et ravagée par une effroyable épidémie; mais le roi, considérant que le château tenait encore, dédaigna d'y entrer et alla investir Pavie (28 octobre).

A l'approche des Français, Venise avait rappelé ses troupes sur l'Adige et rompu avec l'Empereur; Clément VII, la république de Florence, traitèrent aussi avec François I*er*, qui, aveuglé par les conseils de Bonnivet, perdit un temps précieux devant Pavie. En effet, après avoir réorganisé son armée, Pescaire se présenta en forces, et le roi, à cause même de sa propre infériorité numérique, conçut la funeste idée d'attendre l'attaque dans ses lignes, ayant à dos une place forte qui ne lui appartenait pas.

Le 24 février 1525, les Impériaux, afin de se mettre en communication avec la garnison de Pavie, emportèrent par surprise les murailles du parc de Mirebel que couvrait une des ailes de l'armée assiégeante, et engagèrent l'action. Le roi, entouré de ses jeunes compagnons, se comporta plutôt en aventureux chevalier qu'en bon général; c'est même, dit-on, à une charge de cavalerie mal à propos exécutée qu'il faut attribuer la perte de la bataille. La bravoure des soldats, celle des compagnies d'ordonnance, toutes composées de gentilshommes, échouèrent devant un ennemi fier d'un premier succès qui lui avait bien peu coûté et enhardi par l'avantage du nombre. Bonnivet, La Palisse, Lescun, La Trémouille, se firent tuer auprès de leur souverain; le duc d'Alençon prit la fuite avec l'arrière-garde. Voyant alors que toute résistance devenait impossible, François voulut fuir aussi; mais renversé de son cheval et saisi par quatre fusiliers espagnols, reconnu par un des transfuges de Bourbon, quoique blessé au visage, il remit son épée sanglante à Charles de Lannoy, vice-roi de Naples, qui, en la recevant, fléchit le genou et lui présenta la sienne en échange [1].

---

1. On a voulu voir de l'héroïsme dans la manière dont François I*er* supporta sa défaite; on lui a aussi attribué une lettre sublime de laconisme et d'énergie adressée à sa mère : — « Madame, « tout est perdu fors l'honneur! » Dans l'intérêt de la vérité historique, nous croyons devoir rapporter ici sa très-prosaïque et véritable épître : « Madame, pour vous avertir comme je porte le regret « de mon infortune, de toutes choses ne m'est demeuré que l'honneur et la vie sauve : et, pour ce « que mes nouvelles vous seront de quelque peu de reconfort, j'ai prié qu'on me laissât vous écrire. « Cette grâce m'a été accordée, vous priant ne vouloir prendre l'extrémité de vos fins, en usant

La captivité du roi, la dispersion complète de l'armée française, répandirent la consternation en Italie; les Vénitiens surtout se demandaient avec inquiétude quels seraient les sentiments de l'Empereur, resté sans rival. Heureusement Charles-Quint avait été pris à l'improviste par son triomphe, de même que François Ier l'avait été par sa défaite, et ses généraux se trouvaient hors d'état de recueillir les fruits de leur victoire. En présence des ambassadeurs étrangers il affecta même d'en rapporter à Dieu toute la gloire. La Seigneurie envoya également des congratulations officielles; mais le triomphateur, les écoutant à peine, dit aux courtisans dont il était entouré : « Le doge pourrait bien m'envoyer « tous ses *avogadors*, leur éloquence réunie ne parviendrait pas à me convaincre « de la loyauté de la république! » Ce froid accueil fit comprendre aux Vénitiens que le moyen d'être traités avec quelque ménagement était de prendre une attitude ferme, et ils ne s'occupèrent plus que d'organiser une nouvelle ligue contre Charles-Quint. Les circonstances s'y prêtaient admirablement.

L'Italie était de nouveau la proie des bandes espagnoles et allemandes; le duc de Milan venait d'être dépouillé de son duché par les généraux de l'Empereur; à qui ils forçaient le peuple de prêter serment; d'un autre côté, la régente de France faisait offrir secrètement à la république un subside de quarante mille écus destinés à l'entretien des troupes suisses, cinq cents lances françaises, et l'engageait à faire soulever l'Italie par l'envoi d'habiles émissaires. Sans plus tarder, le doge se mit en mouvement, et le pape, la république de Florence, François Sforza, accédèrent à ses propositions. Aucun d'eux cependant ne prenait ses mesures pour commencer les hostilités, lorsque François Ier, bien résolu à ne pas exécuter le traité de Madrid qui le rendait à la liberté, fit dire au sénat qu'il tiendrait les promesses faites par sa mère, et plus encore. Sur cette assurance, les confédérés députèrent des agents chargés de s'entendre avec lui, et après quelques pourparlers il fut convenu qu'il renoncerait à ses prétentions sur le duché de Milan, dans lequel Sforza serait maintenu en payant une somme annuelle de cinquante mille ducats; que le roi obtiendrait en toute souveraineté le comté d'Asti et les États de Gênes. Deux mille cinq cents gendarmes, trois mille chevau-légers, trente mille hommes d'infanterie, une flotte de trente-quatre galères, telles étaient les forces destinées à conquérir le Milanais et le royaume de Naples. Venise en fournissait le tiers. Ce traité fut signé à Cognac le 22 mars 1526.

Assiégé dans le château de sa ville capitale, le duc de Milan n'avait des vivres que pour quelques mois : sans attendre la fin des négociations, les Vénitiens,

---

« de votre accoutumée prudence, car j'ai espérance a la fin que Dieu ne m'abandonnera point'
« vous recommandant vos petits-enfants et les miens; vous suppliant faire donner sûr passage, pour
« aller et retourner en Espagne, au porteur qui va devers l'Empereur, pour savoir comment il veut
« que je sois traite. » Sa lettre à Charles-Quint, d'une humilité qui approche de la bassesse, se
termine par ces mots : « Par quoi, s'il vous plait avoir cette honnête et pitié de moi, vous pouvez
« faire un acquêt, au lieu d'un prisonnier inutile, rendre un roi à jamais votre esclave. »

de concert avec le pape, prirent leurs mesures pour le secourir. Le duc d'Urbin, général en chef de la république, s'avança jusqu'à l'Adda, pendant que Guido de Rangoni, avec une partie des troupes pontificales, marchait vers Plaisance. Les galères vénitiennes allèrent chercher celles du pape, rallièrent celles de France dans la mer de Toscane, et la flotte combinée, après quelques dévastations commises sur les côtes de Ligurie, forma le blocus de Gênes. Cette fois encore les secours promis par le roi se firent attendre, ce qui n'aurait pas empêché les troupes pontificales et vénitiennes d'affranchir la Lombardie si le duc d'Urbin déjà maître de Lodi, mais dominé par la mauvaise opinion qu'il avait de ses troupes et par la crainte que lui inspiraient les Espagnols, n'eût mis de l'hésitation à attaquer dans Milan ceux qui formaient le blocus du château. Le 7 juillet, il échangea quelques coups de canon, et, la nuit suivante, fit sa retraite sur Melegnano. Le duc aux abois capitula, trop heureux de trouver un asile dans le camp du général qu'il n'avait pas eu le courage de dégager.

Bientôt de nouvelles troupes allemandes descendirent en Italie. Principalement composées de luthériens, elles prétendaient s'emparer du souverain pontife, et leur chef, Georges Frendsberg, avait même fait fabriquer une magnifique et lourde chaîne d'or qu'il destinait à cet usage. Le duc d'Urbin faiblit encore, et elles se répandirent sans obstacle dans les plaines de la Lombardie. Ralliées sur le Pô par le connétable, elles pénétrèrent dans le Bolonais, menaçant à la fois la Toscane et les États Romains. Les intempéries de la saison, les débordements des rivières, le voisinage d'ennemis supérieurs en nombre qui avaient pour eux les populations, rien ne ralentit leurs progrès. Clément VII n'avait pas eu la précaution de mettre Rome en état de défense; il crut échapper à sa ruine en achetant une trêve de huit mois par l'envoi direct d'une somme d'argent à l'Empereur, ce qui n'empêcha pas le connétable de continuer sa marche. Le 20 avril il était à Arezzo; le 5 mai ses colonnes arrivèrent aux portes de Rome, et le lendemain, à la pointe du jour, elles coururent à l'assaut en chantant les louanges de leur chef. Bourbon planta lui-même la première échelle; mais au moment où il atteignait les créneaux, une arquebusade lui donna droit dans le flanc et le fit rouler par terre. A cette vue, un cri s'élève : *Sang et carnage pour Bourbon!...* et ses soldats culbutent les milices inaguerries des Romains. Le pape se réfugia au château Saint-Ange.

« Jamais peut-être », dit M. de Sismondi, « une grande capitale n'avait été aban-
« donnée à un abus plus atroce de la victoire; jamais une puissante armée n'avait
« été formée de soldats plus féroces, et n'avait plus effroyablement secoué le
« joug de toute discipline ! » Les richesses rassemblées dans la capitale du monde chrétien devinrent la proie d'une soldatesque ivre de sang et de vin; la riche bibliothèque du Vatican fut barbarement saccagée; ceux des habitants que les dévastateurs soupçonnaient d'avoir caché leurs trésors étaient mis à la torture, et lorsqu'ils avaient donné satisfaction, de nouveaux tourments les forçaient à

indiquer ceux de leurs amis qui possédaient de l'or et de l'argent. Un grand nombre moururent des suites de ces violences plusieurs fois répétées. Ces barbares, cent fois plus féroces que les Vandales de Genséric, promenaient sur des ânes les évêques revêtus de leurs habits pontificaux, traînaient outrageusement par les rues les membres du sacré collége ; dans les places et les églises, ils vendaient à vil prix leur butin, femmes, enfants, chevaux, statues, meubles précieux, vases sacrés ! Deux mois de pillage leur suffirent à peine. Benvenuto Cellini, témoin oculaire, assure dans ses Mémoires qu'il serait impossible de décrire le spectacle d'horreur qu'on découvrait du haut du château Saint-Ange, et le célèbre sculpteur florentin réclame pour lui en même temps que pour deux de ses compagnons l'honneur d'avoir porté au connétable le coup mortel. « Ayant « tous les trois tiré chacun deux coups, » dit-il, « je regardai avec précaution « au-dessus du mur, et je remarquai parmi les assaillants un grand tumulte, « parce qu'un de nos coups avait tué Bourbon, et ce fut le premier que je vis « relever par les autres, comme on le sut clairement ensuite. »

Les confédérés, toujours sous la conduite du duc d'Urbin, s'étaient bornés à suivre avec une extrême circonspection les traces de l'armée impériale ; quoiqu'ils eussent appris les malheurs de Clément VII, ils perdirent le temps en expéditions qui les éloignaient de Rome, et les ordres du conseil des Dix les trouvèrent à plusieurs journées de cette ville. Soit lâcheté, soit haine contre Clément, le duc refusa d'obéir, et le malheureux pontife qui déjà était en pourparlers avec les principaux chefs de l'armée impériale, restés maîtres d'agir suivant leurs vues particulières, signa, le 6 juin, une capitulation par laquelle il s'engageait à payer quatre cent mille ducats, à se constituer prisonnier soit à Gaëte, soit à Naples, en attendant la ratification de l'Empereur, à livrer les villes de Plaisance, de Parme et de Modène, et à recevoir garnison dans le château Saint-Ange, dans Ostie, Cività-Castellana et Cività-Vecchia.

L'Empereur, affectant une douleur hypocrite en face de l'Europe indignée de l'horrible saccagement commis en son nom, fit faire des prières publiques pour la délivrance du chef spirituel de la chrétienté, tandis qu'il envoyait de nouvelles troupes en Italie et qu'il se gardait bien de rabattre une obole sur le prix exorbitant de la rançon de Clément VII. Cette déloyauté fut pour Venise un avertissement salutaire : elle se hâta de recruter son armée, d'équiper une flotte, et fit de pressantes instances auprès de François Ier pour qu'il envoyât les fonds nécessaires à l'enrôlement de dix mille Suisses ; elle aida le duc de Milan à remonter la sienne, et, sous prétexte de protéger les possessions de l'Église, se saisit de Ravenne et de Cervia. Loin de pouvoir s'opposer à ces préparatifs, les généraux de Charles-Quint ne pensaient pas même à sortir de Rome, où la peste sévissait avec violence et où leurs soldats, sourds à la voix de la raison, se livraient à des excès de tout genre jusqu'à ce que la mort vînt les frapper. L'arrivée d'une armée française, conduite par Lautrec, mit fin à ces dévastations; elle relevait aussi l'espoir des confédérés; car François Ier s'était assuré du concours de l'Angleterre.

Lautrec s'empara sans coup férir d'Alexandrie et de tout le pays à l'ouest du Tésin, tandis que Gênes, bloquée du côté de la mer par André Doria, du côté de la terre par César Fregose, chassait son doge Antonietto Adorni, et recevait avec acclamations Théodore Trivulce, nommé gouverneur. Après avoir opéré sa jonction avec les troupes de Florence, de Venise et du duc de Milan, le maréchal entra dans Pavie, d'où il se dirigea sur Rome afin d'en expulser les Impériaux; mais ceux-ci ne l'attendirent pas et s'acheminèrent vers le royaume de Naples. Il les y suivit, obtint sur eux des avantages signalés, avantages qui auraient été plus grands encore si Pierre de Navarre ne lui eût conseillé de surprendre la capitale, qu'il croyait sans défense. Il se trompait : Naples fit bonne résistance, et il dut se borner à établir un étroit blocus. La flotte génoise, commandée par Philippino Doria, vint croiser dans le golfe, en attendant les galères vénitiennes. Sur ces entrefaites, des différends s'élevèrent entre Gênes et le gouvernement français relativement à l'administration intérieure de cette république; André Doria, oncle de Philippino, en conçut un tel déplaisir, qu'il offrit ses services et ses navires à Charles-Quint[1]; son neveu l'imita, et la flotte qui devait foudroyer Naples fut la première à lui porter secours. Ce renversement de rôles causa la ruine des Français. Lautrec mourut de la peste; harcelés par les troupes hispano-allemandes, affaiblis par la peste et la famine, les débris de son armée se retirèrent dans Aversa sous le commandement du marquis de Saluces, où les Impériaux les forcèrent à capituler (30 août 1528).

Le duc Sforza, les Vénitiens, et le comte de Saint-Pol, que François Ier avait envoyé dans le Milanais, tinrent pendant quelques mois et reprirent même Pavie. Au printemps, les confédérés essayèrent de reprendre les hostilités; mais ils ne surent pas s'entendre : les Français voulaient avant tout qu'on reprît Gênes : les Vénitiens, que l'on commençât par rétablir sur son trône le duc de Milan. Par suite de ce conflit, ils se séparèrent, et Saint-Pol se porta sur Landriano. Assailli au passage d'Olona par une partie de l'armée impériale, son imprudence fut punie par une défaite signalée. Quant aux Vénitiens, ils ne sortirent pas de la défensive.

Il y avait lassitude et épuisement général. Faute d'argent, ni François Ier ni Charles-Quint n'étaient en état de faire la guerre; d'ailleurs le mouvement religieux qui agitait l'Allemagne absorbait toute l'attention de l'Empereur. Sentant le besoin de terminer leurs différends à l'amiable, ils s'en remirent, l'un à sa mère Louise de Savoie, l'autre à sa belle mère Marguerite d'Autriche. Ces deux

---

[1]. Cette défection de Doria fit perdre Gênes aux Français, et la république fut rétablie sous la protection de l'Empereur, qui prit des mesures efficaces pour l'extinction des factions guelfe et gibeline. Jusqu'à la révolution française, elle conserva son indépendance nominale.

princesses possédaient autant d'esprit que d'habileté ; elles préparèrent le trop fameux traité de Cambrai (15 août 1529), traité par lequel François Ier s'engageait à retirer ses troupes de l'Italie, abandonnait à son heureux rival tous ses droits sur le Milanais, l'Astesan, Gênes et Naples, promettait de l'aider à chasser les Vénitiens des ports de la Pouille, et même de lui fournir, outre une flotte de vingt galères, un subside de deux cent mille écus. Justement indignés de cette clause, les Conseils et le doge se refusèrent à toute concession si l'indépendance de l'Italie n'était préalablement assurée.

Charles-Quint avait prévu toutes les résistances ; il se hâta de passer dans la péninsule à la tête d'une nombreuse armée, afin d'imposer aux mécontents par sa présence autant que par la terreur de ses armes, et il y réussit complétement. Clément VII implora ses bonnes grâces, lui accorda l'investiture du royaume de Naples, et pour prix de sa facilité fut réintégré dans ses États ; l'Empereur lui prêta même son appui pour assurer dans sa famille le duché de Toscane. Après le pape vint le tour de Sforza, puis celui du duc de Ferrare, puis encore celui de Venise. Venise, par le traité de Bologne (commencement de l'année 1530), restitua au saint-siége Ravenne et Cervia, à l'Empereur les ports de la Pouille, et paya trois cent mille ducats pour les frais de la guerre. En retour, le puissant monarque consentit à reconnaître son indépendance absolue, et à confirmer toutes les franchises dont le commerce vénitien jouissait dans le royaume de Naples.

En définitive la république ne regrettait pas ses immenses sacrifices, puisque, outre l'intégrité de son territoire, elle se félicitait d'avoir pour voisin, sur le trône de Milan, un prince peu redoutable, François Sforza, indépendamment de la cession du comté de Pavie, s'étant obligé à verser dans le trésor impérial une première somme de quatre cent mille ducats, puis cinquante mille autres, d'année en année, pendant dix ans. A partir de ce moment, Venise mit tous ses soins à se maintenir en paix avec l'Empire et avec la France, rendant les plus grands honneurs à Charles-Quint et repoussant avec adresse les insinuations par lesquelles François Ier chercha plusieurs fois à lui faire reprendre les armes.

L'attention de Venise se porta aussi sur deux objets qui préoccupaient vivement l'Europe : les progrès du luthéranisme et les envahissements continuels des Turcs en Occident. Jalouse de conserver ses antiques croyances, elle repoussa les novateurs ; mais, tout en s'opposant à ce que la réforme pénétrât chez elle, les Conseils refusèrent de s'associer aux mesures violentes que le pape, le roi de France et l'Empereur employaient si souvent contre les nouveaux hérésiarques. Du côté de la Turquie, le sénat n'était pas sans inquiétude : la guerre acharnée que Soliman soutenait contre Charles-Quint, les sourdes menées de François Ier à Contantinople [1], lui faisaient entrevoir le moment où il faudrait renoncer à la

---

[1]. Tous nos lecteurs savent que François Ier entretenait des relations très-suivies avec la Porte, et surtout avec l'empereur Soliman II, qui lui adressait des lettres pleines d'intérêt. On en conserve deux à la Bibliothèque du roi, très-curieuses à consulter.

neutralité que son intérêt lui avait prescrite. Le commerce exposé à de continuelles avanies, les colonies de l'Archipel en butte à toute sorte d'attaques, soit de la part des musulmans, soit de la part des chrétiens, firent sentir la nécessité d'augmenter la flotte et de lever un corps de huit mille hommes, afin de n'être pas surpris par les événements qui en effet ne tardèrent pas à éclater.

Dans les premiers jours de mai 1537, Soliman II partit de Constantinople, à la tête de son armée, pour se rendre à Valona [1], pendant que le célèbre Khaïr-ed-Din [2], dey d'Alger, s'élançant sur l'Adriatique avec cent navires, venait ravager les côtes de la Pouille, d'où il enleva plus de dix mille habitants. Aucune déclaration de guerre n'ayant été faite, la flotte vénitienne se bornait à observer les mouvements du capoudan-pacha, lorsque des collisions survenues entre quelques galères détachées des deux flottes servirent de prétexte à Soliman pour soulever une querelle. Affectant d'attribuer tous les torts aux Vénitiens, il demanda une éclatante réparation, et quoique le sénat lui eût accordé tout ce qu'il voulait, il porta son camp à Butrinto et fit débarquer dans l'île de Corfou vingt-cinq mille hommes avec trente pièces de canon. Malgré la valeur de Khaïr-ed-Din, ce n'était pas assez pour réduire Corfou, place bien fortifiée qui avait une forte garnison et des vivres en abondance; mais bientôt on apprit que le grand-vizir venait d'arriver avec un nouveau corps d'armée égal au précédent, et le sénat, pour calmer l'inquiétude publique, donna à Pesaro l'ordre de rassembler toutes ses forces, de rallier la flotte impériale (les galères du pape et celles de Malte), d'entraîner avec lui, s'il était possible, tout ce qui s'intéressait à la défense de la chrétienté; des messages pressants furent aussi expédiés à Clément VII et à l'Empereur. André Doria, invité à prendre le commandement en chef des forces maritimes, ne voulut pas l'accepter.

Le 1er septembre, Soliman commença le bombardement. Ses énormes boulets, du poids de cinquante livres, produisirent peu d'effet; mieux dirigés, ceux des Vénitiens coulèrent à fond deux de ses galères et lui enlevaient à chaque coup des rangs entiers. Après huit jours de siège et quatre assauts infructueux, il se rabattit sur Butrinto qui fut livrée aux flammes, et emmena quinze mille paysans chargés de chaînes. Quant à Khaïr-ed-Din, il assouvit sa fureur sur les îles de l'Archipel, et par représailles les Vénitiens prirent sur la côte de Dalmatie la petite ville de Sardone qu'ils mirent au pillage.

Bientôt après, le grand-vizir prévint officiellement le sénat que s'il envoyait un ambassadeur à Constantinople, il serait possible de terminer à l'amiable le différend; mais cette ouverture, à laquelle on était préparé, ne fut pas accueillie

---

1. Petite ville de l'Albanie, située à l'endroit même où les côtes de l'Italie et celles de la Grèce, s'infléchissant l'une vers l'autre, forment l'entrée du golfe de Venise.

2. Dans notre *Histoire de l'Algérie ancienne et moderne*, nous avons rendu hommage au talent et au caractère de cet homme remarquable, fondateur de l'odjac d'Alger, institution basée sur les mêmes principes que l'ordre des chevaliers de Malte.

avec faveur : on pensa qu'elle cachait quelque intention perfide; et comme on comptait sur l'appui de Charles-Quint, l'opinion des partisans de la guerre l'emporta. Des ambassadeurs furent envoyés au pape Paul III (élu en 1534), afin de l'engager à former une ligue contre les Ottomans. Ce pontife, non moins désireux que Clément VII de pourvoir sa famille, se préoccupait fort peu des intérêts de la chrétienté; cependant, guidé par la crainte beaucoup plus que par l'ambition, il contracta une alliance offensive et défensive avec l'Empereur, les Vénitiens et l'archiduc Ferdinand d'Autriche, roi des Romains. Sur une flotte de deux cents galères et de cent bâtiments de moindre dimension fournie par l'Empereur et les Vénitiens, le pape en prenait trente-six pour son compte; les autres parties contractantes se chargeaient d'entretenir quatre mille cinq cents chevaux et cinquante mille fantassins. Le commandement supérieur fut confié à André Doria; celui des galères vénitiennes à Vincent Cappello, vieillard septuagénaire qui avait conservé toute la vigueur de la jeunesse; Marc Grimapi, patriarche d'Aquilée, dirigeait les galères pontificales. On avait une telle confiance dans le succès, que le partage des futures conquêtes était fait d'avance.

Les différents contingents étaient réunis dans la rade de Corfou vers la fin de mars 1538, mais celui de l'Empereur ne fut au complet que le 7 septembre; retard très-nuisible aux Vénitiens, dont l'infatigable Khaïr-ed-Din ravageait alors les colonies dans l'Archipel. Malgré leurs instances réitérées, Doria refusait de prendre la mer; il ne s'ébranla pour attaquer le château de Prevesa que quand les Turcs furent entrés dans le golfe de Lierta. Khaïr-ed-Din vint à sa rencontre avec cent vingt-deux bâtiments; mais dès qu'il vit l'amiral génois s'apprêter à le bien recevoir, il vira de bord. Les galères défilaient avec lenteur; Doria les poursuivit chaudement. Déjà une vive canonnade portait le désordre parmi elles, lorsque par une fausse manœuvre lui-même se trouva compromis, et, au grand mécontentement de ses lieutenants, il donna le signal de la retraite. Quelques jours après, on se disposait à franchir la passe pour s'emparer de Prevesa; Doria, s'apercevant que l'ennemi avait fait ses dispositions pour recevoir la bataille, proposa aux amiraux, réunis en conseil de guerre, de ne pas attaquer, conduite qui ne trouve guère d'explication que dans la haine profonde qu'il portait aux Vénitiens, ou dans les secrètes instructions de Charles-Quint, peut-être aussi dans la jalousie du commandement. Quoi qu'il en puisse être, son opinion n'ayant pas prévalu, il déclara qu'il commencerait lui-même l'attaque; puis, au lieu de se diriger sur les galères turques embossées le long de la côte, il gagna le large. Indigné de ce manque de foi, Vincent Cappello aborda la capitane, et s'adressant à Doria : « Malheureux, » lui cria-t-il, « tu perds une victoire et une armée ! » paroles prophétiques qui ne produisirent aucun effet sur un homme déterminé à ne pas vaincre. Tous les équipages demandaient le combat, les officiers protestaient hautement contre le *traître;* en un mot, l'ardeur était si grande que plusieurs capitaines s'élancèrent isolément pour rompre la ligne turque. Ces attaques partielles amenèrent un engagement sérieux; et si Doria était revenu sur sa fatale résolution, il eût incontestablement accablé son adversaire : pour la troisième fois, il donna le signal de le suivre. Alors Khaïr-ed-Din déploie toutes ses voiles et se précipite sur la flotte combinée. Ses reis firent un butin considérable, et les Vénitiens eurent à déplorer la perte de trois galères, dont deux incendiées et une capturée.

Doria voulait-il entraîner la république dans une guerre ruineuse, ou bien triompher de la Porte ottomane? Dilemme difficile à résoudre sans heurter la susceptibilité de Charles-Quint. Pour sortir de cette incertitude, le provéditeur vénitien engagea l'amiral à s'avancer vers l'Archipel afin de saisir une nouvelle occasion de combattre; mais celui-ci s'y refusa obstinément, donnant pour motif qu'il valait mieux porter le ravage sur les côtes de l'Albanie : c'était déclarer assez ouvertement ses intentions. Une condescendance forcée fit déférer à son avis, et il se contenta de mettre le siège devant la petite place de Castel-Nuovo. Pendant qu'il s'en occupait, une effroyable tempête assaillit Khaïr-ed-Din et lui brisa ses meilleurs navires; au lieu de tirer parti de cette heureuse circonstance pour donner la chasse à l'ennemi, peut-être même pour l'écraser complètement, l'amiral reconduisit en Sicile la flotte impériale, sous prétexte que la saison était trop avancée.

Il était difficile de tromper longtemps un gouvernement aussi sagace que celui de Venise; l'alliance de Charles-Quint fut jugée nuisible aux intérêts de la république, et l'on songea aux moyens de s'en affranchir. A cet effet, le sénat fit partir pour Constantinople un agent secret, chargé de sonder les intentions du divan et de s'assurer s'il était possible de faire avec lui une paix particulière; mais la reprise de Castel-Nuovo par Kaïr-ed-Din, l'apparition d'une nouvelle flotte ottomane de cent cinquante voiles dans l'Adriatique, rendirent cette mission plus difficile qu'on ne l'avait supposé d'abord, la Porte se montrant intraitable en raison de ses derniers succès et de la situation prospère de sa marine. Ainsi, lorsqu'il fut question de la restitution de quelques villes, le vizir répondit avec dédain que son maître ne voulait rien céder, qu'au contraire il réclamait l'abandon de Malvoisie et de Napoli de Romanie. Effrayé de ces exigences, le négociateur revint à Venise, où il trouva le sénat plus disposé que jamais à entrer en accommodement, car on savait que Charles-Quint et François Ier allaient entrer en conférence au sujet des affaires de l'Italie, et dans une telle circonstance il paraissait sage de se concilier le sultan, toujours en relations amicales avec la France.

Au printemps de 1540, Louis Badoer alla renouer les négociations. Badoer était porteur de doubles instructions : le sénat lui prescrivait de stipuler que toutes choses seraient remises sur le pied où elles étaient avant la guerre, en offrant toutefois de payer, pour la conservation des deux places en litige, un tribut annuel de six mille ducats; mais le conseil des Dix, qui se croyait le droit d'étendre ses attributions quand l'intérêt public l'exigeait, l'autorisa secrètement à les abandonner, si cette question soulevait des obstacles insurmontables. Le divan rejeta ces premières offres, puis les secondes, et finit même par déclarer qu'il ne traiterait que sur des bases plus avantageuses pour la Porte [1]. Enfin, après trois mois de négociations (20 octobre 1540), la république abandonna Napoli de Romanie et Malvoisie en Morée, les châteaux-forts de Nadino et Urana, sur la côte de Dalmatie, et les îles de l'archipel surprises par Kaïr-ed-Din ou ses lieutenants [2]; elle dut même ajouter à ces douloureux sacrifices celui d'une somme de trois cent mille ducats, à titre d'indemnité de guerre. C'était acheter bien cher la tranquillité dont elle avait besoin.

Éclairée par l'expérience, épuisée par des efforts si longtemps soutenus, Venise prit la résolution de rester indifférente aux démêlés qui allaient éclater de nouveau entre François Ier et Charles-Quint, et se renferma si étroitement dans ce système de neutralité, que, quoique amie du saint-siége, elle refusa au concile qu'avaient nécessité les progrès du luthéranisme la faculté de se réunir dans ses possessions de terre-ferme [3]. Un incident imprévu faillit pourtant la rappeler sur les champs de bataille : des aventuriers, la plupart sortis des anciennes bandes soudoyées par les Vénitiens, s'étaient emparés de Marano; l'archiduc les accusa d'être de connivence avec ces bandits, et voulut qu'en preuve du contraire ils l'aidassent à les chasser de cette petite ville. La république aima mieux donner quelques milliers de ducats, et par une sorte de convention tacite Marano lui resta en toute propriété.

Pie IV essaya aussi de troubler la paix dont jouissait Venise en faisant revivre les anciennes prétentions du saint-siége relativement aux bénéfices ecclésiastiques, et de sa pleine autorité il nomma un sujet de la république à l'évêché de Vérone. Cette infraction aux lois générales de l'État parut d'autant plus grave que l'impétrant était ambassadeur de la république à Rome, et qu'un règlement très-exprès défendait à tout Vénitien d'accepter aucune grâce ni promotion de la part

1. Cette ténacité s'explique aisément : une insigne trahison avait mis dans les mains du sultan les doubles instructions dont Louis Badoer était porteur; et il ne pouvait douter de leur authenticité, car l'évêque de Montpellier, ambassadeur de France à Venise, en avait eu communication par Constantin et Nicolo Cavazza, l'un secrétaire du conseil des Dix, l'autre secrétaire du sénat, et les avait fait passer à Constantinople.

2. Nous rappellerons ici que la paix de 1479 avait déjà coûté aux Vénitiens l'île de Négrepont ainsi que plusieurs places de la Morée et de l'Albanie, et qu'après la guerre de 1499 elle fut obligée de céder plusieurs villes sur les côtes de la Grèce.

3. Ce concile, le dix-neuvième et dernier des conciles œcuméniques, fut provoqué par les protestants, qui n'en récusèrent pas moins son autorité. Ouvert à Trente (13 décembre 1545), sous le pontificat de Paul III, continue sous celui de Jules III, il fut fermé par Paul IV (1563). Son principal objet fut de condamner les erreurs de Luther, de Calvin et de Zwingle, d'expliquer la croyance catholique, de réformer les abus qui s'étaient introduits dans la discipline. Plus de deux cents cinquante évêques ou prélats, les plus savants théologiens, d'habiles jurisconsultes, des ambassadeurs, y assistèrent. Plein de déférence pour les décisions de cette assemblée en matière de dogme, le sénat ne voulut point recevoir ses règlements relatifs à la discipline, qu'il jugeait attentatoires à la souveraineté de la république vénitienne.

des souverains près desquels ils se trouvaient accrédités[1]. Le pape insista pour que la nomination fût déclarée valide, et envoya même un ambassadeur spécial à Venise ; mais on lui opposa constamment cette maxime célèbre : « Nous serons « toujours esclaves de nos lois, pour demeurer toujours libres ! » Ce sont là les seuls nuages qui, de 1545 à 1570, obscurcirent passagèrement l'horizon politique ; nous n'en avons parlé que comme servant à constater le calme dont jouissait Venise après tant d'agitations, ces vingt-cinq dernières années ayant été exclusivement consacrées au développement des arts et de l'industrie.

Dans un chapitre spécial nous retracerons les splendeurs de l'école vénitienne ; bornons-nous à indiquer ici les travaux les plus importants exécutés en vue d'utilité publique. On rendit à la culture toutes les terres que le défaut de bras avait fait abandonner ; on fit écouler les eaux amenées dans les plaines pour satisfaire au besoin de la défense ; de nouvelles routes furent établies en terre-ferme, et des citernes publiques dans toutes les villes de la lagune ; on releva les remparts des principales villes fortes qui avaient été démantelées par l'ennemi ; grâce à un nouveau système de fortifications, Bergame et Udine devinrent deux postes avancés tout à fait inexpugnables ; les églises et les palais de la capitale, celui du doge surtout, reçurent de magnifiques décorations, car les simples particuliers rivalisaient avec les Conseils pour embellir leur ville de toutes les manières. Qu'on ne s'y trompe pas cependant, ce luxe immense déguisait mal une décadence prochaine : le commerce diminuait sensiblement ; les Turcs étaient loin de s'arrêter dans leur carrière de conquêtes ; un maître puissant commandait à Naples et à Milan ; l'Italie avait perdu son indépendance. Il y avait donc plutôt lieu de s'attrister que de se réjouir ; mais les peuples, comme les individus, aiment à s'éblouir : souvent ils ne s'entourent du prestige des arts et du faste de l'opulence que pour précipiter leur ruine en se la dissimulant à eux-mêmes.

Il nous reste à mentionner les doges qui pendant cet espace de temps présidèrent aux destinées de la république.

Andrea Gritti, qui avait supporté tout le poids des affaires pendant les dernières campagnes, ne vécut pas assez longtemps pour signer le traité de paix avec la Turquie : Pierre Lando, son successeur, ne porta la couronne ducale que jusqu'en 1545, et fut remplacé par François Donato, sous le règne duquel les beaux-arts prirent un essor remarquable ; Marc-Antoine Trevisani, qui succéda à Donato, ne fit que passer sur le trône, épuisé qu'il était, dit-on, par les austérités de la pénitence : après lui vint François Venier, sous l'administration duquel rien de mémorable ne fut accompli ; Laurent Priuli, successeur de Venier, vit la peste

---

[1]. Nous avons déjà vu combien le gouvernement vénitien était rigide envers ses ambassadeurs : ils étaient tenus d'inscrire jour par jour leurs principales actions et de déclarer la valeur des dons qu'ils recevaient ; quant à ceux qui résidaient à Rome, l'inquisition d'État avait décrété la saisie des revenus des bénéfices qu'ils auraient obtenus soit pour eux-mêmes, soit pour quelqu'un de leurs parents, et la peine de mort contre ceux qui élèveraient la moindre réclamation.

et la famine désoler Venise; il vit aussi la paix rendue à l'Europe par le traité de Cateau-Cambrésis, qui réconcilia la France, l'Empire, l'Espagne et l'Angleterre. Mort en 1559, Laurent Priuli fut remplacé par son frère Jérôme, sous le règne duquel un affreux tremblement de terre ravagea les côtes de l'Albanie; enfin, c'est avec Pierre Lorédan que s'ouvre la période dans laquelle nous allons entrer.

Les Vénitiens ne songeaient qu'à maintenir leur système de politique pacifique : tout à coup des avis réitérés du baïle résidant à Constantinople apprirent au sénat que le sultan préparait une grande expédition maritime, et que, selon toutes les apparences, cette expédition devait être dirigée contre les possessions de la république. Le sénat ne put y croire, et différa de se mettre en mesure de conjurer l'orage, dont il faut d'abord expliquer l'origine.

Depuis leur établissement sur les rives du Bosphore, les Turcs n'avaient cessé d'étendre leur domination, et en moins d'un siècle Venise leur avait cédé successivement de notables portions de territoire. Sélim II, surnommé *Mest* (l'ivrogne), fils et successeur de Soliman II, couvait depuis 1566 le projet d'ajouser l'île de Chypre à ses conquêtes; principalement incité à cela par un juif portugais, Joseph Nassy, qui était devenu son favori en flattant tous ses penchants et surtout sa passion pour le vin. En exagérant la facilité de l'entreprise, Nassy fit naître chez son maître un tel enthousiasme, que dans un moment d'effusion, d'ivresse peut-être, Sélim lui promit de le faire roi de Chypre (il était déjà duc de Naxos et des douze Cyclades les plus importantes). A ces suggestions se joignaient l'opinion du vizir Piali et celle de l'ancien capoudan-pacha Lala-Mustapha, qui tous les deux inclinaient à la guerre dans l'espérance de regagner la faveur que des revers leur avaient fait perdre; enfin le muphti Ébou-So'oud acheva d'entraîner le sultan par un fetfa qui le dégageait des engagements contractés avec des infidèles : doctrine très-commode, et dont les princes chrétiens ont usé dans d'autres occasions.

Vers ce même temps, une épouvantable catastrophe plongea Venise dans la consternation : au milieu de la nuit du 13 au 14 septembre 1569, les poudres renfermées dans l'arsenal prirent feu, et l'explosion arracha au sommeil ceux des habitants qui ne furent pas écrasés sous les débris de leurs maisons; quatre églises s'écroulèrent de fond en comble; les navires, s'entre-choquant dans le port, ou venaient se briser contre le môle, ou allaient échouer sur la plage. Au milieu des ténèbres et du tumulte on cherchait les causes de cette affreuse commotion, lorsque la lueur des flammes les fit connaître : l'arsenal était en feu!

Cet événement, qu'on peut aisément attribuer à des émissaires de Nassy, jeta quelque inquiétude dans les esprits, mais les pertes furent promptement réparées; à Constantinople, au contraire, il prit des proportions tellement grandes, que Sélim, la joie dans l'âme et l'espérance au cœur, envoya l'interprète Mahmoud accompagné du chaouch Kobad exposer au sénat de Venise ses nombreux griefs et en demander le prompt redressement ; faute de quoi la république devait se préparer à la guerre. « Elle sera terrible », dirent-ils, « et s'étendra sur toutes « vos provinces : si vous ne cédez Chypre, nous vous l'arracherons ; et ne vous « confiez pas en votre trésor, car il s'écoulera comme un torrent ! » Indigné d'une telle arrogance, le sénat répondit qu'il préférait la guerre à la honte, et demanda des secours à toutes les puissances de la chrétienté.

Malheureusement, l'Empire germanique venait de conclure une trêve avec les Turcs ; le roi de France, Charles IX, n'avait pas de marine, et son royaume était déchiré par les factions religieuses ; l'Espagne et l'Italie étaient donc les seules qui pussent prêter leur aide à la république : le pape promit deux galères ; Gênes et l'ordre de Malte, quatre ; le duc de Savoie, sept ; Philippe II, roi d'Espagne, ordonna à son amiral de réunir soixante galères à Messine, et de se tenir prêt à se joindre à la flotte vénitienne, forte elle-même de quatre-vingt-dix galères ou gros galions. Enfin, la Seigneurie fit passer dans l'île de Chypre un renfort de trois mille hommes.

Aussitôt que la réponse du sénat fut arrivée, le sultan mit l'embargo sur les navires vénitiens qui se trouvaient dans ses ports, et fit arrêter le baïle ainsi que les autres agents de la république, accrédités ou non accrédités. En vain le grand-vizir Mohamet Sokolli, ennemi secret de Nassy, et peut-être aussi gagné à prix d'argent, chercha-t-il à détourner Sélim de son entreprise, en l'engageant à secourir les Maures d'Espagne, qui étaient venus implorer son appui ; Sélim se contenta de faire aux ambassadeurs de Mansour de riches présents, et les congédia en leur promettant son assistance dès qu'il aurait réglé ses comptes avec Venise. Lala-Mustapha et Piali, renégat hongrois, furent mis à la tête de l'expédition : le premier, avec le titre de séraskier, avait sous ses ordres cinquante mille hommes d'infanterie, trois mille pionniers et deux mille cinq cents chevaux ; le second, créé capoudan-pacha, dirigeait trois cent cinquante navires destinés au transport des troupes et à appuyer leurs opérations.

Les Turcs inaugurèrent la campagne par une descente dans l'île de Tine, l'une des Cyclades ; mais Jérôme Paruta, gouverneur de la citadelle, les ayant contraints à se retirer, ils cinglèrent vers le golfe de Fenika, et, le 1ᵉʳ juillet 1570, ayant jeté l'ancre dans la rade de Limassol (Amathonte), ils s'emparaient sans coup férir du fort de Leftari. Quinze jours après, l'artillerie étant complétement à terre et sur ses affûts, ils commencèrent le siége de Nicosie (l'ancienne *Limosia*), capitale de l'île de Chypre, au centre de laquelle elle s'élève sur une colline. Nicosie aurait été inexpugnable si la grande étendue de ses murailles n'en eût rendu la défense difficile : de neuf milles de circuit, elles avaient été réduites à trois, développement beaucoup trop considérable encore en égard à la garnison et au mauvais état de l'armement. Trois assauts consécutifs furent repoussés avec la plus grande bravoure ; mais l'armée assiégeante ayant été renforcée par vingt mille soldats de marine, sous les ordres du capoudan, la place, enlevée de vive force

(9 septembre), subit pendant huit jours toutes les horreurs du meurtre et du pillage. Déjà plusieurs navires chargés d'un précieux butin dans lequel figuraient deux mille jeunes gens des deux sexes, s'apprêtaient à sortir du port ; une des prisonnières, grecque ou vénitienne, y mit le feu, et les vainqueurs perdirent en un instant le meilleur fruit de leur conquête. Baffa (l'ancienne *Paphos*), Limassol, Larnaca, Cercyne, tombèrent l'une après l'autre, et la tête de Dandolo, provéditeur de Nicosie, fut portée au gouverneur de Famagouste par le begler-bey de Merach, qui, en lui présentant ce sanglant trophée comme un sinistre avertissement du sort qui l'attendait, le somma de se rendre. Trois jours après, le séraskier était devant Famagouste [1], où Astor Baglione, gouverneur général de l'île ; Bragadino, commandant supérieur ; Louis Martinengo, commandant de l'artillerie, jurèrent de se défendre jusqu'à la dernière extrémité.

Pendant ce temps, que faisait la flotte vénitienne? Du 25 avril au 11 juillet, quatre-vingt-dix galères étaient restées stationnaires dans le port de Zara, n'osant, vu leur infériorité numérique, attaquer la flotte turque ; le 12 juillet, elles s'avancèrent jusqu'à Corfou, afin d'être plus à portée des contingents d'Espagne, de Malte et du pape, qui devaient se réunir à Messine ; enfin la nécessité de renforcer les équipages, dont une grande partie avait été enlevée par le scorbut, détermina Jérôme Zani à se porter sur Candie, où, arrivé le 4 août, il ne fut rejoint par les alliés qu'à la fin du même mois. L'amiral espagnol prit le commandement supérieur de l'armée combinée. Avec plus de deux cents vaisseaux de guerre, qu'accompagnaient un grand nombre de bâtiments de transport, et quinze mille hommes de débarquement, il lui eût été certainement possible d'entreprendre quelque chose de sérieux : Jean-André Doria fit des incursions sur les côtes de l'Asie Mineure ; puis, lorsqu'il eut appris ce qui se passait dans l'île de Chypre, il déclara qu'étant venu pour défendre Nicosie, et que cette ville se trouvant au pouvoir des Turcs, il n'avait plus rien à faire ; enfin, prétextant que la saison était trop avancée pour tenir la mer, il se retira sur les côtes de la Sicile, et l'amiral vénitien n'eut d'autre parti à prendre que d'aller hiverner dans le port de Candie.

Maître de ses mouvements, le séraskier commença le siège de Famagouste ; mais bientôt la rigueur du froid et l'éloignement de la flotte ottomane, qui était retournée à Constantinople, l'obligèrent à ne former qu'un blocus : il dressa ses tentes entre les remparts et la mer, au milieu de bois de cèdres et de citronniers, et envoya quelques galères louvoyer en vue du port, ce qui n'empêcha pas Marc-Antoine Querini d'introduire dans la place des vivres, des hommes et des munitions. Au printemps, l'arrivée du capoudan-pacha fit reprendre les travaux avec la plus grande activité. Un chemin creux de trois milles de longueur et tellement

---

1. Famagouste, l'ancienne *Arsinoé*, sur la côte orientale de l'île de Chypre, à 31 kilomètres de Nicosie, fut fondée par la sœur de Ptolémée Philadelphe. Sous la domination romaine elle changea son nom en celui de *Fama Augusta*. Les Turcs l'appellent *Magousa*.

profond qu'un homme à cheval pouvait le parcourir sans être aperçu du dehors, dix forts en arrière de ce chemin, cinq batteries de brèche, n'intimidèrent pas les assiégés. Déterminés à s'ensevelir sous les remparts, ils chassèrent de la ville toutes les bouches inutiles et réparèrent de leur mieux les fortifications délabrées. Bragadino établit une fonderie de canons, des ateliers d'armes, et, déployant toutes les ressources d'un esprit aussi actif qu'entreprenant, fit passer dans toutes les âmes l'ardeur qui animait la sienne.

Dans les premiers jours de mai, les Ottomans firent jouer la mine, qui renversa un pan de murailles, et donnèrent le premier assaut, dans lequel ils perdirent inutilement beaucoup de monde; les suivants ne réussirent pas mieux, car aux remparts détruits la garnison substituait des ouvrages de terrassement. Le 1er août il ne restait plus dans les magasins que quelques barils de poudre, tous les vivres étaient épuisés; on arbora le pavillon parlementaire, et des commissaires turcs furent reçus dans la place. L'héroïsme des défenseurs de Famagouste avait tellement excité l'admiration de leurs ennemis, qu'on tomba bientôt d'accord : la garnison sortirait avec armes et bagages, cinq pièces de canon et trois chevaux; elle serait transportée à Candie sur des vaisseaux turcs; les habitants seraient libres de quitter la ville en emportant tout ce qui leur appartenait; ceux qui voudraient rester seraient respectés dans leurs personnes, dans leurs biens, dans leur culte religieux. Le lendemain, quarante vaisseaux venaient d'entrer dans le port, aux termes de la capitulation; pendant qu'on portait à bord les malades et les blessés, Mustapha fit venir dans sa tente les quatre principaux chefs, loua leur courage, et termina son allocution en leur demandant qui lui garantirait le retour de ses navires? « La loyauté de notre gouvernement », répondit fièrement Bragadino. — « Elle ne me suffit pas; il me faut des otages. — Les articles de la capitulation n'en font aucune mention, et je ne saurais qui désigner en ce moment. — Eh bien! moi, j'en trouverai. » Et sur un signe du pacha, ses gardes les garrottèrent malgré leurs énergiques reproches, auxquels il ne répondit qu'en faisant égorger sous ses yeux Querini, Martinengo et Baglione, réservant à Bragadino les plus cruels supplices. On commença par lui couper le nez et les oreilles, et ainsi mutilé on le promena dans les rues de Famagouste; dix jours après, il fut livré aux bourreaux. Hissé sur une vergue, d'où on le plongea à plusieurs reprises dans la mer, contraint ensuite à porter des paniers remplis de terre pour la reconstruction des bastions, écorché vif en présence de Mustapha, qui prenait un plaisir féroce à lui crier : « Où donc est ton Christ? Pourquoi ne vient-il pas à ton secours? » ce héros, ce martyr chrétien rendit le dernier soupir en récitant à haute voix les versets du *Miserere*, sans laisser échapper une seule plainte. Enfin, par un raffinement de cruauté, l'Osmanli ordonna que son corps écartelé fût exposé sur les batteries, que sa peau, remplie de foin sous la forme d'une vache, fût promenée par le camp et par la ville, abritée sous un parasol rouge, suspendue ensuite à une vergue, et envoyée à Constantinople avec les têtes de ses malheureux collègues [1]. La prise de Famagouste complétait la conquête de l'île de Chypre; mais ni les revenus ni la souveraineté de l'île n'échurent à Joseph Nassy [2]. Quant au sérakskier, il s'empressa de retourner à Constantinople, où l'attendaient de magnifiques récompenses.

Dans l'impuissance de secourir Famagouste, les Vénitiens avaient excité les Dalmates à l'insurrection; ils s'emparèrent même de la petite ville de Sébot, mais défendirent faiblement Candie. Telles furent les opérations qui, pendant plus de six mois, occupèrent exclusivement leurs forces navales. Le capoudan-pacha, profitant de cette inertie, alla ravager Cérigo (l'ancienne Cythère), Navarrin, Zanthe, Céphalonie, Butrinto, Lesina et Curzola; peut-être même aurait-il pénétré dans la lagune, s'il n'eût craint de se trouver lui-même bloqué par la flotte vénitienne, qui le suivait toujours d'assez près.

Pendant que ses amiraux montraient tant de faiblesse, les diplomates de la Seigneurie redoublaient de zèle pour réchauffer le courage des princes européens, et le souverain pontife, qui voyait chaque jour le danger s'approcher de lui, employa toute son influence pour déterminer les membres de la sainte ligue à entrer en campagne. Dès le mois de mai 1571, deux cents galères, cent bâtiments de diverses grandeurs, cinquante mille hommes de pied et quatre mille cinq cents chevaux devaient être réunis dans le port d'Otrante; mais aucun des alliés n'ayant été exact au rendez-vous assigné par le généralissime, don Juan d'Autriche, celui-ci, lassé d'attendre, appareilla de Messine, le 17 septembre 1571, avec soixante-dix-neuf galères espagnoles auxquelles vinrent se joindre enfin douze galères du pape, sous les ordres de Marc-Antoine Colonna, huit brigantins de Malte, et cent bâtiments vénitiens avec six énormes galéasses, commandées par Sébastien Vénier. Le 27, don Juan apprit à Corfou le fatal dénouement du siège de Famagouste et l'arrivée de la flotte turque dans le golfe de Lépante, et malgré l'avis de quelques-uns de ses conseillers il résolut aussitôt de l'y attaquer.

Le golfe de Lépante (mer *de Crissa*, *sinus Corinthiacus* des anciens), formé par la mer Ionienne, entre la Grèce proprement dite et la Morée, a cent trente kilomètres de long sur vingt-six de large; les îles d'Ithaque et de Céphalonie,

---

1. S'il faut en croire Octave Baronio, la peau empaillée de Bragadino exhalait une odeur suave, sa tête conserva pendant longtemps toute l'animation de la vie, et ses yeux semblaient lancer des flammes. Nous dirons seulement que les restes de ce brave capitaine furent exposés, dans le bagne de Constantinople, à la vue des esclaves chrétiens. Plus tard, le sultan les rendit à sa patrie, qui les déposa dans l'église de San Giovanni Paolo; ses ossements, recueillis avec un respect religieux, reposent dans l'église de San Gregorio.

2. Ces revenus furent affectés à l'entretien des grands vizirs, qui les affermaient à un sous-gouverneur pour la somme annuelle de trois cent vingt-cinq mille piastres, sur laquelle somme le fisc en prélevait cent soixante-dix mille; la majeure partie devint même l'apanage de la mère du sultan régnant (sultane validé). Le bruit que des richesses immenses étaient entassées à Famagouste avait attiré une foule d'aventuriers de toutes les parties de l'empire ottoman : on en porte le nombre à plus de deux cent mille; aussi quelques historiens évaluent-ils à cinquante mille le nombre des morts.

qui le ferment à l'occident, ne laissent que deux étroits passages, l'un entre la première et la côte d'Albanie, l'autre entre la seconde et la côte de Morée. Au milieu s'élèvent trois écueils, appelés autrefois *Echinæ* (sangsues), aujourd'hui *Curzolari*. C'est au fond de ce vaste bassin que le capoudan-pacha avait disposé sa flotte, au nombre de trois cents voiles, sur un arc de cercle parallèle à la côte et à une distance de dix à douze milles : il avait sous ses ordres le begler-bey d'Alger, Ulush-Ali; le begler-bey de Tripoli, Dschafer-Pacha; et le fils de Khaïr-ed-Din, Hassan-Pacha.

Afin de ne rien livrer au hasard, le jeune archiduc (il avait à peine vingt-deux ans) se fit éclairer par une division de huit galères, que commandait Jean de Cardone, amiral de Sicile; son avant-garde, forte de cinquante-quatre galères, sous les ordres de Jean-André Doria, venait immédiatement après; le corps de bataille, composé de cent dix galères au milieu desquelles flottait son propre pavillon, s'avançait ensuite, précédé des six galéasses vénitiennes; trente autres galères, conduites par le marquis de Sainte-Croix, formaient l'arrière-garde. Cet ordre de marche ne devait pas être sensiblement modifié au moment de la bataille; seulement, l'avant-garde et l'arrière-garde viendraient alors se mettre en ligne pour former les deux ailes.

Arrivée à la hauteur des îles *Echinæ*, le 7 octobre 1571, à la pointe du jour, l'armée chrétienne découvrit la ligne ennemie, telle que nous l'avons dépeinte, immobile, ne paraissant nullement disposée à venir à sa rencontre, et bientôt le soleil, se dégageant des nuages du matin, répandit ses rayons sur un imposant spectacle : cinq cents galères, dont plusieurs à trois rangs de rames, se trouvaient en présence; d'un côté, les casques, les cuirasses, les boucliers en acier poli des confédérés; de l'autre, les couleurs vives et variées des vaisseaux et des équipages turcs, leurs fanaux dorés, leurs drapeaux de pourpre, avec des inscriptions en lettres d'or et d'argent ! Les signaux s'exécutaient au milieu d'un profond silence; tout à coup l'éclair brille, l'air ému pousse un long mugissement : c'est l'amiral turc qui salue par un coup de canon à poudre l'arrivée de son jeune adversaire, et celui-ci répond par un boulet de gros calibre, en faisant hisser au mât de sa capitane tous les pavillons des princes alliés. Cette double détonation devint le prélude d'un combat soutenu pendant plus de cinq heures avec le plus furieux acharnement, sans que la victoire penchât d'aucun côté. Les plus grands efforts des chrétiens se concentrèrent sur le vaisseau de Piali-Pacha, qui s'était avancé dans l'intention de rompre leur ligne. Entouré par des galères espagnoles et vénitiennes, deux fois le capoudan repoussa l'abordage; il s'apprêtait à en repousser victorieusement un troisième, lorsqu'une balle le renverse frappé à mort. Atterrés du coup, ses soldats et ses matelots n'opposent plus qu'une faible résistance; les assaillants, au contraire, redoublent d'audace et de courage, se maintiennent sur le pont, jettent à la mer tout ce qui refuse de se rendre, et remplacent le pavillon turc par l'étendard de la croix surmonté de la tête sanglante du vaincu, en signe de leur double triomphe [1]. Des cris de joie, partis de tous les vaisseaux chrétiens, saluent cet heureux présage; chacun redouble d'ardeur, et l'armée ottomane est mise en déroute, sauf cependant l'aile droite, commandée par Hassan-Pacha. Digne fils de Khaïr-ed-Din, Hassan s'est attaché à tourner la division Doria, et il la tenait encore en échec, quoique la panique causée par la mort de Piali eût gagné ses équipages, lorsque voyant s'approcher une division vénitienne, conduite par le provéditeur Canale et le capitaine Jean Contarini, il prit le parti de virer de bord. Frémissant de honte et de douleur, il ne ramena à Constantinople que quarante bâtiments, seuls restes de cette brillante flotte qui, quelques mois auparavant, quittait les rives du Bosphore aux acclamations d'un peuple transporté d'admiration.

Quelques historiens portent à trente mille morts la perte des Ottomans dans cette mémorable journée; cinq mille officiers ou soldats, cent quarante galères tombèrent au pouvoir des alliés, et vingt mille esclaves chrétiens, composant les chiourmes turques, recouvrèrent leur liberté. Elle coûta aux vainqueurs quinze galères et huit mille hommes, parmi lesquels le provéditeur Barbarigo et vingt-neuf personnages des premières familles patriciennes [2]. A défaut de résultats immédiats, cette victoire navale arrêta l'essor des Turcs vers l'Occident; aussi causa-t-elle dans toute la chrétienté une profonde sensation de joie : Pie V combla d'honneurs son amiral [3], et l'Europe entière répéta l'ingénieux éloge que le pontife avait fait de l'archiduc en lui appliquant ces paroles de l'Évangile : « *Fuit homo, missus à Deo, cui nomen erat Joannes.* » Des ornements religieux, de magnifiques œuvres d'art, rappellent encore aujourd'hui dans Rome et dans Venise la glorieuse journée des Cursolaires [4], à laquelle, de l'aveu même de leurs rivaux de gloire, les Vénitiens prirent une très-grande part. En effet, leurs galéasses contribuèrent puissamment à porter le désordre parmi les musulmans, autant par la supériorité de leur artillerie que parce que, placées comme six redoutes en avant du corps de bataille, elles divisèrent l'attaque en deux parties; leurs galères, ayant la proue moins élevée que celles dont on se servait alors, frappaient plus sûrement dans les œuvres vives des bâtiments ennemis; le dévouement, l'habileté des officiers et des équipages, furent au-dessus de tout éloge. Pendant que les capitaines Lorédan et Malipier combattaient le capoudan en

---

1. En repoussant avec horreur ce hideux trophée qu'on déposait devant lui, don Juan avait obéi à une impulsion toute naturelle; comme général, il fallait bien qu'il le laissât exposé aux yeux des siens pour les encourager ; aux yeux des Turcs, pour produire dans leurs âmes l'effet contraire.

2. Le célèbre auteur de Don Quichotte, Michel Cervantes, qui se trouvait à cette bataille, reçut au bras gauche une grave blessure dont il resta estropié.

3. Marc-Antoine Colonna monta au Capitole, comme les anciens triomphateurs romains, et déposa sur l'autel de la Vierge une colonne d'argent, par allusion à son nom.

4. Quelques auteurs italiens désignent ainsi la bataille de Lépante, du nom des écueils qui se trouvent au milieu du golfe. Venise institua une fête religieuse et nationale, à la date du 7 octobre, en commémoration de cette grande journée.

personne, le provéditeur Querini forçait trente galères turques à se jeter à la côte ; ce furent encore les Vénitiens qui dégagèrent l'aile droite des alliés, fortement compromise par Hassan-Pacha, et la division maltaise était menacée d'une complète destruction, lorsque Benoît Soranzo vint à son secours. Soranzo périt au milieu des flammes, victime de son héroïque abnégation.

Les alliés ne surent pas tirer parti de leur victoire : les Vénitiens auraient voulu qu'on en profitât pour reprendre aux Turcs quelques-unes des places que ceux-ci leur avaient enlevées ; mais les Espagnols refusèrent d'y concourir. Sous prétexte que la saison était beaucoup trop avancée, empressé peut-être d'aller recueillir à Naples ou à Madrid les louanges qu'il avait si bien méritées, don Juan ramena sa flotte à Messine, et les Vénitiens n'eurent plus qu'à faire rentrer la leur. C'était perdre à plaisir tout le fruit de la campagne. Quant à Sélim, accablé d'abord, il resta trois jours sans vouloir prendre de nourriture ; prosterné le visage contre terre, s'humiliant sous le bras de Dieu, il le suppliait d'avoir pitié de son peuple ; enfin la lecture du Coran, et sans doute aussi l'inexcusable inaction des vainqueurs, lui rendirent le courage, et il ne songea plus qu'à réparer son désastre.

Mécontent de ses alliés, le sénat chargea son baile à Constantinople de faire au divan quelques ouvertures amicales. Malheureusement celui-ci déploya dans sa première visite un appareil des plus pompeux, et Mohamed Sokolli, justement blessé d'une affectation si maladroite, lui dit aussitôt qu'il l'aperçut : « Tu nous « crois abattus sans doute par le revers que nous venons d'éprouver, et tu viens « jouir de notre défaite ; mais apprends que si vous nous avez fait la barbe de « près en battant notre flotte, nous, en vous arrachant le beau royaume de Chy- « pre, nous vous avons privé d'un bras ; or, un bras coupé ne peut renaître, tan- « dis que la barbe rasée repousse plus épaisse et plus vigoureuse que jamais. » En effet, neuf mois à peine s'étaient écoulés que la marine ottomane était sur un pied très-respectable, grâce à l'activité du grand vizir, grâce surtout aux éléments de force et de prospérité que possédait l'empire. « Sa richesse et sa puissance sont telles », dit à cette occasion l'infatigable Sokolli, « que, s'il le fallait, on ferait des ancres d'argent, des cordages de soie et des voiles de satin. »

Bientôt une escadre ottomane porta le ravage dans les colonies de la république ; à cette nouvelle le sénat envoya des ambassadeurs au vice-roi de Naples pour l'inviter à reprendre immédiatement la mer avec les cent galères promises par le roi d'Espagne ; mais il n'en fournit que vingt-deux, nombre beaucoup trop faible pour se mesurer avec un ennemi qui comptait plus de deux cent cinquante voiles ; ce ne fut même qu'au milieu de septembre que les alliés réunirent devant Corfou cent quatre-vingt-quatorze galères, dix galéasses et quarante-cinq vaisseaux armés : c'était attendre bien tard. Quoi qu'il en soit, les deux flottes se rencontrèrent à la hauteur du cap Matapan, puis devant l'île de Cérigo, où elles échangèrent quelques bordées sans en venir à un combat sérieux. Fatigué de cette guerre d'escarmouches, don Juan, qui ne rêvait que grandes batailles, tourna brusquement vers les rivages de l'Afrique, où il illustra de nouveau son nom par la prise de Tunis; et les Vénitiens, se voyant encore une fois abandonnés, chargèrent l'ambassadeur de France à Constantinople de porter en leur nom des paroles de paix. Enfin, le 7 mars 1573, intervint entre eux et la Sublime-Porte un traité par lequel la république s'engageait à payer trois cent mille ducats, à titre d'indemnité des frais de la guerre, et pour Zante un tribut annuel de quinze cents ducats au lieu de cinq cents qu'elle payait depuis plusieurs années. Sélim (amère dérision!) l'affranchit de la redevance qu'il recevait à titre de suzeraineté sur l'île de Chypre avant qu'il en eût fait la conquête! L'état de possession en Dalmatie et en Albanie resta fixé comme avant la guerre, et toutes les marchandises saisies de part et d'autre durent être restituées. Tels furent pour Venise les fruits de la victoire de Lépante, dans laquelle il lui revenait une part si glorieuse.

Les trente années qui vont suivre sont trente années de paix; néanmoins, elles furent plus funestes à la république que toutes les guerres précédentes : elle y perdit cette mâle vigueur qui l'avait soutenue dans ses plus grands revers, et aucun obstacle n'arrêta plus les progrès de sa décadence, tant il est vrai qu'il n'est pas donné à la nature humaine de conserver les vertus dont la situation ne lui fait plus une nécessité. Cette tranquillité faillit pourtant être troublée en 1597 : voici à quelle occasion. Alphonse II d'Este venait de mourir, ne laissant d'autre héritier que son cousin germain César, fils naturel et non légitimé d'Alphonse Ier. Le pape Clément VIII convoitait le duché de Ferrare; il déclara le bâtard inhabile à régner; la Seigneurie, au contraire, qui redoutait le voisinage immédiat d'un pontife déjà trop puissant, lui promit son appui; mais à peine les troupes du saint-père étaient-elles entrées en campagne, César fit sa soumission, ne se réservant que le titre de duc de Modène et de Reggio, et les Vénitiens se résignèrent avec humilité aux conséquences de cet arrangement. Quelques différends s'élevèrent aussi avec la Porte, relativement à des prises que s'étaient faites l'une à l'autre les marines militaires des deux puissances respectives; chaque fois Venise se vit contrainte de céder, quoiqu'une belle Vénitienne, issue de la famille Baffo, régnât alors sur le cœur d'Amurat III, qui avait succédé à son père Sélim II en 1574. Quelques historiens affirment que la sultane favorite contribua puissamment au maintien de bons rapports entre le Grand-Turc et ses concitoyens; ce n'est pas notre opinion : Venise, nous le disons à regret, Venise ne conserva la paix qu'en se montrant soumise et obséquieuse. Si, durant cette fatale époque, elle déploya quelque énergie, ce ne fut que contre les Uscoques, audacieux pirates qui s'étaient établis sur les côtes de la Dalmatie; encore se borna-t-elle à de pitoyables expéditions, tout au plus dignes de ceux contre qui elles étaient dirigées.

Dans le cour de cette période, les relations avec l'Europe furent presque insignifiantes ; celles qui se rapportent à la France méritent seules quelque attention. Le gouvernement vénitien ne vit pas avec toute l'horreur qu'il inspirait ailleurs le massacre de la Saint-Barthélemi ; Louis Contarini, son ambassadeur, obtint même de Charles IX l'autorisation de porter dans ses armes une rose rouge surmontée d'une rose d'argent : « *Additamenta quædam ex insigniis nostris decerpta* », est-il dit dans le brevet d'octroi. Henri III, lors de son retour de Pologne, reçut un brillant accueil ; le trésor public lui prêta même cent mille écus. L'avénement de Henri IV au trône, longtemps contesté dans les États d'Italie, à cause des censures ecclésiastiques qu'il avait encourues, trouva Venise empressée à reconnaître le fait accompli ; et pour témoigner sa gratitude, le Béarnais lui fit hommage de l'épée dont il s'était servi à la bataille d'Ivry. Cette amitié réciproque ne fut jamais troublée : plus d'une fois la Seigneurie vint au secours du trésor du roi, ou se porta médiatrice, arbitre même, dans ses différends avec le duc de Savoie ou avec le roi d'Espagne ; le nom des Bourbons fut inscrit sur le livre d'Or, et il y resta jusqu'au jour où le chef de cette illustre maison demanda qu'il en fût rayé [1].

Consignons ici un curieux incident qui se rattache également aux relations extérieures de la république. Nous avons déjà vu combien Venise se montrait habile à tirer parti des mariages que les *filles de Saint-Marc* contractaient avec des princes étrangers. Or, il arriva qu'une jeune patricienne, Bianca Capello, séduite par un Florentin d'une naissance obscure, Pietro Bonaventuri, s'enfuit à Florence où les deux amants se marièrent en secret. La beauté de Bianca, l'éclat de son intrigue, frappèrent vivement le duc de Toscane, François-Marie de Médicis, qui fit poignarder Bonaventuri, vécut pendant quatre ans avec la veuve, et au commencement de 1579, après la mort de sa femme Jeanne d'Autriche, résolut de l'épouser publiquement. « Je regarde cette *signora* » écrivait-il au doge, « comme la fille de votre sérénissime république, dont je vais devenir le fils par « alliance, comme je l'ai été jusqu'à présent par inclination et par vénération « pour elle. » Il terminait en exaltant l'heureuse fécondité de sa future épouse ! La réponse, comme l'avait prévu le duc, ne se fit pas attendre ; lui-même dépêcha sans retard un ambassadeur, le comte Sforza di Santa-Fiora, avec mission de hâter l'adoption de Bianca. Lors de l'entrée du comte, quarante sénateurs allèrent au-devant de lui, le conduisirent en cérémonie au palais Capello où l'attendait le patriarche d'Aquilée en habits pontificaux, et dans l'audience solen-

---

1. « Cédant aux instances du Directoire, le sénat de Venise venait de signifier (mai 1796) au « chef de la maison de Bourbon, alors Louis XVIII, de quitter Vérone. Ce prince partit, mais en « déclarant qu'il exigeait la restitution d'une armure donnée par son aïeul au sénat, et la sup-« pression du nom de sa famille des pages du livre d'Or. » (THIERS, *Histoire de la Révolution française*.) Le sénat ne rendit pas au prétendant l'armure de Henri IV, et lorsqu'en 1797, au moment de la chute de la république, on transporta ces objets du palais ducal à l'arsenal, l'epée ne se retrouva plus ; elle manque encore. Quant à cette armure, elle est d'une grande solidité et d'une simplicité extrême.

nelle le doge déploya une magnificence extraordinaire : les fêtes, les festins, les cadeaux, furent prodigués au noble toscan ; mais ce qui doit étonner le plus, c'est le décret par lequel la Seigneurie prétendait rendre pur, honnête et sérieux ce qui méritait alors comme aujourd'hui les qualifications contraires ; ce décret, daté du 16 juin 1579, déclare Bianca Capello « fille véritable et particulière de la « république (*vera ed particulare figliuola della republica*), en considération des « qualités rares et précieuses qui l'avaient rendue très-digne de la plus haute for- « tune, et pour répondre à l'honneur que le grand-duc avait fait à la république « par la résolution très-sage qu'il venait de prendre. » Un crime priva Venise du profit qu'elle comptait faire par cette honteuse condescendance : le grand-duc et sa nouvelle épouse moururent empoisonnés dans un repas (1585), et le duché de Toscane passa aux mains du cardinal Ferdinand de Médicis, héritier présomptif de François-Marie son frère qui ce jour-là le recevait à sa table !

Voilà les seuls événements dignes de quelque intérêt qui occupèrent les relations extérieures de Venise durant cette longue période ; à l'intérieur, rien d'éclatant ne se manifeste ; mais nous avons à signaler des faits secondaires qui ne sont pas sans importance. Aussitôt après la cessation des hostilités (1576), une peste affreuse étendit ses ravages sur toutes les provinces de la république et enleva à la capitale plus de quarante mille habitants : comme toujours, le fléau sévit plus rigoureusement sur les familles patriciennes, car elles tenaient à honneur, dans ces moments calamiteux, de rester à Venise. Mais un homme plus illustre que tous ces nobles succomba aussi à ce mal affreux, ce fut le Titien, qui, plein de vigueur quoique centenaire, produisait encore des chefs-d'œuvre ! Le sénat, dérogeant au règlement qui ordonnait la destruction des cadavres pestiférés, permit, par une exception expresse, que les restes de ce grand peintre fussent embaumés. On les transporta solennellement dans l'église des *Frari*, où ils reposent, encore aujourd'hui, sous une simple pierre [1].

Malgré la peste, le sénat s'occupa activement de rembourser les emprunts que la guerre avait nécessités, et il y parvint, en donnant à la banque une organisation nouvelle. Quoique Venise se trouvât alors dans une époque de décadence, les capitaux y affluaient, précisément parce qu'ils n'avaient plus l'occasion de s'employer dans de grandes entreprises commerciales. Le gouvernement s'appliqua ensuite à assurer sur tous les marchés l'abondance des denrées : durant les dernières guerres, la disette avait occasionné des mouvements populaires ; on voulut empêcher le retour de ces désordres par des lois libérales sur l'introduc-

[1]. Le Titien mourut sur la même couche que son fils aîné, Horace, qui ne tarda pas à le suivre au tombeau ; son second fils, Pomponio, qui était chanoine à Milan, s'empressa d'accourir à Venise, dès que l'épidémie fut passée ; il dissipa en quelques mois l'héritage de son père et ne prit aucun soin d'en honorer la mémoire : ce fut une main étrangère qui grava sur une simple pierre le nom de Titien !... On s'est occupé plusieurs fois d'élever à ce grand peintre un monument digne de lui ; mais jamais rien n'a été exécuté. En 1794, une souscription avait été ouverte, et Canova avait présenté le projet du monument, pour l'exécution duquel il ne demandait rien ; la chute de la république empêcha la réalisation de cette noble pensée.

tion des grains, et justifier ainsi cette maxime fondamentale de la politique vénitienne : *Pane in piazza, giustizia in palazzo* (abondance sur les marchés, bonne justice au palais). Les formes de la procédure, embrouillées comme toutes les législations du moyen âge, furent aussi à cette époque notablement modifiées. Deux élections ducales méritent encore notre attention : Sébastien Vénier, qui commandait les forces navales de la république à la bataille de Lépante, fut appelé au dogat en 1576; dix ans après, les anciennes et les nouvelles familles nobles, se disputant vivement la possession du pouvoir suprême, finirent par y appeler Pascal Cigogna, descendant d'un de ces bourgeois qui furent élevés au patriciat à cause de leur dévouement pendant la guerre de Chiozza [1]. L'acharnement des deux partis était si grand, que son élection ne put être décidée qu'au cinquante-deuxième tour de scrutin ! Cette élection de Pascal Cigogna fut le résultat d'un compromis entre les deux opinions : si l'illustration de sa famille n'était pas aussi ancienne que celles dont le berceau remontait à l'origine de la république, elle avait pour point de départ un rare patriotisme, et d'ailleurs il rachetait l'infériorité de sa naissance par une grande réputation de sainteté et de vertu.

Durant le règne de ces doges et de quelques autres que nous omettons, de grands travaux d'utilité publique furent entrepris, et les arts reçurent une grande impulsion et les plus brillants encouragements. Nous allons consacrer un chapitre spécial au mouvement artistique dont Venise a été le centre ; nous nous bornerons à citer ici quelques-uns des travaux les plus importants qui furent entrepris à l'époque où nous sommes : le palais ducal, qui avait été détruit par un incendie, fut presque entièrement reconstruit ; la place Saint-Marc reçut des agrandissements considérables, et prit la forme régulière qu'elle a maintenant ; le pont de Rialto, qui joint par une seule arche les deux rives du grand canal, fut édifié en marbre ; en même temps Corfou recevait un système complet de fortifications, et sur la frontière du Frioul l'architecte Jules Savorgnano élevait la belle forteresse de Palma-Nova, construite à la fois pour arrêter les invasions des Turcs et les tentatives ambitieuses de la maison d'Autriche.

1. Le fondateur de la maison des Cigogna avait été apothicaire ; lors de la guerre de Chiozza ; il arma un vaisseau à ses frais, fit don de tous ses revenus à la république, et servit comme simple volontaire.

CHAPITRE XII.

Les Beaux-Arts à Venise. — Ses Monuments principaux. — Architecture, Sculpture et Peinture vénitiennes.

ous venons d'exposer les événements intérieurs et extérieurs les plus importants de l'histoire du peuple et du gouvernement vénitiens. Nous avons vu comment cette petite population insulaire était devenue par le commerce, par les armes, par la politique, une des premières puissances de l'Occident; nous avons raconté ses guerres incessantes sur terre et sur mer, ses conquêtes, ses révolutions, et enfin la lutte acharnée que la république soutint contre l'Europe entière, pendant la ligue de Cambrai, et dont elle sortit fatiguée et épuisée, il est vrai, mais en définitive intacte et victorieuse. Si ce fut peut-être le plus grand de ses efforts, ce fut aussi le dernier; car nous aurons bientôt à signaler les premiers symptômes, à exposer les causes et les principales circonstances de sa chute. Mais avant de continuer ce récit, nous avons à étudier un des plus intéressants aspects de la vie de ce peuple, celui qui, au sein de sa décadence morale et politique, attire encore les regards du monde : le rôle brillant et original qu'il joua dans la sphère de l'art, dernière couronne que ni la conquête ni la servitude n'ont pu ravir aux cités italiennes, et dont Venise a fourni un des plus beaux joyaux. Les circonstances locales ont assez influé sur le développement et le caractère de l'art vénitien, pour qu'il importe d'exposer avec quelque détail le fait assurément le plus caractéristique de l'histoire de cette ville, c'est-à-dire sa construction au milieu des eaux. Avant de décrire et d'étudier ses monuments et les œuvres des artistes qui les ont décorés, voyons d'abord comment ils sont sortis de la mer.

Lorsqu'au commencement du IX⁰ siècle les Vénètes, chassés de Malamocco, vinrent établir le siége du gouvernement à Rialto, cette île et les îlots qui l'entouraient étaient, suivant toute apparence, très-peu peuplés, et ne leur offraient guère pour refuge que des cabanes de bois et de jonc. Le territoire de la nouvelle capitale, consistant en marais fangeux, était réparti sur les deux rives du fleuve Prealtum, cité par Tite-Live, branche de la Brenta qui, descendant de Fusino, allait, en traversant la lagune, déboucher dans la mer par le port de Lido, alors appelé *Portus Prealtus*. L'ancien lit du Prealtum est aujourd'hui représenté par le grand canal, dont les sinuosités indiquent l'origine. C'est sur les bords de ce fleuve que furent construites les premières habitations. Elles s'étendirent ensuite dans tous les sens sur les îlots d'alentour, et furent reliées entre elles par de canaux de communication qu'on traversait sur de grossiers ponts de bois. Ces canaux sont évidemment le résultat du travail de l'homme. Leur direction en général rectiligne et leurs intersections également à angle droit, ne permettent pas d'en douter.

Ces canaux forment les rues de Venise. Les maisons qui les bordent furent d'abord construites en bois. Les îles du voisinage et les côtes de terre-ferme fournissaient des matériaux en abondance ; la nature mouvante du sol n'en admettait guère d'autres, et il aurait fallu pour l'affermir des travaux longs et dispendieux, dont l'exécution était alors impossible. Même après plusieurs siècles de prospérité, Venise était encore, sauf ses monuments publics, une ville de bois. Ces anciennes maisons, dont quelques vestiges existaient dans le siècle passé, étaient couvertes de chaume, basses et percées de fenêtres étroites. Au moyen âge, du reste, beaucoup de villes italiennes, possédées par les Barbares, et toutes les villes de l'Orient, présentaient le même genre de construction.

Les maisons des Vénitiens étaient des demeures peu sûres. Bâties sur un sol vaseux, constamment battues par les flots de la mer, qui, pendant les tempêtes et dans les fortes marées, se ruaient avec violence contre leurs frêles fondations, elles étaient fréquemment renversées et submergées. Les annales des premiers siècles racontent ces fréquents désastres. Des cataclysmes partiels engloutirent plus d'une fois des îles et des villes entières de la lagune, comme il arriva en 1102 à l'ancienne cité de Malamocco, et plus tard à Ammiana et à Constanziaco, îles vastes et peuplées dont il ne reste que quelques ruines douteuses sur lesquelles la mer passe et repasse silencieusement. Les incendies n'étaient pas moins redoutables ; ils étaient fréquents et terribles ; plus d'une fois la ville fut à moitié détruite.

Le travail d'agglomération dont résulta la superbe métropole des Vénitiens ne s'exécuta pas en même temps ni avec la même rapidité sur tous les points. Les six quartiers (*sestieri*) de la ville (voyez le plan), se sont inégalement développés dans le cours du temps. Le plus anciennement habité fut celui de *Dorso-Duro*, du côté du sud. L'emplacement qu'il occupe portait le nom de *Sco-*

pulum, ce qui paraît indiquer que le terrain était là plus solide que celui des îlots voisins.

Le quartier voisin de Saint-Paul (San-Polo), qui comprend l'île et le pont de *Rialto*, fut certainement le premier établissement des Vénitiens ; mais il a souvent changé de face. Celui de Sainte-Croix, qui vient après, s'appelait autrefois *Luprium* ; il consistait en une étendue de marais à fleur d'eau. L'invasion des Lombards y jeta, dit-on, les premiers colons qui, ne trouvant plus de place dans les îles voisines déjà occupées, se hasardèrent sur les *tombes* de Luprium, et y construisirent deux églises, dont une en l'honneur de la sainte Croix. Cependant les nombreux fragments antiques, les cippes, les colonnes, les inscriptions, qu'on y a trouvés, prouvent que ces îlots avaient déjà été peuplés à une époque plus ancienne.

Le quartier de *Cannareggio* tire son nom du large canal qui le traverse, et qu'on appelle par corruption *Canal-Regio* (canal royal), bien qu'il n'ait dû sa dénomination primitive qu'aux épais roseaux (*canne*) qui y abondaient. Il fut de bonne heure habité, et les premiers atterrissements qu'on y fit reçurent les fondations des églises de Saint-Jérémie, de Saint-Hermagoras et des Saints-Apôtres.

Nous arrivons au quartier de Saint-Marc, centre de la cité moderne. La haute antiquité de plusieurs de ses églises prouve que le sol sur lequel il est bâti a été de tout temps hors de l'eau et habitable. Dès le commencement du IXe siècle, à l'époque de la translation du siège ducal à Rialto, c'est là que fut bâti le premier palais public. Alors, comme aujourd'hui, la paisible houle de la lagune venait baigner les pieds de ce noble édifice qui a souvent changé de forme, mais jamais de place, comme on le voit par les vers d'une vieille chronique vénitienne :

> . . . . L'angusto porto
> Per entro al qual entrando il mar si sparte
> In più lagune, e zugne à lo nostr'orto.

Le jardin dont il est ici question était une dépendance du *Broglio* (alors *Bruollo*), portion de la *Piazzetta* devenue si célèbre sous ce nom. Les Vénitiens trouvèrent donc le sol de ce magnifique quartier à peu près tout préparé par la nature.

Il n'en fut pas de même du dernier quartier, celui qu'on voit à l'extrémité orientale de la ville se terminer en éventail, et s'étaler sur l'onde comme une queue de poisson. Dans l'origine il formait un territoire topographiquement et administrativement distinct du corps de la cité. La petite île de Saint-Pierre di Castello (*Castrum Olivoli*), qui ne tient au reste de la ville que par un pont, et qui y paraît attachée comme la chaloupe à un vaisseau, portait jadis le nom de Troie (*Traja*). Les chroniqueurs veulent qu'elle ait été une des stations du Paphlagonien Anténor dans son passage à travers les lagunes. Les ruines de cet établissement primitif y attirèrent plus tard de nouveaux colons qui furent tout glorieux de bâtir leurs humbles cabanes sur une terre foulée par des voyageurs si illustres

Cette île et plusieurs autres, telles que les *Geminæ* (les Jumelles), appelées ensuite *Gemelle, Zemelle*, et enfin *Zimole*, consacrées, dit-on, à Castor et à Pollux, furent autant de petits centres qui, étendant peu à peu leurs rayons en tous sens, composèrent la masse compacte de tout ce quartier, et s'y absorbèrent lorsque tous les marécages qui les environnaient et les séparaient furent comblés et desséchés.

C'est ainsi que les Vénitiens, luttant de constance avec la nature, parvinrent à affermir le sol chancelant de leur capitale et à étendre dans la lagune ses immenses bras. C'est ainsi que peu à peu les huttes de roseaux, les petites maisons de bois sous lesquelles s'étaient abrités les premiers colons, furent remplacées par les superbes édifices qui signalent au loin la reine de l'Adriatique. Les ruines de l'antique Altinum, et plus tard celles du vieux Malamocco emporté par les eaux, furent pour les Vénitiens une sorte de carrière d'où ils tirèrent les matériaux de la ville de pierre et de marbre qui remplaça la ville de bois et de boue. Ce changement dans le mode de construction se caractérisa principalement au XIIe siècle, à la suite de plusieurs incendies qui détruisirent la plus grande partie de la cité. Des églises nombreuses, construites dans le goût gréco-oriental alors dominant, enrichies de mosaïques, s'élevèrent de toutes parts ; les demeures des grands, répandues sur les deux rives du grand canal, et les édifices publics, étaient déjà des palais, moins grandioses et moins fastueux que ceux qui les remplacèrent plus tard, mais qui donnaient une haute idée de la richesse du patriciat vénitien et de la grandeur de la république. A cette époque, Venise, entourée de murs, renfermait dans sa vaste enceinte près de cent églises, des palais sans nombre, un arsenal déjà fameux, une population immense, et remplissait l'Orient et l'Occident de la renommée de ses merveilles.

Mais ce n'est proprement que vers la fin du XVIe siècle que la superbe métropole prit l'aspect matériel qu'elle conserve encore aujourd'hui. C'est dans ce siècle, qui fut pour elle, comme pour les autres villes italiennes, l'âge d'or de l'art, que parurent les architectes, les peintres, les sculpteurs qui ont illustré l'école vénitienne. Décrire la Venise de ces temps, c'est décrire la Venise moderne.

Merveilleuse par sa position, Venise ne l'est pas moins par ses monuments, qu'il faut surtout considérer dans leur ensemble. On n'y trouve pas cette uniformité de construction qui rend si monotone la beauté de certaines villes, comme Turin, Milan, Bologne : c'est un mélange de tous les styles, de tous les caractères, de tous les temps ; du grand, du noble, du sévère, du terrible, du bizarre, du fantastique ; du génie byzantin et du génie arabe, du gothique et de la renaissance, des écoles florentine et palladienne. Venise est, sous ce rapport, le type du style et du beau romantiques.

Les édifices de la place Saint-Marc et de la petite place (*Piazzetta*) qui la précède, sont comme un abrégé de l'histoire de l'architecture vénitienne depuis les époques les plus reculées jusqu'à nos jours. La place, proprement dite, forme

un carré long irrégulier[1]; elle est pavée en briques, et entourée, sur trois de ses côtés, d'un portique à arcades. Elle offre un coup d'œil analogue à celui du Palais-Royal à Paris. La Piazzetta a pour limite, dans le sens de la longueur, d'un côté l'angle de l'église Saint-Marc, et de l'autre la mer ; sur les côtés, elle est encadrée par le vieux palais ducal et l'ancienne bibliothèque, aujourd'hui palais royal[2]. De tous les points de la Piazzetta on voit, en se tournant vers le sud, la surface mollement agitée de la lagune, silencieusement sillonnée de barques qui se croisent dans toutes les directions, et les petites îles qui s'élèvent çà et là du sein des ondes.

Les premiers monuments qui attirent l'attention, en débarquant sur la Piazzetta, sont les deux énormes colonnes de granit, apportées de Constantinople, vers la fin du XIIe siècle, par le doge Sébastien Ziani, et érigées plus tard par l'architecte lombard Nicolas Barattiero. L'un de ces monolithes est surmonté de la statue de saint Théodore, un des patrons de la ville de Venise, armé d'une lance et d'un bouclier ; au sommet de l'autre, le lion ailé de saint Marc, en bronze, la face tournée vers la mer, semble, comme disaient autrefois les *cicerone*, surveiller et garder son empire. Ce lion, symbole de la république, fut apporté à Paris par l'armée d'Italie, et placé sur l'esplanade des Invalides. Depuis 1815, il a été reporté par des mains autrichiennes sur son antique base, où il ne figure désormais que comme une vaine décoration. C'est entre ces deux colonnes que se faisaient les exécutions, d'où la sentence vénitienne : *Cave columnas !*

En s'avançant dans la place, et commençant par la droite, les édifices divers qu'on rencontre en en faisant le tour se suivent à peu près dans un ordre chronologique. C'est d'abord le palais ducal, singulier mélange de gothique et de moresque, dont la corniche dentelée se découpe sur le ciel comme les fleurons d'une couronne ; imposant par sa masse et son étendue, la sévérité de ses lignes principales est tempérée par le caprice de ses détails, qui révèlent le goût fantasque et minutieux de l'Orient. Cet édifice, bâti sur l'emplacement d'un autre palais dont l'origine remontait aux premières années du Xe siècle, a trois façades : l'une sur le quai, l'autre sur la Piazzetta, et la troisième sur un canal qui sépare le palais des prisons. Les deux premières, les plus remarquables, consistent en deux ordres de portiques superposés, sur lesquels s'élève un immense mur lisse, incrusté de petits carrés de marbre rouge et blanc, et percé de sept fenêtres, dont une placée au centre, garnie d'une balustrade, flanquée de clochetons, projette son fronton pyramidal surmonté d'une figure ailée, jusqu'au-dessus de la corniche. Le portique du rez-de-chaussée, sur le quai, a dix-sept arcades en tiers-point soutenues par des colonnes lourdes et trapues, dont les chapiteaux, presque tous différents, sont curieusement ciselés, dit-on, par la main encore un peu barbare de l'architecte du palais, Philippe Calendario. Ce Calendario est

---

1. Elle a cent soixante-quinze mètres de longueur sur quatre-vingt-deux de largeur.
2. Sa longueur est de quatre-vingt-quinze mètres et sa largeur de quarante-huit.

le même que nous avons vu figurer dans la conspiration de Marin Falier (1354), et qui paya de sa tête sa participation à cette périlleuse entreprise. Sa mort interrompit la construction du palais, qui ne fut reprise qu'en 1423, sous le doge Francesco Foscari, et continué sur la Piazzetta d'après le même plan, depuis la sixième arcade jusqu'à la porte principale, dite Porto *della Carta*, contiguë à l'église Saint-Marc.

La vaste cour à laquelle donne entrée la Porte della Carta, offre, sur les quatre côtés, la plus magnifique décoration architecturale que l'imagination puisse rêver. La grande façade, vis-à-vis de la porte, déploie sa longue ligne de portiques et ses trois étages de marbres resplendissants sur une étendue de plus de soixante-dix mètres. Commencée vers l'année 1500, par maestro Antonio Bregno, elle fut terminée un demi-siècle après par Antonio Scarpagnino. C'est contre cette façade, sur l'axe de la porte d'entrée, que se trouve l'escalier *des Géants* par lequel on arrive au portique du premier étage. Cet escalier, construit par maestro Bregno, est tout en marbre blanc, les deux rampes sont treillagées comme une dentelle, et toutes les parties pleines sont littéralement brodées de sculptures d'une finesse admirable, mais excessive, car elles échappent facilement à la vue. Il doit son nom aux deux statues demi-colossales de *Neptune* et de *Mars*, symbolisant l'empire de la mer et de la terre, placées tout au haut de chaque côté de la rampe. Ces deux figures, à tournure michelangesque, sont l'ouvrage de l'architecte et sculpteur florentin Sansovino. Cet escalier est devenu fameux dans la légende poétique de l'histoire vénitienne par la fin tragique du doge Marin Falier qu'on suppose avoir été décapité sur la plus haute marche. Il n'y a qu'une difficulté à cette mise en scène, c'est que l'escalier a été construit près de cent cinquante ans après cette terrible aventure.

Nous ne quitterons pas la cour du palais ducal sans jeter un coup d'œil sur les deux puits (pozzi) placés au milieu [1]. Ils sont en bronze et ornés de sculptures de l'Alberghetti et de Nicolo de' Conti. Leur disposition souterraine exige quelque explication. Ces puits ne sont pas alimentés, comme les puits ordinaires, par des sources ; ils ne sont proprement que des citernes remplies par les eaux pluviales. Pour faire une de ces citernes, on creuse d'abord un espace carré de cent pieds de côté, sur quinze à vingt pieds de profondeur. On revêt les parois de cette excavation de murs en briques très-solides, posés sur pilotis. On épuise l'eau de la mer qui filtre à travers les terres, et le fond une fois bien sec, on le pave

---

1. On appelle aussi puits, les fameux cachots du palais ducal sur lesquels on a lu précédemment quelques détails (page 148). Ajoutons cependant que ces cachots, qu'on peut visiter encore aujourd'hui, n'avaient rien de plus terrible que ceux en usage alors dans les autres pays de l'Europe, surtout pour les prisonniers d'État, et c'était bien suffisant. Ils consistent, comme tous les cachots, en des cellules étroites, humides, froides, et privées entièrement de lumière. Les cachots de correction de la Force et de Bicêtre sont tout à fait semblables. Ceux de Venise ne sont pas tous creusés sous l'eau; ils sont disposés perpendiculairement, l'un au-dessus de l'autre, le long du mur, du côté des prisons. Quant aux *plombs*, non moins célèbres que les puits, c'étaient des cabanons placés sous les toits, comme nos mansardes (Voyez page 148.)

avec un bon ciment. Ce réservoir étant ainsi préparé, on élève au milieu un puits rond de pierre, percé à sa base d'ouvertures pour l'entrée de l'eau. On remplit ensuite l'espace compris entre le pourtour du puits et les parois de l'excavation de bon sable de rivière, jusqu'à la hauteur du sol qu'on pave avec des briques posées de champ. Aux quatre coins de ce pavage, on pratique quatre petits puisards de quatre pieds de profondeur posant sur la masse de sable. C'est vers ces puisards, ouverts à fleur de terre, et recouverts supérieurement d'une dalle percée et grillée, que se rendent les eaux pluviales, ramassées sur les toits des maisons voisines, et dirigées par des gouttières et des rigoles. Les eaux, tombant ainsi aux angles de l'excavation souterraine, ne peuvent parvenir à la citerne placée au centre, qu'en traversant une large et profonde couche de sable, dans laquelle elle se filtrent et s'épurent parfaitement. Tel est l'industrieux procédé au moyen duquel les Vénitiens, entourés d'eau salée, se procurent de l'eau douce. Il y a à Venise cent soixante puits publics de ce genre, qui sont pour la plupart sur les petites places (campi), auprès des églises. Ils suffisent en temps ordinaire à la consommation de la ville; quelquefois cependant, dans les années de sécheresse, on est obligé d'aller chercher de l'eau à la Brenta, dans des barriques.

L'intérieur du palais ducal ne peut être décrit ici. Toutes les magnificences de l'art à sa plus belle époque y avaient été prodiguées, et une partie de cette splendeur subsiste encore. Nous aurons plus loin l'occasion de citer quelques-uns des chefs-d'œuvre qui le décorent et les noms des artistes éminents qui y travaillèrent.

Nous ne pouvons cependant quitter le vieux palais de la république sans jeter un coup d'œil sur un édifice qui en est une sorte d'annexe et avec lequel il communique par un pont jeté sur le canal qui les sépare (le *rivo di palazzo*), les prisons (*Carceri*). Ce monument, remarquable par la solidité de la construction et l'austérité de ses lignes architecturales, se compose d'un portique de sept arcades, au-dessus duquel s'élève un autre étage à sept fenêtres ornées de corniches, de frontons, de balustrades et de colonnes doriques; une riche corniche couronne ce beau frontispice, qui conviendrait pourtant mieux à un palais qu'à une prison. L'arc hardi qui joint les deux édifices est suspendu sur le canal à plus de dix mètres de hauteur. C'est proprement une galerie couverte et parfaitement close, par laquelle on passe d'un bâtiment à l'autre. L'intérieur est divisé en deux corridors parallèles, séparés par un mur, ayant chacun sa porte d'entrée et de sortie et complètement indépendants. C'est par ce passage que les criminels étaient conduits devant les juges siégeant au palais ducal, et ramenés ensuite dans la prison; et c'est cette circonstance, dit-on, qui a valu à ce pont le nom si fameux de *Pont des Soupirs*.

Les *prisons* furent le dernier ouvrage de l'habile architecte vénitien *Antonio da Ponte*, qui s'est surtout illustré par la construction du pont Rialto. C'est à lui encore qu'on doit la conservation du palais ducal, qui faillit être rasé en 1577. A cette époque, un violent incendie détruisit les principales salles du palais, et ébranla tellement toute la construction qu'il menaçait ruine de toutes parts. On mit en délibération s'il serait démoli. Il n'est pas de plus grands démolisseurs que les architectes, qui n'aiment rien tant que de faire place nette. Il s'en trouva un alors qui, ayant tout prêt un magnifique projet de construction nouvelle, mit tout en œuvre pour faire adopter ce parti extrême ; cet architecte était Palladio. Personne assurément n'eût été plus capable de bâtir une demeure digne de la majesté de la république, mais on peut douter que sa classique architecture eût suffisamment compensé la perte du monument si original, si hardi et si pittoresque de maître Calendario. Heureusement Palladio rencontra dans Antonio da Ponte un opposant dont l'autorité était égale à la sienne. Celui-ci parvint à convaincre le sénat de la possibilité de conserver le palais ; il fut chargé des travaux de consolidation et de restauration, et s'en acquitta si bien que trois siècles ont passé depuis sur le merveilleux édifice sans qu'il s'en soit détaché une seule pierre.

En sortant du palais ducal par la porte della Carta, et reprenant le tour de la place, nous voilà, en quelques pas, en face du monument d'architecture le plus curieux et le plus imposant peut-être que possède l'Italie, l'église de Saint-Marc. La physionomie de cet édifice est, comme celle du palais ducal, tout orientale. L'imitation de Sainte-Sophie de Constantinople y est évidente, et l'on sait historiquement que ce fut un architecte de cette ville, appelé par le doge Sébastien Ziani, qui en donna le modèle. Il est bâti sur l'emplacement où existèrent successivement l'antique église de Saint-Théodore, élevée, dit-on, par Narsès, puis la basilique de Saint-Marc, construite au IXe siècle, après le transport du corps du saint patron de Venise ; cette dernière église ayant été détruite, ainsi que le palais adjacent, par un incendie, en 976, on songea à la rebâtir, et le travail, commencé sous Sébastien Ziani, se continua sous les doges Pietro Orseolo, Dominique Contarini et enfin Dominique Selvo ; il dura de l'an 1043 à 1071. C'est à cette dernière époque qu'on commença à l'orner de marbres et de mosaïques. Les matériaux employés dans sa construction sont, pour la plus grande partie, des débris d'anciens édifices grecs, recueillis à Constantinople et dans les îles de l'Archipel par les navires vénitiens. C'est ce qui explique la singulière bigarrure de ses détails et de ses ornements. Bâtie ainsi de pièces et de morceaux appartenant à des temps et à des goûts divers, cette immense construction est une sorte de centon architectural, dont la bizarrerie et le goût barbare sont rachetés par l'effet imposant des proportions générales de l'édifice et par la grandeur de sa masse.

Le plan est une croix grecque à cinq nefs, surmontées de cinq coupoles hémisphériques disposées en croix. La façade a vingt-cinq mètres de hauteur et cinquante-un de largeur. Le portail se compose de cinq arcades ornées de deux

ordres superposés de colonnes, au nombre de deux cent quatre-vingt-douze. On compte tant au dehors qu'au dedans plus de cinq cents colonnes. Sur le portail est une plate-forme découverte, entourée d'une balustrade qui fait tout le tour de l'église. C'est sur cette plate-forme que se trouvent les quatre fameux chevaux de bronze, autrefois doré, enlevés de l'hippodrome de Constantinople; singulière décoration pour le porche d'une basilique chrétienne! Sur cette plate-forme ou loge, s'élèvent en retraite cinq grandes arcades correspondantes aux cinq portes de la façade, soutenues par des colonnes de porphyre. Ces arcades sont reliées par des frises ornées de festons, de guirlandes et de figures, et séparées par des niches à clochetons; le mur du fond sous les archivoltes est revêtu de peintures en mosaïque. Tous les arcs de l'édifice sont à plein cintre.

L'intérieur du temple n'est pas moins frappant que le frontispice, par la majesté sombre de ses grandes lignes et l'effet imprévu et fantastique de la décoration. Toutes les parties pleines, les voûtes, les murs et les arcades, le pavé, sont couverts de mosaïques à dessins variés et à couleurs éclatantes, ou de fonds d'or sur lesquels se détachent de grandes figures byzantines de saints, d'anges et d'apôtres. Ces mosaïques sont semblables à celles de Sainte-Sophie de Constantinople, et composées de petits cubes de verroterie coloriée. Le détail de tout ce que la piété fastueuse des chefs de la république, servie par le génie de l'art, a, pendant une longue suite de siècles, accumulé de précieux, de rare, de magnifique, dans cette métropole des églises vénitiennes, dépasserait les limites de cette rapide revue. Les principaux artistes nationaux y furent employés, et sous ce rapport l'église Saint-Marc pourrait, ainsi que le palais ducal, suffire presque à l'étude de l'art vénitien.

Le clocher (campanile) de Saint-Marc est un des plus hardis monuments de ce genre, dont le moyen âge a vu élever un si grand nombre en Italie. Moins élégant que ceux de Pise et de Florence, il les dépasse l'un et l'autre de beaucoup en élévation, mérite extrêmement apprécié à l'époque où il fut bâti. Sa hauteur totale jusqu'à la tête de l'ange posé au sommet du pyramidium qui le termine, est de quatre-vingt-dix-huit mètres. Ce n'est qu'une grosse tour carrée, surmontée d'une flèche; mais cette flèche s'élance si haut dans le ciel et le fût massif qui la porte est à la fois si robuste et si hardi, qu'on est forcé d'admirer l'audace de l'architecte qui a osé asseoir ce pic gigantesque sur le sol mouvant de la lagune. Commencée en 902, la construction n'était arrivée, en 1131, que jusqu'à la lanterne de la cloche, qui ne fut terminée qu'en 1178. Démolie plus tard, cette lanterne fut reconstruite en 1510, par Mestro Buono, qui éleva aussi la flèche telle qu'on la voit aujourd'hui. La disposition intérieure de ce campanile est curieuse. Il se compose, en effet, de deux tours, renfermées l'une dans l'autre, et séparées par un espace de six pieds dans lequel on a ménagé un escalier uni, à pente douce, qui monte jusqu'à la lanterne de la cloche. On prétend à Venise que lord Byron avait eu la fantaisie de gravir à cheval ce sentier montueux. La plupart des clochers de Venise et des îles voisines ont été bâtis sur le modèle du campanile de Saint-Marc.

Au pied du campanile et adossé à sa base est un petit édifice, une *loggia*, comme on dit en Italie, bâti en 1540 par Sansovino. Il est élevé sur un terre-plein de quatre marches. La façade est composée de trois arcades séparées par huit colonnes d'ordre composite et couronnées par un attique orné de bas-reliefs relatifs à l'histoire de Venise. Cet élégant morceau d'architecture est entièrement bâti en marbre rouge de Vérone et en marbre blanc de Carrare. Les colonnes sont de brèche antique très-rare. A côté de la *loggia* sont trois piliers de bronze, régulièrement disposés en ligne droite parallèlement au portail de Saint-Marc, supportant de longs mâts ou antennes, auxquels on attachait jadis des étendards symboliques de la puissance de la république, remplacés aujourd'hui par le drapeau autrichien. Les trois mâts qu'on élève à Paris, sur le Pont-Neuf, aux fêtes de Juillet, en sont la représentation assez exacte ; il ne manque aux nôtres que les fines et délicates sculptures d'Alexandre Leopardi, dont l'imitation à la vérité ne serait pas aussi facile.

Après l'église vient la tour de l'horloge, élevée en 1496 par Pietro Lombardo. Elle a trois étages ornés de trois ordres de pilastres ; au premier, se trouve le cadran ; au deuxième, s'ouvre une espèce de tabernacle, au fond duquel est une statue de la Vierge de métal doré. De chaque côté de la Madone on voit deux portes ; dans certains jours de fête, un ange armé d'une trompette, suivi des trois rois mages presque grands comme nature, sort par l'une de ces portes, passe avec son cortége devant la Vierge, qu'il salue respectueusement, et rentre par la porte du côté opposé. A l'étage au-dessus, le lion de Saint-Marc déploie fièrement ses ailes. Sur la terrasse qui couronne l'édifice est une énorme cloche sur laquelle deux Mores (*i Mori*) de bronze battent les heures.

La tour de l'horloge fait partie du côté de la grande place qui regarde le midi. A côté et sur la même ligne se développe l'immense façade des vieilles procuraties (*procuratie vecchie*), bâties vers 1500 par l'architecte Bartolomeo Buono, Bergamasque, monument de transition entre l'ancien style local et celui de l'architecture gréco-romaine, renouvelée dans le XVIe siècle. Il se compose de trois ordres d'arcades, portant au rez-de-chaussée sur des pilastres toscans, et aux deux étages supérieurs, sur des colonnes corinthiennes cannelées en marbre d'Istrie. Des acrotères, alternant avec des vases, s'élèvent au-dessus de l'entablement. La façade des vieilles procuraties se continue en retour par cinq arcades sur le petit côté de la place opposé à Saint-Marc. C'est là que s'élevait autrefois le chef-d'œuvre d'architecture de Sansovino, l'église Saint-Géminien où reposaient les cendres du célèbre artiste. Elle fut abattue depuis pour agrandir les bâtiments qui bordent ce côté de la place.

En face des *vieilles* procuraties, se déploie le magnifique frontispice des procuraties *nouvelles*, bâties par Scamozzi, en 1584, sur le modèle très-altéré de

l'ancienne *bibliothèque*, érigée par Sansovino, dont elles sont la suite. Scamozzi changea assez peu heureusement les proportions des deux premiers ordres de Sansovino, et y en ajouta un troisième corinthien. Cet édifice est un des types les plus remarquables de ce style somptueux et théâtral auquel aboutit le dernier développement de l'architecture néo-gréco-romaine en Italie, et au delà duquel il n'y avait de possible que le dévergondage des Bernin et des Borromini.

L'ancienne bibliothèque, aujourd'hui le palais royal, sur la Piazzetta, en face du palais ducal, fut construite pour abriter les livres donnés à la république par Pétrarque et le cardinal Bessarion. C'est Sansovino qui la commença, en 1536. C'était, au jugement de Palladio, le monument le plus riche et le plus orné qui eût été élevé depuis les anciens. La façade se compose de deux ordres, le premier dorique et le second ionique, avec une frise grandiose ; sur la corniche règne une balustrade surmontée de vingt-cinq belles statues, ouvrages des meilleurs élèves de Sansovino. Le portique inférieur est exhaussé sur trois marches ; il a vingt-une arcades soutenues par des pilastres contre lesquels s'appuient au dehors les colonnes. L'arcade du milieu, supportée par deux cariatides colossales, conduit à l'escalier royal richement orné de stucs, et dont la voûte resplendit des peintures de Franco et de Battista del Moro.

Au pied de l'escalier s'ouvre un vaste vestibule, où se trouvait autrefois le *musée des antiques*, remarquable collection de statues, bas-reliefs, inscriptions grecques et latines, donnés jadis à la république par le cardinal Dominique Grimani, par Jean Grimani, patriarche d'Aquilée, et par le procurateur de Saint-Marc Frédéric Contarini, et transférés depuis au palais ducal. La salle principale est surtout remarquable par son plafond, divisé en vingt-un compartiments ornés des peintures de Joseph Salviati, de Franco, du Prete, du Padouan, de Schiavone et de Paul Véronèse. Ce plafond fut la cause d'une bien triste aventure pour Sansovino ; à peine fut-il terminé qu'il s'écroula. A cette époque, les artistes employés dans les ouvrages publics étaient soumis à une discipline moins commode que celle de notre temps ; ils étaient responsables de leurs œuvres. Sansovino fut immédiatement incarcéré, condamné à mille écus d'amende, et destitué de son emploi d'architecte en chef de la république. Il fallut tout le zèle et le dévouement de ses nombreux amis, parmi lesquels se trouva heureusement le chevalier de Mendoza, ancien ambassadeur de Charles-Quint, pour apaiser la colère du sénat et le faire rentrer en grâce. Pierre Aretin, qui parmi ses vices avait quelques qualités, déploya aussi en sa faveur, et gratuitement, tous les trésors de son éloquence. Ce palais est aujourd'hui la demeure du vice-roi pendant son séjour à Venise. Après la chute de la république, la riche et précieuse bibliothèque fut, ainsi que le musée, transportée dans la salle du grand-conseil, au palais ducal.

La *Zecca* (Hôtel des Monnaies), bâtie également par Sansovino, complète, du côté du Grand-Canal, ce magnifique ensemble de monuments. Elle fait, en quelque sorte, pendant aux prisons. Les seuls matériaux employés dans sa construction sont le marbre, la brique et le fer. La façade, toute en bossages, dans le goût florentin, exprime au plus haut degré l'idée de la force et de la solidité. Deux statues colossales, dans une attitude menaçante, l'une d'Aspetti et l'autre de Campagna, décorent l'entrée. Tout autour de la cour sont disposés vingt-cinq ateliers pour la fonte des métaux et la fabrication des monnaies. C'est de là que sortait jadis cette monnaie si fameuse, le sequin de Venise (zecchino), qui fut frappé pour la première fois en 1284, sous le doge Jean Dandolo, et qui s'appelait primitivement le ducat d'or.

Cette halte un peu longue sur la place Saint-Marc, où se trouvent accumulés les principaux bâtiments publics et les monuments les plus remarquables de l'architecture locale, nous oblige à passer plus rapidement devant cette multitude de palais, d'églises et autres édifices privés et publics qui, à chaque pas, pour ainsi dire, surgissent à l'œil surpris du visiteur égaré dans les ruelles tortueuses de Venise, ou glissant en gondole à travers les méandres de ses canaux. Saluons du moins en passant les nobles palais, les magnifiques temples et les vastes établissements publics dont les grandes lignes et les orgueilleux frontispices se mirent dans le Grand-Canal et s'échelonnent sous les aspects les plus variés, les plus imposants et les plus saisissants, depuis la pointe de Saint-Antoine jusqu'à l'île Sainte-Claire.

Voici d'abord, en partant de l'extrémité orientale, les *Jardins publics*, disposés et plantés en 1807, sur les plans de l'architecte Selva; beaux ombrages fort peu fréquentés par les Vénitiens, qui n'aiment pas assez les arbres pour venir les chercher si loin. C'est aux Jardins publics que commence le magnifique quai des Esclavons (Ripa degli Schiavoni), qui, de là, prolonge sa longue ligne concave jusqu'à la Piazzetta. C'est sur ce quai que débouche le canal qui conduit à l'Arsenal [1]. C'est proprement à la *Zecca* (l'Hôtel des Monnaies) et au bâtiment de la douane de mer, situé vis-à-vis, que commencent le Grand-Canal et la longue suite d'édifices qui décorent ses deux rives.

Après la douane, dont l'architecture du XVIII° siècle n'a rien de bien remarquable, mais dont la tour, bizarrement surmontée d'un globe porté par deux

---

1. Nous ajouterons ici à la description déjà donnée de l'arsenal (voyez pages 179, 180) quelques détails curieux sur l'administration et le service de cet établissement sous la république. Le commandement supérieur était confié à six patriciens, appelés *provediteurs*, et à trois autres fonctionnaires, non patriciens, appelés *patroni* de l'arsenal. Ces derniers habitaient trois corps de logis distincts, mais contigus, dont un s'appelait l'*enfer*, un autre *le purgatoire*, et le troisième, apparemment plus confortable, *le paradis*. Ils étaient tenus de coucher chacun pendant quinze jours, à tour de rôle, dans une certaine chambre, et celui qui était en fonction s'appelait *patrono di guardia*. C'est à lui qu'on apportait chaque soir les clefs de la porte de terre, qu'il gardait jusqu'au jour. Pendant la nuit, une sentinelle montée sur la haute tour qui s'élève au centre de l'arsenal, appelait d'heure en heure, par leur nom, des gardes de nuit placés sur les autres tours du mur d'enceinte, qui devaient répondre à cet appel. A l'époque de la chute de la république, les ouvriers étaient encore au nombre de 2,000; ils coûtaient annuellement 50 000 ducats On leur fournissait le vin en sus; de grandes cuves à robinet contenaient de la piquette à discrétion, et il s'en consommait pour 30,000 ducats. Les femmes étaient admises dans des locaux à part pour la fabrication des voiles.

Atlas, et sur lequel tourne à tous les vents la figure de la Fortune, est d'un effet pittoresque, on rencontre un des plus vastes temples de Venise, *Sainte-Marie de la Santé* (la *Salute*), œuvre d'un talent éminent dans une époque de décadence, Balthazar Longhena, et qu'on peut voir à Paris, aussi bien qu'à Venise, dans le merveilleux Canaletti du Louvre. A quelques pas plus loin, le palais *Dario* développe ses riches marbres et les élégants profils de sa corniche, dessinés par un des maîtres de l'excellente école des Lombardi, mais qui n'obtient qu'un coup d'œil fugitif bientôt attiré et plus longtemps arrêté par le splendide frontispice du palais Corner [1], bâti par Sansovino, et non moins imposant par la solidité de sa masse quadrangulaire que par la magnificence de sa décoration.

L'*Académie des Beaux-Arts*, située sur la rive gauche, n'offre rien de remarquable à l'extérieur. Ce local très-vaste, destiné aux études et aux collections, fut disposé, sous le gouvernement italien, par l'architecte D. Salva, qui se servit de trois édifices déjà existants, une confrérie, une église, une partie d'un couvent bâti jadis par Palladio et détruit par un incendie. C'est dans l'église, divisée en plusieurs salles par des cloisons, que se trouve le musée des statues. La galerie de peintures, presque toutes de l'école nationale, est particulièrement intéressante pour l'histoire de l'art vénitien, dont on peut suivre là, pour ainsi dire d'année en année, toutes les phases. Nous aurons bientôt à signaler quelques-uns de ces spécimens du génie et de la fécondité de cette brillante génération de peintres. La collection de plâtres moulés sur les chefs-d'œuvre de la statuaire antique et de la renaissance, rassemblés primitivement avec une libéralité princière par un riche amateur, Daniel Farsetti, est, après celle de l'École royale des Beaux-Arts, à Paris, la plus considérable de l'Europe. On pourrait se plaindre d'y voir un peu trop de Canova, si cette prodigalité ne trouvait son excuse dans un sentiment patriotique toujours respectable, même dans ses exagérations. Un assez grand nombre d'anciens morceaux de sculpture en marbre, en bronze et autres matières, dont plusieurs d'un travail excellent, sauvés des églises et autres édifices ravagés ou démolis dans la dernière révolution, ont trouvé un abri dans l'enceinte de la nouvelle Académie. On a joint à tous ces moyens d'étude une bibliothèque spécialement consacrée aux ouvrages relatifs aux arts du dessin. Sous tous les rapports, l'*Academia delle Belle Arti* de Venise peut passer pour une des écoles d'art les mieux organisées; mais là comme ailleurs, malheureusement, l'impuissance et la stérilité semblent aller en raison directe de l'abondance des encouragements, des moyens d'étude, des modèles, des méthodes et des maîtres!

Mais notre gondole s'avance. Voici le premier des palais Contarini, œuvre régulière et correcte de l'architecte vicentin Scamozzi, l'un des législateurs de l'architecture classique; puis le palais Rezzonico (de Longhena), dont la masse gigantesque, le luxe décoratif et la richesse des matériaux, produisent un effet de

---

1. Aujourd'hui de *la délégation royale*. Il ne faut pas confondre ce palais Corner avec trois autres palais du même nom, situés sur d'autres points de la ville.

saisissante surprise ; mais l'impression de ce faux grandiose s'évanouit bientôt, comme celle d'un coup de théâtre, à l'apparition fantastique du vieux palais des Foscari, avec ses trois étages de fenêtres gothiques, ses balcons aériens et ses fines colonnettes. Ici le canal se détourne, et, au point de la courbure appelée la *Volta del Canale*, se dresse le superbe palais Balbi, monument où il y a plus de faste architectural que d'art, bien qu'on l'attribue à Vittoria. On raconte que le futur possesseur de ce somptueux logis, Nicolo Balbi, habita, pendant qu'on le construisait, une barque où il mourut. Un peu plus loin, le palais Pisani, de style allemand, comme on appelle en Italie le gothique, forme un gracieux pendant à un second palais Contarini, sur la rive droite, noble et élégante invention des *Lombardi*. Tout auprès se trouve le palais Barbarigo, fameux par sa riche galerie de tableaux où brillent au premier rang des Titiens du plus beau choix, et notamment sa *Madeleine* tant célébrée. Puis s'étalent à la file trois palais des Mocenigo et celui des Spinelli, terminé par Sanmicheli. En face de ce dernier, le plus ancien des palais Grimani, avec ses belles proportions et ses heureux profils tracés par un des Lombardi (Lodovico ?), fait grand tort à la froide façade de celui des Tiepolo (autrefois Coccina), attribué à Palladio. Encore quelques coups de rame, et voici le second palais Grimani, aujourd'hui l'hôtel des Postes, œuvre originale et hardie du grand architecte et ingénieur Sanmicheli. Les puristes reprochent à cet édifice sa corniche trop large et trop saillante. Un peu plus loin, à gauche, au pied et un peu en avant du pont Rialto, les longs et vastes portiques dont on entrevoit quelques parties, sont les *Fabriche Vecchie* (les bâtiments Vieux), solide, élégant et commode édifice de Scarpagnino, destiné à diverses magistratures ; et, à droite, cette imposante façade est celle du palais Manin, bâti par Sansovino, mais dont l'intérieur fut reconstruit à la fin du dernier siècle par Salva. C'est là que mourut de douleur, dans la demeure de ses pères, le dernier doge, Louis Manini, peu de jours après avoir signé de sa main son abdication et la ruine de la république.

Nous voici arrivés au pont Rialto, si souvent chanté par les poëtes. Son unique arcade, hardiment jetée d'une rive à l'autre du Grand-Canal, a quatre-vingt-trois pieds vénitiens à sa base. Il est entièrement construit en marbre d'Istrie, et plus remarquable du reste par la solidité que par l'élégance. Deux rangs de boutiques également en marbre, d'une architecture uniforme et passablement lourde, le partagent en trois rues dont une centrale, qui est la plus large, et deux latérales plus étroites, gardées du côté du canal par une balustrade. La clef de l'arc est ornée des armoiries du doge Pascal Cigogna, sous le règne duquel le pont fut bâti, et aux quatre angles sont sculptées en bas-relief des figures de l'ange Gabriel, de la Vierge, de saint Marc et de saint Théodore, par Girolamo Campagna. Commencé en 1588, il fut terminé en trois années, sur le dessin d'Antonio da Ponte dont le projet fut préféré à plusieurs autres fournis, sur la demande du gouvernement, par divers architectes célèbres, parmi lesquels on cite, sans

preuves bien claires, Michel-Ange et Palladio. Ce pont de pierre remplaça celui de bois qui avait été construit en 1264, et qui s'appelait *ponte della Moneta*, parce qu'auparavant il y avait là une espèce de bac sur lequel on passait le canal en payant une petite pièce de monnaie, dite *quartarolo*.

Au delà du pont, le Grand-Canal déroule de nouveau, à perte de vue, la longue file de ses édifices et ses perspectives féeriques : à gauche, l'immense palais, dit des Camerlinghi, aujourd'hui le tribunal d'appel, riche et majestueuse fabrique de *Guglielmo* Bergamasque, et un peu plus loin les *Bâtiments Neufs* (le *Fabriche Nuove*) de Sansovino, bazar monumental, composé de trois ordres, le premier rustique, formant un portique de vingt-cinq arcades, le second dorique et le troisième ionique. A droite, les vieux Magasins des Allemands (*Fondaco de' Tedeschi*), aujourd'hui la douane de terre, solide bâtisse, du commencement du XVIe siècle, attribuée à tant d'architectes différents[1] qu'on peut regarder son auteur comme très-problématique. Les marchands auxquels appartenait cet édifice dépensèrent de fortes sommes pour l'orner. Giorgione et Titien furent chargés de peindre à fresque les deux façades sur le Grand-Canal et sur la rue, et l'on voit encore au dehors quelques traces de ces peintures. A l'intérieur, il fut décoré par Palma le vieux, Paul Véronèse, le Tintoret, Contarini, et autres maîtres du temps.

Passons rapidement devant quelques autres édifices de la rive droite, tels que le petit palais Valmarana, le palais Micheli, dit des Colonnes, intéressant par la curieuse collection d'armures et instruments de guerre employés par le doge Micheli dans son expédition en Terre-Sainte, le palais Sagredo dont on vante l'escalier bâti par Tirali, et faisons une halte en face de la *Cà d'oro* (la Maison d'or), charmant pastiche de byzantin, de gothique et de moresque, apportée là sans doute pendant une belle nuit d'été, par quelqu'un des génies qui obéissaient à la lampe d'Aladin. Le palais Gussoni, qui s'élève un peu plus loin sur la rive opposée, offre encore sur sa façade, des traces confuses de couleurs, restes des peintures, jadis resplendissantes, de Tintoret.

Mais de toutes les apparitions tour à tour sombres, riantes, magnifiques, gracieuses, austères, de ce panorama sans fin, voici la plus merveilleuse, peut-être : le palais Vendramin-Calerghi ! un de ces rares édifices qui ont une physionomie qui vit, une voix qui parle, avec lesquels on sympathise en quelque sorte tout d'abord, et dont l'image reste longtemps dans le souvenir.

Au centre de l'édifice un escalier plongeant dans le canal vous mène à un rez-de-chaussée qui est exhaussé sur un mur de soubassement, à refends ; au-dessus s'élèvent deux étages, percés de cinq fenêtres à deux cintres réunis par une colonnette qui divise perpendiculairement la baie en deux espaces égaux. Des colonnes, accouplées aux angles et à côté de la cinquième fenêtre, isolées aux trois autres, décorent les trois grandes divisions de la façade. Ces trois ordres sont corinthiens ; une corniche du profil le plus grandiose couronne le

---

1. Pietro Lombardo, Fra Giocondo, Girolamo Todesco, etc.

tout. Des revêtements de marbre grecs, blancs et veinés, de porphyre et de serpentin, distribués avec un goût exquis, ajoutent à la beauté et à l'harmonie des lignes le charme d'un coloris vraiment architectural. Quel fut l'auteur de ce noble et élégant édifice? Est-ce Sante Lombardo, comme on l'a cru longtemps, ou Pietro Lombardo, comme le conjecture l'architecte Selva? Ce qu'il y a de certain, c'est qu'il appartient à quelqu'un des maîtres de cette école d'artistes de la même race et de même nom qui, par ses membres ou leurs élèves immédiats, de la fin du xve jusqu'au milieu du xvie siècle, remplit Venise d'œuvres d'architecture d'un style et d'un caractère également remarquables par l'élégance et l'originalité, et surtout par un certain air de famille qui les fait reconnaître à l'instant [1]. Tous ces Lombardi étaient aussi sculpteurs. Nous les retrouverons plus loin.

Après le palais Vendramin, les grands édifices deviennent plus rares, et les bords du Grand-Canal, à mesure qu'on avance vers son extrémité, n'offrent guère plus que les habitations plus humbles, quoique toujours pittoresques dans leur ensemble, de la classe bourgeoise ou populaire. Cependant, de distance en distance, s'élèvent quelques monuments remarquables par leur masse ou leur singularité : le palais Battaglia, ouvrage du fécond Longhena, l'église Saint-Jérémie, bâtie dans un goût bizarre par un prêtre de Brescia, nommé Corbellini. Un monument plus respectable par l'antiquité et par son aspect pittoresque est le *Fondaco de' Turchi*, d'un style gréco-barbare mêlé d'arabe, mais à moitié ruiné. L'église Saint-Siméon Piccolo, qu'on rencontre ensuite sur la rive gauche, est une assez pauvre imitation du Panthéon d'Agrippa, bâtie en 1718 par Scalfarotto; la coupole, d'une hauteur disgracieuse, est remarquable en ce qu'elle est revêtue de cuivre. Celle des Scalzi (Sainte-Marie de Nazareth), du côté opposé, est fort vantée pour la somptuosité de ses marbres, la profusion de ses colonnes et des statues qui la décorent au dehors, au dedans et au dessus. La façade, élevée par Sardi, est un des échantillons les moins malheureux de ce mauvais style théâtral, guindé, surchargé, et, avec tout cela, particulièrement ennuyeux et maussade, qui sévit surtout à Rome, pendant un siècle et plus après le Bernin, et, de là, infecta toute la chrétienté. La petite église tout à fait moderne du *Nom de Jésus*, est le dernier édifice de quelque apparence du Grand-Canal; c'est Selva qui en donna le plan et en dirigea en grande partie l'exécution. C'est un ouvrage classique, comme on l'entendait vers 1800 en Italie comme en France.

Avec ces palais de la plus belle rue qui soit au monde, et avec ceux en assez

---

[1]. Le chef de cette lignée fut Pietro, auteur, entre autres monuments, de la tour de l'horloge Saint-Marc et du tombeau du Dante, à Ravenne. Il eut deux fils, Tullio et Giulio Antonio, qu'il associa à la plupart de ses travaux et notamment à la construction du beau tombeau du cardinal Zeno dans Saint-Marc. Vient ensuite un Martino Lombardo, qui fit la Confrérie de Saint-Marc, un des meilleurs édifices de Venise, et l'on croit qu'un certain Moro, architecte de l'église de Saint-Jean-Chrysostôme, était son fils. On cite enfin Sante Lombardo, neveu de Tullio et de G. Antonio, et auteur présumé du palais Vendramin-Calerghi, du palais Trevisani à Sainte-Marie-Formose, de la Scuola di San-Rocco, etc.

grand nombre que nous avons oublié de nommer, combien d'autres encore non moins magnifiques, non moins grandioses, et porteurs d'aussi beaux noms, s'élèvent de tous côtés au sein de la Dominante! A quel dilettante des choses d'art n'a-t-on pas fait admirer, sur le *Rio di Palazzo*, le palais Trevisani, avec sa noble façade en pierre d'Istrie, revêtue de marbres grecs et égyptiens ; à quel touriste n'a-t-on pas dit que c'est là qu'habita jadis la belle Vénitienne Bianca Capello, la *fille de la république,* si fameuse par ses mystérieuses amours et sa fin lugubre? Le palais Labia, sur le Canarreggio, immense édifice de Cominelli, et ses fresques du Tiepoletto ; le palais Manfrin, avec ses galeries de tableaux, d'histoire naturelle et sa bibliothèque ; celui des Priuli, autrefois Ruzzini ; celui des Malipieri, à Sainte-Marie-Formose, digne par son élégance, à défaut d'autres preuves, d'être attribué à Sante Lombardo, figurent aussi, à juste titre, dans la liste des *curiosités* de la ville.

Mais ces édifices privés, bâtis à grands frais par la plus riche et la plus orgueilleuse des aristocraties, servie par l'élite des artistes de la nation la plus merveilleusement douée du génie de l'art aux plus brillantes époques de son histoire, ne sont pas peut-être, malgré leur nombre et leur mérite, le côté le plus caractéristique de l'architecture de Venise ; d'autres cités italiennes rivalisent avec elle sous ce rapport : Gênes, Florence, ont aussi des palais d'une physionomie plus originale, plus locale ; Rome également. C'est surtout par ses monuments religieux, les églises et leurs dépendances, que Venise, ainsi que Rome, se distingue parmi toutes les villes de l'Italie et du monde. Les Vénitiens, comme, en général, les peuples navigateurs, ont montré dans tous les temps des sentiments de piété exaltée et un vif attachement aux pratiques du culte : le clergé de Venise était le plus nombreux de la péninsule. Au Xe siècle, on comptait déjà cent églises dans l'enceinte de Venise. Au moment de la dernière révolution, il y avait deux cent quatre-vingt-huit édifices consacrés au culte ou à la vie religieuse. Sur ce nombre, cent soixante-six furent démolis ou affectés à d'autres destinations. Il en reste encore cent vingt-deux.

Ce qui frappe le plus dans l'ensemble des églises de Venise et de la lagune, c'est la variété des types, bien plus marquée là qu'ailleurs. Les conquêtes des Vénitiens, leurs voyages, leurs rapports avec toutes les contrées civilisées du monde, leur apportaient, avec les produits du commerce et de l'industrie des autres nations, des artistes, des modèles, des matériaux, et c'est de la réunion de ces diverses sources que naquit et se maintint longtemps ce goût mélangé de grec, de byzantin et d'arabe qui distingue la plupart de leurs monuments jusqu'à la fin du XVe siècle. L'histoire de l'architecture vénitienne, telle qu'on peut la lire surtout dans les églises, se diviserait assez facilement en quatre époques bien distinctes par le style sensiblement différent des édifices qui leur appartiennent. Quelques monuments principaux de chacune de ces périodes en marqueront suffisamment les caractères.

La première époque, qui date à peu près de l'an 1000, s'étend jusqu'au commencement du xv⁰ siècle. A ces temps reculés, c'est l'influence gréco-orientale qui domine. La petite église de Sainte-Fusce (*Santa Fosca*), dans l'île de Torcello, à cinq milles de Venise, auprès de la cathédrale, est un des plus anciens monuments de cet âge. C'est un édifice octogone, entouré d'un portique de dix colonnes de marbre fin et surmonté d'une coupole remarquable par sa solidité, et d'une élégance un peu barbare. La cathédrale, qui s'élève tout auprès, est du commencement du xi⁰ siècle. Elle a trois nefs, dont celle du milieu est formée par dix-huit grosses colonnes de marbre grec à chapiteaux variés ; les murs sont incrustés de marbre de diverses couleurs, et le pavé est en mosaïque, sorte de décoration très-commune dans les églises vénitiennes primitives. Le grand tableau en mosaïque, au-dessus du portail, est un des morceaux les plus considérables en ce genre. On le croit byzantin. Le Baptistère, placé en dehors de la basilique, suivant l'usage antique, est une rotonde ornée aussi de colonnes de beau marbre, débris de monuments plus anciens, apportés probablement de l'antique Attinum. Saint-Marc appartient à la même catégorie, ainsi que la façade extérieure de l'abside de Saint-Donato, à Murano.

Le vaste temple de Saint-Jean-et-Paul marque, dans cette même période, une phase particulière, celle de l'introduction de ce qu'on pourrait appeler le goût gothique italien, succédant au goût gréco-oriental. On est autorisé à conjecturer que c'est Nicolas de Pise qui en donna le plan. C'est aussi ce premier chef de l'école pisane, la mère nourrice de l'art en Italie, qui, après avoir bâti Saint-Antoine de Padoue, construisit à Venise l'église dite des Frari, le plus remarquable modèle de ce nouveau style italien [1].

L'intervalle entre la moitié du xv⁰ et le commencement du xvi⁰ siècle, quoique embrassant à peine cinquante à soixante ans, constitue une deuxième époque, dans laquelle le système gréco-arabe et le gothique italien ont complétement disparu. C'est celle qui précède immédiatement la rénovation de l'architecture gréco-romaine ; elle se distingue par l'apparition, malheureusement éphémère, d'un art charmant, plein de fraîcheur, d'élégante majesté et de grâce, dont notre époque française de la Renaissance, également trop courte, peut donner quelque idée, malgré des différences nombreuses. Elle est caractérisée surtout par les œuvres des Lombardi. Le palais Vendramin-Calerghi en est la personnification la plus brillante et la plus heureuse. Parmi les églises construites dans ce goût, se distinguent, entre toutes, celle de Sainte-Marie-des-Miracles, avec son harmonieuse façade incrustée de marbres fins, sur lesquels rampent de gracieuses arabesques, ouvrage de ce Pietro Lombardi qui construisit aussi la tour de l'Horloge et l'école ou Confrérie de la Miséricorde ; l'intérieur de l'église Saint-Fantin, et celle de Saint-Zacharie, attribuée à Martino Lombardo, un des plus grandioses de Venise.

---

1. On peut citer encore parmi les monuments de cette première époque une foule d'édifices précédemment décrits, le palais ducal, les palais de la Cà d'oro, Foscari, Pisani, etc.

A ce dernier architecte appartient encore un des chefs-d'œuvre de son temps et de son école, la Confrérie de Saint-Marc, qui ne le cède qu'à un autre édifice du même genre, l'école de Saint-Roch (*Scuola di San-Rocco*), de son descendant Sante Lombardo. La porte principale de l'Arsenal, le palais Contarini, le palais Trévisani, les Vieilles Procuraties, le Fondaco des Turcs, le palais des Camerlinghi, les façades de la cour du palais ducal, sont autant de monuments de cette période privilégiée de l'art, qui, dégagé de la rouille de la barbarie, n'est pas encore tombé sous la main glacée de la science.

La troisième époque, la plus célébrée, et fort digne de l'être, du reste, est signalée par l'établissement universel de l'architecture antique, telle qu'elle fut alors reconstituée, par l'étude laborieuse et la mesure des monuments romains, interprétés à l'aide des commentaires de Vitruve. Les architectes de cette époque, et principalement ceux de la haute Italie, furent presque tous des érudits, des théoriciens; plusieurs écrivirent des traités qui ont servi de code architectural à toutes les nations. Vignole, Palladio, Scamozzi, Seb. Serlio, sont plus connus encore par leurs écrits didactiques que par leurs édifices.

C'est dans le XVIe siècle que parurent tous ces savants maîtres et une foule d'autres non moins illustres, mais qui n'écrivirent point : Michel-Ange, Bramante, Balthazar Peruzzi, les San Gallo, B. Ammanati, Sansovino, et ce grand Sanmicheli, le Vauban italien, le créateur de l'architecture militaire, génie fécond, inventif, plein de ressources, original entre tous, et excellant dans tous les genres de construction civile, militaire et religieuse.

Le caractère le plus général de l'architecture de ce siècle en Italie est l'introduction du système des anciens et l'emploi méthodique des ordres à tous les édifices. Les talents les plus divers, même les plus originaux, adoptèrent et appliquèrent ces principes avec une unanimité sans exemple jusque-là dans l'histoire de l'art. Heureusement, dans cette première époque de l'architecture méthodique, érudite et raisonnée, le génie actif, les dons heureux, la fertilité des artistes italiens ne furent pas étouffés par l'esprit d'imitation. Ils poursuivirent avec l'enthousiasme et la verve de l'invention une entreprise de restauration qui, dans leurs principes théoriques, semblait ne pouvoir être exécutée que par le sacrifice de leurs propres inspirations et par une soumission absolue à l'autorité des exemples, ainsi qu'aux règles déduites de ces exemples. L'architecture italienne de cette période fut savante et systématique, mais, sauf quelques rares exceptions, elle ne fut pas pédante. Alliée à la peinture et à la sculpture, qui donnaient alors leurs plus beaux fruits, elle partagea pendant près d'un siècle leur brillante fortune, et ce fut aussi avec elles qu'elle tomba, avec le Bernin, Borromini et leur race, d'abord dans les concetti et la caricature, et ensuite dans l'immobile routine de l'art académique.

Parmi ces architectes du XVIe siècle, dont nous venons de citer les plus fameux, nous n'en voyons guère que quatre qui aient laissé dans Venise même des monuments considérables : Sansovino, Palladio, Scamozzi et Sanmicheli. Sansovino (né en 1479, mort en 1570) était Florentin, fils et élève de Florentins. Amené à Venise par le hasard des circonstances, il y obtint et garda jusqu'à la fin de sa vie la place de premier architecte du gouvernement [1]. Il apporta à Venise, en architecture et aussi en sculpture, le goût florentin, et y fonda une école nombreuse. Nous avons précédemment décrit quelques-uns de ses principaux édifices, tels que le palais Cornaro, la Zecca, la loggetta du Campanile, les Fabriche Nuove, et l'ancienne bibliothèque. A cette liste il convient d'ajouter : l'intérieur de l'église de San-Francesco della Vigna, d'une majestueuse simplicité ; l'escalier appelé *scala d'oro*, et qui mérite bien ce titre, dans le palais ducal ; l'église des Incurables, de forme elliptique, et surtout celle de Saint-George des Grecs, remarquable par la solidité, l'élégance et la richesse de la décoration. Nous allons bientôt retrouver Sansovino et ses œuvres en sculpture.

Palladio était Vicentin et sujet de la république. C'est le nom d'architecte le plus éclatant. On l'on appelé le Raphaël de l'architecture. Il est particulièrement vénéré dans les académies, qui recommandent sa correction classique, son goût formé sur l'antique, son respect pour les règles, son style régulier et châtié. On pourrait le louer mieux encore en signalant sa fécondité d'invention dans les plans et la distribution intérieure des édifices, l'élégance, à la vérité un peu froide et compassée, de son dessin, et la gracieuse harmonie de ses compositions, surtout dans les petits édifices et les maisons privées. Ses œuvres sont disséminées par centaines dans le Vicentin et dans les contrées voisines. A Venise il n'y a guère de lui que des églises, genre d'édifices où il a été, ce semble, moins heureux que dans l'architecture civile. La plus vaste et la plus remarquable par son admirable situation est celle de San-Giorgio-Maggiore, dans l'île de ce nom, en face de la Piazzetta de Saint-Marc. Elle est entièrement bâtie en marbre blanc, et exhaussée sur un terre-plein de sept marches. Le plan est une croix latine à trois nefs. Au centre de la croisière s'élève une coupole en briques, revêtue à l'extérieur de bois et de plomb. Les arcs des nefs latérales sont soutenus par des pilastres corinthiens, entremêlés de niches. La façade est ornée de quatre colonnes composites, sur piédestaux, surmontées d'un fronton sous lequel viennent comme s'implanter deux autres demi-frontons indiquant les nefs latérales ; dans les entre-colonnements sont des niches avec des statues ; aux angles et au sommet des frontons du milieu et des côtés, des acrotères portent cinq autres statues. L'église du Rédempteur, à la Giudecca, qui passe pour un des chefs-d'œuvre du maître et de l'art, celle des Zitelle dans le même quartier, celle encore de San-Francesco della Vigna, ont, dans la façade du moins, la plus grande analogie avec la précédente et la même physionomie. C'est toujours

---

1. Il s'appelait Jacopo Tatti ; il fut surnommé Sansovino parce qu'il avait étudié sous Andrea Cantucci de Monte-Sansovino. Il eut un fils, Francesco Sansovino, qui s'est rendu célèbre comme historien, et surtout par sa *Description de Venise*.

une porte cintrée, flanquée de quatre colonnes portées sur de hauts piédestaux, avec des niches dans les entre-colonnements, un fronton central et des demi-frontons latéraux. Cette disposition, d'une simplicité savante, offre, il faut le reconnaître, un caractère de dignité calme, une sorte d'élégance sérieuse, qui satisfont à la fois l'œil et le goût; mais l'impression qui en résulte est toujours un peu froide et fugitive. Il manque là ce je ne sais quoi d'imprévu, de puissant et de sublime, empreint dans les vieux édifices sacrés de toutes les nations et de tous les temps.

Scamozzi, né à Vicence comme Palladio, se forma en grande partie sur les exemples de ce grand maître. Ses principaux édifices à Venise sont le palais des Procuraties Neuves, sur la place Saint-Marc et la façade du palais Contarini, précédemment indiqués. Il donna, en outre, le plan de l'église de Saint-Nicolas des Tolentini et de celle de' Mendicanti et de l'hôpital qui y est joint; mais ces deux édifices, terminés après sa mort, reçurent de grandes modifications.

Quant à Sanmicheli, dont nous avons déjà admiré les palais Grimani et Mocenigo, sur le Grand-Canal, son principal ouvrage à Venise est la forteresse de Saint-André du Lido, bâtie sur un sol fangeux, au milieu des eaux, avec tant de solidité et de précision dans l'appareil qu'elle ressemble à une montagne de pierre vive d'un seul morceau.

Après cette brillante époque du XVIe siècle, l'architecture vénitienne perdit tout caractère distinctif et se mit à la suite des mauvais maîtres de Rome, qui donnèrent alors le ton à toute l'Europe. Nous avons remarqué en passant quelques-uns des édifices élevés dans le cours des deux derniers siècles, l'église de la Salute, la douane, le palais Rezzonico, etc.; nous pouvons y joindre le théâtre de la Fenice, vaste et magnifique salle bâtie par Selva. Du reste, les constructions de cette époque, relativement assez rares, sont pour la plupart disséminées dans des quartiers peu visités, et n'ont que très-peu modifié l'aspect général de la vieille Venise.

Cependant, au milieu de cette décadence de l'art qui a précédé et accompagné la décadence politique, le gouvernement vénitien a exécuté, à moins d'un siècle d'intervalle, deux entreprises d'une hardiesse et d'une grandeur sans égales : les Murazzi et le viaduc sur la lagune.

C'est sur le littoral ou lido de Palestrina [1], que se trouvent les Murazzi (gros murs), consistant en une longue jetée ou môle destiné à protéger la lagune contre les irruptions de la mer. Cette digue, de deux milles de longueur, est formée d'immenses assises de pierre d'Istrie, posées à plat, en retraite les unes sur les autres, comme les marches d'un escalier, et cimentées avec la pouzzolane. En avant de cette jetée, et sur toute la ligne, d'énormes quartiers de rochers ont été amoncelés au hasard pour rompre le premier choc des lames. Cet ouvrage, d'un aspect cyclopéen, fut commencé en 1751 et rapidement achevé.

1. Voyez la description de la lagune, page 3.

Le projet de joindre Venise à la terre par un pont sur la lagune n'est pas nouveau. On y avait songé plus d'une fois sous la république, et notamment sous le doge Foscarini, qui était grand partisan de cette idée. En 1825, un citoyen zélé, Luigi Cesarini, conseillait de nouveau cette mesure comme l'unique moyen de relever la ville de son abaissement, et en 1830 l'ingénieur Pietro Baccanello en démontrait la possibilité et les avantages. L'établissement des chemins de fer dans le royaume lombard-vénitien vint imposer comme une absolue nécessité ce projet considéré jusque-là comme un rêve. Du moment où la ligne entre Milan et Venise fut résolue, il était évident que le chemin ne pouvait s'arrêter au bord de la lagune et rester sans tête du côté de Venise. La nouvelle voie, de 271 kilomètres de longueur, passe sous trois tunnels, l'un sous le torrent Gua, les deux autres sous les monts Bériques, près de Vicence; elle coupe 620 routes, traverse 950 cours d'eau sur autant de ponts, dont les principaux sont ceux du Muzza, de l'Adda, du Serio, de l'Oglio, du Mincio, de l'Adige, de la Brenta, et enfin celui de la lagune de Venise [1].

Le pont commence à Venise, près du lieu appelé la Sacca de Sainte-Lucie, vers l'embouchure occidentale du Grand-Canal; de là il se porte directement au couchant et va aboutir à la terre-ferme au pied de la forteresse de Marghera [2]. Cette gigantesque chaussée est à la fois un pont, un viaduc et un aqueduc. Malheureusement elle a fait de Venise une ville de terre-ferme, et la merveilleuse cité a perdu une partie de son prestige.

Nous venons de jeter un coup d'œil sur les dehors de ces temples, de ces palais, de ces monuments de tout genre élevés à Venise dans le cours des siècles par des architectes dignes de réaliser les grandes vues des chefs de la république et le goût fastueux de ses riches et orgueilleux patriciens. Maintenant il faut entrer dans ces basiliques, dans ces demeures aristocratiques, et y chercher de nouveaux sujets d'étonnement et d'admiration à la vue de cette profusion de richesses artistiques, sculptures, tableaux, fresques, mosaïques, stucs, qui les décorent.

1. On a adopté pour l'exécution de ce dernier ouvrage le plan de l'ingénieur véronais, M. Jean Milani, qui dans cette entreprise ne s'est pas montré disciple indigne de son grand compatriote Sanmicheli. Les travaux, commencés le 25 décembre 1841, ont été terminés en décembre 1845, c'est-à-dire en quatre ans.

2. Sa longueur entre ces deux points est de 3,601 mètres 43 centimètres, et sa largeur de 9 mètres. Il a 38,000 mètres carrés de superficie. La voie pose sur 222 arches, interrompues de distance en distance par d'énormes piles carrées au nombre de 12, et portées par 204 piliers, dont 24 accouplés et 180 isolés. Sur sept points de la ligne, également distants les uns des autres, la voie s'élargit dans une certaine étendue et forme autant de places, dont les trois plus vastes sont celles des deux têtes du pont et celle du milieu. Deux conduits latéraux, destinés à apporter à Venise les eaux du Sile, la parcourent dans toute sa longueur. Dans l'intérieur de la maçonnerie on a pratiqué 48 mines dont l'explosion déterminerait, dans un cas de nécessité, sa destruction immédiate; et en outre chaque place est disposée de façon à pouvoir être changée en forteresse. On a employé dans les fondations 75,000 pilots de mélèze, d'environ 4 mètres de longueur. Il y a 7,000 mètres cubes de maçonnerie, 30,000 mètres cubes de terre-pleins; 21 millions de briques et 134,000 pieds cubes de pierre d'Istrie. La dépense a été de 5,129,703 livres autrichiennes (environ 5 millions de francs). L'ouverture solennelle du chemin eut lieu le 15 janvier 1846. Le trajet du pont se fit en huit minutes.

Obligés de glaner dans cette immense musée, nous n'indiquerons que les noms et les monuments les plus saillants.

Il y a à Venise beaucoup de sculptures, principalement de celles qui se lient à l'architecture. Mais y a-t-il une sculpture proprement vénitienne? quelques critiques nationaux le prétendent, et cherchent à le prouver en montrant certaines sculptures des XIIe, XIIIe et XIVe siècles, attribuées à des maîtres vénitiens, et dans lesquelles ils croient reconnaître un goût et un style particuliers. Tout cela est fort contestable. Toutes les œuvres qu'on cite peuvent bien, pour des yeux exercés, et qu'il faut en ceci supposer très-fins, être quelque peu différentes de celles exécutées à cette époque dans le reste de la haute Italie; mais ces nuances ne résultent que du genre de talent ou du degré d'habileté de ces artistes primitifs; elles ne sont ni assez fortes, ni assez caractérisées pour constituer une manière distinctive, une école. Ce qui le prouve, c'est qu'elles n'ont eu aucune action sur la marche ultérieure de la sculpture qui, à Venise, s'est développée par des circonstances et des influences accidentelles et extérieures, et dont les diverses phases ne sont enchaînées par aucun lien de tradition locale. On peut donc affirmer, sans trop de témérité, que la sculpture vénitienne n'a pas un caractère propre et original, qu'elle ne constitue pas une école particulière dans l'art italien. Beaucoup de sculpteurs de grand talent ont vécu, travaillé et laissé à Venise des œuvres très-distinguées, mais presque tout ce qui y a été fait de considérable et d'excellent en ce genre, loin d'être vénitien, à un titre quelconque, pas même, en général, par la nationalité des artistes, porte les marques d'un goût importé, formé sur des modèles et d'après des maîtres étrangers.

Parmi ces sculptures primitives, dont on a exagéré un peu le mérite et surtout l'originalité pour en induire l'existence d'une véritable école locale, on cite particulièrement le tombeau du doge Vital Falieri, de la fin du XIe siècle, dans Saint-Marc, et celui de la dogaresse Félicie, femme du doge Vital Michieli, du XIIe, ainsi que les monuments de Morosini et de Gradenigo, qu'on voit auprès des précédents; puis les statues des douze apôtres placées sur la balustrade du chœur de Saint-Marc; figures exécutées en 1394 par des artistes probablement vénitiens, Giacobello et Pietro Paolo, mais élèves de sculpteurs siennois. À la même catégorie appartiennent les figures de demi-bosse, adossées aux colonnes du maître-autel de Saint-Marc; l'antique image de la Vierge, bas-relief aujourd'hui placé sur la porte principale de l'Académie des Beaux-Arts, daté de 1345; les bas-reliefs du tombeau du doge André Dandolo, du même temps, dans le baptistère de Saint-Marc; un bas-relief d'Arduino, daté de 1340, dans le vestibule des Carmes; et les portes de bronze de l'église ducale, fondues en 1300, avec une habileté qui n'a guère été surpassée depuis, par Maestro Bertuccio, *orfévre* vénitien, comme le dit l'inscription latine.

Mais les produits les plus remarquables et les plus originaux de la sculpture de cette époque, ce sont les chapiteaux des colonnes du palais ducal, qu'on croit de la main de Philippe Calendario. Ces chapiteaux, composés de caprice, suivant l'inspiration du dessinateur, sont formés de belles touffes de feuilles du sein desquelles se détachent d'élégantes figurines symboliques (*Castitas*, *Injusticia*, *Alacritas*, *Abstinencia*, *Avaricia*, etc.) pleines de vie et de mouvement, et traitées avec une grande délicatesse de ciseau. L'ingénieux architecte du vieux palais des doges était certes bien capable de faire aussi de la sculpture dans une manière dont il n'avait pas autour de lui des modèles; mais ses chapiteaux furent, ainsi que son palais lui-même, un accident sans influence sensible sur les travaux contemporains ou postérieurs. Dès cette époque, en effet, le goût des maîtres pisans, qui s'était introduit à Venise depuis près d'un siècle, à la suite et par les exemples de Nicolas de Pise [1], devint dominant et régna sans partage pendant tout le xiv° siècle. A ce style toscan appartiennent les statues de la balustrade du chœur de Saint-Marc, déjà indiquées, et qui ont une belle tournure, ainsi que celles des autres balustrades des chapelles latérales. Il y a dans la plupart des anciennes églises une foule de figures et de bas-reliefs évidemment marqués du goût de cette école.

Vers la fin du xv° siècle, l'école toscane, renouvelée par Donatello, passe de Pise à Florence, et de là continue à étendre son influence dans toute l'Italie. Le Padouan André Ricci, qu'on a appelé le Lysippe vénitien, tant il excella dans les ouvrages de bronze, fit pour le maître-autel de Saint-Antoine, à Padoue, un candélabre de onze pieds de haut, d'une profusion extraordinaire d'ornements, de figurines et de bas-reliefs d'un excellent travail. Les quatre bas reliefs de bronze, relatifs à l'histoire de sainte Hélène, conservés à l'Académie des Beaux-Arts, sont aussi de cet habile bronziste [2].

Parmi les monuments les plus importants du xv° siècle, figure, en première ligne, le tombeau du doge Nicolas Trono, dans l'église des Frari, élevé et décoré par Antonio Bregno, l'architecte de la grande façade de la cour du palais ducal et de l'escalier des Géants. C'est un véritable édifice par la grandeur de sa masse; il est orné de statues et de bas-reliefs. Les statues, au nombre de dix-neuf et plus grandes que nature, sont remarquables surtout par le beau style des draperies, à plis très-fins comme ceux de beaucoup d'ouvrages grecs. Un autre Bregno (Lorenzo), fils ou frère du précédent, se distingua aussi comme sculpteur : la statue de Benedetto Pesaro, aux Frari; les trois figures, de grandeur naturelle, sur l'autel de sainte Christine, dans l'église S. M. Mater Domini; la statue du condottiere Naldi de Brisighella, à Saint-Jean-et-Paul, sont de sa main.

1. Nicolas de Pise, le chef de l'école toscane, était à Venise de 1232 à 1251. Il y construisit deux églises (les Frari et Saint-Jean-et-Paul), et y exécuta un assez grand nombre de sculptures. La Madone, sur un des pilastres extérieurs de la porte principale de Sainte-Marie des Frari, et plusieurs statues de la Vierge, fort belles, celle notamment qui est sur l'autel de la chapelle des Mascoli, à Saint-Marc, passent pour être de la main de Nicolas ou des élèves et collaborateurs qu'il avait amenés avec lui.

2. Le musée des antiques du Louvre possède un ouvrage de ce maître : ce sont les huit bas-reliefs en bronze, encadrés dans une porte, sous la tribune des caryatides, dans la salle de ce nom. Ces bas-reliefs faisaient autrefois partie du mausolée des Torriani, dans l'église de San-Fermo, à Verone.

L'école des Lombardi se signala aussi par ses œuvres de sculpture, surtout dans la sculpture d'ornement. Du reste, on peut dire, d'une manière générale, qu'avant Donatello et Michel-Ange, la grande sculpture, entendue au sens de l'art grec, c'est-à-dire la statuaire, n'a eu qu'un rang subordonné dans la pratique des artistes du moyen âge et de la renaissance. La plus grande partie des œuvres du ciseau, du XII° au XVI° siècle, sont de simples auxiliaires de l'architecture. Les bas-reliefs dont on fit un si universel emploi dans les églises, les tombeaux, etc., n'étaient que des motifs accessoires de décoration, et le système adopté dans leur composition et leur placement était une dérivation de celui en usage pour les peintures et les mosaïques. Les statues, en général de petite dimension et le plus souvent enfermées dans des niches, n'étaient qu'une des nombreuses parties d'un tout, et leur effet particulier était subordonné à l'effet général du monument où elles figuraient. Les sculptures de l'école des Lombardi sont fort nombreuses à Venise, et presque toutes, comme nous venons de le dire, sont liées à des compositions architecturales. Nous ne mentionnerons que deux monuments dans lesquels le goût distinctif de cette école se révèle d'une manière particulièrement caractérisée et heureuse : la chapelle Zeno, dans Saint-Marc, et le tombeau du doge Vendramin, dans l'église Saint-Jean-et-Paul.

Le cardinal Jean-Baptiste Zeno laissa, en mourant, des legs considérables à diverses églises et à la république; le sénat, en reconnaissance, voulut honorer sa mémoire par un monument sépulcral dans une des chapelles de l'église ducale, qui dut être appropriée à sa nouvelle destination de caveau funèbre. Les travaux furent confiés d'abord à Antonio Lombardo et à Alexandre Leopardi. Ce dernier, on ne sait pour quel motif, fut bientôt remplacé par Zuane Alberghetto et par Pier Zuan delle Campane, sous la direction supérieure de Pierre Lombardi, l'ancien. Le tombeau, placé au milieu de la chapelle, est un simple sarcophage quadrangulaire en bronze, sur lequel repose la figure couchée du mort, en costume épiscopal; les quatre faces sont ornées de figures isolées, de ronde-bosse, trois de chaque côté, qui soutiennent la corniche à la manière de caryatides; le tout d'un excellent travail. L'autel, également de bronze, avec ses statues et ses ciselures, est une merveille d'élégance, de légèreté et de goût.

Le tombeau Vendramin était autrefois dans l'église des Servites (Servi), une des plus vastes de Venise; démoli sous le gouvernement révolutionnaire, il a été depuis reconstruit dans son état primitif et placé dans l'église Saint-Jean-et-Paul. Ainsi que la plupart des monuments funéraires de cette époque, qui étaient en général adossés à un mur, il se compose d'une simple façade à deux ordres composites superposés, posant sur un soubassement à pilastres, exhaussé lui-même sur un stylobate de quelques pieds de hauteur. Entre les deux colonnes du milieu, est l'urne funéraire, occupant toute la largeur de l'entre-colonnement. Toutes les parties pleines sont brodées de sculptures, chargées de bas-reliefs ; le ciseau s'est promené partout. Des statues, placées autour du sarcophage, dans des niches latérales, sur des piédestaux aux angles du monument, complètent la décoration. C'est à Alexandre Leopardi qu'on attribue la plus grande part dans l'invention et l'exécution de ce mausolée, auquel travaillèrent cependant d'autres artistes, et notamment Tullio Lombardi, auteur des statues d'Adam et Ève. C'est ici le chef-d'œuvre de la sculpture vénitienne à son plus beau moment, et, avec le palais Vendramin, le produit le plus exquis de l'école des Lombardi. C'est une singulière fortune pour cet honnête doge Vendramin, descendant d'un banquier qui avait payé en ducats son inscription au Livre d'Or, que les deux plus beaux monuments de l'architecture et de la sculpture vénitiennes aient été faits pour lui ou les siens, et portent son nom !

Les monuments de Jean et Pierre Moceniqo, dans la même église, sont des œuvres de Tullio et Antonio Lombardi. Le tombeau du doge Marcello, qui ne le cède guère en élégance à celui de Vendramin ; les monuments Orsini, Giov. Canal, Bragadini, et plusieurs autres de la fin du xv° ou du commencement du xvi° siècle, offrent une sorte de musée complet de la plus belle époque de la sculpture à Venise. L'église de Saint-Jean-et-Paul est un peu, comme celle de Santa-Croce, à Florence, le panthéon funéraire national. Indépendamment des dix-sept doges qui y sont ensevelis, la plupart sous des tombeaux magnifiques, il y a les figures équestres de cinq des plus fameux condottieri qui se soient illustrés au service de la république. La plus remarquable est celle de Barthélemi Colleoni, de Bergame, en bronze, sur la place, à côté de l'église. La statue est du Florentin Verocchio ; le piédestal et ses beaux bas-reliefs d'Alexandre Leopardi.

Que de noms encore, combien d'autres œuvres de ce temps mériteraient d'être signalés[1] ! Mais le xvi° siècle ouvre à la sculpture une ère non moins féconde à Venise que dans le reste de l'Italie, et c'est à peine si, dans les limites restreintes de ces études, il nous sera possible de trouver dans cette nombreuse lignée d'artistes une place pour les plus éminents.

Le premier est ce Jacopo Sansovino qui, par le nombre et l'importance de ses œuvres, est resté aussi populaire à Venise que Michel-Ange à Florence, Palladio à Vicence, Sanmicheli à Vérone. Il ne fut pas moins fécond en sculpture qu'en architecture ; il contribua plus que tout autre à déterminer ce goût évidemment florentin qui domina depuis Michel-Ange dans la sculpture vénitienne, et en général dans toute l'Italie. Ses propres ouvrages et ceux de ses élèves immédiats, tels que Tiziano Minio et Desiderio, auteurs des fonts baptismaux de Saint-Marc, sont dans la manière florentine la mieux caractérisée. Venise est pleine de

---

1. Par exemple : ce maestro Bartolomeo, auteur des statues du portail du palais ducal ; Bartolomeo Buono, l'architecte des Vieilles Procuraties, qui, comme la plupart des architectes de cette époque, fit aussi de la sculpture ; Guglielmo Bergamasque, autre architecte et sculpteur de renom, auquel on attribue le superbe autel surmonté de la statue de la Madeleine, qui est à Saint-Jean-et-Paul ; un Antonio Dentone, dont on ne connaît que la remarquable statue de Vitt. Capello, à genoux devant sainte Hélène, sur la porte de l'église Sainte Helene, dans l'île de ce nom, etc.

ses statues et de ses bas-reliefs de marbre et de bronze. Les deux grandes statues de l'escalier des Géants, qu'il exécuta à l'âge de soixante-quinze ans, sont les plus connues, mais non les meilleures : l'imitation de Michel-Ange y est trop directe. On trouvera plus d'originalité, d'élégance et de liberté de ciseau dans la statuette de saint Jean des fonts baptismaux de l'église des Frari, dans la statue assise de Marco de Ravenne sur la porte de l'église Sainte-Justine, dans la figure d'Apollon et autres statues placées dans les entre-colonnements de la loggetta du Campanile. Il se distingua surtout dans les Madones, sujet favori des artistes italiens, qu'il traita avec beaucoup de grâce noble et de délicatesse ; on en voit une dans la loggetta, une autre sur l'autel dans la petite église derrière le palais ducal, une troisième sur la porte de l'arsenal (à l'intérieur). Mais son œuvre capitale est la porte de bronze de la sacristie de Saint-Marc, qui lui coûta, dit-on, vingt années de travail ; elle est signée : OPUS JACOBI SANSOVINI. C'est une imitation assez heureuse des incomparables portes du baptistère de Florence, de Lorenzo Ghiberti, que Sansovino avait sans doute bien des fois dessinées dans sa jeunesse ; les deux grands panneaux représentent en bas-relief *la résurrection* et *la mise au tombeau*. Dans les petites niches creusées sur la bordure sont les évangélistes, et les six petits bustes qui font saillie aux quatre angles et de chaque côté du vantail sont les portraits de l'artiste lui-même et de quelques-uns de ses amis, parmi lesquels on reconnaît la grave figure du Titien et l'impudente physionomie de l'Arétin.

De l'école de Sansovino sortirent une foule de sculpteurs habiles, dont plusieurs ont acquis une place éminente dans l'histoire de l'art, et dont les œuvres se rencontrent à chaque pas à Venise. Parmi ces dignes héritiers du maître florentin, le Carrarais Danese Cattaneo cumula les talents, assez incompatibles d'ordinaire, d'architecte et de lettré, de sculpteur et de poëte. Dans les statues du monument funéraire du doge Lorédan, dans une des chapelles de Saint-Jean-et-Paul, on voit déjà poindre quelques symptômes de ce mauvais goût de pittoresque qui infecta la sculpture du siècle suivant. Cette tendance est particulièrement visible dans sa grande statue d'Apollon, placée sur le puits, au milieu de la cour de la Zecca. Il eut une grande part à l'ornementation de l'ancienne bibliothèque, si riche, si variée, et les élégantes figures des tympans des arcades sont presque toutes de sa main. Cattaneo travailla longtemps à Venise et y tint école. Son meilleur élève fut Girolamo Campagna, de Vérone, qui eut, comme lui, une grande facilité d'invention et une grande prestesse de main. On vante les autels nombreux qu'il a décorés de bronzes et de marbres, tels que l'autel isolé de la madone du Rosaire, à Saint-Jean-et-Paul, et surtout celui de l'église des religieuses de Saint-Laurent, dont le dessin contourné et la décoration surchargée font pressentir l'avénement prochain du goût berninesque. Ses statues de saint Antoine, abbé, dans l'église de Saint-Jacques de Rialto, son Hercule colossal à la Zecca, et la sainte Justine, dans le fronton de la porte de l'arsenal, ont de la tournure et du mouvement, mais portent les marques du même maniérisme.

Le plus distingué des élèves de Sansovino fut Alexandre Vittoria ; il était de Trente, mais il vint dès son enfance à Venise et y passa sa vie. Il fut supérieur à son maître et à tous les sculpteurs de son temps par la noblesse de son style et la grâce de ses compositions ; outre ses marbres et ses bronzes, il fit des modèles pour une multitude d'ouvrages de stuc, et pratiqua aussi la sculpture sur bois : Ses stucs des escaliers du palais ducal sont restés des modèles classiques par le goût exquis du dessin et la richesse de l'invention. Les deux belles caryatides de l'entrée de l'ancienne bibliothèque, la charmante figure de saint Sébastien, dans l'église Saint-Sauveur, la statue du prophète Zacharie, sur la façade de l'église de ce saint, le groupe de la *Pietà*, sur le tombeau Vénier, dans l'église Saint-Sauveur, la statue de saint Jacques, sur le maître-autel, à San-Jacopo di Rialto, celle, si admirable par le dessin et l'expression, de saint Jérôme, aux Frari ; celles, non moins excellentes, dans Saint-George-Majeur, à côté de la porte, et quantité d'autres statues, bas-reliefs, plafonds, boiseries, témoignent de la fécondité et du talent de ce brillant artiste, qui tient parmi les sculpteurs de l'école vénitienne le même rang que Titien parmi ses peintres.

Après cet excellent maître, on peut citer encore un Giulio del Moro, Véronais, élève de Girolamo Campagna, artiste de talent, mais dont les sculptures sont empreintes d'un maniérisme plus caractérisé encore que celles de son maître, comme on peut le voir par ses statues du Sauveur, sur le tombeau Dolfini, à San-Salvator, de saint Jérôme et saint Laurent, sur le monument funéraire de Priuli, dans la même église, et par celles en bronze de la première chapelle, à droite, de l'église Saint-Félix.

Deux autres artistes du milieu de ce siècle, Nicolo de' Conti et Alphonse Alberghetti, de Ferrare, s'acquirent aussi de la renommée ; ils sont surtout connus par les gracieuses et fines sculptures des deux puits de bronze de la cour du palais ducal, exécutés de 1556 à 1559. Moins cité, mais tout aussi digne de l'être, est un certain Giovanni Maria Mosca, de Padoue, qui vivait en 1532, auteur des statuettes qui accompagnent la statue de saint Roch dans l'église de ce saint, et de la très-belle médaille, bien connue des numismates, de Sigismond II, roi de Pologne.

Le dernier des noms illustres de cette époque est celui de Tiziano Aspetti, de Padoue, qui fut un des plus féconds et des plus habiles bronzistes qui aient travaillé à Venise. Les deux grandes statues de bronze (saint Paul et Moïse) de la façade de Saint-François della Vigna, deux autres figures de la chapelle Grimani dans la même église, les statues d'Atlas et d'Hercule, au bas d'un escalier du palais ducal, un des géants du vestibule de la Zecca, sont de la main de ce maître, après et avec lequel commence l'époque de la décadence.

Pendant les XVIIe et XVIIIe siècles, la sculpture suivit la fortune des autres arts

et déclina avec eux. Il est inutile d'indiquer les caractères de cette décadence qui furent les mêmes chez toutes les nations. Cependant ni les talents ni le goût ou du moins le faste de l'art, ne manquèrent à ces époques. Des édifices nombreux continuèrent de s'élever à Venise, et une nouvelle et dernière génération de sculpteurs et de peintres fut appelée à les décorer. Mais l'histoire de l'art, comme celle des institutions et des hommes politiques, perd, en arrivant à ces périodes de langueur et de dépérissement, tout intérêt et tout attrait de curiosité. Ce n'est qu'avec un effort de patience et d'équité qu'elle consent à poursuivre sa tâche, même en l'abrégeant.

Les deux plus considérables monuments de la sculpture, à Venise, au XVIIe siècle, sont le tombeau de deux doges Valier, à l'église Saint-Jean-et-Paul, élevé par Tirali, et celui de Pesaro, aux Frari, par Longhena, si prodigieusement riche en ressauts, enroulements et contorsions architecturales et sculpturales. Les statues colossales du monument Valier sont de Pietro Baratta ; celles du mausolée Pesaro, d'un Allemand appelé Marchio Barthels.

Quant au XVIIIe siècle, l'église des Jésuites, bâtie par un certain Fantoretto, avec sa façade encombrée de statues, chef-d'œuvre de ce goût ridiculement pittoresque si bien caractérisé en France par le sobriquet de *rococo*, est le résumé de l'art à cette époque. Les artistes contemporains les plus renommés furent convoqués pour l'embellir. On cite parmi ces sculpteurs, dont plusieurs du reste étaient fort habiles, Giuseppe Torretti, chef d'une famille d'artistes de ce nom, Fr. Bonazza, qui, avec ses trois fils ou frères, exécuta les nombreux bas-reliefs de la chapelle du Rosaire, à Saint-Jean-et-Paul ; Cabianca, les frères Gropelli, Ziminiani, Bernardoni, P. Baratta, Tersia, Calderoni, Callalo et Cattasio. C'est à ces puérilités qu'étaient arrivés dans cette dernière moitié du XVIIIe siècle les descendants de Leopardi et de Vittoria ; et il en était à peu près de même dans le reste de l'Italie et de l'Europe. Qui aurait pu prévoir alors que la sculpture allait, avant la fin de ce même siècle, éprouver une révolution, essayer une sorte de seconde Renaissance ! Il était encore moins probable que le foyer de ce mouvement dût être à Venise et son chef un artiste vénitien. C'est cependant ce qui eut lieu par l'avénement de Canova[1]. C'est du reste dans des circonstances et sur un théâtre tout aussi défavorable en apparence, c'est du sein du dévergondage énervé des Boucher et des Vanloo que s'opérait en France une réforme analogue dans la peinture à la suite de David. Les deux écoles créées simultané-

---

[1]. Canova (Antoine) naquit à Possagno, près de Trévise, le 1er novembre 1757. Il fut appelé à Venise par un patricien de la famille Falieri qui avait été frappé de ses dispositions pour la sculpture, et placé par lui dans l'atelier du vieux Torretti. A la mort de celui-ci, Canova continua d'étudier sous la direction de son neveu, et s'établit ensuite seul dans une petite boutique dans le Cloître de Saint-Étienne. Bientôt après il prit un atelier plus grand sur le canal Saint-Maurice, et c'est là qu'il travailla jusqu'à son départ pour Rome, où il fut appelé par Jérôme Zulian, ambassadeur de la république. Il y demeura vingt années, pendant lesquelles il exécuta la plupart des ouvrages qui l'ont rendu célèbre. En 1798 et 99, il voyagea en Allemagne à la suite du prince Rezzonico. A son retour à Rome il fut nommé par Pie VII inspecteur général des beaux-arts dans tout l'État pon-

ment par ces deux maîtres se confondent en réalité en une seule. Nées dans le même temps, dictées par les mêmes idées, fondées sur les mêmes principes, elles eurent les mêmes caractères et les mêmes résultats. Tout ce qu'il y a à dire de cette école, c'est qu'elle ne fut pas, du moins au même degré, comme la plupart de celles qui ont marqué dans l'histoire, le développement spontané et original d'une face inconnue de l'art, le fruit d'une inspiration puissante produisant librement des formes nouvelles, mais une tentative raisonnée et délibérée, une œuvre en grande partie critique et en quelque sorte scientifique. Les promoteurs de cette révolution furent des archéologues, des professeurs d'esthétique. C'est dans les écrits ou les conseils de Winckelmann, de Raphaël Mengs, de Milizia, du grand mécène le chevalier Hamilton, que Canova, arrivé à Rome en 1779, puisa cet enthousiasme de l'antique statuaire grecque qu'il entreprit de faire revivre dans toute sa pureté primitive et même, dit-on, de surpasser; et c'est au même foyer d'idées que David vint bientôt après s'inspirer. Cette tentative de résurrection d'une forme de l'art morte depuis vingt siècles était un tour de force, un coup de désespoir de la sculpture aux abois qui crut pouvoir reprendre vie et jeunesse par cette métempsycose. Mais les formes de l'art, une fois réalisées et épuisées, ne se reproduisent pas plus que les formes et institutions sociales. Aussi l'école néo-gréco-romaine que nous avons vue naître et mourir dans l'espace de trente à quarante années, n'a-t-elle laissé que des œuvres équivoques, froides, inertes et décolorées. Ce ne sont pas les talents qui lui ont manqué, car elle en a eu de très-éminents; mais ces talents s'égarèrent à la poursuite de l'impossible. Au lieu de l'idéal qu'ils croyaient avoir recréé, ils n'aboutirent qu'à une sorte de formalisme conventionnel, abstrait et pédantesque.

Canova, malgré son talent, ne fait pas exception. Le succès prodigieux de ses ouvrages, l'admiration enthousiaste dont il a joui pendant près d'un demi-siècle dans l'Europe entière, l'autorité sans rivale de son nom que les Italiens ont placé longtemps, et de bonne foi, à côté, sinon même au-dessus de ceux de Phidias et de Michel-Ange, tout cet éclat et ce bruit sont maintenant bien diminués, même en Italie. On sait aujourd'hui à quoi s'en tenir sur cette prétention affichée par Canova et admise par les critiques de son temps, d'être plus grec que les Grecs; et l'on comprend difficilement comment tant de gens de goût, tant d'esprits délicats et exercés ont pu, en présence même des œuvres du ciseau grec qu'ils admiraient avec tant de passion, se méprendre à ce point sur la valeur, la portée et le véritable caractère des compositions de Canova. En réalité, Canova, avec sa

idéal. Il vint bientôt après à Paris une première fois, mandé par le premier consul, et fut associé à l'Institut. En 1810 il fut décoré du titre de *prince de l'Académie de Saint-Luc.* En 1815 il fut envoyé à Paris pour présider au choix et à l'expédition des ouvrages d'art que la fortune des armes nous avait donnés et qu'elle nous forçait alors de restituer à l'Italie. A son retour à Rome il fut nommé marquis d'Ischia, avec une dotation de trois mille écus romains. Il mourut à Venise le 13 octobre 1822, âgé de soixante-cinq ans. Son cœur fut déposé à Saint-Marc, sa main droite à l'Académie des Beaux-Arts, et son corps fut transporté à Possagno, son pays natal, dans une église dont il avait fait le plan et qui a été achevée après sa mort.

grâce efféminée, son élégance coquette et ses mille petites rouerîes d'exécution, ressemble aux Grecs comme Mignard à Raphaël. Il avait du reste une admirable organisation d'artiste, et si ses marbres n'ont pas, il s'en faut bien, les qualités supérieures qu'y crurent reconnaître les contemporains, ils ont néanmoins beaucoup de charme par la morbidesse, le fini, la suavité, la recherche exquise du travail ; et ce maniérisme mondain et tout moderne qui s'y fait jour partout au travers du vernis grec, à l'insu et sous l'influence du sentiment individuel de l'artiste, leur donne même une sorte d'originalité

Canova eut un des attributs du génie, la fécondité ; il a laissé soixante statues, dont sept colossales, douze groupes, quatorze cénotaphes, huit grands monuments funéraires, cinquante-quatre bustes, vingt-six bas-reliefs, et un grand nombre de morceaux inachevés. Il fit aussi de la peinture et on connaît de lui vingt-deux tableaux. Venise ne possède qu'un fort petit nombre de ces sculptures. On montre dans l'arsenal le monument honorifique élevé au fameux amiral vénitien Angelo Emo. C'est une colonne rostrale surmontée du buste du héros ; un Génie le couronne et une Renommée écrit son nom. Il y a au palais Pisani son groupe de Dédale attachant des ailes à Icare, ouvrage de sa jeunesse ; et dans la maison Comello, aux Procuraties Vieilles, un bas-relief représentant Socrate faisant ses adieux à ses amis. C'est là (avec une tête d'Hélène appartenant à la famille Albrizzi, deux bustes chez le chevalier Cicognara, et une corbeille de fruits au palais Farsetti) à peu près tout ce que Venise peut montrer de son artiste favori. A défaut pourtant des marbres originaux dispersés partout en Europe, l'Académie des Beaux-Arts a rassemblé les plâtres de ses statues les plus célèbres. Après Canova, il n'y a plus de sculpture à Venise, et il faut laisser aux *ciceroni* le soin d'indiquer çà et là les quelques rares et insignifiants produits académiques des *professori* officiels.

L'histoire de la sculpture vénitienne est en général très-négligée dans les ouvrages, soit historiques, soit descriptifs, les plus répandus et le plus souvent consultés ; les détails dans lesquels nous venons d'entrer ne paraîtront donc peut-être pas déplacés dans un livre qui, comme celui-ci, peut au besoin tenir lieu de *Guide* aux nombreux pèlerins qui vont chaque année visiter cette cité sainte de la poésie et de l'imagination [1].

Mais en arrivant à la PEINTURE, nous ne trouvons pas la même lacune. Ici, les sources d'instruction, les renseignements de toute nature abondent. Indépendamment des écrits sans nombre, dissertations, histoires, guides, descriptions publiés dans toutes les langues, les œuvres même des peintres vénitiens sont universellement connues. La gravure en a multiplié et répandu partout les copies, et tous les musées de l'Europe en offrent de nombreux et brillants spécimens.

[1] C'est également dans cette prévision qu'on a joint aux détails biographiques et critiques sur les artistes l'énumération à peu près complète, du moins pour les plus célèbres, de celles de leurs œuvres qui se trouvent actuellement à Venise même, et l'indication exacte des monuments et des localités où elles sont placées.

Les noms des grands maîtres de cette école, le Giorgione, le Titien, Paul Véronèse, le Tintoret, sont aussi populaires en France et partout que ceux du Poussin, de Raphaël et de Rubens. Cette notoriété européenne nous dispense heureusement d'une étude minutieuse et détaillée de la peinture vénitienne. Nous nous bornerons à signaler brièvement les caractères généraux qui distinguent cette école de toutes les autres, à marquer de quelques noms et de quelques dates les phases principales de son développement, et à indiquer les œuvres les plus saillantes dont resplendissent encore les palais, les temples et les galeries de Venise.

S'il est assez difficile de trouver en sculpture une école originale et véritablement vénitienne, la peinture, en revanche, offre des caractères distinctifs et tranchés qui donnent à toutes les œuvres des maîtres vénitiens une physionomie à part. Cette école a en outre cela de remarquable, qu'elle n'a presque rien reçu du dehors; elle est entièrement et exclusivement locale.

Ces caractères qui, dans leur ensemble, impriment à la peinture vénitienne un cachet spécifique fort aisé à reconnaître, ne se laissent pas aussi aisément analyser et définir. Il en est des classifications des œuvres d'art comme de celles des produits de la nature. On les distingue facilement par une sorte d'intuition rapide qui ne trompe guère des yeux même peu exercés; mais dès qu'il s'agit de déterminer en détail les traits qui les rapprochent ou les différencient, on se trouve souvent embarrassé. On s'est accordé pourtant à admettre comme signe particulièrement distinctif de la peinture vénitienne sa supériorité dans la *couleur*, et c'est principalement comme coloristes que sont cités les maîtres de cette école. Prise dans sa généralité, cette détermination est suffisamment juste et rend assez bien compte de l'impression produite par les tableaux vénitiens, comparée à celle des peintures des autres écoles, de l'école romaine, par exemple, ou florentine. Ce qui frappe en effet le plus chez les peintres de Venise, c'est cette riche et brillante parure du coloris qui attire et séduit immédiatement les yeux. Une condition presque nécessaire de cet effet prestigieux de la couleur, c'est que le champ où elle s'étale soit vaste et peuplé d'objets susceptibles de la recevoir et de la refléter avec le plus d'éclat et de variété possibles. De là la tendance des peintres coloristes, et en particulier des vénitiens, à faire dans leurs compositions une large part au lieu de la scène et aux accessoires, un peu aux dépens de l'effet moral et idéal du sujet; de là ce luxe d'architecture, portiques, colonnades, escaliers, balcons; cette profusion d'étoffes, de draperies, de tentures, et en général de tout ce qui peut fournir un motif aux mirages de la perspective et se prêter aux jeux de la lumière. Reynolds a assez bien caractérisé le goût de composition et d'exécution propre aux Vénitiens, en l'appelant le style *décoratif* (*ornemental*); et sous sa plume ce n'était pas précisément un éloge. Il est certain qu'avec le plus merveilleux talent d'exécution les maîtres de cette école n'ont pu atteindre aux qualités supérieures de la peinture, à l'idéal de la forme et de l'expression; aucun d'eux ne s'est élevé, dans aucun de ses ouvrages, jusqu'au sublime. Le Titien lui-même manque en général des hautes parties de l'art, tel qu'il fut conçu et réalisé par les Grecs et par les écoles modernes de Rome et de Florence. Mais qu'importe? l'idéal de la beauté humaine, l'idéal du sentiment religieux, l'idéal de la vie intellectuelle et morale avait été révélé par ces écoles ; il restait à révéler un autre idéal, celui du monde sensible et matériel. Les Vénitiens s'emparèrent de ce monde inexploré, et le firent apparaître dans tout son éclat et toute sa beauté. Ils firent donc tout ce qui restait à faire dans l'art et le complétèrent.

On s'est fort tourmenté pour trouver la cause de la supériorité des peintres vénitiens dans le coloris et dans toutes les qualités que ce mot implique. On a invoqué le climat, les communications avec l'Orient, pays de la lumière, la vue habituelle des costumes levantins aux vives couleurs, et l'on ne sait combien d'autres influences tout aussi chimériques. On a voulu même en faire honneur à la composition chimique des couleurs employées par ces artistes, quoique rien ne prouve qu'elles fussent autres que celles en usage dans le reste de l'Italie. D'ailleurs, qui ignore qu'avec les mêmes couleurs, prises aux mêmes sources, Rubens faisait des Rubens, et Rembrandt des Rembrandt. A la place de ces prétendues explications qui n'expliquent rien, ne vaut-il pas mieux admettre que l'extension, le perfectionnement de l'élément du coloris est une des phases que parcourt nécessairement l'art de la peinture dans son évolution régulière? Lorsque l'idéal intellectuel et moral est épuisé, il est tout simple que l'élément sensible et extérieur prédomine. Tôt ou tard il faut que cette tendance se réalise quelque part dans toute sa plénitude ; en Italie, ce fut à Venise.

La peinture à Venise commence, comme ailleurs, par les miniaturistes et surtout par les mosaïstes plus nombreux là que dans les autres cités italiennes. La mosaïque n'avait jamais cessé d'être pratiquée à Byzance et dans l'empire gréco-romain. Les Italiens en apprirent le mécanisme des Byzantins. Les seules peintures qu'on voie dans les églises primitives de Venise, le dôme de Torcello, Santa-Fosca, Saint-Marc, sont des mosaïques. Ce système de décoration y fut longtemps en vigueur, et les plus grands maîtres composèrent des cartons pour les mosaïstes. La figure de saint Marc, par exemple, au-dessus de la porte centrale de l'église ducale, fut exécutée en 1545 par les frères Zuccati, d'après un carton du Titien. Paul Veronèse, le Tintoret, firent aussi les cartons de quelques-uns des autres tableaux de mosaïque de l'église Saint-Marc.

Les premières œuvres de la peinture proprement dite à Venise, apparaissent au commencement du xiv⁰ siècle. Giotto qui était à Padoue en 1306, à Vérone en 1316, et avait exécuté dans ces deux villes des ouvrages considérables, eut des imitateurs et des élèves qui peignirent dans sa manière. Mais le goût giottesque n'eut que peu d'influence à Venise, et dès cette époque on trouve dans les lagunes des œuvres d'un style tout différent, exécutées par des artistes indigènes. Ces premières traces d'un art local, fort confuses du reste, se montrent sur une plus grande échelle dans le XVe siècle, à la suite et par les exemples d'une école de peintres de l'île de Murano, célèbre déjà alors par ses verreries. Le chef de cette génération d'artistes fut un certain Querico. On cite après lui un Bernardino et un Andrea dont on voit encore dans l'église de Saint-Pierre martyr, à Murano, un saint Sébastien entouré d'autres saints. C'est à l'école de ce dernier que se formèrent les nombreux peintres de la famille des Vivarini de Murano, qui pendant près d'un siècle remplirent Venise de leurs ouvrages. Les trois maîtres les plus connus de cette ancienne école sont Luigi, Antonio et Bartolomeo Vivarini, dont on peut voir encore aujourd'hui plusieurs tableaux dans les églises de Saint-Jean-et-Paul, de Saint-Pantaléon et de Saint-Jean-in-Bragora.

Les derniers et les plus célèbres représentants de cette école primitive, furent Jean et Gentil Bellini, qui se distinguèrent tellement parmi leurs contemporains, qu'ils sont souvent cités comme les fondateurs mêmes de l'école vénitienne. Jean Bellini fut un des artistes les plus féconds; il travailla pendant plus de cinquante ans; ses œuvres datées vont de 1464 à 1516. Ses premiers ouvrages offrent encore le style sec et maigre de tous les maîtres primitifs; mais les derniers s'approchent d'assez près de la grande et belle manière de Giorgione et du Titien; ses compositions riches en figures, en accessoires, en architecture, en effets de perspective, montrent déjà le goût de son école pour le développement des moyens matériels d'illusion. L'emploi des couleurs à l'huile, dont il fut un des premiers, sinon le premier, à se servir à Venise, favorisa merveilleusement cette tendance. D'après une vieille anecdote consacrée par la tradition, ce serait Jean Bellini qui, s'étant introduit sous le costume d'un gentilhomme vénitien dans l'atelier d'Antonello de Messine, qui possédait seul ce secret qu'il avait lui-même dérobé à Jean de Bruges, découvrit, en le voyant peindre, le nouveau procédé et le mit immédiatement à profit. Il excella surtout dans les Madones, auxquelles il donna une grâce naïve pleine de charme. Ses œuvres authentiques abondent à Venise, où on les montre comme des reliques. Quelques-unes sont d'une beauté et d'une fraîcheur merveilleuses. La Vierge et quatre saints de l'église Saint-Zacharie, par exemple, parut digne de figurer parmi les trophées de l'armée d'Italie; on l'a vue à Paris pendant quelques années. Une autre composition fort analogue et non moins belle est placée au-dessus de l'autel de la chapelle Giustiniani, dans l'église San-Francesco della Vigna. Dans le Palais Neuf, dépendance du Palais Royal, on trouve une charmante petite Vierge *col Bambino*, placée dans un de ces jolis paysages si aimés des peintres vénitiens qui n'avaient devant les yeux que le monotone spectacle des lagunes. Le *Christ chez les disciples d'Emmaus*, dans l'église Saint-Sauveur, est d'un style plus grandiose et d'une exécution si large et si magistrale, qu'on a pu l'attribuer au Giorgione. Dans l'église della Madonna dell' Orto, sur l'autel au-dessous de l'orgue, est une des plus jolies madones de Bellini, signée de son nom, ainsi que la plupart de ses tableaux. Aux Frari, le tableau à volets représentant la *Vierge et deux saints* est de sa plus belle manière. La galerie de l'Académie des Beaux-Arts ne possède que deux tableaux de Bellini : des Vierges entourées d'une multitude de saints et d'anges, thème favori de ce maître, qui, sous ce rapport et sous d'autres encore, est le Pérugin ou le Pinturicchio de l'école vénitienne. Parmi toutes les compositions de ce genre, la plus importante par les proportions et l'ordonnance est celle de l'église Saint-Pierre à Murano, où l'on voit le doge Barbarigo présenté par saint Marc à la Vierge assise sur un trône, d'un style peu élevé, mais d'une couleur chaude et vigoureuse. A toutes ces peintures de Jean Bellini, nous préférerions pourtant, s'il fallait faire un choix, la petite *Vierge adorant l'enfant Jésus*, entre deux Angioletti faisant de la musique, délicieuse composition d'un goût et d'une expression admirables, et certes bien digne d'être soigneusement conservée comme un joyau précieux dans une armoire de la sacristie de l'église du Rédempteur.

Au nom de Jean Bellini se joint naturellement celui de son frère Gentile, son imitateur, dont il reste fort peu d'ouvrages. Ils eurent l'un et l'autre pour compétiteur et pour émule l'artiste le plus éminent après eux de cette ancienne école, Vittore Carpaccio, dont il suffit de citer l'œuvre la plus achevée, la *Présentation de la Vierge au Temple*, un des ornements les plus beaux et aussi une des curiosités les plus intéressantes de la pinacothèque à l'Académie des Beaux-Arts.

Ces premiers chefs furent suivis d'une légion de maîtres plus ou moins habiles, dont les noms bien pressés rempliraient cependant bon nombre de pages d'une histoire générale de la peinture vénitienne ; mais d'autres noms plus fameux, des œuvres bien plus fortes, des talents plus originaux et plus accomplis réclament le peu de temps que nous pouvons consacrer à ce voyage pittoresque dans les palais et les temples de la Venise des vieux temps.

C'est vers le commencement du xvie siècle que l'école vénitienne, ainsi que les autres, produisit ses plus grands maîtres, ceux dont les ouvrages ont caractérisé et fixé son génie distinctif. Un élève de Jean Bellini, Giorgio Barbarelli [1], inaugura le premier cette large et grande manière, suivie après lui par le Titien, le Tintoret, Paul Véronèse et quelques autres. Il fut surnommé le *Giorgione*, comme qui dirait le grand George, moins en vue de son talent qu'à cause de sa haute taille, de sa force physique, de son humeur altière qui lui donnait un peu les allures d'un Bravo. Au dessin encore un peu sec et mesquin, à l'exécution agréable mais timide de son maître, il substitua tout à coup un style grandiose et fier, une touche hardie et facile, un coloris à la fois nerveux, puissant et suave. Cette transition brusque d'un certain degré de progrès d'un art, péniblement obtenu par de longs efforts, au plus haut terme de son développement et de sa perfection n'est pas rare. Le passage de Bellini à Giorgione fut comme celui

---

1. Né en 1478 à Castelfranco, près de Trévise, mort à Venise en 1511, âgé de trente-trois ans.

de Ghirlandajo à Michel-Ange, de Pérugin à Raphaël, d'Otto Vénius à Rubens. Les ouvrages de Giorgione sont très-rares à Venise et partout. Il peignit principalement à fresque, et toutes ces peintures qui décoraient les façades des palais vénitiens sont tombées avec l'enduit des murailles, dévorées par le soleil, l'humidité et la pluie. Que de chefs-d'œuvre ont été ainsi prodigués avec l'insouciance de la richesse et de la fécondité! On montre encore quelques traces de ces fresques de Giorgione sur les murs du Fondaco des Allemands et sur la maison qu'il habitait, place Saint-Sylvestre. Quant à ses tableaux authentiques, il n'y en a guère à Venise que trois ou quatre. *Saint Marc apaisant une tempête*, à la confrérie de Saint-Marc, peinture fameuse par trois figures nues de rameurs dont le dessin hardi, le mouvement énergique, les formes herculéennes étonnèrent les contemporains accoutumés à la raideur froide et symétrique des personnages des anciens peintres; la *Descente de Jésus aux Limbes*, dans les bâtiments du Palais Neuf, place Saint-Marc; le tableau d'autel dans une des chapelles de Saint-Jean-Chrysostôme, représentant la *Consécration du Saint*, peinture exécutée en commun par Giorgione et par Sébastien del Piombo son élève, où l'on admire un groupe ravissant de jeunes femmes dont les charmantes têtes sont pleines de vie et d'animation; enfin à l'Académie des Beaux-Arts un beau portrait d'homme vêtu de noir à grande et fière tournure, comme tous ceux qu'il a peints;—voilà à peu près tout ce que Venise peut montrer du premier de ses grands maîtres en peinture. Giorgione mourut à trente-trois ans, frappé au cœur, dit-on, par l'infidélité d'une maîtresse qu'il aimait éperdument, et qui lui fut enlevée par un de ses élèves nommé Pietro Luzzo.

Hors Sébastien del Piombo, le Giorgione forma directement peu d'élèves, et celui-ci est le seul qui se soit acquis une grande renommée. Il travailla du reste assez peu à Venise et seulement dans sa jeunesse. Quatre figures isolées de Saints, dans l'église Saint-Barthélemi, près du pont Rialto, sont à peu près le seul morceau de sa main, encore fort noirci, qui existe à Venise. On sait d'ailleurs l'estime que faisait Michel-Ange de sa belle manière de peindre, puisqu'il ne dédaigna pas de s'associer à lui dans l'exécution du célèbre tableau de la *Résurrection du Lazare* qui fut mis en concurrence avec la *Transfiguration* de Raphaël.

Mais à défaut de ses leçons directes, les ouvrages de Giorgione devinrent une école permanente pour les artistes contemporains. C'est par leur étude que se forma, entre vingt autres moins connus, Jacopo Palma, dit le Vieux, habile coloriste, plein de fraîcheur et d'harmonie. La figure de sainte Barbe, à Sainte-Marie-Formose, est un des ouvrages où il a mis le plus de force et de caractère. Mais en général sa manière tient un milieu éclectique et un peu affaibli entre celles de Giorgione et de Titien. Son tableau de la Vierge, avec quatre figures, de l'église Saint-Étienne, la grande *Cène*, dans le chœur à Saint-Sylvestre, et l'*Assomption*, dans la galerie de l'Académie, sont, parmi ses œuvres, assez nombreuses à Venise, celles qui donnent l'idée la plus favorable de son talent. Il ne faut pas le confondre avec son homonyme et son petit-neveu Jacopo Palma, dit le Jeune, que nous rencontrerons plus loin.

Un imitateur plus direct de Giorgione, du moins dans ses premiers travaux, fut Paris Bordone, gentilhomme trévisan qui, devenu amoureux de la peinture, s'y adonna avec ardeur et se fit dans cette carrière des titres de noblesse plus illustres que ceux qu'il tenait de sa maison. Il commença par suivre le Giorgione; mais dans la suite il se créa une manière originale pleine d'élégance, d'esprit et de vivacité, tant dans les pensées que dans la couleur. Son œuvre capitale, à Venise, est le tableau dit de l'*Anneau de saint Marc*, dans lequel un pêcheur présente au doge, assis sur une estrade élevée et entouré de la Seigneurie, une bague que saint Marc, disait-il, lui avait remise en signe de protection pendant un terrible ras de marée qui faillit engloutir Venise le 25 février 1340; vaste composition d'une couleur magnifique, riante, animée, avec des figures sans nombre, ingénieusement groupées, et pleines de vie et de mouvement. Remarquons, en passant, que les peintres vénitiens ont, beaucoup plus souvent que ceux des autres écoles, pris des sujets dans l'histoire de leur pays et dans les événements contemporains; circonstance qui s'explique aisément, indépendamment de causes plus générales, par la sollicitude constante des chefs de la république à flatter et à exalter l'orgueil national des citoyens et entretenir leur attachement aux institutions de leur patrie, par le souvenir des belles actions, des événements glorieux et des grands hommes; et c'est la peinture qui avait mission de présenter au peuple les images vivantes de la grandeur et de la puissance nationales. Les trois quarts des innombrables peintures du palais ducal, exécutées par ordre du gouvernement, ne sont que des pages de l'histoire vénitienne, écrites par Bellini, Paul Veronèse, Tintoret, les Palma, les Bassans, Zuccaro[1], Liberi[2], Giulio del Moro[3], l'Aliense[4], Vicentino[5], et autres de ces bonnes plumes du XVIe siècle.

Après Bordone, le plus distingué des peintres formés à l'école des ouvrages

---

1. Frederic Zuccaro appartient à l'école romaine. Talent de second ordre et un peu charlatan, il eut une immense reputation pendant sa vie. Il fut en 1582 appelé à Venise, où les bons peintres ne manquaient pas cependant, pour peindre, dans le palais ducal, la fameuse entrevue de l'empereur Frédéric Barberousse avec le pape Alexandre III Ce fut un de ses meilleurs ouvrages.

2. Pietro Liberi, de Padoue Il a peint la *Victoire des Dardanelles*, dans la salle du Scrutin; tableau souvent cité à cause d'une figure nue d'esclave sur le premier plan, dont le dessin et l'expression ont paru si admirables qu'elle est restée célèbre sous le nom de l'Esclave de Liberi.

3. De Vérone, plus connu par ses sculptures. Il y a de lui, au palais ducal, la *Prise de Caffa par le doge Soranzo*; le *doge Michieli refusant le royaume de Sicile*, et un ou deux autres sujets historiques.

4. Grec d'origine, né à Milo; il étudia Paul Veronèse et le Tintoret. Il eut beaucoup de vogue à Venise et y fut chargé de nombreux travaux. Au palais ducal il n'a pas moins d'une vingtaine de tableaux, la plupart historiques, notamment la *Prise de Tyr*, la *Reddition de Brescia* et la *Reddition de Bergame*.

5. Vénitien, élève de Palma. Dans les salles du palais : les *Vénitiens allant recevoir Henri III*, *Pépin assiégeant les Vénitiens*, la *Bataille de Lépante*, et sept à huit autres tableaux.

de Giorgione fut le Pordenone[1]. Il n'aimait pas le Titien, qui le lui rendait bien, et il avait tant à cœur d'écraser ce redoutable rival, que, pour s'exciter à bien faire dans ce duel d'art, il peignait souvent l'épée au côté. Il eut un grand parti qui le soutenait bravement dans la lutte. Son ambition était du reste justifiée par un grand talent. Il peignit beaucoup à fresque dans les villes et châteaux du Frioul et dans toute la Lombardie. Ses tableaux à l'huile sont rares. A Venise, le cloître de l'église Saint-Étienne offre encore quelques beaux restes de ses fresques. A Saint-Jean-de-Rialto, il y a de lui un magnifique tableau, cité par Vasari, représentant sainte Catherine et autres saints; à l'église Saint-Roch, un saint Martin et un saint Christophe d'un grand style et d'une étonnante vigueur d'exécution. Le musée du Louvre a possédé un de ses ouvrages capitaux (saint Laurent Giustiniani, et trois autres saints), rendu après 1815 et placé aujourd'hui à l'Académie des Beaux-Arts. Son *Annonciation*, à l'église Degli Angioli, est également une peinture de premier rang. Pordenone eut beaucoup d'élèves et d'imitateurs, et son école particulière soutint honorablement le combat avec celle du Titien.

Mais passons à Titien lui-même, le plus grand nom de l'école vénitienne et une de ces cinq ou six puissantes individualités en qui s'est personnifié le génie de la peinture. Tiziano Vecelli naquit d'une famille noble à Piave di Cadore, près Bellune, en 1477; il mourut à Venise en 1576. Il vécut un siècle, et la mort le surprit le pinceau à la main. Célèbre dès ses débuts, entouré de respect, d'admiration et d'hommages pendant toute la durée de cette longue carrière, recherché des princes et comblé de leurs faveurs, il eut une de ces grandes existences d'artiste dont n'ont joui que quelques rares favoris du génie et de la fortune, tels que Raphaël, Rubens, Canova. Ses mérites ont été si souvent et si bien analysés, qu'il est à peine nécessaire de les rappeler. Le mosaïste Sébastien Zuccato, et puis J. Bellini, furent ses premiers maîtres à Venise. Il tira plus de profit encore des œuvres de son condisciple le Giorgione, dont il imita d'abord la manière; mais il ne tarda pas à s'en faire une à lui, moins grandiose peut-être, moins originale, mais tout aussi savante et plus sûre, plus sage, plus universellement séduisante. Elle résume et concilie dans une juste pondération toutes les tendances successivement ou concurremment développées chez les divers maîtres vénitiens. Il n'eut pas plus que les autres un haut sentiment de l'idéal, et l'on chercherait vainement dans ses œuvres un trait sublime d'expression, de mouvement, de forme, comme on en trouve dans Michel-Ange, dans Raphaël, dans Léonard, dans Poussin; mais son style a en général de l'ampleur, de la gravité, de la dignité. Cette sorte de majesté sénatoriale que Reynolds admirait dans ses portraits est aussi le caractère dominant de toutes ses compositions; il y a joint souvent l'élégance et la grâce. Il en est de même de sa couleur, si universellement

---

[1] Giovanni-Antonio-Licinio Regillo Pordenone, dans le Frioul, était son pays natal.

admirée. Moins resplendissante que celle de Rubens, moins vive que celle de Paul Véronèse, moins nuancée que celle de Corrège, moins violente que celle de Tintoret, elle a un éclat, une force, une chaleur, une vérité, une douceur qui imposent et séduisent. Dans le maniement de la lumière, que l'on confond souvent à tort avec le coloris, il n'a que peu d'égaux et pas de supérieurs. Titien passe pour le plus grand peintre de portraits; l'occasion qu'il eut d'en faire un très-grand nombre et des personnages les plus illustres de son temps, empereurs, rois, princes, papes, savants, capitaines, poëtes, a servi un peu en ceci à sa renommée; mais Raphaël, Rubens, Van-Dyck, Rembrandt, Vélasquez, pourraient très-bien, chacun dans un goût différent, lui être opposés, et même préférés sans hérésie aucune, si ce n'est à Venise. Titien a peint aussi le paysage; il a été un des premiers et des plus grands maîtres dans ce genre, qui devint une spécialité en Italie à l'époque où l'idée de l'art y était déjà rabaissée et son rôle amoindri, et qui s'accordait avec les tendances générales de l'école vénitienne.

Titien fut un travailleur infatigable : on peut citer près de cinq cents morceaux de sa main. A Venise on en rencontre partout, mais il faut un peu se défier des apocryphes. Pour s'épargner le désagrément de mal placer son admiration, on fera bien de s'en tenir à cinq ou six œuvres qui sont, non-seulement bien authentiques, mais encore de la plus belle manière et des meilleurs temps du Titien à Saints-Jean-et-Paul, le tableau d'autel représentant le *Martyre de saint Pierre le dominicain*, trois figures d'une énergie de mouvement, d'une vie et d'une expression extraordinaires, au milieu du paysage le plus grandiose qui se puisse voir, un des chefs-d'œuvre du maître et de l'art; — le musée du Louvre l'a gardé quelques années, ainsi que le *Martyre de saint Laurent*, maintenant à l'église des Jésuites, très-beau aussi, mais trop restauré; — au palais Barbarigo, la *Madeleine*, admirée par quelques-uns à l'égal de celle du Corrège, de Dresde, à l'église des Frari, un tableau merveilleux d'effet de *la Famille Pésaro à genoux devant la Vierge entourée de saints*, lequel fut payé à l'artiste cent deux ducats de Venise, valant alors environ trois cents francs; à la confrérie de Saint-Roch, l'*Annonciation*, de la plus riche couleur; dans la collection de l'Académie des Beaux-Arts, deux œuvres capitales : l'*Assomption*, spécimen le plus achevé du style et du faire titianesque dans sa plus grande force, et la *Présentation de la Vierge enfant au Temple*, vaste et riche composition pleine de figures, chaude, lumineuse, riante et magnifique. Toutes ces peintures sont à l'huile. Titien pratiqua aussi la fresque, comme tous les peintres de son temps; celles qu'il exécuta à Venise ont toutes disparu, sauf une grande figure de saint Christophe, au-dessus d'un escalier dans le palais ducal.

Titien eut une foule d'élèves et d'imitateurs, et, dans sa famille même on ne compte pas moins de sept peintres du nom de Vecelli, formés à son école. Le plus connu est Marco Vecelli, son neveu, qui peignit beaucoup au palais ducal. Son imitateur le plus heureux, si l'on ne veut pas dire plutôt son copiste le plus fidèle, fut le Vénitien Bonifazio, principalement connu par son magnifique tableau du palais ducal, les *Vendeurs chassés du Temple*, qui ne serait certes ni plus riche d'ordonnance, ni plus éclatant de couleur et de lumière, ni d'une exécution plus ferme et plus magistrale, eût-il été fait par Titien lui-même.

Un autre élève de Titien, renvoyé, dit-on, de son atelier parce qu'il y faisait montre d'un talent qui portait ombrage au maître, devint plus tard son antagoniste et le chef d'une nouvelle école. C'était Jacques Robusti, surnommé le Tintoretto, de la profession de son père, teinturier à Venise. Doué d'une facilité merveilleuse, d'une imagination puissante et d'une ambition plus grande encore, il visa par-dessus tout à être neuf et original. Il affecta dans l'exécution une sorte d'audace, ou plutôt de *furia*, qu'à la vérité personne n'a égalée, mais qui n'aboutit parfois qu'à des effets de surprise, prestigieux, imposants, mais pas toujours agréables; à peu près comme ces instrumentistes de grande force qui font des prodiges d'adresse et ne charment que médiocrement l'oreille. On pourrait l'appeler le grand sabreur de la peinture. Dans la composition, il tourna trop souvent au machinisme. Enfin son extraordinaire facilité naturelle, dont il faisait volontiers parade, lui fit adopter une manière trop expéditive, trop négligée, et une foule de ses tableaux sont peints de pratique. Malgré tout cela, le Tintoret tiendra toujours un rang élevé parmi les grands maîtres; dans l'immense quantité de ses œuvres, plusieurs figurent à juste titre parmi ces monuments rares et singuliers qui marquent de loin en loin les points culminants de l'art. Venise est pleine de ses ouvrages; on y montre certainement plus de deux cents peintures de sa main, disséminées dans les églises, les palais, les maisons religieuses, les galeries, et jusque sur les murs extérieurs des maisons.

Mais pour Tintoret, plus encore que pour Titien, ce serait perdre son temps que de suivre les guides partout où il leur plait de vous conduire. On n'aura plus rien à apprendre ni à attendre de ce maître quand on aura vu les cinq ou six morceaux suivants : d'abord, à l'Académie des Beaux-Arts, le *saint Marc délivrant un esclave*, qui réunit, à leur plus haut degré de concentration, d'éclat et de force, les qualités distinctives du maître; puis à la confrérie de Saint-Roch, son *Crucifiement*, immense composition pleine de mouvement et d'effet, morceau capital parmi les vingt ou trente autres sujets dont il couvrit les murs et les plafonds de cet édifice; dans la sacristie de l'église de la Salute, les *Noces de Cana*, thème favori des peintres vénitiens, vrai festival pour l'imagination et pour les yeux. Ces trois tableaux sont les seuls qu'ait signés Tintoret. Une *Assomption* à l'église des Jésuites, la *Présentation de la Vierge au Temple*, et une *Sainte Agnès*, à la Madonna dell'Orto, l'*Invention de la Croix*, dans Sainte-Marie-Mater-Domini, figureraient aussi très-bien dans une galerie choisie de Tintorets. On ne saurait oublier non plus, dans la salle du Grand-Conseil, au palais public, ce *Paradis* qui s'étend sur une largeur de soixante-quatorze pieds, et qui n'a pas que ce mérite. Le Tintoret a beaucoup peint dans le palais ducal : des sujets historiques, religieux, allégoriques, mythologiques, etc., dont plusieurs admirables d'invention et d'effet. Il faut prendre garde de confondre ses peintures avec celles de son fils et élève Dominique, qui sont également très-nombreuses et qui au premier aspect ressemblent assez aux siennes.

Tintoret eut aussi une fille, Maria Tintoretta, qui se fit une grande réputation comme portraitiste, mais qui mourut dans la fleur de sa jeunesse. On raconte que son père, voulant conserver les traits de cette fille bien-aimée, eut la force d'âme de passer la nuit qui suivit sa mort à faire son portrait. Il y a sur Tintoret une autre anecdote moins lugubre. Ayant su que l'Arétin tenait sur son compte de méchants propos, et voulant lui donner une leçon, il lui demanda à faire son portrait. Arétin, dont cette démarche flattait la vanité, y consentit. A la première séance, l'Arétin s'étant assis pour poser, il vit le peintre saisir un énorme pistolet, s'avancer sur lui d'un air fort peu rassurant, et approcher l'arme de sa tête; sa frayeur fut telle qu'il se mit à trembler de tous ses membres, et il était sur le point de crier à l'aide ou de prendre la fuite, lorsque Tintoret, qui feignait de ne pas remarquer son épouvante, lui dit froidement : « Ah! c'est cela; « vous avez deux fois et demie la longueur de ce pistolet. »

Pendant qu'avec Giorgione, Titien et Tintoret, la peinture vénitienne réalisait le type le plus élevé qu'il lui fût donné d'atteindre comme style et comme exécution, et que, tout en développant une forte tendance vers ce qu'on peut appeler le matérialisme de l'art, elle aspirait encore à un certain idéal de pensée, de dessin et d'expression, il s'élevait à côté d'eux une école qui fit décidément prédominer l'élément exclusivement pittoresque et sensible. L'artiste le plus puissant, le plus ingénieux, le plus brillant, le plus fécond de cette transformation, fut Paolo Caliari, connu sous le nom de Paul Véronèse[1].

Fils d'un sculpteur de Vérone, il apprit de lui les premiers principes de la sculpture et du dessin; mais, entraîné par un penchant naturel, il s'adonna bientôt exclusivement à la peinture. Les peintres ne manquaient pas dans sa ville natale, et depuis un demi-siècle il s'y était formé une école représentée principalement par plusieurs artistes du nom de Moro et par le Brusasorci, qui avait quelques caractères propres, mais qui s'absorba ensuite dans l'école vénitienne. Les débuts de Paul Veronèse dans son pays ne furent ni applaudis ni encouragés; aussi, pressé par le besoin, il quitta Vérone et alla d'abord à Vicence, puis à Venise. Là, il étudia les ouvrages de Titien et de Tintoret. Les premiers ouvrages qu'il y exécuta furent des fresques dans l'église de Saint-Sébastien, aujourd'hui fort détériorées, qui lui firent le plus grand honneur. Après un voyage et un court séjour à Rome, il revint à Venise où il passa la plus grande partie de sa vie, occupé aux nombreux et vastes travaux dont il fut chargé par l'État, par les églises et par les particuliers.

---

1. Paolo Caliari, né à Vérone en 1532, mort à Venise en 1588, âgé de cinquante-six ans.

La galerie du Louvre à Paris pourrait, à la rigueur, dispenser de faire le voyage de Venise si on n'y allait que pour connaître Paul Véronèse. Elle a une douzaine de tableaux de ce maître, parmi lesquels les deux plus vastes et les plus beaux qui soient sortis de ses fécondes mains : les *Noces de Cana*, si heureusement troquées à la restitution de 1815 contre une toile de Lebrun, et le *Repas chez Simon*, autrefois à Versailles où l'avait placé Louis XIV à qui le sénat de Venise en avait fait don. Tout Véronèse est dans ces deux étonnantes compositions. On y peut voir tout ce que la peinture, considérée comme un spectacle, est capable de réaliser; c'est une réunion de toutes les merveilles que la fantaisie la plus abondante, la plus facile, la plus libre dans ses inventions, peut répandre sur une toile pour amuser, séduire et enchanter les yeux; de vastes échappées de ciel inondées de lumière, des fabriques d'une magnificence et d'une singularité féeriques, des costumes d'une richesse, d'un éclat, d'une variété, d'une tournure, d'un pittoresque étourdissants, tout un monde de figures, vivantes et parlantes, magistralement posées dans des attitudes calmes, animées, gracieuses, graves, toujours piquantes, toujours justes; un luxe éblouissant d'ornements, de draperies, de joyaux, de parures; partout de l'air, partout de la lumière, partout de la couleur, vive, franche, vigoureuse, hardiment jetée sur tous les points, sans papillotage, sans fracas; la plus haute intensité dans les tons locaux et la plus riche harmonie dans l'effet, sans sacrifices, sans subterfuges, sans expédient de métier, le tout produit sans la moindre apparence d'effort et de gène, comme une improvisation, avec une touche d'une facilité, d'une rapidité, et en même temps d'une sûreté sans égales! Quant au sujet, le Christ, la Vierge, le miracle, ils deviennent ce qu'ils peuvent. C'est bien vraiment de cela qu'il s'agit pour l'artiste! Ne vous scandalisez pas de voir le Grand-Turc assis à la même table que le Sauveur, Charles-Quint et François Ier trinquer avec les apôtres. Le peintre n'a pas songé à mal. « Jouissons, dit un critique [1], du plaisir d'admirer de si belles choses, sans dire avec Horace : *Non erat hic locus*, et sans nous occuper du sujet. En tout cas, ce n'est pas la faute de l'artiste si nous nous en souvenons; il a bien fait tout ce qu'il a pu pour que nous n'y pensions pas.

Le talent de Paul Véronèse était si à l'aise dans ces vastes compositions, qu'il en exécuta quatre ou cinq autres analogues, telles que le *Repas chez Levi*, peint pour l'église Saints-Jean-et-Paul, apporté ensuite à Paris, et placé maintenant à l'Académie des Beaux-Arts; un second *Repas chez Simon*, de l'église Saint-Sébastien; les *Noces de Cana*, aujourd'hui à Dresde, et d'autres encore.

Dans le palais ducal, entre vingt ou trente sujets peints par Véronèse sur les murs, sur les plafonds, on remarque cet ovale du plafond de la salle du grand conseil, dans lequel trône de l'air le plus royal une radieuse Venise, couronnée par la Gloire, entourée de la Renommée, de l'Honneur, de la Liberté, de la

---

1. Taillasson.

Paix, de la Grandeur et de la Félicité, avec un pompeux cortége d'autres figures d'hommes, de femmes, d'enfants, de guerriers, de prisonniers, trophées, armes, portiques, d'un effet de couleur et de lumière incomparable. Un morceau non moins extraordinaire par la *maestria* de l'exécution est le tableau de la salle dite du Collége, où le Sauveur, accompagné de la Foi, de sainte Justine, de Venise, paraît présider au triomphe du doge Venier, vainqueur à Lépante, auquel des anges présentent des palmes. Son *Enlèvement d'Europe*, dans la salle de l'anti-collége, autre morceau d'élite, retourné en Italie avec tant d'autres en 1815, est d'un style et d'un goût moins décoratifs, d'une touche plus fine, plus subtile, plus élaborée que la plupart des grandes machines de ce maître, dans lesquelles l'exécution est en général, comme on dit, un peu *enlevée*.

Les églises de Venise ont un grand nombre de peintures de Paul Véronèse; mais là, comme pour tous les artistes qui ont longtemps vécu et toujours travaillé, il y a à choisir. Donc, pour faire un choix, on pourra se contenter d'aller voir à Saint-François de la Vigne la *Résurrection*, de sa plus belle et plus grande manière; à Saints-Jean-et-Paul une *Nativité*, du goût le plus piquant comme couleur et composition; à Saint-Luc, l'*Evangéliste* sur son bœuf, avec la Vierge dans le ciel; à Sainte-Catherine, église fort peu visitée, le *Mariage* de la sainte avec Jésus-Christ; à Saint-Jacques dell' Orio, dans un plafond à compartiments, les *Vertus théologales*, accompagnées d'anges et de docteurs, et sur un autel un tableau à trois figures de Saints; à Saint-Sylvestre, l'*Adoration des rois*, tableau fameux et digne de sa renommée; à l'église du Rédempteur, à la Giudecca, le *Baptême de Jésus-Christ;* enfin à Saint-Sébastien, où reposent les cendres du grand artiste, on a tout un musée de ses peintures, de toutes les époques, de toutes les manières, à fresque, à l'huile, en clair-obscur.

Véronèse eut, comme tous les talents originaux, une foule d'imitateurs; il fit école. Son frère d'abord, Benedetto Caliari, puis ses deux fils, Carlo et Gabrielle, suivirent ses traces, *non passibus æquis*. Entre cette foule de disciples, le plus marquant fut Baptiste Zelotti, de Vérone, qui l'imita avec assez de bonheur pour qu'on ait gravé plusieurs de ses œuvres sous le nom de Véronèse. Il y a au palais ducal, à l'ancienne bibliothèque, à l'Académie des Beaux-Arts, plusieurs ouvrages de ce maître habile.

C'est par Paul Véronèse que la peinture vénitienne développa sur la plus grande échelle le côté de l'art purement pittoresque, sensible, décoratif, matérialiste, réaliste (car on a employé tous ces mots), que les autres écoles avaient ou ignoré ou dédaigné, et qui, monté à ce degré de puissance, a aussi sa grandeur et sa poésie. Pendant qu'il se tenait dans cette région encore assez supérieure, d'autres artistes suivaient la même tendance sur un mode moins élevé, et créaient une école qui eut, autant que cela se pouvait au xvie siècle, sous le ciel italien, les caractères de l'école hollandaise et flamande, en ce sens qu'elle prit pour sujets ordinaires de représentation les scènes et les objets de la vie domestique, sans autre but et sans autre élément d'intérêt qu'une imitation vive et fidèle de la nature. Ces artistes furent les Bassans, ainsi nommés de Bassano leur ville natale, et leurs élèves. Le chef de cette école, Jacopo da Ponte, commença par faire de la grande peinture à la manière du Titien et de Tintoret, et s'y distingua. Mais il abandonna ensuite ces hauteurs et se mit à représenter dans des tableaux de moyenne dimension des scènes d'intérieur domestique, les travaux des champs, des paysages, des animaux, des ustensiles de ménage. Ses quatre fils, Francesco, Leandro, Gianbattista et Girolamo, son petit-fils Jacopo Apollonio, et une foule d'autres Bassanais, avec et après eux, suivirent cette nouvelle veine, mais non d'une manière exclusive, car la plupart d'entre eux, et notamment Leandro, peignirent aussi l'histoire. Tous ces artistes furent d'habiles et brillants coloristes. C'est par eux que fut créée, en Italie, cette spécialité de peinture qu'on a appelée plus tard le *genre*, dont l'apparition est d'ordinaire un signe, non de stérilité et d'impuissance dans les artistes, mais d'une chute de l'idée de l'art. Remarquons pourtant que la peinture de *genre* ne se développa pas à Venise, ni autre part en Italie, d'une manière franche et complète. La vie domestique, et principalement la vie des champs, ne se sont pas vulgarisées et trivialisées en Italie comme partout ailleurs. Hommes et choses ont conservé là, sous ce ciel lumineux, à côté des monuments anciens de l'art, une sorte de dignité, de simplicité antiques, qui ennoblissent et poétisent les détails les plus communs et les plus familiers de la réalité. La nature elle-même prend, à ce qu'il semble, au delà des Alpes, un air de grandeur et de majesté singulières, et les campagnes et les forêts y paraissent, comme le voulait Virgile, *consule digna*. Aussi les peintres de cette race gréco-romaine, soutenus par les traditions et par leur instinct natif, n'ont jamais fait complétement divorce avec cet idéal de beauté, d'élégance, de noblesse et de grâce, révélé par l'art antique. Il suffit de mettre un Bassan à côté d'un Ostade ou un Téniers, un paysage de Winants, de Ruysdaël, à côté d'un paysage de Titien, du Dominiquin, du Poussin, pour comprendre que la peinture de *genre*, proprement dite, est antipathique au génie italien, et ne pouvait s'y établir avec les caractères qu'elle a pris en Flandre, en Hollande, en Angleterre et en France. Par la même raison, la littérature italienne n'a jamais eu et n'aura peut-être jamais de romans.

Quant aux Bassans, ou plutôt aux tableaux des Bassans qui se rapprochent du *genre*, ils sont fort rares à Venise, mais ils sont, en revanche, très-répandus dans les galeries de l'Europe. Le Louvre en a sept de Jacopo, dont deux, l'*Entrée des animaux dans l'arche* et *la Vendange*, suffisent pour donner une idée du goût dans lequel lui et les siens ont traité les sujets familiers.

Après les grands maîtres, après les Bellin, Giorgione, Titien, Tintoret, Paul Véronèse, et quelques-uns de leurs brillants compagnons, Paris Bordone, le Pordenone, le vieux Palma, Jacques Bassan, l'école vénitienne donna dès la fin du vi[e] siècle, des signes de fatigue et d'épuisement. Les peintres et aussi les talents ne manquent pas, mais ils ne produisent plus que des redites, et ceux qui tentent des voies nouvelles ne sont que des maniéristes. Mais qui songe aujourd'hui à ces innombrables ouvrages des six ou sept générations de peintres qui se sont succédé à Venise depuis la belle époque? Certains noms pourtant ont surnagé dans cette déroute générale; ils se réduisent à cinq ou six : Palma le jeune, le Padouan, l'Orbetto, J.-B. Piazzetta, J.-B. Tiepolo, le Canaletto.

Antonio Palma était petit-neveu du vieux Palma. Ses maîtres furent, à Rome les ouvrages de Michel-Ange, de Raphaël et de Polidore de Caravage, à Venise le Tintoret. Il essaya d'une sorte de fusion entre le goût de l'école romaine et celui de l'école vénitienne. Protégé par Vittoria, qui avait alors la haute main dans la direction des travaux publics, il obtint beaucoup de commandes, et pour y suffire adopta une manière expéditive et lâchée qui fait ressembler plusieurs de ses ouvrages à des ébauches. Il fut du reste coloriste habile et brillant, et s'acquit assez de vogue dans son temps pour faire école. Comme échantillon de sa peinture, on peut voir à Venise, dans une des salles du palais ducal où il a beaucoup peint, sa grande composition du *Jugement dernier*.

Le Padouan [1] se distingua entre tous les disciples du Titien par la grâce de ses compositions, la suavité de sa couleur, et par une certaine originalité de style qu'il sut garder dans l'imitation de son modèle favori. On cite, comme son chef-d'œuvre, les *Noces de Cana*, aujourd'hui à la galerie de l'Académie des Beaux-Arts, magnifique composition qui fait encore admirer à côté de celles de Paul Véronèse, de Titien et de Tintoret.

Alexandre Turchi, dit l'Orbetto, appartient à la branche véronaise de l'école vénitienne. Il étudia les Carrache, qui alors commençaient à dominer, et de ce style, associé à celui des maîtres de son pays, il se créa une manière éclectique qui eut du succès. Il n'y a rien à voir, que nous sachions, de ce maître à Venise; la plupart de ses ouvrages sont à Rome, à Vérone, ou dans les galeries de l'Europe.

C'est dans la première moitié du XVIIIe siècle que J.-B. Piazzetta se distingua, entre tous les maniéristes de ce temps, par une affectation singulière pour le noir, et pour ces violents contrastes d'ombre et de lumière, employés avec génie par Guerchin, le Caravage, les Espagnols, et devenus ensuite le pont aux ânes des chercheurs d'originalité. Il ne réussit guère que dans des tableaux de chevalet, qui furent pendant un temps très-recherchés. Il n'y a pas de si petit astre qui n'ait ses satellites; il y eut donc une école de piazzettistes qui ne dura que ce que dure une mode. Il y a dans les églises de Venise une douzaine de tableaux d'autel de Piazzetta.

Une réputation plus retentissante fut celle de J.-B. Tiepolo, un des plus abondants et intrépides machinistes qui aient paru. Il couvrit d'immenses surfaces de

---

1. Alexandre Varotari, de Padoue.

compositions dans le goût de Paul Véronèse, avec une facilité de pinceau et une richesse d'imagination dignes d'être soutenues par un style moins banal et un coloris plus solide, plus vrai, plus brillant. Il affectionnait les tons gris et sales, et en obtenait souvent des effets pittoresques et harmonieux. Sa manière fit *fanatismo*, comme disent les Italiens. Il peignit surtout à fresque. On peut voir à Venise, à l'église des Enfants-Trouvés, les plafonds de l'église et du chœur; aux Scalzi, deux autres plafonds; à l'école del Carmine, plusieurs tableaux de son meilleur temps; aux Jésuites, un plafond représentant la *Vie de saint Dominique*, d'un bel effet. On ne cite ici que ses peintures d'apparat, celles qui firent sa réputation.

Le dernier des artistes vénitiens en renom, et aujourd'hui encore le plus connu, est Antonio Canal, surnommé le Canaletti, ce peintre ingénieux, fin, exact, précis et en même temps poétique, auquel on doit le plaisir de pouvoir parcourir les canaux et les rues de Venise sans se déplacer. Nul peintre en ce genre n'a représenté les fabriques, le ciel, l'air qui les entourent, les eaux qui les traversent, avec plus de vérité locale, jointe à une exécution pleine de franchise et de liberté. Il y a des Canaletti partout, excepté à Venise même; mais dans les galeries on en compte beaucoup plus qu'il n'y en a en réalité. Il eut des imitateurs fort adroits, et son neveu Bellotti le singea si bien que sur trois tableaux attribués par les catalogues à Canaletti, il y en a au moins un de Bellotti.

Canaletti mourut en 1768. Dans le reste du siècle, ni dans celui où nous sommes, il n'y a plus rien à chercher à Venise en peinture; et l'on peut même dire que de tous les pays de l'Europe, l'Italie, qui le croirait! est celui où cet art a été frappé de la stérilité la plus complète, de la plus mortelle impuissance. Depuis cinquante ans on n'a pas vu dans la patrie de Raphaël, de Corrège, de Titien, un peintre d'une force un peu supérieure à celle des bons élèves de David! La mort de l'art a coïncidé là avec la mort politique.

CHAPITRE XIII.

Sciences et Lettres. — Géographie. — Cosmographie. — Histoire. Philosophie. — Littérature. — Poésie.

Le mouvement scientifique et littéraire dont peut se glorifier Venise, quoiqu'il ait été moins brillant que celui des beaux-arts, quoiqu'il n'ait produit aucun de ces grands noms qui jetèrent un si vif éclat sur l'Italie du moyen âge, n'en est pas moins remarquable, tant à cause de sa précocité que de son irrécusable influence sur les progrès de la civilisation. L'esquisse rapide que nous allons en tracer justifiera pleinement l'opinion plusieurs fois émise dans le cours de cet ouvrage, que pendant toute la période ascendante, la république ne négligea aucun des avantages que lui assurait sa position pour dominer tout ensemble par la force et par l'intelligence. Adossée au continent occidental et tournée vers les mers de l'Orient; touchant à Byzance par l'Istrie, la Dalmatie et ses îles de l'Archipel, à l'Afrique et à l'Asie par Alexandrie et ses comptoirs de Syrie; devenue forcément la grande route et l'entrepôt des croisades, Venise s'était faite à la fois centre commercial, centre politique, centre intellectuel, concourant ainsi à la rencontre et au développement des idées qu'enfante si laborieusement l'esprit humain.

Après la prise de Constantinople, ce mouvement se prononce : de grandes charges à remplir dans les nouvelles conquêtes, la création de fiefs dans les îles de l'Archipel, les spéculations d'un commerce immense, attirèrent en Grèce et surtout dans la capitale, non plus de simples trafiquants, mais tout ce que la république possédait d'hommes supérieurs dans tous les genres, et par une suite nécessaire, la langue des Hellènes devint familière au peuple vénitien. Étudiée d'abord comme instrument indispensable de la politique, on la cultiva bientôt pour satisfaire à ce besoin impérieux qu'éprouve l'homme d'agrandir sans cesse la sphère de ses connaissances. Des prêtres, des philosophes, des grammairiens grecs vinrent professer à Venise, et les prêtres latins, en discutant les opinions de ces schismatiques, ne tardèrent pas à s'initier dans leur philosophie et dans leur littérature; on cite même un savant philologue vénitien, Jacopo, le premier traducteur d'Aristote parmi les modernes, qui soutint avec éclat, à Constantinople et dans la langue du pays, plusieurs controverses religieuses. Ainsi, l'étude de ce riche idiome fut assidûment suivie sous le double rapport de la science et du commerce : dans les écoles comme dans les comptoirs on tenait également à honneur de le parler et de l'écrire correctement; louable émulation qui décida sans doute Pétrarque, le plus savant helléniste de son époque, à donner à la république ses manuscrits, qui se composaient en grande partie d'ouvrages grecs, tous écrits ou copiés de sa main [1]. Ses premiers résultats sont la fondation d'une bibliothèque et de plusieurs écoles publiques; plus tard elle enfantera, à propos d'Aristote et de Platon, de stériles discussions auxquelles de savants vénitiens prendront une part aussi futile que brillante.

Mais passons sur ces vaines disputes de l'école soit-disant philosophique, afin de nous occuper de ce qui est plus conforme à l'intelligence et au caractère général du peuple dont nous écrivons l'histoire. Le XIIIe siècle s'est à peine écoulé, que Venise compte un historien vraiment digne de ce nom, un historien qui comprend et raconte avec une noble élévation de langage et de pensée tout ce qui se rattache aux grands intérêts de sa patrie : nous venons presque de nommer le doge André Dandolo. Ce doge consacra ses loisirs à écrire les événements principaux des neuf premiers siècles de la république; et son ouvrage atteste la supériorité intellectuelle de l'aristocratie vénitienne sur la plupart des hommes politiques de ce temps. Bien avant l'apparition de ce beau travail, c'est-à-dire vers 1271, un autre patricien s'était déjà livré, avec ses propres ressources, à une entreprise d'un autre genre et des plus périlleuses. Cet homme intrépide, Marco-Polo, parcourut l'Asie et consacra vingt-six années à ce voyage; il pénétra le premier dans la Chine, dans l'Inde, au delà du Gange et dans plusieurs îles de l'Océan indien, contrées jusqu'alors inconnues de l'Europe, cachées qu'elles étaient sous les voiles ténébreux de l'ignorance et de la Fable. Le récit de son aventureuse navigation fut longtemps le manuel de toute l'Europe pour la géographie de l'Asie, et la réputation de l'auteur ne fit que s'accroître lorsque, deux siècles après, les découvertes des Portugais eurent constaté l'exactitude de la plupart de ses assertions. « Marco-Polo, dit Maltebrun, est le créateur

---

1. La bibliothèque de Saint-Marc, l'une des plus anciennes de l'Europe entière, compte aujourd'hui soixante-cinq mille volumes et cinq mille manuscrits. Petrarque en a veritablement posé les premiers fondements, ainsi qu'il s'exprime lui-même dans sa lettre de donation; c'était un noble prix de l'hospitalité qu'il avait trouvée à Venise. Il n'y existe maintenant qu'un très-petit nombre de manuscrits provenant du fonds de Petrarque; oubliés, dit-on, dans une petite pièce voisine des quatre chevaux de bronze, la plupart se déteriorèrent

« de la géographie moderne de l'Asie ; c'est le Humboldt du xiii° siècle ; mais
« sa mauvaise fortune, en l'empêchant de publier une relation plus méthodique,
« a répandu sur ses exploits et sa gloire un sombre nuage et a dérobé aux sciences
« une partie des travaux de ce grand homme[1]. » L'exemple de Marco-Polo ne
manqua pas d'imitateurs : dès les premières années du xiv° siècle, une foule de
hardis explorateurs dirigèrent leur course vers l'Égypte, et, remontant le Nil
jusqu'au-dessus des cataractes, pénétrèrent dans la Nubie et dans l'Abyssinie.
Les écrits de Marin Sanuto (1320-1325), les cartes dont il accompagna quelques-
unes de ses dissertations, témoignent assez que ses compatriotes possédaient
déjà des notions exactes sur la plupart des contrées éloignées dont les anciens
n'avaient fait que soupçonner l'existence ; nous verrons, au reste, dans le courant du siècle suivant, les Vénitiens devancer la plupart des navigateurs étrangers
dans la carrière des découvertes et donner une forte impulsion aux études géographiques.

Circonscrite dans les lagunes, continuellement engagée dans des guerres ou
des expéditions lointaines, embarrassée peut-être dans son idiome inculte et
grossier, Venise, à l'époque dont nous parlons, n'avait pas encore trouvé assez
de loisirs ou assez de hardiesse pour se lancer dans le domaine de la poésie.
D'ailleurs trois intelligences supérieures absorbaient l'attention de l'Italie, et
personne n'eût été assez téméraire pour prétendre rivaliser avec le Dante,
Pétrarque et Boccace ; on se taisait et l'on admirait. A peine quelques vers d'un
poëte du xv° siècle, Barthélemi Giorgi, sont-ils parvenus jusqu'à nous, et si à
ce nom peu connu Venise ajoute celui d'une femme célèbre autant par les grâces
de sa personne que par le charme de son esprit, c'est que la Muse de cette illustre
fille des lagunes prit son essor dans une langue qui n'était plus celle que son enfance balbutiait sur les rivages de l'Adriatique. Fille de Thomas Pisan, célèbre
professeur d'astronomie à Venise, qu'appelait en France (1368) le studieux
Charles V, Christine n'avait que cinq ans lorsqu'elle quitta sa patrie. La précocité de son esprit attira l'attention du roi, et il la fit élever comme une personne de qualité. A l'âge de quinze ans, elle épousa un jeune bachelier nommé
Étienne Castel, qui fut pourvu de la charge de notaire et de secrétaire du roi ;
mais son bonheur ne dura pas longtemps : Charles mourut en 1380, et son astronome se trouva réduit à une partie de ses gages, mal payée par le nouveau roi.
Accablé par la vieillesse, les chagrins, les infirmités, Thomas Pisan suivit de
très-près son bienfaiteur, et le jeune Castel, qui soutenait sa famille par sa bonne
conduite autant que par le crédit attaché à son emploi, fut emporté par une
maladie contagieuse, en 1389. Restée veuve avec trois enfants, Christine (elle
n'avait que vingt-cinq ans), trouva dans l'étude une puissante diversion à ses
peines et composa un grand nombre de pièces de vers. « Depuis l'an 1399 »,

---

[1]. Peu après son retour, en 1295, Marco-Polo fut pris par les Génois dans un combat naval et conduit à Gènes ; c'est durant sa captivité de quatre années qu'il écrivit ses voyages.

dit-elle, « que je commençai jusques à cestui 1405 ouquel encore je ne cesse jay
« compilé quinze volumes principaux, sans les autres particuliers petis dictiez ;
« lesquieulx tous ensemble contiennent environ LXX quayers de grans volumes,
« comme l'expérience en est manifeste. » Ses premières productions lui acquirent
l'estime non-seulement des Français, mais des étrangers. Le comte de Salisbury,
favori de Richard II, gracieux chevalier aimant dictiez et lui-même gracieux
« dicteur », étant venu en France pour conclure le mariage de son maître avec
Isabelle fille de Charles VI, offrit à Christine de l'emmener en Angleterre ;
mais elle refusa parce que, dit-elle, « je ne puis croire que fin de desloyal
« viengne à bon terme. » Cela prouve combien la reconnaissance l'attachait à la
France, où elle avait été élevée, et où son talent poétique avait reçu les premiers
encouragements. Cette femme dont l'illustration rejaillit à bon droit sur la ville
qui la vit naître, mourut dans un état voisin de la misère [1].

Tel est le contingent que Venise fournit aux sciences et aux lettres pendant
le cours des XIIIe et XIVe siècles. Avec le XVe elles prennent un essor tout à fait
remarquable, et se soutiennent dans leur marche ascendante jusque après le
XVIIe ; mais ici, il faut le dire, ce n'est pas Venise seule qui donne l'impulsion ;
les provinces de terre-ferme, dont elle vient de faire la conquête, et où depuis
longtemps étaient cultivées avec succès toutes les branches des connaissances
humaines, la secondent puissamment. En traçant l'exposé de ces progrès, nous
nous ferons un devoir d'indiquer successivement la part qui revient à chacune
d'elles.

La connaissance de la terre et les voyages d'exploration devaient nécessairement être la première étude, l'étude de prédilection d'un peuple navigateur ;
aussi les Vénitiens s'attribuent-ils la priorité de la plupart des découvertes importantes en ce genre : non contents d'avoir précédé les Portugais dans l'archipel
des Indes, ils prétendent avoir abordé aux côtes d'Amérique avant Christophe
Colomb, et être les inventeurs de la boussole ; d'après leurs annalistes, les
frères Zeno auraient, vers la fin du XIVe siècle, découvert l'Islande, le Groënland,
le Canada, la Virginie, le Mexique, et pour corroborer cette opinion ils citent
une carte conservée dans la bibliothèque de Saint-Marc, revêtue de la date de
1436, et sur laquelle on aperçoit à l'opposite de l'Europe une vaste terre avec le
mot *Antilia*. Sans nous arrêter devant ces assertions plus ou moins exagérées,
constatons simplement qu'en général les cartes dressées par les Vénitiens au
XVe siècle prouvent une connaissance assez exacte des parages compris entre le
détroit de Gibraltar, l'équateur, le continent, les îles du Cap-Vert et les Cana-

---

[1]. Christine de Pisan a laissé des ballades, des lais et virelais, des rondeaux, de petits poëmes, tels que le *Debat des deux Amants, le Livre des trois Jugements, le Chemin de lonc Etude, les Dicts moraux*, etc., etc.; ses principaux ouvrages en prose sont : l'*Histoire de Charles V, la Vision de Christine de Pisan, la Cité des Dames ou les cent Histoires de Troie.* Une partie de ces productions se trouve dans la collection des meilleurs ouvrages composés par des dames ; quelques-unes ont été traduites de la langue romane en français moderne, et publiées à part.

ries; qu'en 1426, Jacques Ziroldi indiquait d'une manière positive plusieurs points situés au delà du cap Bojador, regardé par les anciens comme l'extrémité du monde; qu'en 1436, Andrea del Bianco traçait la carte de la Scandinavie, l'une des plus parfaites qu'on eût vues; que Josaphat Barbaro consacra vingt-cinq années (1436-1471) à explorer la Tartarie, le Kamtschatka, la Perse et la Russie, et qu'il publia une relation très-intéressante de ses voyages; qu'en 1455, Ca dà Mosto, s'avançant dans l'Océan atlantique jusqu'à onze degrés et demi au delà de la ligne équinoxiale, reconnut des premiers les îles du Cap-Vert; qu'en 1483, Paul Trévisan décrivait d'une manière fort satisfaisante l'Éthiopie et le cours du Nil; que les Cabot, en 1496, découvraient le Labrador pour le compte de l'Angleterre, et étaient parvenus à soupçonner l'existence d'une communication entre la baie d'Hudson et la mer du Sud.

Ici se placent naturellement les travaux vraiment remarquables de deux hommes qui ont à jamais illustré leur nom : l'un, J.-B. Ramnusio, résumait, en les accompagnant de notes critiques fort judicieuses, toutes les relations relatives aux côtes de l'Afrique, une partie de l'Asie, et les découvertes faites dans le Nouveau-Monde; l'autre, Fra-Mauro, religieux de l'ordre des Camaldules et du monastère de Saint-Michel de Murano, près Venise, faisait mieux encore : ses connaissances en mathématiques, en physique et en géographie le plaçaient au rang des plus célèbres cosmographes de son temps; mais ce qui assura sa réputation, ce fut la belle mappemonde qu'il exécuta en 1457 et 1459, et qu'on voit aujourd'hui dans une des salles de la bibliothèque de Saint-Marc. Ce planisphère comprend les découvertes de Marco-Polo et celles que venaient de faire les Portugais, c'est-à-dire le Cap-Vert, le Cap-Rouge et le golfe de Guinée. Fra Mauro y ajouta même les renseignements que s'empressaient de lui donner plusieurs voyageurs qui n'ont point écrit; c'est ainsi que le Darfour, inconnu en Europe jusqu'au voyage de Bruce, y est marqué sous le nom de *Darfur*; il y joignit ce qu'on savait de son temps par les Arabes, qui eux-mêmes avaient poussé leurs découvertes sur la côte d'Afrique jusqu'à Sofala et aperçu Madagascar. Mais Fra Mauro fit confusion et plaça Madagascar, sous le nom de Sofala, au sud de l'extrémité méridionale de l'Afrique.

Quoi qu'il en soit, le savant camaldule exerça une grande influence sur les idées des navigateurs de son siècle et du siècle suivant; car en présentant les contours de l'Asie d'après les découvertes de Marco-Polo, il diminuait la distance des côtes de cette partie du monde à celles de l'Europe, et en plaçant faussement à peu de distance des Açores plusieurs îles désignées alors sous les noms de Saint-Brandan, d'Antille et de Berzil, il encourageait, sans le vouloir, les navigateurs à se diriger vers des terres qui, situées beaucoup plus loin, acheminèrent vers la découverte d'un monde nouveau. Longtemps la mappemonde de Fra Mauro a été un sujet d'admiration, comme elle est aujourd'hui un sujet de pure curiosité. En 1494, les Médicis en firent faire une copie exacte et fidèle qu'ils placèrent dans leur palais à Florence ; le monastère d'Albaraça, en Portugal, suivit cet exemple ; enfin, en 1804, plusieurs voyageurs anglais en levèrent un dessin, déposé par eux au Musée britannique. Tout cela prouve que la construction des cartes et leur perfectionnement ont été à Venise un objet constant d'études. Mais, parmi ceux qui marchèrent avec le plus de succès sur les traces de Fra Mauro, nous devons citer surtout Coronelli, qui, au xvii° siècle, fonda une Académie cosmographique, sous le nom des *Argonautes*. Il décrivit la presqu'île de la Morée, publia plus de deux mille cartes, et fut appelé à Paris par Louis XIV pour y diriger l'exécution des deux globes immenses qui ornent la Bibliothèque royale.

Nous l'avons déjà dit ailleurs, l'astronomie, qui a une si étroite connexion avec la navigation et les voyages de découvertes, reçut aussi de grands encouragements : tandis que Tycho Brahé élevait à ses frais un observatoire dans une île de la mer Baltique, la république envoyait en Égypte des astronomes chargés d'examiner attentivement le système céleste de Ptolémée et d'en réfuter les erreurs, de son côté, l'illustre Fracastor essayait une nouvelle combinaison de lunettes et imaginait les calculs homocentriques à l'aide desquels il démontra le système planétaire ; Marc-Antoine de Dominis, archevêque de Spalatro, par son traité sur l'arc-en-ciel, facilitait à Newton ses travaux sur la polarisation de la lumière ; et Magini, quoique un peu superstitieux, publiait une nouvelle et savante théorie des planètes d'après Copernic ; enfin Galilée était attiré et retenu à l'Université de Padoue par la munificence du sénat vénitien, qui, pour mieux honorer encore ce sublime génie, voulut assister à ses premières expériences sur le télescope et le pendule. Dans les autres branches des sciences mathématiques, nous trouvons également des hommes du premier mérite : Nicolas Tartaglia, qui, le premier, donna, dit-on, une méthode pour résoudre les équations cubiques ; Dorothée Alimari, qui indiqua une formule pour le calcul des longitudes en pleine mer ; François Bianchini, qui consacra huit années à tracer la méridienne de l'Italie ; enfin Cognoli, auteur d'un excellent traité de trigonométrie.

Revenons au progrès de l'étude des langues anciennes.

Lorsque, vers le milieu du xv° siècle, le pape Nicolas V proposa aux savants de l'Italie d'entreprendre la traduction des chefs-d'œuvre de l'antiquité, les Vénitiens répondirent dignement à cet appel : Guarino de Vérone, à qui nous sommes redevables de la conservation d'une grande partie des livres grecs parvenus jusqu'à nous, traduisit Plutarque et Strabon : peines et dépenses, rien ne lui coûta pour découvrir et reconnaître les meilleurs manuscrits ; Nicolas Perrotti, Barbaro et Romulus Amaseo, traduisirent successivement Polybe, Hippocrate, Pausanias, Épictète, Xénophon. D'autres ne s'en tinrent pas à l'étude du grec : Jérôme Aléandre, à qui Louis XII confia la direction de l'Université de Paris, possédait presque tous les idiomes de l'Orient ; Jérôme Ramnusio fit passer dans le dialecte vénitien quelques auteurs arabes, et notamment Avicenne ; enfin

Malermi, du couvent des Camaldules, donna le premier une version de la Bible faite sur le texte hébreu. Cependant ces immenses travaux n'acquirent toute leur importance que lorsque l'imprimerie les eut répandus par toute l'Europe, et Venise, disons-le à son immortel honneur, fut une des premières villes qui accordèrent à cet art nouveau une brillante hospitalité. Dès 1469 Jean de Spire et le Français Nicolas Janson portèrent le titre d'imprimeurs de la sérénissime république; mais aux Aldes était réservé l'honneur de propager l'étude des lettres grecques. Avant Manuce l'ancien, on n'avait encore livré à l'impression que des ouvrages écrits en latin ou dans les langues modernes; Manuce conçut le projet d'ouvrir au public les vastes trésors d'une littérature qui lui était devenue très-familière. A cet effet il s'entoura d'hommes capables de concourir avec lui à la propagation des lumières ensevelies depuis plusieurs siècles dans les bibliothèques d'un bien petit nombre de savants : Marc Musuro, de Candie; le cardinal Bembo, Ange Gabrieli, André Navagero, Daniel Rinieri, Marin Sanuto, Benoît Ramberti, Érasme, Baptiste Egnazio, le frère Jocondé; et grâce à leur concours, il réalisa son hardi projet. Malgré l'immensité des détails d'une telle entreprise, ses belles éditions possèdent tout le mérite d'une correction soignée; il y consacra sa fortune, son savoir, sa santé, sa vie tout entière. La plus importante de ces publications est l'édition *princeps* des œuvres d'Aristote; on lui doit aussi celles d'Euripide, de Théocrite, les *Grammaires* de Lascaris, de Théodore Gaza, etc., etc., et lui-même est auteur d'une *Grammaire* et d'un *Dictionnaire* grecs. Inventeur de l'in-octavo, cet homme infatigable imprima le premier Virgile (1501) qu'on pût emporter dans les bois, et ce fut de ses presses que sortit la première Bible imprimée en hébreu. Son fils Paul Manuce et son petit-fils Alde le jeune suivirent ses traces; mais ils payèrent de leur fortune leur noble dévouement à la science[1]. Tels furent pour Venise les principaux résultats des études grecques; voyons quelle influence ces études ont exercée chez elle dans un autre ordre d'idées.

---

[1]. Après l'extinction des Aldes, l'imprimerie continua à être pratiquée avec succès à Venise : la beauté du papier, l'élégance des types, la correction des textes, firent pendant longtemps rechercher ses produits. De leur côté les éditeurs ne regardaient à aucun sacrifice pour se procurer de nouveaux manuscrits et mériter une préférence justement acquise. On ne doit pas oublier que c'est aux Vénitiens que sont dus les premiers journaux, vers le commencement du XVIIe siècle. Les affaires d'Italie, les guerres avec les Turcs, intéressaient toute la chrétienté ; Venise était le point où arrivaient les nouvelles du Levant, et souvent aussi le théâtre des négociations. Un des imprimeurs de cette ville imagina de mettre à contribution la curiosité publique en distribuant des feuilles imprimées qui se payaient une *gazette*, petite pièce de monnaie ayant cours alors, et d'où ces feuilles ont pris leur nom. Quelques étymologistes ont prétendu que le mot *gazette* vient de la figure d'une pie (en italien *gazza*), placée en tête de ces imprimés. Aujourd'hui la plupart des presses vénitiennes sont employées à l'impression des livres de piété, à des traductions de classiques, ou à des ouvrages de littérature éphémère; cependant l'imprimerie dite *Alvisopoli* et fondée par un membre de la famille Mocenigo, a publié, entre autres ouvrages importants, une traduction de notre *Biographie universelle* : celle des *Mechitaristes*, moines arméniens établis dans la petite île Saint-Lazare, édite en cette langue les livres les plus estimés et les plus utiles; on doit à ces laborieux Pères une belle édition de la *Chronique d'Eusèbe*, et en ce moment ils publient une collection complète des écrivains de leur nation, depuis le IVe siècle, édition enrichie de notes et de dissertations critiques du plus haut intérêt.

Vers le milieu du xv⁰ siècle, une guerre de plume assez vive s'était engagée, en Italie, entre les professeurs de philosophie et de littérature grecques; cette lutte devint plus ardente encore lorsque la chute du Bas-Empire eut amené dans cette péninsule, particulièrement à Venise, à Florence et à Rome, un grand nombre de lettrés chassés de leur patrie par la barbarie musulmane. Voici quelle fut l'origine de la dispute : Aristote, dans le second livre de sa Physique, dit que « tout ce que fait la nature elle le fait pour quelque fin, et que cependant elle « ne fait rien à dessein, c'est-à-dire avec préméditation, avec connaissance de « cause, avec raison. » Trois moines vénitiens, Paul Nicoletti, Paul Pergolan et Paul Albertini, avaient travaillé tour à tour, pendant près d'un siècle, à établir la doctrine du Stagyrite, soutenant avec Averroès que « si, dans sa Physique, « Aristote a parlé en homme, dans sa Morale il a parlé en Dieu, et qu'il y a sujet « de douter si, dans ses Morales, il tient plus du jurisconsulte que du prêtre, « plus du prêtre que du prophète, plus du prophète que de Dieu ! » Nous nous bornons à citer, car pour les lecteurs de nos jours il serait superflu de faire ressortir de telles exagérations. Lauro Quirini de Candie, qui enseignait avec beaucoup d'éclat l'éthique d'Aristote, le grammairien Théodore Gaza, George de Trébizonde, professeur d'éloquence, tous trois établis à Venise, combattirent vaillamment en faveur du péripatétisme, auquel Jean Argyropoulos, qui enseigna tour à tour à Padoue et à Florence, parvint à donner un crédit immense. Tout à coup un Grec de Constantinople, Gémiste Pléthon, réfugié à Florence, entreprend de battre en brèche les théories d'Aristote, et, s'appuyant de l'autorité de Platon, soutient hautement la thèse contraire, c'est-à-dire « que la nature n'a rien fait « qu'avec raison et avec prudence. » Pléthon trouva de puissants protecteurs dans Cosme de Médicis et le cardinal Bessarion.

Les deux partis se firent une guerre acharnée : les sectateurs de l'Académie, ne pouvant souffrir que leur maître, le divin Platon, trouvât un rival dans le chef du péripatétisme, prétendaient que la barbarie seule avait pu donner l'empire à la philosophie d'Aristote, et que depuis qu'un nouveau jour luisait sur le monde savant, son école devait disparaître. De leur côté, les aristotéliciens imputaient à Platon tous les vices, à sa philosophie tous les malheurs de l'humanité. On écrivit de part et d'autre des volumes, des dissertations sans fin, où l'on se montra plus prodigue d'injures que de bonnes raisons; si bien qu'en substituant, dans certains passages, le nom d'Aristote à celui de Platon, ou le nom de Platon à celui d'Aristote, l'argument était également applicable à chacun des deux philosophes grecs. L'avénement de Nicolas V au pontificat donna une supériorité marquée aux idées platoniciennes; les livres d'Aristote et ceux de ses commentateurs furent livrés aux flammes, ses obstinés partisans frappés d'excommunication. Cependant le cardinal Bessarion, après s'être montré le champion exclusif de Platon, voulut apaiser la querelle : il fit un examen impartial des deux théories, et publia un mémoire dans lequel, expliquant les termes dont Platon et Aristote se sont servis, il démontrait que les deux philosophes n'étaient pas si éloignés de sentiment qu'ils le paraissent. Un Vénitien, Nicolas Thomœo, suivit cet exemple de modération et parvint à réhabiliter la doctrine du Lycée sans déprécier celle de l'Académie. Dès ce moment les invectives cessèrent, et pendant plusieurs années la paix régna entre les deux écoles rivales.

Plus d'une fois le conseil des Dix adressa de sévères admonestations à ces savants atrabilaires, qui auraient volontiers troublé la paix de l'Italie pour de futiles questions de scolastique, et les contraignit, se renfermant dans le domaine de la philosophie pure, à ne pas aborder les régions trop compromettantes de la théologie, à laquelle il ne donna jamais aucun encouragement. Quoique l'Université de Padoue possédât sept chaires pour l'enseignement de cette science, le gouvernement ne tolérait aucune discussion relative au dogme, pour lui chose sainte et inviolable ; aussi l'Église vénitienne ne compte-t-elle ni savants prélats ni éloquents orateurs sacrés : au milieu de ce clergé ignorant ou corrompu, à peine pourrait-on citer quelques noms, tels que ceux de Louis Donato, de Pierre Morosini, du cardinal Jean-Jérôme Albani, et surtout du frère Paul Sarpi, plus connu sous le nom de Fra Paolo, dont nous parlerons tout à l'heure. Mais, si par cette prudente réserve le silence et la soumission la plus absolue en matière de dogme étaient imposés à tout le monde, il n'en était plus de même en ce qui appartenait exclusivement au temporel. Nous avons vu la république toujours prête à opposer la plus vive résistance aux empiétements de la cour de Rome ; afin de n'être, en aucune circonstance, prise au dépourvu par les arguties des docteurs pontificaux, la Seigneurie avait constamment à sa disposition un théologien, investi du titre de *consulteur*, dont la mission consistait à repousser d'injustes prétentions. Parmi ceux qui ont occupé cet éminent emploi, arrêtons nos regards sur l'un des plus habiles controversistes de son temps.

Pierre Sarpi naquit en 1552, et montra, dès son enfance, deux qualités qui se rencontrent rarement ensemble : une mémoire prodigieuse et un jugement exquis; en 1566, il prit l'habit de servite, avec le nom de Fra Paolo, et s'appliqua dès lors à l'étude des langues, de l'histoire, du droit canon et de la théologie, puis à celle de la philosophie expérimentale et de l'anatomie. Tiré de son cabinet pour entrer dans les affaires politiques, à l'occasion d'un différend qui s'était élevé entre Rome et Venise au sujet des immunités ecclésiastiques, différend dont nous rapporterons les principales circonstances dans le chapitre suivant, Fra Paolo écrivit un mémoire sur l'excommunication ; il eut la plus grande part au *Traité de l'interdit* publié au nom des sept théologiens de la république, traité dans lequel on prouve, en dix-neuf propositions, que l'interdit violait toutes les lois constitutives des États chrétiens; que les ecclésiastiques ne pouvaient y déférer sans se rendre coupables de prévarication, et que les souverains avaient le droit de s'opposer par tous les moyens possibles à ce qu'il fût mis chez eux à exécution. La Cour pontificale le fit citer à comparaître ; pour toute réponse,

Paolo publia un manifeste dans lequel il prouvait l'invalidité de la citation. L'affaire fut terminée en 1607, et le *consulteur* compris dans l'accommodement; mais, quelques mois après, un jour qu'il rentrait dans son monastère, cinq assassins l'assaillirent et lui portèrent quinze coups de couteau, dont trois le blessèrent assez grièvement : deux au cou et un au visage. A la nouvelle de cet attentat, le sénat se sépara sur-le-champ, et, la même nuit, plusieurs de ses membres se rendirent au couvent des Servites afin de présider au pansement du blessé. Le lendemain, on décida qu'il serait visité chaque jour par les magistrats de semaine, et qu'en outre les médecins viendraient journellement rendre compte à l'assemblée du résultat de leurs soins; on promit des récompenses à ceux qui indiqueraient les assassins, ou tueraient quiconque attenterait désormais à la vie du théologien officiel, ou découvriraient quelque conspiration contre sa personne; enfin, après sa guérison, il lui fut permis de se faire accompagner par des gens armés, et, pour garantir mieux encore sa sûreté, la Seigneurie lui assigna une maison auprès du palais de Saint-Marc. Le médecin Aquapendente, qui l'avait sauvé, fut fait chevalier et reçut en présent une riche chaîne accompagnée d'une médaille d'or. C'est ainsi que le gouvernement vénitien manifestait sa sollicitude pour ce grand homme, qui lui-même prit le parti de vivre plus retiré du monde que par le passé.

Dans sa retraite volontaire, Paolo écrivit sa célèbre *Histoire du concile de Trente*, dont il travaillait depuis longtemps à rassembler les matériaux. Le style et la composition sont si naturels, si énergiques, les intrigues y sont si bien développées, l'auteur l'a semé de réflexions si judicieuses, qu'on la regarde généralement comme l'une des meilleures histoires qui aient été publiées en Italie. Voici l'opinion de Mably sur cet immense et important ouvrage : « Il s'agit de
« développer la politique tortueuse de la cour de Rome, les intrigues des lé-
« gats, la servitude des évêques ultramontains; il s'agit de faire haranguer des
« théologiens dont la scolastique épouvante les oreilles et la raison; il s'agit
« de peindre l'obstination des novateurs, et de donner une idée des guerres fatales
« qui continuent et des États qui craignent ou qui désirent les décisions du
« concile. Voyez avec quelle simplicité tout ce chaos se débrouille; par quelles
« transitions naturelles l'auteur passe d'un objet à un autre, ne s'appesantit sur
« aucun, me donne cependant tous les éclaircissements dont j'ai besoin, et me
« conduit à son dénouement, auquel je suis préparé. »

Le nom de Paolo était devenu si fameux dans toute l'Europe, que les étrangers venaient en Italie pour le voir; deux rois s'efforcèrent, par des offres brillantes, de l'attirer auprès de leur personne, et divers princes l'honorèrent de leur visite; entre autres le prince de Condé, qui obtint la permission de voir et d'entretenir le fameux servite. Fra Paolo mourut couvert de gloire, le 14 janvier 1623, à l'âge de soixante-onze ans : des honneurs extraordinaires lui furent rendus; la république chargea ses ambassadeurs de notifier cette perte à toutes les puissances étrangères, et lui éleva un magnifique mausolée dont le patricien Jean-Antoine Veniero composa l'épitaphe.

Bossuet, dans son *Histoire des Variations*, dit de cet homme extraordinaire, dont il n'attaque d'ailleurs ni la science ni le mérite : « Sous un froc, Fra Paolo « cachait un cœur calviniste; il travaillait sourdement à décréditer la messe qu'il « disait tous les jours, et ne travaillait qu'à porter la république à une sépara- « tion entière, non-seulement de la cour, mais encore de l'Église romaine. » S'il faut en croire un écrivain protestant, Fra Paolo, de concert avec le père Fulgence, après avoir formé une association de plus de mille personnes, dont trois cents patriciens des premières familles, n'attendait plus, pour éclater ou pour établir le protestantisme dans tout le territoire vénitien, que l'introduction de la reforme dans les provinces allemandes limitrophes. Que ces intentions soient réelles, ou qu'on les lui ait prêtées, ce que nous nous abstenons de discuter, on n'en doit pas moins reconnaître, chez Fra Paolo, un éminent talent d'écrivain et une remarquable supériorité d'esprit ; mais il faut l'avouer aussi, on rencontre, à chaque pas, dans ses meilleurs ouvrages, une foule d'expressions pleines d'aigreur et d'impétuosité, qui contrastent d'une manière fâcheuse avec le caractère dont il était revêtu; on regrette surtout de trouver dans ses Consultations des maximes tout à fait dignes de Machiavel. Réunies en un seul corps et traduites par l'abbé de Marsy, sous le titre de *Prince de Fra Paolo*, ces Consultations avaient été écrites, pour la plupart, en 1615, et adressées aux inquisiteurs d'État. Nous ne citerons que les suivantes, lesquelles suffiront pour faire apprécier le caractère de l'auteur et celui de son époque.

I. Dans les querelles entre les nobles, châtier le moins puissant; — entre un noble et un sujet, donner toujours raison au noble; — dans la justice civile, on peut garder une impartialité parfaite.

II. Traiter les Grecs comme des animaux féroces : du pain et le bâton, voilà ce qu'il leur faut; — gardons l'humanité pour une meilleure occasion.

III. S'il se trouve dans les provinces quelques chefs de parti, il faut les exterminer sous un prétexte quelconque, mais en évitant de recourir à la justice ordinaire; — que le poison fasse l'office du bourreau; cela est moins odieux et beaucoup plus profitable.

Ces maximes atroces pourraient porter à croire que la science du droit n'était point cultivée à Venise, et ce serait une erreur. Comme les magistratures, très-nombreuses, étaient électives, comme, par conséquent, chaque citoyen pouvait espérer de siéger plusieurs fois en sa vie dans les tribunaux, tous les hommes éminents se faisaient un devoir d'étudier les divers systèmes de législation; et, par suite de cette généreuse concurrence, Venise et Padoue, où se formaient les jurisconsultes, eurent l'insigne honneur de donner à plusieurs villes de l'Italie des juges, des magistrats, des gouverneurs même. C'est donc ici le lieu d'indiquer comment se répandait l'instruction dans les différentes classes de la société vénitienne.

Dès le XIIIe siècle, des écoles publiques avaient été établies à Venise, aux frais de l'État; aussitôt après la conquête de Padoue (1431), le haut enseignement s'organisa sur une vaste échelle : le sénat concentra dans cette dernière ville, déjà célèbre par son Université, fondée en 1222 par l'empereur Frédéric II, tous les éléments de l'instruction supérieure, et elle devint la seule où il fût permis d'enseigner publiquement toutes les sciences; l'Université même de Venise ne possédait que les facultés de médecine et de philosophie; partout ailleurs on n'enseignait que la grammaire. Une magistrature spéciale, composée de deux procurateurs de Saint-Marc, veillait autant à ses intérêts et à sa discipline qu'aux progrès de l'enseignement; une noble libéralité fixait les honoraires des professeurs. Chaque chaire fut pourvue de deux titulaires : l'un indigène, l'autre étranger. Par une mesure de sage politique, tous les élèves qui se présentaient, nationaux ou étrangers, étaient indistinctement admis, mais les sujets vénitiens ne pouvaient aller étudier ailleurs. Aussi l'Université de Padoue devint-elle l'une des plus florissantes de l'Europe, et compta-t-elle jusqu'à dix-huit mille étudiants, parmi lesquels un certain nombre appartenaient aux divers royaumes de notre continent. Pourrait-on s'étonner dès lors que les rejetons des plus nobles familles briguassent l'honneur d'entrer dans ce corps enseignant, et, qu'à côté de noms plébéiens, tels que ceux de Zarabella, de Sperone-Speroni, de Pancirole, de Vasilus, de Galilée, de Fallope, on trouve les noms aristocratiques des Bragadino, des Foscarini, des Cornaro, des Justiniani, des Trevisani, des Mocenigo; et cela, à une époque où, chez tous les peuples, la noblesse féodale se faisait un mérite de son ignorance !

L'édifice consacré à l'Université de Padoue fut digne de sa destination : c'est un vaste quadrilatère orné de galeries et de salles immenses, où se trouvait réuni tout ce qui était nécessaire aux travaux des élèves et des professeurs. L'amphithéâtre d'anatomie, le cabinet d'histoire naturelle, sont surtout remarquables par les nombreuses et riches collections qu'ils renferment; statues, bas-reliefs, squelettes, plantes rares, animaux de toute espèce, coquilles, minéraux, rien n'a été négligé pour les rendre à la fois utiles et intéressantes. L'observatoire, fourni de bons instruments, et illustré par les découvertes de Galilée, fut élevé au-dessus d'une haute tour, qui, au temps du tyran Eccelin, était une prison redoutable. Un distique latin, placé au-dessus de la porte, exprime heureusement sa destination primitive et sa destination nouvelle :

> Quæ quondam infernas turris ducebat ad umbras,
> Nunc, Venetum auspiciis, pandit ad astra viam.

La bibliothèque renferme plus de soixante-dix mille volumes, et le jardin botanique, fondé en 1545, est probablement le plus ancien qu'il y ait en Europe. Toutes ces créations sont dues à la sollicitude du gouvernement de Venise, qui ne se bornant pas à enrichir l'Université de tous les moyens propres à vulgariser la science, fonda encore douze colléges pour les études inférieures. Les autres villes de terre-ferme reçurent également des établissements proportionnés à leur importance [1].

L'impulsion donnée par le gouvernement détermina un rapide progrès intellectuel ; de toutes parts se formèrent des sociétés pour la propagation des sciences et des lettres. A Venise, Alde l'Ancien fonda sa célèbre *Académie Typographique*, qui réunissait tous les hommes éminents de son époque et au sein de laquelle s'élaborèrent les premières éditions des classiques grecs et latins ; puis vint l'*Academia della Faura*, qui, avec moins d'autorité, poursuivit le même but, et l'académie Justinienne, consacrée à l'art oratoire. Padoue posséda aussi deux académies, celle des *Ricovrati* et des *Ethévéens* ; Vérone vit se former la *Société Philharmonique*, qui s'occupa aussi de belles-lettres, de mathématiques et d'astronomie ; son Académie des *Constanti* était composée de quarante gentilshommes qui pensionnaient un grand nombre de professeurs. A Vicence on institua la *Société Olympique*, laquelle a puissamment contribué à la renaissance de l'art dramatique en Italie. C'est de la même époque que datent la fondation et l'agrandissement de la plupart des bibliothèques publiques dans les États vénitiens.

Nous avons déjà dit les commencements de celle de Saint-Marc ; la donation que lui fit le cardinal Bessarion, en 1468, lui imprima le caractère d'un établissement public. La lettre par laquelle ce savant prélat annonce au doge et au sénat le présent qu'il fait de ses manuscrits à cette bibliothèque, contient des renseignements si précieux sur ces premiers temps de la renaissance et si honorables pour la république, que nous croyons devoir en reproduire quelques passages :

« Je regarderais tous mes soins comme insuffisants, si je ne parvenais à ce que
« des livres rassemblés par moi avec tant de peine fussent placés de manière
« qu'à ma mort ils ne pussent être ni aliénés ni dispersés, mais établis dans un
« lieu sûr et commode, afin de servir aux savants grecs et latins. De toutes les
« villes d'Italie, votre illustre et florissante cité m'a paru le mieux répondre à
« mon projet. Quel pays pouvait offrir un plus sûr asile que le vôtre, régi par
« l'équité, soumis aux lois et gouverné par l'intégrité et la sagesse ; où la vertu,
« la modération, la gravité, la justice, la bonne foi, ont fixé leur demeure ; où
« le pouvoir, quoique très-grand, très-étendu, est aussi équitable que doux ; où

---

1. Il ne faut pas s'étonner de la prédilection que les Vénitiens témoignèrent pour Padoue ; cette ville, dont l'origine remonte à une haute antiquité, était, au moyen âge, considérée comme l'Athènes de l'Italie ; il était donc à la fois sage et politique de l'enchaîner par des bienfaits, d'y développer les institutions qui avaient fait sa célébrité. Les professeurs et les étudiants de l'Université tenaient le premier rang dans la ville, et étaient favorisés en tout par le gouvernement, car il les regardait comme une espèce de garnison qui lui répondait de la fidélité des habitants.

« la liberté est exempte de crime et de licence, où les sages gouvernent, où les
« bons commandent aux méchants, où les intérêts particuliers sont unanimement
« et activement sacrifiés à l'intérêt général. Mérites qui doivent faire espérer (ce
« que je souhaite) que votre État croîtra de jour en jour en force et en renom-
« mée. Je sentais encore que je ne pouvais choisir un lieu plus commode et qui
« convînt mieux à mes compatriotes que Venise, où affluent la plupart des
« nations du monde, surtout des Grecs qui viennent de leurs provinces y aborder
« et pour qui elle est une autre Byzance. »

La donation n'a pas été stérile : depuis plus de trois siècles, tous les savants de
l'Europe sont venus consulter ces précieux manuscrits et y puiser d'utiles renseignements; depuis trois siècles aussi, un grand nombre d'hommes illustres se
sont plu à enrichir de leurs dons la bibliothèque de Saint-Marc. En 1589, le professeur Melchior Wicland, natif de Marienbourg, lui légua tous ses livres; les
Justiniani, les Nani, les Contarini, les Venturi Lonigo, les Morosini, le bailli
Farsetti, le patricien Ascanio Molino, le médecin Nicolas Manuzzi, Antoine Zanetti
et Jacques Morelli, imitèrent successivement ce généreux exemple[1]. A leur tour,
la plupart des villes de terre-ferme voulurent avoir des bibliothèques publiques;
plusieurs riches particuliers rivalisèrent même avec l'État, et formèrent dans
leurs palais de précieuses collections de livres qu'ils mettaient à la disposition des
amis de la science. Si ce mouvement ne s'était pas arrêté, Venise figurerait aujourd'hui parmi les plus puissantes cités de l'Europe, car savoir c'est pouvoir;
mais, une fois parvenue à un certain degré de prospérité et de gloire, elle voit
ses forces s'anéantir : ses institutions s'ébranlent, son commerce lui est ravi,
sa politique perd toute influence, et cet essor intellectuel qui semblait devoir
produire des fruits durables, s'affaise tout à coup. Dans la seconde partie de cet
ouvrage, qui offrira l'affligeant tableau de la décadence de Venise, nous essaie-
rons d'expliquer les causes diverses de cette atonie; hâtons-nous de rentrer dans
notre sujet.

Du XVe au XVIIe siècle, les sciences d'application sont redevables aux Vénitiens d'une foule de découvertes importantes ou d'indications utiles. L'art des
constructions navales particulièrement est porté chez eux à un rare degré de perfection; aussi leurs constructeurs étaient-ils recherchés de toutes les puissances
qui commençaient à entreprendre les grandes expéditions maritimes. Venise

---

1. Nous l'avons déjà dit, la bibliothèque Saint-Marc est une des plus riches de l'Europe en anciens
manuscrits. Ceux de Pétrarque, nous le répétons encore, ont presque totalement disparu; mais on
y trouve des ouvrages inédits de Bessarion et du fameux Gémiste Pléthon, son maître. Avant la fin
du XVIIIe siècle, on y voyait des manuscrits arabes sur papier de soie, et un exemplaire de la Bible
dite *Magontina*. Transportés en France après la conquête, ces livres, en 1815, furent retirés de la
Bibliothèque royale, sans être rendus à leurs véritables maîtres. Elle possède aussi un évangiliaire
du IXe siècle, plusieurs manuscrits, lettres ou fragments d'ouvrages des auteurs italiens les plus remarquables, du Dante, de Fra Paolo, du Tasse, de Guido, de Benvenuto Cellini, etc., etc. Enfin,
pour tout dire en peu de mots, les premiers noms historiques de Venise figurent parmi les bibliothécaires de Saint-Marc, et plusieurs ont été investis des hautes fonctions du dogat.

se distingue encore par les immenses travaux hydrauliques qu'elle fait exécuter ; ses ingénieurs disposent des eaux et des fleuves avec une facilité merveilleuse : la Brenta, le Bacchiglione, le Montone, le Pô, le Reno, le Ronco, deviennent sous leurs mains des instruments dociles ; car l'invention des sas, des écluses, des pertuis, leur appartient. En 1481, les premières écluses à double porte sont jetées sur la Brenta, par deux ingénieurs de Viterbe, et en 1534 on construisait celles de Dolo, restées si fameuses et qui n'ont pas moins de vingt-deux pieds de chute. Déjà, en 1495, Giocondo avait imaginé de détourner une partie des eaux de la Brenta, afin de s'en servir pour remédier aux atterrissements qui s'étaient formés dans la lagune et dégorger les canaux ensablés par cette rivière. C'est ce même Giocondo qui, appelé en France par Louis XII, construisit à Paris le Pont-au-Change et le pont Saint-Michel, constructions qui inspirèrent au spirituel Sannazar le distique suivant :

> Jocondus geminum imposuit tibi, Sequana, pontem ;
> Hunc tu jure potes dicere Pontificem.

Retiré à Rome, Giocondo devint, après la mort de Bramante, un des architectes de l'église de Saint-Pierre ; il travailla avec Raphaël d'Urbin, Antoine Sangallo et Jean Poloni de Venise, à renforcer les fondements de cet édifice immense, auxquels Bramante n'avait pas donné la solidité convenable. On lui doit encore de curieuses *remarques* sur les *Commentaires de César*, et le premier il publia le dessin du pont construit sur le Rhin par ce conquérant, monument dont jusqu'alors la description avait été fort peu satisfaisante. Enfin, n'oublions pas que, durant son séjour à Paris, ce savant découvrit dans une de nos bibliothèques la plupart des *épîtres* de Pline, imprimées bientôt après par Alde Manuce, et que, profondément versé dans la philologie et la théologie, il fut dans chacune de ces deux sciences le maître de Jules Scaliger.

Après Giocondo, Venise nomme avec un juste orgueil Benoît Castelli de Brescia, qui détermina la mesure des eaux courantes ; Barthélemi Ferracina, connu par les perfectionnements apportés à la construction des machines hydrauliques ; Colleoni, qui le premier fit usage de l'artillerie de campagne et inventa les affûts de canon ; San-Michele de Vérone, l'inventeur, dit-on, des bastions angulaires ; puis Bernardin Zandrini, qui éleva les célèbres *murazzi* destinés à protéger le Lido contre l'envahissement des eaux de la mer. Au XVIIe siècle, Ferdinand Ligozza fut appelé en Russie par Pierre le Grand pour diriger la construction du canal qui devait unir la mer Blanche à la Baltique ; à une époque plus rapprochée de nous, Laurent Mascheroni, auteur de la *Géométrie du Compas*, fit partie de cette réunion de savants européens convoquée à Paris par le gouvernement français dans le but de déterminer un système universel de poids et mesures.

Dans les sciences naturelles et médicales, Venise ne manque pas d'illustres représentants; citons parmi les premiers : Patrizzi de Cherso, qui indiqua le sexe des plantes; Vitaliano Donati et Olivi de Chiozza, dont les travaux nous offrent la description complète des animaux et des plantes qui se trouvent dans l'Adriatique et sur ses bords. En tête des seconds vient encore se placer Sarpi, auteur des plus ingénieuses théories sur la circulation du sang et sur la contraction de l'uvée oculaire. Avant lui Fracastor, tout à la fois physicien, astronome, médecin et poëte, dont la vie entière fut aussi utile à l'humanité qu'elle était pure et honorable, s'attachait surtout à la guérison des maladies extraordinaires. Le pape Paul III lui témoigna toute son estime en le nommant médecin du concile de Trente. Il mourut en 1553.

Le nom de Fallope rappelle un de ces laborieux et subtils investigateurs qui semblent destinés à ravir à la nature ses impénétrables secrets. Déjà versé dans la botanique, l'astronomie, la philosophie, et particulièrement dans l'anatomie, il voulut parcourir l'Europe afin de se perfectionner dans son art; puis il vint se fixer à Padoue, où son cours attira bientôt un nombre prodigieux d'élèves. Mort en 1563, Fallope eut pour successeur son disciple Jérôme Fabricius, plus connu sous le nom d'Aquapendente, qui occupa la chaire d'anatomie pendant quarante ans. La république, non contente d'avoir récompensé par une pension de cent écus d'or la persévérance du célèbre professeur, voulut, après sa mort, lui ériger une statue. Ses ouvrages sur la chirurgie, l'anatomie et la médecine, ont été plusieurs fois réimprimés. L'anatomie lui doit la découverte des valvules des veines. Passionné pour la gloire, Fabricius montrait un désintéressement extrême : des présents considérables, témoignages de la reconnaissance de ses malades ou de l'admiration des princes, gisaient entassés dans un cabinet au-dessus de la porte duquel il avait placé cette inscription : *Lucri neglecti lucrum*. Digne continuateur d'Aquapendente, le savant et modeste Morgagni terminera cette liste, où nous n'avons fait entrer que les illustrations de la science. Il exerçait la médecine à Forli lorsque la république lui donna la chaire d'anatomie de Padoue, avec un traitement annuel de 6,000 livres. Ses immenses et laborieuses recherches, toujours couronnées de succès, le conduisirent à la découverte des fonctions de divers organes de l'appareil respiratoire, auxquels il eut la gloire d'attacher son nom. Chez Morgagni le savoir n'excluait pas la foi. On rapporte qu'un jour, au milieu d'une dissection, transporté d'admiration pour l'auteur de la nature, il laissa tomber son scalpel en s'écriant : « Ah! si je pou-
« vais aimer Dieu comme je le connais! » Les papes Clément XI et Clément XII, ainsi que plusieurs souverains, lui donnèrent des marques particulières de leur estime; dans son traité de *Beatificatione servorum Dei*, Benoît XIV fait même de ce grand anatomiste une mention toute particulière. Morgagni descendit au tombeau en 1771.

Sous le rapport de l'art oratoire, la république de Venise n'a rien de commun avec celles d'Athènes et de Rome. Chez elle les discussions du sénat étaient secrètes, et comme les orateurs s'adressaient à des hommes éclairés, ils s'attachaient plutôt à présenter des faits d'une manière décisive, convaincante, qu'à séduire par les artifices du langage. Le peuple étant tout à fait exclu des affaires publiques, l'*agora* ou le *forum* y étaient inconnus, et sur la place Saint-Marc on ne parlait qu'à voix basse des nouvelles politiques, ou l'on s'entretenait sourdement d'intrigues pour l'obtention des places : cela s'appelait *far broglio*. Devant les cours de justice, les causes s'exposaient sommairement, souvent sur simple mémoire, de même que dans les églises toute discussion sur le dogme était sévèrement interdite. Un tel système politique, poussé jusqu'à ses dernières conséquences, étouffait dans son germe l'éloquence, fille de la liberté.

L'histoire, cet autre guide des peuples et des gouvernants, se présente à Venise sous deux faces bien distinctes : d'un côté, se rangent les historiographes officiels, écrivains généralement élégants, plus soigneux de la forme que du fond, louangeurs de la république et défenseurs à outrance de tous ses actes ; de l'autre, quelques écrivains indépendants, qui ont osé de timides essais sur les annales de leur patrie. Chez tous, on reconnaît la main puissante qui sans cesse conduit la plume ou comprime la pensée ; toutefois, dans le récit des événements dans lesquels la république est désintéressée, ils montrent plus d'indépendance, un jugement sûr, une grande netteté de vues. Parlons d'abord des historiographes officiels.

Sabellicus (Marc Antoine Coccio), né vers le milieu du XVe siècle, à Vescovaro, bourg de la Sabine, eut l'avantage de remplir, pendant plusieurs années, les fonctions de secrétaire auprès du cardinal Bessarion, qui lui fit obtenir l'emploi d'historiographe et celui de professeur de belles-lettres. Sabellicus s'acquitta mieux de ce dernier emploi que du premier ; car son histoire, écrite en latin et qui s'étend depuis les premières années de la république jusqu'en 1484, ne se fait guère remarquer que par son élégance et sa précision. Ne demandez pas à cet historien un examen approfondi des faits, des jugements raisonnables, de la saine critique ; son livre n'est et ne pouvait être qu'un continuel panégyrique. Scaliger a dit de lui : « Il est payé pour être sincère et exact à l'égard de ses écoliers et « pour se garder de dire la vérité dans son histoire » ; Sabellicus lui-même avouait que « l'argent qu'il recevait était la source de ses défauts et de ses qualités. Cette charge, malgré les entraves dont elle était entourée, donnait une certaine influence ; aussi le sénat voulut-il que désormais elle fût exclusivement réservée à un personnage d'origine patricienne. Avec un peu plus de liberté, c'eût été un bel encouragement donné à la noblesse pour l'étude des sciences historiques ; ce ne fut encore qu'une prime accordée au mensonge et à la flatterie.

En vertu de cette décision, André Navagero, latiniste plein de goût et de finesse, admirateur de Pindare, ennemi de Martial dont il brûlait tous les ans un exemplaire, ami d'Alde Manuce et de Barthélemi d'Alviane, fut appelé à continuer les travaux de Sabellicus (1506). Quoique chargé de différentes ambassades, il remplit sa tâche avec ardeur; mais avant de mourir (1529), peu satisfait sans doute de son travail, il ordonna de le brûler. Chargé de réparer cette perte, Bembo, tout aussi enthousiaste de la belle latinité que ses prédécesseurs, publia un chef-d'œuvre sous le rapport de l'élégance et de la pureté du style. Son histoire de la république ne s'arrête qu'à la mort de Jules II (1513). Sous sa plume tous les personnages prennent une physionomie héroïque, on dirait qu'il fait le récit d'événements d'un autre âge; par malheur il affecte une telle prédilection pour les termes de la pure latinité, que le lecteur s'arrête stupéfait devant des expressions aussi fausses qu'outrées : par exemple, il dira : le pape fut élu par la faveur des dieux immortels, *deorum immortalium beneficiis*; Jésus-Christ est un *heros*; la sainte Vierge une *déesse, dea Loretana* ; aux termes que le christianisme a consacrés, tels que *fides, excommunicatio*, et qui lui paraissent barbares, il substitue ceux de *persuasio, aquá et igne interdictio* !

Bembo étant mort en 1547, Paul Paruta reprit son œuvre à l'exaltation du pape Léon X. Les douze livres qu'il a laissés, et dont, pour se conformer à l'usage, il avait d'abord écrit le premier en latin, comprennent les événements importants de 1513 à 1552 : la guerre de Chypre y est rapportée dans tous ses détails et d'une manière souvent fort dramatique; on y trouve aussi des digressions très-curieuses sur l'administration civile de la république, partie beaucoup trop négligée par les historiens de toutes les nations. Paruta passa par toutes les grandes charges de l'État; il fut honoré de plusieurs ambassades, et mourut procurateur de Saint-Marc en 1598. M. de Thou fait de lui l'éloge suivant : *Vir raráin explicandis negotiis solertiá et eloquentiá*. On a encore de cet écrivain un ouvrage intitulé *della Perfezione della Vita Politica*, et vingt-cinq *discours politiques* qui roulent sur la forme des anciens États ou sur les affaires de Venise.

Les historiens subséquents ne se font remarquer que par les défauts inhérents à leur charge; nous n'aurons donc que des noms à enregistrer. André Morosini porta les annales de Venise jusqu'à l'année 1615, Baptiste Nani à 1644, Michel Foscarini à 1690, Pierre Garzoni à 1713. Nicolas Dona entreprit de refondre en un seul corps d'ouvrage toutes ces histoires partielles. Son travail, qui remonte jusqu'aux premières années de la république, s'arrête vers le milieu du XVIIIe siècle; mais probablement jugé dangereux par le sénat, l'impression n'en fut pas permise. Après la mort de Dona, arrivée en 1765, personne ne voulut remplir une charge que les circonstances des temps rendaient extrêmement délicate, et elle resta vacante pendant neuf années au bout desquelles François Dona fut contraint d'accepter la succession paternelle. Ce dernier historiographe de Venise vit les étrangers fouler aux pieds le drapeau de Saint-Marc, le sénat dispersé, les institutions de son pays renversées, et il resta muet, et il ne trouva ni une larme ni un regret pour une si grande catastrophe ! Nous pouvons donc dire avec Niebuhr : « Les Vénitiens, à la chute de la république, n'eurent d'autre courage « que celui de la résignation ! »

Occupons-nous maintenant des historiens indépendants. Nous avons déjà dit le mérite de la chronique de Dandolo; un siècle après lui, Coriolan Cippico entreprit d'écrire l'histoire de la guerre des Vénitiens contre les Turcs (1470), et réussit non-seulement auprès de ses compatriotes, mais encore auprès de tous ceux qui s'intéressaient à la lutte gigantesque dont une partie de l'Europe et de l'Asie étaient devenues le théâtre; puis vint Bernard Justiniani qui, remontant aux premières époques de la fondation de la république, jeta un jour nouveau sur cette importante période; en 1510, Gaspard Contarini, de l'illustre famille de ce nom, entreprit d'expliquer l'action des divers rouages de l'administration de Venise. Quoique plein de restrictions, cet ouvrage, écrit dans un style élégant et correct, fait suffisamment comprendre le système politique de la république, et s'il eût été plus répandu on aurait commis moins d'erreurs sur ce grave sujet. En 1522, André Mocenigo publia deux histoires justement estimées : l'une relative à la guerre des Turcs, l'autre comprenant et expliquant toutes les phases de la ligue de Cambrai. On est aussi redevable à Pierre Giustiniani, à Jacques Diedo, à Charles Marini, de travaux historiques non moins recommandables; enfin, au-dessus de tous ces noms brille celui de Victor Sandi, remarquable par la netteté de son exposition, la pureté de son style et la portée de ses jugements sur les divers systèmes de politique et d'administration qui ont tour à tour prévalu dans sa patrie.

Le petit nombre des auteurs vénitiens qui ont abordé le domaine de l'histoire étrangère montrent une noble indépendance : nous avons déjà cité l'*Histoire du Concile de Trente* par Paul Sarpi; l'*Histoire de Florence*, par Jean Michel Bruto, n'est pas moins digne d'éloges : les Médicis furent tellement affectés de l'apparition de cet ouvrage, qu'ils en firent rechercher pour les détruire tous les exemplaires; Pierre Maffei de Bergame écrivit l'*Histoire des Indes orientales*; Paul Emili de Vérone et Davila esquissèrent les *Annales de France*, et Jacques Bonadio rédigea, avec un rare bonheur, l'*Histoire de Gênes*; enfin, Louis Dolce, dont les histoires de Charles-Quint et de François Ier méritent d'être consultées, « était, suivant Baillet, un des meilleurs écrivains de son temps »; son style a de la douceur, de la pureté, de la grâce.

A côté de ces historiens en titre on peut placer les membres du corps diplomatique qui adressèrent au sénat les innombrables Mémoires aujourd'hui déposés, pour la plupart, dans les archives générales de Venise [1], et qui forment peut-

---

1. *L'archivio generale* établi dans l'ancien couvent des *Frari* est une des curiosités les plus remarquables de Venise par la masse prodigieuse de documents qu'il renferme, par le savant classement que M. le directeur Chiodo a su leur donner, et par la manière ingénieuse et élegante avec laquelle on a appropriè le local. Ce magnifique établissement se compose de quinze cent quatre-

être la plus considérable des collections de ce genre en Europe. Si ces documents étaient mis en ordre, convenablement annotés et expliqués, ils fourniraient sans contredit des appendices on ne peut plus précieux à toutes les histoires des États modernes, car ils se recommandent par une grande finesse de tact et la justesse des aperçus. Quelques passages extraits au hasard de la *Relation des Ambassadeurs vénitiens sur les affaires de France au* XVI*ᵉ siècle*, récemment publiée par ordre du gouvernement français, serviront de preuve à notre assertion.

Voici par quelles considérations Marc Barbaro, un de ces habiles diplomates, commence son Mémoire : « L'un des moyens les plus sûrs de conserver les États
« et de bien les gouverner, c'est sans doute de connaître les autres gouvernements;
« car l'exemple d'autrui aide à introduire chez soi quelque bonne et nouvelle
« institution, ou bien à mieux apprécier les siennes, à réparer quelque désordre,
« ou enfin à exercer la prudence des hommes par l'observation des succès et des
« revers politiques. » Plus loin il ajoute : « Ici je devrais mettre en parallèle le
« royaume de France, avec tous les autres, puisqu'on ne connaît pas aussi bien la
« puissance d'un grand prince, en l'étudiant en elle-même, dans le nombre et
« l'étendue des États qui la composent, dans ses richesses, dans la force de ses
« armées, qu'en la comparant à la puissance des autres. Mais le parallèle entre les
« forces de la France et celles de chacun des autres royaumes serait chose de trop
« longue haleine; aussi je me bornerai à comparer les États de France seulement
« avec ceux du roi Philippe II. » Et l'observateur est heureux dans le choix de son terme de comparaison ; car certes, après la France, ce sont les États d'Espagne que Venise est le plus intéressée à connaître. Suivons ce parallèle ; il est habilement nuancé et offre le plus grand intérêt; nous sommes en 1563, Charles IX occupe le trône de France, Philippe II celui d'Espagne : « Le roi catholique, dit-il,
« est de la maison d'Autriche; il est héritier de tant de seigneuries, de royaumes
« et de pays, qu'il possède douze royaumes en Espagne et trois en Italie; presque
« toutes ses possessions sont éparses. Le roi très-chrétien a un seul royaume tout
« uni et très-vaste. Les revenus du roi catholique sont de cinq millions, la dépense
« est de six; le roi très-chrétien a un revenu de six millions et ne les dépense pas
« tous à présent. Le premier, en cas de nécessité, a beaucoup de peine à trouver
« de l'argent par des impositions extraordinaires; l'autre, par le même moyen, en
« trouve tant qu'il veut. Les sujets de Philippe II sont plus rétifs et plus fiers; les
« Français sont plus portés à dépenser leur argent pour le service de leur roi et
« plus soumis. L'Espagne a des mines d'or dans ses provinces et aux Indes ; la
« France n'a que du fer; mais l'argent y est introduit et n'y manque pas. L'Es-

---

vingt-dix archives spéciales contenant les archives générales des divers tribunaux et cours de justice, des corporations religieuses et des différents corps administratifs de la république. Deux cent quatre-vingt-dix-huit salles sont presque entièrement remplies de manuscrits, dont le plus ancien remonte à l'année 887.

« pagne est stérile, pauvre en grandes villes et rivières, dépourvue des commodités
« de la vie ; la France est fertile, couverte de villes et de châteaux, abondante en
« rivières et en toute sorte de productions. Le roi catholique l'emporte sur
« S. M. T.-C. en forces maritimes ; mais quant aux armées de terre, les gens
« d'armes de France sont de beaucoup supérieurs aux cavaliers espagnols, et l'in-
« fanterie française est de peu inférieure à l'espagnole ; les Gascons ne cèdent en
« rien aux fantassins espagnols. Pour les capitaines, la France a toujours eu le
« dessus ; ainsi les forces de ces deux grands rois peuvent presque se balancer.
« On a vu Charles-Quint, ce grand empereur, cet homme si favorisé par le sort,
« être, après tant de victoires, vaincu par la France et réduit à un très-grand
« danger. On a vu dans cette lutte des vicissitudes continuelles : tantôt l'un, tantôt
« l'autre triomphait. Si donc ces deux puissances sont si fortes, chacune par
« elle-même, unies elles deviendraient formidables. »

L'esprit de nationalité n'aveugle pas les ambassadeurs vénitiens ; ils examinent avec impartialité et concluent sans hésiter contre leur propre pays lorsqu'il le faut. « Quoique l'Italie soit justement estimée comme l'une des plus belles ré-
« gions du monde, il faut cependant avouer, dit Jean Correro, que la France la
« surpasse par les avantages naturels, autant qu'elle en est surpassée par les
« avantages accidentels. L'Italie a des villes plus nombreuses, plus vastes, plus
« magnifiques, de plus beaux édifices ; tout ce qui tient à l'art et à l'industrie de
« l'homme y est parfait. Mais le pays de France est plus richement doté ; les
« sites y sont agréables et le sol est si fertile, que non-seulement il produit en
« abondance pour la consommation des habitants, mais pour l'usage des étran-
« gers. La France est traversée par des rivières navigables qui l'arrosent en tous
« sens : ces rivières aboutissent à des fleuves plus grands, qui la parcourent en
« longueur et en largeur, qui facilitent les communications entre les différentes
« provinces, et le commerce des choses nécessaires dans un lieu et superflues
« dans un autre... »

Il y aurait bien d'autres choses à emprunter à ces historiens improvisés, tant on trouve de bon sens et de justesse dans leurs observations et leurs jugements. Nous nous bornerons à reproduire le portrait qu'ils ont tracé de deux rois, justement célèbres en France, François Ier et Henri IV ; aucun historien français ne les a mieux appréciés.

« Le roi François Ier, dit Marino Cavalli (1546), est maintenant âgé de cin-
« quante-quatre ans : son aspect est tout à fait royal ; en sorte que sans jamais
« avoir vu sa figure ni son portrait, à le regarder seulement on dirait aussitôt :
« C'est le roi. Tous ses mouvements sont si nobles et si majestueux, que nul
« prince ne saurait l'égaler. Son tempérament est robuste, malgré les fatigues
« excessives qu'il a toujours endurées et qu'il endure encore dans tant d'expédi-
« tions et de voyages ; mais autant ce prince supporte les fatigues corporelles,
« autant les soins de l'esprit lui pèsent, et il s'en décharge presque entièrement

« sur le cardinal de Tournon et sur l'amiral. Il ne prend aucune décision, il ne
« fait aucune réponse qu'il n'ait écouté leur conseil ; en toute chose il s'en tient
« à leur avis, et si jamais (ce qui est fort rare) on donne une réponse à un ambas-
« sadeur ou si l'on fait une concession qui ne soit pas approuvée par ces deux
« conseillers, il la révoque ou la modifie. Ce prince est d'un jugement très-sain,
« d'une érudition très-étendue ; il n'est chose, ni étude, ni art, sur lesquelles
« il ne puisse raisonner très-pertinemment, et qu'il ne juge d'une manière aussi
« assurée que ceux-là même qui y sont spécialement adonnés. Ses connaissances
« ne se bornent pas simplement à l'art de la guerre, à la manière d'approvision-
« ner, de conduire une armée, de dresser un plan de bataille, de préparer les
« logements, de donner l'assaut à une ville, ou bien de la défendre, de diriger
« l'artillerie ; il ne comprend pas seulement tout ce qui a trait à la guerre mari-
« time ; mais il est très-expérimenté dans la peinture, dans la littérature, dans
« les langues, très-adroit à la chasse et dans les différents exercices du corps qui
« peuvent convenir à un bon chevalier. Vraiment, lorsqu'on voit que, malgré son
« savoir et ses beaux discours, tous ses exploits de guerre lui ont mal réussi, on
« ne peut s'empêcher de dire que toute sa sagesse est sur les lèvres et non pas
« dans l'esprit. »

Nous voudrions citer toute la partie du Mémoire de Michel Suriano relative aux
troubles religieux de la France jusqu'aux derniers événements de la Ligue ; mais
cette citation prendrait trop de place, nous nous en tiendrons donc au portrait
de Henri IV qu'il a esquissé, selon nous, avec une grande vérité : « Le roi de
« Navarre, pour parler franchement, est un homme très-faible, quoiqu'il soit très-
« brave, de fort gracieuses et agréables manières ; il est dépourvu de l'expérience
« et du sens qu'il lui faudrait pour supporter un gouvernement d'une telle impor-
« tance. L'expérience doit nécessairement lui manquer, parce qu'il ne s'est jamais
« occupé auparavant des affaires de l'État, mais plutôt de ses commodités et de
« ses plaisirs. Pour ce qui est de son jugement, je ne lui reprocherai pas de
« porter des bagues et des boucles d'oreilles, à la manière des femmes, ayant la
« barbe déjà blanche et un bon fardeau d'années sur le dos ; je ne lui reprocherai
« même pas de se livrer, dans les affaires les plus graves, aux flatteurs, aux
« hommes de rien qui l'entourent, et à sa femme qui peut tout sur lui. Je dirai
« seulement que, dans les matières religieuses, il n'a montré ni fermeté ni
« sagesse ; il est passé tantôt à droite, tantôt à gauche, tantôt favorisant les catho-
« liques par égard pour le pape ; tantôt les huguenots pour se faire un parti en
« France ; tantôt les luthériens pour s'attacher l'Allemagne. Cette inconstance a
« son but, mais elle décèle une âme faible et irrésolue. Vouloir occuper plusieurs
« chaises à la fois, c'est ne jamais être à son aise. »

Un tact si exquis, des appréciations marquées au coin d'un si admirable bon
sens, ne font-ils pas vivement regretter que cette foule de précieux documents
reste enfouie dans un dépôt général d'archives, mine toujours fermée, pour

ainsi dire, aux explorations des amis de la vérité historique? Espérons que le cabinet autrichien ne refusera pas longtemps encore de donner cette satisfaction à un des plus impérieux besoins de notre siècle [1]. Quoi qu'il en puisse être, nous arrêterons là notre revue ; car, ainsi que nous l'avons déjà dit, tout semble s'être simultanément affaissé à Venise : l'esprit et la force. Après les Bembo, les Paruta, les Sandi, elle n'a plus à nous présenter que quelques historiens d'un mérite secondaire ; tels sont : Coletti, Farlati, Marini. De nos jours, les savantes *Remarques* de Tiepolo sur l'histoire de M. Daru, les *Recherches statistiques* de Quadri, et le grand ouvrage de Cicogna sur les inscriptions vénitiennes, forment une heureuse diversion à cette atonie intellectuelle.

Arrivés presque au terme de cette rapide esquisse, nous n'avons pas encore parlé des poëtes : ce n'est pas que la république n'en ait eu de fort remarquables ; seulement, dès le début, il nous avait semblé convenable de réserver la poésie comme couronnement du tableau, puisqu'elle est l'expression la plus élevée de la pensée de l'homme.

On sait que la poésie moderne du midi de l'Europe eut son berceau en Provence, sur les confins de l'antique Massalie (Marseille) ; c'est de là que s'élancent les troubadours, semant au loin et partout sur leurs pas les trésors de leur art. Mais, pour tirer parti de cette école, pour extraire de sa théorie ce qu'elle renfermait de bon ou de mauvais, il fallait lui opposer de meilleurs modèles ou l'imiter avec plus d'indépendance. Des hommes d'un génie supérieur et fortifié par de saines études pouvaient seuls l'agrandir ou la dominer ; or ces esprits transcendants, qui ne devaient se trouver en Espagne qu'au XVIe siècle, et en France qu'au XVIIe, se rencontrèrent dès le XIVe en Italie. Leur apparition soudaine offre un spectacle aussi merveilleux qu'inattendu : aucune contrée n'avait été plus foulée, plus dégradée, plus corrompue par la conquête que l'Italie ; elle avait subi, la première, toutes les invasions ; la première, elle avait connu toutes les servitudes ; et voilà que, donnant le signal d'un affranchissement universel, elle rallume au flambeau de son génie les lumières qu'on croyait à jamais éteintes ! en peu d'années, le Dante, Pétrarque et Boccace, l'avancent de trois siècles, et ces trois hommes extraordinaires, salués par l'Europe entière comme ses premiers poëtes, ne sont, à vrai dire, que les derniers des troubadours, mais ils en sont aussi les plus grands !

Cependant Venise, absorbée dans les soins et les calculs de sa prospérité commerciale, ne prit aucune part à ce grand mouvement ; trop peu familiarisés avec le dialecte toscan, dialecte désormais consacré comme langue poétique, ceux de ses enfants qui offraient aux muses un culte avare, restèrent enveloppés dans les langes du collége. Ainsi, à une époque où déjà la langue moderne de leur pays

---

[1] Nous apprenons que sous le patronage du marquis de Capponi, on se propose de donner à Florence une édition complète des *Relations des ambassadeurs vénitiens*; nous ignorons si cette belle entreprise sera mise à exécution, mais nous le désirons ardemment.

était complètement formée. leurs premiers et rares essais furent en latin : œuvres tout à fait ignorées aujourd'hui. les noms d'un bien petit nombre de leurs auteurs ont pu seuls échapper à l'oubli. Citons, par exemple, Jean Cotta de Vérone, qui, mort trop jeune, à vingt-huit ans, n'en a pas moins laissé un recueil assez estimé d'*épigrammes* et d'*oraisons;* Basile Zanchius de Bergame, qui eut l'insigne honneur d'être traduit par le Tasse ; Lelio Cosmico de Padoue, que l'abus de son talent pour la satire conduisit jusque devant le tribunal du Saint-Office ; Pierre Valerio Bolzani, plus connu par son ouvrage sur le malheur des hommes de lettres (*de Infelicitate Litteratorum*) que par ses insipides poésies ; André Navagier, élève de Sabellicus, qui fit connaître à l'Espagne la grâce charmante du sonnet et importa de l'Espagne en Italie la culture de plusieurs plantes originaires de la péninsule ibérique ; Bembo, qui malgré les devoirs de sa charge et sans respect pour la dignité ecclésiastique dont il était revêtu, publiait en latin d'élégantes obscénités ; Jules-César Scaliger, célèbre par son *Art poétique.* ouvrage dans lequel, peu satisfait sans doute de préconiser un faux goût, il s'arrête à des minuties qui sont plutôt du ressort du grammairien que de celui du poète ; Fracastor dont le poème, quoique consacré à un sujet très-prosaïque, s'élève au-dessus de toutes ces médiocrités. La simplicité de Pline, dans la description des œuvres de la nature, n'est pas plus claire que l'admirable élégance de Fracastor ; parvenu à imiter Virgile, non-seulement sous le rapport de la forme extérieure, du nombre et de l'harmonie, comme le font encore la plupart des versificateurs latins modernes, il a su répandre dans ses vers une chaleur, une sensibilité véritables, cette émotion d'une belle âme tout à la fois éprise des beautés de la nature et passionnée pour sa patrie. En lisant son œuvre, on croit entendre comme un écho lointain du cygne de Mantoue.

Dans cette pléiade poétique, on distingue particulièrement deux femmes dont le nom est entouré d'une brillante auréole. La première, Véronique Gambara de Brescia, devenue veuve de bonne heure, ne voulut point se remarier, afin de se livrer plus librement à sa passion pour la poésie et la littérature, et mourut à Correggio, en 1550, après avoir fait l'admiration de l'Italie : la douceur et la facilité de son style rappellent celui de Pétrarque. L'autre, Cassandra Fedeli, de Venise, surnommée par Ange Politien *Decus Italiæ*, s'appliqua avec succès aux langues grecque et latine, à l'histoire, à la philosophie, à la théologie, sans négliger les arts d'agrément. Habile musicienne, elle chantait ses vers en s'accompagnant du luth et de la lyre ; Louis XII, Jules II, Léon X, François Ier, Ferdinand d'Aragon, lui donnèrent des preuves non équivoques de leur estime ; les savants ne l'admirèrent pas moins que les princes, et plusieurs même firent pour la voir le voyage de Venise. Devenue veuve à l'âge de cinquante-six ans, cette femme savante, dans la bonne acception du mot, se retira chez les hospitalières de Saint-Dominique, à Vicence, qui la nommèrent leur supérieure, et elle y finit ses jours à l'âge de cent deux ans, en 1567.

La poésie en langue vulgaire ne commença à prendre son essor qu'au XVIe siècle. Enhardis par le succès du Boïardo, qui dans son *Orlando inamorato* s'est joué de toutes les fictions chevaleresques comme de toutes les traditions historiques [1], les poëtes vénitiens essayèrent de marcher sur ses traces, si bien qu'après la mort de l'auteur (1494) Nicolas Agostini, qui faisait avec une merveilleuse facilité des vers médiocres, voulut continuer cette bizarre épopée à laquelle il n'avait pas eu le temps de mettre la dernière main. Mais Agostini n'avait de son modèle que la stérile abondance; l'esprit, l'imagination, l'art, lui manquaient. Son travail n'obtint aucun succès, et il n'aurait jamais été réimprimé si l'on ne l'avait toujours placé à la suite de celui du maître. François Ludovici consacra à la gloire de Charlemagne un poëme en deux cents chants, véritable tissu de froides et pesantes digressions métaphysiques; puis enfin parurent Cataneo avec ses *Amours de Marfise*, et Bernardo Tasso, de Bergame [2], avec son *Amadis de Gaule*. C'étaient les précurseurs de Torquato Tasso!

Le Tasse! Venise est-elle bien en droit de le revendiquer au nombre de ses grands hommes et ce génie sublime et malheureux n'appartient-il pas plutôt à toute l'Italie? mais quoique né à Sorrente, le Tasse était issu d'une ancienne famille de Bergame, et, depuis plus d'un siècle, Bergame faisait partie de la domination de Venise en terre ferme. Félicitons-nous de ce que son nom se rattache d'une manière quelconque à l'histoire de Venise, et dès lors qu'il nous soit permis de payer à sa mémoire notre tribut de respect et d'admiration.

A l'âge de douze ans, le Tasse accompagna son père, qui se rendait à Venise afin de surveiller l'impression de son poëme d'*Amadis*; quatre ans plus tard, il se séparait de lui pour aller étudier le droit à Padoue, sous l'illustre Pancirole. Après dix-huit mois de séjour dans cette ville, l'unique fruit de ses études fut le poëme de *Renaud* dont l'apparition fit frémir le vieux Bernardo. L'auteur d'*Amadis* venait de dédier son œuvre à Philippe II, qu'il espérait se rendre favorable; mais la froide réponse faite par le despote inspira un si grand découragement au pauvre poëte, qu'épouvanté de voir son fils entrer dans une si ingrate carrière, il s'opposa d'abord à la publication de *Renaud*; les prières

---

1. Le fonds de l'*Orlando inamorato* est tiré de la chronique fabuleuse de l'archevêque Turpin. Boiardo, en le composant, crut donner une imitation de l'Iliade : l'amour de Roland pour Angélique en est le sujet; le siège de Paris y tient la place du siège de Troie, Angélique celle d'Hélène ; des nécromanciens y jouent le rôle des divinités. Les noms des personnages, *Agramantes*, *Sacripante*, *Gradasso*, *Mandricando*, etc., etc., sont, pour la plupart, ceux que portaient des paysans employés sur les terres de l'auteur, noms dont on retrouve encore quelques-uns dans le pays ; de même, les sites sont ceux des environs de Scandiano ou d'autres lieux voisins qui lui appartenaient. L'*Orlando furioso* de l'Arioste n'est en quelque sorte que la continuation de l'*Orlando inamorato*, et la lecture de l'un est absolument nécessaire pour la parfaite intelligence de l'autre.

2. Bernardo Tasso est le père de Torquato, du Tasse enfin. Son poëme d'*Amadis* n'a pas moins de cent chants, composés d'environ cinquante à soixante mille vers; il le termina en 1549. En 1587 il publia un autre poëme dans le même genre, *Floridant*, qui fut revu par son fils. Il a publié des églogues, des odes, des élégies. Bernardo ne manquait pas d'imagination ni de talent poétique, mais son successeur l'a complétement éclipsé.

de ses amis l'emportèrent enfin, et le vieil athlète permit à Torquato de descendre dans la lice. Les applaudissements unanimes, les éloges donnés à la régularité du plan, à la marche de l'action, à la pureté du style, au mérite d'une composition si étonnante pour un jeune homme de dix-sept ans, achevèrent de le consoler en flattant son orgueil paternel... Mais notre intention n'est pas de tracer la biographie complète du Tasse, ni l'histoire de ses travaux et de ses malheurs, tout le monde les sait; qu'il nous suffise de dire que sa *Jérusalem délivrée*, son plus beau titre de gloire, devint si populaire à Venise que, pendant plus de deux siècles, les gondoliers ne connurent d'autre chant que les strophes de ce poëme. En célébrant les croisades et notre Godefroy de Bouillon, le Tasse introduisit le sentiment moderne dans le cadre de l'épopée antique; il sut trouver un milieu entre la variété désordonnée de l'Arioste et la sévère simplicité d'Homère. « Le sujet de *la Jérusalem*, dit Voltaire, est le plus grand qu'on « ait jamais choisi, et le Tasse y a mis autant d'intérêt que de grandeur; tout y « est lié avec art; il distribue sagement la lumière et les ombres; il s'élève au- « dessus de lui-même de livre en livre. »

Parmi les autres épopées qui enrichirent la littérature vénitienne, nous placerons en première ligne l'*Italia liberata da Gothi* ou le *Triomphe de Bélisaire*, par Trissino, vaste sujet auquel les événements contemporains[1] donnaient une grande actualité, et qui s'il eût été exécuté avec un véritable talent serait bientôt devenu populaire en Italie : la gloire du Trissino se réduisit à avoir produit un ouvrage plus généralement estimé que lu; ses digressions sont trop longues et ses épisodes dénués d'intérêt. Quoique l'*ottava rima* fût consacrée à l'épopée, il écrivit son poëme en tercets, et ce n'est guère que cette singularité qui lui conserve des lecteurs. Louis Dolce, qui le suivit dans la carrière, est le plus fécond des poëtes épiques vénitiens, mais aussi l'un des moins remarquables. On a de lui quatre autres œuvres dont il suffira de nommer les héros pour faire comprendre combien peu ils offrent d'intérêt; ce sont : Sacripante, Prima-Leone, Achille Énée, l'inévitable Roland. Enfin, nommons encore Oliviero, qui chanta la victoire de Charles-Quint sur la ligue de Smalkalde; Jean Fratta, les exploits des chevaliers de Malte; Camille Pancetti, la victoire des Vénitiens sur la flotte de Pépin, conception heureuse dans laquelle il a su grouper avec art tous les événements glorieux de son pays.

On le voit, après le Tasse la poésie épique n'a que d'obscurs représentants à Venise; mais n'en est-il pas de même chez tous les peuples? Combien d'épopées vraiment dignes de ce nom compte-t-on aujourd'hui? Ces grandes créations n'apparaissent guère que dans la jeunesse des nations, et semblent même au-dessus de la conception d'un seul homme; car une épopée, l'*Iliade* ou l'*Énéide*, par

[1] Trissino était de Vicence et vécut de 1478 à 1530; il mit vingt années à la composition de son poëme.

exemple, renferme le génie entier d'un peuple, d'une époque, d'une langue, et la conquête d'un nouveau monde intellectuel ! Et les œuvres qui satisfont à de telles conditions sont nécessairement très-rares.

Dans un ordre moins élevé, la poésie vénitienne ne le cède en rien à celle de l'Italie entière : les poëtes lyriques, élégiaques, didactiques, les sonnétistes, les satiristes, elles les compte par centaines ; il n'y a pas eu d'événement quelque peu digne d'attention, il n'y a pas eu de paix ou de guerre, d'élévation ou de chute, de mort ou de naissance, qui n'aient excité la verve d'une foule de rimeurs : l'exaltation des doges, principalement, ne manquait jamais de produire une avalanche de productions éphémères : éloges, odes, dithyrambes, anagrammes, sonnets en l'honneur du nouvel élu, et surmontés de ses armes, fatiguaient tous les regards, assourdissaient toutes les oreilles. Sans donc nous occuper davantage de ces poëtes de circonstance, tout au plus bons à faire connaître l'esprit de diverses époques sur lesquelles ils n'avaient aucune influence, nous terminerons ce chapitre par un rapide coup d'œil sur le genre de poésie qui exerce chez tous les peuples l'action la plus profonde, la plus active, c'est-à-dire par la litérature dramatique.

On sait tout ce que la renaissance du théâtre doit à l'Italie, on sait que l'Italie eut la glorieuse initiative de cette restauration, bornée d'abord à de grossières ébauches empruntées à l'Écriture Sainte, telles que la Passion de Jésus-Christ, la Création du monde, ou le martyre de quelque saint. Dès les premières années du XIIIe siècle on y trouve des traces de ces étranges exhibitions, tandis qu'en France, elles n'apparaissent guère qu'au commencement du XVe siècle ou tout au plus à la fin du XIVe ; puis vinrent des imitations des tragédies grecques, et Grégoire Corraro, issu d'une famille patricienne de Venise, fut un des premiers à entrer dans cette voie. En 1440, Corraro traita fort habilement le sujet de *Progné* ; mais la langue dont il se servit (le latin) l'empêcha d'acquérir la popularité qu'il méritait. En 1514, Trissino, de Vicence, fit un pas immense : sa *Sophonisbe*[1], écrite en italien et en vers, est la première tragédie régulière et dans le goût classique qui ait été représentée en Italie : le théâtre de Vicence, où elle fut jouée d'abord, s'honore donc d'avoir vu renaître et mettre en pratique la règle des trois unités. Ce poëme n'est pas moins remarquable par une grande innovation, celle des vers non rimés, dont on n'avait pas encore fait usage et qui furent généralement adoptés par les Italiens : Louis Dolce, de Venise ; François Bozza, de Candie ; Sperone-Speroni Grattarola, de Salo ; Jérôme et Orsato Justiniani, entrèrent dans cette nouvelle carrière, et reproduisirent sur les théâtres de Venise, de Padoue ou de Vicence, la plupart des sujets traités par Euripide, Eschyle ou Sophocle. L'enthousiasme qu'excitaient les représentations s'accrut

---

1. La *Sophonisbe* du Trissino fut reproduite sur le Théâtre-Français par Mairet, Lagrange-Chancel et Voltaire. Ce sujet appartient à l'histoire de Carthage.

à tel point, que Palladio fut obligé d'ériger simultanément deux théâtres imités de ceux d'Athènes et de Rome antiques. L'inauguration de celui de Vicence fut faite par l'*Académie olympique* de cette ville, qui représenta l'*Œdipe* grec, traduit par Orsato Justiniani; Louis Grotto, auteur dramatique lui-même et aveugle, y joua le rôle du principal personnage, du moins pendant les dernières scènes, celles où le fils de Laïus rentre en scène après s'être arraché les yeux; mais cette complaisance de l'académicien contribua moins au succès de la pièce que l'espèce de délire qu'inspiraient de telles nouveautés [1]. On était sur la bonne voie; il ne s'agissait plus que d'y persévérer pour acquérir le mérite de l'originalité. Malheureusement le drame pastoral, genre faux et maniéré trop bien d'accord avec les tendances de la société italienne, commençait à prévaloir, et le mauvais goût vint entraver les bonnes études. Entraînés par l'engouement général, les auteurs les plus distingués sacrifièrent sur ces nouveaux autels, et le Tasse lui-même écrivit l'*Aminta*, restée le modèle du genre malgré le *Pastor fido* du Guarini; Isabelle Andreini, de Padoue, fit jouer avec succès son *Myrtille*; les autres ne méritent pas d'être cités [2].

---

1. Lorsque Henri III visita Venise, on représenta devant lui des comédies qui lui parurent si agréables qu'il fit venir en France une troupe de comédiens vénitiens pour donner le plaisir de ce spectacle aux États de Blois. Ces comédiens ayant été arrêtés par des huguenots, le roi paya leur rançon, et ils ouvrirent leur théâtre dans la salle même des États en 1577; le prix des places était d'un demi-teston (10 sous). L'année d'après, toujours sous la protection du roi, la troupe vint s'établir à Paris, rue des Poulies, hôtel du Petit-Bourbon.

2. Il est impossible de s'occuper de la littérature vénitienne sans mentionner le nom d'un homme qui, quoique étranger à Venise, y exerça une grande influence par ses écrits, son audace, son immoralité; cet homme qu'il serait difficile de ranger dans aucune catégorie d'écrivains, car il aborda tous les genres indistinctement; cet homme qui fit métier de la diffamation, dont les louanges étaient taxées, et qui est comme le représentant de la licence et des vieilles mœurs dissolues de Venise, c'est l'Arétin! Chassé d'Arezzo, sa patrie, puis de Rome et de Milan, il vint se réfugier à Venise en 1528. De là, comme d'une place inexpugnable, il se mit à lancer des satires, des pamphlets, des éloges, des outrages à tous les princes de l'Europe; il les bafouait, et cependant il leur indiquait le moyen d'apaiser sa fureur; c'est ainsi qu'il obtint des sommes énormes de François Ier et de Charles-Quint, qu'il célébrait et insultait tour à tour. « J'ai enfin, disait-il avec l'impudence « qui lui est propre, trouvé le moyen de gagner mille écus d'or avec une bouteille d'encre et une « rame de papier! » Ses sœurs, les *Arétines*, qui exerçaient publiquement le métier de courtisanes, le servaient admirablement en lui racontant toutes les confidences que leur faisaient les hauts personnages qui les fréquentaient. Les ouvrages de dévotion que composa l'Arétin, au milieu de ses plus révoltantes obscénités, le reconcilièrent avec la cour de Rome, et alors il eut l'impudeur de solliciter le chapeau de cardinal, qui, pour l'honneur de l'Église, lui fut refusé. Indépendamment de quelques écrits ascétiques et de ses innombrables pamphlets, les œuvres de l'Arétin se composent de cinq comédies pleines de sel, d'une assez mauvaise tragédie, de dialogues obscènes, intitulés *Ragionamenti*; de seize sonnets *lussuriosi*; de *Rime, Stanzi, Capitoli*, les uns remplis de louanges, les autres satiriques ou obscènes, et enfin de quelques épopées non achevées. L'Arétin, près de mourir, ayant reçu l'extrême-onction, dit en riant ce vers que la bouffonnerie italienne rend peut-être moins impie qu'il ne le paraît:

> Guardate mi da topi, or che son unto.
> Préservez-moi des taupes, maintenant je suis oint.

D'autres disent qu'il mourut subitement, d'une chute à la renverse faite en éclatant de rire sur sa chaise, au récit des tours et des aventures de ses dignes sœurs. Quoi qu'il en soit de ces deux versions, la mort de l'Arétin fut aussi ignoble que sa vie.

Cependant, un homme d'un talent éminent, le marquis Scipion Maffei, de Venise, impatient de voir ses compatriotes se traîner à la remorque des anciens, voulut leur montrer que le théâtre moderne pouvait voler de ses propres ailes, vivre de ses propres inspirations, et il créa *Mérope*. Les premières représentations de ce chef-d'œuvre firent oublier les ouvrages du même genre qui l'avaient précédé ; dans tous les théâtres de l'Italie de nombreux spectateurs accueillirent avec enthousiasme le tableau des souffrances de Cresphonte : et encore aujourd'hui, même après Alfieri, les bons esprits trouvent du charme à la lecture de cette belle tragédie [1]. La foule des imitateurs suivit de près, et l'ère de l'indépendance brilla pour la scène tragique. Maffei tenta également d'épurer la comédie ; mais ce nouvel honneur était réservé à Goldoni. Montrons d'abord dans quelle voie s'était engagé avant lui ce côté de l'art dramatique.

L'esprit caustique des Italiens, leur continuelle habitude de la place publique, le laisser-aller de toute leur vie, avaient insensiblement introduit sur le théâtre une espèce de composition improvisée qui tenait le milieu entre la farce des bateleurs et la comédie satirique ; le costume et le masque des personnages, leur caractère et leurs gestes étaient devenus tellement populaires, qu'il n'était besoin d'aucune indication pour expliquer le but de la pièce et les différents rôles. Passons-les successivement en revue.

C'étaient d'abord les *Zanni*, dont nous avons fait les Scapins et les Arlequins : leur habit, qui n'appartient à aucune nation, se composait de morceaux de drap rouge, bleu, orange et violet, coupés en triangle et assemblés comme s'ils formaient une seule et même étoffe. Un petit chapeau couvrait à peine leur tête dénudée ; un masque noir et court, percé de deux trous pour les yeux, leur cachait entièrement la figure. Le Zanne provoquait le rire par le son de sa voix, par ses grimaces et ses contorsions ; primitivement son caractère était celui d'un idiot affamé, mais on finit par lui donner un peu d'esprit et de courage. Après lui se présente le *Grazziano Dottore*, le capitaine *Spavento*, *Pedrolino* (notre Pierrot), *Pantalone*, *Pulcinella* (devenu le Polichinelle français), les *Scaramucci*, *Giangurgolo*, *Don Pasquale*, et une foule d'autres types, qui résumaient en eux les travers et les ridicules de toutes les classes de la société ou des habitants des diverses contrées de l'Italie.

Les *Zanni* remplissaient les rôles d'Arlequin ou de Scapin, et ils parlaient le bergamasque, à cause de la prétendue analogie de leur caractère avec celui de la population des vallées de Bergame, qu'on supposait composée de gens ou tout à fait idiots ou complétement rusés. Le *Grazziano Dottore*, affublé d'un nez gigantesque, parlait bolonais par allusion à sa patrie : il avait le privilége de dire gravement et scientifiquement les plus énormes balourdises. Le capitaine *Spavento*, parlant un espagnol mêlé de milanais et de napolitain, représentait d'une

---

[1]. La *Mérope* de Voltaire vint après celle de Maffei.

manière burlesque et fanfaronne les dominateurs de l'Italie. Le *Pantalone*, narquois et calculé dans ses mouvements, se servait du dialecte vénitien, et le calabrois appartenait à *Pulcinella*, bonhomme lourd, difforme, toujours trompé, et toujours crédule. Les Napolitains étaient personnifiés par *Scaramuccio* et *Tartaglia*, dont le premier est un résolu qui fait et débrouille tout; le second, une espèce de Pierrot, niais quand Arlequin a de l'esprit, spirituel quand Arlequin est niais. *Giangurgolo*, variété des capitaines glorieux, porte une épée, mais il fuit bravement devant un homme qui n'a aucune arme, pas même un bâton; *Don Pasquale*, enfin, est ce bourgeois de Rome, très-révérencieux envers le pape, respectant les cardinaux, et toujours mari débonnaire.

On conçoit combien, avec le secours de tels personnages, il était facile d'improviser de petites scènes de circonstance, d'attaquer, de persifler tout ce qui n'avait pas le bonheur d'être populaire, et que les acteurs, masqués ou enfarinés, se livrassent sans contrainte au plus honteux dévergondage de gestes et de paroles. Il fallait être Italien pour se plaire à de telles exhibitions, blessantes pour le goût, funestes aux mœurs. Il fallut tout l'esprit, toute la verve, toute la persévérance de Goldoni, pour en montrer l'odieux à ses compatriotes et les y faire renoncer.

Charles Goldoni naquit à Venise, en 1707. Une vie semée de duels, de procès, d'intrigues amoureuses, le contraignit de quitter cette ville, où il exerçait la profession d'avocat, et il embrassa dès lors la carrière dramatique. Son début à Vérone (1732) fut une tragédie, *Bélisaire*, le plus mauvais de ses ouvrages; ce fut aussi une chute, mais qui au lieu de le dégoûter servit à lui indiquer la véritable portée de son talent. Doué d'un esprit trop fin, trop observateur, pour réussir dans le genre tragique, il adopta la comédie de caractère, et, sentant en lui les qualités propres à l'y faire réussir, il parcourut toute l'Italie, afin d'étudier les ridicules ou les vices de ses habitants et d'enrichir la scène du résultat de ses observations. Ses premières comédies furent trouvées trop froides, trop chastes; mais elles étaient si vraies, les mœurs plus que faciles de cette société italienne, si lâche, si efféminée, disons-le, si corrompue, étaient peintes avec tant d'adresse, frondées avec tant d'esprit et de bon goût, que chacune d'elles, et il en a créé cent cinquante, obtint un immense succès. A l'exemple de notre Molière, il s'était mis à la tête d'une troupe de comédiens, et s'arrêtait, tantôt dans une ville, tantôt dans une autre, auteur et directeur à la fois. La naïveté, la finesse, qu'il répandait dans les rôles de femmes particulièrement, attirèrent la foule, et dès ce moment les pièces à canevas, les farces, Pantalon, Arlequin, le Docteur, furent relégués sur les tréteaux. Obligé, par suite du mauvais état de sa fortune, d'accepter l'emploi de maître d'italien près de Mesdames, sœurs de Louis XV, Goldoni se créa un nouveau titre de gloire par *le Bourru bienfaisant*, chef-d'œuvre qui est resté, encore plein de jeunesse et de fraîcheur, au répertoire du Théâtre-Français[1]. Un autre citoyen de Venise, Charles Gozzi, a essayé de faire la contre-partie des ouvrages de Goldoni ; mais comme il est tombé dans le burlesque, son succès ne fut que passager.

Quoique Venise puisse se glorifier d'avoir, la première, décerné une couronne de laurier au plus célèbre compositeur de l'Italie, quoique chez elle la musique ait été cultivée avec un grand succès, la reine de l'Adriatique se laissa devancer d'un siècle par Rome, où, dès l'année 1516, le cardinal Bibiena fit représenter devant le pape Léon X un opéra intitulé *la Calandra*. Le drame lyrique ne fut joué à Venise qu'en 1624, encore la musique consistait-elle simplement en récitatifs et en chœurs, chantés à l'unisson, sans aucune espèce d'accompagnement[2]. Mais bientôt la fureur pour ces représentations devint telle, qu'à peine les librettistes pouvaient-ils satisfaire l'impatience publique (on en montait de cinquante à soixante par an), et par suite les compositeurs reçurent des encouragements qui tournaient au profit de l'art. Parmi ces derniers on remarque surtout Galuppi, Zarlino de Chioggia, Scarlatti, rival de Händel, Marcello, surnommé par M. de La Borde le *Pindare* de la musique ; Tartini, célèbre en Europe par ses sonates : quant aux poëtes, ils sont restés à peu près inconnus, si ce n'est Apostolo Zéno (1669-1750), resté sans rival jusqu'à l'arrivée de Métastase.

Issu d'une illustre famille de Venise, mais sans fortune, Zéno s'adonna de bonne heure à la culture des lettres, et ses poésies dramatiques lui donnèrent une juste célébrité. Ayant été appelé à Vienne par l'empereur Charles VI qui lui conféra le titre de poëte et d'historiographe de la cour impériale, il y passa onze années durant lesquelles il produisit tantôt des opéras, tantôt des tragédies, tantôt des drames ou dialogues sur des sujets sacrés, dits *azzioni sacre* ou *oratorio*. Quoiqu'en général ses opéras soient un tissu fort embrouillé d'intrigues, d'événements multiples, d'épisodes plus ou moins bizarres, il se recommande cependant par sa fécondité et son invention.

Au reste, Venise partageait le sort commun de la péninsule italique : la littérature italienne, après avoir été maîtresse de l'Europe, commence vers le milieu du XVIIe siècle à perdre de son éclat et de sa grandeur. La corruption qui s'infiltrait de toutes parts dans les cœurs et dans les esprits, avait fini par énerver les forces physiques de la république, par ôter à ses enfants l'intelligence, l'essor et l'énergie auxquels elle dut sa primitive illustration. Cependant nous trouvons encore quelques noms qui peuvent marcher de pair avec ceux que nous avons déjà cités ; et d'abord celui d'une femme, l'orgueil de son sexe. Morte à la fleur de l'âge, en 1684, Hélène-Lucrèce Cornaro-Piscopia savait l'espagnol, le français,

---

1. Goldoni est presque mort de faim en France ! Lorsqu'il eut terminé l'éducation de Mesdames, il reçut de la cour une pension qui suffisait à son existence, mais que la révolution fit supprimer. André Chénier venait d'en obtenir la restitution, lorsque son protégé expira sous les coups du besoin plus encore que sous le poids des années (1793).

2. A Paris, le plus ancien opéra ne date que de 1672 ; c'est **Pomone**, de l'abbé Perrin.

le latin, le grec, l'hébreu, l'arabe, chantait ses vers en s'accompagnant, dissertait sur la théologie, les mathématiques, et fut reçue docteur en philosophie à l'Université de Padoue. Quoique douée de la beauté du corps aussi bien que de celle de l'esprit, Héléna voulut rester vierge, et mourut victime de son dévouement à l'étude. Sa vie fut une éclatante protestation contre le système d'annihilation qui a constamment pesé sur les femmes à Venise!

Le XVIII° siècle s'ouvre avec le brillant Algarotti, auquel aucune science ni aucun art ne restèrent étrangers. Ami du roi de Prusse, recherché par le roi de Pologne, célébré par Voltaire, il traita en prose et en vers les sujets les plus opposés, et l'on reconnaît dans ses écrits un esprit cultivé, une intelligence sûre et prompte : on a de lui des poésies, des traités sur l'architecture, la peinture et la musique, des essais sur les langues, sur divers points d'histoire et de philosophie, des voyages, des mémoires sur l'art militaire, des pensées et des recueils de correspondance ; son œuvre la plus remarquable est l'Exposé du système de Newton, ou *Newtonianisme des dames*. Traduit en français par Duperron de Castéra, cet ouvrage n'a pas eu autant de succès que la *Pluralité des Mondes* de Fontenelle. Il mourut en 1764.

Césarotti, le traducteur d'Ossian, d'Homère et de Démosthène, mort presque octogénaire (1808), assista aux derniers moments de la république et ne sut trouver dans son imagination que des éloges en faveur de Napoléon!... Césarotti se ressent du faux goût, des habitudes frivoles de l'imitation française et voltairienne qu'affectaient les auteurs italiens du XVIII° siècle ; cependant comme critique Césarotti a mérité de justes éloges, particulièrement dans son *Essai sur la Philosophie des langues*. N'oublions pas non plus les quatre Pindemonte de Vérone, famille vraiment apollonienne, qui a fourni des maîtres estimés à toutes les branches de la littérature et de la poésie. En 1785, Jean Pindemonte l'aîné ayant fait représenter *la Révolte de Candie*, le Conseil des Dix la fit supprimer parce qu'elle attaquait trop directement le caractère des Grecs ; quatorze ans après, une autre tragédie empruntée à l'histoire des premières époques de la république subit le même sort ; mais, cette fois, au nom de l'empereur d'Autriche. Enfin, Venise était à son dernier jour lorsque Tiraboschi et son contemporain Ugo Foscolo naquirent pour la consoler de ses malheurs, la venger de son abaissement!

Jusque vers la fin du XVIII° siècle, l'Italie, cet ancien berceau de la civilisation, n'avait pas encore trouvé un écrivain capable de réunir dans un seul cadre les titres épars de ses richesses littéraires, tâche d'autant plus difficile qu'il fallait pour la bien remplir fermer l'oreille aux prétentions particulières de chaque État et presque de chaque ville, afin de ne juger les auteurs que d'après leur véritable mérite ; en outre, il fallait être versé dans la littérature ancienne, connaître à fond la littérature moderne, avoir une idée suffisante des sciences et des arts, et ne pas être embarrassé dans le classement de tant de matériaux pour élever un édifice aussi riche dans les détails qu'il devait être simple et régulier dans l'ensemble. Ce grand travail fut terminé en moins de onze années, et c'est à un sujet de la république, à Tiraboschi de Bergame (1769-1780), qu'en appartiennent la conception et la réalisation. Ce monument élevé à la gloire nationale est encore aujourd'hui ce que nous possédons de plus complet sur l'histoire de la littérature italienne. En prenant son point de départ des Étrusques, Tiraboschi trace la marche lente mais progressive des lettres et des arts chez les anciens ; il marque leur décadence sous les Barbares et les efforts impuissants de Cassiodore, Boèce, Alcuin, Constantin l'Africain, pour dissiper les ténèbres du moyen âge. C'est avec le même soin qu'il développe les causes de la renaissance des lettres, dont il suit pas à pas les progrès jusqu'à la fin du xviie siècle.

Courtisans de tous les pouvoirs, Monti et Césarotti avaient prostitué sans scrupule leur talent aux heureux dominateurs de l'Italie, à l'Autriche, à la France, au souverain pontife ; Foscolo, au contraire, jeune et fougueux, s'abandonna sans réserve à toute l'amertume de son patriotique désespoir. Nommé secrétaire de l'ambassade que la république envoyait à Napoléon, il vit la liberté de Venise achetée et vendue comme on trafique d'une balle de laine ; son âme noble et généreuse ne put rester impassible au spectacle de tant d'infamie, et il voua un égal mépris aux vainqueurs et aux vaincus. Abandonnant volontairement sa patrie, il alla résider dans cette partie de l'Italie qu'on appelait alors *République cisalpine*, et là, sous l'influence de son indignation, il composa ses *Lettres de Jacques Ortis*, mélange singulier de vérité et d'exagération, de rhétorique déclamatoire et de chaleureuse éloquence. Quoique mutilées avant de paraître au grand jour, ces Lettres produisirent une sensation extraordinaire. Ce ton de patriotisme ardent, élevé, frappa toutes les imaginations ; l'enflure presque gigantesque du style ne nuisit en rien au succès. On souleva sans peine le voile allégorique dont l'auteur enveloppait sa pensée, et l'on accueillit avec enthousiasme ce cri de douleur du républicain moderne, modelé sur les citoyens de la Rome des Gracques.

Entraîné par l'espoir de servir son pays, Foscolo s'engagea dans la première légion italienne, formée par les Français ; poëte et guerrier tout ensemble, il prit part à cette belle défense de Gênes, immortel honneur de Masséna. Au milieu des horreurs d'un siége, il écrivit ses belles odes à Louise Pallavicini, dans lesquelles respire la grâce antique. Douze ans plus tard, sa tragédie d'*Ajax*, représentée sur le théâtre de Milan (1812), éprouva une chute complète ; mais Foscolo s'en releva en publiant un essai de traduction de l'*Iliade* et l'admirable poëme des *Tombeaux*, *I Sepolcri*. L'Europe entière connaît ce dernier ouvrage, l'un des chefs-d'œuvre de la littérature moderne. Il publia ensuite une édition corrigée et augmentée de Montecuculli, travail composé dans l'intention de rappeler les Italiens au sentiment de l'ancienne dignité romaine et d'éveiller en eux le désir de la gloire militaire : maîtres de l'Italie, les Autrichiens exilèrent l'auteur, qui passa en Suisse, et de là en Angleterre, où il est mort en 1827. C'est sur cette terre classique de la liberté que sa raison, épurée et affermie, a produit, non ses ouvrages les plus étendus, mais ses compositions les plus parfaites. Devenu citoyen anglais, il rejeta loin de lui cet appareil classique, cette recherche tour à tour fougueuse et homérique, rêveuse et turbulente, habitudes contractées sous le climat plus chaud de son pays : son talent avait enfin trouvé l'atmosphère vitale dans laquelle il pouvait respirer et grandir! Voilà quel fut Foscolo, le dernier, mais non le moins illustre représentant de la littérature vénitienne.

Sous la domination de l'Autriche, la poésie et l'art dramatique sont en pleine décadence : Pierre Burati, Anacréon vulgaire, auteur de plus de soixante mille vers; Antonio Avellani, surnommé *il Poetino*, grand imitateur des comédies françaises, et le compositeur Perruchini, sont les seuls et bien pâles écrivains qu'on puisse citer à Venise dans ces derniers temps.

Cette longue digression consacrée au développement des sciences, des lettres et des arts trouvait ici sa place naturelle; car, on se le rappelle, c'est précisément à l'époque où nous avons interrompu le récit historique, que le mouvement intellectuel et artistique de Venise a atteint son apogée ; les deux parties de cette histoire se trouvent ainsi plus complétement tranchées. Nous avons dit la naissance et la grandeur de cette étonnante république, il nous reste à retracer sa décadence, son agonie et sa mort !

CHAPITRE XIV.

1605 A 1618.

Différends de la république avec le pape. — Fermeté avec laquelle elle résiste aux prétentions de la cour pontificale. — La guerre des Uscoques. — Conjuration des Espagnols contre Venise.

E XVIᵉ siècle avait porté un coup funeste à la république de Venise, non pas tant par les pertes matérielles qu'elle avait subies durant cette période que par le changement de direction imprimé au commerce du monde. Privée de la suprématie commerciale, pressée entre la maison d'Autriche et les Turcs, il lui devenait impossible de se maintenir au rang de puissance de premier ordre. Faute d'avoir compris cette grande transformation, elle courut d'un pas rapide vers sa ruine. Tandis que les Vasco de Gama, les Pizarre, les Fernand Cortez, les Cabral, les Magellan, donnaient à leur patrie des possessions lointaines, Venise épuisait ses forces à conquérir d'insignifiantes portions de territoire sur les petits princes de l'Italie ses voisins : telle est la cause principale de son affaiblissement; toutes les autres ne sont que secondaires. Qu'on ne nous parle pas des vices de sa constitution, de la trop grande influence de son aristocratie, de sa politique inquiète et tracassière; quel était le gouvernement de cette époque qui n'eût pas à lutter contre des obstacles bien autrement graves? Ses sujets aussi éclairés, sinon plus que ceux de toute autre nation; son industrie plus perfectionnée que partout ailleurs; son gouvernement parfaitement centralisé; ses immenses ressources en argent, en munitions, en navires, en hommes, tout ne concourait-il pas à consolider sa force et sa puissance? Que lui manqua-t-il donc? une seule chose : comprendre la puissance de l'Océan. Pour un peuple navigateur, c'était

tout l'avenir : l'Océan devait détrôner la Méditerranée, et par suite faire tomber le sceptre des mains de l'opulente Venise !

Mais Venise acceptera-t-elle en victime résignée la fatalité qui pèse sur elle ? Non ! nous la verrons, au contraire, luttant avec énergie contre la fortune adverse, n'accepter qu'à la dernière extrémité le rôle de vaincue. Et tout d'abord la voici aux prises avec Rome, qui, bien que déchue elle-même, conservait encore une forte puissance morale et de secourables alliés. Durant ce conflit, l'attitude de la Seigneurie fut ferme et courageuse, et à force de persévérance elle obtint la victoire sans avoir cédé un pouce de terrain.

Le pape Paul V, de la famille Borghèse, était renommé pour la pureté de ses mœurs, son zèle religieux, et surtout pour son ardent attachement aux immunités de l'Église ; son caractère altier et résolu pouvait le faire considérer comme un des plus entreprenants parmi les successeurs de saint Pierre. Les circonstances au milieu desquelles il parvint au pontificat contribuèrent encore à développer son penchant naturel, et ses plus constants efforts tendirent à relever, en face du pouvoir séculier, la primitive influence de l'Église, que les guerres de religion avaient considérablement diminuée, et que menaçaient d'une destruction totale les fougueuses prédications de Luther. D'un autre côté, l'affaiblissement de l'Espagne, depuis la mort de Charles-Quint, permettait au souverain pontife de ne plus se contenter de la simple politique d'équilibre en Italie : le roi de France, Henri IV, suffisait à contre-balancer la maison d'Autriche. Il s'agissait donc pour Paul V de ressaisir la direction suprême dans les affaires de la chrétienté, de faire reconnaître l'indépendance absolue du pouvoir religieux, et par une conséquence nécessaire la suprématie du saint-siége. Ce fut en poursuivant son but avec une vigueur parfois semblable à la violence, qu'il se heurta contre Venise et faillit rallumer la guerre en Italie.

Pendant tout le moyen âge, la Seigneurie respecta les droits du clergé en matière de dogme ; mais sous le rapport politique elle le tint dans une rigoureuse subordination, faisant saisir et châtier par le bras séculier, sans ménagement aucun, tout ecclésiastique qui enfreignait les lois de l'État. Récemment elle avait renouvelé une loi par laquelle la construction de nouvelles églises sans l'autorisation préalable du sénat était interdite, et les ecclésiastiques déclarés inhabiles à posséder ou acquérir des biens-fonds ; enfin au moment même où le nouveau pape posait la tiare sur sa tête, le conseil des Dix venait de faire jeter en prison, sans aucune forme de procès, l'abbé de Nervesa et le chanoine Saraceno de Vicence, tous deux accusés de crimes. Aussitôt Paul V adressa deux brefs au doge Grimani : par le premier, il enjoignait au sénat de révoquer les deux lois dont il vient d'être question ; par l'autre, de remettre les deux ecclésiastiques détenus entre les mains du nonce pontifical, le cardinal Mattei, « qui seul avait le droit d'instruire et de prononcer la sentence ». Le moindre retard entraînait l'excommunication. Les brefs furent présentés le jour de Noël, par le nonce, aux conseillers de la Seigneurie, en l'absence du doge Grimani qui alors étendu sur son lit de mort succomba le lendemain ; et, suivant l'usage, l'ouverture en fut ajournée jusque après l'élection de son successeur.

Léonard Donato ayant été élu le 10 janvier 1606, aussitôt après son installation le sénat prit connaissance des deux brefs, refusa de s'y conformer, et envoya Pierre Duedo expliquer au souverain pontife les motifs de sa conduite. Paul repoussa toute explication, et exigea le respect absolu des immunités ecclésiastiques ; le sénat lui fit répondre que jamais il ne renoncerait à aucun des droits qu'exerce tout gouvernement à l'égard de ses sujets. Cette résistance irrita d'autant plus l'intraitable pontife, que déjà Lucques et Gênes avaient plié sous sa volonté et, par cette double condescendance, encouragé à poursuivre son but un homme qui se flattait déjà de vaincre la résistance des puissances du premier ordre comme celle des autres États. L'excommunication contre le doge et le sénat fut lancée le 17 avril 1606, et la république entière mise sous l'interdit, si les brefs ne recevaient leur exécution dans un délai de vingt-quatre jours.

Peu effrayé de cette démonstration à laquelle il était préparé, le sénat crut prudent d'en prévenir les premières conséquences. Aussi, comme il avait coutume de le faire en pareil cas, il défendit aux évêques de publier, aux magistrats de laisser afficher aucune bulle, bref ou autre écrit envoyé de Rome, et après les vingt-quatre jours de délai accordés par le monitoire, il prescrivit de continuer dans toutes les églises le service divin. Les jésuites, les théatins et les capucins obtempérèrent aux ordres que leurs supérieurs résidant à Rome leur avaient fait parvenir en secret, et ces réfractaires furent sommés de vider immédiatement le territoire de la république : les jésuites sortirent processionnellement de leur maison, le 9 mai au soir, portant chacun pendue au cou, dans une boîte, la sainte eucharistie. Aussitôt après leur départ, les fêtes religieuses se célébrèrent partout avec plus de pompe que jamais : à Venise, tous les fonctionnaires de l'État y assistèrent en corps, et avec eux les représentants des cours étrangères, ce qui ne fit que rendre la protestation plus imposante.

Alors commença une guerre de plume dans laquelle se distinguèrent, pour le pape, les cardinaux Bellarmin et Baronius ; pour Venise, le servite Paul Sarpi, plus connu sous le nom de Fra-Paolo. Mais, tandis que les publicistes étaient aux prises, le pape, voyant qu'il pouvait compter sur l'appui des Espagnols, ou tout au moins sur celui de leurs gouverneurs en Italie, levait des troupes, disposé qu'il était à employer la force ouverte. De son côté, la république ne resta point inactive : la flotte fut augmentée, on créa trente nouveaux provéditeurs de navires, on enrôla deux mille fantassins italiens, on appela quatre cents Stradiotes, les soldats corses furent portés au complet, enfin on nomma un nouveau provéditeur de terre ferme. Ces préparatifs alarmèrent vivement les princes de la chrétienté, car une lutte opiniâtre entre le saint-siége et les Vénitiens pouvait amener une conflagration générale. Ceux-ci demandèrent l'assistance d'Henri IV ; et ce prince répondit aussitôt qu'il prendrait les armes pour les secourir, si l'Espagne se prononçait en faveur de leur adversaire. La cour de Madrid se borna à quelques vagues démonstrations : le gouverneur du Milanais fit marcher des troupes vers la frontière vénitienne, tandis que l'ambassadeur de Philippe III auprès de la Seigneurie parlait de concorde et que celui qu'il avait accrédité à Rome entretenait l'irritation du saint-père. Plus loyal que l'Espagnol, le roi de France offrit sa médiation sans arrière-pensée, et envoya le cardinal de Joyeuse à Venise, le mettant à la disposition du sénat. Paul V, découragé par la résistance qu'il rencontrait, et craignant d'ailleurs de voir la guerre s'allumer, se montra disposé à entrer en accommodement. A l'exemple du pape, les partisans les plus ardents de la suprématie pontificale, le cardinal Baronius lui-même, furent d'avis qu'il fallait céder, car, en envoyant ses troupes sur les frontières du Milanais, l'Espagne paraissait n'avoir eu d'autre but que de profiter des embarras du saint-siége plutôt que de le servir.

Investi des pleins pouvoirs du sénat, le cardinal de Joyeuse se rendit à Rome, le 22 mars, et après quelques conférences avec le pape et ses ministres, conférences où l'on s'efforça de mettre à couvert l'honneur du saint-siége, il obtint que l'interdit serait levé. Le négociateur retourna à Venise (10 avril), porteur des conditions : le pape renonçait à toutes ses prétentions ; il demandait que les moines fussent rappelés et que les deux ecclésiastiques qui avaient été jetés en prison fussent remis entre ses mains. Le sénat y accéda, mais en se refusant au rétablissement des jésuites ; et le pape fit encore cette concession. Enfin, le 21 avril, les deux prisonniers furent consignés par le secrétaire de la république entre les mains de l'ambassadeur de France, qui les remit au commissaire du pape, en spécifiant toutefois que cette démarche, faite par déférence expresse pour le roi de France, ne pouvait porter la moindre atteinte à la législation vénitienne. Ce préliminaire accompli, le cardinal entra dans la salle du conseil, où était le doge entouré des sages-grands ; et là de vive voix, à portes closes, les censures et l'interdit furent levés.

Le dénouement de cette affaire ne fut pas, comme il arrive dans les différends entre puissances rivales, le triomphe du fort sur le faible ; ce fut le triomphe de la raison sur un orgueil déplacé, et Venise peut à bon droit se glorifier d'avoir, dans cette circonstance comme dans toutes celles de même nature, fait prévaloir un système qu'après elle la chrétienté entière dut forcément proclamer : la loi égale pour tous, l'égalité de tous devant la loi ; destruction complète de ces priviléges nommés immunités ecclésiastiques, qui appauvrissaient l'État au profit du clergé. Venise renfermait deux cents églises, et les moines, les chapitres, les prélats, etc., etc., possédaient la moitié de la ville ; dans les provinces de terre-ferme, une grande partie des terres leur appartenaient encore. En un mot, le clergé séculier ou régulier jouissait d'un revenu supérieur à deux millions de ducats (environ quarante millions de francs), sans compter ni le casuel, ni les dîmes, ni le produit des capitaux engagés dans un grand nombre d'entreprises; et pourtant il ne formait que le centième de la population totale ! Une telle situation était intolérable : elle eût hâté la chute de la république, comme elle a causé la ruine de l'Espagne [1]. Quoique Venise approchât de sa décadence, ce ne fut pas le seul avantage dont elle allait avoir à se féliciter.

Les invasions consécutives des Turcs avaient réduit nombre d'habitants de la Croatie, de la Dalmatie et de l'Albanie, à chercher un asile sur des points à peu près inaccessibles du littoral de l'Adriatique. Ces *Uscoques* [2], ainsi qu'ils s'appelaient, et l'histoire leur a conservé cette désignation, retirés dans la forteresse de Klissa, non loin de Salona, furent accueillis à Segna, petite ville du golfe de Quarnero, par le comte Frangipani, seigneur féodataire du roi de Hongrie, puis placés sous la protection de l'archiduc Charles de Gratz. Privés de toute espèce de ressources, pour subvenir à leur subsistance ils se firent, les uns bandits, les autres pirates, et l'Empereur les considéra bientôt comme d'utiles auxiliaires contre les bandes de *Martoloses* qui infestaient ses frontières du côté de la Turquie. Les courses des Uscoques ayant porté une grave perturbation dans le commerce maritime des Ottomans, une escadre partie des rives du Bosphore vint ruiner l'établissement de Klissa, et les vainqueurs ne s'en seraient même pas tenus à cette insuffisante répression si Segna n'eût été immédiatement approvisionnée et fortifiée par l'archiduc d'Autriche. Jusque-là Venise avait fermé les yeux sur les déprédations de ces forbans, dont ses navires marchands n'avaient que fort peu à se plaindre, et les croisières du golfe s'étaient bornées à quelques expéditions qui sans extirper le mal le réprimaient momentanément : faiblesse coupable, quand on considère que Venise se prétendait souveraine de l'Adriatique et seule capable d'y faire respecter la navigation. La Porte, qui voulait être délivrée de ces incommodes ennemis, envoya au sénat un de ses chiaoux, pour lui déclarer que si les Vénitiens ne voulaient ou ne pouvaient purger la mer, elle s'en chargerait elle-même. « Ou que Venise laisse la mer libre à tous, ou « qu'elle la tienne à l'abri des pirates », tels étaient les termes du message. Afin de détruire tout soupçon de connivence, la Seigneurie donna ordre à ses galères de courir sus aux Uscoques ; on coula bas quelques-unes de leurs barques, dont on pendit les équipages ; mais les Turcs n'étaient pas encore satisfaits, et l'on finit par leur répondre que Segna étant sous la protection immédiate de l'Autriche, la république ne pouvait diriger une expédition en règle contre cette place. Alors les Turcs, irrités de la tolérance de l'archiduc, attaquèrent la maison d'Autriche par la Hongrie. Au milieu de ce conflit, les incursions des pirates devenaient

---

1. Il ne faut pas se le dissimuler, c'est la trop grande concentration de la propriété entre les mains du clergé qui a hâté la décadence de l'Espagne; ce sont les innombrables bénéfices attribués au clergé anglican sur le territoire irlandais qui plongent ce malheureux pays dans toutes les angoisses de la misère et de la faim. La France est dix fois plus prospère depuis qu'elle a aliéné les biens de mainmorte.

2. *Uscoques*, exilés, fugitifs.

de plus en plus actives, car leurs bandes se recrutaient chaque jour de tous les mécontents de l'Autriche, de l'Italie, de Venise et des provinces turques limitrophes, qu'attirait à Segna l'espoir d'une guerre qui leur offrît les occasions d'assouvir leur soif de pillage.

Sur les pressantes réclamations de toutes les puissances maritimes, l'empereur Mathias manda l'archiduc d'Autriche, Ferdinand, et le somma de mettre fin aux déprédations des Uscoques; de chasser de Segna les plus indociles, de châtier les coupables, de leur enlever toute retraite, de ne plus donner asile aux bannis de la république, de changer le commandant de Segna, et d'y mettre une forte garnison allemande. L'archiduc promit tout; mais, soit qu'il fût autorisé en secret à agir différemment, soit que son propre intérêt l'engageât à favoriser les pirates, rien de sérieux ne fut entrepris contre eux. Encouragés par l'impunité, ceux-ci donnèrent à leurs armements une extension considérable, et se jetèrent sur les îles de la Dalmatie, que jusque-là ils avaient ménagées : Veglia, Arbo, Pago, furent ravagées, les villages incendiés, et les habitants des campagnes contraints de chercher un refuge dans les villes fermées. Grâce aux nombreux présents qu'ils savaient faire parvenir jusqu'aux fonctionnaires les plus élevés de l'Empire, le cabinet aulique trouvait toujours des excuses à la conduite des Uscoques, ou n'exerçait qu'une insignifiante répression.

Quoique toujours en butte aux plaintes des États maritimes, la souveraine de l'Adriatique hésitait à en finir avec les forbans, lorsqu'on apprit que six de leurs barques ayant surpris la galère vénitienne de Cristoforo Veniero, en avaient égorgé l'équipage endormi, jeté les cadavres à la mer, fait subir les plus affreuses tortures au commandant lui-même, et fini par lui arracher le cœur et le dévorer. A cette nouvelle, une horreur générale éclata, et la proposition fut faite dans le sénat d'exterminer les Uscoques, de ne pas ménager l'archiduc s'il s'y opposait, dût l'Empereur déclarer la guerre; et la Seigneurie réclama énergiquement auprès de Mathias et de Ferdinand le châtiment des coupables, en même temps qu'elle donnait à son général en Dalmatie l'ordre d'augmenter ses forces et de presser les Uscoques dans Segna. Malgré ces démonstrations, les bâtiments capturés ne furent pas rendus, on laissa même échapper les hommes qui s'en étaient emparés. Enfin, des commissaires autrichiens et vénitiens s'abouchèrent à Fiume, mais ils ne parvinrent pas à s'entendre : ceux-ci demandaient que l'archiduc expulsât les Uscoques de leurs repaires, ceux-là répondaient que leurs pouvoirs ne les autorisaient pas à traiter sur de pareilles bases.

Il ne restait plus qu'à recourir à la force ouverte : toutes les côtes occupées ou fréquentées par les pirates furent bloquées; les troupes vénitiennes s'emparèrent du château de Novi qu'occupait le comte de Frangipani, détruisirent les salines situées dans les environs, ainsi que celles de Trieste, et ravagèrent toutes les campagnes. Par représailles, les Autrichiens envahirent le Frioul, et le gouverneur de Trieste mit à prix la tête du provéditeur qui avait ordonné la destruction des salines de cette ville : on lui répondit par la même menace, et, sous l'influence de cette exaspération réciproque, les deux armées se livrèrent aux plus épouvantables excès. Un jour les Vénitiens furent assaillis avec une telle vigueur par les Autrichiens et les Uscoques, qu'ils s'enfuirent en désordre à Palma-Nova ou sur leurs vaisseaux ; mais bientôt des renforts leur étant arrivés, ils reprirent l'offensive, refoulèrent vigoureusement l'ennemi, et se rendirent maîtres de tout le comté de Gœrtz. Ferdinand se plaignit auprès de toutes les cours de ces hostilités que n'avait précédées aucune déclaration de guerre, ce qui n'empêcha pas Pompeo Giustiniani de se porter sur Gradisca, l'une des villes les mieux fortifiées de la frontière. Le général autrichien Adam de Trautmansdorf déploya en vain toute son habileté pour protéger Gœrtz et Gradisca ; son adversaire, à la tête de douze mille hommes, vint investir cette dernière place. Déjà plusieurs brèches étaient praticables, lorsque la lâcheté des mercenaires fit perdre à Pompeo le fruit de ses travaux. Par bonheur, le pape, conjointement avec les cours de France et d'Espagne, offrit en ce moment son intervention pacifique, et l'honneur des armes vénitiennes fut sauvé.

Les puissances médiatrices exigeaient de la république la levée immédiate du siége de Gradisca, et la restitution à l'Autriche de toutes les places qu'elle lui avait enlevées, l'assurant qu'aussitôt après on lui donnerait complète satisfaction des Uscoques. Le sénat consentit sans difficulté à lever le siége de Gradisca, que ses troupes étaient hors d'état de continuer ; quant à la restitution des autres places, il s'y refusa formellement, parce qu'il ne pouvait compter sur la bonne foi de l'archiduc. En effet, malgré la suspension des hostilités, les Autrichiens venaient d'entrer de nouveau dans le Frioul, tandis que le gouverneur de Milan, marquis de Villafranca, s'obstinant à continuer la guerre malgré les instructions de sa cour, rassemblait des troupes sur les frontières occidentales du territoire vénitien, et que le vice-roi de Naples, duc d'Ossuna, prenait une attitude menaçante. Loin de se laisser intimider par ces démonstrations, la république fit attaquer et tailler en pièces des bandes d'Uscoques dans Sorissa, dévaster l'Istrie, et attacher au gibet tous ceux de ces brigands dont il fut possible de s'emparer ; en un mot, elle déploya la plus grande fermeté pour le maintien de ses droits à la domination de l'Adriatique. Son général en chef fut tué sur les bords de l'Isonzo, en dirigeant une partie de ces opérations ; et le sénat, toujours prêt à manifester sa reconnaissance envers ceux qui le servaient avec zèle, lui fit ériger un tombeau avec une statue équestre.

Jean de Médicis, fils naturel de Cosme Ier, duc de Florence, investi du commandement supérieur des troupes vénitiennes, hérissa de retranchements la rive droite de l'Isonzo, et conformément aux ordres du sénat, qui lui avait recommandé la plus grande circonspection, convertit la lutte en une guerre de position. Voici quel était le motif de cette conduite : la France, par un double mariage, venait de contracter une alliance intime avec l'Espagne, qui elle-même avait toujours manifesté une propension pour l'Autriche, et Venise cherchait de nouveaux appuis dans la Savoie et dans les Pays-Bas.

Le duc de Savoie, Charles-Emmanuel, alors en guerre avec l'Espagne, à cause de ses prétentions sur le Montferrat, avait demandé des secours à la France ; mais outre que la situation particulière de ce royaume ne lui permettait pas de porter son action au dehors, Anne d'Autriche entraînait Louis XIII vers les intérêts de son père Philippe III. Toutefois Lesdiguières, qui jouissait d'une sorte d'indépendance dans son gouvernement du Dauphiné, laissait des volontaires passer au service de la Savoie, malgré tout ce que put faire le roi d'Espagne pour l'en détourner, et, après la déroute des troupes ducales à Lucedio, donnait à son assistance un caractère plus marqué en marchant au secours du duc de Savoie à la tête de sept à huit mille hommes, infanterie et cavalerie, dont plusieurs compagnies portaient les bannières du roi. Cette démarche ne suffisant pas encore à rétablir l'équilibre, car le trésor de Charles-Emmanuel était épuisé, les Vénitiens offrirent un prêt de trois cent mille ducats au prince, qui à ce prix donna la promesse d'une active intervention. Ils faisaient en même temps une alliance avec la nouvelle république des Pays-Bas, sortis naguère victorieux de leur insurrection contre le sanglant despotisme du duc d'Albe. Venise s'engageait à fournir au stathouder, s'il était attaqué, un subside de cinquante mille florins par mois ; en retour, celui-ci lui promettait, pour un cas semblable, un secours équivalent en troupes, en vaisseaux ou en argent, au choix du sénat. En conséquence de cet arrangement, quatre mille trois cents Hollandais arrivèrent à Venise sous les ordres du comte Jean de Nassau, et furent passés en revue par le doge. Enfin, outre ces auxiliaires, la Seigneurie leva un grand nombre de troupes dans les cantons de Berne, de Zurich et des Grisons.

Ainsi renforcée, l'armée vénitienne reprit avec une telle vigueur le siége de Gradisca, que bientôt de larges brèches permirent de donner l'assaut. Le jour en était fixé, et la garnison comme les habitants, exténués par la faim et par les fatigues, se trouvaient hors d'état de le repousser, quand tout à coup on reçut la nouvelle que la France intervenait avec menace, au cas où sa médiation serait repoussée, de se réunir à l'Espagne pour contraindre Venise à suspendre ses opérations militaires. En présence d'un tel danger il fallut courber la tête, et le doge envoya des ambassadeurs à Paris, où les ministres de Louis XIII les obligèrent d'accepter, même sans attendre l'assentiment du sénat, les clauses d'un traité dont les conditions furent à peine débattues par eux. Malgré l'irritation que ce procédé excita à Venise parmi le peuple et la noblesse, la ratification fut envoyée. Ce traité portait en substance qu'aussitôt que l'archiduc aurait mis une garnison allemande dans Segna, les Vénitiens lui restitueraient une de ses places ; qu'on nommerait respectivement des commissaires pour prononcer, dans le délai de vingt jours, sur le sort des Uscoques et aviser aux moyens de confiner les plus turbulents dans l'intérieur des terres; enfin, qu'après l'accomplissement de ces conditions les troupes de la république évacueraient sans aucune exception les conquêtes faites sur le territoire autrichien. Ratifié à Madrid le 26 septembre 1617, cet acte ne reçut son exécution que dans les premiers mois de 1618. Trente-trois chefs des Uscoques, les plus signalés par leurs crimes, furent mis à mort ou relégués en Transylvanie, la plus grande partie de cette race féroce fut transportée à Karlstadt et sur les frontières les plus éloignées de la mer, du côté de la Turquie. Quelques-uns trouvèrent moyen de se retirer dans le royaume de Naples, dont le vice-roi les prit sous sa protection. Des peines très graves furent prononcées contre ceux qui oseraient revenir dans leurs anciennes demeures; on incendia leurs barques, et leur nom fut éteint pour jamais. Une clause particulière mettait fin au différend élevé entre le duc de Savoie et l'Espagne, différend dans lequel Venise était devenue partie intervenante.

Mais au moment où l'Italie entière se trouvait pacifiée de nouveau, un orage se formait contre la république, dont il fut sur le point de compromettre l'existence. Avant d'aborder ce sujet, connu dans l'histoire sous le nom de *conjuration des Espagnols contre Venise*, voyons quelles étaient la situation intérieure de cet État et les dispositions des principales puissances de l'Europe à son égard. Suivant l'expression vulgaire du mot, Venise se trouvait dans une situation heureuse, jouissant de la paix au dehors, du plus grand calme au dedans; si son commerce déclinait, il n'en subvenait pas moins encore à tous les besoins, et depuis la cessation des querelles avec le saint-siége quatre élections ducales avaient eu lieu sans occasionner le moindre trouble. A Léonard Donato, qui avait imprimé une si heureuse direction aux démêlés avec la cour de Rome, avait succédé Marc-Antoine Memmo, dont l'avénement fut considéré comme le triomphe de l'ancienne aristocratie, car depuis deux cent cinquante ans environ, la nouvelle noblesse, plus riche, plus active, plus influente, était parvenue à exclure du pouvoir suprême celle qui l'avait précédée. Jean Bembo, élevé au dogat en 1615, continua ce triomphe, puisque sa famille faisait remonter son origine jusque aux premiers temps de la république. Nicolas Donato ne porta qu'un mois la couronne ducale. C'est à Antoine Priuli, élevé au dogat en 1618, homme d'un caractère ferme et éclairé, qu'était réservé l'honneur de sauver sa patrie.

Au dehors, Venise inspirait des défiances, excitait la convoitise : s'il avait été possible que l'archiduc d'Autriche, le pape, l'Empereur, le roi d'Espagne, fissent taire leurs animosités réciproques, c'en eût été bientôt fait d'une si riche proie. On ne voyait plus en elle la puissante cité du moyen âge; le colosse, maintenant ruiné par sa base, offrait un triomphe facile. Mais quelle eût été la part respective des vainqueurs dans les trésors qu'elle renfermait? c'était un point sur lequel ils ne pouvaient s'entendre. Ces haines et ces jalousies, nous les avons vues en jeu dans presque toutes les phases de cette histoire : dernièrement encore, à l'occasion de cette misérable guerre des Uscoques, ne se sont-elles pas manifestées au grand jour? Venise sans alliés[1], Venise riche, et possédant de magnifiques provinces en terre-ferme, des positions militaires très importantes, devait être nécessairement le point de mire de quiconque aspirait à la suprématie en Italie. Pendant longtemps encore, sa souple et vigilante politique sut éloigner le danger qui la menaçait.

Malgré la conclusion de la paix, les hostilités entre Venise et le royaume de Naples ne s'étaient pas arrêtées, car si la cour de Madrid avait rappelé ses vaisseaux, le duc d'Ossuna, publiquement désavoué par son maître, mais sans doute en vertu de son secret assentiment, rendait interminable, en les retenant, la restitution réciproque des prises stipulée dans le traité, et chaque jour des escadres envoyées par lui venaient, sous divers prétextes, croiser dans l'Adriatique, canonner de loin les vaisseaux de la république, parfois même opérer des descentes sur la côte. Afin d'éviter toute collision, la marine vénitienne se présentait en force sur tous les points menacés, et diminuait ainsi le danger de ces fausses attaques, sans améliorer toutefois une situation devenue intolérable. A ces plaintes Philippe III répondait par des protestations d'amitié les plus formelles, blâmait le vice-roi, et chargeait son ambassadeur à Venise de renouveler en plein sénat ces protestations et ce blâme. Mais avant d'aller plus loin, jetons quelque jour sur ce mystère d'iniquité politique :

Il y avait alors en Italie trois Espagnols revêtus d'emplois éminents, qui semblaient avoir voué à la république une haine si profonde, que toute entreprise ayant pour but de lui nuire ou de renverser son gouvernement devait recevoir leur appui; c'étaient: don Pedro Telez y Giron, duc d'Ossuna, vice-roi de Naples; don Pedro de Tolède, de la maison d'Albe, gouverneur du Milanais, et Ildefonse de la Cueva, plus connu sous le nom de marquis de Bedmar, ambassadeur d'Espagne auprès de la république. Pour l'intelligence de ce qui va suivre, il importe de bien connaître leur caractère.

Habitué de bonne heure au maniement des affaires, en toutes circonstances le duc d'Ossuna fit preuve d'une grande capacité; doué d'un esprit supérieur, d'un caractère audacieux, d'une imagination ardente, l'aristocratie castillane eût difficilement trouvé dans ses rangs un homme digne de lui être comparé; grand d'Espagne, chevalier de la Toison d'Or, gentilhomme de la chambre du roi, conseiller de la couronne, gendre du duc d'Alcala, allié du duc de Lerme, favori et premier ministre de Philippe III, vice-roi de Naples enfin, à moins d'être roi il ne pouvait monter plus haut. Ces délégués des monarques espagnols étaient investis des plus grands pouvoirs, leur maison rivalisait avec celle des princes souverains de second ordre, leur budget était presque illimité; et cependant le

---

1. Nous avons dit ailleurs par quelle circonstance la France était plutôt entraînée vers l'Espagne que vers la république; quant à la Turquie, il eût été trop dangereux pour Venise de l'engager à intervenir dans ses affaires; si ce n'est par les embarras qu'elle pouvait susciter de ce côté à l'archiduc d'Autriche.

duc d'Ossuna n'était pas encore satisfait! Son mécontentement se manifestait par d'injustifiables brusqueries envers la cour, dont il dédaignait à tel point les ordres et les instructions, qu'on l'a soupçonné, non sans raison, d'avoir voulu se rendre indépendant. Donnant à son administration une direction toute populaire, il abolit plusieurs impôts trop pesants pour le peuple et affranchit de toute taxe les denrées alimentaires ; envers l'aristocratie, au contraire, il se montrait intraitable, arrogant ; constamment en lutte avec elle, on ne le voyait entouré que d'aventuriers étrangers plus ou moins recommandables par leur naissance ou par leurs exploits.

Héritier de la fierté sauvage qui caractérisait la maison d'Albe à laquelle il appartenait, mû par sa haine instinctive pour tout ce qui n'était pas de race espagnole, don Pedro de Tolède, gouverneur du Milanais, opprimait les peuples commis à sa garde et était en hostilité permanente avec les États voisins. Son caractère dur et irascible le classe parmi ces hommes à qui il ne faut jamais dire : « Frappe ! » la victime était abattue avant que le signal fût donné. On rapporte qu'un jour, pendant son ambassade en France, Henri IV l'entretenant des droits qu'il prétendait avoir sur la Navarre espagnole, don Pedro lui dit fièrement : « Sire, ils ne peuvent être meilleurs que ceux de mon gracieux souverain ! » — « Nous verrons bien, une fois que j'aurai mis le siége devant Pampelune ! » répliqua Henri. A peine ces paroles étaient-elles prononcées, que l'ambassadeur se leva précipitamment et s'apprêta à sortir. « Où allez-vous ainsi » ? dit le roi. — « Sire, je cours m'enfermer dans Pampelune, et défendre cette place et la « province contre les armes de Votre Majesté ! » Homme d'action avant tout, ne connaissant d'autre vertu qu'un dévouement sans bornes à l'intérêt de son maître, on conçoit avec quel empressement le gouverneur du Milanais devait seconder les projets du vice-roi contre Venise.

Don Alphonse de la Cueva, marquis de Bedmar, a été considéré par quelques historiens comme le chef principal du complot, quoiqu'il soit difficile de lui assigner exclusivement un tel rôle, qu'il partageait du moins avec le duc d'Ossuna. Nourri des traditions de la diplomatie espagnole, doué d'une rare sagacité, d'un esprit fin et souple, froid et réservé dans ses démarches comme dans ses paroles, il possédait tous les avantages d'un caractère impénétrable ; il parlait avec facilité la plupart des langues de l'Europe, et séduisait par les grâces de sa conversation tous ceux qui l'approchaient. Au reste, ce qui prouve sa supériorité c'est que le cabinet de Madrid lui avait confié l'ambassade de Venise, regardée à cette époque comme l'une des plus importantes. Depuis plusieurs années qu'il occupait ce poste, le marquis avait été à même d'apprécier les secrètes intentions de son cabinet ; il finit par les partager, sinon par les entretenir. On lui attribue à cette occasion un pamphlet politique contre la république : *Squittinio della libertà Veneta;* plus probablement se borna-t-il à fournir les notes nécessaires, laissant le soin dangereux de la rédaction à une plume mercenaire : c'était moins compromettant, et l'on sait qu'il ne manquait pas de prudence.

Voilà donc un vice-roi, un gouverneur de province et un ambassadeur, volontairement descendus au rôle subalterne de conspirateurs. Suivons-les dans cette voie, non pour refaire le roman de l'abbé de Saint-Réal, mais pour expliquer nettement les faits tels qu'ils résultent de l'examen critique des rapports officiels, des notes diplomatiques, ainsi que des différentes appréciations qu'en ont faites les historiens nos prédécesseurs [1].

Il paraîtrait que le duc d'Ossuna communiqua son projet au marquis de Bedmar, et que celui-ci, loin de l'en détourner, lui donna les plus grands encouragements, en lui démontrant la facilité de l'exécution, en lui faisant connaître l'effectif réel des forces de la république, en lui envoyant le plan de l'arsenal et le relevé hydrographique des principales passes : enfin, en enrôlant pour lui des troupes. Suivant l'ambassadeur, rien ne s'opposait à ce qu'un heureux coup de main fît de Venise, en moins de vingt-quatre heures, une annexe de la vaste monarchie de Charles-Quint. Certes ce n'était pas impossible, l'histoire offre des exemples de conquêtes non moins surprenantes ; mais il fallait agir avec discrétion, surtout avec promptitude, et c'est ce qu'on ne fit pas. Plus d'une année s'écoula en tâtonnements de tout genre ; on communiqua sommairement le projet au ministère espagnol, dont on voulait avoir l'assentiment. Mais comme il gardait le silence, le duc se crut suffisamment autorisé, et il commença à agir. Après cet exposé, il nous reste à faire connaître les agents secondaires, mais aussi les plus actifs de l'entreprise.

Nous avons dit que le duc d'Ossuna aimait à s'entourer d'aventuriers de toutes les nations, mécontents, exilés politiques : avec ces hommes à humeur inquiète et

---

1. En France, la *Conjuration des Espagnols contre Venise*, par Saint-Réal, a donné à cet événement une importance extrême ; les écrivains italiens, ceux de Venise surtout, sont plus simples et plus *vrais* ; plus *vrais*, disons-nous, car cette conjuration a fourni la matière à de longues controverses, plusieurs même l'ont révoquée en doute, entre autres Grosley, Capriara, Naudé, et récemment encore M. Daru. Après avoir analysé tous les documents que sa position particulière lui a permis de se procurer, ce dernier nie formellement, sans trop justifier son opinion, l'existence d'une conspiration contre la république ; mais il affirme, chose assez bizarre, que toutes les intrigues qui de 1617 à 1618 agitèrent Venise, que toutes les exécutions qui les suivirent, ne se rattachaient qu'à une conspiration ourdie par le duc d'Ossuna, de concert avec elle, pour soustraire le royaume de Naples à la domination de l'Espagne. Suivant M. Daru, le vice-roi se serait joué de la crédulité du marquis de Bedmar et du gouverneur de Milan, en leur faisant croire que toutes les forces qu'il leur demandait étaient destinées à agir contre Venise, tandis que le sénat, le conseil des Dix, et les inquisiteurs d'État, dûment avertis, fermaient les yeux et laissaient faire. Ainsi le vice-roi aurait eu trois complices principaux, dont deux le servaient en aveugles, tandis que le troisième, c'est-à-dire la république, s'exposait sciemment à toutes les chances d'une guerre contre l'Espagne, guerre qu'elle eût été hors d'état de soutenir! Une telle combinaison nous paraît impossible. Quel profit Venise aurait-elle tiré de sa maladroite coopération ? En admettant le succès, aurait-elle réclamé de l'usurpateur une part dans son éphémère conquête ? À l'époque dont il s'agit, alors que sa politique est devenue circonspecte à l'égard de toutes les puissances et particulièrement à l'égard de l'Espagne, il est de toute invraisemblance qu'elle ait trempé dans un tel complot. Sans entrer ici dans de plus longs développements, disons qu'après avoir attentivement lu et comparé les divers historiens qui ont traité cet obscur sujet, nos convictions sont diamétralement opposées à celles de M. Daru, mais que nous nous sommes rencontré avec Botta, Léo, Sismondi, et plusieurs autres encore que nous nommerons en leur lieu.

vagabonde il formait les projets les plus extravagants. Les Français, qui affluaient à Naples, n'étaient pas les derniers à exciter son imagination, et de son palais partaient une foule d'émissaires pour les différentes cours de l'Europe, auxquelles il communiquait plus ou moins ouvertement ses desseins en leur demandant des secours en hommes et en argent. La France refusa de les entendre; mais elle ferma les yeux sur les démarches du maréchal de Lesdiguières, gouverneur du Dauphiné, qui s'engagea personnellement à envoyer à Naples quelques troupes, conduites par de bons officiers. Le duc de Savoie promit ouvertement son concours; le prince d'Orange, en même temps qu'il s'engageait à fournir au vice-roi plusieurs navires, autorisa le commandant des troupes hollandaises au service de la république à favoriser les enrôlements pour Naples. Le Grand-Seigneur lui-même reçut des envoyés du duc; mais le divan ne comprit pas trop le but de leurs ouvertures et n'y prêta qu'une faible attention. Au reste, il n'y avait aucun projet arrêté : devenir plus que vice-roi, voilà où visait l'ambitieux Ossuna. *Quò non ascendam ?* avait-il fait inscrire sur ses bannières. Se débarrasser du joug importun de Madrid, tel était l'objet constant de ses préoccupations. C'est donc à Naples, et non ailleurs, que naquit la première idée de s'emparer de Venise : Pizarre, Fernand Cortès n'avaient-ils pas réalisé des conquêtes autrement périlleuses, avec moins de ressources que celles dont le vice-roi disposait! Assuré de la coopération du gouverneur de Milan, n'avait-il pas encore, au sein même de Venise, un homme habile, en relations continuelles avec les principaux dignitaires de la république, toujours en mesure de lui fournir les meilleures indications? Il ne restait plus qu'à organiser le succès, après quoi on ferait le partage entre les parties intéressées. Plusieurs historiens ont jugé qu'avec l'intention de se déclarer indépendant de l'Espagne, le duc d'Ossuna ne pouvait vouloir s'emparer de Venise; le duc d'Ossuna, comme tous les ambitieux, embrassait à la fois les projets les plus disparates, sauf à adopter celui dont la réalisation offrirait le moins de difficultés.

Au premier rang des aventuriers dont s'entourait le vice-roi, figurait un homme singulièrement actif et audacieux, originaire de Normandie, et pirate dès sa jeunesse, nommé le capitaine Jacques Pierre. Longtemps il avait navigué dans les mers d'Italie et de l'Archipel, fait beaucoup de mal à la marine ottomane, puis enfin s'était retiré à Nice dans l'intention d'y finir ses jours. La fortune en disposa autrement. Trouvant dans son ancien protégé tout ce qu'il fallait pour en faire un des principaux instruments de ses projets contre la république, le duc le rappela, lui communiqua la correspondance du marquis de Bedmar, lui fit sentir la facilité de l'entreprise. Jacques Pierre lui promit de le servir; et, afin de masquer le motif de leur brusque séparation, il partit clandestinement pour Venise, après avoir proféré dans les lieux publics les plus abominables menaces contre le duc d'Ossuna, lui reprochant avec amertume son ingratitude et sa tyrannie; de son côté, le duc se plaignit hautement de la conduite du capitaine, qui, disait-il, s'était rendu coupable envers lui de la plus noire trahison, mit des cavaliers à sa poursuite, confisqua ses biens, et fit jeter dans un cachot sa femme et ses enfants. La scène fut si parfaitement jouée, que personne ne douta de la disgrâce du marin, et tout le monde, soit à Rome, soit à Venise, l'accueillit comme une victime de la politique du vice-roi. Sa réputation avait précédé Jacques Pierre; aussi n'eut-il qu'à se présenter pour obtenir un emploi dans la marine vénitienne. Un de ses compagnons d'exil, Langlade, ancien capitaine d'artificiers à Naples, fit également accepter ses services. Tout allait au gré des conspirateurs, mais ce n'était pas encore assez; il fallait capter la confiance du gouvernement : le fugitif demanda au doge une audience secrète, dans laquelle il révéla, en les exagérant outre mesure, les projets du duc d'Ossuna contre la république. Le vice-roi, dit-il, avait voulu faire de lui son agent secret à Venise; mais, n'écoutant que l'indignation d'un cœur généreux, il avait rejeté une si infâme mission. Ce thème mensonger, il l'orna de minutieux détails sur les ressources ainsi que sur les moyens d'exécution; et il finit en disant que si la Seigneurie le jugeait convenable, il continuerait à correspondre avec le duc, afin que le conseil des Dix, tenant dans ses mains les fils les plus déliés de l'affaire, fût toujours en mesure de rompre la trame. On accueillit ses propositions.

Le stratagème était aussi hardi qu'habile, car de quelque profond secret qu'il se fût environné, Jacques Pierre n'aurait pu se soustraire à la police des inquisiteurs; sa dénonciation, au contraire, devenait pour lui une espèce de sauf-conduit et un titre à la confiance dont il avait besoin : en confirmant ce qu'on savait déjà, il ne nuisait en rien au succès de l'entreprise; en s'offrant, comme un agent dévoué, il se réservait les moyens de préparer le dénouement. C'est cette position ambiguë qui, induisant en erreur plusieurs historiens, les a portés à croire, ou que la conspiration n'existait pas, ou qu'elle avait un tout autre but que le renversement de la république.

Sa position une fois établie, Jacques Pierre se mit en rapport avec le marquis de Bedmar, étudia soigneusement le système des fortifications de Venise, visita toutes les passes, reconnut les plus favorables aux grands navires et celles où ne pouvaient entrer que ceux d'un faible tonnage; puis il noua des intelligences avec la plupart des chefs de corps à la solde de la république, et recruta une foule d'aventuriers, principalement des Français. Parmi ces derniers, nous citerons d'abord un certain Nicolas Renault, de Nevers, qui, malgré son grand âge, déploya une étonnante activité. Renault, qu'un long séjour à Venise avait mis au courant de particularités aussi nombreuses qu'intéressantes pour des conspirateurs, devint, dès les premiers jours, l'ami et le conseiller de Jacques Pierre : ils allaient ensemble chez l'ambassadeur d'Espagne concerter la marche de l'entreprise, puis ensuite se rendaient chez les inquisiteurs pour faire des révélations. Nicolas Renault était chargé de la correspondance, et s'appuyant de ses entrées chez l'ambassadeur de France, il promettait la coopération de son pays natal.

L'organisation de son plan d'attaque fit dépenser à Jacques Pierre un temps considérable, car sa position exigeait la plus grande circonspection; chaque jour il rencontrait de nouveaux obstacles, qu'il fallait tourner ou vaincre sans éveiller les soupçons. Ainsi, dans le commencement, le duc d'Ossuna lui ayant envoyé pour auxiliaire un Napolitain, Alexandre Spinosa, homme souple, astucieux, mais inconséquent dans ses paroles, le capitaine n'hésita pas à s'en débarrasser, et pour le faire avec fruit il dénonça aux inquisiteurs « cet homme dangereux », dont le corps ne tarda pas à flotter sur les eaux du Grand Canal. L'artificier Langlade, qui s'était fait employer dans l'arsenal, le servit avec plus d'intelligence, et prépara tout de ce côté pour favoriser un coup de main. Malheureusement, il était impossible d'exercer une rigide surveillance sur cet amas d'hommes de tous pays et de toutes conditions [1].

Arrivé à Venise vers la fin de juillet 1617, le capitaine avait dépêché au duc d'Ossuna, dès le commencement de l'année suivante, un agent chargé d'activer l'envoi dans le golfe des vaisseaux et des bateaux plats qui devaient lui prêter secours. Deux mois s'écoulent sans recevoir de réponse; c'est un siècle! Impatient d'agir, le capitaine renouvelle ses instances et montre le danger qu'entraînent tant de lenteurs.

« J'ai fait connaître à Votre Excellence, par le fidèle Nolot, dit-il au vice-roi
« dans une lettre du 7 avril 1618, que depuis plus de six semaines j'étais par-
« venu à enrôler trois mille cinq cents hommes des troupes hollandaises; que
« plusieurs de leurs chefs étaient à moi; que je m'étais assuré en outre d'à peu
« près deux mille hommes dans les provinces; qu'il m'était difficile de les amuser
« par des paroles, car les Hollandais, enfermés dans le lazaret depuis leur arrivée
« de Gradiska, souffraient horriblement et demandaient qu'on les renvoyât dans
« leur pays. Privé de toute instruction de la part de Votre Excellence, je les ai
« engagés à s'enrôler de nouveau au service de la république, afin d'avoir tou-
« jours sous la main un noyau de troupes disponibles. Si Dieu me prête vie et me
« fait la grâce de n'être pas découvert, j'espère encore rassembler mon monde et
« venir à bout de mon dessein. Le désir de voir Votre Excellence partager mes
« convictions me détermine à lui exposer de nouveau mon plan d'attaque et toutes
« les combinaisons qui s'y rattachent.

« Parmi les troupes hollandaises, je puis compter sur tout le régiment de
« Lievestein, fort de trois mille cinq cents hommes; la plupart des officiers, ceux
« du moins qui ont le plus d'influence sur le soldat, sont à nous; dans le régi-
« ment du comte de Nassau, j'ai gagné huit cents soldats et plusieurs officiers;
« ils ont tous plus d'une fois renouvelé leurs promesses d'agir au premier

---

1. Parmi les conjurés français, nous citerons les capitaines Jaffier et Balthazar Juven; les frères Desbouleaux, très-habiles artificiers; Montcassin, gentilhomme languedocien, qui avait levé une compagnie de mousquetaires; Brainville, employé dans l'administration de la marine; Nolot, Bourguignon, homme rompu à l'intrigue; les capitaines Tournon et Laurent Bruslard.

« signal. Dans les provinces, quinze cents hommes, pris dans les différentes
« armes, me sont dévoués, et chaque jour il m'arrive des frontières de nou-
« velles recrues; en sorte que, dans le courant de février, j'aurai pu réunir plus
« de cinq mille hommes. Voici comment je compte employer ces forces : d'abord
« je m'arrange pour que le même jour elles se trouvent réunies à Venise, spé-
« cialement celles qui campent dans le Frioul ou qui tiennent garnison dans les
« places de terre-ferme. Ces troupes doivent s'emparer de toutes les barques
« qui stationnent au pont de Rialto, aller chercher au lazaret les gens du comte
« de Lievestein et les conduire ici. Mais, auparavant, j'en ai choisi cinq cents
« pour les porter sur la place Saint-Marc, avec l'ordre de tenir jusqu'à l'arrivée
« des autres, en cas de besoin. J'en placerai aussi cinq cents autres devant l'ar-
« senal, dont ils doivent se rendre maîtres aussitôt qu'on en aura fait sauter la
« porte au moyen d'un pétard; mais leur consigne est de ne faire aucun mouve-
« ment jusqu'à ce que ceux du lazaret soient arrivés, si l'affaire n'éclate pas
« auparavant.

« Aussitôt après l'arrivée du régiment de Lievestein, cinq cents hommes doivent
« aller renforcer le poste de l'arsenal : ces mille hommes seront placés sous les
« ordres de différents officiers qui connaissent parfaitement l'arsenal ainsi que
« les environs; en même temps cinq cents mousquetaires doivent se ranger en
« bataille sur la place Saint-Marc pour en garder les avenues et faciliter le
« débarquement des troupes. Je dois ensuite répartir mille hommes de la manière
« suivante : deux cents dans le palais pour s'emparer subitement de la salle
« d'armes et les distribuer à tous ceux qui auront embrassé notre parti, et je
« puis assurer à Votre Excellence que le nombre en est considérable, ne fût-ce
« que par l'appât du butin; cent à la Procuratie, chargés de se rendre maîtres
« du clocher, et à cet effet, dans la journée, nous y introduirons quelques
« hommes chargés d'enivrer et d'endormir ceux qui occupent ordinairement ce
« poste et qui ne sont point armés. Une fois en possession du clocher, j'y ferai
« monter huit pièces de canon prises dans l'arsenal, afin de tenir la ville en
« respect. Je compte ensuite placer cent hommes sous les portiques de la vieille
« Procuratie et dans la Tour de l'Horloge, où il y a une garde de nuit pour la
« sûreté des boutiques, prendre deux canons de la fuste[1] du conseil des Dix, en
« attendant qu'il m'en vienne de l'arsenal, et les mettre en batterie pour empê-
« cher que par la rue de la Mercerie on ne nous attaque sur la place; je compte
« même barricader la rue avec des tonneaux remplis de terre. Au débouché de
« la rue des Sabri je ferai placer cinquante hommes avec une pièce d'artillerie
« enlevée également de la fuste du conseil des Dix; à la rue qui est devant la
« Procuratie, deux pièces d'artillerie de la même fuste, avec cent hommes, et
« dans la rue qui va au Cavaletto une pièce avec vingt-cinq hommes, ce qui est

1. Bâtiment de bas bord et de charge, qui va à voiles et à rames.

« suffisant, ces deux postes étant assez rapprochés pour se soutenir mutuelle-
« ment ; à la rue qui va à Saint-Alvise, cent hommes et un canon : ce n'est pas
« beaucoup pour un poste si important, mais cela peut suffire, parce que je
« place un corps de garde à la boucherie Saint-Marc. Je fais barricader les deux
« ou trois rues qui aboutissent à Saint-Marc, et derrière ces barricades je mets
« cent ou cent cinquante mousquetaires qui doivent faire feu sur tout ce qui se
« présentera de ce côté. Telles sont mes dispositions pour la place Saint-Marc,
« où je dois commander en personne. Le reste des mille hommes rassemblés
« sur ce point doivent occuper les palais de la vieille et de la nouvelle Procu-
« ratie et la Monnaie. Les prisonniers de Saint-Marc auront été mis en liberté ;
« on leur aura donné des armes, on les aura répartis sur les divers points, et
« un poste de deux cents hommes aura été placé aux prisons. — Du côté de
« la boucherie Saint-Marc, deux cents autres hommes seront spécialement affec-
« tés à garder toutes les avenues de la place.

« Pour me rendre absolument maître de la population et me tenir en état
« d'attendre les troupes de Votre Excellence, je m'empare de la Douane et des
« magasins à sel, et j'y place cinq cents hommes, en leur donnant l'ordre de s'y
« retrancher avec quelques canons en batterie, au moyen desquels on battra la
« ville en cas de nécessité : le lieu est favorablement situé pour cela. Je place en-
« suite mille hommes à Rialto pour garder ce pont et les avenues aboutissantes, en
« les distribuant convenablement dans les lieux voisins. Ils ont ordre d'élever sur
« ce pont une plate-forme, bien munie d'artillerie, et de jeter deux cents mousque-
« taires dans le Fundaco des Allemands, qui est tout auprès. Deux cents hommes
« doivent se porter sur le camp de Saint-Jérémie, s'y retrancher, mettre du
« canon en batterie et se tenir prêts à repousser toute attaque, si le peuple veut
« se porter de ce côté. L'église de Sainte-Marie de la Miséricorde, qui n'est pas
« encore finie, nous offre un retranchement naturel ; j'y place cinq cents hommes
« avec cinq ou six pièces de canon. Saint-André est encore un poste avanta-
« geux : j'y mets trois cents hommes et quelques pièces d'artillerie pour battre
« la mer et empêcher l'arrivée des troupes qui peuvent venir de Trévise ou de
« Padoue. Je destine encore dix détachements à faire la garde sur les îles de
« Saint-Georges, de Saint-Zenone et de Saint-Michel de Murano. Toutes ces dis-
« positions doivent être faites à la fois, c'est-à-dire tous ces détachements con-
« duits à leur poste, et ensuite l'artillerie suivant le besoin. En partant du lazaret,
« nos gens jetteront deux cents hommes dans les forts du Lido et du Château-
« Neuf, et cinq cents à Saint-Nicolas, lesquels doivent mettre sur-le-champ en
« position l'artillerie qui se trouve sur les lieux, car il n'y a pas de garnison,
« et le peu de barques qui y sont placées, ne se méfiant point des barques de
« Venise, les laisseront arriver sans obstacle. Enfin, deux cents hommes doivent
« se jeter à Malamocco et s'y fortifier, pour empêcher les troupes d'arriver du
« côté de Chiozza par cette plage.

« Tel est mon plan. Nolot a dû l'exposer à Votre Excellence ; s'il ne l'a point
« fait, j'en accuse la négligence ou l'envie qu'il aura eue d'obtenir d'abord quel-
« ques fonds, malgré mes ordres formels à cet égard. Je l'avais simplement chargé
« de vous dire que je me faisais fort de m'emparer de la ville de Venise et de m'y
« maintenir pendant six mois, s'il le fallait, jusqu'à l'arrivée des troupes de
« S. M., et je ne demandais pour moi et mes compagnons d'autre récompense
« que le butin. Ce que j'ai offert, je l'offre encore ; il ne m'est pas impossible de
« réunir du monde, à moins que nous ne venions à recevoir l'ordre de nous em-
« barquer. Quant aux six mille hommes et aux vaisseaux que j'avais demandés à
« Votre Excellence, il suffirait de me donner avis de leur départ, je me ferais
« fort de rassembler à temps deux mille hommes pour les seconder. C'est à Votre
« Excellence de voir ce qu'elle juge à propos de résoudre. »

On le voit, Jacques Pierre avait tout prévu, jusqu'à l'ordre qu'il reçut bientôt de rejoindre la flotte qui croisait à l'entrée de l'Adriatique. Avant de partir, il exhorta ses compagnons à la prudence, leur promit de veiller sur eux, et, si le secours promis arrivait en son absence, d'incendier les vaisseaux au milieu desquels il allait se rendre. Des hommes ballottés depuis dix mois dans de continuelles incertitudes, et qui en définitive comprenaient leurs dangers, tinrent peu de compte de ces recommandations ; traqués par les sbires de la police, pressés de questions par les affidés des inquisiteurs, entraînés dans toutes sortes de pièges, ils commirent des indiscrétions qui causèrent leur perte.

Ce fut un Français, le capitaine d'infanterie Balthazar Juven, qui donna l'exemple de la défection. Récemment entré dans le complot, Juven entraîna Moncassin au palais ducal, et ils firent de concert les aveux les plus complets. « Chaque jour, dirent-ils aux inquisiteurs, nous attendons l'arrivée du duc d'Os-
« suna pour opérer un mouvement, chaque jour nous attendons le signal de nos
« vigies pour nous répandre dans la ville et mettre tout à feu et à sang ; le départ
« même de notre chef, le capitaine Jacques Pierre, ne fera que rendre plus funeste
« encore l'explosion, car il nous a promis d'incendier la flotte à bord de laquelle
« il se trouve. » Ces révélations inattendues dessillèrent les yeux des inquisiteurs. Deux jours après, Jaffier, autre capitaine au service de la république, vint dévoiler les rapports qui existaient entre le vice-roi de Naples et Jacques Pierre. « Il semble tellement sûr de son fait, ajouta-t-il, qu'on l'entend dire sans cesse :
« Ces *Pantalons*[1] sont si faciles à persuader, que je me charge de leur faire voir
« la lune en plein midi !..... Hâtez-vous donc, illustres seigneurs, de réprimer
« cette audacieuse entreprise, si vous ne voulez exposer votre république aux
« plus affreuses calamités. L'idée seule de participer aux horreurs que l'on pré-
« pare contre vous a bouleversé ma conscience, et m'a décidé à venir déposer à
« vos pieds l'aveu de ma faute et l'expression de mon repentir. » A Jaffier suc-

---

1. Surnom burlesque par lequel on désignait les Vénitiens.

cédèrent Brainville et un officier des troupes hollandaises. « Une grande cata-
« strophe menace Venise, dirent ceux-ci ; le capitaine Jacques Pierre, assisté du
« capitaine Renauld, profitant du mécontentement des Hollandais, en ont attiré
« trois cents à Venise ; leur projet est de s'emparer des postes principaux, de
« mettre le feu à l'arsenal, à la Monnaie, au palais ducal ; le jour de l'exécution,
« ils se proposent de faire venir le reste de ces soldats, en leur annonçant qu'il
« y a un bon coup à faire. Le projet a été discuté dans la maison du capitaine
« Renauld et chez les ambassadeurs de France et d'Espagne, où sont déposées
« une grande quantité d'armes. Aussitôt que la conjuration aura éclaté à Venise,
« Jacques Pierre doit mettre le feu à la flotte et tâcher de s'emparer de quelque
« place maritime, tandis que des soldats étrangers tenteront un coup de main
« sur quelque forteresse de terre-ferme, notamment sur Brescia, et que des
« troupes accourues de Milan et du Tyrol pénétreront sur le territoire de la
« république pour les seconder. »

Sur des données si positives, l'Inquisition d'État prit vigoureusement son parti. Elle fit aussitôt fouiller les maisons où logeaient les étrangers, emprisonner plus de deux cents personnes, et, la procédure entamée (14 mai 1618), Renauld, qui avait été arrêté un des premiers, fut interrogé sans délai. Le conseil des Dix promettait d'user d'indulgence envers lui s'il faisait des aveux complets ; mais Renauld se retrancha obstinément derrière sa position de sujet de la France, et même, prétendait-il, d'attaché à l'ambassade. Malheureusement, les perquisitions faites à son domicile avaient amené la découverte de sa correspondance avec le vice-roi de Naples, avec le gouverneur de Milan, et celle de sommes considérables : aux interpellations qui lui furent adressées à ce sujet, il se contenta d'opposer un silence absolu. Interrogé s'il avait quelquefois écrit au duc d'Ossuna, il répondit ne pas le connaître, et par conséquent ne lui avoir jamais écrit ; il nia aussi, et fort maladroitement, qu'il eût eu des rapports avec l'ambassadeur d'Espagne, car aussitôt on lui exhiba un passe-port en espagnol et une lettre du marquis de Bedmar au gouverneur de Milan. « Le porteur de cette lettre, y était-il
« dit, est M. Renauld-Arnault, homme de grande valeur, lequel est employé pour
« des affaires importantes du service de Sa Majesté, notre roi, et j'ai voulu le faire
« accompagner de cette lettre pour que Votre Seigneurie prenne confiance dans
« tout ce qu'il lui dira, et qu'elle ait égard à toutes ses représentations. Je n'en
« ajoute pas davantage, parce qu'il vous exposera de vive voix tout ce dont il
« s'agit. » Le passe-port enjoignait « à tout ministre, sujet ou représentant du roi,
« non-seulement de laisser un libre passage à M. Renauld-Arnault, mais de lui
« prêter aide et assistance, sans même lui demander, comme à tous les autres
« étrangers, le but et le sujet de son voyage. » Renauld nia que ces papiers fussent à lui, et accusa les familiers de la police de les avoir introduits dans ses malles afin de le perdre plus sûrement. A cet absurde moyen de défense on objecta son intimité avec Jacques Pierre, les nombreuses démarches qu'ils avaient faites

ensemble, soit auprès de l'ambassadeur d'Espagne, soit auprès de la Seigneurie, et de ces faits on induisit naturellement que les lettres, les plans, les notes trouvés dans son domicile, étaient bien à lui. Les inquisiteurs, après lui avoir accordé quelques heures de réflexion, le firent paraître de nouveau, mais rien ne put vaincre son obstination. Appliqué à la torture dite de l'estrapade, les bourreaux lui dirent en lui attachant les membres : « Prenez-y garde, capitaine, cette corde « a fait avouer la vérité à des criminels plus robustes que vous? — Que m'im- « porte! répliqua-t-il froidement; faites votre métier; je suis un homme d'hon- « neur; j'ai dit ce que je savais; les supplices, les tortures, ne me forceront pas « à en dire davantage », et il supporta sans sourciller les douleurs, jusqu'à ce que, le voyant presque disloqué, un greffier s'approcha pour lui demander s'il avait quelques révélations à faire. « Non! » telle fut sa réponse; et, se tournant vers l'avogador et les juges : « Retirez-vous de ma présence, s'écria-t-il avec force, « traîtres, assassins, qui, à l'instigation de quelques méchants, torturez ainsi un « pauvre vieillard étranger et innocent; Dieu vous châtiera ! » imprécations qui lui valurent cinq nouveaux coups d'estrapade sans que sa constance en fût ébranlée. Comme dernier moyen de persuasion, on lui insinua que s'il se départait d'un système de dénégation, fondé sans doute sur le louable désir de garder la foi due à son souverain, il aurait la vie sauve, et que personne ne saurait jamais ce qu'il aurait révélé : tout fut inutile. On le reconduisit en prison, et bientôt après les inquisiteurs prononcèrent sa sentence de mort. Étranglé dans sa cellule, au milieu de la nuit, il fut, le lendemain, exposé publiquement au gibet, suspendu par un pied, supplice réservé aux traîtres.

Les complices de Renauld ne déployèrent pas la même énergie de caractère : Laurent Bruslard, sur la simple promesse de recevoir sa grâce, déclara qu'un grand nombre de Français étaient entrés au service de la république par les soins de Jacques Pierre; qu'il savait, de science certaine, que ce capitaine entretenait des intelligences secrètes avec le vice-roi de Naples et l'ambassadeur d'Espagne; que cet ambassadeur en avait aussi avec Renauld, lequel fréquentait Jacques Pierre et complotait avec lui; puis il nomma une foule de gens de guerre de différents grades, dont une partie remplissait déjà les prisons. Amenés devant les inquisiteurs, plusieurs confessèrent leur faute, mais en la rejetant sur leur chef, qui leur avait promis un riche butin, et tous furent reconnus par Bruslard. Lorsqu'on eut obtenu d'eux, par force ou persuasion, tous les renseignements qu'ils pouvaient donner, le conseil des Dix, jugeant qu'on ne pouvait laisser vivre aucun de ceux qui étaient impliqués dans une telle affaire, fit étrangler Bruslard et cinquante de ces malheureux. Un plus grand nombre encore furent justiciés en secret.

Les aveux des frères Desbouleaux, habiles artificiers à la solde de la république, vinrent jeter un nouveau jour sur cette ténébreuse affaire. Interrogés séparément sur tout ce qui les concernait, depuis leur naissance jusqu'à la découverte de la conspiration, le premier nia qu'il eût jamais parlé au capitaine Pierre ; le second, à qui l'on donna à entendre que son frère, ayant tout avoué, venait d'être mis en liberté, déclara qu'ils avaient travaillé pendant plusieurs jours, dans le palais de l'ambassadeur d'Espagne, à la préparation de pétards et de pièces d'artifices ; que ce palais renfermait une grande quantité d'arquebuses, de lances, de poudre, d'armes offensives et défensives ; qu'il s'agissait de mettre le feu dans plusieurs endroits de la ville, à commencer par l'arsenal, et que Renauld ainsi que le capitaine Jacques Pierre en avaient dressé la liste ; enfin, que dans les provinces de terre-ferme, nombre d'officiers et de gens de guerre devaient participer à l'entreprise. Aussitôt après la confrontation avec Jaffier, l'avogador Nicolas Valerio, assisté de deux membres du conseil des Dix, se transporta chez l'ambassadeur d'Espagne, où il procéda à une visite minutieuse de toutes les dépendances du palais, malgré les réclamations du marquis. Les premières recherches avaient amené la découverte d'armes, de barils de poudre, de soixante pétards, lorsque les commissaires arrivèrent devant une chambre que l'ambassadeur refusa d'ouvrir sous prétexte qu'elle contenait des objets relatifs au service de Sa Majesté Catholique ; mais l'avogador ne se paya pas de ces raisons, et ayant fait ouvrir la porte de cette chambre, on la trouva remplie d'armes blanches, d'arquebuses, de mousquets. Le lendemain il fut rendu compte du tout au Conseil, serment préalablement prêté par chacun des membres de garder le plus profond secret.

Le marquis de Bedmar ne perdit pas un instant pour aller se justifier devant la Seigneurie. « Ces armes, dit-il à l'assemblée, n'avaient pas été amassées dans un
« mauvais dessein ; elles devaient être envoyées à Naples ; le roi mon maître ne
« méditait rien contre la république ; tout ce qu'on a allégué contre moi est un
« tissu de calomnies. » Quand on lui présenta les lettres et les instructions, écrites de sa main, trouvées chez Renauld-Arnault, il répliqua que ces lettres lui avaient été demandées et qu'il était loin de penser qu'on voulût en faire un mauvais usage. « Parmi les fonctions des ambassadeurs, il en est une, ajouta-t-il,
« qui consiste à donner à certaines gens des lettres de recommandation qui
« n'ont rien d'obligatoire, et qui, par cette raison, ont toujours été considé-
« rées comme sans conséquence. Il y a plus ; on a dans les chancelleries une for-
« mule pour ces sortes de lettres, et lorsqu'une personne se présente pour en
« réclamer, on la lui expédie sans y attacher aucune importance. Une autre
« chose encore qui peut arriver souvent à un ambassadeur, c'est d'avoir à écou-
« ter des propositions, et, en cela, il ne fait que remplir les devoirs de sa
« charge, il n'offense personne. Malgré ces fâcheuses apparences, j'affirme sur
« ma parole de chevalier et par le sacrement de mon baptême, que je n'ai pas
« entendu parler des projets dont il est question. » Le président coupa court à ces explications embarrassées. « Nous sommes loin de penser, dit-il à l'ambassa-
« deur, qu'aucun projet hostile ait été conçu contre cette république par un

« prince aussi pieux que le roi Catholique ; et c'est par respect pour Sa Majesté
« qu'on s'abstient de pousser plus loin les investigations ; car le représentant
« d'un souverain n'a droit aux immunités de sa charge qu'autant qu'il se montre
« scrupuleux à observer le droit des gens. » Et, sans ajouter un mot de plus, on
l'invita à se retirer.

Après les explications données par l'ambassadeur, les deux frères Desbouleaux
avaient été appliqués à la question ; l'un persista dans ses dénégations, l'autre
ne fit que confirmer ses précédents aveux. On les pendit le lendemain, et, la
nuit d'après, vingt-neuf de leurs coaccusés furent noyés dans le canal Orfano.
Parmi les officiers des troupes hollandaises qui se trouvaient incarcérés, un jeune
lieutenant déclara que le complot consistait non-seulement à incendier Venise,
mais encore à s'en rendre maîtres ; que lui personnellement, il devait être posté
à l'arsenal avec quelques centaines de soldats de sa nation. Cette franchise, qui
ne pouvait le sauver, compromit les jours de plusieurs de ses camarades. Quant
à Jacques Pierre, on ne jugea pas à propos d'instruire son procès ; sur un ordre
expédié au généralissime de mer, il périt dans les flots, et quarante cinq individus suspectés d'avoir eu des relations avec lui furent également noyés sans
bruit. L'artificier Langlade, alors employé à Zara, fut tué à coups d'arquebuse,
ainsi qu'un soldat et un enfant qui le servaient ; deux cent soixante officiers
et autres gens de guerre, arrêtés dans les villes de terre-ferme, périrent par
la main du bourreau. Un gentilhomme dauphinois, protégé, peut-être même
parent du maréchal de Lesdiguières et capitaine au service de la république,
trouva seul grâce devant l'inexorable tribunal : après quatre mois d'emprisonnement, il reçut, en même temps qu'on le mettait en liberté, une gratification de
douze cents écus.

A ces nombreuses et terribles exécutions il faut encore en ajouter quatre autres.
Le Français Brainville et le Hollandais Théodore, malgré leur intention bien manifeste de faire avorter la conspiration, subirent la torture avant d'être étranglés.
Le premier révélateur, Antoine Jaffier, avait reçu quatre mille sequins de récompense, mais avec injonction formelle de sortir du territoire de la république
dans un délai de trois jours. Sous prétexte qu'en passant par Brescia il s'était
entretenu avec des officiers français, on le ramena à Venise où il fut noyé
secrètement. Moncassin enfin, à qui l'Inquisition voulut bien assigner pour résidence l'île de Candie, avec une pension de cinquante ducats par mois et trois
cents francs de gratification, eut à peine atteint sa destination qu'il tomba
sous le fer d'un assassin ; avec lui disparurent les dernières traces vivantes de
la conjuration !

Ce sanglant épisode de l'histoire de Venise inspire une juste horreur, et nous en
détournerions promptement nos regards si quelques historiens n'avaient cru
trouver dans la précipitation avec laquelle procédèrent les inquisiteurs d'État, un
argument de plus en faveur de leur système, c'est-à-dire la connivence de la Sei-

gneurie avec le vice-roi de Naples. C'est, disent-ils, parce que Venise se sent coupable, c'est parce que les imprudences du duc d'Ossuna ont compromis le succès de l'entreprise, qu'on se hâte d'en finir avec cette horde d'aventuriers qui auraient pu révéler la connivence de la république avec lui. A cela nous répondrons : Que le duc ait confié à la Seigneurie ses projets d'indépendance, il est facile de le croire : n'avait-il pas mis dans le secret toutes les cours de l'Europe ? Plus directement intéressée, elle reçut ses confidences sans prendre aucun engagement à ce sujet, mais en se promettant bien de tirer parti de l'événement lorsqu'il viendrait à se produire. Rien ne prouve que le gouvernement vénitien ait fait un pas de plus. Pourquoi donc, demandera-t-on encore, cette extrême précipitation ? Pourquoi ! Depuis dix mois les fausses déclarations de Jacques Pierre avaient d'autant mieux endormi le soupçon, que, sans s'aveugler sur le mauvais vouloir du duc, dont on connaissait le caractère aussi extravagant qu'irrésolu, on n'avait pas cru à un projet sérieusement arrêté. Mais lorsque les révélations, les aveux, arrivent de tous côtés, les magistrats préposés à la sûreté publique redoublent d'énergie et évoquent les sanglantes traditions de la police politique de leurs prédécesseurs. D'un autre côté, la cour de Madrid ayant protesté avec serment contre toute participation, directe ou indirecte, à la conjuration, donner un grand retentissement à une procédure dans laquelle les accusés se présentaient comme agissant dans l'intérêt de l'Espagne, c'eût été fournir un nouvel aliment à la haine voilée de cette puissance. Il était d'autant plus facile d'éviter ce danger, que la plus grande partie des conspirateurs n'étaient pas sujets espagnols, et qu'aucune chancellerie n'eut le courage de les réclamer, ou du moins d'exiger un jugement en règle.

Les mêmes historiens ont encore produit un autre argument. « Peut-on appeler, disent-ils, *conspiration des Espagnols contre Venise*, un complot où ne figurent que des Français et autres étrangers ? » Les chefs, répondrons-nous, n'étaient-ils donc pas Espagnols ? Le duc d'Ossuna, le marquis de Bedmar, don Pedro de Tolède, voilà les véritables conspirateurs ; les autres ne sont que des instruments. « Mais, dira-t-on, qui a parlé du duc d'Ossuna ? qui a nommé don « Pedro de Tolède ? »—Personne ; et c'est tout naturel. Jacques Pierre et Renauld, les seuls qui auraient pu les nommer, perdirent la vie, l'un sans avoir subi d'interrogatoire, l'autre au milieu des tortures, et sans rien avouer. Ne sait-on pas d'ailleurs que dans toutes les affaires de cette nature les personnages les plus directement intéressés ont soin de se tenir en arrière ? Ce furent des enfants perdus de la France qui payèrent de leur tête les tentatives d'un grand seigneur espagnol[1].

---

1. Le passage suivant, que nous empruntons à l'*Histoire de l'Italie*, par Henri Léo et Botta, nous paraît résoudre la question : « Les recherches les plus récentes et les plus minutieuses ont « démontré que ni l'ambassadeur espagnol à Venise, don Alfonso de la Cueva, ni le vice-roi de « Naples, ne restèrent étrangers à un complot que tramèrent des officiers français à la solde « vénitienne, pour s'emparer de Venise ; mais ce complot n'arriva pas à sa maturité, parce que la « république, informée à temps, se saisit des principaux complices et les fit exécuter. »

On a dit encore : « Le cabinet de Madrid n'était pas d'intelligence avec le duc
« d'Ossuna, qui n'avait aucun motif pour s'emparer de Venise, puisqu'il aspirait à
« se faire déclarer souverain du royaume de Naples. »—« Le vice-roi, ajoute à son
« tour M. Daru, ne pouvait avoir conspiré contre Venise pour s'en emparer au
« nom de l'Espagne, et contre l'Espagne pour lui enlever un royaume. » D'abord
il est avéré que le cabinet de Madrid n'ignorait pas la conjuration, et l'on en
conclura aisément qu'il se réservait *in petto* le droit de revendiquer à son profit
la conquête opérée par un de ses sujets ; quant au vice-roi, il n'entendait faire
les affaires de personne, et ne considérait pas l'entreprise comme au-dessus de
ses forces, lui qui avait conçu le projet d'envahir la Macédoine et de chasser les
Turcs de l'Europe. Toutefois, nous le reconnaissons, le duc d'Ossuna ne pouvait
mener à fin ses deux projets ; et si, consumant sa vie en agitations continuelles,
l'occasion favorable ou l'audace lui ont toujours fait défaut, cela ne saurait détruire les preuves de la conspiration ourdie contre Venise par cet esprit ardent,
que dévorait l'ambition.

En résumé, on a peut-être attaché à ce problème historique plus d'importance
qu'il n'en méritait, et nous aurions insisté moins longuement sur sa solution si le
premier devoir de l'historien ne consistait à répandre la lumière au milieu des
faits que la politique des gouvernements s'efforce d'envelopper d'une épaisse
obscurité. Il ne nous reste plus qu'à ajouter quelques mots sur les deux instigateurs de la conspiration, et sur les mesures de police intérieure auxquelles elle
servit de prétexte.

Le duc d'Ossuna conserva la faveur du roi d'Espagne jusqu'au jour où des
plaintes réitérées décidèrent Philippe III à le remplacer par le cardinal Borgia,
ambassadeur à Rome. A cette nouvelle, le vice-roi tenta de soulever le peuple
au moyen de distributions de vin et d'argent ; mais le prélat, qui s'était concerté
d'avance avec les grands du royaume, pénétra dans le Château-Neuf, et fit annoncer sa prise de possession par des salves d'artillerie. Perdant alors tout espoir,
le duc se jette dans un navire, cingle vers les côtes de Provence, traverse la
France à petites journées, et gagne tranquillement Madrid, où il reçoit un si
brillant accueil, que l'ambassadeur vénitien écrivait à son gouvernement : « Le duc
« d'Ossuna, qui était sorti de Naples comme un homme que tout le monde croyait
« perdu, semble avoir enchanté Madrid ; il y est plus grand qu'il ne le fut jamais.
« Cependant il ne faut pas se louer de la journée avant d'en avoir vu la fin. »
C'était prophétiser presque à coup sûr. En effet, Philippe III étant mort, les
ducs de Lerme et d'Uzéda furent éloignés des affaires et de la cour, et Philippe IV
envoya en Sicile et à Naples des commissaires chargés de recueillir des informations. A leur retour, le duc d'Ossuna fut arrêté ainsi que ses secrétaires ; car
moins généreux que les Siciliens, qui refusèrent de déposer contre leur ancien
gouverneur, les Napolitains s'étaient montrés prodigues d'accusations. Des magistrats spécialement désignés procédèrent à l'examen des charges qui s'élevaient

contre l'accusé, puis à son interrogatoire ; mais il se justifia avec un tel aplomb, que leurs esprits en furent ébranlés. La procédure n'aurait peut-être pas suivi son cours, si les inquisiteurs d'État de Venise, s'appuyant sur les griefs de la république, n'eussent insisté pour que le duc subît une condamnation capitale. Pendant que la cour de Madrid ne savait à quoi se résoudre, le prisonnier mourut (25 septembre 1624), soit des suites d'une attaque d'apoplexie, soit par l'effet d'un breuvage empoisonné [1].

Quant au duc de Bedmar, le séjour de Venise devenant trop dangereux pour lui, il devança son rappel, déjà demandé par la Seigneurie, et courut se réfugier à Milan, où il écrivit, outre l'histoire apologétique de sa conduite pendant ces événements, une espèce de Mémoire en forme d'instruction pour son successeur. « Je fais peu de cas de ma réputation, dit-il dans ce dernier factum, si ce sacrifice « peut être utile à l'Espagne : il ne faut pas contrarier les Vénitiens sur le mal qu'ils « disent de moi, il suffit que le roi sache que le duc d'Ossuna et moi nous n'avons « pas manqué à notre devoir... A l'administration de la république président cent « personnages dégénérés de la valeur et de l'habileté politique considérées comme « un don particulier chez leurs ancêtres. Ils ont insulté les deux premières nations « du monde, la nation espagnole et la nation française, par leurs vociférations au « sujet de je ne sais quelle conjuration. La France, suivant eux, était l'instrument « des scélératesses des autres... Dans la bouche de ce peuple, le nom d'*Espagnol* « est une injure équivalente à celle de *voleur* ou de *sicaire*..... Ils ne sont pourtant « pas si aveugles qu'ils ne s'aperçoivent que notre nation est guidée par une pru- « dence singulière ou par une raison d'État exquise, et qu'en agissant autrement, « nous manquerions à nous-mêmes et à la facilité que Dieu nous a accordée pour « étendre et agrandir notre monarchie..... L'habileté que nous mettons à conser- « ver ce que nous avons acquis, habileté qui n'est ni répréhensible ni blâmable, « n'est pas à l'abri de leurs morsures envenimées. » Pour en finir avec le marquis, disons que, loin d'encourir la disgrâce de son maître, il fut envoyé en Flandre avec le titre de président du conseil, et que le pape lui donna le chapeau de cardinal. Mais son extrême sévérité lui ayant fait retirer ses pouvoirs, il reçut en dédommagement l'évêché de Malaga, et se retira à Rome, où il mourut en 1655.

---

[1]. Parmi les accusations qui pesaient sur le duc, il en est une tout à fait caractéristique. « A l'occasion des noces de son fils, il donna des fêtes brillantes, distribua du vin, de l'argent, et un grand nombre de personnages considérables furent invités à un magnifique banquet qui eut lieu au palais royal, alors l'un des plus splendides de l'Europe. Pendant la fête, le duc proposa à sa belle-fille d'aller voir les pierreries de la couronne; toute la compagnie les suivit. La galerie donnait sur une place couverte d'une foule de peuple, qui applaudissait le duc chaque fois qu'il paraissait au balcon. Au milieu des pierreries étalées sur des tables, on remarquait le sceptre de Charles Ier, la couronne de Robert, de Jeanne Ire, de Ladislas, de Jeanne II ; le duc, entraîné sans doute par la joie qu'il avait au cœur, saisit une de ces couronnes, et la posa en riant sur sa tête : « Elle ne me « va pas mal, » dit-il. Il s'avançait vers le balcon, lorsque le prince de Bisignano le retint par le bras en lui disant : « Votre Excellence oublie que ces ornements ne vont bien que sur la tête des « rois ! » Le duc soutint avec un air d'aisance cette apostrophe, comme si elle n'avait été que la suite d'une plaisanterie ; mais la cour de Madrid se montra fort irritée contre lui. »

Peu confiant dans les protestations d'amitié de l'Espagne, le gouvernement vénitien prit ses mesures pour que le danger ne se renouvelât pas. Après avoir prescrit que « des actions de grâces seraient rendues à Dieu, tous les ans, pour « la découverte de cette conspiration, dix mille ducats distribués aux hôpitaux « et aux monastères, les prières de quarante heures récitées dans toutes les « églises, et que quiconque ne fêterait pas cette mémorable journée, serait puni « de mort, » il arrêta que, « à l'avenir, pendant les séances du grand conseil, une « garde de trois cents hommes, armés d'arquebuses et de hallebardes, ferait des « patrouilles dans les rues et sur les canaux environnant le palais; à l'exception « d'un détachement qui occuperait la *logietta*, où se tiendraient deux procura- « teurs; — qu'afin de renforcer la fuste du conseil des Dix, il y aurait devant le « palais Saint-Marc douze pièces de canon, toujours en bon état, et que le com- « mandant de cette batterie ferait feu au moindre mouvement populaire; — que « toutes les nuits on changerait la garde de l'arsenal et qu'on en doublerait les « sentinelles; — qu'une station de cinq gondoles ne laisserait sortir qui que ce « fût de la ville après certaines heures, à moins d'une permission expresse, et que « les patrons ou quelque homme de l'équipage visiterait celles qui font le trajet de « terre-ferme, aller et retour, pour s'assurer d'où elles venaient, où elles « allaient, qui elles portaient, surtout s'il y avait des étrangers, et cela sous peine « de la vie contre les récalcitrants; que le castello serait entièrement isolé de « l'arsenal, et qu'à cet effet plusieurs rues seraient coupées, d'autres converties « en canaux avec ponts-levis. » Les magistrats chargés de la police des étrangers furent mandés, et ils recurent l'ordre « de redoubler de vigilance, d'exiger les « déclarations des propriétaires, aubergistes et autres personnes qui louaient « des logements, et de leur enjoindre, sous peine de la vie, de présenter eux- « mêmes les étrangers logés chez eux; — les curés de Venise durent fournir un « état exact des habitants de leurs paroisses, particulièrement de la population « mâle, en spécifiant leurs moyens d'existence et leur bonne ou mauvaise con- « duite; enfin, pour chaque arrondissement, quatre nobles revêtus du titre de « *commissaires de la tranquillité publique* restèrent chargés de recueillir les « informations des curés, de s'opposer à tout rassemblement d'étrangers; un rap- « port mensuel devait prouver leur vigilance. — On fit dresser aussi l'état de tous « les chefs de maison, avec indication exacte du nombre des hommes, et chaque « noble fut pourvu de toutes les armes nécessaires pour armer, au moindre mou- « vement, toute la population du quartier dont il était institué chef. — Pour la « plus grande sûreté de la noblesse, le port d'armes fut interdit au peuple; on « lui défendit même l'usage des stylets. »

Voilà donc où aboutit une tentative avortée : de nouvelles rigueurs ajoutées aux exigences déjà fort tracassières de la police vénitienne ; les espions, les sbires, les agents secrets, multipliés dans une effrayante proportion, et par suite le séjour de Venise devenu plus que jamais redoutable au paisible visiteur, au négociant actif. La république échappait à sa perte, mais le terrain resta sourdement miné; et nous ne répéterons pas avec Otway, l'auteur de *Venise sauvée* : « Les « dieux veillaient sur elle! »

L'inimitié de l'Espagne contre Venise ne s'était pas éteinte avec le duc d'Ossuna. La guerre de la Valteline et du Mantouan, dont nous allons parler, en fournit une nouvelle preuve.

A l'orient de la Suisse, entre les sources du Rhin et le Tyrol, il est un État fédératif, composé de trois petites républiques qu'on appelle les *Ligues-Grises* [1]. La réforme y avait jeté des ferments de discorde que les cours d'Espagne et d'Autriche entretenaient sous main, dans l'intention de s'emparer d'une petite vallée (la Valteline [2]) soumise au gouvernement politique des Grisons, quoiqu'elle se régît, en général, par ses lois municipales. Ces deux branches de la même maison, maîtresses, l'une du Tyrol, à l'est, l'autre du Milanais, au sud-ouest, convoitaient depuis longtemps ce coin de terre, dont la possession devait établir entre leurs États des communications plus faciles, avantage auquel se serait joint celui d'envelopper la république de Venise, des bords de l'Isonzo jusqu'à ceux du Pô, et par suite de la priver de toute communication avec la Suisse et la France. Déjà un des gouverneurs de Milan, le comte de Fuentes, avait imaginé de bâtir au bord du lac de Côme une forteresse qui, d'une part, dominait la vallée de Chiavenna, de l'autre la Valteline, et d'où les Espagnols soufflaient le feu de la discorde avec d'autant plus de succès que les Valtelins étaient restés catholiques. En 1618, un synode, tenu à Borgogno, adopta, sous forme politique, des mesures qui proscrivaient les principaux dogmes de la foi catholique dans la Valteline, mesure dictée au gouvernement fédératif par les rigueurs que l'inquisition déployait sur leurs frontières et par la vue de la forteresse qu'avait élevée Fuentes. De grands excès s'en suivirent, et la Valteline, qui était devenue l'asile de tous les catholiques persécutés chez les Grisons, fut impitoyablement saccagée. L'agitation était à son comble, lorsque l'Espagne, par l'entremise du duc de Feria, gouverneur de Milan, offrit aux Valtelins son appui. Il n'en fallait pas davantage

---

1. Ce pays, l'ancienne *Rhétie* des Romains, appartint à l'Allemagne jusqu'au xv⁵ siècle, qu'il secoua le joug et forma trois petites républiques indépendantes connues sous le nom de *Ligue Grise*, *Ligue Cadée* et *Ligue des Dix-Droitures*, elles s'allièrent aux Suisses en 1497.

2. Cette vallée, qu'entourent de trois côtés les Alpes, et qui a vingt lieues de long, est arrosée par l'Adda dans toute sa longueur; les Grisons la possédèrent jusqu'en 1797 ; à cette époque, les Valtelins, s'étant soulevés, demandèrent à faire partie de la république cisalpine. « Ils implorèrent « la protection du général Bonaparte, et se fondèrent, pour l'obtenir, sur d'anciens traités qui met« taient la Valteline sous la protection des souverains de Milan. Les Grisons et les Valtelins convin« rent de s'en référer à l'arbitrage de Bonaparte. Celui-ci fit conseiller aux Grisons de reconnaître « les droits des Valtelins et de se les associer comme une nouvelle ligue grise. Ils s'y refusèrent et « voulurent plaider la cause de leur tyrannie. Bonaparte leur fixa une époque pour comparaître. Le « terme venu, les Grisons, à l'instigation de l'Autriche, refusèrent de se présenter. Bonaparte, « alors, se fondant sur l'acceptation de l'arbitrage et sur les anciens traités, condamna les Grisons « par défaut, déclara les Valtelins libres, et leur permit de se réunir à la Cisalpine. » (THIERS, *Histoire de la Révolution française*.) En 1815, la Valteline fut annexée au royaume lombardo-vénitien.

pour allumer la guerre civile, et elle éclata avec toute la fureur qui signale les guerres religieuses.

Soutenus par les Valtelins, les proscrits commencèrent par massacrer les protestants de Tirano et de Teglio, 19 juillet 1620, et enlevèrent de vive force Sondrio, dont les habitants hérétiques furent passés au fil de l'épée. A cette nouvelle, les Grisons coururent aux armes, et de part et d'autre on combattit avec des alternatives de succès et de revers. Profitant de ces désordres, le commissaire archiducal s'empara de Monastero, point de jonction des États italiens de son maître avec ceux de la Germanie, et bientôt un décret daté de Madrid plaça les Valtelins sous la protection du roi d'Espagne, qui ajoutait à son titre de *catholique* celui de *protecteur des opprimés et* de *défenseur de la foi*. C'était une usurpation cachée sous le voile transparent d'un protectorat religieux. Afin de parer le coup qui la menaçait, Venise fit partir un ambassadeur extraordinaire chargé de démontrer au cabinet français les funestes conséquences de la prépondérance espagnole dans la Valteline et la nécessité de secourir les Grisons; démarche que soutenaient indirectement, et le duc de Savoie, inquiété pour ses intérêts dans le Montferrat, et le pape lui-même, qui aurait voulu voir la Valteline reconnue comme canton catholique indépendant. En conséquence, il fut convenu entre le roi de France, le duc de Savoie et la république de Venise, au commencement de 1623, de lever en commun une armée de quarante-six mille hommes, afin d'obliger les Espagnols et les Impériaux à évacuer le territoire envahi par eux.

Les confédérés se proposaient deux plans disparates : pour la Savoie et la France il s'agissait de conquérir Gênes avec son territoire, le Montferrat et Milan s'il était possible; Venise refusait d'adhérer à toute combinaison qui n'aurait pas pour but immédiat l'indépendance de la Valteline. A l'approche du marquis de Cœuvres, qui commandait l'armée alliée, les Impériaux se retirèrent sans même tirer l'épée, se bornant à garder les défilés du Tyrol, et le marquis s'avançant jusqu'à Bormio, prit et rasa le fort de Piatta-Mala, s'empara de Tirano, Sondrio, Morbegno, construisit vis-à-vis du fort élevé par Fuentes un autre fort qu'il nomma *Nuove Francie*, et enfin, le 1er février 1625, prit d'assaut Chiavenna. De leur côté, le duc de Savoie et le maréchal de Lesdiguières battirent les Génois près de Rossiglione et d'Ottagio, et s'emparèrent de Gavi. Bientôt toute la *riviera*, entre Finale et Villafranca, fut au pouvoir des alliés, et le duc de Savoie menaçait Savignano. Alors, de toutes les parties de la monarchie espagnole, arrivèrent aux Génois des vaisseaux, des troupes, de l'argent; et à l'aide de ces secours ils reprirent si vigoureusement l'offensive, que les armées de France et de Savoie furent obligées de renoncer à leur entreprise. Au milieu de ce conflit, on apprit avec surprise que la France, d'accord avec le cabinet de Madrid, avait décidé du sort de la Valteline, ce qu'il aurait été facile de prévoir, car il n'était pas dans l'intérêt de Philippe IV de consumer ses forces en Italie, et Louis XIII désirait la paix, pourvu que fût brisé le point par lequel les deux branches de la maison de Hapsbourg tendaient à entrer en contact de ce côté. Par ce traité, signé à Monzone en Aragon, le 6 mars 1625, les Grisons rentrèrent dans leur souveraineté sur la Valteline, à qui furent assurés le libre exercice de sa religion et la faculté d'élire des magistrats catholiques; le pape devait occuper les places fortes et les faire raser. Ainsi les intérêts de Venise et particulièrement ceux de Charles-Emmanuel étaient sacrifiés par la France; et l'Espagne, complétement satisfaite, rappela de Milan le duc de Feria, partisan déclaré des Valtelins, lui donnant pour successeur Gonzalve de Cordoue.

Ne se sentant pas assez forts pour rompre l'harmonie qui venait de s'établir à leurs dépens entre les deux puissances rivales, les Vénitiens laissèrent au temps et aux passions le soin de la détruire. En effet, quatre ans à peine s'étaient écoulés, que les Grisons mécontents se levèrent en masse pour demander l'annulation du traité de Monzone. A ce signal, trente mille Impériaux envahissent leur territoire, se rendent maîtres de tous les passages, de tous les ponts, jusqu'à Chiavenna, puis pénètrent en Italie, laissant derrière eux de forts détachements qui firent peser sur le pays qu'ils occupaient une intolérable oppression. Le découragement était à son comble. Le maréchal de Bassompierre, ambassadeur de France à Venise, appela les confédérés à la défense des Grisons; mais les six mille hommes qu'il obtint ne furent qu'un secours inefficace. Enfin, les exploits de Gustave-Adolphe ayant détourné du côté de la Saxe l'attention des Impériaux, les trois ligues en profitèrent pour recouvrer leurs droits. La France les appuya de ses trésors et de ses troupes; elle leur donna même un général habile, le duc Henri de Rohan; mais comme la paix subsistait encore entre la France et l'Empereur, le duc ne voulut point entrer dans la Valteline. Ce ne fut qu'en 1635 qu'une nouvelle rupture étant survenue, il lui fut permis d'agir. S'avançant à la tête d'une armée franco-vénitienne que renforçaient cinq mille Suisses, il surprit Bormio, Chiavenna et Riva, qui ne firent qu'une faible résistance. De leur côté, les Impériaux, arrivant par la vallée de Munster, reprirent de nouveau la Valteline. La campagne était ouverte. Dans plusieurs rencontres, à Mazzo, à Bormio, à Morbegno, les Espagnols perdirent beaucoup de monde. L'année suivante, les hostilités continuaient dans les environs du lac de Côme, lorsque la France, par un revirement subit, en revint à peu de chose près au traité de Monzone, c'est-à-dire que, d'accord avec l'Espagne et l'Autriche, elle se réserva seulement un droit d'arbitrage sur les différends de la Valteline avec les Grisons. L'exaspération de ces derniers fut extrême, et, poussés par des émissaires espagnols, ils rompirent avec leur versatile alliée pour se jeter dans les bras de leurs ennemis séculaires. L'armée franco-vénitienne, attaquée ou trahie de tous les côtés, battit en retraite; Rohan se vit même réduit à capituler. Dès lors la Valteline passa sans condition sous le joug des ligues grises, et les trois républiques sous le protectorat obligé de l'Espagne. Le cabinet de Madrid était arrivé à son but.

La guerre de la Valteline n'était pas terminée, que la mort du duc de Mantoue (1627) ouvrait une nouvelle carrière à l'ambition de l'Espagne, car le duc et son frère puîné, qui ne tarda pas à le suivre dans la tombe, ne laissaient qu'une nièce, Marie de Gonzague, inhabile à recueillir leur héritage, puisque le duché de Mantoue était un fief masculin. Depuis longtemps une branche cadette de cette maison s'était établie en France, et son chef actuel, Charles de Gonzague, portait le titre de duc de Réthel et de Nevers[1]. Aussitôt qu'il eut appris la maladie de son cousin, Charles partit pour Mantoue avec le projet d'épouser l'héritière, et le mariage fut célébré le jour même de la mort du duc. Mais l'empereur Ferdinand II, qui ne voulait pas souffrir que l'influence de la France prît de l'extension dans la haute Italie, refusa l'investiture, et Philippe IV, afin de justifier ses vues agressives, affecta de protéger plusieurs prétendants[2]. Le duc de Savoie voulut aussi mettre à profit la circonstance pour réclamer le douaire de sa fille, veuve du duc défunt, menaçant de faire valoir ses droits sur le Montferrat les armes à la main, s'il n'obtenait immédiatement satisfaction. Le duc de Réthel, ne consultant que son courage et la justice de sa cause, prit le titre de prince de Mantoue et se fit rendre les honneurs souverains. Pour répondre à ce défi, l'Espagne et la Savoie envahirent le Montferrat, tandis que l'Empereur envoyait un commissaire se saisir du duché. Charles, hors d'état de résister à ces forces combinées, se renferma dans sa capitale, dont il fit fortifier les approches, et appela à son secours la France et Venise. Richelieu promit son cours; Venise ne fit pas non plus défaut, malgré les protestations de quelques sénateurs timorés ou vendus, mais avec la réserve expresse de ne pas mettre ses troupes en campagne avant l'arrivée des Français.

Ce ne fut qu'au commencement de l'année 1629 que Louis XIII, libre des embarras qui avaient retardé ses préparatifs, arriva en personne vers les Alpes avec une armée de vingt-cinq mille hommes, franchit les montagnes malgré Charles-Emmanuel, battit son armée près de Suse, et le força de renoncer à l'alliance de l'Espagne. Le duc de Savoie consentit alors à lui ouvrir les forts de Suse et de San-Francesco et à lui laisser libre passage vers le Montferrat. Les

1. Jacques de Clèves, duc de Nevers, étant mort sans postérité (1564), sa sœur aînée, Henriette de Clèves, lui succéda dans les duchés de Nevers et de Rethel; celle-ci, en 1565, épousa Louis de Gonzague, fils de Frederic Ier, duc de Mantoue; c'est de cette alliance que datent les droits des ducs de Nevers sur le Mantouan.

2. Parmi ces prétendants, celui qui avait les droits les plus sérieux sur Mantoue était Ferdinando ou Ferrante da Gonzaga, prince de Guastalla, fils de Cesare da Guastalla, petit-fils de Ferdinando, auteur de la ligne des Gonzaga de Guastalla et frère de Frederic Ier.—Marguerite, duchesse douairière de Lorraine, sœur des trois derniers ducs, élevait aussi des prétentions particulières sur le Montferrat.—On sait que le marquisat de Montferrat fut dévolu aux ducs de Mantoue par sentence de l'empereur Charles V, rendue en 1536; l'empereur Maximilien II érigea ce marquisat en duché en 1574.

affaires du jeune prince prenaient une tournure favorable, lorsque le cardinal s'avisa d'exiger de lui la cession de cette importante partie de son territoire, et, sur son refus plein de noblesse, l'armée française retourna en arrière. Plus généreux que leur allié, les Vénitiens se portèrent avec une armée de douze mille hommes sur les frontières du Milanais, en jetèrent deux mille dans Mantoue, et aidèrent Charles à se rendre maître de Casalmaggiore, échec qui déconcerta un moment les deux puissances confédérées. Pour le réparer, l'Empereur fit marcher, sous les ordres du comte Rembaldo di Collatto, un nouveau corps de troupes contre Mantoue, tandis que le roi d'Espagne envoyait comme gouverneur à Milan l'un de ses plus habiles généraux, Ambrosio Spinola, et Mantoue fut soumise à un siége en règle. Pendant plusieurs mois, Charles de Gonzague et ses deux mille Vénitiens s'épuisèrent en efforts de tous genres pour défendre la place, repoussant les assauts, faisant des sorties meurtrières; si bien que Richelieu, pénétré d'admiration, résolut d'opérer une diversion en sa faveur. En effet, au commencement de 1630, une armée française conduite par les maréchaux de Bassompierre, de Créqui et de Schomberg, franchit les Alpes, et se met à la poursuite de Charles-Emmanuel, qui derechef s'était rallié aux Espagnols; dix mille hommes commandés par le roi les suivent de près, et la Savoie, à l'exception de Montmélian, est conquise; dans le Piémont, Salluzzo est occupée.

Richelieu recueillait les palmes d'un facile triomphe sans que le duc de Mantoue en respirât plus à l'aise; chaque jour les rangs des défenseurs de cette ville étaient éclaircis par le feu de l'ennemi et surtout par les maladies pestilentielles. Dans cette extrémité, Charles tourna vers le sénat de Venise ses regards suppliants; et après bien des hésitations, on lui envoya un corps de dix-sept mille hommes sous la conduite du patricien Zacharie Sagredo, homme habile dans le conseil, mais fort inexpérimenté dans les armes, comme le prouva l'événement. Il avait atteint les bords du Mincio, lorsqu'une simple affaire d'avant-poste, essayée par les Impériaux pendant la nuit, vint jeter le trouble dans son camp. Dans le premier moment de surprise, on s'imagine que l'ennemi attaque sur toute la ligne avec des forces supérieures, la panique s'empare des troupes, et le cri fatal de *sauve qui peut!* retentit de tous les côtés. Les Impériaux, profitant de leur avantage, poursuivirent à outrance les fuyards et les acculèrent contre l'Adige, excepté ceux qui étaient parvenus à se rallier sous les murs de Peschiera. La nouvelle de ce désastre jeta la consternation dans Mantoue, et la ville capitula après un siége de dix-huit mois. Les Impériaux y renouvelèrent les scènes de carnage du sac de Rome : ni le sexe, ni l'âge, rien ne fut respecté; la barbarie du vainqueur n'épargna pas même les pierres : un palais élégant élevé par le célèbre Vignole fut livré aux flammes. A la faveur de la confusion d'un pareil moment, Charles de Gonzague et son épouse, emportant pour tout trésor leur fils au berceau, se retirèrent dans le Ferrarais, réduits pour vivre à recevoir des subventions de la république.

Devenu le souverain arbitre des principautés de Mantoue et de Montferrat, l'empereur Ferdinand se disposait à les ranger sous sa domination, lorsqu'il apprit que les Suédois, guidés par le célèbre Gustave-Adolphe (1631), venaient d'envahir les États héréditaires. A cette nouvelle, il s'empresse de conclure avec la France un traité par lequel, au grand désappointement de l'Espagne, le duc de Mantoue recouvrait ses principautés, moins la ville de Trino et une partie du Montferrat qu'il devait céder au duc de Savoie. La cour de Madrid mit tout en œuvre pour faire rompre cet arrangement; mais l'Empereur tint bon. Venise fut aussi comprise dans la pacification, et pour la troisième fois, en peu d'années, l'Espagne perdit le fruit de ses intrigues et de ses machinations. Quant à Charles, il obtenait plus que ne lui aurait donné une victoire, la reconnaissance positive de ses droits.

Ces deux épisodes, relatifs à la Valteline et au duché de Mantoue, montrent jusqu'à la dernière évidence le mauvais vouloir de l'Espagne envers Venise et ses prétentions ambitieuses sur l'Italie; nous les avons groupés à la fin de ce chapitre, parce qu'ils viennent à l'appui de notre système sur la conjuration du duc d'Ossuna.

CHAPITRE XV.

CORRECTION DU CONSEIL DES DIX. — GUERRE DE CANDIE.

1618 A 1669.

Situation financière et commerciale de la république. — Lutte des familles Zéno et Cornaro. — Système judiciaire. — Principes et organisation du conseil des Dix. — Correction qu'on lui impose. — Constitution de l'Église vénitienne. — Prétentions du pape. — Souveraineté des Vénitiens sur l'Adriatique. — Nouvelles hostilités contre les Turcs. — Guerre et perte de Candie.

ALGRÉ ces troubles et ces guerres, signes avant-coureurs d'une nouvelle phase de décadence, la situation matérielle de l'État était satisfaisante[1] : le commerce, quoique s'affaiblissant, faisait des profits encore considérables, et l'aisance dans laquelle vivaient toutes les classes avait fait monter à près de deux cent mille habitants le chiffre de la population de Venise. Cette situation prospère, qui sans doute éblouissait la république, l'empêcha de chercher un remède au mal qui la minait sourdement; autrement serait-elle restée impassible à la vue des grandes révolutions qui s'accomplissaient de tous les côtés, aurait-elle donné une importance exclusive aux querelles de son aristocratie? Nous avons déjà présenté plusieurs exemples de ces rivalités jalouses ; celui dont nous allons parler se rattache si intimement à la marche de notre histoire, qu'il nécessite d'assez longs développements.

Plus d'une fois les noms des Zéno et des Cornaro s'étaient trouvés associés à de grands événements; mais, au grand regret de leurs concitoyens, une haine invétérée divisait ces deux puissantes familles. En 1626, le siège ducal était occupé

---

[1]. Le revenu s'élevait à quatre millions de sequins (48 millions de francs), et les dépenses à trois millions, ce qui laissait un reliquat annuel de 12 millions de francs pour subvenir aux dépenses extraordinaires, indépendamment d'une caisse de réserve dont la dotation présentait une ressource éventuelle de trois millions de sequins (36 millions de francs).

par Jean Cornaro, vieillard respectable, en considération duquel on avait accordé divers priviléges à quelques-uns de ses enfants. Renier Zéno, homme d'un caractère violent[1], et un des trois chefs du conseil des Dix, ne laissait échapper aucune occasion d'attaquer son rival, et reprochait souvent aux patriciens leur extrême condescendance envers un homme dont, suivant lui, « l'ambition était insatiable. » Tout à coup on apprend que l'un des fils du doge, Frédéric Cornaro, évêque de Bergame, vient de recevoir le chapeau de cardinal ; Zéno ne se contient plus, il se rend au conseil, et, sous une forme respectueuse, adresse au *sérénissime prince* les plus graves reproches ; puis interpellant ceux qui l'entourent, il leur demande compte de toutes les faveurs dont ils ont comblé la famille du doge. « Oui, je le sais, leur dit-il, vous trouverez dans l'arsenal de notre légis-
« lation les moyens de faire excuser votre conduite ; mais si vous consentez au-
« jourd'hui à ce que le fils du doge revête la pourpre romaine, vous violerez
« une de nos lois d'État les plus précieuses, celle qui a assuré notre indépen-
« dance vis-à-vis de la cour de Rome ; l'Église vénitienne a été affranchie du pou-
« voir pontifical ; ses membres ne relèvent que du gouvernement ; un tel em-
« piétement ne saurait être toléré, surtout lorsqu'il s'accomplit à l'aide du fils
« de notre souverain. » Jean Cornaro sut dissimuler son ressentiment et ne répondit qu'en protestant de son attachement aux lois de la république. Du reste, l'influence de ses partisans rendit vaine cette attaque ; on cita des exemples ; on établit que le titre de cardinal était une dignité sans attributions, et qu'il était licite à Frédéric Cornaro de l'accepter[2]. Blessé de cet échec, Zéno persista plus que jamais dans son système de récriminations contre le doge, dont trois fils faisaient partie du sénat ; il démontra qu'un tel privilége était contraire aux lois,

---

1. Dans sa jeunesse, Zéno avait été condamné à dix ans d'exil pour avoir parlé avec trop de véhémence, dans le grand conseil, contre certains actes du gouvernement. En 1622, pendant son ambassade à Rome, il eut avec un des camériers du pape une singulière altercation. On célébrait une canonisation ; Zéno, chargé de tenir une torche près du saint-père, voulut se rapprocher davantage de Sa Sainteté, et voyant que le camérier en était encore plus voisin que lui, il se plaignit d'un tel manque d'égards. Celui-ci répondit très-bas : « Je suis ici, non par *précédence*, mais par *assistance* ; « du reste, je vais un peu m'éloigner. » Zéno lui répliqua : « Vous avez bien fait de vous retirer « devant un homme de notre qualité.—Modérez-vous, repartit doucement le *maestro di camera*, « vous êtes un *candélabre*.—Et vous, un *Espagnol !* » La cérémonie terminée, Zéno demande une éclatante réparation, menaçant le saint-siége de toute la colère du lion de Saint-Marc. Alors un maître des cérémonies va le trouver, lui explique que c'était l'usage, au milieu de la quantité de lumières qui brillaient dans l'église, d'allumer encore trois torches autour du pontife qui allait prononcer la *grande sentence* et proclamer la sainteté des serviteurs de Dieu ; que ces trois torches devaient être tenues par les personnes les plus distinguées que le pape voyait autour de lui ; que les ambassadeurs d'Autriche, d'Espagne et de France sollicitaient cet honneur, désigné dans le cérémonial sous le nom de *aurei candelabri* ; qu'en l'absence de ces ministres étrangers, Sa Seigneurie avait été désignée, les ambassadeurs de Venise tenant surtout à être assimilés aux représentants des rois. Zéno fut obligé de se contenter de cette explication et de modérer sa fougue.

2. Durant la vie du doge, ses enfants et ses frères étaient exclus des principales charges de l'État ; ainsi, ils ne pouvaient être ni conseillers du collége, ni membres du conseil des Dix, ni chefs de la Quarantie criminelle, ni avogadors, ni capitaines, ni provéditeurs généraux de mer ; ils ne pouvaient non plus impétrer aucun évêché, abbaye ou autre bénéfice, pas même l'accepter, le pape les en eût-il investis *proprio motu*.

et Georges Cornaro, le plus jeune des trois, fut immédiatement exclu. Le lendemain, accompagné de quelques amis, Georges, poussé à la vengeance, attend Zéno à la porte du palais, se précipite sur lui, et le frappe de neuf coups de couteau; Zéno fut relevé mourant. Cet attentat frappa Venise de stupeur. « Un « des Dix assassiné ! s'écriait-on ; un des chefs du gouvernement frappé par des « sicaires ! Qu'est devenue la terrible justice de Venise ? » Plusieurs indices et la découverte d'une hache ensanglantée levèrent toute incertitude sur le nom du coupable ! Le grand conseil s'assembla aussitôt. Un décret nomma trois inquisiteurs spéciaux, dits les inquisiteurs du sang; on assura dix mille ducats d'or à quiconque livrerait Georges Cornaro, trois mille ducats à quiconque nommerait les fauteurs du crime. Les dénonciateurs se présentèrent en foule, mais personne ne livra l'auteur du forfait, car il s'était immédiatement réfugié à Ferrare. Déclaré contumax, Georges Cornaro fut condamné à mort, ses biens présents et à venir confisqués, son nom effacé du Livre d'or, et une table de marbre, scellée sur le lieu même où Zéno avait été frappé, perpétua le souvenir de cette lugubre affaire.

Cependant Zéno n'avait pas succombé à ses blessures : après s'être rendu en grande pompe à l'église Saint-Isidore pour offrir à Dieu ses actions de grâces, il affecta de ne se montrer en public qu'accompagné de gens armés et d'une foule de clients. Alarmés par ces précautions, les partisans de la famille Cornaro murmurèrent. « Eh quoi ! disaient-ils, les membres du conseil des Dix veulent s'arro« ger la souveraine puissance ! Pourquoi ces armes, pourquoi cet apparat dont « ne s'entoure même pas le chef de la république ? » Et le peuple, qui toujours flotte au gré des passions du moment, fit d'autant plus volontiers cause commune avec eux, que tout récemment encore le conseil des Dix avait mis le sceau à l'indignation publique en prononçant une condamnation capitale contre un des hommes les plus recommandables de Venise, Marc Foscarini, ancien ambassadeur en France[1]. D'autres sentences non moins injustes, les démonstrations impolitiques de Zéno, les haines qui s'étaient ravivées entre sa famille et celle de Cornaro, firent naître deux partis chez l'aristocratie vénitienne : et, chose digne de remarque, l'institution des décemvirs rencontrait de l'hostilité dans son propre sein. Contre toute attente, on entendit Zéno faire dans le grand conseil des propositions tendantes à restreindre les attributions du décemvirat; mais cet acte d'indépendance le fit condamner au bannissement.

Un profond dissentiment séparait les deux partis : lorsque arriva le jour où devait être renouvelé le conseil des Dix, l'assemblée générale, comme par une

---

[1]. Marc entretenait un commerce intime avec une dame de distinction dont la demeure était voisine de celle d'un resident accrédité près de la république; le mystère dont il s'entourait éveilla l'attention des observateurs, et il fut dénoncé comme ayant des relations secrètes avec des étrangers. Jaloux de sauver l'honneur de son amie, le noble personnage se laissa condamner et pendre comme traître ; mais bientôt son innocence fut reconnue et sa mémoire réhabilitée.

convention tacite, fit en sorte qu'aucun des candidats n'obtînt la majorité, et conséquemment le conseil cessa d'exister, situation anormale dont s'inquiétèrent le lendemain quelques hommes sincèrement dévoués aux institutions du pays, et qui redoutaient des innovations préjudiciables à la stabilité du gouvernement. Quelques essais de conciliation amenèrent à nommer une commission chargée d'examiner la valeur des reproches adressés aux décemvirs et de proposer les modifications propres à faire cesser les abus.

Pour bien comprendre ces réformes et les discussions qu'elles entraînèrent, il faut rappeler brièvement l'organisation judiciaire de la république.

Le droit vénitien reposait sur le code Justinien, sur des statuts particuliers et un grand nombre de coutumes. La haute justice appartenait aux *Quaranties*, dont les membres, tous patriciens, étaient choisis dans le sénat et nommés par le grand conseil. — Le premier de ces tribunaux, appelé la *Quarantie criminelle*, le plus ancien et le seul qui eût part au gouvernement, avait trois présidents qui siégeaient dans le conseil du doge. Juge souverain en matière criminelle, et investi du droit de faire grâce, il connaissait aussi en appel de quelques affaires politiques et commerciales, notamment des faillites. — Les trois autres *Quaranties* constituaient des tribunaux civils auxquels étaient soumises les causes d'une certaine importance, ou qui, par le privilége affecté à la localité, devaient être jugées dans Venise même. Ainsi, la *Quarantie civile vieille* jugeait sur appel les procès nés dans la capitale et dont l'importance excédait la somme de huit cents ducats; aux deux autres était réservée la connaissance de ceux qui s'élevaient dans les provinces. On appelait devant eux des décisions du collége. Ces juges étaient nommés pour un an, mais rééligibles, et leur confirmation annuelle finit par n'être plus qu'une simple formalité. Ils roulaient successivement de l'un à l'autre tribunal, et comme ils passaient à tour de rôle huit mois dans la Quarantie criminelle, ils siégeaient pendant huit mois au sénat. D'un autre côté, à mesure que le conseil du prince se renouvelait, trois de ses membres passaient dans la Quarantie criminelle pour la présider, de manière que les trois places de chefs de la justice étaient réservées aux chefs de l'administration sortant de charge. De cette organisation assez compliquée il résultait que ces magistrats, initiés tour à tour à la politique et à l'administration, joignaient l'expérience du juge aux connaissances de l'homme d'État.

Auprès de ces différentes cours ou tribunaux étaient préposés les *avogadori di commune*, magistrats créés en 1180, sous le doge Orio Malipier, et dont les attributions ressemblent beaucoup à celles de nos avocats généraux. Ces avogadori remplissaient, à peu de chose près, les fonctions attribuées au ministère public en France; ils dirigeaient, en outre, la procédure, et portaient les affaires devant la Quarantie qui devait en connaître.

Il y avait deux degrés de juridiction, mais le jugement du tribunal supérieur n'avait force exécutoire qu'autant qu'il était conforme à celui du tribunal inférieur ; quand il y avait dissentiment, l'affaire était renvoyée au tribunal de première instance pour être statué une seconde fois par d'autres juges que ceux qui avaient concouru à la première décision. Ensuite elle était portée devant la Quarantie ; et si la sentence était cassée, on recommençait sur nouveaux frais, jusqu'à ce que le tribunal inférieur et le tribunal supérieur eussent rendu consécutivement deux jugements conformes.

Les tribunaux inférieurs étaient en grand nombre, et leur juridiction s'étendait sur tous les détails de la vie privée et de la vie publique. Ainsi le *tribunal des deux Censeurs* sévissait contre les intrigues ourdies par les nobles au *Broglio* afin d'obtenir des charges, et condamnait à l'amende ceux qui violaient les statuts du grand conseil. — Le *tribunal des trois Syndics* étendait sa juridiction sur toutes les justices subalternes de Saint-Marc et de Rialto, en examinait les actes et cassait leurs sentences. Il punissait aussi les greffiers, les procureurs, les sergents ou les copistes qui exigeaient des parties plus qu'il ne leur était alloué par les tarifs. — Les *six seigneurs criminels de Nuit* connaissaient des vols, recels, incendies, viols, rapts, commis pendant la nuit, ainsi que des relations criminelles que les Juifs pouvaient entretenir avec des femmes chrétiennes ; ils condamnaient à mort, et si la sentence était confirmée par le magistrat *del proprio*, il n'y avait plus lieu à l'appel. — Les *six seigneurs civils de Nuit* jugeaient certaines affaires nocturnes, qui n'avaient pas un caractère complet de criminalité. — Les *provéditeurs alle Ragioni vecchie* jugeaient des dommages faits au domaine de la Seigneurie hors de Venise, et avaient droit de revoir le livre de compte des *provéditeurs alle Biave*, chargés des approvisionnements de la ville. — Les *provéditeurs alle Ragioni nuove* connaissaient de toutes les discussions qui s'élevaient entre l'administration et les fermiers de la république ; ils saisissaient les biens des retardataires, et punissaient tous les délits commis dans ce genre de spéculation. — Les *provéditeurs alla Giustizia vecchia* fixaient le prix des fruits, du poisson de mer, et sévissaient contre les marchands prévenus de vendre à faux poids ou à fausse mesure. — Les *provéditeurs alla Giustizia nuova* connaissaient de tous les délits commis dans les hôtelleries et les cabarets. — Les *réformateurs des pompes* avaient les mêmes attributions que les ginéconomes à Athènes, les harmosyniens à Lacédémone et les censeurs à Rome [1] : ils avaient mission de réformer le luxe

---

1. Les repas publics étaient si rares à Venise, et la noblesse y vivait avec tant de sobriété, nous pourrions même dire avec tant de parcimonie, que, de ce côté, les *réformateurs des pompes* n'eurent pas de peine à se faire obéir. Les quatre repas solennels que le doge était dans l'habitude de donner tous les ans étaient fixés à 1500 écus chacun. Pour l'habillement extérieur (la robe et le bonnet), les nobles comme les citadins les portaient tous de la même étoffe, en laine fabriquée à Padoue. Les jeunes nobles riches se distinguaient des autres par l'habit de dessous, ordinairement composé de quelque belle étoffe de soie à grandes fleurs, toute chamarrée de larges dentelles, souvent avec un pourpoint de brocart d'or ou d'argent, qu'ils avaient soin de faire ressortir en ouvrant le devant de leur robe, ou en la quittant même tout à fait dans leur gondole. La famille seule du doge n'était point soumise à la juridiction des magistrats des pompes : le fils aîné du prince pouvait revêtir la veste ducale à *maniche larghe*, ce qui était une grande marque d'honneur, mar-

des habits et de la table, et de punir les contrevenants. — Les *quatre juges della Messettaria* étaient exclusivement chargés de surveiller les actes dressés par les notaires pour les ventes d'immeubles. — Les *trois juges al Forestier*, comme le *prætor peregrinus*, à Rome, connaissaient de tous les différends qui s'élevaient entre les sujets de la république et les étrangers, ou bien entre étrangers seulement ; ils intervenaient aussi dans le prix de louage des maisons, des navires et des barques. — Les *trois juges Cattaveri* prononçaient sur les prises faites en mer, les épaves, les biens tombés en déshérence. — Enfin les *trois seigneurs alti Banchi* surveillaient les prêteurs sur gage et réprimaient les délits d'usure.

L'institution des tribunaux et des magistrats de toute espèce qui fourmillaient à Venise remonte à des temps fort reculés ; cependant, lors de la conspiration de Baïamont Thiepolo, au commencement du XIVe siècle, on crut nécessaire de nommer une commission spéciale pour la recherche des complices. Cette commission temporaire, composée de dix patriciens, devint insensiblement un tribunal permanent, qui acquit sur tous les autres une suprématie décidée : telle est l'origine du conseil des Dix. Par leur adresse, ils se rendirent si puissants, qu'ils s'attribuèrent la connaissance de tous les crimes d'État, des séditions, des malversations des magistrats, de la fausse monnaie, des assassinats commis sur la personne des nobles, de la sodomie, quelquefois même de l'hérésie.

La juridiction du conseil des Dix s'étendait sur tous les délits de quelque importance, commis hors de l'enceinte de Venise et des lagunes ; — dans l'intérieur, sur les délits commis dans les barques, — sur les insultes faites aux masques, — sur les affaires de théâtre, de fondations charitables, de forêts et de mines ; — il s'était même arrogé la police de la librairie. Élevant ses attributions jusqu'aux plus hautes régions du pouvoir, il cassait les décrets du grand Conseil, disposait de la propriété des particuliers, concluait des traités de paix, consentait des ligues offensives et défensives à l'insu du sénat [1]. Enfin, pour se rendre plus puissant encore, il institua le tribunal de l'Inquisition d'État, dont tous les membres devaient être pris dans son sein.

Dix patriciens, âgés de quarante ans, et pris dans des familles différentes, com-

cher dans la ville accompagné de gardes, avoir des gondoliers vêtus de livrées, et porter une ceinture à boucle dorée. Ordinairement, après la première année de leur mariage, les dames vénitiennes s'abstenaient de la plupart des ornements dont leur sexe aime à se parer ; le luxe des bijoux, des pierreries, des étoffes ruisselantes d'or et d'argent, semblait être exclusivement réservé aux courtisanes.

1. On en cite deux cas fort remarquables : le traité de paix avec Florence, que le sénat avait constamment repoussé, et la cession du Péloponèse à l'empereur Soliman. Quant aux droits que ce conseil s'attribuait sur la propriété des particuliers, on en trouve un exemple frappant dans les premières années du XVIe siècle. Le gouvernement avait résolu de détourner tous les fleuves qui déchargeaient leurs eaux dans les lagunes, et l'exécution de ce projet éprouvait beaucoup d'obstacles de la part des particuliers qui possédaient les embouchures des fleuves ou quelques îles dans les lagunes : la surintendance des travaux fut confiée aux Dix, et, prétendant que les propriétés de cette nature n'avaient pu être, dans l'origine, que des concessions de l'État, ils les confisquèrent toutes sans distinction.

posèrent d'abord cette redoutable magistrature ; plus tard, quand ils voulurent étendre leurs attributions, ils s'adjoignirent momentanément un certain nombre de patriciens. Mais s'apercevant que par là ils compromettaient leur existence, ils décidèrent qu'à l'avenir leur tribunal ne serait composé que du doge, de ses six conseillers, et des dix membres nommés pour un an par l'assemblée générale de l'ordre équestre, lesquels ne seraient rééligibles qu'après un intervalle de deux années. Ce n'étaient plus les *dix*, mais les *dix-sept*. N'importe, le nom primitif subsista, et ce conseil s'environna d'un formidable appareil : une fuste stationnait constamment près du lieu où il tenait ses séances, des gardes étaient à ses ordres, et il y avait dans l'arsenal quelques galères toujours prêtes à mettre à la voile, portant à la poupe les lettres C. D. X. qui annonçaient qu'elles étaient à la disposition du conseil des Dix.

Nous connaissons l'organisation du conseil des Dix ; voyons maintenant comment il fonctionne, quels sont les principes, les usages (*il rito*) qui le dirigent. Lorsque les *capi-dieci*, les chefs ou présidents de mois, ont reçu une dénonciation, l'un d'eux procède à l'audition des témoins, et dirige l'instruction ; après quoi ils ordonnent, s'il y a lieu, l'arrestation de l'accusé et le font enfermer dans les cachots, où il est ensuite interrogé par le chef de semaine, qui fait écrire toutes ses réponses par un greffier et les communique à ses deux collègues pour recevoir leur avis ; puis la cause va au Conseil, où les trois *capi-dieci* se portent accusateurs et produisent les pièces du procès sans qu'il soit permis au prévenu de plaider sa cause, d'employer l'assistance d'un avocat, de voir ses parents ou amis, ni même d'en recevoir aucune lettre, et sans appeler de témoins. S'ils se trouvent suffisamment éclairés, les juges ont le droit, ou de faire pendre le condamné, avec un voile sur la tête, ou de le faire noyer dans un canal, ou de le faire étrangler dans sa prison. On a dit que les lois de Dracon étaient écrites avec du sang ; on pourrait en dire autant de ce conseil, chez qui la clémence et la miséricorde étaient des vertus inconnues, la défiance à l'ordre du jour, une grande réputation tenue pour dangereuse, les grands services pour odieux ; il frappait sur tous et partout avec une impitoyable sévérité : aussi le peuple disait-il que le rang des coupables était impuissant à les sauver[1]. Ses principes, les voici en substance :

« Il est impossible de gouverner un État sans faire tort à personne. — Nonseulement il ne faut jamais pardonner les crimes d'État, mais il faut en punir même les apparences. — Dans ces matières, l'ombre doit être prise pour le corps,

1. Quelques exemples démontreront que cette réputation de sévérité, surtout envers la noblesse, n'était pas imméritée. En 1432, trente patriciens, à la tête desquels on distinguait particulièrement Marin Cicogna, s'étant coalisés pour faire tourner les élections en faveur des nobles et de leur parti, tous furent condamnés au bannissement.—En 1471, le sénateur Thomas Zéno subit un an de prison, l'exclusion de tous les conseils et dix coups d'estrapade, pour avoir, par son indiscrétion, compromis le secret des séances.—La même année, un homme de sang illustre, Borromée Memmo, fut pendu en punition de quelques propos contre le podestat de Padoue. — En 1472, Laurent Baffo, président d'une Quarantie, et déjà condamné au bannissement pour prévarication, voulut rompre son ban

et ce qui est possible, pour une chose presque faite. — La prudence humaine ne doit pas se contenter que les malheurs ne soient pas encore venus, mais faire en sorte qu'ils ne puissent jamais arriver. — Le public doit se guérir de sa crainte aux dépens de ceux qui la lui causent, sans attendre le mal qu'il appréhende. — Si, dans toutes les autres affaires, c'est sagesse de croire moins de mal qu'il n'y en a, c'est une nécessité d'en croire plus qu'on n'en voit, lorsqu'il s'agit d'assurer le repos de l'État. — Il importe peu de faire une injustice à des particuliers quand il en revient quelque avantage au public. La crainte et la terreur sont les sauvegardes de l'État; il faut employer tous les moyens possibles pour les inspirer. » Enfin, pour couronner dignement cet odieux décalogue : « Il convient, de se défaire de ceux qu'on a commencé de maltraiter sur de faux « soupçons, de peur que le ressentiment ne les porte à devenir criminels par « vengeance, et que la crainte d'une seconde injure ne leur enseigne les moyens « de s'y soustraire aux dépens de la république. »

Les adversaires de cette institution tyrannique, qui, suivant l'expression de François Gradenigo, « avait absorbé l'autorité de tous les autres conseils, » n'étaient pourtant pas en majorité. « A quoi sert le grand conseil, s'écriait dans « le sénat André Morosini, si les Dix s'attribuent l'autorité des lois; s'ils élisent « les magistrats, s'ils violent les ordonnances? qu'a à faire le sénat, si les Dix « font, à son insu, des traités, des ligues et des alliances? Que reste-t-il à la « Quarantie criminelle, si le conseil des Dix connaît de tous les crimes et fait « grâce à qui bon lui semble? » — « Pourquoi, dit également François Contarini, « laisser subsister un tribunal qui répand la désolation partout où il se présente? « Pourquoi supporter plus longtemps une institution qui semble s'attacher à « flétrir de ses stigmates toutes les familles patriciennes, qui traite nos généraux « comme des esclaves, qui ne respecte aucune gloire, qui fouille tous les secrets « de famille, et à qui il faut sans cesse des coupables? » Mais les apologistes répondaient : « Respectez le conseil des Dix, car en lui repose toute l'économie « du gouvernement; il est la pierre angulaire de l'État; il est la clef de voûte de « l'édifice de cette grande aristocratie; en lui nous trouvons la copie de ce « temple fameux que les éphores de Sparte élevèrent à la Crainte, comme à la « seule divinité capable de retenir les hommes dans les bornes du devoir; le « conseil des Dix, enfin, est une verge pleine d'yeux qui veille incessamment « pour la conservation de la liberté commune. »

La commission chargée d'examiner les actes du Conseil excita une vive agita-

et fut mis à mort. — En 1493, Dominique Michieli fut banni pour avoir eu des communications avec les membres du grand conseil chargé d'une élection. — En 1523, Dona Dalegge, étant avogador, crut pouvoir échapper, avec quelques citadins, à certaines mesures arrêtées par les conseils pour se procurer des fonds nécessaires à la guerre : les décemvirs prononcèrent contre lui l'exclusion de toutes les assemblées publiques pendant deux ans. Il voulut représenter qu'il avait parlé sans mauvaise intention; que les lois ne défendaient pas de s'entretenir sur ces matières avec des nationaux; qu'il avait été condamné sans avoir été entendu : il lui fut fait défense de parler d'affaires générales, même de la cause de sa condamnation.

tion dans l'assemblée par l'opinion qu'exprimait ainsi son rapporteur : « Dans un
« État où un si grand nombre de personnes participent au pouvoir souverain, il
« est indispensable de comprimer par une force toujours agissante l'ambition des
« particuliers ; l'institution du conseil des Dix remplit parfaitement ce but, mais
« il est convenable de lui interdire d'étendre ses attributions au delà de celles qui
« lui ont été formellement assignées, et surtout d'interpréter, de restreindre,
« de modifier, ou d'annuler les lois du grand conseil. »

« Eh quoi ! répondit aussitôt François Contarini, vous n'avez trouvé que ces
« faibles émendations pour une institution où tout est à corriger ! Que parlez-
« vous d'insignifiantes réformes, lorsqu'il faudrait à tout jamais renverser un
« tribunal devenu odieux à tout le monde, un tribunal dont les membres pré-
« somptueux se déclarent non-seulement vos supérieurs, mais se proclament
« eux-mêmes des dieux : *Vos Dei estis*, se disent-ils entre eux, *et filii excelsi*
« *omnes*. » Et l'opinant, poursuivant son discours, fit une peinture si vive de la
terreur qu'inspirait le décemvirat, que presque tous ses collègues se rangèrent à
son sentiment. On revint sur l'affaire de Zéno, et la sentence d'exil fut révoquée
à la majorité de 848 voix contre 298. Ce n'était là toutefois qu'un incident ; la
discussion reprit, plus animée qu'au début. Un sénateur, se bornant à demander
moins de rigueur dans les jugements portés contre les fautes légères des nobles,
« car, dit-il, on ne tue pas les poulets avec des hallebardes, » dénonça les secrétaires des Dix et ceux du sénat « qui, pour ainsi dire inamovibles, transmettent des
« traditions de dureté, de cruauté, ont la tête remplie d'anecdotes, d'espionnages,
« de confiscations, de cordes, de tortures, de poisons, de gibets, en un mot de
« toutes les plus admirables variétés de supplices expéditifs. » Antonio da Ponte,
au contraire, se plaignit très-fortement de l'indulgence des juges ; il alla même
jusqu'à dire qu'il se commettait moins de crimes dans l'Italie entière que dans
le territoire restreint de la république. « Vous parlez de corriger le conseil des Dix,
« continua-t-il ; vous voulez apparemment corriger l'*excès de sa compassion*. On a
« quelquefois perdu un père, un fils, et, grâce à la facilité avec laquelle est ac-
« cordé le retour des bannis, on se rencontre face à face, gondole à gondole, dans
« la place, dans les lagunes, dans le *Broglio*, dans le conseil, avec leurs assas-
« sins ! » Bertuccio Contarini soutint « que le grand conseil étant le véritable chef
« de la république, tout devait lui être soumis, et particulièrement ce qu'il avait
« créé lui-même. Chacun a le droit de parler, dit-il, je demande qu'on écoute
« attentivement et longtemps mes contradicteurs. C'est pour que chacun dise son
« avis que vous avez ici cette tribune, sans porte, sans clef, donc l'accès est ouvert
« à tous ; une interprétation perverse n'est pas le défaut de celui qui prononce les
« paroles, mais de celui qui les recueille dans la malice de son cœur et de son
« esprit ; de même une liqueur exquise contracte un mauvais goût par l'infection
« du vase. Il est de *l'homme* de se tromper, il est de *l'ange* de se corriger. » Un
autre laisse tomber ces paroles du haut de la tribune : « J'ai examiné vos correc-

« tions : les Dix avaient anciennement quatre cas désignés, dans lesquels ils agis-
« saient ; ils en ont en ce moment vingt-deux ; je consens à les leur conserver.
« Les Dix *usurpateurs* seront moins méchants que les Dix *corrigés*. Il ne faut pas
« corriger une équitable rigueur. » Un autre encore invoque l'autorité de Sarpi,
lequel dans ses *Conseils politiques* prétend « qu'il faut augmenter le pouvoir des
« Dix et ensuite ne l'accorder continuellement qu'à un petit nombre, afin que la
« dignité moins communiquée et descendant moins bas soit plus considérée,
« attendu que les rayons qui, dans le soleil sont d'or, deviennent d'argent quand
« ils sont prêtés à la lune ! »

Enfin, après une longue discussion, Nani s'exprime en ces termes : « Vous avez
« ôté aux Dix, dans vos précédentes réunions, les sauf-conduits, le droit de
« grâce (vous avez eu bien raison pour ce dernier droit, car on commet facile-
« ment le mal quand on croit avoir le temps de le réparer) ; vous leur avez ôté la
« création des magistrats, le droit d'amendes pécuniaires, les impitoyables secré-
« taires perpétuels ; vous leur avez enjoint, à ces Dix, de ne pas s'ingérer dans
« les affaires du grand conseil : c'est assez. Vous leur avez beaucoup enlevé, je
« viens défendre ce qui leur reste.

« De tous les priviléges dont peut être investi un homme, celui qui émane le
« plus immédiatement de la Divinité, c'est sans contredit le droit de gouverner
« les autres ; mais l'exercice de ce droit est pénible ; il est difficile de gouverner
« ses inférieurs, et à plus forte raison ses égaux ; aussi la principale gloire de
« cette république consiste-t-elle en ce que tour à tour nous sachions obéir et
« commander. Eh quoi ! nous croirions-nous en droit d'accuser la Providence,
« parce que nous ne serions pas tous dans des positions similaires ? Nous ne
« pourrions souffrir l'existence d'un conseil composé de dix membres qui au bout
« d'un an sont remplacés par dix autres, parce que nous ne pouvons pas y entrer
« tous à la fois ! Je vois avec regret qu'il se trouve des gens qui accusent de sé-
« vérité la justice ; c'est avouer qu'on la redoute et qu'on ne veut l'abolir que
« pour se rendre impunément coupable. Ah ! au nom du ciel, au lieu d'invectiver
« contre les juges, invectivons contre les crimes ; car c'est là qu'est tout le mal. Je
« ne parle point de l'antiquité vénérable de ce tribunal, de la sanction donnée à son
« autorité par les siècles ; j'oublie qu'il est notre ouvrage, que nous le choisissons
« et le composons, mais je soutiens qu'il est un frein nécessaire à l'ambition, le
« gardien des lois et de la liberté. Sans cet appui, que nous arrivera-t-il à nous-
« mêmes ? à ceux qui viendront après nous ? Il arrivera qu'à force d'être impunis,
« d'être égaux, nous ne pourrons plus être vengés ni protégés. Songez-y bien, le
« conseil des Dix est la sauvegarde des individus et des familles, non moins que
« celle de l'État.

« Mais est-ce bien à ce tribunal qu'on en veut ? Ne serait-ce pas plutôt de l'auto-
« rité du gouvernement qu'on est jaloux ? Singulière jalousie, qui tend à se priver
« soi-même et sa postérité d'un glorieux avenir !

« S'il en est qui ne se tiennent pas suffisamment honorés du titre d'enfants et
« de sujets de la république, qu'ils se séparent de nous; que ceux qui apparem-
« ment veulent être criminels, puisqu'ils ne veulent point de juges, soient rejetés
« comme des monstres. Notre égalité consiste à ne point commettre d'offenses,
« comme à n'en point recevoir. Loin de nous cette doctrine qui ménage le crime
« puissant, et qui trouve pour lui les peines trop sévères. L'échelle de la pénalité
« doit être en raison directe de la situation plus ou moins élevée des coupables.
« Voilà le véritable principe, surtout dans un pays comme le nôtre !
« Quelques législateurs ont mieux aimé laisser certains crimes impunis que de
« les prévenir; les nôtres, au contraire, ont institué des juges inflexibles pour les
« plus petites fautes, afin que l'ordre public ne reçût jamais la moindre atteinte.
« Heureuse patrie ! admirable constitution ! le pouvoir appartient aux lois, la
« liberté est le prix de l'obéissance, les plus élevés sont les moins indépendants !
« Aussi, quel est dans l'antiquité, quel est dans l'Europe moderne, l'État auquel
« le nôtre puisse porter envie? L'étendue de notre territoire suffit à notre
« ambition; en durée notre république l'emporte sur les autres nations. Aujour-
« d'hui, il s'agit de nous surpasser nous-mêmes, de mériter la confiance de
« nos sujets, l'estime de tous les peuples, les suffrages de la postérité. Puisse-
« t-elle dire que la noblesse vénitienne sut se montrer digne de l'empire que
« Dieu lui avait donné; qu'elle ne voulut régner que par la modération et par
« les lois, et que volontairement, unanimement, elle se soumit elle-même à des
« peines sévères et à un tribunal inflexible ! »

Ces paroles ramenèrent l'attention vers le but primitif de l'institution. Chacun sentit que, plus que tout autre, un gouvernement aristocratique devant être juste et modéré, il importait de conserver un tribunal devant lequel s'effaçaient les distinctions sociales ; et tel fut l'entraînement des esprits, qu'en reconnaissance du service qu'il venait de rendre à la république, l'assemblée nomma Nani chef du conseil des Dix, presque à l'unanimité. La réforme la plus importante porta sur les secrétaires perpétuels. Ces fonctionnaires n'appartenaient pas à l'ordre de la noblesse, et c'était sur la noblesse que retombait l'animadversion publique qu'eux seuls méritaient à juste titre : l'abolition de leur charge fut prononcée par 1307 voix sur 1415.

L'adoption de ces corrections ramena le calme dans Venise, mais sans réprimer l'esprit envahissant du conseil, qui bientôt, sous un futile prétexte, se fit attribuer exclusivement la connaissance des procès criminels dans lesquels des nobles se trouvaient impliqués, ne laissant à la Quarantie que la juridiction sur les plébéiens. En devint-il plus humain ou moins arbitraire ? Il est permis d'en douter ; car si l'on ne vit plus que rarement des membres de l'aristocratie pendus par les pieds entre les colonnes de Saint-Marc, c'est que les Dix crurent devoir employer à leur égard des voies moins déshonorantes, c'est-à-dire la strangulation dans l'intérieur des prisons ou les noyades dans le canal *Orfano*.

Un nouveau démêlé entre la république et le saint-siége, au sujet des nominations ecclésiastiques, nous contraint à revenir sur l'organisation de l'Église vénitienne.

La rare indulgence avec laquelle le sénat accueillit la promotion de Frédéric Cornaro au cardinalat avait été considérée par le souverain pontife comme le gage d'un retour à un système moins exclusif; bientôt l'évêché de Padoue étant devenu vacant, il s'empressa d'y nommer ce même fils du doge. Frédéric, instruit par ce qui s'était passé, notifia son refus en termes qui prouvaient sa gratitude; mais le saint-père n'en tint aucun compte, et il ne fallut rien moins que la fermeté du sénat pour l'empêcher de passer outre. Le siége resta vacant jusqu'à la mort de Pierre Cornaro. Quelques années auparavant, Charles Quirini avait obtenu l'évêché de Sebenigo; les Dix ayant découvert qu'il l'avait fait solliciter par une puissance étrangère, il fut banni à perpétuité.

Cette rigidité prenait son point d'appui dans la constitution même du clergé vénitien. Primitivement Venise ne formait qu'un petit évêché dont les titulaires recevaient la qualification de *Sanctæ Olivolensis Ecclesiæ episcopi*, à cause de la situation de leur église dans l'île d'Olivolo, et tout leur revenu ne consistait qu'en un faible droit sur les inhumations, ce qui leur fit donner le surnom de *Vescovi de' morti*. En 1091, Henri Contarini, le vingt-troisième dans la chronologie de ces prélats, prit le titre d'évêque de Castello, du nom d'un des six quartiers de la ville, titre que conservèrent ses successeurs jusqu'à l'avénement de Laurent Justiniani (1451). Voulant terminer les différends journaliers des évêques de Castello avec les patriarches de Grado, ce doge décida qu'au décès de l'un des titulaires alors en fonction, les deux églises resteraient dévolues au survivant avec leurs honneurs et leurs droits respectifs. Le hasard favorisa l'évêque de Castello, et dès lors Venise ne reconnut que ce chef spirituel, institué *divinâ miseratione*, mais non *Sanctæ Sedis apostolicæ gratiâ*.

Primat de Dalmatie, métropolitain de Candie et de Corfou, de Chiozza, de Torcello et de Caorlo, l'évêque de Venise n'exerçait aucune autorité sur l'église ducale de Saint-Marc, qui avait son *primicier* nommé par le doge, et dont, le jour de son installation, le premier magistrat de la république prenait possession comme fait le pape à Saint-Jean-de-Latran. L'administration temporelle de cette église était confiée à neuf procurateurs, fonctions élevées dont nous aurons à parler ailleurs.

Dans les premières années du XVIIe siècle, Clément VIII refusa de sanctionner la nomination du patriarche de Venise avant de l'avoir soumis à l'*examen;* mais le sénat, qui sentait combien cette formalité affaiblirait ses droits, résista pendant deux années à une prétention que le pape dut enfin abandonner. Plus tard, durant l'interdit, Paul V ayant renouvelé la contestation relativement à François Vendramini, finit par le sacrer lui-même et par envoyer au sénat des lettres par lesquelles il annulait explicitement le décret que son prédécesseur (Clément VIII) n'avait pas eu la force de maintenir.

Non contente de veiller avec un soin jaloux sur l'indépendance de son clergé, la république exigeait de lui la plus complète abnégation. Ainsi le patriarche de Venise n'avait la nomination qu'à deux bénéfices : la charge de théologal dans son église, et la cure de Saint-Barthélemi dont le titulaire était son vicaire-né. Chose plus étrange encore ! tous les jours les magistrats civils cassaient les sentences de juges ecclésiastiques, les justiciables eussent-ils été condamnés pour des crimes monstrueux. Le tableau serait incomplet si nous omettions de dire que le clergé séculier, qui ne desservait pas moins de soixante-dix paroisses, était divisé en neuf congrégations, dont chacune avait sa juridiction séparée sauf appel au *collège plébanal*, composé lui-même de députés de ces neuf congrégations ; que les cures étaient réservées aux classes plébéiennes, afin de fournir un aliment à leur ambition et de prévenir les désordres qu'aurait pu amener la concurrence des patriciens. En cela, d'ailleurs, la noblesse vénitienne imitait les grandes familles de la Rome antique, qui, afin de jouir paisiblement du pouvoir suprême, abandonnaient à leurs clients les positions secondaires.

Hors de la métropole, le clergé reconnaissait un autre chef, c'est-à-dire le patriarche d'Aquilée. Longtemps ces hautains prélats luttèrent contre Venise; lorsqu'ils eurent été réduits à l'obéissance, la Seigneurie ne leur laissa que le titre de primat d'Istrie, métropolitain de Padoue, de Trévise, de Cénède, de Vicence, de Vérone, de Feltre, de Bellune. Quoiqu'en 1510, dans l'intention de détacher le pape Jules II de la ligue de Cambrai, le Sénat eût renoncé au privilége de nommer aux évêchés et aux abbayes devenues vacantes dans ses provinces, il ne souffrit jamais qu'on y appelât d'autres personnages que des sujets vénitiens, nobles ou roturiers. Dix-huit ans après, Paul V ayant pourvu le cardinal Borghèse de la riche abbaye de Notre-Dame de Vangandise, dans la Polésine, on refusa de reconnaître en cette qualité ce neveu du pape, et force lui fut de se contenter d'une pension annuelle de cinq mille écus.

Cette surveillance inquiète et jalouse, le gouvernement de Venise l'étendait à toutes les parties de l'administration, principalement à son droit de souveraineté sur l'Adriatique, et dans ses traités avec les autres puissances maritimes il avait soin de se réserver exclusivement le droit de répression contre les pirates, quels qu'ils fussent et d'où ils pussent sortir, qui oseraient s'y présenter. A l'époque dont nous nous occupons, les Allemands, quoique en guerre avec la république, venaient s'approvisionner de grains à Ferrare ; aussitôt le capitaine du golfe fit croiser ses galères à l'embouchure du Pô, et couler tous les navires qui en sortaient sans destination avouée, quel que fût le pavillon qui les couvrît ; des marchands de Raguse qui trafiquaient avec le port d'Ancône, s'étant hasardés à traverser l'Adriatique sans payer le tribut exigé, virent leurs navires saisis et confisqués. Bien plus encore (peut-être n'est-il pas inutile de le redire ici), la cour de Madrid ayant accordé au fils de l'Empereur la main de l'infante Marie, une escadre espagnole se rendit à Otrante pour transporter à Trieste la jeune princesse. Lorsque l'ambassadeur vint annoncer cette nouvelle à la Seigneurie, la réponse fut que « la république ayant la souveraineté du golfe, « elle n'y laisserait jamais entrer d'autres vaisseaux de guerre que les siens ; — « que si Sa Majesté catholique agréait les services des galères vénitiennes, la « sérénissime infante serait reçue et traitée avec tous les honneurs dus à son « rang et à la grandeur de la maison d'Autriche ; — que si, au contraire, le roi « voulait recourir à la violence, on saurait faire respecter le droit des gens. » Le sénat fit même dire au vice-roi de Naples par son résident, Marc-Antoine Padavino, « que si l'Espagne préférait la voie des armes à l'honnêteté des offres qui « lui étaient faites, il faudrait que la reine s'exposât à la bouche du canon pour « aller célébrer ses noces. » — L'Espagne, bien conseillée, accepta les voies pacifiques, et la république dépensa plus de deux cent mille ducats pour faire escorter dignement la fiancée de l'Empereur. Les différends qui naquirent à plusieurs reprises de l'exercice du droit de souveraineté sur l'Adriatique ne se terminèrent pas tous d'une manière aussi chevaleresque : la guerre de Candie ne nous en présentera que trop tôt le plus terrible exemple.

En 1637, le sultan Mourad, tout occupé d'une campagne contre la Perse, ayant chargé les puissances barbaresques de protéger les navires turcs sur les côtes occidentales de son empire, Alger et Tunis équipèrent seize bâtiments légers, qu'on plaça sous les ordres d'Ali-Picenino. Celui-ci, oubliant le but de sa mission, se mit à courir sur les navires chrétiens, et pénétra même dans l'Adriatique avec l'intention de piller le trésor de Lorette ; mais l'entreprise ayant échoué, il fit voile pour la Pouille. Déjà il avait ravagé la contrée de Nikota et capturé un bâtiment vénitien en vue de Cattaro, lorsque l'amiral Marius Capello, chargé de réprimer ce brigandage, le serra de si près que le khapoudan dut chercher un refuge dans le port ottoman de Valona. Au bout d'un mois de blocus, Cappello força la passe, coula bas quinze galères, fit conduire les autres à Corfou, et envoya le vaisseau amiral dans le port de Venise. A cette nouvelle, le sultan ordonne le massacre de tous les Vénitiens qui se trouvent sur ses terres ; et l'ordre eût été mis à exécution si le grand-vizir et le selikdar-pacha n'avaient retenu pendant treize jours le messager. La captivité remplaça la mort. Le baïle Luigi Contarini fut détenu dans le château des Sept-Tours, puis relâché sur les réclamations unanimes des ambassadeurs européens, et gardé à vue dans son propre palais par quatre chiaoux. Un firman prescrivit au defterdar de Bosnie de fermer au commerce vénitien le port de Spalatro, de rompre toute relation avec la république ; mais par un zèle digne d'éloge, cet officier fit observer que la douane de Spalatro versait annuellement dans le trésor impérial cinq millions d'aspres. « Je « m'inquiète peu de l'argent, s'écria Mourad ; je ne songe qu'à me venger de « Venise. Quiconque ose me faire des représentations à cet égard ne peut qu'obéir « à un intérêt particulier ; il mérite que je lui fasse trancher la tête. » Heureusement, les désastres de son armée devant Bagdad le ramenèrent à la modération, et il se contenta de deux cent cinquante mille ducats à titre d'indemnité[1] (16 juillet 1630). Trêve éphémère et trompeuse! Venise est à la veille de soutenir contre les Osmanlis une guerre dont les résultats lui seront excessivement funestes; et c'est une circonstance tout à fait insignifiante qui amènera cette lutte de vingt-cinq années.

L'eunuque Sünbüllü, khislar-aga et gouverneur du harem, avait acheté une jeune et belle esclave qui donna le jour à un fils en même temps que la sultane favorite mettait au monde le premier-né du grand-seigneur Ibrahim. Sünbüllü sut faire obtenir à sa protégée l'emploi de nourrice, et cette femme se concilia si bien les bonnes grâces du maître, que bientôt son enfant l'emporta dans le cœur de celui-ci sur l'héritier présomptif du trône. Un jour qu'ils se promenaient ensemble dans les jardins du sérail avec les deux enfants, la mère du jeune prince, qui les observait d'un œil jaloux, s'approcha, et montrant son fils : « Voilà, dit-elle avec « colère à son infidèle époux, voilà celui qui seul a droit à votre amour ! » Hors de lui-même, Ibrahim ne répondit à cette brusque apostrophe qu'en lançant le jeune prince dans une citerne, d'où il sortit avec une cicatrice au front. Empressé de se soustraire à la vengeance de la sultane offensée, Sünbüllü partit avec la belle esclave et son fils, sous prétexte d'un pèlerinage à la Mecque ; mais à peine était-il arrivé à la hauteur de Carpathos, que l'escadrille qui l'accompagnait fut attaquée par six galères maltaises. Lui-même périt en combattant[2]. Les vainqueurs étant venus faire relâche à Candie, vendirent aux Vénitiens quelques chevaux qui avaient appartenu au khislar-aga. Il n'en fallut pas davantage pour déterminer le sultan à déclarer la guerre à la république[3].

L'île de Candie, autrefois la Crète[4], située à 30 lieues de la pointe sud de la

---

1. Durant ce conflit, deux petites républiques sauvages de la côte orientale du golfe, Macarska et Poglissa, allèrent se placer à l'ombre du pavillon de Saint-Marc, afin d'échapper aux avanies des Turcs.

2. Les chevaliers, croyant s'être emparés du fils du sultan, traitèrent le petit esclave avec les plus grands honneurs; l'erreur reconnue, ils le firent élever dans la religion chrétienne, et entra dans l'état monastique. Sous le nom de *Padre Ottomano*, ce personnage passait en Europe pour un descendant de la race d'Osman.

3. Quelque temps avant la conquête de Rhodes et celle de Chypre, un vaisseau ottoman avait débarqué des chevaux dans ces îles; pareille circonstance s'étant renouvelée à Candie, la superstition musulmane prophétisa la victoire, car, suivant elle, le sol foulé par leurs chevaux appartient aux vrais croyants.

4. D'après la mythologie grecque, l'île de Crète tire son nom d'une des Hespérides ou de Krès, fils de Jupiter et de la nymphe Idæa ; on l'appelait tantôt *la nourrice de Jupiter*, et *Makaronesos*, c'est-à-dire *l'île bienheureuse*; tantôt aussi *Aeria*, *Chthonia*, *Doliche*, *Idæa*, et enfin *Curetis* ou *Telchinia*, des Curètes ou Telchines, appelés aussi Dactyles ou Corybantes. Dans le pourtour de sa forme allongée, elle projette seize promontoires : au nord, ceux de Psakon, Kiamon, Drepanon, Rhitymna, Dion, Zephyrion, Ketion (aujourd'hui Capo-Spada), Melecca, Drepano, Rethymo, Sasso-o, San-Zuane, Sidero ; à l'est, dans la mer Carpathienne, Samonium, Ampelus et Erythræum (aujourd'hui Salomo Xacro), et Diagudro; au sud, en face de l'Afrique, Leondi, Matala et Trivadi ; à l'ouest enfin, dans la mer Ionienne, le promontoire le plus grand de tous, appelé Kriu-Metapon ou Capario (*front de bouc*) parce qu'il présente à la mer une face large et aplatie. Vis-à-vis de ce dernier, à quatre ou cinq milles de distance, se trouve l'île Gardos (anciennement appelée Claude, puis Gozzo). Immédiatement après vient le promontoire de Cheronesos (aujourd'hui Capo-

Morée, 35 lieues de Rhodes, 90 de la côte d'Afrique, a environ 65 lieues de longueur sur 20 de largeur et 250 de circonférence ; de nombreux récifs en rendent l'accès difficile, et elle est défendue dans sa partie la plus occidentale par les Grabouses, petites îles hérissées de forts et de batteries. Plus à l'est, on rencontre Canée, l'un de ses principaux ports, puis Suda, dont la vaste rade servait de stationnement à la flotte vénitienne ; plus loin encore, toujours du même côté, Rethymo, qu'entouraient d'épaisses murailles, puis Candie, capitale de l'île et résidence des gouverneurs, vis-à-vis de laquelle, à cinq ou six lieues en mer, la petite île de Standia pourrait au besoin servir de point d'appui pour faire lever un blocus. A l'extrémité d'une langue de terre, la forteresse de Spina-Longa présentait un aspect imposant. Enfin, à la pointe orientale de l'île, Séthia était entourée d'excellentes fortifications. Par sa richesse, sa fertilité, sa population de deux cent mille âmes, et surtout par l'avantage de sa position, qui en fait la clef de la mer de Syrie, Candie excitait la convoitise des musulmans. Pour eux, c'était rentrer dans une ancienne possession, dans un poste avancé d'où ils inquiétaient les rois de l'Occident ; pour Venise et pour la chrétienté, au contraire, c'était une forte barrière contre ces implacables ennemis du nom chrétien.

Corbo), lequel est suivi de celui de Kimaros, dont le nom moderne est Capo-Karabusa (les Grabouses). L'intérieur de l'île est hérissé de montagnes qui offrent des particularités fort remarquables : dans la partie occidentale s'élèvent les *Montagnes Blanches*, qui, selon Strabon, s'étendent sur une longueur de trois cents stades et ne le cèdent point en élévation aux plus hautes du Péloponèse ; au centre le mont *Ida* (aujourd'hui *Psiloriti*) est un groupe de montagnes entassées les unes sur les autres, presque en forme pyramidale : les premières assises offrent un climat tempéré, des forêts superbes, des pâturages et des coteaux émaillés de fleurs, tandis que les vents mugissent autour des cimes arides, où en plusieurs endroits la neige se conserve toute l'année. A l'est de l'île est le mont *Dicté*, où Jupiter prit naissance.

La fertilité de la Crète lui a fait donner les surnoms de la *grasse*, la *riche en pâturages*, la *féconde*, et elle justifiait cette réputation par l'abondance de ses cèdres, de ses cognassiers, de ses vignes, de ses figuiers et de ses blés. Ses industrieux habitants disputaient aux Athéniens l'honneur d'avoir fait les premières semailles, à Prométhée celui d'avoir découvert le feu ; s'il faut les en croire, leur compatriote Démétrius fut le premier qui força la terre à produire de riches moissons ; les Dactyles, sur le mont Berekynthos, ont été les premiers qui aient fait jaillir le feu du sein des cailloux, et c'est sur le mont Ida que pour la première fois les hommes ont forgé le fer. Les vins de Crète étaient très-estimés, surtout les vins cuits ; les abeilles du mont Ida rivalisaient avec celles de l'Hymète pour la suavité de leur miel, et parmi les plantes on citait particulièrement le *dictame*. Une espèce de pierre précieuse, mouchetée d'or, passait pour un talisman contre la piqûre des araignées et des scorpions. Hercule avait exterminé les renards et les loups ; mais on trouvait des cerfs et des sangliers à Kydonia, enfin, à Gorthynia, des béliers à poil roux et à quatre cornes. Les chevaux crétois étaient comparables à ceux de la Toscane, de la Sicile et de l'Achaïe.

Quoique les plus anciens habitants de la Crète, connus d'Homère sous le nom d'*Étéocrètes*, se donnassent pour antochthones, les Dactyles de l'Ida, ancêtres des Curètes et des Corybantes, paraissent être venus de la Phrygie, où l'on trouve également un mont Ida, des Dactyles et des Corybantes au serv ce de *Rhea Phrygia*. Des Thraces, des Pélasges, des Hellènes, et peut-être aussi des Phéniciens, abordèrent dans l'île et fondirent leurs mythes, leurs croyances, en un système commun. A dater de la guerre de Troie, l'histoire paraît moins obscure ; après la mort d'Idoménée et de Merion, la forme du gouvernement devint aristocratique ; plus tard, Lycurgue et Zaleucus empruntèrent en partie à la Crète les lois qu'ils donnèrent à leur patrie. La mythologie s'est emparée de Minos et de Rhadamanthe.

Grâce à une organisation toute guerrière, les Crétois, jusqu'à leur entière soumission par les Romains (154 ans av. J.-C.), luttèrent avec avantage, tantôt contre leurs ennemis extérieurs, tantôt

Malheureusement les Vénitiens n'y entretenaient qu'un petit nombre de troupes, les milices locales leur paraissant suffisantes[1].

L'expédition définitivement résolue, le divan procéda en grand secret et avec une extrême célérité à l'armement de la flotte ainsi qu'au rassemblement des troupes; et comme il n'avait publié aucune déclaration de guerre, chacun cherchait à pénétrer le motif d'un rassemblement de forces si considérable : les uns lui assignaient pour but la conquête de Malte, les autres celle de la Sicile. Enfin, le 30 avril 1645, cent quarante-huit galères ou vaisseaux, montés par cinquante mille hommes, sortirent des Dardanelles, se dirigeant sur Négrepont. Le capitan-pacha Youssouf, renégat dalmate et longtemps esclave, à qui le sultan venait de donner une de ses filles en mariage, les commandait. De Négrepont, la flotte se rendit dans le golfe de Navarin, et Youssouf, après avoir lu à ses capitaines le katti-schérif, tenu secret jusqu'alors, fit diriger sur le promontoire de Canée. Le 24 juin, il doublait Capo-Spada, entrait dans la baie de Gogna, à dix-huit milles au-dessous de Canée, et la nuit suivante ses troupes marchaient sur cette ville, dont au point du jour les habitants les virent établir leur camp sur les collines environnantes.

Au nord-ouest et non loin de Canée, dans la petite île de Saint-Théodore (aujourd'hui Koite) existaient deux petits forts, distants l'un de l'autre d'un mille environ. Un corps de janissaires vint se loger dans le fort supérieur, que les Vénitiens avaient abandonné, et investit le fort inférieur, défendu par une soixantaine d'hommes seulement. Sommé de se rendre, le capitaine Biagio Giuliani se fit sauter, entraînant dans sa ruine cinq cents des assaillants, et la prise de Saint-Théodore ouvrit à quatre-vingts galères le port de Canée. Le 27, l'artillerie de siège, avec toutes les munitions, ayant été mise à terre, l'ennemi ouvrit la tranchée sur la colline de Constantin.

Une agression si inattendue causa dans Venise une telle consternation, qu'à l'aveugle sécurité succédèrent les craintes les plus vives; on croyait déjà voir l'ennemi au milieu des lagunes. On était tellement loin d'imaginer que cette formidable expédition fût préparée contre la république, que le sénat avait autorisé les gouverneurs des îles de l'Archipel à donner aux vaisseaux turcs tous les

---

contre diverses peuplades de l'île. Dioclétien, l'an 290, la comprit dans le gouvernement de l'Illyrie; après la mort du grand Théodose (395), elle fit partie de l'empire d'Orient, et tomba en 823 au pouvoir des Arabes. Michel-le-Bègue fit de vains efforts pour la recouvrer. En 825 les Arabes jetèrent les fondements de la ville de *Khandiah* (retranchement), d'où est venu le nom de Candie. Nicéphore Phocas recouvra cette île en 961. Enfin, après la prise de Constantinople par les Français et les Vénitiens (1204), Baudouin, premier empereur de Constantinople, en fit don à Boniface, marquis de Montferrat, qui la céda aux Vénitiens.

1. La domination des Vénitiens avait été troublée par plusieurs révoltes : la plus dangereuse, celle d'Alexis Kalergos, à la fin du XIIIe siècle, devint une guerre véritable, et ne fut terminée que par un traité de paix formel entre la république et l'heureux rebelle. Cinquante ans plus tard, ils avaient eu encore à en réprimer deux autres qui éclatèrent dans l'espace de cinq années. Pendant les trois siècles suivants, aucun événement n'eut lieu dont l'histoire fasse mention.

secours qu'ils demanderaient. Quelques jours après, on eut connaissance de l'arrestation du baile à Constantinople, et du manifeste par lequel le grand vizir, en accusant les Vénitiens de crimes sans nombre, soulevait toutes les haines du mahométisme contre le nom chrétien. Le danger était imminent. Sans délibérer, le sénat ordonne une levée extraordinaire de troupes, enjoint à André Cornaro, gouverneur de Candie, de mobiliser ses milices, de réunir à la hâte tous les moyens de défense, et de les combiner avec la flotte stationnée dans le golfe de la Suda sous les ordres d'Antoine Cappello ; ses proclamations appellent tous les citoyens au secours de la patrie ; ses courriers volent sur toutes les routes : ils portent aux puissances étrangères les dépêches par lesquelles la république, dans une guerre qui menace la chrétienté entière, implore de prompts secours.

Canée, l'ancienne Kidonie des Grecs, l'une des premières où, huit cents ans auparavant, les Sarrasins d'Espagne s'établirent, était devenue, sous la domination vénitienne, la quatrième place de l'île et la capitale du district de Casalia, lequel comprenait Apricorno, Chisamo, Solino, Nichita, Sfakhia et deux cent quarante-quatre villages. Sa citadelle formait un rectangle défendu par sept bastions, avec vingt bouches à feu ; derrière les bastions s'élevaient des cavaliers armés chacun de quinze pièces, et les casemates se trouvaient remplies de projectiles et de poudre. Les murs, assez larges pour que cinq hommes à cheval pussent y passer de front, avaient des terrassements d'une largeur quadruple. Le provéditeur fit d'excellentes dispositions ; mais, dès le 13 juillet, quatre batteries turques ouvrirent simultanément leur feu. Surpris, les assiégés ripostèrent mollement, et déjà l'ennemi, se croyant vainqueur, s'élançait sur la contrescarpe, lorsque le jeu d'une mine l'arrêta court : plusieurs centaines d'hommes y perdirent la vie. Après des assauts réitérés, assauts dans lesquels ils remplissaient de leurs cadavres les fossés de la place, les assiégeants parvinrent, le 27, à s'établir dans le bastion Saint-Démétrius, et, du 6 au 17 août, les travaux d'approche marchèrent avec une telle activité, que la garnison se vit réduite à capituler. Après l'échange des otages, une capitulation stipula que les habitants sortiraient librement de la ville, emportant avec eux leurs effets les plus précieux. Le 22 août, trois galères turques et deux vaisseaux barbaresques prirent à bord les bagages des vaincus, et le lendemain ces derniers, en se retirant, passèrent au milieu de l'armée ottomane sans recevoir le moindre outrage. Le plus grand nombre se rendit au port de la Suda. Cette victoire donnait aux Turcs trois cent soixante pièces de canon, un point d'appui pour leurs opérations dans l'île, et un port assez important : elle fut célébrée à Constantinople, pendant trois jours et trois nuits, par des fêtes et des illuminations.

A Venise, on ne considérait pas Canée comme perdue sans retour ; mais, avant tout, le gouvernement voulait s'assurer les fonds dont il avait besoin pour soutenir la guerre. Il somma les particuliers, les établissements publics, civils et religieux, de déclarer ce qu'ils possédaient en or ou en argent, et d'en déposer les trois quarts à la monnaie ; il engagea les provinces de terre-ferme à équiper des galères, leur promettant de les placer sous le commandement de leur noblesse spéciale ; il ouvrit un emprunt à 7 p. 0/0 d'intérêt perpétuel et à 14 p. 0/0 en viager ; enfin, le pape fut invité à accorder des décimes sur les revenus du clergé. Bientôt, ces ressources paraissant insuffisantes, on eut recours à la mise à l'encan des places et des titres de noblesse. L'entrée des assemblées d'États fut ouverte pour deux cents ducats aux enfants de famille qui avaient atteint l'âge de dix-huit ans, et l'on vit deux cents de ces jeunes hommes faire irruption dans le grand conseil ; la dignité de procurateur de Saint-Marc fut offerte aux enchérisseurs sur la mise à prix de vingt-cinq mille ducats, et quarante prétendants, jaloux de se parer de ce titre, se le firent adjuger moyennant une somme quadruple de celle fixée comme minimum[1].

On alla plus loin encore, l'inscription sur le Livre d'or fut accordée à tout plébéien qui verserait au trésor soixante mille ducats ; ce qui fit dire au sénateur Ange Michele : « Vous altérez l'essence de ce gouvernement en mettant le patri-

1. Il faut se rappeler que la loi de l'État ne permettait pas aux nobles d'entrer au grand conseil avant l'âge de vingt-cinq ans ; mais la Seigneurie ne laissait pas d'en admettre, tous les ans, un certain nombre, qu'on surnomma les *Barberini*, en recourant toutefois à la voie du sort afin d'éviter les mécontentements. Elle accordait aussi quelquefois des dispenses d'âge, en récompense de services rendus par les pères ou les frères des postulants ; mais c'est ici que, pour la première fois, elle les vendit à prix d'argent. Faisons remarquer encore que les nobles ne commençaient à prendre possession de la vie civile et à devenir membres de l'État que du jour de leur entrée au grand conseil, dans lequel résidait la souveraineté, comme le gouvernement résidait dans le sénat, l'administration dans la Seigneurie, l'autorité judiciaire dans les Quaranties, la police dans le conseil des Dix. Les attributions de ce corps politique étaient illimitées, puisqu'il était le seul qui existât par lui-même, qui eût une autorité propre ; s'il avait consenti à déléguer une partie de ses attributions, il ne s'en était pas moins réservé la sanction des lois, la création des nouveaux impôts, le droit de conférer la noblesse, d'accorder la citadinance, et de nommer à presque tous les emplois qui devaient être remplis par des patriciens.

Jusqu'en 1231, il n'y eut qu'un seul procurateur de Saint-Marc, qui prenait le titre de *procurator beati Marci* ; le second fut créé « pour qu'un seul homme n'eût pas tant de deniers à sa disposition, « et qu'il ne lui fût pas aussi aisé de gagner le menu peuple. » Les richesses de Saint-Marc s'étant encore augmentées, le conseil élut, en 1259, un troisième procurateur, et partagea entre ces trois dignitaires l'emploi et les affaires. Au premier elle donna le gouvernement de l'église ducale ; au second, la direction des biens laissés par des sujets de la république qui demeuraient en deçà du grand canal ; au troisième, celle de tous les legs faits par ceux qui habitaient au delà : ce qui les fit communément appeler *Commissarie di quà e di là*. En 1261, on créa un quatrième procurateur, qui fut adjoint au premier. Mais voyant que cette dignité, ambitieusement recherchée, fournissait un moyen fort aisé de récompenser les sujets bien méritants sans rien tirer du trésor, le grand conseil créa, en 1319, un cinquième et un sixième procurateurs, qu'il associa au second et au troisième, leur donnant toutes les chartes et titres publics. Ces six procurateurs furent départis en trois *procuraties* ou chambres, appelées communément *Ridotti di supra, di citra* et *di ultra*. En 1442, on en créa encore trois nouveaux, qui furent repartis entre les trois chambres. Ainsi, chaque procuratie ne fut composée de trois fonctionnaires qui retirent tous le nom de procurateurs de Saint-Marc par excellence, bien qu'il n'y eût que ceux de *supra* qui restassent chargés de l'administration de la chambre ducale. Cette dernière création fut accompagnée d'un decret par lequel le grand conseil fixait à neuf le nombre des procurateurs, déclarant que personne ne pourrait plus être proposé ni admis à cette charge qu'après la mort de quelqu'un de ceux qui s'en trouvaient alors revêtus. En ce temps-là la dignité de procurateur ne s'accordait encore qu'au mérite ; lors de la ligue de Cambrai, les finances de la république se trouvant épuisées, six nobles furent agrégés à prix d'or, sous la reserve cependant qu'il n'en serait plus nommé aucun avant que cette

« ciat à l'enchère ; est-ce guérir le mal que de gangrener le corps politique ? Est-il
« d'un gouvernement sage de faire entrevoir aux ambitieux des chances plus favo-
« rables dans les temps de détresse qu'aux époques de prospérité ? Comment voulez-
« vous que le peuple respecte le pouvoir dans les mains de ceux que, naguère, il
« avait pour compagnons de ses travaux, de ses vices peut-être ? Vous avez be-
« soin d'argent ? eh bien, vendez vos fils, mais ne vendez jamais la noblesse ! »
Ces considérations n'arrêtèrent ni le sénat, ni le grand conseil, sur le terrain
glissant où ils étaient placés : on voulut d'abord restreindre l'inscription à cinq
individus, desquels on n'exigeait d'autres conditions que d'être nés d'un mariage
légitime et de prouver que ni eux-mêmes, ni leur père, ni leur aïeul, n'avaient
exercé de profession mécanique ; puis, par une singulière subversion de tous les
principes de droit public et d'intérêt national, on admit à ce concours les étrangers qui s'engageraient à verser soixante-dix mille ducats ! « La préférence, disait
« le décret, sera accordée à la nation grecque, comme ayant longtemps porté
« le sceptre, et comme ayant bien mérité de la république. Parmi les Italiens,

compagnie fût revenue au nombre déterminé de neuf. En 1522, le conseil dérogea à cet arrêté,
en nommant douze procurateurs moyennant finance ; mais en 1556, ils se réduisirent enfin, par la
mort de plusieurs titulaires, au chiffre de neuf, que le conseil déclara être tous ordinaires. La
guerre de 1570 contre la Turquie obligea de nouveau la république à vendre six de ces places ;
celle de Candie fit commettre la même faute. Ce n'était pourtant pas un emploi lucratif : le traitement n'était que de six cents livres ; mais les procurateurs jouissaient d'une grande considération, et, dans l'ordre hiérarchique, ils venaient immédiatement après le doge. Administrateurs
de l'église de Saint-Marc, tuteurs légaux des orphelins, exécuteurs testamentaires de ceux qui
voulaient leur confier ce soin, ils jouissaient d'une telle considération en Italie, que de toutes
parts on leur envoyait des pupilles. Un palais avait été bâti aux procurateurs sur un des côtés de
la place Saint-Marc, et ils ne pouvaient s'absenter de la ville plus de deux jours par mois sans la
permission du grand conseil. Membres-nés du sénat, ils n'avaient cependant pas le droit d'y faire
des propositions, et durant les séances du grand conseil, auxquelles ils n'assistaient pas, à moins
qu'ils ne fussent sages-grands, plusieurs d'entre eux se tenaient au corps de garde placé dans la
tour de l'horloge, pour veiller en dehors à la sûreté du corps qui représentait la république entière ;
seulement, lorsqu'on y traitait de leurs attributions, un ou deux y étaient appelés de droit. Cette
restriction avait été jugée nécessaire pour leur faire pardonner les immenses prérogatives dont ils
jouissaient. Leur dignité étant à vie et donnant entrée dans le sénat, les procurateurs conservaient
plus d'indépendance que les autres patriciens, car ils n'avaient pas besoin de se ménager la bienveillance de la petite noblesse pour y être admis : le titre de sage-grand était le seul qu'ils pussent
ambitionner.

Nous avons déjà eu l'occasion d'indiquer les principaux degrés de la noblesse vénitienne ; la première classe remontait aux douze tribuns qui élurent le premier doge en 677, ou aux familles
qui, sans avoir eu part à cette élection, se rattachaient plus ou moins directement à eux ; la seconde
classe se composait des familles qui prouvaient avoir fait partie du grand conseil à l'époque où le
droit d'y siéger devint héréditaire ; la troisième était formée des trente familles élevées au patriciat quatre-vingt-dix ans après la clôture du grand conseil, pour les services rendus ou les secours
fournis à l'État pendant la guerre de Chiozza. Après la perte de Candie il s'en forma une quatrième,
composée des nobles Candiotes qui vinrent se réfugier dans la métropole, des nobles de terre-
ferme, ou des simples citadins de Venise qui avaient acheté le patriciat. Il paraîtrait que les étrangers montrèrent peu d'empressement à profiter des facilités offertes pour leur inscription sur le
Livre d'or, car leurs noms n'y sont pas en grand nombre : si l'on y trouve celui de plusieurs
familles papales, de quelques princes italiens, il n'est pas à supposer qu'aucun d'eux ait abaissé son
blason jusqu'à vouloir acheter un honneur devenu banal. Ils y figuraient au même titre que ceux
de Bourbon, de Lorraine, de Lusignan, de Luxembourg, de Brunswick-Lunebourg, c'est-à-dire
qu'ils rehaussaient l'éclat du patriciat vénitien plutôt que celui de leurs illustres maisons.

« personne ne pourra être admis à la concurrence qu'en justifiant de toutes les
« conditions qu'exige la dignité de la noblesse vénitienne ; la nation allemande
« sera assimilée à la nation grecque ; les Français, les Espagnols, les Anglais,
« seront admissibles aux mêmes conditions ; mais les Juifs, les Turcs, les Sarra-
« sins, ne pourront concourir, ni pour une somme quelconque, ni même en allé-
« guant des services rendus. » L'appât fut si entraînant, les sollicitations si pressantes, qu'au lieu de cinq patriciens on fut obligé d'en admettre vingt, cinquante,
quatre-vingts ! Le trésor s'enrichissait ainsi de huit à dix millions de ducats ;
mais, par un juste retour, la qualité de noble vénitien était à jamais avilie.

Pendant que le gouvernement battait monnaie aux dépens de son honneur, les
ouvriers de l'arsenal se hâtaient d'équiper une flotte ; les auxiliaires de Venise,
c'est-à-dire quelques petits États d'Italie, le pape, le grand-duc de Toscane,
l'ordre de Malte et l'Espagne, envoyèrent vingt galères ; mais le cardinal Mazarin, qui avait promis de mettre à la disposition de la république toutes les forces
navales de la France, n'expédia que deux brûlots. Avec un effectif de cent galères
ou gros vaisseaux, les Vénitiens se décidèrent à aller chercher l'ennemi ; Jérôme
Morosini, chargé du commandement en chef, eut pour instructions de combiner
ses opérations avec l'escadre stationnée dans le golfe de Suda sous les ordres de
Marin Cappello. L'amiral croisa entre Milo et Argentiera, entre Négrepont et
Malvoisie, sans pouvoir atteindre la flotte ottomane, qui s'étudiait à l'éviter ; il se
borna donc à saccager successivement Modon, Patras et Koron, où il fit un butin
considérable et cinq mille prisonniers, à ravitailler ensuite plusieurs places de
l'île de Candie, à en faire réparer par ses matelots l'armement ou les fortifications ; puis, après avoir tenu la mer pendant près de deux mois, il ramena sa flotte
hiverner dans l'Adriatique. Une vive mésintelligence, qui avait éclaté dès le principe entre les Vénitiens et leurs douteux amis, fut en grande partie cause de l'insuccès de cette campagne, et contribua beaucoup à diminuer l'intérêt que les
puissances étrangères prenaient au sort de la guerre. Libre de ses mouvements,
Youssouf sortit de Canée et regagna Constantinople pour y réparer ses avaries.

D'abord il reçut un brillant accueil ; mais lorsque Ibrahim eut appris le sac
de Patras, de Modon et de Koron, sa fureur ne connut plus de bornes : il ordonna
le massacre général de tous les chrétiens résidant dans ses États, et manda près
de lui le capitan-pacha : « Pars immédiatement, lui dit-il, et va terminer la con-
« quête de Kirid[1] ; venge surtout nos derniers désastres ! — Les vaisseaux sont
« dans les chantiers, et l'hiver ne leur permettrait pas de tenir la mer, lui répondit
« Youssouf. — Pars, te dis-je, ou je te tue ! » s'écria le sultan, irrité de cette
observation. Mais Youssouf, fort du lien intime qui l'unissait à la famille de son
souverain, répondit avec assurance : « Mon padischah, vous ne connaissez rien aux
« affaires de la mer ; nous n'avons point de rameurs, et sans rameurs les galères

---

1. C'est le nom que les Turcs donnent à l'île de Candie.

« ne peuvent marcher. — Maudit ! prétends-tu m'apprendre les affaires de la
« mer? » s'écria Ibrahim; et, se tournant vers le bostandji-baschi : « Apporte-
« moi vite sa tête ! » ajouta-t-il. Aidé de quelques muets, le bostandji entraîna
Youssouf dans la *Maison-des-Moineaux*, prison ordinaire des vizirs condamnés à
la mort ou à l'exil, et le lendemain la tête du conquérant de Canée ornait la
porte du sérail ! Apaisé par cet acte de cruelle injustice, Ibrahim fit aux chrétiens
grâce de la vie.

Aucune bataille n'avait signalé la campagne de 1645; par suite, une grande
indifférence se manifesta chez la population candiote. Effrayé de ce relâchement,
le sénat concentra dans les mains du gouverneur de l'île le commandement supérieur des troupes et l'autorité civile ; afin aussi d'exciter le zèle des habitants de
la métropole, il voulut que le doge, François Érizzo, se mît en personne à la tête
de l'armée. Malgré son grand âge, Érizzo reçut avec empressement cette difficile
mission. « Je suis heureux, dit-il, d'inspirer une telle confiance; mon cœur se
« ranime en entrevoyant l'espoir de rendre encore quelques services à ma pa-
« trie. » Mais pendant qu'on s'occupait des préparatifs, la mort vint enlever
le généreux doge; un procurateur de Saint-Marc, François Molino, lui fut
donné pour successeur, et Jean Cappello reçut le titre de capitaine-général de
l'armée de Candie.

Les conseils se proposaient trois objets d'une égale importance : délivrer Canée, prévenir la chute des places plus ou moins menacées, retenir les Turcs au
delà des Dardanelles. A cet effet, le capitaine-général dut jeter dans l'île de
Candie un corps de troupes considérable, et le distribuer partout ou leur présence
pouvait être nécessaire, tandis que le doge, qui bloquait étroitement Canée,
détachant de sa flotte vingt-quatre galères, les envoyait, sous les ordres de son
parent Thomas Morosini, fermer le passage des Dardanelles. Malheureusement
les irrésolutions de Jean Cappello démentirent les espérances que sa carrière antérieure avait fait concevoir; il ne sut ni exalter le courage des Candiotes, ni utiliser les forces qu'on lui avait confiées. Quant à Jérôme Morosini, il harcela inutilement la flotte turque, concentrée de nouveau dans le port de Canée. Thomas
ne fut pas plus heureux : gardant étroitement les Dardanelles, il ne trouva pas
d'ennemis à combattre, car les Turcs s'occupaient exclusivement d'augmenter l'armement de leur flotte et l'instruction de ses équipages. Fatigué d'une croisière
pénible et sans résultats, il se mit à saccager Ténédos et le rivage de Troie, afin
d'attirer l'ennemi sur ce point ; mais celui-ci s'y présenta avec des forces si imposantes qu'il ne jugea pas à propos de lui tenir tête. Les Turcs se portèrent aussitôt
sur Candie, où, après s'être emparés de Kisamos, de Cladissa, d'Apricorno, ils
investirent Rethymo. Cette ville, défendue par des terrassements de sable et
quelques bastions, couronnée par un château qui s'élève sur un rocher qui se
projette dans la mer, comptait, outre sa garnison, sur une diversion du capitaine-général. Il ne se présenta pas. Après quatorze jours de tranchée ouverte,

la brèche étant praticable, les Turcs donnèrent un assaut dans lequel le général Cornaro et le providiteur Molino perdirent la vie ; le trente-neuvième jour du siége une mine fit sauter la grande tour du château, et ils en profitèrent pour donner un nouvel assaut qui fut encore repoussé. Mais c'était le dernier effort des défenseurs de la place ; le lendemain matin un drapeau blanc flotta sur les remparts, et les pourparlers commencèrent. Il fut convenu que les troupes vénitiennes sortiraient de Rethymo avec les honneurs de la guerre, abandonnant, outre le matériel et les approvisionnements, cent dix prisonniers, parmi lesquels dix capitaines, vingt officiers et dix jeunes filles, qui tous furent envoyés à Constantinople.

De si déplorables résultats étaient loin de ceux qu'on avait droit d'espérer, puisque la France avait fourni un secours de neuf vaisseaux, ce qui portait à trente voiles la flotte auxiliaire. Qu'il y ait eu incapacité chez les différents chefs ou défaut d'harmonie entre eux, l'ensemble et l'énergie manquèrent. Jean Cappello, accusé de mollesse dans le sénat, fut rappelé, mis en jugement, condamné à un an de prison, et on lui donna pour successeur Baptiste Grimani.

Le nouvel amiral fit recouvrer aux armes de la république une partie de leur ancien éclat. Il poursuivit avec une incroyable ardeur les vaisseaux turcs partout où ils s'étaient retirés : à Négrepont, à Scio, à Mitylène. Dans une de ces glorieuses rencontres, Thomas Morosini fut tout à coup entouré par les forces ennemies, composées de quarante navires : Grimani, sans avoir égard au nombre, vole à son secours avec trois galères seulement, perce la ligne contre laquelle son lieutenant soutient un combat inégal, foudroie, coule bas tout ce qui lui résiste, et parvient jusqu'au navire de Morosini, dont le pont couvert de sang et de cadavres présentait un affreux spectacle : Morosini lui-même gisait parmi les morts. Remplis d'effroi autant que d'admiration, les Ottomans allèrent se réfugier à Négrepont. Malheureusement le courage individuel, quelques actions d'éclat, s'ils suffisaient pour constater la supériorité des Vénitiens, ne pouvaient fixer en leur faveur les destins de la guerre. Grimani poursuivit le cours de ses succès, et quoiqu'il eût affaire à des forces très-supérieures, il tint bloquée pendant plusieurs mois la flotte turque dans le port de Napoli de Romanie. Le sultan Ibrahim, irrité de ces revers successifs, dépouilla de son commandement le capitan-pacha, et le fit remplacer par un de ses gendres, Fazli-Pacha [1]. Ce dernier, à la faveur des sinuosités de l'Archipel, parvint à échapper aux flottes combinées de Venise, de Rome et de Malte, et débarqua près de la ville de Candie (28 septembre 1647) un corps de troupes considérable, avec des munitions de guerre et de l'artillerie.

1. Quelques historiens ont prétendu que le sultan, dans sa colère, poignarda de sa propre main le capitan-pacha. C'est une erreur que nous devons relever, non dans l'intention de réhabiliter la mémoire du sanguinaire Ibrahim, mais par respect pour la vérité. L'officier général qui commandait les forces turques à Napoli fut seulement rappelé à Constantinople, et dans la suite il exerça plusieurs charges importantes.

Pendant ces alternatives de succès et de revers, une armée forte de vingt mille hommes, sous les ordres d'Aly-Bey, gouverneur de Lecca, attaquait les Vénitiens dans la Dalmatie, tentative qui tourna au détriment des Turcs, car les Morlaques, leurs sujets, s'insurgèrent et se firent les auxiliaires de Venise[1]. La république perdit, il est vrai, les places de Zara-Vecchia, de Vodizza, de Rasanza, de Torretta et de Novigrad; mais, à leur tour, ses adversaires, outre qu'ils furent contraints d'abandonner plusieurs villes importantes de leurs frontières, s'étaient privés de l'appui d'une peuplade belliqueuse.

L'année 1648 s'ouvrit d'une manière désastreuse pour les Vénitiens : Grimani, maître de la mer, croisait dans les Dardanelles lorsque, le 9 mars, une tempête affreuse s'éleva, brisa ses navires les uns contre les autres et en fit périr vingt-huit, parmi lesquels le vaisseau amiral lui-même, corps et biens. La joie fut grande à Constantinople, mais elle dura peu. Quelques jours à peine s'étaient écoulés, que le pavillon de Saint-Marc reparaissait plus audacieux que jamais dans les eaux du Bosphore : Bernard Morosini, un des lieutenants de Grimani, avait rallié toutes les galères et autres bâtiments qui croisaient dans l'Archipel, et il venait, bravant la puissance ottomane jusque dans sa capitale, montrer que longtemps encore les ressources de la république seraient inépuisables. Fazli-Pacha sortit des ses lignes pour engager le combat; mais il fut honteusement mis en fuite.

Cependant les troupes et le matériel débarqués près de Candie l'année précédente avaient permis aux Turcs d'en entreprendre le siége, et ils exécutèrent les premiers travaux avec une rare habileté; car l'art de la guerre, alors imparfait en Europe, brillait chez eux de tout son éclat. En moins de quinze jours (du 5 au 20 mai), ils étaient parvenus à creuser une vaste ligne de circonvallation, à se loger dans des ouvrages en terre, à établir cinq batteries dirigées contre les principaux bastions de la place, enfin à pratiquer plusieurs mines. De leur côté, les défenseurs de la ville faisaient chaque jour de vigoureuses sorties dans lesquelles ils tuaient aux Ottomans beaucoup de monde. La position devenait même difficile pour ces derniers, lorsque (3 juillet) le séraskier, Hussein-Pacha, ordonna une attaque générale : les bastions de Saint-Démétrius, de Gesus et Santa-Maria, celui du Lazaret, furent simultanément battus en brèche, tandis que trente fourneaux de mine, disposés le long des principales courtines, faisaient explosion. Nullement intimidés, les assiégés redoublèrent d'ardeur et de courage : on les vit couronner les remparts, remplacer par de nouveaux terrassements ceux qui avaient été détruits; et lorsque les Turcs revinrent à l'assaut, ils rencontrèrent une vaillante résistance. Deux fois Hussein, à la tête des siens, essaie d'escalader les murailles, deux fois ils sont culbutés. Tout à coup cependant le comte Livio de Noris, qui commande l'ouvrage avancé de Corona Santa-Maria, fléchit; les Turcs le pressent

---

1. Les Morlaques habitent une petite province située le long du golfe de Venise, entre la Croatie et la Dalmatie; leur ville principale est Segora.

vivement, le rejettent dans la place, y entrent avec lui en poussant des cris de victoire, et plantent l'étendard du croissant sur les créneaux ébranlés. L'épouvante était extrême : l'explosion d'une mine acheva de porter la consternation dans le cœur des habitants. « Nous sommes perdus, s'écriaient-ils : les Turcs
« sont maîtres des murailles, et toute la ville est minée ; affaiblie par des combats
« journaliers, la garnison ne reçoit aucun encouragement, aucun secours ! Ren-
« dons-nous ! — Non ! répondit Louis-Léonard Moncenigo qui avait remplacé
« Grimani ; mourons jusqu'au dernier, les armes à la main, plutôt que de nous
« rendre. Que les braves me suivent ! » Et faisant dégarnir tous les postes, il rallie autour de lui un corps de troupes assez considérable. A ces paroles, le courage des assiégés renaît ; ils se précipitent sur les pas de leur chef, abordent audacieusement l'ennemi et le repoussent loin de leurs murs. Cette fois encore l'énergie de Moncenigo conserva Candie à la république ! Quinze mille Ottomans avaient perdu la vie pendant le siége ; les désordres survenus dans l'empire les empêchèrent de poursuivre les hostilités avec leur vigueur habituelle.

Cinq années se sont écoulées depuis les premières hostilités ; les deux parties belligérantes avaient fait déjà d'immenses sacrifices en hommes et en argent, et cependant cette lutte, une des plus mémorables dont l'histoire fasse mention, menaçait de durer longtemps. Venise, infidèle à ses vieilles traditions politiques, ne trouva d'autre expédient pour subvenir aux frais de la guerre, que d'étendre le trafic des places. Une ressource plus fatale encore fut mise en œuvre afin de remplir le trésor public : les détenus, les condamnés, les bannis, quels que fussent leurs crimes, furent admis à se racheter des peines qu'ils avaient encourues.

Une révolution de sérail venait de précipiter du trône le sultan Ibrahim et d'y faire monter son fils Mahomet IV, à peine âgé de six ans : au milieu des intrigues auxquelles donna lieu la minorité du jeune prince, une diplomatie vigilante autant qu'adroite aurait aisément gagné des voix dans le divan. Loin de là : on agita plusieurs fois dans le sénat la question de savoir s'il ne conviendrait pas d'abandonner l'île de Candie. « Ce serait s'aveugler, dit entre autres le séna-
« teur Vincent Cussoni, que d'espérer le triomphe dans une lutte si inégale. Plus
« nous la prolongerons, moins nous serons en état d'exiger quelques ménage-
« ments. Craignons, en achevant de nous épuiser, d'encourager d'autres enne-
« mis qui n'attendent peut-être que notre total épuisement pour se jeter sur nos
« dépouilles. » Le conseil du doge partageait cette opinion ; lui aussi, il voulait qu'on abandonnât aux Musulmans l'antique boulevard de la chrétienté ! L'avis opposé prévalut, mais sans qu'il reposât sur des convictions profondes ; aussi les événements dont Constantinople était le théâtre ne firent-ils que très-peu d'impression à Venise. On se contenta de charger le baïle de sonder le divan sur ses intentions ultérieures, en lui enjoignant de prendre pour base d'un traité de paix la restitution réciproque des conquêtes. Aucun présent, aucune promesse

personnelle, moyens toujours si efficaces auprès des chancelleries turques, n'appuyait ces propositions; si bien que quand le grand vizir en eut connaissance, il se répandit en imprécations contre ceux qui osaient les lui adresser, fit mettre à mort l'interprète qui les lui avait fait entendre, et charger de chaînes le baïle ainsi que les principaux négociants vénitiens. Il ne restait plus aux descendants dégénérés des Vénètes qu'à vaincre un ennemi devenu trop puissant, ou à tomber sous ses coups.

Les hostilités recommencèrent dans les premiers mois de l'année 1649. L'amiral vénitien, Jacques Riva, croisait devant les Dardanelles avec vingt galères pour surveiller les mouvements de la marine ottomane, quand il vit une flotte composée de quatre-vingt-trois voiles déboucher du détroit. Jugeant qu'elle porte un renfort aux troupes restées devant Candie, il se met à sa poursuite, prêt à en venir aux mains afin de l'empêcher à tout prix d'accomplir sa mission; mais elle évite le combat et va chercher un refuge dans la rade de Foschia, située à l'embouchure de l'Hémus, un peu au nord de Smyrne, où elle espérait faire jonction avec une escadre barbaresque. Riva ne donne pas à celle-ci le temps d'arriver : il passe audacieusement sous le feu des batteries rasantes de Foschia, se précipite au milieu des navires turcs au mouillage, où ils perdent l'avantage du nombre, et chaque galère vénitienne en attaque trois ou quatre à la fois. D'une construction svelte et élégante, on les voyait se mouvoir avec légèreté autour de ces lourdes citadelles, et les déchirer de leurs boulets. L'engagement ne dura que quelques heures; mais ces quelques heures coûtèrent aux Turcs sept mille hommes et quinze de leurs vaisseaux. Malheureusement Riva ne sut pas profiter de sa victoire : croyant avoir assez fait, il gagna la haute mer, laissant aux débris de la flotte ottomane la faculté de gagner Candie et d'augmenter de trois mille hommes environ le nombre des assiégeants. Encouragés par ce faible secours, ces derniers reprirent le siège avec une nouvelle ardeur : ils étendirent leurs lignes, élevèrent batteries sur batteries, et la ville se trouva presque hermétiquement renfermée dans un cercle de feu, malgré les héroïques efforts de ses défenseurs pour détruire les ouvrages de l'ennemi, défendre ou relever les leurs. Souvent un bastion fut pris et repris quatre fois; souvent, au milieu d'un combat acharné, l'explosion d'une mine, faisant sauter le terrain disputé, engloutissait assaillis et assaillants. Une pluie de bombes écrasait les édifices publics, les maisons, les casernes, et chaque jour la garnison faisait des pertes considérables. Cependant la place tenait toujours, quand les troupes ottomanes, furieuses d'avoir perdu six mille combattants sans être plus avancés, se mirent en révolte. Leurs chefs ne trouvèrent d'autre expédient pour se soustraire à leur rage que de les ramener à Constantinople en ne laissant devant Candie qu'un corps d'observation.

Reconnaissant l'impossibilité de surveiller l'ennemi sur une mer parsemée d'un si grand nombre d'îles et d'écueils, les amiraux vénitiens proposèrent au sénat d'aller attaquer les Musulmans dans leur capitale. « Bornez-vous, leur fut-il

« répondu, à garder étroitement les Dardanelles; cela suffit. » Et Riva, contrarié dans un projet aussi hardi que bien conçu, s'acquitta de sa tâche avec un rare bonheur. Pendant près de deux ans, aucun vaisseau turc ne franchit le détroit; tout ce qui se présentait fut coulé bas, ou forcé de retourner en arrière. Alors le peuple de Constantinople, indigné de voir toutes les forces navales de l'empire tenues en échec par quelques navires ennemis, les janissaires, toujours prêts à partager le mécontentement du peuple, firent mettre en liberté l'ambassadeur de la république et demandèrent l'exil du mufti, généralement considéré comme celui des membres du divan qui avait le plus contribué à faire entreprendre la guerre. Le sultan céda sur ce point, mais sans renoncer à poursuivre les hostilités.

En 1651, le capitan-pacha parvint à forcer le passage. Moncenigo, qui commandait en personne la station, courut à sa rencontre, l'attaqua près de l'île de Paros, le battit complétement, et lui enleva dix vaisseaux montés par cinq mille hommes[1]. A la suite de cette victoire qui rendait les Vénitiens maîtres de l'Archipel, l'amiral aurait voulu secourir Candie; dans l'impuissance d'y parvenir, il voulut du moins porter l'espoir au cœur des assiégés en faisant défiler sous leurs yeux les vaisseaux ottomans désemparés et le pavillon en berne. Heureusement les troubles auxquels Constantinople était en proie empêchaient le divan d'activer le siége : il se borna à ordonner la construction de trois châteaux destinés à contenir la ville. Quant à la Seigneurie, toujours inquiète de l'influence qu'acquéraient sur l'esprit des troupes et des populations ses généraux victorieux, elle profita de ce moment de répit pour rappeler le brave Moncenigo et mettre en sa place Léonard Foscolo.

Les deux années de l'administration du nouveau gouverneur ne virent éclore aucun événement digne d'être rapporté, si ce n'est une sédition des Albanais auxiliaires qui, trouvant leur paie insuffisante, menaçaient d'ouvrir à l'ennemi les portes de la place, et plusieurs tentatives dirigées contre l'armée ottomane, qui chaque fois déclina le combat. C'est dans ce même temps aussi que Louis Navagiero, d'une des plus illustres familles de la république, donna le premier exemple d'une infâme trahison en passant du côté des Turcs et en renonçant à sa religion pour embrasser celle de Mahomet.

Trompé par la mise en liberté du baïle, par le mécontentement du peuple de Constantinople, et surtout par quelques confidences de l'ambassadeur français, le sénat chargea Jean Cappello de se rendre auprès du divan, afin de voir à quelles conditions il consentirait à signer la paix. Si l'on se flattait de l'espoir que la Porte, satisfaite d'un tribut, restituerait ses conquêtes, on fut promptement détrompé; car dès qu'il aperçut Cappello, le grand vizir lui adressa brusquement cette question : « Nous apportez-vous les clefs de Candie ? » et sur sa réponse négative :

---

[1]. Trois membres de l'illustre famille des Moncenigo, famille si célèbre dans les annales de Venise, prirent part à ce combat; un d'entre eux y perdit la vie.

« Retirez-vous, lui dit-il. » Puis, se ravisant, il fit arrêter le malencontreux négociateur avant qu'il eût quitté le territoire de l'empire, et l'envoya à Andrinople où il mourut en prison. Aussitôt que l'avis de cette violation du droit des gens parvint à Venise, Moncenigo fut de nouveau investi du commandement général de la flotte.

La campagne de 1654 s'ouvrit par une de ces actions où brille le courage uni à l'extrême habileté, mais qui n'amènent aucun résultat politique : un des plus habiles lieutenants de l'amiral, Joseph Delphino, avait été chargé de surveiller le passage des Dardanelles avec seize vaisseaux, deux galéasses et huit galères, forces d'autant moins suffisantes que le capitan-pacha ne négligeait rien pour obtenir une victoire qu'il s'était promise, et que, dans cette intention, il avait appelé dans l'Archipel trente-deux navires barbaresques. Lorsqu'ils y sont arrivés, le capitan prend la mer avec soixante-quinze vaisseaux ou galères récemment construits et équipés dans les chantiers de Constantinople, s'avance en bon ordre contre la croisière vénitienne pendant que ses auxiliaires arrivent du large, et la place entre deux feux. Delphino, outre l'infériorité du nombre, avait à lutter contre les courants si perfides de ces parages, et dix-huit de ses bâtiments, dont douze vaisseaux et six galères, étaient entraînés loin de sa ligne au moment où il lui fallut en venir aux mains ; les autres, entourés par l'ennemi, souffrirent considérablement. Une seule galère restait intacte ; Delphino y arbore son pavillon, et pendant plusieurs heures fait face aux assaillants qui l'entourent au nombre de quatorze ; enfin, il s'ouvre un passage au milieu d'eux, leur échappe, puis rejoint la partie de son escadre que les courants ont emportée. Le lendemain, il s'apprêtait à prendre l'offensive ; mais les vents contraires l'en empêchèrent. Ne se voyant pas inquiété par la flotte vénitienne, le capitan-pacha ravagea les îles de Ténez et de Millo, ravitailla la Canée, et rentra à Constantinople où il présenta au sultan cinq cents prisonniers. On assure que l'échec de son lieutenant fit mourir Moncenigo de chagrin.

La longueur de cette guerre désespérait Venise, épuisait ses finances : elle appela de nouveau à son aide l'Empereur, la France, le pape, l'Espagne et l'Angleterre, qui ne lui témoignèrent qu'un intérêt stérile ou ne lui envoyèrent que d'insignifiants secours : la France se borna même à engager le divan à faire la paix, mais sans chercher à rendre efficace sa bénévole intervention. Le pape, seul, envoya des hommes et de l'argent ; il alla même jusqu'à autoriser le sénat à vendre les biens de plusieurs couvents pour en affecter le produit aux frais de la guerre : rare condescendance dont il lui fut tenu compte par le rappel immédiat des jésuites.

Digne émule de son frère, Lazare Moncenigo avait reçu l'ordre de bloquer rigoureusement le détroit des Dardanelles et de réparer le glorieux échec de Delphino. Dans une première rencontre, il prit aux Turcs trois vaisseaux, leur en brûla onze et en coula neuf. C'était le brillant prélude à une victoire plus complète que le capitan-pacha vint en quelque sorte lui offrir. Le capitan, sorti du port de Constantinople avec quarante-cinq galères et trente-quatre autres bâtiments de moindre force, se dirigeait vers les Dardanelles, et ses équipages, fiers de leurs précédents succès, brûlaient de se signaler encore : ils engagèrent l'action en attaquant le vaisseau amiral et une galéasse que montait le capitaine général, ce qui paralysait le commandement des deux chefs de la flotte vénitienne. Moncenigo, appréciant de sang-froid la situation difficile où le plaçait cette manœuvre inattendue, laisse arriver à l'abordage, s'attache aux flancs des vaisseaux ennemis, charge avec vigueur leurs équipages à la tête des siens, et, lorsqu'il les a paralysés, il fait sauter son propre navire, dont l'explosion allume l'incendie ou sème la mort parmi ceux des assaillants ; puis, dans le premier moment de confusion, il monte à bord d'une autre galère, y arbore son pavillon, et rappelle la fortune autour de l'étendard de Saint-Marc en donnant des ordres que ses officiers et ses matelots exécutent avec autant de promptitude que d'allégresse. Bientôt la flotte turque, enveloppée à son tour et mise hors de combat, sème la mer de ses débris. Soixante vaisseaux et douze mille hommes furent perdus pour les Ottomans dans cette journée, la plus désastreuse qu'ils eussent à déplorer depuis la bataille de Lépante ; quatorze galères, sur l'une desquelles se trouvait le capitan-pacha, parvinrent seules à s'échapper. Les pertes des Vénitiens se bornaient à trois vaisseaux et à quatre cents hommes. Lazare Moncenigo perdit un œil dans le combat.

Lorsque l'amiral ainsi mutilé entra dans le port de Venise, suivi des vaisseaux capturés, sa galère pavoisée de pavillons turcs déchirés par la mitraille, l'enthousiasme fut extrême ; on le proclama le sauveur de la patrie, et d'une voix unanime le grand conseil lui déféra le commandement en chef des forces concentrées dans l'Archipel. Vivement pénétré, Moncenigo crut ne pouvoir mieux répondre à la confiance de ses concitoyens qu'en rejoignant la flotte avant que sa blessure fût guérie. Pendant ce court délai, ses lieutenants s'emparèrent successivement des îles de Ténédos, de Samothrace, de Lemnos, et répandirent l'alarme dans Constantinople, où le peuple soulevé demandait à grands cris la tête des fonctionnaires signalés comme favorables à la guerre. A la faveur de ce désordre, les ulémas exigeaient la déposition du sultan, et la sultane validé, tutrice du jeune empereur, leur répondait par les supplices. Pendant plusieurs mois, le sang ruissela dans la capitale de l'empire. Cependant, comme cela arrive presque toujours, au milieu de cette sanglante anarchie on vit surgir tout à coup un homme doué d'une énergie capable de briser tous les obstacles ; il s'appelle Mohamet Kupruli. Petit-fils d'un Albanais transporté dans l'Asie Mineure, cet homme extraordinaire se fraya rapidement la route du pouvoir. En peu de temps il se débarrassa de ses rivaux et fit des armements gigantesques. Moncenigo, lorsqu'il arriva en Crète, apprit non sans étonnement que déjà une nouvelle flotte turque sillonnait les eaux de l'Archipel ; qu'une autre, plus considérable encore, était rassemblée dans la mer de Marmara ; qu'un camp de cinquante mille hommes bordait les côtes des Dardanelles.

Moncenigo voulut reconnaître par lui-même l'état des choses, et chemin faisant il battit les Barbaresques dans le voisinage de Chios, leur prit quelques navires, s'empara même de la forteresse de Sugadschik, dans le golfe de Scalanuova ; mais le grand vizir ne lui laissa pas le temps d'accomplir sa reconnaissance et de mûrir les projets qu'il avait conçus. Le 17 juillet 1657, les vaisseaux turcs débouchent du canal et tombent à l'improviste sur une division de la flotte ennemie, comptant l'accabler sous le nombre ; l'amiral vénitien, peu éloigné, arrive au secours des siens et force les Musulmans à se réfugier sous les batteries de terre de l'Anatolie. La nuit enveloppa les deux flottes avant qu'elles en vinssent aux mains, et Moncenigo la passa tout entière à méditer un plan des plus hardis : il voulait, profitant du désordre où la tempête et le combat avaient jeté les Turcs, rappeler à lui tous ses vaisseaux, franchir le détroit et attaquer Constantinople dégarnie de ses moyens de défense, alors qu'on l'y croyait aux prises avec la flotte récemment sortie du port. La houle, toujours forte, fit avorter sa combinaison : lorsqu'elle tomba, il n'avait encore autour de lui que treize voiles. Malgré ce fâcheux contretemps, l'intrépide Moncenigo ne put résister au désir d'attaquer, de détruire s'il était possible, les vaisseaux ottomans, qu'il voyait timidement embossés dans les petits havres qui parsèment les rives des Dardanelles. Déjà il a pénétré dans le détroit, serrant la côte au plus près pour mieux assurer sa manœuvre, lorsqu'une décharge d'artillerie, partie du château de Koutourmi, abat les mâts et les vergues de la capitane ; une seconde volée en déchire les flancs, en balaie le pont, tue Moncenigo lui-même, et un boulet tombé dans la sainte-barbe met le feu aux poudres. Le navire désemparé tournoie sur lui-même, une horrible explosion se fait entendre, et tout ce qui n'est pas lancé au milieu des airs est englouti dans les flots. Pendant une heure un épais nuage de fumée couvrit le canal ; à peine commençait-il à se dissiper, que les Turcs aperçurent, au milieu des débris battus par la vague, le cadavre, le pavillon et le fanal de l'amiral ; ils s'élancent pour s'en saisir, mais, aussi rapide que la pensée, le chevalier Avogaro de Trévise se précipite sur eux et leur arrache ces précieux trophées. On se battit pendant quelque temps encore : mais le découragement était entré dans le cœur des Vénitiens, et ils gagnèrent promptement le large. Quelques semaines après cette bataille, à laquelle l'histoire a donné le nom de bataille des Dardanelles, les Ottomans reprenaient presque sans coup férir les îles de Ténédos et de Lemnos, car la flotte vénitienne, affaiblie par la désertion de ses alliés plus encore que par les pertes qu'elle venait de faire, s'était dispersée. Ces auxiliaires avaient allégué pour prétexte, que le soin de leur honneur ne permettait pas qu'ils obéissent à un officier non revêtu du titre de généralissime.

Le grand vizir Kupruli se proposait d'introduire d'importantes réformes dans l'empire ; en homme habile, il profita de la victoire pour offrir la paix, sous cette condition seulement que Venise renoncerait à la possession de la ville de Candie et de son territoire, tout en conservant le reste de l'île. Cette proposition, si modérée en apparence, cachait mal les intentions secrètes de celui dont elle émanait. L'occupation de Canée ne prouvait-elle pas, en effet, qu'une fois possesseurs de la ville principale, les Turcs se rendraient facilement maîtres des autres places? Malgré l'évidence du danger, le doge et quelques membres du sénat insistèrent avec force pour qu'on acceptât cet arrangement; déjà même plusieurs autres s'étaient rangés à leur avis, ou paraissaient fortement ébranlés, lorsque le procurateur Jean Pesaro, dans une allocution pleine de chaleur et de patriotisme présenta la question sous son véritable jour. « Non ! dit-il, non ! par une lâche « concession vous n'obtiendrez pas ce que vous espérez; une fois établis à Candie « les Turcs nous chasseront de l'île entière, et sur vous retombera la honte de la « leur avoir livrée. Si nous devons perdre cette riche possession, et ce que vous « nous proposez n'en est que le trop sûr moyen, perdons-la du moins avec hon« neur. Les ressources de la république ne sont pas au-dessous de ses besoins; « pourquoi donc renoncerions-nous si facilement à soutenir une lutte dans laquelle « le droit et la justice sont de notre côté? Peut-être va-t-on me dire que le tré« sor est épuisé; je répondrai, moi, que la générosité des citoyens ne l'est pas : « pour ma part, j'offre six mille ducats pour la continuation de la guerre. » Électrisée par ces paroles, l'assemblée rejeta la proposition du vizir, et, séance tenante, les collègues de Pesaro souscrivirent pour des sommes considérables. Généreux dévouement qui rappelle les premiers temps de la république !

Quoique déterminés à combattre, les Vénitiens sentaient l'insuffisance de leurs forces : la Seigneurie adressa donc de nouvelles prières à la France. Aussitôt Mazarin fit armer quelques vaisseaux à Toulon, mettre à bord une division de quatre mille hommes, et les envoya dans l'Archipel. Ces troupes, dirigées par le capitaine général, débarquèrent devant Canée, qu'il se flattait de surprendre; mais à la suite de plusieurs échecs, il fallut se rabattre sur Candie, dont Morosini, en se réunissant aux troupes vénitiennes qui étaient déjà de ce côté, croyait faire lever le siége. L'attaque fut vive, le camp des Turcs forcé; mais ceux-ci, revenus de la première surprise, tombèrent à leur tour sur les assaillants et les mirent en fuite. Quinze cents Français restèrent sur le terrain; plus de deux mille autres succombèrent aux fatigues, aux privations, à la peste.

Quelques historiens ont prétendu que François Morosini, attribuant son insuccès au provéditeur de l'armée, condamna ce fonctionnaire à la peine de mort; ce qu'il y a de certain, c'est que le sénat le rappela lui-même et lui donna pour successeur un de ses parents, Georges Morosini. A peine en fonctions, le nouveau capitaine général eut le bonheur de surprendre la flotte ottomane dans les eaux de Milo et de lui détruire une vingtaine de bâtiments. Au reste, à cette époque et pendant les trois années qui suivirent, les Turcs, engagés dans une guerre sanglante contre la Hongrie, parurent avoir oublié Candie; après la perte de la bataille du Mont-Saint-Gothard, sur les bords de la Raab, ils entamèrent même avec la république de nouvelles négociations à ce sujet. Mais alors Mohamet Kupruli ne présidait plus aux destinées de l'empire; son fils Ahmet, qui lui avait succédé dans le vizirat, ne fit que des offres inacceptables: il proposait de laisser aux Vénitiens la partie orientale de l'île, où sont Candie et Settia, et de prendre pour le sultan la partie occidentale, avec Canée, Rethymo et la Suda, enfin, pour comble d'humiliation, la Seigneurie devait payer les frais de la guerre. Le sénat répondit par un refus formel, quoique le divan, qui venait de signer la paix avec les Hongrois, se disposât à diriger toutes ses forces contre l'île, théâtre de tant de combats.

Suivant son habitude, le gouvernement vénitien demanda de prompts et puissants secours aux princes de la chrétienté. Le duc de Savoie, avec lequel la république avait cessé depuis longtemps toute relation à cause de son étrange prétention sur l'île de Chypre, fit taire ses ressentiments; il expédia deux régiments sous la conduite du marquis de Ville, un des plus habiles tacticiens de l'époque. Le grand maître de Malte voulut aussi intervenir; l'électeur de Bavière lui-même envoya quinze cents hommes; mais le cabinet de Versailles, devenu plus avare des trésors de la France et du sang de ses soldats, ne permit qu'à quelques volontaires d'exposer leurs jours pour une cause qui n'était pas la sienne. Au milieu de cette jeunesse ardente on remarque MM. de Châteauneuf, de Comminges, les chevaliers d'Harcourt, Maison-Neuve, Langeron, Montausier et de Gange, gentilshommes de la première distinction. Le rendez-vous général de l'armée auxiliaire était à Paros; il s'y trouva douze mille hommes de pied et douze cents chevaux. Cette fois encore, on se promettait de reprendre Canée, de faire lever le siége de Candie : la bonne attitude des troupes turques, qui chaque jour recevaient de nouveaux renforts, déjoua les deux tentatives.

La voie des négociations était épuisée ; le divan rentra dans la voie des armes avec une énergie nouvelle, et le grand vizir annonça qu'il irait prendre en personne le commandement des troupes. En effet, le 1er juin 1666, Ahmet Kupruli, partit d'Andrinople accompagné de nombreux soldats, et, traversant l'Asie Mineure, vint s'embarquer à Isdin, d'où il fit voile pour le cap Malo. Le 3 novembre suivant, des salves d'artillerie annoncèrent aux vieilles bandes qui depuis vingt-deux ans s'épuisaient sous les murs de Candie en efforts infructueux, que le grand vizir prenait terre à Canée, et les firent tressaillir de joie. Quelques jours après, vingt-un vaisseaux égyptiens et sept caïques se présentaient pour mettre à terre les contingents tirés de la Syrie et de l'Égypte: brusquement attaqués par les Vénitiens, qui en prirent plusieurs, ils n'eurent le temps de débarquer qu'un très-petit nombre d'hommes. Les renforts envoyés directement de Constantinople furent plus heureux ; trois fois le capitan-pacha déposa sur le rivage de Canée des troupes, des armes, des vivres, des munitions de toute espèce. Après avoir consacré plusieurs jours à passer en revue son armée (d'après les appréciations les plus exactes elle se composait de soixante et dix mille hommes, indépendamment de dix-huit mille coureurs incendiaires), à organiser les différents corps, le grand vizir la dirigea par terre et par mer sur la ville assiégée. La garnison de Candie s'élevait à quinze mille combattants, y compris un corps insulaire de trois à quatre mille hommes; plus de quatre cents pièces de canon étaient en batterie sur les remparts, et les magasins abondamment fournis de munitions de guerre et de bouche que l'entrée du port, restée libre, permettait de renouveler facilement. François Morosini, alors rentré en grâce, commandait en personne, ayant sous ses ordres immédiats le marquis de Ville et le provéditeur Bernard Nani; les provéditeurs Donato, Pizani, Mero, Battaglia, Cornaro, le chef de l'infanterie ultramontaine Spar, exerçaient des commandements secondaires.

Candie, contre laquelle allaient se ruer toutes les forces de l'empire ottoman, présentait, avons-nous dit, une forte enceinte flanquée de sept bastions, dont les approches étaient défendues par quelques ouvrages avancés. La partie des murailles qui s'élève au bord de la mer formait une sous-tendante dont l'arc embrassait le reste de la place; à gauche était un château spécialement affecté à la défense du port. Des palissades, des lignes transversales, des batteries, des redoutes au-dessous desquelles on avait pratiqué des fourneaux de mine, complétaient l'ensemble. L'attaque principale fut dirigée contre les bastions de l'ouest; il importe donc de bien connaître cette partie du système de défense.

A l'extrémité nord-ouest de la place, quatre bastions que reliaient des courtines armées chacune d'une redoute : le premier portait le nom de Martinengo, nom illustré aux sièges de Rhodes et de Famagouste; et en avant de lui un ouvrage à cornes dit de Sainte-Marie; le deuxième, dit de Bethléem et peu éloigné du précédent, était protégé par la demi-lune Moncenigo. Une redoute adossée à la courtine qui s'élevait entre ce bastion et le troisième, ainsi que l'ouvrage à cornes y attenant, était désignée sous le nom de Panigra, comme ce troisième bastion lui-même; le quatrième, enfin, celui de Saint-André, s'élevait en face du lazaret, à l'embouchure d'un petit fleuve.

L'armée ottomane était divisée en trois corps, destinés à attaquer simultanément les trois premiers bastions. A gauche, en face de Panigra, le grand vizir établit ses tentes, non loin de celles du begler-beg de Roumélie et de l'aga des janissaires; au centre les troupes égyptiennes, commandées par le renégat Ahmet-Pacha, menaçaient le bastion de Bethléem et la demi-lune Moncenigo; à leur droite, et en face de cette demi-lune, les troupes anatoliennes obéissaient à Kara-Mustapha. C'était à la tête des hordes de l'Afrique et de l'Asie que la barbarie ottomane s'apprêtait à détruire le plus ferme appui que les chrétiens eussent dans la Méditerranée. Toutes les dispositions étaient prises pour l'attaque générale, lorsqu'on amena au grand vizir des parlementaires vénitiens; mais comme ils ne lui apportaient ni les clefs de la ville, ni la somme demandée par le divan pour les frais de la guerre, il les congédia. Enfin, le 28 mai 1667, trois cents bouches à feu commencèrent à jouer sans interruption contre les murailles; les batteries des courtines et des bastions ripostèrent non moins vivement, et bientôt l'air ne retentit plus que des éclats répétés du canon ou de l'explosion des mines. Jusqu'au 8 septembre, jour célèbre dans l'histoire ottomane par l'évacuation de Malte, les assiégeants en firent jouer cent cinquante-deux, les assiégés cent quatre-vingt-dix; et cependant le bastion de Panigra, contre lequel portaient les plus violents efforts des Turcs, résistait à ces effroyables secousses. Ce ne fut qu'au bout de sept semaines qu'ils plantèrent pour la première fois cinq étendards sur le couronnement de cet inexpugnable bastion; mais aussitôt trois mines, chargées chacune de soixante-dix barils de poudre, dispersèrent au loin et les étendards et ceux qui les avaient arborés. Quatorze jours plus tard (11 novembre 1667), l'aga des janissaires, celui des armuriers et celui des volontaires, succombèrent dans un nouvel assaut avec plusieurs des principaux officiers.

Les pluies qui tombent si abondamment à cette époque de l'année contraignirent les Turcs à abandonner pour quelques jours les travaux du siége : leurs lignes étaient envahies par les eaux. Laissant donc un simple corps d'observation devant la place, ils se retirèrent dans leur camp. Les Vénitiens, au contraire, se mirent en devoir de creuser leurs fossés à demi comblés par les éboulements, de relever leurs murs, de construire même, en arrière de leurs retranchements ébranlés, de nouveaux retranchements.

Quelques transfuges avaient démontré qu'en dressant des batteries aux deux extrémités des fortifications qui faisaient face à la mer, il était facile d'éloigner de la rade les vaisseaux qui venaient ravitailler la place : Kupruli accueillit cette idée avec empressement, et par là il contraignit à prendre le large les galères vénitiennes qui en protégeaient l'entrée. On était aux abords de l'hiver; le grand vizir employa une partie de la mauvaise saison à compléter son artillerie de siége : par exemple, outre vingt gros canons et dix mortiers fondus en Crète, il fit couler sur place des pièces de calibre vénitien, afin d'utiliser les boulets lancés par les défenseurs de la ville, et qu'il avait fait ramasser. Tout favorisait les Turcs, tandis que les assiégés, de plus en plus étroitement bloqués, étaient en proie à la famine et aux maladies. Le 14 février 1663, Morosini, cédant à ses inquiétudes, fit demander une entrevue. « Dis à ton maître, répondit à son envoyé l'inflexible « Kupruli, que je n'écouterai d'autres propositions que celles qui auront pour « base l'évacuation immédiate de l'île et de la place que nous assiégeons! » Ses dernières ressources n'étant pas encore épuisées, espérant d'ailleurs voir arriver d'un jour à l'autre quelque secours, Morosini se disposa à combattre.

Sur ces entrefaites le duc de Savoie rappelait le marquis de Ville. Cet abandon ne découragea pas le gouvernement vénitien, qui envoya pour le remplacer un Français, général distingué, qui avait assisté à presque tous les siéges soutenus ou livrés de son temps : c'était le marquis de Montbrun. Un tel choix était de nature à flatter Louis XIV, et à inciter sa pétulante noblesse à s'armer pour défendre

Candie. Toutefois, la France se trouvait dans une situation embarrassante : d'un côté, son intérêt lui défendait de rompre avec la Turquie, quoiqu'elle eût été bien aise de voir les Ottomans battus et refoulés au delà de leurs frontières ; d'un autre, elle n'aurait pas été fâchée que la république vénitienne abaissée renonçât au commerce du Levant, et de recueillir un si riche héritage. Louis XIV se tira d'affaire par une espèce de compromis : il permit à la république de faire des enrôlements par tout le royaume, et aux jeunes seigneurs de la cour de s'enrôler comme pour une croisade. Le chevalier de Vendôme, qui n'avait pas quinze ans, le chevalier d'Harcourt et plusieurs princes de la maison de Lorraine et de Bouillon, les Dampierre, les Beauvau, les d'Aubusson, les Créquy, les Tavannes, le maréchal de Lamotte-Fénelon et ses deux fils, donnèrent l'impulsion par leur exemple ; le duc de La Feuillade, malgré la modicité de sa fortune, leva un corps de cinq cents cadets payé et entretenu à ses frais, se donnant pour lieutenants les ducs de Château-Thierry et de Caderousse, le comte de Villemor et le brave comte de Saint-Pol, prince de Neuchâtel, à peine âgé de dix-sept ans. Toujours prêts à guerroyer contre les infidèles, les chevaliers de Malte ne restèrent pas en arrière : soixante des leurs, choisis parmi les plus jeunes et les plus nobles, s'enrôlèrent parmi l'élite de la noblesse française, et les galères de l'ordre se disposèrent pour transporter les uns et les autres à Candie. La plupart des princes chrétiens montrèrent peu d'empressement : le plus fort contingent, celui de l'empereur, s'élevait à trois mille hommes et avait été confié au jeune prince Waldek de Lunebourg. L'arrivée de ces secours devait reporter à son chiffre primitif, c'est-à-dire à dix ou douze mille combattants, la garnison de Candie.

Pendant ce temps les Turcs s'occupaient de réparer leurs pertes. En dépit des croisières, le capitan-pacha leur amena cinq mille janissaires, quatre mille spahis et silidahrs, mille pontonniers, mineurs ou canonniers, et un corps de deux mille hommes, l'élite des troupes égyptiennes et syriennes ; vingt mille quintaux de poudre, quinze mille bombes, quatre-vingt mille boulets, vingt mille grenades, six cents barils de goudron, des herses, des pelles, des clous, du plomb, du fer, et du bois en abondance.

Le 11 juin 1668, les troupes du grand vizir retournèrent gaiement à la tranchée, et de part et d'autre la canonnade, les attaques, les surprises, les explosions de mines, recommencèrent de plus fort. Le général Cornaro défendait le poste important de Saint-André ; le général Battaglia, duc de Candie, se trouvait au bastion de Sabionera : il fut tué dans une sortie. Quatorze jours après, la mort frappait l'intrépide baron de Frisheim, l'un des meilleurs officiers du contingent de l'Empire, et avec lui plusieurs nobles vénitiens. D'autres en assez grand nombre, tels que Balbi, Badoero, Barbaro, Pizani, Grimaldi, Cornaro, se retirèrent plus ou moins grièvement blessés ; le marquis de Montbrun l'avait été aussi. L'exaltation, nous pourrions dire l'ignorant fanatisme des hordes orientales, était constamment soutenue par deux stimulants très-actifs sur leurs esprits incultes, c'est-à-dire, par des succès journaliers et par les lettres du sultan à son grand vizir. « Que Dieu veuille bientôt réjouir, par la victoire et la prise de « Candie, le peuple de Mahomet. — S'il plaît à Dieu, je ne tarderai pas à partir « moi-même, et je m'efforcerai de rejoindre mes serviteurs, les invincibles « soldats de l'Islam. — Que Dieu daigne exaucer vos vœux avant votre retour, « c'est nuit et jour l'objet de mes prières ! » tel était en substance le contenu de ces dépêches.

Kupruli craignait que l'impatience du despote ne devînt dangereuse pour lui, et cherchait tous les moyens imaginables de hâter la chute de la place. Des transfuges lui ayant indiqué le bastion Saint-André comme l'un des plus faibles, il l'attaque à outrance, s'en empare, puis, entraîné par son ardeur, il tourne ses efforts contre les trois autres et couvre la ville d'un déluge de feu. Depuis ce moment les travaux des Turcs prirent un accroissement prodigieux : ils élevaient des redoutes, creusaient des mines, établissaient des batteries à demi-portée du canon des remparts et malgré les fréquentes sorties de la garnison. « C'était une véritable guerre de géants, » dit le marquis de Montbrun dans ses Mémoires. Obligés de se multiplier pour faire face de tous les côtés à la fois, les assiégés tombaient de fatigue ; ils perdaient même toute espérance lorsque les vigies signalèrent l'approche d'une escadre ; tous les yeux sont tournés vers la mer : « Quels sont ces vaisseaux ? Nous apportent-ils des secours ? Nous apportent-ils l'esclavage et la mort ? » se demandent ces malheureux, réduits depuis si longtemps à ne plus compter que sur eux-mêmes. Pendant qu'ils s'interrogent ainsi, l'escadre arrive à pleines voiles : c'étaient les galères de l'Ordre. A peine ont-elles jeté l'ancre qu'on voit sortir de leurs flancs cette noblesse française qui ne respire que pour combattre. François Morosini, ses lieutenants, ses soldats, reçoivent à bras ouverts, les yeux baignés de larmes, leurs libérateurs, à qui, sur leur demande, on assigna le poste le plus périlleux.

Pendant plusieurs jours, nos jeunes seigneurs remplirent cette tâche rebutante pour des soldats novices, qui consiste à combattre de sang-froid et en se découvrant le moins possible, à épier avec une prudente attention les mouvements de l'ennemi afin de profiter de ses fautes pour l'accabler ; mais bientôt, cédant à leur fougue naturelle, « Nous ne voulons point, dirent-ils, combattre comme des rep-« tiles. A quoi bon nous traîner des journées entières dans la fange pour tuer un « Musulman ! ce n'est pas ainsi qu'on avance les affaires. Menez-nous à l'attaque « de leur camp, et vous verrez si nous n'aurons pas bon marché de hordes sans « discipline ! » Le capitaine général, à qui une longue expérience avait appris combien il était dangereux de se mesurer corps à corps avec les Turcs, s'y refuse d'abord ; ils insistent avec tant de force, ils paraissent tellement sûrs du succès, qu'il finit par céder.

Le 16 décembre, à la pointe du jour, le duc de La Feuillade sort à la tête des volontaires, flanqué à droite et à gauche par deux corps d'Italiens et d'Allemands destinés à appuyer son mouvement, pendant que par un feu bien nourri l'artillerie des remparts s'efforce de distraire l'attention des Turcs. En quelques minutes, les Français sont au pied des retranchements derrière lesquels l'ennemi se tient à couvert ; ils les franchissent en un clin d'œil, et rencontrent une vigoureuse résistance. Pourtant, après des prodiges de valeur, la *furia francese* l'emporte, les Ottomans fléchissent, cèdent le terrain, sont chassés de leur camp où pendant deux heures les nôtres se maintiennent avec audace. Le grand vizir hors de lui-même forme une colonne de quatre mille janissaires, et la lance contre ses heureux adversaires, dans l'intention de les déloger. Le premier bataillon de cette milice, qui avait mérité le glorieux surnom d'*Invincible*, recule ; les autres, arrivant à la charge, attaquent La Feuillade en front et sur ses deux flancs. Enveloppés de toutes parts, abandonnés par ces Italiens et ces Allemands qui fuient au lieu de les soutenir, nos compatriotes continuent de faire bonne contenance jusqu'au moment où, près d'être accablés sous le nombre, leur chef fait sonner la retraite. Elle s'opéra en bon ordre ; mais les comtes de Villemor et de Tavannes restèrent au milieu des cadavres mutilés de quarante de leurs compagnons. Le marquis de Fénelon avait eu la douleur de voir son fils tomber à ses côtés ; d'Aubusson, Montmorin, le chevalier de Créquy, La Feuillade lui-même, et une cinquantaine d'autres, avaient été blessés plus ou moins grièvement. La constance dans l'adverse fortune n'est pas une des qualités distinctives de notre nation : le marquis s'éloigna brusquement de Candie et regagna la France, laissant sur sa route, victimes de la peste, quelques-uns des aventureux personnages qu'il avait entraînés à sa suite. Cette malencontreuse affaire marqua la fin de la campagne de 1668 ; les Turcs y avaient perdu vingt mille hommes, mais par contre-coup elle enlevait aux Vénitiens tout espoir de salut.

Effrayé de la fermentation qu'excitait chaque année dans Constantinople l'opiniâtreté d'une lutte qui absorbait tant d'hommes et tant d'argent, le Grand Seigneur, homme d'un naturel peu belliqueux, cédant aux obsessions des ennemis ou des envieux de Kupruli, autant qu'aux insinuations des ambassadeurs européens, écrivit à son vizir qu'il serait peut-être sage de terminer à l'amiable une affaire dont l'issue paraissait fort douteuse. Kupruli, qui était placé mieux que personne pour juger du progrès de ses troupes, et qui sentait qu'au prix de quelques efforts, il mènerait son œuvre à bonne fin, fut vivement contrarié. « Eh quoi ! répondit-il au sultan, vous, mon glorieux maître, vous m'engageriez
« à prendre honteusement la fuite, lorsque votre armée est prête à entrer dans
« cette ville maudite ! Nous ne sommes plus qu'à cinquante pieds du dernier
« rempart : est-ce le moment d'abandonner notre glorieuse entreprise ? Non, cela
« n'est pas possible ! Allah nous accordera la grâce d'accomplir le reste. Ne vous
« laissez pas abuser par des relations mensongères. Il est vrai que quelques misé-
« rables ont essayé de se révolter ; mais leur lâcheté a été punie, et le reste de
« l'armée ainsi que son général, toujours prêts à sacrifier leur vie pour faire triom-

« pher les armes musulmanes, passeront l'hiver dans la tranchée. » A quelques jours de là, un envoyé vénitien se présenta dans sa tente pour l'engager à lever le siége moyennant une somme considérable : « Retirez-vous, lui cria-t-il; nous ne « sommes pas des marchands, nous n'avons que faire de vos offres, et nous n'aban- « donnerons Candie ni pour or ni pour argent ! » Le siége continua donc malgré la saison avancée, et le bastion Saint-André devint le but des plus vives attaques. Les batteries de gros calibre s'en rapprochèrent, de nouvelles galeries de mine furent ouvertes, et une large brèche pratiquée dans ses murailles déjà tant de fois ébranlées. Le 28 mai (1669), les assiégeants venaient de s'emparer d'un des angles, et déjà ils se croyaient maîtres du bastion tout entier, lorsque le capitaine général et le marquis de Montbrun, soutenus par une troupe d'élite, vinrent s'installer dans la partie restée libre, déterminés à la défendre jusqu'à la dernière extrémité.

Nous touchons à la dernière phase de ce siége mémorable ; suspendons un moment notre récit pour tracer une rapide esquisse de la situation respective des braves qui y jouèrent leur vie. Les assiégés étaient réduits à la dernière misère : ils manquaient de vivres, et malgré les sacrifices personnels que s'imposait Morosini, leur solde était en arrière de plus d'une année. « C'est une chose dé- « plorable à voir, dit un témoin oculaire, que l'état où cette ville a été réduite : « des rues encombrées de boulets, d'éclats de bombes et de grenades ; pas une « église, pas un bâtiment dont les murailles ne soient percées à jour par le canon ; « les maisons ne sont plus que de tristes masures ; une odeur fétide s'exhale « de tous les côtés, et de quelque part qu'on tourne la vue on n'aperçoit que « soldats malades ou blessés, réduits à l'état de squelette ! » Sans cesse le gouvernement vénitien promettait de nouveaux secours ; et chaque jour il frappait à la porte de tous les cabinets européens. Las de ces importunités, les États d'Allemagne fournirent quatre mille hommes, le pape fit don de six galères armées ; Louis XIV, jaloux de venger La Feuillade, promit douze régiments d'infanterie, trois cents chevaux et un détachement de ses mousquetaires. En attendant la réalisation toujours trop tardive de ces magnifiques promesses, le sénat, cédant aux demandes pressantes de Morosini, dirigea sur Candie tout ce qu'il trouva de disponible en hommes, en munitions, en argent. La flotte avait appareillé dans les derniers jours de décembre ; le 25 janvier 1669, elle introduisait dans la ville assiégée quelques troupes fraîches, du bois, des fascines, du biscuit, des approvisionnements de toute espèce, en même temps qu'elle répandait la rassurante nouvelle de la prochaine arrivée d'une division française, et la garnison réconfortée jeta sur les Turcs un regard de défi.

Le vizir, lui aussi, venait de recevoir des renforts considérables et, ce qui était d'un prix inestimable, une lettre du sultan qui l'engageait à persévérer. « Je te « visiterai en personne, lui disait-il, mon grand vizir Lala ! c'est dans cette année « de bénédiction que tu dois déployer toute ta bravoure et ton énergie ; je t'ai

« engagé, toi et tous les défenseurs de la foi qui combattent sous tes ordres, vis-
« à-vis du Dieu tout-puissant ! — Que vos visages soient radieux dans ce monde
« comme dans l'autre, aujourd'hui comme au jugement dernier. Puissiez-vous, avec
« l'aide de Dieu, prendre bientôt Candie, affaire pour laquelle je vous demande
« un redoublement de zèle. » Cette lettre, lue en plein conseil, excita un enthousiasme général. « A l'assaut! à l'assaut! » s'écrient les officiers en brandissant leurs cimeterres au-dessus de leurs têtes; mais Kupruli, modérant leur ardeur, s'occupa de prendre toutes les mesures pour ruiner sûrement les ouvrages qui tenaient encore et faire supporter aux bastions Sabionera et Saint-André tout le poids de ses attaques. Contre le premier il dirigea huit batteries roulantes et blindées; quant au second, il résolut de le faire disparaître entièrement. En effet, malgré tous les obstacles, les Turcs se mirent à déblayer les terres, à arracher une à une les pierres jusqu'aux fondements, de sorte que la place se trouva complétement à découvert de ce côté. Les assiégés opposèrent à cet énergique travail un travail plus rude encore : dans l'espace de deux nuits, ils avaient élevé en arrière du bastion nivelé une redoute en terrassement, armée d'une forte batterie qui devint leur dernière égide.

Les deux partis se préparaient, l'un à l'attaque, l'autre à la défense, lorsque, le 19 juin, on signala une flotte de quatorze galères, aux mâts desquelles flottait le pavillon de l'Église. C'était une précaution qu'avait prise Louis XIV pour ne pas compromettre sa neutralité vis-à-vis de la Turquie. Cette première division de l'armée française, forte de cinq mille hommes, descendit à terre pendant la nuit : mais les mousquetaires du roi voulurent absolument attendre le jour, pour avoir le vain honneur de passer sous les batteries des Turcs. L'unique préoccupation des Français, nous l'avons déjà vu, était de faire des sorties, de saisir leur ennemi corps à corps. Morosini mit tout en œuvre pour faire comprendre aux ducs de Beaufort et de Navailles à quel danger ils exposeraient leurs troupes en agissant ainsi : prières, raisonnements, rien n'y fit; à peine seulement purent-ils consentir à différer de quatre jours, pour que le complément de leurs forces fût arrivé. Au bout de ce délai, Navailles, ne voyant poindre aucune voile à l'horizon, fit ses dispositions pour la sortie projetée.

Le 25 juin 1669, avant l'aurore, cinq mille Français franchissent les portes de Candie; ils vont se ranger en bataille sur les glacis, et là ils attendent en silence, ventre à terre, le moment de se mettre en marche. Le duc de Navailles commande en personne; l'amiral duc de Beaufort a quitté son bord pour prendre part à l'action. Autour d'eux se groupent le duc de Choiseul, un des fils de Colbert; le comte de Castellane, major des gardes; le comte de Dampierre est à la tête des officiers volontaires. L'ordre de s'ébranler arrive; les Français s'élancent droit devant eux, rencontrent aux avant-postes les troupes d'Anatolie, les sabrent, les mettent en fuite, et entrent avec elles dans le camp ennemi. Deux régiments de janissaires se présentent pour leur barrer le passage; le duc de Navailles fait former les carrés et s'avance dans cet ordre, la baïonnette croisée. Les janissaires soutinrent le choc avec sang-froid, et l'engagement commençait à devenir sérieux, lorsque l'explosion de quelques barils de poudre vint jeter l'alarme au milieu de nos bataillons. Le mot fatal de « sauve qui peut! » retentit, car on se crut sur un terrain miné, et ceux qui avaient entendu parler des terribles effets de cet appareil frémissaient à l'idée d'y rester exposés un instant de plus. La panique devint générale : officiers, généraux, soldats, s'enfuirent pêle-mêle, serrés de près par les vainqueurs. Bien peu auraient échappé si le capitaine général n'avait envoyé au-devant d'eux une partie de la garnison. Cinq cents têtes, parmi lesquelles celles du duc de Beaufort[1], du comte de Baussan, neveu du maréchal de Turenne, des marquis de Lignière, d'Uxelles et de Faber, du comte de Castellane et de cinquante mousquetaires, furent promenées autour de la place, après avoir été étalées devant la tente du grand vizir. Cette déplorable affaire répandit le découragement dans l'âme des Français, et soit qu'elle ait fait naître la mésintelligence entre le duc de Navailles et François Morosini, soit par toute autre cause, ils cessèrent de participer à la défense d'une ville que, d'après un fol espoir, leur présence seule devait délivrer.

Le 3 juillet, les escadres auxiliaires, fortes de vingt-neuf bâtiments parmi lesquels figuraient ceux qui portaient le complément de la division française, apparurent devant Candie. Morosini voulut profiter de ce secours inespéré pour tenter une attaque décisive, et fit porter à ceux des vaisseaux vénitiens qui se trouvaient les plus rapprochés, l'ordre de rallier la flotte auxiliaire, de venir s'embosser dans le port de Candie, ou de serrer la côte au plus près, tandis que lui, sortant avec toutes ses forces, il attaquerait le camp. Une combinaison si bien conçue avorta complétement. A peine les vaisseaux avaient-ils ouvert leur feu, qu'un d'entre eux fut atteint dans les œuvres-mortes, et les poudres s'embrasant par suite du choc, il sauta en l'air. Cet événement démoralisa les autres équipages, qui ne prirent plus qu'une faible part à l'action; beaucoup d'entre eux s'enfuirent même honteusement. Le duc de Navailles avait refusé de coopérer à la sortie générale ; pendant qu'on était aux prises avec les Turcs, il remonta sur ses vaisseaux et gagna la haute mer, emmenant avec lui tous les Français, moins deux ou trois cents volontaires qui secondèrent bravement le capitaine général. Cette défection que rien n'explique, que rien ne justifierait dans un pareil mo-

---

[1]. François de Vendôme, duc de Beaufort, avait joué un rôle très-actif dans les guerres de la Fronde. « Après avoir cherché pendant trois jours son cadavre, disent les annales ottomanes, les « assiégés l'envoyèrent demander au camp par des hérauts portant le drapeau blanc. S'il est vivant, « nous vous donnerons pour sa rançon tout ce que vous demanderez; s'il est mort, nous vous paie- « rons son cadavre au poids de l'or. » Toutes les recherches furent inutiles. « Après la fuite des « chevaliers français, ajoutent ces mêmes *annales*, les Turcs recueillirent une si grande quantité « de selles garnies en argent, de riches harnais, de boutons d'émeraude, de bagues en rubis et « d'autres objets précieux, que le camp semblait être transformé en un vaste magasin de joaillerie « ou d'orfévrerie. »

ment, détermina le départ du plus grand nombre des contingents[1]. Allemands, Maltais, Suisses et Napolitains, trouvèrent d'excellentes raisons pour se retirer d'une ville où il n'y avait que peu de gloire à espérer et la mort à attendre. Voilà ce que produisit l'intervention française, si pompeusement annoncée, si ardemment attendue.

Il ne restait plus autour de Morosini que quatre mille hommes, presque tous hors de combat. Un conseil de guerre qu'il crut devoir convoquer reconnut l'impossibilité de tenir plus longtemps, et prononça d'une voix unanime le mot de capitulation. Morosini, esprit élevé, âme intrépide, qu'aucun danger ne pouvait abattre, ne le voyait que trop; mais au lieu d'une capitulation il voulut obtenir un traité de paix. Ses pouvoirs ne s'étendaient pas jusque-là; il passa outre, et dépêcha au grand vizir deux de ses conseillers intimes, Anandi et Scordili, pour lever les premières difficultés. Pendant six jours, les deux envoyés défendirent l'honneur et les intérêts de la république contre la duplicité ottomane, et enfin (6 septembre 1669) il fut convenu que les Vénitiens abandonneraient Candie, non à jour fixe, mais sous un délai de douze jours à partir du premier beau temps. Ils ne devaient laisser sur les murailles que les cent quarante pièces dont elles étaient armées avant le siége; les habitants seraient libres de se retirer avec les troupes en emportant leur fortune mobilière; les Turcs resteraient en possession de Candie, où cependant la république conserverait trois ports, savoir : les Grabouses, Spina-Longa et la Suda, avec les îles qui en dépendent : en compensation, la Seigneurie abandonnait le territoire conquis par elle sur les frontières de la Dalmatie et de la Bosnie, notamment la forteresse de Clissa. Enfin, les anciennes relations de commerce et d'amitié étaient rétablies entre le grand-seigneur et la république vénitienne[2].

---

1. Le duc Philippe de Navailles figure dans la chronologie des maréchaux de France. Disgracié à son retour, il ne rentra en faveur qu'après la seconde conquête de la Franche-Comté, à laquelle il prit une part glorieuse (1674)

2. Cette longue guerre de Candie a dû nécessairement intéresser le lecteur aux destinées de l'île et de sa capitale; aussi croyons-nous devoir résumer en quelques mots leur situation présente. Candie, comme nous l'avons vu, avait été fortifiée à grands frais par les Vénitiens. Sous les Turcs, les ouvrages sont tombés en ruine, et son port n'est aujourd'hui qu'un vaste bassin, formé par deux môles qui s'avancent d'environ cent toises dans la mer en se rapprochant par leurs extrémités, lesquelles extrémités sont défendues par des forts. Celui de ces forts qui se trouve à la tête de la jetée occidentale renferme un phare très-utile aux navires qui arrivent pendant la nuit, car la force du courant oriental qui règne sur la côte peut, ou leur faire manquer le passage et les porter sur les rochers qui bordent le rivage, ou leur faire perdre un temps précieux pour remonter contre le courant. Les deux châteaux qui commandent le port sont en si mauvais état, qu'ils ne supporteraient pas l'ébranlement causé par la décharge de leurs propres pièces. Le chenal qui les sépare s'ouvre vers l'orient : il est tellement étroit, que deux petits bâtiments peuvent à peine y passer; mais en compensation le port se trouve abrité contre tous les vents. Ce port est aujourd'hui presque comblé par le sable et par les décombres de l'arsenal et des chantiers vénitiens, de sorte qu'il ne reçoit que des navires de cent tonneaux : les vaisseaux de haut bord sont obligés de jeter l'ancre sous l'île de Standia, à environ trois milles de distance : ils sont abrités contre le vent du nord-est, qui règne dans ces parages pendant la plus grande partie de l'année.

La situation de Canée est un peu plus favorable. Son port, assez spacieux, est formé par un môle

La défense de Candie, non moins mémorable que celle de Troie, offre un exemple frappant de ce que peuvent la valeur et le dévouement à une noble cause. La ville avait soutenu trois siéges en règle dont le dernier, qui se prolongea pendant près de trois ans, coûtait la vie à trente mille Turcs et à douze mille Vénitiens. Depuis leur premier débarquement les assiégeants avaient livré soixante-neuf assauts et entrepris cinquante-cinq attaques souterraines, fait jouer quatre mille fois la mine, brûlé sept cent trente mille quintaux de poudre et perdu cent mille hommes; les assiégés, pour leur part, avaient effectué quatre-vingt-seize sorties, fait sauter onze cent soixante-douze mines, consommé cinq mille trois cent soixante et dix barils de poudre, lancé quarante-huit mille bombes de toute dimension, cent deux mille grenades en fer et quatre mille huit cents grenades en verre, seize mille sept cents boulets, employé quatre-vingt mille sept cents quintaux de plomb. La perte totale, dans l'espace de vingt-cinq ans, avait été de trente mille hommes du côté des Vénitiens, de plus de cent mille du côté des Turcs, et cette guerre désastreuse coûtait à la république cent vingt-six millions de ducats (près de sept cents millions de notre monnaie).

étroit et long, construit sur la prolongation du bastion nord-est de la ville, et qui s'étend parallèlement au rempart maritime, sur presque toute sa longueur. Vers le milieu on voit encore les restes d'un vieux château, terminés par une tour circulaire qui tombe également en ruine. Tout cet ouvrage est dans l'état le plus misérable, et s'il reste debout, c'est grâce à une rangée d'écueils à fleur d'eau, qui lui servent à la fois de fondations et de défense contre la fureur des vagues. L'entrée du port est entre la tour ruinée et une batterie élevée qui termine les fortifications de la ville du côté du couchant; le chenal, profond mais étroit, est complétement ouvert du côté du nord. Par conséquent le mouillage est exposé à une mer très-haute toutes les fois que le vent souffle de ce côté. — Quant à Rethymo, son commerce est grandement déchu par suite du mauvais état de son port; le môle qui le formait a presque entièrement disparu; le sable et la vase s'y sont accumulés à tel point, qu'aucun bâtiment de plus de trente tonneaux ne peut y mouiller.—La baie de Suda est belle, vaste, abritée contre tous les vents, et ses bords offrent des points de vue magnifiques. Elle s'étend jusqu'à six milles dans l'intérieur des terres; sa largeur moyenne est d'environ trois milles; mais son ouverture n'est que d'un mille environ, et vers le centre de cet étroit chenal, ou pour mieux dire dans l'intérieur de la baie, deux îles basses et rocailleuses dont la plus grande porte la petite forteresse de Suda, en défendent l'entrée. La baie s'ouvre vers l'orient, mais elle est protegée de ce côté par un promontoire d'une assez belle hauteur. Au nord et au midi, elle est entourée de montagnes; du côté du couchant, une campagne à peu près unie s'étend jusqu'à Canée. — Vers la fin du XVIIe siècle, Garabusa fut livrée aux Turcs par la trahison; Spina-Longa et la Suda leur furent cédées, au commencement du XVIIIe, par des traités spéciaux. Depuis ce moment, le despotisme turc pèse sur l'île de Candie tout entière.

Par suite des contestations survenues entre les trois pachas qui administrent chacun à sa manière les trois divisions territoriales, les montagnards de l'agalick Sphachia avaient obtenu de se gouverner eux-mêmes en restant sous la protection turque. Comme on viola fréquemment à leur égard la foi promise, ils eurent recours aux armes, notamment en 1770, où ils furent soutenus par les Russes qui les abandonnèrent aussitôt. Les Sphachiates furent souvent battus, mais jamais opprimés ni assujettis. En 1821, irrités de ce que les pachas avaient exigé d'eux des otages, ils s'unirent à l'insurrection grecque. La révolte des Candiotes n'était pas encore étouffée, et il n'y avait que les principales villes qui fussent au pouvoir des Turcs, lorsque le sultan Mahmoud, forcé de reconnaître l'indépendance de Méhémet-Ali, lui céda l'île de Candie par le traité de 1833; mais les habitants, persuadés qu'ils n'auraient pas plus de bonheur à espérer sous le monopole du despote de l'Egypte qu'ils n'en avaient eu sous la tyrannie des agents du sultan, accueillirent assez mal le *réformateur* lorsqu'il se présenta pour faire reconnaître son autorité, et il rendit au grand-seigneur, en 1840, sa propriété. Aujourd'hui elle est retombée dans un état de complète anarchie.

Quoique depuis longtemps les hommes qui avaient l'expérience de la guerre s'attendissent à ce triste dénouement, la nouvelle de la reddition de Candie jeta la consternation parmi les habitants de Venise. « Les Turcs, disaient-ils dans leur
« effroi, s'avancent sans cesse contre nous et par terre et par mer. Amurat II
« nous a enlevé Salonique, la plus riche de nos villes de Macédoine, et renversé
« la fameuse muraille hexamille qui lui fermait le passage. Mahomet II a envahi
« le Négrepont avec une partie de la Morée et de l'Albanie, après avoir fait
« abattre une seconde fois la muraille corinthienne que nous avions élevée.
« Bajazet II s'est emparé de Lépante, de Modon, de Coron et de Duras ; Sélim II
« occupe le royaume de Chypre. Canée et Rethymo sont tombés sous les armes
« d'Ibrahim, et voilà que Candie avec l'île presque tout entière viennent d'être
« livrées à Mahomet IV ! N'avons-nous pas tout à craindre d'une puissance qui
« chaque année s'avance de conquête en conquête, alors surtout que les princes
« de la chrétienté semblent nous abandonner à nos propres ressources ? » Ces craintes n'étaient que trop fondées : les succès des armes ottomanes auraient dû préoccuper vivement l'Europe occidentale, elle n'y fit que peu d'attention et parut considérer Venise comme son rempart providentiel. Les dix batailles navales d'où le pavillon de Saint-Marc sortit victorieux portaient un rude coup à la Turquie, arrêtée pour ainsi dire dans son principe d'expansion ; et il est d'autant plus permis de croire que si Venise avait trouvé plus de sympathie dans les cabinets étrangers, elle aurait refoulé les Musulmans au delà des Dardanelles, car nous ne tarderons pas à la voir, sur le théâtre qu'elle s'était choisi, remporter à elle seule d'éclatantes victoires.

Le courage, l'intrépidité de François Morosini avaient excité chez le grand vizir cette secrète sympathie qu'éprouvent l'une pour l'autre deux grandes âmes[1] : les témoignages d'estime d'un ennemi généreux servirent de prétexte à l'envie pour ternir la gloire du capitaine général et l'accuser de trahison, de lâcheté, de malversation : trois mois avant qu'il traitât avec Kupruli, le sénat l'avait élevé à la dignité de procurateur de Saint-Marc ; ce fut un des griefs dont se servirent ses accusateurs. « Eh quoi ! disaient-ils dans l'assemblée, vous avez comblé d'hon-
« neurs ce général au moment même où il préméditait une honteuse capitula-
« tion. » Et le héros de Candie, qui avait payé de ses propres deniers la garnison mécontente, qui avait déployé un courage inébranlable, en fut réduit à se constituer prisonnier, à se justifier contre de misérables vociférations ! Après de minutieuses recherches sur son administration, même sur sa conduite privée, les inquisiteurs d'État, le doge, la partie saine du sénat, reconnurent son innocence, et permirent à Morosini de se venger de ses calomniateurs comme se vengent les véritables grands hommes, en rendant de nouveaux services à sa patrie.

1. Le délabrement de la place produisit une telle impression sur Kupruli, qu'aux cent quarante pièces de canon que les héroïques défenseurs de Candie pouvaient emporter il en ajouta quatre en bronze.

Le traité, car, nous nous en souvenons, ce n'était pas une capitulation qu'il avait signée sur la brèche, fut ratifié par le gouvernement, et le 27 septembre 1669 la place remise aux Turcs. Le plus grand nombre des habitants de Candie profitèrent de la permission qui leur était accordée, et s'éloignèrent d'une patrie qui n'existait plus pour eux : leurs personnes, leurs biens, tous les objets du culte, furent reçus sur les vaisseaux vénitiens. Assaillis durant la traversée par une tempête, un grand nombre trouvèrent au milieu des flots une fin à leurs souffrances et à leur malheur. En rentrant dans la métropole, trente nobles familles vénitiennes enrichirent le grand conseil d'une centaine de membres, et les misérables restes de la colonie furent envoyés en Istrie, où on leur distribua quelques terres.

CHAPITRE XVI.

CONQUÊTE DE LA MORÉE. — TRAITÉ DE PASSAROWITZ.

1669 A 1718.

Situation de la république. — Élection de Sagredo annulée par le peuple. — Nouvelle guerre contre les Turcs. — Conquêtes successives des Vénitiens en Morée et en Dalmatie. — François Morosini. — Batailles sans résultats. — Traité de Carlowitz. — Absurde neutralité de la république. — Les Turcs lui déclarent la guerre. — Défaites successives des Vénitiens. — Perte définitive de la Morée et de Candie. — Paix de Passarowitz.

La paix momentanée que l'abandon de Candie venait de procurer à la république, lui permit de réparer les désastres de la longue guerre que nous venons de raconter. Tout d'abord parut y concourir; le commerce, les arts, l'industrie, semblèrent rivaliser à l'envi l'un de l'autre, pour faire renaître la prospérité au sein de la capitale. Venise redevint bientôt la ville des plaisirs et du luxe où, comme par le passé, se rendaient en foule les hommes marquants de toutes les nations. Un nouvel attrait les invitait même à la visiter : c'était le souvenir de la longue lutte qu'elle venait de soutenir avec tant de courage et d'opiniâtreté contre les Turcs. Cependant, au milieu de cette paix intérieure, une émotion populaire telle que la république n'en avait pas encore vu jusqu'alors faillit troubler la tranquillité dont elle jouissait après tant de vicissitudes.

Le doge Nicolas Contarini venait de mourir (1674). On lui donna pour successeur Nicolas Sagredo, procurateur de Saint-Marc, qui n'occupa le siége ducal que pendant dix-neuf mois; mais les Sagredo formaient une famille active, remuante et ambitieuse; la plupart de ses membres étaient cités comme des hommes d'affaires très-intelligents, et Jean Sagredo, l'un d'eux et frère du doge, était sans contredit l'un des plus habiles orateurs du sénat. Il avait été tour à tour ambassadeur en France et en Angleterre, principaux postes de la diplomatie vénitienne. Aussi, à la mort de Nicolas, toute cette famille s'agita t elle pour assurer la succession du pouvoir à Jean Sagredo. On la vit au *Broglio* recruter des voix, et intriguer avec une audace inouïe. Ces démarches ne furent pas sans résultat, et Jean Sagredo fut proclamé doge par les Quarante-un. Mais cette élection souleva le peuple, car il avait été témoin de toutes les intrigues qui en avaient assuré le succès; et ce qui avait encore augmenté son indignation, c'est que, durant le travail préparatoire du scrutin, les partisans de Sagredo proclamaient hautement son élection, et énuméraient tous les suffrages qui, par avance, étaient promis à leur patron. Aussi, lorsque le doyen du sénat vint annoncer l'élection de Jean Sagredo, un cri unanime s'éleva des diverses parties de la place Saint-Marc, et couvrit la voix du vieux sénateur : « *No, no, nol volemo!* » s'écrièrent mille voix. Jusqu'à cette époque le peuple avait accepté avec résignation tous les chefs que les Quarante-un lui avaient imposés. A cette résistance inattendue, le sénat ne tenant aucun compte de ce cri populaire, voulut immédiatement faire évacuer la place. Les gardes se présentent pour exécuter cet ordre; mais la foule était tellement compacte, qu'ils ne peuvent la disperser; voyant leurs efforts impuissants, ils croisent leurs armes et font feu de toutes parts. Loin d'intimider la multitude, cette attaque ne fait que l'exaspérer; elle se rue en fureur contre cette poignée de gardes, les renverse et les jette à la mer; puis, gravissant l'escalier des Géants, elle se précipite contre les portes de la salle où les électeurs étaient encore assemblés, et menace de les forcer en répétant toujours son premier cri : *Nol volemo!* L'agitation était telle que l'on craignit un instant qu'elle ne se convertit en une guerre civile; aussi le sénat, pour prévenir de si déplorables extrémités, fit annoncer au peuple que l'élection allait être recommencée, et qu'on lui en ferait bientôt connaître le résultat. Cette fois, tous les suffrages se réunirent sur Louis Contareno, homme considérable et jouissant de l'estime universelle, qui fut accepté sans obstacle. Certes, ce fut là une bien dure leçon donnée à cette oligarchie orgueilleuse, qui s'était accoutumée depuis longtemps à fouler aux pieds tous les droits, et c'est là aussi, sans contredit, l'un des premiers symptômes de la chute du gouvernement de Venise.

L'administration de Louis Contareno se poursuivit pendant huit ans, et ne fut signalée par aucun de ces événements qui méritent d'être consignés dans l'histoire. Venise se maintenait toujours en paix, malgré les collisions qui avaient éclaté entre les différentes puissances de l'Europe; on eût dit qu'elle employait toute son activité à combler le vide de ses trésors, et à se créer de nouvelles ressources pour quelque grande circonstance qui se préparait au loin. Ses prévisions ne furent pas trompées : Ahmet Kupruli, le vainqueur de Candie, venait de mourir, et un homme non moins ambitieux que lui, mais inférieur en capacité, avait été appelé à lui succéder, c'était Kara-Mustapha, gendre du sultan. Dès que ce nouveau vizir fut entré en fonctions, toute la politique du divan changea de face : on n'entendit plus parler que d'avanies faites au commerce, que d'outrages prodigués aux agents consulaires, que de vexations imposées aux résidents étrangers; et la république ou ses nationaux, comme on le pense bien, furent, dans cette circonstance, les plus maltraités, car à cette époque Venise était, de toutes les puissances, celle qui entretenait les plus grandes relations avec la Turquie. En attendant l'occasion favorable, la république se résigna à fléchir sous les coups qui lui étaient portés, et à souffrir sans murmurer les avanies qu'on lui infligeait. De son côté, Kara-Mustapha, poursuivant son système d'envahissement et de conquête, résolut de s'étendre jusqu'au delà des limites qui formaient l'empire actuel des Ottomans. Sous le prétexte d'une insurrection qui avait éclaté en Hongrie, et dont il accusait le gouvernement d'Autriche d'être le principal instigateur, il s'avance, avec toutes les forces de l'empire, jusque sous les murs de Vienne, résolu à s'emparer de cette capitale et à en faire une succursale de Constantinople; mais le sort des armes lui fut contraire. Jean Sobieski vint au secours des Autrichiens, et, après un sanglant combat, il obligea les Ottomans à lever le siége et anéantit leur armée. La nouvelle de cet échec et les vives sollicitations qu'adressèrent à la république l'empereur d'Autriche et le roi de Pologne, peut-être aussi le désir secret de reconquérir Candie, décidèrent les Vénitiens à entrer dans une nouvelle ligue. Depuis la bataille de Lépante, qui avait eu lieu cent douze ans auparavant, c'était la seconde fois que Venise allait combattre les Ottomans avec le secours de ses alliés.

En effet, le jour de la fête de Saint-Marc, pendant que le doge Justiniani assistait au service divin dans la basilique métropolitaine, avec l'ambassadeur impérial, comte de Thurn, un message de l'ambassadeur vénitien à Vienne arrive de Lintz avec le traité signé par l'Empereur et le roi de Pologne. A l'issue de la cérémonie, la déclaration de guerre contre la Porte est aussitôt publiée. Cette alliance, vraiment sainte, avait, en ce moment, pour but de défendre la religion, la liberté et la civilisation de l'Europe contre la barbarie musulmane, qui devenait chaque jour plus menaçante. La principale condition de cette ligue fut que chacune des parties contractantes resterait après la paix en possession de ce qu'elle aurait conquis. Naturellement, les Vénitiens furent chargés d'opérer avec leur flotte dans l'Archipel, tandis que les Polonais et les Autrichiens pousseraient leur invasion jusqu'à l'embouchure du Danube. On espérait que la Porte, ainsi sérieusement attaquée sur deux points différents, se trouverait hors d'état de se défendre. En conséquence de ce traité, les Vénitiens armèrent vingt-quatre vaisseaux de ligne, six galéasses et vingt-huit galères; mais lorsqu'il fut question de donner le commandement de cette flotte, on resta quelques jours dans l'embarras; on hésitait à qui le confier. Tous les yeux se portèrent bientôt sur le procurateur François Morosini, qui avait deux fois exercé les fonctions de général en chef contre les Ottomans, et le grade de capitaine général lui fut offert. Morosini ne se souvint pas de l'injustice dont on avait payé ses services, et accepta cette noble mission; le comte Strasoldo, du Frioul, et Alexandre Molino, lui furent donnés pour lieutenants, et Antoine Zéno fut envoyé en qualité de provéditeur à Cataro. Cependant cette guerre n'était pas encore déclarée à la Porte : démarche périlleuse devant laquelle chacun reculait, car elle pouvait coûter la vie à l'audacieux messager. Le baïle de Constantinople, Jean Cappello, qui en fut chargé, usa de ruse, et parvint à faire remettre furtivement au divan la déclaration du sénat; puis il se fit raser la barbe, couper les cheveux, et, après s'être déguisé, courut se réfugier, à force de rames, sur un bâtiment de Chios. Il parvint ainsi à se soustraire à la vengeance de la chancellerie musulmane.

Les hostilités commencèrent en Dalmatie où, comme nous l'avons déjà vu, les Vénitiens comptaient d'excellents auxiliaires, les Morlaques. Antonio Zéno rassembla les hommes des districts de Pachovitz et de Pérasto, et ravagea le pays jusqu'à Castel-Nuovo; de son côté, François Morosini se disposait à frapper un grand coup : il voulait enlever toute la Morée (ancien Péloponèse) aux Ottomans. Il espérait que cette presqu'île, peuplée de chrétiens, ferait quelques efforts en faveur des Vénitiens, leurs anciens maîtres, pour se soustraire au joug des infidèles. En conséquence, il se porta avec toutes ses forces sur l'île de Sainte-Maure, qui est située entre les îles de Céphalonie et de Corfou, touche presque au continent de la Grèce et commande l'entrée du golfe de Lépante. Il débarqua ses troupes, investit la forteresse, et après un siège de seize jours, força le commandant turc à capituler (6 août 1684). Morosini soumit bientôt après le reste de l'île et devint maître des sept îlots situés dans le golfe, derrière Sainte-Maure. Un mois après, le général Strasaldo, détaché sur le continent avec un corps de troupes, fit capituler le château de Prevesa situé près de l'ancien promontoire d'Actium. La flotte turque sortit bien des Dardanelles; mais, n'osant se mesurer avec les Vénitiens, elle se borna à croiser dans l'Archipel et à surprendre quelques navires marchands. La Porte à cette époque avait une rude tâche à remplir : elle était obligée de tenir tête à la fois aux Polonais en Moldavie, aux Autrichiens en Hongrie, aux Vénitiens en Dalmatie et dans la presqu'île du Péloponèse. Aussi durant l'hiver fit-elle des approvisionnements considérables pour soutenir ces trois attaques simultanées.

Les Morlaques, qui, l'année précédente, avaient pris Risano et Duaro, se portèrent à l'ouverture de la campagne de 1685 sur Signo, la clef de l'Herzegovine, sous la conduite du provéditeur Pierre Vallier, mais ils furent défaits par le pacha de Bosnie. D'un autre côté, les territoires maritimes de la république eurent beaucoup à souffrir des déprédations des pirates de Dulcigno et de Castel-Nuovo: et de ce moment, il faut le dire, les opérations en Dalmatie ne furent plus que des coups de main plus ou moins heureux, où de part et d'autre on ne se proposait que le pillage. En Morée, la tribu belliqueuse des Maïnotes, se voyant soutenue par les Vénitiens, se souleva contre la Porte et triompha dans un combat acharné du gouverneur de la Morée; les Simmariotes s'insurgèrent aussi et se rallièrent aux Vénitiens. François Morosini avait attendu ce mouvement pour débarquer avec des forces considérables dans le canton des Maïnotes, et pénétrer plus avant dans la presqu'île ; mais Ibrahim-Pacha accourut dans ce pays au mois de juillet, le dévasta complétement, et entraîna les femmes et les enfants en otages. Morosini se tourna alors contre Coron, et investit la place avec un corps de huit mille hommes : comme il se livrait aux premières opérations du siége, on vint lui apprendre que le pacha de Morée s'avançait pour délivrer cette place ; il marche aussitôt à sa rencontre, le surprend pendant la nuit et le met en déroute. Après un siége de trente jours, la garnison se vit forcée d'arborer le drapeau blanc, et de se rendre. Morosini s'empara ensuite de Zernata, et livra un combat au capitan-pacha, qui avait mis à terre les équipages de dix-sept galères. Calamata, Chielafa et Passava tombèrent ensuite au pouvoir des Vénitiens, et les Maïnotes, entièrement débarrassés de leurs oppresseurs, furent placés sous la direction d'un *rettore* vénitien. Après cette expédition, Morosini s'empara de Gomenizza et détruisit les ouvrages de la place ; il se trouvait ainsi maître de la province de Maïna. Tels furent les principaux résultats de la campagne de 1685.

Au printemps de 1686, le capitan-pacha menaça Chielafa ; mais il se retira à l'apparition de Morosini. Encouragé par quelques secours du pape, de Malte et de la Toscane, le capitaine général se décida à entreprendre le siége de Navarin ; la république venait en outre de lui envoyer un excellent lieutenant, le comte de Königsmark, habile général suédois, qui le seconda avec dévouement dans toutes ses entreprises.

Deux fois Ibrahim-Pacha essaya de secourir la place, et deux fois il fut battu et mis en fuite par Königsmark ; Navarin fut enfin obligée de se rendre. Bientôt après, Napoli-de-Romanie, vigoureusement attaquée par les Vénitiens, leur ouvrait ses portes, et, malgré tous les efforts du séraskier, Orkadia et Thermis ne tardèrent pas à imiter l'exemple de cette ville ; du côté de la Dalmatie les armes de la république n'avaient pas été moins heureuses : Cornaro avait réparé l'échec que Pierre Vallier y avait subi l'année précédente, en s'emparant de l'importante place de Signo. Tous ces succès décidèrent le sénat à donner à Morosini une marque éclatante de sa satisfaction ; on le créa chevalier héréditaire, honneur rare à cette époque, et qui n'avait encore appartenu qu'aux Quirini et aux Contarini ; Königsmark reçut pour sa part un vase en or de la valeur de six mille ducats.

L'année suivante, Morosini ouvrit la campagne en débarquant près de Patras, où, pour la première fois, il fut fait usage des galiotes à bombe. On se convainquit bientôt que cette entreprise ne pourrait avoir un plein succès, tant qu'on n'aurait pas anéanti l'armée du séraskier et que les garnisons des châteaux des Dardanelles et du golfe de Corinthe ne seraient pas réduites. Königsmark fut chargé de cette double mission. Les Turcs ne l'attendirent pas ; ils abandonnèrent précipitamment Patras et les châteaux des Dardanelles sur la côte de Morée ; celui qui se trouve sur la côte de Romélie essaya de faire bonne contenance, mais il ne put résister aux vives attaques des Vénitiens. Les assiégés se sauvèrent après l'avoir fait sauter. Lépante, dont les fortifications s'élèvent en forme de terrasse autour de la ville et la ceignent d'un triple rempart, n'usa pas de ses moyens de défense; elle se rendit presque sans combattre; Corinthe ouvrit ses portes, lorsqu'elle vit le séraskier repasser l'isthme; Castel-Tornèse, château situé sur la cime d'une montagne, ainsi que Mizista, capitulèrent vers le même temps; Malvoisie (Monembasie des Byzantins) était la seule place importante de toute la Morée qui restât encore insoumise.

Les Vénitiens se trouvaient maîtres du golfe de Corinthe; la prise du Pirée (le port d'Athènes), que les Ottomans occupaient encore avec des forces considérables, allait leur livrer le golfe d'Égine. Morosini confia à Königsmark et à Daniel Delfino la direction de ce siége : ces deux généraux, après s'être emparés du port, dirigèrent contre la ville une nuée de projectiles qui, en peu de jours, la couvrirent de flammes et de ruines. Une bombe lancée par les assiégeants tomba sur le Parthénon, dont les Turcs avaient fait un magasin à poudre, et la plus grande partie de ce temple célèbre sauta en l'air. Dès lors, Athènes capitula, et devint un port avancé, d'où les Vénitiens purent protéger leur nouvelle conquête. La prise d'Athènes ajouta un nouveau fleuron à la couronne murale de Morosini; le sénat, pour lui témoigner sa gratitude, plaça son buste dans la salle du palais des doges, avec cette inscription : Le sénat, a Morosini le Péloponésiaque, de son vivant; et pour consacrer ses victoires d'une manière plus éclatante, les lions de marbre qui, en donnant le nom à l'ancien Pirée, paraissaient avoir été commis à la garde de ce port, furent transportés à Venise pour orner la porte de l'arsenal[1]. Patras, Lépante, les châteaux des Dardanelles, Castel-Tornèse, Corinthe, Misistra, Athènes et Castel-Nuovo, le rempart le plus formidable de la Dalmatie, furent les fruits de cette mémorable campagne. Dans les premiers mois de 1688, les Vénitiens se rendirent maîtres de Thèbes; cette conquête acheva la réalisation des projets de Morosini, qui consistaient, comme nous l'avons dit, à enlever toute la Morée aux Ottomans. Pour mieux assurer à la république la possession de ce vaste territoire, il divisa la presqu'île en quatre provinces : la Romanie, la Laconie, la Messénie et l'Achaïe, avec leurs capitales Napoli, Malvoisie, Navarin et Patras. Dans chacune de ces villes il institua un *rettore* et un *proveditore* : le premier était chargé des affaires civiles; le second, des affaires militaires et de l'administration territoriale; Sainte-Maure, Lépante et tout ce qui fut conquis dans ces parages, releva du provéditeur de Corfou, Zante et Céphalonie.

Pendant que Morosini remportait ces victoires et que, par la sagesse de son administration, il en assurait la soumission à la métropole, la couronne ducale

1. On remarque encore de nos jours, au-dessus de la porte de l'arsenal de Venise, un monument en fonte, dont les bas-reliefs symboliques rappellent la puissance passée des Vénitiens, la prospérité de cette ville, et la gloire du héros du Péloponèse.

devint vacante par la mort du doge Justiniani. Aussitôt le peuple envahit la place publique, et sans doute encouragé par le succès qu'il avait obtenu quelques années auparavant en cassant l'élection de Jean Sagredo, il voulut cette fois imposer un candidat aux patriciens, et ce fut précisément François Morosini qu'il désigna. « Donnez la couronne, entendait-on crier de toutes parts, à celui « qui vous a conquis un royaume ! » L'indication était trop juste et le nom de François Morosini trop populaire pour que le sénat se refusât à sanctionner ce choix ; aussi l'unanimité des suffrages se porta-t-elle sur le vainqueur du Péloponèse. Le secrétaire Giuseppe Zuccaro fut chargé d'aller lui remettre les insignes de sa dignité nouvelle ; mais, par suite de cette défiance traditionnelle qui se montre dans tous les actes du gouvernement de Venise, on jugea à propos d'adjoindre au capitaine général devenu doge deux conseillers, afin qu'un homme si puissant fût observé de plus près ; pendant son absence de la capitale, deux conseillers et un chef de la Quarantie siégèrent à sa place dans le palais.

Morosini se trouvait dans le golfe d'Égine lorsqu'il reçut la nouvelle de son éclatante promotion ; il ceignit aussitôt la couronne ducale, et se dirigea sur Négrepont avec une flotte de deux cents voiles. Le bon état des fortifications de cette place ne lui permit pas de l'enlever à la première attaque ; il fallut en faire le siége en règle, et, pendant qu'on en poursuivait les opérations, des maladies contagieuses ravagèrent l'armée et enlevèrent plusieurs des principaux chefs, entre autres le comte de Königsmark. Attaqué par le séraskier au moment où son armée était le plus affaiblie, Morosini dut lever l'ancre, emmenant sur sa flotte cinq à six mille Grecs qui, s'étant déclarés pour les chrétiens, redoutaient la vengeance des Turcs. En compensation de cet échec, les Vénitiens parvinrent à s'emparer, en Dalmatie, de Knin, d'Obrovacz, de Verlica, ainsi que de la tour de Norin.

De Négrepont, Morosini s'était porté sur Malvoisie, dont il voulait s'emparer à tout prix. Quelques corps de troupes et un nouveau général, Charles-Félix Galeas, duc de Gadagne, qui avait servi sous les ordres du maréchal de Turenne, furent mis à sa disposition. A l'aide de ces renforts, il poussa activement les opérations du siége ; mais une maladie grave vint le détourner de cette entreprise, et il fut obligé de retourner à Venise pour prendre du repos. Jérôme Cornaro fut chargé de poursuivre le siége de Malvoisie, et il s'en acquitta avec beaucoup de talent et une rare intrépidité ; il réduisit la place, battit la flotte turque qui s'approchait pour la ravitailler ; puis, faisant voile vers les côtes occidentales, il prit Canina, et jeta une si grande terreur parmi les Turcs, qu'ils abandonnèrent d'eux-mêmes Valona (en Albanie), quoique cette place fût très-bien armée pour la défense. Mais à Valona, Cornaro fut surpris par la contagion et y mourut.

Cependant la nouvelle de tant de désastres avait jeté une grande consternation dans Constantinople. Le divan, préoccupé de l'inquiétude populaire, fit faire des propositions de paix aux puissances belligérantes ; mais comme celles-ci étaient victorieuses de toutes parts, ces propositions furent énergiquement rejetées. Ces défaites et ces refus amenèrent la chute et la mort du grand vizir Kara-Mustapha; le sultan éleva à cette haute dignité Mustapha Kupruli, fils du vainqueur de Candie. Le nouveau vizir fit tous ses efforts pour relever la gloire des armes ottomanes, mais il ne parvint qu'à s'emparer par trahison des Grabuses, poste avancé de l'île de Candie, qui avait été réservé aux Vénitiens. Cette surprise, qui était sans résultat pour la Porte, décida la république à diriger une expédition sur Candie pour essayer de faire rentrer l'île entière sous sa domination. La mauvaise administration des pachas qui y avaient été envoyés comme gouverneurs, les avanies de toute espèce qu'ils imposèrent au pays, avaient soulevé chez tous les habitants de l'île une haine implacable contre la Turquie; aussi pensait-on, avec raison, que Venise n'aurait qu'à déployer son étendard pour exciter une insurrection générale. Mais pour le succès d'une telle entreprise il fallait un général habile et audacieux, et Venise, dans ce moment, en était dépourvue : Cornaro était mort, et François Morosini se trouvait encore hors d'état d'entrer en campagne. Cette tâche fut dévolue à Dominique Moncenigo, général qui n'était pas dépourvu de talents, mais qui manquait de résolution. Il part, débarque à Canée, et au lieu d'agiter les esprits en faveur de Venise, au lieu d'attaquer avec audace cette place en mauvais état de défense, il se borne à en faire le siége en règle; puis, sous prétexte d'aller repousser une descente que les Turcs venaient de faire en Morée, il abandonne le fruit de ses premiers travaux. Ainsi, l'occasion de reprendre Canée, de reconquérir peut-être toute l'île de Candie, fut perdue à jamais!

Lorsque l'issue de cette expédition fut connue à Venise, le sénat ne put contenir son indignation contre Moncenigo; il le dépouilla de ses hautes fonctions et l'envoya comme simple capitaine d'armes à Vicence. Dans cette circonstance difficile il fallait cependant un général d'un nom éprouvé qui pût rassurer les esprits, et l'on supplia de nouveau François Morosini d'aller se mettre à la tête de l'armée, malgré son grand âge et ses infirmités. Le doge, quoique parvenu alors à sa soixante-quinzième année, reçut avec joie ce nouvel hommage rendu à ses talents et à son patriotisme. Il partit au mois de mai 1693 avec une flotte considérable, et après avoir parcouru l'Archipel sans pouvoir forcer les Ottomans à se mesurer avec lui, il prit ses quartiers d'hiver à Napoli de Romanie, où il consacra tout le reste de l'année à organiser une expédition contre l'île de Négrepont; mais bientôt la mort vint le surprendre au milieu de ses préparatifs. On lui donna pour successeur sur le trône ducal Sylvestre Vallier, et dans la charge de capitaine général Antoine Zéno. L'armée de Dalmatie continuait toujours à se signaler par quelques succès.

Les nombreuses victoires que Venise avait remportées soit en Morée, soit en Dalmatie, la rendirent exigeante envers le successeur de Morosini. Antoine Zéno n'était pas à la hauteur d'un tel rôle : il partit néanmoins avec toute la flotte renforcée de quelques bâtiments pontificaux ou maltais, et se dirigea sur l'île de Chios. Il avait l'ordre de s'en emparer. En conséquence, le 8 septembre 1694, il y débarqua un corps d'environ neuf mille hommes et procéda immédiatement à l'attaque de la place principale; il l'écrasa des feux de son artillerie, repoussa toutes les sorties que la garnison osa entreprendre, et après avoir pratiqué des brèches en plusieurs points, il la força à capituler; en moins de huit jours toute l'île fut soumise. Les principales opérations de la campagne de 1695 furent dirigées autour de la Morée, soit pour apaiser des insurrections partielles qui y éclataient, soit pour repousser la tentative de descente que les Turcs y firent plusieurs fois. Le général Steinau, qui occupait l'isthme de Corinthe, poussa de ce point ses observations jusqu'en Livadie; Molino, le provéditeur des îles, défendit Lépante contre les entreprises des Turcs; quant à Zéno, il ne sut que paralyser la plus grande partie de ses forces par l'excessive timidité de ses combinaisons.

Ayant rencontré la flotte turque en désordre dans les eaux de Smyrne, ses lieutenants le pressaient vivement d'attaquer; lui, au contraire, chercha sous mille prétextes à éluder le combat, et il ne se décida enfin à prendre une attitude offensive que lorsque les vaisseaux turcs se trouvèrent protégés par les batteries qui commandent le golfe, au fond duquel s'élève la ville de Smyrne. C'était trop tard, il fut obligé de rebrousser chemin. En même temps le capitan-pacha qui sortait des Dardanelles pour venir reprendre Chios, ayant rencontré les Vénitiens non loin de cette île, résolut aussitôt de les attaquer. La flotte vénitienne se composait de vingt galions et de vingt-quatre galères; celle des Turcs consistait en seize galions, quatorze mahonnes et vingt-quatre galères. Le nombre des galères était égal des deux côtés; mais la flotte vénitienne comptait un plus grand nombre de navires de haut bord : dans son ordre de bataille le capitan-pacha décida que chaque galère turque lutterait contre une galère vénitienne, et que les quatorze mahonnes attaqueraient les seize vaisseaux de même bord de la flotte ennemie. Antoine Zéno fut déconcerté par la disposition de ce plan, et surtout par la précision avec laquelle les divers mouvements furent exécutés; il donna des ordres contradictoires; il se troubla, et en définitive il laissa à ses lieutenants le soin de repousser l'ennemi comme chacun l'entendit. A la première bordée de la capitane turque, les Vénitiens perdirent trois de leurs meilleurs vaisseaux, et quinze cents hommes d'équipage furent ensevelis dans les flots; l'amiral Benedetto Pisani était au nombre des victimes. La flotte vénitienne, ainsi maltraitée et privée de tout commandement, se retira précipitamment dans le port de Spalmadori, petite île située entre l'île de Chios et la côte d'Anatolie, où elle essaya de réparer les nombreuses avaries qu'elle avait éprouvées. Dix jours après, le capitan-pacha l'attaqua de nouveau au moment où elle se disposait à sortir de Salmadori; la lutte fut sanglante comme dans la première rencontre, et la défaite des Vénitiens plus décisive encore : les capitaines Contarini et Bolani redoublèrent d'efforts pour suppléer à l'inhabileté de leur général. Ce fut en vain, la panique s'était tellement emparée des équipages qu'ils refusèrent de combattre ; et l'on vit les navires vénitiens abandonner honteusement leurs lignes pour aller se réfugier en désordre dans le port de Chios. Incapables de défendre cette île contre une flotte supérieure, ils la quittèrent pendant la nuit et allèrent jeter l'ancre à Tineh. Les Turcs s'emparèrent de nouveau de Chios et firent des prises considérables : cinq vaisseaux, quatre galères, cinq mille fusils et tout l'armement de la place tombèrent en leur pouvoir. Le sénat qui, dans cette guerre, n'avait pas encore été habitué aux revers, se montra indigné de la conduite de Zéno : il fut aussitôt dépouillé de ses fonctions, chargé de fers et mis en jugement ; mais il mourut pendant qu'on instruisait son procès ; trois de ses lieutenants furent condamnés et dégradés.

Le nouveau capitaine général Alexandre Molino répara promptement les fautes de son prédécesseur : il commença par dégager les abords des places que les Vénitiens occupaient en Morée, et eut même un engagement assez sérieux avec les Turcs qui avaient pénétré jusque dans le territoire d'Arbon. Lorsqu'il eut assuré la paix intérieure de la péninsule, il tourna ses regards vers la mer. Avec une flotte de quarante-six voiles, il parcourut l'Archipel, poursuivant les Turcs partout où il les rencontrait ; mais comme le capitan-pacha ne se laissa engager dans aucune action importante, l'année 1696 s'écoula sans événement décisif ; il en fut de même en 1697 et 1698. Pendant ces trois années, les Vénitiens provoquèrent les Turcs avec une opiniâtreté sans égale : à Chios, à Andros, et près de Mitylène, ils crurent un instant pouvoir obliger leurs ennemis à combattre ; mais ceux-ci, se défiant sans cesse de leurs forces, déclinèrent toujours le combat ; et quoi qu'en aient dit certains historiens, pendant cet intervalle de temps il n'y eut jamais entre les deux puissances que des engagements partiels. Venise se trouvait donc hors d'état de forcer les Turcs à demander la paix ; les Impériaux, malgré leurs victoires et leurs conquêtes en Hongrie, malgré leurs ressources inépuisables, ne se trouvaient pas plus avancés que la république. Les exploits du prince Eugène de Savoie n'avaient pu déterminer la Porte à s'humilier devant les princes chrétiens. Ce furent des considérations indépendantes de la guerre qui amenèrent la paix.

Les vues ambitieuses de Louis XIV avaient répandu une grande inquiétude parmi les divers souverains de l'Europe. Cette inquiétude augmenta encore lorsqu'on le vit, profitant de la faiblesse de Charles II, roi d'Espagne, chercher à assurer dans sa famille la couronne des Castilles. Les Anglais et les Hollandais surtout, ennemis acharnés de la France, mirent tout en œuvre pour empêcher la réalisation d'un tel projet ; et afin de mieux arriver à leur but, ils s'appliquèrent à détourner l'Empereur de la guerre contre la Turquie, qui absorbait à la fois toute son attention et toutes ses ressources. Les démarches de ces puissances furent si actives et si bien combinées à Venise, à Vienne et à Constantinople, qu'elles amenèrent bientôt des pourparlers de paix : l'Empereur, fortement intéressé à la succession d'Espagne, ne tarda pas à comprendre que c'était sur ce point qu'il devait diriger toute sa sollicitude; Venise, qui voyait les Français, à la faveur de la guerre, s'emparer de tout le commerce du Levant, ne demandait pas mieux que de déposer les armes pour arrêter la décadence de son commerce, et organiser ses conquêtes ; enfin la Porte, épuisée par une double guerre sur terre et sur mer, découragée aussi par ses nombreux revers, aspirait après le repos, mais son orgueil lui faisait un devoir de ne pas le demander. Les médiateurs anglais et hollandais aplanirent toutes les difficultés d'amour-propre et de dignité nationale ; ils parvinrent, à force d'adresse et de persévérance, à amener les uns et les autres sur le terrain des négociations ; et la petite ville de Carlowitz, située sur le Danube, fut choisie pour le lieu des conférences.

Les négociations furent extrêmement difficiles ; elles le devinrent plus encore par les exigences des Vénitiens ; enfin, le 26 janvier 1699, les représentants des différentes puissances contractantes, à l'exception de celui de Venise, qui n'avait pas encore d'instructions, signèrent le traité de paix par lequel il fut décidé, relativement à la république, que les Turcs conserveraient tout le pays entre Gabella et Castel-Nuovo ; que la Morée vénitienne serait limitée par l'Hexamilon ; que les Vénitiens devraient évacuer Lépante, restituer toutes les îles de l'Archipel qui étaient aux Turcs avant la guerre, et conserver celles qui avant ce temps appartenaient à Venise. Le tribut pour Zante fut aboli ; la ligne des frontières, en Dalmatie, fut tirée sur les montagnes à l'orient de Knise, Verlica, Sign, Delovar, Zadvar et Bergorac, jusqu'à Gabella, et Cattaro resta aux Vénitiens. Ces traités furent confirmés dans le délai d'un mois par Venise ; et à la fin du XVIIe siècle la république se trouvait encore brillante de l'éclat de ses triomphes militaires ; il ne lui manqua qu'une politique plus intelligente pour rendre cette gloire durable.

Aussitôt après la paix, Venise s'empressa de fortifier les différentes places que la conquête lui avait données en Morée. L'administration y fut théoriquement mise sur un bon pied, et si les hommes chargés de gouverner le pays se fussent conformés aux prescriptions du sénat, sans contredit le Péloponèse serait devenu sous peu l'une de ses possessions les plus sûres et les plus dévouées ; mais malheureusement une vieille habitude avait prévalu dans la république : la plupart des charges qu'on accordait aux patriciens dans les colonies, ne leur étaient distribuées que pour qu'ils pussent, dans leur gestion, réparer les torts de la fortune[1]. Aussi, dans ces contrées lointaines, on ne voyait que corruption

---

1. Nous croyons devoir donner ici un aperçu du système qui présidait à l'administration des colonies de la république : Venise gouverna toujours avec une extrême dureté ses possessions d'outre-mer ; leurs fréquentes révoltes en sont la preuve. Le commandement supérieur de ces contrées lointaines était l'apanage des familles puissantes du patriciat, et les emplois secondaires revenaient à des nobles d'une classe inférieure. Pour que les gouverneurs ne s'habituassent pas à l'autorité par un trop long exercice, on décida que leur mission serait temporaire. La durée en fut

et péculat : les sujets étaient chaque jour vexés par les injustices des gouverneurs et le monopole de marchands ; les sommes allouées par le trésor public pour l'entretien des forteresses et des garnisons étaient détournées par les commandants des places, et le pays restait sans aucun moyen de défense. On conçoit aisément qu'avec un tel système, les possessions de la république devenaient très-accessibles à l'ennemi, et ne pouvaient qu'être entretenues dans un état constant de haine contre la mère-patrie; c'est cette mauvaise administration qui fut une des principales causes de la perte de Chypre et de Candie, et qui rendit si facile aux Musulmans la reprise de la Morée.

Nous entrons dans une série d'événements où Venise ne joue qu'un rôle passif; mais ces événements ont besoin d'être expliqués, afin de bien faire comprendre la situation nouvelle où va se trouver la république : nous voulons parler de la guerre occasionnée pour la succession du trône d'Espagne ; guerre engagée directement entre la France et l'Autriche, mais qui néanmoins mit, pendant plus de douze années, toute l'Europe en combustion. Charles II, roi d'Espagne, issu de la maison de Habsbourg, venait de mourir (1700); rien ne paraissait plus naturel que de perpétuer le trône d'Espagne dans la maison d'Autriche. L'Europe entière s'y attendait avant la paix de Ryswyk; mais la faiblesse de Charles II avait dérangé dès l'année 1696 cet ordre de succession, et le nom autrichien avait été sacrifié en secret. Par un testament fait en 1698, ce prince qui, jeune encore, se voyait descendre au tombeau sans postérité, avait légué son trône au prince de Bavière, neveu de sa femme. Celui-ci étant mort, le faible roi, cédant aux obsessions du cardinal Portocarrero, archevêque de Tolède, ainsi qu'à celles du comte de Monterey et de plusieurs grands d'Espagne, se décida, après de longues répugnances, à dicter un nouveau testament par lequel il instituait héritier de toute la

---

fixée à deux ans dans les provinces au delà de l'Adriatique : on les environnait d'un conseil, on plaçait près d'eux un officier spécialement chargé du commandement des troupes, et ces divers personnages étaient tour à tour des surveillants ou des aides du gouverneur. La province du Frioul était gouvernée par un proviseur général assisté d'un lieutenant; l'Istrie avait neuf podestats; dans la Dalmatie, les officiers envoyés pour administrer au nom de la république, prenaient le titre de proviseurs, de comtes, de gouverneurs, de capitaines ou de châtelains, et étaient tous subordonnés à un proviseur général. Ceux des villes les plus considérables comme Zara et Spalato, étaient assistés d'un conseil composé de trois nobles vénitiens. Corfou, Zante et Cephalonie avaient chacun un proviseur et un conseil semblable; il y avait pour ces trois îles un général, auquel ces divers magistrats obéissaient. Afin de prévenir les abus, ou plutôt pour faire croire aux sujets que le gouvernement surveillait ses représentants à l'extérieur, on envoyait tous les cinq ans dans les possessions d'outre-mer une commission de trois sénateurs qui était chargée de recueillir les plaintes et de redresser les torts. Ils marchaient avec un appareil formidable, accompagnés de secrétaires, de gardes et de bourreaux; mais cet appareil se réduisit presque toujours à une vaine ostentation, car l'examen des actes de chaque gouverneur était très-sommaire, et les plaignants facilement éconduits; d'ailleurs la répression des abus était presque toujours impossible, à cause du peu de durée des fonctions et de l'absence des fonctionnaires. On sait que plusieurs îles de l'Archipel devinrent, après la prise de Constantinople, l'apanage de quelques familles patriciennes qui les possédaient en propre : ainsi Nea appartenait aux Pisani; Stanopalia, aux Querini; Paros, aux Venier, etc., etc.; d'autres furent données en fief à divers personnages, pour les obliger par leur propre intérêt à mieux les défendre. Nous ne dirons rien de leur administration, car elle était entièrement laissée au bon plaisir des seigneurs de ces îles.

monarchie espagnole Philippe de France, duc d'Anjou, son arrière-neveu, petit-fils de Louis XIV.

L'Europe parut dans l'engourdisement de la surprise et de l'impuissance quand elle vit la monarchie d'Espagne soumise à la France, dont elle avait été trois cents ans rivale ! Louis XIV semblait le monarque le plus heureux et le plus puissant de la terre; il se voyait à soixante et deux ans entouré d'une nombreuse postérité, et un de ses petits-fils allait gouverner sous ses ordres l'Espagne, l'Amérique et les Pays-Bas ! Cette fortune inouïe souleva la haine et la jalousie de la plupart des souverains de l'Europe : tandis que le jeune duc d'Anjou était reconnu à Madrid roi d'Espagne et des Indes, sous le nom de Philippe V, l'Autriche, l'Angleterre, la Hollande, la Prusse, le Portugal, se liguaient ensemble pour accabler la France. La république de Venise avait été sollicitée d'entrer dans cette coalition; mais déjà elle avait adressé ses félicitations au jeune roi sur son avénement au trône, et elle crut ne pas devoir y adhérer; détermination imprudente, qui blessait les susceptibilités des puissances coalisées, et qui d'ailleurs n'était pas prise par sympathie pour la France, contre laquelle Venise nourrissait plus d'un ressentiment secret. La position était donc des plus fausses et ne pouvait qu'amener des résultats fâcheux pour la république.

Les hostilités contre la France éclatèrent sur trois points à la fois : en Italie, en Allemagne et en Flandre. En voyant approcher de l'Italie les Français et les Impériaux, qui semblaient s'y être donné rendez-vous pour se porter les plus rudes coups, Venise s'empressa de faire signifier sa neutralité aux parties belligérantes; mais que pouvait une telle déclaration contre les nécessités urgentes et imprévues de la guerre? De part et d'autre on n'y eut aucun égard. Le prince Eugène, qu'un caprice de cour avait fait passer de France en Autriche [1], accompagné de 30,000 hommes, descendit dans l'Italie par le Trentin, le 27 mai 1701; il vint camper sur l'Adige. Le maréchal de Catinat s'avança aussitôt avec 60,000 hommes, pour lui en disputer le passage, et le Véronais devint le théâtre de la guerre; bientôt après le fléau s'étendit sur le territoire de Brescia. Le rappel de Catinat, le choix du maréchal de Villeroy pour le remplacer, la défection du duc de Savoie, qui rompit une alliance de famille pour embrasser la cause des Impériaux; les affaires de Carpi et de Chiari, facilitèrent successivement au prince le passage de l'Adige, du Mincio, de l'Oglio, et enfin celui de l'Adda. Les provéditeurs et les podestats de la république protestaient de leur mieux contre

---

1. Quoique ce prince fût petit-fils de Charles-Emmanuel, duc de Savoie, on n'en doit pas moins le considérer comme Français. Son père, le comte de Soissons, établi en France, lieutenant général des armées et gouverneur de Champagne, avait épousé Olympe Mancini l'une des nièces du cardinal Mazarin. De ce mariage, naquit à Paris ce prince si dangereux depuis à Louis XIV, et si peu connu de lui dans sa jeunesse. On le nomma d'abord en France le *chevalier de Carignan*. Il prit ensuite le petit collet. On l'appela alors *l'abbé de Savoie*. On prétend qu'il demanda, quelques années après, un régiment au roi, et qu'il essuya la mortification d'un refus accompagné de reproches. Ne pouvant réussir auprès de Louis XIV, il alla servir l'Empereur contre les Turcs dès l'an 1683.

les flagrantes violations du territoire que commettaient tour à tour les Français et les Autrichiens : armes impuissantes, qui n'imposaient à personne, et que l'on prenait en pitié.

Ce système de neutralité livrait le territoire vénitien aux attaques successives des deux partis; tandis que si elle eût embrassé la cause de l'un ou de l'autre, il est bien évident qu'elle n'aurait eu à supporter que la moitié du mal qui vint l'accabler. L'arrivée de l'impétueux duc de Vendôme sur le théâtre de la guerre, vint encore empirer la situation des Vénitiens : c'étaient sans cesse des marches et des contre-marches, des attaques, des combats, qui se livraient toujours aux dépens des sujets vénitiens; car les Français et les Autrichiens, vainqueurs ou vaincus, désolèrent sans cesse le malheureux pays où ils se trouvaient. Enfin, le traité d'Utrecht vint mettre un terme à ces hostilités. La république eut un représentant aux négociations qui précédèrent le traité; mais malgré ses vives instances, elle ne put obtenir des deux partis aucun dédommagement pour les pertes nombreuses que sans combattre elle avait essuyées durant la guerre. Ce traité d'Utrecht assigna l'Espagne et les Indes à Philippe V; Gibraltar et Minorque, à l'Angleterre; le Montferrat, une partie du Milanais et la Sicile, au duc de Savoie; enfin, Milan, Mantoue et Naples, à l'Empereur. Ainsi Venise, après avoir éprouvé des pertes sans nombre, voyait tout son territoire continental étroitement embrassé par les possessions autrichiennes depuis les montagnes de la Dalmatie jusqu'à la rive gauche du Pô. Sa condition n'eût pas été pire, si après avoir pris les armes elle se fût trouvée du parti des vaincus. Le duc de Savoie, qui avait flotté entre les Impériaux et les Français, vit au contraire son territoire considérablement agrandi.

Si, pendant que la république s'obstinait à conserver son absurde système de neutralité, elle eût du moins employé l'inaction où elle se condamnait, à accroître ses ressources, à préparer les cadres d'une armée, à organiser fortement sa nouvelle conquête du Péloponèse, elle n'eût commis qu'une demi-faute; mais sa neutralité s'était transformée en une espèce d'immobilité qui l'empêcha à la fois de repousser ses ennemis et de songer à la conservation de ses États. En 1713, la Porte profitant de cette incurie, et sans s'inquiéter du traité de Carlowitz, ne voulut pas laisser échapper l'occasion de ressaisir la riche province qu'on lui avait enlevée : on apprit en effet que le grand vizir avait donné des ordres pour l'armement d'une flotte considérable. Les Vénitiens en furent instruits des premiers, et quoiqu'ils eussent grand intérêt à savoir contre qui ces forces devaient être dirigées, ils parurent n'en prendre aucun souci; tous les avis qui leur furent donnés à cet égard restèrent sans effet. Aussi, lorsque les vaisseaux destinés à l'expédition furent complétement armés, on jeta le baïle de la république en prison, et quelques jours après la guerre fut proclamée. Les Turcs motivèrent la reprise des hostilités sur le refus d'extradition de quelques chefs monténégrins retirés à Venise, que l'on accusait d'avoir violé le territoire ottoman; ce n'était là qu'un prétexte. Cependant comme on apprit à Venise que la campagne serait immédiatement ouverte, le gouvernement adressa sa supplique ordinaire aux différentes cours de l'Europe pour en obtenir des subsides ou des contingents. Cette demande fut presque partout rejetée ; le pape seul, qui ne pouvait se dispenser de prendre part à une guerre contre les infidèles, promit quatre galères et engagea le grand-duc de Toscane à en fournir deux ; l'ordre de Malte en arma six.

Pendant que la république cherchait à se créer des auxiliaires, le sultan en personne et le grand vizir quittaient Constantinople avec l'armée, et marchaient sur Salonique, où une flotte se rendit aussi sous les ordres du capitan-pacha (6 avril 1714). Le 1er mai, le sultan était à Larisse ; il passa en revue ses fidèles soldats et les divisa en deux corps : l'un fut dirigé sur les côtes de Dalmatie, où les Vénitiens n'avaient que fort peu de troupes, et l'autre se porta sur la Livadie pour envahir de là le Péloponèse. Le providéteur Giovanni Delfino, qui commandait en Morée un petit corps de troupes, fut surpris par la marche rapide des Ottomans ; ses frontières se trouvaient dégarnies, et il fut obligé de se jeter précipitamment dans ses places fortes, laissant le reste du pays entièrement à la merci des ennemis. En passant devant l'île de Tine, le capitan-pacha résolut de s'emparer de ce poste devant lequel plusieurs de ses prédécesseurs avaient échoué. Cette île se trouvait alors sous le commandement d'un chef pusillanime qui, à la première sommation, livra les clefs de la place sans avoir combattu. Bernard Balbi, c'était le nom du gouverneur, expia cette lâcheté par une prison perpétuelle. Les Turcs ne s'en enorgueillirent pas moins de ce premier succès, qu'ils considéraient comme d'un heureux présage pour la nouvelle campagne qu'ils allaient entreprendre. Ils se portèrent ensuite sur l'isthme de Corinthe, où ils débarquèrent sans éprouver la moindre résistance. Les Vénitiens avaient négligé, durant la paix, de tenir les équipages de leurs vaisseaux au complet ; ils avaient même porté si peu d'attention au matériel de la flotte, que la plupart de leurs bâtiments étaient hors d'état de tenir la mer au moment de la déclaration des hostilités. L'armée de terre ne se trouvait pas sur un meilleur pied. Giovanni Delfino, à qui l'on avait donné le titre de capitaine général, ne disposait dans l'intérieur que de douze mille hommes. Il lui était donc matériellement impossible de résister efficacement à un ennemi dont les forces étaient quintuples.

Après avoir franchi l'Hexamilon, les Turcs vinrent camper devant Corinthe avec trente mille hommes environ : ils étaient impatients de s'emparer de cette place, qu'ils considéraient comme la principale clef du Péloponèse. Les opérations préparatoires du siège, quoique activement poussées, durèrent trois semaines, et lorsque tout fut prêt pour livrer l'assaut, dix mille janissaires, deux mille spahis, cinq cents volontaires et deux mille miliciens reçurent l'ordre de franchir les murailles et de pénétrer à travers tous les obstacles, dans l'intérieur de la ville. Ces troupes, divisées en trois corps, étaient déjà en mouvement, lorsqu'un parlementaire vint offrir d'évacuer la place à condition que la garnison pourrait se retirer sans être inquiétée. Mais sur ces entrefaites, un magasin à poudre ayant sauté soit par hasard, soit parce qu'on y mit le feu, comme les Turcs et les Vénitiens s'en accusaient réciproquement, la capitulation fut violée. Ce déplorable accident devint le signal du pillage et du massacre des habitants, et, par un raffinement de barbarie, on en réserva un certain nombre pour être décapités devant Napoli de Romanie, afin d'intimider la garnison de cette place, qui faisait bonne contenance.

Voyant que les Turcs allaient pénétrer en force dans la presqu'île, Delfino fit immédiatement ravager tout le pays, détruire les récoltes, incendier les maisons et disperser tous les approvisionnements. Ces moyens extrêmes retardèrent l'invasion sans lui opposer des obstacles sérieux : Égine et Argos se rendirent presque sans coup férir, et les villes non fortifiées vinrent spontanément offrir leur soumission. Les Turcs se portèrent ensuite sur Napoli. Le provéditeur Bono, qui commandait cette place, distribua ses forces entre le château Palamidi, qui la commande, et la ville même. Il espérait, en obligeant les Turcs à faire un double siége, ralentir leurs opérations et profiter des secours que la république lui avait promis d'envoyer. D'après ces dispositions, le grand vizir ordonna d'attaquer immédiatement le château. Les Turcs, enflammés de courage et excités par la présence de leur chef, d'autres disent favorisés par la trahison des Grecs, parvinrent à s'emparer de Palamidi, et une fois maîtres de ce point culminant ils n'eurent qu'à menacer la ville pour la forcer à capituler. La garnison n'était composée que de dix-sept cents hommes, et les Grecs volontaires fatigués du joug des Vénitiens, ne voulaient pas combattre, quoiqu'ils reçussent pour leur solde un ducat par jour : ils aimèrent mieux aider les Turcs à escalader les murailles et les faire pénétrer dans la place ; mais ils furent les premières victimes de cette infâme trahison ; car leurs alliés, une fois maîtres de la ville, les passèrent impitoyablement au fil de l'épée. L'archevêque et tout son clergé ne purent même obtenir grâce devant les vainqueurs ; ils furent tous massacrés. La prise de Napoli fournit aux Turcs des approvisionnements considérables et jeta l'épouvante parmi les garnisons des autres places.

Coron fut investie quelques jours après, et malgré les encouragements des chefs, les troupes refusèrent obstinément de se défendre. On voyait les soldats jeter leurs armes par-dessus les remparts, puis descendre dans les fossés et aller implorer dans le camp des Turcs la conservation de leur vie ! Modon n'offrit pas une grande résistance, tant les troupes de la république étaient alors subjuguées par la terreur qu'inspiraient les Ottomans. Dans le château, à la porte Saint-Marc, sur le rempart Saint-Antoine, les soldats étaient en pleine insurrection ; aucun de leurs chefs ne put les maintenir sur la brèche. On voulut capituler ; mais comme le grand vizir craignait de priver son armée du pillage, il refusa d'entendre les parlementaires, et ordonna un assaut général. En quelques instants, les remparts furent franchis et la ville devint un monceau de ruines, au milieu desquelles les

Turcs se livrèrent aux plus atroces barbaries. Citons cependant un trait qui prouve que les mêmes sentiments n'animaient pas tous ceux qui prirent part à ce siège : le gouverneur de Modon, Vincent Pasta, était traîné devant le capitan-pacha par quelques volontaires, pour que celui-ci se donnât la satisfaction de l'immoler de sa propre main. Le capitan-pacha avait déjà levé son cimeterre, lorsque, reconnaissant le gouverneur, il laisse tomber son bras, court à lui et l'embrasse; non content de lui accorder la vie, il l'entoure d'égards et le fait servir par ses propres esclaves. Cet acte de générosité inattendue venait de ce que le capitan-pacha avait été pendant six ans esclave à bord des galères vénitiennes, et que dans maintes circonstances il n'avait eu qu'à se louer des bons procédés de Vincent Pasta à son égard. Il s'en souvint dans ce moment suprême, et se montra reconnaissant !

Bientôt après, les fiers montagnards de la Maïna se soumirent ; Khielafa et Sernata se rendirent sans coup férir, et les peuples soulevés se trouvèrent de nouveau domptés et replacés sous le joug du vainqueur. A la nouvelle de la prise de Corinthe et de Napoli de Romanie, le château de Morée se rendit au beglerbey de Diarbekir, Kara-Mustapha, qui avait été détaché du camp impérial avec quarante mille hommes pour en faire le siége. Un homme qui portait un des noms les plus illustres de Venise, Frédéric Badouer, rendit, sans attendre qu'un seul coup de canon eût été tiré, Malvoisie, la seule place qui restât à la république dans la Morée.

Pendant que les Turcs reconquéraient si facilement le Péloponèse, le capitaine général avec sa flotte voguait autour de la presqu'île, essayant, toujours inutilement, de ravitailler les places menacées, ou cherchant à engager sans plus de succès, quelque combat partiel avec les vaisseaux turcs. Qu'était donc devenu ce courage si opiniâtre que Venise avait déployé pendant vingt-cinq ans, et sans faillir un seul jour, à Candie? En moins d'un mois, la Porte venait de lui enlever cette belle possession de la Morée; et nulle part, ni ses généraux ni ses soldats ne déployèrent la moindre vigueur pour repousser l'ennemi; ils abandonnaient tous lâchement leur poste : on eût dit qu'ils ne savaient plus manier les armes qui étaient entre leurs mains. Lorsqu'il ne resta plus que l'île Sainte-Maure, Delfino en fit sauter les fortifications et ramena ses vaisseaux dans Corfou sans avoir combattu ! La Morée était définitivement perdue pour la république ; de tous ses vastes domaines en Orient, elle ne comptait plus que quelques places dans l'île de Candie. Là du moins Louis Magno et François Giustiniani, gouverneurs, l'un de la Suda, l'autre de Spina-Longa, ne succombèrent pas sans gloire; excités par l'exemple des anciens défenseurs de Candie, ils ne capitulèrent que lorsqu'ils eurent perdu tout espoir d'être secourus par la métropole. On les avait complétement oubliés, et ils se rendirent au mois de novembre 1715 ; la république n'avait donc plus une seule île dans l'Archipel. Maintenant ses possessions les plus éloignées se trouvaient être les îles situées à l'embouchure de l'Adriatique. Les désastres de cette campagne furent attribués à l'incapacité du capitaine général ; on le rappela, mais la démoralisation était si générale qu'on n'osa pas le juger, et encore moins le condamner ; en effet, cette longue série de défaites et de lâchetés ne provenait pas de l'inhabileté d'un seul : elles étaient surtout le résultat de l'affaissement moral qui, en très-peu d'années, avait abâtardi tous les cœurs. Delfino fut seulement destitué, et André Pisani reçut la mission d'aller tenir tête aux Ottomans.

Sur les frontières de Bosnie et de Dalmatie, les Turcs n'avaient pas combattu avec le même succès : le provéditeur Angelo Emo leur avait enlevé les places de Zazuina, Plauno et Stanizza, et ils avaient été obligés de renoncer au siége de Sing.

Cependant les nouveaux rapports établis en Italie allaient procurer à Venise la puissante alliance de l'Autriche : quoique Louis XIV fût mort, l'Empereur craignait que par le mariage de Philippe d'Espagne avec l'héritière de Parme et de Plaisance, la maison de Bourbon n'acquît encore une puissante prépondérance en Italie, et il chercha à s'unir avec Venise. Le pape encouragea ses intentions, et après avoir obtenu du roi Philippe une promesse solennelle par laquelle ce monarque s'engageait à ne diriger aucune hostilité contre les États de l'Empereur en Italie pendant toute la durée de la guerre contre les Turcs, Charles conclut une alliance offensive et défensive avec Venise. La république garantit à la maison d'Autriche les possessions que la paix de Rastadt lui avaient assurées en deçà des monts, et pour prix de cette garantie l'Empereur envoya contre les Turcs une armée commandée par le prince Eugène (25 mai 1716). Le pape et l'Espagne adhérèrent à cette ligue. Il ne fallut rien moins que cette puissante intervention pour sauver Venise du coup terrible que les Musulmans s'apprêtaient à lui porter.

Aussitôt que cette nouvelle déclaration de guerre fut parvenue à Contantinople, le grand vizir répartit les forces ottomanes entre les deux armées qui devaient opérer simultanément, l'une sur les rives du Danube, l'autre contre les îles Ioniennes[1], les seules que possédât maintenant Venise dans la Méditerranée. Outre la flotte qui croisait dans les divers parages de l'Archipel, on dirigea sur ce point quinze galiotes, vingt-cinq frégates, dix bateaux à quille recourbée et huit felouques. Tous ces navires, commandés par le capitan-pacha en personne, portaient ensemble trente mille hommes et trois mille chevaux, ainsi qu'un matériel de siége fort considérable ; le 5 juillet 1716, cette flotte se présenta dans la rade de Corfou pour opérer le débarquement. On sait que Corfou, l'antique *Corcyre*, appartient à ce groupe d'îles situées sur les côtes d'Épire, et qui commandent en quelque

---

1. Les îles Ioniennes furent célèbres dans l'antiquité, et jouèrent un rôle important lors de la guerre du Péloponèse ; soumises d'abord par Alexandre, puis par les Romains, elles devinrent en dernier lieu province de l'empire d'Orient. Les empereurs byzantins les ayant négligées, Corfou tomba au pouvoir des rois normands de Naples ; mais en 1386 les Vénitiens en devinrent les maîtres ; ils étendirent ensuite leur domination sur les autres îles, et malgré les efforts des Musulmans, ils en restèrent uniques possesseurs jusqu'à la fin du xviiie siècle.

sorte l'entrée de l'Adriatique ; elles sont au nombre de sept : Corfou, Paxo (*Ericusa*), Theaki (*Ithaque*), Cerigo (*Cythère*), Céphalonie, Zante et Sainte-Maure (*Leucade*). Corfou est sans contredit la plus importante par son étendue, par sa population, par les nombreux ouvrages de défense qui y avaient été élevés, et surtout par sa position, la plus rapprochée de l'entrée du golfe. C'est aussi contre cette île que furent dirigés exclusivement tous les efforts des Turcs. Le canal que forment l'île de Corfou et la côte d'Épire peut avoir vingt-cinq lieues de long, mais il est très-étroit et se resserre encore davantage aux deux extrémités, si bien que la passe du midi n'a que quatre milles de large, et celle du nord un mille à peine : c'est ce bras de mer qui sépare l'île du continent. De l'autre côté du détroit, vis-à-vis Corfou, et sur la côte d'Épire, s'élève Butrinto, ville maritime et fortifiée, qui appartenait aux Turcs et leur offrait dans cette expédition une relâche sûre. L'île de Corfou est traversée par une chaîne de montagnes qui s'étend du nord au midi, et dont le sommet, nommé San-Stefano, ne dépasse guère quatorze cents pieds ; elle a environ soixante-dix milles de long sur trente de large, et renferme soixante-dix mille habitants. La capitale, Corfou, s'élève sur la côte occidentale de l'île, en face de Butrinto, et commande le chenal qui sépare l'île de la terre-ferme. Les principaux édifices de cette ville étaient alors le palais du gouverneur et les églises de Saint-Spiridion et de Marie-Spiliotissa. La rade de Corfou, protégée par une forteresse construite avec non moins d'art que de magnificence, avait déjà bravé les efforts de Barberousse en 1537, et depuis on y avait ajouté plusieurs ouvrages considérables qui en rendaient l'accès très-difficile ; malheureusement deux hauteurs, le mont Abraham et le mont Saint-Sauveur, qui ne faisaient point partie des fortications de la place, les commandaient, et pouvaient devenir pour l'ennemi une position offensive très-inquiétante. Au moment du débarquement des Turcs, Corfou se trouvait abondamment approvisionnée en munitions de guerre et de bouche, mais la garnison n'était pas au complet.

Lorsqu'on apprit à Venise le débarquement de l'armée ottomane dans les environs de Corfou, on se hâta d'équiper et d'armer les divers contingents destinés à défendre cette place ; ils se composaient en grande partie d'Allemands, de Suisses, et d'Esclavons ; un officier général de grand mérite, le comte de Schullembourg, célèbre par ses succès remportés sur Charles XII, était chargé de les commander. Ils partirent en toute hâte pour leur destination, et lorsque la flotte qui les transportait arriva près de Corfou, les vaisseaux ottomans effrayés appareillèrent au plus vite. Le capitaine général Pisani voulut néanmoins débarrasser les côtes de l'île de la présence des navires turcs, car il craignait surtout qu'ils n'établissent des intelligences avec les habitants. Il canonna plusieurs de ces bâtiments, et lorsqu'il les eut dispersés il fit pénétrer son convoi dans la rade ; Corfou se trouva dès lors en état de repousser les attaques de l'ennemi.

Jusqu'ici nous avons vu les Turcs agir assez méthodiquement dans l'attaque des places ; cette fois ils changèrent de tactique : leur premier soin fut de s'emparer des hauteurs d'Abraham et de Saint-Sauveur, que les Vénitiens avaient négligé de fortifier et de garder. De ces hauteurs, les Turcs auraient pu foudroyer la ville et le port; mais au lieu de battre les fortifications, ils ne s'occupèrent qu'à diriger leur feu sur l'intérieur de la place, et principalement sur une des tours de Saint-Spiridion qui n'était pas armée. Cette tentative ne répondit pas à leur intention, car les bombes et les boulets ne firent que détruire les édifices, tandis que les habitants et la garnison trouvaient un asile impénétrable sous les nombreuses casemates que les Vénitiens avaient fait pratiquer autour des remparts. Les assiégeants ne paraissaient suivre aucun système régulier dans leurs attaques; on les voyait tous les jours se présenter le sabre à la main pour emporter ces fortifications qu'ils n'avaient pas essayé de canonner; les Vénitiens leur tenaient bravement tête, et aucune de ces tentatives d'assaut ne put réussir. Encouragés par ces luttes corps à corps, ils faisaient de fréquentes sorties qui plus d'une fois causèrent de graves pertes aux Turcs. Le séraskier, s'obstinant toujours à vouloir prendre d'assaut une place où son artillerie n'avait fait aucune brèche, ordonna une attaque générale contre tous les points extérieurs qui défendaient la ville : les Turcs déployèrent dans ce mouvement une grande impétuosité : ni la mousqueterie, ni le feu bien nourri de toutes les batteries de la place, ne purent arrêter leur marche; et certes si les remparts avaient été plus accessibles, aucune force humaine ne les aurait empêchés de s'en emparer, tant il y avait d'entraînement et d'énergie dans leur élan; mais que peuvent contre de bonnes murailles la bravoure et le fanatisme des soldats!

Parmi les défenseurs volontaires de Corfou, on remarqua surtout les moines, qui couraient de rang en rang, un crucifix à la main, pour encourager soit les habitants, soit les soldats, et, au besoin, ce signe de paix et de rédemption qu'ils portaient leur servait à briser le crâne des infidèles. Le 18 août les Turcs tentèrent la dernière de ces attaques désespérées; elle faillit réussir, car les soldats, à force de s'approcher des remparts, avaient pu en connaître les parties faibles et avaient tous porté leurs échelles sur ces points. Mais Schullembourg change aussitôt son système de défense; il laisse une petite partie de la garnison pour protéger la ville, et entraînant l'autre hors de la place, il déborde le camp ennemi qu'il envahit par derrière. On conçoit facilement quel dut être le trouble des Turcs, qui, ne s'attendant qu'à lutter en face, se trouvaient tout à coup assaillis en flanc. Les défenseurs de la place, qui avaient vu et compris le mouvement habile de leur général, poussent des cris de joie et encouragent leurs compagnons d'armes, pendant qu'eux-mêmes tuent sans cesse des Turcs et renversent leurs échelles. La confusion et la panique se répandirent bientôt dans l'armée ottomane : ces intrépides janissaires, qu'on voyait naguère affronter une mort certaine pour se hisser au-dessus des murailles, maintenant épouvantés, jetaient leurs armes et fuyaient sans même oser regarder derrière eux. Le carnage fut horrible, et le capitan pacha, ainsi que le séraskier, qui n'avaient cessé de se contrarier l'un l'autre pendant les opérations du siége, convinrent dans ce moment fatal qu'il n'y avait d'autre parti à prendre que de se retirer. Une tempête affreuse qui dispersa la flotte des assiégeants et l'arrivée d'une escadre espagnole achevèrent de jeter le découragement parmi eux : ils se hâtèrent de quitter une ville devant laquelle ils avaient perdu plus de quinze mille hommes, et s'embarquèrent avec précipitation, abandonnant leurs tentes, leurs munitions, cinquante-six pièces d'artillerie et deux mille blessés.

En voyant ce départ précipité, Pisani voulut se mettre à la poursuite des fuyards; mais le vent devint contraire; et tandis que les légers bâtiments turcs, mus par les rames, se dirigeaient vers Coron, les gros vaisseaux vénitiens étaient retenus immobiles sur la côte de Corfou. Schullembourg voulut profiter de ce contre-temps et employer les navires devenus inutiles pour s'emparer de Sainte-Maure et de la ville de Butrinto; cette tentative réussit complétement; la garnison de Corfou fut transportée en quelques heures sur ces deux points, et Butrinto et Sainte-Maure se rendirent sans résistance. Venise récompensa la bravoure de Schullembourg en lui érigeant une statue sur la principale place de Corfou, précisément à l'endroit où son courage s'était si énergiquement déployé, et lui, pour toute récompense, ne demanda qu'une honorable tolérance sur le territoire vénitien en faveur des protestants, ses coreligionnaires. Du côté de la Dalmatie, les Turcs ne firent que d'insignifiantes irruptions : aussi le provéditeur Emo put s'avancer jusque devant Antivari, et prit Ottovo, Zarine et Popovo. Pendant que les Vénitiens réalisaient ces conquêtes, le prince Eugène consolidait leurs avantages par de brillantes victoires : il battait les Turcs à Peterwaradin, leur tuait trente mille hommes et prenait la forteresse de Temeswar.

Ces succès et ceux qu'il nous reste encore à mentionner, n'exercèrent que bien peu d'influence sur les destinées de Venise. La république se trouvait malheureusement sous la dépendance d'un allié puissant, qui, lorsqu'il crut devoir faire la paix, n'écouta que ses propres intérêts et sacrifia impitoyablement ceux de son alliée. Cependant les Vénitiens, tout glorieux de leurs victoires et désireux de reconquérir la Morée, entrèrent de nouveau en campagne au printemps de 1717 · l'amiral Flangini, avec une flotte de vingt-sept vaisseaux et trente galères, se porta vers les Dardanelles. Son plan de campagne était d'attaquer résolument la flotte ottomane, avec les forces considérables que venait de lui confier la république; de là, il se serait rendu en Morée, où la présence seule du pavillon vénitien aurait suffi pour déterminer une insurrection générale. Malgré toute l'activité de l'amiral, ce plan ne put être mis à exécution : tandis qu'il croisait dans le détroit, il vit accourir vers lui la flotte ennemie : à peine eut-il le temps de mettre ses vaisseaux en bataille. Les Turcs profitèrent de cette surprise pour attaquer à outrance les Vénitiens; mais Flangini eut bientôt repris le dessus, et alors l'habileté des manœuvres et la science de la tactique déjouèrent les efforts du courage brutal. L'engagement dura trois heures, et lorsqu'il eut cessé, les Turcs se retirèrent après avoir eu trois vaisseaux coulés bas et plusieurs autres horriblement fracassés. Leur perte eût été bien plus considérable, si Flangini au plus fort de l'action n'eût été blessé mortellement : vainement il s'opiniâtra à rester sur le pont pour continuer à donner ses ordres : sa vue s'était obscurcie, il ne pouvait plus distinguer la position de ses navires; et il avait besoin qu'on lui expliquât les signaux qu'ils lui faisaient. L'incertitude de ses commandements jeta partout la confusion, et les Turcs purent abandonner le champ de bataille sans être poursuivis; quelques heures après, le brave amiral expira dans les bras de ses lieutenants.

Pisani fut chargé de prendre le commandement des forces navales dans l'Archipel; elles s'étaient accrues de seize vaisseaux appartenant à Malte, au Portugal et à l'Espagne, et de onze galères fournies par le pape et la Toscane. Le nouvel amiral ne crut pas devoir suivre les plans adoptés par son prédécesseur; il voulait, lui, agir immédiatement contre la Morée, sans tenir compte de la flotte ottomane; mais le capitan-pacha, qui comprit sans doute ses desseins, s'acharna à suivre tous ses mouvements, et à le traverser dans toutes les tentatives de descente qu'il essaya de faire. Au milieu des nombreuses évolutions que les deux armées furent obligées d'entreprendre, soit pour s'éviter, soit pour se rapprocher, soit aussi pour se garantir des tempêtes et des coups de vent, si terribles dans ces parages, elles se rencontrèrent enfin devant l'île de Cérigo, l'ancienne Cythère, que les Turcs occupaient maintenant. A l'aspect de l'ennemi précisément dans les eaux d'une île qui avait autrefois appartenu à la république, Pisani ne put maîtriser son ardeur et donna le signal du combat : de part et d'autre on déploya beaucoup de vigueur : les vaisseaux luttèrent contre les vaisseaux, les galères s'entre-choquèrent de leurs éperons, l'artillerie fit de nombreuses victimes et fracassa plus d'un navire; mais sans résultat décisif : Cérigo resta au pouvoir des Turcs, et les Vénitiens allèrent sur les côtes de l'Épire tenter d'autres conquêtes Dans ce but Pisani voulut se concerter avec Schullembourg, et après quelques jours de conférence, ils résolurent de diriger leur attaque sur Preveza.

Preveza, comme on sait, est située sur un promontoire, à l'entrée du golfe de Larta; vis-à-vis se trouve le cap Fingalo, l'ancien Actium. Cette partie des côtes de l'Épire était dans ce moment dégarnie de troupes, car la Turquie avait été obligée de diriger toutes ses ressources sur les bords du Danube pour résister à l'armée impériale commandée par le prince Eugène : les Vénitiens purent donc facilement débarquer aux environs de Preveza. Le pacha, qui commandait cette place, n'essaya même pas de faire une sortie; il les laissa établir leur camp sans obstacle, dresser leurs batteries, ouvrir leur feu, et ne répondit à aucune de leurs attaques : il attendait un simulacre de siège pour se rendre. En effet, il fit proposer à Schullembourg de lui livrer la place, à la condition seulement que la garnison sortirait avec les honneurs de la guerre. Pisani, tout en acceptant ces propositions, voulait que le pacha s'engageât à faire ouvrir les portes de Vonitza, ville qui se trouve à peu de distance de Preveza. C'était trop demander : le pacha ne fit aucune réponse à tant d'exigences ; il réunit toute sa garnison en une seule colonne, en prit le commandement, et sortit brusquement de la ville. Les retranchements des Vénitiens furent forcés : il culbuta tout ce qui s'opposait à son passage, et parvint à Larta sans avoir perdu un seul homme ; dès ce moment les places de Preveza et de Vonitza, démunies de défense, tombèrent au pouvoir des Vénitiens. Du côté de la Dalmatie, les armées de la république n'étaient pas moins heureuses : Louis Moncenigo, qui les commandait, avait poussé ses conquêtes jusqu'à Imoschi, forteresse limitrophe de l'Herzegovine.

Mais qu'importaient tant de victoires ? L'Autriche fatiguée de la lutte, et malgré les brillants succès du prince Eugène, avait résolu de traiter de la paix avec le divan sans consulter les Vénitiens. Il est bien évident que cette brusque décision portait un grave préjudice aux intérêts de la république ; elle avait encore besoin d'une campagne pour reconquérir ses anciennes possessions : suspendre immédiatement les hostilités, c'était donc lui ôter tous ses avantages et ruiner ses justes espérances. Pour l'Autriche, au contraire, il n'y avait aucun danger à différer d'un an les ouvertures de paix : le prince Eugène venait d'entrer dans Belgrade, et l'armée turque avait été complétement défaite sous les murs de cette ville. Des considérations d'un autre ordre prévalurent dans le conseil aulique : la maison d'Autriche ne voyait pas, sans éprouver une vive jalousie, les Bourbons se consolider en Espagne, et devenir même envahissants ; car à cette époque, ils venaient de jeter une armée en Sardaigne et se préparaient à conquérir la Sicile. Les Vénitiens furent donc sacrifiés à un ressentiment de famille.

En effet, sous la médiation de l'Angleterre, des conférences s'ouvrirent à Passarowitz pour traiter de la paix. L'Autriche y convoqua les plénipotentiaires de Venise, mais en réalité ce fut elle seule qui dirigea tous les actes. Ruzzini, fort habile diplomate, portait la parole au nom de la république ; il insista beaucoup pour obtenir la restitution de la Morée, ainsi que celle des îles de Suda et de Spina-Longa, en Crète ; mais les plénipotentiaires turcs repoussèrent énergiquement ces prétentions, et comme en définitive elles n'étaient point soutenues par l'Atriche, Ruzzini fut obligé de céder. On convint que la république conserverait les forts et châteaux conquis par elle en Albanie, dans l'Herzegovine et en Dalmatie ; c'étaient : Imoschi, Iscovaz, Sternizza, Cinista, Rolok et Creano, avec un rayon d'une lieue ainsi que les forts de Butrinto, de Preveza et Vonitza, mais ces derniers sans aucun territoire. La Turquie garda la Morée et donna en compensation Cérigo, compensation dérisoire, dont l'acceptation prouva le prodigieux affaissement de la république[1]. De son côté Venise céda à la Porte Zarine,

---

1. Cérigo (*Cythère*) n'est pas, comme on le croit, une île fortunée, où l'on ne voit que des bosquets de myrte et de jasmin ; c'est une île pierreuse, dont les aspects sont assez romantiques si l'on veut, mais rudes et sauvages. Les côtes sont hérissées de rochers, et derrière cette enceinte s'ouvrent quelques vallées bien arrosées qui renferment quelques champs fertiles et de gras pâturages. Cérigo contient aujourd'hui une population de neuf à dix mille habitants.

Ottovo et Zubzit, pour faciliter les communications entre les frontières turques et l'État de Raguse, plus un espace de terrain suffisant pour que ces communications ne fussent point interrompues du côté de Castel-Nuovo et de Risano. Les autres articles de ce traité, à l'exception de ceux relatifs aux avantages commerciaux accordés par les Ottomans à la république sur le même pied qu'à l'Angleterre, la Hollande et la France, furent pris presque textuellement dans le traité de Carlowitz. Nous ne parlerons pas des concessions que l'Autriche se fit faire par la Porte dans cette négociation : elle obtint Semendra, Belgrade, ainsi qu'une portion de la Valachie et la Servie. C'était sans contredit la paix la plus glorieuse et la plus avantageuse que l'Autriche eût jamais conclue avec l'empire ottoman.

Le traité de Passarowitz eut des conséquences politiques bien remarquables : il imposa un frein au système envahisseur des Turcs, car les limites qu'il traça n'ont depuis jamais été dépassées par cette nation ; les résultats pour Venise furent encore plus funestes ; en effet, il sembla que la république, dégoûtée des hasards de la guerre, n'ayant plus confiance dans son étoile et se voyant réduite à une position secondaire vis-à-vis des autres puissances de l'Europe, ait voulu rompre avec le monde politique et rester ensevelie dans son linceul, en attendant que le jour de sa ruine fût venu. Dès ce moment, son existence est toute passive : spectatrice indifférente des événements qui se passent autour d'elle, elle perd le sentiment de sa dignité et supporte tous les outrages pour conserver une paix éternelle. Cette douloureuse catastrophe, qui pour toujours annihila la république, fut consacrée par un événement affreux : la foudre incendia les magasins à poudre de Corfou, et leur explosion entraîna la ruine d'une partie de la ville. Les fortifications furent détruites ; plusieurs vaisseaux furent engloutis dans le port, et deux mille personnes restèrent ensevelies sous les ruines ; parmi elles se trouvaient le capitaine général Pisani et un grand nombre d'officiers qui, après avoir pris part aux dernières guerres de la république, perdirent la vie sans gloire au milieu des décombres !

CHAPITRE XVII.

DÉCLIN DE LA RÉPUBLIQUE. — CAUSES DE SA DÉCADENCE.

1719-1788.

Système politique actuel de la république. — Sa conduite passive dans les guerres de succession de Parme, de Toscane et de l'Autriche. — Guerre avec les puissances Barbaresques. — Louis Manini dernier doge. — Situation morale et matérielle de la république. — Causes diverses de sa décadence. — Ses ressources vers la fin du XVIIIe siècle.

ENISE vient d'accomplir son dernier grand acte politique. Le traité de Passarowitz a dissipé ses dernières illusions, et les déplorables résultats de son alliance avec l'Autriche ont achevé de la détourner de toute entreprise de conquêtes ou d'extension de territoire. Nous allons la voir maintenant courbée sous le poids de tant de déceptions, se replier sur elle-même, se condamner à une espèce de réclusion, et se circonscrire dans une sphère étroite d'égoïsme. Aucune guerre, aucune collision entre les puissances, aucun mouvement social, ne l'intéresseront désormais, ne la feront sortir de son engourdissement. Elle veut demeurer comme indifférente à tout, et se dérober au monde dans le silence de ses lagunes. Mais en politique, s'isoler, c'est ne plus exister. Certes, s'il y eut en Europe une puissance qui dût repousser la politique d'isolement, c'était Venise. Mais au déclin de la vie des nations, comme dans la dernière période de l'existence de l'homme, un voile épais semble venir obscurcir leur raison et les précipiter dans les voies qui leur sont le plus funestes.

Encore si la république, en adoptant ce système d'isolement, se fût environnée d'une force respectable, eût pourvu à sa sûreté intérieure et extérieure, en entretenant ses places fortes, en ayant toujours à sa solde une armée permanente, en faisant flotter le pavillon de Saint-Marc dans les ports fréquentés par ses navires de commerce, appareil indispensable lorsqu'on veut se maintenir en paix avec tout le monde, elle aurait ainsi échappé aux rudes assauts qu'elle se résigna à supporter lorsqu'elle se trouva engagée sans défense au milieu des puissances belligérantes. Mais non ; elle crut qu'au moyen de subterfuges, qu'avec une diplomatie plutôt astucieuse qu'habile, en ne s'entremettant que d'une manière passive dans toutes les collisions, dans toutes les luttes qui viendraient à éclater entre les divers États de l'Europe, elle parviendrait toujours à esquiver le choc, et à vivre sur son ancienne réputation. Ce calcul était des plus faux. Les meilleures réputations s'usent et s'effacent ; pour les maintenir il faut les rajeunir sans cesse par des actes nouveaux : on n'en impose pas vainement aux nations ni aux hommes. Il n'y a pas de réputation ou de puissance durable sans une cause bien réelle. La politique de Venise ne fit illusion à personne. Pendant quelques années, ses diplomates réussirent encore, grâce à leur tenue hautaine, grâce au faste de leur parole, à déguiser la caducité de la république. Mais lorsqu'on la vit rester impassible à tous les événements qui s'accomplissaient autour d'elle, événements qui touchaient tantôt à sa gloire, tantôt à ses intérêts, on n'ajouta plus de foi à ses diplomates, on ne crut plus à sa force ; on n'eut plus pour elle que dédain et mépris. Vainement sa police intérieure redoubla de précautions pour empêcher que rien ne transpirât sur la situation de ses finances, de ses flottes et de ses armées, son inaction devint le signe de son impuissance.

Dans les soixante-dix années qu'il nous reste à parcourir avant d'arriver à la chute définitive de la république, nous n'aurions qu'un très-petit nombre d'événements majeurs à rapporter ; mais nous suppléerons à leur insuffisance en étudiant plus minutieusement que nous ne l'avons fait jusqu'ici les désordres successifs que le temps avait apportés dans cette vieille organisation, étude microscopique qui ne sera pas moins intéressante pour le philosophe et l'observateur que le récit des grandes batailles et des actions d'éclat ; car il ne suffit pas seulement de savoir comment se forment et grandissent les États, il importe aussi de connaître les causes qui amènent leur ruine.

Le traité de Passarowitz exigeait, comme nous l'avons vu, de longs et minutieux travaux pour arrêter les nouvelles délimitations des deux États. La Porte, qui sentait la faiblesse de son adversaire, souleva des difficultés sans nombre afin d'amener quelque conflit dont elle n'eût pas manqué de profiter pour renouveler les hostilités. Ainsi, pendant que les négociations étaient encore ouvertes, elle faisait des armements considérables et se disposait même à les concentrer en Morée, afin de n'avoir qu'un pas à faire pour écraser la république ; mais une révolution qui survint en Perse, et les intrigues du czar Pierre Ier, la détournèrent de ses projets. Peu après, une simple rixe survenue entre les équipages de deux navires portant, l'un le pavillon vénitien, l'autre le pavillon ottoman, faillit rallumer la guerre, tant la Porte était désireuse de trouver un prétexte pour attaquer. A force de souplesse et d'abnégation, la république apaisa le ressentiment de son ennemie ; la Turquie demandait la cession d'une forteresse, elle finit par se contenter d'une indemnité de douze mille piastres et de deux cents esclaves. Grâce à ce rachat, la paix ne fut pas troublée, et Venise en profita pour faire réparer les fortifications des îles de la mer Ionienne. Elle conservait toujours à sa solde le général Schulembourg, elle venait d'appeler au dogat un habile guerrier, Sébastien Moncenigo, qui s'était illustré dans les campagnes précédentes, mais pour cela Venise n'était pas en état de faire la guerre ; aussi ne parut-elle prendre aucun souci de la ligue puissante qui allait se former, à propos de la succession des couronnes de Toscane et de Parme, que l'Espagne et l'Autriche venaient de s'attribuer.

Quoique fortement intéressée dans le conflit, Venise ferma les yeux sur cet événement ; mais elle fut plus affectée d'une mesure que l'Autriche crut à cette époque devoir prendre pour favoriser son commerce national. L'Empereur venait de déclarer la franchise du port de Trieste ; bientôt après, cet exemple fut imité par le pape pour le port d'Ancône. Ces franchises nuisaient essentiellement aux intérêts de la république ; elles ruinaient son principe de souveraineté sur l'Adriatique. Elle essaya à son tour de lutter par le même procédé contre l'Autriche et le pape. Venise fut déclarée port franc, mais il était trop tard. La situation avantageuse d'Ancône et de Trieste lui enleva une portion notable de son commerce. Cette guerre de tarifs et de douanes fut encore poursuivie par l'institution d'une foire à Sinigaglia, petite ville du duché d'Urbin. Venise s'en montra vivement affectée et défendit à ses sujets d'y aller trafiquer. Le pape, de son côté, intima les mêmes prohibitions, et la lutte resta ainsi engagée. Malgré la jalousie de Venise, la foire de Sinigaglia s'est perpétuée, et aujourd'hui c'est une des réunions commerciales de l'Europe les plus importantes ; car on estime que les affaires qui s'y traitent s'élèvent à quatre-vingt-dix millions de francs par année.

Pendant que la république était tout occupée de ses intérêts mercantiles, la grande conflagration suscitée par la succession de Parme et de Toscane vint à éclater, et pour la seconde fois ce fut le territoire de Venise qui devint le principal théâtre de la guerre. Après avoir chassé les Autrichiens du duché de Milan, les alliés, c'est-à-dire la France, l'Espagne et la Sardaigne, portèrent leurs troupes dans le Véronais, sur le bas Adige, et dans la province de Brescia ; pour éviter une bataille dont l'issue lui eût été funeste, l'armée autrichienne prit sa route par les provinces les plus voisines de la mer, par Bassano, Vicence et Parme. Ainsi toute la terre-ferme vénitienne se trouva occupée par les deux partis, et la république ne fut pas seulement obligée de le supporter, on exigea encore qu'elle fournît des vivres et des moyens de transport. Après la paix, elle crut pouvoir se faire indemniser de ces réquisitions forcées ; mais ses réclamations furent dédaigneusement écoutées, et on l'éconduisit. Voilà quel fut le premier résultat de cette nouvelle neutralité; la république vit en outre accroître les possessions de l'Autriche et de l'Espagne en Italie, tandis qu'elle se trouvait réduite à son ancien territoire et plus étroitement resserrée que jamais. Certes, il n'y avait pas lieu de s'applaudir d'une semblable politique; la Sardaigne fut plus intelligente : son intervention lui valut deux provinces, Tortone et Novare.

Nous venons d'analyser en quelques lignes l'histoire de vingt années, tant l'époque où nous nous trouvons est stérile en événements. Trois doges ont tour à tour occupé le siége ducal pendant cette période, et aucun d'eux n'a pu imprimer à son règne un cachet particulier. Charles Ruzzini, le négociateur des traités de Carlowitz et de Passarowitz, avait succédé à Moncenigo, et après trois années d'occupation, la mort l'avait forcé de céder à son tour le siége ducal à Louis Pizani, qui mourut en 1740, en même temps que l'empereur Charles VI. On sait que l'héritage de ce prince, contesté par trois ou quatre compétiteurs, mit toute l'Europe en combustion par suite de l'acharnement que déployèrent dans cette circonstance la France, la Russie et l'Espagne contre l'infortunée Marie-Thérèse, fille de l'Empereur, à qui, outre ses droits naturels, une pragmatique garantissait l'héritage de ses aïeux. Fidèle à son système de neutralité absolue, Venise se tint à l'écart et ne voulut prendre aucune part active à ces débats : elle se borna à prêter une somme considérable à l'intrépide reine, et établit sur sa frontière occidentale une armée de vingt mille hommes chargée d'observer le mouvement des armées allemandes, espagnoles, françaises et bavaroises. Cette précaution ne réussit pas mieux que précédemment à faire respecter le territoire de la république : la terre-ferme fut envahie à différentes reprises, tantôt par les Impériaux, tantôt par les alliés, et des dégâts sans nombre y furent commis; l'Adriatique, dont Venise se prétendait toujours souveraine, fut aussi sillonnée en tous sens par les vaisseaux autrichiens et Anglais; car l'Angleterre avait pris dans ce différend le parti de Marie-Thérèse. Encourant le mépris de l'Europe, Venise resta spectatrice impassible de tous ces grands événements, et lorsque le traité d'Aix-la-Chapelle eut mis fin à la guerre, elle poussa l'aveuglement jusqu'à ne pas vouloir profiter d'une proposition avantageuse que lui fit Marie-Thérèse. Désireuse d'établir une communication directe entre ses domaines allemands et ses provinces d'Italie, l'impératrice-reine avait proposé à la république d'échanger, contre quelques possessions en Istrie, la portion du territoire vénitien qui séparait le Milanais et du Tyrol et de l'évêché de Trente. Cet échange, qui n'avait aucune importance politique, aurait eu pour la république l'immense avantage de l'affranchir du passage des armées étrangères, et de faire cesser les violations de territoire dont jusqu'ici elle avait été si souvent victime. Mais, soit par crainte, soit par défaut de sagacité, le sénat repoussa les offres de Marie-Thérèse, et ne voulut pas même ouvrir de négociations à ce sujet. Il ne sut pas tirer un meilleur parti du prêt qu'il avait fait à cette princesse, pour mettre fin à un conflit qui existait depuis longues années entre la république et l'Autriche, à propos du patriarche d'Aquilée.

Par suite d'une ancienne convention entre l'archiduc d'Autriche et les Vénitiens, il avait été réglé que les deux puissances jouiraient alternativement du droit de nommer au patriarcat d'Aquilée. Mais les archiducs n'avaient jamais joui de ce droit, par le soin que les patriarches d'Aquilée, Vénitiens d'origine, avaient toujours eu depuis ce temps-là, de se choisir des coadjuteurs agréés par le sénat et munis de bulles du saint-siége, pour leur succéder. Marie-Thérèse réclama contre cet usage. Le pape Benoît XIV, choisi pour arbitre de la contestation, rendit un jugement en forme de bref, le 19 novembre 1749, par lequel, en maintenant le sénat dans la possession où il était de nommer seul le patriarche d'Aquilée, il établissait en même temps, dans la partie autrichienne de ce patriarcat, un vicaire apostolique pour soustraire les sujets de l'impératrice-reine à la juridiction d'une puissance étrangère. Ce tempérament déplut au sénat, qui en témoigna son mécontentement au saint-père. Mais sans égard pour ses plaintes, Benoît XIV, par un autre bref du 17 juin 1750, créa évêque *in partibus* et vicaire apostolique d'Aquilée le comte d'Artimis, chanoine de Bâle. Le sénat fit alors éclater son ressentiment : il rappela de Rome son ambassadeur, signifia au nonce qui résidait à Venise de sortir des États de la république, et, résolu de soutenir sa prétention, il fit armer ses vaisseaux et ses galères, recruta et augmenta ses troupes de terre. A cet appareil menaçant Benoît XIV n'opposa qu'une déclaration pleine de modération et de sagesse, qui mit le saint-siége hors de cause, et laissa le différend à vider entre l'impératrice-reine et la république. Les rois de France et de Sardaigne employèrent leur médiation pour terminer cette affaire, qui fut enfin résolue l'an 1751, de la manière suivante : on éteignit le patriarcat d'Aquilée, dont on partagea le diocèse en deux archevêchés, l'un à la nomination du sénat, pour la partie du Frioul vénitien, l'autre pour le Frioul autrichien, à la nomination des archiducs. Udine fut le siége du premier, et Goritz le fut du second.

Pendant les nombreuses guerres qui désolèrent l'Europe, Venise persista avec constance, disons mieux, avec une absurde opiniâtreté, à garder son système de neutralité qui l'avait jusque-là si mal servie. Ni la guerre qui éclata entre la France et l'Angleterre à propos des limites du Canada, ni la lutte que le Grand Frédéric soutint pendant sept ans contre l'Autriche, la France et la Russie, ni les efforts des Corses pour s'affranchir de la domination de Gênes, ne purent ébranler son apathie : c'est donc dans une série de faits d'un ordre inférieur que nous devons chercher le récit de son histoire.

Vers 1737, les Monténégrins, peuple belliqueux qui habite sur les confins de la Dalmatie, écoutant les paroles mystiques d'un aventurier, s'étaient insurgés ; et leurs vaisseaux armés en corsaires coururent sur tous les navires marchands qu'ils rencontraient, soit dans l'Archipel, soit dans l'Adriatique. Les

Russes et les Autrichiens étaient les plus maltraités : ces puissances sommèrent donc la république de réprimer l'audace des Monténégrins et de les châtier ; mais après quelques essais infructueux, elle ne put y parvenir, et aussitôt l'Autriche et la Russie, qui voulaient former en Grèce un État indépendant, donnèrent à l'insurrection des Monténégrins un caractère religieux : ces peuples, ainsi que les Dalmates, professent le catholicisme suivant le rite grec : on les présenta comme persécutés par les Turcs, et dès lors on les engagea à envahir la Bosnie en les faisant soutenir par un corps d'armée austro-russe. On espérait par cet exemple fomenter une insurrection en Grèce. Pour arriver plus sûrement à l'accomplissement d'un tel dessein, la coopération de Venise était indispensable ; il fallait que ses forces navales s'unissent à celles des deux États, ou que du moins ses ports offrissent aux vaisseaux russes un asile et des approvisionnements : on la laissait, en outre, libre d'agir avec ses propres forces, sur la Morée. Vainement les envoyés russes et autrichiens démontrèrent au sénat les avantages d'une telle coopération ; vainement on lui assura la réintégration de ses anciennes possessions, soit dans le Péloponèse, soit dans la mer de Grèce, si elle consentait à prêter l'appui qu'on lui demandait. Le sénat demeura inébranlable : il craignait la vengeance de la Turquie, et comptait peu sur l'accomplissement des promesses que lui faisaient l'Autriche et la Russie. Ce refus excita d'abord la colère des deux empires, mais ce sentiment fit bientôt place à un autre, le mépris. L'empereur Joseph II, qui venait de succéder à sa mère, ne négligea aucune occasion pour manifester son mauvais vouloir contre les Vénitiens, et les amiraux russes s'appliquèrent à faire subir toute espèce d'avanies au pavillon de Saint-Marc.

Le traité d'Aix-la-Chapelle avait mis un terme à la grande conflagration européenne et rétabli le calme dans l'Italie, en y assignant une nouvelle distribution de territoires. A la suite de divers échecs, les hostilités entre la Turquie et les Austro-Russes avaient cessé ; en sorte que Venise, exempte de crainte, put de nouveau se plonger dans son insignifiance politique. Elle consacra une partie de ses loisirs à la surveillance de son administration intérieure ; plusieurs commissions furent nommées pour examiner les abus et les réprimer ; et c'est en se livrant à cette recherche qu'elles eurent occasion de surprendre en flagrant délit quelques fonctionnaires. Sur leur rapport, le sénat fit condamner les coupables comme prévaricateurs. On réprima aussi deux révoltes, l'une à Cattaro, l'autre à Céphalonie ; puis un événement inattendu, l'exaltation d'un sujet vénitien au trône de saint Pierre, sous le nom de Clément XIII, vint jeter une pâle rayon de gloire sur cette république expirante. Lorsque la décision du conclave fut connue à Venise, des cris de joie accueillirent de toutes parts l'heureuse nouvelle ; les patriciens et le peuple se livrèrent à des réjouissances solennelles, comme si les uns et les autres eussent eu le pressentiment que c'était là le dernier triomphe que dût remporter la république !

On conçoit sans peine que, dans un tel état de marasme, le événements politiques soient sans importance ; les divers doges qui se succédaient ne laissaient aucune trace de leur passage ; aussi avons-nous négligé d'en citer les noms. En 1762 cependant un homme recommandable par son érudition et son éloquence, Marc Foscarini[1], ceint la couronne ducale. Sous ce règne, qui ne fut que de dix mois, de vives attaques furent dirigées contre le conseil des Dix, et surtout contre les inquisiteurs d'État, que l'on accusait d'avoir usurpé à peu près toute l'autorité. Ces accusations, quoique fondées, étaient vagues ; elles soulevèrent d'ailleurs des récriminations sans nombre, car toutes les branches de l'administration et de la magistrature, ainsi que les simples citoyens, avaient à se plaindre. Nous dirons plus tard par qui ces accusations furent provoquées, et sur quelles bases elles reposaient. Alvise Moncenigo succéda à Marc Foscarini, et sous ce règne quelques hostilités contre les pirates d'Afrique troublèrent seules le long sommeil où la république semblait comme ensevelie.

Encouragés par la protection que leur accordait la Turquie et par l'insouciance des États maritimes, les Barbaresques étaient devenus si audacieux dans leurs courses, qu'un jour ils surprirent le château de Preveza et l'île de Cerigo : après avoir enlevé l'artillerie de ces places et massacré les garnisons, ils en avaient détruit les fortifications et ravagé le territoire. Venise désirait venger cet outrage ; mais telle était son appréhension d'entreprendre le moindre acte énergique, qu'elle ne crut pas devoir s'engager dans cette guerre sans obtenir l'assentiment de la Turquie, ou plutôt sans en acheter la permission. La Porte voulut bien lui permettre de poursuivre ses agresseurs, à condition qu'elle ne les attaquerait qu'à une certaine distance des côtes et des établissements de l'empire. Muni de ce firman, le sénat fit aussitôt armer une flotte et l'expédia en Afrique : les vaisseaux vénitiens essayèrent tour à tour de bombarder Tunis, Alger et Tripoli ; mais à peine leurs lignes d'embossage furent-elles prises devant ces différentes places, que des négociations de paix arrivèrent ; et sans avoir tiré un seul coup de canon, on en vint à arrêter de nouvelles capitulations (1764-1765).

Ces traités, on le sait, n'offraient aucune garantie, et quoiqu'ils stipulassent des conditions positives, relativement au commerce et à la navigation, ils étaient enfreints sans aucun scrupule par les Barbaresques, toutes les fois que l'occasion leur paraissait convenable. Ainsi la nouvelle capitulation arrachée par la crainte ne protégea pas mieux le pavillon vénitien que les conventions qui l'avaient précédée ; en 1766, le sénat fut même obligé d'armer une escadre contre Tripoli,

---

[1]. Marc Foscarini est auteur d'une *Histoire de la littérature vénitienne* ; son travail, qui est resté inachevé, était divisé en deux parties : la première devait embrasser les sciences les plus utiles à l'État ; la seconde, celles qui en font l'ornement, mais qui n'en constituent pas l'essence. Il comptait donc traiter, dans la première de ces deux parties, du droit civil et du droit canonique, de l'histoire nationale et étrangère, de l'astronomie et de la navigation, de la géographie, de l'architecture nautique et militaire, de l'hydraulique, et enfin de l'éloquence du sénat et du barreau. Le premier volume de cette partie, qui a seul paru, ne traite que des quatre premières sciences ; et quoique le titre annonce huit livres, il n'y en a que quatre. Ce volume est intitulé : *Della litteratura veneziana libri otto*, Padoue, 1752

pour obtenir la remise de plusieurs prises que les pirates de cette régence avaient faites sur les navires marchands de la république. Le résultat de cette expédition fut le même que celui de l'année précédente : dès que les forces vénitiennes se trouvèrent devant le port, le bey fit demander à parlementer : il vint lui-même à bord de l'amiral, et consentit à toutes les restitutions qu'on lui demandait. Alger et Tunis ne se montrèrent pas plus soucieuses de la foi jurée : elles enfreignirent aussi plusieurs fois les stipulations du traité, et coulèrent bas un grand nombre de navires vénitiens. Le commerce de la république, qui à cette époque n'était pas très-florissant, fut alarmé de ces attaques incessantes et en demanda la répression. Un homme plein d'énergie et d'habileté, l'amiral Angelo Emo, fut chargé par le sénat de cette mission : il avait ordre d'attaquer les pirates, de les réduire, et de n'accepter de capitulation que sous bonne garantie. Emo bombarda successivement Biserte, Suza et la Goulette ; il étendit ensuite ses croisières depuis le détroit de Gibraltar jusqu'au cap Bon, et fit éprouver des pertes nombreuses aux Barbaresques ; pendant trois années consécutives, il tint la mer, et les commerçants de Venise cessèrent d'être inquiétés. Mais on se plaignit bientôt dans le sénat que ce système de répression était ruineux pour la république ; qu'il occasionnait une dépense dix fois plus forte que toutes les prises possibles ; en effet, l'entretien de la flotte ne coûtait pas moins de sept millions de ducats par an ! Entre une pareille dépense et l'honneur de son pavillon, le sénat n'hésita pas ; il autorisa Angelo Emo à se rendre accessible aux propositions de paix et à offrir même de payer un tribut annuel pour que les navires vénitiens fussent désormais respectés ! C'est à ces honteuses conditions que les descendants dégénérés des anciens conquérants de Constantinople obtinrent d'être en paix avec les Barbaresques !

Paul Renier remplaça, en 1779, Alvise Moncenigo sur le trône ducal ; c'était un homme d'une haute capacité et d'une grande érudition, qui s'était déjà fait remarquer dans plusieurs ambassades. Aucun événement important à l'extérieur ne signala son règne ; mais en présence du marasme qui accablait la république, une grande fermentation animait les esprits ; on demandait de toutes parts des réformes, la répression des abus ; en un mot, la réorganisation de toutes les branches de l'administration. Comme le nouveau doge s'était toujours fortement prononcé pour ces améliorations, et que, simple membre du sénat, il en avait été l'un des plus ardents promoteurs, on pensait que, parvenu au pouvoir suprême, il s'empresserait d'appuyer ceux qui sollicitaient comme lui la réalisation de ces salutaires réformes. Paul Renier ne leur fit pas défaut : il se montra fidèle à son parti, à ses opinions, et fut le premier à faire des propositions au sénat pour qu'on s'occupât enfin de régénérer l'État ; mais la majorité s'opposa à leur prise en considération. Lorsqu'on apprit ce rejet, la place Saint-Marc fut envahie par des orateurs et par des flots de peuple tumultueux, qui demandaient avec énergie que les portes du sénat leur fussent ouvertes, afin de faire entendre leurs doléances à l'assemblée. On les repoussa. Cependant, pour calmer l'effervescence populaire on nomma des commissions qui furent chargées d'examiner les actes qu'on trouvait répréhensibles et de signaler les branches de l'administration qui n'étaient plus en harmonie avec les besoins de l'époque. Ce travail était scabreux et présentait de nombreuses difficultés. Comprenant le danger de leur position, les commissaires s'ajournaient sans cesse, ne sachant comment faire pour répondre aux exigences si diverses qui leur étaient adressées. Les inquisiteurs d'État mirent fin à leurs hésitations en les mandant secrètement devant leur tribunal : là on leur intima l'ordre formel de s'abstenir de toute proposition qui tendrait à renverser ou à modifier trop sensiblement l'état actuel des choses; et la plupart des membres qui composaient les commissions n'eurent pas le courage de désobéir à cette injonction. Dès lors aucun examen sérieux ne fut entrepris, ni aucune réforme proposée. Ainsi les espérances qu'on avait conçues s'évanouirent, et les mécontents continuèrent à s'agiter jusqu'au jour où de nouvelles idées, appuyées par des forces imposantes, vinrent changer les destinées de la république.

Les récriminations se dirigèrent ensuite contre le clergé et contre la noblesse, dont la richesse, la vie scandaleuse et les immunités exaspéraient le peuple. Ces plaintes ne furent pas mieux écoutées que les précédentes, car trop de personnes étaient intéressées au maintien de ces désordres et de ces abus. N'importe : tant de plaintes, tant de mécontentements, qui malheureusement n'étaient que trop justes, ainsi que nous le démontrerons plus tard, indiquaient qu'un malaise profond travaillait cette vieille société; qu'il n'était plus posssible de dissimuler le mal par le déploiement des fêtes et des plaisirs; qu'il fallait enfin trancher dans le vif ou succomber. En présence de l'irritation populaire, le problème devait ainsi se résoudre. Ce fut peut-être aussi pour donner une apparente satisfaction au peuple qu'à la mort de Paul Renier, survenue en 1788, on nomma, pour lui succéder, Louis Manini, issu d'une noble famille, il est vrai, mais de la quatrième classe : c'était une attaque directe contre la grande noblesse, qui s'était en quelque sorte arrogé jusque-là le privilége de donner des souverains à la république. Louis Manini, homme faible et sans caractère, fut interdit lorsqu'il se trouva en face d'une situation si désespérée; mais il se résigna, et son nom obscur termine cette longue suite de souverains électifs qui se succédèrent sans interruption pendant onze siècles, souverains dont plusieurs d'entre eux peuvent être considérés à bon droit comme des hommes d'État du premier ordre. La seule célébrité de Louis Manini dans l'histoire fut d'avoir présidé aux funérailles de la république !

On le voit, l'affaissement de la république était extrême : hors d'état de se défendre, même contre des ennemis peu dangereux, incapable de prendre aucune résolution énergique pour sortir de l'état d'affaiblissement et de langueur où elle était plongée, son existence se trouvait à la merci du premier conquérant qui eût voulu l'envahir, ou plutôt elle n'avait d'autre sauvegarde que le droit public, c'est-à-dire la jalousie des grandes puissances. Cette situation n'était pas le produit d'une révolution soudaine, d'un événement imprévu, mais bien la suite d'une longue série de fautes, d'erreurs, de préjugés, transmis d'âge en âge, et qui avaient accumulé sur cette malheureuse république leur coefficient de ruine et de destruction. Au fur et à mesure que nous avons rencontré ces causes dans le cours de notre histoire, nous avons eu soin de les indiquer; mais comme, isolées, elles ont pu passer inaperçues, nous croyons devoir, à la dernière période de caducité où nous sommes parvenus et avant d'entreprendre le récit de la grande commotion qui fit disparaître définitivement Venise de la carte de l'Europe, nous croyons, disons-nous, devoir résumer et grouper dans un même faisceau ces causes si diverses. Ainsi réunies, elles porteront plus de conviction dans l'esprit du lecteur.

Les circonstances qui firent le progrès de Venise sont simples et peuvent être facilement exposées en quelques lignes : le désordre qui régnait en Italie à la chute de l'empire romain, accru par les invasions successives des Barbares, avait jeté des flots de population sur cette multitude d'îles dont l'Adriatique est parsemée. Si cette mer n'eût pas été si heureusement située, les nouveaux émigrants, quelles qu'eussent été leur activité et leur énergie, n'auraient pu tout au plus transformer ces îles désertes et entourées de hauts-fonds, qu'en habitations plus ou moins commodes, qu'en pêcheries plus ou moins profitables, qu'en relâches plus ou moins avantageuses pour le commerce et la navigation. Mais l'Adriatique était une route naturelle ouverte entre l'Allemagne et le Levant; et sur cette route le commerce avait besoin d'un entrepôt. Venise aussitôt après sa fondation devint donc cet entrepôt nécessaire. Elle avait pour le devenir deux titres : sa position au fond du golfe à portée de l'Italie septentrionale et de l'Allemagne, et l'extrême sûreté de cette situation. La position pouvait se trouver ailleurs, Trieste l'avait, et Trieste était même plus rapprochée de l'Allemagne; mais ce qui manquait à Trieste, ce qui, au moyen âge, manquait à toutes les villes de la terre-ferme, c'était la sûreté. Or, Venise avait trouvé cette sûreté si précieuse au commerce et alors si rare en s'isolant au milieu des mers, en prenant les flots de l'océan pour ceinture. Voilà la cause première de sa puissance commerciale et politique. Tant qu'il n'y eut de sûreté que derrière d'impénétrables abris, Venise garda sa puissance; mais lorsque un nouveau monde fut découvert, lorsque les Portugais eurent signalé une nouvelle route pour aller aux Indes, lorsque la politique de l'Europe eut pris une assiette plus tranquille, lorsque l'art des constructions navales fut devenu populaire en France, en Angleterre, en Espagne, en Hollande; lorsque enfin un peuple guerrier, sorti du fond de l'Arabie, vint imposer ses conquêtes au monde et s'emparer de toutes les côtes orientales de la Méditerranée, Venise prise au dépourvu, Venise vieille et vaincue, ne put plus garder les clefs de l'Adriatique et s'assurer par la force le privilége d'en être le seul port. D'ailleurs l'Autriche avait grandi à ses côtés et se trouvait puissante, tandis que Venise était restée stationnaire; bien plus, par la possession de Trieste, l'Autriche était devenue sa rivale : alors Venise dut courber la tête et se résigner à lui laisser prendre l'ascendant qui lui était dévolu, car cette rivale avait pour elle aussi l'avantage de la position, et quant à la sûreté elle l'avait désormais aussi bien et mieux que Venise. En définitive, que fallait-il à l'Adriatique? un port qui offrît aux navires marchands un accès facile et sûr. Le commerce s'inquiète peu des traditions; peu lui importe que le port s'appelle Venise ou Trieste; il va où il trouve plus d'eau, où le débarquement est plus facile, où les transports sont moins coûteux.

Venise, on le sait, ne se laissa pas dépouiller de ses avantages sans combattre : ses guerres contre l'Autriche, contre Milan, contre Gênes, contre tous les États riverains de l'Adriatique, n'eurent d'autre mobile que la conservation de son commerce et le maintien de la suprématie de sa marine marchande. Puis, lorsque, par suite des événements et des révolutions, elle ne put plus exercer à main armée son droit de souveraineté dans le golfe, elle combattit encore; nous la voyons toujours, dans la fausse position où sa politique d'isolement l'a placée, lutter de son mieux contre les efforts tentés par ses voisins devenus puissants pour la déposséder de son empire. Elle engage alors une guerre de tarifs et de douanes, guerre non moins périlleuse que celle des armes. Dès 1658, Venise supprime tous les droits d'entrée pour toutes les marchandises, à l'exception des draps étrangers, qui restèrent prohibés; on avait maintenu d'abord les droits de sortie, mais ils furent encore supprimés quelque temps après. On avait espéré que les bénéfices des manufactures vénitiennes compenseraient le sacrifice que le fisc voulait bien s'imposer. Les effets de cette mesure ne répondirent point à ce qu'on s'en était promis; on fit, en 1682, la comparaison des marchandises sorties du port de Venise, depuis la réforme, avec celles qui en sortaient précédemment, et l'on reconnut que les exportations avaient diminué et que le trésor avait éprouvé un dommage considérable. A cette époque les gouvernements n'avaient pas encore étudié le jeu des petites taxes, ni celui de l'abaissement des tarifs; on ne savait pas qu'il fallait plusieurs années pour équilibrer la perturbation que leur réforme pouvait occasionner. En conséquence, l'ancien état de choses fut rétabli, et la franchise supprimée en 1689; mais les droits d'entrée furent réduits de six à quatre pour cent. En 1717 et en 1730, on proposa encore de modérer les tarifs; on sentait qu'il était difficile de les laisser subsister, depuis que d'autres ports étaient en concurrence avec Venise. Les négociants demandaient que toutes les marchandises pussent sortir librement de Venise, sans payer aucun droit, sans être assujetties à aucune formalité; le sénat rejeta d'abord leur demande, le gouvernement était si pusillanime à cette époque, qu'il craignait de se compromettre sur la moindre question; cependant les instances du commerce ayant été renouvelées en 1736 et en 1737, le sénat céda enfin à la nécessité et composa avec les circonstances. Il fut réglé que Venise serait un *port franc*, non pas dans toute l'étendue de ce mot et avec une exemption absolue de toute charge et de toute surveillance, mais cependant avec des modifications telles qu'on pouvait espérer d'y attirer les étrangers, malgré la franchise des ports de Trieste et d'Ancône. Toutes ces mesures furent impuissantes pour conjurer le mal; il prenait sa source dans les grands changements politiques qui, à la suite des siècles, s'étaient opérés en Europe, et Venise déchue était hors d'état de les maîtriser.

La position géographique et le commerce ne firent pas seuls la fortune de Venise; on ne peut s'empêcher de lui assigner une autre cause non moins prépondérante que celle-là : Venise eut le précieux avantage de posséder dès les premières années de son existence, et bien longtemps avant les pays qui l'environnaient, un gouvernement régulier, sage, stable et prévoyant. Appuyé sur une population laborieuse et active, qui ne demandait qu'à être guidée dans des voies nouvelles pour s'y jeter avec ardeur, ce gouvernement put de bonne heure, et avec de très-faibles ressources, réaliser de grandes choses. Venise fut peut-être la seule puissance de l'Europe qui, à ces époques d'ignorance et de barbarie, présentât une harmonie parfaite entre le peuple et le souverain. Aussi toutes ses entreprises, soit commerciales, soit guerrières, sont faites avec une spontanéité d'action qui étonne l'observateur lorsqu'il les considère de sang-froid. C'est dans cette union intime entre les gouvernants et les gouvernés, c'est dans cet élan général que se trouve le secret de sa puissance; c'est là ce qui explique la rapidité de ses conquêtes. Le gouvernement de Venise fut, à toutes les époques, ombrageux, sévère, despotique, mais au fond il était juste, et toutes les rigueurs dont il fit usage n'eurent d'autre but, à un très-petit nombre d'exceptions près, que de maintenir l'ordre et d'assurer la tranquillité publique.

Pendant toute la durée du moyen âge, et même longtemps après, il n'y avait pas une seule ville en Europe qui offrît, soit aux régnicoles, soit aux étrangers, les mêmes avantages qu'on trouvait à Venise. Toutes les villes d'Italie étaient alors déchirées par des factions, ou en proie à de petits tyrans qui les soumettaient à des vexations sans nombre. A Venise, au contraire, dans ce site unique, régnait une tranquillité inaltérable, maintenue par une police vigilante; et sur le port on trouvait réunis les produits les plus divers recueillis dans toutes les parties du monde connu. Dans l'intérieur de la ville une multitude d'ateliers filaient la laine, tissaient la soie, ou façonnaient les métaux en une prodigieuse variété d'objets de luxe ou d'utilité; car l'industrie vénitienne s'était appliquée de bonne heure à pourvoir aux besoins du pauvre et à satisfaire les caprices du riche; et le commerce, non moins ingénieux qu'elle et plus téméraire, ne reculait devant aucun danger pour lui procurer tous les matériaux dont elle avait besoin. Partout la vie, le mouvement et la sécurité. Les guerres lointaines que faisait la république avaient le double avantage de débarasser Venise de cette population turbulente, toujours disposée au crime, qui encombrait les autres villes, et d'y rehausser les brillantes conquêtes des arts et de l'industrie par les trophées de la victoire; aussi tout était joie et contentement au sein de Venise, et les étrangers, assurés d'y trouver non-seulement une protection libérale, mais encore tout ce qui pouvait flatter leurs goûts, se rendaient en foule dans cette ville splendide, et concouraient par leur présence à en augmenter l'éclat. Les édiles s'efforçaient, par une administration intelligente et économe, à maintenir cette heureuse situation ; on les voyait sans cesse occupés à ordonner de nouveaux travaux d'utilité publique, à relier tous les îlots groupés autour de Rialto par des ponts et des quais solidement construits ; la ville se parait chaque jour de nouveaux monuments, et sans cesse ils organisaient des fêtes, des solennités qui avaient pour but la glorification de Venise. Ce spectacle continuel de grandeur, de magnificence et de plaisirs, impressionnait vivement les étrangers qui visitaient cette capitale, et, de retour dans leurs foyers, ils contribuaient, par leurs récits, à populariser, dans les contrées les plus lointaines, la richesse et la puissance de Venise. C'est là ce qui fit sa réputation, et ce qui la lui conserva longtemps après la disparition des causes qui l'avaient produite.

Tels furent les effets de ce gouvernement qui ne recula devant aucune rigueur pour établir d'une manière durable la force, la richesse et l'indépendance de l'État. Tant que le mouvement ascendant de la république se maintint, les Vénitiens n'eurent à envier à d'autres peuples que la liberté ; mais la liberté dont quelques villes d'Italie pouvaient seules se vanter d'avoir joui momentanément, y avait été achetée par des flots de sang, et les discordes civiles l'avaient bientôt engloutie. A Venise, au contraire, aucune grave commotion ne se fit sentir ; toutes les classes de citoyens restèrent calmes ; et jamais en s'environnant d'une certaine prudence, elles n'eurent à craindre ni pour leur existence, ni pour leur fortune. Le gouvernement s'était de bonne heure si bien appliqué à se faire obéir, qu'il n'y eut que de très-rares infractions à ses volontés, qu'il avait rendues inflexibles afin d'être toujours respecté. Ce n'est donc pas dans les relations des sujets avec les souverains ni dans les dissensions intestines qu'il faut rechercher les premiers symptômes de la décadence de Venise.

Quelques historiens ont cru trouver les premières causes de la décadence de la république dans son ambition excessive, dans sa soif immodérée de conquêtes. « Il n'appartenait pas, disent-ils, à un peuple réfugié dans de petites îles de se « faire conquérant ; pour conquérir, il faut une force résultant d'une certaine « masse de population ; or, la république ne la possédait pas. Elle ne possédait pas « non plus, ajoutent-ils, le secret d'amalgamer les peuples conquis de manière à « les habituer à confondre leurs affections et leurs intérêts avec ceux de la mé- « tropole. » A notre avis, l'ambition de Venise et ses conquêtes ne peuvent être mises au nombre des causes qui influèrent sur sa décadence. Un peuple obéit toujours à ses instincts ; et le premier de tous, lorsqu'il sait sa force suffisamment concentrée à l'intérieur, c'est de se répandre ; or, de tous les peuples ceux qui satisfont le plus impérieusement à cette loi, ce sont les peuples marchands et navigateurs : voyez Tyr, voyez Carthage, voyez enfin la moderne Angleterre ; partout vous trouvez les traces de leurs colonies ou de leurs conquêtes. Naturellement Venise entra dans cette voie; et, quoi qu'on en dise, elle ne dépassa pas les bornes que lui imposaient et sa population et ses ressources. Le rayon de ses conquêtes, au contraire, était borné et parfaitement en harmonie avec ses besoins et sa situation. Elle ne s'étendait pas au delà du Bosphore; elle régnait sur la principale partie de l'Archipel grec; elle soumit à ses lois toute la côte orientale de l'Adriatique; puis elle agrandit sa souveraineté en terre-ferme par des conquêtes successives que justifient pleinement les besoins de sa politique et de son commerce. Certes, ce n'étaient pas là des entreprises démesurées; Venise pouvait faire mieux encore; et peut-être doit-on la blâmer de ne pas avoir entrepris davantage; dans plusieurs circonstances l'audace lui manqua. Si nous tenons compte de la différence des temps, de la civilisation et des situations, nous trouverons que l'Angleterre s'est étendue bien autrement. A deux mille lieues de distance ne commande-t-elle pas à plus de cent millions de sujets? Ses colonies ne sont-elles pas disséminées sur toute la surface du globe, dans les régions les plus opposées?

Ne reprochons donc pas à Venise ses conquêtes, mais bien son inhabileté à les gouverner : ce fut là sa partie faible, c'est dans cette administration qu'elle commit ses plus grandes fautes. Elle était redevable à son commerce et à sa marine marchande de ses premiers succès, de sa première fortune, et jamais elle ne voulut oublier son origine; elle ne vit dans ses conquêtes que de nouveaux débouchés exclusivement ouverts à son commerce et à son industrie; qu'une nouvelle pâture pour ses impôts; qu'un moyen d'employer et d'enrichir ses patriciens, qu'elle envoyait dans ces contrées lointaines et à qui elle laissait libre carrière pour exploiter ses nouveaux sujets. Voilà les fautes essentielles que commit Venise. Elle n'avait pas compris que le rôle d'une métropole envers ses colonies consiste non à les opprimer, mais bien à les encourager et à développer leurs forces productives en leur rendant plus faciles les conditions du travail. En suivant un système contraire, point d'assimilation possible entre les deux peuples, nulle affection des colonies pour la métropole, point de solidarité entre les sujets et les maîtres. Et encore si, pour racheter les vices du système qu'elle avait adopté, Venise eût été forte et puissante là où elle n'avait su ni se fondre avec les populations ni gagner leur amitié, le mal eût été moindre. Mais non; elle voulut mettre le comble à son inhabileté : tandis qu'elle s'ingéniait à trouver de nouveaux prétextes pour étendre sa fiscalité, qu'elle créait de nouveaux emplois dans le but unique d'occuper ses patriciens ou de réparer les brèches de leur fortune, elle laissait insensiblement ruiner les fortifications qu'elle avait d'abord établies; elle diminuait sans cesse le nombre de ses troupes ou les payait fort mal, et puis lorsque l'ennemi du dehors se présentait, ou que, fatigués de tant d'exactions, les peuples de l'intérieur se soulevaient, alors, prise au dépourvu, elle se trouvait impuissante à repousser les uns, à contenir les autres.

Lorsqu'un État est tombé et qu'il a accompli ses destinées, il est facile de signaler ses fautes, d'indiquer avec plus ou moins de justesse quelques-unes des circonstances qui ont pu déterminer sa ruine. Ce qui est plus difficile et ce qui intéresserait davantage, ce serait de constater l'influence relative de ces diverses circonstances sur l'événement fatal. Là est l'écueil; car chacun apporte dans cet examen les préoccupations exclusives de son esprit. Ainsi, dans l'espèce, les uns considèrent la découverte de l'Amérique, le déplacement des grandes voies commerciales, la mauvaise administration des colonies, comme les causes principales de la chute de la république; ceux-ci l'attribuent à l'ambition, à la soif des conquêtes; ceux-là prétendent que si Venise fût toujours restée insulaire, si elle n'eût jamais cherché à s'étendre en terre-ferme, sa prospérité se serait indéfiniment prolongée. Considérées d'une manière absolue et sans aucune relation avec les circonstances qui les entourent, ces causes paraissent, à la première vue, avoir eu l'influence prépondérante qu'on leur assigne. Mais ce n'est pas en faisant ainsi l'autopsie d'un corps politique, en soumettant à l'analyse quelques-uns des vices de son organisme, que l'on peut conclure avec certitude des conditions de sa vitalité; car, il faut en convenir, ce n'est pas une cause seule qui agit ordinairement sur l'existence des nations; elles sont multiples, elles s'enchaînent les unes aux autres et n'exercent chacune qu'une petite part d'action; nous croyons l'avoir suffisamment indiqué dans ce qui précède. Il nous reste cependant à examiner une cause majeure, à laquelle un grand nombre d'historiens n'ont pas hésité d'attribuer exclusivement la chute de la république : nous voulons parler de sa constitution politique. L'importance réelle de cette cause et les préjugés qui l'environnent nous obligent d'en faire un examen spécial.

Nous ne partageons pas plus cette opinion absolue que celles que nous venons de combattre; car si l'on examine de sang-froid toutes les révolutions politiques qui sont survenues dans le monde, on reconnaîtra qu'avec les systèmes les plus divers de gouvernement, les nations ont alternativement marché vers leur décadence ou vers leur prospérité. En d'autres termes, nous ne pensons pas que ce soit la forme seule qui fasse le bonheur ou entraîne la ruine des sociétés, car, suivant les milieux où elles agissent, nous voyons les mêmes formes déterminer des résultats contraires. Pour se rendre un compte exact de ces phénomènes, il faudrait donc analyser les milieux, c'est-à-dire une multitude de circonstances et de prédispositions : le caractère national, les événements extérieurs, la situation géographique, les erreurs, les préjugés en circulation; toutes choses qui influent sur les masses, mais qui, par l'extrême ténuité de leurs résultats, échappent à l'observation la plus sagace. On n'aperçoit que ce qui est à la surface et l'on néglige les profondeurs. Ainsi plusieurs historiens, toujours préoccupés de la forme, n'ont pas craint d'avancer que si Venise eût été érigée en monarchie, si elle eût pu se débarrasser de ses oligarques et de sa constitution républicaine, elle aurait bravé les siècles.

Sans doute si l'aristocratie vénitienne eût été moins jalouse de ses prérogatives, moins ardente à satisfaire son égoïsme, moins absorbée par de continuelles intrigues, moins occupée à se surveiller, à se contrôler; si elle eût pris un peu plus à cœur les grands intérêts de la nation, si elle eût compris que le mouvement et le progrès sont les principes constitutifs de l'existence des peuples; que la moralisation des masses, l'exaltation des nobles sentiments et leurs récompenses, enfin la flétrissure publique des vices, sont les plus sûrs moyens d'assurer, au dedans et au dehors, la grandeur et la prospérité des États, sans contredit, Venise subsisterait encore et continuerait d'être un des plus merveilleux foyers de civilisation. Mais ces reproches que nous venons d'adresser à l'aristocratie vénitienne ne sont-ils pas inhérents à toutes les aristocraties, à toutes les classes qui sont parvenues à acquérir, à un titre quelconque, la suprématie sur les autres, n'importe sous quel système politique elles se sont constituées? Ne sont-ce pas ces vices qui ont amené la chute de notre ancienne dynastie, en France? Ne sont-ce pas eux qui, en Angleterre, ont été cause de tant de révolutions?

Nous n'admettrons donc pas que la forme du gouvernement vénitien ait été la seule cause prédominante de sa ruine; mais nous mettrons les vices qu'elle a engendrés au nombre de cette multitude de causes que nous avons déjà signalées, et qui toutes, selon nous, ont agi avec plus ou moins d'intensité sur l'affaissement de la république. C'est donc sous l'influence de cette seule préoccupation que nous allons nous livrer à l'examen rapide du mécanisme politique et administratif de ce gouvernement, ainsi qu'à celui des modifications successives qu'il a subies à différentes époques. Cet examen nous permettra de grouper en un seul faisceau et de mettre ainsi mieux en saillie les causes qui de ce chef ont pu contribuer à amener le grand événement.

L'indépendance paraît avoir été la passion prédominante, innée des Vénitiens; nous allons voir comment elle fut successivement annihilée. Les premiers doges, pure émanation de la volonté populaire, avaient été investis des plus larges pouvoirs de la souveraineté; ils commandaient en maîtres absolus, ils dictaient les lois, prononçaient des sentences sans appel, déléguaient ou partageaient leur autorité sans prendre aucun avis. Pour que leur condition fût égale à celle des rois, il ne leur manquait que de rendre leur autorité héréditaire; plusieurs fois ils essayèrent de la conquérir; mais l'exil, l'aveuglement, la mort, firent justice de ces prétentions. Bientôt après se forma une magistrature analogue à celle des tribuns du peuple à Rome. Elle se composait seulement de trois membres qui prenaient le titre d'*Avogadori del comun;* leur prérogative principale consistait à suspendre l'exécution des arrêts des cours de justice, des décrets du doge et des délibérations du conseil des Quarante (le sénat primitif) ou des assemblées populaires; mais ce qui était plus remarquable encore dans cette magistrature, c'est que le *veto* d'un seul avait la même efficacité et le même pouvoir que s'il eût été rendu par le commun accord des trois. L'*avogador* était dispensé de motiver son *veto*, pendant un mois et un jour ; il pouvait même doubler ce délai ; il avait ensuite le privilége de s'adresser, à son choix, au doge ou aux Quarante, à tout autre corps de magistrats, ou enfin à l'assemblée du peuple, pour les constituer juges du mérite de ses motifs. Les avogadori devaient donc posséder une prépondérance irrésistible, puisqu'il leur était si facile de choisir pour valider leur *veto* une autorité jalouse de celle qui avait créé la loi ou le décret contre lequel ils s'élevaient. Ainsi l'autorité du doge, celle des Quarante, celle des *avogadori*, se balançaient mutuellement. Toutefois, l'influence de la richesse triompha des précautions politiques qu'on avait prises pour empêcher aucune usurpation consacrée par le temps : il n'est point d'obstacles qu'elle ne finisse par renverser.

Les familles qui pendant des siècles avaient occupé les emplois civils et militaires de l'État, ou que le commerce avait enrichies de génération en génération, transmettaient à leurs descendants une influence toujours croissante. L'aristocratie qui tire son origine de la propriété, et qui n'est point fondée par des lois positives, devient plus respectable par son antiquité ; elle ne doit qu'à elle-même son existence et sa durée. Incapables de la créer, le prince et le peuple essaieraient en vain de la détruire. L'aristocratie qui existait à Venise à l'époque dont nous parlons, ne formait pas un corps séparé, et ne possédait pas de priviléges ; et si elle composait la classe dominante, c'est que le peuple ayant le droit de choisir ses chefs, préférait élire les hommes qui avaient le plus d'influence comme individus. C'est ainsi que le peuple romain, qui avait eu de si longs démêlés avec le sénat relativement au droit de nommer ses consuls dans les classes plébéiennes, n'en fit pas usage après l'avoir conquis, et préféra donner ses voix à des patriciens.

Cependant la population de Venise augmentait d'année en année ; son territoire, renfermé jusque-là dans des marais, s'étendait, par suite de ses conquêtes, dans la Méditerranée ; ses principaux citoyens étaient à la fois guerriers et marchands ; ils commandaient ses flottes, ses armées, et exerçaient en même temps un contrôle sévère sur leurs chefs. Ainsi, riches d'or et de gloire, ils veillaient sur la liberté publique. Le seul pouvoir qui pût blesser ces fiers *démocrates*, qu'on nous permette cette expression, car l'aristocratie n'est pas encore constituée, c'était le pouvoir des doges qui les dominait. Ils songèrent dès lors à leur imposer de nouvelles entraves. Vers le milieu du xiie siècle, on arrêta qu'ils ne pourraient plus s'adjoindre ni leurs fils, ni leurs parents, ni aucune personne de leur choix. On leur donna un conseil, la *signoria*, et pendant leur absence on les remplaçait par le plus ancien des conseillers. Ils furent en outre obligés de soumettre toutes les affaires à la délibération du sénat ; mais ce sénat ils le convoquaient à leur gré. C'était encore une prérogative qu'ils ne conservèrent pas longtemps, non plus que celle de procurer à leurs fils des établissements qui étaient en quelque sorte une souveraineté.

A partir du xiiie siècle commence un nouvel ordre de choses : le sénat et le grand conseil prennent plus de consistance ; ils se renouvellent d'abord par élection ; le grand conseil finit par devenir permanent, héréditaire, souverain, et l'aristocratie se trouva constituée. Dès lors le doge ne fut plus que le premier magistrat de la république, et après chaque vacance on eut soin d'ajouter à son serment les déclarations qui restreignaient encore son autorité. Dès le milieu de ce siècle, on l'oblige à jurer qu'il ne cherchera pas à étendre son autorité, et qu'il dénoncera même ceux qu'il saurait en avoir conçu le projet; qu'il gardera le secret sur les affaires traitées dans le conseil; qu'il n'ouvrira ni ne lira aucune lettre des cours étrangères hors de la présence de ses conseillers; que sans eux il n'expédiera aucune dépêche aux légations, ne donnera aucune audience aux ambassadeurs, et ne leur fera aucune réponse avant qu'elle ait été délibérée, tandis que les conseillers pouvaient accomplir tous ces actes sans la participation du doge. Pour compléter l'abaissement de ce souverain précaire, on arrêta qu'il ne pourrait pas choisir pour épouse une étrangère; que sa famille serait exclue des bénéfices ecclésiastiques, qu'elle serait inhabile à exercer aucun gouvernement, soit dans Venise, soit au dehors, et que les fils du doge ne seraient jamais appelés à remplir des missions à l'étranger.

Dans le xive et le xve siècle, on interdit au doge de sortir de Venise sans l'autorisation du sénat; il y avait même une loi qui, dans le cas où il eût enfreint cet ordre, autorisait les simples particuliers à lui jeter des pierres. Le doge ne pouvait exercer le commerce ni par lui-même, ni par sa famille, ni par ses serviteurs; il lui était défendu d'élever et même de réparer de ses deniers les monuments publics; de posséder des immeubles hors du dogado; de s'arroger aucune influence dans les délibérations, sa voix ne devant avoir aucune prépondérance. On interdit plus tard à ses fils et à ses neveux le droit de faire des propositions dans les conseils, et on les déclara incapables de siéger dans le collége. Pendant le xvie et le xviie siècle, on resserre encore ses chaînes; les membres de sa famille sont privés de plusieurs droits dont jouissent les simples patriciens; et sa femme, qu'on appelait la *dogaresse*, et qui jusque-là avait porté un semblant de couronne ducale, fut dépouillée de ce fragile ornement.

Dans le xviiie siècle, le fils aîné et seulement un des frères du doge, furent admis à siéger dans le sénat, mais sans voix délibérative; les autres membres de la famille étaient exclus. Les rapports du doge avec les puissances étrangères furent soumis à de plus dures entraves; on lui défendit expressément d'entretenir, soit à Venise, soit ailleurs, des correspondances avec des personnes de l'un ou de l'autre sexe qui avaient ou qui pouvaient avoir des relations avec les ministres des cours étrangères; et afin d'ôter tout prétexte à ces relations, le doge ne fut plus censé donner audience aux ambassadeurs étrangers, quoiqu'il y assistât décoré de tous ses insignes, mais bien le collége. Toute la monnaie était frappée en son nom, mais elle ne portait ni son effigie ni ses armes; et, si l'on examine attentivement les ducats de diverses époques, sur lesquels on a représenté un personnage en costume de doge, à genoux devant saint Marc, qui lui met un étendard entre les mains, on se convaincra facilement que ce n'est pas l'image du duc régnant. Le nom du doge était pareillement inscrit sur toutes les médailles des chaînes d'or que le sénat donnait à titre de récompense aux ambassadeurs et aux principaux officiers de guerre, mais au-dessous du nom on avait eu soin de placer ces deux lettres S. C., qui signifient *senatusconsulto*, pour montrer que ce n'était pas le doge mais le sénat qui faisait cette gratification. Ce n'était pas non plus le doge qui publiait les édits, quoiqu'ils commençassent tous par cette formule : *Il serenissimo principe fa saper*. Toutes les lettres de créance des ministres que la république envoyait dans les cours étrangères étaient écrites au nom du doge, mais ces lettres n'étaient pas signées de sa main, parce que ce n'était pas lui qui envoyait les ambassadeurs ; le sénat déléguait pour la signature de ces lettres un de ses secrétaires, et y faisait apposer le sceau des armes de la Seigneurie.

Dans les premiers siècles de la république, on voit presque toujours les doges se mettre à la tête des armées ; aussitôt que l'aristocratie fut établie, toute occasion d'exercer le commandement militaire, soit par eux-mêmes, soit par leurs enfants, leur fut interdite. Deux vieillards parurent bien à la tête des flottes, mais on eut soin de les entourer de commissaires spéciaux. Ainsi le doge était insensiblement devenu l'esclave de la république, ce qui faisait dire de lui aux anciens publicistes : *Rex est in purpurá, senator in curiá, in urbe captivus*. Hors de Venise on ne reconnaissait même pas son autorité, et il n'y recevait aucun honneur public. Son palais était une prison dorée, les espions y veillaient jour et nuit, et les inquisiteurs d'État en faisaient la visite sans être vus. Toutes ses actions étaient épiées, et ses plus légères fautes l'exposaient à des châtiments ou à de sévères réprimandes. On avait supprimé ses gardes, de peur qu'il ne s'en servît pour changer la forme du gouvernement, et le personnel de sa maison ne se composait que d'un écuyer et d'une cinquantaine d'huissiers. On avait prescrit des bornes jusqu'à sa générosité. L'argent qu'il distribuait au peuple le jour de son élection avait été limité entre cent et cinq cents ducats, et la dépense des repas qu'il était obligé de donner aux quatre grandes fêtes de l'année, avait été fixée à quatre cents ducats chacun.

Ainsi réduite, ainsi abaissée, cette souveraineté ne pouvait offrir que bien peu d'attraits aux hommes qui se sentaient capables d'entreprendre de grandes choses ; aussi l'occupation du siége ducal ne fut bientôt regardée, à de très-rares exceptions près, que comme une simple satisfaction d'amour-propre, que comme une illustration nouvelle pour les familles patriciennes. D'ailleurs la loi avait prévu le cas où l'élu viendrait à refuser la dignité qu'on lui imposait : il était banni et ses biens confisqués. Il devait donc courber la tête et se résigner. Pour lui prouver mieux encore sa servitude, on l'avertissait, au moment même de son couronnement, qu'après sa mort il serait exposé en public pendant trois jours ; que toute sa conduite serait minutieusement examinée, et que ceux qui auraient reçu de lui quelque dommage seraient admis à en exiger l'indemnité aux dépens de sa succession. Et, en effet, aussitôt son décès arrivé, des censeurs étaient nommés pour scruter les actes de son administration, comme s'il eût exercé réellement le pouvoir. Presque toujours on trouvait ou que les doges avaient abusé de leur autorité, ou qu'ils avaient négligé la chose publique, ou enfin qu'ils n'avaient pas vécu d'une manière convenable à leur rang : appréciations qui entraînaient nécessairement une amende ou des restitutions. Voilà à quel degré d'abaissement était tombée cette dignité de doge autrefois si brillante et si respectée. Dans les derniers temps de la république, ce n'était plus qu'un fantôme de pouvoir! Entourés de pareilles entraves, les doges en étaient venus à ne prendre aucune initiative dans les affaires les plus importantes; ils laissaient faire, car, selon l'expression moderne, ils régnaient et ne gouvernaient pas. Pour compléter le tableau de la nullité où la jalousie aristocratique avait plongé ces magistrats, il nous reste maintenant à faire connaître la composition et les attributions du conseil qu'on leur avait imposé.

La *Seigneurie*, ou le conseil du doge, était composé de six membres choisis parmi les sénateurs les plus recommandables, de manière cependant qu'ils représentassent les six quartiers de la ville, et de trois chefs de la Quarantie criminelle. C'étaient ces neuf conseillers qui ouvraient toutes les dépêches adressées au prince, même hors de sa présence. Ils présidaient sous le doge ou en son absence les séances du sénat et du grand conseil, et le plus âgé d'entre eux prenait dans ces occasions le titre de *vice-doge*. On le traitait de *sérénité*; mais il ne portait point les insignes du prince, et il ne se plaçait jamais sur le trône, même pour donner audience à un ambassadeur étranger. Les conseillers convoquaient les assemblées d'État, ouvraient et fermaient les discussions, et soutenaient, avec les *sages*, les propositions émanées du gouvernement. Ils prononçaient sur les questions de compétence entre les tribunaux, et jugeaient même quelques affaires civiles, soit en matière bénéficiale, soit lorsqu'il s'agissait de contestations entre les particuliers et le fisc. Mais dans cette circonstance le collége n'était considéré que comme un tribunal de première instance, et il y avait appel de ses jugements à la *Quarantie criminelle*. En corps ou individuellement, les conseillers donnaient des audiences publiques pour recevoir les réclamations des citoyens de toutes les classes. Enfin, pendant la vacance du trône ducal ils remplissaient les fonctions de doge et s'en partageaient les émoluments; ils ne quittaient le palais ni le jour ni la nuit, et y étaient nourris aux frais de l'État. Ce conseil s'adjoignait seize sages, élus par le sénat. C'était la réunion de ces vingt-six personnes qui formait ce qu'on appelait le *collége*. Il fallait avoir trente-huit ans révolus pour être un des sages, et cette charge ne se conservait que pendant six mois, durant lesquels ils n'étaient chacun que quatre fois de semaine, afin que leur puissance fût modérée par ce continuel changement.

Les sages étaient divisés en trois classes :

Les *sages grands*, au nombre de six, étaient ainsi appelés parce qu'ils maniaient les plus grandes affaires de l'État, dont ils étaient proprement ministres. Ils s'assemblaient pour consulter et examiner les affaires qui devaient être présentées au sénat. Bien qu'ils travaillassent tous ensemble, il y en avait un qui était de semaine pour recevoir les mémoires, les offices, les requêtes qu'on adressait d'abord au collége pour être portés ensuite au sénat. C'était à lui de proposer à ses collègues toutes les matières, afin qu'ils en délibérassent avant de les envoyer au sénat.

Les *sages de terre-ferme*, qui furent créés en 1340, étaient au nombre de cinq. L'un d'eux était appelé *sage de l'Écriture*; sa fonction était d'expédier les gens de guerre, d'assister aux revues des troupes, et de casser ou de mettre sur pied les compagnies. On traitait avec lui pour des levées, et il en faisait son rapport dans la réunion de ses collègues où l'on délibérait de ce qui devait se passer au collége. Il était juge par appel de toutes les sentences rendues à Venise, ou hors de la ville contre les soldats de la république, et il en ordonnait brièvement et définitivement, tant pour le civil que pour le criminel. Un autre était appelé *sage caissier*; il proposait le paiement des gens de guerre, et de tous ceux qui avaient de l'argent à recevoir de la république. Rien ne se comptait sans un ordre signé de lui. Les trois autres n'avaient point d'attribution particulière, ils remplaçaient leurs collègues dans leurs vacances. Ils étaient élus par le sénat. Quoique fort inférieurs aux sages grands, on les traitait d'*Excellence*.

Les *sages des ordres*, au nombre de cinq, étaient de jeunes nobles de la première qualité, à qui l'on donnait entrée au collége, non pour y délibérer des affaires qui s'y traitaient, car ils n'y avaient point de voix, mais seulement pour y écouter et se former au gouvernement par l'exemple des autres sages, qu'ils regardaient comme leurs maîtres : ils étaient obligés de se tenir debout et découverts, quand ils voulaient parler. Ils étaient aussi appelés *sages de mer*, parce que les affaires maritimes étaient de leur ressort. Ils n'avaient de voix délibérative dans la réunion des autres ordres que lorsqu'il s'agissait de cette spécialité d'affaire. Cette magistrature fut autrefois une des plus considérables de la république; mais au déclin de la marine vénitienne, elle était sans importance [1]. Telle était l'organisation du pouvoir exécutif : le doge se trouvait placé sous la dépendance des sages, et les sages, par leur situation précaire, relevaient entièrement du sénat. Qu'était donc la liberté d'action de ce pouvoir? Nulle. Où était sa force? Ailleurs que dans son sein. On ne pouvait donc attendre de lui rien de spontané, rien de décisif, rien d'énergique.

Examinons maintenant la condition des autres pouvoirs :

Nous avons expliqué, lorsqu'il s'est agi de la *serrata del consiglio*, l'organisa-

---

1. Il y avait en outre diverses magistratures ou administrations inférieures désignées sous le nom de *sages*; la plus importante était celle des eaux (*savii alle acque*), dont les attributions étaient de surveiller l'entretien des canaux, de les faire réparer et creuser, etc.

tion du *grand conseil*, le véritable pouvoir souverain de Venise (tous les nobles âgés de vingt-cinq ans avaient droit d'en faire partie); il ne nous reste donc que très-peu de chose à dire sur cette institution, car elle se maintint intacte jusqu'aux derniers jours de la république. Les attributions du grand conseil étaient illimitées; cependant il ne s'était réservé que la sanction des lois, la création de nouveaux impôts, le droit de conférer la noblesse, d'accorder la citadinance, et de nommer à presque tous les emplois qui devaient être remplis par des patriciens. Encore faut-il remarquer que, pour ne pas laisser trop d'influence à la petite noblesse et au hasard, le sénat s'arrogea le droit de nommer lui-même aux charges les plus importantes, et qu'il désigna les sujets à élire pour beaucoup d'autres. Le droit de faire des propositions dans le grand conseil n'appartenait pas à tous les membres, mais seulement au doge, aux six conseillers du doge, pris collectivement, c'est-à-dire quand la proposition avait été approuvée par la majorité d'entre eux; aux trois chefs de la Quarantie criminelle, quand ils étaient unanimes; à chacun des trois avogadori; aux magistrats des eaux et à ceux de l'arsenal, seulement sur des matières de leur ressort, et quand ils étaient unanimes entre eux. Les propositions du doge pouvaient être mises en délibération sur-le-champ, on ne votait sur les autres qu'après un délai. Tous les membres du conseil pouvaient prendre la parole pour ou contre une proposition après qu'elle avait été admise; mais pour que les décisions fussent valables, il fallait que l'assemblée comptât au moins deux cents membres présents, et huit cents pour les affaires importantes. Ce dernier nombre avait été réduit à six cents par une loi de 1775. L'usage des flambeaux étant interdit, l'assemblée se séparait nécessairement au coucher du soleil. Les orateurs étaient tenus de parler le dialecte vénitien; la langue toscane n'était tolérée que dans l'exorde.

L'esprit du grand conseil fut constamment appliqué à détourner au profit de la haute aristocratie la plus grande partie du pouvoir. C'est un sentiment qui le dominait surtout dans la composition du sénat. Se considérant trop nombreux pour concentrer efficacement tous les pouvoirs dans ses mains, il s'était servi de l'ancienne assemblée des *pregadi*, conseillers improvisés, que le doge réunissait à son gré pour en former un corps permanent élu dans son sein et lui confiait quelques-unes de ses plus précieuses prérogatives. Le sénat, composé d'abord de soixante membres, puis de cent vingt, finit par en admettre près de trois cents. Voici les personnes qui y avaient entrée : le doge, — les procurateurs de Saint-Marc, — les neuf membres du conseil du doge, c'est-à-dire les six conseillers et les trois présidents de la Quarantie criminelle, — les membres du conseil des Dix, — les trois *avogadors* en exercice et ceux qui sortaient de charge, — les deux censeurs en exercice et ceux qui sortaient de charge, — soixante sénateurs élus par le grand conseil, — soixante sénateurs adjoints, désignés également par le grand conseil, — les quarante membres du tribunal criminel ou de la Quarantie, — treize magistrats sénatoriaux, — cinquante-cinq aspirants, dont trente n'avaient pas voix délibérative, — les ambassadeurs désignés pour une ambassade ou en revenant, — les ex-podestats de Vérone, de Vicence, de Bergame, — les seize sages, parmi lesquels dix sans voix délibérative.

C'était dans le sénat que se délibéraient toutes les affaires politiques : la paix, la guerre, les traités, même les cessions de territoire, la police intérieure, et toutes les dispositions administratives relatives à ces objets, sans aucun recours à la sanction du corps souverain, sans même lui en donner connaissance. C'était au sénat qu'appartenait, sans responsabilité, l'administration des finances de l'État, et par conséquent la fabrication des monnaies, l'ouverture des emprunts, la répartition des impôts, l'emploi des revenus publics. A cet égard, son autorité n'avait de limites qu'en ce qu'il ne pouvait ni augmenter les tarifs, ni établir de nouveaux impôts, sans recourir à l'autorité du grand conseil. Il préparait les projets de loi ou d'impositions à proposer au corps souverain. Il avait le droit de présentation pour les places les plus importantes, et nommait directement à plusieurs, par exemple aux commandements militaires et aux ambassades. Les sénateurs n'étaient nommés par le grand conseil que pour un an; ils avaient donc chaque année à courir les chances d'une nouvelle élection ou confirmation; mais tous les hommes influents parvenaient à s'y perpétuer, soit par leur mérite réel, soit par leurs intrigues, soit en achetant des suffrages. Un siège au sénat était le cachet distinctif de la haute aristocratie, et elle ne négligeait rien pour se le procurer. Ces prétentions orgueilleusement soutenues furent, ainsi que nous le verrons bientôt, l'occasion de graves différends entre les deux principaux groupes de la noblesse.

Les sénateurs devaient être âgés de quarante ans; mais nous avons vu qu'il était facile d'obtenir des dispenses d'âge, surtout dans les dernières années de la république, époque dont nous nous occupons ici plus spécialement. Enfin, pour que les délibérations du sénat fussent valables, l'assemblée devait se composer d'au moins soixante membres.

Malgré les prérogatives du sénat, où la haute aristocratie avait seule accès, elle ne se trouva pas encore armée de pouvoirs assez étendus; disons mieux, assez absolus, et elle créa le *conseil des Dix*. Il est inutile de répéter ici à quel propos et sous quel prétexte. Dans le premier siècle de son établissement, l'autorité du conseil des Dix fut assez restreinte; mais insensiblement il s'attribua la connaissance des crimes d'État, des séditions, des malversations des magistrats, de la fausse monnaie, des assassinats commis sur les personnes des nobles, enfin de l'hérésie; il étendit même son pouvoir jusqu'à révoquer et casser les décrets du grand conseil, à traiter des ligues offensives et défensives avec les princes à l'insu du sénat. Les magistrats employés au dehors, comme les capitaines et provéditeurs généraux de mer, les podestats, les gouverneurs et tous les autres officiers, étaient responsables de leur administration devant le conseil des Dix, où l'on portait hardiment des plaintes contre eux. Il n'y avait point de conduite si réglée, si judicieuse, où ce tribunal sévère et ombrageux ne trouvât des fautes. Mais ce corps se trouvant encore trop nombreux pour agir avec tout le mystère et toute la promptitude que réclamaient les exigences du parti dominant, on créa dans son sein, au milieu du xv⁰ siècle, une commission bien autrement redoutable : c'était le *tribunal des inquisiteurs d'État*.

Ainsi, le sentiment d'indépendance qui dès son berceau avait présidé à la formation du gouvernement de Venise, avait insensiblement amené la tyrannie. Afin de mettre un frein à la puissance du doge, on l'avait annihilée en plaçant ce magistrat suprême sous la surveillance de l'aristocratie, classe déjà influente par sa richesse, son habileté et l'ancienneté de son origine. Pour qu'une telle aristocratie assumât sur sa tête toutes les réalités de la puissance, il suffisait à ses membres d'agir de concert. Malheureusement ce concert s'établit et se transforma bientôt en une conspiration permanente et habilement organisée. Les nobles vénitiens, en conservant soigneusement les formes républicaines, l'indépendance nationale et la haine de la monarchie, continuèrent à accroître leur pouvoir sans éveiller des soupçons; et, dans le but de faire servir à leur intérêt exclusif les lois primitives de leur patrie, ils saisirent toutes les occasions de multiplier les expédients arbitraires qui, dans les premiers temps, n'avaient été mis en réserve que pour les circonstances les plus graves. Ainsi s'accrurent peu à peu l'autorité et le nombre de ces précédents inconstitutionnels, jusqu'au moment où on les considéra comme des lois organiques de la constitution. Telles furent les circonstances qui amenèrent la création de l'inquisition d'État.

Nous avons déjà fait connaître l'origine de cette institution et décrit son mécanisme [1]. Toutes les conditions sans distinction de sexe, les étrangers aussi bien que les sujets vénitiens, étaient soumis à cette invisible magistrature; ses attributions étaient à la fois si vagues, si générales et si arbitraires, qu'il n'y avait pas une parole, une action qui ne pût, suivant son caprice, être transformée en crime d'État; la pénalité, aussi peu définie que les délits, était d'ordinaire d'une rigueur excessive : la mort ou les Plombs et les Puits [2]. On savait que cette magistrature existait, mais on ignorait le lieu où elle siégeait, car elle pouvait exercer partout

---

1. Page 148 et suiv.
2. Quelques exemples feront encore mieux apprécier le caractère odieux de ce tribunal : une rixe s'élève entre le peuple et les équipages d'une galère; les chefs militaires, les magistrats sont impuissants pour empêcher l'effusion du sang; on se battait avec fureur, lorsqu'un officier qui avait commandé antérieurement, et pour qui les gens de mer avaient beaucoup de respect, se présente au milieu du tumulte et parvient à le faire cesser. Le crédit dont il venait de recevoir un si éclatant témoignage, devint un sujet d'alarmes pour les inquisiteurs; quelque temps après on le fit enlever et mourir en prison.—Pour arrêter les ravages de la disette, un des membres de la famille Cornaro avait fait distribuer du blé aux pauvres; le tribunal des inquisiteurs le fit jeter dans les Plombs, parce qu'on attribua sa prodigalité à des vues ambitieuses!—Ce qu'il y avait de plus terrible encore dans l'existence de ce tribunal, c'est qu'il déléguait ses pouvoirs au moins pour l'investigation, quelquefois même pour les arrêts de mort, lorsqu'il s'agissait, par exemple, des colonies lointaines; et que, par une simple commission, il investissait un agent d'une autorité illimitée, affranchie de toute responsabilité et de toutes formes. Au moyen de ces délégations, il se trouvait présent à la fois dans toutes les provinces, et y inspirait autant sinon plus de terreur que dans la capitale.

sa juridiction. On lisait des sentences, elles portaient la signature d'un simple secrétaire. On voyait des exécutions, elles avaient été ordonnées par une justice occulte. A tout moment, dans les relations privées les plus intimes, dans les épanchements de l'amitié, au milieu du tumulte des plaisirs, on se sentait exposé à se trouver en présence de ces hommes redoutables, qui ne dépouillaient jamais leur caractère de juges. L'arrestation était arbitraire, la détention illimitée, la dénonciation inconnue, la procédure mystérieuse, l'élargissement même avait quelque chose de menaçant et de farouche. *Que fais-tu là? va-t'en!* telle était la brusque formule que le geôlier employait pour annoncer au prisonnier que les juges ne l'avaient pas trouvé coupable. Les inquisiteurs n'étaient assujettis à aucune règle qu'à celle de l'unanimité pour la reddition de leurs sentences. Du reste, le lieu de leurs séances, les moyens d'investigation, l'appréciation des preuves, la torture pour arracher les aveux, le choix des peines, tout était abandonné à la conscience des juges. Depuis la dernière tête de l'État jusqu'à celle qui portait la couronne ducale, tout était soumis non-seulement au despotisme de ce tribunal, mais à sa surveillance continuelle et à ses réprimandes toujours effrayantes. Le seul privilége du doge consistait à ne point comparaître devant les triumvirs, mais il était obligé de recevoir chez lui leurs réprimandes, et d'y garder les arrêts qu'ils lui infligeaient quelquefois. Les particuliers mandés devant l'inquisition ne voyaient point leurs juges : c'était de la bouche d'un secrétaire qu'ils recevaient la réprimande qui leur était destinée. Les exécutions ordonnées par l'inquisition étaient, comme la procédure, secrètes, et ressemblaient à un assassinat. Des meurtriers inconnus et masqués enlevaient de nuit la victime désignée, l'étranglaient, et jetaient le cadavre dans le canal *Orfano*. Quelquefois l'exécution se faisait dans les cachots, dont la plupart étaient munis d'un instrument de supplice. Il consistait en deux branches de fer disposées en fer à cheval, scellées dans le mur; le patient était placé sur un escabeau, le dos tourné à la machine, on lui poussait la tête de manière que le cou se trouvât pris entre les branches du fer à cheval; la tête étant ainsi fixée, l'exécuteur passait autour du cou une corde dont les deux bouts étaient attachés à une roue qu'il faisait tourner jusqu'à ce que le malheureux eût rendu l'âme.

Tout le monde servait les triumvirs, non-seulement sans répugnance, mais avec fidélité, avec fatanisme : leurs ordres étaient obligatoires pour tous les fonctionnaires; et ces ordres n'étaient, la plupart du temps, que des billets obscurs rédigés en quelques lignes, jamais signés, mais écrits seulement de la main d'un secrétaire, qui apposait au bas le nom d'un des membres du tribunal; ces ordres, qu'on ne laissait point garder à ceux qui les avaient reçus, dont il était même défendu de conserver copie, prévalaient sur toutes les instructions qu'un fonctionnaire pouvait avoir reçues de ses chefs naturels, même sur ses devoirs. Les inquisiteurs, par exemple, donnaient ordre à un ambassadeur de la république de correspondre avec eux; dès ce moment, l'ambassadeur entretenait une double correspondance : l'une avec le gouvernement, à qui il ne disait pas tout; l'autre avec l'inquisition d'État, dans laquelle se trouvaient consignées les plus minutieuses particularités, et le tribunal jugeait de ce qu'il fallait communiquer ou tenir secret. Les administrateurs, les officiers militaires, les dépositaires des fonds publics, tout devait à l'inquisition d'État une prompte, une aveugle, une entière obéissance !

Les moyens d'autorité et de terreur de cette épouvantable police étaient la délation et l'espionnage. La délation était spécialement encouragée et protégée. Pour la rendre plus facile et plus sûre, on avait disposé le long du mur de la cour du palais ducal des espèces de boîtes en forme de gueule de lion, dans lesquelles les délateurs pouvaient jeter ou faire jeter leurs révélations. Au-dessus de chacune de ces bouches parlantes (*bocche parlanti*), une courte inscription indiquait le genre de dénonciation qu'elle était destinée à recevoir et à porter à l'oreille des inquisiteurs. C'étaient les inquisiteurs qui en avaient les clefs et qui les ouvraient chaque soir pour faire le dépouillement de cette terrible correspondance. La haine, la vengeance, la cupidité, avaient là des moyens aussi lâches que sûrs de se satisfaire. Lorsque le délateur voulait recevoir le prix de sa dénonciation, il avait le soin de déchirer un morceau de papier qu'il apportait ensuite au secrétariat du tribunal, et qui, rapproché du reste de la feuille, prouvait que le porteur était bien l'auteur de l'écrit.

L'espionnage était pratiqué sur la plus grande échelle. Indépendamment de plusieurs milliers d'*observateurs* en titre et enrégimentés, l'inquisition d'État imposait ce rôle à toutes sortes de gens de toutes les conditions [1]. Elle employait surtout les mendiants, dont le nombre à Venise était extraordinaire, les filles publiques, les hôteliers, les cafetiers, les barbiers, les gondoliers, les ecclésiastiques et même les nobles. On disait qu'il y en avait soixante mille, c'est-à-dire près du tiers de la population. Ce nombre prodigieux d'agents avait fait accréditer ce proverbe : *A Venise les murs parlent*. L'espionnage et la délation éteignaient toute confiance mutuelle, et introduisaient le soupçon et la crainte jusqu'au sein des familles. L'impression de terreur mystérieuse exercée par ce tribunal était si

---

1. Les *observateurs* étaient devenus le principal appui de l'État ; toutefois ils ne jouissaient pas d'une confiance absolue : s'il était nécessaire qu'ils fussent redoutés, on n'avait pas cependant pensé qu'ils eussent constamment la volonté d'être fidèles. On avait prévu les faiblesses de l'homme. Il était défendu à qui que ce fût de dire à un *observateur des Trois* qu'il était un espion. Au premier mot d'une telle injure, les inquisiteurs mandaient le coupable : « Quelle parole as-tu prononcée ? « Qui te l'a dit ? Allons, la torture jusqu'à ce que tu aies parlé ! Ah ! tu connais les secrets de l'État ? « Qui te l'a permis ? La corde, les charbons, un seau plein d'une onde amère, qu'il faut vider à « l'instant, ou révèle à l'État son secret que tu prétends connaître ! » Naturellement, sur de pareilles matières, on s'accoutumait à ne rien dire, et les *observateurs* étaient rarement insultés ; ceux qui partout baissent les regards, faisaient baisser à Venise ceux de la foule. Mais aussi pour prix d'une telle protection, la faute la plus légère, un mensonge, même une simple erreur de leur part, étaient punis du châtiment le plus sévère. On conçoit, d'ailleurs, quelle devait être la circonspection, la probité nécessaire des rapports émanés de ces hommes qui, mieux que personne, savaient que la justice de l'inquisition était terrible, et qu'il y avait à Venise un canal *Orfano*.

grande, qu'on ne parlait que très-rarement des *trois d'en haut* (*i tre di sopra*), désignation ordinaire des inquisiteurs, et toujours en baissant les yeux et élevant un doigt vers le ciel, comme pour indiquer une divinité terrible et toute-puissante. Il n'était même pas permis de faire connaître l'existence et l'organisation de l'inquisition d'État comme simples faits; et dans les ouvrages de deux historiens de la fin du siècle dernier (Tentori et Formaleone), qui ont traité en détail des institutions politiques de Venise, on lit à l'article des inquisiteurs ces lignes écrites évidemment par ordre : « Il n'est permis à personne de recher-« cher, et encore moins de découvrir et d'exposer les fonctions de ce tribunal, « qui ne peuvent être connues que de ceux qui sont appelés à les exercer. »

Il n'y avait ni rang ni autorité qui pût mettre à l'abri des atteintes de l'inquisition d'État. Loin de là, c'était surtout sur les nobles qu'elle exerçait le plus rigoureusement sa soupçonneuse et impitoyable police. La forme la plus fréquente de son intervention était la réprimande. Sur un seul mot inconsidéré, et le plus souvent sans importance, le patricien était mandé devant le tribunal, qui l'avertissait d'être à l'avenir plus réservé. Cette admonition était toujours faite en des termes si humiliants et si durs, qu'elle laissait le malheureux sous le poids d'une terreur continuelle. Dans certaines circonstances, l'inculpé (*l'inquisito*) pouvait recevoir l'ordre de quitter Venise sur l'heure et d'aller passer un temps plus ou moins long aux arrêts dans une ville de terre-ferme; enfin, dans des cas plus graves, il était soudainement enlevé et mis sous les *plombs*. Quant aux autres sujets, grands ou petits, riches ou pauvres, ils pouvaient sur le moindre indice, ou même sur un simple soupçon, être saisis, étranglés et noyés en quelques heures sans qu'on en entendît plus parler. Quelquefois cependant on exposait le cadavre à une potence dressée de nuit entre les colonnes de la Piazzetta, et le lendemain les passants consternés le trouvaient pendu avec un voile sur la face et un écriteau qui indiquait le crime en quelques mots, mais sans faire connaître le nom du supplicié.

On conçoit facilement que la prolongation d'un tel système, qui mettait en jeu les plus honteuses passions, devait nécessairement exercer une déplorable influence sur la morale publique. Quelles expressions assez fortes pourrions-nous trouver pour caractériser une société où une moitié des citoyens était employée à espionner l'autre; où sur deux hommes qu'on rencontrait on avait à redouter un traître; où les principaux fonctionnaires passaient leur vie à écouter, à provoquer des dénonciations, à diriger des espionnages, et à se tendre réciproquement des embûches! Les *Trois* espionnaient les *Dix*; les *Dix* espionnaient les *Trois*; l'*Avogador del comun* espionnait les uns et les autres; les *conseillers* espionnaient le *doge*, et le *doge* ne devait pas manquer d'espionner ses *conseillers!* Il est certain qu'une société où de pareils moyens de gouvernement prévalaient, était inévitablement destinée à périr.

Nous allons bientôt dire les plaintes et les réclamations que l'inquisition avait soulevées dans les derniers temps de la république ; mais qu'on nous permette auparavant une courte digression sur la situation de la noblesse.

L'aristocratie vénitienne était divisée en quatre classes bien distinctes, classification qui n'était pas reconnue par la loi, mais que l'usage avait néanmoins consacrée. C'était d'abord les maisons anciennes qui pouvaient justifier avec plus ou moins de certitude de leur existence à l'époque de la fondation de la république ; on les désignait aussi sous le nom de *familles électorales*; c'est de leur sein que sortirent la plupart des doges. La seconde classe se composait des familles qui prouvaient qu'elles faisaient partie du grand conseil à l'époque où le droit d'y siéger devint perpétuel et héréditaire. La troisième classe se composait de trente familles qui furent élevées au patriciat quatre-vingt dix ans après la clôture du grand conseil, pour les services rendus ou les secours fournis à l'État pendant la guerre de Chiozza. Enfin la quatrième classe de nobles vénitiens se composait des nobles Candiotes, de ceux des provinces, ou des citadins de Venise qui avaient acheté le patriciat, lorsque, pour subvenir aux besoins de l'État, cette dignité fut mise à l'encan. Il y avait encore une autre manière de classer la noblesse : on la divisait en *seigneurs* et *barnabotes*; les seigneurs étaient les nobles opulents, dont la richesse égalait celle de certains princes ; les barnabotes étaient les pauvres ; ce nom leur avait été donné du quartier Saint-Barnabé, où les pauvres résidaient de préférence. Ces différentes classes de nobles représentaient douze cents titres environ. Parmi ceux qui les portaient, on estimait que soixante familles jouissaient d'une grande opulence ; qu'un quart tout au plus était dans l'aisance, et que le reste, plongé dans la misère, était réduit au triste privilège de vendre ses suffrages ou de se faire espions !

Tous les nobles, sans en excepter le doge, étaient sujets aux charges publiques, mais en temps de guerre seulement ; pendant la paix, ils ne payaient que la dîme. Il n'y avait point à Venise de droit d'aînesse ; la loi n'établissait pas d'inégalité dans le partage des biens paternels ; mais les substitutions empêchaient que les biens ne sortissent des familles. Quand il y avait plusieurs frères dans une maison, on en faisait marier un, celui qui donnait le moins d'espérance pour occuper de grands emplois. On mariait les filles ou on les faisait entrer dans un couvent. Les garçons courant tous la carrière des emplois vivaient en commun sans faire le partage de leurs biens, dont ils confiaient ordinairement la gestion à un ecclésiastique, qui leur en rendait compte. Voici les restrictions principales qui étaient imposées à tous les nobles en général : il leur était interdit de se marier avec des étrangères ; quand ils voulaient épouser la fille d'un simple citadin, ils étaient obligés de faire approuver leur mariage par le Grand-Conseil, sinon les enfants qui provenaient de ces unions n'étaient pas reconnus pour nobles vénitiens, et n'héritaient pas des biens substitués ; s'ils s'alliaient à une classe inférieure, leurs fils n'étaient que citadins, tandis que le mariage d'une fille naturelle, pourvu qu'elle fût née d'un patricien, n'emportait point, pour les enfants qui en provenaient, la privation du rang de leur père.

Un noble ne pouvait recevoir aucune grâce quelconque des princes étrangers, et il était expressément défendu aux ambassadeurs d'accepter le moindre présent sans l'assentiment du sénat; les cardinaux eux-mêmes étaient soumis à cette règle. Les nobles qui avaient des emplois ecclésiastiques, même les simples chevaliers de Malte, perdaient leurs droits politiques. Il leur était interdit de placer des fonds en pays étrangers, d'acquérir des immeubles, et de posséder des fiefs en terre-ferme. Dans le principe on leur avait également défendu de se livrer aux opérations du négoce; mais dans un État où le commerce jouait un si grand rôle, cette interdiction qui leur aurait ôté les moyens de devenir puissants, ne fut jamais respectée: les nobles vénitiens s'occupèrent toujours plus ou moins directement du commerce. En 1784, ils y furent mêmes engagés par une proclamation, au grand mécontentement des négociants, simples citadins, qui voyaient avec jalousie l'association des nobles au commerce, parce qu'ils envahissaient les branches les plus lucratives et qu'ils influaient sur la fixation des tarifs, au gré de leur cupidité.

On conçoit que les plus anciennes familles, ayant eu assez d'influence pour se maintenir depuis des siècles en possession de toutes les charges importantes, il se soit établi de grandes disproportions de fortune parmi les nobles. De là ce contraste de familles qui brillaient de tout l'éclat du luxe et de la puissance, et d'autres qui végétaient dans la médiocrité. Pour remédier autant que possible à l'indigence des patriciens, le gouvernement avait fondé divers établissements en leur faveur : il avait établi de petites pensions, organisé des écoles gratuites pour les enfants mâles, des couvents pour les filles, et créé des fonds de dotation qui servaient à leur établissement. Mais ces moyens de secours ne suffisant pas encore, on accordait aux pauvres nobles la permission de mendier l'épée au côté; et les femmes tendaient la main en cape de soie, signe distinctif de la femme de qualité ! On verra par l'énumération suivante, que les places et les fonctions publiques n'étaient ni assez nombreuses, ni assez lucratives pour entretenir dans une condition d'existence convenable le corps entier des patriciens : quatre carrières différentes leur étaient ouvertes : celle de la magistrature administrative de la capitale, qui comportait cent emplois tout au plus, indépendamment de cent cinquante places de juges civils ou criminels; l'administration des provinces et des colonies occupait près de deux cents personnes; puis venaient le service de la marine et celui de la diplomatie, en tout six cents emplois exclusivement réservés aux patriciens. Mais comme la plupart de ces places étaient ou onéreuses ou improductives, et que quelques-unes appartenaient par tradition à la grande noblesse, il n'y en avait guère qu'un quart environ qui pût être offert aux nobles besogneux.

Les charges dans la capitale et même dans les provinces de terre-ferme, ne donnaient qu'un revenu fort modique; les gouvernements de Brescia, de Bergame, de Vérone, de Vicence, de Padoue, de Chiozza, de Zara, étaient onéreux à cause de la représentation qu'ils exigeaient. Il n'y avait que quelques places dans les colonies qui pussent être considérées comme lucratives : la charge du recteur de l'île de Tine, par exemple, produisait dix mille ducats, celle du provéditeur de Zante vingt mille ; les provéditeurs de Corfou et de Céphalonie ne retiraient que sept à douze mille ducats ; la charge de capitaine en Istrie en donnait douze mille, et les commandements dans les îles pouvaient procurer de trois à quatre mille ducats par année. Les ambassades étaient temporaires ; on ne pouvait les occuper que deux ans ou quatre ans au plus. Toutes étaient dispendieuses. Lorsqu'on parcourt la correspondance des ambassadeurs vénitiens avec la seigneurie, on n'y voit que plaintes sur l'insuffisance de leur traitement ; le poste de Constantinople faisait seul exception à la règle ; il était considéré comme la charge la plus lucrative qu'il y eût dans la république, à cause des sommes considérables qu'on remettait au Baïle pour entretenir les bonnes dispositions des Turcs : ces dépenses secrètes, et le casuel qu'il tirait de tous les étrangers qui se mettaient sous la protection de Saint-Marc, faisaient évaluer le revenu de cette ambassade à plus de cent mille ducats par an !

Ce n'était pas sans un but politique qu'on avait ainsi créé des charges ayant assez d'importance et peu d'émoluments : elles servaient à diminuer l'opulence des patriciens dans les mains de qui les richesses pouvaient être un moyen dangereux, et elles offraient aux grandes familles une route plus courte pour parvenir aux honneurs. Mais naturellement aussi cette insuffisance d'émoluments éloignait des places tous les hommes qui, quoique capables, n'avaient cependant pas assez de fortune pour les exercer à titre onéreux ; on n'avait tenu aucun compte de cette considération ; l'intérêt seul des grandes familles avait prévalu. Sarpi avait fait de ce système une maxime du gouvernement. « N'augmentons pas, disait-il, le « mince revenu des magistratures, quoiqu'il semble fixé pour donner à ceux qui « en sont pourvus un prétexte de prendre, plutôt que les moyens de vivre. La petite « noblesse reste par là dans l'abaissement, dans la dépendance et dans la crainte « d'être punie, si les abus deviennent trop criants. Plus riche, elle voudrait entrer « en concurrence avec les grands ; mais la pauvreté coupe les ailes à qui veut « prendre l'essor. » Malgré cette autorité, on peut dire que ces magistratures onéreuses avaient les plus déplorables effets pour l'administration ; elles excluaient le mérite indigent pour attirer les nullités opulentes ; elles jetaient le mécontentement dans les rangs de la noblesse pauvre ; elles autorisaient en quelque sorte les titulaires favorisés à suppléer par leurs exactions à l'insuffisance de leur traitement, et rendaient en définitive le peuple victime de la rapacité des fonctionnaires.

Ainsi, la politique vénitienne qui prétendait avoir tout réglé, tout combiné, de manière à ce que chacun de ses sujets marchât sans dévier dans la carrière qu'elle lui avait tracée, avait fini, à force de balances et de contre-poids, par jeter la perturbation dans tous les rangs. A l'exception du doge, dont les insignifiantes attributions avaient cessé d'inspirer la moindre jalousie, les divers ordres de fonctionnaires, et toutes les classes de citoyens étaient animés les uns contre les autres des plus vifs sentiments de haine, qui tendaient chaque jour à devenir plus intenses. Cette fermentation était bien faite pour inspirer de sérieuses inquiétudes aux hommes clairvoyants : ils étaient rares à la vérité ; néanmoins on entendait parfois dans le sénat et au grand conseil quelques voix prophétiques déplorer cet état de choses et engager le gouvernement à réformer les abus, les injustices, et surtout cette odieuse tyrannie des *Trois* et des *Dix*, qui intimidait les esprits et pervertissait les âmes ; car il était bien évident pour ces hommes, comme il l'est aujourd'hui pour tous ceux qui examinent avec réflexion la situation politique de Venise à cette époque, qu'une réforme radicale était absolument nécessaire pour prévenir une grande catastrophe. Tout annonçait le mécontentement et le malaise : l'appréhension était générale, les plaintes unanimes. Tous les pouvoirs étaient successivement attaqués et se portaient entre eux de continuelles atteintes : le grand conseil attaquait le conseil des Dix et les inquisiteurs d'État ; le sénat attaquait les sages, et les Quaranties attaquaient le sénat. Ces rivalités prouvaient que tous les corps de l'État étaient mécontents, et que la noblesse pauvre voulait surtout modifier sa condition. On crut pallier le mal en faisant rendre par le sénat un décret qui diminuait le pouvoir des sages, c'est-à-dire des ministres, et qui les astreignait à lire dans cette assemblée, sans la moindre suppression, toutes les dépêches arrivées au collége. Cette satisfaction partielle n'était pas suffisante. Le sénat lui-même avait à répondre aux récriminations de la magistrature, qui réclamait contre l'usurpation de ses attributions, et contre les réélections systématiques qui perpétuaient au sénat les mêmes membres. Pour apaiser tant de justes clameurs, on décida que le même sujet ne pourrait désormais être l'objet de trois élections consécutives. Mais là ne devaient pas se borner les exigences des mécontents : le conseil des Dix, et surtout les inquisiteurs d'État, car ceux-ci avaient usurpé à peu près toute l'autorité, furent à leur tour l'objet des attaques les plus vives.

Froissés dans leur orgueil et par la perte de leurs attributions, les membres des Quaranties voulaient obtenir du moins une augmentation de traitement ; on les repoussa avec aigreur, et alors ils mêlèrent leurs récriminations à celles des autres mécontents. Pour les intimider, les inquisiteurs d'État reléguèrent dans un monastère l'un des présidents de la Quarantie criminelle, et bientôt après un provéditeur, un des sages du collége, ainsi qu'un membre du conseil des Dix, subirent le même sort ! L'avogador Ange Querini voulut prendre la défense des opprimés, et dénonça en plein sénat le nouvel abus de pouvoir de l'inquisition d'État. Personne ne répondit à ses attaques, mais on le fit secrètement enfermer dans la citadelle de Vérone. Cet acte de despotisme mit en péril l'existence du conseil des Dix. Un grand nombre de sénateurs mirent leurs efforts en commun et jurèrent de renverser les *Dix* et les *Trois*. En effet, l'époque du renouvellement du conseil des Dix étant arrivée, pas un membre ne réunit le nombre de suffrages nécessaires. Alarmés de ce contre-temps, les hommes ennemis des innovations proposèrent de nommer une commission pour examiner les changements dont l'organisation du conseil des Dix et celle des inquisiteurs d'État pouvaient être susceptibles. Le choix des commissaires fut difficile et entraîna de violents orages; aussi, pour laisser calmer les esprits, beaucoup de votants proposèrent d'ajourner les nominations; mais un avis contraire prévalut, et ce pénible travail fut poursuivi. Alors on fit circuler des billets anonymes; chaque jour on trouvait dans l'urne des scrutins, des bulletins satiriques qui demandaient le rappel de Querini, et qui menaçaient de l'indignation publique les futurs dépositaires de l'autorité, s'ils n'en usaient pas avec plus de modération que leurs prédécesseurs. L'élection parvint cependant à se faire. Mais la commission, une fois constituée, s'alarma du danger de sa position; elle examina les récriminations qui lui furent soumises, et, après avoir flotté entre toutes les incertitudes, elle se borna, au lieu de conclure, à proposer le maintien du tribunal, l'anéantissement presque absolu de son autorité, ou quelques réformes; c'était de nouveau mettre tout en question.

Les plaintes furent renouvelées en 1773; le courageux Ange Querini qui se trouvait encore à la tête d'une des Quaranties, s'éleva contre le conseil des Dix: les inquisiteurs imposèrent silence à ses adhérents en l'envoyant en exil. A son retour, il dénonça de nouveau au grand conseil les abus manifestes qui existaient dans la manière de recueillir les suffrages, et qui attentaient à son autorité; « car, disait-il, la plupart des lois consenties ne doivent leur existence qu'à une majorité fictive; » mais le jour qu'il se proposait de développer sa dénonciation, il fut encore privé de sa liberté. Cette manière tyrannique d'imposer silence à un magistrat défenseur des intérêts publics, causa une vive fermentation. Les plus vifs reproches furent adressés non-seulement aux décemvirs et aux dictateurs, mais au gouvernement lui-même; on censurait amèrement ses opérations administratives; on déplorait l'état du trésor, le mauvais entretien des troupes, des places fortes et des navires! Comme précédemment on assoupit ces plaintes en créant une commission chargée d'indiquer les moyens de remédier aux abus. Durant les travaux de cette commission, qui se prolongèrent pendant près de deux ans, les propositions les plus diverses se multiplièrent à l'infini : on proposa l'ouverture du *Livre d'or* pendant vingt ans, en entourant toutefois cette faveur de nombreuses restrictions; puis une nouvelle organisation du service des postes, des changements importants dans la plupart des administrations, une meilleure répartition des finances de l'État, l'augmentation des traitements affectés à certains emplois, enfin la distribution de quarante mille ducats aux nobles pauvres.

Les plaintes et les réclamations que nous venons d'énumérer étaient loin d'exprimer toutes les souffrances; comme aussi les satisfactions qu'on jugea à propos de leur accorder étaient insuffisantes pour remédier au mal qui obsédait la république. Nous ne les avons rapportées les unes et les autres que pour constater la tendance des esprits et l'inquiétude des différentes classes de la population. A aucune époque on ne trouve une situation pareille : dans les siècles précédents tout le monde subissait la loi sans se plaindre ; maintenant le mécontentement était général. Le mouvement philosophique du xviiie siècle avait soufflé partout son esprit d'indépendance ; il avait signalé aux souverains et aux sujets les réformes qu'il était temps enfin d'accorder ou d'obtenir, et Venise n'avait pu se soustraire à cette influence ; le conseil des Dix et l'inquisition d'État étaient restés seuls inaccessibles. Ils voulurent persister dans leur politique immuable, et crurent, au moyen de replâtrages, satisfaire l'opinion publique ; mais comme en définitive les commissions n'amenaient que des résultats insignifiants, de nouvelles agitations se manifestèrent, et sur les places publiques, au milieu des flots tumultueux de la populace, des orateurs, cédant à l'exaltation de leurs sentiments patriotiques, faisaient entendre des discours menaçants contre le pouvoir tyrannique qui opprimait la nation. En d'autres temps de pareils rassemblements auraient été bientôt dissipés ; mais le peuple savait qu'il avait des appuis énergiques dans les Quaranties, au sénat, dans le grand conseil, et n'éprouvait aucune crainte. On ne peut s'empêcher de le dire, les chefs de la Quarantie criminelle se signalèrent dans ces circonstances difficiles par leur dévouement à la cause populaire ; on les voyait sans cesse sur la brèche. Ce rôle était dangereux, car l'inquisition régnait encore par la terreur traditionnelle qu'elle avait su inspirer et par les terribles représailles qu'elle n'hésitait pas à exercer contre les novateurs : quoique attaquée et chancelante, ses sentences d'exil, d'emprisonnement et même de mort s'exécutaient encore avec la même promptitude qu'aux plus beaux jours de sa puissance. Voilà pourquoi elle ne fit que des concessions sans portée ; aussi les mécontents continuèrent de s'agiter.

Telles étaient la situation du gouvernement et la disposition des esprits à l'époque où nous venons de suspendre le récit de cette histoire. Au sein de tous les conseils régnait une irritation profonde ; tous les fonctionnaires de l'État se trouvaient divisés par des haines et des jalousies implacables ; les nobles s'opprimaient entre eux et étaient en proie aux plus vives inquiétudes : résultat inévitable de cette politique de tyrannie, d'isolement et d'égoïsme, qui avait prétendu tenir constamment tous les citoyens sous la plus dure sujétion. Pour compléter le tableau de la décadence de Venise, il nous reste maintenant à faire connaître dans quelle situation se trouvaient ses différentes ressources, ainsi que les organisations secondaires qui contribuent à faire la force des États.

Machiavel a dit, en parlant de la république : « Il me paraît que les Vénitiens « entendent leur affaire, car ils ont fait peindre Saint-Marc avec l'épée : le livre « seul ne suffisait pas » par allusion au livre que le lion vénitien tient ouvert sous ses griffes. Nous croyons être plus justes en disant que les Vénitiens entendaient de ce côté fort mal leurs affaires, car ils n'avaient jamais su organiser une armée nationale, ni avoir des généraux dévoués. En tout temps, Venise redouta de prendre pour chef de ses armées un Vénitien ; elle appelait à son service des princes, des généraux étrangers, qui s'étaient déjà signalés dans la carrière militaire par de nombreux succès : elle leur assignait un traitement considérable durant la guerre, et de fortes pensions après la fin de la campagne ; elle les investissait du titre de *généralissime de terre*, sans cependant leur en laisser l'autorité ni la puissance, car le sénat leur donnait toujours pour conseils ou plutôt pour espions, deux sénateurs qu'on appelait *provéditeurs généraux de l'armée*, sans lesquels le généralissime ne pouvait prendre aucune résolution, ni exécuter aucun plan arrêté par lui. S'il réussissait dans ses entreprises, les provéditeurs s'attribuaient la plus grande part du succès ; s'il était malheureux, tous les torts retombaient sur lui. Alors il était brusquement remercié, souvent incarcéré, quelquefois étranglé : tel fut le sort réservé aux meilleurs chefs de l'armée ; nous en avons vu des exemples frappants dans le cours de cette histoire. En aucun cas, le général le plus heureux n'obtenait le commandement pendant plusieurs années de suite. Se défaire volontairement de généraux capables et expérimentés, c'était ne pas vouloir d'armée aguerrie ; c'était s'exposer à perdre les avantages obtenus. Mais le gouvernement de Venise mettait bien au-dessus de toutes les conquêtes possibles sa propre sécurité ; il ne voulait pas de généraux perpétuels, parce qu'il craignait de se créer des maîtres ; et dans cette circonstance, sa politique, nous devons le dire, a été sanctionnée par l'un des hommes les plus habiles dans l'art de gouverner. « La prolongation des commandements est d'un grand danger, a « dit Napoléon. Moi, je répétais sans cesse aux membres du Directoire, que s'ils « continuaient toujours la guerre, il arriverait un général qui leur commanderait « à eux-mêmes. » Prophétie qu'il se chargea, du reste, de réaliser.

Quoi qu'il en soit, Venise n'a jamais eu une école proprement dite de bons généraux, comme aussi elle n'a jamais eu ni principes de stratégie arrêtés, ni traditions de guerre, choses indispensables pour assurer le succès des campagnes. L'armée de terre ne jouissait que de fort peu de considération dans la république, parce que l'orgueil vénitien avait toujours dédaigné ce service. Voici quelle en était la composition ordinaire : l'infanterie était formée en grande partie de *cernide*, c'est-à-dire de gens choisis, bien que ce ne fût pour la plupart du temps que des paysans et des vagabonds de terre-ferme. Mais aussi ces troupes ne coûtaient guère à entretenir durant la paix, car il n'y avait que les sergents et les capitaines qui en fussent payés, les premiers à vingt-cinq ducats, et les seconds à dix ducats par mois ; tout le reste se contentait de quelques exemptions de taxes et de quelques légères gratifications dans les revues. La *cernide* était divisée en compagnies, et pouvait s'élever à quatorze ou quinze mille hommes ; « mauvais « soldats, dit Brantôme, dont on ne se servait à la guerre que pour garder les ba- « gages et faire montre aux ennemis à la place des morts ! » L'infanterie dite des *Capelete*, jouissait de beaucoup d'estime ; mais celle-ci n'entrait pas en campagne. Le sénat lui confiait la garde de ses meilleures places de terre-ferme ; deux compagnies étaient même stationnées dans Venise et faisaient le service du palais. On ne peut donc pas compter cette troupe dans l'effectif de l'armée active.

Aux dernières époques de la république, l'infanterie vénitienne se composait de douze à quatorze mille hommes, dont sept mille Italiens et six mille Esclavons. Sous cette dénomination d'*Italiens* on comprenait des recrues de toutes les nations du monde, à l'exception des Espagnols, car la république n'en admettait jamais à son service. Dans les temps de guerre, on achetait quand on le pouvait, des régiments en Hollande, en Bavière et chez les Grisons. Les Esclavons étaient très-utiles et très-dévoués à la république, surtout dans les guerres contre la Turquie; ils faisaient en Bosnie de continuelles incursions et enlevaient de vive force tout ce qu'ils rencontraient. Outre le profond ressentiment qu'ils avaient des traitements barbares que les Musulmans leur avaient fait supporter, l'appât d'un sequin que le sénat leur donnait pour chaque tête de Turc qu'ils apportaient, les avait tellement acharnés contre les infidèles et les avait engagés si avant qu'ils avaient perdu toute espérance de jamais faire la paix avec la Porte. Aussi les considérait-on dans ces guerres comme les meilleurs soldats de la république. Enfin le sénat entretenait un certain nombre d'officiers ultramontains qui devaient organiser des compagnies aussitôt qu'une déclaration de guerre était signifiée. Ce nombre pour l'ordinaire était de cinquante; mais on l'augmentait suivant le besoin. Ces gentilshommes avaient quelquefois des gouvernements de forteresse en Dalmatie, très-souvent ils étaient pourvus de compagnies sédentaires, selon qu'ils se rendaient plus ou moins agréables au gouvernement.

Quant à la cavalerie, il y en avait toujours quinze compagnies entretenues en terre-ferme : les unes, appelées *compagnies grosses* et composées de soixante cuirassiers ou gendarmes, étaient commandées, partie par des chefs italiens, partie par des chefs ultramontains, c'est-à-dire des étrangers. Les compagnies de cavalerie légère étaient exclusivement composées d'Esclavons et d'Albanais. Le gouvernement avait en outre avec vingt-cinq capitaines, habitant les provinces de terre-ferme, des traités par lesquels chacun de ces officiers s'obligeait à mettre sur pied, à la première réquisition, cent hommes montés. On conçoit que ce ne pouvait être qu'une fort mauvaise cavalerie, incapable de se maintenir en ligne ; mais le gouvernement ne fournissait ni l'équipement, ni les chevaux, et ce bon marché le sollicitait à persévérer dans un système vicieux de recrutement. A ces forces, comme on le voit, bien médiocres, on pouvait encore ajouter trois mille huit cents gardes urbains; mais l'opinion générale était que si dans un cas extrême on avait recours à une levée en masse, elle fournirait au moins cent mille hommes. Il est facile de voir qu'en somme, tous ces éléments ne pouvaient donner que de très-mauvaises troupes. Ainsi, pour leur armée de terre encore plus que pour leur marine, les Vénitiens étaient restés fort en arrière des gouvernements contemporains, qui avaient tous adopté le système d'une armée permanente. On avait, il est vrai, fondé dans ces derniers temps à Vérone une école spécialement destinée à l'enseignement des sciences qui tiennent à l'art militaire ; malheureusement, comme les nobles vénitiens dédaignaient tout autre service que celui de la marine, cette école ne fut fréquentée que par les nobles de terre-ferme, et l'on n'y compta jamais qu'une vingtaine d'élèves.

Les forces navales de la république, à l'époque de décadence où nous sommes arrivés, consistaient en huit ou dix vaisseaux de ligne, quelques frégates et un petit nombre de galères qui tenaient la mer; dans les chantiers il y avait une vingtaine de bâtiments en construction; mais on n'achevait jamais ces bâtiments; on eût dit que cet appareil de constructions n'était qu'un moyen d'entretenir l'illusion [1]. Les vaisseaux de la république étaient d'ailleurs d'un faible échantillon; ils ne portaient que du canon de vingt-quatre à leur batterie basse, et encore ne pouvaient-ils pas sortir du port avec leur artillerie; on était obligé de les armer en pleine mer. Le commandement des forces navales était exclusivement réservé à la noblesse. Le *généralissime* ou *capitaine général* était nommé pour trois ans durant la guerre seulement. Il avait un pouvoir absolu sur tous les autres généraux et capitaines; son autorité s'étendait sur la flotte, sur les ports, sur les îles et sur les forteresses, où l'on recevait ses ordres sans réplique. Lorsqu'il visitait ces différents lieux, le clergé allait au-devant de lui, et les gouverneurs et recteurs lui présentaient les clefs, comme si le sénat eût été avec lui. Dans les premiers temps, il lui était expressément défendu de rien entreprendre sans l'avis du sénat; plus tard, on le dégagea de ces entraves, car on s'aperçut que ce système compromettait le succès des opérations; on lui laissa donc la liberté de faire tout ce que bon lui semblerait. Mais après la campagne, le généralissime avait autant de juges qu'il y avait de nobles, et il semblait n'avoir obtenu le pouvoir que sous la condition expresse qu'il serait vainqueur, et, suivant ses succès dans les combats, il était récompensé, envoyé en exil ou incarcéré. Le *provéditeur général de mer* était nommé pour deux ans; son autorité s'étendait sur toute la flotte, qu'il menait où il voulait lorsqu'il n'y avait point de capitaine général ou qu'il était absent. Il avait le droit de casser, de punir même de mort les officiers qui manquaient à leur devoir, aussi bien les nobles vénitiens que les autres. Il maniait tout l'argent de la flotte, et en rendait compte au sénat à son retour. Deux nobles vénitiens appelés *commissaires de la flotte* l'assistaient ordinairement dans ses fonctions. Le sénat, dans sa politique, avait rendu le capitaine général et le provéditeur espions l'un de l'autre. Le généralissime et le provéditeur, après avoir fait leur temps, déposaient leur dignité à Capo-d'Istria, et venaient reprendre à Venise leur premier genre de vie, ne retenant rien de leur grandeur que la gloire du passé et l'espérance de l'avenir.

Pendant plusieurs siècles, la marine vénitienne fut la plus célèbre, la plus habile et la plus intrépide du monde; une longue suite de victoires et d'actions

---

[1]. Lorsque les Français entrèrent dans Venise, en 1797, ils trouvèrent sur les chantiers treize vaisseaux et sept frégates; il n'y avait pas des matériaux suffisants pour les terminer, et de ces treize vaisseaux, deux étaient commencés depuis 1752, deux depuis 1743, deux enfin depuis 1732, c'est-à-dire qu'avant d'être en état de sortir du chantier, ils avaient déjà soixante-cinq ans d'âge!

éclatantes justifie pleinement cette assertion. Mais la république, une fois parvenue à son apogée, ne sut pas se tenir au niveau des perfectionnements que la science nautique et l'art des constructions avaient introduits dans les autres marines. Ses vaisseaux étaient généralement lourds, et tenaient mal la mer, à cause du peu de profondeur de leur quille; ses officiers avaient insensiblement perdu l'occasion d'acquérir de l'expérience. On voulut y suppléer en fondant dans l'arsenal une école théorique de marine, qui eut quelques professeurs distingués; mais cette institution ne fut organisée qu'en 1774; il n'était plus temps. La marine marchande, qui n'occupait que quatre ou cinq cents navires, ne pouvait fournir à la flotte qu'un petit nombre de matelots. Pendant la guerre contre les Barbaresques, les équipages se trouvèrent tellement dépourvus qu'on fut obligé d'organiser une sorte de *presse* à l'instar de l'Angleterre. Cette rigueur exaspéra les pêcheurs de l'Adriatique : à Malamocco, à Palestrine, il y eut des soulèvements ; Venise se ressentit même de cette agitation, et le sénat, pour les apaiser, déclara qu'il ne recourrait plus désormais à ce moyen. Dès ce moment aussi on ne vit plus nulle part flotter le pavillon de Saint-Marc ; la souveraine des mers avait abdiqué son pouvoir !

Entre les mains d'un gouvernement habile, le clergé eût été un puissant moyen d'action sur les masses, surtout à Venise où la population était fervente et sincèrement attachée au culte catholique. Le gouvernement de la république ne sut que lui imposer une obéissance passive ; il lui apprit de bonne heure à se soustraire à l'influence de Rome, et à ne reconnaître d'autre autorité que celle des *Dix* et des *Trois;* dans la chaire, dans les conférences privées, l'orateur ne devait s'occuper que du dogme et de la foi, écarter tout ce qui pouvait exalter les esprits, et s'abstenir surtout de la moindre allusion aux actes du gouvernement ; pourvu qu'il se conformât à ces prescriptions, le clergé était assuré de vivre en paix, honoré et respecté : on fermait les yeux sur l'immoralité de sa conduite ; on le laissait volontiers devenir un agent de corruption, et se prêter aux plus ignobles intrigues. Peu importait au gouvernement une telle profanation : le prêtre qui souillait ainsi son auguste caractère, rachetait les désordres de sa vie privée par ses dénonciations, par la révélation de quelques secrets surpris au milieu de ses rapports coupables, et il était sûr d'être encouragé et protégé par un gouvernement qui avait admis la prostitution comme un moyen d'État. Sous de telles influences, le clergé devint ignorant ; il n'aspira qu'à posséder de riches bénéfices, qu'à s'emparer de testaments et de donations, afin de pouvoir donner un plus libre cours à ses désordres et à ses passions. Au lieu d'être moralisateur, le clergé vénitien fut au contraire un des agents les plus actifs de corruption, et contribua pour une grande part à hâter la décadence de la république. Ainsi, en examinant une à une les différentes parties constitutives de l'État, nous voyons s'évanouir cette prétendue réputation de sagesse et d'habileté qui fut de tout temps accordée au gouvernement de Venise !

Lorsque, vers le milieu du xviiie siècle, le mouvement des esprits se porta sur les réformes qu'on pouvait introduire dans l'État, il y en eut qui, moins touchés de la corruption du clergé que des richesses excessives dont il disposait, demandèrent qu'on mît un frein à son opulence, et qu'on trouvât aussi un moyen pour arrêter l'accroissement de ses membres. Le clergé vénitien se composait alors de quarante-six mille individus. Relativement à la population de la république, c'était le clergé le plus nombreux qu'il y eût en Europe : il y avait un prêtre pour chaque cinquante habitants ; l'Espagne ne comptait alors qu'un prêtre sur soixante-treize habitants[1]. Les différentes sources de son revenu l'élevaient à cinq ou six millions de ducats, ce qui faisait cinq cents francs environ par individu. Cette moyenne par tête est fort peu élevée, sans doute ; mais si l'on considère qu'un grand nombre de membres du clergé vivaient dans les couvents et les cloîtres, que beaucoup y recevaient une pension de leur famille, que la vie matérielle était peu coûteuse à Venise, et qu'en outre les couvents avaient tous des terres et des jardins, on se convaincra que cette somme n'était pas nécessaire à l'existence du plus grand nombre des membres du clergé. Les prélats, les abbés, les évêques, pouvaient dès lors disposer de revenus fort considérables.

Jusqu'ici nous n'avons trouvé dans notre examen que des causes de destruction et de démoralisation ; dans ce qui nous reste à parcourir, nous reconnaîtrons encore les mêmes symptômes : car lorsqu'un État arrive à son déclin, toutes ses parties constitutives sont plus ou moins atteintes. Nous avons parlé de la noblesse, du clergé, de l'armée, de la marine, ainsi que des divers fonctionnaires de la république, classes qui concouraient au souverain pouvoir ou qui servaient du moins à en assurer la stabilité. Il nous reste maintenant à parler de ceux qui n'avaient aucune participation à la confection des lois, c'est-à-dire des simples citoyens et du peuple.

L'ordre de la citadinance était composé des habitants qui, par une possession ancienne ou par acquisition, jouissaient du droit de bourgeoisie. Il comprenait les gens de loi, les médecins et trois espèces de commerçants : les marchands de soierie, de draperie et de verrerie de Murano. La qualité de citadin ne conférait aucun droit politique, mais seulement des priviléges commerciaux ; il y avait même deux classes de citadins, distinguées par l'étendue des priviléges qui leur étaient accordés. La citadinance intérieure n'autorisait que l'exercice de certaines professions et du négoce dans l'intérieur ; la citadinance extérieure plaçait celui qui en était revêtu au rang des plus anciens citoyens de la république, et le rendait capable de trafiquer au dehors en son propre nom, et avec la qualité de Vénitien. Cette distinction ne datait que de l'an 1313 ; antérieurement, tous ceux qui avaient vingt-cinq ans de domicile étaient citoyens de droit. C'était dans cette classe qu'on choisissait le grand chancelier de la république, personnage revêtu

---

1. Aujourd'hui Venise ne compte qu'un ecclésiastique sur deux cent seize habitants.

d'une dignité purement honorifique, prenant séance à tous les conseils, mais sans y avoir le droit de suffrage ; c'est là qu'était pris exclusivement tout le corps de la chancellerie, c'est-à-dire les secrétaires des conseils, les notaires, les secrétaires des légations dans l'étranger, les résidents près les petites cours, enfin les agents secondaires de l'administration. Tout ce qui ne faisait pas partie de la citadinance était peuple ; ainsi cette troisième classe comprenait de très-riches négociants, des gens d'église, les artisans, et enfin les personnes de condition servile, les prolétaires. Le peuple proprement dit vivait dans l'oisiveté et la débauche ; le sénat le maintenait dans cette situation pour l'avilir et le rendre obéissant ; et celui-ci persistait, faute de mieux, dans cette vie de dégradation. Par surcroît de précaution, le gouvernement avait soin d'entretenir dans la ville deux partis contraires, les *castellans* et les *nicolotes*, factions sans importance, mais qui n'en étaient pas moins des sources continuelles de rixes et d'irritation entre la populace : l'antipathie était telle que lorsque des enfants de l'un et l'autre parti se rencontraient dans les rues, ils se battaient opiniâtrément. En dehors de ces factions, le peuple vénitien était devenu indolent en matière politique ; il obéissait aveuglément aux influences qui savaient le mieux le captiver ; il flottait à tous les vents, et était devenu par son excessive mobilité un instrument dangereux. En effet, les exclusions qui pesaient sur les membres riches et éclairés de cette classe, et ils étaient en grand nombre, leur avaient complétement aliéné le gouvernement, car ils ne voyaient pas sans jalousie les priviléges dont on avait entouré la citadinance et la noblesse à leur préjudice ; c'était, sans contredit, la partie la plus utile de la population, celle qui fécondait toutes les branches du commerce et de l'industrie, et cependant elle n'avait pas plus de prérogatives que la populace ! Cette injustice l'avait profondément irritée ; c'est là aussi que couvaient les principaux foyers de mécontentement contre l'autorité suprême.

Nous rangerons dans la catégorie des indifférents ou des neutres les résidents étrangers. Quoique les droits de résidence fussent difficilement accordés aux étrangers, cependant lorsqu'on éprouvait le besoin de réparer les pertes de la population, le gouvernement savait mettre de côté les lois restrictives et attirer dans la capitale les hommes industrieux qui lui manquaient, sauf à retirer la permission lorsque la nécessité ne se faisait plus sentir. Ainsi le nombre des juifs qui, au commencement du XVIe siècle, était à peine de mille, s'élevait à cinq mille vers le milieu du XVIIIe. Mais, en 1777, un décret provoqué par la jalousie des marchands vénitiens ayant réduit les concessions qui leur avaient été faites précédemment pour leur négoce, ils menacèrent de quitter Venise. Le commerce de cette capitale était dans un tel état de décadence qu'on ne pouvait se passer d'eux. Il fallut rapporter en 1780 le décret de 1777 ; on leur rendit leur banque ; on leur permit de rétablir leurs manufactures supprimées ; on leur accorda même quelques nouveaux priviléges, comme, par exemple, celui d'avoir des navires en propriété. C'était une concession arrachée par les circonstances, car la moitié des navires existant dans le port se trouvaient alors à vendre ! Ce fut aussi pour attirer et retenir à Venise les Dalmates, chrétiens schismatiques qui suivent le rite grec, qu'on leur accorda en 1761 la permission de professer publiquement leur culte, d'avoir un évêque, et qu'on leur affecta une église spéciale [1] : concession qu'au temps de sa prospérité Venise n'aurait voulu faire à aucun prix !

Les provinces de terre-ferme étaient essentiellement hostiles à Venise, quoique annexées depuis plusieurs siècles au territoire de la république [2] ; le gouvernement s'était montré si partial à leur égard, il s'était tellement appliqué à rabaisser la noblesse, il avait fait peser de si accablantes sujétions sur la bourgeoisie, qu'il n'avait jamais pu compter sur l'affection et encore moins sur le dévouement de ces populations. Les fréquentes agitations qui, à différentes époques, se manifestèrent dans ces contrées, disent assez quelles pouvaient être leurs dispositions envers la république. Elles se résignaient cependant à l'obéissance, moitié par crainte, moitié par intérêt, car Venise avec ses victoires lointaines et ses nombreuses ressources, leur imposait, tandis que la prodigieuse activité de son commerce utilisait toutes les productions et y entretenait des échanges profitables.

Le système d'administration imposé aux provinces de terre-ferme, s'il était fort peu libéral, disons mieux, s'il était radicalement mauvais, avait du moins pour lui l'avantage de la simplicité. Dans le *Dogado*, c'est-à-dire dans l'enceinte des lagunes, qui formait originairement tout le territoire de la république, chaque île, chaque ville avait organisé son administration sur le modèle de la capitale. Elles avaient les mêmes fonctionnaires, leur grand chancelier, leur sénat, magistratures sans autorité, qui rappelaient seulement, par leurs dénominations, qu'autrefois ces îles avaient été les confédérées de Venise, avant de n'être que ses sujettes. Dans les provinces de terre-ferme, il y avait des nobles et des roturiers ;

---

1. L'élégante église de *Saint Georges-des-Grecs*, spécialement affectée à ce culte, appartient à l'architecture de Sansovino. L'office grec a un caractère singulier et mystérieux : les prêtres sont cachés dans le sanctuaire ; ils n'apparaissent que par intervalles, pour certaines oraisons, et lorsque les rideaux se tirent. L'effet de ce temple sans pontife est extraordinaire ; on ne voit que deux jeunes clercs chantant dans le chœur des hymnes monotones. Le sanctuaire des églises grecques est interdit aux femmes.

2. Voici l'ordre chronologique de l'accession des différentes provinces de terre-ferme au territoire vénitien : l'Istrie s'était soumise vers la fin du xe siècle. — La Marche Trévisane fut cédée à la république par François della Scala, seigneur de Vérone, le 18 décembre 1338. Les Vénitiens la cédèrent au duc d'Autriche le 2 mai 1381, et celui-ci la vendit au seigneur de Padoue en 1382 ; cette province fut enfin conquise par les Vénitiens et annexée au territoire vénitien le 13 décembre 1388. — Le Vicentin, le Feltrin et le Bellunais furent cédés à la république par Catherine Visconti, régente de Milan, le 25 avril 1404. — Le Véronais fut conquis sur François Carrare, et annexé au territoire vénitien le 23 juin 1405 ; le Padouan fut aussi un des résultats de cette conquête. — Le Cadorin fut conquis sur le patriarche d'Aquilée et annexé en 1420. — Le Brescian, conquis sur le duc de Milan, devint possession de la république par le traité du 30 décembre 1426. — Le Bergamasque, conquis sur le duc de Milan, resta à la république par le traité du 18 avril 1428. — Le Frioul, conquis sur le patriarche d'Aquilée en 1447, fut dévolu à la république par un traité de 1420, confirmé par une transaction postérieure vers 1450. — Le Crémonais, conquis sur le duc de Milan en 1449, fut définitivement annexé à la république par le traité de Lodi du 5 avril 1454. — La Polesine, engagée d'abord à la république, avec faculté de rachat, par le marquis d'Este, en février 1405, fut ensuite rendue au marquis de Ferrare, puis restituée à la république en 1484.

mais tous égaux, c'est-à-dire également privés de toute participation au pouvoir. L'autorité de la métropole y était invariablement représentée par deux magistrats, l'un civil, l'autre militaire : le *podestat* et le *capitaine d'armes*; ces deux fonctionnaires supérieurs gouvernaient presque despotiquement tout ce qui était de leur ressort. Les attributions du capitaine d'armes étaient très-restreintes : il se bornait à commander aux troupes de la ville où il résidait, ainsi qu'aux garnisons des places et des châteaux de son ressort; il punissait ceux qui manquaient à leur devoir, et jugeait tous les différends qui survenaient entre les officiers, les soldats et les bourgeois, sans que le podestat pût en prendre connaissance. Tous les châtelains de son territoire étaient tenus de recevoir ses ordres et d'obéir à sa juridiction; il devait faire réparer les remparts et les fortifications quand il le jugeait à propos. Enfin, par une assez bizarre attribution, il avait la perception de tous les revenus et impôts de la ville et des lieux qui en dépendaient. Pour cette partie de l'administration on lui avait adjoint des camerlingues qui faisaient les fonctions de collecteurs de taxes, qui lui en rendaient compte et ne déboursaient rien sans son ordre. L'autorité supérieure dans les petites villes, était confiée à un *recteur* qui remplissait à la fois les fonctions de podestat et de capitaine d'armes.

Dans les grandes villes, le podestat était presque l'égal d'un souverain : il avait un palais, des gardes; il dirigeait les divers ressorts de l'administration; assisté de plusieurs jurisconsultes qu'il choisissait à son gré, et dont il prenait avis seulement lorsqu'il croyait convenable de recourir à leurs lumières, il rendait haute et basse justice. Les sentences qu'il prononçait étaient presque en dernier ressort, car il fallait des formalités sans nombre pour que les causes fussent renvoyées devant la magistrature de Venise. Le podestat fixait les impositions et les répartissait; il dirigeait la police et soumettait à la plus inquiétante surveillance les personnes suspectes au gouvernement : il ne se bornait pas à rendre une justice partiale; en conséquence de cette abominable politique qui dominait dans tous les actes du gouvernement, il lui était expressément recommandé par les Dix et les Trois, de semer la division entre les différentes classes de citoyens, entre la noblesse et la bourgeoisie; il devait surtout s'attacher à rabaisser les nobles en accordant facilement des lettres d'anoblissement aux plus simples bourgeois. On espérait qu'à force de multiplier les titres, on en diminuerait la valeur. De là des rixes, des inimitiés, des assassinats sans nombre : les *bravi* étaient devenus, dans ces malheureuses provinces, des espèces de fonctionnaires publics dont les honoraires étaient tarifés d'avance, et qui vendaient ostensiblement leurs services à qui voulait les employer. Voilà en dernière analyse quels étaient les déplorables résultats de l'administration de la république dans les provinces de terre-ferme. Au lieu d'assimiler, de pacifier les divers groupes de population, elle n'avait su qu'y fomenter les haines et les vengeances!

Pour se soustraire à une partie de ces vexations, les familles plébéiennes se choisissaient à Venise un protecteur dans l'ordre équestre; protectorat insignifiant, qui ne se manifestait que pour des objets de peu d'importance, car quel eût été le patricien assez hardi pour chercher à faire triompher l'innocence opprimée, pour s'employer au redressement d'injustices commises par un mandataire de la Seigneurie? Tout le monde ne courbait-il pas la tête devant la terrible inquisition d'État? Au reste, les classes supérieures dédaignaient un pareil patronage et aimaient mieux souffrir en silence. Ainsi, dans les provinces de terre-ferme le gouvernement de Venise n'avait pas su se rendre sympathique aux masses, et s'était créé parmi les anciens nobles des ennemis irréconciliables. Comme dernier trait de ce déplorable système de gouvernement, nous dirons que l'administration ménageait les provinces situées sur les frontières, telles que Bergame, Brescia, mais se montrait oppressive pour les sujets moins à portée de se donner à l'étranger. Pendant plus de quatre cents ans, les Padouans firent l'épreuve de cette implacable tyrannie?

Nous venons de passer en revue la situation morale et politique des différentes parties constitutives de la république vénitienne; il nous reste maintenant à faire connaître l'importance de sa population, ainsi que le tableau de ses principales ressources territoriales et financières. Les États de la république, à l'époque dont nous nous occupons, se composaient des villes, provinces, territoires et îles ci-après, que nous accompagnons des chiffres de leur population respective :

	Habitants.
Ville de Venise...	140,256
Le Dogado, c'est-à-dire les îles et le bord des lagunes...........	96,000

PROVINCES DE LA TERRE-FERME.

Brescia...	273,888
Salo..	41,273
Bergame..	196,799
Crême..	39,441
Vérone...	221,712
Vicence..	212,855
Padoue...	271,843
Polésine de Rovigo...	64,167
Marche de Trévise..	351,731
Palma Nuova...	3,596
Partie du Frioul..	28,675
Cividale du Frioul...	35,000
Istrie...	86,129
Dalmatie et Albanie..	245,626
Iles du Levant qui comprenaient : Corfou, Paxo, Sainte-Maure, Céphalonie, Théaqui (Ithaque), Zante, Asso, les Strophades et Cerigo..	116,680
TOTAL GÉNÉRAL........	2,425,671

Dans ce nombre d'habitants, on ne comptait que trois mille cinq cent cinquante-sept nobles; mais le clergé y figurait au nombre de quarante-six mille cinq cent quatre-vingt-trois individus. La population de la république avait généralement suivi cette marche ascendante; la capitale seule voyait chaque jour, depuis deux siècles, décroître le nombre de ses habitants. Ainsi, au XVIIe siècle, quelques observateurs avaient attribué à Venise une population de plus de deux cent mille âmes; le recensement de 1761 ne fournit qu'un chiffre de cent quarante-neuf mille quatre cent soixante-seize habitants; celui de 1780 s'abaisse à cent quarante mille deux cent quatre-vingt-six, et en 1788, à l'époque où nous nous arrêtons, on n'en comptait plus que cent vingt-sept mille. La diminution de la population de Venise se trouvait donc en raison directe de la décadence politique et commerciale de la république. Malgré tous les efforts que firent les Vénitiens dans ces dernières années pour retenir dans leur port quelques débris de leur ancien commerce, ils ne purent parvenir à ce but, et certes, ils ne reculèrent devant aucun moyen pour l'obtenir. En 1663, Venise avait refusé d'adhérer à un traité avec la Russie pour faciliter l'écoulement des produits de cette nation. Elle ne comptait pas alors les avantages d'une telle alliance et les immenses ressources que pouvait offrir un si vaste empire. En 1774, craignant le pouvoir ascendant des Moscovites et désireux aussi de faire quelque chose en faveur de leur marine marchande, les Vénitiens proposèrent à la Russie d'être les simples facteurs de son commerce; mais ils furent repoussés. Envers les Barbaresques, l'abnégation ou plutôt l'abaissement des Vénitiens alla plus loin encore; ils se chargèrent de transporter dans les régences du bois de construction, des munitions navales et des armes, de sorte que le commerce de Venise se fit le pourvoyeur des pirates! Les nations maritimes de l'Europe furent indignées d'un tel procédé, et plus d'une fois les navires vénitiens qui faisaient ce coupable trafic furent arrêtés en pleine mer et confisqués dans les ports d'Espagne et de Naples; l'Espagne soumit même toute la marine marchande de Venise à de rigoureuses quarantaines; ce qui porta un préjudice considérable au commerce de la république.

D'après un savant économiste vénitien, M. Quadri, la richesse agricole des États de Venise, à l'époque dont nous nous occupons, présentait les résultats suivants :

	Têtes.		Têtes.
PROVINCES DE TERRE-FERME.		Chevaux de selle	2,196
Bœufs	569,642	Bêtes de somme	19,767
Chevaux	50,850	Petit bétail	846,525
Mulets	15,345	ILES DU LEVANT.	
Anes	32,649	Bœufs	15,475
Brebis	905,820	Chevaux de selle	3,095
Chèvres	102,601	Bêtes de somme	9,668
DALMATIE ET ALBANIE		Brebis	75,225
Bœufs	46,606	Chèvres	70,163

L'agriculture vénitienne avait fait d'incontestables progrès : au commencement du XVIIIᵉ siècle, Antoine Zanoni avait propagé les mûriers et perfectionné la culture de la vigne dans le Frioul; le marquis Jérôme Manfrini avait introduit les plantations de tabac en Dalmatie; enfin le comte Carburi avait naturalisé dans l'île de Céphalonie l'indigo, le sucre et le café. Tous ces essais et bien d'autres qu'il est inutile de mentionner, avaient mis sur un bon pied l'agriculture vénitienne; mais l'habileté du fisc venait sans cesse en arrêter la marche ascendante par ses nouvelles exigences. Ainsi, il a été constaté que depuis la paix de Passarowitz, le montant des taxes avait doublé à Venise. Voici dans ces derniers temps comment elles étaient réparties :

	Ducats.
Venise et le Dogado payait	3,500,000
Le revenu du sel produisait	1,600,000
La Marche Trévisane payait	295,000
Padoue et son territoire	450,000
Vicence et le Vicentin	240,000
Vérone et le Véronais	390,000
Bergame et son district	350,000
Crême	180,000
Brescia et le Bressan	1,500,000
La Polésine de Rovigo	175,000
Le Frioul	450,000
Les États de mer, c'est-à-dire l'Istrie, la Dalmatie et une partie de l'Albanie avec les îles	900,000
TOTAL	10,030,000

Conversion en francs, à raison de 4 fr. 20 cent. le ducat : 42,126,000 fr.

A ce total il faut ajouter les décimes du clergé, dont le revenu général était évalué à quatre millions de ducats, la vente de quantité d'offices, les confiscations, et enfin plusieurs autres droits très-considérables. Le génie fiscal avait profité de toutes les inventions des temps modernes; impôts sur les terres, sur les personnes, sur le commerce national et étranger, sur le travail, sur les mutations de propriétés; rien n'avait été négligé pour grossir le revenu de l'État. Et cependant depuis la paix, depuis l'adoption de ce fatal système de *statu quo*, qui n'engageait Venise dans aucune dépense extraordinaire, la dette publique s'était considérablement accrue, elle s'élevait à quarante-quatre millions de ducats (cent quatre-vingt-quatre millions de notre monnaie). Cette augmentation de la dette confirme l'observation énoncée par plusieurs écrivains, qu'après soixante-dix ans de paix, l'administration était devenue tellement dispendieuse, que ses revenus ne suffisaient plus à couvrir les dépenses annuelles. Aussi, à cette époque, Venise n'opérait que très-difficilement ses emprunts, et ses effets n'étaient cotés qu'à 60 0/0 de leur valeur nominale. Lorsqu'en 1785, elle ouvrit un emprunt à trois pour cent, les nationaux n'offrirent pas leurs fonds. On voulut voir si l'on aurait plus de crédit à l'étranger, on transporta l'emprunt à Gênes;

cet essai ne réussit pas mieux : enfin, il fallut s'adresser à Anvers, où l'on n'obtint qu'avec lenteur et difficulté la somme dont on avait besoin.

Telle était la situation de Venise au moment où la révolution française vint à éclater, et lorsque l'Italie fut devenue l'un des principaux théâtres de ces grandes guerres qui avaient pour but le triomphe ou l'anéantissement de la liberté des peuples! On voit que Venise était on ne peut plus mal disposée pour soutenir un tel choc ; aussi succomba-t-elle enveloppée au milieu de la lutte sans avoir combattu. Mais avant d'entreprendre ce récit, qu'il nous soit permis d'esquisser rapidement quelques-uns des traits les plus caractéristiques des mœurs, des fêtes et des coutumes de Venise. Nous terminerons par ce tableau tout ce qui a rapport à l'histoire ancienne de la république.

CHAPITRE XVIII.

Vie et Mœurs vénitiennes d'autrefois. — Les Gondoliers. — Les Courtisanes. — Le Sigisbée. — Le Bravo. — Cérémonies des épousailles de la Mer. — Le Carnaval. — Les Théâtres. — La Fête des Régates. — Les Casino. — Anecdotes.

VANT de raconter la dernière crise qui mit fin à un gouvernement et à une nationalité de douze siècles de durée, essayons, à l'aide de ce qui subsiste encore des antiques mœurs vénitiennes et des souvenirs empruntés à l'histoire, aux monuments, aux anciens récits, de nous placer au sein de la vieille ville des doges, et de vivre un instant en imagination de la vie de ce peuple singulier.

En mettant le pied dans Venise, ce qui frappe immédiatement l'étranger, c'est le silence. Au cœur même de la cité, au milieu de la place Saint-Marc, centre de toutes les affaires et rendez-vous général de la population, on entend à peine un léger bourdonnement qui, seul, révèle la vie de cent mille hommes. En dehors de ce centre, tout se tait; c'est le silence du désert. Il n'y a à Venise ni voitures, ni charrois d'aucune sorte, ni chevaux. Des milliers de Vénitiens n'ont jamais vu d'autres chevaux que ceux qui décorent le portail de Saint-Marc[1]. Il n'y a guère plus de piétons; car, bien qu'on puisse parcourir toute la ville à

---

1. Il n'en a pas été toujours ainsi. Du XIIe au XVe siècle, alors que la ville n'était pas pavée et que les ponts n'étaient que des madriers de bois posés d'un bord à l'autre sur les canaux, les nobles se servaient de chevaux et de mules dans leurs excursions. Les classes plébéiennes ou pauvres avaient appris probablement des Orientaux à ne pas mépriser les utiles services des ânes. Les patriciens se rendaient au conseil sur leurs mules, au premier coup de la cloche de Saint-Marc, et ce son de cloche s'appelait encore dans les derniers temps de la république la *trottiera*. Vers 1300, les mules furent abandonnées, mais les chevaux restèrent en usage jusque vers le commencement du XVe siècle. Dès lors, l'usage des petites barques ou gondoles devint général. Il est probable que l'érection des ponts de pierre à arches élevées, permettant le libre passage des bateaux, contribua beaucoup à ce changement. Du reste, on ne conçoit guère comment des chevaux et des mules ont pu circuler dans l'intérieur de la Venise du moyen âge. Les Vénitiens modernes ne se doutent pas que leurs ancêtres furent de si grands chevaucheurs; et Salvator Rosa, s'il eût mieux su l'histoire, n'aurait pas fait son épigramme sur les cavaliers vénitiens.

pied sec sur les petits quais qui, dans une foule de points, bordent les maisons, et au travers des milliers de ruelles qui forment une sorte de labyrinthe inextricable, ces voies de circulation sont trop étroites et trop tortueuses pour donner passage à beaucoup de promeneurs à la fois, et, en outre, elles font tant de circuits et de détours qu'elles allongent du double, souvent du triple les distances à parcourir. Aussi est-ce par les canaux et en gondole qu'on circule de préférence dans l'intérieur de la ville; mode de transport paisible et doux, dont le léger bruissement, loin de troubler le silence, ne fait que le rendre, en quelque sorte, plus présent et plus solennel.

La gondole joue un grand rôle dans la vie vénitienne. C'est une barque de forme allongée, de quinze à vingt pieds de long, recourbée à la proue et à la poupe comme les souliers des élégants du xve siècle. La proue est armée d'une large lame de fer dentelée, de trois pieds de hauteur, qui sert à la fois d'ornement et de mire. Sur l'arrière est la cabine, étroite et basse, pouvant contenir de deux à six personnes assises. On y entre à reculons, et c'est de règle. On reconnaît sur-le-champ un étranger à sa manière d'entrer dans la chambrette. La cabine est uniformément recouverte de drap noir, par mesure somptuaire, pour les gondoles des particuliers comme pour celles au service du public. Grâce à leur coupe svelte, à la finesse de leur forme, et surtout à l'adresse des bateliers, ces barques volent sur l'eau. Dans les canaux fréquentés elles se mêlent, s'entre-croisent, se dépassent avec une agilité et une précision de manœuvre merveilleuses. Les gondoliers sont aussi adroits que les cochers de Paris ou de Naples. Une gondole est d'ordinaire montée par deux hommes, placés chacun sur un des côtés, manœuvrant des deux mains une seule rame, debout et tourné vers la proue. Cette rame, très longue, n'est point retenue au bateau par un nœud de corde ou un anneau de fer, comme dans la plupart des ports de la Méditerranée; elle n'a d'autre point d'appui qu'une échancrure semi-lunaire, dans laquelle elle joue librement et d'où elle ne s'échappe jamais.

La gondole est la voiture du Vénitien. Les nobles et les riches en ont toujours deux ou trois amarrées à la porte de leur maison. Un vrai Vénitien, surtout s'il est d'origine patricienne, ne marche jamais; n'eût-il que quelques pas à faire, il faut que ce soit en gondole. Dans les anciens temps, l'ornement des gondoles était un des objets principaux des rivalités du luxe. Chaque famille les décorait de ses armes et de ses couleurs; mais les Autrichiens les ont toutes tendues de noir, comme pour leur faire porter le deuil de la république. Il fut un temps où deux mille gondoles suffisaient à peine aux besoins de la population active, affairée, qui remplissait Venise, et de la multitude flottante et plus agitée encore d'étrangers, que le commerce, la curiosité, les plaisirs, amenaient de tous les coins du monde; aujourd'hui il y en a à peine deux ou trois cents, dont la plupart restent des journées entières tristement balancées par le morne clapotement de la lagune sans recevoir un passager.

D'anciennes peintures nous représentent la place Saint-Marc, la Piazzetta, le quai des Esclavons, le pont Rialto et ses alentours, couverts d'une foule immense à costumes bariolés, turcs, grecs, arméniens, istriotes, juifs, mêlés à ceux non moins piquants des Vénitiens de toutes classes, gondoliers et patriciens, nobles matrones et courtisanes, abbés, moines et citadins ; tout cela a disparu. La décadence politique et commerciale a dépeuplé la ville, et la civilisation moderne, qui tend au nivellement universel des mœurs et des modes, a substitué aux costumes distinctifs des classes et des positions sociales la prosaïque uniformité de l'habit européen. Mais franchissons un intervalle de deux siècles, et de même qu'on fait reparaître sous les nouveaux caractères les traits primitifs d'un palimpseste, essayons de raviver, sous le badigeon moderne qui les recouvre, les riantes couleurs du passé.

Un homme d'une haute stature, enveloppé d'un long vêtement noir, descend de sa gondole armoriée ; il franchit, d'un pied leste, l'escalier du quai de la Piazzetta. Les insignes d'argent qui ornent sa ceinture de velours noir indiquent un grand personnage. C'est, en effet, malgré ses allures juvéniles, un des pères conscrits de la république, un sénateur ; il a vingt-cinq ans, âge légal de l'entrée au grand Conseil. Sa longue toge traîne jusqu'à terre, en dépit des règlements disciplinaires qui le défendent ; et ses larges manches, au lieu de se prolonger au delà de la main, comme le veut la règle, s'arrêtent au poignet qu'elles serrent légèrement. Le collet s'élève tout droit ; il est ouvert par devant et s'applique sur celui du pourpoint de soie noire ; un bouton de diamant, remplacé quelquefois par un bouton d'or ou d'argent ciselé, retient le col de sa chemise. Contrairement à l'étiquette officielle, qui prescrit aux nobles de porter leurs cheveux naturels, sa tête est affublée d'une perruque, sur laquelle pose assez ridiculement une barrette de laine noire, à bourrelet de la même étoffe. Une étole (stola), de même drap et de même couleur que la robe, et longue d'une aune, est rejetée sur l'épaule gauche. Des bas et des souliers d'un rouge écarlate complètent le costume de ce noble personnage. En marchant, il relève de la main gauche sa longue robe, tandis que la droite, ramenée sur la poitrine, écarte un peu les plis de la toge sénatoriale pour laisser voir le pommeau luisant d'un stylet, logé dans la ceinture de son pourpoint.

Le costume sous lequel nous voyons se pavaner ce jeune patricien du XVIIe siècle n'a jamais subi de grandes modifications dans la forme. Mais la couleur varia suivant les temps. Le bleu fut pendant cinq siècles la couleur adoptée ; il fut remplacé par le noir, qui se maintint jusqu'à la chute de la république. Cependant la couleur violette était affectée à certaines fonctions publiques ; et dans quelques circonstances solennelles, à la toge noire de tenue officielle, on substituait des manteaux d'étoffes plus riches et de couleurs plus éclatantes. L'écarlate, proscrit par le goût moderne qui repousse les nuances vives et franches, fut longtemps la couleur favorite des Vénitiens de toute condition ;

et l'usage du manteau rouge devint si général dans les deux derniers siècles, qu'il constituait, en quelque sorte, le costume national. On en affublait les petits enfants dès qu'ils commençaient à marcher ; il n'y avait pas jusqu'aux mendiants qui n'eussent cru se manquer à eux-mêmes de paraître en public sans jeter sur leurs épaules quelques guenilles rouges. C'est en manteau que se faisaient les visites ; et l'éloge le plus flatteur qu'on pût adresser à un étranger, c'était de lui dire qu'il portait son manteau comme un Vénitien.

A l'époque où vivait ce jeune patricien que nous venons de voir descendre de gondole, avec sa toge noire, sa perruque, sa barrette et ses bas rouges, on aurait pu le voir sous les portiques de Saint-Marc faire sa révérence la plus étudiée à une belle dame, haute de sept pieds, s'avançant péniblement, appuyée à droite et à gauche sur les épaules de deux suivantes. C'est une gentildonna, la femme d'un chevalier de l'étole d'or, d'un procurateur de Saint-Marc, d'un membre du conseil des Dix peut-être. Elle est montée sur des patins de près de deux pieds de haut, et se balance majestueusement sur ces deux échasses. Depuis la suppression de ces piédestaux, les nobles vénitiennes ont repris la taille ordinaire des femmes du pays, et ce qu'elles ont perdu en hauteur elles l'ont gagné en grâce et en désinvolture. L'usage des patins était, disait-on, une ingénieuse invention des maris vénitiens, qui, indépendamment d'autres mesures de sûreté plus savantes encore et non moins singulières, auraient mis ces entraves aux démarches légères de leurs femmes. C'est aux filles du doge Dominique Contarini, qui les premières s'insurgèrent contre cette vieille mode, vers le milieu du XVIIe siècle, que les dames de Venise doivent la liberté de leurs jolis pieds, dont rien ne prouve qu'elles aient mésusé.

Le costume féminin est toujours et partout infiniment plus diversifié et plus changeant que celui des hommes. Les dames vénitiennes ont déployé en ce genre une fertilité d'invention extraordinaire, et l'on a quelque peine à suivre dans l'histoire et sur les monuments les nombreuses révolutions de leurs modes. Quelques types, parmi les plus durables, peuvent être saisis de loin en loin. Au XIe siècle, qui représente les temps héroïques des Vénitiens, elles portaient des mantelets descendant jusqu'à la ceinture. Dans le siècle suivant, le manteau court se transforma en une sorte de capote à larges manches fourrées de peaux de martre et de renard, dites à la Ducale, parce qu'elles ressemblaient à celles que portait le doge. Ce luxe de fourrures coûtait si cher à leurs nobles maris qu'une loi somptuaire, de 1303, rogna en tout sens ces manches ruineuses. Forcées de rétrécir et de couper les manches de leur robe, les gentildonne en allongèrent d'autant les queues ; mais une autre loi vint bientôt retrancher ces luxueux appendices. L'étendue de l'étoffe étant ainsi réduite, elles se rabattirent sur les ornements, et se couvrirent de dorures ; fantaisie plus onéreuse encore que les autres, et promptement réprimée par les édits. Puis vint la mode des robes de soie, serrées au corps par une ceinture à laquelle était suspendu, par une chaîne d'or, un couteau de cuisine, dans une riche gaîne, symbole de l'autorité féminine dans la plus importante de ses attributions. Les manches recommençaient en même temps à dépasser les limites fixées par les lois; elles s'allongèrent tant et tant qu'elles traînaient à terre, et étaient, en outre, surchargées de pierreries et de boutons d'or; excès contre lesquels les législateurs durent sévir encore.

La dernière moitié du XVI° siècle est l'époque la plus brillante peut-être du costume des Vénitiennes de haut rang. Une des occasions où elles purent le mieux étaler leurs parures, fut l'entrée solennelle à Venise de la nouvelle dogaresse, Cécile Dandolo, femme du doge Jérôme Priuli. Le cortége fut, comme toujours, magnifiquement ordonné, car les Vénitiens s'entendaient très-bien aux cérémonies. Quelques toilettes choisies parmi celles qui eurent alors le plus de succès donneront une idée du goût de ce temps. C'est d'abord celle de la dogaresse. Sous son manteau royal, à longue queue traînante, elle portait une robe de brocart d'or, fourrée d'hermine, ouverte par devant et garnie de boutons d'or. Elle était coiffée de ce bonnet recourbé à la phrygienne, enchâssé dans une couronne (le *corno ducale*), attribut distinctif du dogat. Autour de son cou s'enroulaient un collier de perles de la plus belle eau et une chaîne d'or parsemée de pierreries, au bout de laquelle brillait un joyau de prix, fraîchement sorti de l'atelier du plus habile orfévre de Rialto. Sa taille était entourée d'une seconde chaîne dont les bouts descendaient jusqu'à terre. Une collerette à bords dentelés, montante et très-évasée, formait autour de sa tête comme une enceinte de créneaux. Ses cheveux, tressés par derrière et relevés sur le devant en deux pointes semblables à des clochetons, couronnaient l'élégant édifice de cette toilette. Sa main droite était armée d'un pennon ou petit drapeau, qu'elle agitait à la manière d'un éventail. Parmi les dames de sa suite, il en est une qui portait une mantille de gaze noire, semée d'étoiles d'argent, et fixée au sommet de la tête par de longues épingles d'or. Une ample robe de brocart laissait voir les manches et la jupe de sa robe de dessous, d'une fine étoffe bleue; elle tenait, comme la dogaresse et comme les autres dames, un pennon à la main.

C'étaient là, du reste, des parures de cour et de cérémonie, et la plupart de ces dames avaient, dans les circonstances ordinaires, une mise plus modeste. Le luxe et la recherche des vêtements n'étaient d'ailleurs permis qu'aux femmes mariées. Les jeunes filles formaient une classe à part. Étroitement gardées dans la maison paternelle, elles n'avaient aucune relation avec les hommes, pas même avec leurs proches parents, qui ne les voyaient que le jour de leur mariage. Dans leurs rares sorties, pour aller à l'église, elles étaient enveloppées d'un long voile blanc d'une gaze très-fine et très-lustrée, appelé *fazzuolo*, qui ne laissait voir que la jupe d'une robe brune d'étoffe commune. A l'âge nubile elles s'habillaient tout en noir, avec une ample mantille de soie fine et serrée, jetée sur leur tête et descendant jusqu'à la taille, au travers de laquelle elles pouvaient voir sans être vues. Quelquefois un petit tablier noir orné d'une bande de dentelle brodée s'ajoutait à ce costume à la fois élégant et modeste. Cette contrainte cessait le jour du mariage et même le jour des fiançailles. Le pudique voile était rejeté, les cheveux dénoués flottaient en partie sur les épaules et le reste s'étalait sur le front en boucles nombreuses entremêlées de grains d'or et de pierreries. Le blond doré était si estimé à Venise, comme chez les anciens Grecs, qu'on teignait de cette couleur la chevelure des nouvelles mariées. Elles portaient pendant une année entière la riche parure du jour des noces.

Les nobles dames vénitiennes d'alors, bien que délivrées par le mariage de l'espèce de séquestration où elles avaient vécu, n'avaient pas cependant la liberté d'action dont jouissent leurs descendantes. Elles ne pouvaient sortir de leurs maisons et paraître en public sans être accompagnées de plusieurs suivantes (*cameriere*). Ces caméristes ne faisaient pas toujours partie de leur domesticité; on les louait quelquefois à la journée pour les jours de cérémonie. Cette suite les annonçait de loin dans les promenades, à l'église, au théâtre, et les séparait de la foule des bourgeoises, des femmes d'une classe inférieure, et particulièrement des courtisanes, qui abondaient à Venise, et qui affectaient volontiers de suivre les modes et de prendre les allures des femmes de qualité.

Les courtisanes vénitiennes ont eu de la célébrité, mais elles sont bien déchues depuis un siècle, et Rousseau, aujourd'hui, trouverait difficilement à Venise l'héroïne de sa ridicule aventure. A l'époque de leur grandeur, s'il est permis de se servir de ce terme, c'est-à-dire du milieu du XVIIe siècle jusque vers la fin du XVIIIe, elles eurent un rôle important dans la vie intérieure des Vénitiens de toutes les conditions. La licence des mœurs, plus grande à Venise peut-être que dans les autres villes d'Italie, indiquait la dégradation de l'esprit public et préparait de loin la ruine de l'État. Indépendamment des prostituées de tous les étages qui y étaient très-multipliées, par suite de la liberté et presque de la considération dont elles jouissaient, il y avait une classe, non moins nombreuse, de demi-courtisanes, plus ou moins ostensiblement entretenues par des nobles. Ces sortes de liaisons étaient extrêmement communes et prenaient souvent les formes les plus abjectes. Il n'était pas rare de voir des patriciens, trop pauvres ou trop avares pour faire les frais d'un de ces ménages, pour *far casa*, comme on disait alors, pousser la bassesse jusqu'à en laisser la charge à quelque riche marchand ou citadin, qui entrait en partage des faveurs de la dame. Dans cette honteuse association le bourgeois mettait son argent et le noble sa protection, c'est-à-dire son nom et son rang. Quelquefois les gentilshommes faisaient l'affaire de compte à demi, à deux, à trois, à quatre. C'est parmi les filles du peuple que se recrutait cette classe d'entretenues, ainsi que les prostituées. Un trafic de corruption la plus effrontée s'était établi. De jeunes filles de sept à huit ans, désignées d'avance pour ce rôle honteux, extorquées à leurs parents par les suggestions de la misère ou de la cupidité, étaient élevées avec soin aux frais de leurs futurs possesseurs, qui le plus ordinairement, après les avoir deshonorées, les abandonnaient au bout de peu de temps, et ces malheureuses ne tardaient pas à aller grossir la foule des courtisanes publiques. Assez souvent ces infâmes marchés, ouverts et conclus par l'intermédiaire d'entremetteurs, avaient la forme et l'autorité d'un contrat légal, valable au besoin devant les tribunaux. Les parents s'engageaient par *écrit* et *devant notaire* à livrer leur fille *vierge* pour un temps déterminé, contre paiement d'une somme également déterminée. Le prix variait de cent à deux cents sequins. Les motifs allégués d'ordinaire dans le contrat étaient la pauvreté des parents et leur intention de procurer de cette manière à leur fille une dot qui lui permît de prétendre à un parti honorable.

Tel était le degré de démoralisation de la haute société vénitienne dans sa décadence. Sous l'influence de ces mœurs pernicieuses qui détruisaient les liens domestiques, la classe patricienne, en même temps qu'elle perdait toute dignité, s'appauvrissait numériquement d'année en année, et si bien qu'à la chute de la république le Livre d'or ne contenait plus que douze cents noms.

Du reste, la licence des mœurs datait de plus loin encore. Vers le commencement du XV siècle, le sénat se crut obligé, pour protéger les femmes honnêtes des insultes et même des violences dont elles étaient journellement l'objet, de décréter une levée de courtisanes dans les pays étrangers. On en rassembla un grand nombre qui furent soumises à la surintendance d'une matrone régulièrement instituée par l'État. Grâce à cet encouragement, la race de ces malheureuses pullula si bien et leur agglomération amena de tels désordres qu'elles furent chassées de Venise. Mais on s'aperçut bientôt que le remède était pire que le mal. Les violences, les attentats contre les femmes de tout rang se multipliaient d'une manière effrayante. Une femme ne pouvait plus s'aventurer par la ville sans être exposée aux entreprises et aux outrages des gondoliers, des artisans et des hommes de la lie du peuple. Il fallut rappeler les courtisanes exilées. Dans l'ordonnance de rappel elles étaient désignées sous les titres les plus flatteurs : *nostre bene merite meretrici*. Pour mieux assurer leur retour, on leur assigna des subsides annuels, et on les logea gratuitement dans des maisons appelées *case rampane*, d'où le sobriquet injurieux de *carampana*, donné aux femmes de mœurs suspectes.

Les courtisanes ont joué un grand rôle dans la vie privée des Vénitiens. Longtemps elles reléguèrent dans le fond de leur palais solitaire les patriciennes délaissées; et plusieurs exercèrent une grande influence sur les personnages les plus considérables de la république et, par eux, sur les plus grandes affaires. Les hommes d'État les plus graves vivaient dans leur commerce ; souvent chez elles se traitaient des négociations de la plus haute importance; et c'étaient elles enfin qui absorbaient une bonne partie des sommes destinées aux besoins de l'État. Elles rivalisaient de luxe avec les plus riches patriciennes, et se livraient à des prodigalités inouïes. Mais l'éclat dont elles avaient brillé s'obscurcit peu à peu lorsque les dames vénitiennes, s'arrachant à leur vie sédentaire, introduisirent dans la vie sociale de nouveaux éléments de plaisir. Dès que la patricienne eut conquis ses franchises, la courtisane put se dire que son règne était passé. Une nouvelle passion, d'ailleurs, celle du jeu, vint, dans le siècle dernier, s'emparer de cette société en dissolution et y introduire d'autres germes de dégradation et de ruine. Jamais, dans aucun temps, dans aucun pays, on n'a joué comme on jouait à Venise. C'est là que se rendaient les aventuriers de toutes les nations, comme ils vont aujourd'hui à Bade ou à Hombourg. La plupart des casino étaient des tripots où s'engloutissaient les derniers débris des fortunes séculaires de la noblesse vénitienne. Ces tripots étaient en général tenus par des patriciens qui cherchaient fortune dans ces viles spéculations ; et l'on voyait les descendants des Pisani, des Dandolo, des Contarini, des Morosini, des Giustiniani, des Cornaro, transformés en croupiers de pharaon !

L'émancipation des dames vénitiennes commence vers la fin du XVIIe siècle. L'avénement s'en fit longtemps attendre, mais le temps perdu fut largement réparé. Lorsque les petits souliers eurent remplacé les hauts patins, sur lesquels leur vertu reposait comme sur une base ferme et solide, les gentildonne firent beaucoup de chemin et à petit bruit. Tout se faisait avec mystère à Venise. Le gouvernement avait mis le secret à la mode. Le masque, devenu une pièce habituelle du costume, peut être considéré comme le symbole de l'esprit et du caractère vénitien. La galanterie était d'autant plus piquante qu'elle n'était pas sans danger. Plus d'une belle infidèle disparaissait, on ne savait comment, un beau matin sans scandale et sans bruit. Les maris outragés usaient des procédés expéditifs de l'inquisition d'État. Quant au séducteur, il était rarement exposé à des représailles violentes : le point d'honneur vénitien n'exigeait pas qu'un noble vengeât ses offenses l'épée à la main ; quelquefois cependant il confiait ce soin à quelque *bravo*, qui, à prix *discreto*, envoyait le galant faire le plongeon dans un canal, avec un bon coup de stylet dans le dos.

Une des plus curieuses singularités de cette vie d'intrigues, de mystères et de mascarades est le *sigisbée*. Le sigisbéisme est une institution exclusivement italienne. Il ne fut nulle part plus florissant qu'à Venise. Le sigisbée était un personnage hybride, une espèce de fonctionnaire domestique, tenant le milieu entre le valet de chambre et l'ami de la maison, ayant charge officielle de *servir* la dame sans exciter la jalousie du mari. Le service était censé se réduire et se réduisait généralement à être l'*homme de compagnie* de la dame, à la suivre partout comme son ombre, et à aller au-devant de tous ses désirs licites. Le noble vénitien se trouvait ainsi exempté de toutes les menues charges de la vie matrimoniale, dont l'observance passait alors pour ridicule. Le sigisbée venait dès le matin chez sa dame, assistait à son lever, prenait le chocolat avec elle, l'aidait à faire sa toilette ; il l'accompagnait à l'église, à la promenade, au théâtre ; il était l'organisateur des parties de plaisir, l'ordonnateur des fêtes et divertissements, et quelquefois l'administrateur de la cassette privée de la signora. Il en était aussi le conseil, l'homme d'affaires, le guide indispensable. Une fois accepté et installé, il faisait partie de la maison, et c'eût été une inconvenance insigne que d'inviter une dame à un dîner ou à une partie de plaisir sans inviter en même temps son sigisbée.

C'était le plus souvent la dame qui choisissait son sigisbée, parfois même il était expressément désigné d'avance dans le contrat de mariage. Le nombre des sigisbées variait en raison de la fortune et de la qualité. Il n'était pas rare de rencontrer une femme de haut rang, allant à l'église accompagnée d'une demi-douzaine de sigisbées. A l'un, elle donnait le bras droit, à l'autre, le gauche; celui-ci portait son éventail, celui-là sa mantille; un cinquième, quelque autre pièce de sa toilette. Le choix du sigisbée donnait la mesure du bon goût de la dame. Les abbés étaient d'ordinaire les préférés. Si la dame était belle et riche, elle se montrait difficile à l'égard des prétendants; dans le cas contraire, elle se contentait de ce qui se présentait, et c'était presque toujours un abbé. Le sigisbéisme a depuis longtemps disparu; cependant on en trouve encore quelques vestiges dans le *cavaliere servente*.

Le *bravo* fait un sinistre contraste à la race inoffensive des sigisbés. Ces spadassins et meurtriers de profession, à la solde de quiconque pouvait payer leurs services et les protéger ensuite, formaient une classe assez nombreuse à Venise. Ils y trouvaient de fréquentes occasions d'exercer leur bravoure et de vivre de leur état. Loger la balle d'une arquebuse dans la tête d'un rival importun, planter un poignard dans la gorge d'un offenseur, défigurer à coups de rasoir une belle infidèle, ce qu'ils appelaient dans leur argot *dar uno sfriso*, tels étaient les principaux exploits auxquels ils étaient employés et prêts en tout temps. Leurs procédés variaient suivant les circonstances et suivant les personnes. Ce brigandage avait aussi ses règles. Si l'homme désigné à leurs coups était un manant, un bourgeois, ou quelque autre espèce aussi peu digne d'égards, ils l'expédiaient traîtreusement, comme un chien, dans une embuscade. Si c'était un homme de rang et d'épée, un Cavaliere, le bravo prétendait l'attaquer en homme d'honneur, *da uomo onorato*. Dans ces cas, il endossait une cotte de mailles, sur laquelle il passait un justaucorps de buffle, se couvrait le chef d'une salade, et s'armait d'une épée à lame courte mais très-large. Un ample manteau, jeté pardessus, complétait son équipement. Ainsi harnaché, le bravo allait se poster dans quelque ruelle solitaire où il savait d'avance que son homme devait passer. Du plus loin qu'il l'apercevait, il se débarrassait de son manteau, assurait son casque sur sa tête et mettait l'épée à la main. Il se trouvait en garde avant que l'autre eût le temps de se reconnaître. L'issue d'un duel ainsi arrangé se devine aisément.

Dans ces *affaires d'honneur*, suivies d'ordinaire de mort d'homme, l'accusation de guet-apens se trouvait écartée en cas de poursuite de la justice. On n'aurait pas osé assimiler à un vil assassin un brave qui faisait si noblement les choses.

D'ailleurs le crédit du patron lui venant en aide, il était à peu près sûr de l'impunité. L'usage de ces bravi était très-répandu ; on en voyait encore à la fin du siècle dernier. En 1785, un certain comte de Brescia, qui s'était échappé de prison, trouva moyen, grâce à ses bretteurs, de se débarrasser de plus de vingt personnes qui lui déplaisaient à Venise. Les grandes dames usaient, elles aussi, de ces spadassins, soit pour leurs vengeances, soit pour des services d'un genre moins sinistre, car ces braves coopéraient volontiers à toute espèce d'entreprises et d'aventures où il y avait de l'argent à gagner ; au besoin même ils se chargeaient de défendre la vie des gens menacés et s'en constituaient d'office les gardes du corps envers et contre tous. Enfin, ils étaient quelquefois commis par la justice elle-même à la défense des personnes. Un artisan réclamait depuis longtemps, dans les termes les plus humbles, le paiement d'une dette auprès d'un patricien qui, lassé de ses instances, le mit brutalement à la porte ; mais comme il revenait toujours à la charge, son noble créancier s'arma un jour d'un pistolet et allait le décharger sur l'importun solliciteur, lorsque celui-ci, saisissant le canon, parvint à le lui arracher. Échappé à ce danger, l'artisan s'enfuit et courut aussitôt chez un des inquisiteurs d'État, auquel il raconta ce qui venait de se passer. L'inquisiteur fit immédiatement appeler le patricien, et lui ordonna de payer sur l'heure, et de déposer une somme d'argent en garantie de la vie de l'artisan. Enfin, il lui fut enjoint d'entretenir jusqu'à nouvel ordre, à ses frais, un *bravo* qui devait désormais suivre partout l'artisan et veiller à ce qu'il ne lui arrivât aucun fâcheux accident ; car, en cas de malheur, c'eût été le noble qui en eût porté la peine, si innocent qu'il eût pu être d'ailleurs.

Courtisanes, bravi, sigisbées ont disparu sans retour de Venise ; heureusement ils n'existent plus que dans les romans. Mais avec ces éléments, assurément peu regrettables, combien d'autres traits des vieilles mœurs vénitiennes ont été effacés, dont l'histoire et l'imagination se plaisent à évoquer les riantes et poétiques images !

Venise était la ville des fêtes, des spectacles, des plaisirs ; la main mystérieuse et terrible d'un gouvernement soupçonneux et impitoyable semblait lâcher volontiers les rênes à toutes les manifestations qui ne portaient aucun ombrage à sa sombre politique ; et dans cette ville où régnait la terreur, la vie extérieure ressemblait à un dimanche et à un carnaval perpétuels.

Les fêtes publiques de Venise, si pompeuses, si multipliées et si religieusement observées, étaient presque toutes consacrées à éterniser le souvenir de quelque grand événement national, une victoire, une délivrance de peste, une prise de ville, une révolution politique. La plus solennelle et la plus significative était celle qui se célébrait le jour de l'Ascension. C'était ce jour-là qu'avait lieu la fameuse cérémonie du mariage du doge avec la mer et que s'ouvrait sur la place Saint-Marc une foire où l'industrie nationale étalait ses richesses, où le commerce du monde entier apportait ses produits, et dans cette double manifestation la république constatait à la fois sa puissance au dehors et son éclatante prospérité au dedans.

La cérémonie des épousailles de la mer était le symbole de la suprématie que Venise s'était arrogée sur la mer Adriatique, et dont elle était plus fière et plus jalouse que de tous ses autres droits; et le *Bucentaure* [1], vaisseau magnifique qui servait exclusivement à cette solennité, était, sans figure, le vaisseau de l'État, le Palladium de la république. C'est à la suite et en commémoration de la première conquête de la Dalmatie et des victoires contre les pirates narentins, en l'an 997, sous le doge Pierre Orseolo II, que fut instituée cette fête nationale. On allait le jour de l'Ascension visiter la mer, au delà du port du Lido, et l'on y faisait certaines cérémonies analogues au goût du temps. Pendant cent quatre-vingts ans on ne changea rien à ces coutumes. Mais en 1170, après la fameuse scène de réconciliation entre l'empereur Frédéric Barberousse et le pape Alexandre III, ce pontife ayant, à ce que prétendent des récits fort suspects, investi les Vénitiens de l'empire de l'Adriatique et consacré cette concession par le don d'un anneau [2], on ajouta aux anciennes cérémonies celle du mariage du doge avec la mer.

Ce jour-là, Venise était en grande allégresse. Dès le point du jour, les cloches entraient en branle sur tous les campaniles de la lagune, et tous les canons de l'arsenal et des forteresses du Lido tonnaient à la fois. Venise tout entière, avec ses plus beaux habits, se précipite vers la place Saint-Marc et le long des quais, ou montée sur des milliers de gondoles et de grandes barques ornées de banderoles aux cent couleurs, se presse autour du *Bucentaure*, amené de l'arsenal dès la veille et amarré au pied des deux colonnes de la Piazzetta. Ce bâtiment, de dimension gigantesque, a la forme d'une galère de cent pieds de largeur; il se compose de deux ponts, dont l'inférieur est occupé par cent soixante rameurs, choisis parmi les plus beaux et les plus vigoureux marins de la flotte, qui, assis quatre à quatre le long de chaque bord, attendent, les mains sur la rame, le signal du départ; quarante matelots debout auprès d'eux complètent l'équipage. Le pont supérieur, divisé dans sa longueur par une cloison percée de neuf arcades larges de sept pieds, dont les pieds-droits sont ornés de figures dorées, forme ainsi deux galeries de soixante pieds de long. Sur les côtés quatre-vingt-dix sièges sont préparés pour la suite du doge; à l'arrière est disposé un salon d'honneur, élevé de deux marches, dans lequel est placé le trône du doge. La proue est armée de deux éperons placés l'un au-dessus de l'autre, et tous deux ornés de grandes figures allégoriques, la Justice, la Paix, la Mer, la Terre, et autres sculptures entièrement dorées, ainsi que les ornements sans

---

1. Un décret de 1311 ordonnait la fabrication de ce bâtiment en ces termes : « Quod fabricetur « navilium DUCENTORUM hominum. » On présume que le nom baroque de Bucentaure est une corruption de *Ducentorum*.

2. Voyez page 50.

nombre, sphinx, monstres marins, coquillages, cartouches, enroulements, qui décorent les deux flancs et la poupe du magnifique édifice naval. Le pont supérieur est dans presque toute sa longueur abrité par un toit (en vénitien *tiemo*) supporté, le long des bords, par des pilastres taillés en manière de cariatides, au milieu par la cloison longitudinale du pont, et recouvert dans toute son étendue d'une immense tenture de velours cramoisi rehaussée de broderies d'or; au-dessus de la chambre ducale flotte l'étendard de Saint-Marc[1].

Midi sonne. Le doge, accompagné des ambassadeurs étrangers, du nonce du pape, et de la Seigneurie, sort du palais par la porte Della Carta avec son cortége. En avant du sérénissime prince marchent d'abord huit porte-drapeaux, rangés deux à deux, avec les étendards de la république, rouges, bleus, blancs et violets; puis six hommes portant des trompettes d'argent, dont les notes perçantes rivalisent avec le carillon des cloches. Avec ces bruyants musiciens s'avancent deux enfants tout enrubanés et engoncés dans d'énormes fraises. Les gens de la suite des ambassadeurs, vêtus de leurs plus belles livrées, défilent ensuite; ils sont suivis d'une troupe de joueurs de fifre (pifferari), escortés par les écuyers du doge. A la suite de ces derniers se présentent le secrétaire du doge, un diacre portant un cierge donné par le pape Alexandre, et le chapelain du palais, suivis de deux hommes portant sur leurs bras entrelacés le fauteuil et le coussin du doge. Derrière cette foule viennent de plus grands personnages; d'abord le grand capitaine de la ville, sorte de préfet de police, vêtu d'une robe écarlate, ouverte sur les côtés et sur le devant, ornée de cordons de soie à glands, et d'une soutane de velours cramoisi, serrée à la taille par une ceinture de même étoffe, attachée par des boucles d'argent, et à laquelle pend un long sabre qui traîne à terre. Ce personnage a des bas et des souliers rouges, comme tout le reste de son costume, et sur sa tête un bonnet noir. Après le grand capitaine vient le grand chancelier, en costume de sénateur; puis le petit *Ballotino*, jeune garçon, richement caparaçonné, dont la main innocente est employée à tirer les boules de l'urne du scrutin dans l'élection du doge. Enfin, paraît le doge lui-même avec un long manteau d'hermine, retenu par des boutons d'or, une soutane bleue et une simarre de drap d'or. Sa tête est couverte du bonnet ducal, également de drap d'or, coiffure conique, dont la pointe arrondie est légèrement recourbée à la phrygienne, et qui est entourée d'une couronne d'or étincelante de pierreries. Ses sandales sont, comme le bonnet, d'une étoffe tissue d'or. A la droite du prince s'avance le légat du pape, reconnaissable à son bonnet carré, à sa soutane boutonnée de haut en bas, à son aube en dentelles, recouverte d'un camail; et à sa gauche l'ambassadeur impérial (Cesareo), vêtu d'un

---

[1]. Cette galère de parade a été refaite plusieurs fois dans le cours des siècles. Il y en a eu deux de célèbres : celle de 1520, sur laquelle Ferdinand Donno fit un poëme héroïque, et celle de 1605. Le *Bucentaure* ici décrit est celui qui fut construit en 1727. Les sculptures et toute l'ornementation furent exécutées sur les dessins du sculpteur Antoine Corradini. C'est le dernier qui ait servi à la cérémonie des épousailles de la mer, jusqu'en 1797, et qui fut brûlé par les Français.

manteau à collet droit, surmonté d'une fraise largement épanouie, et coiffé d'une toque de velours. Les autres ambassadeurs, parés suivant la dernière mode de leurs cours, marchent à la suite. Après eux, deux officiers portent, l'un l'ombrelle du doge, l'autre le glaive royal, la pointe tournée en haut. La Seigneurie et la foule du grand Conseil ferment la marche.

Le cortége s'avance lentement vers l'extrémité du môle de la Piazzetta, où le *Bucentaure* repose majestueusement sur sa quille dorée. L'embarquement commence et chacun prend la place qui lui est assignée. La foule des patriciens s'assied sur quatre rangs de siéges, disposés dans la double galerie du pont; le doge, avec ses conseillers et les ambassadeurs, va trôner sous le dais placé à l'arrière. A l'avant, sont postés l'amiral de l'arsenal et celui du Lido, chargés de la conduite du *Bucentaure*, et l'amiral de Malamocco se place auprès de la barre du gouvernail; les maîtres, contre-maîtres et une centaine d'ouvriers de l'arsenal (arsenaloti) entourent ces officiers, tout prêts à exécuter leurs ordres. On lève l'ancre. Toutes les cloches de la ville sonnent à pleine volée; les bâtiments de guerre, l'arsenal et les forts leur répondent par des salves d'artillerie, et des joueurs d'instruments, placés sur le *Bucentaure* et sur les barques qui l'entourent, mêlent à ces bruits de tonnerre les sons d'une joyeuse musique. Le roi de la lagune glisse majestueusement sur l'onde, que frappent en cadence les longues rames rouges. Autour de la merveilleuse galère voguent des milliers d'embarcations de toutes grandeurs et de toutes formes; les fines galéotes, les péotes, richement ornées, les barques dorées des ambassadeurs, aux flancs tendus d'étoffes de soie, frangées d'or et d'argent, les gondoles privées et publiques, chargées de passagers en habits de fête, de femmes brillamment parées et de masques. La joyeuse flotte s'avance vers l'île Sainte-Hélène, où le *Bucentaure* reçoit le patriarche de Venise, qui vient à sa rencontre, avec tout son clergé, sur une grande barque dorée. Monté sur le pont, on lui présente un vase plein d'eau qu'il bénit et qu'il répand ensuite dans la mer pour conjurer la tempête. Arrivé au port Saint-Nicolas, le *Bucentaure* franchit la passe au bruit de l'artillerie des forts, et après s'être avancé à quelque distance dans la haute mer, il vire de bord. A ce moment une porte pratiquée derrière le trône du doge s'ouvre; le doge s'avance sur une petite galerie, et de là il jette dans la mer un anneau d'or en prononçant en latin ces paroles sacramentelles : « Mer, nous t'épousons en « signe de perpétuelle et réelle souveraineté [1]. » Un immense cri de joie et de triomphe éclate. La cérémonie des épousailles est terminée.

Après une messe solennelle que tous les passagers du *Bucentaure*, le doge en tête, allaient entendre à l'église de Saint-Nicolas au Lido, la flottille revenait à Venise dans le même ordre. Les grands dignitaires, les ambassadeurs, les membres du gouvernement se rendaient au palais ducal où les attendait un magni-

---

[1] « Desponsamus te, mare, in signum veri perpetuique dominii. »

fique banquet présidé par le doge, tandis que la foule se précipitait sur la place Saint-Marc, dont la vaste enceinte offrait ce jour-là le spectacle le plus animé.

C'était, en effet, le jour d'ouverture de la grande foire annuelle de Venise. Elle commençait la veille de l'Ascension et durait quinze jours. Des boutiques de bois s'élevaient rapidement tout autour de la place. Ces boutiques n'avaient rien du misérable aspect de ces baraques improvisées en usage dans les foires ordinaires; c'étaient des constructions régulières disposées sur un plan uniforme, d'une élégante et riche architecture, analogues à ces palais de bois qu'on bâtit à Paris tous les quatre ans pour l'exposition des produits de l'industrie nationale. En 1776, le sénat déploya la plus grande magnificence dans ces bâtiments, qu'il fit construire par un fameux architecte du temps, Macaruzzi. Sur un plan elliptique, divisé en quatre espaces égaux, s'élevaient, à la suite les unes des autres, quatre rangées de boutiques, dont les portes s'ouvraient sous un portique à colonnes dans lequel on faisait à couvert tout le tour de l'enceinte. Cette construction répétait ainsi à peu près la disposition du rez-de-chaussée des édifices de la place, qui se compose d'un portique continu d'arcades, au fond duquel sont les boutiques, comme au Palais-Royal à Paris. C'était une sorte de seconde place inscrite dans la première. Toute cette charpente se démontait pièce à pièce et pouvait être installée en cinq ou six jours.

C'est dans ces exhibitions annuelles que l'industrie vénitienne étalait toute la variété et la fécondité de ses produits. Là se déployaient les étoffes de soie, de laine, de velours, les fines dentelles (merletti) appelées Point de Venise; là brillaient ces chaînettes d'or souples et fines comme des fils de soie, ces glaces de Murano, si renommées, ces verroteries brillantes (les *conterie*, *margherite*) dont les Vénitiens savaient seuls la fabrication; les bracelets d'or, les armes de prix. L'art y avait aussi sa place marquée; les peintres et les sculpteurs y exposaient quelquefois leurs derniers ouvrages. On y a vu des tableaux du Tintoret, du Titien et d'autres grands maîtres. C'est là que Canova montra pour la première fois au public une de ses œuvres, le groupe de *Dédale et Icare*. La foire de la *Sensa* (l'Ascension) était, sous ce rapport, ce que nous appelons en France le Salon.

Sous un autre aspect, la Sensa était aussi le Longchamps de Venise. La place Saint-Marc était, pendant cette joyeuse quinzaine, le rendez-vous général de la promenade. C'est là que les lions et les lionnes du temps venaient faire l'essai de leurs inventions en toilette. De leur côté, les couturières et les modistes, prenant l'initiative du mouvement, exposaient dans l'endroit le plus apparent une gigantesque poupée, habillée dans le goût qu'elles désiraient faire prévaloir et qui servait d'ordinaire de type à la mode de l'année. Les femmes y arrivaient dès le matin, avec leur gracieux voile (le zendaletto) de taffetas noir, qui couvrait la tête et les épaules, se croisait sur le cou et autour de la ceinture, et retombait jusqu'à terre; le soir elles venaient en costume officiel de carnaval, avec la *tabara*, long manteau de soie noire ou de couleur, et la *bauta*, sorte de capuchon noir de soie garni de dentelles, sur lequel se posait coquettement un petit chapeau d'homme à trois cornes, orné d'une plume et d'une cocarde. Avec ce costume le masque était de rigueur. La quinzaine de la Sensa était considérée, ainsi que tous les jours de fête en général, comme un demi-carnaval. Des spectacles en plein vent, chanteurs, danseurs, marionnettes, histrions de toute espèce, attiraient ces jours-là les applaudissements de la populace vénitienne, qui ne demandait pas mieux que de flâner comme ses maîtres sur la place, en mangeant quelque appétissante *frittola*, ou quelques-unes de ces sucreries ou confitures dont les Vénitiens étaient très-friands.

Mais voici le vrai carnaval, le carnaval de Venise qui, agitant ses grelots, pousse et fait tourbillonner, quatre mois durant[1], les flots débordés de la mascarade. Masques *parlants* et masques *muets* s'avancent tantôt en masses épaisses, tantôt à la file, comme les fantasques apparitions d'une lanterne magique. Un avocat affublé d'une énorme perruque, en robe noire, un cahier de papier sous le bras, plaide d'une voix glapissante, et accompagne sa harangue de gestes oratoires d'une vérité et d'une véhémence bouffonnes. A côté de cet éternel braillard, un groupe de fats français, ridiculement accoutrés, se donnent de grands airs, et débitent de fades et impertinents propos de galanterie à une jeune Vénitienne qui se moque d'eux. Non loin de là, Polichinelle accapare l'attention de la foule par la verve entraînante de sa mimique et par les énormes lazzis qu'il bredouille en patois napolitain. Arlequin, armé de son sabre de bois, gambade et frétille au milieu de la foule, envoyant des baisers aux belles qu'il rencontre, et distribuant des coups de batte aux fâcheux qui le serrent de trop près. Il court depuis une heure après Colombine dont il a été séparé par l'irruption soudaine d'une bande de contrebandiers qui traversent la place avec leurs ânes, leurs chiens et leur bagage. Va-t-il la trouver dans ce petit groupe rassemblé autour de ce bon dominicain qui s'époumone à prêcher la pénitence du haut de sa chaire portative? N'aurait-elle pas plutôt suivi cette compagnie de soldats espagnols qui simulent, avec la plus belle prestance castillance, des exercices militaires? S'est-elle arrêtée devant les tréteaux de cet empirique, en habit pailleté, en perruque et à manchettes plissées, qui donne pour rien son *elissire d'amore*, son orviétan et son eau de jouvence? Se fait-elle dire la bonne aventure par ce vieux magicien à lunettes, à bonnet pointu, à barbe blanche, qui a établi son bureau de consultation astrologique au pied du campanile? Serait-elle captivée par quelqu'un de ces rapsodes ambulants, de ces *improvisatori* qui, avec

[1]. Il y avait à Venise plusieurs époques où les déguisements, et notamment le masque, étaient non-seulement permis, mais prescrits par l'usage et les convenances; mais le carnaval proprement dit, le célèbre carnaval, était celui qui commençait au mois d'octobre et ne finissait qu'au mercredi des Cendres. Dans les deux premiers mois, il est vrai, on ne voyait que le masque vénitien, la *maschera nobile*, qui n'était guère qu'un costume particulier de la saison.

des gestes d'énergumène, et s'accompagnant d'un violon criard, en guise de lyre, débitent sur le ton de l'antique mélopée des centaines de rimes aussi plates que sonores? Pauvre Arlequin! il courrait longtemps encore si Paillasse, son vieil ami, ne lui annonçait, de son air le plus bêtement malin, qu'il vient de voir sa Colombine en compagnie d'un brillant cavalier étranger, entrer au théâtre de San-Cassiano, où l'on représente un opéra nouveau.

Le théâtre de San-Cassiano était à cette époque (vers le milieu du XVIIe siècle), un des plus fréquentés; on y jouait l'opéra. Plus tard, ce fut le théâtre Saint-Benoît qui devint et resta longtemps la principale scène lyrique. L'Opéra actuel, *la Fenice*, ne date que de 1792; il fut inauguré par la première représentation des *Jeux d'Agrigente*, de Paisiello.

Vers les deux derniers siècles, il y avait sept théâtres à Venise, dont chacun portait le nom de l'église la plus voisine. Ils étaient particulièrement fréquentés à l'époque du carnaval. Les plus courus étaient ceux où l'on représentait le vieux répertoire des comédies *dell' arte*, dont l'origine remonte très-haut, et qui sont avec l'Opéra le seul et véritable théâtre national en Italie. Ces comédies étaient celles où figuraient les divers masques de caractère, personnifications bouffonnes des défauts, des ridicules et de la physionomie morale des habitants de quelques villes d'Italie. Ces types, fort dégénérés aujourd'hui même en Italie, furent transportés, avec des modifications suggérées par le goût de chaque peuple, sur la plupart des théâtres de l'Europe. A l'époque la plus brillante des comédies *dell' arte*, ou comédies à *soggetto*, comme on les appelait aussi, et notamment sur les théâtres de Venise, où se trouvaient, en temps de carnaval, les premiers acteurs en ce genre, les masques d'hommes qui paraissaient en plus ou moins grand nombre dans les pièces d'*arte* étaient au nombre de neuf [1].

Les comédies *dell' arte* constituent le spectacle véritablement original, national et populaire des Italiens. C'est dans les pièces écrites sur ces canevas inépuisables que Charles Gozzi et Goldoni, tous deux Vénitiens, obtinrent leurs plus beaux succès; et lorsque ce dernier abandonna la tradition nationale, pour donner à la scène comique italienne les allures et le caractère réguliers et clas-

---

1. C'est d'abord le *Pantalon* (*Pantaleone*), Vénitien à longue robe noire avec une toque de même couleur et un masque à longue barbe grise; il est fin et rusé, grand hâbleur, se mêle de tout, parle sur tout, en grasseyant d'une manière particulière. Vient ensuite le docteur Balanzoni, Bolonais. Le Docteur est pédant, égoïste; il sait tout, décide tout, et bavarde avec une volubilité confuse; frac noir, court, ouvert par devant, énorme chapeau à trois cornes, joues colorées, nez de rubis. Le Napolitain *Tartaglia* est plus bavard encore que le précédent, mais il est horriblement bègue; c'est, en outre, un glorieux qui tranche du grand seigneur; son habit est vert, galonné en or; petit manteau napolitain. Ce personnage prétentieux est particulièrement en butte aux taquineries du sémillant *Arlequin*, honneur et gloire de Bergame, le conseil des grands seigneurs, entremetteur d'affaires galantes, gourmand, libertin, un peu voleur, séducteur des soubrettes, terreur des pères, des maris et des tuteurs, questionneur impudent, indiscret, étourdi, diseur de naïvetés spirituelles, toujours courant et sautillant; masque mi-parti de noir et de rouge; petit chapeau blanc, souliers blancs, veste et pantalon collants, composés de carreaux de diverses couleurs, sabre de bois long et flexible. Le *Trufaldino* et le *Triagnino* étaient des espèces de doublures d'Arlequin. *Brighella* en est au contraire l'antithèse : il est circonspect, cauteleux, vigilant, fait grand usage de sentences,

siques du goût français, la comédie italienne perdit ce qu'elle avait de vie et d'originalité, et tomba bientôt en décadence.

Le *giovedi grasso* (jeudi gras) était une des journées les plus solennelles du carnaval de Venise. C'est ce jour-là qu'avait lieu sur la place Saint-Marc une représentation grotesque et singulière dans le goût naïf et grossier du moyen âge. Cette réjouissance publique était destinée à perpétuer le souvenir d'une aventure arrivée en 1156 au patriarche d'Aquilée et à ses douze chanoines. La république avait fait prisonniers le vénérable prélat et tout son chapitre, et ils n'avaient été mis en liberté qu'à la condition que le patriarche enverrait tous les ans à Venise un tribu composé d'un bœuf gras pour lui et de douze cochons pour les chanoines. Or donc le jeudi gras tous les bouchers de la ville, divisés par compagnies et bizarrement accoutrés, se rendaient au palais ducal. Les uns portaient de vieilles hallebardes, les autres de longs sabres rouillés, ceux-ci des piques vermoulues, ceux-là de grands cimeterres turcs de six pieds de long. Arrivés dans une des salles du palais où la Seigneurie était assemblée, ils défilaient gravement devant le doge et les ambassadeurs, qui semblaient les passer en revue. On descendait ensuite sous le portique de la place, où se rangeaient le doge et sa suite; le bœuf expiatoire était amené, et un des bouchers, s'élançant tout à coup du milieu de ses compagnons, lui abattait la tête, dit-on, d'un seul coup d'épée, aux applaudissements frénétiques de la multitude. Les regards se portaient ensuite vers le campanile du haut duquel douze cochons étaient précipités sur la place, l'un après l'autre, par rang de taille. Dans les derniers temps de la république on avait supprimé cette partie de la cérémonie, et au lieu du sacrifice des cochons on brûlait en plein jour, à deux heures après-midi, un feu d'artifice précédé d'un exercice de gymnastique transcendante. Sur une corde tendue du haut du clocher à la galerie du palais où se tenait le doge, un matelot déguisé en Mercure prenait son vol, et, arrivé devant le doge lui présentait un sonnet et un bouquet en retour desquels il recevait quatre sequins. Mercure remontait ensuite par la même voie dans les régions éthérées [1].

Un autre genre de spectacle rappelait les antiques querelles des habitants des deux quartiers de San-Nicolo et de Castello, qui placés sur les rives opposées du

---

et de proverbes, cite des auteurs, donne des leçons et des conseils : ample frac, bordé de bleu. — *Coviello*, Calabrais, est rusé, satirique, observateur, alerte et prêt à tout ; il parle le patois de sa province : veste et culotte de velours noir, à boutons d'argent et richement brodées. Il a pour pendant le lourd et massif *Pagliaccio*, à la figure enfarinée, au large habit blanc, garni de boutons énormes, et au vaste chapeau : brave en paroles et poltron effefé, glouton, malicieusement bête, maladroit et balourd. N'oublions pas, enfin, le plus illustre de la bande, avec Arlequin, le brave *Polichinelle* (pulcinello), délicieuse charge du caractère national napolitain : — vif, spirituel, coquet, vaniteux, impudent, colérique ; il s'embarque facilement dans de mauvaises affaires, et y gagne souvent des coups ; grand amateur de macaroni, paresseux, libertin, et d'un courage très-équivoque.

1. Le mécanisme a l'aide duquel ce Mercure exécutait son vol périlleux mérite d'être rappelé. Il était suspendu à la corde, dans une position presque horizontale, par des anneaux qui jouaient librement ; à un signal donné, des moufles fonctionnant avec rapidité tiraient les cordes attachées aux anneaux, et le faisaient monter ou descendre comme s'il eût été porté sur ses ailes.

Grand-Canal, étaient autrefois toujours en lutte et en guerre. De temps immémorial, le jeudi gras, les deux partis des Castellani et des Nicolotti, représentés par des compagnies d'hommes de bonne volonté, et revêtus de costumes différents, se livraient sur un pont un combat simulé. Partis des deux points opposés, ils se rencontraient au milieu et s'en disputaient mutuellement le passage à coups de poings. Le pont étant sans parapets, plus d'un combattant faisait le plongeon dans le canal. Ceux de l'une ou de l'autre bande qui parvenaient à traverser le pont sur le corps de leurs adversaires étaient les vainqueurs; mais le plus souvent dans ces combats fictifs, comme dans les batailles réelles, les deux camps avaient à peu près les mêmes raisons de s'attribuer la victoire. Dans les temps plus voisins de nous, ce combat, qui n'était pas sans danger et laissait plus d'un estropié et même quelquefois des morts sur le champ de bataille, fut réduit à une innocente parade (le combat *a la moresca*) qu'on jouait sur des tréteaux à la Piazzetta.

Les Nicolotti et les Castellani avaient aussi ce jour-là, indépendamment de leur combat simulé, une autre manière d'éprouver leurs forces et de se défier. Chaque parti donnait par ses hommes d'élite une représentation de ce qu'on appelait les *Travaux d'Hercule* (*le Forze d'Ercole*). C'étaient des pyramides humaines composées de six, sept, huit hommes montés les uns sur les autres; la base était formée par seize ou vingt hommes, et le nombre diminuait graduellement jusqu'au sommet de la pyramide, terminée par un enfant qui s'y tenait la tête en bas et les pieds en l'air. L'enfant, après divers exercices de ses bras et de ses jambes, se remettait sur ses pieds, s'inclinait vers le doge, et sautait d'une hauteur de plus de trente pieds sur des matelas étendus auprès de la pyramide. L'homme qui le portait sautait après lui, puis le suivant, puis le troisième, et ainsi de suite jusqu'à la base. La victoire appartenait à celui des deux partis qui avait construit la pyramide la plus haute ou qui était restée le plus longtemps en équilibre.

La dernière scène du carnaval était l'enterrement du carnaval lui-même. Un immense cortége de masques les plus fous et les plus grotesques, accompagnait en terre le Carnaval symbolisé par un mannequin; ils étaient armés de sifflets de bois, de crécelles, de clochettes, dont le jeu produisait un vacarme infernal, et marchaient éclairés par des lanternes de papier et de petites bougies attachées sur leur tête. De temps en temps ils sifflaient le défunt en criant : *Per la Morte del Carnavale*. A minuit les cloches de Saint-Marc et des autres églises sonnaient dans tous les quartiers la dernière heure du carnaval et la première du carême.

Mais le plus imposant, le plus curieux des spectacles ou jeux qui animaient les fêtes de Venise, était celui des courses nautiques appelées *Régates*. C'étaient là proprement les jeux olympiques de la nation[1]. Ils furent, dit-on, institués en

---

1. Il est à remarquer que les exercices nautiques en usage de temps immémorial dans quelques-uns de nos ports sur l'Océan, portent aussi le nom de regates. Les historiens qui font provenir la

commémoration de la délivrance des jeunes mariées vénitiennes enlevées par les pirates narentins. Bornées d'abord à de simples luttes de vitesse entre les galères de l'État et destinées à exercer les matelots, ces courses acquirent avec le temps l'importance et l'éclat d'une grande solennité publique. C'était le spectacle que le peuple attendait chaque année avec le plus d'impatience et auquel il s'associait avec le plus d'enthousiasme et de passion; c'était en effet celui qui devait flatter le plus l'orgueil et le goût de ces insulaires nés et vivant au sein des eaux. Les gondoliers qui devaient figurer dans ces fêtes s'y préparaient longtemps à l'avance; la régate était pour eux un jour de triomphe ou de honte, et quelquefois le bonheur de leur vie entière dépendait du sort que la fortune leur réservait dans cette lutte d'adresse et de force. La jeune fille qu'ils recherchaient en mariage attendait, pour se décider, le résultat de l'épreuve. Lorsque le grand jour approchait, les familles des gondoliers désignés pour les courses les exhortaient à bien faire, en leur rappelant les prouesses de leurs pères, de leurs frères ou de quelques-uns des leurs. Ils leur montraient appendus aux murs de leur pauvre demeure les prix gagnés dans ces tournois, trophées dont les gondoliers n'étaient pas moins fiers que les patriciens de leur blason. On faisait dire des messes et l'on ornait de fleurs les images des saints le plus en crédit pour le succès du jouteur.

Dès le grand matin le grand canal se couvrait de gondoles, de bateaux, de péotes, d'embarcations de toute espèce, grandes et petites, nues ou richement ornées, chargées de spectateurs dont les yeux et les oreilles avaient de quoi se repaître avant le commencement des courses. Le grand canal et sa double rangée d'édifices somptueux et grandioses offraient ce jour là un spectacle féerique. De magnifiques tentures de velours, de satin, de damas, aux plus vives couleurs, tapissaient les murs et flottaient aux balcons des palais; les terrasses, les fenêtres, les toits, les quais, le canal, envahis par la foule curieuse, étalaient dans la confusion la plus pittoresque toutes les variétés des costumes vénitiens et étrangers; de nombreux orchestres placés de distance en distance le long du canal sur de petits théâtres, dispersaient au loin dans la lagune leurs bruyantes et joyeuses notes.

L'espace à franchir était à peu près de quatre milles vénitiens[1]. Le point de départ était à Castello, à l'extrémité orientale de la ville; de là, les barques s'élançaient, en longeant le quai des Esclavons, dans le grand canal qu'elles parcouraient dans presque toute sa longueur jusque vers les églises de Sainte-Lucie et de Corpus-Domini, où se trouvait planté au milieu de l'eau un grand pieu dont elles devaient faire le tour; manœuvre décisive dans laquelle les ra-

---

nation vénitienne d'une colonie de Celtes armoricains du pays de Vannes, n'auraient pas manqué de faire valoir cette identité de nom, s'ils l'avaient connue, en faveur de leur opinion.

1. 8,350 mètres, dont 5,751 devaient être parcourus contre le courant et la marée.

meurs déployaient leur vigueur et leur adresse, car il s'agissait d'éviter les chocs et de conserver ou de prendre l'avance. Le pieu tourné, les *batelletti* remontaient le Grand Canal jusqu'au palais Foscari, auprès duquel s'élevait une magnifique construction architecturale, représentant un temple, une montagne, un arc de triomphe, une forteresse, etc. Cette machine (*machina*) était le but de la course, et c'est là que se faisait la distribution des prix. Les vainqueurs recevaient des mains des magistrats un petit étendard portant le chiffre de la somme gagnée; en outre, la couleur même de l'étendard, rouge, verte, bleue et jaune, indiquait l'importance du prix. Le dernier prix n'était que de dix ducats, auxquels on ajoutait un cochon de lait vivant, d'où le terme injurieux de *dernier prix de régate* que les gondoliers se renvoyaient dans leurs querelles.

La première course avait lieu entre de petites barques (*batelletti*) à une seule rame : elle durait une heure. Dans la deuxième course figuraient des gondoles aussi à une seule rame; puis les batelletti et les gondoles à deux rames entraient en lice. Quelquefois une cinquième course était fournie par les mêmes embarcations montées et manœuvrées par des femmes appartenant à des familles de pêcheurs de Chioggia, de Mestre et des îles de la lagune.

Ces exercices duraient cinq ou six heures : la distance était d'ordinaire franchie en moins de quarante minutes. D'après le calcul fait à l'occasion des régates données en 1846, lors du passage de l'impératrice de Russie, la vitesse dans ces courses a été de quatre minutes par kilomètre dans une eau calme. Il n'est pas probable que les gondoliers d'autrefois fussent moins vigoureux et moins adroits que ceux qui ont illustré la dernière régate.

La plus brillante de ces courses était celle des gondoles montées par un seul homme manœuvrant un seul aviron. Debout à l'arrière de sa fine nacelle, courbé sur sa longue rame, le visage baigné de sueur, l'œil enflammé par l'ardeur de la lutte, le gondolier passait devant les spectateurs avec la rapidité d'un cheval au galop, et volait comme une flèche entre une double haie de longues barques appelées *bissone* ou *malgherotte*, à huit ou dix rames, équipées par de jeunes patriciens dont les gondoliers figuraient dans la régate. Ces bateaux de parade étaient magnifiquement décorés; l'or, l'argent, les tentures, les plumes, les fleurs, y étaient prodigués. Leur proue était ornée de figures représentant les divinités mythologiques, Junon avec son paon, Neptune sur sa conque, traîné par des chevaux marins, Vénus avec ses colombes, des sauvages, des Mores, des Chinois. Les armateurs de la bissona, à genoux sur des coussins, et armés d'une arbalète, lançaient de petites balles de plâtre dorées et argentées sur les embarcations qui menaçaient d'obstruer le passage aux gondoliers qu'ils patronaient. Lorsque la régate était donnée en l'honneur de quelque grand personnage, de passage à Venise, le noble visiteur était placé sur une bissona plus magnifique que toutes les autres, équipée aux frais de la république. A la régate de mai 1846, exécutée d'après les usages traditionnels, l'impératrice de Russie et la grande-duchesse

Olga sa fille étaient montées sur une superbe bissona, escortée de gondoles découvertes, aux couleurs noire et blanche, qui portaient leur suite [1].

La régate était toujours précédée d'un autre exercice nautique qui avait lieu, la veille de l'Ascension, sur le canal de la Giudecca, et qui s'appelait le *Corso*, par analogie sans doute avec les courses de chevaux en usage dans plusieurs villes d'Italie. Quelques centaines de petits canots, montés par un seul homme, décrivaient, avec la rapidité d'un tourbillon, une immense ellipse. Dans ce mouvement de ronde, ils semblaient se poursuivre ou se fuir à qui mieux mieux, de sorte que par moments cette chaîne mobile formait une ligne non interrompue, comme si les gondoles eussent été attachées l'une à l'autre, et paraissait se mouvoir en masse par l'impulsion d'une force commune. Dans l'intérieur de l'enceinte décrite par les canots, des jeunes gens nobles, montés quatre ou six sur des *batelli*, se livraient entre eux à des évolutions et à des luttes d'adresse, à peu près comme font les amateurs du jockey's-club au Champ-de-Mars, pendant les intermèdes de la course. Ces élégants *batellanti* étaient en léger pourpoint blanc, en culottes blanches, avec une écharpe noire. Pendant ces exercices, les quais du canal de la Giudecca, le canal lui-même, les fenêtres des maisons riveraines, étaient chargés de spectateurs. Cette représentation, qui, sauf la différence du champ de lutte et des véhicules des jouteurs, ressemblait assez à nos courses de chevaux, n'était pas moins goûtée des Vénitiens que les régates, et avait même pour les étrangers un caractère plus imprévu et plus original.

Les principaux acteurs, les héros de ces spectacles, étaient toujours les *barcarolli* ou gondoliers, qui formaient à Venise la classe la plus nombreuse et la plus intéressante de la population. La plupart des membres de cette corporation étaient au service des patriciens. Ces espèces de domestiques conservaient avec un soin jaloux le vieux privilège de servir exclusivement leurs *padroni* dans la gondole. Mais outre ce service spécial, ils étaient employés à recevoir les visiteurs et à faire les commissions que leurs nobles maîtres ne voulaient pas confier à d'autres serviteurs. Confidents des secrets de leurs patrons, la fidélité et la discrétion étaient les qualités dont ils étaient le plus fiers. Ils n'étaient pas moins connus par la finesse de leur esprit et par leur intelligence déliée. On citait leurs bons mots et

---

[1]. Ces dernières joutes furent très-brillantes. A cinq heures du soir, un coup de canon tiré d'une petite corvette donna le signal; neuf couples de gondoliers se présentèrent en ligne, ils étaient repartis sur neuf gondoles, deux hommes pour chacune, l'un à l'avant, l'autre à l'arrière. Au signal convenu, les neuf canots s'élancèrent à la fois de la pointe des jardins publics, et se maintinrent pendant quelques minutes sur la même ligne. Mais bientôt après ils se distancèrent. Le n° 2 marchait en tête, suivi de près par le n° 5. Les n°⁵ 3, 6 et 7 formaient à peu de distance un troisième groupe. Après des chances diverses, et deux abordages entre les n°⁵ 5 et 6 et les n°⁵ 4 et 7, les gondoles arrivèrent au terme de leur course au pied du château de bois (la machine) dressée, comme dans les anciens temps, entre le palais Foscari et le palais Balbi. Là, flottaient huit bannières de couleurs différentes, indiquant par leurs numéros les quatre couples vainqueurs. Le premier prix, de 250 livres autrichiennes, échut au n° 2, vert clair; le deuxième, de 200 livres, au n° 3, vert foncé; le troisième, de 150 livres, au n° 5 bleu foncé, et le quatrième et dernier, de 100 livres, plus le cochon de lait, au n° 7, rose.

leurs vives reparties, qui souvent s'adressaient à leurs maîtres mêmes et allaient jusqu'à l'insolence[1]. Qui n'a entendu dire aussi que les gondoliers de Venise charmaient les ennuis de leurs heures solitaires en chantant des strophes de la *Jérusalem délivrée*, et se renvoyaient d'une barque à l'autre les plaintes d'Herminie et les soupirs de Tancrède? Sans contredit ces poétiques habitudes ont existé jadis, mais la race de ces rapsodes est éteinte aujourd'hui. On trouve bien encore parmi les gondoliers stationnés à la porte des hôtels ou au môle de la Piazzetta quelques pauvres diables qui, pour 30 sous et une cruche de vin pour se désaltérer, se chargent de vous brailler d'une voix affreusement gutturale, quelques lambeaux méconnaissables du Tasse; mais qu'y a-t-il de commun entre ces détestables chanteurs et leurs ancêtres de poétique et mélancolique mémoire?

Il y avait, parmi les gondoliers, des distinctions de rang, une espèce de hiérarchie fondée sur des mérites et honneurs, personnels ou transmis dans ces familles. Telles étaient surtout les couronnes gagnées dans les régates. Ces trophées se transmettaient de père en fils; les familles qui pouvaient en montrer le plus grand nombre étaient considérées comme les plus recommandables et les plus dignes, et comme revêtues d'une sorte de noblesse. Ces familles s'alliaient de préférence entre elles et formaient ainsi une espèce d'aristocratie. Pour un vainqueur, ou pour un fils ou petit-fils de vainqueur de régate, c'eût été déroger que d'épouser une fille dont le père ou les aïeux ne pouvaient s'honorer de quelques-uns de ces triomphes; et ces sortes de mésalliances entre gondoliers étaient aussi méprisées que celles des nobles avec des roturiers.

Sous tous ces rapports, les gondoliers de nos jours sont bien déchus. La dépopulation générale de la ville en a, depuis un demi-siècle, réduit le nombre, qui de plusieurs milliers est descendu à quelques centaines. L'établissement du chemin de fer qui relie maintenant Venise à la terre-ferme ne peut manquer de les diminuer encore, en rendant leurs services inutiles pour le trajet de la lagune. Cette classe a définitivement perdu, comme celle de ses nobles maîtres, son rang, ses mœurs et sa puissance, et les gondoliers de Venise ne sont rien de plus aujourd'hui que des bateliers, aussi prosaïques et aussi obscurs que ceux des ports de Marseille, de Gênes, de Livourne ou de Naples.

La vie privée des Vénitiens, et surtout celle de la classe patricienne, était autrefois et est encore fort peu expansive et très-retirée. Il n'y a pas, et il n'y a jamais eu à Venise de société comme on l'entend en France et en Italie. Ce n'est qu'avec la liberté politique ou avec des mœurs qui y suppléent qu'existent les

---

1. Un noble réprimanda un de ces hommes pour avoir placé trop bas la lanterne de sa gondole. Soit que le reproche fût exprimé en termes trop durs, soit que le gondolier eût quelques motifs de rancune contre le patron, il lui répondit aussitôt : *Zellenza, la xe granda abbastanza per li corni di nu altri; se no xe per li suoi, la metterò più in sù* (la lanterne est assez haute pour nos cornes à nous, mais si elle ne l'est pas assez pour celles de Son Excellence, je la placerai plus haut). Le noble, bien que piqué au vif, répondit seulement : *Maledetto, laisé la star* (eh! maudit coquin, laisse-la où elle est).

salons. La maison vénitienne est toujours fermée ; le *home* anglais n'est pas, sous ce rapport, plus sévère et plus inhospitalier. Il y a cependant cette différence caractéristique que si le *gentleman* ferme sa porte, c'est pour n'être pas dérangé chez lui : il habite sa maison, il vit dans sa famille ; tandis que le noble ou le bourgeois vénitien ne reçoit personne chez lui parce qu'il n'y est jamais ou n'y veut jamais être ; il vit hors de sa maison, qui est moins pour lui une demeure qu'un lieu de sûreté où il trouve, lorsqu'il lui convient, sa femme, ses enfants et ses domestiques. Autrefois, comme aujourd'hui, les rapports de société n'avaient lieu à Venise qu'au théâtre, au café et au Casino. C'est dans ces divers centres de réunion que les patriciens et les citadins riches pouvaient se rencontrer habituellement à toutes heures du jour, ou même de la nuit, pour parler de leurs affaires ou de leurs plaisirs. Les *casini* étaient privés ou publics. Les premiers étaient de petites habitations où les nobles passaient les heures qui n'étaient pas employées à leurs fonctions. Comme beaucoup d'entre eux demeuraient assez loin de Saint-Marc, et qu'il leur fallait venir presque tous les jours au palais, ils trouvaient commode d'avoir auprès de la place un pied-à-terre qui devenait ensuite une seconde maison. Peu à peu l'usage de ces demeures supplémentaires s'étendit, et, dans les derniers temps de la république, tous les nobles, sans exception, même les procurateurs de Saint-Marc, avaient chacun leur casino. C'est là qu'ils passaient la plus grande partie de leur journée à méditer leurs discours ou leurs projets politiques, à recevoir des visites ou à converser, à jouer, à dîner avec leurs amis. Ces casini, dont l'usage subsiste encore, étaient d'ordinaire fort élégamment et confortablement meublés et entretenus, tandis que dans les palais habités par la famille on trouvait plus d'ostentation que de goût et de commodité. Les dames, reléguées par le genre de vie de leurs maris dans la solitude de leurs palais, ne tardèrent pas à les imiter, et eurent bientôt aussi leurs casini. Les citadins et les riches particuliers qui se piquaient de vivre avec élégance firent de même.

Quant aux casini publics, c'étaient des espèces de clubs qui favorisaient beaucoup la vie de société à Venise. On y trouvait habituellement cinquante à soixante personnes des deux sexes qui y passaient toute la nuit à divers amusements et à la conversation ; on y jouait même à des jeux de hasard, sans qu'on eût à craindre d'être dénoncé, et l'on y jouissait de tous les agréments d'un commerce libre et familier. Les étrangers y étaient admis sur la présentation d'un des membres, et une fois présentés, ils pouvaient y revenir sans invitation nouvelle. Les casini rendaient les Vénitiens plus ouverts à l'égard des étrangers et des inconnus que ne le sont d'ordinaire les Italiens ; ils contribuaient beaucoup aux formes polies et à l'urbanité dont on se piquait à Venise. Chaque casino avait pour *protettore* un patricien, car le gouvernement ne tolérait pas de grandes réunions sans qu'un de ses membres en eût la surveillance. L'administration en était confiée à un *presidente* et à un caissier annuels, choisis parmi les associés. Ces casini ont été quelquefois représentés par des visiteurs mal informés comme des lieux de licence et de débauche, mais c'est là une erreur ou une calomnie. Les hommes d'État les plus graves, les personnages les plus éminents de la république en faisaient partie, ainsi que les femmes du plus haut rang et les plus honorées. Bien des intrigues se nouaient là sans doute, mais les théâtres et les églises servaient aussi à cela, à Venise comme ailleurs. La licence des mœurs a pu être plus grande à Venise que dans d'autres grandes villes, mais les casini n'y étaient pour rien. Il faut en chercher plutôt la cause dans la tolérance du gouvernement, le relâchement du clergé, l'affluence des étrangers et la liberté des masses dans un carnaval presque continuel. Les casini modernes sont organisés à peu près comme au temps de la république. Ce sont là des habitudes que le temps et les révolutions altèrent peu. Seulement ce sont les femmes qui souscrivent et sont les sociétaires en titre ; les hommes ne sont que membres honoraires. Les jeux de hasard y sont défendus. Les salons sont ornés et meublés avec le plus grand luxe et éclairés avec ces belles bougies qu'on fabrique à Venise. Un grand nombre de casini appartiennent exclusivement aux nobles. Parmi les plus connus de ces derniers temps, on cite ceux des *nobles*, des *marchands*, des *lettrés*, des *cent*, des *philosophes*, des *consuls*, *filo-drammatico*, *filo-armonico*, *euterpiano*, *de' vecchi*, etc.

Les cafés étaient aussi à Venise des lieux de réunion plutôt que des boutiques de consommation, et ils ont conservé ce caractère. Rien ne ressemble moins, sous ce rapport, à un café de Paris qu'un café de Venise. Les habitants aisés passent au café tout le temps qu'ils dérobent aux affaires. Le jour ne commence guère pour les Vénitiens que vers une heure après midi, car en toute saison, et surtout l'été, ils ne se couchent qu'après avoir passé une grande partie de la nuit au café. Ils s'y rendent à la sortie du spectacle, et les femmes participent à ces veillées qui sont tout à fait dans les antiques mœurs nationales. C'est dans les cafés que pendant le carnaval les masques à caractère vont faire assaut d'esprit, de bouffonneries et de lazzis ; ils sont, avec les casini, le rendez-vous ordinaire, la salle de réception, le salon de conversation, la demeure publique des Vénitiens.

Tels étaient les principaux traits de la vie extérieure et de la vie privée des Vénitiens. Ces fêtes perpétuelles, ces spectacles sans fin, ces scènes animées et joyeuses, sans cesse renaissantes, faisaient de Venise le rendez-vous des voyageurs oisifs de toutes les nations, tandis que l'industrie et le commerce attiraient de tous les coins du monde une population affairée et agissante. Mais que de plaies sous les brillants dehors de cette ville de palais, de théâtres et de mascarades ! quelle sombre tristesse sous ces éclats de folle gaieté ! Dans cette fête continuelle, le sinistre fantôme de l'inquisition d'État venait, comme le spectre de Banquo à la table de Macbeth, étreindre les cœurs de sa main glacée ; car on le sait, l'inquisition d'État se mêlait à tout, se trouvait partout. En 1777, les inquisiteurs s'avisèrent de défendre aux femmes de paraître au spectacle vêtues à la française et à la noblesse des deux sexes de fréquenter les cafés hors de la saison du carnaval ; encore les femmes ne pouvaient-elles s'y montrer que sous le masque, et les patriciens qu'en robe de magistrat! Rousseau nous apprend que pour avoir réclamé au sénateur Giustiniani, qui était propriétaire du théâtre de Saint-Luc, un acteur déjà engagé à la Comédie Italienne de Paris, il faillit être arrêté, et que Giustiniani reçut de la part des *Trois* une vive réprimande.

Les théâtres et les canaux étaient des lieux d'asile pour les criminels. Les sbires ne pouvaient, dans aucun cas, les y saisir. Mais aussi, dans ces lieux-là, tout désordre, toute menace, toute voie de fait ou injure, insignifiants ailleurs, étaient poursuivis et punis avec une rigueur extrême. C'était au conseil des Dix et aux inquisiteurs d'État qu'appartenait la police spéciale de ces lieux publics, ainsi que la recherche et le jugement des délits ou crimes qui s'y commettaient. On peut citer comme exemple de l'inexorable sévérité de ce tribunal, l'arrêt terrible dont fut frappé, vers le milieu du siècle dernier, un jeune noble, d'une des maisons les plus illustres et les plus puissantes. Jean Mocenigo, un soir, au théâtre San-Salvatore, on ne sait pour quel motif, tira deux coups de pistolet dans la loge des Foscarini, et blessa les deux frères Nicolo et Sébastien. Il prit la fuite et parvint à s'échapper. Mais bientôt après le conseil des Dix publia un *bando* qui, par sa rigueur inouïe et l'ingénieuse et savante cruauté de ses dispositions, frappa Venise entière d'épouvante :

Il était dégradé de la noblesse, provisoirement banni, et, au cas où l'on se saisirait de lui, condamné à être décapité entre les colonnes de Saint-Marc.

— On promettait à celui qui le livrerait, vivant ou mort, dans les limites du territoire de la république 2,000 ducats, et au dehors 4,000. Outre cette somme, le délateur aurait la faculté de délivrer un prisonnier, ou banni ou condamné à mort, le condamné fût-il même un criminel d'État.

— Tous les biens de Mocenigo meubles et immeubles, présents et à venir, sans en excepter les fidéicommis et les fiefs, étaient confisqués; tous les contrats passés par lui six mois avant sa condamnation, étaient déclarés nuls et de nul effet.

— Toutes les villes, villages, hameaux, communes et autres lieux soumis à la Seigneurie où pourrait se réfugier le condamné, étaient tenus de sonner le tocsin et de le livrer immédiatement, vivant ou mort, sous peine des galères pour tous les fonctionnaires publics de la localité qui, par négligence ou autre cause, n'auraient pas obtempéré à cet ordre.

— Il était défendu à tous les nobles, à tous ses parents et amis, et à tout sujet vénitien en général, sous peine de la consfiscation de toute leur fortune, de dix ans de galères, les fers aux pieds, ou de vingt ans de cachot, de parler au condamné, de correspondre avec lui par lettres ou autrement, et de lui faire parvenir des secours.

— Le condamné ne pourrait jamais être gracié par aucune voie, et pour aucun motif; ni par la révélation de secrets importants pour l'État, ni par la promesse de servir la république dans la guerre, ni en tuant ou en livrant un plus grand criminel que lui.

— Sa peine, dans aucun cas, ne pouvait être ni ajournée, ni changée, ni diminuée, ni suspendue, même par l'intercession de souverains étrangers.

— Aucun général d'armée ou de mer, aucun des magistrats qui, en temps de guerre, ont la faculté d'employer au service de la république des bannis et des malfaiteurs, ne pourra se servir de lui.

— Il était défendu à tout homme de parler en sa faveur, sous peine, pour les contrevenants, de 2,000 ducats d'amende.

— Le condamné était en outre passible, en général et en particulier, de toutes les autres peines mentionnées par tous les arrêts de condamnation portés contre les plus grands coupables dans les temps passés.

Cette proclamation ressemble plutôt à une formule d'excommunication qu'à un arrêt de justice. Elle parut violente à Venise même. En effet, dans ce jugement impitoyable, le conseil des Dix n'eut égard ni à une famille qui avait donné quatre doges à la république et une foule de grands et illustres citoyens, et qui était alliée aux plus puissantes maisons, ni à l'âge du coupable, qui n'avait pas vingt-deux ans, ni aux services de ses ancêtres, ni même au pardon des Foscarini offensés, dont le plus âgé avait, quelques jours avant sa mort, généreusement demandé la grâce de Mocenigo, et l'autre, blessé, s'était également désisté de toute plainte.

A l'égard des étrangers, l'inquisition d'État avait des procédés divers, suivant l'importance des personnes. Si l'individu suspect était un homme de marque, des moniteurs officieux se contentaient de lui dire que *l'air à Venise était malsain*, *che l'aria è cattiva*. S'il ne comprenait pas ou ne voulait pas comprendre le sens de ces paroles, on l'invitait clairement à quitter le territoire de la république dans les quarante-huit heures. S'il se montrait peu empressé d'obtempérer à cette admonition, on l'expédiait jusqu'à la frontière sous une bonne escorte de sbires armés jusqu'aux dents. Si même les soupçons portaient sur des faits graves, et il y en avait beaucoup de tels dans la balance défiante des inquisiteurs, le malheureux était, sans scrupule aucun, désigné au cordon des sbires du tribunal, qui l'expédiaient en secret. Les inquisiteurs avaient pour règle la maxime tyrannique : *Sit divus, modo non vivus*; et la mort d'un homme paraissait toujours parfaitement méritée, toutes les fois qu'ils pouvaient la justifier par la raison d'État. Ils mettaient quelquefois une sorte d'appareil, d'ostentation et de recherche dans leurs actes d'autorité. On raconte qu'un peintre génois, occupé de travaux de son art dans une église, s'y prit de querelle avec deux Français qui déblatéraient contre le gouvernement. La conversation avait été écoutée et rapportée. Le lendemain, le peintre fut conduit devant les inquisiteurs, qui lui demandèrent s'il reconnaîtrait les deux hommes avec lesquels il avait eu la veille une discussion. Le pauvre homme, tremblant de tous ses membres, répondit que pour sa part il n'avait rien dit qui ne fût à la louange du gouvernement. Pendant qu'il parlait, on tira un rideau, et il vit les deux Français pendus au plafond ; après quoi on le congédia, en lui recommandant de ne plus exprimer à l'avenir aucune opinion sur le gouvernement, soit en mal, soit en bien, car, ajouta-t-on, le gouvernement n'a besoin de l'apologie de personne.

Le prince de Craon fut exposé à une épreuve non moins poignante que celle du peintre génois. On l'avait volé, durant le séjour qu'il avait fait à Venise, et il s'en plaignait ouvertement et avec énergie dans les lieux publics qu'il fréquentait. On le laissa partir néanmoins, mais lorsque la gondole qui le portait se trouva au milieu des lagunes, un signal donné par les inquisiteurs d'État obligea le patron de s'arrêter. « Quel est ce signal? dit le prince, étonné de cette manœuvre. « — Rien de bon! lui répondit le gondolier. » Et à peine avait-il prononcé ces mots, qu'ils furent abordés par un bateau pavoisé d'une flamme rouge et monté par des sbires de la police. « Passez à notre bord, » dit le chef en s'adressant au prince. Celui-ci intimidé par ce lugubre appareil, obéit aussitôt ; et alors commença un interrogatoire rapide et énergique : « On vous a volé, vendredi der- « nier, n'est-ce pas? — Oui. — Quelle était la somme ? — Cinq cents ducats. — « Dans quoi étaient-ils contenus? — Dans une bourse verte. — Soupçonnez-vous « quelqu'un de ce crime? — Oui, c'est un domestique de place. — Le reconnaî- « triez-vous? — Sans doute. » — A l'instant le chef des sbires découvrit un cadavre qui était placé au fond du bateau, tenant à la main une bourse verte contenant les cinq cents ducats. — « Voilà votre homme, et voici votre argent. Partez, « monsieur le prince, et à l'avenir ne mettez plus le pied dans un pays dont vous « avez si mal apprécié les institutions! »

Le président Montesquieu ne fut pas soumis à une si rude épreuve; mais peu s'en fallut. Alors qu'il préludait à son savant ouvrage sur l'*Esprit des Lois*, il avait visité Venise, questionné beaucoup de monde, et soumis à ses investigations tout ce qu'il était possible de savoir. Cette opiniâtre curiosité excita les soupçons de l'inquisition, d'autant plus que l'illustre voyageur entretenait des rapports assez fréquents avec deux célèbres aventuriers, Law[1] et le comte de Bonneval[2], qui tous deux, à cause de leur humeur remuante, étaient l'objet d'une surveillance rigoureuse. On épia toutes ses démarches, car on savait qu'à la suite de chacune

---

1, 2. On sait que le comte de Bonneval, aventurier et gentilhomme limousin, après avoir tour à tour servi avec distinction dans les armées de terre et de mer en France, alla offrir ses services à l'Autriche, et qu'il prit une part glorieuse à la victoire de Peterwaradin. Disgracié en Autriche, il vint se proposer comme général à la république, mais ses offres ne furent pas agréées ; il passa alors en Turquie, où il prit le turban, fut élevé à la dignité de pacha, et organisa avec beaucoup de succès l'artillerie turque. — Quant à Law, tout le monde en France connaît les particularités les plus intéressantes de la vie du célèbre financier écossais : abandonné du régent, il vivait à Venise dans un état voisin de l'indigence ; « il ne lui restait, dit Montesquieu, de sa grandeur passée, que « des projets heureusement destinés à mourir dans sa tête, et un diamant qu'il engageait pour jouer « aux jeux de hasard ! »

de ses visites il rédigeait des notes très-volumineuses; on voulut les lui enlever, mais Montesquieu les portait sur lui; fatigué d'un tel espionnage, il quitta furtivement Venise, pas assez toutefois pour qu'une gondole de l'inquisition ne volât sur ses traces; il fut rejoint à mi-chemin des lagunes. Comme le président se doutait de la mission que les sbires avaient à remplir, il jeta à la mer, avant de se laisser aborder, toutes les notes qu'il avait recueillies sur Venise. Dès que le chef des sbires eut aperçu son mouvement et le rouleau de papier tournoyer au-dessus des flots et s'y abîmer, il fit rebrousser chemin à son équipage. C'est sans doute à cet événement qu'il faut attribuer le laconisme des *Considérations* du savant publiciste *sur le gouvernement de Venise* dans l'*Esprit des Lois*.

A l'époque de la chute de la république, l'inquisition d'État, ainsi que tous les autres pouvoirs et institutions, avait beaucoup perdu de son prestige : il ne restait plus qu'une ombre de ce gouvernement, dont on admirait la force et l'habileté tout en détestant ses abominables principes et les affreux ressorts de sa politique. Elle s'était même beaucoup relâchée de sa sévérité primitive; mais cependant elle voulait toujours y faire croire ; et voici un des singuliers et atroces expédients auxquels elle ne rougissait pas de recourir. Le général Kosciuszko raconte que, pendant son séjour à Venise, il fut surpris de voir un matin trois hommes pendus aux gibets de la place Saint-Marc, avec un écriteau qui les qualifiait de conspirateurs; mais un membre du conseil des Dix lui dit en confidence que c'étaient trois morts qu'on avait pris à l'hôpital, et qu'on exposait ainsi pour effrayer le peuple. L'inquisition d'État tomba au premier choc; et avec elle disparurent toutes les vieilles mœurs dont nous venons de tracer le tableau. Venise, depuis cinquante ans, a cessé d'être une nation. Ce n'est plus qu'une grande ville, placée géographiquement sur la carte d'Italie, et politiquement sur celle de la monarchie autrichienne. Elle n'a plus pour elle que les souvenirs de sa grandeur passée; et ce sont ces souvenirs qui attirent encore et attireront toujours vers elle l'imagination de l'artiste et du poëte, la pensée de l'homme d'État et du philosophe.

CHAPITRE XIX.

INVASION FRANÇAISE. — CHUTE DE LA RÉPUBLIQUE.

1789 A 1798.

Conduite incertaine de Venise envers la république française. — Son système de neutralité — Invasion des Français sur le territoire vénitien. — Campagnes de Bonaparte. — Massacre des Français à Vérone. — Déclaration de guerre de Bonaparte aux Vénitiens. — Soumission de la république. — Le doge abdique le pouvoir. — Entrée des Français à Venise. — Traité de Campo-Formio. — Les Autrichiens prennent possession de Venise.

E mouvement révolutionnaire qui venait d'éclater en France produisit en Europe un grand retentissement; aussi la plupart des États menacés par les idées nouvelles, eurent-ils recours à tous les moyens pour se soustraire à cette influence, qu'ils regardaient comme pernicieuse. Venise opposa d'abord à leur contagion la vigilance des inquisiteurs d'État. Ce tribunal empêcha l'introduction des écrits qui inondaient la France; les anciennes lois qui interdisaient aux nobles toute communication avec les membres du corps diplomatique, furent exécutées avec une nouvelle rigueur; on les étendit aux personnes des deux sexes, et les femmes des patriciens, celles même des secrétaires, ne purent plus, sous peine de la vie avoir la moindre relation avec un étranger ! Mais cette surveillance gênante et tracassière n'empêcha pas l'esprit révolutionnaire de franchir les lagunes et de pénétrer jusque dans les palais de l'aristocratie.

Toutefois cet accueil favorable accordé aux idées nouvelles n'ébranla pas les principes de la vieille république; car en 1791 elle saisit avec avidité l'occasion de faire éclater ses sympathies pour la cause de Louis XVI; l'arrivée à Venise du comte d'Artois, frère du monarque, y fut célébrée avec tout le cérémonial et tous les honneurs réservés aux têtes couronnées. Peu de temps après le passage de ce prince, la reine de Naples et l'empereur Léopold vinrent aussi visiter la ville de Saint-Marc. Ce concours d'augustes personnages n'était pas l'effet du hasard : il s'agissait dès lors d'engager la république à s'unir aux souverains de l'Europe, contre la révolution française. Venise, dans cette occasion, sembla vouloir sortir de son apathie, en choisissant pour conférer avec le ministre d'Autriche le procurateur François Pesaro, connu pour sa haine contre la France. Bientôt les envoyés des cours du Nord et le ministre de Naples signèrent secrètement à Mantoue un traité qui avait pour but de relever la monarchie de Louis XVI ; mais l'Angleterre, qui n'était pas intervenue dans cet acte, parvint à le faire annuler, et les négociations recommencèrent sur une nouvelle base. Cette puissance, qui avait à se venger des secours envoyés par le cabinet de Versailles aux insurgés d'Amérique, devint l'âme de la coalition qui nous menaçait. Sous cette inspiration, les souverains coalisés, réunis à Pilnitz, chez l'électeur de Saxe, signèrent, le 27 juillet 1791, le fameux traité connu sous ce nom, et qui, loin d'améliorer le sort du malheureux Louis XVI, ne fit que précipiter sa chute.

Au milieu de l'agitation générale de l'Europe, la république de Venise prétendait néanmoins conserver les avantages de sa neutralité ; mais les événements qui s'accomplissaient en France firent bientôt changer la face des choses. La Convention, après avoir détrôné Louis XVI et repoussé les armées coalisées qui s'étaient avancées jusqu'à quarante lieues de Paris, prit tout à coup une attitude menaçante. Le sénat de Venise, dominé par un sentiment de frayeur, s'empressa d'accepter le chargé d'affaires que lui avait envoyé la république française, et que jusque-là elle avait constamment repoussé. Bientôt après la coalition, qui crut un instant pouvoir réaliser ses espérances par la victoire de Nerwinde, remportée sur les troupes françaises, pressa de nouveau la république vénitienne de sortir de sa neutralité ; elle exigea même, par des notes impérieuses, le renvoi du chargé d'affaires français, mais sa demande fut toujours éludée. On eût dit que la conduite de Venise, pendant toute cette période, ne devait être qu'une série continuelle de contradictions.

La campagne de 1793 s'était terminée par des avantages considérables pour les Français : leurs armes avaient repris partout leur ascendant primitif, et l'Italie frémissait de joie à leurs succès. Le gouvernement de Venise effrayé de quelques symptômes d'agitation qui, à cette occasion, s'étaient manifestés dans ses provinces de terre ferme, fit arrêter les patriciens suspects d'être favorables à la révolution française, et l'on crut un instant qu'il allait se déclarer pour la coalition. Mais bientôt, la victoire remportée par les Français à Fleurus inspira au sénat de nouvelles craintes, et il s'empressa d'envoyer un ambassadeur à Paris pour féliciter la Convention sur ses triomphes et l'assurer de toute sa sympathie. Ainsi, par sa faiblesse, Venise semblait condamnée à flotter sans cesse entre les déterminations les plus extrêmes : elle était alarmée des principes français et redoutait le despotisme de l'Autriche. C'est de la lutte de ces sentiments divers que résultent tous les contre-sens qui, dans cette circonstance, signalèrent si fréquemment sa conduite.

Après avoir forcé la Prusse et l'Espagne à se détacher de la coalition, la France résolut de lutter corps à corps avec l'Autriche. Pour écraser cette puissance, il ne suffisait pas de l'attaquer de l'autre côté du Rhin ; il fallait encore l'éloigner de l'Italie, où elle avait un corps de vingt mille hommes, réunis à quarante mille Piémontais. Ce fut dans ce but que, vers la fin de 1795, l'armée française, sous les ordres du général Schérer, prit l'offensive. La brillante journée de Loano, dans les États de Gênes, qui coûta aux Austro-Sardes toute leur artillerie et la plus grande partie de leurs troupes, procura aux républicains l'occupation de Finale. Lorsque le Directoire exécutif, qui avait remplacé l'autorité sanglante de la Convention, vit ses armées près de s'élancer du pied des Apennins dans les plaines du Piémont, il se plaignit au ministre de la république de Venise, résidant à Paris, de l'asile accordé au comte de Provence, frère de Louis XVI, sur le territoire vénitien, et demanda son éloignement. Ce prince, qui depuis l'exécution du roi, et la mort du dauphin, dans la prison du Temple, avait pris le titre officiel de Louis XVIII, résidait alors à Vérone, sous le nom de *comte de Lille*. Le sénat de Venise n'osa pas résister au Directoire, et intima au prince français l'ordre de quitter les États de la république dans le plus bref délai.

Au moment où le frère de Louis XVI quittait cette terre inhospitalière (février 1796), le Directoire confiait le commandement de l'armée d'Italie à un général qui, quoique bien jeune encore, avait eu néanmoins l'occasion de faire apprécier la fermeté de son caractère et la supériorité de ses vues, soit comme général, soit comme politique : c'était Bonaparte. Le nouveau chef, en arrivant à Nice, signala sa prise de commandement par la plus hardie des invasions. L'armée qui passait sous ses ordres, forte au plus de trente mille hommes, était dénuée de tout ; mais elle était jeune, enthousiaste et intrépide, c'était tout ce qu'il fallait au général habile qui venait la guider. En quinze jours, Bonaparte dispersa les quatre-vingt-dix mille coalisés qui se trouvaient devant lui, prit vingt-un drapeaux, cinquante pièces de canon, et se rendit maître de la plus grande partie du Piémont. Une proclamation annonça alors que l'armée française était venue rompre les fers de l'Italie. La cour de Turin, épouvantée, se hâta de se soumettre : on lui accorda la paix. La guerre finie avec le Piémont, Bonaparte marcha contre l'armée autrichienne, à laquelle il ne laissa plus de relâche. Il passa le Pô à Plaisance et l'Adda à Lodi ; cette dernière victoire, en lui ouvrant les portes de Milan, où il entra le 15 mai en triomphateur, lui valut la possession de la Lombardie.

A l'approche de l'armée française, la question tant agitée à Venise, du parti à prendre entre l'Autriche et la France, fut de nouveau mise en discussion ; quelques vieux sénateurs qui avaient conservé de l'énergie, auraient voulu qu'on s'alliât sur-le-champ à l'Autriche ; mais on craignait pour l'avenir l'ambition autrichienne, et dans le moment présent les foudres françaises. D'ailleurs il fallait prendre les armes, résolution qui coûtait beaucoup à un gouvernement énervé; aussi ce projet fut délaissé.

Les jeunes oligarques penchaient pour une autre détermination : ils proposaient de faire un armement formidable; mais ils voulaient que la république gardât une neutralité absolue, et qu'elle menaçât de cinquante mille hommes celle des deux puissances qui violerait le territoire vénitien. D'autres proposaient un troisième parti, c'était l'alliance avec la France. Le sénateur Battaglia, esprit fin, pénétrant et modéré, présenta à ce sujet quelques considérations que la suite des temps a rendues prophétiques. Selon lui, la neutralité, même armée, était la plus dangereuse de toutes les déterminations : « La république, disait-il, ne pourra « pas se faire respecter, quelque force qu'elle déploie. N'ayant attaché aucun des « deux partis à sa cause, elle sera tôt ou tard sacrifiée par tous les deux. Il faut « donc se décider ou pour l'Autriche ou pour la France. L'Autriche est pour le « moment expulsée de l'Italie; en lui supposant les moyens d'y rentrer, elle ne le « pourra pas faire avant deux mois, temps suffisant pour que notre république « soit détruite par l'armée française: d'ailleurs l'ambition de l'Autriche est la plus « redoutable pour Venise. Ne lui a-t-elle pas toujours envié ses provinces de l'Il-« lyrie et de la haute Italie, et ne saisira-t-elle pas maintenant la première occa-« sion de les lui enlever? La seule garantie contre cette ambition, c'est la France, « qui, n'ayant rien à envier à Venise, sera toujours intéressée à la défendre. La « France, il est vrai, a des principes qui répugnent à la noblesse vénitienne; « mais il est temps enfin de se résigner à quelques sacrifices indispensables à l'es-« prit du siècle, et de faire aux nobles de la terre-ferme les concessions qui peuvent « seules les rattacher à la république. Avec quelques modifications légères à l'an-« cienne constitution, on peut satisfaire l'ambition de toutes les classes des sujets « vénitiens et s'attacher la France! Si, de plus, on prend les armes pour cette « puissance, il est permis d'espérer, en récompense des services qu'on lui aura « rendus, les dépouilles de l'Autriche en Lombardie. Dans tous les cas, répétait « le sénateur Battaglia, la neutralité est le plus mauvais de tous les partis ! »

Cette opinion, quoique juste, blessait trop profondément l'orgueil et les haines de la vieille aristocratie vénitienne pour être adoptée; il faut dire aussi qu'on ne comptait point assez sur la durée de la puissance française en Italie pour s'allier à elle. A ces trois partis on préféra le plus commode, le plus conforme aux routines et à la mollesse de ce vieux gouvernement : la neutralité désarmée. On décida qu'il serait envoyé des provéditeurs au-devant de Bonaparte, pour protester de la neutralité de la république, et réclamer le respect dû au territoire et aux sujets vénitiens. On avait une grande terreur des Français, mais on les savait faciles et sensibles aux bons procédés; ordre fut donc donné à tous les agents du gouvernement de les traiter et de les recevoir avec égards, de s'emparer des officiers et des généraux afin de capter leur bienveillance. « Bonaparte, dit « M. Thiers, en arrivant sur le territoire de Venise, avait tout autant besoin de

« prudence que Venise elle-même. Cette puissance, quoique aux mains d'un
« gouvernement affaibli, était grande encore; il fallait ne pas l'indisposer au point
« de la forcer à s'armer, car alors la haute Italie n'aurait plus été tenable pour
« les Français; mais il fallait cependant, tout en observant la neutralité, obliger
« Venise à nous souffrir sur son territoire, à nous y laisser battre, à nous y nour-
« rir même s'il était possible. Elle avait donné passage aux Autrichiens; c'était la
« raison dont il fallait se servir pour tout se permettre et tout exiger. »

En entrant à Brescia, Bonaparte publia une proclamation dans laquelle il disait qu'en traversant le territoire vénitien pour se mettre à la poursuite des Impériaux qui avaient eu la permission de le franchir, il respecterait les propriétés et les habitants de la république de Venise; qu'il ferait observer la plus sévère discipline à son armée; que tout ce qu'elle prendrait serait payé, et qu'il n'oublierait point les antiques liens qui unissaient les deux États. Conformément aux instructions du gouvernement, l'armée française fut très-bien reçue par le provéditeur vénitien de Brescia, et poursuivit sa marche sans obstacle jusqu'à l'Oglio, qui coule après l'Adda; mais elle se trouva tout à coup arrêtée sur les bords du Mincio par le général autrichien Beaulieu, qui voulant garder Peschiera pour appuyer plus solidement la droite de sa ligne, avait trompé les Vénitiens, et, sous prétexte d'obtenir passage pour cinquante hommes, avait surpris la ville et y avait placé une forte garnison; cependant, après quelques évolutions commandées par Bonaparte, Beaulieu fut obligé d'évacuer Peschiera et de remonter dans le Tyrol[1].

Les Vénitiens n'ayant pas pu soustraire cette ville à Beaulieu, elle avait évidemment cessé d'être neutre; et les Français se crurent dès lors autorisés à s'y établir. Bonaparte savait bien que les Vénitiens avaient été trompés par le général autrichien, mais il résolut de faire servir cet événement aux plans de ses succès. Il voulait la ligne de l'Adige et particulièrement l'importante ville de Vérone, qui commande le fleuve, il voulait surtout faire nourrir son armée; et il profita de ces fautes et de la terreur que la présence de l'armée française inspirait à Venise pour obtenir tout ce qu'il désirait. Vainement on envoya près de lui des négociateurs habiles, nul ne put le dissuader de ses projets. Il s'emporta vivement contre le gouvernement vénitien, qui prétendait être neutre et ne savait pas faire respecter sa neutralité; il se plaignit amèrement de cette irrésolution qui lui faisait verser en pure perte le sang de ses soldats; il insista aussi beaucoup sur les avantages que Venise pourrait trouver à une alliance sincère avec la France : « Ce que
« la France m'envoie faire dans ces contrées est tout dans l'intérêt de Venise, leur

---

1. La forteresse de Peschiera, la *Pescaria* des anciens, s'élève à l'extrémité méridionale du lac de Garda; c'est une petite ville qui doit son nom aux importantes pêcheries du lac. Ses fortifications, à l'époque de l'invasion française, étaient presque tombées en ruine; elles furent mises sur un pied respectable par le général français Haxo, et les Autrichiens les augmentèrent encore. On voit sur les bords du lac les grottes de Catulle, et sur le lac de Sermione de vastes ruines qu'on regarde, peut-être à tort, comme les débris de l'habitation du poëte.

« disait-il ; je viens chasser les Autrichiens au delà des Alpes ; peut-être constituer
« la Lombardie en État indépendant ; peut-on rien faire de plus avantageux à
« votre république? Si elle voulait s'unir à nous, peut-être recevrait-elle un grand
« prix de ce service. Nous ne faisons la guerre à aucun gouvernement, nous
« sommes les amis de tous ceux qui nous aideront à renfermer la puissance autri-
« chienne dans ses limites. » Dans la position où se trouvait Bonaparte, il fallait
tour à tour imposer et séduire ; c'est ce qu'il fit avec un rare bonheur. Par son
langage à la fois doux et terrible, par la variété et la profondeur de sa conversation, il parvint à captiver tous ceux qui l'approchèrent.

Le premier des ambassadeurs qui négocièrent avec lui, le provéditeur Fos-
carelli, fut atterré par la rapidité de conception du jeune général ; ceux qui le
suivirent, les sénateurs Erizzo et Battaglia, ne purent s'empêcher de rendre
hommage à l'esprit supérieur de Bonaparte : « Cet homme, disaient ils en se
« retirant de la conférence, exercera un jour une grande influence sur sa patrie! »
Et tous lui accordaient ce qu'il demandait. Le sénateur Pesaro, zélé partisan du
statu quo et de la vieille politique vénitienne, parvint seul à se soustraire à cette
influence magique. Bonaparte lui offrit l'amitié de la France et la garantie de
tous les États vénitiens de la terre-ferme, dont une partie avait déjà levé à
Brescia et à Bergame l'étendard de l'indépendance ; il lui exposa tous les avantages qu'il y aurait pour la république à déclarer la guerre aux Autrichiens et à
fournir un contingent de dix mille hommes à l'armée française ; il lui donna ensuite le conseil aussi amical que politique de faire ouvrir le *Livre d'or* aux grandes
familles de la terre-ferme. Pesaro partit en disant qu'il apporterait la réponse
du sénat dans quinze jours ; par cette réponse évasive, il cherchait à gagner du
temps, dans l'espérance que cet intervalle serait favorable aux armes de l'Autriche ; mais Bonaparte, de son côté, employa les quinze jours à presser les opérations du siége de Mantoue, et à disposer son armée de manière à pouvoir faire
tête à toutes les éventualités.

Les prévisions de Pesaro ne manquèrent pas de se réaliser ; mais aussi les précautions de Bonaparte ne furent pas perdues : en effet, aussitôt après la retraite de
Beaulieu, le cabinet autrichien avait retiré des bords du Rhin Wurmser, général
expérimenté, plein d'audace et d'énergie, et l'avait envoyé en Italie avec une
armée de trente mille hommes. Descendant aussitôt des Alpes tyroliennes, le
vieux maréchal arriva vers l'extrémité supérieure du lac de Garda, détacha un
corps de quinze mille hommes pour côtoyer ce lac à l'ouest et menacer Brescia,
tandis que lui-même, à la tête de l'autre partie, passait à l'est, entre le lac et
l'Adige, occupait le Monte-Baldo, forçait le poste de la Corona, qui ferme ce
défilé, et débouchait dans la Lombardie par la rive gauche du Mincio. L'apparition
de Wurmser fut considérée à Venise comme le signal de la délivrance de l'Italie.
Cette ville, qui comptait alors dans ses murs et dans les îles des lagunes vingt
mille soldats étrangers et plus de cinquante mille hommes de milice, s'associa à

la jactance des Impériaux qui, à raison de leur supériorité numérique, célébraient d'avance la défaite des Français et leur expulsion de la péninsule; elle s'apprêta à jeter sur la terre-ferme une partie de ses forces, et n'attendit pour opérer ce mouvement que la nouvelle d'un échec. Mais l'irrésistible fortune de Bonaparte vint bientôt ruiner ces projets et confondre ces espérances. Tandis que Wurmser le croyait encore devant Mantoue, lui, se doutant de l'agression de l'Autriche, avait levé le siége et s'était porté avec la rapidité de l'éclair du Pô sur l'Adige, de la Chiusa au Mincio : il semblait se multiplier, tant ses marches furent précipitées et habilement calculées. Il parvint ainsi à se trouver presque en même temps à la rencontre de toutes les divisions ennemies ; il les culbuta et les dispersa dans une suite de combats qui furent tour à tour livrés à Salo, à Lonato, à Castiglione, opérations aussi surprenantes par leur rapidité que par leur succès, et que les soldats français désignèrent sous le nom de *campagne des cinq jours*. L'armée de Wurmser, désorganisée, imita celle de Beaulieu, elle rentra dans le Tyrol.

Vigoureusement poursuivi par les Français, attaqué en plusieurs rencontres, complétement battu à Roveredo, Wurmser ne se laissa pas cependant abattre par les revers. Le lendemain même de cette défaite, il conçut le hardi projet de rebrousser chemin, de tromper la vigilance des Français, et de se jeter dans Mantoue. Il avait reçu quelques troupes fraîches, et avec ces renforts il crut pouvoir tout oser; mais ce ne fut qu'après plusieurs sanglants combats, livrés à Bassano, à Citadella, à Montebello, dans lesquels il essuya des pertes considérables, qu'il parvint à entrer dans Mantoue avec sept à huit mille hommes seulement, reste de cette armée qui devait chasser les Français d'Italie. Deux jours après son arrivée dans Mantoue, Wurmser sortit à la tête de toute la garnison pour déloger les assiégeants de leurs lignes ; mais cette tentative fut encore sans succès : vigoureusement repoussé à Due-Castelli, il éprouva ensuite un plus rude échec à Saint-George, et dès lors l'armée impériale se trouva complétement ruinée. Le blocus de Mantoue fut aussitôt resserré, et les Français purent de nouveau se croire maîtres de l'Italie. Ce fut précisément ce moment que le Directoire choisit pour faire au gouvernement de Venise des propositions d'alliance : le résident français à qui l'on avait confié cette mission, lut en plein sénat une note dans laquelle étaient habilement exposés les dangers que courait la république en persistant dans son système de neutralité, et les avantages qu'elle trouverait dans une alliance avec la France. Voici les principaux passages de cette note : « En butte à
« l'ambition de trois puissances avides : de la Russie, qui, dans ses vues sur la
« Porte, regarde comme un accessoire nécessaire de ses usurpations en Turquie
« l'invasion des colonies vénitiennes; — de l'Angleterre qui, à la faveur de la
« connivence de la Russie, médite de s'emparer du commerce du Levant; — de
« l'Autriche qui, dans la perte éventuelle de ses possessions en Italie, entrevoit
« dans les provinces de terre-ferme le dédommagement le plus convenable au
« système de prépondérance dont elle ne se croit pas obligée de se désister, le

« gouvernement de Venise se fie néanmoins aux anciennes maximes du droit
« public, et ne semble avoir aucune crainte de voisins qui méditent sa perte. Et
« dans quels moments se fait-il un appui d'un système tombé en désuétude depuis
« longtemps? Le droit public n'existe plus, et toute trace d'équilibre politique a
« disparu de l'Europe. Il ne reste plus de garantie aux États faibles que celle qu'ils
« peuvent trouver dans la force fédérative. Si, par égard pour ses ennemis natu-
« rels, Venise continue de fermer les yeux sur ses véritables intérêts, elle aura
« laissé échapper le moment de se soustraire pour toujours à l'ambition autri-
« chienne. Environnée de périls, privée du droit de réclamer un appui, elle aura
« à se reprocher d'avoir négligé les offres et repoussé l'amitié de la seule puissance
« de qui elle puisse attendre une garantie. Ce sont là sans doute des vérités dures,
« et il en coûte de les énoncer ; mais la loyauté française ne sait pas ménager les
« expressions, lorsqu'il s'agit d'éclairer et de sauver ses amis ! »

Après plusieurs objections élevées par François Pesaro, et après de longues délibérations, le sénat déclara qu'il était décidé à persister dans ses principes de modération et de bonne intelligence avec les autres puissances, et à préserver Venise d'une guerre qui ne pourrait que compromettre sa sûreté. Cette réponse ferma pour jamais toute voie aux négociations d'une alliance entre les deux républiques.

Encouragés par cette détermination, désireux aussi de venger leurs défaites et de reconquérir leurs États d'Italie, les Autrichiens résolurent d'envoyer une nouvelle armée au secours de Mantoue; elle fut confiée aux ordres du feld-maréchal d'Alvinzi, l'un des hommes de guerre les plus distingués de cette époque. Il ne fallut que quelques jours au vainqueur de Lodi pour renverser toutes les espérances qu'on avait fondées sur la réputation du nouveau général ; les forces étaient cependant bien disproportionnées : les Autrichiens entraient en campagne avec une armée toute fraîche qui s'élevait à soixante-dix mille hommes, tandis que celle des Français n'en comptait que quarante-huit mille, harassés de fatigues, obligés en outre de contenir une population malveillante et de subvenir à tous les besoins du siége. L'habileté de Bonaparte balança tous ces désavantages : une bataille de trois jours, qui se termina par la mémorable victoire d'Arcole, acheva de faire reconnaître l'incontestable supériorité des armées françaises. Après sa défaite, d'Alvinzi prit, comme ses devanciers, la route du Tyrol, et non moins opiniâtre qu'eux, il recommença les hostilités, après s'être adjoint trois divisions de réserve commandées par d'excellents généraux. — L'intention du maréchal était d'envelopper l'armée française et de la forcer à capituler : en conséquence, le général Provera se dirigea vers l'Adige ; à peu près à la hauteur de Porto-Legnago, le général Laudon marcha sur la province de Brescia ; le général Davidowich, à la tête de douze mille hommes sur Peschiera, et la Chiusa pour se rendre maître du cours du Mincio, et d'Alvinzi en personne se porta sur Roveredo. Cette nouvelle agression ne fut qu'une occasion de nouveaux triomphes pour les Français. La bataille de Rivoli, les combats de la Favorite et de Saint-George, où la victoire se montra fidèle à Bonaparte, décidèrent du sort de Mantoue. Cette ville capitula le 2 février 1797.

Le chef de l'armée française voulut profiter de ces succès pour essayer d'entraîner encore une fois Venise dans une alliance avec la France ; cette tentative fut complétement inutile. Venise, toujours incertaine, avait également refusé de s'allier avec la Prusse et avec l'Autriche ; elle voulait rester indépendante à l'égard de toutes les puissances ; mais, comme elle armait secrètement, comme elle avait fait de nombreuses acquisitions d'armes, on peut dire qu'elle s'apprêtait à fondre sur celle de ces puissances à qui la fortune eût été contraire. La conduite de ses agents était toute dirigée vers ce but ; et si, dans cette circonstance, elle ne fit pas cause commune avec les Français, c'est qu'elle ne croyait pas à la durée de nos succès ; c'est que la conduite de nos troupes, leur caractère exalté, et les désordres incessants qu'elles commettaient ne lui inspiraient aucune confiance ; c'est qu'enfin l'Autriche lui montrait toujours en perspective quelque nouvelle armée qui allait accabler les ultramontains. Venise nous était donc hostile, sous l'influence de l'Autriche. En effet, la cour de Vienne ne se laissa pas rebuter par ses revers multipliés ; elle s'obstina à braver la fortune. Beaulieu, Wurmser, d'Alvinzi, vaincus, il lui restait encore un nouveau général à opposer à Bonaparte : c'était l'archiduc Charles, frère de l'Empereur, déjà célèbre par ses victoires et ses talents militaires. On l'envoya donc pour prendre le commandement des troupes impériales et réparer les désastres de ses prédécesseurs.

Dès que Bonaparte eut appris la nouvelle détermination de l'Empereur, il conçut le hardi projet de porter la guerre en Autriche même, dans l'espoir que son apparition dans le voisinage de Vienne produirait sur le conseil aulique une impression plus vive que n'avaient pu le faire les défaites de ses armées en Italie. Afin d'assurer le succès de cette entreprise, il s'occupait de conclure un traité de paix avec le pape, et il avait laissé le commandement de l'armée au brave Masséna. Les mouvements rapides de l'archiduc suspendirent un moment les projets de Bonaparte : ce prince était venu prendre une forte position sur le Tagliamento et se préparait à l'offensive ; mais l'armée française, de son côté, avait reçu de nombreux renforts, et toujours secondée par l'habileté de son général, elle n'avait rien à craindre. Bonaparte termina au plus tôt ses négociations avec le pape, franchit la Piave, et se porta à la rencontre de l'archiduc. Quoique les bords du Tagliamento fussent vigoureusement défendus, l'armée française n'en opéra pas moins le passage sous le feu de l'ennemi et culbuta les Autrichiens sur toute leur ligne : à Gradisca, à Goritz, sous les murs d'Udine, le prince fut constamment mis en fuite après de sanglants combats, et son armée, plutôt démoralisée par ses défaites successives que numériquement affaiblie, ne voulut plus attendre les Français. Bonaparte résolut de profiter de cette panique pour obtenir la paix ; mais l'archiduc n'avait pas les pouvoirs nécessaires ; il fut donc obligé de s'avancer encore, et lorsqu'il se trouva à vingt lieues seulement de Vienne, les plénipotentiaires autrichiens vinrent lui demander une suspension d'armes. Il la leur accorda d'autant plus volontiers que le Directoire lui avait annoncé qu'il ne devait plus compter désormais sur la coopération des armées du Rhin. Ici commence une série d'événements qui vont décider de l'existence de Venise : ils ont besoin d'être exposés en détail pour être convenablement appréciés.

Les rapides victoires des Français, leur séjour au milieu des provinces vénitiennes, qui quoique soumises depuis plusieurs siècles à la domination de la république ne la supportaient qu'avec peine, avaient excité dans leur sein une vive fermentation : à Bergame, à Salo, à Brescia, les comités révolutionnaires n'eurent qu'à donner le signal pour que la population se levât en masse, et la plupart des podestats se retirèrent; à Brescia, il y eut quelque résistance : le peuple désarma aussitôt la garnison composée de deux mille Esclavons, et le provéditeur fut renvoyé à Vérone. Venise était naturellement inquiète de tous ces mouvements; elle eût voulu les réprimer soudainement, mais la force lui manquait, et puis elle craignait d'irriter les Français par cette répression. Alors elle se décida à envoyer auprès de Bonaparte deux plénipotentiaires chargés de sonder à la fois les intentions du général et de s'entendre avec lui pour le maintien de la tranquillité dans les provinces de terre-ferme. Pesaro était un des deux plénipotentiaires. « Eh bien, que faites-vous? lui dit brusquement Bonaparte en le « voyant, armez-vous encore? — Il le faut bien, répondit Pesaro, il nous faut « punir les rebelles de Brescia et de Bergame, et contenir les malveillants de « Crême, de Chiari, de Vérone, et les agitations de Venise elle-même. » — « Pre« nez-y garde, reprit Bonaparte; s'il survient des troubles sur mes derrières par « votre faute, si les troupes que je laisse sont insultées, ce qui n'était pas un « crime quand j'étais en Italie, en serait un irrémissible maintenant que je suis « en Allemagne, votre république cesserait d'exister, vous auriez prononcé sa « sentence. Vaincu ou vainqueur, je ferais la guerre à vos dépens. » Après de telles explications, les envoyés vénitiens se retirèrent fort courroucés contre Bonaparte, car ils auraient voulu surtout que celui-ci leur abandonnât les places fortes que son armée occupait et qu'il laissât Venise étouffer à son gré le mouvement insurrectionnel, c'est-à-dire transformer un pays favorable aux principes français en un foyer d'ennemis : telle ne pouvait être la politique de Bonaparte. Aussi écrivit-il au général Kilmaine, dont la division occupait le territoire vénitien, de redoubler de vigilance, de punir sévèrement les commandants français s'ils sortaient des limites de la neutralité, de respecter les mouvements des troupes régulières de la république, mais de désarmer impitoyablement les montagnards et les paysans. Dans l'état de fermentation où étaient les esprits, dans la position mixte où se trouvaient les Français, avec des détachements de leur armée sans cesse en marche, il était impossible qu'une collision ne vînt pas à éclater.

Les montagnards et les paysans, excités par les agents de Venise, par des proclamations émanées du sénat et par les prédications des moines, inondaient les campagnes. Les régiments esclavons, débarqués des Lagunes sur la terre-ferme, s'avançaient sur les villes insurgées. Kilmaine avait donné ses ordres et mis en mouvement la légion lombarde, pour désarmer les paysans. Déjà plusieurs escarmouches avaient eu lieu ; des villages avaient été incendiés, des paysans saisis et désarmés. Mais ceux-ci, de leur côté, menaçaient de saccager les villes et d'égorger les Français, qu'ils désignaient sous le nom de *jacobins*. Déjà même, ils assassinaient ou mutilaient tous ceux qu'ils rencontraient isolés. Ces sanglantes exécutions intimidèrent les paisibles citoyens : les montagnards profitèrent alors de la terreur qu'ils inspiraient, pour déterminer une espèce de contre-révolution à Salo, où les Français ne se trouvaient pas en forces suffisantes pour les repousser. Aussitôt que ce mouvement fut connu, une colonne composée d'habitants de Bergame et de Brescia, appuyée par un détachement des Polonais de la légion lombarde, marcha sur Salo, pour en chasser les montagnards. Quelques individus envoyés pour parlementer furent attirés dans la ville et égorgés ; le détachement fut enveloppé et massacré ; deux cents Polonais furent faits prisonniers et envoyés à Venise. On saisit à Salo et dans toutes les villes vénitiennes les partisans connus des Français ; on les envoya sous les plombs, et les inquisiteurs d'État, encouragés par ce misérable succès, se montrèrent disposés à de cruelles vengeances.

La situation devenait extrêmement grave; aussi Kilmaine envoya-t-il courriers sur courriers à Bonaparte. Celui-ci, en apprenant les combats livrés par les montagnards, l'événement de Salo, l'emprisonnement de tous les partisans de la France, et les assassinats commis sur les Français, fut saisi de colère. Sur-le-champ il adressa une lettre foudroyante au gouvernement de Venise, et chargea son aide de camp Junot d'aller la lire en plein sénat; en même temps il ordonnait au ministre Lallemant, résident français, de sortir immédiatement de Venise, et de déclarer la guerre si toutes les satisfactions exigées n'étaient pas accordées.

Bonaparte avait bien choisi son ambassadeur. Junot remplit sa mission avec la fermeté naturelle à son caractère, en y joignant aussi la rudesse d'un soldat victorieux et irrité. On lui répondit que les armements qui avaient été faits n'avaient pour but que de maintenir la subordination dans les États de la république ; que si des assassinats avaient été commis, c'était un malheur involontaire qui serait réparé. Junot ne voulut pas se payer de vaines paroles, et menaça de faire afficher la déclaration de guerre si l'on n'élargissait pas les prisonniers d'État et les Polonais; si l'on ne donnait pas l'ordre de désarmer les montagnards et de poursuivre les auteurs de tous les assassinats. Cependant on parvint à le calmer, et il fut arrêté avec lui et le ministre français Lallemant, qu'on allait écrire au général Bonaparte, et lui envoyer deux députés pour convenir des satisfactions qu'il avait à exiger.

Ces deux députés, François Donat et Léonard Giustiniani, étaient porteurs d'une lettre du doge, dans laquelle ce chef rejetait les désordres et les assassinats de la terre-ferme sur la nécessité où les citoyens fidèles à la république avaient été de combattre les insurgés. Ces excuses étaient terminées par la déclaration suivante : « Le sénat, invariable dans sa résolution de maintenir la paix « et l'amitié qui nous lient avec la république française, s'empresse de vous en « renouveler l'assurance dans les circonstances présentes. » Mais, comme pour accroître les ressentiments de Bonaparte et justifier en quelque sorte le parti qu'il venait de prendre à l'égard de la république, l'agitation continuait dans les États vénitiens ; les villes étaient toujours en hostilité avec la population des campagnes, et les agents du parti aristocratique et du parti monacal répandaient les bruits les plus absurdes sur le sort de l'armée française en Autriche. Ils prétendaient qu'elle avait été enveloppée et détruite, et ils s'appuyaient sur deux faits pour autoriser leurs fausses nouvelles. Bonaparte, disaient-ils, en attirant à lui les deux corps de Joubert et de Bernadotte, qu'il avait fait passer l'un par le Tyrol, l'autre par la Carniole, avait découvert ses ailes ; Joubert avait battu et rejeté Kerpen au delà des Alpes ; mais il avait laissé le général autrichien Laudon dans une partie du Tyrol, d'où celui-ci avait bientôt reparu, soulevant toute la population fidèle de ces montagnes, et descendant l'Adige pour se porter sur Vérone. Le général Servier, laissé avec douze cents hommes pour la garde du Tyrol, se retirait pied à pied sur Vérone pour venir se réfugier auprès des troupes françaises stationnées dans la haute Italie ; en même temps, ajoutait-on, un corps d'égale force laissé dans la Carniole, se retirait devant les Croates, insurgés comme les Tyroliens, et se repliait sur Palma-Nova. Ces mouvements étaient vrais, en partie ; mais les conséquences qu'on en tirait étaient fausses. Le ministre de France Lallemant s'efforçait de démontrer au gouvernement de Venise l'absurdité de ces bruits, afin de lui épargner de nouvelles imprudences ; mais toutes ses observations furent inutiles ; tandis que Bonaparte obligeait les plénipotentiaires autrichiens à venir traiter au milieu de son quartier général, on répandait dans les États de Venise qu'il était battu, débordé, et qu'il allait périr dans sa folle entreprise !

Le parti ennemi des Français et de la révolution, à la tête duquel étaient la plupart des membres du gouvernement vénitien, sans que le gouvernement parût y être lui-même, se montrait plus exalté que jamais. C'est à Vérone surtout que l'agitation était grande : cette ville, la plus importante des États vénitiens, était la première exposée à la contagion révolutionnaire, car elle venait immédiatement après Salo, sur la ligne des villes insurgées. Les Vénitiens tenaient à la sauver et à en chasser les Français. Tout les y encourageait, tant les dispositions des habitants que l'affluence des montagnards et l'approche espérée du général Laudon. Déjà il s'y trouvait des troupes italiennes et esclavonnes au service de Venise ; on en fit arriver de nouvelles, et bientôt toutes les communications furent interceptées avec les villes voisines.

Le général Balland, qui commandait à Vérone la garnison française, se vit séparé des autres commandants placés dans les environs, par plus de vingt mille montagnards qui inondaient la campagne. Les détachements français étaient attaqués sur les routes ; des moines excitaient la populace dans les rues, et l'on vit même paraître un faux manifeste du podestat de Vérone, qui encourageait au massacre des Français : le nom seul de Battaglia, homme prudent et opposé à toutes ces indignes manœuvres, dont on l'avait signé, indiquait assez la fausseté de son origine. N'importe ; cette proclamation, toute controuvée qu'elle était, n'en contribuait pas moins à échauffer les têtes. Enfin, un avis, émané des chefs du parti dans Vérone, annonçait au général Laudon qu'il pouvait s'avancer, et qu'on allait lui livrer la place. C'était dans les journées des 15 et 16 avril que tout ceci se passait. On n'avait encore aucune nouvelle des conférences de Léoben ; le moment paraissait donc des mieux choisis pour une explosion.

Heureusement le général Balland se tenait sur ses gardes ; il avait donné à toutes ses troupes l'ordre de se retirer dans les forts au premier signal. Il réclama auprès des autorités vénitiennes contre les mauvais traitements exercés à l'égard des Français, et surtout contre les préparatifs qu'il voyait faire ; mais il n'obtint que des paroles évasives et point de satisfaction réelle ; il écrivit à Mantoue, à Milan, pour demander du secours, et se tint prêt à se renfermer dans les forts. Le 17 avril, jour de la seconde fête de Pâques, une agitation extraordinaire se manifesta dans Vérone ; des bandes de paysans y entrèrent en criant : *Mort aux jacobins !* Balland fit retirer ses troupes dans les forts, ne laissa que des détachements aux portes, et signifia qu'au premier acte de violence il foudroierait la ville. Ces menaces furent sans effet. Vers le milieu du jour, des coups de sifflet s'étant fait entendre dans les rues, on se précipita sur les Français ; des bandes armées assaillirent les détachements laissés à la garde des portes, et massacrèrent ceux qui n'eurent pas le temps de rejoindre les forts. Tous les Français désarmés que leurs fonctions retenaient dans Vérone furent impitoyablement massacrés. On les poignardait et on les jetait ensuite dans l'Adige. Les assassins ne respectèrent pas même les hôpitaux, et se souillèrent du sang des malades !

Cependant tous ceux qui purent s'échapper et qui n'avaient pas eu le temps de courir vers les forts, se jetaient dans l'hôtel du gouvernement, où les autorités vénitiennes leur donnaient asile, pour que le massacre ne parût pas leur ouvrage. Déjà plus de quatre cents de ces malheureux avaient péri, et la garnison frémissait de rage en voyant les cadavres des Français égorgés flotter au loin sur l'Adige. Le général Balland ordonna aussitôt le feu, et couvrit la ville de boulets. Il pouvait facilement la mettre en cendres ; mais si les montagnards s'en inquiétaient peu, les habitants et les magistrats vénitiens effrayés firent tous leurs efforts pour écarter de la ville le danger qui la menaçait. Ils envoyèrent donc un parlementaire au général Balland pour s'entendre avec lui et arrêter le désastre. Le général Balland se montra disposé à entendre les pourparlers, afin de sauver les malheureux qui s'étaient réfugiés au palais du gouvernement, et sur lesquels allaient s'accomplir d'horribles représailles. Il y avait là des femmes, des enfants appartenant aux employés des administrations, des malades échappés aux hôpitaux, et il importait de les tirer du péril. Balland demandait qu'on les lui livrât sur-le-champ, qu'on fît sortir les montagnards et les régiments esclavons, qu'on désarmât la populace, et qu'on lui donnât pour garants de la soumission, des otages pris parmi les magistrats vénitiens. Les parlementaires demandaient à leur tour qu'un officier vînt traiter au palais du gouvernement. Cette mission était des plus périlleuses; le brave chef de brigade Beaupoil eut le courage de l'accepter : il traversa les flots d'une populace furieuse qui voulait le mettre en pièces, et parvint enfin auprès des autorités vénitiennes. Toute la nuit se passa en vaines discussions avec le provéditeur et le podestat, sans que l'on pût s'entendre. On ne voulait pas désarmer; on ne voulait pas donner d'otages; on voulait des garanties contre les vengeances que le général Bonaparte ne manquerait pas de tirer de la ville rebelle. Mais pendant ces pourparlers, la convention de ne pas tirer dans l'intervalle des conférences n'était pas exécutée par les hordes furieuses qui avaient envahi Vérone; on se fusillait aux avant-postes, et les troupes françaises faisaient de continuelles sorties. Le lendemain matin (28 avril), le chef de brigade Beaupoil rentra dans les forts sans avoir rien obtenu. On apprit que les magistrats vénitiens, ne pouvant gouverner cette multitude furieuse, avaient disparu, et la fusillade recommença aussitôt contre le fort. Alors le général Balland fit tirer à outrance sur Vérone, et l'incendie embrasa plusieurs quartiers. Quelques-uns des principaux habitants se réunirent au palais du gouvernement pour prendre la direction de la ville en l'absence des autorités. On parlementa de nouveau et l'on convint de ne plus tirer; mais cette convention ne fut pas mieux observée que les précédentes; les insurgés ne cessèrent d'attaquer les forts. Les paysans, qui couvraient la campagne, se jetèrent sur la garnison de Chiusa et l'égorgèrent; ils firent éprouver le même sort aux Français qui se trouvaient isolés ou par petits détachements dans les environs de Vérone. Ce n'était partout que des scènes de dévastation et de carnage.

Mais l'instant de la vengeance allait bientôt venir. Des corps de troupes accouraient de toutes parts au secours de la garnison de Vérone. Le général Chabran s'avançait avec douze cents hommes; la légion lombarde en envoya huit cents; les généraux Victor et Baraguay-d'Hilliers marchèrent avec leurs divisions. Pendant que ces mouvements de troupes s'exécutaient, le général Laudon avait reçu la nouvelle de la signature des préliminaires, et s'était arrêté sur l'Adige. Les généraux français n'en continuèrent pas moins leur marche sur Vérone, qu'ils voulaient dégager à tout prix; ils culbutèrent les troupes vénitiennes qui en défendaient les approches, et alors les furieux qui avaient massacré les Français passèrent de la plus atroce violence au plus grand abattement. On n'avait cessé de parlementer et de tirer pendant les journées du 20 au 24 avril. Les magistrats vénitiens avaient reparu; ils voulaient encore des garanties contre les représailles qui les menaçaient : on leur avait donné vingt-quatre heures pour réfléchir; ils disparurent de nouveau. Une municipalité provisoire les remplaça; et, en voyant les troupes françaises maîtresses de la ville et prêtes à la réduire en cendres, elle se rendit sans condition. Le général Kilmaine empêcha le pillage; mais il ne put sauver le mont-de-piété, qui fut en partie dépouillé. Les principaux chefs de l'insurrection pris les armes à la main furent fusillés; et la ville dut payer une contribution de onze cent mille francs pour la solde de l'armée. Tels furent les massacres consacrés dans l'histoire sous le nom de *Pâques véronaises*.

Pendant que cet événement se passait à Vérone, il se commettait à Venise même un acte plus odieux encore, s'il est possible. Un règlement défendait aux vaisseaux armés des puissances belligérantes d'entrer dans le port du Lido. Cependant un lougre, commandé par le capitaine Laugier, faisant partie de la flottille française dans l'Adriatique, chassé par des frégates autrichiennes, n'hésita pas à venir s'abriter sous les batteries du Lido, après les avoir saluées de neuf coups de canon. On lui signifia aussitôt l'ordre de s'éloigner malgré le temps et malgré les vaisseaux ennemis qui le poursuivaient. Il allait obéir, lorsque, sans lui donner le temps de prendre le large, les batteries font feu sur le malheureux vaisseau, et le criblent sans pitié. Le capitaine Laugier monte sur le pont avec un porte-voix pour annoncer qu'il se retire; mais, sans attendre ses explications, une nouvelle décharge rase sa mâture et le renverse raide mort avec deux hommes de son équipage. Bientôt après des matelots vénitiens et des Esclavons sautent à bord du bâtiment, tuent tous les hommes qui leur font résistance, dépouillent les autres, et pillent le navire. Le lendemain, le sénat remercia publiquement le commandant du fort, et accorda une gratification aux marins qui avaient pillé le navire français et égorgé l'équipage! Ces félicitations, ces encouragements, donnés à propos d'un événement si malheureux, étaient une faute grave dans les circonstances actuelles; mais à Venise on était intimement convaincu que les Français assiégés dans le château de Vérone ne résisteraient pas; on savait en outre qu'à Chiuza, qu'à Castiglione, les paysans avaient fait main basse sur la garnison de ces places, et l'on espérait encore qu'une contre-marche des Autrichiens délivrerait le territoire de la république de la présence des Français. Ces prévisions ne se réalisèrent pas; bien au contraire. Ce fut précisément deux jours après l'odieux massacre des matelots français qu'on apprit à Venise la marche victorieuse de Bonaparte, la fuite des Autrichiens, et l'ouverture des négociations de paix entre la France et l'Empire. Le gouvernement vénitien fut dans la consternation à la réception de ces accablantes nouvelles; il comprit alors la faute immense qu'il venait de commettre, et pour en atténuer autant que possible le résultat, il s'empressa d'adresser de nouvelles instructions aux deux députés qu'il avait envoyés auprès de Bonaparte.

En recevant cette dépêche, les plénipotentiaires vénitiens sentirent redoubler leur inquiétude, surtout lorsqu'en traversant les camps, ou les cantonnements où se trouvaient les Français, ils se voyaient en butte à leurs injures et à leurs menaces. « Si les soldats se montrent si irrités, se disaient-ils entre eux, quelle « ne sera pas l'exaspération de leur général ! Comment faire pour nous sortir « d'une position si difficile ! » C'est en proie à ces pénibles réflexions qu'ils arrivèrent enfin à la petite ville de Gratz, en Styrie, où Bonaparte tenait son quartier général. Nous allons laisser parler les deux diplomates, qui, pour s'assurer une bonne réception, avaient eu le soin de se munir d'une lettre de recommandation de l'un des frères du général :

« Il nous accueillit d'abord avec assez de politesse, et nous laissa dire tout ce
« que nous crûmes propre à le convaincre de l'amitié de notre république pour la
« France. Nous établîmes que les deux États ne pouvaient pas vouloir se faire la
« guerre. Après le développement de ces propositions, nous ajoutâmes que, rela-
« tivement aux événements qui étaient malheureusement survenus, nous n'ap-
« portions que des justifications et non des plaintes ; que nous étions prêts à
« répondre à tout et à détruire tous les soupçons ; que, pour l'avenir, on était à
« la recherche des auteurs des assassinats, qui seraient punis exemplairement ;
« que la république effectuerait, ainsi qu'il en avait témoigné le désir, le désar-
« mement de ses sujets, pourvu qu'il voulût bien faire rentrer dans l'ordre les
« deux villes insurgées.

« Nous nous aperçûmes sur-le-champ qu'il avait pris son parti, et qu'il voulait
« éviter cette discussion. Après nous avoir écoutés tranquillement, il se prit à
« nous dire : « Eh bien ! les prisonniers sont-ils en liberté ? » Nous n'avions aucune
« instruction sur ce point ; nous lui répondîmes qu'on avait rendu les Français,
« les Polonais et quelques Brescians. « Non, non, répliqua-t-il, je les veux tous ;
« tous ceux qui ont été incarcérés pour leurs opinions, de quelque lieu qu'ils
« soient, même les Véronais. Ils sont tous amis de la France. Si on ne me les rend,
« j'irai moi-même briser vos plombs. Je ne veux plus d'inquisition ; c'est une
« institution des siècles de barbarie. Les opinions doivent être libres. » Oui, repar-
« tîmes-nous ; mais le petit nombre n'a pas le droit de faire violence à toute une
« population fidèle. « Je vous répète, ajouta-t-il, que j'entends qu'on délivre tous
« ceux qui ont été arrêtés pour leurs opinions ; j'en ai l'état. » Mais, lui objectâ-
« mes-nous, cet état ne dit probablement pas s'ils sont détenus pour leurs opi-
« nions ou pour d'autres délits. Les Brescians, par exemple, ont été faits prison-
« niers les armes à la main par les habitants de Salo, qu'ils étaient venus attaquer.

« Et les miens, répliqua-t-il, et les miens, qui ont été massacrés ? L'armée crie
« vengeance. Je ne puis la lui refuser, si vous ne punissez les malfaiteurs. » Ils
« seront punis, dîmes-nous, quand on nous les indiquera, quand on fournira les
« preuves. Il interrompit : « Votre gouvernement a tant d'espions ; qu'il punisse
« les coupables. S'il n'a pas les moyens de contenir le peuple, il est inepte et ne
« mérite pas de subsister. Le peuple hait les Français ; pourquoi ? parce que la
« noblesse les déteste ; et c'est aussi pour cela qu'ils sont poursuivis par le gouver-

« nement. A Udine, où il y a un gouverneur excellent, on n'a pas vu de désordres
« comme ailleurs. »

« Nous lui représentâmes qu'il n'y a point de police qui puisse contenir des
« millions de sujets, encore moins maîtriser les opinions, qu'il prétend devoir
« être libres, et qui, chez les paysans, prennent leur source dans la dévastation
« des campagnes et des habitations; que si le peuple hait les Français, ce sont
« les désastres de la guerre qu'il faut en accuser.

« Ici il nous interrompit encore : « Au fait, si tous ceux qui ont outragé la
« France ne sont pas punis, tous les prisonniers mis en liberté, le ministre an-
« glais chassé, le peuple désarmé, et si Venise ne se décide pas entre l'Angleterre
« et la France, je vous déclare la guerre. Je viens de conclure la paix avec l'Em-
« pereur; je pouvais aller à Vienne; j'y ai renoncé pour cela. J'ai quatre-vingt
« mille hommes, vingt barques canonnières. Je ne veux plus d'inquisition, plus
« de sénat; je serai un Attila pour Venise. Quand j'avais en tête le prince Charles,
« j'ai offert à M. Pesaro l'alliance de la France, je lui ai offert notre médiation,
« pour faire rentrer dans l'ordre les villes insurgées. Il a refusé, parce qu'il lui
« fallait un prétexte pour tenir la population sous les armes, afin de me couper
« la retraite, si j'en avais eu besoin; maintenant si vous réclamez ce que je vous
« avais offert, je le refuse à mon tour. Je ne veux plus d'alliance avec vous; je ne
« veux plus de vos projets; je veux vous donner la loi. Il ne s'agit plus de me
« tromper pour gagner du temps, comme vous l'essayez par votre mission. Je
« sais fort bien que votre gouvernement, qui n'a pu armer pour interdire l'entrée
« de son territoire aux troupes des puissances belligérantes, n'a pas aujourd'hui
« les moyens de désarmer sa population. Je m'en charge; je la désarmerai mal-
« gré lui. Les nobles des provinces, qui n'étaient que vos esclaves, doivent, comme
« les autres, avoir part au gouvernement; mais déjà ce gouvernement est vieux,
« il faut qu'il s'écroule ! »

Ces paroles prononcées avec courroux atterrèrent les envoyés vénitiens : ils
sollicitèrent une seconde entrevue; mais ils ne purent faire fléchir la volonté du
général; Bonaparte persista toujours dans ses mêmes intentions : il voulait faire
la loi à Venise, et détruire par la force une aristocratie qu'il n'avait pu engager à
s'amender par ses conseils. En apprenant avec détail les massacres de Vérone, et
surtout l'odieuse cruauté commise au port du Lido, la terreur des envoyés vénitiens augmenta encore. N'osant se présenter à Bonaparte, ils hasardèrent de lui
écrire une lettre des plus soumises, pour lui offrir toutes les explications qu'il
pourrait désirer. « Je ne puis, leur répondit-il, vous recevoir tout couverts de
« sang français; je vous écouterai quand vous m'aurez livré les trois inquisiteurs
« d'Etat, le commandant du Lido et l'officier chargé de la police de Venise ! »
Cependant, comme ils avaient reçu un dernier courrier relatif à l'événement du
Lido, le général consentit à les recevoir, mais il refusa d'écouter toute proposition avant qu'on lui eût livré les têtes qu'il avait demandées. Les deux Vénitiens,

cherchant alors à user d'une puissance dont la république avait souvent tiré un utile parti, essayèrent de lui proposer une réparation pécuniaire. « Non, non, « répliqua le général irrité; quand vous couvririez cette plage d'or, tous vos tré-« sors, tous ceux du Pérou, ne pourraient payer le sang d'un seul de mes soldats[1]. »

Aussitôt après ce dernier entretien, Bonaparte fit rédiger le manifeste de déclaration de guerre, dans lequel résumant fort adroitement tous les griefs qu'il pouvait avoir contre Venise, il établissait entre eux une certaine connexité, et justifiait ainsi aux yeux de l'Europe le parti extrême qu'il allait prendre.

La constitution française ne permettait ni au Directoire, ni aux généraux, de déclarer la guerre; mais elle les autorisait à repousser les hostilités. Bonaparte, s'étayant sur cette disposition ainsi que sur les événements de Vérone et du Lido, déclara les hostilités commencées, fit abattre le lion de Saint-Marc dans toutes les provinces de terre-ferme, municipalisa les villes, proclama partout le renversement du gouvernement vénitien, et en attendant l'arrivée de ses troupes, qui revenaient de l'Autriche, il ordonna au général Kilmaine de porter les divisions Baraguay-d'Hilliers et Victor sur le bord des Lagunes. Ses ordres furent exécutés avec une telle rapidité, qu'on vit en un clin-d'œil disparaître l'antique lion de Saint-Marc des rives de l'Isonzo jusqu'à celles du Mincio; et le jour où la déclaration de guerre fut lue au sénat, on entendit gronder le canon français dans la direction de Mestre et de Fusine; c'étaient les lieutenants de Bonaparte qui venaient à la tête de leurs divisions prendre possession des cantonnements qui leur avaient été assignés. Lorsque ces dispositions furent connues à Venise et qu'on ne vit pas arriver les deux plénipotentiaires mandés près de Bonaparte, la consternation fut générale.

Cependant, par sa position insulaire, Venise pouvait présenter à l'attaque d'immenses difficultés, même pour le général qui venait d'humilier l'Autriche. Toutes les lagunes étaient armées; dans le port on comptait trente-sept galères, cent soixante-huit barques canonnières portant sept cent cinquante bouches à feu, et huit mille cinq cents matelots ou canonniers; la garnison se composait de trois mille cinq cents Italiens et onze mille Esclavons; il était en outre possible d'armer huit mille volontaires; le magasin des vivres se trouvait approvisionné pour huit mois, et les citernes pouvaient fournir de l'eau douce pendant deux mois; d'ailleurs il était facile de renouveler tous ces approvisionnements, car les Français n'étaient pas maîtres de la mer; ils ne disposaient que de quelques barques canonnières bonnes tout au plus à traverser les lagunes; pour venir attaquer Venise, ils auraient donc été obligés de s'avancer la sonde à la main, et sous le feu croisé

---

1. Dans cette situation critique, le gouvernement de Venise ne s'était pas borné à envoyer des plénipotentiaires à Bonaparte; il avait aussi chargé son ambassadeur à Paris de gagner à prix d'argent les membres du Directoire, afin qu'ils donnassent au général français des ordres propres à sauver Venise. Mais cette correspondance ayant été interceptée par Bonaparte, la corruption ne put s'accomplir; le général menaça de tout révéler, et le Directoire lui abandonna complètement le soin de terminer à son gré cette transaction.

d'innombrables batteries. Quelque braves et audacieux que fussent les vainqueurs de l'Italie, ils pouvaient être arrêtés par de pareils obstacles, et obligés de consacrer plusieurs mois aux opérations du siége : temps précieux dans cette circonstance où, les traités n'étant pas conclus avec l'Autriche, il n'eût fallu qu'un échec pour les faire rompre définitivement. Mais si la situation militaire de Venise présentait de nombreuses ressources pour repousser l'attaque, son état intérieur ne permettait pas qu'on en fît un usage énergique : l'aristocratie était divisée ; elle n'avait ni les mêmes intérêts ni les mêmes passions ; la haute aristocratie, maîtresse des places, des honneurs, et disposant de grandes richesses, avait moins d'ignorance, de préjugés et de passions que la noblesse inférieure ; elle avait surtout l'ambition du pouvoir, mais il lui manquait l'énergie nécessaire pour le conserver et le faire respecter. La masse de la noblesse, exclue des emplois, vivant de secours, ignorante et fanatique, avait les véritables préjugés aristocratiques. Unie aux prêtres, elle excitait le peuple, et celui-ci, composé de marins et d'artisans, dur, superstitieux et à demi sauvage, était prêt à se livrer à tous les excès. La classe moyenne, composée de bourgeois, de commerçants, de gens de loi, de médecins, etc., souhaitait, comme partout, l'établissement de l'égalité civile, se réjouissait de l'approche des Français, mais n'osait pas faire éclater sa joie en présence d'un peuple qu'on pouvait pousser aux plus grands excès, avant qu'une révolution fût opérée. Enfin, à tous ces éléments de division se joignaient deux circonstances non moins influentes : le gouvernement vénitien était énervé par la longue paix qu'il venait de traverser : il tremblait au nom seul des Français, et redoutait ses propres défenseurs les Esclavons, soldatesque barbare, étrangère à Venise, et souvent en hostilité avec le peuple, n'attendant qu'une occasion pour se livrer au pillage, sans chercher à servir aucun parti. D'ailleurs il ne fallait plus compter sur la terre-ferme. A la réception du manifeste de Bonaparte, elle s'était soulevée tout entière contre la métropole ; Bergame, Brescia, Bassano, Padoue, Vicence, Udine, venaient de s'ériger en république !

Quoique Venise pût résister, les grands, en possession du gouvernement, étaient effrayés d'entrer en lutte. Ils n'envisageaient qu'avec épouvante les horreurs d'un siége, les fureurs auxquelles les partis irrités ne manqueraient pas de se livrer avant le dénouement fatal ; ils redoutaient surtout de voir leurs propriétés de terre-ferme séquestrées et menacées de confiscation. Ils pensaient qu'en traitant ils pourraient du moins maintenir, à quelques modifications près, les anciennes institutions de Venise ; conserver le pouvoir, sauver leurs terres, et épargner à la ville les horreurs du sac et du pillage. En conséquence, le parti des négociations fut adopté par ces hommes, qui n'avaient ni l'énergie de leurs ancêtres, ni les passions de la masse nobiliaire. Ce fut sous l'influence de ces idées que les principaux membres du gouvernement se réunirent chez le doge : c'étaient les six conseillers de la Seigneurie, les trois présidents de la Quarantie criminelle, les sages-grands, les cinq sages de terre-ferme, les cinq sages des ordres, les onze sages sortis du conseil, les trois chefs du conseil des Dix, les trois *avogadori*. Cette assemblée extraordinaire, et contraire même aux usages, avait pour but de pourvoir au salut de Venise : l'épouvante y régnait. Le doge, vieillard affaibli par l'âge, avait les yeux remplis de larmes, et ne prononçait que des paroles incohérentes : les uns proposèrent de gagner Bonaparte à force d'argent ; on aurait ainsi complété les démarches de l'ambassadeur Querini à Paris, qui avait des ordres d'acheter, à tout prix, des voix au Directoire ; mais personne ne voulut se charger d'aller corrompre l'intraitable général ; d'autres proposèrent de se défendre. On trouva la proposition imprudente. Ce fut au milieu de toutes ces incertitudes qu'arriva le rapport des commissaires envoyés auprès de Bonaparte. Ils exposaient nettement la situation des choses ; ils disaient que le général était fermement décidé à obtenir satisfaction de la république ; qu'il exigeait des modifications importantes dans la constitution de l'État, et que peut-être là ne se borneraient pas ses prétentions. Déjà cette question de réformes avait été agitée sur une communication du ministre Lallemant au sénat ; mais elle avait été indéfiniment ajournée. Cette fois on sentit qu'il n'était plus possible de différer. On décida donc de réunir immédiatement le grand conseil, et de lui soumettre les modifications que l'on croyait convenables pour apaiser Bonaparte : « Il n'y a pas un moment à perdre, disaient les lettres de convocation ; le « péril devient chaque jour plus imminent ; la bourgeoisie conspire ; les Escla-« vons se disposent à piller la ville ; ne manquez pas d'assister à cette séance « solennelle. »

En conséquence de ces alarmes, le grand conseil fut assemblé le 1er mai ; et comme il régnait une grande fermentation dans Venise, le palais fut entouré de troupes et de canons ; les ouvriers de l'arsenal, les corps de métiers prirent les armes, et des patrouilles parcoururent les rues. Ce fut au milieu de cet appareil militaire que six cent dix-neuf patriciens, c'est-à-dire à peu près la moitié du corps de la noblesse, se réunirent pour prononcer en dernier ressort sur les destinées de la patrie. Le doge, pâle, défiguré, leur fit le tableau de la situation de la république, et ajouta qu'il paraissait nécessaire d'autoriser les deux députés à convenir avec le général Bonaparte de quelques modifications dans la forme du gouvernement. Cette proposition ayant été appuyée, on arrêta à une majorité de cinq cent quatre-vingt-dix voix, que : « Vu le malheur des circonstances et le « péril imminent de la patrie, le sénat ayant, dans sa prudence, jugé nécessaire « d'envoyer deux députés auprès du général en chef Bonaparte, pour tâcher « d'éviter la ruine dont la république et cette capitale étaient menacées, et ayant « autorisé ces deux citoyens et l'amiral des lagunes à entrer en négociation, le « grand conseil jugeait nécessaire d'étendre leurs pouvoirs jusqu'à traiter, même « sur des objets qui sont de la compétence de son autorité souveraine, sous la « réserve cependant de sa ratification. » Et afin d'atteindre plus sûrement ce but, les deux députés furent chargés de promettre au général en chef, conformément à sa demande, l'élargissement de toutes les personnes détenues à cause de leurs opinions politiques, depuis le moment où les armées françaises étaient entrées en Italie. Les deux commissaires partirent sur-le-champ, et trouvèrent Bonaparte sur le bord des lagunes, au pont de Malghera. Il disposait ses troupes à l'attaque, et déjà les artilleurs français échangeaient des boulets avec les canonnières vénitiennes. Les deux commissaires lui remirent, avec une émotion visible, la délibération du grand conseil.

« Un instant, dit M. Thiers, il parut frappé de cette détermination ; puis, repre-
« nant un ton brusque, il leur dit : Et les trois inquisiteurs d'État, et le comman-
« dant du Lido, sont-ils arrêtés ? Il me faut leurs têtes ! Point de traité jusqu'à ce
« que le sang français soit vengé. Vos lagunes ne m'effraient pas ; je les trouve
« telles que je l'avais prévu. Dans quinze jours je serai à Venise. Vos nobles ne
« se déroberont à la mort qu'en allant, comme les émigrés français, traîner leur
« misère par toute la terre ! » Il est bien évident que ces menaces, que ce langage outré, ne sortirent de la bouche de Bonaparte que pour intimider les malheureux Vénitiens, et que toute cette feinte colère n'était, en définitive, employée que pour justifier l'odieuse spoliation qu'il avait consommée avant même qu'il eût des plaintes sérieuses à adresser au gouvernement vénitien. Voici, au reste, comment M. Thiers explique et justifie la conduite du général en chef. « Les deux
« commissaires, ajoute-t-il, firent tous leurs efforts pour obtenir un délai de
« quelques jours, afin de convenir des satisfactions qu'il désirait. Il ne voulait
« accorder que vingt-quatre heures ; cependant il consentit à accorder six jours
« de suspension d'armes, pour donner aux commissaires vénitiens le temps de
« venir le rejoindre à Mantoue, avec l'adhésion du grand conseil à toutes les con-
« ditions imposées. Satisfait d'avoir jeté l'épouvante chez les Vénitiens, Bona-
« parte ne voulait pas en venir à des hostilités réelles, parce qu'il appréciait la
« difficulté d'emporter les lagunes, et qu'il prévoyait une intervention de l'Au-
« triche. Un article des préliminaires portait que tout ce qui était relatif à Venise
« serait réglé d'accord avec la France et l'Autriche. S'il y entrait de vive force,
« on se plaindrait à Vienne de la violation des préliminaires, et de toutes manières
« il lui convenait mieux de les amener à se soumettre. Satisfait de les avoir
« effrayés, il partit pour Mantoue et Milan, ne doutant pas qu'ils ne vinssent
« bientôt faire leur soumission pleine et entière. »

En effet, lorsque le rapport des commissaires eut été connu de la Seigneurie et des principaux membres du sénat, ils furent tous en proie à une sinistre frayeur ; ils ne savaient quel parti prendre ni quelle décision arrêter, et encore une fois ils se mirent sous l'égide du grand conseil. On le réunit le 4, avec le même appareil de forces qu'on avait déployé trois jours auparavant ; et après de longues discussions, on arrêta, à la majorité de sept cent quatre voix contre dix : « que le
« grand conseil, animé du désir de faire cesser les différends qui s'étaient élevés
« entre les deux républiques, autorisait ses commissaires à promettre tout ce qui

« serait nécessaire pour opérer une complète réconciliation ; qu'ils pourraient
« même stipuler des conditions relatives à la constitution de l'État, sous la réserve
« de les faire ratifier par le grand conseil ; » et pour témoigner de la loyauté des
intentions de Venise, les inquisiteurs d'État et le commandant du Lido furent
arrêtés ; alors seulement les commissaires se rendirent à Milan pour aller déposer
aux pieds de Bonaparte l'orgueilleuse constitution vénitienne.

Les six jours de trêve que Bonaparte avait accordés étaient insuffisants pour
amener à bonne fin les négociations entamées ; c'en fut assez pour jeter la consternation dans Venise ; on répandait les bruits les plus sinistres ; on annonçait à chaque instant l'arrivée des divisions françaises, et la populace, ainsi que les Esclavons, mettaient à profit cette panique pour piller et rançonner les habitants. Un instant, le sénat lui-même fut tellement épouvanté, qu'il autorisa le commandant des lagunes à capituler avec les généraux français qui se trouvaient à la tête de l'armée en l'absence de Bonaparte. On lui recommanda seulement l'indépendance de la république, la religion, la sûreté des personnes et des ambassadeurs étrangers, les propriétés publiques et privées, la Monnaie, la Banque, l'arsenal, les archives. Les généraux français se bornèrent à accorder une prolongation de trêve pour donner aux envoyés vénitiens le temps de négocier avec le général en chef.

En dehors de la populace, et sous l'influence de plus nobles sentiments, une agitation profonde se manifestait chez les hommes qui, ayant embrassé les idées réformatrices consacrées par la révolution française, voulaient enfin voir régénérées les institutions de leur pays. Ces hommes, pour la plupart jeunes, actifs, remuants et capables, entraînaient à leur suite un grand nombre de partisans. Ils avaient de fréquentes entrevues avec un des secrétaires de la légation française, M. Villetard, démocrate enthousiaste, qui, cédant soit à ses propres inspirations, soit aux instructions secrètes qu'il avait reçues de Bonaparte, ne manquait pas de les exciter à demander l'abolition radicale des anciennes institutions de Venise, et les aidait à rédiger le plan d'un nouveau système de gouvernement. Il exaltait chaque jour leur imagination, en leur représentant les grandeurs de la France républicaine, et la gloire dont cette nation rajeunie se couvrait sans cesse ; enfin il les encourageait à mettre leurs desseins à exécution, en leur promettant le concours de l'armée française. Ces conférences et ces encouragements portèrent leur fruit : assurés de l'appui de la France, puisqu'un agent de cette nation guidait toutes leurs démarches, les patriotes vénitiens étaient devenus entreprenants et s'étaient décidés, le 9 avril, à réaliser leurs projets. Ce jour-là ils se présentèrent au palais ducal, porteurs d'un mémoire dans lequel étaient exposées la situation de la république, la nécessité d'accorder une tardive satisfaction au peuple, de *démocratiser*, suivant l'expression de l'époque, toutes les anciennes institutions de Venise, et de se placer enfin sous la protection de l'armée française.

Le doge se défendit pendant plusieurs jours de recevoir une semblable communication ; mais sur les instances des patriotes, il finit par leur promettre qu'il en prendrait connaissance dans un comité spécial qui devait bientôt se réunir chez lui. La réunion eut lieu en effet ; mais la lecture du mémoire ne fit qu'accroître l'étonnement et la consternation des conseillers du doge, qui, depuis quelques jours, troublés par les graves événements qui se passaient autour d'eux, étaient hors d'état d'agir, de comprendre, et encore moins de donner des conseils. Le mémoire des patriotes leur échappa des mains, et les laissait plongés dans une morne inquiétude, lorsqu'un rapport de l'officier chargé de veiller à la sûreté publique de la ville vint leur annoncer qu'en présence de l'agitation populaire et de la mauvaise disposition des troupes esclavonnes, il lui était impossible de répondre de la tranquillité publique, si on ne lui mettait en main de nouvelles forces. Ce rapport décida immédiatement des destinées de Venise. « Il n'y a pas « un moment à perdre, dirent les conseillers du doge ; l'ennemi le plus dangereux « est dans nos murs. Si nous ne prévenons les dissensions intestines, Venise sera « infailliblement saccagée par la populace et par les Esclavons. Le conseil des « patriotes est le plus salutaire à suivre. Réunissons le grand conseil et occupons-« nous immédiatement de sauver la patrie. »

Le 12 mai, le grand conseil fut en effet convoqué pour voter l'abolition de cette antique aristocratie. Une foule immense était réunie sur la place Saint-Marc et dans les environs du palais : on y apercevait la bourgeoisie joyeuse de voir enfin le pouvoir de ses maîtres renversé ; le peuple, excité par la noblesse, prêt à se précipiter sur ceux qu'il regardait comme les instigateurs de cette révolution ; le clergé prêchant et pérorant, et les Esclavons n'attendant que le commencement des troubles pour opérer à leur profit. Dans l'intérieur du palais, le doge, troublé et tremblant, parla avec une éloquence pathétique de la situation de la patrie et proposa au grand conseil d'abdiquer sa souveraineté. Quelques orateurs se prononcèrent pour et contre cette proposition ; mais leur éloquence n'avait aucune action sur cette assemblée inquiète des événements du dehors. Un incident imprévu vint heureusement mettre fin à l'anxiété générale : tandis que la discussion se traînait ainsi péniblement, on entendit tirer des coups de fusil ; la noblesse se crut menacée d'un massacre, et aussitôt les cris « Aux voix ! aux voix ! » retentirent de toutes parts dans la salle ; les scrutins s'ouvrirent, et cinq cent douze suffrages votèrent l'abolition de l'ancien gouvernement. D'après les statuts il en aurait fallu six cents ; car dans les affaires importantes les délibérations du grand conseil n'étaient valables qu'en présence de ce nombre de votants ; il y eut encore douze suffrages contraires et cinq nuls. Pressé par les circonstances, le grand conseil passa outre, et rendit la souveraineté à la nation tout entière. Voici le texte de cet acte qui consommait la destruction du gouvernement vénitien :

« La nécessité de pourvoir au salut de la religion, de la vie et des propriétés de « tous les chers habitants de cet État, a déterminé le grand conseil à prendre les

« délibérations du 1er et du 4 de ce mois, qui donnent à ses députés près le général
« en chef de l'armée d'Italie, Bonaparte, tous les pouvoirs nécessaires pour rem-
« plir cet objet si important. Aujourd'hui, pour le salut de la religion et de tous
« les citoyens, dans l'espérance que leurs intérêts seront garantis, et, avec eux,
« ceux de la classe patricienne, et de tous les individus qui participaient aux pri-
« viléges concédés par la république; enfin, pour la sûreté du trésor et de la
« banque, le grand conseil, constant dans les principes qui ont dicté les deux
« délibérations susdites, et d'après les rapports de ses députés, adopte le système
« qui lui a été proposé, d'un gouvernement représentatif provisoire, en tant qu'il
« se trouve d'accord avec les vues du général en chef; et comme il importe qu'il
« n'y ait point d'interruption dans les soins qu'exige la sûreté publique, les di-
« verses autorités demeurent chargées d'y veiller. »

A peine cette délibération fut-elle prise, le conseil se sépara en tumulte. Les plus effrayés se réfugièrent dans leurs palais; les autres se réunirent chez le doge, et l'ancien gouvernement se trouva aboli, sans que rien lui eût été substitué. Dans le moment même où cette dispersion s'accomplissait, un signal donné de l'une des fenêtres de la salle du grand conseil annonça que tout était consommé. A cette vue, la bourgeoisie ne se contint pas de joie; mais le peuple furieux, portant l'image de saint Marc et parcourant les rues de Venise, fit entendre les plus horribles menaces et attaqua les demeures des habitants accusés d'avoir arraché cette détermination à la noblesse. Les maisons de Spada et de Zorzi furent indignement pillées et saccagées; le désordre fut porté au comble, car il n'y avait ni chefs pour diriger les mouvements populaires, ni autorités pour les contenir. Cependant un certain nombre d'habitants, intéressés à la tranquillité publique, se réunirent, mirent à leur tête un vieux général maltais nommé Salembeni, qui avait été longtemps persécuté par l'inquisition d'État, et fondirent sur les perturbateurs. Après plusieurs rencontres, et un combat sanglant livré sur le pont de Rialto, ils les dispersèrent et rétablirent l'ordre. Les Esclavons furent ensuite embarqués et renvoyés.

Ainsi périt, victime de l'ineptie de ses principaux chefs, de la perfide habileté de Bonaparte, une république qui avait jeté tant d'éclat au moyen âge, et qui pendant plusieurs siècles avait garanti l'Europe de la barbarie des Musulmans. Les patriciens de Venise s'étaient endormis sur leurs chaises curules : leurs idées, leurs connaissances, leur politique, étaient exactement celles de leurs bisaïeuls; aussi leur crime n'est pas de s'être laissé entraîner dans l'immense tourbillon qui dévorait les royaumes et les empires, mais d'avoir succombé sans l'ombre de gloire. Lorsque les troupes françaises occupèrent la forteresse de Peschiera, les bastions s'écroulaient de vétusté, les canons étaient sans affûts; il y avait pour toute garnison quelques invalides et pour tout approvisionnement une centaine de livres de poudre! C'était là la véritable image du gouvernement vénitien. On peut dire, en effet, que lorsque Venise acheva de tomber, elle était morte depuis longtemps.

Mais son gouvernement mit à garder ce cadavre la même vigilance qu'il avait mise à veiller sur elle dans la bonne fortune. Depuis la fin du XVII° siècle, elle gisait sur son lit de parade, et pour cacher ce grand secret d'État, ce n'était pas trop de ses *Dix*, de ses *Trois*, de ses *correcteurs*, de ses *plombs* et de ses *puits!* Les premiers qui franchirent hardiment cette enceinte, qui soulevèrent les voiles qui cachaient son existence au monde, ne trouvèrent dans ce mystère qu'un fantôme. En acceptant l'espèce de liberté que lui offraient les Français, liberté, hélas! qui fut de bien courte durée, Venise ne remarqua pas qu'elle sortait désormais de la série des souverains pour devenir en quelque sorte dépendante d'un autre pays et subir ses destinées. Quelques historiens nationaux ont avancé que si l'aristocratie vénitienne s'était défendue, elle eût repris sa puissance après le cours de la tempête et qu'elle l'aurait encore aujourd'hui ; nous adoptons complétement la première partie de cette proposition. Le récit exact que nous avons fait des événements et de la situation de l'armée française ainsi que des dispositions de son général, confirme pleinement cette opinion : quant à la seconde, relative au plus ou moins de durée du gouvernement de Venise, nous ne serons pas si explicites : il nous semble qu'il eût été bien difficile qu'un gouvernement ainsi constitué se maintînt au milieu des violentes commotions qui, pendant les quinze premières années de ce siècle, ont agité l'Europe !

Pour maintenir la tranquillité dans Venise, on institua une municipalité provisoire composée de soixante membres, dont dix seulement étaient patriciens. Dandolo, l'un des rares hommes de mérite que Bonaparte déclara avoir rencontrés en Italie, en fut déclaré le chef; on envoya ensuite la flottille au delà des lagunes pour transporter dans la capitale une division française d'à peu près trois mille hommes. Les Français, sous les ordres du général Baraguay-d'Hilliers, débarquèrent sur la place Saint-Marc, tambour battant et enseignes déployées, comme s'ils fussent entrés dans une ville amie. La plus grande partie du peuple les accueillit avec joie; la minorité protesta par son silence contre cette prise de possession, mais c'était trop tard. Ainsi, sans se compromettre avec l'Autriche, sans se donner les énormes embarras d'un siége, Bonaparte en était venu à ses fins. Il avait renversé l'aristocratie vénitienne, et avait placé la république dans la même situation que la Lombardie, le Modénois, le Bolonais, le Ferrarais ; maintenant il pouvait, sans aucun obstacle, faire tous les arrangements de territoire qui lui paraîtraient convenables. En cédant à l'Empereur toute la terre-ferme qui s'étend de l'Isonzo à l'Oglio, il lui était facile d'indemniser Venise au moyen de Bologne, de Ferrare et de la Romagne, qui faisaient actuellement partie de la Cisalpine; restaient ensuite le duché de Modène et la Lombardie, dont on pouvait composer une seconde république, alliée de la première. Il avait encore mieux à faire, c'était de réunir toutes les provinces affranchies par les armes françaises, et de composer avec la Lombardie, le Modénois, le Bolonais, le Ferrarais, la Romagne, la Polésine, Venise et les îles de la Grèce, une puissante république qui aurait dominé à la fois le continent et les mers de l'Italie. C'est la pensée qu'il réalisa plus tard, sous une autre forme.

Le jour même où les troupes françaises entraient à Venise, les envoyés vénitiens assistés du résident français se trouvaient à Milan auprès du général Bonaparte et signaient le traité qui consacrait à la fois l'abolition de l'ancien gouvernement et stipulait quelques conditions insignifiantes relatives aux mesures à prendre pour la constitution d'un nouveau gouvernement, et la protection qui devait lui être accordée pour assurer son existence. Nous reproduisons ici les principales clauses de ce traité :

« Le grand conseil, renonçant aux droits héréditaires de l'aristocratie, abdique
« la souveraineté, et reconnaît qu'elle réside dans la réunion des citoyens. Il y
« met seulement cette condition, que le nouveau gouvernement garantira la dette
« publique, les pensions viagères, et les secours accordés aux nobles pauvres.

« La république française, sur la demande qui lui en a été faite, voulant con-
« tribuer, autant qu'il est en elle, à la tranquillité de la ville de Venise, et au
« bonheur de ses habitants, accorde une division de troupes françaises pour y
« maintenir l'ordre et la sûreté des personnes et des propriétés.

« La station des troupes françaises à Venise n'ayant pour but que la protection
« des citoyens, elles doivent se retirer aussitôt que le nouveau gouvernement sera
« établi et qu'il déclarera n'avoir plus besoin de leur assistance. Les autres divi-
« sions de l'armée française évacueront également toutes les parties du territoire
« vénitien dans la terre-ferme, lors de la conclusion de la paix générale. Le pre-
« mier soin du gouvernement provisoire sera de faire terminer le procès des
« inquisiteurs et du commandant du fort du Lido. Le directoire exécutif, de
« son côté, par l'organe du général en chef de l'armée, accorde pardon et am-
« nistie générale pour tous les autres Vénitiens qui seraient accusés d'avoir pris
« part à toute conspiration contre l'armée française, et tous les prisonniers seront
« mis en liberté après la ratification. »

La rédaction de cet acte humiliant annonçait assez la position désespérée des négociateurs vénitiens. On y stipulait la dissolution du gouvernement de Venise, avec lequel on traitait. On ne réglait nullement ce qui devait être mis à la place; et la France agissant comme souveraine, accordait aux sujets vénitiens pardon et amnistie! Ce traité ne déterminait en outre ni les forces de la nouvelle république de Venise, ni le territoire qu'elle devait conserver, ni ses rapports avec les autres États; enfin, cette capitale, où il y avait déjà une armée de quatorze mille hommes, devait recevoir une division française à titre de protection! Ce n'était pas un traité; c'était une honteuse capitulation, d'autant plus honteuse qu'on n'avait pas combattu. Au reste, l'occupation de Venise avait été le principal but de Bonaparte, et il mit tout en œuvre pour y parvenir. Aussi, le ministre des relations extérieures, en accusant au général la réception de cette convention, le félicitait-il de ce nouveau succès diplomatique et des moyens qu'elle mettait dans ses mains pour arriver au résultat de la grande négociation avec l'Autriche. Aux articles patents du traité de Milan étaient joints cinq articles secrets : par le premier il était convenu que les deux républiques s'entendraient entre elles pour des échanges de territoire ; ce qui laissait les Vénitiens dans une triste incertitude. Le second et le troisième article portaient une contribution de six millions, dont trois en argent et trois en munitions navales. Le quatrième obligeait les Vénitiens à céder trois vaisseaux de guerre et deux frégates armés et équipés. Le cinquième prescrivait la remise de vingt tableaux et de cinq cents manuscrits qui seraient ultérieurement désignés par les commissaires français. Tous ces articles furent signés le 16 mai 1797.

Les articles secrets relatifs aux trois millions en munitions navales et aux trois vaisseaux et deux frégates qu'on devait livrer à la France, étaient un moyen de s'emparer de la marine vénitienne. Bonaparte, dont la prévoyance se portait sur tous les objets à la fois, ne voulait pas que les officiers de la marine, ou les commandants des places maritimes, mécontents de la révolution, livrassent aux Anglais les vaisseaux et les îles qui étaient sous leur commandement. Il tenait surtout aux îles Ioniennes, qui commandent l'entrée de l'Adriatique, et qui auraient été un admirable poste avancé dans le cas d'une guerre avec la Turquie. Sur-le-champ il donna des ordres pour les faire occuper [1]. Il réunit la petite flottille qu'il avait dans l'Adriatique aux vaisseaux trouvés dans Venise, mêla les équipages vénitiens aux équipages français, plaça à bord deux mille hommes de troupes, et les fit partir sur-le-champ pour s'emparer des îles. Il s'assurait ainsi d'une position qui, devenant tous les jours plus imposante, devait influer singulièrement sur les négociations définitives avec l'Autriche.

Les premiers jours qui suivirent la dissolution de cette antique aristocratie, furent marqués par les démonstrations les plus vives en faveur du nouvel ordre

---

1. La conquête des îles Ioniennes se fit sous la direction de l'amiral Brueys ; mais les Turcs et les Russes s'étant ligués ensemble contre la France, parvinrent bientôt après à chasser les Français, non-seulement de ces îles, mais encore des divers postes qu'ils occupaient en Dalmatie. En 1798, la garnison française de Prevesa, composée de quatre cents hommes, soutint courageusement l'attaque de onze mille Turcs ; mais forcée de céder devant ce grand nombre d'ennemis, elle ouvrit les portes de la ville et fut entièrement massacrée. En 1799, une flotte turco-russe se présenta devant Corfou, dont la garnison était peu considérable, et au moyen de secrètes intelligences établies dans la place, elle put facilement s'en emparer. Les autres îles de l'Archipel subirent le sort de Corfou. Les Russes les constituèrent en un État indépendant, sous le nom de *République des sept îles unies* et les placèrent sous leur protection et celle de la Porte. Le traité de Tilsitt (1807) les rendit à la France. Napoléon y fit ajouter d'importantes fortifications, et y entretint une garnison jusqu'en 1814. Depuis cette époque cet archipel forme de nouveau un État libre, sous la dénomination d'*États unis des îles Ioniennes*, et est placée sous la protection exclusive de la Grande-Bretagne. La république des îles Ioniennes avec deux cent mille habitants, un revenu public de trois millions de francs, et une milice nationale de quatre à cinq mille hommes, ne pourrait maintenir son indépendance ; mais l'Angleterre y entretient environ deux mille quatre cents hommes de troupes, et quelques frégates y viennent souvent montrer le pavillon britannique. On assure que le gouvernement anglais dépense jusqu'à cinquante mille livres sterling par an à l'entretien des fortifications et pour la solde des troupes qui ne sont pas à la charge des insulaires. À ce prix il tient les clefs de la mer Adriatique et surveille l'Archipel.

de choses : le 25 mai, la municipalité provisoire de Venise ordonna la démolition des fameuses prisons de l'inquisition d'État. Ces prisons, maintenues jusqu'aux derniers jours de la république, n'étaient plus, il faut le dire, qu'un épouvantail; car lorsque les libérateurs y pénétrèrent, ils n'y trouvèrent qu'un seul prisonnier, qui, à la vérité, y était détenu depuis seize ans. Le registre des écrous pour crimes d'État ayant été ouvert, on reconnut que le nombre des condamnés ne s'était élevé qu'à quatorze, depuis le commencement du XVIIIe siècle. On rendit la liberté au prisonnier solitaire, qui resta plusieurs jours sans comprendre les événements qui venaient de s'accomplir ; on visita ensuite les divers étages des puits, et partout on trouva des instruments de torture. Les malheureux qui avaient habité ces affreux cachots, y avaient laissé aussi des traces nombreuses de leur séjour : c'étaient des croix, des chiffres, des signes cabalistiques, des vers, des sentences, à demi effacés par le temps et l'humidité. Quelques-uns de ces détenus paraissaient avoir été coupables envers le clergé, d'autres avoir fait partie de ce corps; c'est ce qu'indiquaient non-seulement leurs signatures, mais encore les églises et les cloches griffonnées par eux sur les murs. La plupart des inscriptions qu'on put y déchiffrer, exprimaient la terreur, le repentir, la crainte d'un châtiment plus sévère, ou le désespoir! Après avoir fait combler tous ces cachots, on plaça à l'étage supérieur l'inscription suivante : *Prisons de la barbarie aristocratique triumvirale, démolies par la municipalité provisoire de Venise, an premier de la liberté italienne.* La même municipalité fit brûler au milieu de la place Saint-Marc le *livre d'or*, la *corne ducale* et tous les autres attributs de cette dignité; les cendres de ces divers objets furent jetées au vent; on planta dans les principaux quartiers de la ville des arbres de liberté, et sur le livre que le lion de Saint-Marc tient entre ses griffes, on remplaça l'ancienne inscription : *Pax tibi, Marce evangelista meus*, par celle-ci : *Droits de l'homme et du citoyen* ; ce qui fit dire à un gondolier « que le lion de Saint-Marc avait enfin « tourné la page ! » A l'instar des principales villes de France, il se forma à Venise des clubs révolutionnaires qui prétendirent tout régler, tout diriger et tout réformer : on y rédigeait des listes de proscription, l'on y prononçait la confiscation des biens, des personnes suspectes, et l'on y proposait chaque jour de nouvelles constitutions. De son côté, la municipalité, qui n'était investie d'aucun titre définitif, et qui n'avait aucune attribution précise, se mit à faire des lois et affecta de se croire le centre du gouvernement des anciens États de la république; elle voulut envoyer des agents dans les provinces de terre-ferme, pour y faire reconnaître sa suprématie; mais là le système républicain se trouvait déjà établi, l'autorité y avait acquis une certaine consistance, et les ordres des municipaux vénitiens y furent complétement méconnus. Pour comble d'humiliation, Chiozza et Palestrine, ces deux faubourgs de Venise, qui devaient tout à cette métropole, refusèrent de reconnaître la nouvelle municipalité. Ce n'était partout que confusion et anarchie. La plupart des nobles, tous les anciens fonctionnaires, avaient quitté la malheureuse Venise, et il ne restait plus assez d'hommes habitués aux affaires pour diriger les intérêts généraux. Le déficit existait dans toutes les caisses, et il fallut recourir aux emprunts forcés pour subvenir aux dépenses urgentes que la présence de l'armée française décuplait.

Cet état de choses dura jusqu'au mois d'octobre, et pendant ce temps une secrète inquiétude glaça tous les cœurs. Les patriotes seuls ne perdaient pas espoir ; on connaissait vaguement les dispositions de Bonaparte ; on savait qu'il voulait démembrer la république, mais aussi il avait fait espérer, dans les conférences de Milan, que si la république de Venise adoptait les principes démocratiques de la France, il réunirait à son territoire les Ferrarais, la Romagne, peut-être même le port d'Ancône. Les patriotes vénitiens avaient ajouté foi à ses paroles ; aussi se montraient-ils pleins d'ardeur pour organiser les nouvelles administrations et régénérer leur pays; les partisans de l'ancien ordre de choses tournaient, au contraire, leurs vœux vers l'Autriche ; ils la faisaient solliciter par les membres les plus illustres de l'émigration ; mais cette puissance était trop habile pour rien compromettre par une indiscrétion, et ne répondit aux vœux qui lui étaient adressés que par d'insignifiantes promesses. Enfin, le 19 octobre, toutes les incertitudes, toutes les illusions disparurent ; on connaissait déjà à Venise les principales clauses du traité qui venait d'être signé, le 17, à Campo-Formio. « Bonaparte, disent ses panégyristes, avait résolu de sacrifier Venise ; cet État « ne lui inspirait plus que de l'indifférence et du mépris. Il voyait les Vénitiens, « sans force et sans énergie, divisés entre eux et n'accepter qu'avec froideur le « système politique qu'il avait voulu leur imposer, et il se décida à livrer Venise « à l'Autriche, à condition que l'Autriche renonçant à la limite de l'Oglio, stipulée « par les préliminaires de Léoben, rétrograderait jusqu'à l'Adige. L'État de Venise « était d'ailleurs le seul territoire qu'on pût offrir à titre de compensation et « de dédommagement ; il fut donc partagé entre la France, l'Autriche et la Cisal-« pine : Bonaparte l'avait établi en république démocratique pour l'intérêt de la « France ; il l'immola à celui de la paix. » En tronquant les dates, il est facile de faire de pareils raisonnements ; mais Bonaparte avait disposé de Venise longtemps avant qu'il eût des plaintes sérieuses à lui adresser ; les préliminaires de Léoben en font foi. Et d'ailleurs jamais Bonaparte n'eut la ferme intention de faire de Venise une république démocratique ; il l'immola dès le principe, parce qu'il la vit faible et isolée. Quoi qu'il en soit, voici les trois articles du traité de Campo-Formio qui déterminent ce partage d'une manière positive.

« Art. 5. L'empereur d'Autriche consent à ce que la république française possède en toute souveraineté les îles ci-devant vénitiennes du Levant, savoir : Corfou, Zante, Céphalonie, Sainte-Maure, Cérigo et autres îles en dépendant, ainsi que Dutrinto, Larta, Vonitza, et en général tous les établissements ci-devant vénitiens en Albanie, qui sont situés plus bas que le golfe de Lutrino.

« Art. 6. La république française consent à ce que S. M. l'empereur et roi possède en toute souveraineté et propriété les pays ci-dessous désignés, savoir : l'Istrie, la Lombardie, les îles ci-devant vénitiennes de l'Adriatique, les bouches de Cattaro, la ville de Venise, les lagunes et les pays compris entre les États héréditaires de S. M. l'empereur et roi, et une ligne qui partira du Tyrol, traversera le lac de Garde, ensuite l'Adige, suivra la rive gauche de ce fleuve jusqu'à Porto-Legnago, et viendra joindre la rive gauche du Pô, qu'elle suivra jusqu'à la mer.

Art. 8. La république cisalpine comprendra la ci-devant Lombardie autrichienne, le Bergamasque, le Brescian, le Crémasque, la ville et forteresse de Mantoue, le Mantouan, Peschiera, la partie des États ci-devant vénitiens à l'ouest et au sud de la ligne désignée dans l'art. 6. »

Le traité de Campo-Formio fut signé le 17 octobre 1797.

La consternation fut profonde parmi les patriotes, lorsqu'ils connurent officiellement les clauses du traité de Campo-Formio ; ils exhalèrent contre le vainqueur qui les sacrifiait des imprécations véhémentes et bien naturelles. La municipalité de Venise pensa un instant à s'opposer par les armes aux dispositions du traité qui concernaient Venise ; Dandolo fit prononcer le peuple sur la question de savoir s'il voulait maintenir sa liberté. Le peuple prêta serment et jura de vivre libre ou de mourir. En conséquence d'énergiques représentations furent adressées à Bonaparte sur l'acte arbitraire qu'il venait d'accomplir ; le secrétaire Villetard, qui avait contribué de la meilleure foi du monde à opérer dans Venise la révolution démocratique, considérant son honneur engagé dans cette circonstance, crut devoir ajouter ses propres observations à celles des patriotes vénitiens. Mais ni les uns ni les autres ne purent faire fléchir la volonté du général ; voici la réponse qu'il leur adressa : « Je ne comprends rien à ces protestations ; elles « sont aussi intempestives qu'inconvenantes. La nation vénitienne n'existe pas ! « Divisé en autant d'intérêts qu'il y a de villes, efféminé et corrompu, aussi « lâche qu'hypocrite, le peuple vénitien est peu fait pour la liberté !... s'il a la « vertu pour l'acquérir, eh bien ! qu'il la défende ! il n'a pas eu le courage de la « conquérir sur quelques oligarques... La république française ne peut pas donner « les États vénitiens, parce qu'il n'est pas dans les principes du gouvernement de « donner aucun peuple... Si les armes de la république continuaient à être heu- « reuses contre une puissance qui a été le nerf et le coffre de toutes les coalitions, « peut-être Venise aurait pu par la suite être réunie à la Cisalpine ; mais je vois « que ce sont des lâches. Eh bien ! qu'ils fuient, je n'ai pas besoin d'eux. »

Cette lettre insultante, qui ne contenait que des injures et pas une seule bonne raison, consacrait l'une des plus odieuses violations du droit des gens que l'histoire ait mentionnées, et ne laissait aucune espérance aux patriotes vénitiens ; ils essayèrent de se rallier à la Cisalpine ; mais ils furent dédaigneusement repoussés.

Convaincue dès lors que toute résistance serait désormais impossible, la municipalité de Venise se déclara dissoute; mais en se retirant, les membres qui la composaient firent entendre d'énergiques protestations. Ainsi, une aristocratie de dix siècles tomba sans honneur, une démocratie de quelques jours essaya de laver cette honte, et ne put y parvenir; car ce fut encore un membre du patriciat, le procurateur François Pesaro, qui se présenta comme commissaire impérial pour prendre possession de la nouvelle province autrichienne, et l'ancien doge tomba évanoui au moment où il prêtait entre ses mains serment d'obéissance [1]; celui-ci racheta du moins sa lâcheté par l'excès de sa douleur; tandis que Pesaro ajouta l'ignominie à l'humiliation de sa patrie!

C'est ainsi que fut étouffée la nationalité vénitienne. Après le traité de Milan, Venise pouvait encore se croire indépendante et libre; le traité de Campo-Formio ne lui laissait aucune illusion! La conduite de Bonaparte fut hautement blâmée au sein des assemblées législatives de France; cet ignoble trafic d'une nation qu'on n'avait pas vaincue, mais abusée, trahie, excitait l'indignation de quelques hommes généreux qui étaient restés fidèles aux principes de 89. « Eh quoi! « disaient-ils, c'est la France qui, après avoir fait une sanglante révolution « pour affranchir les peuples de la tyrannie des rois, vend au despotisme une « république qui avait atteint de si hautes destinées et à qui l'Europe était « redevable de tant de bienfaits! ses institutions étaient surannées, odieuses, si « l'on veut; mais elles avaient été détruites, et sa régénération commençait sous « nos auspices! Était-ce pour la punir de ses actes coupables envers l'armée fran- « çaise? mais l'armée n'avait-elle pas eu les premiers torts en violant son terri- « toire! Était-ce simplement pour accorder une indemnité à l'Autriche? mais quelle « indemnité devions-nous à l'Empire, lui qui avait soulevé contre la France toutes « les puissances du Nord! D'ailleurs nos armées n'étaient-elles pas victorieuses « sur tous les points; et nulle part les vainqueurs ne doivent des indemnités aux « vaincus. » En effet, si Bonaparte eût voulu combiner ses opérations avec celles de l'armée du Rhin, s'il eût voulu temporiser un peu, il aurait pu sans concessions obtenir le même résultat. Biot, dans un discours qu'il prononça au conseil des Cinq-Cents, soutint que la cession de Venise et de la Dalmatie aux Autrichiens occasionnerait la ruine de la France en Italie; c'était en effet leur donner un ascendant immense sur les destinées de la péninsule. Quoi qu'il en soit de toutes ces récriminations, des considérations politiques d'un autre ordre prévalurent, et le traité de Campo-Formio fut ratifié.

Avant de livrer Venise aux Autrichiens, les Français s'emparèrent des principaux approvisionnements de l'arsenal; ils détruisirent le *Bucentaure*; ils enlevèrent au palais ducal ses manuscrits les plus précieux, des tableaux, des statues;

---

1. Le doge Manini fut dépouillé comme Faliero de l'honneur d'avoir son portrait appendu dans la salle du grand conseil, à la suite de ceux de ses devanciers. N'avait-il pas, lui aussi, trahi son pays par sa faiblesse et sa pusillanimité?

ils dépouillèrent le portique de Saint-Marc des chevaux que Dandolo avait conquis autrefois à Constantinople; le lion de Saint-Marc fut aussi arraché de sa colonne, et tous ces objets d'art, de science et de gloire furent expédiés sur Toulon[1]. Après ces actes de spoliation, dernier outrage qu'ils pussent faire à la république, les Français évacuèrent Venise le 18 janvier 1798; les Autrichiens en prirent possession le même jour, et François II, empereur des Romains, ajouta à ses titres celui de duc de Venise.

Voilà quelle fut la dernière phase du renversement de la république de Venise. Nous allons maintenant raconter l'existence de cet État sous la domination de l'étranger.

1. Le lion de Saint-Marc remonta, en 1814, sur sa colonne; mais, dans son voyage aux Invalides, il perdit l'Évangile que soutenait une de ses griffes. Insignifiant sous le rapport de l'art, il était à Venise un emblème national et public de l'ancienne puissance de la république. Sacré sur la place Saint-Marc, à l'esplanade des Invalides il n'était qu'une marque superflue du courage de nos soldats, moins noble que tous ces drapeaux déchirés pris sur le champ de bataille, et suspendus aux voûtes de l'église. Les quatre chevaux, dits de Corinthe, allèrent aussi reprendre la place d'où ils avaient été enlevés, et sont, comme autrefois, à demi cachés sous le portique de l'église Saint-Marc. Leur histoire, après bien des discussions, est enfin établie sur des renseignements satisfaisants. Les décisions et les doutes d'Érizzo, de Zanetti, et dernièrement du comte Léopold Cicognara, tendaient à leur donner une origine romaine, et à les faire remonter jusqu'au temps de Néron; mais M. de Schlegel survint pour apprendre aux Vénitiens la valeur de leur trésor; et un Grec, M. Mustoxidi, a démontré que ces chevaux sont grecs; qu'ils ont été fondus dans l'île de Chio, et qu'ils furent portés à Constantinople dans le v⁵ siècle, par ordre de Théodose. Le métal, analysé à Paris, fut reconnu de cuivre pur au lieu d'airain de Corinthe, comme on le disait et comme il était naturel de le croire.

CHAPITRE XX.

VENISE SOUS LA DOMINATION FRANÇAISE ET AUTRICHIENNE
RÉVOLUTION DE 1848.

(1798-1849.)

Premières années du gouvernement autrichien. — Bataille d'Austerlitz et traité de Presbourg. — Les provinces vénitiennes sont annexées au royaume d'Italie. — Administration du prince Eugène. — Napoléon visite Venise. — Événements de 1814. — Les provinces vénitiennes passent de nouveau sous la domination autrichienne. — Système politique qui les régit. — Situation matérielle. — État actuel des villes et lieux les plus remarquables des environs de Venise. — Révolution de 1848. — Les Autrichiens sont chassés de Venise. — Formation d'une république démocratique. — Le président Manin. — Les Autrichiens prennent l'offensive. — Siége de Venise. — Capitulation.

'AUTRICHE devenue maîtresse de Venise, y déploya toutes les rigueurs de son système politique. L'inquisition d'État, qui avait été renversée sous l'influence française, y fut rétablie et s'étendit sur tous les actes des citoyens ; le patriciat, la haute bourgeoisie, tous les hommes enfin qui, par leur capacité et leur expérience des affaires, auraient pu rendre de véritables services au pays, furent impitoyablement écartés des emplois. A la police, dans les douanes, aux finances, on ne voyait que des sujets autrichiens; et tous ces hommes étrangers avaient pour mission d'exploiter rigoureusement les ressources du pays, et de comprimer par la force toutes les manifestations patriotiques. Cette froide rigueur ne fut pas un seul instant tempérée par la liberté d'action que l'ancien gouvernement se plaisait à accorder au peuple à certaines époques de l'année. Toutes les fêtes nationales furent sévèrement interdites par les administrateurs autrichiens; le carnaval lui-même, qui était pour les Vénitiens comme une seconde vie, ne put pas donner cours à ses joyeux ébats. Les habitants riches, ceux dont la fortune pouvait facilement être réalisée, émigrèrent en Suisse, en Italie, en France, en Angleterre même, afin de se soustraire à l'action de ce *sceptre boréal* si détesté des Italiens; et l'Autriche sans tenir aucun compte de ces émigrations et du deuil qui pesait

sur la malheureuse Venise, ne faisait que redoubler ses rigueurs, ne s'occupait qu'à lui enlever ses richesses, qu'à lui arracher les derniers lambeaux de son commerce, pour en doter le port de Trieste, qu'elle tenait surtout à favoriser à cause de sa position continentale et de son voisinage du centre des États autrichiens.

Pendant toute cette période, Venise ne fut le théâtre d'aucun événement important; ses provinces de terre-ferme fournissaient à ses nouveaux maîtres des recrues pour reconstituer le personnel de leurs armées, comme aussi des ressources de toute espèce pour leur matériel délabré. L'Autriche, à cette époque, avait appelé à son secours les hordes moscovites, et s'apprêtait à rompre les traités, afin de renverser tous les gouvernements populaires formés en Italie sous la protection de la France, gouvernements qui gênaient ses tendances despotiques : c'est ce qu'on a appelé la *coalition de* 1799, coalition qui était principalement dirigée contre la France, et dans laquelle entrèrent l'Angleterre et la Turquie. Le général russe Souwarow franchit en effet les Alpes à la tête de soixante mille Russes, et prit le commandement en chef de toutes les troupes autrichiennes qui se trouvaient déjà en Italie, et qu'il combina avec les siennes. Une suite non interrompue de désastres obligea les Français d'abandonner toutes leurs conquêtes; enfin la bataille de Novi et la mort de Joubert (15 août 1799), leur ferma définitivement l'Italie, et ne leur permit plus de tenir la campagne. Les victoires des Austro-Russes et la retraite des Français entraînèrent, ainsi qu'on l'avait prévu, la chute de toutes les républiques italiennes. Il ne restait plus sous la protection de la France qu'Ancône et la Ligurie. Ancône, courageusement défendue par le général Meunier contre une armée de Russes, de Turcs, d'Autrichiens, capitula à des conditions honorables; après des prodiges de valeur, le vainqueur de Zurich, Masséna, rendit Gênes aux Anglais et aux Autrichiens, mais il imposa la loi aux vainqueurs, et ce fut par une convention qu'il leur abandonna une ville qu'il ne pouvait plus défendre.

De retour de l'Egypte et élevé soudainement à la dignité de premier consul, Bonaparte porta aussitôt ses regards sur l'Italie, que le Directoire avait si facilement abandonnée, et il en médita de nouveau la conquête. Il réunit en Bourgogne et dans le Dauphiné une armée de soixante mille hommes; de là, trompant l'attente des Autrichiens, il franchit le Saint-Bernard et se dirige vers les plaines de la Lombardie, ou plutôt sur Milan. Une fois installé dans cette capitale, Bonaparte disposa toutes ses manœuvres pour arriver à une bataille décisive; elle eut lieu, en effet (14 juin 1800), aux environs du petit village de Marengo, situé près du confluent du Fontanone et du Tanaro, sur la grande route d'Alexandrie à Plaisance. Cette bataille fut une grande victoire; elle détruisit toutes les espérances de l'ennemi et amena le traité de Lunéville, qui constitua l'Italie sur des bases beaucoup plus avantageuses pour la France que ne l'avait fait le traité de Campo-Formio. L'Autriche continuait d'avoir l'Adige pour limite, mais la Toscane lui était enlevée et donnée à une maison dépendante de la France ; les Anglais étaient exclus de Livourne ; toute la vallée du Pô, depuis la Sesia et le Tanaro jusqu'à l'Adriatique, appartenait à la république cisalpine, fille dévouée à la république française ; le Piémont enfin, confiné aux sources du Pô, dépendait de la France. Ainsi, maîtres de la Toscane et de la Cisalpine, nous occupions toute l'Italie centrale, et nous empêchions les Autrichiens de donner la main au Piémont, au Saint-Siège et à Naples.

Tous ces événements, qui nécessairement influèrent sur l'existence de Venise, s'accomplirent hors de son territoire, et elle n'y prit qu'une part très-indirecte. Nous avons dû néanmoins les indiquer, pour constater quelles pouvaient être les préoccupations de l'Autriche dès qu'elle se trouva maîtresse de l'ancienne république. Elle ne songeait qu'à réparer ses pertes et à effacer les clauses du traité de Campo-Formio ; elle ne demandait donc à ces provinces que des hommes et des approvisionnements pour faire la guerre ; tout le reste lui était indifférent. Voici cependant un événement tout pacifique auquel elle prit une vive part, et dont Venise fut le théâtre accidentel. Pie VI venait de mourir en France (1799), prisonnier du Directoire, et Rome, tour à tour au pouvoir des Français et des Napolitains, n'offrait aucune sécurité aux cardinaux pour procéder à l'élection d'un nouveau pontife ; ils résolurent donc de tenir leur conclave à Venise, la seule ville d'Italie qui fût alors tranquille. Trente-cinq cardinaux s'y rendirent, et procédèrent immédiatement aux nombreuses et délicates opérations qui précèdent cette élection ; comme toujours, le conclave se divisa en divers partis : l'Autriche employa toutes les ressources de sa diplomatie pour écarter les candidats qui pouvaient avoir quelque sympathie pour la France, mais ses efforts furent déjoués par l'habileté des manœuvres du cardinal Maury, qui disposait de six voix. Ce prélat parvint par son influence à faire élever au pontificat le cardinal Chiaramonte, connu sous le nom de Pie VII. La cour de Vienne se montra si contrariée de cette élection, qu'elle ne voulut pas permettre que le nouveau pontife fût couronné à Saint-Marc, et obligea tous les membres du conclave à se disperser immédiatement.

Au mois de janvier 1802, les députés de la Cisalpine réunis en consulte à Lyon, ayant proclamé le premier consul Bonaparte président de cette république, elle prit le nom de *république italienne*, et reçut une nouvelle constitution qui dura deux ans à peine ; car, en 1804, le premier consul ayant été proclamé empereur des Français, la république subit les changements que la France avait acceptés. Napoléon joignit à son titre d'empereur celui de roi d'Italie, et alla ceindre à Monza la couronne de fer. Il nomma ensuite son fils adoptif vice-roi d'Italie, et annexa à ce royaume la république ligurienne. Inquiète des agrandissements continuels de la France, excitée d'ailleurs par l'Angleterre, l'Autriche résolut de recourir aux armes pour abattre, s'il était possible, la prépondérance que Napoléon prenait chaque jour dans les destinées de l'Europe. Elle choisit pour cette levée de boucliers le moment où l'armée réunie sur la côte du Pas-de-Calais s'apprêtait à franchir le détroit et opérer ensuite une descente en Angleterre. Soudoyée par le gouvernement britannique, l'Autriche parvint à faire des levées considérables, mit toutes ses provinces en armes, et par ses immenses préparatifs força Napoléon à renoncer à son expédition maritime, pour entreprendre une guerre continentale. Napoléon surprit l'Autriche par la rapidité de ses dispositions : en moins de quarante jours, il avait jeté deux armées, l'une sur les bords du Danube, l'autre sur les bords de l'Adige et du Mincio. Cette fois le territoire vénitien supporta une partie de la lutte.

Masséna avait reçu le commandement supérieur des troupes qui devaient opérer en Italie : on s'était en même temps assuré de la neutralité du royaume de Naples, neutralité qui du reste fut fort mal observée ; n'importe, Masséna n'eut pas à se préoccuper de ses derrières, et immédiatement il marcha contre les Autrichiens (17 octobre 1805). Il avait devant lui l'un de leurs généraux les plus habiles, l'archiduc Charles, qui connaissait parfaitement le terrain. Un tel antagoniste exigeait donc que Masséna fît usage de la plus grande circonspection et déployât tout son talent, pour s'assurer la victoire, car son armée était de beaucoup inférieure à celle de l'ennemi : il disposait de cinquante-cinq mille hommes ; les Autrichiens en avaient quatre-vingt mille. Le 18 octobre, il franchit l'Adige ; mais avant de prendre définitivement l'offensive, il voulut avoir des nouvelles de la grande armée. Ces nouvelles étaient favorables : il apprit que les Autrichiens, après avoir été battus à Memmingen et à Elchingen, venaient de capituler à Ulm ; il porte aussitôt ses divisions dans la plaine de Saint-Michel, située entre la place de Vérone et le camp retranché de Caldiera, où se tenaient les ennemis, avec le projet bien arrêté de s'emparer de ce camp formidable. De son côté, l'archiduc, informé des succès extraordinaires de la grande armée française, et présumant qu'il serait bientôt obligé de rétrograder pour venir au secours de Vienne, ne crut pas devoir céder le terrain en vaincu. Il voulait remporter un avantage décisif qui lui permît de se retirer tranquillement et de prendre la route qui conviendrait le mieux à la situation générale des coalisés. La savante tactique de Masséna, le sang-froid avec lequel il présida à toutes les phases de la bataille, déjouèrent les projets de l'archiduc ; celui-ci fut culbuté sur tous les points, et réduit à abandonner la forte position de Caldiero, après avoir perdu huit mille hommes. Masséna entreprit de poursuivre l'archiduc, mais ce prince avait pour lui les meilleurs soldats de l'Empire, son expérience, l'hiver et les fleuves débordés, dont il coupait les ponts en se retirant. Masséna ne pouvait donc se flatter de lui faire essuyer une catastrophe ; néanmoins il l'occupa assez en le suivant pour ne pas lui laisser la faculté de manœuvrer à volonté contre la grande armée. Le 3 novembre, Masséna s'empara de Montebello ; le lendemain, il prit Vicence ; le 5, il passa la Brenta et fit occuper Bassano, ainsi que Padoue. L'archiduc battait toujours en retraite et évitait d'engager une bataille ; laissant une garnison dans Venise, il se retira jusqu'au delà du Tagliamento, quitta même cette dernière position le 12, abandonna l'Italie, et se trouva le 27 à Cisly, en Styrie.

Pendant que Masséna poursuivait l'archiduc Charles, une division autrichienne qui se trouvait dans le Vorarlberg, sous les ordres du prince de Rohan, émigré, trompa la vigilance des Français, et vint tomber sur Vérone et Venise. Masséna avait chargé le général Saint-Cyr de bloquer cette dernière ville et de surveiller le bord des lagunes. Étonné de la présence d'un corps ennemi sur les derrières de Masséna, lorsque celui-ci était déjà au pied des Alpes Juliennes, le général Saint-Cyr accourut en toute hâte avec ses troupes, enveloppa le prince de Rohan et le contraignit à déposer les armes; la journée d'Austerlitz (2 décembre 1805) vint mettre le comble à cette longue série de défaites. Vaincue, en Allemagne, à Ulm et à Austerlitz, en Italie, à Caldiero, et sur les bords de l'Adriatique, l'Autriche demanda la paix : Napoléon la lui accorda, mais à de dures conditions. Il exigea que cette puissance abandonnât le Tyrol à la Bavière, et qu'elle renonçât à toutes ses possessions en Italie. Le duché de Toscane devait en outre être enlevé à l'archiduc Ferdinand, auquel on donnait en compensation la principauté ecclésiastique de Wurtzbourg, en Franconie. Ainsi l'Autriche perdait toute influence sur la Suisse et l'Italie. Ce fut sur ces bases que les négociations s'ouvrirent à Presbourg, et après de longs préliminaires où le prince de Talleyrand et M. d'Haugwitz déployèrent toutes les subtilités de la diplomatie, il fut convenu que l'Autriche abandonnerait l'État de Venise, avec les provinces de terre-ferme, telles que le Frioul, l'Istrie, la Dalmatie; ainsi Trieste et les bouches du Cattaro passèrent à la France. En conséquence de ce traité, le corps du général Marmont, descendu des Alpes Styriennes en Italie, se porta sur l'Isonzo, tandis que le général Molitor avec sa division s'emparait de la Dalmatie et se rendait par des marches forcées aux célèbres bouches du Cattaro, la plus méridionale et la plus importante des positions de l'Adriatique, afin de contenir par la terreur de son approche les Monténégrins depuis longtemps stipendiés par la Russie.

Les six années que Venise avait passées sous la domination autrichienne avaient été pour elle six années d'oppression : non-seulement la police farouche, minutieuse, de l'inquisition d'État y avait été conservée, mais on avait encore eu le soin de la rendre plus tracassière; les fêtes et les divertissements publics avaient complétement disparu, et le commerce s'était presque éteint; l'arsenal tombait en ruines; les vaisseaux qui y étaient restés y pourrissaient, et les canaux intérieurs se comblaient faute de curage. Un seul exemple suffira pour démontrer jusqu'où étaient portés l'incurie ou le mauvais vouloir de l'Autriche envers ces malheureuses provinces : la ville de Venise ayant obtenu en 1801 du conseil aulique une subvention de soixante mille francs pour les réparations du littoral contre les entreprises de la grosse mer, une commission fut envoyée, six mois après, de Vienne pour procéder à l'estimation de ces travaux; mais le dommage s'était augmenté, comme de raison, pendant l'hiver, et la nouvelle estimation fut supérieure à la première; une seconde commission survint pour le même objet, puis une troisième, et le dommage allant toujours croissant, des commissions se succédèrent jusqu'en 1805 sans que le gouvernement prît une décision. Enfin, après l'entrée des Français, on mit la main à l'œuvre et il en coûta plus de six cent mille francs pour garantir le littoral menacé des flots!

L'expulsion des Autrichiens de Venise parut aux habitants comme un jour de résurrection. Leur enthousiasme était fondé; ils trouvaient dans leur adjonction à un royaume italien, constitué sur de sages principes, un certain dédommagement de leur indépendance perdue. Aussi, lorsque les troupes françaises qui devaient en prendre possession débarquèrent sur la place Saint-Marc (19 janvier 1806), non-seulement des acclamations unanimes les accueillirent, malgré la présence des Autrichiens, mais le peuple, avant le départ de ces derniers, abattit lui-même le pavillon de l'Empire et le remplaça par le pavillon italien. L'arrivée soudaine du vice-roi et de la vice-reine mit le comble à l'allégresse générale. On leur prodigua tout ce qui pouvait flatter leur cœur, tandis que la magnificence des fêtes excitait en eux une juste admiration. Le prince Eugène avait été nommé gouverneur général des provinces vénitiennes jusqu'à leur réunion au royaume d'Italie. Avant de prononcer définitivement leur annexion, Napoléon se proposait de conclure avec les représentants du royaume d'Italie divers arrangements qu'une réunion immédiate aurait peut-être contrariés. Le 29 janvier, le prince Eugène promulgua un décret portant l'organisation provisoire de ces provinces, et leur donna une forme analogue à celle des départements du royaume. Il les divisa en neuf provinces, savoir : le Dogado, — le Padouan, — le Vicentin, y compris Bassano, — le Véronais, à la gauche de l'Adige, — le Bellunais avec Feltre et Cadore, — la marche Trévisane, — le Frioul, — l'Istrie et la Dalmatie. Chaque province eut un gouverneur civil, dont les attributions étaient analogues à celles de nos préfets; seulement, au lieu de correspondre avec le ministre d'Italie, ils s'adressaient directement au vice-roi. Toutes les dispositions de la constitution de Lyon, les statuts organiques et toutes les lois et les décrets qui régissaient le royaume d'Italie furent appliqués à ces provinces. L'adoption du *Code Napoléon*, qui devait dater du 1er avril en Italie, y fut mis en vigueur à la même époque.

A peine l'organisation de ces provinces était-elle achevée et l'administration mise sur un pied régulier, qu'un décret impérial prononça leur réunion au royaume d'Italie. Douze titres de duchés y furent créés en même temps : c'étaient : Dalmatie, — Istrie, — Frioul, — Trévise, — Bellune, — Feltre, — Cadore, — Conegliano, — Bassano, — Vicence, — Padoue, — Rovigo; — et Raguse, en 1808. Tous ces titres, comme on sait, ont été portés par les plus grandes illustrations civiles et militaires de l'Empire[1]. La dotation des titulaires de ces duchés fut

---

1. Voici les noms des personnages qui ont porté ces titres : *Dalmatie*, maréchal Soult, nommé en 1847 maréchal général. — *Istrie*, maréchal Bessières. — *Frioul*, Duroc, grand maréchal du palais. — *Trévise*, maréchal Mortier. — *Bellune*, maréchal Victor. — *Feltre*, Clarke, général de division, ministre secrétaire d'État au département de la guerre, maréchal en 1815. — *Cadore*,

fixée au capital de quarante millions qui devaient être prélevés sur la vente des biens des commanderies de Malte ; et pour rattacher encore d'une manière plus intime les provinces vénitiennes au nouveau royaume, Napoléon décréta que l'héritier présomptif de la couronne d'Italie porterait le titre de PRINCE DE VENISE.

Le 1ᵉʳ mai 1805 fut le jour fixé pour proclamer la réunion. Cette proclamation lue en public par les gouverneurs ou magistrats civils, fut encore consacrée par un *Te Deum* chanté dans l'église principale de chaque ville. Après cette cérémonie toutes les autorités constituées prêtèrent le serment de fidélité entre les mains des délégués du vice-roi, et le signèrent sur un registre ouvert à cet effet. La Dalmatie seule conserva son ancienne organisation, et fut gouvernée comme au temps des Vénitiens par un provéditeur général [1]. Le nouveau royaume français d'Italie était divisé en vingt-quatre départements ; Venise et ses possessions de terre-ferme contribuèrent à former les départements suivants :

Départements.			Départements.		
De l'Adriatique,	chef-lieu	VENISE.	Du Serio,	chef-lieu	BERGAME.
De la Brenta,	—	PADOUE.	De la Mella,	—	BRESCIA.
Du Bacchiglione,	—	VICENCE.	Du Tagliamento,	—	TRÉVISE.
De l'Adige,	—	VÉRONE.	De la Piave,	—	BELLUNE.
Du Haut-Adige,	—	TRENTE.	Du Passeriano,	—	UDINE.

La réunion des provinces vénitiennes avait donné au royaume d'Italie deux forteresses : Palma-Nova et Osopo ; la première, destinée à devenir la place d'armes des opérations d'une armée sur l'Isonzo, reçut aussitôt après la signature du traité de Presbourg cent cinquante pièces d'artillerie, tant Napoléon attachait d'importance à cette place. Osopo n'était qu'un fort, mais sa position sur une croupe isolée et escarpée la rendait d'une défense facile ; on la destina à servir de place d'armes pour les opérations d'une armée qui se dirigerait vers la Carinthie.

L'annexion des provinces vénitiennes au royaume d'Italie, et par là leur affiliation à l'empire français, servit leurs intérêts et contribua à rajeunir en quelque sorte leur gloire des temps passés : car si Napoléon et le vice-roi firent preuve d'une sollicitude bienveillante et éclairée pour le nouveau royaume, nous devons dire aussi que les nouveaux sujets témoignèrent à la France un dévouement sans bornes, et qu'ils prirent une noble part aux grands événements qui à cette époque agitèrent l'Europe. Sous l'active influence du vice-roi, les différentes branches de l'administration publique furent réglées avec ordre et économie ; il en fut de

Champagny, ministre secrétaire d'État au département de l'intérieur et des affaires étrangères. — *Conegliano*, maréchal Moncey. — *Bassano*, Maret, successivement secrétaire général des conseils et ministre secrétaire d'État aux départements de l'intérieur et des affaires étrangères. — *Vicence*, Caulincourt, général de division, grand écuyer de Napoléon, ambassadeur près différentes cours. — *Padoue*, Arrighi, cousin de Napoléon et général de division. — *Rovigo*, Savary, général de division, ministre, secrétaire d'État au département de la police. — *Raguse*, maréchal Marmont.

1. En 1810, la Dalmatie vénitienne fit partie du gouvernement des provinces Illyriennes directement administrées par la France. Ce gouvernement comprenait l'Istrie, la Carinthie, la Carniole, le Frioul, les deux Croaties, la Dalmatie, Raguse et Cattaro.

même pour l'organisation des cours de justice et des tribunaux inférieurs : Venise devint le siége d'un tribunal d'appel auquel ressortissaient les départements de l'Adriatique, du Bacchiglione, de la Brenta, du Passeriano, de la Piave et du Tagliamento; peu d'années suffirent pour mettre l'armée italienne sur le même pied que l'armée française, et lui donner les moyens d'atteindre à cette fraternité de gloire militaire qu'on a proclamée tant de fois. Le prince Eugène, considérant Venise comme le seul établissement maritime du royaume d'Italie, jugea important de relever cette ville de l'abaissement où l'avaient tenue les Autrichiens et de la rendre à sa destination naturelle. Outre les travaux considérables qui y furent exécutés pour rétablir l'arsenal, on y construisit une flottille pour la défense des lagunes. De grands encouragements furent donnés à l'agriculture, à l'industrie, au commerce, et Venise devint un *port franc*, même pour les nations en guerre ; d'utiles travaux furent exécutés sur tous les points du royaume. Assise sur des bases convenables, l'instruction publique donna un nouvel essor aux intelligences ; toutes les grandes villes reçurent des colléges, et l'on vit refleurir les célèbres universités de Pavie, de Bologne et de Padoue. La mendicité, cette lèpre de l'Italie, disparut; le régime des prisons obtint des améliorations dictées par l'humanité; la loi fut rigoureusement appliquée aux vols, aux assassinats et aux meurtres qui, de temps immémorial, ensanglantaient les querelles particulières ; le travail, sagement imposé aux classes pauvres, sous la surveillance de la loi, suffit pour rendre la sécurité aux villes et aux campagnes La protection des beaux-arts ne pouvait échapper au vice-roi d'Italie ; il fonda des musées, des conservatoires de musique et de déclamation ; il fit revivre l'art antique de la mosaïque, et exécuter à ses frais plusieurs grandes compositions. Mais aussi, en retour de ces bienfaits, nous voyons l'Italie, et par conséquent les provinces vénitiennes, s'associer loyalement à toutes les entreprises de la France, et l'assister avec le même dévouement dans ses victoires et dans ses revers.

En novembre 1807, Napoléon ayant voulu juger par lui-même des résultats de l'administration du vice-roi dans le royaume d'Italie, se rendit à Venise, qu'il n'avait pas cru devoir visiter lorsque, pour obtenir la première paix de l'Autriche, il se décida à sacrifier cette république. Son entrée fut triomphale : une corvette et sept bricks, ainsi qu'une nombreuse flottille de canonnières et de barques armées, construite par les soins du vice-roi, depuis la réunion des provinces vénitiennes, bordaient le canal, de San-Secondo à Fusina. Une péote magnifique aux armes de la ville, et gouvernée par les principaux gondoliers, reçut Napoléon à Fusina, et le conduisit à la place Saint-Marc. Le roi et la reine de Bavière, le prince de Lucques, le vice-roi, le grand-duc de Berg et le prince de Neuchâtel, l'accompagnaient ; toutes les autorités de la ville l'entouraient dans des gondoles, et le peuple le comblait de bénédictions. Le clergé se distingua dans cette réception : de solennelles actions de grâces furent célébrées dans toutes les églises de Venise ; dans plusieurs, on prononça même le panégyrique de Napoléon, et dans l'église de Saint-Jérémie, l'une des plus élégantes, dont la façade ressemble plutôt à un palais qu'à un temple, le prédicateur n'hésita pas à comparer Napoléon aux plus grands rois de la terre, et termina ainsi ses louanges : « Le voyez-vous ce « brillant météore, il joignait à la *vaillance* de David la SAGESSE de Salomon ! »

Quoi qu'il en soit de ces flatteries profanes et sacrées, le petit nombre de jours que l'empereur consacra à Venise furent des jours de fête, où les divertissements et les spectacles particuliers à cette ville se succédèrent sans interruption. De brillantes régates eurent lieu sur le grand canal ; on lança aussi une frégate et une corvette. Napoléon voulut visiter tous les établissements publics, et laissa des traces durables de son séjour, par des dispositions et des décrets favorables aux intérêts du pays. Il fixa les bases de l'administration de la santé ; il assigna cent mille francs pour les réparations du port de Lido, et six cent mille francs pour ouvrir une nouvelle sortie à l'arsenal et diriger sur Malamocco un canal assez large et assez profond pour donner passage à un vaisseau de soixante-quatorze ; il augmenta le revenu de la ville par diverses concessions ; il destina l'île de Saint-Georges pour l'établissement du port franc, afin que les bâtiments étrangers pussent entrer et sortir sans être obligés de décharger. Il ne négligea pas l'embellissement et l'assainissement de la ville : l'île Saint-Christophe fut remise par le domaine pour servir de cimetière général ; des fonds furent assurés pour prolonger le quai des Esclavons. L'éclairage fut augmenté et mieux disposé ; enfin on dressa la place des promenades publiques sur la rive de Saint-Joseph et à la Giudecca.

Ce fut dans ce voyage que Napoléon sentit redoubler son estime et sa confiance pour le vice-roi : il l'initia à ses secrets les plus importants, et ne lui laissa pas ignorer ses projets de guerre contre la Russie. Lorsque cette puissance eut définitivement levé le masque, et que son attitude hostile se fut révélée, Eugène s'empressa de seconder les vues de son beau-père avec la plus grande activité : il organisa un corps de troupes considérable, exclusivement levé en Italie, et le prépara à combattre sans désavantage à côté des vieux régiments de la Grande Armée. Les Italiens formèrent le quatrième corps de cette expédition gigantesque, et se couvrirent de gloire aux combats d'Ostrowno et de Witepsk, à la bataille de la Moskowa, mais surtout à celle de Malojaroslavetz, ou seuls ils soutinrent avec une intrépidité héroïque le choc de toute l'armée ennemie. Après cette désastreuse campagne, le vice-roi partit pour l'Italie, où Joachim Murat l'avait précédé : il était urgent d'arrêter les dispositions que la politique de Vienne, surprise en flagrant délit depuis la retraite de Moscou, devait inspirer pour la défense commune.

En revoyant l'Italie, Eugène fut frappé douloureusement de l'épuisement de ses États. Rien de ce qui en était sorti pour la guerre de Russie n'y était revenu ; il ne trouva ni officiers, ni soldats, ni magasins, ni ressources disponibles Il fallait donc lutter avec la nécessité et en triompher ; sans cela l'Italie était envahie, et, par suite, la France. L'infatigable activité du vice-roi s'éleva au-dessus du péril :

en moins de deux mois, quarante mille conscrits étaient rassemblés sur la frontière, et prêts à entrer en campagne; les provinces s'efforcèrent à l'envi de remplir ses magasins et d'organiser un nouveau matériel. Lorsqu'il se vit ainsi appuyé, Eugène résolut de porter la guerre sur le territoire autrichien : en conséquence, il franchit les Alpes, et se dirigeait sur l'Illyrie quand il apprit que soixante mille hommes, sous les ordres du général Hiller, occupaient déjà cette province. Dès lors il se vit réduit à une guerre purement défensive, et prit toutes ses dispositions pour se maintenir sur la haute Save. L'accession de la Bavière à la coalition européenne, en détachant tout à coup ce royaume de l'alliance de Napoléon, ouvrit à l'ennemi la route du Tyrol, et Eugène dut se replier successivement sur l'Isonzo et sur l'Adige ; enfin, la défection du roi de Naples vint compléter l'investissement du royaume d'Italie ; et ce fut désormais derrière le Mincio que le vice-roi fut réduit à attendre les événements. A cette époque, où il s'agissait pour la France et pour l'Italie d'être ou de ne pas être, le vice-roi ne négligea aucun moyen de retenir dans l'alliance et l'amitié française le roi Joachim. Il offrit au roi de Naples de marcher sous ses ordres, avec son armée, contre les ennemis de la France ; mais ce prince, par un pacte honteux qui remontait à plus d'un an, avait trahi Napoléon, son beau-frère et son bienfaiteur! Eugène dut donc combattre seul. Malgré l'inégalité de ses forces et les difficultés toujours croissantes de sa position politique et militaire, il battit les Autrichiens à la bataille du Mincio, et les Napolitains sous les murs de Parme. Pressé entre ces deux trahisons de famille, ce prince digne de la France et de Napoléon, se trouva en butte aux tentatives de la séduction la plus entraînante. Rien ne fut négligé pour ravir à Napoléon la fidélité de son fils adoptif. Mais Eugène repoussa toutes les suggestions, et ne répondit que par ces nobles paroles à ceux qui le pressaient de passer à l'ennemi : « L'em-
« pereur Napoléon a reçu mes serments, et tant qu'il ne m'en aura pas dégagé,
« je lui serai fidèle! »

Le vice-roi fut bientôt hors d'état de combattre : la défection s'était mise parmi les Italiens, et l'armée autrichienne, sous les ordres du feld-maréchal Bellegarde, voyait chaque jour ses rangs s'augmenter, soit par de nouveaux contingents, soit par l'arrivée des déserteurs italiens. Le prince Eugène se retira alors à Mantoue avec sa garde, qui ne partageait pas le mauvais esprit de l'armée.

Aussitôt qu'on apprit à Milan l'abdication de Fontainebleau, le sénat fut convoqué pour délibérer. On devait présumer que le prince Eugène serait choisi, car il était aimé, mais telle n'était pas la volonté des sociétés secrètes, qui avaient en outre des vengeances à exercer !... Une conspiration austro-libérale tenta donc de soulever contre Beauharnais les troupes qui lui étaient restées fidèles. Elle échoua complètement à Mantoue, et prit Milan pour théâtre. Le 20 avril 1814, le palais du sénat fut entouré par la foule; les sénateurs qui y arrivaient pour régler les affaires courantes se virent accueillis par des huées; on demandait la révocation d'un message qui reconnaissait, dit-on, le gouvernement de

Beauharnais et la convocation des colléges électoraux pour disposer de la souveraineté. Le sénat faiblit, et accorda tout ; au même instant la salle des délibérations fut envahie, les meubles furent jetés par les fenêtres, on abattit tous les emblèmes du gouvernement impérial ; la fureur populaire se dirigea ensuite contre le ministère des finances. Un Piémontais, nommé Prina, avait la direction de ce département : le malheureux se voyant poursuivi, entendant son nom prononcé avec des cris de mort, se cacha dans les combles de son hôtel ; la populace l'y découvrit ; on le saisit, on l'attacha par les pieds, et on le traîna ainsi dans les rues de Milan jusqu'à ce que la dernière goutte de son sang eût teint le pavé, jusqu'à ce que le dernier lambeau de sa chair eût été foulé aux pieds par les meurtriers !

La révolution s'accomplit avec plus de calme à Venise : dès le mois de décembre 1813, les Autrichiens et les Anglais avaient mis le blocus devant cette ville ; le contre-amiral Duperré leur opposa son escadre ; mais, malgré ses efforts, le 20 avril 1814, les troupes autrichiennes entrèrent dans les lagunes et commencèrent à en occuper le port. L'amiral anglais, sir John Groven, qui commandait l'escadre du blocus, voulait s'emparer de l'arsenal et du matériel maritime ; le contre-amiral Duperré repoussa formellement cette prétention ; il appuyait son refus sur le manque d'instructions spéciales ; elles lui arrivèrent le 22, et lui enjoignirent de livrer l'arsenal, les vaisseaux et le matériel aux Autrichiens !

Ainsi, pour la troisième fois depuis 89, la France fut dépossédée de sa domination en Italie. La prépondérance que la France y avait exercée pendant dix-huit ans allait désormais appartenir à l'Autriche ; mais les Français, en quittant la péninsule italienne, y laissèrent de profonds souvenirs : les routes magnifiques de la Corniche, du mont Saint-Bernard, du Simplon, monuments impérissables du génie de Napoléon, facilitaient la communication des peuples et par conséquent celle des idées ; l'agriculture avait fait d'immenses progrès ; les sciences et les arts, sous la protection éclairée de l'empereur, avaient pris un nouvel essor ; un épanouissement admirable s'était manifesté dans toutes les parties du corps social ; l'administration de la justice, et surtout de la justice criminelle, avait reçu de nombreuses améliorations, qui réalisaient presque les vœux des Beccaria et des Filangieri.

Malgré ces bienfaits, les Italiens s'étaient soulevés contre le despotisme de Napoléon ; ils devaient donc espérer que leurs efforts seraient récompensés par des institutions qui leur assureraient une liberté raisonnable ; mais l'Autriche ne tint aucun compte ni de ces vœux ni de ces besoins. Le congrès de Vienne venait de lui accorder (1815) en toute souveraineté les États de Milan, de Mantoue, de Venise et la Valteline. Elle se hâta de réunir ces divers territoires sous l'autorité d'un vice-roi, et en forma le royaume *lombardo-vénitien*, auquel elle imposa ses lois et son système politique ; elle crut toutefois en tempérer les rigueurs en y établissant un simulacre de représentation nationale, dont les membres n'eurent que la faculté de délibérer sur les questions que le gouvernement voulait bien leur soumettre. Le nouveau royaume fut ensuite partagé en deux grandes divisions politiques, désignées par le nom de leur capitale respective : *gouvernement de Milan* et *gouvernement de Venise*. La ville de Milan, considérée non comme la plus importante mais comme la plus centrale, devint la résidence du vice-roi, et Venise fut dépouillée, au profit de sa rivale, des avantages dont jouit toujours la résidence des chefs de l'État. Dans les nouvelles délimitations, on s'appliqua à rattacher au gouvernement de Venise la plus grande partie de ce qu'on appelait sous l'ancienne république la *terre-ferme*, et l'on en forma huit provinces ou délégations dont voici l'étendue et la population :

DÉLÉGATIONS ou Provinces.	SURFACE en milles carrés de 60 au degré.	POPULATION. Nombre d'habitants
Venise	744	278,000
Padoue	622	221,000
Polésine	323	168,000
Vérone	829	306,000
Vicence	826	327,000
Trévise	709	258,000
Belluno	942	141,000
Frioul	1,910	364,000
Total	6,902	2,063,000

Ces huit délégations comprennent 93 districts, subdivisés en 814 communes, composées de 3,483 fractions, et la ville, chef-lieu de province, porte le titre de royale (*città regia*) ; quant aux diverses classes de la population, voici comment on peut les répartir :

Nobles reconnus par l'empereur d'Autriche	3,500	Artisans	300,000
Employés	15,000	Agriculteurs et pâtres	825,000
Pensionnaires	4,000	Matelots et bateliers	9,000
Professeurs et maîtres	2,000	Pêcheurs	9,000
Écoliers	76,000	Indigents	75,000
Ecclésiastiques séculiers	9,000	Galériens	1,200
Propriétaires	380,000	Détenus	2,000
Négociants et marchands	52,000	Enfants trouvés	3,000

Nous avons vu qu'à la fin du xviiie siècle la population de Venise, qui depuis longtemps suivait une progression décroissante, ne comptait guère que 127,000 habitants. Elle atteint à peine aujourd'hui le chiffre de 100,000, et elle diminue tous les jours.

L'organisation des provinces lombardo-vénitiennes, telle que l'avait conçue l'Autriche, était loin de satisfaire les esprits. Ce n'était au fond qu'une restauration aristocratique entée sur le despotisme, qu'une exhumation de l'ancien régime avec ses préjugés et ses répugnances accrus encore de la sollicitude ombrageuse d'un pouvoir nouveau. Ce retour à des idées surannées qui du reste prévalait dans les autres États de la Péninsule, excita le mécontentement général : des associations secrètes surgirent de toutes parts, rêvant le rétablissement de l'unité politique et nationale de l'Italie! Aucun gouvernement ne se montra plus habile ou plus impitoyable que l'Autriche, pour réprimer ces mouvements révolutionnaires. Sa première pensée fut d'entretenir dans ses nouveaux États une armée forte et dévouée ; pour parvenir à ce but, elle demande tous les ans aux provinces lombardo-vénitiennes un contingent de trente-trois mille hommes ; mais comme une telle armée composée de régnicoles n'offre aucune garantie de fidélité, le gouvernement autrichien transporte ces trente-trois mille hommes dans les garnisons de la Hongrie, exil affreux pour ces jeunes Italiens si attachés à leur douce patrie, et fait garder l'Italie par un corps de cinquante, soixante et même de cent mille Allemands, Hongrois ou Croates, suivant que les circonstances l'exigent. C'est au moyen de ce puissant levier et avec une énergique répression que l'Autriche parvint jusqu'en 1848 à se maintenir dans la position que lui avaient faite les traités de 1815.

Malgré ce déploiement de forces et de sévérité, les sociétés secrètes se répandirent dans les principales villes du Milanais et des anciens États de Venise, et y firent germer les idées d'indépendance et de liberté. La police autrichienne, qui avait des agents aussi actifs, aussi pénétrants que ceux de l'ancienne inquisition d'État, surprit les projets de ces différentes sociétés, et en un jour remplit tous les cachots de Milan et de Venise de leurs principaux membres. Le marquis de Canonici et ses affidés MM. Renaldi, Munari, Foresti et Solera, expièrent par quinze et vingt années de *carcere duro* le crime d'avoir été les premiers apôtres de l'indépendance italienne (1818). Un journal, le *Conciliateur,* avait été fondé à Milan, par MM. Porro, Confalonieri et Silvio Pellico, pour donner aux esprits une nouvelle direction littéraire, étendre l'horizon de la critique, révéler aux Italiens les trésors littéraires de leur patrie, et leur apprendre à connaître ceux des nations étrangères. Le gouvernement autrichien tua le *Conciliateur* par les rigueurs de sa censure ; tous les journaux étrangers furent prohibés dans les États italiens, et ceux qu'elle laissa subsister n'étaient que de simples journaux d'annonces où l'on permettait parfois l'insertion de quelques articles insignifiants empruntés à l'*Observateur autrichien*.

Malgré tant de précautions, la secte des *carbonari* s'était recrutée dans l'ombre, et comptait de nombreux affiliés. Animés par la révolution espagnole, les sectaires proclamèrent à Naples et en Piémont la constitution des cortès. La défection des troupes, en donnant une nouvelle force aux rebelles, portait un coup terrible à la politique de la Sainte-Alliance. A Naples, le roi jura la constitution ; puis laissant son fils à la tête du nouveau gouvernement, il se réfugia chez les Autrichiens, implorant leur assistance contre ses sujets révoltés. Cependant des mesures énergiques réprimèrent promptement ces mouvements révolutionnaires, et le principe de stabilité fut maintenu. Le congrès de Troppau, réuni vers la fin de

1820, et transporté ensuite à Laybach, reconnut comme un droit des gouvernements l'intervention dans les affaires des États voisins; l'Angleterre seule fit cette réserve, que l'intervention ne devait avoir lieu que dans des circonstances graves, et lorsqu'une révolution pouvait compromettre la tranquillité des pays environnants. Les résolutions de ce congrès eurent pour conséquences l'occupation de Naples et du Piémont par les armées autrichiennes, le renversement de la constitution des cortès proclamée dans ces deux royaumes, et le rétablissement de la monarchie absolue. A la suite de cette réaction, tous les gouvernements d'Italie recoururent aux mesures les plus rigoureuses pour contenir l'effervescence des passions politiques, et ce furent précisément ces rigueurs qui, en augmentant le mécontentement, donnèrent plus de consistance aux associations. De là aussi des poursuites sans nombre, des candamnations capitales, des sentences d'exil ou de bannissement qui atteignaient les plus nobles familles, et qui pendant plusieurs années jetèrent la désolation en Italie. Nous ne ferons pas ici l'histoire du carbonarisme, ni des sanglantes répressions dont il fut l'objet; nous nous bornerons à dire que, de toutes les parties de l'Italie, ce fut Venise et ses anciennes provinces qui prirent la plus faible part aux mouvements politiques de cette époque. Aussi Venise eut-elle le triste privilège d'être le siège d'un tribunal extraordinaire, chargé de sévir spécialement contre le carbonarisme et les associations politiques. C'est là qu'en 1822, sur la *Piazzetta*, Silvio Pellico et Maroncelli montaient sur un échafaud pour entendre leur sentence de mort commuée en vingt années de *carcere duro!*

De 1821 à 1830, le système autrichien, approuvé au congrès de Vérone, triompha dans toute l'Italie : tempéré à Venise et en Lombardie par une politique intelligente, il fut malheureusement appliqué avec une excessive et maladroite rigueur dans d'autres États, et y excita un sourd mécontentement. Aussi, la révolution de Juillet qui venait, en France, de chasser d'un seul coup trois générations de rois, fut-elle regardée en Italie comme le signal de l'affranchissement de tous les peuples courbés ou sous le despotisme ou sous la domination étrangère. Les patriotes italiens en conçurent de grandes espérances, et une agitation profonde se manifesta aussitôt dans toute la péninsule. Enfin, vers le commencement de 1831, la révolution éclate à Modène; Bologne s'insurge immédiatement, et bientôt le soulèvement se communique de proche en proche. Mais l'Autriche veillait sur l'Italie, et dès qu'elle vit le mouvement trop prononcé, elle fit avancer ses troupes, dresser les échafauds, et les malheureux patriotes payèrent de leur vie cette pensée d'indépendance qui les avait portés à s'insurger. La France fit bien en leur faveur une démonstration (février 1832); mais elle ne fut pas assez décisive pour exercer quelque influence sur les destinées de l'Italie. En 1838, les Autrichiens évacuèrent les États pontificaux, sûrs d'y rentrer quand ils le voudraient, et la France, sans avoir la même certitude, abandonna Ancône. Quoique le mouvement révolutionnaire eût été moins sensible dans les provinces lombardo-vénitiennes que partout ailleurs, le tribunal extraordinaire de Venise fit peser sur un grand nombre de victimes ses terribles arrêts. En 1835, les prisons regorgeaient tellement encore de détenus politiques, qu'à l'avénement de Ferdinand IV, et lors de sa visite à Milan et à Venise, ce prince crut devoir offrir quelques consolations aux familles de ces contrées, dont les parents gémissaient dans les prisons de la Bohême ou de la Moravie, ou qui, par suite de condamnations, s'étaient volontairement exilés; il prononça en leur faveur une amnistie générale. Mais les amnisties sont impuissantes à guérir le mal lorsqu'il est produit par un excès de despotisme, et surtout lorsque le despotisme persiste.

On conçoit que, sous l'influence d'un tel gouvernement, lourd, taquin, affectant d'être paternel pour pouvoir mieux tourmenter, les mœurs ont dû être profondément altérées, alors surtout qu'aucune circonstance matérielle n'est venue contre-balancer ces effets destructeurs. Milan, capitale du royaume lombardo-vénitien, a trouvé du moins dans cette faveur des éléments de richesse et de prospérité : le commerce, l'industrie y sont florissants, et l'on y compte plusieurs familles d'une grande opulence. Mais c'est Venise qu'il faut visiter pour y contempler le spectacle d'une décadence douloureuse et d'une ruine qui s'achève : la désolation de ses palais, la solitude de ses rues, la tristesse de ses canaux, où la rame du gondolier s'enfonce dans la vase accumulée, proclament assez haut sa misère : *C'è da piangere!* « Il y a de quoi pleurer! » disent les gondoliers; car le peuple surtout est frappé de ces ruines, et il est encore fort attaché au lion de Saint-Marc, quoique vaincu. Le commerce et les emplois officiels, qui étaient la source de la grandeur vénitienne, n'existent plus. La plupart des maisons patriciennes sont abandonnées, et disparaîtraient peu à peu si le gouvernement, alarmé par la fréquente démolition des palais, n'avait pas expressément défendu cette dernière ressource de la pauvreté! Tout ce qui reste de la noblesse vénitienne est aujourd'hui dispersé, confondu avec les riches juifs sur les bords de la Brenta.

Le commerce de Venise, comme nous l'avons vu, était bien déchu au moment où la république fut effacée de la carte politique de l'Europe; depuis lors, séparée des îles Ioniennes, soumise aux rigueurs du système prohibitif, entièrement écrasée par Trieste, qui, sous l'influence de l'Autriche, est devenue le premier port de l'Adriatique, Venise a vu son commerce décliner encore, et se restreindre presque aux opérations nécessitées par les besoins de la consommation locale. Un tel état de choses devait naturellement provoquer beaucoup de plaintes. Cédant enfin aux représentations réitérées qui lui étaient adressées, le gouvernement autrichien montra des dispositions plus équitables; et un décret de l'empereur François, rendu le 20 février 1829, accorda la franchise du port de Venise, en fixant sa mise en vigueur au 1er février 1830. — Cette concession importante et si vivement sollicitée a-t-elle porté les fruits qu'on en attendait? Nullement. D'une part, des restrictions et des formalités trop nombreuses ont rendu la mesure incomplète ; d'une autre part, la force des habitudes prises a laissé à Trieste un avantage marqué sur Venise. Les améliorations que la franchise du port a apportées à la situation commerciale de Venise ont été sans effet sensible.

La plus grande partie des exportations de Venise se fait aujourd'hui par Trieste, au moyen de navires côtiers qui se rendent d'un port à l'autre. Ces exportations se composent principalement de bois de construction, de charpente et de menuiserie, d'ouvrages en or et en argent, d'ustensiles en fer, de papier à écrire, de chapeaux, de verrerie, etc. De toutes les branches d'industrie qui alimentaient autrefois le commerce et la navigation des Vénitiens, la seule à peu près qui ait survécu à la ruine des autres, est la fabrication des verres, des glaces, des vitres et des objets vitrifiés, tels que cubes pour la mosaïque, émaux, perles, jais, grains de couleur et ornements de toutes formes, désignés sous le nom générique de *contarie*. On ne saurait se faire une idée de l'énorme exportation que Venise faisait jadis de ces produits : elle en remplissait, pour ainsi dire, la Syrie, l'Égypte, les côtes de la Barbarie, les provinces de la mer Noire et tout l'Orient. Le gouvernement autrichien a fait quelques efforts pour conserver ce précieux reste de l'ancienne industrie vénitienne, en réduisant les droits de sortie sur les produits de ces usines dont Murano est le centre. Les manufactures de grosses perles coloriées, au nombre de trois, ont conservé mystérieusement le secret de cette fabrication brillante, qui permet à la médiocrité l'éclat et le luxe apparent de la richesse. C'est dans ces fabriques que les peintres et vitriers Vivarini travaillaient ces belles verrières qui ornent les croisées de plusieurs temples de Venise. La ville de Murano possède plusieurs belles églises parmi lesquelles on distingue celle de Saint-Donat, ou le *Dôme*, et Saint-Michel. Celle-ci se fait surtout remarquer par l'élégance de ses proportions, par les monuments de divers genres qui y ont été déposés, et par la richesse de ses vitraux ; elle possède le tombeau du célèbre théologien Fra Paolo Sarpi, historien du concile de Trente. Venise exploite, en outre, des filatures, des raffineries, des tanneries, des fabriques de cire et de drogues. Ces manufactures, y compris celle des chapeaux de paille de Bassano, occupent neuf à dix mille ouvriers, et donnent environ par an un produit de quinze à seize millions de francs. La production des soieries manufacturées, des draps et de la bonneterie à l'usage du Levant, lui a été enlevée par les Français, plus industrieux et plus habiles. Avant la peste de Candie, on fabriquait à Venise de cent vingt à cent trente mille pièces de drap pour le Levant ; en 1775, cette fabrication s'était réduite à cinq mille pièces, quelques années après, elle n'exista plus. Les exportations de céréales ont cessé depuis la concurrence si fatale que lui ont faite les grains de la mer Noire ; le papier que Venise fournissait autrefois à tant de contrées ne s'écoule plus guère que dans les provinces illyriennes, en Albanie, et dans quelques parties du Levant ; ses exportations de soieries ne consistent plus qu'en articles non manufacturés, c'est-à-dire en soies écrues, soies grèges et organsins. Le commerce d'importation se compose principalement d'huiles d'olive, de poisson et de lin, de poisson salé et fumé, de vins et esprits, de denrées coloniales, de fruits secs, de tissus de coton, etc. Les pays qui ont conservé le plus de relations avec Venise sont : les États romains, le royaume des Deux-Siciles, les îles Ioniennes et la Turquie.

Le mouvement du commerce maritime de Venise n'est représenté aujourd'hui que par trois mille six cents navires jaugeant deux cent vingt mille tonneaux à l'entrée, et trois mille cinq cents navires jaugeant deux cent vingt mille tonneaux à la sortie; la valeur des marchandises importées ou exportées ne dépasse pas soixante-dix millions de francs. Le commerce de Venise ne possède guère que cinq cent cinquante navires dont cent cinquante de long cours; celui de Chioggia en a trois cent quarante, dont douze de long cours. Ainsi le nombre total des navires marchands appartenant au littoral vénitien est aujourd'hui de huit cent soixante. La majeure partie des transports s'opère sous le pavillon autrichien, qui recueille ainsi la presque totalité des bénéfices de la navigation. Malgré la décadence commerciale du port de Venise, l'Autriche n'a pas hésité à y concentrer ses forces navales; elle a ainsi mis à profit et son admirable arsenal, et ses chantiers de construction, et les établissements de toute espèce nécessaires à l'armement ou à l'équipement d'une flotte. L'arsenal est bien déchu de ce qu'il était au moyen âge, lorsque la reine de l'Adriatique couvrait les mers de ses flottes nombreuses. Il renferme aujourd'hui dans son enceinte trente-cinq chantiers, la plupart couverts; cinq grandes fonderies de canons, de boulets et autres projectiles; trente-quatre forges ou usines diverses; cinq salles d'armes qui peuvent contenir les armes nécessaires pour dix mille hommes; une immense salle de neuf cent dix pieds de long sur cinquante de large et trente-deux de hauteur, appelée la *Pana*, qui sert à la fabrication des câbles et des cordages. Il y a en outre plusieurs autres magasins, qui sont pourvus de tout ce qui est utile à l'armement d'une flotte ou d'une armée. Ces divers établissements sont parfaitement entretenus; car l'Autriche ne néglige rien de ce qui peut être utile à sa force matérielle. C'est à ce sentiment égoïste qu'on doit attribuer la conservation de quelques-uns des principaux palais de Venise; l'Autriche s'en est emparée pour en faire le siége de ses administrations [1].

L'agriculture est la seule branche d'industrie qui soit florissante dans les anciennes provinces vénitiennes : le riz, le blé, le maïs, la vigne, l'olivier, le mûrier, ainsi que les plus riches cultures, y réussissent admirablement. La production de ce territoire, l'un des plus fertiles de l'Europe, a été diversement

---

1. L'Autriche a sans doute cédé à un autre sentiment, en faisant réunir avec le plus grand soin tous les papiers d'État relatifs à l'ancienne république. Les archives générales de Venise (*archivio generale*), établies dans l'ancien couvent des *Frari*, forment l'une des curiosités les plus remarquables de cette ville, et certainement l'une des plus énormes masses de papier écrit qui aient été jusqu'ici rassemblées. Cette collection, distribuée dans un ordre parfait, se compose de deux cent quatre-vingt-dix-huit salles, salons et corridors, dont les murs sont couverts de haut en bas de rayons, et contiennent huit millions six cent soixante-quatre mille sept cent neuf volumes ou cahiers. Le plus ancien des documents qu'ils renferment remonte à l'année 887.

évaluée ; cependant on peut dire, sans crainte d'exagération, qu'il fournit un revenu net de 100 millions de francs environ sur lequel le gouvernement autrichien prélève un impôt de 15,000,000 de francs. En résumé, toutes les taxes qui pèsent sur les provinces lombardo-vénitiennes procurent au trésor impérial une recette de 55 à 60,000,000 de francs. C'est là une des principales circonstances qui rendent l'Autriche si jalouse de ses possessions en Italie. Vienne exploite Venise par ses impôts, par ses lois de douane qui la forcent à consommer les produits allemands. Aussi, pour les fabricants de l'Autriche et de la Bohême, l'idée de perdre la Vénétie et la Lombardie, comme marchés, les jette dans la consternation.

Telle était la situation matérielle et politique de Venise en 1846, alors qu'une ère nouvelle semblait devoir s'ouvrir pour l'Italie avec l'avénement de Pie IX au pontificat. Les premiers actes de la politique du nouveau vicaire du Christ firent revivre dans ce malheureux pays l'espérance et la charité qui depuis longtemps en avaient été bannies. Son manifeste du 16 juillet 1846 apprit à tous les gouvernements de la péninsule « qu'il fallait être indulgent pour cette jeunesse entraînée « par de trompeuses illusions, et que l'on pouvait pardonner sans qu'il en résul- « tât aucun danger public. » Ces paroles eurent un grand retentissement dans les lagunes ; aussi, peu de jours après qu'elles y furent connues lisait-on sur tous les murs de Venise ces mots tracés par la main du peuple : « *Viva el Papa Pio nono!* »

Jusqu'à ce moment, Venise était restée étrangère aux différentes manifestations politiques qui avaient éclaté en Italie ; les sociétés secrètes, qui travaillaient dans l'ombre à secouer le joug de l'étranger, y avaient été sans action ; on l'eût dite indifférente à tout et satisfaite de son humiliation ; la seule association qui y avait pris germe, l'*Espéria*, concentrée parmi les jeunes officiers de marine sortis de l'école navale de Venise, s'était dispersée aussitôt après la terrible expiation des frères Bandiera qui en étaient les chefs. Les nobles paroles du saint-père réveillèrent les Vénitiens de leur léthargie ; ils comprirent alors qu'il était possible d'entrevoir des jours meilleurs, et que ce n'était pas un crime que de rêver un peu de liberté pour leur chère patrie ; le clergé lui-même, jusque-là tout dévoué à l'Autriche, entra dans cette nouvelle voie et partagea les espérances du peuple. Les divers mouvements qui commençaient à éclater en Italie, les continuelles ovations dont le pape était l'objet à Rome, et mieux que cela, la réunion du congrès scientifique qui, en 1847, avait choisi Venise pour le lieu de ses séances, contribuèrent puissamment à développer l'excitation politique qui venait de s'emparer de tous les Vénitiens.

Deux hommes, il faut cependant le reconnaître, s'occupaient depuis longtemps à entretenir l'agitation légale parmi les classes élevées de la société vénitienne ; l'*Athénée*, cercle littéraire où le gouvernement autrichien tolérait des cours et certaines lectures, était leur tribune ordinaire. Ces deux précurseurs de l'insurrection de 1848, qui en furent aussi les principaux auteurs et directeurs, étaient :

DANIELE MANIN et TOMMASEO. Par le choix des sujets, par l'habileté de leurs déductions, tout devenait entre leurs mains occasion de faire de la politique et de mettre en discussion ou plutôt de rendre odieux le gouvernement impérial. Daniele Manin, surtout, fils d'un avocat distingué de Venise, et lui-même orateur éloquent, esprit positif, rompu aux affaires, avait appliqué ce système à tous les sujets qu'il avait été appelé à traiter en public. Dès 1838, à propos du chemin de fer qui devait relier Venise à Milan, il avait mis en usage cette tactique. Les succès qu'il obtint l'enhardirent; et depuis cette époque, il ne laissa passer aucune circonstance sans mettre en relief le côté politique de chaque question, surtout lorsque cela pouvait être nuisible à l'influence de l'Autriche : formes de procédure, — institutions charitables, — choléra, — lazarets : tout lui était bon; tout devenait pour lui une arme meurtrière. Tommaseo, Dalmate d'origine, mais Vénitien par le cœur, d'un esprit moins applicable que celui de Manin, le suivait néanmoins dans la croisade que celui-ci avait entreprise; son imagination, nourrie d'austères études, l'entraînait de préférence à traiter des sujets littéraires, de morale ou de philosophie. Les deux agitateurs, quoique engagés dans un sillon différent, poursuivaient ainsi le même but, la déconsidération de l'Autriche; ils finirent par se rencontrer un jour sur le même terrain.

De syllogisme en syllogisme, Manin en était venu à démontrer que l'Autriche n'était pas restée fidèle aux engagements qu'elle avait pris en 1815, vis-à-vis des puissances de l'Europe, alors que celles-ci lui avaient abandonné le royaume lombardo-vénitien; que c'était donc un devoir pour tout patriote de demander la fidèle exécution des engagements pris. Tommaseo suivit avec empressement la voie indiquée : c'est alors qu'il prononça à l'Athénée un discours plein d'éloquence et de larmes sur la situation actuelle de la littérature dans les provinces lombardo-vénitiennes, plongée dans le marasme, gênée dans son essor par une censure étroite et mesquine, sans cesse rendue plus oppressive au mépris de tous les droits. Un enthousiasme électrique gagna les auditeurs de cette magnifique improvisation, et, séance tenante, une pétition couverte des signatures les plus honorables, fut adressée à l'archiduc Reynier, vice-roi du royaume lombardo-vénitien, pour lui demander la réforme de la censure. Cet élan était trop beau pour le laisser s'amortir : Manin et Tommaseo adressèrent simultanément une circulaire à tous les évêques de la Lombardie et de la Vénétie, qui les invitait, qui les suppliait au nom de l'honneur et de l'humanité de vouloir bien intervenir auprès de l'Autriche afin d'obtenir quelque adoucissement au régime rigoureux qui pesait sur ce malheureux pays, d'autant plus que ce régime était imposé contrairement aux traités de 1815. Oh! cette fois la hardiesse des agitateurs avait comblé la mesure ; le tempérament de l'Autriche ne put en supporter davantage : Manin et Tommaseo furent incarcérés (20 janvier 1848). Certes, le moment était bien mal choisi pour faire de la rigueur : l'Europe occidentale était en feu! La Calabre et la Sicile s'insurgeaient. Les Romains demandaient chaque jour des

réformes nouvelles au pape ; la Suisse avait abattu le Sunderbund ; Paris allait bientôt proclamer la souveraineté du peuple ; et les États héréditaires de l'Autriche, malgré leur soumission et leur longanimité, aspiraient eux-mêmes à un peu plus de liberté. Tous ces événements accomplis ou en germe exerçaient dans les lagunes une influence mystérieuse sur les esprits, et il le fallait bien, car le comte Correr, podestat de Venise, assisté de ses principaux conseillers, eut assez de courage pour adresser à l'archiduc vice-roi une requête afin d'obtenir l'élargissement des prisonniers.

L'arrestation de Manin et de Tommaseo, dont les noms étaient depuis longtemps populaires dans Venise, y occasionna une vive irritation, d'autant plus vive que la requête du podestat avait été dédaigneusement rejetée par le vice-roi. Les Véni'iens, dont l'imagination est vive et féconde, avisèrent à d'autres moyens pour donner aux prisonniers une preuve de leur touchante sympathie : le carnaval se passa sans la moindre réjouissance ; les salles de spectacle restèrent vides ; les bals de société furent supprimés, et les classes aisées ne sortirent qu'en habit de deuil ; les bank-notes de la Banque de Vienne furent opiniâtrément refusées par les négociants, les banquiers et les simples rentiers. De leur côté, les ouvriers de l'arsenal, les gondoliers cherchant à intéresser les soldats autrichiens à la cause nationale, fraternisaient avec eux et sablaient ensemble de fréquentes rasades. Cette agitation locale était sans cesse entretenue par les fréquentes nouvelles que l'on recevait de l'extérieur : Naples et la Toscane venaient de recevoir une constitution ; Milan secouait ses chaînes ; la démocratie était triomphante à Paris, et Vienne l'immuable allait elle-même entrer dans la voie des réformes. Radetzki crut arrêter l'élan général en proclamant l'état de siége dans tout le royaume lombardo-vénitien ; mais il ne fit que rendre l'excitation plus violente. Malgré la volonté du gouverneur, une garde civique s'organise à Venise : elle s'arme avec ses propres ressources et arbore le drapeau national ; le gouverneur comte Palffy, tout étonné, s'adresse tour à tour au podestat et à son prisonnier Manin pour trouver les moyens de calmer cette effervescence ; mais ni Manin ni le podestat ne vinrent à son aide.

Au reste, tout semblait combiné à Venise pour assurer le succès du mouvement insurrectionnel qui allait s'opérer ; jamais la garnison de cette ville importante n'avait été si faible : deux bataillons de Croates, deux bataillons d'Autrichiens parmi lesquels se trouvaient incorporés un grand nombre d'Italiens, en tout quatre mille hommes, étaient préposés à la garde d'une cité de cent mille âmes, divisée en cent trente-huit îlots indépendants, qui, au besoin, auraient pu former autant de citadelles ; et pour diriger ces forces quels chefs inhabiles et mal préparés à la crise ! Le comte Palffy, gouverneur général, hongrois d'origine, était partisan sincère du pouvoir absolu, mais ennemi non moins déclaré des moyens violents. Irrésolu par caractère, esprit sans portée et vain, il méprisait souverainement les Vénitiens et les croyait incapables de toute détermination énergique ; c'est dans cet aveuglement fatal qu'il aborda la révolution. Le général comte Zichy, commandant supérieur des troupes de terre, était devenu Italien par son long séjour dans la péninsule; il avait épousé une jeune Milanaise et avait adopté les mœurs, les habitudes et jusqu'aux idées des populations au milieu desquelles s'était écoulée une grande partie de son existence. — Le commandement supérieur de la marine avait été déféré depuis quelques années au feld-maréchal Martini, vieillard sans influence et sans capacité. Le seul homme qui eût été capable par sa vigueur, par ses connaissances, par son caractère dur et intraitable, de tenir tête à l'orage, était le colonel Marinowich, commandant en second de la marine : l'arsenal et les forts étaient sous ses ordres; ainsi d'un mot il pouvait tout incendier, tout détruire à Venise; et il l'aurait fait au besoin. Les ouvriers de l'arsenal, les *arsenalotti* le détestaient, et les matelots de l'escadre tremblaient à sa voix. Nous allons bientôt voir à l'œuvre ces divers personnages.

Des bruits confus étaient parvenus à Venise et annonçaient de graves événements accomplis à Vienne (13 mars). On s'adresse au gouverneur pour savoir la vérité. Mais il n'a pas d'instructions et reste muet. — « Eh bien! rendez-nous « Manin et Tommaseo », s'écrie le peuple qui stationnait impatient sous ses balcons, « nous les voulons. *Vogliamo e presto!* » — « Les prisonniers ne sont pas « sous ma garde; adressez-vous au chef de la police! » A ces réponses dilatoires et négatives, les mille voix du peuple ripostent par un solennel : « *Abasso il governo! Viva Manin! Viva san Marco!* » Et à ces cris stridents s'ouvrent comme par magie les portes de l'ancienne inquisition d'État : Manin et Tommaseo sont libres. Venise avait enfin des chefs! (17 mars). Les officiers autrichiens essayèrent bien de comprimer cet élan; mais sans ordres supérieurs ils furent mal obéis, et les soldats fraternisèrent avec la garde civique. Décidément ce jour-là Venise s'appartenait bien elle-même. Cependant l'arsenal et les forts qui l'entourent sont toujours au pouvoir des Autrichiens, et le terrible Marinowich a pris déjà ses dispositions pour foudroyer la ville. Les ouvriers de l'arsenal ont compris ses manœuvres; ils se présentent sans armes à la porte du commandant et demandent à lui parler : — « Que me voulez-vous? dit Marinowich à un charpentier qui s'avançait à la tête de ses compagnons. — Te tuer! » lui répond celui-ci, et en prononçant ces mots il frappe au cœur Marinowich d'un coup de pointe de compas. Venise maintenant appartenait tout entière aux Vénitiens (22 mars). Les dix mille fusils qui se trouvaient dans l'arsenal furent aussitôt distribués à dix mille volontaires qui les reçurent aux cris mille fois répétés de : « Vive la liberté! Vive la République! Vive saint Marc! » Et Manin adresse aussitôt au peuple la proclamation suivante :

Vénitiens!

Je sais que vous m'aimez; et, au nom de cet amour, je vous demande que dans la manifestation légitime de votre joie, vous vous comportiez avec la dignité qui convient à des hommes qui méritent d'être libres!...

En effet, le sang de Marinowich fut le seul versé en expiation de trente-trois années d'oppression, de tortures et d'humiliation! C'est qu'au fond le peuple des lagunes est doux, humain et sincèrement religieux. Aux cris de : « Vive saint Marc! », le vénérable patriarche de Venise, croyant voir renaître les antiques splendeurs de son église, s'empressa d'exposer, comme cela avait lieu autrefois dans les événements solennels, l'image de la Madone, que l'on dit peinte par saint Luc; puis il sortit spontanément de la vieille basilique à la tête de son clergé, et donna la bénédiction au peuple vainqueur agenouillé sur la place Saint-Marc, appelant sur lui et sur ses actes la protection divine Pendant que ces événements s'accomplissaient, le comte Palffy et le général Zichy restaient immobiles dans leurs palais! Les délégués de Manin s'y transportent et obtiennent sans conteste la résignation de leurs pouvoirs. Toutes les troupes autrichiennes, tous les commandants des forts reçurent l'ordre d'évacuer l'*estuario* (la zone municipale de Venise); les armes, les munitions, les caisses publiques, restèrent au pouvoir des Vénitiens ainsi que les vaisseaux de l'escadre. En signant cette honteuse capitulation, le général Zichy, les yeux baignés de larmes, s'écria : « Que « l'Italie se souvienne que je lui ai payé ma dette de reconnaissance aux dépens « de mon honneur! » Il aurait pu ajouter et «aux dépens de ma liberté»; car depuis 1848 il expie dans la captivité sa déplorable faiblesse.

Le 23 mars, la république de Venise fut proclamée, et Manin mis à sa tête. Le nouveau gouvernement se composa de cinq ministres chargés de diriger la guerre, la marine, les travaux publics; Manin s'était réservé les affaires étrangères, et son ami Tommaseo l'instruction publique; un honorable artisan, le tailleur Toffoli, fut également revêtu du titre de ministre, mais sans portefeuille; et un conseil, composé d'hommes éminents, fut en outre annexé au pouvoir exécutif avec le titre de *consulte d'État*. Les canons de l'arsenal saluèrent l'avénement ou plutôt la restauration de la République; les consuls de France, de Suisse, de Sardaigne et des États-Unis hissèrent leurs pavillons en signe d'adhésion des puissances qu'ils représentaient; — le peuple applaudit avec enthousiasme; et la garde civique présenta les armes : la révolution de Venise était ainsi consommée.

Cette apparente résurrection de l'ancien gouvernement de Venise inspira, en dehors des lagunes, de grandes défiances; car Vive saint Marc! Vive la République! c'était dire aussi : Vivent les Doges! — Vive le Conseil des Dix! — Vive l'ancien patrimoine! Sans se rendre bien compte des circonstances qui avaient déterminé cette acclamation, on crut que Venise voulait se séparer du reste de l'Italie et qu'elle allait exhumer ses anciennes prétentions de suprématie. C'était là une grave erreur, qui aurait pu devenir fatale à Venise si l'Italie avait définitivement conquis sa liberté. Le mouvement insurrectionnel qui avait éclaté dans les différentes parties de la péninsule avait été inspiré par l'aristocratie et le Piémont; à Venise, au contraire, ainsi que le constatait avec beaucoup de sagacité le consul de France Limperani, dans sa dépêche adressée au ministre des affaires

étrangères (22 août 1848) : « A Venise, disait ce diplomate, c'est le peuple seul
« qui a fait la révolution ; ce sont les énergiques manifestations des ouvriers de
« l'arsenal qui ont frappé de terreur les chefs des troupes autrichiennes et ont
« amené la capitulation. » Or, il fallait à ce peuple un drapeau, un cri de ralliement, qui eussent à ses yeux un prestige, une signification : Vive saint Marc!
Vive la République! c'était lui dire : « Chassons les dominateurs étrangers, et
« revenons à cette glorieuse république qui pendant quatorze siècles fut honorée
« et respectée dans tout l'univers! » Mais les provinces de terre ferme, qui avaient
autrefois fait partie de l'ancienne république et qui aujourd'hui rêvaient leur
propre indépendance, furent choquées de ces prétentions, comme le fut l'aristocratie de Milan, tout orgueilleuse de ses récents triomphes, comme le fut aussi
l'Angleterre qui se prit à avoir des inquiétudes pour ses îles Ioniennes, anciennes
dépendances de Venise. D'un autre côté le ton rogue de Manin, ses formes hau-
taines et presque dictatoriales ne confirmaient que trop ces appréhensions; on
eût dit que dans cette circonstance les Vénitiens et leur chef n'avaient eu les yeux
fixés que sur le passé : le peuple, pour faire oublier l'apathique insouciance qu'il
avait montrée pendant un demi-siècle; — Manin, pour prouver à l'Europe qu'il
n'y avait entre lui et le dernier doge qui avait si lâchement livré la république,
d'autre ressemblance que le nom! et d'ailleurs, qu'importait à Manin Rome et
l'Italie! ne comptait-il pas sur la généreuse intervention de la France républicaine? car il avait pris au sérieux l'éloquent manifeste de M. de Lamartine, et
tous les jours il en relisait ce passage qui semblait expressément écrit pour Venise :
« Si l'heure de la reconstruction de quelques nationalités opprimées en Europe
« nous paraissait avoir sonné dans les décrets de la Providence, la République
« française se croirait en droit d'armer elle-même pour protéger ces mouve-
« ments légitimes de croissance et d'émancipation. » Aussi, disait-il sans cesse à
ceux qui l'interrogeaient sur l'avenir de Venise : « Allez, soyez-en certains, la
« France n'abandonnera pas sa *jeune sœur de l'Adriatique!* » Mais, hélas! ce
n'était qu'un brillant mirage : Venise n'obtint de la France et de l'Italie que des
expressions vagues de froide sympathie; le pape lui-même, qui lui adressa une
bulle autographe, ne lui tint qu'un langage équivoque : « Que Dieu bénisse
« Venise, en la délivrant des maux qu'elle craint, » lui disait le saint-père, « et
« que dans les ressources infinies de sa toute-puissance, il daigne conserver à son
« peuple le bonheur qu'il mérite. »

Quoique abandonnée à elle-même, Venise ne continua pas moins son œuvre
d'affranchissement si heureusement commencée. Le 23 mars, la garde civique de
Mestre s'empare de la forteresse de Malghera; les Autrichiens effrayés n'opposent
aucune résistance; — Chioggia (*Fossa-Claudia*), ville de vingt-deux mille âmes
qui commande l'embouchure de la Brenta, et dont le nom est associé à l'une des
plus belles époques de l'ancienne République, est abandonnée par la garnison, et
le fort San-Felice, qui domine la ville, est enlevé par des pêcheurs; — le stratagème

hardi de l'ingénieur Duodo détache Palma-Nuova de l'Autriche ; — le 24, Padoue est évacuée sur les ordres de Radetzki ; — Trévise et Udine capitulent sans coup férir ; — à Brescia, à Curtatone, à Vicence, la résistance est faible et cède bientôt à l'élan du patriotisme ; enfin, au bout de quelques jours, des huit provinces qui composaient l'ancienne Vénétie, une seule, celle de Vérone, où était la division de réserve de Radetzki, reste au pouvoir de l'Autriche. Manin fait marcher de front la conquête et l'organisation : par ses discours, par sa présence multiple, par son activité, il excite partout l'enthousiasme ; tandis qu'il diminue les impôts, qu'il supprime la taxe personnelle si odieuse aux Vénitiens, qu'il réduit du tiers le prix du sel ; qu'il affranchit de tous droits l'entrée des petits bateaux, les caisses se remplissent au moyen de dons patriotiques ; de nombreux bataillons de garde mobile se complètent et un magnifique corps d'artillerie s'improvise ; les forts de Brondolo, de Malghera, de Tre-Porti, qui commandent les trois principales entrées de Venise, reçoivent un armement considérable, et devant chaque canal stationne une chaloupe canonnière.

Manin ne se borna pas à tout prévoir pour la sécurité intérieure des lagunes : il voulut aussi que Venise concourût à la défense de l'Italie ! Et dans ce but il envoya sur le continent un corps considérable de volontaires que le peuple appela *I crociati* (les croisés) pour caractériser la noble mission qu'ils allaient remplir ; enfin pour faire cesser les interprétations malveillantes qui avaient accueilli l'acclamation de l'ancienne République, il obtint de l'Assemblée nationale que le nouvel état prendrait le nom de République Vénète : c'était à la fois consacrer des souvenirs de gloire et écarter toute idée de ville dominante, de territoire soumis. Cette concession tardive fut insuffisante : les villes de Trévise, de Rovigo, de Padoue, de Vicence sommèrent Venise de se démettre de toute attribution souveraine et de reconnaître l'autorité suprême de Charles-Albert, ainsi que l'avait fait Milan, ainsi qu'elles-mêmes étaient disposées à le faire. L'abandon de ces provinces privait Venise de toute espèce de ressources : sans territoire, sans commerce, bloquée par les escadres autrichiennes, elle était hors d'état de subvenir à l'existence de sa propre population ; ses finances ne lui offraient qu'un horrible déficit ; le revenu public fournissait à peine 190,000 livres par mois, tandis que dans le même espace de temps les dépenses urgentes dépassaient 2,200,000 livres ; la différence était comblée par des dons volontaires ou par des emprunts. Malgré cette situation déplorable, Manin et Tommaseo s'indignaient d'une telle proposition : patriotes et républicains avant tout, ils ne voulaient à aucun prix accepter une domination étrangère et encore moins celle d'une monarchie. Sur ces entrefaites, on signale l'arrivée devant Venise de la flotte sarde : aussitôt les partisans de Charles-Albert, car ce prince avait des agents secrets et dévoués dans les principales villes de l'Italie, s'agitent dans les lieux publics et crient : *Viva Carlo-Alberto, la spada dell' Italia!* Le peuple s'émeut à ces cris, en présence surtout du secours providentiel qui lui arrive ; les brillantes victoires de Pastrengo, de Goito, de Peschiera, de Rivoli, remportées par les Piémontais sur les Autrichiens contribuèrent en outre à exalter l'opinion publique en faveur de celui que l'on considérait alors comme le sauveur de l'Italie. Le roi de Naples, qui, lui aussi, s'était mis un instant à la tête de la coalition contre l'Autriche, venait de s'en détacher brusquement sans avoir combattu : il avait retiré sa flotte de l'Adriatique, et l'on avait vu entrer seul à Venise, comme un simple volontaire, le général en chef des armées napolitaines, le brave général Pepe, qui, ne voulant pas s'associer à un si lâche abandon, était venu offrir à la République, à défaut d'une armée, son épée et sa vieille expérience.

Sous la pression de ces événements et malgré ses répugnances personnelles, Manin proposa à l'Assemblée nationale l'accession qu'on lui proposait ; Tommasco combattit à outrance cette proposition ; mais la plupart des membres étaient gagnés, et à la majorité de 127 voix contre 6, il fut décidé que l'union pure et simple de Venise au Piémont aurait lieu immédiatement. Aussitôt après ce vote, la croix de Savoie remplaça le lion ailé de Saint-Marc, et Manin fut solennellement remercié des services qu'il avait rendus à la patrie (3 juillet 1848). Ainsi succomba, après cinq mois d'une honorable et laborieuse existence, la république démocratique fondée à Venise le 22 mars ; mais hélas ! cette nouvelle transformation ne devait pas être de longue durée !

Les commissaires piémontais chargés d'organiser la nouvelle administration de Venise différèrent de quelques jours leur arrivée dans les lagunes ; et il suffit de ce court intervalle de temps pour bouleverser la fortune de Charles-Albert. Le 23 juillet, Vérone était reprise par les Autrichiens, et l'armée sarde se repliait sur le Tessin ; le 4 août elle fut complètement battue à San-Donato. Pour conserver à son fils la couronne, Charles-Albert résigna ses pouvoirs et livra sans remords les Lombards et les Vénitiens à la colère de leur ennemi ! Cette triste nouvelle arriva à Venise, étrange caprice du hasard ! le jour même où les commissaires piémontais consignaient dans un acte officiel l'annexion *à perpétuité* de Venise et de son territoire au royaume de Sardaigne ! Ainsi, l'abandon de ces provinces avait été consenti avant même que la prise de possession en eût été régularisée ! Honteux de leur tâche, les commissaires sardes s'enfuirent précipitamment et la flotte disparut. Le peuple cria alors à la trahison : « *Viva Manin !* « *viva san Marco !* s'écriait-il en pleurant ; voilà ceux qui ne nous ont jamais « trahis ! »

Sans rancune, sans forfanterie, Manin s'offrit de nouveau pour tenir tête aux dangers qui allaient fondre sur la commune patrie. « L'ennemi est à nos portes ! « La situation exige le dévouement d'un honnête homme. Eh bien ! je serai cet « honnête homme ; j'accepte encore le pouvoir ; *governerò io!* » Ces mots énergiques adressés du haut du balcon du palais au peuple électrisèrent tous les esprits, rassurèrent tous les cœurs. Le 13, Manin convoque les représentants et, sans accuser personne, leur fait connaître l'état au vrai des choses. « La haute

« Italie, leur dit-il, est dans une situation déplorable; dans l'incertitude où nous
« sommes, nous ne devons nous en rapporter qu'à nous-mêmes du soin de notre
« salut; c'est la guerre qu'il nous faut; c'est la paix au contraire que réclame
« l'Italie septentrionale; séparons-nous, afin de ne pas nuire à nos tendances
« réciproques ! » Séance tenante, et par acclamation, les pouvoirs les plus étendus, les plus absolus furent confiés à Manin; c'était une espèce de dictature.
Manin prit pour auxiliaires le général Cavedalis et le contre-amiral Grazziani;
Tommaseo se rendit à Paris afin d'y solliciter un regard d'intérêt ou de pitié en
faveur de la république de Venise.

Voici quelle était, dans ce moment critique, la situation de Venise au dedans
et au dehors.

Les Lombards et les Piémontais vaincus, la flotte sarde hors de l'Adriatique,
les Autrichiens songèrent à bloquer étroitement les lagunes : du côté de la mer,
leurs vaisseaux se rapprochèrent de Venise et interceptèrent toutes les communications extérieures; du côté de terre, ils établirent le centre de leurs forces à
Mestre, qui est le point le plus rapproché de Venise et par où passe le chemin de
fer qui réunit cette ville à Milan. A la droite de Mestre, les différents corps de
l'armée autrichienne occupèrent : Fusine, Mira-Dolo, et s'étendirent le long de
la Brenta jusqu'à Cavanella, Cavarzere et Borgo-Forte; — à gauche ils occupèrent Favoro, Dese, San-Dona, La Cava et Cavallino sur le Sile. Toute cette
stratégie était depuis longtemps prévue. Les Vénitiens savaient bien que le point
le plus vulnérable de leur situation, celui qui attirerait toute l'attention des Autrichiens, serait la tête du viaduc du chemin de fer qui relie aujourd'hui Venise au
continent. Cette magnifique construction, l'une des merveilles architecturales de
l'art moderne, franchit les lagunes sur une distance de 3,600 mètres au moyen
de 222 arches en pierre de taille divisées entre elles par cinq massifs en maçonnerie de 36 mètres de long. Ces cinq places ou *squares* servent à la fois à consolider l'ensemble de l'œuvre et à rendre plus facile le service des trains. S'emparer
d'une telle position, c'était se rendre maître de Venise.

Le viaduc des lagunes atteint Venise dans sa partie occidentale au quartier de
Canareggio; du côté de terre-ferme il passe sous le canon de Malghera; de là le
chemin de fer se dirige sur Mestre, petite ville située à deux kilomètres environ
de Malghera. Le quartier général des Autrichiens, avons-nous dit, était établi à
Papadopoli et à Mestre; Manin ne s'effraya pas de ces dispositions, car, par ses
soins, Malghera avait reçu de nouveaux ouvrages qui en faisaient une place de
premier ordre : ce fort avait été primitivement construit par Napoléon en 1810,
pour protéger le canal de Mestre, qui était alors la principale voie de communication de Venise avec la terre ferme; aujourd'hui il commandait le viaduc du
chemin de fer et présentait à l'ennemi quatorze points fortifiés et deux forts latéraux, le tout armé de cent soixante pièces d'artillerie; Malghera était, en outre,
pourvu de casemates assez larges pour loger 2,000 hommes. Le pourtour des

lagunes, en face de Venise, était hérissé de trente-six fortins en parfait état de conservation, bien gardés et défendus par 1400 canons. Quatre corvettes, six bricks et un bateau à vapeur surveillaient les passes principales, tandis qu'une centaine de péniches, montées chacune par quinze marins armés, croisaient en tout sens la lagune, rasaient la côte ou longeaient le viaduc pour déjouer les entreprises de l'ennemi. Dans Venise ou dans les places de Brondolo, de Chioggia, de Burano de Trè Porti et de Burano, qui forment la seconde zone de fortifications, était concentrée une armée de 24,000 hommes, miliciens, vénètes ou volontaires, venus de toutes les parties de l'Italie. Ces troupes étaient sous le commandement en chef du général Pepe, excellent patriote, général médiocre, affaibli par l'âge, mais jeune encore par son zèle et son dévouement.

Pour le moment, la situation était excellente; mais que peuvent les meilleures armées, les places les mieux fortifiées, lorsque étroitement bloquées, elles sont sans ressources intérieures et hors d'état de se recruter ou de se ravitailler? Tel était le cas de Venise. Toutefois, en prolongeant cette situation, il y avait encore bien des espérances à concevoir : la Bohême et la Hongrie se soulevaient; le Piémont avait la ferme intention de se mesurer de nouveau avec l'Autriche; Mazzini régnait à Rome; dans Francfort, à Berlin, la démocratie s'agitait, et puis une étincelle électrique pouvait encore jaillir de Paris, et tout était de nouveau mis en question; aussi, en présence de la situation générale de l'Europe, et malgré l'isolement actuel de Venise, l'Assemblée nationale décida que l'on tiendrait énergiquement tête à l'ennemi. Les caisses étaient vides : on donna cours forcé aux billets de banque; mais les pourvoyeurs, chargés de faire des acquisitions de vivres en terre ferme, ne pouvaient les solder avec ces valeurs; aussitôt les banquiers, les négociants, les familles aisées envoyèrent au gouvernement leur or et leur vaisselle pour frapper du numéraire; pas une Vénitienne ne voulut conserver de bijoux. Un instant on eut l'idée de vendre quelques-uns des objets d'art que possède Venise en si grand nombre : « N'aliénons pas ces trésors que nous « ont légués nos ancêtres, dit Manin; dans ces chefs-d'œuvre il y a quelque chose « de leur génie et de leur grandeur d'âme, transmettons-les à nos enfants, afin « qu'ils sachent mieux ce que valaient leurs ancêtres! Défendons la patrie; sau« vons-la, s'il est possible, mais ne la dépouillons pas! » et, pour donner une nouvelle preuve de son dévouement, Manin renonça à toute espèce de traitement, jusqu'à ce que Venise fût sauvée. Les riches capitalistes garantirent aussitôt un emprunt de quatre millions de livres!

Certes, s'il ne fallait que de l'élan et du patriotisme pour délivrer une nation des étreintes d'un ennemi puissant, Venise aurait été sauvée! Sans mesurer leurs forces, les Vénitiens s'élancent une seconde fois hors des lagunes et attaquent les Autrichiens dans leurs retranchements; ils leur enlèvent des pièces de canon et les poursuivent jusqu'à Padoue; mais ce ne fut là qu'un heureux hasard : une lutte aussi inégale ne pouvait, tôt ou tard, qu'être funeste aux Vénitiens s'ils

n'étaient soutenus par quelque grande puissance. L'Angleterre, par l'organe de lord Palmerston, refusa dédaigneusement cette mission; la France ne fut pas si explicite : par sa lettre du 4 août 1848, M. Bastide, alors ministre des affaires étrangères, annonçait qu'une médiation, proposée à l'Autriche et acceptée, allait ouvrir ses conférences, et qu'en même temps des forces navales étaient envoyées dans l'Adriatique. En effet, le vaisseau *le Jupiter* et la frégate *la Psyché*, ne tardèrent pas à déployer leurs pavillons en vue de Venise, mais pour n'exercer qu'une froide neutralité. Un mois après sa première dépêche, prévoyant qu'un notable changement allait survenir dans la politique de la France, M. Bastide écrivait à Manin une nouvelle lettre, pleine de sinistres prévisions, et que l'on peut considérer comme le premier glas de l'indépendance vénète. « J'ignore quel ave-
« nir Dieu réserve à mon pays, disait ce ministre; mais, tant que je dirigerai ses
« affaires au dehors, la France n'abandonnera pas la cause de Venise, car vous
« êtes de braves gens qu'une nation de cœur ne peut laisser périr. Je considère
« qu'une attaque contre Venise serait, de la part des Autrichiens, une violation
« de notre médiation acceptée; qu'il en serait de même d'un blocus conduit de
« manière à amener la reddition forcée de Venise. J'ai, en conséquence, pris
« toutes les mesures en mon pouvoir pour empêcher attaque et blocus effectifs.
« Il y a, je le sais, une politique qui voudrait faire de Venise la rançon de la Lom-
« bardie [1]. Cette politique n'est point la mienne; jamais je n'accepterai un traité
« de Campo-Formio. Si donc j'étais sûr de rester au pouvoir, je vous dirais d'*avoir*
« *toute confiance;* mais la France touche à une crise qui peut amener d'autres
« hommes et d'autres principes. Je ne réponds que de ma bonne volonté et de
« celle de mon gouvernement. » Maintenant il n'y avait plus pour les Vénitiens d'autre parti à prendre que celui de combattre en désespérés; car l'Autriche leur avait assez appris, en confiant au général Haynau l'investissement des lagunes, que l'attaque serait sans quartier.

La saison de l'hiver fut employée à compléter le système de défense intérieure et à combiner des plans d'attaque contre l'Autriche, soit avec la Hongrie, soit avec Rome, soit avec le Piémont; aussi Venise se trouva-t-elle prête à marcher, lorsqu'au printemps de 1849, Charles-Albert jugea convenable de reprendre les hostilités. A la tête d'un corps de huit mille hommes, le général Pepe débarqua à Chioggia avec l'intention d'attaquer les Autrichiens et de les refouler contre

---

[1] En effet, M. de Lamartine dit dans son *Histoire de la Révolution de 1848*, tome II, page 262 : « Effrayée des insurrections qui agitaient l'Empire, l'Autriche me fit faire deux fois des communica- « tions semi-officielles qui avaient pour but l'abandon de la Lombardie et des duchés de Parme, « et la constitution à Venise d'une vice-royauté indépendante sous l'autorité d'un prince de la « maison d'Autriche. Lamartine n'hésita pas à reconnaître que ces propositions satisfaisaient large- « ment aux légitimes ambitions d'affranchissement de l'Italie et à encourager le cabinet autrichien à « des négociations sur ces bases. Il n'eût été ni homme d'État, ni patriote, s'il les eût repoussées; « car la conclusion d'un arrangement pareil permettait à la République (française) de rectifier une « de ses frontières ébréchées après les Cent-Jours par le second traité de 1815, et il y pensait de « loin. »

l'Adige ; il réussit en effet à Conche et à Sainte-Marguerite (19 mars) ; mais le 23, Charles-Albert perdit la bataille décisive de Novare. C'en était fait maintenant de la liberté en Italie; la France elle-même répudiait cette noble cause; ses armées allaient assiéger Rome! Le général Pepe fut obligé de se replier sur Venise et de se consacrer exclusivement à la défense de la ville et de ses dépendances immédiates (*l'Estuario*). Le général Haynau crut que ce retour inattendu allait jeter la panique parmi les Vénitiens et saisit cette circonstance pour les sommer de se rendre. L'Assemblée nationale consultée, Manin fit répondre que tout le monde à Venise était décidé à se défendre jusqu'à la dernière extrémité, et aussitôt le drapeau rouge, signal d'une guerre à mort, fut arboré sur la tour Saint-Marc. « Lorsque les Vénitiens auront entendu siffler nos bombes, dit le général Haynau « en voyant cette démonstration, ils ne seront pas si arrogants ; » et il fit presser activement les opérations du siége de Malghera, le seul point par où il aurait été possible d'entrer à Venise si on l'eût soudainement enlevé. Mais en ce moment Malghera comptait 2,500 hommes de garnison, tous aguerris et bien disciplinés ; ses remparts étaient hérissés de 200 pièces d'artillerie, et dans ses magasins il y avait abondance de vivres et de munitions. Un jeune officier supérieur de l'armée napolitaine, le colonel Ulloa, brave, instruit, dévoué à la cause de l'indépendance, commandait cette place.

Le 30 avril, la tranchée fut ouverte à mille mètres de Malghera ; six mille hommes y travaillaient nuit et jour; en sorte que les Autrichiens, malgré deux vigoureuses attaques, purent démasquer leurs batteries le 4 mai. A midi, soixante bouches à feu lancèrent simultanément contre Malghera une grêle de bombes, de boulets, d'obus et de fusées à la Congrève; la place y répondit vigoureusement, et de part et d'autre, un feu roulant fut entretenu pendant huit heures consécutives. Les habitants de Venise du haut de leurs terrasses assistaient pleins d'anxiété à cet horrible spectacle ; et le soir les femmes accoururent en foule à Malghera pour panser les blessés. Le feld-maréchal Radetski et le général Haynau croyant que cette journée avait suffisamment ébranlé le courage des Vénitiens, sommèrent le colonel Ulloa de rendre la place. « Quand notre dernière gargousse sera « brûlée, alors seulement nous y songerons ! » répondit fièrement le jeune colonel. Les Autrichiens essayèrent encore d'un autre genre d'intimidation : ils envoyèrent un parlementaire aux consuls étrangers résidant à Venise pour les inviter à faire sortir leurs nationaux de la place afin de ne pas les exposer aux dangers du bombardement qui allait avoir lieu; menace ou sollicitude bien vaine, puisque les batteries autrichiennes étaient encore à plus de cinq kilomètres de Venise! Néanmoins trois mille étrangers quittèrent la ville. Pour bien convaincre Radetski qu'ils n'étaient pas encore effrayés, les Vénitiens firent opérer par les garnisons de Tre-Porti et de Brondolo de vigoureuses sorties qui surprirent les Autrichiens et leur enlevèrent des troupeaux et un butin considérable. En présence de cette résistance opiniâtre, Radetski comprit que le général Haynau, excellent pour saire exécuter des massacres, était hors d'état de conduire un siége ; en conséquence il confia ce soin au comte de Thurn, officier beaucoup plus instruit. Celui-ci ordonna immédiatement de se rapprocher de Malghera et fit ouvrir une nouvelle parallèle à 500 mètres de la place. Après douze jours de travaux consécutifs, toujours interrompus par les assiégés, il put enfin démasquer ses batteries, et aussitôt cent cinquante pièces d'artillerie commencèrent leurs effroyables décharges. Les Vénitiens y répondirent par cent soixante bouches à feu : de cinq heures du matin à sept heures du soir les Autrichiens tirèrent 15,000 coups de canon contre Malghera ; le 25, le feu continua avec la même ténacité ; le 26, les canons à la Paixhans avec leurs boulets de 80 livres, furent mis en activité et causèrent d'horribles ravages ; le 27, l'assaut devait être donné, et Ulloa se préparait avec sang-froid à soutenir cette lutte suprême, lorsque Manin, assisté du général Pepe et d'un conseil de guerre, décida que Malghera serait évacué dans la nuit et les canons encloués. Durant ces vingt-cinq jours de siége, Malghera avait supporté le choc de 40,000 projectiles, bombes ou boulets ; la majeure partie de ses pièces était démontée, une portion considérable de la garnison avait été tuée ou mise hors de combat par le feu de l'ennemi ou par les fièvres ; les dépôts de vivres étaient incendiés et une poudrière avait sauté. Prolonger plus longtemps la défense, c'était exposer en pure perte les débris de cette brave garnison à la sauvage cruauté des Autrichiens ! D'ailleurs l'abandon de Malghera ne compromettait pas précisément l'existence de Venise, il ne faisait qu'aggraver sa position. Les Autrichiens purent ainsi rapprocher leurs batteries de la ville et lui faire éprouver toutes les angoisses d'un bombardement ; mais quel qu'eût été le succès de leur tir ils n'auraient pu encore y pénétrer, car en abandonnant Malghera, les Vénitiens avaient eu la précaution d'établir sur la ligne du viaduc une large solution de continuité, en faisant sauter dix-neuf arches et en prenant eux-mêmes une forte position sur l'un des *squares* de cette ligne.

A son retour dans Venise, la garnison de Malghera fut passée en revue par Manin et comblée d'éloges pour son courage et son dévouement. Le peuple entourait avec un frémissement d'orgueil ces braves soldats qui venaient de payer si noblement leur dette à la patrie ; les enfants leur baisaient les mains ; les hommes les pressaient sur leur cœur, et les femmes se disputaient l'honneur de leur donner l'hospitalité, afin de leur faire oublier au foyer domestique les longues souffrances du siége. Manin récompensa leur chef, l'intrépide colonel Ulloa, en l'élevant au grade de général.

Les Autrichiens, peut-être plus fatigués que les Vénitiens eux-mêmes de cette longue lutte, les sommèrent pour la troisième fois de se rendre (31 mai). En réponse à cette sommation, l'Assemblée nationale décréta que « Venise résiste-« rait à tout prix (*ad ogni costo*), » et le 1er juin les pouvoirs les plus étendus, les plus absolus furent de nouveau conférés au dictateur Manin, pour veiller à la défense de Venise et sauvegarder son honneur. Il fallut donc s'apprêter de nouveau à combattre : la lice de cette espèce de champ-clos était étroite, mais de part et d'autre l'ardeur était extrême. C'est sur le pont des lagunes que va s'accomplir la dernière scène du douloureux drame dont nous avons entrepris le récit. Les Vénitiens choisirent pour leur poste de combat le troisième *square*, ou terre-plein, qui coupe le viaduc : il offre trente-six mètres de large sur cent de long. Là ils établirent une batterie de gros calibre; à six cents mètres en arrière, une seconde batterie fut élevée, et enfin une troisième à l'endroit où le viaduc débouche dans Venise. Le fort San Secondo, petit îlot situé à peu de distance de la deuxième batterie, armé de vingt bouches à feu, et autour duquel flottaient une douzaine de petits bâtiments de guerre, très-bien montés, complétait ces moyens de défense. Les Autrichiens, ne pouvant pas choisir leurs positions, durent s'arrêter à la coupure des dix-neuf arches du côté de terre ferme; mais là, élargissant au moyen de traverses le viaduc, qui n'a que neuf mètres de voie, ils parvinrent, malgré une vive résistance, à établir huit batteries en étagère, en arrière les unes des autres. Les premières devaient diriger leurs feux contre les batteries vénitiennes; les trois dernières, plus spécialement composées de mortiers, étaient destinées à bombarder la ville.

Malgré ces préparatifs formidables et cette situation alarmante, Manin ne désespérait pas encore de conquérir l'indépendance de Venise. Le 4 avril, il avait adressé aux cabinets de Londres et de Paris une lettre pleine de noblesse et de patriotisme, pour implorer une dernière fois l'intervention de la France et de l'Angleterre. Les droits et les malheurs de Venise y étaient exposés avec tant de chaleur, de clarté et de précision, qu'il se croyait presque assuré du succès. Nous reproduisons ici les parties essentielles de cette correspondance, car elles caractérisent parfaitement la révolution de Venise, et lui assignent un rang spécial dans l'insurrection générale de l'Italie. « C'est au nom de l'humanité et
« de la justice, disait Manin; c'est au nom de la légitimité et de la liberté que le
« peuple de Venise implore les effets, aussi prompts que possible, de cette média-
« tion bienfaisante que lui font espérer depuis quelques mois les gouvernements
« des plus puissantes et des plus libres nations de l'Europe. Nous allons rappeler
« des faits bien connus : mais le malheur nous y force, et le malheur, dignement
« supporté, quand même il serait dénué de tout autre droit, est à lui seul un
« titre auprès des cœurs généreux. Venise, sortie de ses lagunes comme une
« création du libre arbitre et de la persévérance humaine, comme une pro-
« testation violente contre la violence étrangère, fit de son histoire une consé-
« quence immédiate de son origine. Les moyens spontanés par lesquels elle
« acquit et garda ses domaines, la façon dont elle perdit et ses domaines et
« son existence politique, concourent à témoigner de ses droits. Tout en lui
« promettant une liberté plus vraie que celle qui lui était connue, on la livra à
« une puissance qui n'avait pas même alors sur elle le droit du plus fort. La
« Sainte-Alliance, dont le rôle était de faire respecter tous les droits qu'on disait

« violés par la révolution et la guerre, la Sainte-Alliance ne songea pas à Venise.
« L'Autriche, dont les proclamations animaient les Italiens à la guerre contre la
« France, en leur donnant l'espoir de recouvrer leur vie nationale et l'héritage
« de leurs souvenirs, l'Autriche n'a pas tenu ses promesses. L'Angleterre et la
« France, qui ont reconnu la légitimité du mouvement sicilien, ne peuvent
« sans doute refuser leur appui à notre délivrance, dont la légitimité repose sur
« des fondements sacrés. Si d'autres États italiens ont naguère rejeté le secours
« de la France, Venise, au contraire, a constamment sollicité l'appui de la France
« et de l'Angleterre, notre correspondance et nos rapports diplomatiques en font
« foi. Le titre principal de Venise à l'appui des puissances n'est pas autant dans
« ce qu'on lui a fait ou ce qu'on lui a promis, que dans sa propre souffrance et
« la manière dont elle sait l'endurer. L'histoire des révolutions ne présente pas
« beaucoup d'exemples d'un amour de l'indépendance allié à un tel esprit de
« sacrifices. Point de factions, point de tumulte, point d'ostentation, point de
« haine. La liberté nouvelle n'éteint pas l'ancienne piété; les habitudes d'une vie
« par trop pacifique font place à de rudes exercices, à des privations journalières
« que tout le monde supporte avec dévouement. La durée de la résistance est
« elle-même un titre, puisqu'elle démontre que ce n'est pas une ivresse turbu-
« lente, mais une volonté réfléchie. Ce que Venise sollicite, c'est que le joug de
« la cour de Vienne ne pèse pas désormais sur elle, c'est qu'on lui rende, non ce
« que le traité de Campo-Formio lui a ôté, mais son nom du moins, et ce qui est
« strictement nécessaire à son existence politique. Venise se place sous le patronage
« associé de l'Angleterre et de la France, et leur abandonne le choix des moyens.
« La diplomatie, dans ces négociations, aura beau jeu, puisque notre délivrance
« n'est pas une révolution, mais bien la reprise de nos droits historiques. »

A ce noble et touchant appel, dont chaque ligne exprime une angoisse, lord Palmerston ne répondit que par quelques phrases sèches et pleines d'indifférence. Il s'en référait, disait-il, aux traités de 1815, et ne pouvait donner d'autres conseils aux Vénitiens que celui de se soumettre à l'autorité de l'Empereur. M. Drouyn de Lhuys, au nom du gouvernement français, témoigna une vive sympathie pour Venise, fit l'éloge du courage et de la persévérance de ses habitants; et si, en définitive, il arrivait aux mêmes conclusions du cabinet anglais, il tempéra du moins par la douceur des formes la désobligeance de son refus. « Personne plus que nous, disait-il dans sa lettre au président Manin, ne rend justice au courage, à la modération, à l'abnégation de tout intérêt personnel que le peuple vénitien a apportés dans la défense de son indépendance. Si la liberté italienne eût été partout défendue ainsi, elle n'aurait pas succombé, ou du moins, en recourant à temps et après une honorable résistance, à la négociation, elle eût obtenu des conditions qui lui eussent assuré une partie des bénéfices de la victoire. Il en a été autrement : des fautes irréparables ont été commises, et les Vénitiens, qui n'ont pas à se les reprocher, doivent aujourd'hui, par la force des choses, en supporter les conséquences. Quelque illusion que puisse vous donner un généreux patriotisme, vous êtes trop éclairé, Monsieur, pour ne pas comprendre qu'après les événements accomplis, le cabinet de Vienne ne saurait être amené à vous accorder une existence complétement séparée, qu'il vous refusait à l'époque même où il consentait à l'accorder aux Lombards. Pour l'y déterminer, il faudrait ou des événements au-dessus de toute prévoyance humaine, ou une guerre générale qui serait pour l'Europe, dans les conjonctures actuelles, une si terrible calamité, que vous-même, Monsieur, vous pouvez à peine la désirer. Je vous en conjure donc, n'essayez pas plus longtemps de vous dissimuler les nécessités de la situation; usez, pour ouvrir les yeux de vos compatriotes, de l'autorité que vous ont justement acquise vos talents et vos services, et, sans perdre davantage un temps précieux, mettez à profit l'ensemble des circonstances qui, aujourd'hui encore, peut disposer l'Autriche à traiter Venise avec plus de ménagements, ou même à lui faire, sous une forme quelconque, des concessions importantes. Je n'ai pas besoin de vous dire que, si vous entrez dans cette voie, la France fera tout ce qui dépendra d'elle pour vous la faciliter. »

Après l'abandon formel de la France et de l'Angleterre, il restait encore aux Vénitiens une dernière espérance : Manin avait signé avec la Hongrie un traité d'alliance offensive et défensive, et Kossuth annonçait comme très-prochain un envoi de numéraire et l'arrivée dans l'Adriatique de deux frégates à vapeur qu'il avait achetées à Londres, mais ces secours, bien des fois promis, ne vinrent jamais, et Venise, réduite à la dernière extrémité, se trouva jusqu'à la fin seule pour résister à l'ennemi commun.

Les batteries établies par les Autrichiens sur le viaduc, commencèrent leur feu dès le 16 juin, et jouèrent sans intermittence jusqu'au 18 juillet; elles furent néanmoins impuissantes à abattre celles que les Vénitiens avaient élevées sur la même ligne, et, pendant plusieurs jours, les bombes et les obus n'atteignirent que faiblement la ville. On essaya, au moyen de ballons captifs, de faire éclater sur Venise des fusées à la Congrève, ainsi que des bombes incendiaires; mais ce nouveau procédé de destruction ne réussit pas mieux que les précédents. Alors on se décida (18 juillet) à donner aux canons et aux obusiers une inclinaison de 45 degrés, manœuvre qui permet, avec les mêmes pièces, de lancer des boulets et des bombes à la distance prodigieuse de 5 kilomètres. Par ce moyen, les projectiles pouvaient, en passant à une grande hauteur par-dessus les batteries organisées sur le viaduc, atteindre jusqu'au centre de la ville, et y occasionner de grands ravages. Une fois mis en pratique, ce tir barbare continua sans relâche, pendant un mois jour et nuit, jusqu'aux préliminaires de la capitulation; aussi, la partie occidentale de Venise, celle qui est le plus rapprochée du viaduc, les quartiers de Canareggio, de San-Samuele, de San-Barnaba, et jusqu'à l'hôpital de Santa-Clara, durent être abandonnés. Les malheureux habitants de ces quartiers, pâles, défaits, à demi nus, portant sur leurs têtes des matelas ou des débris de meubles, couraient au hasard dans les rues, demandant partout un abri et du pain! Un grand nombre se réfugièrent sur le quai des Esclavons et jusqu'à Castello, à l'extrémité orientale de Venise; d'autres vinrent camper sur la place Saint Marc; Manin fit ouvrir le palais ducal aux femmes, aux enfants et aux vieillards. En même temps que cet affreux bombardement se poursuivait avec une désespérante opiniâtreté, le blocus par terre et par mer devenait de plus en plus impénétrable; en vain les garnisons de Brondolo et de Treporti faisaient-elles de vigoureuses sorties; les Autrichiens, chaque jour plus nombreux, réparaient leurs pertes et resserraient leurs rangs. Insensiblement les légumes frais, la viande de boucherie, cessèrent d'arriver à Venise; dès les premiers jours de juillet, les habitants et la garnison n'eurent pour toute nourriture que de la polenta et des légumes secs; harassés de fatigue, mal nourris, mal couchés, sans cesse obligés de courir d'un quartier à l'autre pour éteindre les incendies (on en comptait jusqu'à deux et trois cents par jour!) les miliciens et les bourgeois ne tardèrent pas à être décimés par la fièvre; et bientôt le choléra vint à tous ces fléaux ajouter ses poignantes rigueurs. On ne voyait partout que maisons abandonnées, au front desquelles était attachée cette lugubre inscription : *chiusa per la morte del padrone!* (fermée après décès du propriétaire); les unes englouties par les bombes, les autres calcinées par les flammes!

En présence de cette calamité universelle, d'une situation si désespérée : les caisses sans numéraire, l'artillerie presque toute démontée, les magasins sans vivres, les arsenaux sans munitions, les pharmacies sans médicaments; car tout avait été épuisé pendant ces dix-sept mois de lutte et de blocus, l'Assemblée nationale se déclara dissoute et conféra tous ses pouvoirs à Manin, en l'invitant à faire cesser au plus tôt cette horrible situation; « l'humanité, disait-elle, com-« mande de mettre un terme aux sacrifices et aux souffrances de la population « vénitienne. (6 août) » Manin accepta avec courage cette difficile et suprême mission; mais ne voulant pas se montrer aux Autrichiens comme un négociateur aux abois, il offrit au baron de Bruck, ministre plénipotentiaire de l'empereur, résidant à Milan, d'ouvrir des conférences afin de s'entendre sur les clauses d'un traité pouvant se concilier avec l'honneur et le salut de Venise; le baron de Bruck répondit fièrement qu'il n'accepterait qu'une soumission pure, simple et absolue; Manin tourna encore la difficulté, et parvint, à force de négociations, par obtenir une capitulation qui stipulait bien la remise immédiate de Venise et de ses dépendances, mais qui autorisait aussi le départ libre de tous les corps de troupes au service de la République, y compris les officiers et les soldats qui avaient autrefois appartenu à l'Autriche, ainsi que celui de tous les fonctionnaires civils, et généralement de toutes les personnes qui ne voudraient pas habiter Venise sous la domination autrichienne. Cette capitulation fut signée, le 24 août 1849. Ainsi, après dix-sept mois d'existence, succombait la nouvelle république de Venise, rachetant par son énergie, par sa constance, par ses malheurs, la lâche pusillanimité des derniers jours de l'ancienne république et cette indifférence léthargique à laquelle les Vénitiens semblaient, depuis 1815, s'être à toujours condamnés. Par leur patriotisme, par leur héroïque dévouement à la cause de l'indépendance, les Vénitiens de 1848 ont prouvé à l'Europe qu'ils étaient vraiment dignes de la liberté, et qu'aucune des vertus de leurs ancêtres n'avait péri en eux ! Pour les montrer, il ne leur avait jusque là manqué qu'un chef. Aussi, malgré sa défaite, Manin peut, à bon droit, être considéré comme le régénérateur de la nationalité vénitienne !

LISTE CHRONOLOGIQUE

DES

DOGES DE LA RÉPUBLIQUE DE VENISE

ous plaçons cet Appendice à la fin de notre histoire, afin que le lecteur puisse d'un coup d'œil embrasser la longue série des divers chefs qui ont présidé aux destinées de la République depuis Paul-Luc Anafeste, premier doge, en 697, jusqu'à Daniel Manin, président et dictateur de la *République Vénète*, en 1848-1849. Quel que soin que nous ayons mis à indiquer ces changements, il nous a été cependant impossible, entraîné par le récit rapide des événements, de les mentionner tous, car ces mutations n'ont ni la même importance politique ni un enchaînement aussi intime que celles qui surviennent dans les monarchies héréditaires, où il semble qu'il y ait solidarité entre les divers membres d'une même race comme il y a eu communauté d'origine. En regard du nom de chaque doge, nous avons inscrit les événements les plus mémorables qui se sont accomplis sous son règne, afin que cette liste pût servir de repère pour l'histoire générale, lorsque précisément le nom du doge aurait été omis dans le cours du récit. Nous n'avons pas fait remonter cette table à une époque antérieure à l'institution des doges, parce que la liste des *consuls* (400-473), envoyés par Padoue pour gouverner le port de Rialto, ne nous est parvenue qu'incomplète ainsi que celle des *tribuns* des différentes îles qui formaient la confédération Vénète (474, 696). Sabellicus et Sansovino n'ont pu retrouver que les noms de quelques-uns de ces anciens chefs, et encore ne sont-ils pas toujours d'accord. D'ailleurs existât-elle, cette liste

hérissée de noms sans intérêt et sans signification politique ne serait d'aucun secours pour l'histoire, car nous croyons avoir suffisamment expliqué tous les changements politiques survenus dans les premières époques de la Confédération ou de la République.

Ans de J.-C.	Noms des Doges.	Durée de leur règne.	Événements principaux de chaque règne.
697.	Paul-Luc Anafeste	20 ans..	Signe avec le roi des Lombards un traité qui arrête les limites des deux États.
717.	Marcel Tegaliano	9 ans..	—
726.	Orso	11 ans..	Rétablit l'exarque de Ravenne dans sa souveraineté. Est tué dans une sédition

MAITRES DE LA MILICE.

737.	Dominique Leo	1 an...	—
738.	Felix Cornicula	1 an...	—
739.	Deodato Orso	1 an...	—
740.	Julien Cepario	1 an...	Joint au titre de maître de la milice celui de consul.
741.	Jean Fabriciaco	1 an...	Il a les yeux crevés et est déposé.

RÉTABLISSEMENT DES DOGES.

742.	Deodato Orso	13 ans..	Fixe la résidence du gouvernement à Malamocco. Reçoit de l'Empereur le titre de *consul impérial*. Étend le territoire de Venise. Est tué dans une émeute.
755.	Galla	1 an...	Il a les yeux crevés et est envoyé en exil.
756.	Dominique Monegario	8 ans..	On lui adjoint deux tribuns. Il a les yeux crevés et est chassé de Venise.
764.	Maurice Galbaio	15 ans..	Son fils Jean lui est adjoint comme collègue.
779.	Jean Galbaio	25 ans..	S'adjoint son fils Maurice. Ils font précipiter du haut d'une tour le patriarche de Grado. Sont excommuniés et chassés de Venise.
804.	Obelerio	8 ans..	S'adjoint successivement ses deux frères. Ont une entrevue à Thionville avec Charlemagne. Pépin s'empare de presque toute la Vénétie terrestre. Ils sont déposés tous les trois.
812.	Angelo Particiaco	15 ans..	Se fait donner successivement pour collègues ses deux fils Jean et Giustiniani. Charlemagne remet à Venise toutes les conquêtes de son fils. Le siége ducal est transféré à Rialto. Les reliques de saint Marc sont transportées à Venise.
827.	Giustiniani Particiaco	2 ans..	S'associe son frère Jean.
829.	Jean Particiaco	8 ans..	Comprime une insurrection dirigée par Obelerio, ancien doge déposé. Particiaco est à son tour déposé par le peuple, et réintégré au pouvoir par Louis le Débonnaire. Est enfermé dans le couvent de Grado, où il finit ses jours.
837.	Pierre Gradenigo	27 ans..	S'adjoint son fils Jean. La flotte vénitienne est anéantie par les Sarrasins à Tarente. Est mis à mort par des conjurés.

LISTE DES DOGES.

Ans de J.-C.	Noms des doges.	Durée de leur règne.	Événements principaux de chaque règne
864.	Orso PARTICIACO	17 ans..	S'adjoint son fils Jean. Repousse les Sarrasins. Agrandit le territoire de Venise. Apaise la querelle des patriarches d'Aquilée et de Grado.
881.	Jean PARTICIACO II	6 ans..	S'adjoint son frère Orso. S'empare de Comacchio et de Ravenne. Se démet de son autorité.
887.	Pierre CANDIANO	5 mois.	Périt dans un combat naval contre les Esclavons.
887.	Jean PARTICIACO	6 mois.	Est de nouveau investi des fonctions ducales.
888.	Pierre TRIBUNO	23 ans..	Chasse les Hongrois des lagunes.
912.	Orso PARTICIACO II	20 ans.	Abdique le dogat, se retire dans un monastère
932.	Pierre CANDIANO II	7 ans..	Agrandit les États vénitiens par ses conquêtes.
939.	Pierre BADOUER	2 ans..	— —
942.	Pierre CANDIANO III	17 ans..	S'adjoint son fils Pierre, qui se révolte contre lui et est banni de Venise.
959.	Pierre CANDIANO IV	17 ans..	Malgré l'exil qui le frappait, Pierre Candiano est appelé au dogat. Il est tué au milieu d'une sédition qu'il avait provoquée.
976.	Pierre URSEOLO Ier	2 ans..	Quitte Venise à l'insu de tout le monde, et se retire dans un couvent.
978.	Vital CANDIANO	14 mois.	—
979.	Tribuno MEMMO	13 ans..	Lutte avec difficulté contre les factions des Caloprini et des Morosini, et meurt de chagrin dans un couvent.
991.	Pierre URSEOLO II	18 ans..	Rebâtit et fortifie Grado. Conquiert les côtes de la Dalmatie. Ajoute au titre de doge celui de *duc de Dalmatie*.
1009.	Othon URSEOLO	17 ans..	Est chassé trois fois par les factions et trois fois rétabli.
1026.	Pierre CENTRANIGO	6 ans..	Est déposé et envoyé dans un couvent.
1032.	Dominique URSEOLO	1 an...	Abdique et s'expatrie à Ravenne.
1033.	Dominique FLABENIGO	10 ans..	Sous ce règne, les enfants du doge sont déclarés inhabiles à être associés au pouvoir.
1043.	Dominique CONTARENO	28 ans..	Fait rentrer Grado sous la domination de Venise.
1071.	Dominique SILVIO	13 ans..	La flotte vénitienne est anéantie sur les flots de la Pouille. Le doge est déposé.
1084.	Vital FALIERO	12 ans..	Prend les titres de *duc de Dalmatie* et *de Croatie*.
1096.	Vital MICHIELI	6 ans..	Dirige les flottes vénitiennes dans une croisade en Terre-Sainte, et défait les Pisans.
1102.	Ordelafo FALIERO	15 ans..	Reprend Zara sur les Hongrois. Meurt à la tête des armées.
1117.	Dominique MICHIELI	13 ans..	Conduit en Palestine une flotte considérable, et défait celle du soudan d'Égypte.
1130.	Pierre POLANO	18 ans..	Défait les Padouans. Meurt au siége de Corfou.
1148.	Dominique MOROSINI	8 ans..	Soumet l'île de Corfou.
1156.	Vital MICHIELI II	17 ans..	Signe la paix avec les Pisans, soumet le patriarche d'Aquilée et de Frioul; s'empare de Zara, de Trau et de Raguse, meurt au milieu d'une sédition

Ans de J. C.	Noms des Doges	Durée de leur règne	Événements principaux de chaque règne
1173.	Sébastien ZIANI	6 ans	Assiége Ancône, protége le pape Alexandre III contre l'empereur d'Allemagne. Il défait la flotte impériale.
1179.	Orio MALIPIER	14 ans	Arme une flotte pour la Palestine; abdique, et se retire dans un couvent.
1192.	Henri DANDOLO	13 ans	Chasse les Pisans de la ville de Pôle, fait rentrer Zara dans le devoir, coopère à la prise de Constantinople.
1205.	Pierre ZIANI	24 ans	Nouvelle expédition en Terre-Sainte. Prise de possession de Modon, de Coron et de Candie. Établissement de la *Quarantie civile*.
1229.	Jacques THIEPOLO	20 ans	Il arme une flotte pour délivrer Constantinople et défait celle de l'empereur de Nicée; aide le marquis d'Este à recouvrer Ferrare et reprend Zara.
1249.	Marin MOROSINI	3 ans	—
1252.	Renier ZENO	16 ans	Soutient une guerre meurtrière contre les Génois en Palestine.
1268.	Laurent THIEPOLO	7 ans	Fait la guerre aux Bolonais et les force à demander la paix. Disette à Venise.
1275.	Jacques CONTARENO	4 ans	Abdique sans avoir rien fait de mémorable.
1279.	Jean DANDOLO	10 ans	Commence la guerre contre le patriarche d'Aquilée. L'inquisition religieuse est établie.
1289.	Pierre GRADENIGO	21 ans	Le droit d'élire les membres du grand conseil est enlevé au peuple. Les Vénitiens sont battus par les Génois. Commencement du *Livre d'or* et de l'aristocratie vénitienne. Conjuration de Thiepolo. Le *Conseil des Dix* est institué.
1310.	Marin GIORGI	2 ans	Sixième révolte de Zara.
1312.	Jean SORANZO	16 ans	Fait lever par le pape les censures qui pèsent sur Venise.
1328.	François DANDOLO	11 ans	Défaite des Vénitiens par Mastin, seigneur de Vérone. Trévise et Bassano font partie du territoire de la république.
1339.	Barthélemi GRADENIGO	4 ans	Soumet les Candiotes révoltés.
1343.	André DANDOLO	11 ans	Les Vénitiens sont battus par les Turcs devant Smyrne. Traité de commerce avec le soudan d'Égypte. Guerre avec les Génois.
1354.	Marin FALIER	1 an	Se met à la tête d'une conspiration et est décapité.
1355.	Jean GRADENIGO	1 an	Paix avec Gênes. Guerre avec la Hongrie, avec l'Autriche et le patriarche d'Aquilée.
1356.	Jean DELFINO	5 ans	Paix avec la Hongrie. L'Istrie et la Dalmatie lui sont abandonnées. Le commerce est interdit aux patriciens.
1361.	Laurent CELSI	4 ans	Vainqueur des Génois, il soumet l'île de Candie.
1365.	Marc CORNARO	2 ans	Candie se révolte de nouveau.

LISTE DES DOGES.

Ans de J. C.	Noms des Doges	Durée de leur règne.	Événements principaux de chaque règne.
1367.	André CONTARINI	15 ans..	Guerre contre Gênes, la Hongrie, Padoue et Aquilée. Siège de Chiozza.
1382.	Michel MOROSINI	4 mois.	La peste ravage Venise. Le doge y succombe.
1382.	Antoine VENIER	18 ans..	La Marche Trevisane est conquise. Ligue avec Jean Galeas de Milan. Venise est à l'apogée de sa puissance.
1400.	Michel STENO	13 ans..	Vicence, Padoue, Lépante, sont annexées à la république. Les Hongrois sont battus à Morta.
1413.	Thomas MOCENIGO	10 ans..	Conquête du Frioul et d'une partie de la Dalmatie. L'election du doge est soustraite au peuple. Victoire complète remportée sur les Turcs.
1423.	François FOSCARI	34 ans..	Ravenne annexée à la république. Constantinople secourue par les Vénitiens. Le doge est déposé. Peste à Venise. Création des inquisiteurs d'État.
1457.	Paschal MALIPIER	4 ans..	Libre commerce des Vénitiens en Égypte.
1462.	Christophe MORO	9 ans..	Guerre contre les Turcs. Perte de Négrepont.
1471.	Nicolas TRONO	2 ans.	La guerre contre les Turcs se continue.
1473.	Nicolas MARCELLO	1 an...	Les Turcs entrent en Albanie. Les Vénitiens leur font lever le siège de Scutari.
1474.	Pierre MOCENIGO	2 ans..	L'île de Chypre est annexée aux États de la république.
1476.	Andre VENDRAMINO	2 ans..	Les Turcs saccagent le Frioul.
1478.	Jean MOCENIGO	8 ans..	Paix avec la Turquie. Venise lui cède l'île de Céphalonie. La Polesine de Rovigo est annexée au territoire de la république. Peste a Venise.
1485.	Marc BARBARIGO	1 an...	—
1486.	Augustin BARBARIGO	15 ans,.	Le soudan d'Égypte reconnait la souveraineté de la république en Chypre. Ligue entre Venise, le pape et le duc de Milan contre la France. Ils sont battus à Fornoue. Nouvelle ligue de la république avec Louis XII. L'inquisition d'État est établie.
1501.	Léonard LORÉDAN	20 ans..	Ligue de Cambrai contre la république.
1521.	Antoine GRIMANI	3 ans..	Venise tour à tour alliée et ennemie de la France dans les guerres du Milanais.
1524.	André GRITTI	14 ans..	Ligue de la république avec Charles-Quint contre la France. Contre-ligue avec la France. Guerre contre la Turquie.
1538	Pierre LANDO	7 ans..	Paix avec la Turquie. Concile de Trente.
1545.	François DONATO	7 ans..	Les arts atteignent leur apogée.
1553.	Marc-Antoine TREVISANI	1 an...	—
1554.	François VENIER	2 ans..	—
1556.	Laurent PRIULI	3 ans..	La peste et la famine désolent Venise.
1559.	Jerôme PRIULI	9 ans..	Hostilités contre Rome à propos de la collation des benéfices ecclésiastiques.
1567.	Pierre LORÉDAN	3 ans..	La bulle *In cœnâ Domini* est proscrite dans les États de la république. Incendie de l'arsenal.

Ans de J.-C.	Noms des doges	Durée de leur règne	Événements principaux de chaque règne
1570.	Louis MOCENIGO	6 ans	Guerre avec la Turquie. Bataille de Lépante. Perte de l'île de Chypre. Henri III à Venise.
1576.	Sébastien VENIER	2 ans	Le pape lui envoie la Rose d'honneur.
1578.	Nicolas DA PONTE	7 ans	Les bâtiments de la place Saint-Marc sont terminés. Le pont de Rialto est commencé. La forteresse de Palma-Nuova est construite.
1585.	Paschal CICOGNA	10 ans	Henri IV est reconnu roi de France par la république. Son nom est inscrit au *Livre d'or*
1595.	Marin GRIMANI	10 ans	Différend de la république avec le pape Paul V.
1606.	Léonard DONATO	6 ans	Reconciliation de Venise avec Rome.
1612.	Marc-Antoine MEMMO	4 ans	Expédition contre les Uscoques. Guerre avec l'Autriche.
1616.	Jean BEMBO	2 ans	Paix avec l'Autriche; le roi de France médiateur.
1618.	Nicolas DONATO	3 sem.	—
1618.	Antoine PRIULI	5 ans	Conjuration du duc d'Ossuna.
1623.	François CONTARINI	2 ans	Guerre de la Valteline et du Mantouan.
1625.	Jean CORNARO	5 ans	Correction du Conseil des Dix.
1630.	Nicolas CONTARINI	2 ans	Reconciliation de la république avec l'Autriche et l'Espagne.
1632.	François ERIZZO	13 ans	Commencement de la guerre de Candie.
1645.	François MOLINO	10 ans	La guerre de Candie continue.
1655.	Charles CONTARINI	1 an	La même guerre se poursuit.
1656.	François CORNARO	quelques jours	Idem.
1656.	Bertuce VALIER	1 an	Continuation de la guerre. Les jésuites sont rétablis dans les États de Venise.
1657.	Jean PESARO	3 ans	La guerre de Candie touche à sa fin.
1660.	Dominique CONTARINI	14 ans	L'île de Candie est abandonnée aux Turcs.
1674.	Nicolas SAGREDO	2 ans	—
1676.	Louis CONTARINI	7 ans	Ne doit son élection qu'à un soulèvement du peuple, qui avait obligé le grand conseil à renoncer à sa première élection.
1683.	Marc-Antoine GIUSTINIANI	5 ans	Ligue de la république avec l'Empereur et le roi de Pologne contre les Turcs.
1688.	François MOROSINI	6 ans	Conquête de la Morée.
1694.	Sylvestre VALIER	6 ans	Paix de Carlowitz, qui consacre la précédente conquête.
1700.	Louis MOCENIGO	9 ans	Reste neutre dans la guerre pour la succession d'Espagne. — L'Adriatique se couvre de glace.
1709.	Jean CORNARO	13 ans	Les Turcs enlèvent la Morée aux Vénitiens. La Suda et Spina-Longa, dans l'île de Candie, leur sont également enlevées. Paix de Passarowitz.
1722.	Sébastien MOCENIGO	10 ans	L'Autriche forme un établissement maritime à Trieste pour ruiner le port de Venise.
1732.	Charles RUZZINI	2 ans	Garde la neutralité dans la guerre pour la succession de Parme.

LISTE DES DOGES.

Ans de J C.	Noms des Doges	Durée de leur règne.	Évènements principaux de chaque règne
1735.	Louis PISANI	7 ans..	Venise déclarée port franc.
1741.	Pierre GRIMANI	11 ans..	Ligue de Venise avec Rome, Gênes et le roi de Sicile contre Tunis et Alger. Division du patriarcat d'Aquilée.
1752.	François LORÉDAN	10 ans..	Révolte des Monténégrins étouffée. Un sujet Vénitien ceint la tiare sous le nom de Clément XIII.
1762.	Marc FOSCARINI	10 mois.	Le Conseil des Dix et l'inquisition d'État sont vivement attaqués.
1763.	Alvise MOCENIGO	16 ans..	Guerre contre les Barbaresques. La ville de Brescia ruinée par l'explosion de sa poudrière. Réformes ecclésiastiques.
1779.	Paul RENIER	9 ans..	Nouvelles attaques contre le Conseil des Dix et l'inquisition d'État.
1788.	Louis MANINI	9 ans..	Hostilités de la France contre Venise. Traité de Campo-Formio. Les îles Ioniennes annexées à la France. Venise passe sous la domination autrichienne.

RÉVOLUTION DE 1848.

| 1848. | Daniele MANIN | 17 mois. | 23 mars 1848 — 24 août 1849. Tour à tour président et dictateur, il exalte au plus haut degré l'enthousiasme patriotique des Vénitiens contre l'Autriche. |

TABLE DES MATIÈRES.

                                                                         Pages.

INTRODUCTION. I

CHAPITRE PREMIER.

Description de la lagune de Venise. — La Lagune de Venise dans l'antiquité et les temps moderne. 1

CHAPITRE II.

La Vénétie ancienne et les Vénètes. — Irruption des Barbares. — Alaric, Radagaise, Attila, Odoacre, Théodoric, Alboin, les conduisent. — Émigration des Vénètes dans les lagunes. — Leur dispersion dans les différentes îles. — Les Vénitiens modernes. — Leur organisation politique. 8

CHAPITRE III.

Attributions des doges. — Règne des trois premiers. — La dignité de doge est abolie et remplacée par celle de chef de la milice. — Nouvelle révolution qui replace les doges à la tête des affaires. — Pépin attaque la Vénétie. — Il est repoussé. — Fondation de la ville de Venise. 20

CHAPITRE IV.

Consolidation de la république. — Les restes de saint Marc sont transférés à Venise. — Luttes intestines. — Expéditions contre les pirates. — Les Hungres cherchent à s'emparer de Venise. — Leur défaite. — Enlèvement des fiancées venitiennes. — Les Morosini et les Caloprini. — Guerres extérieures de Venise. — Les croisades. — Conquête de Constantinople. . 32

CHAPITRE V.

Expédition contre Constantinople. — Avantages qu'en retirent les Vénitiens. — Guerre contre les Génois. — Divisions intérieures. — Le grand conseil déclaré héréditaire.......... 72

CHAPITRE VI.

Réforme des élections ducales. — Venise se déclare souveraine de l'Adriatique. — Nouveaux règlements intérieurs. — Venise excommuniée. — Le saint office s'établit dans ses États. — Déposition du doge. — Luttes des partis. — Clôture du grand conseil.......... 70

CHAPITRE VII.

Guerres contre Gênes et la Hongrie. — Croisade de Smyrne. — Conspiration du doge Marin Falier. — Nouvelle guerre contre la Hongrie et l'Autriche. — Pétrarque, négociateur à Venise. — Conjuration de Carrare. — Charles Zeno a Constantinople. — Nouvelle guerre contre Gênes. — Siege et prise de Chioggia par les Génois. — Detresse de Venise. — Chioggia reconquise. — Ligue contre les Turcs. — Bataille de Nicopolis. — Acquisitions et conquêtes de Venise. — Supplice des Carrare. — Accusation et jugement de Charles Zeno...... 82

CHAPITRE VIII.

Affaires du Levant. — Guerre avec la Hongrie. — Ligue et guerre contre le duc de Milan. — François Carmagnola au service de Venise; son supplice. — François Sforza; il succède à Visconti. — Les Turcs maîtres de Constantinople; traité de commerce conclu avec eux; pacification générale de l'Italie. — L'inquisition d'État. — Pie II prépare une croisade; il meurt; Venise seule entre en lutte avec Mahomet II. — Alliance de la république avec le roi de Perse. — Succès et revers; conclusion de la paix. — Acquisition de l'île de Chypre. — La puissance vénitienne parvenue à son apogée................... 121

CHAPITRE IX.

Causes de la prospérité commerciale de Venise. — Spécialité de son commerce en Orient et en Occident. — Industrie et manufactures des Vénitiens. — Banques. — Entrepôts. — Consulats. — Résidence des étrangers. — Protection et encouragements donnés au commerce. — Marine militaire et marine marchande. — Système exclusif des Vénitiens. — Institution du capitanat du golfe. — Conclusion................. 165

CHAPITRE X.

Ligue de l'Italie contre Venise. — Le pape frappe d'interdiction la république. — Guerres contre le duc d'Autriche et le roi de Naples. — Charles VIII, roi de France entre en Italie. — Résultats de son invasion. — Deuxième guerre des Turcs. — Alliance des Vénitiens avec Louis XII. — Rupture. — Guerre contre le duc d'Autriche. — Ligue de Cambrai. — Ses résultats................. 185

CHAPITRE XI.

Pages.

Charles-Quint et François Ier en Italie.— Les Vénitiens tour à tour alliés de ces deux princes. — Combat de la Bicoque. — Bataille de Pavie. — Sac de Rome par les Impériaux. — Troisième guerre des Vénitiens contre la Turquie. — Invasion de l'île de Chypre par les Ottomans. — Prise de Nicosie et de Famagouste.— Bataille de Lepante. — Paix de trente ans. 236

CHAPITRE XII.

Les Beaux-Arts à Venise. — Ses Monuments principaux. — Architecture, Sculpture et Peinture vénitiennes. 267

CHAPITRE XIII.

Sciences et Lettres. — Géographie. — Cosmographie. — Histoire. — Philosophie. — Littérature. — Poésie. 313

CHAPITRE XIV.

Différends de la république avec le pape. — Fermeté avec laquelle elle résiste aux prétentions de la cour pontificale.—La guerre des Uscoques.— Conjuration des Espagnols contre Venise. 347

CHAPITRE XV.

Situation financière et commerciale de la république. — Lutte des familles Zéno et Cornaro. — Système judiciaire. — Principes et organisation du conseil des Dix. — Correction qu'on lui impose. — Constitution de l'Église vénitienne. — Prétentions du pape. — Souveraineté des Vénitiens sur l'Adriatique. — Nouvelles hostilités contre les Turcs. — Guerre et perte de Candie. 379

CHAPITRE XVI.

Situation de la république. — Élection de Sagredo annulée par le peuple. — Nouvelle guerre contre les Turcs. — Conquêtes successives des Vénitiens en Morée et en Dalmatie. — François Morosini. — Batailles sans résultats. — Traité de Carlowitz. — Absurde neutralité de la république. — Les Turcs lui déclarent la guerre. — Défaites successives des Vénitiens.— Perte définitive de la Morée et de Candie. — Paix de Passarowitz. 423

CHAPITRE XVII.

Système politique actuel de la république. — Sa conduite passive dans les guerres de succession de Parme, de Toscane et de l'Autriche. — Guerre avec les puissances Barbaresques — Louis Manini dernier doge. — Situation morale et matérielle de la république. — Causes diverses de sa décadence. — Ses ressources vers la fin du XVIIIe siècle. 447

CHAPITRE XVIII.

Vie et Mœurs vénitiennes d'autrefois. — Les Gondoliers. — Les Courtisans. — Le Sigisbée.— Le Bravo. — Cérémonies des épousailles de la Mer. — Le Carnaval. — Les Théâtres. — La Fête des Regaet. — Casino. — Anecdotes. 492

CHAPITRE XIX

Pages.

Conduite incertaine de Venise envers la république française. — Son système de neutralité. — Invasion des Français sur le territoire vénitien. — Campagnes de Bonaparte. — Massacre des Français à Vérone. — Déclaration de guerre de Bonaparte aux Vénitiens. — Soumission de la république. — Le doge abdique le pouvoir. — Entrée des Français à Venise. — Traité de Campo-Formio. — Les Autrichiens prennent possession de Venise. 520

CHAPITRE XX.

Premières années du gouvernement autrichien. — Bataille d'Austerlitz et traité de Presbourg. — Les provinces vénitiennes sont annexées au royaume d'Italie. — Administration du prince Eugène. — Napoléon visite Venise. — Événements de 1814. — Les provinces vénitiennes passent de nouveau sous la domination autrichienne. — Système politique qui les régit. — Situation matérielle. — État actuel des villes et lieux les plus remarquables des environs de Venise. — Révolution de 1848. — Les Autrichiens sont chassés de Venise. — Formation d'une république démocratique. — Le président Manin. — Les Autrichiens prennent l'offensive. — Siége de Venise. — Capitulation. 552

FIN DE LA TABLE DES MATIÈRES.

PLACEMENT

DES

GRAVURES DE L'HISTOIRE DE VENISE.

—◆◇◆—

Vue générale de Venise.	Au titre
Enlèvement des fiancées vénitiennes.. . . . . Pages	37
Salle du grand conseil.	67
Mort de Marino Faliero	91
Funérailles du Titien.	265
Le Palais ducal.	271
Cour du Palais ducal.	272
Intérieur de Saint-Marc.	275
L'Horloge.	276
Le grand Canal.	279
Le Rialto.	280
Sainte-Marie-Formose.	283
Saint-Georges-des-Grecs.	286
Le Tombeau du doge Nicolas Trono	290
Tombeau du cardinal Zeno.	291
Église Saint-Jérémie.	294
Église Saint-Roch.	304
Le pont des Soupirs.	368
Le retour du Bucentaure.	504
Le Carnaval.	506
Les Régates.	510
Les Français à Venise.	550
L'Arsenal.	568
Saint-Donato, à Murano	570

www.ingramcontent.com/pod-product-compliance
Lightning Source LLC
Chambersburg PA
CBHW051326230426
43668CB00010B/1166